UNIVERSITY OF NORTH CAROLINA AT CHAPEL HILL
DEPARTMENT OF ROMANCE LANGUAGES

NORTH CAROLINA STUDIES
IN THE ROMANCE LANGUAGES AND LITERATURES

Founder: URBAN TIGNER HOLMES
Editor: FRANK A. DOMÍNGUEZ

Distributed by:

UNIVERSITY OF NORTH CAROLINA PRESS

CHAPEL HILL
North Carolina 27515-2288
U.S.A.

NORTH CAROLINA STUDIES IN THE
ROMANCE LANGUAGES AND LITERATURES
Number 293

LOS *TRIONFI* DE PETRARCA
COMENTADOS EN CATALÁN:
UNA EDICIÓN DE LOS MANUSCRITOS 534 DE LA BIBLIOTECA
NACIONAL DE PARÍS Y DEL ATENEU DE BARCELONA

LOS *TRIONFI* DE PETRARCA COMENTADOS EN CATALÁN:
UNA EDICIÓN DE LOS MANUSCRITOS 534 DE LA BIBLIOTECA NACIONAL DE PARÍS Y DEL ATENEU DE BARCELONA

POR
ROXANA RECIO

CHAPEL HILL
NORTH CAROLINA STUDIES IN THE ROMANCE
LANGUAGES AND LITERATURES
U.N.C. DEPARTMENT OF ROMANCE LANGUAGES
2009

Library of Congress Cataloging-in-Publication Data

Recio, Roxana, 1953-.
  Los Trionfi de Petrarca en catalán: manuscritos del Ateneu de Barcelona y 534 de la Biblioteca Nacional de París / por Roxana Recio.
  p. cm. – (North Carolina Studies in the Romance Languages and Literatures; no. 293).
  Includes bibliographical references and index.
  ISBN 978-0-8078-9297-8 (hardcover)
  1. Petrarca, Francesco, 1304-1374. Trionfi. 2. Petrarca Francesco, 1304-1374 – Translations into Catalan – History and criticism. I. Ateneu Barcelonès. II. Bibliothèque nationale (France). III. Title.

PQ4483.R435 2009
851'.1–dc22   2009033420

Cover design: Heidi Perov

© 2009. Department of Romance Languages. The University of North Carolina at Chapel Hill.

ISBN 978-0-8078-9297-8

Artes Gráficas Soler, S. L. - La Olivereta, 28 - 46018 Valencia
www.graficas-soler.com

A la memoria de mi padre Enrique Recio,
un cubano muy cubano de Barcelona.

Para Kike, como siempre,
mi catalán preferido y único.

ÍNDICE

	Pág.
RECONOCIMIENTOS	11
INTRODUCCIÓN	15
El contexto: los *Trionfi* de Petrarca	16
El orden de los Triunfos	19
La traducción	23
Los manuscritos	25
Nuestra edición	28
Obras citadas	30
PRIMERA PARTE DE LA TRADUCCIÓN CATALANA DEL COMENTARIO DE ILICINO A LOS *TRIONFI* DE PETRARCA: EL MANUSCRITO 534 DE LA BIBLIOTECA NACIONAL DE PARÍS	33
[DEDICATÒRIA]	35
[INTRODUCCIÓ]	36
[TRIUMPHUS PRIMUS AMORIS]	38
Capítol segon del Trihunfo d'Amor	100
Capítol terç del Trihunfo d'Amor	163
Capítulo quarto Trihumpi Amoris	202
TRIHUMPHUS SECUNDUS CASTITATIS	236
TRIUMPHO TERCIUS MORTIS	298
Capítulo IIo Trihumphi Mortis	342

Pág.

SEGUNDA PARTE DE LA TRADUCCIÓN CATALANA DEL COMENTARIO DE ILICINO A LOS *TRIONFI* DE PETRARCA: EL MANUSCRITO DEL ATENEU DE BARCELONA 379

[Triumphus Quartus Famae] 381
    Capítulo secundo Triumphi Ffame 417
    Capítulo IIIo Triunphi Phame 502
    Capítulo quarto Trihunffi Ffame 601
Triumphus Quintus Temporis 684
Triunphus Ultimus Divinitatis 735

RECONOCIMIENTOS

COMO muestran mis trabajos, hace ya bastantes años que comencé a estudiar los *Triunfos* de Petrarca en la Península Ibérica. En el verano del 87, cuando empezaba mi tesis doctoral sobre la traducción del "Triunfo de Amor" de Petrarca por Alvar Gómez (1990), supe de un manuscrito en catalán del comentario de Ilicino que se encontraba en el Ateneu de Barcelona y que contenía tres de los seis Triunfos que forman la obra de Petrarca. No fue hasta el año 89 cuando, visitando a mis padres en dicha ciudad, tendría la oportunidad de ver el manuscrito gracias a la amabilidad del personal del Ateneu. Comencé a examinarlo con atención, al mismo tiempo que buscaba información sobre él en la Biblioteca de Catalunya. Pronto me di cuenta de que los tres primeros Triunfos estaban en otro manuscrito en París. Más adelante descubrí que el texto contenido en estos dos manuscritos era muy conocido entre los especialistas, pero que nadie se había decidido a publicarlo o a estudiarlo a fondo debido tanto a la dificultad que su extensión presentaba como al inconveniente que suponía el trabajar en lugares tan separados como Barcelona y París. A causa de estas mismas dificultades, mi primera idea fue la de dedicarme solamente al estudio y publicación del "Triunfo de Amor". Solicité a este efecto una Borsa d'Estudis a la Generalitat de Catalunya. Quiero agradecer a esta institución, así como al Institut d'Estudis Catalans, el que me fuera concedida en 1999. Sin la generosidad del gobierno autónomo catalán, el estudio inicial de los manuscritos hubiera sido casi imposible. También debo mencionar la incondicional ayuda proporcionada por el profesor Curt Wittlin de la Universidad de Saskatchewan, quien me animó a seguir adelante con el proyecto y dio fundamental ayuda durante su duración.

Igualmente debo reconocer el apoyo, los sabios consejos y la humanidad del Padre Miquel Batllori (que siempre se interesó en mi trabajo, aunque lamento que no pudiera llegar a verlo publicado), y mencionar la ayuda que recibí del profesor August Bové de la Universitat de Barcelona, que supervisó el proyecto inicial y me puso en contacto con personas de intereses afines, entre ellos, el profesor Amadeu Soberanas de la Universitat Autònoma de Barcelona y director entonces de la editorial Barcino, quien me hizo ver que se necesitaba una edición completa de los dos manuscritos del comentario catalán de los *Triunfos* y no de un estudio del "Triunfo de Amor". Comenzaron así mis frecuentes visitas a la Nacional de París en la calle Richelieu y al Ateneu de Barcelona. (Mi gratitud al personal de ambas instituciones, donde estudié tantas veces.) Le doy las gracias también al profesor Soberanas por sus horas de lectura del manuscrito conmigo, las cuales desgraciadamente se tuvieron que suspender.

Agradezco asimismo a mis padres sus molestias en conseguirme un microfilm del manuscrito del Ateneu y al profesor Francisco Crosas de la Universidad de Navarra por su gentileza en mandarme a Barcelona un mejor microfilm del manuscrito de París del que tenía entonces en uso. También quiero mencionar las horas que pasó conmigo el profesor Daniel Duran, que actualmente trabaja para el Instituto Internacional de Florencia, en el Archivo de la Corona de Aragón y en la Biblioteca de Catalunya y reconocer la ayuda de otros colegas que contribuyeron a mi estudio: la profesora Júlia Butinyà de la UNED me ayudó a resolver dificultades de transcripción; los comentarios y esfuerzo que los profesores Peter Cocozzella de la Universidad de Binghamton y Eric Naylor de la University of the South hicieron con vistas a mejorar el estudio; y muy especialmente la paciencia y el interés por la cultura catalana que mostró el profesor Frank Domínguez, quien soportó con el buen talante característico en él mis cambios, llamadas y dudas. Gracias también deben ser dadas al Program for Cultural Cooperation por su apoyo en la impresión del trabajo y al comité editorial de la serie *North Carolina Studies in Romance Languages and Literatures* de esa institución.

Debo hacer público que una persona ha sido fundamental en este trabajo: mi marido. No sé cómo agradecerle su apoyo.

Es mi deseo que esta edición sirva para futuras investigaciones, que perfilen aún con mayor claridad la importancia de Cataluña en la transmisión del Petrarca vulgar al resto de la Península Ibérica; en otras palabras, para darle su lugar primordial a mi Petrarca, el Petrarca de los *Triunfos*.

Omaha, Nebraska,
noviembre 2008

INTRODUCCIÓN

Como han señalado Nicolau d'Olwer (186-88), Massó i Torrents (56-57), Riquer (2: 468) y Romano (113-17), la traducción catalana del comentario de Ilicino a los *Trionfi* de Petrarca está repartida en dos manuscritos pertenecientes a dos entidades distintas y distanciados en el espacio. Tres de los seis Triunfos se encuentran en el Ateneu de Barcelona (Ms B, sin numeración), y los otros tres en la Biblioteca Nacional de París (Ms 534).

Se trata de una traducción poco convencional en el sentido de que contiene los versos de los *Trionfi* en italiano y únicamente el comentario de Ilicino traducido al catalán. Los críticos se han limitado a mencionar la existencia de esta obra, pero no ha habido ningún intento de analizar los dos manuscritos. Quizá el hecho de que el traductor anónimo catalán (o traductores) haya centrado su atención en el comentario ha sido un factor decisivo de su abandono crítico a pesar de que se trata de la única traducción catalana del comentario de Ilicino en la época y una de las primeras en Europa. Sin embargo, es evidente que esta traducción constituye un documento fundamental para analizar la difusión de Petrarca por toda Europa, además de evidenciar los cambios que afectaron la estructura del texto de Petrarca en épocas sucesivas.

Si miramos la traducción con detenimiento, enseguida nos surgen problemas interesantes. Por ejemplo, nos podemos preguntar por qué la obra no traduce los versos de Petrarca; para qué clase de público fue escrita y por qué.

El contexto: los Trionfi de Petrarca

La popularidad de los *Trionfi* a finales de la Edad Media y principios del Renacimiento es hoy en día algo innegable. Ernest H. Wilkins (19-51), Carnicelli (1969) y Iannucci (Eisenblichler y Iannucci xi), entre otros, han dado amplia noticia de su difusión por toda Europa. Es algo importante de destacar porque, por lo menos en lo que a estudios peninsulares se refiere, la crítica moderna siempre ha dado prioridad al *Canzoniere* a causa de la gran consideración que ha recibido Garcilaso.[1] Por otra parte, el hecho de que los *Trionfi* se presenten como una alegoría de la vida humana ha servido para que los críticos consideren esta obra de Petrarca mucho más "medieval" que el *Canzionere*, que aparece ante sus ojos con un lenguaje mucho más moderno. Sin embargo, ambas obras parten de una misma pluma, pertenecen a una misma ideología y utilizan un lenguaje similar, así que es un error tratarlas como pertenecientes a dos mundos separados. Los lectores de finales del XV y principios del XVI las consideraban complementarias.

Los *Trionfi* (1352-1374)[2] de Petrarca constan de seis poemas narrativos que describen en conjunto una sola historia en común: el encuentro definitivo del hombre con Dios, la única verdad. Se sitúan dentro de la tradición latina (Highet 1: 143) que parte de los triunfos que los romanos construían para celebrar la victoria de un jefe guerrero durante su entrada procesional en Roma. Estas estructuras describían sus victorias y celebraban el desfile de su séquito y prisioneros del combate. Petrarca no fue el primer poeta en adaptar el triunfo latino a la literatura, pero el género se identifica con él. La alegoría petrarquesca consiste en una visión poética en la cual, a través de un sueño, el poeta primero ve a una figura alegórica en un carro procesional. Se trata de una alegoría del Amor ("Trionfo dell'Amore") que vence al poeta mismo y a muchísimas figuras ejemplares del pasado y del presente.

No obstante, se presenta un personaje que aparece invicto, Laura, quien vence a su vez al Amor y lo hace prisionero, celebrando su

---

[1] Y también a opiniones como las de algún que otro crítico que considera que los diferentes *Triunfos* divulgados por separado pierden su contenido filosófico (Lapesa 114).

[2] Sin embargo, según Gerardo Vacana (9), siguiendo a Calcaterra, la fecha del "Trionfo dell'Amore" es anterior a 1340-1342.

victoria al lado de otras mujeres famosas por su virtud. Entonces, todas se dirigen al templo de la Castidad en Roma ("Trionfo della Pudicizia" o "della Castità"), donde queda prisionero el Amor y Laura regresa a Avignon con su cortejo. En el camino a Avignon se encuentra con la Muerte ("Trionfo della Morte"), que le anuncia que morirá antes de envejecer. Laura acepta la voluntad divina. Al día siguiente se presenta al poeta en sueños y le asegura dos cosas: que su muerte no es dolorosa y que siempre le había amado, aunque no le había correspondido para no hacer peligrar la salvación del alma de los dos. Al alejarse la muerte, aparece la Fama ("Trionfo della Fama") con un séquito de personajes ilustres por su intelecto o por sus obras. Se hace un paralelo con el sol que surge radiante, y el poeta se pregunta si en realidad la vida dura sólo un día, y la fama es efímera. Después, el poeta ve al Tiempo ("Trionfo dell'Eternità") en eterno presente. Allí vivirá con Dios, con Laura y con los espíritus elegidos (Bosco 191; Serra 2: 44-50; Noferi 54; Sapegno 250; Curato 242-54; Caliendo 22-25; Bernardo 102-62; Vacana 51-53).

Valiéndose de los distintos Triunfos, Petrarca desea hacer una exposición de los diferentes estados por los que pasa el ser humano durante la vida: primero, en la juventud, está gobernado por el amor; con la madurez llega la castidad y, como consecuencia de ella misma, surge la idea de la muerte que, vista cristianamente, es un paso hacia otra vida mejor y que hay que aceptar sin miedo. La idea de la muerte conlleva la concepción de lo superfluo de la vida terrena, unida a la fugacidad del tiempo. Es entonces cuando el hombre se da cuenta de que su único deseo debe ser Dios y la vida eterna. Se trata, en definitiva, de una obra moralizante y cristiana sobre el destino del hombre.[3]

Bernardo Lapini de Montalcino, o de Siena (1418-1476), más conocido con el nombre de Ilicino (Illicino, Ollicino, e incluso Licino) imprimió el comentario que publicamos en Bolonia en 1475 (Dionisotti 70). Se trata de un clásico comentario medieval con proemio y largas explicaciones sobre teología, filosofía y astrología (Parker 36).

Como Valerie Merry señala (235), hasta finales del siglo XV, el gusto humanístico prefiere los *Trionfi* al *Canzionere*, según demues-

---

[3] No creo apropiado, como ya he dicho en otra investigación, discutir a estas alturas si la obra, en lugar de una alegoría sobre el destino del hombre, es una alegoría autobiográfica. Para este asunto, véase Calcaterra (10-11).

tra la cantidad mucho mayor de manuscritos.[4] Los *Trionfi* sintetizan y transfiguran en una sintaxis latinizante y compleja. Su materia histórica, filosófica, literaria y religiosa, ya recogida en otras obras de Petrarca, hacen de ellos una lectura difícil, por lo que muchos lectores, especialmente aquellos que conocían sólo el italiano, no habrían podido apreciar el poema sin una explicación adecuada. Esta necesidad, continúa Merry, más acuciante por a causa de su mayor difusión a través de la imprenta, fue satisfecha por Ilicino.

En el caso concreto de Ilicino puede decirse que todo el comentario es una gran reflexión sobre una doctrina filosófica que, como indica Dionisotti, era "clásica y cristiana" (75). Según este crítico, el comentarista reencontraba en la obra de Petrarca los nudos de una doctrina que le era familiar, procediendo de la efímera comedia del amor a la eternidad, de manera que la ejemplaridad diera lugar a la reflexión, y si esta doctrina de Ilicino difería de la del mismo Petrarca, Ilicino no se preocupaba de reconocerlo (75). Lo destacable es la idea de la reflexión, ese nudo tanto cristiano como clásico que es la base filosófica del comento de Ilicino.

La aproximación alegórica a Petrarca de Ilicino es ortodoxa, aceptada y reconocida como buena en la época, y le valió ser reimpreso unas veinte veces hasta que se vio sustituido por otro comentario en 1525 (Dionisotti 70). Esta alegoría es de vital importancia, pues su deslinde es el eje sobre el cual ha de girar cualquier tipo de traducción del comentario o de la propia obra de Petrarca (Recio "Puntualizaciones...").

Ilicino da un buen ejemplo de su exégesis cuando después de hablar de las filosofías de Pitágoras, Platón y Aristóteles sobre la unión del alma y el cuerpo y más específicamente sobre el viaje del alma según el libro cuarto de la *Física*, explica de este modo la obra italiana:

> Considerando advnque il preclarissimo nostro poeta questo transito de l'anima con artificiosa leggiadria e erudito velamento poetico statui e compose sei triomphi. El primo pertinente a l'anima a laquale per la forte inclinatione del corpo condescende secondo il dominio di sentimenti operare fingendo amore per lo quale

---

[4] La gran popularidad de los *Trionfi* y su amplia difusión por toda Europa es documentada por Ernest H. Wilkins (19-51), Carnicelli (1969) y Iannucci (xi), entre otros.

intendo lo appetito sensitiuo triomphare de gli huomini nel tempo de la giouentu. Nel secondo introduce la ragione triomphare de amore laquale intende sotto il velame di Madonna Laura la qual cosa naturalmente interuene al tempo de la virilita e vecchiezza e quando le sensitue delettationi inseme col caldo naturale di quelle instrumento sono declinate. Nel terzo soggionge la morte triomphare di laura cio e del ragionemole operare. Nel quarto loco triompha la fama de morte perche quantunche non piu per si operi l'huomo sforza nientedimeno e commuoue per suo exemplo gli altri virtuosamente operare onde continuo si celebra in laude continuo il suo nome ne diuenta piu chiaro. Triompha quinto el tempo de la fama, conciosia cosa che sua lunghezza corrompa ogni cosa mortale. Triumpha vltimamente la eternita del tempo laquale noi non potendo distinctamente comprehendere ma douendo quella seguitare al giudicio vniuersale per lo suo principio il glorioso poeta ce la demostra nel sexto triompho (fol. a 2).

Indiscutiblemente, la exégesis de Ilicino se centra en la explicación filosófica del texto petrarquesco mucho más que en su visión poética o literaria.[5]

El orden de los Triunfos

En Petrarca era costumbre la corrección de sus escritos, pero *I Trionfi* es una obra inacabada y sin corregir a diferencia de los otros trabajos del poeta por sorprenderle la muerte (Hainsworth 6). Su misma división en seis Triunfos ha facilitado la arbitrariedad tanto en su orden como en el orden de los capítulos internos a dos de ellos. Este hecho es uno de los problemas centrales en la difusión de su obra. Los Triunfos circularon por separado hasta que se estableció un orden según el sentido alegórico antes indicado de la vida del hombre.[6] Dentro de este orden, se produce un cambio importante en cierto momento indeterminado, a partir del cual se presenta una variación en el orden interno del "Triunfo del Amor" y "de la Fama". La estructura que resulta de este cambio es la que ha

---

[5] La edición crítica de los *Trionfi* con el comentario de Ilicino es la llevada a cabo por Carl Appel en 1901.
[6] Véase por ejemplo Wilkins, "The First Two..." 226 y "The Separate..." 748-51.

quedado finalmente establecida para el texto de los *Trionfi* en ediciones modernas.

Hay tres diferencias fundamentales entre el orden que figura en el comentario de Ilicino y en la traducción catalana con respecto a las ediciones modernas. La primera diferencia la presenta el orden de los cuatro capítulos del "Triunfo de Amor", puesto que la manera en que aparecen en la traducción catalana (I, III, IV y II) no corresponde al orden en ediciones modernas. El prólogo de la traducción castellana de Obregón editada en 1512, que sigue ya el orden de las ediciones modernas, revela su causa:

> Y porque de mi servicio ninguna duda le quede, quiero aqui espressar la orden que terne en el proceder, y sera tal que vuestra muy magnifica señoria podra dividir la obra en seys partes como ella se escrivio en seys triunfos; mas como francisco petrarca los compuso siendo ya de mucha edad, no pudo quedalle tiempo para emendallos como enlos petrarcas viejos se paresce; mas porque la doctrina de varon tan excelente no quedase viciosa, fue en venecia cometida esta obra a persona tan abundante de letras, que puso los seys triunfos como quien los escribio se los pusiera si la vida mas le durara; porque la orden delos quatro capitulos del primer triunfo se trastoco por mejor, poniendo el quarto por segundo capitulo por la razon que enel mismo lugar contare, y el triunfo de fama contiene tres capitulos solamente; que el que ponen por primero se convierte en segundo, como mas claro paresce en los petrarcas sin comento emendados, y no differen en cosas mas que enla orden del poner las personas siendo todas unas. (...) Y yo en mi translación (...) procure yr tan cerca del original en todo, que por maravilla se hallara verso mio en castellano que no vaya declarado lo que mi poeta dize por sus vocablos toscanos, porque me parecio justa cosa ser yo interprete tan fiel, que no me quedasse osadia de quitar ni poner en obra tan distilada y excelente, de cuya causa tuve por bien d'esforçarme a no trovar tan galan en castellano como se podiera hazer si me quisiera apartar tomando alguna licencia delo toscano (fol. ii).

Como consecuencia de su cambio en el orden de los Triunfos con respecto a las ediciones que incluyen el comentario de Ilicino, Obregón se ve obligado a enfatizar que ha seguido el texto de Petrarca fielmente y no se ha atrevido a introducir otras modificaciones. La mayoría de ediciones siguen el orden establecido en Venecia, es decir, el adoptado por Obregón, como por ejemplo en la traducción castellana de Hernando de Hoces en 1554. Como Wilkins confirma, en sus orígenes el "Triunfo de Amor" presentaba el siguiente orden: I, "Nel tempo"; II, "Era sì pieno"; III, "Poscia che"; IV, "Stanco già" pero el orden de los capítulos se cambia posteriormente a: I (I) "Nel tempo"; II (IV) "Stanco già"; III (III) "Era sì pieno"; IV (II) "Poscia che" ("The First…" 226).[7] Según Gerardo Vacana (54), después de revisar alrededor de unos 400 manuscritos de la obra, éste es el orden que ha quedado establecido por la crítica italiana y es el orden que aparece en el manuscrito que se encuentra en la Biblioteca Casanatense de Roma.

La segunda diferencia de las ediciones de Ilicino y la traducción catalana con respecto a las ediciones posteriores responde a la inclusión en el comienzo del primer capítulo del "Triunfo de la Muerte" de un fragmento de 21 versos sobre la llegada de Laura a Avignon después de su victoria sobre Amor para morir allí. Este fragmento figura en la edición de Pacca y Paolino, generalmente considerada la mejor edición de los *Trionfi*, como un apéndice llamado "Triumphus Mortis Ia" (543-47). Este fragmento en general es visto por los críticos como una redacción finalmente descartada del inicio del "Triunfo de la Muerte" pero se halla presente en muchas de las ediciones de la época, en la traducción de Obregón y en el comentario de Ilicino.

La tercera diferencia viene dada por la presencia de cuatro capítulos en el "Triunfo de la Fama" en lugar de los tres canónicos de las ediciones posteriores. El texto catalán, siguiendo en todo momento el comentario de Ilicino, considera como primer capítulo otro fragmento que figura en la edición de Pacca y Paolino (543-84) como "Triumphus Fame Ia", el cual corresponde al parecer a una primera redacción del primer capítulo del "Triunfo de la Fama". Después Petrarca mismo decidió dividir este primer capítulo en lo que hoy se consideran los dos primeros capítulos del "Triunfo de la Fama" (es decir, los capítulos 2° y 3° de nuestro ma-

---

[7] En el caso concreto de otro traductor de los *Trionfi*, "Petrarca sin comento", Alvar Gómez omite el capítulo IV ("Stanco già") entero, el orden es el siguiente: I "Nel tempo"; II "Era sì pieno" hasta el verso 84 correspondiente al poema de Petrarca; III "Era sì pieno", desde el verso 85 del original italiano, con una estrofa inicial como especie de resumen de lo que elimina al hacer la división del capítulo en dos; y IV "Poscia che".

nuscrito), con lo que la versión original quedó descartada, pero continuó circulando en muchos manuscritos y ediciones. Por esta razón, al tratarse en el primer capítulo del "Triunfo de la Fama" de los mismos temas y personajes que luego van a aparecer en el segundo y tercero, hay una redundancia en la obra.

Es muy importante destacar que Obregón, que al igual que el manuscrito en catalán traduce el comentario de Ilicino, llega al punto de suprimir este primer capítulo del "Triunfo de la Fama" que aparece en nuestro manuscrito. Evidentemente considera que no forma parte de la redacción definitiva de la obra y que, por lo tanto, no se debe incluir en la traducción. Así, Obregón en 1512 ya sigue un orden diferente basándose en el testimonio de editores italianos; orden que es el que será adoptado generalmente (como se ve también en la traducción de Hozes) hasta nuestros días tanto en el "Triunfo de Amor" como en el "Triunfo de la Fama". La traducción catalana sigue el siguiente esquema con respecto a las ediciones canónicas:

Ms. P (Ms. 534 Bibliothèque Nationale, Paris)
1) TRIUNFO DE AMOR
Primera parte   Triumphus Cupidinis I
Segunda parte   Triumphus Cupidinis III
Tercera parte   Triumphus Cupidinis IV
Cuarta parte   Triumphus Cupidinis II

2) TRIUNFO DE LA CASTIDAD

3) TRIUNFO DE LA MUERTE
Primera parte   Triumphus Mortis Ia (19 versos); Triumphus Mortis I (a partir del verso 20, que corresponde al verso 2 del Triumphus Mortis)
Segunda parte   Triumphus Mortis II

Ms. B (Ateneu de Barcelona)
4) TRIUNFO DE LA FAMA
Primera parte   Triumphus Fame Ia (faltan los versos del 33 al 51; los primeros 33 versos cosidos al final del ms.)
Segunda parte   Triumphus Fame I
Tercera parte   Triumphus Fame II
Cuarta parte   Triumphus Fame III

5) TRIUNFO DEL TIEMPO

6) TRIUNFO DE LA ETERNIDAD
Triumphus Eternitatis hasta el verso 117 (el manuscrito está incompleto y faltan los últimos 28 versos)

Es precisamente este orden de la traducción catalana lo que nos lleva a pensar que posiblemente nos encontremos ante la versión más antigua en la Península de los *Trionfi*. El orden de los capítulos también nos indica que, a diferencia de la opinión de Riquer (2: 468) y Romano (17) de que la traducción es de principios del XVI, ésta puede considerarse de finales del XV, y ser de una época más temprana con respecto a las opiniones sobre la introducción del petrarquismo en la Península. Parece tratarse de las últimas décadas del siglo XV, una época de gran intercambio en el Mediterráneo, especialmente entre Italia y la Corona de Aragón. A principios del XVI el orden de los capítulos, como se ha visto, aparecía de una manera diferente. Se trata de una muestra más de que a través de la Corona de Aragón llegaban los nuevos textos e ideas a la Península.

No solo una traducción al catalán del comentario a los *Triunfos* fechada a finales del siglo quince hace posible que el orden de Ilicino represente la versión más antigua de la obra de Petrarca conocida en la Península, sino que, si la datación es correcta, adelanta unas décadas la introducción del petrarquismo en la Península[8] y es una muestra más de cómo la Corona de Aragón servía de vía de conducto a la influencia italiana.

La traducción

Esta traducción del comentario de Ilicino a los *Trionfi* resulta de suma importancia por ser la primera huella de la influencia del poema de Petrarca en la Península Ibérica. Aunque no sea una traducción directa del texto, sirve como ejemplo concreto de cómo se presentaba a los poetas italianos en el mundo de habla catalana en la época. Como en otros textos catalanes, era común en los traductores dejar los versos en italiano o en una lengua algo familiar al po-

---

[8] Riquer (2: 468) y Romano (17) consideran que la traducción es de principios del XVI.

sible lector. Así, por ejemplo, Jaume Ferrer de Blanes escribe sus comentarios a la *Commedia* de Dante o a los *Proverbios* de Santillana en catalán, pero deja los versos de Dante en italiano y los proverbios de Santillana en castellano. Por lo tanto, no es extraño que el traductor catalán de esta obra se limitara a traducir el comentario y a dejar que el lector de la Corona de Aragón disfrutara de los versos de Petrarca en su lengua original (Recio "Alfonso...").

La traducción catalana del comentario a los *Trionfi* sigue unas pautas que no eran extrañas en su época o su cultura (Recio, "Por la orden...").[9] Podría pensarse que los versos de Petrarca permanecen en italiano por falta de interés del traductor. Pero evidentemente, la razón real se debe al tipo de lector al que estaba dirigida la traducción. Según Romano:

> Se trata de un manuscrito copiado para un lector de lengua catalana en quien se dan dos circunstancias: por una parte, es un humanista de la segunda época, y como tal se interesa por obras cultas redactadas ya en lengua vulgar; por otra, es un "erudito", en el sentido de que no se contenta con conocer la obra por medio de una traducción, sino que pretende leerla en su lengua original toscana. Ahora bien, lo que ocurre es que no domina esa lengua, y para poder comprender el texto necesita recurrir a un comentario que, claro está, tampoco podría aprovechar con fruto si lo leyera en su lengua original, y por eso quiere una *traducción a su propia lengua* (122).

Lo verdaderamente fatigoso y que necesitaba ser traducido para un lector catalán interesado en la obra son las largas explicaciones históricas y filosóficas que figuran en el comentario. Por otra parte, gracias a ellas el lector podía entender el significado de los versos de Petrarca bien, mientras que al mismo tiempo se respetaba el texto original del poeta, quien era así tratado como una *auctoritas* que no debía ser manipulada; lo cual, por otra parte, evitaba al traduc-

---

[9] En contra de este argumento se puede aducir, por ejemplo, que ya en 1427 Andreu Febrer traduce la *Commedia* en endecasílabos al catalán. Aunque pueda parecer una contradicción con nuestro traductor que este autor vierta ya los versos de Dante al catalán, hay que recordar que cada traductor actuaba con criterio propio, teniendo en cuenta el texto que le interesaba al público lector. Recuérdese el caso de la traducción catalana del *Decamerón* de Boccaccio, en donde se cambian canciones italianas por canciones catalanas, así como también nombres de lugares geográficos (Recio "Del latín...").

tor el trabajo de traducir la poesía al catalán. La afinidad entre las dos lenguas facilitaba este tipo de traducción.

Al traducir solamente el comentario de Ilicino se realza sin ninguna duda la connotación moral y cristiana de la obra de Petrarca por encima de la connotación poética. De esta manera, no tocar los versos de una autoridad como era Petrarca y en cambio traducir su comentario respondía con toda seguridad a gustos literarios y al tipo de lector al que estaba dirigido. En ningún caso, en mi opinión, debe pensarse que el texto se presenta de esta manera porque el traductor no tenía aptitudes para traducir al catalán las tercinas de Petrarca, pues en caso contrario se corre el riesgo de poner etiquetas sin base como cuando se dice que los escritores castellanos no sabían escribir en endecasílabos italianos.

Los manuscritos

Como ha quedado mencionado, la traducción está dividida en dos manuscritos de papel que consta cada uno de tres Triunfos, como ya indicó Nicolau d'Olwer (186-88). Los Triunfos de Amor, la Muerte y la Castidad figuran en el manuscrito 534 de la Biblioteca Nacional de París y los Triunfos de la Fama, el Tiempo y la Eternidad en el manuscrito sin numeración del Ateneu de Barcelona. Por lo tanto, el manuscrito de París contiene los tres primeros Triunfos.

El manuscrito 534 tiene 251 folios. En la encuadernación viene escrito con letra del siglo XIX "Petrarcha comentat en Valencia". La palabra "Valencia" está escrita sin acento, por lo que puede leerse como "València", el lugar, o como "valencià", es decir, la lengua en que está escrito.[10] El comentario de Ilicino es lo que está traducido al catalán y aparece en color negro. Los versos de Petrarca se mantienen en italiano y vienen en rojo. Ambos están escritos en letra napolitana. Los folios están numerados modernamente con números árabes, aunque el folio 120 está sin numerar, con lo cual a partir de ese momento la numeración indica un folio de menos con respecto a lo que debería ser correcto. La caja tiene las siguientes medidas: de largo 18 cms. y medio y de ancho 12. En los márgenes del texto

---

[10] Dentro, se confirma que la letra que aparece en la encuadernación es del siglo XIX cuando se especifica con el mismo tipo de letra "Volume de 250 feuillets" y abajo: "21 abril 1897".

aparecen anotaciones indicando los nombres de las autoridades o personajes discutidos en el texto. He consultado en dos ocasiones este manuscrito en París y comprobé que el papel tiene cuatro tipos de filigranas: en la primera página lleva una cruz latina que no vuelve a aparecer y luego una figura de mano con flor y doble puño; una iglesia con cruces en los tejados y unas coronas. Ninguna de estas filigranas, ni tan siquiera la de la mano con flor con puño doble, aparece en Briquet.

La crítica, hasta este momento, se ha ocupado más del manuscrito del Ateneu de Barcelona. Su descripción ha sido hecha por Massó i Torrents (56-61) y la hemos comprobado personalmente. Está encuadernado con tapa dura con el título *Triomf de Petrarca* en el lomo. No consta en él ninguna fecha, pero es igual al anterior en relación a la letra y a los colores del comentario y los versos de Petrarca. Con respecto a las filigranas, éstas han sido perfectamente descritas ya por Romano, como también hemos comprobado:

> En el manuscrito no figura ninguna fecha, es decir, que no disponemos de elementos explícitos para datarlo; pero los autores que lo han descrito lo clasifican aproximadamente en la segunda mitad del siglo XV. Ahora bien, las filigranas del papel en que se escribió la parte que se conserva en Barcelona son de dos tipos: el más frecuente, el que aparece en la inmensa mayoría de las hojas, es un guante o manopla de cuyo dedo medio sale un palo rematado por una estrella de seis puntas; pero hay dos cuadernillos (o sea, en total, una mano de papel) en los que la filigrana está compuesta por tres coronas dispuestas como si se hallaran en los ángulos de un triángulo equilátero con base arriba, y encima de cada corona, y partiendo de ella, se ve una cruz. He consultado la amplísima colección de filigranas (unas doce mil) reunidas en los Museos de Arte de Barcelona: ni en ella ni en los repertorios publicados figura la filigrana de las tres coronas; en cuanto al guante, aparece en varios manuales notariales catalanes —naturalmente, están perfectamente fechados—, el más antiguo de los cuales es del año 1500 (114).

Con respecto a la filigrana de la mano o manopla es similar a la del manuscrito de París pero no es la misma. La descripción de la filigrana que figura en dos de sus cuadernillos corresponde a la de las coronas mencionadas para el de París. Ninguna de las dos coincide con las de Briquet. En el manuscrito del Ateneu encontramos 257 folios sin numerar. La caja de largo mide 19 cms. y medio y de ancho 11 y medio, aunque hay pequeñas variaciones. Al ser encuadernado de nuevo el manuscrito hace unos pocos años, se ha eliminado una explicación en castellano escrita a mano con letra del siglo XIX que dice: "Un tomo manuscrito que contiene los *Trionfi* de M. Francesco Petrarca, exceptuando los d'Amore, della Castità, y della Morte, por completo; y el della Divinità que es el último del tomo, está truncado y falto después del terceto 39. A todos acompañan comentarios en catalán. Los primeros y últimos folios, enumerados con cifras romanas, no se refieren à los *Trionfi*". De esta explicación da cuenta Massó i Torrents (57) y yo tuve la oportunidad de verla y transcribirla en mis apuntes. Sin embargo, a pesar de que la nueva encuadernación la ha eliminado, dicha explicación se conserva en el microfilm de que dispone el Ateneu. De todos modos, esta información no corresponde con el estado actual del manuscrito. Éste comienza sin las primeras páginas, en la mitad del comentario que se sitúa inmediatamente antes del verso 52 del primer capítulo del "Triunfo de la Fama". La información con respecto al texto que falta al final del "Triunfo de la Divinidad" o "Eternidad" es correcta, porque es efectivamente en el verso 117 (final del terceto 39) cuando se interrumpe este Triunfo. Lo que se encuentra a partir de este momento en el manuscrito es una vuelta al comienzo del primer capítulo del "Triunfo de la Fama", pero faltan los primeros folios. Alguien los ha dispuesto así, y así nos han llegado. De todas maneras, este comienzo del primer capítulo del "Triunfo de la Fama" llega solamente hasta el comentario después del verso 33. Por esta razón, hay una laguna desde el verso 33 hasta el 52 en el primer capítulo del "Triunfo de la Fama".

Es lógico suponer que este cambio en las primeras páginas del manuscrito, con la pérdida del comentario de 19 versos, ha sucedido después de la descripción de Massó i Torrents, pues un cambio así, y más aún en las primeras páginas, no habría pasado desapercibido al investigador. Por otra parte, la numeración de folios que anota Armangué para su edición del *Triunf del Temps* no coincide con la nuestra, pues su numeración señala 13 folios menos que la nuestra. Igual que en el manuscrito de París, aparecen anotaciones al margen con los nombres de personajes y autoridades.

No hay duda, dadas las características básicas, de que estamos ante un único manuscrito dividido en dos y ubicado en dos lugares distintos. Lo afirmo principalmente por la letra, que es la misma en los dos manuscritos, como dije napolitana (bastarda documental con elementos del Humanismo),[11] escritura propia de la Corona de Aragón, pero también por la disposición de los dos textos y por el hecho de que son complementarios en contenido. No obstante, es necesario mencionar algunos detalles que inducen a duda. Por ejemplo, en todo el primer códice se menciona a Petrarca como "micer Ffrancesch", siempre sin abreviaturas, mientras que en el códice del Ateneu, desde el principio el nombre suele aparecer abreviado.

Basándose solamente en el manuscrito del Ateneu y a través del estudio del orden de los Triunfos y del cotejo de versos clave, Romano (116-21) es capaz de remontar el origen de este manuscrito al grupo III de manuscritos de Ilicino según la clasificación de Appel. Romano (114) remonta la fecha de la traducción catalana a los primeros años del XVI, en contra de los que han estudiado antes el manuscrito, aunque reconoce que los datos no son concluyentes y además apunta que este manuscrito podría ser también una copia de un texto anterior. Por otra parte, asegura que la letra "presenta rasgos del siglo XV, pero también ciertas características del siglo XVI" (114). No indica, sin embargo, cuáles son esas características. La datación de la obra por parte de Romano, sin embargo, no parece muy segura puesto que basa sus conclusiones en datos poco fiables y, además, sólo ha examinado uno de los dos manuscritos. Su datación coincide así con la de Riquer (2: 468), pero éste tampoco aclara sus razones. En mi opinión, sin embargo, todos los datos (el orden de los capítulos, el hecho de que el manuscrito esté dividido, el tipo de letra, sus colores y las filigranas) indican que estamos ante un texto anterior a los de Antonio de Obregón (ca. 1512), Alvar Gómez de Ciudad Real (ca. 1515) y Hernando de Hozes (1554).

Nuestra edición

Ésta es la primera edición completa que se lleva a cabo de la traducción catalana del comentario de Ilicino. Hasta este momento, debido a lo difícil que resulta trabajar en un texto tan largo, sólo el "Trionf del Temps" (Armangué) ha sido publicado. Nuestra edición es también la primera que estudia y recoge directamente el texto del manuscrito de París, pues la mayoría de críticos se centra solamente en el del Ateneu de Barcelona.

---

[11] He seguido las descripciones de Mateu.

Se ha tratado en todo momento de hacer legible el texto de los *Trionfi*, añadiendo puntuación y acentos, y modernizando el uso de mayúsculas y de minúsculas, separando palabras y añadiendo apóstrofes y guiones según las normas modernas; además:

– Se ha regularizado el uso de "i", "j", "u" y "v" de acuerdo a si es vocal o consonante.

– Se han resuelto las contracciones de acuerdo con la ortografía moderna y, cuando estas contracciones no concuerdan con las normas actuales del catalán, se ha usado el punto volado para la transcripción.

– Se ha separado la "ll" con el punto volado según el uso moderno pero, cuando esta grafía corresponde con palabras que hoy en día usan la letra "l" (caso por ejemplo de "delliberar"), se ha mantenido la ortografía del manuscrito.

– Puesto que no oscurecía la lectura, no se ha modernizado el uso de la cedilla, apareciendo así palabras como "vencut" que en catalán moderno aparecería como "vençut", ni tampoco el uso de las letras "g" y "j".

– Se han respetado, salvo en alguna ocasión aislada, las numerosas variaciones ortográficas aun de los nombres propios que figuran en los dos manuscritos. Se han corregido los errores como las palabras repetidas y las faltas de concordancia singular-plural o del masculino-femenino en algunas palabras que no corresponden con el resto de la oración.

– Se han añadido o quitado algunas veces preposiciones o conjunciones ("a", "que", etc.) que eran necesarias para la comprensión de la oración.

– Se han puesto en mayúsculas los números romanos en el texto para diferenciarlos claramente de las otras letras.

– Se han corregido los errores obvios que corresponden a una mala lectura del texto o a una mala interpretación de la palabra en italiano. Sin embargo, los errores de más trascendencia, que afectan a cambios importantes en el texto, simplemente se han anotado a pie de página o se han añadido al texto cuando se referían a la omisión de varias palabras.

– Se han respetado los muchos italianismos usados en la traducción.

– No se han mencionado las autoridades y personajes que aparecen al margen porque simplemente aluden a los que aparecen en el texto principal.

La principal dificultad del texto, dejando aparte algunos borrones, tachaduras y palabras oscuras, es que faltan palabras en las oraciones (relativos, verbos, etc.) que dificultan la comprensión de la oración y que hay errores de traducción de ciertas palabras u oraciones que confunden al lector. En estos casos, recurro al original de Ilicino para su corrección. Este comentario publicado en Venecia en 1475 proviene de la Universidad de Cornell (signatura A. 192037). A veces también he recurrido a Obregón, quien también utiliza el comentario de Ilicino, para certificar que mi lectura era apropiada. Aun así, he preferido dejar la mayoría de los casos de confusión en el texto principal y anotarlos simplemente a pie de página, aunque este procedimiento tenga el inconveniente de que el lector se encuentre muchas veces con oraciones que sólo tienen un significado claro cuando se leen las notas. Se ha preferido este criterio porque, tratándose de una traducción con peculiaridades propias, se habría corrido el riesgo de hacer una edición corregida según el texto de Ilicino, en lugar de presentar la traducción tal cual es, con sus cambios, sus interpretaciones y sus errores. Por este motivo, hemos considerado que ésta era la mejor forma de presentar el texto como tal, a pesar de la dificultad antes mencionada.

Además de las abreviaturas relacionadas con el manuscrito, se han utilizado otras abreviaturas en las notas a pie de página. La abreviatura Pac. corresponde a la edición de Vinicio Pacca y Laura Paulino de los *Trionfi, Rime Estravaganti, Codice degli Abbozzi*. La abreviatura it. se refiere al texto de Ilicino de los *Trionfi* editado en Venecia en 1475 antes indicado. Finalmente, la abreviatura Ar. corresponde a la edición del "Trionf del Temps" hecha por Joan Armangué.

Obras citadas

Alcover, Antoni Maria i Francesc de Borja Moll. *Diccionari català-valencià-balear: inventari lexicogràfic i etimològic de la llengua catalana*. Palma de Mallorca: Moll, 1988. [versión electrónica: http://dcvb.iecat.net/]

Armangué i Herrero, Joan. "El 'Trionf del Temps' de Petrarca: La traducció catalana dels comentaris d'Ilicino (s. XV)". *Annalli della Facoltà di Magistero dell'Università di Cagliari*. Nuova Serie 13.1 (1989): 125-91.

Bernardo, Aldo S. *Petrarch, Laura, and the "Triumphs"*. New York: State U of New York P, 1974.

Bosco, Humberto. *Francesco Petrarca*. Bari: Laterza, 1961.

Briquet, Charles-Moïse. *Les filigranes: dictionaire historique des marques du papier*. 4 vols. Leipzig: Hiersemann, 1923.

Caliendo, Gaspare. *Guida allo studio dell'opera letteraria di Francesco Petrarca*. Napoli: Federico e Ardia, 1971.
Corso, C. "L'Ilicino (Bernardo Lapini)". *Bulletino Senese di Storia Patria* 16-17 (1957-58): 3-108.
Curato, Baldo. *Introduzione a Petrarca*. Cremona: Mangiarotti, 1969.
Dionisotti, Carlo. "Fortuna del Petrarca nel Quattrocento". *Italia Medioevale e Umanistica* 17 (1974): 61-113.
Eisenbichler, Konrad, y Amilcare A. Iannucci, eds. *Petrarch's Triumphs: Allegory and Spectacle*. University of Toronto Italian Studies, 4. Toronto: Dovehouse, 1990.
Hainsworth, Peter. *Petrarch The Poet: An Introduction to the "Rerum vulgarium fragmenta."* London/New York: Routledge, 1988.
Highet, Gilbert. *La tradición clásica*. 2 vols. México: Fondo de Cultura Económica, 1986.
Hozes, Hernando de. *Lòs trivnphos de Francisco Petrarcha, ahora nueuamente traduzidos en lengua castellana, en la medida, y numero de versos, que tienen en el toscano, y con nueua glosa*. Medina del Campo: Guillermo de Millis, 1554.
Ilicino, Bernardo. *Triomphi de Meser Francesco Petrarca*. Venezia, 1475.
Lapesa, Rafael. *La obra literaria del Marqués de Santillana*. Madrid: Ínsula, 1957.
Massó i Torrents, Jaume. *Catàleg dels manuscritts; format per*. Biblioteca de l'Ateneu Barcelonés. Barcelona: L'Avenç, 1902.
Mateu Ibars, Josefina. *Colectánea paleográfica de la Corona de Aragón: siglos IX-XVIII*. 2 vols. Barcelona: Universitat de Barcelona, 1980-1991.
Merry, Valerie. "Una nota sulla fortuna del commento di Bernardo Ilicino ai 'Trionfi' petrarcheschi". *Giornale Storico della Letteratura Italiana* 103 (1986): 235-46.
Nicolau d'Olwer, Lluís. "Manoscritti catalani dei trionfi del Petrarca". *Studi Medievali*, Nuova Serie 1 (1928): 186-88.
Noferi, Adelia. *L'esperienza poetica del Petrarca*. Firenze: Le Monnier, 1962.
Obregón, Antonio de. *Francisco Petrarca, con los seys triunfos del toscano sacados en castellano con el comento que sobrellos se hizo*. Logroño: Arnau Guillén de Brocar, 1512.
Parker, Deborah. *Commentary and Ideology: Dante in the Renaissance*. Durham/London: Duke UP, 1993.
Petrarca, Francesco. *Trionfi*. Ed. Carlo Calcaterra. Torino: Tipografia Sociale Torinese, 1927.
———. *Trionfi*. Ms. Ateneu de Barcelona.
———. *Trionfi, Rime Estravaganti, Codice degli Abbozzi*. Eds. Pacca, Vinicio, y Laura Paulino. Milano: Mondadori, 1996.
———. *Die Triunphe Francesco Petrarcas*. Ed. Carl Appel. Halle und Salle: 1901.
———. *Triumphi*. Ms. 534 Bibliothèque Nationale de Paris.
Recio, Roxana. "La traducción del Triunfo de Amor de Petrarca por Alvar Gómez de Ciudad Real: Un estudio sobre la poesía de cancionero y sobre las teorías medievales y renacentistas de la traducción". Diss. Michigan 1990.
———. "Alfonso de Madrigal (El Tostado): La traducción como teoría entre lo medieval y lo renacentista". *La Corónica* 19.2 (Spring 1991): 112-131.
———. "Del latín al vernáculo: la difusión peninsular del *Decamerón*". *Livius* 9 (1997): 109-19.
———. "Humanismo y exégesis medieval: el caso de Ferrer de Blanes". *Actas del XII Congreso de la Asociación Internacional de Hispanistas; Birmingham, 1995*. Ed. Aengus M. Ward. 5 vols. Birmingham: The U of Birmingham P, 1998. 1: 293-301.
———. *Petrarca en la Península Ibérica*. Alcalá de Henares: Universidad de Alcalá de Henares, 1996.

Recio, Roxana. "'Por la orden que mejor suena': traducción y Enrique de Villena". *La Corónica* 24.2 (Spring 1996): 140-53.

———. "Puntualizaciones sobre la traducción catalana del *Triunfo de Amor* de Petrarca según el manuscrito 534 de la Biblioteca Nacional de París". *Actas del XIII Congreso de la Asociación Internacional de Hispanistas, Madrid: 1998*. Eds. Florencio Sevilla y Carlos Alvar. Madrid: Castalia, 2000. 1: 213-20.

Riquer, Martí de, y Antoni Comas. *Història de la literatura catalana*. 4 vols. Barcelona: Ariel, 1964.

Romano, David. "Acerca del manuscrito del Ateneo Barcelonés de los 'Triunfos' de Petrarca". *Quaderns d'Italià* 6 (2001): 111-22. [Publicado originalmente en *Boletín de la Real Academia de Buenas Letras de Barcelona* 41 (1987): 5-18.]

Sapegno, Natalio. *Il Trecento*. Vol. 4 de Storia letteraria d'Italia. 10 vols. Milano: Vallardi, 1966.

Serra, Renato. "Dei 'Trionfi' di Francesco Petrarca". *Scritti*. 2 vols. Firenze: Le Monnier, 1938.

Vacana, Gerardo. *Genesi e poesia dei "Trionfi" di Francesco Petrarca*. Isola del Lini: Pisani, 1969.

Wilkins, Ernest H. "The First Two Triumphs of Petrarch." In *Studies on Petrarch and Boccaccio*. Padova: Antenore, 1978.

———. *The Making of the "Canzionere" and Other Petrarchan Studies*. Roma: Edizioni di Storia e Letteratura, 1951.

———. "The Separate Fifteenth-Century Editions of *The Triumphs* of Petrarch." *The Library Quarterly* 12 (1942): 748-51.

Roxana Recio

LOS *TRIONFI* EN CATALÁN: EL MANUSCRITO 534 DE LA BIBLIOTECA NACIONAL DE PARÍS

[DEDICATÒRIA]

[1r] A l'il·lustríssim Mutine duch de Borsina,[1] Bernat Elicini, en philosoffia y en medecina dexeble en los Trihunffos del laureat poeta Ffrancesch Petrarcha, la exposició comença.

---

[1] *Mutine duch de Borsina*: "Borso d'Este, duque de Módena"; it. "Mutinae ducem divum Borsium Estensem". Borso d'Este (1413-1471), duque de Ferrara, Módena y Reggio.

[INTRODUCCIÓ]

Públio Corneli Scipió, il·lustríssimo príncep, neguna major victòria o més singular trihunffo ésser diffinia que si mateix vençre en aquelles coses les quals de l'apetit sensitiu són desigades. De què, quant que per més singulars benifficis de Massanissa,[2] rey dels massellans, per ell rebuts fossen, conjunct de singular amicícia, no volgué contra la raó la dada conjugal fe a Soffonisba en la presura de Cirta de aquella retifficar, stimant ésser més convenible de si matex reduhir-ho a la precípua conexença que condecendre a l'ardentíssim enamorat desig. Preclara y acomodatíssima obra és dels romans en no voler de les errors lo singular amich altrament que a ssi matex asegurar; e per ço, per voler la sobirana e singular glòria aconseguir, neguna altra cosa fon judicada més útil que maniffestament conèxer qual és lo necessari trànsit de ffer a cascun home del primer dia que en terra fon procreat, pux no pot [1v] per lo seu discurs la imbecil·litat del nostre enteniment trespassar. La qual cosa obtimament entenent l'antiga prioritat, justament a la sapiència del delphic Apol·line, quant que exprés primer de Thalate milesio, atribuhex lo seu primer precepte ésser atribuhit:[3] "Nosce te ipssum". Encara açò matex, essent de ampla mar, quasi per xiquet riu en estreta lacuna, de la antiga entegritat als moderns enteniments de flux, volgué lo excel·lentíssim y preclaríssim poeta Ffrancesch Petrarcha sots ele-

---

[2] *Massanissa*: Masanissa, o Masinissa, rey de los masilios, pueblo de la Numidia oriental, famoso por su lealtad a los romanos, y especialmente a Escipión, en su lucha contra los cartagineses.
[3] *atribuhit*: ms. "atrihuhit".

gant vol de poesia lo ajustat preparar e ací, ab senser ànimo polint, entrar a ssi matex entendre. E axí com de gran en gran se demostra l'ome per fi remoure's a la sua només variable fermetat últimament de aquell aconseguida, axí elegantment introduhex lo nostre poeta sis gloriosos Trihunffos, la hu a l'altre com a superiors e dominadors designant, en los quals la clarísima intel·ligència de tots los estats dels hòmens és uberta e col·locada. Volent donchs, segons la singular àurea sciència platònica, no solament de mi matex ésser nada, mas, axí com de les fatigues dels altres gran fruyt he rebut, axí matex recercar-ne,[4] delliberí per quant se estenga la debilitat del meu ingeni volent de aquex gloriós poeta en los dits Trihunffos la intenció explanar, judicant certament ésser útil. Per ço, com la admiranda doctrina en ells interclusa en part ne sia més comuna, com encara perquè espere que tals exemples e tals obres per ventura algun ingeni porà ençendre[5] [2r] la sublimitat del qual la obra ja per mi dreçada, ab la perfecçió de la axa del seu entendre singularment pulirà. E per ço la gran excel·lència e gran dignitat del poeta com justament merita les singulars lahors ne reportarà. Per la qual cosa, havent diligentment e ab bon examen considerat a qui en lo principi aquesta mia poch avisada obra endreçaria, a negun altre ab més rahó he acorregut que a la tua Il·lustríssima Senyoria perquè lo subjecte de la obra e matèria al meu judici sia loable, com encara perquè, tractant-se de Trihunffos, negun altre·n pot millor sentència referir que qui de quascuna obra sua interior e exterior ha tostemps importat trihunffo, axí com al parer meu ha la tua senyoria aconseguit, la qual tostemps ab ffortíssim ànimo quascuna operació de fortuna gloriosament ha vençuda. Donchs, a ella és degut lo trihunffo, a ella sola és reservat lo judici e determinació dels Trihunffos. No desdenye, donchs, aquexa preffata Il·lustríssima tua Senyoria la pura fe del teu servidor. Mas, quant en la gran e urgentíssima diligència[6] e cura del govern de la Tua Senyoria algun repòs interposara, no li desplaria legir aquesta obra perquè, quant per la altitut del seu ingeni neguna cosa amagada o inexperta se diga, trobarà almenys una sinseritat de fe de mi, servent seu, ab hun ardentíssim desig de aquella tostemps veure y entendre, gloriós en aquest món y benaventurat en l'altre.

---

[4] *axí matex recercar-ne*: it. "medesimamente e aposteri de noi resarcirne".
[5] *ençendre*: error por "ascendre"; it. "accendera".
[6] *diligència*: ms. "dilencia".

[TRIUMPHUS PRIMUS AMORIS]

[2v] [U]niversal sentència és, dels philòsofs hi singulars glosadors aprovada, haver-se en los principis dels libres moltes coses diligentment considerar; les quals, si nosaltres en la present obra referir volguéssem, més prest en superfluhitat que en claredat de libre encorreríem. Emperò, de aquelles moltes, quatre solament al prepòsit nos esforçarem explanant expondre: la primera qual és lo subjecte del libre e matèria, la segona la utilitat de aquell, la terça lo nom del llibre e actor, la quarta e última la sua divisió. E axí apar que·n demostra Servi al principi de la obra e il·luminació de Virgili, hi lo gran philòsoff Averrohiç en la prefació de l'*Auditu naturale*. E quant a la primera, dich la intenció e subjecte ésser la ànima humana, sots consideració de la varietat per respecte e relació de les humanes obres al judici de aquelles donat dels hòmens. Per la qual intel·ligència és de considerar l'ànima nostra no haver alguna pròpia operació, mas cascuna comunicar lo cos, e·axí sols a l'home compost d'ànima y de cors deure's atribuhir. Aquesta sentència scriu lo philòsoff en lo primer libre y segon *De ànima* dient: "Dicere autem animam irasci simile est et si aliquid dicat eam texere aut edifficare"; de què singularment seguex segons la diversa disposició corporal diversifficar-se encara les humanes operacions. E per ço Galienus, il·lustre metge, diversos costums a diverses complexions en lo sentiment atribuhia. Per la qual cosa los mo[3r]rals philòsoffs e Aristòtil, a la fi del primer de la *Ètica*, e Ciceró, in primo *Officiorum*, diffinix ésser dos principis de operacions, ço és apetit sensitiu e intel·lectual; los quals, segons que la hu a l'altre senyoreja, axí en los hòmens se multipliquen acomodades operacions.

Són encara entre si matexos contínuament repugnants aquestos principis axí com descriu claraments lo apòstol, *Ad Romanos*, VII, *Ad Galatas*, V, on diu "Video aliam legem in membris meis, repugnantem legis mentis mee et caro concupiscit adversus spiritum; spiritus adversus carnem". Emperò, segons que per lo catiu discurs se han les corporals parts augmentar e disolrre, ha encara l'ànima vàriament diversos efectes produhir. De què, essent aquell divís en dues generals parts, ço és en juventut y vellea, per ço en la primera part juvenil hi en la segona operació de vellea diriven, de les quals la primera mèritament ha lo apetit, la segona ha la rahó, per los hòmens se atribuhex. Mas, pux que per la consumpció del vincle de la umor sustancial no pot més l'ànimo nostre mantenir-se en lo domicili corporal, se li atribuhex una sola operació, la qual és dividir-se; la qual divisió, segons la sentència de Tuli en lo primer de la *Tosculana*, de Aristòtil in *De morte et vita* y de la cristiana[7] religió, neguna altra cosa és que mort.

Són fins aquest punt concordes les philosòphiques opinions del procés de l'ànima; mas de ací avant molt se discorden, emperò que alguns axí com los epicuris diuen no ésser [3v] pus l'ànima, mas totalment affermen ésser anichilada. Alguns altres diuen aquella restar, e aprés la sua partida del cors immediate transvolar al cel, axí com fa Plató quant que de aquest article diversament parlàs, com veurem en lo Trihunffo de Ffama. Mas Pictàgoras, més a rrigor de justícia aquella sotsmetent, la fa subjecta a la purgació infernal, mediant la qual a les delícies dels Camps Eliseus passassen fins a l'ora que en altres cossos retornar volguessen, axí com en la *Eneyda* maniffestament demostra Virgili. De aquesta sentència se desvia Aristòtil e gran part dels peripatètichs,[8] sols hun intel·lecte posant, no segons loch separat de aquell mas per incorruptible natural;[9] li stoich[10] axí matex, comprovant la virtut sobiran bé,[11] l'ànima vera immortal, tota la sua diligència hi estat de aquell refferint al govern divinal. Erraren certament totes les damunt dites opinions mas de errors[12] excusables, emperò que solament la conexença de la veritat devalla del primer verdader lum verb divinal il·luminant tot lo que

---

[7] *cristiana*: ms. "cristiani".
[8] *dels peripatèthics*: ms. "del peripatethic".
[9] *per incorruptible natural*: "incorruptible per natura".
[10] *li stoich*: "els estoics".
[11] *comprovant... sobiran bé*: "comprovant que la virtut és sobiran bé".
[12] *errors*: ms. "error".

en lo món abita. Emperò, la sobirana magestat en la qual may no cau error, sacra sancta fe cathòlica, l'ànima, aprés la sua separació, determena reservar-se segons la determinació de justícia en diversos lochs segons diversos mèrits, fins al dia de l'universal judici per lo eternal jutge just Jhesucrist fahedor, segons que David propheta predix en lo psalm LXXXV: "Iudicabit orbem terre in equitate et populos in veritate sua"; hi en lo psalm [4r] LXXV dix: "De celo auditum fecisti iudicium; terra tremuit et quievit cum exurgeret in iudicium dominus ut salvos faceret omnes mansuetos terre". Mira Isaÿes en lo v dient: "Exaltabitur dominus exercitum in iudicio et deus sanctum sanctifficabitur in iusticia". Scrigué açò matex Malachies en lo 3 quant dix: "Et accedam ad vos in iudicio et ero testis velox maleficis et adulteris et periuris". Mas certament més clar que altre proffeta ho scriu Salamó al III de l'*Ecclesiastès* quant dix: "Iustum et impium iudicabit deus et tempus omnis rei tunch erit". Prova açò matex lo test de la Sibil·la Eritea de Ezechiel, a XXXIIII, de Daniel, a VII, e lo test evangèlich de Sant Matheu, a XXV, lo qual portar-ho més estesament seria en cosa no dubtosa al·legar-hi no necessaris testimonis. A la presència del qual jutge los reassumpts cossos sortiran de lur lloch per la vital obra convenient[13] procehida, axí com ho demostra lo *Apocalipci* dient "Opera enim illorum sequuntur illos". Mas, encara que sia grandíssima differència entre la damunt dita opinió, excepta la epicúria, convenen-hi altres, però, és gran distància e lonch spay de temps del dia de la separació de l'ànima a la rehunió del cors segons Pictàgoras, o segons Plató, o segons la fe. De què en tal estat par que dues calitats li convenguen. La una, que de les obres virtuoses exercitades en la vida mentre era ab lo cors li·s atribuhixca lahor e fama. L'altra és que, corrompent-se per largària de temps [4v] qualsevol effecte produhit en lo món, tal lahor e fama se ha a denigrar segons la sentència de Salamó al terç de l'*Ecclesiastès* quant dix "Omnia tempus habent et spaciis suis transeunt universa sub celo". Passa encara de aquest estament l'ànima, la qual és mesura finida, essent tot moviment finit hi lo temps la sua mesura, axí como en lo quart de la *Ffísica* Aristòtil demostra, a una sempiterna e infinida distància; a la qual, aprés que és venguda, no pot més lo enteniment nostre per no ésser-ne digne lo seu estat considerar.

---

[13] *convenient*: "convenientment".

Considerant, donchs, lo preclaríssim nostre poeta aquest trànsit de l'ànima, ab artificiosa elegància ha, sots estil de poesia, statuhit hi compost sis Trihunffos. Lo primer pertinent a l'ànima, la qual era per la fort inclinació del cors condecent, segons lo domini dels sentiments, fingint obrar amor. Per lo qual entén trihunffar lo apetit sensitiu dels hòmens en lo temps de la juventut. Lo segon introduhex la rahó trihunffar d'amor, la qual sots color de madama Laura entén; la qual cosa naturalment intervé en lo temps de la virilitat y vellea, e quant les delectacions sensitives ensemps ab la calor natural de aquelles ensturments són declinades. Lo terç seguex la mort trihunffar de Laura, ço és obrar de la rahó. En lo quart trihunffa la fama de mort perquè, quant l'ome per si pus no obra, esforça's a comoure per los seus exemples los altres a virtuosament obrar; per ço que contínuament se'n çelebre lahor, restant-ne [5r] més clara la sua nomenada. Lo cinquè trihunfa lo temps de la fama, com sia cosa que la sua largària corromp tota cosa mortal. Trihunffa últimament la eternitat del temps, lo qual, nosaltres no podent-la distinctament compendre, mas aquella seguir[14] al judici universal per lo seu principi, lo gloriós poeta en lo sisèn Trihunffo explanant demostra.

Donchs que tal sia lo universal subjecte del libre, convenient cosa és condecendre a veure qual és la utilitat que en la present doctrina contribuhex. Si vera és la doctrina de tots los morals que les virtuoses operacions o aquexa virtut sia sobiran bé, e allò se determene ésser útil que per recta via a la possessió de tals[15] béns porte, certament neguna cosa a nosaltres més útil que la present doctrina pot demostrar-se. Emperò, qui serà aquell que, coneguda la ignobilitat de la humana operació, entesa encara la excel·lència del rahonablement obrar, no sotsmeta lo desfrenat apetit a la moderada rahó? Qui serà aquell que, entesa la proprietat de la mort, no vinga fort a sobrepugar los perills per la deffensió de justícia e oppugnació de injúria? Qui serà aquell que per guanyar fama e glòria, coneguts los preclaríssims e magnànims fets dels antichs, no·s desvelle y encenga a semblant operació, axí com se lig les ymatges dels antichs romans a ells statuhides per eterna memòria haver acçitat Cipió Affricà hi lo trihunffo de Melchiades atheniench excitat Temístocle, e per ço no immèritament Ciceró scrigué en lo pròlech [5v] de la *Tos-*

---

[14] *aquella seguir*: "aquella devent seguir"; it. "dovendo quella seguitare".
[15] *tals*: ms. "tal".

culana "Honors alit artes omnesque incenduntur ad studia gloria"? Qui serà que, entenent la procreada oblivió del temps, no vinga de sa voluntat als seus temprats desigs? Qui serà últimament aquell que, conegut lo just divinal judici deure procehir la eternitat, no sia constret obrar en tal manera que, lançant lo eternal suplici, atenga per mèrit la celestial glòria e vida sempiterna? O admirable doctrina, la qual, de la fluctuosa mar de les mundanes tribulacions prenent,[16] los hòmens conduhex a la pàtria celestial!

Quant ara al terç, en lo qual dalt havem dit deure's aclarir lo nom e títol del libre *Incipit liber trihunfforum ffrancisci Petrarche*, lo qual per si matex és de fàcil intel·ligència,[17] emperò que trihunffo aprés dels romans neguna cosa altra era que una pública pompa en lo entrar de aquells que aprés les expugnades províncies a la pàtria victòria reportaven, en la qual los indòmits presoners e ymatges de la sotmesa ciutat procehien lo trihunfant laureat cavaller. A la qual semblança lo nostre excel·lent poeta los seus morals Trihunffos ha ordenats.

Ffon donchs aquest Ffrancesch Petrarcha per original fflorentí, nat en una ciutat apel·lada Aríçio en l'any de la edat nostra mil CCCIII lo primer dia de agost, en la qual ciutat en aquell temps estava lo pare essent posat de la sua república en exili d'aquí avant, aprés que fins a un any, per gràcia essent ell ensemps revocat e la mare en una sua vila apel·lada Lancisa posada sobre Florència, [6r] la sua[18] puerícia absolgué. E pervengut a l'huytèn any de la sua edat, conexent-se no de molt alta e honrrada família, mas de honesta y antiga, no podia comportar veure lo pare en tal manera exel·lar. D'on li fon forçat partir-se de Ytàlia e, per dos anys axí reposat[19] en Pisa, lo pare a la fi anà per prechs del fill en Ffrança a la ciutat de Avinyó, hon en aquella ora la cort romana demorava, hon aturà molt temps y en la ciutat de Carpenta, de Avinyó molt propinca, gramàtica, dialèctica e retòrica emparà.[20] Pervench aprés a Monpeller per donar obra a dret civil hon quatre anys studià. E oyda en aquell[21] loch del bolunyès estudi la fama se·n vench a Bolunya, hon per tres anys al dit

---

[16] *prenent*: error por "perenne"; it. "perenne".
[17] *intel·ligència*: ms. "intelligengia".
[18] *la sua*: ms. "en la qual la sua".
[19] *reposat*: "vagat"; it. "vagato".
[20] *emparà*: en el sentido de "prendre al seu càrrec (una acció, una tasca)" (Diccionari català-valencià-balear).
[21] *aquell*: ms. "aquells tres anys" tachado.

studi continuà. En aquest temps retornant en Avinyó a visitar los seus caríssims genitors, pare e mare, de aquell sobiranament desigats, seguí's que hun jorn de Sent Bernat, lo qual en aquell any lo sisèn dia de abril se celebrava, anant segons la consuetut per devoció per les sglésies, se encontrà en la església de Sancta Clara ab una joveneta, nada en una vila molt propinca de una ciutat apel·lada Gravesons, de honestíssims parents acompanyada, la qual se apel·lva Laureta, nom en aquella pàtria molt praticat; de la qual prestament ell se enamorà. E aquella amà en vida xxi anys e x aprés la mort.[22] E per millor consonança Laureta primer, e aprés Laura de aquell apel·lada, ella hi ell matex per les obres sues onrrats entre·ls mortals ne restaren. [6v] Havent donchs amada aquella prop de hun any hi essent ell ja de edat de XXXIIII, morí lo pare y la mare. E conexent ésser tanta la malícia dels hòmens que la sacre y venerable auctoritat de les leys guastava, no podent pacientment lo no just comportar ni per si matex poder remeyar-ho, per la una y per l'altra rahó donant-se a la cura poètica se hixqué del dit studi e retornant a Arècio, hon les sues singulars virtuts se comencaren a conèxer, fon de molts hi excel·lents hòmens la sua notícia e amicícia desigada. Entre·ls quals fon micer Jaume de Colunya, gran ciutadà de Roma e de gran reputació; reverent Vescovo Bomborense o Bomborgençe, ab lo qual la Guascunya y part de Ffrança ab grandíssim delit passegant cercà; ni menys fon stimat certament per son germà micer Johan Cardenal de Colunya, ab lo qual molts anys de aquell molt amat alegrament vixqué. En lo qual temps, pres de loable desig de veure Ffrança e Alamanya, de aquell partí e donà effecte a la obra. E absoluta tal peregrinació, retornant en Ytàlia pervench a Roma e a Nàpols a visitar Ruberto, lo qual en aquell temps era rey hi, essent en Roma, gratament fon rebut de Steve de Colunya, pare de micer Jaume hi micer Johan damunt dits, e ab aquest hun temps aturà. Aprés encara tornat en Avinyó e desplaent-li los costums de la cort romana la qual en aquell temps allí era, se recluhí en una solitària vall apel·lada Clusa, hon havia una [7r] emanísima[23] font apel·lada Sorga, en lo qual loch més part de les sues obres vulguars y latines scrigué. Màximament l'*Àffrica*, la qual obra maniffestada e sobiranament de tots los doctors lohada, fon per aquesta rahó volgut-hi del rey Rubert en Nàpols, y de la Universitat de París y del Capitol de Roma laureat;[24] hi

---

[22] *anys e X aprés la mort*: ms. "any e X apres mort".
[23] *emanísima*: "ameníssima".
[24] *laureat*: ms. "laurear".

essent de tots aquests, y ell sobiranament, desigant-ho, a la fi per consell e inducçió de Johan Cardenal de Colunya se laureà en Roma. La qual cosa molt més de enveja que de glòria li fon occasió. Stant donch aquest temps micer Ffrancesch en Itàlia, quant en Parma e quant en la Verona, ab los senyors demorava en tant que era notíssim e amat de tots los senyors de Ytàlia; e majorment de l'il·lustre y excels Galeas, veccompte en aquell temps de Pavia, conte e senyor de Milà, y encara del potent e magnífich senyor Jaume de Carara, lo qual, entenent que micer Ffrancesch en vida clerical e religiosa se delitava, per ço que ab ell retenir lo pogués, li donà una canongia de Pàdua. Lo qual, retengut dos anys, morí, e aprés la mort[25] de aquell senyor Jacme, encara retornà en Ffrança. Últimament ja aproximant-se de edat de vellea, e quasi si matex repenedint de haver de tants lochs variat, delliberà en la derrera posada fermar-se. E axí retornat en Itàlia en les parts de Pàdua ab hun dilectíssim amich seu apel·lt Lombart en hun loch apel·lt Archado, edifficà cominal[26] abitació. En lo qual loch, contínuament donant obra a l'estudi, moltes obres [7v] compongué, entre les quals foren los excel·lents Trihunffos, hi essent ja de edat de LXX anys a XXVIII de agost, mil CCCLXXIIII fon assaltat de una malaltia, de la qual molt en lo procehit temps era estat vexat e, no podent ja la declinada virtut sobrar la malaltia, fon constret a morir. E axí aquella generosa e digna ànima partí del món, la qual no dubte que per les sues singulars e grans virtuts reportà en la pàtria celestial del Just Jutge premi. Lo qual, axí com algun imponit efecte no lexà, axí matex may premeté algun bé ésser remunerat.

Absoltes, donchs, ja tres parts del nostre instituhit, ara resta a condecendre a la quarta e última, la qual és la universal divisió del libre. Dividex-se, donchs, principalment en sis parts la present obra axí com avant és demostrador ésser sis les variacions que a l'ànima nostra generalment segons lo mundanal entendre s'atribuhexen. De les quals, en la primera determena micer Ffrancesch del domini del sensitiu apetit, lo qual segons la poètica fantasia simula en la persona de Cupido. En la segona tracta lo principat de la rahó, la qual fengeix per la persona de madama Laura. En la terça part descriu de la mort, terça varietat a la ànima atribuhida. En la quarta seguex de la fama a l'ànima, aprés la mort referida dels hòmens. En la quinta aporta la largària del temps la predita fama obscurar. En la sisena y

---

[25] *la mort*: ms. "mort".
[26] *cominal*: it. "commoda".

última demostra al judici universal de Nostre Senyor Déu seguir la eternitat.[27] Comença la segona part [8r] en aquell capítol "Quando ad un loco et ad un tempo quivi"; la terça en aquell capítol "Quanti gia nel' eta matura et acra"; la quarta en aquell capítol "Nel cor pien d' amarissima dolcesa"; la quinta en aquell capítol "Del aureo albergo con l'aurora inanzi"; la sexta y última en aquell capítol "Da poi che sotto el ciel cosa non vidi". Resten donchs per aquest nostre colibet molt bé mostrades les quatre causes, ço és material, fformal, ffinal e efficient, les quals convenient[28] dels altres exposadors en los principis dels libres se solien principalment mostrar. Axí matex hi encara maniffeste la present doctrina gran part de moral ffilosoffia, e axí matex a la vida profitosa.

[H]avent ara expedites aquelles quatre parcials coses, les quals jutjam a la clara intel·ligència del libre ésser necessàries, convenient cosa·m sembla pervenir a la particular exposició de la letra, assumint, donchs, lo principi del primer Trihunffo, lo qual axí parla.

> [8v] El tempo che rinova i mei sospiri
> Per la dolce memoria di quel jorno
> Che fu principio a sì lunghi martiri.

Escriu micer Ffrancesch lo sensitiu domini fingint Copido trihunfar dels hòmens en aquesta forma; ço és que, considerant los antichs romans l'ora que trihunfaven ésser damunt los carros portats als temples dels déus, on ells y les sues vestidures se consagraven, axí fengex Amor sobre hun carro ésser portat per lo món trihunffant, e a la fi portat al temple de la mare Venus a tal trihunffant loch certament molt acomodat y degut. Segonament, axí com en diversos àbits abillat procehia que trihunffava, axí micer Ffrancesch a Amor atribuhex les pròpries calitats que li convenen. En lo tercer y últim loch, axí com qui, trihunffant los indòmits presoners, davant si ligats portava, axí micer Ffrancesch descriu aquells hòmens que de Amor foren ligats y vencuts seguint com a subjectes lo seu Trihunffo, hi encara com a vencuts e subjectes reys e duchs[29] davant si anant tals presoners lo seguien. Axí descriu micer Ffrancesch Jovis davant lo carro, més excels déu de l'antiga gent e ignorant celebra-

---

[27] *eternitat*: ms. "eterna"; it. "eternita".
[28] *convenient*: "convenientment".
[29] *reys e duchs*: ms. "reys duchs".

da, [9r] hi los altres tots subsegüents al Trihunffo. Dividex tot aquest subjecte lo poeta en quatre capítols, los quals nosaltres segons la lur particularitat en lo propri loch particularment expondrem. Quant donchs al primer capítol principalment micer Ffrancesch descriu lo temps particular hi l'ora en la qual fengex aquesta visió haver vista. Fengeix ell dormir y exprimint les qualitats, les quals són totes de la son provocatives, diu, donchs, que en lo temps que en ell se renovaven los enamorats sospirs per la dolça memòria del primer jorn que s'enamorà, lo qual als affanys de amor fon principi, ja lo sol al Tauro la hu hi l'altre corn escaldava; ço és, era del més de abril o de maig hon ja era passat lo sol de la primera mitat dels graus del signe del Tauro y entrat en la segona, la qual cosa per la hu hi l'altre corn entén. E segeix no sens gran y natural rahó la particular ora del seu signe ésser estada l'aurora dient que la ffanciulla[30] de Titone en aquella ora gelada procehia al seu acostumat treball e immudada consuetut. E per ço diu:

> Nel tempo che rinova i miei sospiri
> Per la dolce memoria di quel giorno
> Che fu principio a sì longhi martiri,
> Scaldava il sol gia l'un et l'altro corno
> Del Tauro, et la ffanciulla di Titone[31]
> Correa gelata al suo usato soggiorno.

Per més lucida intel·ligència dels dos precedents ternals és necessari entendre, segons la norma de ffilosoffia y estrologia, que, [9v] essent la octava spera[32] celestial en cinch zones distincta, hi aquella de mig per lo discurs del sol apel·lada tòrida divisa tota la sua circunferència en dotze parts eguals, hon essent cascuna de notables esteles ornada per si sortides en diversa denominació, per ço la primera se apel·l Àries, la segona Taurus, la terça Gèminis, la quarta Càncer, la quinta Leo, la sisena Virgo, la setena Libra, la huitena Scòrpius, la novena Sagitàrius, la dehena Capicòrnius, la onzena Aquàrius, la dotzena hi derrera Picis. Aprés avant és quascuna de les dotze parts del cel divisa en XXX trigèsimes parts sues distinctes, de les quals quascuna se apel·l grau, e tot grau és aprés dis-

---

[30] *ffanciulla*: italianismo por "noia".
[31] *Scaldava...Titone*: Pac. "già il sole al Toro l'uno e l'altro corno / scaldava, e la fanciulla di Titone".
[32] *spera*: "esphera".

tincht en LX sexagèsimes apel·ldes segones, la qual divisió encara de menuts e segones, a les ores se atribuhixen. Imaginant encara aquestes dotze parts ésser situades per cercle apel·lt Zodíach, en manera que, imaginant-se en aquexa zona tres cercles apariats, la hu en lo mitg de aquexa apel·lt equinocial, l'altre envès lo polo antàrtich apel·lt solisticial gemal hi l'altre envers lo àrtich apel·lt solisticial stival, lo sol en diversos temps de l'any davall quascú de aquests se troba. E per ço, de març o de setembre se troba davall la línea equinocial, axí com en lo terç capítol de aquest Trihunffo més largament direm, hi del més de juny se troba davall lo cercle solisticial stival, hi del mes de dehembre se troba davall lo cercle solisticial gemal. Discorrent lo sol en la pròpria spera dretament davall les dotze parts, [10r] en temps d'un any retorna en lo matex punt hon se començà a moure; en lo qual camí se diu tots los dotze signes haver discorregut. Entra donchs lo sol a XI o a XII dies de març en lo primer grau de l'Arietis e al seu primer menut, segons la proporció de les hores que avançen los prefets CCCLXV dies de l'any. Està encara circa XXIIII ores e hun terç per grau, de què mostra ésser maniffest que en aquella ora lo sol en lo signe del Tauro ve a ésser del mes de abril o de maig.

Scriu segonament micer Ffrancesch les ores particulars del signe ésser estades l'aurora, dient que la ffanciulla de Titone gelada al seu acostumat viatge corria. Hon és de entendre que l'Aurora plagué al poeta ésser filla de Titan y de la terra, emperò que l'aurora no és altra cosa que una clara resplandor davant la cara del sol e, perquè és lo Sol fill de Iperion, fill de Titan, fill del cel de Èther, fill de Herebo, fill de Demogorgon, de l'avi seu espessament se nomenà per los antichs. Però l'Aurora se diu ésser filla de Titan, mas de la terra se apel·l filla; emperò, levant-se tota la nostra vista a l'original, qualsevol cosa que en aquella part puga al cel par que encara de la terra puge. Mas fanciulla de Titone és en aquest loch l'Aurora del poeta apel·lada, emperò que Titone és jermà de Laumendonta, rey de Troya, segons que scriu Ovidi en lo xii del *Methamorfoseos*, mas, segons alguns altres, son fill[33] fon de la Aurora amat; lo qual longa vida demanant a l'Aurora, la obtengué en tant [10v] que aprés la mort de Menmone son fill fon convertit en cicada. Per aquesta, donchs, sua tanta vellea e per la immudable edat de la Aurora, la

---

[33] *son fill*: ms. "fill".

qual dels poetes ffanciulla és descrita, mèritament micer Ffrancesch encara la nomena la ffanciulla de Titone.

Descriu consegüentment la ora de la aurora ésser per dues rahons freda y gelada. Primerament per la frigiditat de la nit fins aquella ora és més continuada; segonament perquè, essent vehina la calor dels raigs del sol, se rehunex la frigiditat[34] per lo adveniment del seu contrari, dels philòsoffs apel·lt antiparistasis, e per ço en si rehunida en si matexa ne ve més poderosa. Dix de principi, no sens gran rahó, micer Ffrancesch haver elet al seu signe ora de la aurora y no neguna altra, com sia cosa que vol la sua visió demostrar ésser vera. E per ço, segons la sentència del singular philòsoff Albert lo Gran en lo seu libre *De somno et vigilia*, axí com la llum radial comunicada de les esteles als materials elements una matexa calitat produhex, a la qual la virtut elemental atenga no en instrument e ministre, axí la celestial e abstreta intel·ligència dels àngels influehex en l'ànima nostra les sues intrínsiques virtuts; aquelles ensemps ab lo propri effecte usant, axí com instrument, e alguna volta per semblants ymatges, alguna volta per manera de ensenyant doctor, e alguna volta en pròpria essència, demostren a nosaltres les coses verdaderes presents, passades y esdevenidores. [11r] E perquè a semblant visió és necessari a l'orgue o instrument dels intrínsechs sentiments ésser[35] de supèrflua vapor purgats, no podent ésser açò mentres que·s celebra la digistió, perquè contínuament del ventrell al ceròbrum munten los fums, emperò, és necessari que, havent-se a veure les coses verdaderes o preveure en lo somni, que sia l'ora de la matinada en la qual los fums elevats del menjar són totalment resoluts. E per ço Macòbrius en lo *Somni de Cipió* instituhex ésser cinch spècies de somnis, dels quals lo primer se apel·l ffantasma, lo segon insomnium, lo tercer somnium, lo quart visio, lo cinquè e derrer oraculum. Resta, donchs, molt aparent argument per on pot mostrar micer Ffrancesch la sua visió ésser vera, essent feta en la ora de la aurora, en la qual verdaderes y certes visions als mortals se demostren.

Havent donchs en los precedents versos micer Ffrancesch descrit lo temps hi l'ora en la qual véu aquesta visió, seguex aprés com dormia, exprimint la causa per la qual era occupat del somni, dient

---

[34] *frigiditat*: a continuación tachado en el manuscrito "de la nit fins aquella ora es mes continuada".

[35] *ésser*: ms. "eser".

que les passions, desdenys y enamorat complànyer ensemps ab lo ésser del temps lo havien conduhit a dormir, en lo qual repòs lo treballat cor reposà hi rellexà tots los seus effectes de pensaments y de obres; hi seguex en tal dormir haver vist una grandíssima llum sobre les herbes. Ço és perquè en lo temps de la primavera tota la terra de vert és vestida. Lo qual per les herbes entén lo loch hon a dormir se era posat, en la qual llum amarch y gravíssim dolor ab poc solaç e plaer se demostrava. E per ço diu:

> [11v] Amor, gli sdegni, e 'l pianto, et la stagione
> Ricondotto m'avean al chiuso loco,[36]
> Ove ogni fascio il cor lasso ripone.
> Ivi, fra l'herbe, già del pianger fioco,
> Vinto da somno, vidi una gran luce,
> Et dentro assai dolor con breve gioco.

Ara per més uberta notícia dels precedents versos és de saber que lo somni no s'entén ésser altra cosa que hun ligam del primer sensitiu per la revocació dels animats sperits de lur propri principi. És, donchs, lo primer sensitiu una intrínsequa virtut apel·lada sentiment comú perquè comunament dóna judici de totes les particulars sensacions. Asenta's aquesta virtut, segons los metges y ffilòsoffs, en lo primer ventrícol del ceròbrum, là hon és una via per la qual los motius sensitius, sperits en lo ceròbrum engendrats, se infundexen del cors, donant als membres la operació del sentir y del moure. La qual via celebrada induhex a dormir, e lavors aquesta via se diu celebrar quant de fumal evaporació o cerebral umiditat és plena. E lavòs en aquest loch les vapors fumen quant superfluhitat de menjar o de exercici corporal o mental en los cossos nostres regna, dient encara al dit loch intrínseca umiditat o quant de extrínseca causa és multiplicada en los membres nostres, o quant la virtut retentiva del ceròbrum de intrínseca o extrínseca causa és debilitada. De què appar maniffestament micer Ffrancesch en aquell temps ésser estat constret a dormir, primerament per la stància e ora en la qual la umiditat en los cossos nostres més se muntiplica [12r] e on l'ome més a dormir se dóna, com scriu Virgili en lo ii de la *Eneyda*: "Suadentque cadencia sidera somnos". Axí matex, encara com sia cosa que los enamorats afanys e ira sia quascú per si, e desdenys causa de

---

[36] Los cuatro versos siguientes se presentan más abajo en el folio.

disolrre los vitals spirits y aquells encendre, e per ço la virtut regitiva y natural de los cossos nostres és necessari a produhir la son per restauració y reffecció dels sperits.

Segonament, diu micer Ffrancesch "Ove il cor lasso suo fascio ripone", per seguir la operació distincta y separada segons tres lochs, ço és la racional e intel·lectiva en lo ceròbrum, la concupicible en lo precòrdium e la natural en lo fegato,[37] a les quals, axí com eren divises per lochs, axí diverses operacions a aquella atribuhia; de què, donant tot apetit concupiscible, aquella del precordi, emperò que, tancant-se aquella en lo somni, reposava lo cor tots los fets dels seus pensaments, al tancat loch de les operacions.

Últimament ajusta micer Ffrancesch haver vist una gran llum hi lo objecte de la potència visiva, tal que per si neguna cosa és visible que verament no sia llum o participant de llum; de què, essent maniffestíssimament visible lo apetit sensitiu per les sues operacions, y màximament en lo desig carnal, emperò, micer Ffrancesch, volent de aquella singularment descriure, diu haver vist una grandíssima llum.

Seguex aprés micer Ffrancesch allò que dins aquella llum véu, dient ell haver vist hun poderós e victoriós duch a son parer trihunffar de aquells dels quals lo carro trihunffal està per glòria e honor dels romans. Als qui ab virtut obraven portaven al capitòlio, cap de la romana república. E per ço diu:

> [12v] Vidi hun victorioso et sommo duce,
> Pur come un di color, ch'en capitoglio
> triomphal carro a gran gloria conduce.

Entre los altres òrdens de trihunffar que en les ystòries de la lengua latina descrits se troben per evidència dels precedents versos, sols basta a refferir-ne allò que fon observat del Trihunffo de Scipió Emilià aprés la conquesta de Cartayna, scrit de Apianus Alexandrí en lo text *De bello punico* en aquesta forma: "Sertis redimiti omnes preementibus tubis: currus spoliis refertos deducebant: ferebatur et lignee turres captarum urbium simulacra: preferentes scripture de inde et imagines earum quas gegissent rerum: aurum de inde et argentum partim rudibus massis: partim notis aut huius modi impressum ffiguris: corone preterea quas virtutes gracia urbes

---

[37] *fegato*: italianismo por "fetge".

aut socii: aut exercitus urbi: parentes militibus dedissent. Candidi et inde boves et elephanti illos sequebatur: post hos Cartaginencium aut umidarum principes bello capti imperatorem lictores prehibant purpureis amicti vestibus cum Citharedorum et tubarum turba ad etrusce similitudine pompe: hi subcinti coronisque aureis redimiti suo ordine quinque canentes: psallentesque prodibant: hos lydios appellante: ut facile crediderim: Etruscos a Lidiis sumpsisse originem horum in medio quispiam talari veste ffimbriis et armillis auro splendentibus amictus gestus varios edebat: hostibusque de victis insultans risus undique ciebat post thirus et odorum copia imperatorem circunsteterat [13r] que currit de aurato multiffariamque notis refulgenti candidi vehebant equi auream capite gestantem coronam lapillis ornatam gemisque. Hic vestem suctinctus purpuream patrio amore aureis incestam cideribus: altera manu aburneum ceptrum altera laurum preferebat quem Romani insigne victorie profitentum et cum eo pueri virginesque et ad abenas inch inde cognati invenes demum qui exercitum secuti fuerant scriptores ministri scutifferive. Postremo exercitus inturmas aciesque divisus currum sequebatur. Militesque lauro redimitti laurum manu fferentes quibus meritorum insignia adiuncta erant: que primores hos quibus laudibus ferrent has salibus insectarent: non nullos infamiaque notarent".

Donchs, aquesta poch diversa semblança afferma micer Ffrancesch haver vist trihunffar per lo món Amor, dels hòmens verdaderament potentíssim duch y victoriós, com sia cosa que, segons la sentència del philòsoff en lo segon de la *Èthica*, sia més diffícil resistir a la voluntat que al primer natural moviment, encara que aquell no sia en la potestat nostra. E per ço diu "Difficilius enim est resistere voluptati quam ire ut Eraditus inquit". Per la qual sentència molt clar se comprèn quanta és la forca de aquest fort e furiós effecte.

Continua avant lo poeta exprimint la operació que li sembla fer vehent aquest invictíssim príncep. E diu, acusant la error del món en la qual vivia, que, aprés que ja eren axí depravats los hòmens en lo seu temps, que no s'i obrava de tal manera que justament de aquell fos [13v] degut ell ab honor trihunffar, mas tots los ànymos eren de parer de valor y virtut, y plens de supèrbia y ergull, no essent semblant trihunffo condecent a veure, e tota volta ardentment desigant noves coses emparar, li semblà, los ulls tancats per les greus y enamorades plantes, per la son portar, e diligentment guardar y entendre aquest nou y admirable espill per clar y maniffest conèxer qui era lo trihunffant y de qui trihunffava, ell no havent altre delit o plaher que acevar tostemps l'enteniment de noves conexences. E per ço diu:

> Io, che gioir di tal vista non soglio
> Per lo secol noioso in ch'io mi trovo,
> Voto d'ogni valor, pien d'ogni orgoglio,
> L'abito altero inusitato et nuovo[38]
> Mirai, alçando gli ochi gravi et stanchi,
> Ch'altro dilecto che imparar non truovo.[39]

Sembla a alguns que, havent los hòmens tostemps lo liberal arbitre de lur obrar, e açò matex micer Ffrancesch affermant en aquella cançó moral "Io vo pensando et nel pensiero masalle", allà hon diu: "Mentre ch'el corpo e vivo, hai tu il ffreno in balia di pensieri tuoi", hi essent encara universal conclusió dels theòlechs, en lo segon de *Sentències*, y dels yperipatètichs, en lo segon de la *Ffísica* hi en los *Morals* d'Aristòtil, que injustament d'aquell en aquest loch lo món reprenen, mas sols los hòmens que en aquell són produhits de aquest poeta se deurien enugar. Al qual se respon que vera cosa [14r] és l'ànima nostra a totes les inclinacions corporals ésser superiora; e per ço aferma Tolomeu en lo *Quadripartito*: "Quia sapiens dominabitur astris". Norresmenys, l'ome essent per la contenció[40] del peccat original tostemps inclinat a la carn y delectació corporal, axí com s'escriu en lo segon de les *Sentències* a la XXX distincçió, e cativant-se molt lo intel·lecte en les forces del sentiment per la fortíssima inclinació corporal, e és encara lo domini de les coses celestials sobre la inferior, del qual la pròpria complecçió és conforme a aquella de les esteles. De què diu lo philòsoff en lo pròlech de la *Metaura*: "Est autem ex necessitate continuus iste mundus inferior superioribus lacionibus: ut omnis virtus ipsius inde gubernetur". Emperò, justament se poden blasmar en lo món en lo qual regnen los benaventurats de innobles costil·lacions, axí com en lo temps de micer Ffrancesch feyen per respecte a·quells que en lo temps dels gloriosos romans dominaven.

Seguex aprés lo Petrarcha l'àbit hi la proprietat del trihunffant,

---

[38] *L'abito...nuovo*: Pac. "l'abito in vista sì leggiadro e novo".
[39] *truovo*: Pac. "provo".
[40] *la contenció*: error por "el contagi"; it. "contagione".

dient ésser aquell hun infant nuu, sobre hun carro de foch col·locat, spantable y cruel en la vista, solament de hun arch armat e sagetes abundantment, sens algunes altres armes per a si deffendre; sobre los muscles del qual dues grans ales s'estenien en gran nombre distinctes e en diverses colors variades. Portava aprés innumerable caça de presoners en tres diverses disposicions y effectes distinctes, emperò que alguns solament en batalla eren presos, altres ferits de acutíssimes estralles e altres totalment morts. [14v] E así aquest ferocíssim duch era guiat de quatre candidíssims cavalls, los quals tirant primer lo carro portaven. E per ço diu:

> Quatro destrier, vie più che nieve bianchi,
> Sopra hun carro di focho hun garçon crudo
> Con arco in mano et con saete a' fianchi;
> Nulla tenea, però maglia n' escudo,
> Sopra gli homeri havea sol due grand'agli[41]
> Di color mille, et tuto l'altro ignudo;
> D'intorno innumerabili mortali
> Parte presi in bataglia, et parte ucçisi,
> Parte feriti da pungenti strali.

Gran hi excel·lent conçepte lo nostre clar hi admirable poeta ha interposat sots la sentència dels precedents versos; per la qual clara notícia se deu entendre que en aquella ora que lo apetit sensitiu per amor figurat ha lo domini de l'home sobre la rahó, ja és del rahonable discurs la humana proprietat perduda hi és fet comú l'ome ab les feres, axí com se pot compendre de Aristòtil en lo procés del setè de la *Èthica*, primer de la *Política* e pròlech de la *Methafísica*. De què, axí com aquelles lurs operacions per instinch produhides no poden amagar-se, axí encara l'ome despullat hi nuu ve de concepte e apetit seu, fent maniffest allò a qualsevol que·l mire. E axí, sobre lo foch de la concupicència carnal despullat e nuu se posa y, de la immoderada passió y desenfrenat desig de la cosa amada, armes no té de la rahó per a de[15r]fendre's, mas solament sagetes, de si matex, hi arch; la força del qual per alguna distància no·s termena, mas ajusta's hi pervé a qualsevol loch e de qualsevol objecte hon sia cosa que delit porte al sensitiu apetit. Porta encara les armes de la instable celeritat de tantes colors variades quantes poden ésser les causes dels delits carnals.

---

[41] *Nulla tenea...grand'agli*: Pac. "nulla temea, però non maglia o scudo, ma sugli omeri avea sol due grand'ali".

És aprés guiat aquest apetit de quatre candidíssims o blanchs cavalls y certament ab gran rahó, emperò és perversa la ley natural del principi de les obres nostres, ço és intel·lectiu e sensitiu; lo qual és que lo intel·lecte mana e lo sensitiu obehex, on eren establits aquells per les quatre virtuts primer apel·ldes cardinals; axí són de quatre vicis contraris opresos. Són, donchs, aquests⁴² nostres operatius principis dos parts principals de l'ànima, y l'enteniment⁴³ és divís en enteniment y voluntat y lo sensitiu en concupiscible y en iracible; dels quals membres divís, lo primer se establex per la prudència, lo segon per la justícia, lo tercer per la temprança y lo quart per la fortitut. E axí lo apetit senyoregant, per lo contrari, conduhex l'ome en lo seu obrar imprudència, injustícia, intemprança y audàcia. E per ço, singularment tals hòmens o en arbres o en bruts animals han descrits los poetes. Són, donchs, aquests quatre vicis quatre cavalls del carro de amor, los quals rahonablement blanquíssims se posen, emperò que, axí com la blancor y color és disgregatiu de la vista de l'home, axí encara aquests quatre vicis són disgregatius e corruptius de la memòria humana.

Atribuhex, [15v] no sens moral sentiment, lo nostre poeta tres distinctes generacions de persones, ço és solament en batalla ferits, presos y morts. Per la qual intel·ligència és necessari saber que en tres maneres lo sensitiu delit o verament l'objecte de aquells mortals se designen. Lo primer per lo primer moviment, lo qual⁴⁴ naturalment provenen y, los quals consentint, se prenen les censuals delectations, y en aquells no dura, mas retrauen-se los hòmens de aquells, constrets del rahonable discórrer. E aquests⁴⁵ són aquells que són pròpriament ferits de amor; d'ells és la ferida salda la vera conexença de si matexos. Lo segon és aquells que per fort concupicència, quant que ells maniffestament conexen errar, no poden no res menys tal objecte de delectació repudiar. E aquests⁴⁶ tals del ffilòsoff en lo setè de la *Ètica* són apel·lts incontinents perquè, conegut lo desigat del seu objecte ésser de fugir, són norresmenys forçats de la concupicència a deure⁴⁷ seguir allò, que axí no persistent en la

---

⁴² *aquests*: ms. "aquest".
⁴³ *l'enteniment*: ms. "lentiment".
⁴⁴ *lo primer moviment, lo qual*: "els primers moviments, els quals"; it. "li primi movimenti iquali".
⁴⁵ *aquests*: ms. "aquest".
⁴⁶ *aquests*: ms. "aquest".
⁴⁷ *deure*: a continuación tachado en el ms. "fugir".

rahó són en la batalla presos de superior apetit per amor figurat. Lo tercer y derrer modo és de aquells los quals, del tot estermenada e obscura la rahó sens alguna consideració, de qualsevol mínima voluntat són separats; e aquests[48] tals apel·l Aristòtil intemperats, verament de les sagetes de Amor axí morts, del qual és allò que justament no és de judicar és mort. Lo qual és vengut en més miserable estat que de mort, a la qual prova en molt menys desventurada disposició quant pot ésser maniffest diu Aristòtil [16r] en lo terç de la *Ètica*: "Eligibilior enim est mors salute fugere". E lo Quinto Curci introduhint Alexandre diu: "Mori prestat quaque precario imperatorem esse". De la qual veritat persuadex quants gloriosos romans, quants[49] externs, quantes dones, de les quals la fràgil natura a delícies devia inclinar, molt prest elegissen de voler morir que consentir allò que la rahó negava deure's fer; molt seria lonch de recontar. Morts són, donchs, verament y pigors que morts tots aquells que, negligint si matexos, a les maldients blandícies de l'apetit sens alguna resistència consenten; per les quals obres, essent ligats de aquex amor, los ulls de la rahó velats, los poetes lo pinten hi encara micer Ffrancesch o afferma, ço és hon davall descriu la injusta permutació de Clitamestra feta de Agamenon per Egisto.

Narra aprés lo poeta ell ésser estat comprès de la ardentíssima voluntat de hoir hi entendre noves de aquest duch e de tant poble que, vencut per ell, portava, e diu que entre aquells se meté tant que fon per caure en lo lur nombre hi ésser fins en aquella ora de la llur companyia. E axí, estant en aquest regne de aquest rey tostemps vacu y dejú de làgremes, guardava si algú entre tants pobles, e moltitud conexeria. E avant afferma algú no haver conegut si de si matexos eren per mort variats o certament per cruel fera e acerbíssima presó. E per ço diu:

> [16v] Vago d'udir novelle, oltra me misi
> Tanto ch'io fui per esser di quegli uno
> Ch'anci tempo ha di vita amor divisi.[50]
> Alhor mi strinsi a remirar s'alchuno
> Riconoscessi nella folta schiera
> Del re sempre[51] di lacrime digiuno.

---

[48] *aquests*: ms. "aquest".
[49] *quants*: ms. "quant".
[50] *Ch'anci...divisi*: Pac. "che per sua man di vita eran divisi".
[51] *sempre*: Pac. "non mai".

Nessun vi ricognobbi, et s'alchuno v'era[52]
Di mia noticia, havea cangiato vista
Per morte o pregion crudele et fera.

No sens admirable e con digne artifici lo nostre poeta ha descrit en los precedents ternals ell, primer, no haver conegut algú de tal companyia; segons, aquest rey sempre dejú de làgremes; hi ell ésser stat pres com los altres morts abans del temps. Per la qual intel·ligència és de saber que, primer que micer Ffrancesch amàs madama Laura, ell fon temtat de amar un·altra dona, la notícia de la qual no vench a llum alguna per no ésser estat tal amor sinó confusament de aquell celebrat, e per ço fon continent a tal temtació resistir. E, quant més l'estament dels enamorats considerava, més dur hi aspre li semblava y en alguna manera de no seguir-se per algun greu o prudent judici açò mostra ell en aquest loch maniffestament, mas més clar se conex en aquell sonet quant dix: "Per chal viso d'amor portava insegna / Mosse una pelegrina il mio cor vano, / Cho mi altra mi parea d'onor men degna. / Et lei seguendo su per le herbe verdi / Udi dir alt voce da lontano. / A quanti passi per la selva perdi / Allor mi strinssi a ll'ombra d'un bel faggio. / Tutto pensoso, et remirando in torno / Vidi asai periglioso il mio viaggio / Et tornai in drieto quasi a meço il giorno".

[17r] Acò matex hi més clarament explica encara en aquella cançó moral en lo segon lloch, hon diu: "Nel dolce tempo de la prima etade / Io dico che dal di chel primo assalto / Mi diede Amor molti anni eran passati / Tal ch'io cangiava il giovenile aspecto / Et dintorno al mio cor pensieri gelati / Ffacto havien quasi adamantino smalto / Che allentare non lassava il duro affecto / Lagrima anchor non mi bagnava il pecto / Ne rompea il sonno, et quel che in me non era / Mi parea uno miraculo in altrui / Laso che sono che fui / La vita il fine il di loda la sera / Che sentendo il crudel di cui ragiono / In fino allora per cossa di suo strale / Non ésser mi passata oltra a la gonna / Tolse in sua scorta una possente donna / Ver cui poco giamai mi valse o vale / Ingegno, o força, a domandar perdono / Et idue mi transfformato in quel chio sono / Ffaciendomi di hom vivo, uno lauro verde / Che per freda stagione non foglia perde".

---

[52] Los dos versos siguientes no figuran en el texto principal y son añadidos al margen más abajo en el folio.

Essent, donchs, micer Ffrancesch restat superior al primer assalt de amor e en aquest loch ell fingint ésser en aquell primer temps, singularment descriu ell no conèxer aquella moltitut, emperò que los hòmens los quals de l'apetit sensitiu són vencuts han transmudada natura, són diverços en les operacions dels hòmens continents, dels [17v] quals se desvien, hi encara los hòmens rahonables de aquells voluntàriament se aparten. E per ço, per demostrar aquesta tal natural divisió, micer Ffrancesch en aquest lloch afferma ell totalment conèxer algú de aquells. Mas, pux que en lo segon capítol de aquest Trihunffo ell matex se escriu tacat de una matexa malaltia e enamorat, en aquella ora confessa en lo principi del terç ell ésser domesticat ab tots, hi ells per pròpia vista conèxer-lo sens[53] relació de altri. Ffon, donchs, en aquest temps micer Ffrancesch pres que, per ésser hu de aquells que són morts abans del temps, ço és, abans que la mort vingua, per si matexos se conduhexen en estament més pijor que la mort.

Diu encara micer Ffrancesch aquest rey ésser dejú de làgremes per voler mostrar la immensa passió e gravíssim enuig dels hòmens libidinosos, emperò que, essent lo llur apetit desordenat hi intensament desigant l'objecte amat, planyen aquella ora que possehir no·l poden; hi aprés, encara que·l possehexquen, no són privats de làgremes per la por de aquel perdre, vehent hi entenent aquell no justament possehir. E per ço, rahonablement Ciçeró en les *Paradoches*, volent universalment tal effecte exprimir, diu aquestes paraules: "Nunquam Hercule peccunias istorum neque tecta magniffica: neque opes: neque imperia; neque eas: quibus maxime astricti sunt voluptates in bonis rebus aut expetendis esse duxi. Quippe cum viderem homines circunmfluentes his rebus ea tamen maxime desiderare quibus abundarent. [18r] Neque enim unquam expletur neque saciatur cupiditas sitis. Neque ea solum habent libidine augendi cruciantur sed eciam amictendi metu". De què per aquesta rahó justament és amor tostemps vacuu y dejú de làgremes, com sia cosa que may saciat ni fart se troba, mas tostemps més famegant se mostra.

Porta ara micer Ffrancesch, per dar principi al recitar los exemples dels hòmens vencuts y de l'apetit carnal sobrats. Una ombra a ell no coneguda li aparech a la vista, la qual lo crida per nom e mostra'l-i los enamorats martiris de aquells sols per amor guanyar-se; al

---

[53] *sens*: ms. "sen".

qual ell fengex respondre y ab maravella demanar-li per qual causa se seguia que ell de aquella ombra fos conegut, la qual ell no conexia. A la qual demanda fengex[54] aquest respondre, e açò per la damunt expressada causa, ço és per los greus ligams e per lo offuscat ayre en lo qual viu la voluntat dels hòmens. Mas pur ell afferma esser-li estat en la vida amich e ab ell ésser nat en una terra toscana; per les quals paraules afferma lo poeta haver lo amich seu conegut hi, per rahonar ab ell, diu que ensemps los dos se posaren a seure en hun lloch temprat y preparat per entendre y escoltar la hu a l'altre. E per ço diu:

> Un'ombra alquanto men che l'altre trista
> Mi si se incontrò[55] et mi chiamò per nome,
> Dicendo: "Or, questo per amar s'aquista!"
> Ond'io, maravigliando, dissi: "Hor, chome
> Cognosci me, ch'io te non ricognosca?"
> Et ei: "Questo n'avien[56] per l'aspre some
> [18v] De' leghami ch'io porto, et l'aria fosca
> Contende a gli ochi toi; ma vero amico
> Ti fui,[57] et teco naqui in terra tosca."
> Le sue parole e 'l ragionar antico
> Scoperson quel che 'l viso mi celava,
> Et così n'ascendemo[58] in luogho aprico.

[18r] Serva micer Ffrancesch en aquestos verssos l'estil hi [18v] consuetut, la qual és que, tota volta que los poetes volien recitar ystòria o cosa semblant a istòria, introduhexen una terça persona, a la qual drecen les paraules de aquell de qui volen recitar la ystòria. Axí com Homero introduhex a la fi de la sua peregrinació Ulixes ajunyir en Ffenícia Alcineu, rey de la província, e a ell féu contar tot lo seu marítim error, semblantment Virgili introduhex Dido a la fi de la navigació de Eneas, a la qual fa que Eneas reconta tota la ystòria de Troya. E axí al present lo nostre poeta introduhex una ombra per haver causa de parlar ab aquella hi fer-li recitar una part dels hòmens vencuts hi subjugats de l'enamorat apetit. Mas lo poeta no

---

[54] *fengex*: ms. "fegex".
[55] *Mi si se incontrò*: Pac. "mi venne incontra".
[56] *n'avien*: Pac. "m'aven".
[57] *fui*: Pac. "son".
[58] *n'ascendemo*: Pac. "n'assidemmo".

escriu qui és aquesta ombra, ni encara per la intel·ligència del libre no és necessari. Mas volen dir alguns aquella ésser estat micer Àngel de Vostogi, home doctíssim hi molt en la cort romana reputat.

Aprés avant, no sens gran rahó micer Ffrancesch descriu l'ayre hon amor trihunffa ésser escur, ni sens moral hi singular sentiment, emperò que neguna obscuredat o ceguedat és major que aquella de l'enteniment. E per ço, lo Salvador, volent induhir los juheus a la vera entesa conexença, [19r] diu en Sant Johan, a XII: "Ambulate dum lucem abetis et ne tenebre vos comprehendant: nam qui ambulat in tenebris nescit quo vadat". Aquesta matexa sentència és conforme encara la consideració dels morals, perquè, essent la llum qualitat affixa en los cossos celestials, qualsevol ora que·s remoguen aquells de alguna obra és necessari que aquell tal effecte sia comprès de tenebres. E per ço, l'ome naturalment és produhit per la consideració de les coses celestials com a la primera distincçió del segon de les *Sentències* és escrit. Hi Ovidi in lo primer del *Methamorfoseos* açò matex, en aquestos verços dient, afferma: "Pronaque cum spectent animalia cetera terram / Os homines sublime dedit: celumque videre Iussit / Et rectos ad sidera tollere vultus". Hi Dant encara açò matex en lo test elegantment a XVIII[59] capítols del *Purgatori* diu "Chiamavi il celo et intorno vi si gira / Mostrandomi le sue belleçe eterne, / Et lochi vostro pura terra mira, / Onde vi batte chi tutto discerne". E per ço, donchs, l'apetit governa y conserva la rahó a només les coses del cel considerar, mas estar en terra y en terra obrar-se en tenebres y obscuredat orriblíssimes. La qual digna sentència açò matex micer Ffrancesch aprova en aquell sonet quant diu "Et essi spento ogni benignio lume / Del cielo per cui sin forma humana vita". De què convenientment, aprés la sua tàcita confessió y acusació de si matex, scriu micer Ffrancesch conèxer-lo, e perquè s'era conformat ab si, segons la sentència de Sèneca en les *Tragèdies* dient "Quem penitet peccasse pene est innocens". E per ço, [19v] per aquest respecte, aseguts los dos, començà la ombra a parlar en aquesta forma: "Micer Ffrancesch, quant yo considerava en lo temps passat la disposició de les tues obres y ta condició, yo per cert jutjava que tu entre nosaltres deguesses ésser, com sia cosa que la tua vista·n portava hun infal·lible senyal fins a la tendra edat dels teus anys y de la tua adolocència". A les quals paraules seguex lo

---

[59] *XVIII*: it. "XVII".

poeta que respòs ésser ver que axí del principi los actes ho demostraven, hi encara seria seguit, sinó que los enamorats affanys l'estancaren en manera que ell dexà la diffícil y àrdua ampresa; per la qual, qualsevol poch temps que hagués durat, pur los pits y la robra granment ne portava romputs e squexats.

Troben-se norresmenys alguns tests en los quals és scrit que esquexats porten los pits hi les vestidures, drecant aquestes paraules a aquella ombra, e no dient-li per respecte seu; la qual sentència me sembla ésser singular, emperò seguex micer Ffrancesch que, havent aquella ombra entesa la exprovació fatal dels enamorats affanys o la gran querella del primer assalt de Cupido, segons lo test diu "O fill meu, quina flama ardent e grandíssima és preparada". A les quals paraules seguex micer Ffrancesch en aquella hora no haver enteses, mas ell segurament fengex, que en la veritat no s'escolpiren en marbre letres de major soldadura, ni més fort, com en lo seu cap aquelles paraules restaven. E per ço diu:

> [20r] Et egli a me:[60] "Gran tempo è ch'io pensava
> Vederti qui fra noi, ché da' prim' anni
> Tal presagio di te tua vista[61] dava."
> "E' fu ben vero, ma gli amorosi afanny
> Mi spaventâr sì ch'io lascia' impresa;[62]
> Ma squarçati ne porto il pecto et i panni."
> Cossì diss'io; et ei, quando ebbe intesa
> La mia risposta, surridendo disse:
> "O figliuol mio, qual per te fiamma è acçesa!"
> Io non l'entesi alhor; ma hor sì fisse
> sua parole mi trovo nella testa
> che mai più saldo in marmo non si scripsse.

Havent ara expressa la ombra devés micer Ffrancesch quasi una tàcita profecia del seu amor que·l devia convencre, segueix com acçitat de la novitat de la vista del Trihunffo. E per ço, la memòria ve presta e aparellada per entendre-la, hi la lengua com a ministre de aquella demanà qui era aquell qui trihunffava y qui era la gent qui lo trihunffo de aquell seguia. Troben-se encara alguns tests que dien

---

[60] *Et egli a me*: Pac. "E cominciò".
[61] *vista*: Pac. "vita".
[62] *lascia' impresa*: Pac. "lasciai la 'mpresa".

"Ma per la nuova etta che ardita et presta ffa la lingua et la mente". La qual sentència encara·s tollera, emperò que, essent la edat tendra de la joventut inexperta, como en lo primer de les *Ètiques*[63] diu lo philòsoff, e desigant naturalment tothom de ampendre, com s'escriu en lo principi de la *Methaffísica*, per ço los jòvens han la lengua presta a demanar e la memòria a entendre hi ampendre coses altes. Respòs donchs la ombra a la demanda de micer Ffrancesch dient que en poch espay de temps ell, per si matex l'entendria per operació o per disposició de l'entendre lo qual ordia e al qual ell estretament devia [20v] ésser attès; lo qual era de tal natura que primer ell cambiaria la color dels cabells que ab tal entendre may se hagués escollir del seu libert coll o dels seus peus, los quals fins en aquella ora al procés de amor eren estats rebelles. Mas pur, per satisfer a la sua demanda, seguex que era content dir qui era: e primerament lo trihunffant y de tots lo major, lo qual, axí com veya, altri de llibertat y vida despullava. E per ço diu:

> Ma per la nova età, che è ardita et presta
> Ffra la mente et la lingua,[64] il demandai:
> "Dimi, per cortesia, che gente è questa?"
> "Di qui a poco tempo tu'l saprai
> per te stesso" rispose "et sarai d'elli;
> Tal per te nodo fassi, et tu nol sai.
> Et prima cangerai volto et capelli
> Che 'l nodo di ch'io parlo si disciolglia
> dal collo et da' tuo' piedi ancor ribelli.
> Ma per empir la tua giovenil voglia
> dirò di noi, et prima[65] del maggiore,
> Che così vita et libertà ne spoglia".

Com damunt diem, no sens gran hi artificiós judici lo nostre poeta descriu ell en lo predit temps no conèxer aquest trihunffant en la sua companyia, hi entroduhex la ombra proffetizar-li que en poc spay de temps ell per si matex lo conexerà, emperò que naturalment, com scriu Tito Lívio in *Secundo bello punico*: "Ingenia humana sunt ad suam cuique levandam culpam". E per ço, la hora que l'ome és retengut en qualque obstinació, ab molt més diligència[66]

---

[63] *les Ètiques*: "la Ètica".
[64] *Che è...la lingua*: Pac. "ch'ardita e presta / fa la mente e la lingua".
[65] *et prima*: Pac. "e 'n prima".
[66] *ab molt més diligència*: se repite la frase en el manuscrito.

[21r] entén als altres errors dels altres hòmens, stimant ab la comparació de aquells que són més viciosos que no ell poder-se no solament scusar, mas encar lohar, segons la sentència del divinal Jerònim, lo qual en aquest prepòsit en aquesta forma parla: "Vilium satis hominum est ut suam laudem querencium alios utiles facere: quoniam aliorum vituperacione se laudari putant. Et quoniam proprio merito placere non possunt: placere volunt in comparacione peiorum". De què, l'ora que l'home lo apetit sotsmet a la rahó, vaga hi attén a la intel·ligència dels dignes objectes y de les coses greus, segons que la rahó·l porta, e per ço abandona les altres operacions de aquells los quals en ànimo a ell no són conformes. Mas aquells los quals, per lo contrari, de l'apetit sensitiu són vencuts e sobrats sols entenen a la conexença de aquells que són de semblant notícia mancats, per ço que ab lo semblant exemple puguen de lur error escusar-se, crehen ésser los bastant; de hon se verifica aquella sentència de Tuli en lo primer dels *Officis*, la qual diu: "Ffit enim nescio comodo ut magis in aliis: quam in nobis ipsis cernamus: siquit delinquitur". E emperò, essent estat micer Ffrancesch de la edat de la sua adolescència fins al dia que s'enamorà tostemps donat a speculatiu operació, hi ell en aquell temps haver vista aquesta visió, convenientment afferma encara no conèxer amor ni apetit carnal. De què singularment introduhex la ombra ja dar principi e manifestar-li lo trihunffant Amor en aquesta forma: Micer Ffrancesch, aquest poderós invencut y excel·lent [21v] duch és acerbíssim hi amarch com tu pots compendre, mas molt millor ho entendràs quant ell serà senyor de tu, axí com de present és de nosaltres; aquell que lo món diu y apel·l ésser Amor, lo qual en la sua vista és hun mansuet infant, mas per spay de temps bandeja de si tot delit, e ve a ésser feroce e crudelíssim vell. O meçquí, que qui·l prova hi l'ha provat ho sab! Hi encara tu matex ho sabràs abans que mil anys passen de aquesta ora que t'ho denuncio". E per ço diu:

> "Questo e colui ch'el mondo chiama Amore,
> Amaro, come vedi, et vedrà meglio
> Quando fia tuo, com'è nostro signore.
> Mansueto ffanciullo,[67] et fiero veglio:
> ben sa ch'il prova, et fìati cosa piana
> Anci mil'anni; et sino[68] ad hor ti sveglio."

---

[67] *Mansueto ffanciullo*: Pac. "Giovencel mansueto".
[68] *et sino*: Pac. "infin".

Vera hi expedita sentència és sols Amor ésser apel·lt e conegut del món; per lo qual entendre és de notar que, aprés dels actors màximament del test evangèlich, los hòmens donats a delits corporals són per lo món spessament nomenats. De què és scrit en lo primer de Sant Johan: "In mundo erat et mundus eum non cognovit". E açò intervé, com sia cosa que alguns són de axí baxa intel·ligència que no conçedexen alguna cosa ésser la qual dels cinch sentiments nostres interiors no poden compendre. E per ço, paxent-se solament de les coses del món, de aquells mèritament són nomenades. Aquests, donchs, són aquells que més que·ls altres conexen Amor.

Emperò, seguex lo original del seu naximent, dient ésser nat de oci, nodrit aprés [22r] hi mantengut de dolcesa e suavitat de pensament, e a la fi de gent[69] orada e vana deyfficat; en la qual canonizació, la qual és mort, de aquell sots mil cadenes e claus de indisoluble concupicència porta la sua vida ab grandíssima ampresa e cruel açerbitat. E per ço diu:

> "Ei nacque d'ocio et di lascivia humana,
> Nutrito di pensier dolci et soavi,
> Ffacto signore et dio da gente vana.
> Quale è morto da lui, qual con più gravi
> Leggie mena sua vita aspera et acerba
> Sotto mille catene et mille chiavi."

Per més clara intel·ligència dels precedents versos és de saber que, segons la sentència de Job al segon capítol hi del philòsoff en lo procés del primer de la *Política*, axí com quascun animal a qualque pròpria operació és produhit, axí és encara l'ome naturalment produhit per lo exercici e fatiga. E per ço, diu Job: "Avis enim ad volatium nacitur: homo autem ad laborem". A la qual sentència és conforme aquella del *Gènesis*, en lo terç, quant aprés la ruhina dels primers nostres progenitors Déu dix a Adam: "In sudore vultus tui viceris pane tuo". De què en dues maneres se pot l'ome justament exercitar. La una ab sola memòria, l'altra ab la memòria hi ab lo cos. Emperò, dues generacions de vida se diffinix ésser: la una apel·lada vida contemplativa e l'altra vida activa. La una dada sola a l'exercici mental e l'altra corporal, axí com s'escriu en lo principi del primer de la *Èticha*; de on, qualsevol ora l'orde és pervers dels

---

[69] *gent*: ms. "gen".

humans operatius principis, s'i desvia e distrau l'ome de la sua natura, donant-se [22v] a l'oci potissimum[70] de l'enteniment, no exercitant-se en la conexença de les coses. E per ço, a nosaltres ne seguex la felicitat; per la qual cosa de aquesta se diriva e nax aquell desig, lo qual dels humans se nomena Amor.

Nodrex-se aprés de dolcesa y suavitat de pensament, perquè aquella ora occorre alguna cosa que a l'ànimo tristícia offerexca o verament sia necessari per sustentament de la vida humana, perquè ell és natural desig de tota cosa produhida en quant pot deure's perpetuar, com s'escriu a la fi del primer de la *Ffísica*. Però és necessari obrar per convenient manera en lo lançar de l'ànimo la molèstia hi acostar-se lo continu guany necessari. Emperò, scriu Ovidi in lo libre *De remedio amoris* que la prohibició de l'oci y la penúria del viure eren entre los remeys que·s volien fer a amor. E per ço, Crates Tebano, clar e insigne philòsoff sovint aquest prepòsit solia dir, axí com scriu Laertio:[71] "Amorem sedat famexi". Hi perquè alguna volta los hòmens[72] no volien de si fer força a resistir a tal delitós incentiu, emperò, quasi astimant ésser de llur error aquesta escusa sufficient, diuen amor ésser una furor divinal a la qual per los hòmens no·s pot repugnar, segons que scriu clarament Sèneca en la octava *Tragèdia*, la qual en l'orde és la novena, on diu "Vis magna mentis blandus adque animi calor / Amor est iuvente gignitur luxu et ocio / Nutritur inter leta fortune bona / Quem si fovere atque alere desistas cadit / Brevique vires perdit extinctus suas". Hi en *Ipòlit*, la qual és la quarta en l'orde, diu "Deum esse amorem turpi servicio favens / finxit [23r] libido ut liberior foret / Titulum furori minimis falsi addidit". Donchs, aquest és aquell que los hòmens mata, conduhint-se tostemps per aquell al pecat, lo qual és la mort de l'ànima, axí com se escriu en lo tercer de *Gènesis* hi en Sant Agustí en lo vi *De civitate Dei*, on diu "Nulla quippe maior et peior est mors quam ubi non moritur mors. Si anime natura per id que inmortalis creata est sine qualicumque vita esse non potest: summa mors est eius alienatio a vita dei in eternitate supplicii"; Salamó encara al primer de la *Sapiència* diu: "Os quod mentitur occidit animam"; e Ezechiel, a lxviii, diu: "Anima que pecaverit ipsa morietur"; últimament lo apòstol Sent Pau *Ad Corintios*, xv, diu: "Stimulus autem

---

[70] *potissimum*: latín por "principalment".
[71] *Laertio*: ms. "Lartico".
[72] *hòmens*: ms. "homen".

mortis peccatum est". Aquest, donchs, és aquell que per mil[73] aspredats e amargors porta los miserables mortals tostemps ab plant y misèria al strem sperit sots infinit nombre de perills, hi certament en adversitats. De què singularment Plauto en la comèdia *Asinaria* escriu: "Olibane ut miser est homo qui amat"; hi en altra comèdia apel·lada *Gurgulia* diu: "Eundum est quo imparat ingratus amor"; hi poch més avall diu: "Malum est clandestinum amor damnum autem merum".

Singularment lo nostre poeta descriu Amor portar los hòmens davall les gravíssimes aspredats hi encara aquells matar, reportantlos en estament lo qual molt menys que la mort del cors se deu elegir, segons la sentència evangèlica de Sant Matheu, a X, lo qual testifficant de Jhesuchrist parlant als dexebles diu: "Nolite timere eos[74] corpus [23v] animam autem non possunt occidere set poscius timere eum qui potest animam et corpus mittere in geheennam"; segons encara la sentència dels stoichs, la qual referix Sant Agustí en lo novè *De civitate Dei* dient: "Stoici male se dicant hec amittere quibus natura corporis salva et incolumnis habetur quam illa committere quibus iusticia violatur"; la qual cosa no és alrre que lo peccat, lo qual se engendra e comet sols per lo domini de l'apetit sensitiu sobre la rahó, quant les coses accessòries e instrumentals se designen com a principals. On Sant Agustí, en lo libre *De lxxxiii qüestions*, diffinint lo pecat diu: "Pecatum est uti fruendis et utendis frui"; en la qual diffinició maniffestament se comprèn que, así com l'ànima és fi del cos, segons en lo segon *De ànima* s'escriu e en lo setè de la *Política*, e aquex cors és ordenat a l'ànima, así encara les delectacions corporals tals deuen ésser que dreçen[75] l'ànima a l'objecte a ell statuhit, segons les sues dos primeres universals potències, ço és enteniment hi voluntat; de les quals la primera és a la sobirana veritat dreçada e l'altra al sobiran bé. Lo qual aconseguit, se troba l'ànima a la sua derrera fi e seguretat, la qual és a ella la sua sobirana y tostemps naturalment desigada felicitat.

Ara, après que micer Ffrancesch per migà de les relacions de la ombra ha descrit qui és aquest trihunfant apetit, porta consegüentment los exemples de aquells hòmens los quals de tal apetit foren vencuts, a ell la rahó sotsmetent, dels quals posa lo primer ésser stat

---

[73] *mil*: ms. "mj".
[74] *eos*: it. "eos qui occidunt".
[75] *dreçen*: ms. "deçen".

Juli Cèsar, lo qual, com [24r] hagués moltes gloriosíssimes obres per la romana república obrades, fon en Egipte, no res menys, constret de la voluntat de Cleopatra, posposant tot deure per voler de aquella lo delit carnal[76] pendre; per la qual cosa, seguex ésser convenient[77] ell ésser estat vencut, encara que del món fos estat dominador, emperò que, axí com ell havia rebut glòria de aquells los quals ell havia vencut, axí devia ésser a glòria de aquell lo qual d'ell fon vencedor. E per ço diu:

> "Quel che in sì ligiadra[78] e 'n sì superba
> Vista bien prima, è Cesare, che in Egipto
> Cleopatra legò tra' fiori et l'herba,
> Hor di lui si trihunffa. Et è ben dritto,
> S'e' vinse il mondo, et altro ha vincto lui,
> Che del suo vincitor si gloria el victo."

Qui fon Juli Cèsar molt pot ésser maniffest per la notícia que·n dóna Anthònio Trànquil·lo hi Plutarco. Fon donchs preclaríssim ciutadà de Roma, nat de hun Lúcio Cèsar hi de Laurèlia, romans e honests parents. Cèsar, aprés lo discrasi[79] de Mário hi de Sil·la, fon a la part de Mário aderent; per la qual cosa, fon contra Pompeu, lo qual seguia la nasció sil·lana. D'on intervench que, aprés la vençuda batalla de Cèsar a Pompeu en Tesàlia, Pompeu fugí en Egipte, e tostemps Cèsar lo perseguí. Mas, essent Pompeu per obra de Tolomeu, rey de Egipte, mort de hun Lúcio Sèptimo e hun Achil·les, homo audacíssim, e Cèsar ja pervengut en Alexandria, conegué la mort[80] de Pompeu hi, entès que lo rey ab Cleopatra feya [24v] guerra, dispongué's ab tota diligència de posar pau entre aquells. De la qual cosa Tolomeu desdenyant-se totalment, se posà contra Cèsar, per on intervench que Cèsar prengué a Cleopatra en protecçió; a[81] la qual, essent-li plahent e desigant la favor de Cèsar, li demostrà tanta benvolença que·l conduhí infinidament a[82] amar-la hi encara a possehir l'amor de aquella.[83]

---

[76] *carnal*: ms. "canal".
[77] *ésser convenient*: "ésser convenient escriure"; it. "esser conveniente scrivere".
[78] *che in sì ligiadra*: Pac. "che 'n sì signorile".
[79] *lo discrasi*: it. "le dissensione".
[80] *mort*: ms. "mor".
[81] *a*: ms. "A a".
[82] *a*: omitida en el ms.
[83] *de aquella*: falta la frase del texto italiano "[Cleopatra] parimente chi fosse anchora e assai manifesto".

Ffon Cleopatra filla de Jumen,[84] rey de Egipte amichíssim dels romans, lo qual venint a mort lexà Lisània, fill major seu, per son sucçessor, ab aquesta condició: que ell prengués per muller Cleopatra, jermana sua. Obehí Lisània lo pare, mas Cleopatra, ardent de cupdícia de regnar, breu temps lo dexà viure, al qual, aprés essent mort per obra de Pompeu, fon substituhit Tolomeu, altre jermà. Esdevench-se que, aprés la mort de Pompeu, Cleopatra fon a Cèsar aderent, e mort ell hi March Anthoni, lo qual encara ab les sues blandícies conduhí a molt intensament ésser enamorat seu que li prometé en premi de la sua impúdica voluntat lo imperi de Roma. Aprés últimament essent venguda qüestió e guerra entre Octavià e Anthoni, e vencut Anthoni y per desesperació constret a la mort, Cleopatra se enginyà, axí com havia pres Cèsar e Anthoni, pendre axí lo jove Octavià. Mas ell no consentint a la sua voluntat e reservant-la del trihunffo, ella desesperada se féu obrir les venes e a aquelles posar serpents, per hon fon constreta a morir. Diu-se encara per alguns altres que Cleopatra morí constreta de Anthoni a beure lo verí [25r] abans de aquell[85] havia prohibit.

Aporta aprés en lo segon loch micer Ffrancesch lo exemple de Octavià August, lo qual quant menys desonestament amàs, pur de menys fon del carnal desig e sensitiu apetit constret, dient l'altre lo qual seguia ésser stat lo fill de Cèsar, lo qual més justament havia amat, havent per prechs obtenguda Lívia per sua dilecta desigatíssima amada. E per ço diu:

> "L'altro è 'l suo figlio; et pur amò costui
> Più giustamente: egli è Cesare Augusto,
> Che Livia sua, pregando, tolse d'altrui."

Per més clara intel·ligència dels precedents versos és de saber que aprés dels romans en dues maneres se guanyaven fills: la una per natural propagació entre tots los altres, obra naturalíssima, axí com en lo segon *De ànima* és scrit; la altra manera per adopció, la qual, segons la sentència de Bèllio[86] en lo quint libre *De noctibus ac-*

---

[84] *Jumen*: parece una confusión con "Meneo" en el texto italiano, que es más extenso: "Imperhoche fu figliola de Dionysio Re di Egypto: o vero di Meneo secondo que piace ad alchuni amicissimo de Romani el quale venendo a morte lasso Lisania...".

[85] *abans de aquell*: it. "quale gia inanzi a lui haveva prohibito".

[86] *Bèllio*: "Gèllio".

ticis, és declarat fer-se quant és interposada l'autoritat del pretor. Aquell que adopta pronuncia l'adopció[87] ésser son fill, consentint aquest perdre lo seu natural e, a hon és stat mort lo seu primer pare, aquesta pronunciació no és adopció, mas arrogació del fill arrogat se nomena.[88] Emperò que per original dels seus antichs fon Velicrense[89] fill de Caio Octovià; de què, aprés la mort de Cèsar essent d'aquell instituhit hereu e convengut ensemps ab March Anthoni de fer venjança a l'adoptiu pare, conduhí a la fi Bruto e Càssio, interfactors de Cèsar, a deses[25v]perada mort. Aprés vengut en discrasi ab Antoni e vencent-lo, obtengué sols lo imperi de Roma. En lo qual domini mentres que era, Octovià amà més diverses dones e, últimament repudiada[90] Scribònia, amà Lívia Drusil·la, la qual era muller de hun seu cavaller apel·lt Tibèrio Neró e en aquell temps gràvida del dit[91] Tibèrio, la qual, bé que pogués ab força obtenir, no volgué, però, per aquella part usar; mas ab prechs convertí aquella a Tibèrio umilment, ab ell tantost posant Lívia la sua cara,[92] la qual en legíttima muller se conjunyí.

Seguex aprés micer Ffrancesch lo terc exemple de Domício Neró, lo qual com fos home crudelíssim, segons que mostra Tranquil·lo, mas més manifest fon Corneli constret de l'apetit carnal de les dones. E per ço diu:

"Neron è il terço, dispietato et injusto;
Vedilo andar pien d'ira et di disdegno:
Ffemina il vinse, e par tanto robusto"

Neró Domício, de Lúcio Domício Enobarbo pres connom per la primera orígine e aprés fon conforme de l'avi Domício hi de Domício pare, fon donchs aquest dels romans emperador sisè. Al qual pervench lo imperi com sia cosa que Clàudio, quinto emperador, havent fet morir Messal·lina, muller sua, per la violada fe al matrimoni, pres per muller Agripina, mare de Neró, la qual molt intensa-

---

[87] *l'adopció*: error por "l'adoptat".
[88] Falta aquí la oración siguiente del texto italiano: "Fu adunque Octaviano non per natura ma sola per adoptione figliolo de Iulio Cesaro".
[89] *Velicrense*: it. "Veletrese".
[90] *repudiada*: ms. "repudiat".
[91] *dit*: ms. "delit".
[92] *mas ab prechs...la sua cara*: "mas, convertit als precs, els quals a Tiberi humilment comovent, aconseguí la sua cara Lívia"; it. "Ma converso ai prieghi quelli a Tyberio humilmente porgendo consegui tandem la sua cara Livia".

ment amant adoptà Neró fill, desigant donchs Agripina primer lo imperi a si, e aprés a [26r] Neró, com scriu Tàcito Aveleno. D'aquest Claudi, del qual mort sobrà, restaren dos fills, hu mascle apel·lt Britànico, de edat inferior a Neró, e una dona apel·lada Octàvia; per la qual cosa, Agripina ensemps ab Neró prengueren l'imperi. Constituhit donchs en lo regiment, Neró en poch spay de temps la sua injustícia féu ésser notòria, la sua crueldat ingrata, e públicament en Bretànico, lo qual volent per lo poble fer-lo tenir per vil, li manà un jorn que públicament sonàs la cítara hi cantàs, la qual operació a hun fill de l'emperador era totalment desconvenient. Obehí Britànico a Neró hi en lo cant recità tot lo seu estat miserable; per la qual cosa tot lo poble a gran compassió comogué. Neró donchs, conegut açò e dubtant que ab la favor del poble Britànico hun jorn no·s prengués lo imperi, lo féu emmetzinar en aquesta manera: que, designant una matinada ab Neró Britànico e havent consuetut de beure aygua, Neró féu preparar certa aygua freda enverinada e aquella assignar a·quell qui a Britànico feya la salva, lo qual era comoció[93] de aquesta trahició. Aprés fet dar a Britànico la que beguès per lo acostumat calenta, aquella per aquell gustada, qui féu la salva demanà de la freda per temprar-la. Lo que feya la salva quasi com inpremiat súbitament posà l'aygua en la copa hon bevia, la qual en aquell loch presta enverynada tenia; on, mesclada ab l'altra e gustada, súbitament mort caygué en la taula. La qual cosa vista per los circunstants, súbitament la iníqua porffídia comprengueren, [26v] per bé que Neró per scusa sua deya Bretànico ésser praticat en aquella manera caure per malaltia. Ffon encara cruel e injust Neró envés Octàvia, la qual a contemplació del poble de Roma havia presa per muller, emperò que primer sens neguna occasió la repudià; aprés la religà. Últimament, sens tenir-li culpa, imposant-li mancament de pudicícia la féu morir. Fféu morir encara Pompea Sàbia Questòria e Statília Masal·lina, la qual encara havia tenguda per muller. Fféu morir aprés ciutadins romans hi, entre·ls altres, féu morir Sènecha, preceptor seu. E per ço que la pròpia sanch sua no preterís les sues[94] crueldats, matà Clàudia Anthònia, pròpria filla sua, no volent ella matar la sua mare, Agripina. E per complir, féu cremar quasi los dos tercos de Roma. En aquesta sua tanta crueldat e injustícia amà intensament un·altra Sabina

---

[93] *comoció*: error por "conscient"; it. "conscio".
[94] *sues*: repetida en el manuscrito.

apel·lada Pompea, primer muller de hun Crispo Ruffo, aprés de un Octone, últimament de Neró; la qual encara hun jorn essent irat, o per indústria o per furor, matà.

Recita més avant lo nostre poeta lo quart exemple de March Anthoni, piadós home, verament en l'estudi y letra excel·lent e digne, mas com a superior[95] vencut de mundanals apetits, dient que, com ell los pits hi la lengua tingués plena de philosoffia, fon norresmenys constret de Ffaustina en haver ab los altres a seguir lo enamorat Trihunffo. E per ço diu:

> [27r] "Vedi il buon Marcho, d'ogni laude degno,
> Pien di philosoffia la lingua e 'l pecto,
> Pur Ffaustina il fa qui star al segno."

Són en aquest loch dues coses de considerar per la intel·ligència dels precedents versos. La una que, segons que scriu Júlio Capitolino, dos foren los Marchs Anthonis piíssims emperadors de Roma. Lo primer naxqué en França e hagué origine de Tito Aurèlio Fúlvio, del qual la mare fon Ària Fadil·la hi la sua muller Ània Faustina. Ffon home eloqüentíssim, bell de cors e honest de costumes, plaent en l'aspecte, clement hi docte, y observant de la agricultura. Nat sots Domiçià, aprés en lo imperi successor de Nèlio Còmmodo, per la pràtica del senat fon ajustat a Numa Pompílio. Mas de aquest no n'entén lo poeta.

L'altre fon March Anthoni piíssim, per original romà nat en lo mont Cèlio, fill de hun Ànio Veró e Domícia Clavil·la. Fon home excel·lentíssim en costumes, y en philosoffia natural doctíssim, en santedat, e justícia, e pietat davant tots los altres prínceps posat. Donà diligència aquest a gramàtica sots hun Euphonione, a música sots Bemino Còmodo, a eloqüència sots lo grech Alexandre, e, sots Oròsio, Aproforontone e Pol·lione latini, hagué Anthoni en philosoffia natural més preceptors, entre·ls quals fon Còmodo, Calçedònico e Sexto Cheronense, nebot de Plutarco. Sucçeguí aquest en lo imperi al precedent Anthoni, del qual encara per adopció fon fill. Pres aquest per muller Ffaustina, filla per natura del seu adoptiu pare Anthoni, [27v] la qual tant era bella que, segons que de aquella és scrit, qualque cosa divina ab les mortals parts sues se[96] creya

---

[95] *com a superior*: "com els anteriors"; it. "come isuperiori".
[96] *se*: tachada en el manuscrito; it. "si credeva".

ésser mesclada; de on per eterna memòria los sculpidors en aquell temps la sua figura en or hi en argent dexaren figurada. Ffon axí matex Ffaustina tant impúdica com era bella, ni fon contenta ab sols hu adulterar; on, entre·ls altres, foren pus coneguts Ventídio, Orphito e Tertulo, lo qual encara fon de Anthoni ab ella trobat en cena. Ultra aquest, Ffaustina, encara ultra aquests, intensament amà hun gladiator o spaser, que fon constreta per greu exitut[97] maniffestar-ho al marit, lo qual per consell del metge féu morir e, de la sua sanch banyat lo cors de Ffaustina, fon restituhida a la sanitat primera. Norresmenys, lo fill que aprés naxqué de Ffaustina, Còmmodo Anthoni, li mostrà molt ab lo gladitor haver adulterat, donant-se a les costumes y en les obres molt més a ell semblants que a Anthoni Pio. Essent, donchs, moltes voltes de prepòsit Anthoni a separar de si Ffaustina, ell stimà per la immensa benivolència la qual li portava respongués en aquesta forma, ço és que a les dones separades se tornava lo dot, lo qual de Ffaustina lo imperi romà era. Aquesta matexa benivolència li demostrà aprés a la mort, emperò que, essent anat Anthoni per la romana república contra los reys de orient hi essent Ffaustina en Cicília a les faldes del mont Tauro, en lo lloch apel·lt Alallea, aquesta morí. La qual cosa sentint Anthoni, sofferí gravíssima dolor e a lahor [28r] de Ffaustina pregà lo senat aquella, la qual ell, primer, per decret havia cognomenada Augusta, que la comtassen entre los déus; a la qual cosa tingué esment lo senat per complacència de Anthoni consentre de fer, en lo segon loch.

Per ço que·s leve la repugnància que en los versos par incerta,[98] ço és que Anthoni fos philòsoff e incontinent, és de saber que, segons que la nostra vida és divisa en activa e contemplativa, axí encara la philosoffia se dividix en activa e contemplativa. E per ço, ab la contemplativa philosoffia no·s repugna ésser lo apetit depravat, como sia cosa que la speculativa ciència solament sia perfecció de l'enteniment e no de la voluntat. Mas la activa philosoffia no pot en si haver competible la malaltia de la voluntat, emperò que aquella solament és stada instituhida per mantenir la perfeta voluntat. E per ço, lo philòsoff en lo principi del segon de la *Èthica* diu: "Cum igitur presens opus non contemplacionis gracia fiat quem ad modum cetera: non enim ut sciamus quid sit virtus nam sic nulla eius foret utilitas set ut bonis sumus per scruptamus necessarium est de acti-

---

[97] *exitut*: it. "egritudine".
[98] *incerta*: "inserta".

bus videre qualiter agere illos oportet". Hi en lo primer parlant qual deu ésser la disposició e qualitat de l'oydor de philosoffia moral, diu al nostre prepòsit: "Qui vero ad huc perturbaciones sequitur varieque sine utilitate sermones tales audiet. Quippe cum finis non cognicio: sed acçio sit". De què, essent stat March Anthoni piadós philòsoff [28v] naturalment o doctíssim, fon norresmenys comprès de l'apetit carnal. E si per ventura algun altre en si matex digués lo poeta haver descrit Anthoni ésser estat philòsoff moral, la qual cosa perquè demostra quant diu ell no sols la lengua mas los pits haver haguts plens de philosoffia, hon sembla que demostra lo principi de les operacions[99] nostres, se respon que lo àbit continuat de philosoffia moral pot bé estar sens la operació, mas no pot per allò denominar perfet philòsoff, presuposant la sua perfecçió no solament l'àbit, mas la obra que de aquella devalla; la qual cosa a Anthoni intervenia quant ab gran delit reguardava la sua Ffaustina.

Conseqüentment, narra lo nostre poeta dos altres exemples, grandíssims arguments de quanta és la infirmitat de nostres ànimes, dient que aprés March Anthoni piíssim seguien dos temorosos e sospitosos tirans, ço és Dionís Siracusà e Alexandre Phereo, afermant, però, aquest haver rebut, del seu axí gran e inrrahonable temor, convenient satisfació e effecte. E per ço diu:

"Que i duo pien di paura et di sospecto,
L'uno è Dionisio, l'altro è Alexandro;
Ma quel de'l suo temer ha degno effecto."

Grandíssima misèria e ínffima disposició és aquella dels hòmens quant més prest ells per desordenada copdícia tornen semblants als bruts animals, que no·s mantenen en la sua viril e digna natura. Axí com per immoderat apetit [29r] aquestos dos ja prenomenats tirans se privaren; los quals, del tot a desarreglat desig sotmesos de regnar, on, podent justament regir, eren liberts senyors, e ells matexos sotsmetent-se en presó, se constrengueren a ésser molt pijor que servents. Ffon, donchs, com scriu Ciceró en lo quint libre de la *Tosculana*, en lo segon dels *Officis*, Dionís Siracusà home acutíssim e d'engeny industriós, ben acostumat en les cotidianes viandes e en lo beure continent, mas de natura injust e maligne. Essent aquest nat de honestíssims pare e mare, e abundant de propinca família de pa-

---

[99] *operacions*: ms. "operancions".

rents, aconseguí lo domini dels siracusans; lo qual, aprés que y fon pugat e aquell retengut y no per molt temps, fon per les sues males obres constret de tal temor que quasi a si matex voluntàriament encarcerà. Co és, que la cambra on ell dormia féu circuhir tota de hun proffundíssim ffosso, a la qual pujava per hun xiquet pont de ffust, lo qual ell matex alçava la ora que en la cambra era pervengut. Aprés, de si matex no fiant ni crehent, de hun loch comú de una torreta a soles l'audiència prestava, e de allí així matex de les coses del regne comunicant rahonava. Havia aquest dues filles, les quals essent tendres de edat, per por, de aquelles se feya raure la barba. Mas, quant aquelles en edat de adoloçència foren crexcudes, no confiant d'elles, que no·l raguessen ab ferro permeté, mas que ab encesos carbons li fessen la barba.

Però aquest amà diversament en objecte, mas no en temor fermament, emperò [29v] que, segons la grega consuetut, fon inclinat de la malvada inclinació venèrea dels adoloçents, la qual en lo setè de la *Èthica* se demostra ésser contra "ius divinum humanum naturale et politicum", en la qual amor encara pot més la temor que lo delit. Emperò que hun jorn, jugant al joch de la palla,[100] havent donat per mà a guardar lo coltell davall la falda de hun seu[101] més amat adolocent, e hun altre familiar per joch o burles dient a Dionís com aquell havia crexcuda[102] la vida, e aquest adolocent de aquestes paraules rient-se, per la qual cosa Dionís a la hu hi a l'altre féu tallar lo cap. Mas aprés aquesta mort de aquest amat seu patge[103] tant impacientment portà que del tot sens remey volia morir. Amà així matex aquest dues altres mullers sues, la una de les quals se apel·lva Aristoancha Siracusana, l'altra Dòrida Locrense. E norresmenys, l'ora que volia en la nit ab aquelles conjunyir-se, ans que no·s girava, havia cercada tota la cambra si algú amagat estaria dintre.

Quanta era donchs la jocunditat hi delits de aquest ell matex ho demostrà a Demòclites, dilectíssim familiar seu, lo qual constituhí en son loch per què sperimentàs la falsament creguda dolcesa del domini. E reposat en mitg de totes les sues aparents delícies, essent ell posat en son loch en la taula, li féu ligar sobre lo cap una acutíssima spasa, la qual sola detenia una sobtilíssima cerda de cavall. De

---

[100] *palla*: it. "balla".
[101] *seu*: ms. "se".
[102] *crexcuda*: it. "creduta".
[103] *amat seu patge*: ms. "amats seus patges"; it. "amato suo pagio".

què Damòclites, vehent aquesta espasa, renuncià a aquell loch, pregant a Dionís de la licència de la sua partida, bé entenent quant és car e gran solicitut en [30r] l'ànimo de aquells que fora justícia administren senyoria; on aprés ab més madur judici la vida privada per pau e repòs interposava a tots los públichs strados.

De tal consemblant bestial temor fos constret Alexandre Phereo, lo qual ardentíssimament amant Tebe, sua cara e legíttima muller, jamés ab ella anava a dormir si primer no manava çercar la casa dels seus ornaments si algú hauria dintre, e, axí matex, intemptava veure si damunt s'i portaria ferro ab lo qual en alguna part lo pogués offendre. Permetia encara anar tostemps davant ell hun bàrbaro armat, lo qual en si tenia stima e notícia de excessius vicis e infidelitat. Les quals bestials operacions e inaudites temeritats no aprés molt temps pogué la muller comportar, que·l féu últimament sens algun dubte matar; premi degut e digne a effecte de tanta temor.

Recita aprés de aquests lo nostre poeta com los seguia lo gran Eneas troyà, lo qual aprés lo excidi de Troya plangué la mort de Creusa, muller sua e filla de Príam, prop lo riu Antandre, no podent per ell altrament en Troya satisfer ab los deguts funerals, essent en aquella rohina e vanitat, com scriu Virgili, quant Eneas se'n partia ab lo pare Anchises e ab son fill Ascànio. E aprés aquest Eneas, pervengut en Itàlia, tolgué l'amor a Turno, ço és Lavínia, filla de Latí, rey dels latins; lo qual Turno tolgué la vida a Apal·lante, fill de Enandre, rey primer de Archàdia, aprés de aquella part de Ytàlia e regió là hon és huy la ciutat [30v] de Roma, a la qual vench abitar per persuasió de Nicòstrata, mare sua, havent mort son pare en Arcàdia. E per ço diu:

> "L'altro è colui che pianse sotto Antandro
> La morte di Creusa, e 'l suo amor tolse
> A quel che il suo figliuol tolse ad Evandro."

Deu-se en aquest loch saber per més clara notícia dels precedents versos com, essent Eneas partit de Troya e pervengut a hun pèlech, lo qual se nomena Egeu, entre la illa de Scio y de Athenedos, a la part dreta ha hun riu apel·lt Antandre, en lo qual algunes voltes se posen los navegants seus, e en aquell loch les obsèquies de Creusa, muller sua, en la ruhina de Troya morta, celebren; o verament per dolor natural de la pàtria y dels seus, o per violència dels grechs a ell feta, com apar versemblant per obra de Eneas, per la sua promesa per totalment extingir la família de Príam, axí com encara són altres que·n pensen. E devent ell pervenir a trobar la sua primera orígine e dels altres troyans, ço és de aquell que abans de Darno[104] foren nats, segons los fatals auguris e amonicions dels déus, aprés que prop de set anys per diverses mars era anat, pervench a la fi a la fossa del Tèver, on en aquell loch fon de Evandre, rey de aquella terra, gratament rebut e acollit. E, havent aquest Evandre hun fill apel·lt Palante, lo qual de ànimo era generós e magníffich, travà ab Eneas singular amicícia. En aquest [31r] temps, havent Latí, rey dels latins, per persuasió de Amata, muller sua, com per altres se digua aquella ésser stada Pal·làncía, filla de Evandre, prometé en esposa Lavina, filla sua, a Turno, fill de Danao, rey dels rutilians, entervench que hun exam de abelles se posà sobre hun lorer, lo qual estava sobre la torre de Laurència, ciutat e cap del regne de Latí. La qual cosa Latí vehent, demanà als adevinadors e auguris que lo effecte de allò li deguessen notifficar què signifficava. Los quals respongueren: "Senyor,[105] açò demostra la voluntat dels déus ésser hun gendre de nació estranya, lo qual manifestant lo seu nom deurà venir fins a l'ocçeano". Per la qual cosa, li consellaren se detingués de donar a Turno Lavina per muller. Latí, lavors entesa la resposta de aquells, anà a l'oratori de Ffauno, son pare, a fer sacrifici e per demanar encara de l'auguri; al qual Ffauno axí matex respongué que·s detingués del matrimoni de Turno hi esperàs lo seu ffatal gendre. Aprés tornat Latí rey a la casa sua e pensant en la haguda resposta, estant en aquest pensament, atengueren a ell los embaxadors de Eneas demanant-li per part sua pau, repòs e verdader salconduyt. De què Latí rey, entesa la embaxada, demanà de la sua orígine, considerant la condició e bé recordant-li tot lo auguri, respòs no solament ésser content condecendre les coses demanades, mas ultra aquelles, per quant li plahia voler contractar ab Eneas affinitat e dar-li Lavina, filla sua, per muller; la qual offerta Eneas acçeptà. Aprés seguit açò, intervench que semblant-li a Turno per aquesta [31v] cosa ésser injuriat, agrament a Latí mogué gran guerra e a Eneas, en la qual guerra, per la contractada amiçíçia entre Eneas e Evandre, Pal·lante vench en ajuda de Eneas contra Turno e hun jorn, procehint a batalla, fon aquest Pal·lante asaltat de Turno e morí. Tolgué donchs Eneas l'amor a Turno levant-li Lavina,

---

[104] *Darno*: "Dardano".
[105] El traductor catalán usa discurso directo, a diferencia del texto italiano.

la qual intensament Turno amava, e Turno levà lo fill a Evandre, havent mort Pal·lante en la batalla, lo qual[106] era lo més amat fill de Evandre.

Narra aprés micer Ffrancesch la inlícita concupicència de Phedra, muller de Teseu, rey de Athenes, e madastra de Ypòlit, introduhint la ombra dir-li que per lo exercici de l'estudi ell devia haver entès rahonar de hu lo qual per pròpia continença no havia volgut consentir al furiós conçepte e amor de la madastra, mas que s'era desligat e fugit de aquella, per no la sua castíssima intenció macular. On intervench que tant lo amor de la maligna Fedra se convertí en oy envers Ypòlit, que morí e, per digna justícia, aprés ella pervench a la mort; venjança verament convenient de Teseu, Adriana[107] e Ipòlit, cascú per si enganat de Phedra, constret de amor e de la memòria de les sues porfídies. E per ço diu:

"Udito ài ragionar d'un che non volse
Consentir al furor de la matrigna
Et da' suo preghi per fuggir si sciolse.
Ma quella intencïon casta et benigna
L'ucçise; sì l'amor in odio torse
Phedra, amante terribile et maligna.
[32r] Et ella ne morì,[108] vendecta forse
D'Ipolito, Théseo, et Adrïana,
Ch'amore,[109] come vedi,[110] amando corse."

[31v] Per més uberta evidència dels precedents versos és [32r] de saber que, havent Theseu, fill de Egeu, rey de Athenes, ensemps ab Èrcules per manament del rey Eristeu expugnades les amazones, com scriu Justino, Ypòlita, jermana de la reyna Anthiopa, no semblant-li convenient que la sanch real degués servir, aquesta Ypòlita ab ell se conjunyí per legíttima muller; ab la qual engendrà Ypòlit, jove de virtut y ànimo insigne e de cors bellíssim. Intervench en aquest temps que Minos, rey de Creta, envià en Athenes Androgeu, fill seu, lo qual, essent robust de cors, tota hora que en alguna luyta·s trobava, qualsevol altre derrocant vencia; de què a gran enveja

---

[106] *qual*: ms. "qua".
[107] *Adriana*: "Ariadna".
[108] *morì*: Pac. "morió".
[109] *amore*: Pac. "a morte".
[110] *come vedi*: Pac. "tu 'l sai bene".

comogué los athenienchs, e aquells de Magera hun jorn[111] ab trahició e frau mataren. La qual cosa entesa per Minos, son pare, a gran ira fon acçitat que determenadament se dispongué del fill fer venjança. De què, congregat lo seu exèrcit, procehí contra aquells en tal manera que en breu temps la hu hi l'altre poble vençé. E axí, mentres que Minos lo siti mantenia, Pasciffe, muller sua, vingué en tanta bestialitat, segons que scriu Ovidi, que immoderadament se enamorà de hun toro e, disponent-se haver del tot la sua mescla o acost ab aquell, manà a Dèdalo, lo qual era molt ingeniós fabricador, que pensàs hun artiffici lo qual fos convenient a tal desig. Lo qual Dèdalo fabricà una vaca de fusta semblant a una la qual [32v] lo toro en la pastura més que les altres seguir mostrava, e féu matar aquella e del cuyro féu cobrir aquella de fusta; e aprés Pasciffe induhí lo toro en aquesta manera a complir ab ella la sua bestial voluntat immoderada. De què·s seguí que Pasciffe restà prenyada e al temps parí lo ferocíssim monstrum del Minotauro. Conegut aquest effecte per Minos, manà al matex Dèdalo fabricar lo Laborinto, là hon dins tancà lo Minotauro. E per aquest respecte, entre les altres leys imposades aprés la victòria als atenienchs e magarenchs, e greu condició de la pau, fon que en cert temps deguessen donar hun home al Minotauro per ésser devorat e menjat de aquell.

Havent donchs aquest poble entesa la dura ley a ells imposada, dellibereraren que per sorts se procehís a la elecçió de aquell que devia ésser menjat del Minotauro. De què·s seguí que una volta la sort caygué sobre Teseu; per la qual cosa se seguí que aquest, dispost per acomplir la crueldat de la ley, vingué en Creta e presentà's a Minos. Havia Minos dues bellísimes filles, la una apel·lada Adriana[112] e l'altra Phedra. De què Adriana, la qual era la major, vist a Teseu de bellísima disposició, súbitament de aquell se enamorà, per on donà orde secretament parlar-li. Concordà ab aquell que, si la prenia per muller, que l'acamparia del Minotauro e Phedra, jermana sua, casava ab Ypòlit; la qual cosa Teseu consentí. On intervench que Adriana li mostrà de vençre lo Minotauro hi encara lo exir del Laberinto. Matà, donchs, [33r] Teseu lo Minotauro e, retornant ab la victòria en Athenes, se'n portà ab si Phedra e Adriana. Mas, pervengut per lo camí en la illa de Scio, com recita Ovidi o verament Naxó, com scriu Lactanci, dexà en aquell loch Adriana adormida e partí-sse'n

---

[111] *jorn*: ms. "jor".
[112] *Adriana*: "Ariadna".

ab Phedra, lo qual[113] junt en Athenes per legíttima muller sua prengué. Aprés acompanyant Peritoo, singularíssim amich seu, en l'infern per la recuperació de Proserpina, en aquesta sua absència Phedra se enamorà de Ypòlit e enamorada en còpula carnal lo matà;[114] la qual Ypòlit denegà com la rahó hordenant consentia.[115] Per la qual cosa, Phedra tota[116] la sua benvolença, en crudelíssima ira contra Ypòlit convertí e, retornant Teseu en Athenes, ella acusà Ypòlit a Teseu que l'avia volguda violar; per la qual relació, Teseu, furiós, lo bandejà de si e de la sua terra, donant tota occasió perquè degués morir. Aprés per la sua partida Phedra sentí tanta dolor que ab la pròpria spasa de Ypòlit ella matexa·s matà, o verament, com testiffica Servi, se penjà. E fon certament digna venjança de Ypòlit, lo qual a gran tort féu estar en exili, e de Teseu, lo qual féu ésser del seu dol ministre, e de Adriana jermana, la qual levant-li lo marit enganà.

Interposa aprés lo nostre digne poeta una excel·lent e justíssima sentència per la falsa acusació feta de Phedra del castíssim Ypòlit, dient que moltes voltes intervé que los hòmens, acusant y blasmant los altres, a si matexos condamnen. E ultra açò segueix [33v] que qui pren plaher de enganar altri no·s deu dolrre si de l'altre roman enganat. E per ço diu:

"Tal biasma altrui che se stesso condanna,
Et, chi prende dilecto di far frode,
Non si dê lamentar, se altrui l'inganna."

Cosa és convenient qualsevol ley natural o de scriptura no solament a aquells que són inferiors ésser comuna, mas encara als prínceps, essent determenat ells ésser custodis e ley animada de justícia, axí com en lo cinquè de la *Èthica* és scrit, perquè cascun home de les sues obres és principi, màximament del seu judicar. Per ço, la ley primera e rúbrica *ff. quod quisque iuris* obliga cascú aquella matexa sentència que ell judicàs qualsevol deure's obligar. E per ço singularment ho demostra Ciceró en la *Tosculana*, volent demostrar quanta és la error de voler del seu matex vici rependre, dient "Proprium enim stulticie est aliorum vicia cernere suorum oblivici".

---

[113] *lo qual*: "la qual".
[114] *lo matà*: error por "el requerí"; it. "lo richiese".
[115] *consentia*: ms. "consentiada" con "da" añadido arriba; it. "ditava".
[116] *tota*: ms. "tola".

Donchs, mèritament retornant a l'exemple del nostre poeta, la maligna Phedra acusava si matexa quant a Teseu Ypòlit acusava. Veu-se encara per los matexos versos com lo poeta reprèn Adriana e en quina manera al gran lament respon lo qual féu en la illa de Scio, aprés que per ella no fon vist Teseu, dient[117] encara sens tort ella lamentar-se de ésser estada enganada de Teseu, havent ella defraudat Minos, e del jermà Minotauro havent la [34r] mort procurada.

Seguex aprés micer Ffrancesch lo exemple de Teseu, introduhint la ombra mostrar-la-y dient: "Veies, o micer Ffrancesch, lo famós Teseu, ab les sues tantes lahors d'ésser-li atribuhit, entre dues jermanes, Phedra e Adriana, portar pres, verdaderament en lo foch de la concupicència mortes; de les quals, la una s'alegra d'ell, ço és Adriana, la qual primer de aquell se enamorà, e ell se alegra de l'altra, ço és de Phedra, la qual, aprés que Adriana hagué lexada, per legíttima muller sua prengué". E per ço diu:

> "Vedi il famoso, con suo tante[118] lode,
> Preso menar fra duo[119] sorelle morte:
> L'una di lui, et ei dell'altre gode."

Deu-se en aquest loch saber per intel·ligència dels precedents versos principalment Teseu ésser del poeta apel·lt ffamós, com sia cosa que per la sua sobirana e singular virtut merita ab los Hèrcules ésser comptat, emperò que neguna cosa qui·s preparàs on a l'home pervingués fama o lahor que ell no temptàs,[120] e del temtar-la no aconseguís[121] fama. On, primerament, ensemps ab Hèrcules per manament del rey Eristeu vencé Oríthia e Anthiòpia, reynes[122] de les amazones, victòria certament sangonosa e gloriosa. Segonament, amansà la supèrbia del rey Creon de Tebes, lo qual los cossos morts prohibia en la batalla de Ethíocle e Polinice la deguda sepultura, la qual obra verament fon de judicar [34v] piadosa. Sobrà terçament lo ferocíssim toro, en los camps Maratons de Eristeu portat, lo qual tota la terra antiga perturbava, e aquella quasi a tota rohina portava. Matà Schiron Procuste,[123] ladre, lo qual sobre hun scull de roca los

---

[117] *dient*: ms. "dien".
[118] *suo tante*: Pac. "sua tanta".
[119] *fra duo*: Pac. "tra due".
[120] *ell no temptàs*: ms. "ell temptas".
[121] *del...no aconseguís*: ms. "del temtarla aconsegujs".
[122] *reynes*: ms. "reyna".
[123] *Schiron Procuste*: it. "Schiron e Procuste".

presoners constrenyia que per déu lo adorassen. Ffurtà Helena, matà lo Minotauro, acompanyà en l'infern Peritoo e, finalment, los atenienchs, desparguts pacífficament en Athenes, reduhí. Havent bandejat últimament ab malenconia Ypòlit per la sola relació de Phedra, essent aquell dels athenienchs molt amat, fon per venjança sua posat en exili, de què miserablement morí.

Emperò par que sia test més convenient del segon vers que diu: "Preso menar fra due sorelle in morte"; perquè aprés que sí de aço Adriana, aprés la partida de Teseu la qual ab força lamentant planyia, intervench a cas que aquell jorn Baco, fill de Jovis, passà per aquella illa, lo qual, hoint aquest plant tan lamentable, s'acostà a la vora de la mar hi véu plànyer Adriana; lo qual, comogut d'aquella a compassió, la se'n portà e prengué-la per muller; la qual sobrevisqué a Teseu e véu lo seu exili e la sua mort, de la qual per venjança singularment s'alegrà, axí com de la mort de Phedra Teseu fon alegre de la sua venjança e de Ypòlit, aprés que a ell la sua error confessà. Ffon donchs Teseu portat pres entre dues jermanes, e en la mort la una d'ell se alegra, ço és Adriana, que·l véu constret en exili morir. Ell se alegra de Phedra, la qual, [35r] si matexa matant, la injúria de aquell venjà.

Són norresmenys alguns altres tests los quals diuen: "Vedi el famoso, con suo tante lode, / Preso menar fra duo sorelle smorte, / L'una di lui et ei dell'altra gode / Colui che seco e quel possente et forte Hercule che Amor prese". De què no Adriana ni Phedra és necessari entendre per les dues jermanes, mas Ypòlita hi Menalipe, jermanes de la reyna Oríthia, les quals apel·l singularment lo poeta "smorte" per demostrar lo exercici de les armes, en les quals[124] singularment les amazones se exercitaren. E per ço, rahonablement a la vista pervé la mortifficació de la color, hi és conforme aquesta sentència a aquella de la fama, quant diu micer Ffrancesch: "Et Menallippe et chiascuna si snella / Che vincer gli fu gloria al grande Alcide, / Che l'unna ebbe et Teseo l'altra sorella". Per la qual cosa resta molt mostrat segons la diversitat dels tests poder-se diversament expondre. E no sens rahó, lo nostre digne poeta continuant, lo primer ab lo test és més comú.

Seguex aprés de Teseu micer Ffrancesch lo exemple del fortíssim Hèrcules, lo qual neguna fon axí may diffícil fatiga corporal que ell no sobràs, e solament del sensitiu apetit d'amor fon subjugat e vencut, dient que aquell que ab ell era, ço és ab Teseu, era aquell

---

[124] *quals*: ms. "qual".

fort e poderós Hèrcules, lo qual Amor prengué, e fon certament gran maravella. E per ço diu:

> "Colui ch'è secco, è quel possente et forte
> Ercule, ch'amor prese."

Difícil conexença [35v] és de saber qui pròpiament fos Hèrcules, com sia cosa que Hèrcules no importa propietat de home, mas cognom, emperò que qualsevol que alguna cosa fort obrava era apel·lt Hèrcules, que en lengua greca signiffica robusto. Fforen donchs, segons recita Varró, XXXXIII[125] hòmens cognomenats Hèrcules: lo tebà, lo argiu, lo líbich. Mas aquell que ultra los altres és notíssim fon lo tebà, fill de Jovis, hi de Almena,[126] muller de Amphitrion, com scriu Plauto en la primera comèdia quant introduhex Amphitrion ésser procehit contra Thelebo per venjar la mort del sogre, e Jovis haver presa la sua forma, e Mercuri aquella del seu servent Solia, e girat ab Almena. Aquest Hèrcules primer s'enamorà de Dianira, filla de Orneu, rey de Calidònia; la qual essent a Theleo, rei[127] de Calidònia, promesa per muller, Hèrcules, constret de la sua bellea hi de l'amor, combaté ab Atheleo, com scriu Ovidi, e primer aquell en forma humana vencé, aprés convertit en serpent e, últimament, en forma de toro. Per la qual cosa, Hèrcules fon marit de Dianira, sua dilectíssima amada.

Segonament, Hèrcules amà Yoles, filla de Eurto, prestantíssim rey de Ethòlia. Lo qual tant ardentment fon constret a desmesuradament amar-la que, deposada tota la sua ferocitat e rellexada la gloriosa despulla de la pell del leó Nemeu, abandonada encara la potentíssima Clava, estava en mig de la donzella a departir e, filant ab aquella, dispensar de la lana, al qual matex e así vil exercici ell reconduhí [36r] encara Aníbal Lidià.[128] De què mèritament Amor lo pres hi·l ligà, e obscurà en part en lo capítol dels hòmens famosos.

Porta aprés lo poeta, aprés de Hèrcules, Achil·les, fill de Peleu, rey de Enòpia[129] hi de Tetis nimpha, o verament de Aygna deessa,[130] dient que l'altre era Achil·les, lo qual seguint amor hagué gran dubte e perills seguits. E per ço diu:

---

[125] *XXXXIII*: error por "III", como se ve inmediatamente; it. "tre".
[126] *Almena*: it. "Alchimena".
[127] *rei*: ms. "riu".
[128] *Aníbal Lidià*: it. "Omphale Lidia".
[129] *Enòpia*: it. "Etholia".
[130] *o verament de Aygna deessa*: it. "over aquea dea".

"Et l'altro è Achille,
Ch'ebbe in suo amore[131] assai dogliose sorte."

Per la intel·ligència de les amors de Achil·les, les quals micer Ffrancesch en aquestos versos descrivint recita, és de saber principalment que Tetis, muller de Peleu, mare sua, una de les deesses de les aygües, essent filla de Nereu, déu de la mar, ella[132] de lonch temps prevéu lo furt de Helena que per Paris se devia fer, e aprés la guerra entre·ls grechs y troyans, a la qual, si Achil·les son fill amava, veya que devia morir. Per la qual cosa, ell vestint-lo en àbit femenil, lo posà en guàrdia del rey Licomedes per abitar ab ell hi entre les sues donzelles. De què·s seguí que, vehent lo rey ésser Achil·les d'especte graciós, lo féu dormir ab la sua gentilíssima filla Deydamia, crehent també aquell ésser donzella. De què, lo natural apetit induhint-los, prengueren la hu de l'altre enamorats plaers delitosos, e intensament foren constrets de amar-se. Per la qual benvolença e enamorada pràtica, Deidamia se emprenyà de Achil·les [36v] e al temps parí Neoptolomo, lo qual aprés fon nomenat Pirro. Subseguint aprés la troyana guerra e los grechs entenent dels déus Troya no poder-se pendre sens la persona de Achil·les, feren diligentment cercar aquell e, a la fi trobat per Ulixes, precehí ab los altres en lo setge de Troya. Là hon mentres que era, essent Briseyda, filla de Calcante, restituhida dels troyans al pare, Achil·les se enamorà de aquella; lo qual, de Agamanon essent-li tolta, se acçità a tanta ira que més no·s volia armar contra los troyans. E tant en tal durea e obstinació durà que Patrocho, son conjunct e dilectíssim amich, fon mort en la batalla per Hèctor; per la qual mort, continuant lo combatre, Achil·les matà en la batalla lo fortíssim Hèctor. E açò açossega[133] que, l'any de les obsèquies o aniversari fosen treves entre els grechs i·ls troyans, Achil·les anà en Troya al temple là hon a Hèctor se feyen les obsèquies, e véu Policena, bellíssima[134] donzella e de Hèctor jermana, la qual amargament plorava; de la qual Achil·les molt se enamorà hi lo seu desig manifestà a Hècuba, mare sua, prometent-li remoure lo setge de Troya si Policena per muller li donava. Estant en aquestes amors Achil·les, se seguí que, removent-se del prepòsit del no combatre, un jorn en la batalla matà Troyol, fill

---

[131] *amore*: Pac. "amar".
[132] *ella*: ms. "ell".
[133] *açò açossega*: "això seguí"; it. "di essendo successo".
[134] *bellíssima*: ms. "bellíssim".

de Príam e de Hècuba, de Policena jermà; per la qual cosa Hèccuba, disponent en venjar-se dels dos fills seus, envià a dir Achil·les que y anàs, que li volia donar Policena. La qual embaxada de Axil·les bé entesa, més acçitat [37r] de les amors que de verdadera rahó retractat, súbitament sens armes hi sens companyia, excepto la espasa e Anthíloco, fill de Nèstor, se'n entrà en Troya. E, vengut en lo temple de Apol·lo, allí per Paris durament foren tallats a peces. E axí lo Achil·les provà la dura sort de amor.

Aprés narra lo nostre poeta una còpia de enamorats, la hu de l'altre ferventíssimament enamorats, dient aquells altres dos los quals seguien aprés de Achil·les ésser la hu Demoffon e l'altro Ysiffile,[135] dignes enamorats de ànimo excel·lentíssims. E per ço diu:

"Que'l altro è Demophon, que'l altra è Phille".[136]

Demofon fon fill de Teseu hi de Phedra, lo qual, essent procehit ensemps ab los altres grechs en la guerra de Troya, e aprés la expugnació de Troya partint-se per retornar a la pàtria, fon per fortuna de vents tornat en Tràcia, hon benignament fon rebut per Philis, filla de Licurgo, fill[137] de Driante, fill de Ypòlit de Orione, fill de Jovis Cretense, lo qual en aquella província senyorejava. De què, mentres algun temps aturà, li fon denunciada la mort de Mensteu, duch de Athenes. La qual mort entesa, desigós de recobrar lo seu regne, presa de Philis per algun temps licència, retornà en Athenes; là hon, presa la senyoria ab pau, molt temps senyorejà. Passà en aquest discurs[138] lo termini donat a Philis del seu retornar; per la qual cosa, ella, desesperada e de l'enamorat desig acçitada, se penjà per lo coll, [37v] o verament, segons alguns altres, volent-se lancar en mar, per permissió dels déus fon convertida en hun pex que·s nomena amandala.[139] Aprés retornat Demofon en Tràcia per veure la sua dilecta Philis, sabé lo cas de la sua dura mort, de què tant la planguè quant a fidelíssim enamorat era convenient.

Reconta lo nostre poeta, aprés Philis e Demofon, un·altra còpia de enamorats, Jason e Medea, dient que los altres dos que seguien la hu era Jason e l'altre Medea, la qual havia seguit ensemps ab

---

[135] *Ysiffile*: confusión con "Philis", pues Isifile es otro personaje que vendrá más tarde en el triunfo; it. "Phylle".
[136] *Que'l...Phille*: Pac. "Quello è Demophoon, e quella è Phille".
[137] *fill*: ms. "filla"; it. "figliolo".
[138] *discurs*: ms. "discus".
[139] *amandala*: it. "amandola".

amor per molts e diversos lochs. E quant en la sua partida ella era estada cruel al jermà e al pare, tant era estada més torbada, ell estimant ella deure ésser del seu amor stimada més digna, màximament per los benifficis a ell contribuhits. E per ço diu:

> "Quello è Jason, et quell'altra è Medea,
> Ch'Amor et lui seguì[140] per tante ville;
> Et quanto al padre et al fratel fu[141] rea,
> Tanto al suo amante più[142] turbata et fella,
> Ché del suo amor più degna esser credea."

Per maniffesta conexença dels precedents versos hi de la istòria en aquells contenguda, és de saber que Pèlias, rey de Thesàlia e fill de Neptuno, havia entès dels déus que aquella ora seria vehí a la mort quant, sacrifficant ell, vendria hun home al temple ab hun peu calçat e altre descalç. E per ço intervench que, essent intent ell [38r] al sacriffici paternal, Jason, son nebot per paternal femínea, essent fill de Enson, fill de Tir nimpha, filla[143] de Salmon, rey de Salamina, mare encara de Pèlias, essent hun jorn en hun riu pexcant hi prenent plaer, sentí lo so lo qual era lo senyal de la ora del sacriffici. Lo qual, volent-hi intervenir per celebrar, lexà sobre la vora del riu la una calça, e així descalç vingué al temple. La qual cosa veent Pèlias, se recordà del que hoí dels déus e ell conegué ésser prop de la mort. E, volent procurar lo seu regne al seu fill Acasto, tement que Jason no·l se occupàs per la gran benivolència que·l poble li tenia, dix hun jorn a Jason que li semblava que per guanyar fama devia anar a la conquesta del velló d'or, lo qual[144] era en la illa de Colcos, estimant ell no deure may tornar per los grans insuperables perills, los quals de aquell moltó daurat eren preparats en guarda; així com eren del bou les enceses e orribles flames que de la boca lançava, les quals primerament vençre devia, e aprés posar-lo davall lo jou e ab aquell laurar la terra, e en aquella sembrar les dents del ferocíssim drach, lo qual encara aquell sobrar devia, ab tot que lancàs foch per la boca com lo ferocíssim toro. Devien últimament de aquelles dents nàxer hòmens armats, los quals era del tot forçat se matassen; aprés dels quals morts seria la victòria obtenguda.

---

[140] *seguì*: Pac. "seguio".
[141] *fu*: Pac. "più".
[142] *più*: Pac. "è più".
[143] *filla*: ms. "fill".
[144] *lo qual*: ms. "la qual".

Jason, donchs, dispost per fer les paraules del padastre sens ab aquell diferir, ja del tot preparat, entrà en mar e pervench en la illa de Colcos, en la qual en[145] [38v] aquell temps hun rey apel·lt Oeta regnava, lo qual una filla nomenada Medea, en art màgica doctíssima, tenia ensemps ab hun xiquet fill nomenat Absirto. Pervench donchs Jason davant Oeta, al qual exposà la causa de la sua venguda e lo desig que de conquistar lo velló d'or tenia. Oeta, vista la sua presència e jutjant-lo digníssim jove, moltes voltes li dix que en tan manifest perill no volgués posar-se, e per remoure'l del seu prepòsit, havent de aquell compassió, molts hi molts jorns lo féu aturar, en los quals tostemps a la presència de la filla Medea, així com a liberal rey, splèndidament lo convidava. De què per aquesta consuetut intervench que Medea, de cors mirant-lo bellíssim, se'n enamorà; de què, donat bon orde en secretament parlar-li, convengué ab aquell dar-li victoriosa victòria si ell per muller la prenia. E, preparats los remeys, Jason anà a la fera batalla, en la qual e a la fi[146] fon vencedor. Obtingut lo daurat moltó delliberà Jason partir tornant-se'n en Tesàlia, e semblà-li a Medea que insaludablement fogint devien partir-se'n. E axí a la fuyta donat orde, e aquella, furtades totes les paternes riqueses, se'n entrà en la nau de Jason. E perquè, si lo pare la volia seguir, pogués aturant-se torbar, prengué Absirto, son xiquet jermà, e, aquell de membre en membre tallant, en certs espays de la terra les carns de aquell dexà sembrant escampades, en tant que de la ciutat a la mar lo sembrà, e anà-se'n.

Aplegada donchs Medea en Tesàlia, [39r] principalment restituhí la juventut a Enson. Demanaren-li les filles de Pèlias que si semblant effecte farien a lur pare, e ella·ls respòs que li obrissen les venes, per ço que les sanchs de la vellea maten; la qual cosa elles axí fent, lo portaren a mort e axí, perquè lo regne succehís Jason, les enganà. Emprenyà's aprés de Jason Medea e parí dos fills, e, essent-li venguda en aquest temps en fastig, la repudià e prengué per muller Creusa, filla de Creon, rey de Coríntia; la qual cosa sobiranament desplaent a Medea, compongué los seus malifficis e fengí enviar lo fill ab hun donatiu per gratifficar-se a la madastra Creusa. Lo qual donatiu fon foch lavorat contengut en una xiqueta capça, la qual, axí com tost Creusa obrí, ella hi la real casa prestament fon en foch convertida e, artizadament acampat lo fill aquell, aprés per

---

[145] *en*: repetida en el manuscrito.
[146] *e a la fi*: ms. "e la fi".

venjança sua e davant la presència de Jason matà'l. La qual volent ferir, se'n fogí en Athenes hi casà's ab Egeu, del qual parí hun fill, lo qual per ella matexa meté nom Medo. Tornà en aquest temps Teseu en Athenes, lo qual volent matar aquella, font per aquell constreta a fogir. De què, retornada en Tesàlia, se reconsilià ab Jason e aprés ensemps tornaren en Colcos, on recobraren lo regne e tornaren ab Oeta, ja vell, e ab aquell vixqueren.

Recita aprés micer Ffrancesch lo exemple de Ysiphile, dient com Ysiphile venia aprés Medea dolent se del barbàrich amor de Jason portat envers Medea, del qual ell fon occupat; la qual ell sobiranament amava. E per ço diu:

[39v] "Hisiffile vien poi; et duolsi anch'ella
Del barbarico amor, ch 'el suo gli ha tolto."

Isiphile fon filla de Thonte, fill de Baco, rey de la illa de Lennos, la qual, conjurant les dones de la illa de deure matar lurs marits e aquest effecte portant a execució, per ço que elles soles servassen lo domini, sola piadosa perdonà al seu pare e aquell en la illa de Scio per demorar ab Baco cautament envià. On intervench que, feta la matança, Isiffile fon constituhida reyna. Anant, donchs, Jason ab la companyia ensemps a la digne conquesta pròximament dita, pervingué a la illa, là hon la dita reyna Isiffile estava; lo qual vehent gratament lo acollí e ultra açò de aquell se enamorà. Mas Jason, perquè aplegà en Colcos ab sols intent de la reyna Medea, no tingué de Isiffile pus memòria. De què, oblidats tots los seus benifficis, li donà occasió de deure's dolrre e mèritament blasmar la tanta amor a Medea atorgada, essent bàrbara e ell de nasió greca. De què Ovidi en les *Epístoles* la entroduhex axí lamentar: "Argolicas timui nocuit michi barbara pellex. Non expectato vulnus ab hoste tuli".

Segueix aprés lo nostre present poeta lo exemple de Helena, filla de Jovis e de Leda, e de Alexandre, fill de Príam, rey dels troyans, dient que dret a Isiffile venia aquella a qui, segons lo títol de suprema bellea ab la qual venia·l pastor que molt infiadament havia reguardada la sua bella cara, on se era enamorat; per lo qual amor [40r] aprés era seguit que lo món tot quasi damunt davall ne fon trastornat per les grans guerres e matançes que de tals fets hixqueren. E per ço diu:

"Poi vien colei ch'a 'l titol d'esser bella.
Seco ha[147] 'l pastor che mal il suo bel volto
Mirò sì ffisso, onde uscir gran tempeste,
Et funne il mundo sotto sopra vòlto."

Necessària cosa és per la intel·ligència dels precedents versos a saber com, essent Èccuba, muller de Príam, prenyada de Alexandre, véu una nit en somni com ella paria hun foch, lo qual cremant posava Troya en gran rohina. De la qual cosa ella tota espantada, al seu marit Príam ho maniffestà, lo qual demanà als déus què li devia tal somni importar. Los quals respongueren deure nàxer hun fill, per les obres del qual se devia enruhinar lo regne. Per la qual cosa Príam manà que lo part de Hèccuba sens alguna remissió fos mort. Parí aprés Hècuba un gentilíssim fill, del qual, a materna compassió moguda, no volgué, segons lo manament de Príam, que·s matàs, mas, imposant-li lo nom de Alexandre, secretament a huns pastors del rey lo féu donar que·l criassen; als quals sots gravíssimes penes manà no·l manifestassen. De què ell, reputat ésser fill de pastor, encara exercità lo pastoral offici, en lo qual temps, les vaques reals paxent en la silva de Ida e venint los toros entre ells alguna volta en batalla, tostemps Alexandre Paris[148] aquell que [40v] vençedor de tal victòria restava lohant honorava. Per la qual cosa, en fama de justíssim jutge pervench que de quascú fon nomenat Paris, que vol dir egual. Intervench, donchs, en aquell temps que Peleu, fill de Eaco e pare de Achil·les, pres per muller Tetis, filla de Nereo; a les quals noces Jovis féu convidar tots los déus hi deesses ecçepto Iris, deessa de discòrdia. Per la qual cosa ella desdenyada, volent torbar les noçes, vehent en aquelles Juno, Pal·las hi Venus, prengué hun bellíssim pom daurat en lo qual escrigué aquestes paraules: "Pulcrum pomum pulcriori detur"; e aquell en mig de totes tres lançà les quals seyen en la taula. Elles, donchs, havent pres lo pom e lesta de aquell la escriptura, súbitament en qüestió vingueren, cascú indicant a si lo pom e quascuna affermant ésser pus bella. De què, per termenar aquesta lur qüestió, al judici de Jovis se sotsmeteren, pregant-lo que la llur differència declaràs. Mas Jovis, no volent jutjar entre elles, essent Juno muller sua, e Venus jermana e Pal·las stimada filla sua, al juhí de

---

[147] *ha*: Pac. "è".
[148] *Alexandre Paris*: el traductor anticipa el nombre de Paris, que se explicará unas líneas más adelante; it. "Alexa*n*dro".

Paris les remeté, lo qual en aquell punt per soberch exercici de caça en la silva Ida dormia. Manà, donchs, a Mercuri que ensemps ab les tres deesses en somni aparegués a Paris, al qual la llur qüestió expongués. Fféu Mercuri lo manament de Jovis. Aprés per cascuna preposada a Paris la requesta, se presentà enveja, que grans donatius a ell proferirien[149] si la sentència per cascuna determenava; de què Juno [41r] li offerí major premi que may fos en lo món, Pal·las major sapiència, Venus aprés la més bella dona. Paris, donchs, vistes les desnues deesses, axí com en veritat Venus era pus bella, axí més que les altres la judicà del pom més digna.

Essent, donchs, en aquest temps molt poch abans anat Jason a la conquesta del daurat moltó, e aplegat ab Èrcules ensemps e ab altres companyons a la guerra troyana, foren del rey Laumendonta, pare de Príam, lo qual lavòs en aquella província regnava superbament, e ab greus menaces licenciats. La qual cosa ells sentits de gravíssima injúria, retornats en Tesàlia, prepararen l'exèrcit, e vingueren a Troya e, aquella prenent e donant a destrucçió, Laumendonta mataren. E Exiona, filla sua, a Telamó, rey de Salamina, en premi donaren, perquè fon lo primer que[150] entrà en la ciutat. Era lo rey Príam absent quant Troya per los grechs fon desfeta, essent anat per recobrar[151] certa pàtria que a ell s'era rebel·lada. De què, entesa la nova de la pressura de Troya, abandonant l'ampresa se'n tornà al lloch, hon de nou reediffica la ciutat, la qual de més fortalea e bellea ordenà que de primer no era estada. Aprés cercà recobrar Exiona dels grechs, tota altra injúria posant a oblidança. Mas, no essent hoït de aquells, axí pus[152] prest lo seu manament Antenor de paraules injuriant metent per obra,[153] Príam convocà hun gran nombre de troyans, als quals preposà què era de fer per la injúria a ells per los grechs feta. Al qual per Èctor, Helena e Cassandra, [41v] fills seus, e Protheu, cavaller troyà, fon respost que s'abstingués de guerra. Mas Paris, ja conegut que·l fill del rey ab gran reputació e honor en la casa demorava, exponent lo seu somni e la promesa de Venus, donà per consell que en Grècia ell enviàs exèrcit per què alguna bella dona furtassen, segons la promesa dels déus; fàcil cosa era per la

---

[149] *proferirien*: ms. "proferiren".
[150] *que*: repetida en el manuscrito.
[151] *recobrar*: ms. "rocobrar".
[152] *pus*: repetida en el texto.
[153] *de paraules injuriant metent per obra*: "injuriant en paraules i en obres"; it. "iniuriando en parole e en opere".

sua commutació e recobrar[154] Exiona. Plagué a Príam aquesta sentència; de què, preparades les naus, manà que Paris ensemps ab Eneas fossen capitans de aquelles e anassen en Grècia a pendre màximament alguna digna dona. Partiren aquests de Troya, segons lo manament de Príam, e ab vents pròspers a la illa de Citarea aplegaren, on pervench la fama a Elena de aquest adveniment e de la bellea de Paris; per la qual cosa, a grandíssim desig de veure'l fon comoguda que pres occasió de anar al sacrifici de Venus e partí de Lacedomònia per venir a Citarea. E venguda[155] al temple[156] ensemps ab los troyans, Paris e Elena fixament la hu a l'altre mirantse, bellíssims se jutjaren. De què, estimant Paris los seus ànimos ésser conformes, se'n tornà a les naus, e prengué de malenconia les armes, e tornà en lo llur temple e, presa la bella Helena, la se'n portà en Troya. Sentint, donchs, la greca nació aquesta presa per los troyans feta, reduhint-se[157] a grandíssima injúria, delliberaren fer-ne gran venjança. De què, preparada gran moltitut de naus e de exèrcits,[158] vingueren a camp en Troya; en la qual guerra molts reys e prínceps [42r] dels grechs moriren e los troyans totalment destrohits ne restaren, en tal manera que mèritament tot lo món se'n fon trastornat, com ha lo nostre poeta elegantment scrit.

Porta aprés micer Ffrancesch de Oennone nimpha e de Menalau, dient com aprés de Helena seguia Oennone e Menalau, dels quals la una de Paris se lamentava e l'altre de Elena·s dolia. E per ço diu:

> "Odi poi lamentar fra l'altre meste
> Oennone de Paris, et Menelao
> Di Helena."

Si ab gran rahó per gran ingratitut se lamenta algun home, ab gran justícia Oennone de Paris se dolia, com sia cosa que, essent ell encara en lo exercici pastoral e trobant Oennone en la silva, e ella ab pura fe e simple benivolència amant-lo, usant-li encara quant permetia la esterilitat del loch liberalitat e cortesia, axí com prestament en

---

[154] *per la sua commutació e recobrar*: "per la seva commutació recobrar"; it. "per sua co*n*mutatio*n*e recuperar".
[155] *venguda*: ms. "vengu*n*da".
[156] *al temple*: ms. "al temps"; it. "nel tempio".
[157] *reduhint-se*: ms. "reduhint-so".
[158] *exèrcits*: ms. "exerciti".

lo fastigós regiment fon restituhit, tot beniffici de aquella rebut ab preu de oblit los pagà. Ni, emperò, per aquesta sua tanta ingratitut en alguna part de Oennone les enamorades flames se desminuhiren, mas duraven tant quant de Paris durà la vida, la qual finida e la sua així matex mancaren, emperò que, essent ell mort o per Àjaç, com diu Darete, o per Philotete, com Ditis Cretense clarament scriu, així tost com Oennone véu lo seu cos, de la memòria se alienà que per dolor morí, [42v] com aquest Ditis així matex aferma.

Quasi consemblant ingratitut Menalau sperimentà, fill de Atreu, o de Phistine[159] segons altres sentències, de la sua tanta immensa benivolència a Helena demostrada, com sia cosa que pus prest de aquella pogués la caduca bellea de voluntat adúltera que la loable amor conjugal de l'enamorat marit.

Ajusta donchs, aprés de aquests dos, lo nostre digne poeta lo tercer exemple de Herminió e Horeste, dient que, dret al lament de Oennone e Menalau, Herminió contínuament s'entenia fort cridar lo seu dilectíssim Oreste. E per ço diu:

"Et Herminio chiamare Oreste."

En aquest loch és de saber per intel·ligència del precedent exemple com, havent Oreste, fill de Agamenon, rey de Micena, feta cruel y orrible venjança de Clitemestra, mare sua, per la mort procurada de Agamenon, son pare, hi essent estat acusat de Menalau als senyors de Grècia, e dit ell ésser de la corona indigne per sí cruel sentència devés la mare, expressament desemparhà; e aprés últimament per obra e judici de Ministeu, duch de Athenes, absolt e coronat rey de Micena, fon ordenat en aquesta coronació, per ço que ab Menalau aprés vixqués pacífficament, que prengués per muller Hermínia, filla sua e de Helena. La qual cosa fent Oreste, grandíssim amor entre lurs delictíssims jermans e esposats[160] naxqué. [43r] Intervench, donchs, que aprés poch temps que Pirro, fill de Achil·les, passant hun dia per lo regne de Oreste véu Hermínia, de la qual fon súbitament enamorat de la sua bellea; per la qual cosa, posant-hi bona indústria e obra, la furtà e portà-la-se'n ab si. Era en aquest temps Oreste vengut furiós per la semblança o ombra[161] de

---

[159] *Phistine*: it. "Philistine".
[160] *esposats*: ms. "esposat".
[161] *ombra*: ms. "obra".

sa mare, la qual, armada de serpents e de foch, contínuament davant lo s'aparexia; de què a la sua recuperació no pogué atendre. Per la qual Hermínia planyent, Oreste reclamava; mas, aprés essent per obra de Pillade, fillo de Strophilo Photense, a ell singularíssim amich, conduhit Oreste al temple de Diana en la illa de Colcos, fon restituhit a la sanitat primera. Aprés partint e retornant al seu regne, vench per lo camí a la illa de Belos,[162] là hon era Pirro, per sacrifficar Apol·lo. Corrupte, donchs, per diners Macareu, sacerdot del temple, Oreste matà Pirro, de què recobrà Hermínia e ab ella se'n tornà en Micena.

Narra aprés micer Ffrancesch lo enamorat exemple de Laudòmia, dona[163] de Protheselau Thesàlich, dient que, axí com la precedent Hermínia cridava lo seu amat marit Oreste, axí matex Laudòmia lo seu dilectíssim esposat Protheselau. E per ço diu:

"Et Laodomia il suo Prothesilao."

Laudòmia, com scriu Ovidi en les sues enamorades *Epístoles*, fon filla de Acasto thesàlich, hi encara Protheselau fon fill de Isíphilo. Lo qual, preparant-se ensemps [43v] ab los altres grechs per anar a la expedició de la troyana guerra, Laudòmia, entrant ell en la mar, se fermà a la vora de la mar Tesàlica per mirar-lo e, fins que·s partís, parlar-li. Mas, pux que als vents les veles foren endrecades, Laudòmia de si dividí; la qual ab la vista alegrament[164] lo seguí tan quant la distància de veure les naus podia ésser medi. Mas, desparegudes aquelles davant los seus ulls, no altra cosa que aygua mostrant-se, Laudòmia per soberga amor e temor com a morta caygué en terra, mas, aprés rellevada, tots los seus dies planyent consumà, tostemps cridant ab amor lo seu amat Protheselau. Lo qual, lo primer dia que en les batalles troyanes pervench ab maravella de quascú exercitant-se en les armes, fon per mans del fortíssim Hèctor mort, a gran lahor y glòria sua; e dels atribuhits grechs en aquell loch ajustaren alguns altres que Protheselau mort en Thesàlia portassen. Lo qual, axí com tost Laudòmia véu, girant-se sobre lo seu cos morí; gest a l'exemple de Evadne conforme,[165] filla de Marts e

---

[162] *Belos*: it. "Delos".
[163] *dona*: ms. "reyna"; it. "donna".
[164] *la qual...alegrament*: "Laudòmia desitgosament ab la vista" según el texto italiano; it. "Laodomia desiderosamente il seguí con la vista".
[165] *conforme*: ms. "conforne".

muller de Campaneu Tebà. La qual cosa par que demostra la natura, les afecçions scrites de Ovidi e la companyia la qual Virgili en lo sisè demostra, dient: "Evadnemque: et paciphaen: Laodomia it comes"; de què és mèritament Laudòmia descrita planyent cercar lo seu Protheselau.

Porta consegüentment lo exemple de Argia, fidelíssima e dilectíssima muller de Polinice, que no fon la avara Eriphile al seu marit Amphirao. E per ço diu:

[44r] "Et Argia a Polinice, assai più fida
Che l'avara moglier d'Amphirao."

Per més clara intel·ligència dels precedents versos par de repetir com Edipo, fill de Lao, rey de Tebes, essent estat sentenciat en lo seu naximent del pare a deure ésser devorat dels ocells, ffon portat per los servents en una selva, e en aquell loch per pietat no mort, mas foradats los nirvis, fon ligat en hun arbre. On occorregué hun pastor de Polibo, rey dels corintians, e, desligat de allí, lo crià; de què, Edipo crexent, se reputava ésser fill de Políbio. Coneguda al temps la veritat, disponguè's a cercar lo pare y la mare; de què, demanat als déus, hagué per resposta que après I phocensi[166] trobaria lo pare e pendria la mare per muller. Dellibarà Edipo de sperimentar aquesta resposta; de què·s seguí que pervench en aquell poble e trobà en gran qüestió los ciutadans ab la gent menuda; lo qual a la gent menuda se disponguè prestar favor. E en açò vingué Lao per pacifficar la batalla; lo qual, Edipo no conexent, lo matà. No vehent après algun altre lo qual conegués per pare, estimà ésser absolt dels déus; de què, com a fill de Políbio, se'n vench en Tebes. Al qual per pau del regne li fon dada Iocasta, mare sua, per muller. Mort après Pol·líbio, los corintians elegiren per rey Edipo; de què, enviant-li embaxadors, Edipo lavòs distinctament entengué lo modo del seu adveniment en Coríntia. La qual cosa sentint Iocasta e havent dels servents sentit lo adveniment [44v] del seu fill, lo mirà als nirvis dels peus; los quals vehent que eren estats foradats, conegué aquell ésser lo seu fill Edipo. Norresmenys, entenent Edipo haver mort son pare Lao hi encara ésser se girat ab sa mare Iocasta, lo prengué tanta dolor per la tan gran erra per ell comesa que, trahent se los ulls, a sempiternes tenebres se condamnà.

---

[166] *I phocensi*: "els focencs"; it. "iphocensi".

Havia en aquest temps Edipo haguts dos fills de Iocasta, ço és Etheocle e Polinice, los quals, mirant lo pare ésser cego, menyspreant-lo se prengueren lo regne ab tal condició que quascú d'ells degués regnar hun any. E, havent regnat Etheocle lo seu temps, no volgué tornar lo regne a Polinice, mas cercà manera com lo y pogués pendre; de què Polinice fon constret de fogir. E fogint, pervench per força de crits de nit e de les aygües a ésser lancat en una ciutat apel·lada Argos, del rey Adastro, rey dels argius, hon davall lo port[167] de la sua tal ciutat se posà. En aquest matex temps Tideu, fill de Oemoo, rey de Calçedònia, havent en alcanç inadvertentment mort Menalipo, jermà, fugí la matexa nit en Argos e, essent banyat axí com Polinice, recobrà davall[168] lo matex port. De què, trobant-se axí los dos, vench en differència e batalla ab aquell, e Adastro, sentint la lur qüestió, vingué a veure quina cosa podia ésser; e a la fi, vist aquestos dos jòvens valerosament combatre, ensemps los paciffica. E, remirant ésser Polinice cubert de una pell de leó e Tideu de una pell de signe, se maravellà. [45r] E axí, sabuda la lur orígine o generació, Isyphile[169] casà ab Tideu e Argia ab Polinice. Dellibera aprés de aquest esposalici Adastro que·s recercàs lo regne de Etheocle per Polinice; de què manà a Tideu que·l degués requerir. Mas Ethiocle a la sua demanda no volgué consentir e fféu preparar en torn de Tideu guerra, e manà que fos mort. Mas Tideu, deffensant-se valentment, matà gran part de aquells, constrenyent los altres a fogir. E, tornat[170] a Argos, resposta la embaxada, e narrat l'engan de Ethiocle a Adastro, Polinice e Tideu congreguaren lo exèrcit per reguanyar lo regne de Tebes per força. Era en aquesta congregació Amphirao, fill de Oideo, príncep en lo regne d'Argos, lo qual, devent anar en aquesta expedició, demanà als déus allò que li devia subseguir. Al qual fon respost que, si ell hi anava, del tot devia morir. Per la qual cosa, Amphirao se enugà e solament lo seu criament[171] féu manifest a Eriffile, muller sua, filla de Thelamó, fill de Jàsio. Adastre, donchs, cercant molt temps Amphirao, differí la obsidió per la sua absència. Entervench hun jorn que Argia tenia en lo coll una laugera moneta, la qual ja Vulcà a Hermínia, muller de

---

[167] *port*: "pòrtic"; it. "portico".
[168] *davall*: ms. "daval".
[169] *Isyphile*: it. "Deiphile".
[170] *tornat*: ms. "tornada".
[171] *criament*: "amagatall"; it. "latibulo".

Cadmo, fill de Egenor, rey de Ffenícia, havia donat. La qual vehent Eriphile, desigant-la, li dix que, si la y donava, li maniffestaria Amphirao. Argia, fidelíssima, hoint les sues paraules e desigant la expedició del marit, fon contenta donar-la-y, e axí la y donà. E Eriphile li mostrà Amphirao; lo qual [45v] trobat, procehiren los argius al setge de Tebes, en lo qual a la fi foren[172] morts Amphirao, Tideu e Polinice. E per manament de Creon, inhumaníssim rey, restaren los cossos sense sepultura; la qual cosa sentint la sua ffidelíssima Argia, no espantada del cruel edicte volgué al seu marit donar les últimes làgremes e pregàries. De què, de nit partint de Argos e venguda a Tebes ensemps ab la jermana Antígona de Polinice solament ab ajutori de una xiqueta, girant les cares dels ferits cossos morts, trobà a la fi lo seu amat Polinice; lo qual ab les sues làgremes lavat e mil voltes ab sanglots besat, li féu aquells prechs los quals a ella foren possibles. La qual cosa sentint Creon, la féu pendre e cruelment morir; de què resta molt manifest quan era de apel·lr avariciosa Eriphile e quant fel la trista Argia.

Seguex aprés micer Ffrancesch en confusió los altres exemples dels ànimos enamorats introduhint la ombra de tots aquells, e singularment narra com sia cosa que no solament hòmens eren presos e subjugats d'amor, mas encara aquells que dels antichs foren reputats déus, dient: "O micer Ffrancesch, escolta los sospirs e plants dolorosos dels enamorats miserables los quals donaren lo llur sperit a aquell que ara veus los guia. Dels quals tots los noms yo no poré dir-te, emperò que no solament hòmens, mas encara els[173] déus en gran part omplien la silva de les ombroses mirteres, là hon aquest duch Amor regna". E per ço diu:

> [46r] "Odi i pianti et sospiri, odi le strida
> Degli miseri amanti,[174] che li spiriti
> Deron[175] a lui che 'n tal modo gli guida.
> No potrè mai di tuti il nome dirti,
> Ché non huomini pur, ma dèi gran parte
> Empien la selva[176] degli ombrosi mirti."

---

[172] *foren*: ms. "foron".
[173] *els*: ms. "dels"; it. "li".
[174] *Degli miseri amanti*: Pac. "de le misere accese".
[175] *Deron*: Pac. "rendero".
[176] *Empien la selva*: Pac. "empion del bosco e".

Universal sentència és y encara de Aristòtil scrita en lo VII de la *Èthica* ésser una virtut excel·lent apel·lada eroica,[177] per la qual l'ome trespassa la natura humana e, acostant, se dóna a la natura divina, la qual no entén la rudeza de la antiga prioritat; lavòs, veya algun home obrar segons aquella fora de la comuna consuetut, e lavòs deyen aquell tal home ésser divinal o déu. Emperò, molts que dels antichs foren reputats déus són encara dels poetes estats cantats per déus.

Segonament, és de saber per la intel·ligència dels precedents versos que lo poeta diu los sperits ésser dins la selva de murta, emperò que la murtera és arbre de calda complexió, de l'acte venèreo acçitatiu. E per ço, dels antichs fon dedicada a Venus e, emperò, singularment encara per lo poeta se atrebuhex al fill.

Devalla ara micer Ffrancesch a recontar los déus que véu presos en lo Trihunffo d'Amor, introduhint la ombra dir-li: "Veies, micer Ffrancesch, la bella Venus e lo ferocíssim Marts ab ella, ab tots los seus membres, peus, braços e ferocíssim coll cenyits de ferro". E per ço diu:

"Vedi Venere bella, et con lei Marte,
Cinto di ferro i pie', le braccia e 'l collo."

Per maniffesta [46v] notícia dels precedents versos és de saber que, com que per los poetes lo nom de Venus se confona e no distinctament totes les proprietats de les Venus a una sola ho atribuhexquen, no res menys tres són estades celebrades e excel·lentíssimes Venus. De les quals la primera fon Venus filla del Cel e del Dia, a la qual particularment se atribuhex lo cíngulo cestó, ab lo qual intervé en l'amor conjugal; on en les altres amors de les dones distinctes se troba. E per aquesta tal entengueren los antichs la planeta de Venus. La segona Venus, la qual de la antiga celebritat en la lengua grega fon interpetrada cosa vana, naxqué de la sanch del Cel. De la qual cosa recita Macòbrius que, havent Saturno ab la falç morts los membres genitals al Cel, d'aquella sanch naxqué Venus e nodrí's de la espuma de la mar, com Ovidi e Virgili par que diguen aquesta sols de la spuma ésser estada produhida; per la qual Venus entengueren los antichs la humana voluntat. La terça Venus fon filla de Jovis Cretense e reyna de la illa de Xipre, e de aquesta entén de present lo nostre poeta. Ffon, donchs, aquesta casada ab Vulcà, fill de

---

[177] *eroica*: ms. "eorica".

Jovis e de Juno, segons que diu Ovidi aquest solament ésser nat de Juno sols per la percussió del seu ventre, volent mostrar a Jovis ella no ésser estéril; lo qual del seu naximent fon axí difforme que immediate a la illa de Lenno fon replegat. Per la qual cosa Venus no l'amà, mas amà Marts, fill de Juno, nat [47r] sols de aquella per lo menjar una flor en los camps Aleneus produhida per consell de Fflorea, muller de Zèffiro, havent portat enveja a Jovis per lo produhir Minerva sols per la percussió del cap, com demostra Ovidi en lo libre *De ffastis*. Estant Venus hun jorn abraçada ab Marts, fon mostrat per lo Sol a Vulcà lo adulteri de la muller sua; de què ell en torn del lit per desdeny lançà les sues invisibles cadenes e ab hun tracte pres ensemps Marts ab la muller Venus. E aquells axí liguats, mostrà'ls a tots los altres déus. Mas després, a prechs de Apol·lo, Mercuri e Neptuno soltant-los, Venus contra·l Sol per la sua venjança totes les filles a desonest exercici conduhí, fent-les de son cos desonestes. Marts, com dit és, fon fill de Juno e nat fon donat a l'exercici de les batalles, e per ço fon judicat dels antichs déu de batalles. De què singularment del nostre poeta en aquest loch és descrit cenyit hi circuhit de ferro los peus, los braços e lo coll, o verament per les cadenes de Vulcà, o a denotar que en tal àbit comú que procehexca a batalla aquell que desija restar-ne superior ab victòria.

Narra aprés micer Ffrancesch dient que, aprés Venus e Marts, seguia Plutó e Proserpina, los quals eren ensemps en loch dels altres remoguts, e la hu a l'altre ferventment amava. E per ço diu:

"E Plutone et Proserpina in disparte."

Per clara notícia dels precedents versos és de saber que Plutó, [47v] fill de Saturno e de Opis, muller sua, dels antichs és reputat ésser déu de l'infern e rey de la ciutat de Ditis. Lo qual essent en infern, com scriu Ovidi, e esforçant-se Tiffeu jagant lancar-se[178] a la squena Tinàcria, per aquesta concussió véu venir en l'infern alguna resplandor; de què, dubtant que per la presència de la lum no li fos occupat lo seu regne, hixqué deffora e vench a veure lo fonament de la illa. En açò, essent aprés Siracusa Proserpina, filla de Jovis y de Cerere, reyna de la illa, exida ab les altres donzelles per lo prat a recollir les flors, Plutó s'encontrà ab ella e, mirant-la, vist ésser tan bella, súbitament se'n enamorà. De què, acostat a ella, la prengué e

---

[178] *lancar-se*: it. "excuter si".

ab ell alegrament en l'infern la portà. La qual cosa sentint Cerere, mare sua, se meté en cercar-la per tot lo món. E a la fi no trobant-la, conegué per judici de Aretusa nimpha ella ésser devallada en l'infern; de què, no podent haver-la, essent deessa de les biades,[179] aquelles[180] a tot lo món negà. De la qual cosa essent portat més lo lament a Jovis, a la fi ell judicà que Cerere tornàs les biades e sa filla Proserpina lo mitg del temps abitàs ab la mare Cerere e l'altre mig ab lo marit en l'infern. Hon ab rahó diu micer Ffrancesch ella e Plutó haver vist en departiment.

Aporta aprés micer Ffrancesch la gelosa Juno axí com se leva lo enamorat trihunffo. E per ço diu:

"Vedi Junon gelosa."

Juno, com plau als antichs scriptors, fon filla de Saturno, [48r] rey de Creta e de Opis, muller sua. La qual, encara que en hun matex part fos nada ab Jovis, pur primer que no ell naxqué en lo món, e fon muller de Jovis e jermana. Ffon convenientment Juno scrita seguir lo Trihunffo d'Amor per la immoderada e no al degut fi ordenada benvolença la qual portà Jovis; e encara fon nomenada gelosa e mèritament, com sia cosa que quasi nengun amor hagués Jovis que ella no conegués e trobàs propri, per la qual conduhia fer-la gelosa. E per ço, més amada de Jovis escriuen los poetes ésser estada, aprés de aquell de la natura humana transmudada. On principalment Hia, filla de Inaco riu, fon convertida en vaca; Caliste, filla de Licaon, rey de Arcàdia, fon convertida en onssa, e aprés de Jovis per misericòrdia transmudada en cel e convertida en estela; Ecco nimpha fon transformada en la reffecció del derrer assento de la veu humana; Semela, filla de Cadmo, per obra de Juno fon de Jovis abrasada; e últimament Acamante, fill de Eolo e Inoe, filla pura de Cadmo, muller sua, sols per haver nudrit Baco, féu venir furiós Juno.

Seguex aprés lo nostre poeta lo exemple de Apol·lo, dient que aprés la gelosa Juno seguia lo estès[181] Apol·lo, que ja solia menysprear la immadura edat de Cupido, hi norresmenys l'arch hi lo exercici del seu tirar, la qual cosa li donà en Tesàlia tant effecte. E per ço diu:

---

[179] *les biades*: italianismo por "els cereals", "els farratges".
[180] *aquelles*: ms. "aquella".
[181] *lo estès*: it. "il biondo".

"E 'l biondo Apollo,
Che solea disprecar la etade e l'arco
Che gli diede in Thesalia poi tal crollo."

Per més intel·ligència dels precedents [48v] versos és de entendre que dos foren los més notíssims Apol·los recitats de Tul·li, in libro *De natura deorum*. La hu fon fill de Vulcà, primer fill del Cel. E de aquest no n'entén[182] lo poeta, perquè a ell no s'atribuhex sinó solament la invenció de les virtuts de les herbes. L'altre fon fill de Jovis e de Latona, filla de Cio, fill de Titan. Donchs, aquest, com scriu Ovidi, havent la terra per la umiditat del diluvi produhit vàries e innormes serpents, e entre·ls altres hun grandíssim e orrible apel·lt Piton, lo matà ab les sues sagetes. De què, per aquesta victòria insupèrbit, a negun altre que a si matex jutjava ésser convenient l'arch e lo exercici del sagetar. Per la qual cosa desdenyat Cupido, vehent de Apol·lo lo seu poder menysprear-se, hun jorn que ell mirava Dannes, filla de Peneu, riu de Thesàlia, lo ferí d'una sageta daurada e a Dannes de una de plom; de què intervench que solament Apol·lo era intent a seguir-la hi ella a fugir de aquell. Hun jorn, donchs, occupant-la del córrer Apol·lo, ella·s recomanà als déus que no permetessen ella perdés la sua virginitat; de què, hoïda de aquells, la convertiren en lorer. La qual cosa vehent Apol·lo, dispongué ésser onrrat arbre de més privilegi, ço és que no fos tocat del llamp e que fos encara glòria e senyal dels emperadors e poetes, com clarament aquest mateix micer Ffrancesch demostra en aquell sonet, ço és: "Gloriosa colonna in cui s'appogia se l'onorato fronde che prescrive et arbor victoriosa et trihunfale et oltra questi privilegi il fe degno". Amà encara [49r] aquest Apol·lo Leucotoe, filla de Orcano, fill de Alchímedes; del qual amor fon tant intensament pres que permetia alguna volta il·luminar lo món. E aprés que del pare fon morta, no podent fer-li altre beniffici, voltant-li les sues raels la convertí en verga turea,[183] aprés eternament despreat.[184] Per les quals obres fon morta Leucotoe, havent al pare Orcamo maniffestat l'amor de Apol·lo y los seus enamorats delits.

Últimament circa aquest capítol seguex lo nostre poeta la ombra dir-li sots una general conumeració com tots los déus scrits de

---

[182] *entén*: ms. "entent" con la letra "t" tachada.
[183] *verga turea*: italianismo por "arbre de l'encens".
[184] *aprés eternament despreat*: "Climene, una altra sua amada, aprés menyspreà"; it. "e Climene altra sua diletta dapoi disprezo".

March Varró són d'Amor romasos subjectes. Aprés introduhex demostrar-li Jovis, dient ell procehir encadenat de mil laços davant lo carro, com a presoner més digne. E per ço diu:

> "Che debb'io dir? In passo[185] men varco
> Tutti son qui pregion[186] gli dèi di Varro,
> Et laccivoli innumerabili[187] carco
> Ve incatenato[188] Giove inanci al carro."

A més clara notícia dels precedents versos és de entendre que March Varró, notable ciutadí de Roma, per instrucçió de la romana república escrigué hun libre, *De celestials déus*, on demostra als antichs quasi a tots los actes e humanes operacions haver preposat hun nombre de déus o de deesses, als quals quascú les sues degudes fins endreçassen e conduhissen, axí com scriu Sant Agustí en lo quart *De civitate*. Là hon, volent demostrar lo poeta aquest [49v] Amor haver convenientment senyoregat, diu tots los déus de Varró, ço és descrits de Varró, ésser estats en aquell loch presos, màximament Jovis. Per la qual intel·ligència és de saber que lo nom de Jovis fon atribuhit dels antichs al déu que tot l'univers governa, de aquests nomenat pare dels déus hi dels homens. Fforen, donchs, tres que quascú fon nomenat Jovis. Lo primer fon, segons que scriu Leòncio, Lisània de Archàdia, lo qual, perquè reduhí los athenienchs rossos e inexperts al polítich viure e instruhí lo legítim matrimoni, ells lo apel·lren Jovis, e fon fill del Cel e del Dia. Ffon hun altre Lisània o Archado, rey dels athenienchs, al primer Jovis tant conforme que per hun matex se pren al present. Lo segon fon Pericles, atheniench prínchep, lo qual de molts fon apel·lt Olímpich Jovis. E de negú de aquests[189] ho entén lo nostre micer Ffrancesch. Lo tercer e últim Jovis del nostre prepòsit fon Jovis Cretense, fill de Saturno y de Opis, lo qual, segons que de aquell escriu Ovidi, fon en innumerables laços retengut. De què, primer se enamorà de Jone, filla de Inaco, e aquella comprengué en forma de núvol. Segonament, amà Calistona, filla de Licaon, la qual obtengué transformant-se en dona. Tercerament, amà Europa, filla del rey Agenor, la qual posse-

---

[185] *In passo*: Pac. "In un passo".
[186] *pregion*: Pac. "in pregion".
[187] *Et laccivoli innumerabili*: Pac. "e di lacciuoli innumerabil".
[188] *Ve incatenato*: Pac. "vèn catenato".
[189] *aquests*: ms. "aquest".

hí en figura de toro. Quartament, amà Semela, filla de Cadmo, e aquella hagué en arbitre simulant[190] ésser Beroa, dida sua. La cinquena amà Damnes, [50r] filla de Acrísio, rey dels argius, la qual aconseguí transformant-se en blanxeta[191] d'or. La sisena amà Astèria, filla de Ceis, ab la qual usà convertint-se en àguila. La setena amà Leda, muller de Tíndaro, ab la qual usà en figura de signe. La huytena amà Anthiopa, filla de Metro, rey de Tebes,[192] ab la qual se conjunyí en forma de sàtiro, la figura del qual, segons Ràbanus, és del mitg in amunt de home e del mitg en avall de cabra, y en lo front tenint la banya. La novena amà Almena, muller de Amphitrion, ab la qual prengué delit en forma de son marit. La dehena amà Egina, filla de Esopo riu, e ab ella se conjunyí en forma de lamp; de què naxqué Caco,[193] pare de Peleu e avi del fortíssim Achil·les. La onzena amà Latona. La dotzena Antígona, filla de Príam, la qual fon convertida en grua. E per no més inútilment estendre l'escriure, Jovis amà ultra aquestes Ganimedes, e aquella[194] furtà e féu-la en lo cel lo seu ministre hi pincerna,[195] hi encara més altres objectes. Per la qual cosa, ab rahó lo nostre digne poeta ha aquell escrit procehir ligat lo coll de infinits laços davant lo carro del potentíssim Amor, axí com quasi eren[196] estats infinits los delits carnals los quals indegudament ell havia presos. E ací se posa fi al primer capítol e primera esquadra de enamorats.

Capítol segon del Trihunfo d'Amor[197]

[50v] Axí com naturalment quascuna cosa praticada los ànimos humans a negligència conduhex, axí matex allò que fora de la consuetut intervé la memòria porta a gran admiració. Emperò, axí com diu lo philòsoff, en lo segon del *Cel*, com lo cos no comporte de

---

[190] *simulant*: ms. "simulat".
[191] *blanxeta*: "pluja"; it. "pioza".
[192] *filla de Metro, rey de Tebes*: "filla de Nicteo, rei en Lesbo, e dona de Lico, rei de Tebes" en el texto italiano; it. "figliola de Nicteo, re in Lesbo, e donna de Lyco, re di Thebe".
[193] *Caco*: it. "Eaco".
[194] *aquella furtà e féu-la*: el traductor le cambia el género a Ganimedes; it. "esso rapi e fecelo".
[195] *pincerna*: "servidor"; it. "pincerna".
[196] *eren*: ms. "ere".
[197] Este capítulo corresponde al capítulo 3 en las ediciones canónicas del Triunfo de Amor.

aquelles coses que espessament li occorren, axí és l'ànimo mentre no·s mou, sinó per aquell objecte que a ell de nou davant se presenta. La qual admiració diverses vegades és causa de grandíssim effecte, axí com scriu Plutarco en la vida de Paulo Emílio que, per lo no praticat eclipçi de la luna, foren los macedonis espantats stimant los déus contra ells ésser irats. E, per contrari, Paulo Emílio, per rahó natural demostrant als cavallers romans allò ésser effect praticat de natura, aquells sens admiració retingué; de què restaren en batalla superiors e possehiren complida victòria. Scriu encara A. Gèl·lio[198] de Sòcrates, en lo segon libre *De noctibus acticis*, ell alguna volta ésser stat ferm e immoble de la hu hi altre naximent del sol; la qual cosa intervenia tota hora que la memòria era affixa a qualque nova y excel·lent especulació.

Aquesta matexa natural disposició seguia lo nostre gloriós poeta, lo qual, aprés que en lo primer capítol ha demostrat qual és l'estament hi àbit del sensitiu apetit e descrit part dels hòmens y déus que de aquesta amor són stats sobrats, e affermant ell encara no ésser sotmés a aquell, ara descriu en lo principi [51r] de aquest segon capítol ell ésser en tanta admiració que estava com home que per tal affecçió no pot parlar, mas, callant, d'altri espera consell què farà en les esdevenidores obres sues. En aquest capítol entén micer Ffrancesch per universal argument e subgecte tractar e descriure més nombre de enamorats e, ultra acò, si matex comptar pres entre aquells e subgecte al poderós Amor, e explicar aquelles passions les quals lo seu cruel effecte li produhex. Al qual estament ell descriu ab una tàcita e rahonable escusa conduhit. Emperò, afferma molt meravellar-se per la vista dels hòmens e déus los quals de aquest potentíssim duch vénen presos. De què ell, pensant en aquesta pressura, era vengut a ésser blanch e descolorit, perquè ja li era caygut en lo pensament que ell se degués comportar tal suplici o semblant quant fos constret de semblants passions. E estant en aquesta consideració diu que·s véu al costat una vella e puríssima donzella, de la qual, com que virilment per altres voltes de hun home armat e robust se fos cregut deffendre, fon totalment pres e, ligant-lo vençut, en ninguna manera fent de si alguna deffenssa, mas per si matex se donà presoner. Per la qual ficçió entén micer Ffrancesch fer la sua escusa, la qual és que lo apetit sensitiu en los hòmens se desvella quant per los exteriors sentiments algun delitable obgecte se com-

---

[198] *A. Gèl·lio*: ms. "Agellio"; it. "Aulo Gellio".

prèn; lo qual negant la rahó, se enginya en algun exemple d'altri possehir la humana fragilitat, stimant ésser-li lícita aquella semblança de obrar, pensant, [51v] quant és l'error més comuna, tant la culpa deu ésser menor. De què escriu lo poeta haver axí especial donzella e veure si mateix en mitg de tants enamorats hòmens quant en aquest primer trihunffo descriu. No li sembla inconvenient que ell repugnàs aquest amor, mas pus prest la consentís no per indústria mas per inadvertència, axí com nosaltres en lo primer loch direm; essent, donchs, la comuna consuetut de tanta força que, com que sia error, pur alguna volta se transferix en justa operació, axí com diu lo test *De iuris consulti*: "in lege barbarius philipus ff. de officio presidiis". Per la qual cosa, havent lo poeta preposats tants e axí dignes enamorats hòmens, par que, havent consentit a Amor, ell encara sia digne[199] de perdó.

Seguex, donchs, e introduhex ell ésser posat a gran admiració per la procehida vista de tants dignes e axí excel·lents presoners, dient que lo seu cor era axí ple de tanta maravella que ell estava axí com a home lo qual, constret de intensíssim effecte, no pot parlar, mas calla sperant consell d'altri, de hon se judica insufficient en saber-ho publicar. E per co diu:

> Era si pieno il cor di maraviglia
> Ch'io stava come l'huom che non puo dire,
> Et tace, et guarda pur ch'altri il consiglia.

Digna e natural sentència descriu micer Ffrancesch en los precedents versos, dient ell per la [52r] gran maravella no poder parlar e esperar lo consell d'altri, no essent apte de si matex pendre'l. Per la qual intel·ligència és de entendre, com scriu lo philòsoff en lo segon *De ànima*, que les ànimes entre si matexes contenen axí com lo triangle conté ab lo quadrangle, ço és que l'ànima imperfeta és potència, virtut e acçident de l'ànima superior e més perfeta. Per la qual cosa, segons s'escriu en lo VII de la *Políticha*, tota virtut inferior se obra hi·s mou per lo precepte e imperi de la potestat superior. Semblantment, és necessari que desista de les operacions quant de la superior potència no és moguda.

Segonament, se deu entendre que lo enteniment, segons qu·és scrit al vi de la *Ètica*, és divís en pràtich[200] o en especulació. A l'en-

---

[199] *digne*: ms. "digna".
[200] *pràtich*: ms. "pratica".

teniment pràtich se pertany la part consellativa, com sia cosa que dels obgectes pertinents a l'intel·lecte speculatiu e de aquelles coses que per nosaltres no·s poden obrar negú no·n consella. E per ço diu lo philòsoff en lo terç de la *Ètica*: "De eternis autem nemo consultat neque de his que in motu semper eodem modo existunt sive de necesittate: sive natura: sive propter aliam causam veluti de ortu: sive conversione siderum neque de his que sunt a fortuna: sed neque de humanis omnibus: Nam quem ad modum sitharum res publica obtime gubernetur nemo lacedemonis consultat hec enim per nos hagi non possunt". Hi és, ultra açò, encara opportú que la part pràtica devalla de la simple speculativa, e no per contrari, perquè negú pot ben obrar que no entenga, mas bé pot entendre [52v] sens obrar, distingint la obra contra la intel·ligència. D'on se seguex que l'enteniment nostre és totalment affix en aquella ora a la intel·ligència d'hun[201] obgecte, e majorment, quant ab admiració lo[202] considera, totes les parts de l'ànima a ell inferiors són naturalment sospites, excepte les naturals,[203] e per necessitat en lo lur obrar absolta per la conservació de l'home; les quals,[204] encara hon les altres potències en dormir se liguen, aquelles més se fortiffiquen e augmenten. Per la qual cosa, clarament se pot compendre quant laugerament lo poeta haja escrit ell no poder parlar ni encara consellar-se, essent aquesta virtut inferior ligada per l'affixió de l'enteniment a aquell obgecte, lo qual ell ab tanta maravella considerava.

Essent donchs en tal disposició, micer Ffrancesch introduhex quasi la ombra per son reffrigeri dir-li aquestes paraules: "O micer Ffrancesch, ara què faç tu, què mires e què penses, e quina tardança e pigrícia és la tua? No sabs tu ara que yo só de la enamorada torba, per la qual, pux amor plau, me és necessari seguir lo enamorat trihunffo? E tu no demanes ni cerques per saber los qui més avant seguexen, e quasi sols restes cansat de la vista dels precedents presoners". E seguex ell respondre a la ombra dient: "O amich meu e car jermà, tu sabs lo meu ésser-hi la disposició mia. Per la qual cosa, deus saber que amor en tal manera me ha encès que la obra del demanar e rahonar del desig del saber he tardada". E per ço diu:

---

[201] *d'hun*: ms. "hun".
[202] *lo*: ms. "la"; it. "lo".
[203] *les naturals*: ms. "la natural"; it. "le naturali".
[204] *les quals*: ms. "la qual"; it. "le quale".

[53r] Quando l'amico mio: "Che fai? che mire?
Che pense?" disse "Or non sai tu ben ch'io
Son della turba e mi convien seguire?"
"Ffratel", rispoi "e tu sai lo esser mio
Et lo amor de saper, che m'ài sì acceso
Che l'opra è ritardata dul disio".[205]

A més clara evidència dels precedents versos és de entendre, així com a effecte natural ésser determenat, que en aquella ora més coses per objecte de la voluntat se preposen eguals, que a neguna de aquelles les eleçcions se drecen, mas està l'acte sosprés, axí com scriuen los naturals de la conexença de la cosa; per la qual, may alguna particular s'entendria si no·s determenàs[206] per los singulars acçidents e fantàsmates a la conexença de allò, a la qual semblança lo apetit familiar[207] se posa no moure's quant en lo mig dia més diversos mengars d'ell egualment sien desigats. E axí matex intervé dels intel·ligibles objectes, los quals ab egual desig se cerquen saber, emperò que l'intel·lecte sosprèn l'acte de l'entendre circa a particular obgecte perquè la voluntat a algú de aquells no·s determena.

E per ço, axí com més tart se mou lo cors en la moltitut, segons la sentència de Quinto Cúrcio, lo qual diu:[208] "Ffestinacio in tumulto tarda est"; axí encara intervé a la memòria, perquè tant més tart se mou a entendre quant és més nombre de objectes intel·ligibles. Emperò, naturalment desiga l'enteniment allò que ell creu perfetament entendre; la qual cosa ab la moltitud e celeritat dels obgectes no pot ésser, axí com scriu Tito Llívio, [53v] in *Secundo bello punico*, introduhint Ffàbio Màximo parlar a Paulo Emílio, al qual diu a la fi de la oració: "Ffestinacio inprovida est çeca". Donchs, per aquestes causes lo nostre elegant poeta se descriu sobreprès, vehent tanta moltitut de gent e tots desigant saber qui eren.

Seguex aprés que la ombra, acurtant la sua ambigüitat, li manifesta lo seu desig, ço és que ell desiga saber qui era un altra esquadra de gent que lo Trihunffo d'Amor seguia. E ultra açò se offerix dir-li, pux no era de parlar-li impedit, e acò de principi dir-li: "O micer Ffrancesch, aquell home gran hi excel·lent de quascú honrrat e reverit, aquell és Pompeu e porta ensemps ab si la sua Cornèlia, la

---

[205] *dul disio*: Pac. "dal desio".
[206] *determenàs*: ms. "termenas".
[207] *familiar*: error por "famèlic"; it. "famelico".
[208] *lo qual diu*: ms. "lo qual".

qual del vil e ingrat Tolomeu plorant se lamenta, rey de la província de Egipte indigne". E per ço diu:

> Et egli: "I t'avea già, tacendo, inteso:
> Tu voi saper[209] chi son questi altrui anchora.
> Io tel dirò, se 'l dir non m'è conteso.
> Vedi quel grande el qual ogni hom lo[210] honora:
> Quello è Pompeo; et à Cornelia seco,
> Que del vil Tholomeo se lagna et plora."

Molt elegantment demostra micer Ffrancesch és l'estament dels enamorats variable quant diu la ombra voler-li recontar qui eren los altres enamorats, però que no li sia contrastat quant lo y diga, la qual disposició par que sia maniffesta. Però, aprés passa a narrar los exemples. [54r] Pompeu, donchs, lo qual per la sua sobirana e singular virtut li fon atribuhit lo cognom de Magno, ffon home en la romana república excel·lentíssim. Lo qual, aprés que Corneli Sil·la morí, fon cap e principi de les parts sil·lanes. Per la qual cosa, havent presa Cèsar la facçió de Màrio, foren aquests dos tostemps en la romana república contraris enemichs e, per més discús de temps essent-se conduhits a la fi a batalla, fon vencut Pompeu. Lo qual, fogint en Epipte, fon mort de Tholomeu rey per les mans de Lúcio Sèptimo e de Achil·les, home de gran audàcia.

Amà Pompeu Cornèlia, filla de Lúcio Scipió Affricà, muller primer estada de Bracco,[211] e ella amà en tal manera que, per fi, fins al últim sospir de la sua vida la seguí e en los braços de aquella dels damunt dits fon mort. Scriu aprés lo poeta ell ésser honrrat de cascun home, primer per demostrar la sua excel·lència; segonament, perquè jamés algun altre príncep tants pobles voluntàriament serviren com a Pompeu. E per ço, en la guerra la qual fon ab Cèsar, primer hagué quasi tots los nobles romans; segonament los grechs pobles de les illes de l'Egeu pèlech, ço és de Corçira, Athenes e Ponto; aprés, hagué aquells de Bretanya, aquells de Síria, aquells de Celícia, aquells de Phenícia, aquells de Achaya, de Sicília e Itàlia, hagué los asians, lo rey Deitaro,[212] Coto de Tràcia, Ariobarca de Capadòcia; e aprés, hagué los ffrancesos, los de Jermània, los de Thesàlia,

---

[209] *voi saper*: Pac. "vuoli udir".
[210] *ogni hom lo*: Pac. "ogni uomo".
[211] *Bracco*: it. "Gracco".
[212] *Deitaro*: ms. "de Itaro"; it. "Deiotaro".

los de Macedònia, e molts altres [54v] pobles e prínceps, com demostra lo *Comentari civil*, los quals tots en les sues ampreses seguiren Pompeu.

Últimament, seguex ésser estat[213] Tholomeu vil e certament ab gran rahó, emperò que per pròpria posil·lanimitat e por de Cèsar, e per no haver hagut la deguda gratitut ab Pompeu dels benifficis de aquell en lo regne rebuts, ell, vilíssim rey, manà que Pompeu fos mort. E, no conexent en si alguna virtut per la qual degués plaure a Cèsar, volgué ab lo donatiu del cap de Pompeu gratifficar-se de aquell del qual devia deffendre la vida, que infinides voltes per ell en perill havia posada. Lo qual donatiu fon axí de Cèsar acçeptat quant merexia la viltat e perfídia de aquell infiable ingrat occupador del regne de Egipte.

Importa aprés micer Ffrancesch lo exemple de Agamenon, dient que, aprés Pompeu, seguia aquell gran grech rey lo qual encara del potentíssim Amor era estat vençut e subjugat. E per ço diu:

"L'altro ch'è più lontan, egli è 'l gran greco,
Re.[214]"

Són per la intel·ligència del precedent metre més vàries interpretacions. Emperò, alguns entenen aquest gran rey grech ésser estat Phelip Macedoni, per l'amor portada a Larisse, en la qual engendrà Arideo, que tingué lo regne aprés Alexandre Magno. Amà encara Cleopatra, jermana de Athalo, per la qual repudià Olimpiades, mare de [55r] Alexandre. E ultra açò, més injustament amà Alexandre, lo qual, fent-lo son gendre, constituhí rey de Epiro, privant Aribba, son cunyat, del regne.

Altres són que no·u entenen per Phelip, mas Alexandre, son fill, lo qual de semblant màcula que·l pare fon mort, emperò que ultra la real dignitat amà Ephestione, dilectíssim amich seu. Amà encara per bellea sua Barsena persa, de la qual engendrà hun fill apel·lt Hèrcules, e, axí matex, amà Thalostre,[215] reyna de les amazones, e, ultra aquestes, la pogina[216] Rosàmia.

No res menys, salvats[217] tots temps tots los millors judicis, crech

---

[213] *estat*: ms "esta".
[214] *Re*: Pac. "né".
[215] *Thalostre*: it. "Calestre".
[216] *pogina*: error por "reina"; it. "regina".
[217] *salvats*: ms. "salva".

lo nostre poeta en aquest loch haver entès lo rey Agamenon, fill de Atreu, o de Phistine segons alguns altres, emperò que, si aquests per senyoria de terres foren grans, Agamenon fon major per senyoria de ànimes, essent estat en la guerra troyana elegit emperador de tants reys, prínceps e duchs quants foren trobats en lo setje de Troya; ni major senyor és reputat aquell que té major nombre de servidors de leal servitut que aquell que ha major moltitut de servidors voluntaris. E ultra açò, no celebrà Phelip o Alexandre l'amor més avant que la espletació de hun simple acte venèreo, com féu Agamenon, que per amor substragué a Achil·les Briseyda e encara, com fon fama, per pròpria passió d'amor Cassandra, filla de Príam, conduhia en Micena per fer-la reyna. La qual cosa, certament no par dubte lo nostre poeta [55v] haver en aquest loch descrit Agamenon.

Seguix, aprés de Agamenon, lo exemple de Egisto e de la infiable Clitimestra e adúltera, dient: "O micer Ffrancesch, veies Egisto hi la impiadosa e cruel Clitemestra; per les quals pot's ben veure quant és amor incenssat e cego". E per ço diu:

"Vedi Egisto et l'impia Clitemnestra:
Hor poi veder Amor se'l gli è[218] bien cieco!"

Per la intel·ligència dels precedents versos és de saber que, essent Agamenon anat a la expedició de la guerra troyana, Clitamestra, muller sua e filla de Jovis e de Leda, se enamorà de Egisto, fill de Tiestes, lo qual en aquell temps era sacerdot del temple. E, havent ab ell adulterat molt temps, ja essent donada a rohina la ciutat de Troya e retornant Agamenon en Micena ab la victòria, ella per lo seu adveniment stimà no poder satisfer a la sua insassiable voluntat; per la qual cosa, ordenà de fer-lo morir e, concordada ab lo adúlter Egisto, donà a la celerada e neffària obra conclusió. Veritat és que diversament per alguns doctors se parla com morí; emperò, alguns dien que Egisto hordenà ab alguns amichs seus hon que, mentres Agamenon fos vengut en lo temple, que fos mort. Sènecha, norresmenys, en la novena tragèdia, intitulada *Agamenon*, diu que, essent Clitemestra irada perquè Agamenon se'n havia portada ab si Cassandra, hordenà fer-lo morir en aquesta manera. Ço és que, essent ell tornat vestit de draps de Príam, ella li dix e preguà [56r] que·s

---

[218] *se'l gli è*: Pac. "s'egli è".

vestís de l'àbit de la pàtria, e, consentint Agamenon, ella féu fer una vestimenta o roba la qual no tenia forat per passar lo cap e devallàs a les spatles; la qual donant-la-y que la·s vestís, mentres que Agamenon cercava lo forat e estava en ella embolicat, sobrevench lo adúlter Egisto e matà Agamenon. Donchs, bé fon cego amor a Clitemestra de preposar hun vil sacerdot a hun excel·lentíssim rey per fama, de disposició bellíssim, de virtut d'ànimo e d'eneniment digne e de béns de fortuna abundantíssim.

Convenientment, porta micer Ffrancesch, aprés Clitamestra, lo exemple de Ipermestra, filla de Danao, fill de Belopristo, rey de la superior Egipte, emperò que, axí como scriu lo philòsoff en lo segon del *Cel*: "Opposita iuxsta se posita magis eluçescunt". E per co, posa que aprés de la inpiadosa e infiable Clitemestra seguia Ipermestra, dient: "Veies, o micer Ffrancesch, altra fe, altra amor conjugal, vehent Ipermestra". E per ço diu:

"Altra fede, altro amor: vedi Ipermestra."

Per la intel·ligència del precedent metre és de saber que Danao e Egisto, fills de Belo, fill d'Ebro, lo qual[219] fortuna en gran nombre de fills col·locà; emperò, Egisto hagué cinquanta fills e Danao cinquanta filles. Per la qual cosa, Egisto demanà a Danao que li plagués donar les filles als fills seus per mullers.[220] Lo qual Danao, havent entès dels déus que ell devia per les mans d'un seu gendre morir, no volgué consentir [56v] a la demanda de Egisto, mas partint se'n anà en Argos. Egisto, semblant-li ésser menyspreat de Danao, manà als fills que·l seguissen e que may al regne tornasen si primer no l'havien mort Danao o constret a complir la sua demanda. Anaren los fills de Egisto en Argos e assetjaren Danao en tal manera que ja era constret de donar-se. Lo qual prengué per partit de complir la lur voluntat, pensant hun tracte de venjar-se e fugir del perill. E féu esposar totes les filles ab los fills de Egisto e, devent-se conjunyir la pròxima nit al matrimoni, Danao manà a totes les filles que cascuna degués matar son marit mentres dormís. De les quals, les quaranta nou al seu manament hobehiren, no havent terror de tanta celeritat. La cinquantena e excel·lent Ipermestra sola no volgué consentir a l'injust omicidi, mas, haguda compassió de Linceu o

---

[219] *lo qual*: error por "iguals"; it. "equali".
[220] *mullers*: ms. "mulles".

Lino, amat espós seu, que axí·l nomena Ovidi, li féu maniffesta la crueltat del pare e féu-lo fogir per la perfídia del sogre. Per la qual cosa, ella per Danao fon encarçerada e tant detenguda que Lino a la fi féu per si matex la venjança de la muller e jermans, matant Danao ab cruel suplici, ab gran rahó a ell dels déus per la sua impietat destinat.

Narra aprés lo poeta un·altra còpia de enamorats, dels quals certament se deu haver compassió per la tendra edat, en la qual amor ha més força, e per lo gran infortuni a ells en lo llur amor[221] intervengut, dient: "O micer Ffrancesch, veies ensemps Píramus et [57r] Tisbe[222] com se posen a l'ombra". E per ço diu:

"Vedi Piramo et Tisbe insieme a l'ombra."

A notícia del precedent metre occorre d'entendre que, axí com Ovidi descriu, Píramus e Tisbe fforen de Babilònia ensemps los dos de consemblant edat; los quals, havent les cases lurs la una al costat de l'altra, per aquesta tal oportunitat axí la hu a l'altre espessament se veyen que intenssament se enamoraren. De què, perquè naturalment amor demostra de fer obre qui és a l'enamorat desig, aprés molts esguarts e més sentiment de benivolència, aquests feren en lo mur o paret que la una e l'altra casa partia una xiqueta fenella; mediant la qual parlant se exprimien ensemps lo lur cas en altra manera concordar. Concordaren partir de nit e ensemps retrobar-se en hun loch apartat de una selva hon havia una emaníssima[223] font, la qual de hun bell e ben fullat morer blanch se aombrava. Efeta la tal conclusió, la enamorada Tisbe, més desigosa de venir prest a l'effecte, primer partí de Babilònia e pervench més prest a la font hon esperava Píramus. Intervench que en aquest temps una leona, la qual de prop paxent se havia de alguna fera fet carnatge, vench a la font per beure. La qual vista per Tisbe, tota de por compresa se prengué a fogir e en la fuga cayguélli lo seu vel; la qual, ella més intenta a fogir que a rrecobrar aquell, dexà'l estar en terra. Partint-se [57v] aprés la leona de la font e trobant en terra lo vel de Tisbe, holgué'l e, holent-lo, maculant-lo ab la boca, l'omplí de sanch e anà-sse'n. E aprés pervengut Píramus a la font e trobant lo sangonós vel que

---

[221] *amor*: ms. "en lamor" con "en l" tachado.
[222] *Tisbe*: ms. "Tisbe ensemps".
[223] *emaníssima*: "ameníssima".

molt bé conexia ésser de Tisbe, súbitament cregué de alguna crudelíssima fera devia ésser estada devorada. Lo qual jutjant ésser causa de la sua mort, no volgué sobre aquella més viure. De què, treta ab dolorosa fúria la espasa, sobre la punta de aquella miserablement se lançà. No era encara espirat lo seu derrer suspir quant sobrevench Tisbe, que retornava a la font. La qual, trobant en tan desventurat ésser lo seu dilectíssim Píramus e conexent sols per la sua causa tal infortuni ésser-li esdevengut, volgué ella ab ell ensemps axí matex morir. La qual, ab aquella dolor que a tal cas era convenient, sobre lo ferro de la nua espasa la qual fora lo cors de Píramus exia, desesperada se lançà. E en tal manera hagué fi l'ardentíssim amor dels dos ferventíssims enamorats; dels quals,[224] perquè·n romangués perpètua memòria, dispongueren los déus que lo morer, lo qual primer lo fruyt blanch produhia, tostemps in perpetuum fos sangonós e negre, semblant a l'effecte, mas dissimulat en lo món.

Seguex aprés un·altra còpia de enamorats lo nostre elegant micer Ffrancesch, dient en nom de la ombra: "O micer Ffrancesch, veies, aprés de Píramus e Tisbe, Leandre en la mar hi Ero a la finestra mirant-lo". E per ço diu:

[58r] "Leandro in mare e Hero a la fenestra."

Per la intel·ligència del precedent metre és de entendre que allà hon lo Helespont s'estreny en xiqua distància de mar damunt la illa Asiana és una pàtria apel·lada Àbidos e damunt lo posat terreno de Europa la regió apel·lada Sexto, e foren dos fidelíssims enamorats, co és Leandre de Àbidos hi Hero de Sexto, los quals ensemps ardentíssimament se amaren e ab tan secreta diligència que nengun altre que la nodriça de Hero may ho sabé, segons que scriu Ovidi. De què, no essent en altra manera permès a Leànder lo retrobar-se ab la dilecta Hero si aquesta poca mar nadant no passava, per aquesta causa moltes voltes ell se posà a nadar-lo e ella esperant-lo de la finestra·l mirava. Hun jorn essent Leànder entrat en la mar per venir a Hero e ella esperant-lo en l'acostumada manera, certs impetuosos vents se mogueren, los quals terriblement les ones de la mar subvertien e daven a la marina gran tempesta. Per la qual cosa, Leandre, no podent resistir a tanta violència, fon constret negant-se morir; lo qual aprés fon per la fortuna lo cors mort portat en terra

---

[224] *dels quals*: ms. "dels qual".

de Sexto. Lo qual conegut de Hero, volgué en la mort seguir aquell que en la vida havia sobiranament amat e, lançant-se de la finestra, seguí morint lo seu dilectíssim Leandre.

Importa aprés lo poeta lo exemple de Ulixes, fill de Laerte, rey de Ítaca, dient: "Veies, o micer Ffrancesch, axí pensosa e affable aquella ombra. [58v] Aquell és Ulixes, lo qual la sua casta muller Penèlope espera e pregua que de l'excidi de Troya torne al seu regne. Mas lo amor de Cirçe del tot tenint lo retura". E per ço diu:

> "Quel sì pensoso è Ulixe, affabile ombra,
> Che la su casta donna[225] aspecta e priega,
> Ma Circe, amando, gliel ritien' e 'ngombra."

A més expressa notícia dels precedents versos és de saber que, aprés la expugnació de la ciutat de Troya, essent nada discòrdia entre Àjaç Telamon e Ulixes per lo paladí substret als troyans, Ulixes a la fi ab les sues naus se partí de Troya. E, havent molt temps comportats molts naufraigs e infortunis, axí com en lo Trihunfo de Ffama direm, a la fi pervench a Circe, filla del Sol la qual en lo mont Circeu regnava, com en lo setè demostra Virgili, la qual era gran e singular encantadora. De què, essent Ulixes vengut davant ella hi essent home ffecunde, plahent hi de bella disposició, súbitament de aquell se enamorà e, perquè d'ella no pogués partir-se, féu transmudar tots los seus companyons en bruts animals e a ell ab semblants arts se enginyà retenir. Mas, havent ell de Marcuri hagut remey contra semblants prestigis o conjuracions, no solament de les arts[226] sues se desféu, mas ultra açò, menacant-la ab la espasa en la mà, la constrengué a fer retornar les sues companyes en la pròpria forma; la qual cosa [59r] no fon molt greu a ella mediant l'amor que al dit Ulixes portava. De què, per aquest respecte restaurada ab ell l'amicícia, estigué prop d'un any ab ella; lo qual, prenent ab ella enamorats delits hagué un fill ab ella apel·lt Talagònio. E en aquest temps, com que de Penèlope fos avisat del malestar del regne e molts justíssims prechs del seu retornar, llà hon ell la fe sua e la sua benivolència podia clarament compendre, norresmenys l'amor de Circe cascuna cosa del ànimo li levava.

Descriu aprés micer Ffrancesch que aprés d'ell seguia lo tri-

---

[225] *Che...donna*: Pac. "Che la casta mogliera".
[226] *arts*: ms. "art".

hunffo Aníbal cartaginench, dient: "O micer Ffrancesch, l'altre que seguex així com tu veus és lo fill de Amíclar, la qual ferocitat tota la potència dels romans e Itàlia no pogueren reprimir e sols la pràtica de una donzelleta en Pulla ligant-lo prengué mediant les enamorades flames". E per ço diu:

> "L'altro è figliol d'Amiclar; che nol piega
> In cotanti anni Italia et tutta[227] Roma;
> Vil ffeminella in Puglia il prende e liega."

Quanta és la força de aquest sensitiu apetit molt maniffestament ho demostra lo nostre poeta en los precedents versos, hon és de entendre que, havent Aníbal, fill de Amíclar cartaginench, combatut Camnas ab Paulo Emílio e Terenci Varró, e dada als romans la famosa guerra hon morí tanta moltitud de gent, ja a ell semblà haver obtesa complida victòria [59v] dels romans. Lo qual, vagant per campanya hi per Pulla no en altra manera que entregament[228] vencedor, la sua sobirana e sua tostemps usada militar diciplina lexà en oci transcórrer, en manera que, com scriu Lúcio, ell retornant de l'alleugament de la guerra, no reconduhí lo matex exèrcit ab que l'any abans havia vencut Camnas. Mas, com primer los cartaginenchs se disponien a la fatiga de les armes, aprés, desigosos de la usada luxúria, aquella per voluntat e per indústria fugien en tal forma que mèritament scriu Ffloro que Càpua fon de major dan a Aníbal que Camnas als romans. Ne de aquest oci, luxúria, ni desídia fon absolt lo capità Aníbal, mas, així com aquells altres seus cavallers, d'una innoble donzella fon en semblant luxúria, en manera que, deposada tota virilitat, par que en tot remudàs natura. Per la qual obra, intervench aprés que·s salvà lo imperi de Roma e foren delits los cartaginesos.

Continuant aprés lo demostratiu parlar de la ombra damunt comencat en aquella part "Vedi Piramo et Tisbe", demostra micer Ffrancesch la effectuosa amor de Ipsicratea, muller de Mitrídates, reyna de Ponto, dient en persona de la ombra: "O micer Ffrancesch, guarda aquella excel·lentíssima dona Ipsicratea, així com ella, ab la redona chioma seguint lo seu marit e senyor Mitrídates, senyorega si matexa en acte servil e umil operació". E per ço diu:

---

[227] *Italia et tutta*: Pac. "Italia tutta e".
[228] *entregament*: "entegrament", "íntegrament".

[60r] "Quella che 'l suo signor con breve coma
Va seguitando, in Ponto fu reina:
Come in acto servil se stessa doma!"

Circa la intel·ligència més manifesta dels precedents versos és de entendre que Metrídates, rey de Ponto, regió cituada ultra lo Bóforo tràcio, apel·lt stret de Costantinople, damunt la dreta riba de la mar major envers l'Àsia, per molts e gravíssimes injúries fetes als romans, així com al propri loch direm en lo Trihunffo de ffama, hagué ab aquells quasi perpètua guerra. De què, en aquest temps, com que més calladament bollissen les guerres e bel·licoses operacions, com que ell segons la pàtria e consuetut tingués més dones e altres concubines, e sola, norresmenys, entre tots los nombres Ipsicratea reyna, a proffit del marit pensant, considerava quant perill seria cometre la vida sua a la infidelitat dels servents, delliberà que neguna altra persona que ella lo seu dilectíssim marit curàs. E, perquè l'àbit femenil a tal exercici inconvenient judicava per haver contínuament ésser en lo camp, principalment los larchs cabells e àbit[229] femenil se tallà. E, acurtades les largues vestidures, e no contenta de açò, per ésser tostemps ab lo seu senyor, no solament en lo repòs mas en torbulenta batalla propínqua se prengué a armar. La qual cosa a Mitrídates fon tan dolç refrigeri que nenguna adversità e infortuni [60v] rebia axí gran que molt major plaher, e delit e consolació no trobàs en la fe e enamorats bracos de la sua dilectíssima muller; com que, restàs superior o inferior de la guerra, abraçada ab aquella la[230] nit estava.

Justa cosa és e rahonable que qui és de egual benivolència merite lahor; paraments encara lo nostre poeta se introduhex en lo test. Emperò,[231] seguex lo exemple de Pòrcia, dient: "O micer Ffrancesch, aquell·altra és Pòrcia, la qual reffina lo fferro per sperimentar quina pasciència poria ella haver de la mort e lo foch a provocar-la, sols per seguir en tota la sua fortuna lo delectíssim marit". E per ço diu:

"L'altra è Porcia, che 'l ferro al foco[232] afina."

---

[229] e àbit: ms. "abit".
[230] la: ms. "aquella".
[231] Emperò: ms. "empere".
[232] al foco: Pac. "e 'l foco".

A més evidència del precedent metre és de entendre com Pòrcia fon filla de aquell pèlech de virtuts e constància, March Cató uticense, e muller de Bruto, fill, com a llur[233] oppinió, de Juli Cèsar, e Servília jermana de Cató, no, emperò, nat de legítim matrimoni. Lo qual, essent ja callat lo tumult civil e los pompeans bandejats, e Cèsar presa la perpètua dictatura, delliberà temptar restituhir la libertat occupada a la romana república. De què, per fornir tal effecte, concordà ab Cató, ab Càssio e ab Tuli Címbrio de matar Juli Cèsar; e, conexent la integritat de la dona, lo seu secret maniffestà a Pòrcia. Aprés Bruto levant-se una matinada per voler-ho metre en execució, [61r] Pòrcia, per indústria fengint tallar-se les ungles, se lexà caure hun ganivet sobre lo peu, en lo qual se féu una ampla ferida ab abundant eximent de sanch. La qual cosa vehent les sues donzelles, stimant ésser lo mal més major, cridaren altament; a la veu de les quals Bruto fon attès a la cambra e algun tant ab aspres paraules represà la muller. Mas ella, fetes apartar de allí les donzelles, axí respongué: "Caríssimo senyor meu, Bruto, no cregues que yo inadvertentment me sia ferida o sens rahó, car yo he volgut sperimentar com seré constant a dar-me la mort quant a tu esdevindrà algun sinistre per la obra que vols anar a fer de matar Juli Cèsar". Bruto, enteses les paraules, partí de aquella, e donà effecte al seu prepòsit e matà Cèsar; lo qual fon judicat del senat ab la companyia parricida e enemich de la república. Per la qual cosa, ell, restaurant algun exèrcit, féu guerra ab Anthoni Octàvio e, combatent a la fi en Macedònia, per error de Càssio, havent vencut fon constret a succumbir, lo qual ab pròpria mà se donà la mort. Vench, donchs, ensemps la nova en Roma de la victòria de Octàvio e de la mort de Bruto, la qual entengué Pòrcia; no havent en aquell punt en la presència millor insturment a inferir-se la mort, que, essent vehina o prop de hun foch, prengué dels vius y encesos carbons e, aquells enviant-se'n,[234] animosament morí; tant en fortalea sobrant lo pare quant menys usada e més aspra mort comportà.

Seguex aprés lo tercer [61v] exemple de l'intensíssim amor conjugal de Júlia, e dol-se del seu marit Pompeu, lo qual sens rahó més se inclina ab benivolència a la segona flama de Cornèlia, axí matex muller sua. E per ço diu:

---

[233] *a llur*: it. "era".
[234] *enviant-se'n*: "empassant-se'n"; it. "deglutendo".

"Quell'altra è Julia, et duolsi del marito,
Che alla seconda fiamma più s'inchina."

Essent lo domini e quasi íntegra monarchia del món al temps de Cèsar reparat en ell, en Ch. Pompeu e March Crasso, hi la romana disensió[235] diversa que, essent succehidor Cèsar en la senyoria a Màrio e Pompeu a Sil·la, lo senat romà instituhí, per tenir aquests dos hòmens conjunts entre si ab vincle de affinitat hi amor, que Pompeu, com que fos de més edat que Cèsar, prengués Júlia, filla sua, per muller; la qual, per bé que fos donzelleta e de tendra edat e Pompeu més madur de anys, norresmenys ardentíssimament e ab gran fe d'ella fon amat; essent hun jorn Pompeu ensemps ab los altres officials de Roma generalment[236] apel·lts ab alegria a sacrifficar en lo temple, e per l'offici del sacerdoci preposat a la mort de la víctima o animal del sacriffici, havent ferida aquella, per dolor lançant de aquella sanch que la exia e maculant la sobrevesta de Pompeu, restà tota de la sanch tacada; de què ell la·s despullà e manà portar-la a casa per hun familiar seu. Lo qual encontrà Júlia en mig de la sala, que prenyada per allí·s passegava. Ella, vehent la vestidura del marit [62r] ésser sangonosa, estimant lo seu car Pompeu ésser mort, sens altra cosa demanar, davant los peus de l'escuder per dolor caygué en terra e, spirant, morí. La qual mort no solament a Roma e al marit Pompeu, mas a tot lo món fon causa de gran molèstia e acerbíssim dan. Donchs bé e ab gran elegància ajusta lo poeta dolrre's de l'inclinar-se Pompeu més a l'amor de Cornèlia, emperò que, si l'ànimo de Cèsar no podia comportar algun superior, l'ànimo de Pompeu no podia comportar algun egual ab ell, com escriu Lúcio Ffloro. De què entre ells era qüestió e inimicícia, lo castíssim pit[237] de Júlia sols untats[238] de l'amor conjugal era privat de tal passió.

Havent fins aquest punt demostrat lo poeta la efficàcia e potència de aquest imperant apetit mitjançant los exemples dels gentils, als quals par que ab més escusa fos tal obra permesa, importa ara aquells del poble judaych, lo qual, per la tanta familiaritat que tenien ab Déu, semblantment hi devien resistir, dient: "O micer Ffrancesch, gira los teus ulls dels damunt dits exemples al pare Ja-

---

[235] *disensió*: ms. "disesio".
[236] *generalment*: ms. "generalmen".
[237] *pit*: ms. "pits".
[238] *untats*: Error por "intent"; it. "intento".

cob escarnit de Laban, son sogre, lo qual en neguna se pentí[239] e no li és enuig haver set e set anys servit per possehir la sua amada Rachel". E per ço diu:

> "Volgi in qua gli ochi, al gran padre schernito,
> Che non si pente,[240] et d'haver non gl'incresce
> Sette et sette anni per Rachel servito."

[62v] Per més clara intel·ligència dels precedents versos és de saber que, com essent Isach, fill de Abraam e pare de Jacob, prop a la mort, com s'escriu en lo *Gènesi* a XXVIII capítols, benehí segons la consuetut ebraycha Jacob. E aprés la benedicçió li manà que no prengués dona de la generació de Canaan, mas que anàs en Mosopotàmia a Batuel, son matern[241] avi, e esposàs per muller una de les filles de Laban, lo qual era son oncle, jermà de sa mare Rabeca. Fféu Jacob lo manament del pare; lo qual, pervengut en Mossopotàmia prop de hun pou d'aygua del qual los bestiars se abeuraven, allí ab molts pastors se posà, los quals speraven més bestiars. Primer que alçassen la pedra del pou entrat[242] en rahonament ab aquells, demanà de l'estat e condició d'ells; los quals respongueren ésser de Aram. Jacob encara·ls demanà si conexien[243] Laban; al qual aquells respongueren que sí. E en aquest rahonament sobrevench Rachel ab lo seu bestiar per donar-los aygua, la qual los pastors, de luny vista, digueren a Jacob: "Vet allà Rachel, filla de Laban, que ve per donar aygua als bestiars". Attesa entre ells Rachel, Jacob per affinitat e amor la abraça e besà, dient ell ésser fill de Rabeca, cosí jermà seu;[244] e Rachel, ab gran alegria corrent al pare Laban, li anuncià la venguda de Jacob. Lo qual, essent en altra manera alegre,[245] Laban li vingué a l'encontre e, abraçant-lo, li demanà la causa de la sua venguda; al qual Jacob respòs ell sols ésser vengut per servir-lo. [63r] Dix, donchs, Laban que demanàs[246] lo preu de les obres sues, que altrament no volia que·l servís, essent son nebot. Respòs Jacob ésser aparellat servir-lo set anys e per retribució que li donàs Rachel

---

[239] *pentí*: "penit"; it. "si pente".
[240] *pente*: Pac. "muta".
[241] *matern*: ms. "mater".
[242] *entrat*: ms. "entrats".
[243] *conexien*: ms. "conexia".
[244] *cosí germà seu*: ms. "cosina jermana seva"; it. "suo consobrino fratello".
[245] *alegre*: ms. "elegre".
[246] *que demanàs*: repetido en el manuscrito.

per muller. Plagué acò a Laban e concordablement confermaren lo pacte. De què, essent finits los set anys, Jacob demanà a Laban la sua Rachel; lo qual respòs ésser contentíssim e, preparant les noces, féu esposar Jacob ab Rachel. Mas aprés la nit en lo anar al lit, en cambi de Rachel, fon mesa Lia, jermana sua, en lo lit per dormir ab Jacob, ab la qual ell conjunyí lo matrimoni. Aprés en lo matí, quant aparech la lum, Jacob conegué haver dormit ab Lia, la qual era letga e difforme, e no ab la sua bella e amada Rachel. Per la qual cosa, de aquest engan molt ab Laban se lamentà, mas ell per escusa sua respòs no ésser en aquella terra consuetut de donar primer marit a la filla menor de edat que a la major, mas que, si més volia Rachel, que estigués altres set anys en lo seu servici, e aprés ell la y consentiria. Ffàcil partit fon a l'enamorat cor de Jacob, e consentí servir Laban altres set anys; los quals finint, obtengué últimament la sua tant desigada Rachel.

Exclama ara micer Ffrancesch en persona de la ombra e continua la demostració dels exemples, dient: "O potentíssim amor, lo qual no solament continua, mas crex en los affanys! Ara guarda, micer Ffrancesch, lo pare de aquest, Isach, e lo seu avi Abraam com sols ab Sarra hix de les sues delícies, totes premetent-les per lo divinal manament. E per co diu:

> [63v] "Vivace amor che negli affanny cresce!
> Vedi al padre di questo, et vedi l'avo,
> come di sua magion sol con Sarra esce."

Per la intel·ligència dels precedents versos és de saber principalment que la denominació de patriarches, atribuhida a Abraam, Isach e Jacob, hagué original de Déu parlant a Moysés, axí com és scrit en lo terç capítol de l'*Èxodos*, dient: "Vade et congrega seniores Israel et dices ad eos: dominus deus patrum vestrorum aparuhit michi deus Abram deus Isach deus Iacob". Açò matex fon aprés confirmat per Jesucrist en Sant Matheu, en lo XXII, e en Sant Luch, a XX, quant dix als seduceus, los quals negaven la resurrecció: "Quod vero resurgant mortui et Moises ostendit secus rubrum sicut dicit dominum deum Abraam deum Isach et deum Iacob". La qual cosa, axí com del poeta Jacob és denominat gran pare, axí encara Abraam e Isach meritaren axí ésser apel·lts.

Segonament és de entendre, quant a Isach, que, aprés que sa mare fon assumpta per mort en la ciutat d'Arbea, terra de Ebron en la regió de Canan, ja may a ell fon permès pendre alguna consolació ab la qual se hagués alleujar tanta tristícia e dolor per la mort de Sarra concebuda, fins que ell no fon constret del potentíssim amor de Rabeca, muller sua. La qual a ell procurà hun servidor de Abram crehent-la[247] a Batuel, havent primer jurat a Abram sobre lo seu cos que no daria a Isach alguna nada per muller de la[248] generació [64r] de Canan; e Batuel era cosí de Isach, essent fill de Nacor, jermà de Abraam, fill de Tare. De què, axí com Isach fon conjunt ab Rabeca, tan intensament l'amà que immediate fon cessada tota tristícia haguda per la mort de Sarra, axí com és scrit en lo *Gènesi* a XXIIII capítols.

Quant a Abraam, és de notar, com testiffica lo *Gènesi*, a XII, que, havent Déu manat a Abraam que partís de terra de Aram e anàs al loch lo qual li mostraria, lo qual era la terra de promissió, habitada en aquell temps de la generació de Canan, ell obehí al divinal manament. Aprés partint e habitant sobre lo mont Bethlem, sobrevench en aquella regió una comuna e miserable fam, per la qual Abram fon constret de anar en Egipte. Per la qual cosa, amant ell sobiranament Sarra e sabent que lo adulteri era ab los egipcians peccat gravíssim, per no ésser d'ells mort primer, per no voler ésser ab Sarra adúlter, ella sobiranament pregà que li volgués consentir a la falsia e dir que no muller sua, mas sols li fos jermana. De què amor constrengué lo gran Abraam a mentir; la qual falsia no sols és dels theòlechs estatuhida peccat, mas encara dels morals blasmat. E per ço diu lo philòssof en lo quart de la *Èthica*: "Mendacium est per se ipsum improbum at vituperacione dignum".

Seguex aprés micer Ffrancesch lo[249] exemple de David proffeta, dient: "Veies encara, o micer Ffrancesch, en quina manera lo brau e cruel Amor vence e força David a obrar contra [64v] lo just; e tant que aprés per penitència se plany en loch concavat e escur". E per ço diu:

> "Et vedi come Amor crudel et pravo
> Vince David, et sforçalo a far l'opra
> Onde poi piange in loco obscuro et cavo."

---

[247] *crehent-la*: error por "demanant-la"; it. "chiedendola"
[248] *de la*: ms. "della"; it. "da la".
[249] *lo*: ms. "le".

O immens poder! O voluntat de gran efficàcia! O insuperable effecte d'amor! Al qual no pogueren restar les urgents cures e diligències del regne de Jerusalem e la memòria[250] a la proffètica visió elevada, ensemps ab l'armoniacha expressió de aquella obra tota del Sperit Sant. On és de entendre, com s'escriu en lo segon dels *Reys*, al X capítol, que, havent David guerra ab lo rey Amon, envià contra ell Joab, son capità, ab lo exèrcit e ell aturà's en Jerusalem. De què hun jorn per plaher passegant-se per la terra, véu casualment una dona apel·lada Bersabé, muller d'un cavaller seu lo qual se nomenava Uries Etheu, la qual en una font los seus vels, o draps de cap, lavava. De la qual David súbitament se enamorà e, fent-la cridar, sens pus se girà ab ella. No féu amor que aquest adúlter Davit restàs content, mas més avant, contra son voler estimant, lo induhí a l'homicidi. De què, essent ell per lo enamorat effecte del jaure's ab ella més confermat, manà a Uries, lo qual era en Jerusalem, que degués tornar a l'exèrcit e per les sues mans scrigué a Joab que posàs Uries tan avant en lo perill de la batalla que del tot morís. [65r] Fféu Joab tot lo que a ell de David fon scrit; lo qual, tenint lo siti en una ciutat nomenada Rabath, aquells de la terra hixqueren hun jorn defora sobre los israelites e molts de aquells, entre·ls altres Uries, mataren. La qual nova per David entesa, súbitament prengué Bersabé, mas aprés Natan, havent-li fet conèxer la sua error preposant-li lo cas del rich què meritava, havent moltes ovelles e hun hom pobre ne possehia sols una, la qual per lo rich li fon levada, e ultra açò lo féu morir; havent judicat David aquell ésser digne de mort, Natan respòs ell ésser aquell rich e Uries ésser aquell home pobre. De què de part de Déu li anunçiava eterna maledicçió. Penedint-se, David plorà set dies en terra fins a tant que morí lo seu fill que Bersabé havia parit.

Segonament, és de entendre ab gran rahó micer Ffrancesch appel·la amor brau e cruel. Per la qual evidència no sols hi basten los predits exemples, mas ultra aquells lo demostren les auctoritats de Tuli en la fi del quart de la *Tosculana*; lo qual diu: "Totus vere iste qui vullgo apel·ltur amor: nec Hercule invenio quo nomine alio possit appellari: tante levitatis est ut nichil videam: quod putem conferendum: Quem Cecilius deum quidem summum putat ut stultum aut rerum esse imperitum extimet cum in manu sit quem esse dementem velit: quem sapere: quem insanire: quem in morbum ini-

---

[250] *memòria*: ms. "memori".

cii: quem contra amari: quem expeti: quem acçersiri: O preclaram emendatricem vite poeticam que amorem flagicii et levitatis auctorem in consilio deorum [65v] collocandum putat".

Narra aprés lo poeta lo exemple de Salamó, dient: "Veies, o micer Ffrancesch, com semblant neu e calor hagué de l'enamorat concepte[251] que par[252] que·l cobre[253] e en gran part diminuhexca la fama de Salamó, més excel·lent fill de David, per tot lo món de l'alt Senyor maniffestant divulgada". E per ço diu:

> "Simile nebbia par ch'oscuri et copra
> Del più saggio figliol la chiara fama
> Sparsa per tuto[254] del Signor di sopra."

Per més clara notícia dels precedents versos és de entendre com David, rey de Jerusalem, hagué de moltes dones molts e diversos fills, los quals quascú de qualque singular donatiu fon donat o de natura o de virtut; entre·ls quals hagué de Bersabé, muller que fon de Uries, Salamó, lo qual fon ple de tanta sapència quanta naturalment en algun cors humà poria ésser. Essent ell restat rey aprés la mort de David, no premeté algun delicte que als interiors e exteriors sentiments pogués posar delit, axí com ell matex afferma en lo principi de l'*Ecclesiastès*, en lo segon capítol. Mas aquella cosa que màximament a ell fos detestable, e hon ab rahó se vench a denigrar la sua ffama, fon que, com se lig en lo terç libre dels *Reys*, capítol XI, aquest Salamó per complir lo apetit carnal hagué setsentes mullers reynes e CCC altres concubines, entre les quals foren Egípcia, Moapita, Amanícida, [66r] Idumea, Sidònica hi Phea, les quals ell desordenadament amà que·s dex induhir a la idolatria. Lo qual en beniplàcit de la dona Sidònia adorà la deessa Astareem, colta e de aquella generació venerada; e per consolar Amanícida adorà Meloc, ídola dels aminícides. De què mèritament no sols la fama sua se hagué a obscurar, mas del tot sens dubte se revocà,[255] que may en altre temps fos de judicar en ell hagués haguda alguna intel·ligència.[256]

---

[251] *concepte*: ms. "cepte".
[252] *par*: "pal" rectificado en el manuscrito.
[253] *cobre*: "veli i cobreixi"; it. "veli e recuopra".
[254] *Sparsa per tuto*: Pac. "e 'l parta in tutto".
[255] *revocà*: ms. "rovocà"; it. "revoco".
[256] Falta la traducción del fragmento que introduce los versos siguientes.

"Ve[257] l'altro, che in un punto ama et disama,
Vedi Thamàr ch'al suo fratre Absolone
disdegnosa et dolente si richiama."

A més clara evidència dels precedents versos és de entendre que David ensemps de una matexa dona hagué fills Absolon e Tamar, dels[258] quals quascú era en sa generació bellíssim. Hagué encara David d'altra dona per fill Ammon, d'on intervench, axí com és scrit al capítol XI e XII del segon dels *Reys*, que lo damunt dit Ammon se enamorà de la jermana Tammar. E, amant-la ardentment e per vergonya callant lo amor, no crehent al seu desig poder-la induhir perquè era verge e inexperta de les enamorades flames, fon per ço constret de emmalaltir. La qual cosa vehent Jonadab, fill de Semma, jermà de David, son cosí, jove prudent e cautelós, li demanà la causa de la sua egritut. Al qual Ammon aprés més vàries respostes diu a la fi la causa [66v] del seu mal ésser Tamar, de la qual ell molt era enamorat, e demanà-li ajutori. Lavòs, Jonadab donà-li aquest conssell: que fingís ésser molt agreugat e que a David demanàs la sua Tamar perquè·l administràs, aprés fes la voluntat sua. Plagué a Abnon lo conssell de Jonadab, cosí,[259] lo qual meté en execució; que, fengint-se molt més de l'acostumat estar greu, e David visitant Ammon, li demanà de gràcia que li consentís Tammar per administració sua en la malaltia. No pensava David lo celerat pensament del fill, lo qual líberament consentí a la sua demanda. Venguda donchs Tammar al govern del jermà Amnon, axí com tost ella en la cambra fon aplegada, axí ell manà que cascú dels altres hixqués deffora; la qual cosa aprés que·s trobaren a soles en la cambra hagué heffecte. E dix Ammon a Tammar que li plagués girar-se al seu costat, mas Tammar, conexent lo peccat, fent resistència no volgué a la sua voluntat consentir, mas dix-li ab dolces e discretes paraules que ell la demanàs a David per esposa sua e sens peccat possehiria allò que injustament volia abusar. Lavòs, Ammom, stimulat de la enamorada furor, no atenent a les sues escuses e salutífferes amonicions, premetent les paraules, usà les forces e axí ab ella no sens violència se mesclà. E, immediate posat fi a la celerada operació, tot lo seu amor lo qual indèbitament li havia portat se fon convertit en malvolència e dexà-la

---

[257] *Ve*: Pac. "De".
[258] *dels*: ms. "del".
[259] *cosí*: ms. "e cosi".

amb ira.²⁶⁰ [67r] Tamar, lavòs, rebuda aquesta injúria, se lamentà ab lo jermà Absolon. La qual cosa ell molt molestament presa mas ab prudència disimulant portada, hun jorn en lo temps del tallar les lanes a les ovelles preparà hun splendedíssim convit; al qual, convidant tots los fills del rey, sos jermans, convidà ab ells Ammon. Los quals tots venguts, Absolon, per la comuna venjança d'ell e de Tammar, féu matar Ammon. E así comportà Ammon la pena convenientment del celerat peccat en la amada jermana comès, de la qual justament ab honor e plaher podia alegrar-se.

Importa aprés de Ammon lo nostre elegant poeta lo exemple de Samssó, home entre tots los altres fortíssim, dient: "O micer Ffrancesch, mira hun poch dellà Amnon e veies Samssó, lo qual, molt més fort que savi, posa lo seu cap en la falda de la infiable enemiga sua, Dalida". E per ço diu:

"Pocho di là da lei²⁶¹ vedi Sansone,
Via²⁶² più forte che saggio, che per ciance
In grembo a la immica il capo pone."

Quant a la intel·ligència dels precedents versos és de saber, com s'escriu en lo libre de *Jutges* al capítol XIII, que Samssó fon fill de Manuel, jutge del poble israelita. Lo qual hun jorn ensemps ab lo pare essent vengut en Tantnata, terra de la juridicció dels philisteus, véu una elegant donzella; la qual plahent-li, la prengué per muller. Tornant aprés en altre [67v] temps a reveure-la, trobà en lo cap de hun leó, lo qual ell en la primera entrada havia mort quant vench en Tamnata, hun exam de abelles que ja havien procreada mel. Lo qual prengué part de aquelles bresques e menjà'n, e aprés ne donà al pare e a la mare sua e norresmenys los maniffestà d'on ho havia portat. Ffent donchs lo pare de Samssó lo convit acostumat, segons la consuetut, de set dies a son fill, los ciutadans de Tantnata helegiren XXX hòmens los quals Samssó tinguessen en companyia. Dix hun jorn Samssó a aquells del convit: "Hous vull preposar una qüestió la qual, si entre set dies del convit vosaltres la m'absoleu, yo us daré XXX camises e XXX vestidures. E si no l'absoleu, yo vull que vosaltres ho doneu a mi". Respongueren los tantnates ésser contents e

---

²⁶⁰ *dexà-la amb ira*: ms. "dexala ira".
²⁶¹ *Pocho...lei*: Pac. "Poco dinanzi a lei".
²⁶² *Via*: Pac. "vie".

digueren que preposàs la qüestió. Preposà-la Samssó en aquesta forma: "De comedente exivit cibus e de forte egressa est dulcedo". Considerant aquells de Tantnata aquestes paraules e no podent en neguna manera verament interpetrar-les, anaren-se'n a la muller de Samssó e digueren-li: "Pregua al teu marit Samssó que·t declare aquesta qüestió preposada; si no, nosaltres cremarem la tua casa e família". La muller espantada planyent, pregà a Samssó que li maniffestàs la escura sentència que havia preposada. Lo qual Samssó aprés no molta resistència maniffestà allò que a ella havien requesta. Venint donchs al setèn jorn, ells absolgueren la qüestió dient: "Quid dulcius [68r] melle: quid leone fortius". E Samssó dix que, si ells no haguessen ab la sua virtut laurat, may no hagueren la preposició absolta e, algun tant desdenyat ab la muller, se'n tornà a casa del pare, pagant primer les camises e vestidures, les quals levà a XXX hòmens los quals ell en Estalona havia morts.

Aprés de aquesta partida lo sogre de Samssó, vehent-lo ab la filla desdenyat, la maridà ab hun altre jove de la terra lo qual ab estreta benivolència li era conjunct. Aprés cert temps passada la ira de Samssó, ell retornà en Tantnata per reveure la sua muller e, anant a la casa del sogre, volent entrar en la acostumada cambra, fon de aquell del tot retengut, dient-li com ell la havia ab altri maridada crehent ell ésser irat contra ella. Samssó, lavors, enteses tals paraules, dix: "Ara só yo del tot escusat si en allò que puch damnege los philisteus", e anà-sse'n. E, essent ja lo temps que totes les palles eren seques, Samssó prengué CCC raboses, e encengué foch en les lurs coes, e dexà-les en los camps dels philisteus e, aquelles corrent per la terra, totes les garbes e palles abrasaren. La qual cosa per los philisteus entesa, e sabent que Samssó era estat, corregueren a la casa del sogre e mataren-lo dintre ab tota la sua família. La qual cosa sentint Samssó, comogut de l'amor ja portada a la esposa, delliberà de fer-ne venjança e, estant en una espellunca apel·lada Ethan, moltes e diverses coses als philisteus manifestava. De què hun jorn per ligar-lo vingueren a la spellunca, a la qual cosa ell consentí, [68v] jurant primer de no matar-lo aprés que fos ligat.[263] E, portant-lo en esta forma, essent pervenguts en hun loch appel·lat Maxilla, los phi-

---

[263] La explicación es mucho más larga en italiano: "la donde li philistei armati venero in la terra di Iuda per pigliar Samsone unde quelli de la tribu de iuda intesa la volunta de i philistei per non recever altro damno da loro li promiseno darli ligato Sanson in le sue mani e cusi andorno tre milia de loro a la spelunca per ligarlo: a la qual cosa lui consenti giurando prima epsi non un ucciderlo poi cha fusse ligato".

listeus descobriren certs insidis de aquell e volgueren-lo matar, mas ell, vehent açò, rompé los ligams e prengué una maxil·la o barra d'ase, e ab aquella matà mil de aquells, constrenyent los altres a fogir. Vench aprés Samssó en una terra nomenada Baçan,[264] en la qual véu una meretriçe, o dona errada de guany, e entrà[265] ab ella. La qual cosa sabuda per los philisteus, lo tancaren en la casa e guardaven-lo que no hixqués. E ell, a miga nit levant-se per anar-se'n, trobant les portes tancades, se'n portà aquella casa ab les espatles e posà-la sobre la muntanya de la vall de Ebron.

Últimament amà Samssó una dona apel·lada Dalida. La qual cosa sabent los philisteus, prometeren a ella grandíssims donatius si hordenava que Samssó fos pres e devingués a les forçes d'ells. Comoguda aquesta de la copdícia, demanà a Samssó qual era la causa de la sua tanta força. La qual Samssó responent moltes vegades, se callà la veritat; per la qual cosa, ella e los philisteus ensemps restaren confusos. De què Dalida ab gran moltitut de làgremes lo pregà li digués la veritat, e Samssó poch cautelós, comogut de la ficta benivolència, dix com tota la sua força era col·locada en los seus cabells. Per la qual cosa, hun jorn Dalida fent-li més festes de l'acostumat, Samssó se meté en la sua falda a dormir e, lavòs, Dalida prengué [69r] les tisores e tallà-li los cabells. E aprés asalat dels philisteus e no tenint més les acostumades forces, romangué pres; al qual ells barrinaren los ulls. E aprés vixqué tant en misèria que los seus cabells foren crexcuts. Lo qual Samssó, tenint[266] retornar les sues forces, hun jorn celebrant-se en lo temple lo sacriffici hon lo poble dels philisteus era convengut, lo qual temple sols sobre una columna se mantenia, Samssó se[267] acostà a·quella e abraçant-la trencà; de què, cahent lo temple, a si matex e a tot lo poble per sa venjança matà.

Narra consegüentment lo poeta lo exemple de Oloffernes, lo qual, com fos en lo exèrcit[268] de les armes, hon los ànimos, intents a coses grans, són màximament de la voluntat carnal alienats, ffon norresmenys constret tant de amor que fon incorregut a la mort, dient: "O micer Ffrancesch, guarda bé en aquest loch, entre quantes lances y espases e altres insturments bel·licosos Amor dormint,

---

[264] *Baçan*: it. "Gazan".
[265] *entrà*: ms. "entre"; it. "intro ad usare".
[266] *tenint*: "sentint"; it. "sentendo".
[267] *se*: ms. "e".
[268] *exèrcit*: "exercici".

la velleta[269] Judith vence Oloffernes e aprés sola torna a Betúlia ab una donzella e ab l'orrible cap, lo qual havia tallat, regraciant a Déu de la gràcia rebuda, affretant-se als altres ciutadins per comunicar-lo". E per ço diu:

> "Vedi qui ben fra quante spade e lance
> Amore, e 'l sonno d'una[270] vedovetta
> Con bel parlare, et suo polito guance
> Vince Holofferne, et lei tornar soletta,
> Con una ancilla e con l'horribel theschio,
> Dio ringraciando, a meca nocte, in frecta."

A més clara evidència dels precedents versos és de saber, com [se] scriu [69v] en lo libre de *Judith*, que, havent Nabugadenasor,[271] rey dels assirians, expugnat hun rey apel·lt Arphassat, li crexqué lo ànimo e delliberà subjugar ab lo seu imperi tot lo món. Per la qual cosa apel·lt Holoffernes, príncep e duch de les sues gent d'armes, li manà que anàs a fer guerra e no permetés perdonar a algun regne, ni a alguna ciutat per bé que fos murada. Fféu Holoffernes segons lo manament del rey e principalment prengué tota la Cicília e Messopotàmia. E aprés pervengut en los camps Damacen,[272] tanta terror induhí en los ànimos dels pobles circonvehins que tots per los lurs embaxadors conffessaren ésser vassalls seus. Sentint los fills de Israel aquesta remor, temeren molt e feren preparació, primer migancant Déu e lo sacerdot Helicham. Aprés feren provisió per la ciutat, e dels murs e de[273] vitualles, e màximament sobre lo mont e de lochs difficils. E aprés de açò, perquè no passàs Holoffernes a destrohir Jerosolima, ab temps feren altres dignes e excel·lents provisions. La qual cosa aprés que a Holoffernes fon maniffesta, se hirà molt e, demanant Imoàbit e aquells de la regió de Ammon de la condició, e estat e fortalea del poble d'Israel, maravellant-se que ells sols volguessen entre tots los orientals resistir, ffon-li respost per Achor, duch de aquells de Ammon, recomptant tot lo procés dels fills d'Israel, que ells eren de tal condició que, si Déu era contra ells irat, que ell los poria[274] vencre e, com no, [70r] que lo Déu lur los

---

[269] *velleta*: "vidueta"; it. "vedovetta".
[270] *e 'l sonno d'una*: Pac. "e 'l sonno, ed una".
[271] *Nabugadenasor*: ms. "Nabuga de Nasor".
[272] *Damacen*: it. "Damasceni".
[273] *e de*: ms. "de".
[274] *los poria*: ms. "lo porien".

deffendria. Holoffernes, per aquestes paraules irat, dix a Achor que·s partís e anàs als fills d'Israel a experimentar si nengun déu era més potent que Nabucadenasor e ab ells se deffensàs, e, si·ls prenia, que·ls matàs ensemps ab ell per la sua profecia. E encontinent manà als servents[275] seus que·l portassen a Betúlia, ciutat d'Israel, e allí·l dexassen. Portant, donchs, los servidors Achior segons lo manament de Oloffernes a Betúlia, certs fondibularis, o corredors, hixqueren de la terra contra ells, los quals,[276] aplegats a Achior[277] a hun arbre, se'n fugiren e, sobrevenint los fills d'Israel, fon de aquells solt e portat a Betúlia. Ffermant donchs Oloffernes a Betúlia lo siti e entès lo poble de Achor la intenció de Oloffernes, tots dubtant comencaren a Déu fer oració. Holoffernes, en aquest temps hordenant de donar la batalla, trobà Betúlia tenir l'aygua fora les portes, la qual ab canons dins Betúlia entrava; los quals de continent ell féu rompre, restant Betúlia sens aygua. La qual cosa vehent lo poble, delliberaren primer per la espasa morir que per la set e, disponent-se exir deffora, hun sacerdot apel·lt Ocia lo detingué, dient-los que esperassen solament cinch dies e aprés que prenguessen partit si en aquest temps Déu no·ls ajudava.

Era en aquest temps en Betúlia una vídua apel·lada Judith, la qual era estada muller de hun Manasses e filla de hun Inerari. La qual entengué les paraules de Ocia e dix [70v] aquell ésser pus pres apte a ecçitar la ira de Déu que la misericòrdia, havent-los consignat termenat temps de socórrer-los; per la qual cosa a ell ne demanassen perdó. E encontinent, com vol Nostre Senyor Déu, esvellà la memòria a dar soccors al seu poble. La qual manà a cascú que per ella estiguessen en oració e principalment se recomanà a Déu; e aprés se lavà tota ab aygües odorífferes e revestí's de fins draps e alegres, e, hornant-se tota, hixqué fora de la terra. E essent presa de les guardes dels assirians, fon-li demanat qui era; respòs ésser hebrea e fugir de la rohina de la terra, e per ço volia parlar ab Holofernes e maniffestar-li per qual via aquella millor se poria pendre. Ffon donchs aquesta portada davant Oloffernes e, haver-li[278] dites les matexes paraules, ell, vehent la bellíssima, prestament se'n enamorà. E volent que ab ell menjàs, respòs Judith no voler per no peccar, mas que ab ella tenia recapte; per la qual cosa, lo pregava

---

[275] *servents*: ms. "servent".
[276] *quals*: ms. "qual".
[277] *aplegats a Achior*: error por "lligat Achior"; it. "ligato Achior".
[278] *haver-li*: "havent-li".

que ell manàs que li fos lícit anar adorar e tornar allà. La qual cosa Holoffernes súbitament manà als seus guardes que la dexassen exir de la cambra, e entrar y exir de nit a tot son plaer. Lo quart dia de la sua venguda féu Oloffernes una splèndida cena, o sopar, e dix a un[279] dels seus servidors apel·lt Aduago que s'engenyàs persuadir a Judith que la nit dormís ab ell. La qual cosa dient lo servidor, ella respòs ésser contentíssima [71r] e, molt més ornant-se que neguna de les altres voltes, se presentà davant Oloffernes, e mengà molt alegrament ab ell. De la qual cosa, Oloffernes entrà primer en lo lit e dix a Judith que anàs encara a deportar-se; lo qual en poch espay de temps essent embriach, se adormí. Aduago e los altres servents, tancant la cambra de Oloffernes, se'n anaren a dormir. La qual cosa Judith vehent que Holoffernes dormia, ffeta a Déu oració, prengué la sua matexa espasa e tallà-li lo cap, e aquell mes dins en hun sisto lo donà a la sirventa. E ensemps anant se'n partiren e, aplegades a les guàrdies del camp e conegudes per lo manament de Holoffernes, foren dexades passar. Tornà donchs Judith en Betúlia e, mostrat lo cap de Holoffernes al poble, prengueren forces e ardiment; de què, levades les armes e mes lo cap sobre una lança, hixqueren contra los assirians. Los quals, conegut lo cap de Oloffernes, tots aquells que pogueren fogiren, e grandíssima part ensemps ab los capitans de Holofernes restaren morts sols per la virtut de la admirant Judith.

Porta aprés lo poeta lo exemple de Sichén, lo qual, encara per complir lo immoderat apetit e attènyer lo seu amor, fon a la fi constret de morir, dient: "O micer Ffrancesch, veies ultra Holoffernes Sichén, la sua sanch escampada en la mort; la qual ab aquella de la circumcisió és escampada ensemps ab aquella del pare e del poble tengut ab hun matex engan". E per ço diu:

> [71v] "Vedi Sichen et il suo sanngue, ch'è mischio
> De circuncisione et dalla morte,
> Del[280] patre colto e 'l populo ad un veschio.
> Questo gli ha facto el subito amar forte."

Per més clara notícia dels precedents versos és de entendre, com s'escriu en lo *Gènesis* a XXXIIII capítols, com essent tornat Jacob

---

[279] *un*: ms. "uns".
[280] *Del*: Pac. "e 'l".

ab los fills per abitar en la encontrada de Socoth, en la regió de Isicomi e de la ciutat nomenada Salén, aprés que fon partit de Mosopotàmia, una filla sua apel·lada Dina hixqué a deportar-se per lo veynat e a veure les vehines e dones de la terra. Intervench casualment que Sichén, fill de Emor, príncep de la província, la véu e, semblant-li ésser bella, la furtà e girà's ab ella en tal manera que s'ordenà[281] la prengués per muller. Vench donchs Emor a Jacob e als seus fills, e demanà'ls de gràcia que consentissen a Dina per muller de Sichén e possehexquen ab ells comunament aquella rahó,[282] e ensemps los emparentassen, donant e levant les sues dones al matrimoni. Jacob e sos fills, essent molt irats per la sobredita rapina, així com tost hagueren enteses les paraules de Emor, així tost cercaren manera de venjar la rebuda injúria. A la qual cosa respongueren tal cosa no·s podia fer perquè Sichén no era circunsís, mas que, si·s volia circumcir e tornar semblant d'ells, eren contents de complir tota la sua demanda. Plagué a Emor e a Sichén, al qual amor stimulava lo pacte; de què persuadiren los pobles que ensemps ab ell se circuncissen. E feta la circumcisió, essent per la naffra crexcuda [72r] la dolor, Simeon e los altres jermans de Dina prengueren les armes e entraren en la terra; e trobats los hòmens malalts, mataren Emor, Sichén e tot lo poble. Per la qual venjança de Dina, meteren encara a mal tota la ciutat e mostraren per effecte quant de suplici posà a Sichen no arreglar lo seu desordenat apetit.

Narra conseqüentment lo exemple del rey Assuer, lo qual aquell sols remey posà a la sua amor la qual en aquell punt era possible preparar, dient micer Ffrancesch: "Guarda lo rey Assuer en quina manera la sua amor va acaptant perquè en pau lo puga comportar, levant-se de hun enuig e acostant-se a hun altre hon sab aquesta malícia haver tal remey, com hun clau ab hun altre clau se arranca". E per ço diu:

> "Vedi Assuero el suo amor in qual modo
> Va mendicando, accio che in pace il porte:[283]
> Da l'u si scioglie, e lega a l'altro nodo;
> Cotale ha questa malicia rimedio
> Come d'ase si trahe chiodo con chiodo."

---

[281] *ordenà*: "pregà al pare que ordenés" en el texto italiano; it. "prego il patre ordinasse".

[282] *rahó*: error por "regió"; it. "regione".

[283] *porte*: ms. "porti".

Per intel·ligència dels precedents versos és de entendre principalment, axí com s'escriu en lo libre d'*Ester*, que lo rey Assuer fon axí poderós e rey estimat, que senyoregà de les Índies inferiors fins a la Ethiopia; entre les quals extremitats eren XXVII províncies a ell sotsmeses. Aquest tenia una bellísima muller apel·lada la reyna Vasti, de la qual era ferventíssimament enamorat. Hon intervench que·l tercer any del seu regne Assuer féu hun convit esplendidíssim als prínceps de Pèrssia [72v] hi de Mèdia e als de les altres províncies; en lo qual encara convidà tot lo poble de la metròpola sua, appel·lada Susa, e dispongué que aquest convit duràs set dies, segons la sua antiga consuetut. Lo setèn dia la reina Vasti féu axí matex en lo palau on era Assuer e, essent lo rey aquell jorn més alegre que l'acostumat, manà als eunuchs seus, o servents, que portassen a ell la reyna Vasti. Los quals, pervenguts a ella, la voluntat del rey li entroduhiren; als quals ella respòs no voler hi anar. De la qual cosa lo rey irat, e màximament perquè volia mostrar als pobles la sua bellea, prengué consell de set duchs dels persians e dels medians, los quals se apel·lven Darsena, Sethare, Theasise, Armata, Mares, Marsana e Mamucha, què era de fer de la reyna Vasti, no havent a ell obehit. Respòs Mamucha que lo seu judici era, per ço que les altres dones de Pèrsia e de Mèdia per lo seu exemple no s'induhissen a desobehir los marits, e perquè no solament la reyna havia offès lo rey, mas tots los prínceps assistents al convit, que ella fos lancada del regne e que al rey no fos intremesa, mas en son loch se posàs un·altra. Plagué a Assuer aquesta sentència e axí la meté en execució. E, perquè conexien los servidors seus que, encara que per poch espay de temps no·s fos trobada altra dona, no·s seria pogut contentar de la reyna Vasti per lo immens amor que li portava, per ço inpossaren a Egeu, primer servidor, que cercàs donzelles per lo regne tals que en bellea satis[73r]fessen al rey. Cercant donchs aquest, trobà en una ciutat apel·lada Susis una donzella hebrea bellíssima sens pare ni mare apel·lada Hester, la qual solament la governava hun seu pàtruo, o curador, apel·lt Mardocheu. La qual portada davant lo rey, e acomparant-la ensemps ab totes[284] les altres, en altra manera més que totes a Assuer plagué; per la qual cosa la constituhí reyna. E de continent la bellea sua e lo tant intens amor lo qual a la reyna Vasti portava en poch de temps vench a mancar.

---

[284] *totes*: ms. "tots".

Segonament, és de saber que no sens rahó durant la vida se diu comunament: "Sicut clavus clavo truditur ita amor amore pellitur"; e micer Ffrancesch afferma a l'amor ésser aquest gran remey per levar-se de hun enuig acostar-se a hun altre, emperò que, naxent de l'amor una delectació la qual induhex l'ome a consuetut, lavòs se convertex en natura, segons la sentència de Averrois, en lo primer e setè de la *Phísica*; que allò que és natural tostemps s'està en una uniformitat, segons que Aristòtil en lo segon de la *Èthica* escriu. Emperò, quant l'ome ha hun sol obgecte d'amor, tostemps affig a la fantasia solament aquell possehir, mas, quant aprés se revolta a hun altre, lavors oblida lo primer, com sia cosa que no puga ésser hun ànimo intent a dos objectes d'amor ab egual benivolència, axí com en lo huytè de la *Èthica* se demostra. E per ço, axí com per la diversitat de més e diversos rius hun flum per altre se diminuhex, axí, per lo ajustar més desigs tostemps, lo primer torna pus remès.

Aprés d'Assuer, [73v] porta lo nostre poeta lo exemple de Herodes, nebot de Herodes Escalonita, dient: "O micer Ffrancesch, vols tu veure en hun cor e hun ànimo més vàries contrarietats, ço és enuig e dolç y amarch delit? Ara guarda lo ferocíssim Herodes, al qual ensemps amor y crueldat han posat lo setge. E veges encara com primer de hira e de supèrbia contra Johan Babtista crema; e aprés recordant-se, dol-se d'aquell per penitència e reclama'l per què no·l hou, havent-lo fet morir". E per ço diu:

> "Voi veder in hun cor dilecto et tedio,
> Dolce et amaro? hor guarda il fiero Herode,
> Che amor et crudeltà gli han posto assedio.
> Vedi come arde prima, et poi si rode,
> Tardi pentito di sua feritate,
> Marïane chiamando, che non l'ode."

Per intel·ligència dels precedents versos és de saber, axí com en lo test evangèlich s'escriu en Sant Matheu, a XIIII capítols, e en Sant March, a VI,[285] que Herodes, thetrarca de Galilea, amà sobiranament a Herodiana, muller de Philipo, jermà seu thetrarca de Itúria hi de la regió Traconítida. De la qual cosa essent moltes vegades per Johan Babtista reprès, e ell per les sues amonicions volent-se'n retraure per l'amor e reverència que li portava, la falsa Herodiana

---

[285] *vi*: it. "quinto".

sots simulades làgremes tant festegà Herodes que li féu metre Sent Johan en presó. Intervench en aquest temps que·s celebrà lo aniversari de la nativitat de Herodes; per la qual festa Herodes, segons la sua [74r] consuetut, féu ordenar hun excel·lent convit, en lo qual, havent elegantment la filla de Herodiana dançat e havent plagut a Herodes, ell li dix que li demanàs qualsevol cosa que li fos plahent, que ab jurament se offeria de dar-lo-y. Per la qual cosa la donzella, hoÿda la offerta del rey, no sabent què pogués demanar-li, anà a demanar-ne de consell a la mare; a la qual Herodiana respòs que demanàs lo cap de Johan Babtista. Tornada la donzella al convit, demanà a Herodes tot lo que la mare li havia comès. De la qual cosa Herodes se trobà molt torbat, perquè temia e amava Johan Babtista, mas per no contrastar a la donzella féu tallar lo cap al Babtista e dar-lo a ella, la qual de continent donà a la mare. E aprés Herodes, portant aquest excés molt molestament e penedint-se de la comesa error, moltes voltes recordant-se de les sues santes amonicions e consells cridava Johan Babtista.

Occorre encara per los precedents versos un·altra no menys singular intenpetració, co és que ací lo poeta entén de Herodes Escalonita, fill de Antipatro, procurador de Judea. Del qual com fos la feredat no sols lo test evangèlich de Sant Matheu en lo segon capítol ho diu, mas encara la mort dels propris fills Alexandre, Aristòbolo e Anthipatro; de la qual cosa mèritament deya Augusto ell voler ésser més prest porch de Herodes que fill. La qual mort fon judicada clara venjança dels cegos pares e mares de Bethlem. Aquest, donchs, havia una muller apel·lada Marianne Valeriana, [74v] a la qual ell molt amava; a la qual hun jorn Salònia, jermana de Herodes, li dix que·l seu marit se era girat ab ella. Per la qual cosa ell infuriat, matà la dona e lo cunyat. Aprés, de la muller morta lo prengué tanta dolor que quasi del tot perdé lo sentiment; la qual en cascun loch ell tostemps la reclamava, mas, essent morta, ell no la[286] hoya. Per la qual cosa, segons aquesta exposició, vol dir aquell derrer metre: "Marianne richiamando et lei non l'ode".

Seguex aprés lo poeta lo exemple de tres singularíssimes dones, dient: "Veies, o micer Ffrancesch, veies tres belles dones excel·lents[287] loablament enamorades". E per co diu:

---

[286] *ell no la*: "ella no li oïa"; it. "lei essendo morta non lodia".
[287] *excel·lents*: ms. "excellent".

"Vedi tre belle donne inamorate:
Procri, Arthemisa, con Deïdamia."

Circa la intel·ligència dels precedents versos és de saber principalment que Pocris fon filla de Erictònia, filla de Vulcà,[288] e muller de Cèffalo, fill de Eulo. La qual, amant sobiranament lo marit e Cèffalo ella, en tant que de la Aurora estada antigament mança, més no curava per tant mutu amor, aquesta Aurora se comogué a gran ira; la qual per desdeny dix a Cèffalo que desistís a l'amor de Pocris, emperò que, si conegués allò que ella entenia, li crexeria[289] haver-la per muller. Cèffalo, suspirant per aquestes paraules e de la pudiscícia de la muller sua, se transformà e prengué àbit de mercader e ab ella, offerint grandíssims donatius, féu pactes de la sua castedat. [75r] La qual cosa entesa per Cèffalo e ell encara exercitant-se en la caça, Pocris li donà lo seu dart hi los cans, lo qual Diana a ella havia donat. Exercitant-se, donchs, Cèffalo moltes voltes a la caça e hun jorn essent treballat, per reffigeri cridant ell la Aura, ffon per hun rústech refferit a Pocris com Cèffalo sperava una nimpha. Ella, per veure qui era, hun altre dia lo seguí e, essent-se Cèffalo segons la sua consuetut aturat a cridar la Aura, Pocris se mogué entre aquells arbres e boscatge, e començà envers Cèffalo caminar. La qual cosa aquell sentint e crehent[290] que alguna bèstia salvatge degués ésser, li tirà lo dart e ferí-la de mort. Aprés havent-la coneguda e presa en los braços, neguna cosa Pocris per la sua satisfació li demanà, sinó que aprés la sua dura partida ell no prengués l'Aurora per muller, de la qual pretenia haver haguda la mort; e finit lo parlament, espirà.

Segonament, és de entendre que grandíssim testimoni e argument d'amor scriu Ciçeró, en lo terç de la *Tosculana*, de la reyna Artemisa, la qual al seu amat marit Mausol portà. Fffon, donchs, aquest rey de Cària lo qual, aprés molt espay de temps consumpt ab la sua dilecta e digna Artemisa, vench a mort; la qual aprés la sua fi ab no menys fe lo amà que en vida. On, aprés los deguts e axí exuberants plors e lamentables plants, aprés encara la perpètua viduhitat, tal a ell en la regió[291] de Alcinararsi[292] féu construir maravellós

---

[288] *Erictònia, filla de Vulcà*: "Erictònio, fill de Vulcà"; it. "Erictonio, figliolo di Vulcano".
[289] *li crexeria*: "li pesaria", "li sabria greu"; it. "li rincrescerebbe".
[290] *crehent*: ms. "crehen".
[291] *regió*: ms. "religió"; it. "regione".
[292] *Alcinararsi*: it. "Alicarnasso".

sepulcre que mèritament entre set[293] espectacles dignes del món; ni fon contenta de hun sols architecto, o obrer de vila, [75v] mas, de tota avarícia remoguda, Scopa, Briaffe, Thimoteu e Brocar, singularíssims[294] edifficadors en tota Grècia, per lo ediffici conduhí. Verament notable senyal de amor fon aquest de judicar, mas cert molt major aquell que féu aprés les pregàries e aprés lo colliment de la cendra del seu dilectíssim marit Mausol. Emperò que, judicant tots aquells altres vasos e sepulcres ésser indignes, excepto aquells pits dins los quals eren estades les enamorades flames, prengué aquella cendra e mesclà-la ab licor, la qual cascun jorn[295] bevia, e, ab làgremes soterrant aquella, vench que en hun punt les cendres, les làgremes e la vida li mancaren.

En lo terç e últim loch és de veure, axí com par, aquest no molt inferior fon de Deidamia, filla de Licomedes, al qual en àbit femenil Tetis, mare sua, havia donat a Achil·les. Emperò que, dormint ab ella e prenyada de Pirro, aprés la partida de Achil·les essent parada a no mudar may amor, no volgué a altre nou marit consentir, mas delliberà tostemps, vivint Achil·les,[296] paxer la memòria del seu recort e, aprés la mort, plànyer la sua fortuna, no menys donant honor per la viduhitat a ell mort que ella en vida d'ell hagués rebut plaer.

Axí com en los damunt dits versos lo poeta ha descrites tres excel·lents dones,[297] de les quals l'apetit és stat desordenat, mas en tot de reprensió, dient: "O micer Ffrancesch, veies tres altres dones ardides e celerades, co és Semiramis, Biblis e Mirra; e axí com cascuna d'elles sembla que·s desvergonyexen de la lur vil manera, no solament no atorgada, mas del tot prohibida". E per ço diu:

> [76r] "Et altre tante ardite et celerate,
> Semiramìs, et Biblìs, et Mirra ria:
> Come ciaschuna par che si vergogni
> Della lor[298] non concessa et torta via!"

---

[293] *mèritament entre set*: "mèritament fon connumerat entre set".
[294] *singularíssims*: ms. "singurasims"; it. "singularissimi".
[295] *jorn*: ms. "jor".
[296] *Achil·les*: ms. "dachilles".
[297] Falta un fragmento del texto italiano para darle el sentido a la oración: "de loable amor singularíssimes, axí en los subsegüents descriu tres altres celeratíssimes…"; it. "damor laudabile singularissime cusi ne i subsequenti descrive tre altre sceleratissime…".
[298] *lor*: Pac. "sua".

Circa la intel·ligència dels precedents versos és principalment de saber, com escriu Trogo, que Semiramis fon muller de Nino, rey dels assirians. Lo qual, havent donat principi per metre guerra a sotsmetre lo regne e aquells segons la sua voluntat dominar, assentà de metre la batalla en la qual, mentres era ab lo exèrcit, essent ferit d'una sageta morí. Al qual sucçehí Semiramis e Nino, son fil. Ffon aquesta[299] en lo dominar singular, lo qual no solament allò mantengué que[300] al mort marit vivint,[301] mas al seu regne augmentà la Ethiopia de la Índia, com en lo Trihunffo de Ffama direm. Norresmenys vencé aquesta circa l'acte venèreo los contraris de la luxúria, que ab molts la convenient castedat de les dones deposà e, ultra açò, cometé lo celerat incest de Nino, son fill. E per escusar-se de tanta celeritat, ultra lo peccat, féu la ley que·n l'acte venèreo fos tot hom licenciat, cosa verament abominable e més prest a la natura bestial conforme que a la humana.

En lo segon loch és de entendre que de semblant feredat no fon different Biblis, filla de Mileto, fill del Sol, emperò que, essent Cauno, com scriu Ovidi en lo X del *Methamorfoseos*, jermà seu, de disposició bellíssim, ella ferventment d'aquell se enamorà e, no podent lo desenfrenat [76v] desig reffrenar, li maniffestà lo seu apetit. Lo qual Cauno entengué e secretament reprengué-la de tanta error, e, per torbar-li tota occasió, se partí d'ella e anà abitar en altra pàtria. Mas Biblis, estant en lo seu desfrenat prepòsit, lo seguí per més vàries regions, no mudant-se Cauno de la rahonable constància; per la qual cosa, Biblis per desesperació reffugí al plànyer, e tant planguénque planyent morí. D'on prengueren los poetes argument e ffingiren la fàbula que Biblis fon convertida en font.

Últimament és de entendre que en semblant fanch la celerada Mirra fon mesclada, filla de Cinaras, rey de Cipre. La qual furiosament pervent a tan desmoderada luxúria que sens algun medi del pare se enamorà, e no sabent en qual manera lo seu bestial apetit se pogués complir per la tan gran inconveniència la qual justament en aquesta sua voluntat judicava, se volia, del tot desesperant, matar-se. Conexent una sua nodriça aquella sua tanta passió e molèstia, la confortà prometent ajudar-li e, ultra tot acò, a la sua voluntat donar acomodat effecte. E essent hun jorn Cinaras a soles, ella li dix que

---

[299] *aquesta*: ms. "aquest".
[300] *que*: ms. "e".
[301] *vivint*: error por "restà"; it. "resto".

una gentil donzella era enamorada d'ell, molt desigosa de dormir ab ell, la qual no volia[302] per res en lo món ésser vista d'ell. Cinaras, enteses les sues rahons, no estimant la feredat de la filla consentí fer tot lo que la nodriça l'avia request. Per la qual cosa, ella, donant-se al ministeri, obrà en tal manera que Mirra, tornant-hi, luytà ab lo pare diverses vegades, e tant que s'emprennyà [77r] de Adon, lo qual aprés fon amat de Venus, segons los poetes. Aprés per no molta dilació de temps Cinaras, conexent lo engan de Mirra, vench a ésser tan furiós que, volent-la ferir, ella se'n fogí; la qual seguí fins en Aràbia Sabea. La qual attenyent, la ferí ab hun coltell en lo ventre, de què morí e lo fill Adon caygué en terra per la naffra; però fengeix Ovidi, en lo matex damunt dit X libre, com Mirra, perseguida del pare, per comiseració dels déus se convertí en arbre; de les quals gomes de la escorça parí aprés Adon.

Importa aprés micer Ffrancesch alguns exemples d'amor del vulgar celebrats; no però que no sien de actors descrits, mas, perquè·s dien per hòmens no de molta doctrina, se són fetes vulgars confabulacions; dient: "O micer Ffrancesch, veges aquell ço és Lançalot, Tristany e los altres errants cavallers en torn dels quals, per la inaptea[303] ja descrita d'ells, és necessari que ajusten los hòmens vulgars; e ab ells veies encara Ginebra e Isolda, e los altres enamorats de la escripció damunt dita".[304] E per ço diu:

> "Ecco quei che le carte empion di sogni:
> Lancilotto, Tristanno, et gli altri erranti,
> Intorno a quali convie che 'l vulgo agogni.[305]
> Vedi Ginevra, Isota, et l'altre amanti."

A més clara notícia dels precedents versos és d'entendre que les istòries de Tristany, Lançelot e dels altres cavallers errants, axí matex de Orlando, e de Renaldo, e dels altres del vulgar appel·lats paladins [77v] no és del tot vana, ni segons encara la major part vera, emperò que aquelles immenses e inaudites forces, aquelles encara fatals disposicions, totes són vanament descrites de l'ingeni dels roços, de aquells que improvisament han cantat en los rims acevant lo

---

[302] *volia*: ms. "voli".
[303] *inaptea*: "inèpcia"; it. "ineptie".
[304] *de la escripció damunt dita*: ms. "delles escripcions damunt dites"; it. "de la scriptione".
[305] *Intorno...agogni*: Pac. "ove conven che 'l vulgo errante agogni".

poble de aquelles faules, rebent d'aquell omuloments; la qual cosa han sostengut aprés la lur vida. Mas veritat és, segons Singiberto ffrancès e Guillelmo de Naugis, en quant lo rey Artús, rey de Bretanya. Essent de prepòsit e de cors en fets d'armes excel·lentíssim home, desigava los seus cavallers semblants a ell; lo qual, quant ab la sua intenció·n trobava, en la cort sua lo retenia. E per mostrar que egualment los honrrassen,[306] los disponia en la taula per cercle, perquè cascú fos primer hi derrer, axí com en lo cercle tot punt és principi e fi, segons la sentència del philòsoff en lo primer e segon del *Cel*. Quant donchs Artús era en guerra, ell ab los seus cavallers se exercitava en aquella e, quant era sens guerra, perquè a tot oci fugissen los feya esperimentar en diverços exercicis; per la qual cosa, insurtiren los noms de cavallers errants. Entre aquests tals foren Tristany de Leonís, Lançalot, Galvany troyà e Galasso, los quals comunament axí com foren excel·lents en armes...[307] Axí de madama Ginebra, muller del rey Artús...,[308] e Tristany amà[309] la reyna Isolda, muller del rey March de Cernòvia; per les quals cascú en fets d'armes feren moltes speriències.

Axí mateix Carles Magnus, fill de Pipino, rey de Ffrancònia [78r] e aprés de Ffrança, essent per la sua virtut stat ellet rey dels romans, com direm en lo Trihunffo de Ffama, havent en protecçió la crestianísima[310] congregació en la cort sua e més valents y experts hòmens en armes que lavors en tota crestiandat fossen trobats, e perquè aquells tenia dintre en lo seu palau per estar, foren per ço apel·lts palladins. Entre aquells fon Milon de Angler e lo seu fortíssim fill Rotolando, Renaldo e Albasipina, Ogènia duch de Bàcia, Olivier duch, Gebenna, Estuto d'Englaterra, Amon de Bavera, Turpino Remens e Ganelon de Magança, e molts altres los quals per ventura en lo Trihunffo de Ffama narrarem. Ab los quals barons Carles Magnus féu molta guerra e vençé moltes províncies, com descriuen los sobredits escriptors. Les altres coses escrites d'aquests, les quals damunt diem ésser vanitats e açevament de poble, contenen en no veritat.

---

[306] *honrrassen*: ms. "horrassen".

[307] *en armes*: falta el final de l'oració: "axí en les batalles d'amor no menys exercitats"; it. "cusi *in* le battaglie damor *non* menos exercitati".

[308] *del rey Artús*: Falta una oració del texto italiano: "La*n*cilotto fu summame*n*te amato".

[309] *amà*: ms. "amant"; it. "amo".

[310] *crestianísima*: ms. "crestianisme".

Narra derrerament circa aquest capítol lo poeta lo exemple de Paulo e Ffrancesca d'Arimino, dient: "Veies, micer Ffrancesch, com la còpia d'Arimino fan ensemps en lo procés lur sols per amor doloríssim plant". E per ço diu:

> "Et la copia d'Arimino che insieme
> Vanno faccendo dolorosi pianti."

Per major evidència dels precedents versos és d'entendre que lo senyor d'Arimino, de casa de Malatesta, hagué dos fills, la hu appel·lat Anciotto e l'altre Paulo. Lo qual Anciotto [78v] prengué per muller una bellíssima e gentil donzella appel·lada Ffrancescha, la qual, vehent lo[311] son cunyat Paulo bellísim, e ell mirant[312] aquella en no menor beldat e gentilea, la hu de l'altre amagadament e secreta se enamoraren. Norresmenys, tanta era la la continència de cascú d'aquests que nengú no s'atrevia maniffestar-se a l'altre, mas solamente feyen qualque sentiment lo qual naturalment sól ésser de semblant apetit produhit. Intervench que, segons permissió lícita,[313] per affinitat hun jorn romangueren los[314] dos secretíssims enamorats, los quals segons la consuetut dels senyors se prengueren a legir per plaher, e quasualment prengueren hun libre appel·lat Galeotto, scrit e compost per hun micer Galeotto, hon se contenia lo procés de les amors de la reyna Ginebra e Lançalot, son fidelíssim enamorat. Lo qual essent pervengut en hun pas hon era exprés hun beso donat de Lançalot a la reyna Ginebra, tant pogué amor e la efficàcia de aquelles paraules que a Paulo prestà atreviment, en manera que, acostant-se a la sua Ffrancesca tremolant, ab enamorat gest la besà. Lo qual effecte aprés fon acomodat medi a descobrir cascú dels enamorats quanta era estada la lur enamorada flama e ab quanta difficultat secreta; e aprés fon occasió que de aquella ora en avant donassen a lur amor desigada conclusió. De la qual cosa, aprés molt temps, o per lur inadvertència o per adveniment seu recelant-se'n lo marit An[79r]ciotto, ffon per lo lur enamorat procés axí diligent que hun jorn actualment sobrevench trobant-los en l'acte venèreo. La qual cosa movent-lo a gran ira, ab inextimable furor prengué

---

[311] *lo*: ms. "la".
[312] *e ell mirant*: ms. "e mirant".
[313] *lícita*: ms. "la ciutat"; it. "licita". Se trata de una confusión del traductor con "la cità".
[314] *romangueren los*: ms. "romangue als"; it. "rimasino i".

hun coltell e corregué sobre aquells, e la hu sobre l'altre de hun matex colp cruelment matà. Per la qual cosa, la gentilíssima esposa Ffrancescha hi lo seu jermà Paulo per aquesta mort donaren occasió de fer-se en aquest temps celebrar dels poetes en les lurs scriptures.

Ffinit lo rahonament de la ombra, descriu consegüentment micer Ffrancesch ell per les sues paraules quin venia. La qual cosa és principal conclusió que ell en aquest segon capítol entén demostrar ell encara ésser pres d'amor, e açò per medi de una elegant donzella d'ànimo pura axí com una blanquíssima coloma. On diu lo poeta que, considerant ell la continència, doctrina e àrdues ànsies del regne, la ferocitat dels ànimos e d'altra part singular[315] de aquells hòmens que ha recontat, norresmenys ésser aquells vencuts d'amor, ja de ssi matex desconffiava dubtant de no venir a semblant suplici. E axí com aquell lo qual a deure morir és jutjat e, mentre que·s lig la sentència, ab la trompeta se denuncia lo cilenci, que contínuament pensa al seu extrem pas estimant la dolor e acerbitat de aquell perquè encara de l'especulador no sia opprès, axí si matex afferma que lo poeta pensava a qual martiri comportar seria constret quant se enamoràs. Lo qual, mentre que en aquest seu pensament estava, e per temor de l'esdevenidor mal, lo qual li semblava ja ésser-li [79v] aparellat, descolorit e blanch, se véu al costat una puríssima donzella. De la qual, com ell en aquella ora de algun robust home se fos cregut deffendre expert e desembolt en les armes, fon norresmenys sobrat e vencut per la sua presència. E per ço diu:

> Cossì parlava; et io, come huom che teme
> Ffuturo male, et trema anci alla tromba,
> Pensando dove altrui[316] anchor nol preme,
> Hava color di huom tracto d'una tomba,
> Quando una giovenetta hebbi dallato,
> Pura vie[317] più che candida colomba.
> Ella mi prese; et io, che harei giurato[318]
> Diffendermi da huom coperto d'arme,
> Con parole et con cenni fui legato.

---

[315] *e d'altra part singular*: "i les altres parts singulars"; it. "e laltre parti singulari".

[316] *Pensando...altrui*: Pac. "sentendo già dov'altri".

[317] *vie*: Pac. "assai".

[318] *giurato*: ms. "giurando".

Per més plana intel·ligència dels precedents versos és principalment de saber com per aquests ab elegant modo lo poeta descriu la forma de l'enamorar-se, majorment los hòmens continents, los quals fan senyal de gravitat e de doctrina. On és de entendre que és cosa natural que, quant hun obgecte és presentat davant les sensitives potències, que aquelles entenen possehir-lo. Per la qual cosa, essent les dones belles obgecte naturalment desigat dels hòmens per la procreació del deure's fer los fills, per aquest,[319] immediate que als ulls nostres se presenten, són de l'apetit desigades. Mas aquest apetit en si pot ésser recte e blasmable. Dret és quant les [80r] dones se apetexen per la causa de la natural fi, la qual és lo degut conjugi, mas és blasmable quant solament se desigen per lo delit carnal, lo qual, com damunt diem, és una original inclinació e tal obra solament per peccat del primer pare.

Intervé, donchs, que, vistes les belles dones per los hòmens dignes de gravitat e prudència, e d'algun plaer pres de la lur vista, la segona e terça volta vehent-se encara, aquelles miren ab delit; per la qual continuació occultament al desig se encenen, en tant que·s conexen no poder abstenir-se de reveure-les sense lur gran difficultat e molèstia. E en aquest estat com se troben, màximament rebut qualque sentiment de mútua benvolença, encara que coneguen lo lur desig no ésser rahonable, pur per si matexos comencen arguhir e portar exemples d'altres hòmens en semblants laços retenguts, per los quals axí la llur amor se conferma. Aquest modo, donchs, porta per si matex lo nostre micer Ffrancesch, havent primer descrits tants hòmens enamorats, aprés si matex inadvertentment pres de aquella pura donzella; per la qual presó, ell ensemps ab los altres era vengut a molt miserable estat, segons la sentència de Sènecha en lo libre *De vida benaventurada*, lo qual diu: "Voluptas ad vitam turpissimam venit et quidem infelices non sine voluptate immo ob ipsam voluptatem fiunt". Semblantment solia dir Archita Tharantino: "Nulla capitalior pestis hominibus a natura data est quam corporis voluptas cum que nihil prestabilius mente deus [80v] dedisset homini nihil huic tam divino muneri est tam inimicum quam voluptas".

Aprés és de entendre com grandíssima diversitat de opinions són en lo present temps celebrades, qual cosa hagués a importar aquesta donzella de la qual micer Ffrancesch se diu ésser enamorat;

---

[319] *aquest*: "això"; it. "questo".

emperò que no consenten ella ésser estada dona terrenal, com sia cosa que ell testiffica en aquella cançó[320] "Verdi panni sanguigni obscuri et per si" che nessuno altro obgecto[321] és[322] més acomodat medi de pervenir al regne de vida eterna que aquell del seu amor. On diu a la fi de la sexta cobla: "Che meno sono driette al cielo tutte altre strade / Et non si aspra al glorioso regno / Cierto in piu salda nave". La qual axí de terrenal dona no·s pot entendre per alguna manera. La segona rahó és que ell se diu amar en molts lochs aquella matexa donzella encara mança la qual amà Phebo, e màxime en aquell sonet "Apollo se anchor vive il bel disio", on diu: "Deffende ora la onorata et sacra fronde / Dove tu prima et poi yo fui inviscato". La qual cosa encara afferma en aquell sextí "A qualunque animal alberga in terra", on diu a la fi de la sexta cobla: "Et non si transformasse in verde selva / Per uccir mi di braccio chome il giorno / Che Apollo la seguiva qua giu per terra". La qual cosa par que és necessari seguexca aquesta sentència no poder-se en mortal dona verifficar. La terça rahó e derrera és que micer Ffrancesch en les altres sues obres latines [81r] blasma sobiranament tots aquells que en aquesta error són caygüts, majorment en les èglogues hi en aquella *De remediis utrusque fortune*, on los poetes e philòsoffs damna e majorment Plató, irridint aquesta generació de vanitat. Par que si matex degua rependre quant dona terrenal axí intensament ell hagués amada. Emperò, dien alguns la enamorada ésser estada la crestiana religió, alguns la penitència e alguns altres la ciència in genere; altres solament la poesia, alguns philosoffia moral, alguns l'ànima e alguns altres la mare Maria.

Com que norresmenys cascuna de les damunt dites opinions tinguen per si gravíssims actors, pur no certament affermen[323] la mança de micer Ffrancesch ésser estada Laureta, verdadera e morta dona, de la qual damunt parlam en lo nostre discurs de la sua vida. Per la qual demostració, seguint la doctrina de Averrohis en lo primer de la *Phísica*, primer per lo seu test provarem la nostra oppinió; segonament, respondrem a les contràries sentències e rahons. Pressuposam, donchs, quatre fonaments, dels quals lo primer és que mi-

---

[320] *aquella cançó*: it. "quella quarta canzone".
[321] *che nessuno altro obgecto*: "que cap altre objecte". La traducción continúa en italiano, como si todavía fuera el nombre de la canción.
[322] *és*: ms. "E".
[323] *no certament affermen*: error por "nosaltres certament afermem"; it. "noi certamente affermiamo".

cer Ffrancesch amàs XXI anys[324] al seu enamorat obgecte e X aprés que aquella, pugant-se'n al cel, mostra a nosaltres haver cambiat l'estat. És maniffest aquest fonament per ell en aquest sonet: "Tenne mi amor anno vint e uno ardendo". Lo segon presupòsit és que durant l'amor de micer Ffrancesch ell diversament parlà de aquest seu subgecte. La qual cosa per lo primer sonet se nota, on diu: "Del vario stile de cui piango et ragiono / [81v] ffra le vane sperançe el van dolore". En lo tercer loch és lo nostre assumpt que los versos[325] de micer Ffrancesch scrits[326] per amor se deuen entendre per lo obgecte amat, axí com en aquell sonet demostra "Ha bella liberta come tu mai", on diu a la fi: "Amor in altra parte non mi isprona / Ne ipie sanno altra via ne le mani / chome lodarsi possi in carte altra persona". Lo quart hi derrer fonament és que micer Ffrancesch atribuhexca a l'amat subgecte les pròpries calitats essent-li convenients, o per pròpria natura o segons la poètica fantasia. Aquest fonament pot ésser a cascú maniffest per la singular doctrina e admiranda intel·ligència la qual lo nostre excel·lent poeta demostra. Per aquests, donques, quatre fonaments maniffestament se prova neguna altra cosa que dona terrenal ésser-se poguda apel·lr la mança de micer Ffrancesch. Per la qual evidència primer portam aquell sonet "Arbor victoriosa et trihunffale", on diu en lo cinquèn vers: "Vera donna et a cui di nulla cale"; lo segon aquell sonet "Erano i capelli doro a Laura sparsi"; tercerament aquell sonet "A i piedi colli que la bella vesta"; quartament aquell madrigal[327] "Volgendo gli ochi al mio nuovo calor"; quintament aquell sonet "Io vidi in terra angelici costumi / Quel sempre acerbo e honorato giorno / Non fuoro mai Giove o Cesare si mossi"; sisenament aquell sonet "Innobile sangue vite umile et quiete"; setenament aquell sonet "Amor io fallo et veio il mio fallire"; huytenament aquell sonet "Senucio [82r] io voglio che sappi in quale manera"; novenament aquell sonet "La donna que el mio core nel viso porta"; lo dehè e derrer és tot lo residu de aquest capítol, tot lo Trihunffo de la Mort e la varietat de la infirmitat de Laura, les quals lo poeta exprimix quant diu: "Che fia delle altre se questa arse / et alse in poche nocte et si cangio piu volte / O humane sperance ceche et false"; axí matex tots los sonets e les mo-

---

[324] *anys*: ms. "any".
[325] *los versos*: ms. "en versos"; it. "iversi".
[326] *scrits*: ms. "es scrit"; it. "scritti".
[327] *madrigal*: ms. "madrial".

rals de la mort, e majorment aquella cançó "Che debbo io fare che mi consigli amori". Les quals descrites calitats en los tests al·legats és imposible altra que a terrenal dona poder-se atribuhir.

Resta encara manifest per aquests fonaments les altres opinions ésser falses, emperò que la religió e penitència no pot ésser la mança de micer Ffrancesch, com se nota en aquell sonet "Della impia Babilonia dove e fugita", on diu: "Qui mi sto solo et come amor minvita / Ora rime ora versi ora colgno herbette et fiori". La qual opinió no de religiós o penident, mas de ferventísssim enamorat ésser se demostra. Ajusta aprés un·altra rahó, la qual és que micer Ffrancesch en aquesta amor sua ésser estada error; la qual cosa de la rahó o penitència per haver hun modo[328] entendre no·s pot. No pot encara la mança sua ésser estada l'ànima, emperò que micer Ffrancesch diu la mança sua ésser morta e, ultra açò, ésser romàs sens aquella; la qual cosa a l'ànima no·s pot atribuhir, essent ella immortal per natura, ni podent-se de l'home separar sens la sua corrupció. No encara és possible [82v] la mança de micer Ffrancesch ésser estada in genera la ciència, emperò que ell diu la mança sua ésser-se transmudada en més varietat; la qual cosa no·s convé a la ciència, essent en tot allò invariable, com s'escriu en lo primer de la *Posteriora* hi en lo VI de la *Èthica*. No·s pot, axí matex, dir que poesia o philosoffia moral sia estada la mança sua, emperò que ell en lo subsegüent capítol afferma no haver may pogut possehir aquest obgecte amat. Norresmenys en aquell matex capítol, mas més clar és en aquell sonet a la fi "Io son gia stanco di pensar", e axí com ell matex afferma ésser en poesia doctíssim. Últimament és impossible dir que Maria verge sia estada la enamorada sua, emperò que micer Ffrancesch a ella, finalment penedit del terrenal amor, se revolta hi·s dona, axí com és manifest en la última cobla de aquella cançó "Vergine bella che di sol vestita". Donchs, concloem aquella ésser estada la mança de micer Ffrancesch e tal qual ell en aquell sonet la descriu "Se il dolce esguardo di costei mi occide"; on a la fi conclou la causa del seu enamorat tremolar, dient: "Pero si io tremo et vo col cor gelato / Qual ora veio cangiata sua figura / Questo temere de antiche prove e nato / Ffemina e cosa mobile per natura / Onde io so bene che uno amoroso estato / I cor di donna pichol tempo dura".

Essent ara, per quant nosaltres stimam, molt aclarida la opinió nostra, solament a les contràries rahons resta respondre. E quant a

---

[328] *per haver hun modo*: it. "per vero".

la primera direm que en dos maneres podia micer Ffrancesch per [83r] consideració de Laura ésser tirat al cel e sols obrar sobiran bé segons la virtut. La qual cosa, essent Laura virtuosíssima, axí com ell en molts lochs la demostra, màxime en lo Trihunffo de la Pudicíscia, e ell transformant-se en ella, axí com en lo present capítol afferma, la qual transformació no és altrament que per obra hi per voluntat, per ço, obrant micer Ffrancesch a exemple de Laura virtuosament, era naturalment deduhit al sobiran bé e gloriós regne de la virtut. No ha efficàcia si·s digués que l'ome conduhit a la felicitat més no remou[329] l'ànima de aquella, axí com deya Plató en lo *Phedro*, per possehir les coses inferiors, emperò Plató sols açò afferma quant era continu imperi de la rahó sobre lo apetit, mas durant la vida nostra, essent la rahó e lo apetit en lo principi de les nostres operacions, com s'escriu en lo primer de la *Èthica* hi en lo primer dels *Officis*, hi essent de elegir en nosaltres líbera facultat, per ço alguna volta predomina la rahó e alguna volta predomina l'apetit sensitiu. Emperò, tal volta los hòmens de les altes consideracions se reduhexen a les baxes, e de les baxes aprés munten a les altes. E que aquesta tal varietat fos en micer Ffrancesch demostra's maniffestament en aquells tres sonets "Padre dal cielo dopo i perduti giorni", "Rimase a drieto il sextodecimo anno", "Dissete anni ha gia rivolto il cielo". La qual cosa no és inconvenient si micer Ffrancesch afferma ell ésser tirat de Laura al sobiran bé e aprés se partia d'aquella per la força de l'apetit sensitiu.

L'altra manera és segons la [83v] sentència dels theòlechs e speculatius philòsoffs, los quals affermen ésser lo sobiran bé conèxer Déu e, perquè ell en pròpria essència no·s pot conèxer, açò és necessari d'entendre discorrent dels effectes a aquella primera causa. La qual cosa de quanta perfecçió és lo effecte tanta més prest se envia divina conexència. Emperò, essent Laura perfectíssima de virtuts qual micer Ffrancesch la considerava, immediate a la contemplació de la primera causa s'elevava. Aquesta sentència demostra ell en aquell sonet "Quando fra l'altra donna ad hora ad hora", allà hon diu: "Da lei ti vien lo amoroso pensiero, / Che mentre il segui al sommo bene t'invia". Mas més maniffest és encara en aquella cançó "Quello antico mio dolce impio signore", lo qual diu en la última cobla: "Et questo e quel anchor che piu n'avança, / Da volar sopra'l ciel gli havie dat ali, / Per le cose mortali, / Che son eschala

---

[329] *remou*: ms. "remom"; it. "rimuove".

al Factor, chi ben l'estima: / Che, remirando ogni ora et quante et quali / Eran virtu in quella sua sperança, / D'una in altra semblança / Potea levarsi a l'alta cagion prima; / Et ei l'a deto alchuna volta in rima, / Hor m'a posto in oblio con quella donna / Che gli die' per colonna / Della sua frale vita. –A questo hun strido / Lacrimoso alço et grido: / –Ben me la die', ma tosto ella ritolse.– / Rispose: –Io no, ma Chi per se la volse.–" [84r] Per la qual cosa, apar maniffestament la primera rahó contrària ésser absolta.

E quant a la segona se respon que, considerant micer Ffrancesch Phebo ésser estat enamorat de Damnes, filla de Peneu, e ella aprés ésser-se convertida en lorer, per aquesta conformitat dels noms diu micer Ffrancesch Ffebo hi ell ésser concordes en amar hun matex objecte, emperò que lo lorer era en propietat lo amat objecte de Ffebo e de micer Ffrancesch, perquè immediate li reduhia a memòria Laura, dilectíssima enamorada sua, axí com ell en aquell sonet demostra "Del mar Tirreno alla sinistra riva", hi en aquell subsegüent capítol, on diu parlant de Sòcrates hi de Lèlio: "Con costor cossi il glorioso ramo / Onde anci tempo madornai le tempie / In memoria di quella che io tanto amo".[330] La qual cosa per aquest respecte e per la conformitat dels noms, moltes voltes micer Ffrancesch equivoca de lorer a Laura, com maniffestament se veu en molts sonets, e màximament en aquell "Arbor victoriosa et trihunffale, / Honore de imperadore et di poeti, / Quanti m'ai facti di doglosi et lieti / In questa breve mia vita mortale! / Vera donna, et a cui di nulla cale, / Se di honor, che sopra ogni altra meti". E axí acaba la segona rahó.

A la terça e última rahó ab més facilitat se respon encara per la sentència de micer Ffrancesch atorgant ell primer en lo al·legar en les sues obres molt rependre lo enamorat desig, les quals ell compongué en lo temps hon a penitència era reduhit; [84v] e semblantment atorgam que ell fon de blasmar, axí com ell matex en molts se reprèn com en lo primer sonet, ço és "Vuoi ch'escoltate in rime sparse il suono", hi en aquell altre "Tenne mi amor anni vintuno ardendo", hi en aquell "Padre del cielo, doppo i perdutti giorni", hi en aquella cobla "Virgine bella, che, di sol vestita", hi encara en altres lochs de present no necessaris de refferir. Lo qual reprenent[331]

---

[330] Estos versos corresponden a un fragmento posterior del Triunfo de Amor (IV, v. 79-81).
[331] *reprenent*: ms. "repren".

si matex en aquest loch micer Ffrancesch, conexent-se en error ésser estat, pot-se justament hi los altres blasmar, essent en una mateixa màcula embolicat. E si algú digués que micer Ffrancesch diu espesses voltes madonna Laura ésser cosa divina e no dona terrena, responch aquesta[332] ésser consuetut dels poetes, los quals, quan algú sobiranament volent lohar, allò diuen ésser verament divinal, o de divinal; així com Virgili en la *Bucòlica* afferma quant diu en lahor de Octovià: "Iam nova progenies celo dimititur alto". Hi encara, si alguns altres diguessen lo poema de micer Ffrancesch ésser indigne com ell hagués parlat de dona terrenal, lo qual contrari per ell se afferma, responem aquesta obgecçió ésser frívola, emperò que principalment una virtuosíssima dona és a hun poema digne subgecte e, quant no·u fos, lo poema se dóna digne per la invenció, sentència e paraules. Altrament seria necessari atorgar tots los poemes e oracions dels oradors e altres dignes hòmens ésser indignes.

Donchs, no més dilatant lo parlar, [85r] concloem la pura donzella la qual ha pres lo nostre micer Ffrancesch ésser estada madama Laura, dona vera mortal natural en aquest món produhida. Mas, si en aquest loch algú me judicàs ingrat fill, essent difforme e quasi contrari a la sentència de la veneranda memòria de l'eximi doctor mestre Pere de Montalcino, nostre pare, lo qual, en la exposició dels sonets de micer Ffrancesch a Phelip Maria, passat gloriós duch de Milà, diu e afferma la mança del nostre poeta ésser estada madama poesia, responch a açò que molt seria digne de greu censura o punícia que en alguna mínima part temptàs de mancar la oppinió de aquell del qual primer lo ésser, segons tota intel·ligència e dignitat singular he rebuda. E per ço, confirmant yo la sua digníssima imaginació, dich entre la sua e mia opinió no ésser alguna contradicçió, emperò que, axí com ell era convenient a la sua gravitat, a la doctrina, del seu clar ingeni volgué en ell exponent seguir lo moral sentiment, mas no regeix la baxea del meu enteniment axí volar alt. Emperò, dexant ell muntar al cel sobre les muntanyes, segons les forces mies, sols seguint la letra bax en terra entench de procehir; la qual cosa, havent lo nostre pare e yo diverces intencions circa hun subgecte, e apartant[333] tota contradicçió, segons la doctrina de la dialètica norma.

Seguex aprés elegantment micer Ffrancesch demostrant la natu-

---

[332] *aquesta*: ms. "aquest".
[333] *e apartant*: error por "és apartada"; it. "e tolta via".

ra de aquells qui eren, la qual és no conèxer lo lur mancament, mas tant solament lavors [85v] se'n recorda[334] quant de altri li és maniffestat. Emperò, introduhex la ombra, la qual súbitament li dig: "O micer Ffrancesch, tu pots ara per tu matex parlar e conèxer los sperits enamorats, emperò que tu ensemps ara ab nosaltres est a les enamorades flames subgecte e som ferits de una matexa naffra". E per ço diu:

> Et come ricordar di vero parme,
> L'amico mio più presso mi si fece,
> Et, con hun riso, per più doglia darme,
> Dissemi entro l'orechie: "Omai si lece
> Per te stesso parlar come[335] ti piace,
> Ché tutti siam machati d'una pece."

Axí com diem en lo principi, artifficiosament lo poeta de ara avant se descriu conèxer per pròpia vista l'esperit enamorat, perquè no és may d'ells més divís hi és constret a escusa del seu error portar exemple d'altri, axí com és natural costum de tots aquells que fan qualque resistència ab la rahó contra lo apetit a la fi de aquest apetit són del tot subjugats. Constituhit, donchs, lo nostre micer Ffrancesch en tal enamorat estament, descriu maniffestament en si matex la propietat dels enamorats, recitant quin venia ell aprés que conegué ésser enamorat. Per la qual cosa, diu que principalment ell era vengut en lo nombre de aquells als quals lo plaher és molt més enugós bé e content[336] d'altri que no·s dol[86r]guen en lo lur propi mal, majorment essent en presència de qui ell havia escarnit trobant-se en pau y en libertat tranquil·le. E per ço diu:

> Io era di color cui più dispiace
> Dell'altrui ben che del suo male, vedendo
> Chi m'aveva colto,[337] in libertà et in pace.

Cosa notíssima és la importada sentència dels precedents versos del nostre poeta. Per la qual evidència és de saber que, quant l'ome és verament enamorat, per lo seu intensíssim desig de la cosa amada

---

[334] *se'n recorda*: "se n'adonen", "ho tenen present"; it. "sene accorgano".
[335] *come*: Pac. "con chi".
[336] *bé e content*: ms. "be es content"; it. "bene e contento".
[337] *colto*: Pac. "preso".

no comprèn alguna sua passió ésser-li descans, mas sols pren en desplaher los altres delits, judicant ésser-li a suplici tota altra felicitat dels enamorats, vehent aquells e axí estimant haver en lo amar manera de molt millor fortuna que no ells.

Importa aprés lo segon effecte de amor en lo qual se troba lo poeta, dient que, com ell aprés lo seu dan se recordàs, tart comprenia, però, sols madama Laura a ell procurava mort e dolor per medi de la sua bellea. Lo qual ell de amor, de jelosia e d'enveja cremava. E per ço diu:

> E, come tardi doppo il damno intendo,
> Di sua bellece mia morte facea,
> D'amore, di gelosia, d'invidia ardendo.

Axí com micer Ffrancesch molt clar demostra en los precedents versos, la consuetut dels enamorats quasi que és universal. [86v] Tota ora que de principi ells[338] se enamoren stimen haver sobiran plaher e delit de la bellea de les dones amades, perquè lavors no més altra consideren. Mas, aprés que en los laços d'amor són retenguts, lavors se recorden haver competidors, on continent nax de lur amor la gelosia e la temor de no perdre la benivolència de la enamorada; la qual cosa singularment scriu Ovidi: "Res est soliciti plena timoris amor". No solament d'aquesta passió són agreugats los no gloriosos enamorats, mas encara de la enveja, emperò que, ara de les enamorades lurs, o d'altres, coneguen algun dolç enamorat plaer ésser egual a l'altre lur enamorat,[339] tanta enveja nax en lur cor que qualsevol altra li entrevindrà molèstia molt menor, se pot ben judicar.

Narra aprés lo poeta hun altre effecte lo qual nax d'amor. Lo qual és una insaciable voluntat de possehir e veure la desigada mança, e d'ella sentir singularment rahonar, acomparant los enamorats a l'apetit dels hòmens malalts; los quals quasi tostemps aquelles coses apetexen les quals, posant al gust xiquet plaher, fan[340] gran detriment o contrast a la salut. La qual cosa, essent aquests sorts als altres rahonaments e cegos als altres obgectes diverços, totalment esquiven tota altra manera de plahers e solament lo lur desig seguexen.

---

[338] *ells*: ms. "ell".

[339] *egual a l'altre lur enamorat*: "concedit als altres amants seus" en el texto italiano; it. "concesso a li altri loro amanti".

[340] *fan*: ms. "fa".

E, per los tants dubtes que·ls intervenen que de tal amor sien disolts, tremolen de por y vergonya quant de la lur passada vida se recorden. Les quals coses lo nostre micer Ffrancesch aprés la sua presó descriu a ell ésser intervengudes. E per ço diu:

[87r] Gli occhi dal suo bel viso io non volgea,[341]
Come huom ch'è infermo, et di tal cosa ingordo
Ch'è dolce al gusto, alla salute è rea.
Ad ogni altro piacere ciecho era et sordo,
Seguendo lei per sì dubiosi passi
Ch'i' tremo anchor, qualhor me'n ricordo.

Circa la intel·ligència més maniffesta dels precedents versos és de saber que dues són les perilloses vies per les quals los miserables enamorats procehexen, màximament aquells als quals s'espera gravitat e qualque manera de lur excel·lent dignitat: la una és de perills del cos e l'altra de perills de la fama. De quants són aquells desigs los quals tenen en la rígida e tèrbola nit de l'ivern sols per una simple veu escoltar de la enamorada? Quant per la mútua inamicícia dels enamorats en lo venir a les spases? Quant en explorar lo loch per anar a parlar?[342] Quant dormir se perden? Quanta egritut se prenen? Quant fret, a la fi, quanta pluja, quanta neu e tempesta de vents ab pasciència se comporten? De quals és allò que totalment puch explicar la infàmia que·s procuren? Qui la tanta laugèria? Qui la celeritat? Qui les làgremes que contra la constant virilitat se lancen? Qui los vans e acelerats membres dels cors? Qui la tanta voluntat que·s pensen? On mèritament no, emperò, los hòmens, mas les pusil·lànimes vils donetes ne vénen a infàmia. Tremolava donchs ab rahó micer Ffrancesch quant [87v] considerava aquests xiquets a ell preparats mals, los quals a ell del gran amor que a Laura portava sentia procurar. Encara molt bé conexia que les dolceses d'amor quanta suavitat dexen al gust, no rres aquelles eren a la salut del cors totalment contràries, axí com de l'ànima, confirmant-se la voluntat e quasi fent àbit en lo enamorat desig per lo amar[343] sensitiu lo qual[344] en consuetut generava, en la qual és aprés impossible removre's o almenys molt diffícil.

---

[341] *volgea*: Pac. "torcea".
[342] El orden de esta oración y la anterior está cambiado con respecto al texto italiano.
[343] *amar*: ms. "amat".
[344] *qual*: ms. "quan".

Importa aprés micer Ffrancesch un altre enamorat effecte, lo qual és una contínua affixió de memòria ab hun desdeny envers si matex e una vana deffenssa la qual fan los enamorats la qual hora[345] en la amor sua li sembla rebre injúria; lo qual és del consorsi humà separar-se e abitar solitari per fer prova de si matex, e les injúries d'amor rebudes portar a oblidança. La qual cosa lo major estímol e crexíment de desig e de dolor és de tornar a l'acostumat martiri, dient que, del dia que ell se enamorà, tostemps tingué los ulls baxos guardant a la terra e, per làgremes per dolor girades, umits,[346] hi lo cor ple de pensaments, e per retret seu solitari infinits rius, muntanyes e deserts amagats en les inabitades selves. E per ço diu:

> Da indi qua hebbe[347] gli occhi umidi et bassi,
> E 'l cor pensoso, et solitario albergo
> Ffonti, fumini, montagne, boschi et sassi.

[88r] Molt notòries e maniffestes rahons[348] de l'estar solitari dels[349] enamorats entenen-se,[350] màximament d'aquells los quals de semblants laços són estats retenguts; de les quals ne descriu una lo poeta en los damunt dits versos, ço és posar en oblidança les enamorades injúries, e aquesta quasi universalment se troba en tots los enamorats. L'altra és fugir al blasme que per les obres lurs affeminades li par encórrer, especialment quant són hòmens de qualque gravitat, per los quals se obren obres excel·lents on la memòria sol ésser discreta de semblants desigs voluntaris, com ell haver fet en tot afferma lo nostre micer Ffrancesch.

Narra consegüentment lo nostre poeta hun altre enamorat effecte no universal, mas sols particular e als hòmens literats pertinent, dient que totes les cartes que ell omplia de lahors de madama Laura de gran multitud de làgremes eren acompanyades e de sospirs per la memòria del passat desdeny. E, vist aprés constret del potent amor, altres tantes ne aparellava, e regava hi escrivia. E per ço diu:

---

[345] *hora*: ms. "ara"; it. "hora".
[346] *umits*: ms. "umit".
[347] *Da...hebbe*: Pac. "Da quel tempo ebbi".
[348] *notòries e maniffestes rahons*: ms. "notoria e maniffesta raho es"; it. "note e manifeste ragioni". El plural es necesario por el sentido de "de les quals ne descriu una", más tarde en la oración, lo que indica más de una razón.
[349] *dels*: ms. "del".
[350] *entenen-se*: ms. "enten se".

> Da indi in qua cotante carte aspergo
> Di sospiri,[351] di lacrime, et d'inchiostro,
> Tante ne squacio, n'aparechio, et vergo.

Costum natural és dels hòmens excel·lents d'ingeni exercitar-se tostemps en obres que sien loables, màximament en lo escolàstich estudi. D'on intervé que, quant ab tal elevació [88v] se aguny amor, l'ome poderosament exercita los[352] poètichs estudis, axí com més conformes e més abtes a refrigerar les enamorades flames; dels quals espessament procehix poema d'on se cerca haver benivolència, o ver accitatius de les enamorades a compassió, e lavòs vénen aquells aprés ésser comoguts a ira e desesperació. E aprés encara, per les matexes rahons, axí com entervenia al nostre poeta, recorden-se; lo qual alguna volta per satisfer a l'apetit desigós de venjança en va les sues obres estraçava, e per contrari encara ne scrivia.

Porta aprés lo poeta hun general effecte de la esperança e temor enamorada. Per la qual varietat maniffestament se demostra quanta aprés se seguex la corporal consumpció, dient que, del dia que ell se enamorà avant, ell sab que·s fa dins lo col·legi d'amor e quant en breu espay de temps l'ome se remou d'esperança a temor. Per la qual cosa, qui bé entén la natura enamorada pot clarament veure en lo seu front quina és dintre la disposició,[353] la qual en aquell loch maniffestament se pot legir. E per ço diu:

> Da indi in qua so che si fa nel chiostro
> D'Amore, et che si teme, et che si spera,
> A chi[354] sa leger, nella fronte il mostro.

Expremix-se en los precedents versos una natural rahó, la qual és la mortifficació dels vitals sperits e la lur incensió; lo qual aprés seguex una consumpció universal del cors, de les calitats. La una ve per la temor de no perdre l'obgecte amat e la segona per lo continu moviment d'aquests sperits hi espessíssima ira dels [89r] enamorats, a la qual ells vénen a encendre's. On ve aprés lo front a ésser malencònich e la cara ruada en tal manera que maniffestament se pot compendre l'ànimo ésser dins comprès de gran e singular displicèn-

---

[351] *Di sospiri*: Pac. "di pensieri".
[352] *los*: repetida en el manuscrito.
[353] *disposició*: ms. "disposicia".
[354] *A chi*: Pac. "e, chi".

cia. No és sens rahó que·ls enamorats sien en tal disposició pervenguts, la qual lo nostre elegant poeta ha descrita, que ells per aquella se deguen lamentar.

Emperò, seguex aprés micer Ffrancesch hun enamorat plant lo qual pervé de universal opinió dels enamorats, la qual és que may és possible que la llur enamorada los dega en aquella manera amara que d'ells són amades. Per la qual cosa, tostemps les acusen de ostinada crueldat e durea, e majorment lo nostre micer Ffrancesch, lo qual verament esperimentava Laura no voler consentir al seu beniplàcit, axí com en lo subsegüent capítol afferma. On diu que ell veya aquesta crudelíssima fera de Laura anar-se'n e no curar de les sues penes, ni dels seus singulars donatius o de la sua persona, en la vista alterada per la virtut d'ella, axí natural com mental; hi encara mostrava no menys ésser superba per haver-lo ab la sua bellea hi excel·lents donatius retengut e pres, sotsmetent-lo a l'imperi d'amor, on reportava a semblança de les antigues bèsties la desfeta despulla. E, ultra açò, seguex ell ésser privat de tota la sua sperança, com sia cosa que Amor, en qui·s fiava, lo qual tot altre món esforçava, tremolava hi era d'ella espantat, ni per deffensa del miserable enamorat demostrava haver algun ardiment o força, mas sols si ella[355] volia mostrar fer-li favor suplicant la pregava, d'on ell ensemps ab tots los altres [89v] enamorats lo semblant cas cruelment recitava. La qual cosa intervenia que Laura no era qui en alguna part la constrengués, mas sols la lengua[356] és remota, líbera e solta, la qual de luny procehia de la ensenya d'amor no a ell rebella, mas ardida e alterada. E per ço diu:

> Et vegio andar quella legiadra et fera,
> Non curando di me né di mie pene,
> Di suo virtute e di mie spogle altera.
> Da l'altra parte, s'io discerno bene,
> Questo signor, che tutto il mondo sforça,
> Teme di lei, ond'io son fuor di spene,
> Che a mia diffensa non ho ardir né força,
> Et quello in cui sperano[357] lei lusinga,[358]
> Che me et gli altri crudelmente storça.

---

[355] *ella*: ms. "ell".
[356] *sols la lengua*: error de traducción por "solitària"; it. "solinga".
[357] *in cui sperano*: Pac. "in ch'io sperava".
[358] *lusinga*: ms. "lusingan".

Costei non è chi tanto o quanto stringa,
cossì selvagia o ribellante suole
dalle insigne d'Amor andar solinga.

Cosa convenient és, qualsevol ora que·ls enamorats intensament amen hi de ardentíssim desig són constrets, que ells per qualsevol via o manera temptar si de les enamorades egualment són amats, perquè per la mútua e recíproca amor puguen solament pervenir a aquella fi que contínuament cerquen, sens la qual la lur apetible voluntat és vana; com que pugua ésser que en lo amar no·s desige la carnal conjuncçió, axí com a micer Ffrancesch intervenia, com clarament en aquell sonet demostra "Quando fra l'altre donne ad hora, ad hora" hi en [90r] aquell altre "Quando ginse a Simon l'alto concepto".[359] Norresmenys, és impossible que no·s desige la mútua benivolència e amor recíproca, sens la qual, hon no sia desordenada sperança, no·s possible que lo enamorat concepte se mantinga. Havent, donchs, micer Ffrancesch per aquella trobat en més varis modos l'ànimo de Laura experimentar, no podent de aquella pendre certa confidència, emperò, en los precedents versos descriu que·s privà quasi de tota sperança.

Seguex aprés hun universal[360] costum dels enamorats, mas molt majorment en los agradables hòmens e discrets,[361] lo qual és tostemps sobiranament loar e ornar de virtuts la enamorada; allò singularment en aquest loch observant e exprimint la dignitat de Laura, confirmant-se als continents enamorats, los quals, almenys que alguna singular part coneguen en la enamorada, pertinentment[362] tots los enamorats martiris comporten, continuant als superiors versos e dient: "Aquesta madama Laura del tot rebelle e d'amor fugitiva, e verament en tots los seus gests, encès[363] riure, desdeny e paraules no en altra comparació entre les altres dones que lo sol entre les menors esteles, les quals ab lo seu major lum e resplandor offusca. E, ultra acò, és en tanta lucidat e bellea de lo suo chiomo,[364] o verament que aquella en les treces dels seus cabells ab or sien retengudes, o verament al vent o al celestial vogi[365] departex, e indiffi-

---

[359] *concepto*: ms. "conepto".
[360] *universal*: ms. "enamorat"; it. "universale".
[361] *e discrets*: ms. "descrit"; it. "discreti".
[362] *pertinentment*: "pacientment" en el texto italiano; it. "patientemente".
[363] *encès*: tachado en el ms.; it. "incesso riso".
[364] *chiomo*: italianismo por "cabell esbandit"; it. "chiomo".
[365] *vogi*: "vague", "not fixat" refiriéndose a "chiomo", por it. "vago".

cient lum dels seus bells ulls, los quals en tal manera o axí sovint inflama [90v] que, considerada la lur excel·lència, jo só content de[366] cremar; mas aquests són dons de natura los quals amplíssimes lahors meriten. Per la qual cosa, qui poria may acomodadament explicar los elegants, angèlichs e dolços costums e sublimes virtuts del seu ànimo? Certament axí seria lo meu estil a voler explicar aquelles com en comparació hun xiquet riu seria volent que per la sua aygua la mar hagués acréxer, perquè verament aquestes singulars parts de Laura són coses noves de tanta perfecçió jamés en lo món vistes, ni encara més de una volta veure". Perquè és impossible que en altra persona hun tan perfet ésser de ànima trobar se puga, si encara perquè no pot ésser més lo cors de les causes de la sua bellea perticular, essent sentència del philòsoff in secundo *De generacione* hun effecte no poder més retornar semblant, ni encara dos effectes de una matexa semblança. E per ço diu:

> Et veramente è fra le stelle un sole,
> Un singular suo propio portamento,
> Suo riso, suo disdegni, e suo parole;
> Le cchiome acolte in oro, et sparse al vento,
> Et gli occhi accesi d'un celeste lume
> M'inffiaman sì ch'i' so d'ardere contento.
> Chi poria il dolce angelico[367] costume
> Aguagliar mai, parlando, et le virtute,
> Cossì el mio[368] stile come al mar picchol fiume?
> Nuove cose, et già mai più non vedute,
> Né da veder c'anchor[369] più d'una volta,
> Ove tutte le lingue sarien mute!

[91r] Apetit natural és dels hòmens de qualsevol operació que per ells se faça voler reportar-ne loables comendacions, e màximament de aquelles dues parts que lo examen del judici e libertat de elegir concorre e d'on, perversament judicant y elegint, par que·n seguexqua molta dirrisió. De què, essent de aquesta calitat lo judici y la enamorada elecçió, és per ço universal consuetut de tots los hòmens enamorats durant lo enamorat desig sobiranament lohar la enamorada. La qual cosa micer Ffrancesch, d'aquest costum no

---
[366] *de*: repetida en el manuscrito.
[367] *il dolce angelico*: Pac. "'l mansueto alto".
[368] *Cossì el mio*: Pac. "ov'è 'l mio".
[369] *c'anchor*: Pac. "già mai".

desviant, ha les sobredites lahors de la persona de Laura refferides, mediant les quals ell ha pogut, quant fos estat reprès en aquell temps de aquest amor, instantment escusar-se; hi encara a qui ab passió la enamorada sua denominàs[370] haver haguda efficaç[371] e acomodada resposta.

Narra aprés micer Ffrancesch la conclusió del seu estat ensemps ab una enamorada exclamació, dient del ja damunt narrat davant ell se trobà[372] pres en los laços d'amor hi Laura restà solta hi del tot rebella; e ell cridant diu: "O iniqua estela, qui les mies operacions guiant portes. Yo contínuament de nit e de dia la cride hi ella jamés a la mia veu s'inclina, mas alguna volta escoltar-ne alguna forçadament s'atura". E per ço diu:

> Cossì preso mi truovo, et ella sciolta;
> Et giorno et nocte priego[373] –o stella iniqua!–,
> Et ella a pena de mille una ascolta.

Per més clara notícia dels precedents versos és de [91v] saber que molts doctíssims hòmens, axí com Ciceró en lo libre *De devinacione*, Virgili en la *Eneyda*, Ovidi en lo *Metamorfoseos*, Sèneca en les *Tragèdies* e altres que direm en lo Trihunffo de Ffama, volen que tot effecte en aquest món produhit per fatal disposició produhexca. Mas diversifficaren-se les opinions què fos fat; emperò, alguns dien ésser una connexió de les causes entre elles[374] a la primera creguda,[375] la qual és la divina immutable voluntat; la qual sentència par que afferma Tul·li en lo preal·legat libre. Alguns altres dien la causa de la necessitat dels effectes ésser les esteles e celestials cossos, e la divina voluntat posen no ésser les esteles e cossos celestials; e, norresmenys, posen la divina voluntat no ésser causa efficient, mas final, axí com fa Possidònio estròlech, Nigídio Ffígulo, e lo nostre micer Ffrancesch en aquest loch ho demostra, mas més clar en aquell sonet "Ffera estella sel ciela ha força in noi / Quanto alcun crede fu sotto ch'io nacqui"; hi en aquell altre "Il male mi preme, e

---

[370] *denominàs*: "danyés"; it. "damnasse".
[371] *efficaç*: ms. "efficacia".
[372] *trobà*: ms. "trobra".
[373] *Et...priego*: Pac. "io prego giorno e notte".
[374] *elles*: ms. "ells".
[375] *a la primera creguda*: "ordenades a la primera causa"; it. "ordinate a la prima causa".

mi espanta il peggio", on diu: "Ma perche piu languir? di noi pur fia / Quello che ordinato gia nell alto seggio"; hi en molts altres lochs, los quals ara per no ésser necessari dexarem. Per la qual cosa micer Ffrancesch, atribuhint aquest effecte als cossos de dalt, lamentant-se de Laura exprova dient: "O estella indigna".

Procehex encara més avant exclamant micer Ffrancesch, descrivint hun altre effecte d'amor, lo qual és un aconsolar si matex que lo enamorat fa quant ha coneguda la durea e aspredat de la enamorada vida, que sots aquella a paciència [92r] se reduhexen per la tanta universalitat dels hòmens d'Amor ligats, hi encara d'aquells que foren reputats déus, dient: "O dura ley d'Amor, la qual, per bé que aspra hi greu se oblique, pur ab paciència se deu servar, emperò que ella és útil[376] y antígua no emperò entre los terrenals hòmens, mas encara al cel domicili ajusta de aquells la virtut dels quals[377] feren que de nosaltres foren reputats déus". E per ço diu:

> Dura lege d'Amor! ma benché obliqua,
> Servar comiensi,[378] però che ella agiugne
> Dal cielo in terra, universal. antiqua.

No·s departex ab aquesta sentència micer Ffrancesch de la veneranda auctoritat de la ley, la qual estreny los hòmens en servar aquella quant que dure, aspra, e sien difficils[379] al comportar, axí com lo test maniffestament demostra en la ley *Prospexit ff. qui et quibus*; la qual cosa, quant ab semblant passió se conex ésser en altri, és quasi tàcitament l'ome convidat a haver pasciència.

Seguex aprés micer Ffrancesch molts diverços effectes d'amor, ultra los damunt ja recitats, los quals los miserables enamorats proven, dient que, ara que ell és enamorat, sab en quina manera lo cor del cors se aparta, hi en quina manera va fent-se guerra y treues, y aprés fent pau ab la enamorada sua, hi encara alguna volta les doloroses passions com se cobren quant dins en l'ànima és una acutíssima punctura. E per ço diu:

---

[376] *útil*: it. "universale".
[377] *mas encara...dels quals*: "mas encara afegeix el cel, domicili de aquells la virtut i les obres dels quals"; it. "Ma etiamdio adiunge al cielo di coloro domicilio le cui virtut e opere".
[378] *comiensi*: Pac. "convensi".
[379] *difficils*: ms. "difficis".

[92v] Hor so come da sé il cor si disiungne,
Et come sa far pace, guerra et tregua,
Et coprir il dolor, quando altri il pungne.

Diem en lo principi, segons la divisió de les ànimes de Plató, com l'ànima que dóna vida estava en lo cor, del qual les operacions se presuposa en la primera. Emperò, desgunyint-se l'ànima concupiscible de nosaltres, saben per prova d'esperiència los enamorats com diligent és tota la lur cura que dins lo cor de la enamorada sia lo lur ànimo reposat. Saben encara per prova com façen prestament ab aquell guerra quant vegen algun senyal de velipensió, o verament la molèstia quant li placia que més enamoradament hun altre enamorat reguarden que no fan a si matexos. Hi encara esperimenten, quant en la lur més fervent ira li torna a memòria alguna dolcesa haguda, quant prestament a fer-ne treua tornen. Aprés, per si matexos no podent al desig resistir, ne conclouen pau, e màximament intervenint-hi algun piadós esguart de la lur enamorada, qualque làgrima, qualque sospir, o qualque dolça paraula de bona prometença de rahonable escusa.

Narra consegüentment un altre enamorat effecte, lo qual en la disposició de l'amar moltes voltes intervé, dient que ell sab com en hun punt la sanch se desliga e aprés com tota per les venes s'estén quant intervinga que por o vergonya a l'enamorat comprengua. E per ço diu:

Et so come in hun punto si dilegua
Et poi si sparge per le gancie[380] il sangue,
Se paura o vergongna advien che segua.

[93r] Ja per los superiors acçidents d'amor se pot compendre intervenir a neguna generació de hòmens tantes causes de temor e vergonya quantes en los miserables enamorats; per les quals, segons la sentència dels philòsoffs hi metges, los predits acçidents se seguexen. Però, l'ora que alguna temerosa cosa occorre la natura lo seu presidi revoca, ço és la sanch y l'esperit al cor per fer últimament en aquell loch tota la sua deffensa, hi per contrària en la vergonya, essent per la interior comoció ençès l'esperit, se deffunden per la superfícia exterior, e per ço la color roja tal se demostra.

---

[380] *gancie*: Pac. "guance".

Importa aprés tres altres effectes d'amor en hun ternal[381] compresos. Verament may se partex de aquells que, constrets del desig, intensament hi ab gran furor amen, dient ell saber en quina manera és entre les flors la serpent, e com tostemps en ambigüitat hi entre dos contraris pensaments los enamorats vellant dormen, e com moltes voltes lo dia sens may morir s'esmortexen. E per ço diu:

> So come[382] tra' fiori ascosa l'angue,
> Chome si sueghia con sospecto[383] et dorme,
> Come sença morir[384] si muere et langue.

Pot-se prestar indubitada fe a micer Ffrancesch testifficant la enamorada molèstia ésser enugosa hi de trists delits cuberta e instables plahers, emperò que comunament és experimentat sots los alegres acolliments de la enamorada, sots les largues prometençes, sots encara les no degudes [93v] lurs cortesies. Quants són los engans! Quantes les porfídies! Quant perdiment de temps, reputació e substància! Axí matex, aprés, quantes dolors procehexen per lo dexar la present dolçesa o per aquella aprés desigar lo seu gust sens mesura! E aprés avant se pot haver notícia quanta stabilitat és en la enamorada sperança e com prest se reduhex a temor! Com tostemps, determenant-se l'ome a una oppòsita part, immediate seguexen per altra! Com encara tant se affiga la fantasia que no en les diligències, mas encara en los sobirans contraris simuladament a la imaginativa apareguen! Ni menys clara speriència[385] de les amargors que·s senten se troba, les quals en tant los miserables enamorats a desesperació conduhexen que més volentés morir elegirien que no en tal estat viure. E certament, quant lo natural apetit e temor de l'eternal infern lo lur desig no expugnàs, ells matexos ab les pròpies mans la mort se darien.

Seguex aprés hun altre effecte d'amor de grandíssima difficultat de comportar als enamorats, lo qual és contra aquella cosa que ells majorment desigen obrar, dient que sabia cercar la norma hi vestigi de la enemiga sua, madama Laura e, norresmenys, de trobar-la temia; y aprés sabia en quina manera l'enamorat en persona de l'amat obgecte se transforma. E per ço diu:

---

[381] *ternal*: it. "contrario".
[382] *come*: Pac. "come sta".
[383] *Chome si...sospecto*: Pac. "come sempre tra due si vegghia".
[384] *morir*: Pac. "languir".
[385] *speriència*: ms. "sperienci".

> So della mia inimica cercar l'orme,
> Et temer di trovarla; et so in qual guisa
> L'amante nell'amato si transforme.

[94r] Compassió és verament de portar a los[386] miserables enamorats, los quals algun altre delit prenen que veure les amades dones. Les quals tal hora faran a lur gravíssima hi expressa prohibició que en aquella part deguen proceher hon elles presencialment hajen ésser en açò portades; algunes per la temor de la infàmia, la qual per la presència de lurs enamorats dubten no aconseguir; algunes altres per la temor de les antigues matrones, sots la qual custòdia se nudrixen, per ço que de les lurs obres no hajen a sospitar. Alguns altres enamorats, ultra açò, tremolen, essent les lurs enamorades ab ells[387] en ira que, trobant-les, a major malenconia no·s provoquen; la qual cosa més que algun·altra molestament comporten. On, en aquest o en qualque altre estat que·s troben, s'enginyen tostemps ab obra o voluntat en la enamorada transformar-se, imaginant tostemps totes les coses que diem per què a elles tostemps gratifficar se puguen.

Conclou aprés in genere quasi tots los recitats effectes, dels quals ne seguex dos altres los quals may de l'enamorat concepte se dividexen, dient com ell sab, e devariant-se, en divercos pensaments ell matex enganar adulant-se, e sab encara en quina manera lo seguir les causes del seu foch ell de luny se crema de aquella, aprés apressant-se no altrament que gel ffrigidíssim. E per ço diu:

> [94v] So fra lunghi suspiri et breve risa
> Voglia, stato,[388] color cangiare spesso,
> Viver, sendo[389] dal cor l'alma divisa.
> So mille volte il dì imaginar[390] me stesso.
> So, seguendo il mio foco ovunque fugge,
> Arder da lunga et aghiacciar da presso.

A més clara notícia dels precedents versos és de saber axí com a cosa natural és que tot effecte a la sua causa sia semblant. D'on no és

---

[386] *de portar a los*: ms. "portar los".
[387] *ells*: ms. "ell".
[388] *Voglia, stato*: Pac. "stato, voglia".
[389] *sendo*: Pac. "stando".
[390] *imaginar*: Pac. "ingannar".

maravella la variabilitat dels enamorats, la natura dels[391] quals és tostemps vària e mudable, com Virgili en lo quart de la *Eneyda* descriu: "Eia age rumpe moras varium et mutabile semper femina". La qual cosa porta micer Ffrancesch a la fi de aquell sonet "Sed dolce esguardo di costei m'ucçide", dient a la fi: "Ffemina e cosa mobile per natura / Donde io so bene ch'uno amoroso stato / In cor di donna pichol tempo dura". La qual encara súbita diversitat dels enamorats descriu maniffestament Plauto en la *Cistellaria* comèdia en aquestes paraules: "Credo ego amorem primum apud homines carnifficinam comentum domi facio in foris queram. Qui omnes homines supero atque antideo cruciabilitatibus: iactor: crucierragitor: stimulor: versor in amoris rota miser examinor: feror: differor: distrahor: deripior: Ita nullam mentem animi habeo: ubi sum: ibi non sum: ubi non sum ibi est animus ita michi omnia ingenia sunt. Quod lubet: non lubet iam id continuo. Ita mei amor [95r] lassi animum ludifficat: fugat: agit apetit: raptat: retinet: lactat: largitur: quod dat: non dat: deludit modo quod suasit dissuadet: quod dissuasit id ostendat: maritimis enim modis mecum experitur ita meum frangit amantem animum". Aquesta matexa sentència descriu micer Ffrancesch en aquell sonet "Paçe non truovo, da far guerra" hi en aquell altre "Se amor non e, che dunque e quello ch'io sento?". Donchs, en aquesta tal varietat los miserables enamorats mil voltes lo jorn fengexen esperant salut hi cortesia per tot mínim acte que plahent-los vinga, estimant encara per algun donatiu ésser per sa enamorada tengut en benivolència. O quanta error en lo confiar-se los enamorats cometen; hi los seus secrets al companyó maniffestar; enganar-se encara, estimant plaher aquella si en algun joch se exerciten e, quant ab semblant disposició la enamorada seguexen e, fora la sua presència, entre si matexos fer coses e paraules disponen, hi encara lo lur martiri fer maniffest delliberen; hi demanar mercé quant, aprés davant la cara de aquelles se troben, en lo llur cor se reffreden! Les valenties se'n van, la lengua torna muda, les obres se retarden, axí com micer Ffrancesch en aquell sonet demostra "Piu vuolte gia del bello sembiante humano" hi encara en aquell altre "Perch'io t'abbia guardatta di mencogna". Per la qual cosa, acomodadament los miserables enamorats estuposos[392] denominar-se[393] poden.

---

[391] *dels*: ms. "deles".
[392] *estuposos*: "estúpids".
[393] *denominar-se*: ms. "dominar".

Porta [95v] aprés micer Ffrancesch quanta és la força d'amor e quant diversament al qui ama aflegex de diverços martiris, dient ell saber de quina manera anava Amor a senyoregar sobre·ls enamorats e com d'aquells tot rahonable obrar bandega, e quantes vàries maneres e diverços modos ell considera en lo ardent enamorat desig. E per ço diu:

> So come [A]mor sopra l'amante[394] rugge,
> Et come ogni raggion indi discaccia;
> Et in quante maniere il cor si strugge.

Molt clarament se pot bé compendre quanta és la força d'amor en aquell en lo desig del qual és molta sanitat, emperò entre los sensitius delits nengú ha més efficàcia, ni tant confon lo imperi de la rahó. Si, donchs, qualsevol delectació sensitiva quasi la libertat del nostre arbitre destrohex, axí com explica Cassiodorus dient "Animus enim dolosus non arbitrium sequitur imperantis: sed suas pocius explicat voluptates", molt majorment lo desig carnal lo qual per natural inclinació és en los hòmens, hi encara per elecçió perverça és abte a dominar la rahó. La qual cosa tant diverces generacions de penes se prova quants són los sensitius apetits[395] venèreos.

Seguex aprés micer Ffrancesch hun altre effecte, lo qual és la bravor,[396] inconstància y presta mobilitat de l'home quant en lo sols elegir se remet al judici del sentiment, [96r] dient ell saber ab quant poca difficultat se pren una gentil e enamorada ànima quant no tinga les armes de la rahó que a ella a deffendre's de l'assalt dels sentiments ajuden. E per ço diu:

> So di che pocho canape si allaccia
> Una anima gentil, quando ella è sola
> Et non è chi per lei diffesa faccia.

Verdadera e indubitada sentència és quant la rahó permet lo examen de les coses agibles que per xiquet delit l'ome de aquell sobrat se trobe, emperò que los plaers del solaç del cors dels sentiments són apetits per natura sens algun discurs o repugnància; per la qual cosa, l'enteniment està pigre ni·s comou a concloure la pro-

---

[394] *sopra l'amante*: Pac. "sovra la mente".
[395] *sensitius apetits*: "incentius dels apetits"; it. "incentivi".
[396] *bravor*: it. "mollitie".

hibició del sensitiu plaher, ni·s troba més obstacle per lo qual a qual tal obgecte no·s dega elegir.

Porta consegüentment aquest poeta quant clara notícia té de les enamorades fatigues, de la orrible celeritat, de la voluntat venèrea e menaces de Cupido, de les sues fortíssimes e perilloses ferides, de les sues maniffestes y esforcades roberies, dels seus amagats furts, així com Amor ab lo sseu fortíssim arch ferint tira, dient de totes aquestes disposicions haver haguda certíssima experiència. E per co diu:

> So come Amor saetta, et come vola,
> Et come or minaccia, et come hor percote,
> Chome roba per forca et chome invola.

Nengú és certament de creure qu·entre lo nombre de tots [96v] los enamorats sia al qual les predites calitats notòries no sien, màximament quant considerant l'alta bellea, los elegants costums de gran gravitat, lo suau parlar, los enamorats gests, les comunes lahors a la enamorada atribuhides no altrament són en los laços d'amor retenguts que lo simple ocell trobant-se enviscat en lo ram; de què lavors s'encén en lo cor hun tal desig que per ell tot·altra cosa a oblit és portada.

Aporta aprés micer Ffrancesch la instabilitat de l'enamorat estament, de la qual cosa nax la dubtosa sperança, la greu dolor hi amargor certa, hi la clara speriència de la enamorada perfídia, dient ell saber quant les batalles e fonament d'aquest amor són instables, les dubtoses sperances hi en la major part faciloses,[397] hi la recta e inseparable dolor, e com encara les promeses que fa amor són totalment de fe vacuades. E per ço diu:

> Et so chome sono instabile suo rote,
> L'esperance dubiose, e 'l dolor certo,[398]
> Suo promese di fe' come son vòte.

Sol ésser natural de les belles dones atribuhir-se a gran glòria de gran nombre de enamorats ésser festegades, semblant-les[399] que per ço la sua bellea de molt major estimació deu ésser tenguda. Per la

---

[397] *faciloses*: "fal·laces"; it. "fallaci".
[398] *L'esperance...certo*: Pac. "le mani armate, e gli occhi avolti in fasce".
[399] *les*: ms. "los".

qual cosa intervé que, per voler-se mantenir benívoles a quascun enamorat e plaure a cascun home d'esperança, huy se mostren de la hu benignes[400] e torbades ab altre; l'altre dia a aquell se mostraran [97r] irades e a l'altre plaents.[401] D'on intervé que prestament de prepòsit muden hi los miserables enamorats no saben que s'esperen quant sens culpa d'ells la enamorada llur de gran benivolència a gran ira veuhen remoure; per la qual cosa gran agonia y dolor senten. De la qual muliebre consuetut és necessari que, aprés naxqua l'engan y mancament de fe, havent tal volta als enamorats promès amar-los y a ells sols festegant desigar, havent, emperò, en l'ànimo de obrar lo contrari, e semblantment tal volta prometent[402] alguna cortesia, aquella no servaran sols per provar la pacient constància de l'enamorat hi encara per encendre'l a major voluntat dels seus desigats delits.

Narra aprés lo violentat effecte d'amor, lo qual és maniffestament mostrar les enceses flames molt temps dins en lo cor ab gran e modesta prudència tengudes closes, dient ell maniffestament conèxer com alguna volta dins en los ossos està clos e tancat lo gran foch d'amor, e com encara dins en les venes una oculta naffra se conserva, de la qual aprés seguex una uberta, maniffesta e vulgaríssima mort. E per ço diu:

> Come nell'ossa il suo foco coperto,[403]
> Et nelle vene viva occulta piaga,
> Onde è morte palese et incencio aperto.[404]

Certíssima speriència és poder-se en lo enamorat concepte per fi en alguna mesura la dolor del cors y l'agonia de l'ànima ab paciència portar, mas més avant verament no pot. Per la qual cosa, és costum universal dels enamorats, en quant poden, lo seu amor [97v] amagar de principi; per la qual cosa a major molèstia s'induhexen e major evidència de allò demostren, axí com s'escriu en lo quart de l'Ovidi, dient: "Quoque magis tegitur tanto magis stuat ignis". E ultra açò, perquè lo secret a la natura repugna de amor, ell està pintat nuu. On, axí com a qui la dolor més turmenta expremix aprés més

---
[400] *de la hu benignes*: ms. "dala hu benigna".
[401] *plaents*: ms. "plaent".
[402] *prometent*: ms. "prometen".
[403] *coperto*: Pac. "si pasce".
[404] *Onde...aperto*: Pac. "onde morte e palese incendio nasce".

dolorosa veu, axí encara qui més les enamorades flames vol amagar aquelles molt majorment en tal obra fa maniffestes.

Conclou aprés y perlongant lo poeta e universalment replicant los ja narrats effectes, dient ell sobiranament saber hi per vera speriència entendre quant la vida dels enamorats és vagabunda e inconstant, segura e temerosa, hi encara ell affermant no ésser ignorant com una poca dolcesa per molta quantitat de amargor és cambiada; e aprés seguex saber los enamorats costums e tants sospirs, lo lur interromput parlar, lo prest cilenci, lo larguíssim plant, lo lur breu riure, e últimament quina és la mel e enamorada dolcesa, e com és templada ab lo amarch donzell d'amargor. E per ço diu:

>   In suma so chom'è inconstante e vaga,
>   Timida ardita vita degli amanti
>   Ch'un pocho dolce molto amaro apaga.
>   So i costumi, et lor sospiri, et canti,
>   E 'l parlar rotto, et il subito silencio,
>   E 'l brevissimo riso et i lunghi pianti,
>   Et qual è mel temperato col'assencio.[405]

[98r] *Capítol terç del Trihunfo d'Amor*[406]

Antiga usança e freqüentada consuetut fon dels romans que, quant trihunfant procehien per Roma, a la fi a qualque temple lavòs convenient pervenien hon les portades despulles en la guerra poguessen als déus consagrar. Donchs, seguint lo nostre micer Ffrancesch aquesta semblança, en aquest tercer capítol entén de portar Amor al temple de la mare Venus en la illa de Citarea, loch verament convenient a l'apetit sensitiu e plahent; axí com axí matex porta Laura en lo següent Trihunffo a Roma en lo temple de castedat hi en lo temple de pudiscícia, là hon tals virtuts convenientment posar se deguessen. Aprés avant lo gloriós poeta, entenent la mort, y la fama y lo temps universalment per lo món vagar, no·ls assigna loch determenat, mas sols aquells ésser estats vists en la terra. On, en lo sisèn Trihunfo, de la eternitat atribuhex per son loch en lo cel, al qual solament hi als sperits, aprés Déu, se convé tal direcció y mesura.

---

[405] *In suma...assencio*: Pac. "che poco dolce molto amaro appaga".
[406] Este capítulo corresponde al capítulo cuarto del Triunfo de Amor en las ediciones canónicas.

E perquè, com en lo principi diem, micer Ffrancesch entén parlar universalment en aquest Trihunffo del sensitiu apetit, emperò [98v] ell tàcitament demostra la solució de hun quesit, lo qual segons aquesta sentència se poria fer, ço és si lo desig de la doctrina e ciència és blasmable o no. Al qual volent respondre, se fa hun fonament que, quant la potència al seu obgecte a perfecçió no·s dreça, que lavors tal obra no deu ésser loable. Si donchs parlam de la poesia e rethòrica, indubitadament se diu l'apetit per aquelles ésser pervers, emperò que on nenguna de aquestes notícies és acostat d'algun verdader necessari on pot fer l'enteniment nostre àbit, essent solament lo lur offici aquell que ja és estat recitar, axí més prest aquell tancar e cloure[407] sots noves fantasies; per la qual cosa, ja los romans moltes voltes rethòrics e poetes escamparen de Roma, axí com Suentònio Trànquil·lo in libro *De gramaticis* exprimint lo edicte en aquestes paraules: "Fannio Strabone et M. Valerius Sala consulibus Mar Pomponius pretor senator consulit quod verba facta sunt de philosoffis et rethoribus: De ea re ita censuerunt: ut M. Pomponius pretor animadverteret curaretque ut si ei reip fideque sue videretur uti Rome ne essent de eisdem interiecto tempore C.H. Domicius enobarbus L. Lucinus Crassus censsores item dixerunt renunciatum est nobis esse homines qui novum genus discipline instituherunt ad quos iuventus in ludum conveniat eos sibi nomen imposuisse latine rhetores: ibi omnes adolocentulos dies totos desidere: Maiores nostri que libros suos dicere et quos in ludos immitari vellent instituherunt [99r] hec novaque preter consuetudinem ac morem maiorum fiunt neque placant neque recte videntur. Qua propter et his qui eos ludos habent et his qui eo venire consueverunt videtur faciundum et stendamus nostram sentenciam esse nobis non placere". Scriu encara Plató los poetes deure ésser totalment separats de una bé instituhida república, axí com scriu Sant Agustí en lo segon *De civitate Dei*, on ell matex en lo sisè al·legant Varró seguex aquest prepòsit: "Et quibus Varro inquit maior societas debet esser nobis cum philosoffis: quam cum poetis. Nam illi causa utilitatis scripserunt hic vero causa delectacionis". Mas si algú digués la rethòrica ésser a defenssió dels oppresos e opugnació de l'injust, la qual cosa pertany a la sobirana virtut de justícia, on per ço a ella semblant se dóna, en açò quant al primer respon elegant-

---

[407] *tancar e cloure*: "velar i amagar"; it. "velare e nascondere".

ment Corneli Tàcit[408] in libro *De claribus oratoribus*, dient: "Unius cuiusque enim estatum ad securitatem magis innocencia teneor quam eloquencia". E al segon ell matex diu tota eloqüència ésser supèrflua, hon que sia lo degut ésser del judici e convenientment la sua disposició. Mas si parlàssem de les altres soles les quals són en lo nombre dels béns honorables, excepto theologia, axí matex diem que aquelles, com a singular fi se desigen, segons la fantasia de Averrois en lo pròlech de la *Phísica*, estimant per la conjunció de aquelles l'ome en aquest món ésser gloriós, apetint-les seria error; emperò que, segons que diu Salamó en lo *Ecclesiàstich*, totes aquestes coses són sols vanitats [99v] hi error, axí com Lactanci en lo terç libre demostra, *Adversus gentes*, al capítolo XXVII; là hon singularment diu Jeremies en lo novè: "Non glorietur sapiens in sapiencia sua"; hi Salamó en la *Sapiència* en lo tretzè escriu: "Vani sunt autem omnes homines quibus non sub est ciencia dei". Al qual prepòsit és conforme la sentència de Ose en lo segon, lo qual diu: "Non est veritas et non est misericordia et non est ciencia dei in terra". La qual cosa encara micer Ffrancesch demostra en lo libre *De conflictu curarum suarum*, là hon, reprenent si matex de tal obra, blasma encara aquells qui ab la sobredita intenció lo seguexen.

Volent, donchs, lo poeta en aquests Trihunffos, axí com a religiós crestià, blasmar tot obgecte excepto Nostre Senyor Déu, lo[409] qual com a principal fi se desiga, per ço lo desig de les mundanes ciències, e majorment del poètich estudi, sotsmet al sensitiu apetit. E, perquè ell matex de semblant voluntat fon comprès, emperò encara si matex entroduhex seguir ab aquesta esquadra lo Trihunffo d'Amor ensemps ab Sòcrates y Lèlio, per voler demostrar per la persona de Sòcrates ell haver desigat la notícia de ffilosoffia moral, de aquell del cel sobre la terra portada, axí com aferma Tuli en lo principi del quint de la *Tosculana*; e per la persona de Lèlio vol entendre si matex per la benivolència a Cipió portada, semblant aquella de Lèlio, haver seguit la doctrina de poesia y composta l'*Àffrica* en lahor de Cipió, mediant la qual obra fon, diem en lo principi, laureat poeta. Lo qual [100r] desig de les preffates doctrines haver hagudes no sols se demostra en lo predit libre *De conflictu curarum suarum*, mas clarament ho explica en aquella cançó "Una donna piu

---

[408] *Tàcit*: ms. "tacitament".
[409] *lo*: ms. "la".

bella assar che sole", là hon ell de poesia e aprés de philosoffia, ultra lo desig de Laura, diu ésser estat enamorat.

Constituhit, donchs, micer Ffrancesch sots lo domini del sensitiu apetit, hi tenint presos hi tallats los nirvis y fonaments hi versos[410] del liberal arbitre, diu que súbitament fon vengut en domèstica notícia ab tots los seus conexents com ell fos molt en lo principi salvatge e remogut dels delits y desigs mundans. E per si matex véu e conegué tots los lurs suplicis y enamorats martiris, e ab quin art y enginy cascun enamorat a l'enamorat jou era estat. E per ço diu:

> [P]oscia che mie fortuna in força altrui
> M'ebbe sospinto, et tutti incisi i nervi
> De libertade, ove algun tempo fui,
> Io, ch'era più salvatico che i cervi,
> Rato domesticato fui, con tutti
> I miei infelici et miseri conservi;
> Et le fatiche lor vidi, et i lor lucti,[411]
> Cum che ingegno ciascuno[412] e con qual arte
> Allo amoroso gioco[413] eran conducti.

Acomodada hi rahonable cosa és, axí com de principi diem, que los hòmens dels altres semblants a ells matexos hajen major conexença e notícia [100v] que dels no semblants[414] hi diverços d'ells. La qual cosa ad mores essent subgecte, micer Ffrancesch rahonablement afferma no més per interpretació, mas per pròpia conexença, cascú dels altres ànimos enamorats conèxer; e, ultra açò, diu haver notícia del món[415] de l'art y de l'ingeni mediant les quals són los hòmens davall lo enamorat jou conduhits, axí com allò que havia vera experiència.

Narra aprés dient micer Ffrancesch com, ell essent vengut en tal forma amich de tots los altres enamorats sperits, que ell se voltava entorn a remirar si entre aquells ne veuria algun famós o per modern o antich scriptor, lo qual mostràs enamorat de ciència humana o de altre obgecte circa del qual hagué exercitar la sua doctrina. E

---

[410] *hi versos*: error de traducción que ha tomado "e versi" per "eversi", que significa "destruïts".
[411] *lucti*: Pac. "frutti".
[412] *Cum che...ciascuno*: Pac. "per che torti sentieri".
[413] *Allo amoroso gioco*: Pac. "a l'amorosa greggia".
[414] *dels no semblants*: ms. "dels semblants".
[415] *món*: "mode"; it. "modo".

en aquest mirar seguex que véu Orpheu, lo qual solament Curídice amà; la qual essent morta, fon constret per l'amor que li portava anar fins a inffern a demanar-la a Plutó; e aprés per causa sua en lo seu derrer acçent espessament plorava. E per ço diu:

> Mentre che io volgea gli occhi in ogni parte
> S'io ne vedesse alchun di chiara fama,
> O per antiche, o per moderne carte,
> Vidi colui che solo Euridice ama,
> Et lei segue a inferno, et, per lei morto,
> Con la lingua già stancha la richiama.[416]

Per més clara evidència dels precedents versos [101r] és de entendre que Orpheu, fill de Apol·lo hi de Caliope, havent de Marcuri rebuda la cítara, se enamorà de la nimpha Curídice, la qual, havent-la ab la sua música portada a la sua benivolència, a la fi la prengué per muller. E hun dia passegant-se Heurídice per la vora del riu Hebro, sobrevench hun pastor nomenat Heristeu, lo qual, en altre temps essent-ne estat enamorat, la volgué pendre. Mas ella, guardant-se'n, se prengué a fogir hi, en la fuyta calcigant en hun prat una serpent, fon de aquella en tal manera morduda que morí. E sentint Orpheu lo miserable cas de la sua tant amada Curídice, conexent tota altra obra deure venir vana, prengué la cítara e ab aquella devallà en los inferns; ab la qual, plaquades totes les fúries y déus infernats, obtengué a la fi de Plutó y Proserpina la sua dilecta Curídice ab aquest pacte: que fins que tornàs veure les esteles may se giràs per mirar aquella. La qual cosa Orpheu procehí en tal forma fins que fon per exir de l'infern; lo qual convengut a la extremitat, constret de l'immens amor de Curídice se girà per mirar si aquella·l seguia. Per la qual cosa, constret de observància del pacte, la perdé altra volta; per la qual cosa ell delliberà en nengun temps jamés voler dona e tostemps en les cançons sues y poemes persuadia que los hòmens stiguessen a ssoles e que a la obligació matrimonial no·s subjugassen. Per la qual cosa, vench en tan gran fastig de les dones que contra ell conjuraven [101v] e, hun jorn sacrifficant al déu Baco, fon de les dones assaltat e mort, e lo seu cap ensemps ab la cítara en lo riu d'Ebro lançada; lo qual per la impetut de les ones pervench a la illa de Lisbo e, una serpent volent-se menjar aquella,

---

[416] *stancha la richiama*: Pac. "fredda ancho la chiama".

fon de Apol·lo, son pare, en saxo o pedra convertida. Són donchs aquestes coses segons la fantasia poètica a Orpheu atribuhides, mas en la veritat ell fon antiquíssim poeta lo qual en la poesia molt se delità, màximament en lo cantar d'amor.

Seguex aprés micer Ffrancesch tres altres excel·lents poetes, ço és Alceu, Píndaro e Anacreon, dient cascú de aquests il·lustres poetes haver aquest poètich estudi celebrat, e en aquell segons la part potíssima haver cantat d'amor. E per ço diu:

> Alceo cognobbi, a dir d'Amor sì scorto,
> Pindaro, Anacreonte, che rimesse
> Havea le muse[417] sol d'Amor importo.[418]

Circa la intel·ligència dels precedents versos és de entendre com Alceu fon prestantíssim poeta grech. E per la sua doctrina en la sua república maniffest e claríssim ciutadà, com scriu Tuli en lo quart de la *Tosculana*, lo seu poema contra la vida tirànica instituhí, e circa lo immoderat amor dels jòvens. La qual obra axí elegantment e ab doctrina escrigué que mèritament aconseguí que públicament li fon donada una cítara daurada, axí com en lo X *De institutione oratoria* escriu Quintilianus.

[102r] Píndaro, axí matex segons lo preffat Quintilianus, fon axí singular e digne poeta que, hagués volgut en los seus poemes observar gravitat de subgectes e no anar voluntàriament,[419] per aquell molt propinch se acostava a Homero. Amà Píndaro sobiranament hun adolocent e hun dia, essent en lo lit e sobre los pits d'aquell posat a dormir, axí dormint expirà, com escriu Valeri en lo VIIII libre e capítol XII. Verament grandíssima cortesia fon de fortuna en fer-lo en aquell loch morir, lo qual més que altre repòs[420] era estat desigat.

Semblantment Anacreon, com scriu Tuli en lo preal·legat libre, tot lo seu estudi en dir d'amor convertí. Per la qual cosa, no deportant-se per la plahent mar de delits, mas sols les sues muses en lo enamorat port havent conduhides, tals que ab rahó diu d'ell Tuli: "Anacreontis quidem tota poesis est amatoria maxime vero omnium

---

[417] *Havea le muse*: Pac. "à le sue muse".
[418] *importo*: Pac. "in porto".
[419] *voluntàriament*: it. "lasciviando".
[420] *repòs*: ms. "respost"; it. "riposo".

fragrasse amore regina ibicum aparet ex scriptis"; emperò, mèritament del nostre poeta fon en aquest loch ab los altres connumerat.

Descriu, aprés de aquests, micer Ffrancesch alguns altres latins poetes, los quals, ultra l'estudi de cantar coses excel·lents en istòries y en natural notícia, encara escrivint celebraren amor; dient com ell véu Virgili e parech-li que entorn d'ell tingués una companyia de alt enteniment, ço és Ovidi, Catul·lo, Properci e Tibul·lo. La qual companyia ell, per lo seu exercitat studi, més volentés elegiria en lo món que no l'altra a la qual era appetíssim. E per ço diu:

> [102v] Virgilio vidi; et parmi intorno havesse
> Compagni d'alto ingegno et da trastullo,
> Di quei che volentier al mondo elesse:[421]
> L'uno era Ovidio, et l'altro era Catullo,
> L'altro è Propercio, che d'amor cantaro
> Ffervidamente, et l'altro era Tibullo.

Axí com per los poemes dels antichs poetes pot ésser maniffest, cascú de aquests fon excel·lent hi gloriós scriptor, dels quals quascú per si celebrà en amor alguna elegant donzella. Axí Virgili, com és notori en lo libre de *Lídia* féu il·lustre Lídia, lo qual mostra ésser la sua dilectíssima enamorada. Ovidi, com se lig poderosament en lo libre *De tristibus*,[422] celebrà Corvina, Catul·lo Lèsbia, Properci Cínthia,[423] Tibul·lo Plània, com que ella denominàs Dèlia,[424] axí com en la lur legenda[425] és scrit; per la qual cosa és quasi universal costum de tots los poetes fer consemblant celebració. E per co Gal·lo poeta celebrà Liquoris[426] e Oraci Flacco féu eternal la ley,[427] Dant Beatriu e micer Ffrancesch Laura.

Seguex aprés micer Ffrancesch la doctíssima Sapho,[428] dient com una joveneta greca procehia-hi paramens com[429] aquests nobles poetes cantant d'amor; havia[430] hun seu estil suau, y elegant, e molt tart en la natura femínea trobat. E per ço diu:

---

[421] *al mondo elesse*: Pac. "già 'l mondo lesse".
[422] *De tristibus*: it. "sine titulo".
[423] *Cínthia*: el texto italiano añade "de cui il vero nome era Hostilia".
[424] *Dèlia*: ms. "de Lia".
[425] *legenda*: "elegia"; it. "elegia".
[426] *Liquoris*: el texto italiano añade "di cui il vero nome fu Citheris"
[427] *la ley*: it. "Lalege".
[428] *Sapho*: ms. "Sopho".
[429] *com*: "amb"; it. "con".
[430] *havia*: ms. "havien"; it. "haveva".

Una giovene greca a paro a paro
Choi nobili poeti già[431] cantando,
Et havea hun suo stile legiadro[432] et raro.

Circa la intel·ligència [103r] dels precedents versos és de entendre que Sapho poetessa fon de la illa de Lesbo e, si la generació al ànimo és conforme, verament de nobles y generosos parents fon nada. Aquesta, donchs, dexant les femenils obres, ab grandíssima diligència se donà a l'estudi poètich, en lo qual vench en manera tan perfeta que no solament meritá entre los altres poetas ésser connumerada, mas encara en Mecilena li fon constructa una excel·lentíssima estàtua al seu nom directa; per la qual cosa, vench a ésser molt maniffesta en la província. Donchs, axí com fon de natura de prestant ingeni dotada, axí fon encara per elecció de fortíssim amor afflicta. Amant, donchs, hun jove apel·lt Phaone hi ell no corresponent en amar-la, li féu hun elegant poema per accitar-lo a la sua benivolència en varis estils e diverces natures de metres; per la qual cosa, meritá ésser aprés del seu nom eternament appel·lar saphic estil.

Explica aprés micer Ffrancesch molts excel·lents homes que en son temps quasi concorrien, los quals aprés diverçes generacions d'estudis alguns encara a l'amor de les dones se donaren, dient aquells haver vist en la vert e florida platga de les ciències hi exercici de la letra. Dels quals era primer Dant hi la sua madama Beatrice, hi micer Cino de Pistoia, claríssim juriste ab la sua madama Salvaggia; als quals los prestantíssims e dignes hòmens seguien. E per co diu:

[103v] Così, hor quindi hor quinci rimirando,
Vidi una fiorita et[433] verde piaggia
Gente che d'amor g'ivan[434] ragionando:
Ecco Dante et Beatrice, ecco Selvaggia,
Ecco Cin da Pistoia, Guidon d'Areçço,
Che di non esser primo par cha ira haggia;
Ecco i due Guidi che già fur in preçço,
Honesto Bolognese, et i Siciliani,
Che fur già primi, et quivi eran da seçço;
Senuççio et Ffrancesquin, che fur sì humani,

---

[431] *già*: Pac. "iva".
[432] *legiadro*: Pac. "soave".
[433] *una fiorita et*: Pac. "gente ir per una".
[434] *Gente che d'amor g'ivan*: Pac. "pur d'amor volgarmente".

Chome ogni huom vide; et poi vestra[435] un drapello
Di portamenti et di vulgari strani:
Ffra tutti il primo Arnaldo et Daniello,[436]
Gran maestro d'amor, che alla sua terra
Anchor fa honor col suo dir novo[437] et bello.
Eranvi quei ch'Amor sì leve afferra:
L'um Piero et l'altro, men[438] famoso Arnaldo;
Et quei che fur conquisi con più guerra:
Jo dico l'uno et l'altro Raïmbaldo
Che cantar più Beatrice in[439] Monfferrato,
E 'l vechio Pier d'Avernia con Giraldo;
Ffolco, quel ch'a Marsilia il nome ha dato
Et a Senova tolto, et allo extremo
L'abito con la patria havea cangiato;[440]
Giamfrè, colui che usò[441] la vela e 'l remo
A cercar la sua morte, et quel Guillelmo
Che per cantar ha el fior de' suoi dì scemo;
Amerigo, Bernardo, Ugo et Anselmo,[442]
Et molti altri ne vidi, a cui la lingua
Lancia et spada fu sempre, et scudo[443] et elmo.
[104r] Et, poi convien che 'l mio dolor distingua,
Volsemi a' nostri, et vidi il buon Tomasso,
Che ornò Bologna, et hor Missina inpingua.
O fugace dolceça! o viver lasso!
Chi mi ti tolse sì tosto dinanci,
Senca 'l qual non sapea muovere un passo?
Dove se hor, che meco eri pur dinanci?
Ben è il viver morta[l], che si n'agrada,
Sogno d'infermi, et stolidi[444] romanci!

Molt en aquest loch és maniffesta la causa hi escusa de més particular exposició dels portats exemples, emperò que notíssima cosa és en dues maneres haver-se dels hòmens conexença: la una per la

---

[435] *vestra*: Pac. "v'era".
[436] *Arnaldo et Daniello*: Pac. "Arnaldo Daniello".
[437] *novo*: Pac. "strano".
[438] *men*: Pac. "e 'l men".
[439] *Che cantar...in*: Pac. "che cantò pur Beatrice e".
[440] *L'abito...cangiato*: Pac. "cangiò per miglior patria habito e stato".
[441] *Giamfrè...usò*: Pac. "Giaufrè Rudel, ch'usò".
[442] *Anselmo*: Pac. "Gauselmo".
[443] *scudo*: Pac. "targia".
[444] *et stolidi*: Pac. "e fola di".

vista corporal, l'altra per la notícia dels scriptors a nosaltres dexada. No...[445] ésser totalment conegut, perquè primerament per edat han primer portada[446] Laura e de lonch espay de temps; segonament, perquè de pochs, hi de aquells no molt, se pot per istòria compendre, mas bé sots generalitat se pot considerar quascú de aquests per lo testimoni de micer Ffrancesch ésser estats hòmens doctes. Per la qual cosa, és primer per ell maniffest de Dant per les sues latines y vulgars obres, axí matex de micer Cino, de Guido Bonati, singular estròlech, e Guido Cavalcanti, singular philòsoff natural, e del subtil thèolech de Senucho, de Pere de Lavèrnia, de les quals estranyes obres són venguts a nostra conexença. Dels altres confessarem[447] no haver més expedita notícia, volent més prest a inamicícia [104v] que a temeritat ésser escrits,[448] no desviant de la modesta sentència de aquells los quals encara allò que certament creuen saber no sens[449] temor affermen. Baste, donchs, al nostre prepòsit Dant, ensemps ab tots los altres narrat examples, més avant que lo convenient haver pres delit del mundanal estudi, no emperò encara separant-se dels enamorats delits; majorment essent l'ome tostemps subgecte a la presta contingència de la mort, la qual deplora lo poeta en lo amich Thomàs, dient aquesta mortal vida que tant als hòmens agrada no ésser altra cosa que hun somni restat de malaltia. Lo qual en lengua francesa signiffiquen les annuals y breus memòries de les coses occorents fetes.

Essent, donchs, micer Ffrancesch encara encadenat ab aquesta sua estudiosa companyia, com a home just encara en açò a si matex condamna, dient que no sols per lo respecte de Laura a seguir lo trihunffo d'Amor era constret, mas encara per aquest altre mundanal desig de la terrenal ciència. Per la qual cosa diu que, essent ell poch fora del comun estrado, véu Sòcrates hi Lèlio, ab los quals fon constret en diverços lochs procehir hi ab aquests cercar diverces terres hi muntanyes, e aquests tots los seus desigs descobrir. E seguex ell creure may poder-se partir de aquests amichs, essent tal còpia de

---

[445] *No...*: falta un fragmento del texto italiano para dar sentido a la oración: "On no es pot dir per algun dels dits modes que els exemples introduïts siguin totalment coneguts e que de ells se doni plena i particular notícia..."; it. "onde non se puo dir per alchun de li detti modi li introducti exempli essere totalmente cogniti e de loro darsene piena e particulare notitia...".
[446] *portada*: "antecedit"; it. "anteceduti".
[447] *confessarem*: ms. "confessaren"; it. "confessaremo".
[448] *escrits*: "adscrits"; it. "ascripti".
[449] *no sens*: ms. "sens".

excel·lents hòmens que may lengua mortal en prosa, ni en versos, ni en rims, explicar no·u porien, hi ell desigant sobiranament jamés de aquells trobar-se separat. E per ço diu:

> [105r] Poco era fuor della comuna strada,
> Quando Socrate et Lelio vidi in prima:
> Con lor più longa via convien ch'ia[450] vada.
> O qual copia d'amici! che né in rima
> Poria, né in prosa ornare assai, né in versi,
> Si, come de, virtù nuda si stima.
> Con questi duo cerchai monti diversi,
> Andando tutti tre sempre ad un gioco;[451]
> A costor[452] le mie piaghe tutte apersi.
> Da costor non mi puo tempo né luogho
> Divider mai, sì come spero[453] et bramo,
> Infino al cener del funereo rogo.

Ab alt concepte hi artifficiosa elegància descriu micer Ffrancesch en aquestos versos de qual estudi ell més que·l degut era estat desigós. On és principalment de entendre que de més dignes actors se descriu en la lengua latina, màxime de Sant Jerònim, ésser dues les vies del procés de la vida nostra: la una aquella de la virtut, la qual és aspra, diffícil y muntanyosa; e l'altra aquella de plahers e mundanals delits, la qual és uberta e plana, e ab facilitat se procehex per aquella. E per ço a Hèrcules en la sua infantea o puerícia foren mostrades e donades a helegir; lo qual elegí la via de les obres, portant aquell a la possessió de la glòria de ffama. Aquesta via, donchs, és de pochs, entre·ls quals encara són connumerats aquells que a l'estudi·s donen, axí com Virgili en lo sisè de la *Eneyda* demostra, dient: "Tum sic orsa loqui vates [105v] sate sanguine divum / Tros anchisade facilis decensus averni / Noctes adque dies patet atri ianva ditis / Sed revocare gradum: superasque evadere ad aurum / Hoc opus hic labor est pauci quos equus amavit / Iupiter aut ardens evexit ad ethera virtus". La qual sentència prova ell matex, micer Ffrancesch, en aquell sonet "La gola et el somno e l'ociose piume", e diu a la fi: "Qual vagheçça di lauro, qual di mirto? /

---

[450] *ch'ia*: Pac. "ch'io".
[451] *gioco*: Pac. "giogo".
[452] *costor*: Pac. "questi".
[453] *spero*: Pac. "io spero".

Povera et nuda vai, philosoffia, / Dice la turba al vil guadagno intesa. / Pochi compagni haurai per l'altra via; / Tanto ti priego piu, gentile spirto: / Non lassar la magnanima tua impresa". Per la qual cosa, diu micer Ffrancesch que ja per lo exercici de gramàtica ell era poch fora del comun estrado del vulgar quant véu Sòcrates; com[454] scriu lo ffilòsoff en lo primer de la *Metaffísica*, Diògenes Laercio en la vida sua, Isidoro en la *Ethimologia* e Ciceró en lo cinquè de la *Tosculana*, permesa tota altra diligència, sols se deu[455] contemplar les costumes;[456] e Lèlio;[457] ço és lo libre *De amicícia* de Tuli, mediant lo qual, devengut affricà[458] amador de les virtuts, per aquelles poder celebrar se donà a l'estudi[459] poètich, on aprés compongué lo *Àffrica,*[460] hon les gestes de Cipió descriu, la qual obra, de poesia y moralitats plena,[461] ffon a[462] micer Francesch causa de singularíssima glòria, com ja en lo principi diem. Emperò, ell seguint, exclama per aquest respecte nenguna[463] ell poder saber d'aquesta còpia d'amichs, los quals nenguna lengua acomodadament en rims ni en [106r] latins versos poria lohar. Són, norresmenys, alguns tests los quals dien: "Se come de virtu nodo si stima / Equali etiandio sono tollerabili". Per la qual intel·ligència és de saber, perquè l'ome és animal amigable, axí com en lo primer de la *Política* és scrit, dien molts l'amicícia[464] no ésser virtut, ni ab virtut, ni encara meritar lahor, com sia cosa que dels naturals effectes no se'n aquista lahor, axí com en lo segon de la *Ètica* és escrit. Mas aquesta falsedat molt la demostra Tuli en lo libre *De amicícia*, e Aristòtil en lo VIII de la *Èthica* dient: "Est enim amicici virtus vel cum virtute". Per la qual cosa, essent los virtuosos hòmens sobiranament loables, essent l'amicícia virtut hi ab virtut, majorment aquests dos hòmens, ço és Sòcrates hi Lèlio, mediant aquelles són convenients les lahors.

---

[454] *com*: falta aquí la explicación "això és la doctrina moral, com sia cosa que Sòcrates, com scriu..."; it. "cioe la doctrina morale: com ciosa cosa che Socrate come scrive...".
[455] *se deu*: "[Sòcrates] se donés a"; it. "si desse".
[456] *les costumes*: "les bones e òptimes costums" en el texto italiano.
[457] *e Lèlio*: continúa aquí la oración anterior "véu Sòcrates...", que queda interrumpida por el paréntesis de la explicación sobre Sócrates.
[458] *devengut affricà*: "devengut de Àffrica".
[459] *se donà a l'estudi*: ms. "se del estudi"; it. "si de al".
[460] *Àffrica*: ms. "Affrico".
[461] *plena*: ms. "es plena".
[462] *fon a*: ms. "fon".
[463] *nenguna*: "nenguna cosa".
[464] *l'amicícia*: ms. "la micici".

Diu, donchs, lo poeta que ab aquests dos amichs, per los quals entén aquestes dues diciplines, ço és poesia e moral philosoffia, ell cercà diverces montanyes, ço és diverces y vàries investigacions per voluntat de aquells,[465] les[466] quals sots lo matex jou de la sientíffica difficultat tostemps en tal estudi ab aquells[467] procehex e a elles obrí totes les sues naffres[468] e los seus diciplinats effectes. Per la qual cosa, afferma tant ésser estat lo plaer que de tal companyia prengué que ell desigant espera no ésser may separat de aquells fin que lo seu cors fos convertit en cendra dins les pregàries d'ell fetes, segons la consuetut antiga. Per la qual entendre és de [106v] saber, axí com Herodiano, gravíssim doctor, escriu tractant les funerals de Severo emperador, que los romans tenien en pràtica constituhir al cors mort una imatge a semblanca de aquell quant era viu. En aquella feren forma de quant era malalt; la qual tenguda per algun temps en aquella forma, fengien aprés no ésser morta. De què los parents en aquest estat de la hu hi del altre[469] procehint, hi de l'altre les dones, venien a plànyer e fer altres cerimònies les quals en aquell temps eren usades. Aprés, per lo més noble dels parents era pres lo lit ornat de riquíssims draps d'or hi d'argent, de seda y de lana, segons la condició del deffunt, hi lo verdader cors era portat fora de Roma al loch de les sepultures, là hon era edifficada una pila de lenya incensible, la qual en alt procehint proporcionadament diminuhia; hi en lo loch de mig era posat lo cors ensemps ab la imatge. E aprés posat lo cors e cremat, y collida la cendra, hi aquella posada en una urna o gerreta, havien fetes les lurs degudes obsèquies. E quant volien mostrar algun home en la mort sua ésser deyfficat, posaven sobre la sumitat una àguila, la qual ocell de Jovis era reputada; la qual, sentint la calor del foch, fugia hi en aquesta fuyta deyen aquella àguila haver presentada a Jovis l'ànima del deffunt. Aquesta consuetut, donchs, se servava en amagat e públich, segons com eren persones públiques o singulars.

Explica aprés micer Ffrancesch lo fruyt e la honor [107r] que per migà dels predits estudis aconseguí, encara quant per l'amor de Laura possehís, dient que ab Sòcrates hi ab Lèlio, çó és la poesia re-

---

[465] *aquells*: ms. "aquelles"; it. "essi".
[466] *les*: ms. "los".
[467] *aquells*: ms. "aquella"; it. "essi". Con este cambio se resiente la gramática y la comprensión del fragmento.
[468] *naffres*: it. "piage".
[469] *hi del altre*: error por "dels costats"; it. "de lati".

ferida de philosoffia, ell tingué e possehí lo digne ram e gloriosa fulla de lorer, del qual ell lo seu cap ornant enrramà y la cara,[470] essent laureat poeta en memòria y per memòria de la excel·lent sua madama Laura. E, norresmenys, seguex que de aquella de qui sola ell pensava, y de qui lo seu cor en continu desig era, no pogué may collint possehir fulla, ni ram, ni altre delit, encara que fos poch; tant eren les raels del seu ànimo, principi e fonament de tota la sua operació plena, e encara del tot remota en voler-lo complaure dels seus enamorats desigs. E per ço diu:

> Con costoro colsi il glorïoso ramo
> Onde force anci tempo ornai le tempie
> In memoria di quella ch'io tanto amo.
> Ma pur di lei che il cor di pensier m'empie,
> Non potrei coglier mai ramo né foglia,
> Sì fur le sue radice acerbe et empie.

Per més clara notícia dels precedents versos és de entendre que,[471] com micer Ffrancesch demostra en[472] més elegants sonets seus, confermant-se ab la sentència de l'Ovidi en lo primer del *Methamorfoseos*, a la fadiga hi estudi de poesia[473] per mèrit hi glòria la corona de lorer, per la antiga institució hi privilegi de Phebo atorgat a Damnes, filla de Peneu, riu de Thesàlia. E, perquè [107v] no pot nengun àbit sientíffich haver la sua perfecçió sens la philosoffia, axí com particularment de la eloqüència prova Ciceró in *De oratore ad Brutum*, dient: "Sed ex Platonis et aliorum philosofforum disputacionibus orator maxime exageratus est et auditus ab eis enim quasi silva diccionum atque ubertas omnis ducta est", e seguex: "Positum sit gracia quod post magis intelligitur sine philosoffia esse posse quem querimus eloquentem"; emperò, diu haver lo poeta collida e obtesa la corona de lorer ensemps ab Sòcrates hi Lèlio, havent ab lo velamen poètich les morals hi naturals philosòffiques sentències descrites. E per ço en aquest loch se pot maniffestament compendre l'amor del lorer de micer Ffrancesch ésser estada diversa de la amada sua madama Laura, essent ací posat en senyal hi memòria de aquella. Ni·s pot dir que fos enamorat de la poesia, de qui lo lorer ho redu-

---

[470] *lo seu cap ornant enrramà y la cara*: it. "orno le tempie sue".
[471] *entendre que*: ms. "entendre".
[472] *en*: ms. "e".
[473] Falta aquí "era consagrat" para dar sentido a la oración; it. "era sancito".

hex a memòria, emperò que micer Ffrancesch s'escriu en poesia ésser doctíssim e, norresmenys anar[474] per amor en aquell sonet "Io so ia stanco di pensare". Com diu a la fi que ell en les lahors a la enamorada Laura atribuhides erràs, aquesta culpa e error se deu atribuhir a Amor e no a effecte de art poètich, lo qual en ell no era.

Seguex aprés lo poeta quina fi havien los miserables enamorats e a quin loch d'Amor eren portats; e, ultra de açò, ell quin effecte véu d'Amor intervenir e en quina manera fon pres de la pudicíscia de Laura, dient[475] que ell, com que per lo seu obstinat desig hi voluntat[476] de Laura [108r] se solia moltes voltes dolrre, com home offès d'aquella per ingratitut e d'amor per justícia, pur norresmenys la venjança, la qual ell no veu fer, que los seus ulls, vehent amor ésser de la pudicíscia de Laura sobrat, li és hun fre e hun ferm argument que ell may de aquest se deu dolrre. La qual venjança e pressura d'amor és matèria de versos herohics hi de gran loch hi estil, e no de baxa ley dels poetes apel·lada sochi,[477] com sia cosa que diffícil e arduu sia a poder persuadir que qui, d'ingeni de roços grocer e non capax de les rahons contràries a les lurs opinions, és reputat déu sia vençut per res e ligat solament de una simple delliberació de una verge. E seguex aprés que de aquesta pressura, primer que ell ne cante la qual cosa en lo Trihunffo de la Pudicíscia, vol primer allò que amor fes d'ell hi dels altres presoners recontar e aprés dir allò que sosté d'altri. La qual cosa, bé que de micer Ffrancesch recitada, no és emperò principalment sua, mas de Omero hi de Orpheu, claríssims poetes grechs, dels quals[478] primer cascú havia escrit los suplicis los quals del seguir amor insurtien, hi encara la glòria que atenyia lo qui més virilment a ell resistia. E per co diu:

> Onde, benché talhor doler mi soglia
> Come huom offeso,[479] quel che con quest' ochi
> Vidi, m'è un fren che mai più non[480] mi doglia:
> Materia da coturni, e[481] non da sochi,
> [108v] Veder presso colui ch'è facto deo

---

[474] *anar*: error por "cremar"; it. "ardere".
[475] *dient*: ms. "dien".
[476] *voluntat*: ms. "volunt".
[477] *sochi*: "ximple"; it. "sciocchi".
[478] *claríssims...dels quals*: ms. "clarissim poeta Grech del qual".
[479] *offeso*: Pac. "ch'è offeso".
[480] *non*: ms. "nom".
[481] *e*: ms. "en".

> Da tardi ingegni, rintucati et sciochi!
> Ma prima vo' seguire che di noi feo,
> Et poi dirò quei che d'altui sostenne:
> Opra non mia, ma d'Omero o d'Orpheo.[482]

Circa la rahonable intel·ligència dels precedents versos és de saber per què mostra micer Ffrancesch lamentar-se de Laura; que, mentre que lo apetit sensitiu en los cossos dels hòmens domina, tostemps en ells recrea injúria quant de les enamorades lo delit carnal los és denegat. Mas, aprés que aquella calor és consumida e la rahó les sues estretes hi tristes forçes ha reconsumides, lavors, tenint en fastig, la lur passada vida tenen en blasme e sobiranament la constància de lurs enamorades lohant comenden, affermant d'aquelles haver rebuda salut. E per ço, micer Ffrancesch singularment descriu que, bé que ell se acostumàs espessament dolrre de la operació de Laura, pur, vehent aprés quant per lo exemple de aquella ell hagués lo seu apetit arreglat e aquell[483] a la externa salut excitat, li paria rahonable no sols no més dolrre's mas deure's tostemps de Laura sobiranament loar.

Aporta aprés micer Ffrancesch allò que últimament los sperits enamorats feren, dient com, dretament seguint a volar de les purpúrees plomes dels alats cavalls los quals lo carro d'amor judicaven[484] per mil diffícils e aspres lochs hi per mil latíssimes fosses, a la fi Amor al regne de la mare Venus pervench, en lo qual tractat[485] [109r] no li foren may les greus cadenes no dich fastigoses, mas pur rellentades. Mas per silves y muntanyes e altres lochs inacçesibles tirats per forca, hi les vestidures hi carns estraçades, nengú quasi sabia en qual estament e en quina manera fossen. E per co diu:

> Segimo il volo[486] delle purpuree penne
> De gli alati corsieri[487] per mille ffosse,
> Ffin che nel regno di sua madre venne;
> Né rallentate le catene o scosse,
> Ma stracciati per selve et per montagne,
> Tal che nessun sapea in qual mondo fosse.

---

[482] *ma...d'Orpheo*: Pac. "d'Omero over d'Orpheo".
[483] *aquell*: "això"; it. "quello".
[484] *judicaven*: error por "guiaven".
[485] *tractat*: error por "camí"; it. "camino".
[486] *volo*: Pac. "suon".
[487] *De...corsieri*: Pac. "de' volanti corsier".

Escriu elegantment lo nostre micer Ffrancesch en aquestos versos, primer que·ls hòmens al terme del seu pervers desig sien pervenguts, quants són los suplicis hi perills que tota hora comporten mentres que l'ànimo dins les forces de l'apetit és detengut; en lo qual patíbulo tant és aquesta enamorada voluntat tenaçe que per aquells en nenguna part se diminuhix lo tan intens y ardent enamorat desig, mas més prest se confon la memòria, ni sab a pendre neguna terminació[488] limitar-se, emperò que, de la hu de laços és forçada de la encesa voluntat de possehir lo seu amat obgecte, de l'altra part aprés és retreta de la amargor asprea hi difficultat, los quals veu en deure'l obtenir. E per ço tostemps se resta suspensiu l'ome entre felicitat y misèria, semblant-li ésser de l'effecte[489] hi elevat de la esperança; la qual contrarietat hi disposició [109v] manifestament la mostra micer Ffrancesch en aquell sonet "Mirando il sole de belli ochi sereno", hon diu a la fi: "Per questi extremi duo contrari et mixti, / Hon con voglie gelate, hor con accese / Stasse cossi fra misera et felice". La qual cosa acomodadament lo poeta, primer que al regne de Venus pervinga e temple on Cupido la sua despulla consagra, descriu los hòmens ésser per silves y montanyes estraçats, e nengú d'ells saber en quin estat se troba.

Descriu aprés micer Ffrancesch lo loch particular là hon, pervengut Amor ensemps la sua companyia de persones, volgué trihunffar e consagrar la despulla de la sua victòria, dient que a hon sospira e plany la mar Egeu és col·locada una delicatíssima[490] e emaníssima illeta, molt més que altra que de la mar sia banyada y del sol escalffada, en la qual és en mig hun emaníssim e plahent coll vert hi florit nomenat Citero, là hon a Venus se sacrifficava. En la qual illa són tan dolçes les aygües e lorers suaus que tota tristícia e perturbació d'ànima en aquell loch de la memòria dels hòmens és remoguda. La qual illa e regió plagué a Venus per abitació sua hi en aquella en aquell temps fon consagrada, ço és en lo temps que lo verdader Déu per lo misteri de la incarnació no fon conegut; hi encara huy en lo present temps és aquella terra tan magra e nua de virtuts, hi encara tant reté de les sues delitoses voluntats de la sua primera consuetut, que als bons hòmens donats al mental exercici e obres intel·lectives sembla agra [110r] y amarga, hi als catius e sols de sen-

---

[488] *terminació*: "determinació".
[489] *l'efecte*: falta "submergit" para darle sentido.
[490] *delicatíssima*: ms. "dicatissima".

sitiu apetit desigosos per suau e dolça. En aquest, donchs, loch tri-hunffà Amor de tots aquells miserables presoners, los quals ell per tot lo diàmetro del món havia presos, començant a la mar de les Índies a mig jorn fins en aquella de la illa de Tile,[491] ço és de la una e altra extremitat del món. E per ço diu:

> Giace oltra ove l'Egeo sospira et piagne
> Una isoleta dilicatta et molle
> Più che altra che il sol scalde, o che il mar bagne.
> Nel meço è un umbroso et verde[492] colle
> Con aure sì soavi, et[493] sì dolce acque,
> Che ogni maschin[494] pensier dall'alma tolle.[495]
> Questa è la terra che con tanto[496] piacque
> A Venere, et in quel tempo dallei[497] fu sacra
> Che 'l ver nascoso e scognosciuto giacque.
> Et ancor è di virtù[498] sì nuda et macra,
> Et tanto tien del primo habito[499] vile,
> Che par dolce et[500] cativi, et a buoni acra.
> Hor qui[501] triomphò il signor gentile
> Di noi et d'altri tutti che ad hun laccio
> Presi havea, dal mar d'India a quello di Tile.

Per més aperta intel·ligència dels precedents versos és de saber que la mar Supero fon la apel·lada Adriàtico, e huy Golff de Venècia, continuant-se al Peloponesso, hi entre aquell és la illa de Creta entrant-se conjuny a la mar de les Cíclades, apel·lt Helespont, là hon són moltes illes de les [110v] quals la mar reb més denominació. La mar donchs de la terra àtica se apel·l Egeu, lo qual nom insurtí per la mort de Egeu, pare de Teseu, rey de Attenes. On és de entendre que, anant[502] Teseu, per la sort cayguda sobre ell en Creta, deure[503]

---

[491] *de Tile*: ms. "Ditile"; it. "di Tile".
[492] *et verde*: Pac. "e chiuso".
[493] *Con...et*: Pac. "con sì soavi odor, con".
[494] *maschin*: Pac. "maschio".
[495] *tolle*: ms. "tolse".
[496] *con tanto*: Pac. "cotanto".
[497] *dallei*: Pac. "a lei".
[498] *virtù*: Pac. "valor".
[499] *Et tanto...habito*: Pac. "tanto riten del suo primo esser".
[500] *et*: Pac. "ai".
[501] *qui*: Pac. "quivi".
[502] *que, anant*: repetido en el manuscrito.
[503] *deure*: error por "on"; it. "dove".

per la ley imposada de Minos als atenienchs en venjança d'Androgeu, son fill, lo qual mataren, e[504] ésser devorat de Minotauro, hi Egeu, essent vell e no havent més algun fill, féu preparar les naus ab les veles negres en senyal de tristícia e dolor e recomanà a Teseu e als mariners[505] que, on ell campàs de tant suplici, que en lo retorn cambiassen les banderes hi les veles de negre en blanch en demostració de victòria. Teseu, donchs, pervengut en Creta e per ffavor de Adriana,[506] matà lo Minotauro, e, exit del Laberinto e acampat de tan aspra sort, per la immoderada alegria oblidant lo precepte del pare, en lo retornar no cambià en altra manera les veles, mas ab les matexes venint arribà Attenes. La qual cosa vehent de luny Egeu, lo qual sobre una torre tots jorns lo retornar esperava, estimant lo fill ésser mort, per gran dolor se lançà en la mar. Per la qual cosa, fon apel·lt tostemps Egeu pèlech. Aquesta mar, per lo seu siti oposta a major part als orientals vents e australs espessament, greument és de aquells mogut. Per la qual cosa, alçant-se per la lur fúria l'aygua e retornant-se'n arràs, fingen los poetes que encara Egeu sospira la falsament creguda[507] [111r] mort de Teseu, son fill.

Segonament, és de notar que la illa de Citarea, per lo seu siti convenientment remogut de la extremitat e temprat loch propinch molt més que altra terra o regió, la qual, emperò, de Venus fon eleta perquè, essent ella de[508] les delícies, molt delit se presenta del temprament de l'ayre. E més prest aquesta illa a Venus dels scriptors fon atribuhida que la plana sotsmesa a la línea equinocial, la qual, segons la sentència d'Avicenna en la primera sentència del primer libre hi del consellador a la differència LXVII, és temperatíssima regió. Emperò que primerament no és[509] universal sentència de tots. Secondàriament perquè, primer en Grècia poetant e escrivint-se de Venus e no essent aquella regió maniffesta per la sua distància, emperò Citarea a Venus atribuhiren e a ella en aquell loch sacrifficaren mentres que la prenunciada veritat de la incarnació dels proffetes no fon delucidada per lo adveniment de Jesucrist; la qual cosa deure's fer, predix Sophonius, e d'ella y de tots los altres déus, dient: "Horribilis deus eos et atenuabit omnes deos terre et adorabunt eum omnes viri de loco suo et omnes insule gentium".

---

[504] *e*: error por "a"; it. "ad".
[505] *a Teseu e als mariners*: ms. "Teseu als mariners".
[506] *Adriana*: "Ariadna".
[507] *creguda*: ms. "cregua".
[508] *de*: "deessa de".
[509] *no és*: error por "n'és"; it. "ne".

Últimament és de notar que en⁵¹⁰ aquesta terra e contràrita illa, e difforme als bons hòmens e als catius e presos, diu micer Ffrancesch haver trihunffat Amor de tots los hòmens presos e ligats del siti de la mar de la Índia a⁵¹¹ aquell de Tile, ço és a una e altra extremitat del món. Per la qual intel·ligència és de saber que la Índia és regió posada en lo mig entre Auro e Orient; e, de Tilo, [111v] és la última illa de l'ocçeano envès lo septentrion situada entre⁵¹² lo septentrion. La qual, segons Plini y Solino és loch inabitable, emperò que tostemps en estrema destemprança se troba; com sia cosa que de l'equinoci hivernal quant lo sol és en Àries a l'equinoci és octunnal⁵¹³ e a l'yvernal mas⁵¹⁴ lo sol la il·lumina, e axí sis mesos ve lo jorn e sis mesos la nit contínua. Donchs, aquesta illa quasi en lo seu siti directament a Índia és posada. Emperò, lo poeta, volent la universitat del loch descriure, là hon amor ha força, diu ell haver trihunffat dels presoners los quals ell havia presos de la mar d'Índia a·quell de Tile, ço és de la una extremitat del món fins a l'altra.

Seguex aprés micer Ffrancesch la despulla e caça la qual, segons l'antiga consuetut de trihunffants, Amor portava ab si a consagrar al temple a ell acomodat, dient que portava primer davant enuigs e pensaments; entén-se aquells que als miserables enamorats occorren e sobren;⁵¹⁵ e aprés ab vanitat ab fugitius⁵¹⁶ delits fermament enugosos, e invariables e continus desplaers, e, ultra aquestes, coses fora de natura, ço és roses en lo mig del més ffrigidíssim yvern e fret gel en lo temps de la més calda calor. E per ço diu:

> Pensieri in grembo, e vanitade in braccio,
> Dilecti fugittivi, et ferma noia,
> Rosa d'inverno, a meça state il ghiaccio.

Maniffesta cosa és hi per vera speriència aprovada neguna altra diligència ésser per la qual més en pensar se fatigue la memòria que la diligència enamorada; [112r] considerat que hun tracte congrega

---

⁵¹⁰ *en*: tachada en el manuscrito.
⁵¹¹ *a*: ms. "e".
⁵¹² *entre*: "sota"; it. "infra".
⁵¹³ Faltan unas líneas del texto italiano: "quando il sole e in libra sempre il sole sta sopra lo emisperio: e quella illumina ne mai fa occaso dapoi che p*er* contrario da la eq*ui*noccio autu*m*nale: al vernale mai..."
⁵¹⁴ *mas*: error por "mai".
⁵¹⁵ *sobren*: ms. "sobra".
⁵¹⁶ *fugitius*: ms. "fugitus".

lo pensament de possehir lo seu tan desigat obgecte, la por de competidor, la temor de perdre la fama, la voluntat del venjar les rebudes injúries, lo desig de mostrar-se grat de qualsevol mínim beneffici attès, la diligència del provehir als voluntaris e demanats donatius, la indústria del trobar medis per los quals al desigat fi vinguen, la gran guàrdia per les quals a les enamorades no·s procure infàmia, lo ferm propòsit de seguir-les hon se vulla que vajen, la cautela e provehiment de dia o de nit que lo seu loch no sia de altre enamorat occupat, e infinits altres pensaments, los quals aprés una mínima cosa ésser vans los demostra. Per la qual cosa, maniffestament se comprèn per cascun enamorat ell haver la vanitat e ombra abraçada. E si per ventura alguna volta intervé que l'ome possehexcha lo seu desigat obgecte, o quant és breu e fugitiu lo plaher que nax del tal causa! E quant és diüturn e greu lo suplici!; e per la matexa causa se'n espera. On ab rahó se atribuhex a Grisòstom haver tal effecte complidament descrit com aquests versos demostren: "Ardet in affectu Venus: anxia sordet in actu. / Eficit atque pudet cito patratur opus. / Post factum fecisse pudet: cito preterit illud. / Quod iuvat eternum quod cruciabit erit". Ni, emperò, perquè lo plaer sia breu los affanys e enamorats enuigs són curts, mas larguíssims[517] abans del plaher, grans[518] en lo delit hi eternals[519] aprés la espurcida dolcesa. En los quals[520] effectes essent perverssa la natura de l'home, no és gran fet si coses fora de natura produhex lo sensitiu apetit, axí com seria en [112v] hivern les roses hi en mig de l'estiu lo fret; les quals coses no poden pervenir[521] sinó quant de lur siti e lur natural complexió los cossos celestials se moguessen, o les quartes de l'any als quatre elements proporcionades hon les coses elementades pervenen.

Narra aprés lo poeta les segones despulles tretes per força dels vagarosos enamorats, dient que Amor portava davant si una dubtosa sperança mesclada ab breu alegria, a la qual aprés seguia dolor e penitència aprés los precedents enamorats delits, semblant al dol e penediment seguit al regne de Roma e en aquell de Troya a la copiditat delit e enamorada dolcesa. E per ço diu:

---

[517] *larguíssims*: ms. "larguissim".
[518] *grans*: ms. "gran".
[519] *eternals*: ms. "eternal".
[520] *quals*: ms. "qual".
[521] *pervenir*: ms. "prevenir"; it. "provenire".

> Dubia spene davanti et breve gioia,
> Penitencia et dolor doppo le spalle,
> Qual nel regno di Roma o in quel[522] di Troia.

No·s pot a la claredat dels precedents justament negar la esperança d'amor ésser dubtosa, com sia cosa que la fermetat de la sperança d'amor sia més vana que la fermetat de l'obgecte esperat. Per la qual cosa, essent en lo apetit sensitiu en tot confusa tota rahó e separada, lavòs se seguex que encara no pot ésser certa ni longa, segons la sentència de Quinto Curci, lo qual diu: "Nihil enim potest esse diuturnum: cui non subest racio quod et si fortuna aliquando aspirare videatur temeritati tamen non sufficit". Per la qual cosa, seguex encara que la glòria e alegria és necessari que sia breu, emperò que aquella devalla com a effecte de la enamorada [113r] esperança. Per la qual cosa essent la causa breu e instable, és necessari que l'effecte sia de la matexa disposició, com és sentència dels naturals, màxime de Averrohiç en lo huytè de la *Metaffísica*. A la qual breu e fugitiva alegria ne seguex dolorosa penitència, com intervench en lo regne de Troya per la rapina de Helena per Paris feta, com dalt havem dit; per la qual los troyans foren morts, presos e desparguts, e la noble ciutat de Troya tota a roÿna donada, com en lo principi molt plagués a Príam, Paris e als altres troyans lo haver a la grega nació levada Helena sots sperança de recuperar Exiona. Semblantment en Roma dues voltes intervench; la una al temps de Tarquí Superbo e l'altra en lo temps de Àppio Clàudio, hu del nombre dels romans dehèn cavaller,[523] que a hun xiquet enamorat plaher seguí gran dolor e amaritut enugosa. Emperò que, havent Sexto Tarquino, fill del predit Tarquí, violada la casta Lucrècia, fon de Bruto, oncle de Lucrècia, de Col·latino, son marit, e de son pare aprés la mort de aquella en venjança sua lançat de Roma Tarquí, e constret a comportar miserable viure e desaventuradament morir. Axí matex Àppio Clàudio, ja damunt dit dehèn cavaller, aprés que esforçat de l'enamorat apetit de[524] la injusta sentència contra Virgínea, filla de[525] Virgineu, jutjant ésser esclava de hun Clàudio, com més clar en aquest procés veurem, per la qual cosa ella de l'eternal[526] pare fon

---

[522] *Qual...quel*: Pac. "sallo il regno di Roma e quel".
[523] *dehèn cavaller*: "decemuiri"; it. "decemuiri".
[524] *de*: "digué"; it. "die".
[525] *filla de*: ms. "filla".
[526] *l'eternal*: ms. "entrenal", error de traducción por "generós"; it. "generoso".

morta; d'on lo regiment de Roma fon tan alterat que, posant-lo en presó, e aprés ab gran dolor e penitència de la injusta sua obra [113v] vilment fon mort. E ab greu suplici foren aquests dos carnals appetits, mas, si entenguéssem la intel·ligència de micer Ffrancesch a l'apetit pervers del dominar[527] quanta és la penitència e rohina que d'aquí avant se seguí! Lig-se en lo *Comentari sivil*, màxime Appianus Alexandrinus *De bello civil* e als altres istorials de la lengua latina et potísimum Corneli Tàcito, per los quals libres se poria dar, vehent-los, ver judici de la penitència romana, ara aprés que micer Ffrancesch ha descrit quals són les despulles consagrades per los ànimos dels enamorats.

Narra consegüentment la dispusició del loch verament abte a encendre lo apetit carnal, dient que en la vall opposada en lo ameníssim mont Citereo se sentia hun delitable murmur e hun suau consentiment d'ocellets,[528] los quals en los seus cants desvellaven la memòria a l'enamorat plaher;[529] hi eren encara les ribes e sumitat de la vall per virtut del sol, que en aquell loch més alt ha més efficàcia, per la no tant repugnant humiditat, ple de vàries flors en color, diverces...[530] exposicions; diverses flors produhex e diverses colors. E aquest estat tenia la vall en lo temps de la primavera que en lo sobrevenint estat obviàs a la immoderada calor del sol e a la natural consumpció sòlita fer-se de tant acalorat ayre, emperò que aquí eren rius claríssims d'aygua corrent abta a extingir la set natural, los quals defluhien de manants fonts e vives venes d'aygua gelada e clara; e ultra açò, una suau, grata e fullada ombra de verts fullades pomeres, mediant les quals los enugosos raigs del sol fugien, en los quals arbres [114r] regolfant los vents, resultaven odors dolces, suaus e odorífferes. E últimament sobrevenint lo temps de l'octunme y de l'yvern, dels quals ve que la natura en la umiditat e sequedat desconvinga, norresmenys en la frigiditat, qualitat més sensible e més molesta a la natura de l'home, la disposició del foch era tal que importava lavòs una temprada calor, mediant la qual eren aquells lochs a l'apetit enamorat saborosos, olents, ociosos, e a l'apetit conformes. E per ço diu:

---

[527] *dominar*: error por "damnar"; it. "damnar".
[528] *ocellets*: ms. "ocelles".
[529] *plaher*: ms. "phaher".
[530] La traducción salta de línea, confundido el traductor por la repetición de "diversi" en italiano. El fragmento en italiano dice: "...pieno di varii fiori e diversi colori. Unde alchuni erano bianchi alchuni verdi: alchuni vermigli: alchuni persi: alchuni altri gialli si come la terra per diverse dispositioni diversi fiori produce".

> Et murmure per tota[531] quella valle
> D'un concento di ucelli, et[532] le sue rive
> Bianche, verde, vermeglie, perse et gialle:
> Rivi correnti di fontane vive
> Al caldo tempo su per l'herba frescha,
> Et l'ombra spessa, et l'aure dolce estive;
> Poi, quando il verno l'aër[533] se rinfrescha,
> Tepidi soli, et giochi, et cibi, et ocio
> Lento, che i semplicetti cori invescha.

Justament e ab gran rahó natural lo nostre poeta ha descrit en los precedents versos la proprietat convenient de l'enamorat desig, com sia cosa que, començant-se al temps de la primavera en los hòmens muntiplicar en la[534] sanch l'esperit,[535] e per conseqüent lo apetit carnal pigritant l'ome en lo propri domicili, ell ha molt a diminuhir tal voluntat. Mas, exint fora a la vista del vert, la qual color ha lo home a realegrar, per lo ésser color provenient de principi vital, en les quals tots los vivents participen, participant la vida, segons lo philòssof in II *De ànima*, la qual [114v] diu "Vivere viventibus est esse", emperò lavòs los sperits se reviffiquen e tenten, axí com ministre[536] les operacions naturals, les quals ab molt més delit en los lochs de tal qualitat han més jocunda expedició. Axí matex, encara al temps de l'estat podent obviar per los metges[537] descrits a la consumpció e a la debilitat natural que a ella attenga, feta de la calor de l'ayre, molt més los hòmens satisfarien a la venèrea operació. E axí finalment encara l'ivern, quant la sua rígida frigiditat[538] se pogués contemperar, se faria lo matex: emperò, axí com és sentència d'Avicenna, en la primera part del primer, e de Galièn en lo segon *De tegni*,[539] tota operació qualsevol que sia més perfeta e intensa prové mediant la contemperància més que[540] la distemperància. Emperò, micer Ffrancesch, quant a respecte de loch, ha descrit aquelles proprietats[541] que a la delectació sensitiva són convenients.

---

[531] *Et...tota*: Pac. "E rimbombava tutta".
[532] *D'un...et*: Pac. "d'acque e d'augelli, ed eran".
[533] *quando...l'aër*: Pac. "quand'è 'l verno e l'aër".
[534] *en la*: ms. "la".
[535] *l'esperit*: "els esperits"; it. "li spiriti".
[536] *ministre*: "ministres de".
[537] *metges*: error por "mitjans"; it. "mezi".
[538] *frigiditat*: ms. "frigidita".
[539] *De tegni*: ms. "dete".
[540] *més que*: ms. "que".
[541] *aquelles propietats*: ms. "aquella proprietat".

Seguex aprés la descripció del loch micer Ffrancesch la hora del temps e de la estància comodada a Amor, dient que la stància e lo temps en la qual Amor volgué trihunffar era quant aprés lo equinoci lo jorn resta superior a la nit, e quant Progne ensemps ab la sua Philomena jermana torna al seu dolç exercici del cant e de visitar les nostres parts itàliques. En aquest loch[542] exclamant, donchs, e lamentant la instabilitat de la natura humana, diu lo poeta que Amor volgué trihunffar en aquell loch e en aquella hora que ell requir major traüt de més calentes làgremes als ulls dels miserables enamorats. E per ço, ell maniffestament véu a qual servitut, a qual treball e a qual mort anaven aquells que incautament consentien a enamorar-se. E per ço diu:

> [115r] Era nell'astagion che l'equinocio
> Ffa vincitore il giorno, et Progne riede
> Con la sorella al suo dolce negocio;
> O di nostra fortuna instabil ffede!
> In quel luogo, in quel tempo, in quel'hora
> Che più caldo[543] tributo ali occhi chiede,
> Trihumphar volse quel che il vulgo adora.
> Et vidi a qual servicio,[544] et a qual morte,
> Et a che stracio va chi[545] se inamora.

Per més clara hi expedita notícia dels precedents versos és de saber que, discorrent lo sol per lo cercle zodíach oblíquament e devent transpassar de la hu cercle per a l'altre, de què, quant lo sol és en alguns de aquells, se ffa lo solistici estival o jemal, és necessari que dos voltes l'any lo sol se trobe sots la línea equinocial, co és la una volta com entra en Àries e l'altra volta com entra en Libra. De què, en lo primer equinoci anant[546] lo sol envés lo cranch estival, lo jorn roman superior a la nit, ço és en la sua duració, com sia cosa que, discorrent lo sol per lo cercle ultra la línea equinocial envés lo pararell estival, és necessari que més de dotze ores estiga lo sol sobre lo nostre emisperi; e quant més de la línea se remou, procehex[547] envés lo damunt dit cercle circuhit en lo nostre emisperi, e per ço tant majorment ve a créxer la nit.

---

[542] *loch*: "temps"; it. "tempo".
[543] *caldo*: Pac. "largo".
[544] *servicio*: Pac. "servaggio".
[545] *chi*: repetida en el manuscrito.
[546] *anant*: ms. "anan".
[547] *procehex*: ms. "e procehex".

Diu, donchs, micer Ffrancesch que lo temps en lo qual ell véu trihunffar Amor era quant aprés lo equinoci lo jorn comença a ésser major que la nit, e quant Prognes, ço és la oroneta, e la jermana, co és lo rocinyol, retornen a la lur dolça consuetut de visitar a nosaltres de suaus cançons en lo temps de la primavera. On és de entendre, segons [115v] la poètica descripció, que Progne e Ffilomena foren jermanes e filles de Pandion, rey de Athenes; lo qual Pandion donà Prognes per muller a Tereu, rey de Tràcia, lo qual, segons[548] la permissió de l'affinitat usant en casa de Pandion, per la bellea sua se enamorà de Ffilomena, cunyada sua, jermana de Prognes. E essent hun jorn en la sua regió tornant-li a memòria Ffilomena, no podent més a les occultes flames resistir, se partí de allí e pervench en Athenes, hon gratament de Pandion fon rebut. E demanant-li de la causa de la venguda sua, respòs Prognes haver grandíssim desig de veure Ffilomena, tant amada jermana sua; per la qual cosa·l pregava que li plagués consentir que per alguns dies vingués en Tràcia a la sua Prognes. Pandion, entesa la demanda del gendre, no estimant d'ell algun traÿment, líberament li consentí Ffilomena, segons que havia demanat. Partí's alegre Tereu, donat compliment per anar en Tràcia. Lo qual junt en una silva que en mig del camí estava, no esperant més comoditat a complir lo seu inlícit desig, devallà en terra e a la fi violà e corrompé la gentil Ffilomena; e, immediate finida la celerada obra, no semblant-li haver fet mal, tornà moltes voltes en aquella. E perquè a neguna persona ella·u pogués dir, ab la sua espasa li tallà cruelment la lengua, havent primer Ffilomena molt lamentat[549] de dir-ho a quascú. Dexada Tereu Ffilomena e tornat en Tràcia, e sots simulades làgremes fet creure a Prognes Ffilomena ésser morta, passat[550] hun any crexqué a Ffilomena l'ànimo de maniffestar la comuna injúria a Prognes, a elles per Tereu feta; [116r] de què entengué de pintar en una tela ab agulla tota la violència rebuda de aquell, hi escrigué lo loch hon se trobava e en quina manera Tereu, dexant-la sola, se'n era partit. E, aquesta tela dada a una donzella, la envià en Tràcia a la jermana Prognes, la qual, immediate que aquella hac vista, conegué maniffestament tota la sua continència. De què, occorrent censualment[551] en aquell temps la ffestivitat

---

[548] *segons*: ms. "sengons".
[549] *lamentat*: "lamentat i promès".
[550] *passat*: ms. "passa".
[551] *censualment*: error por "casualment"; it. "casualmente".

de Baco, Prognes, simulant de nit sacrifficar a·quell, se partí e anà al loch hon era Ffilomena, jermana.⁵⁵² E aquella, trobada, la portà a la sua casa, hon la tingué amagadament secreta. Aprés per venjar-se Prognes no sols de si, mas encara a sa jermana, havent parit de Tereu hun fill apel·lt Itis, aquell matà lo qual a son pare donà per vianda. Tereu, mentres que menjava, moltes voltes cridant commemorà Itis; per la qual cosa Prognes, quant li semblà ésser temps, li mostrà Ffilomena e lo cap de son fill dient: "La resta de aquest per venjança de Ffilomena has menjat". La qual cosa vehent Tereu, espantat e infuriat, pres la espasa e corregué dret a Prognes e Ffilomena per voler matar cruelment aquelles. Mas, elles fogint, per pietat d'ell Prognes se convert en oroneta e Ffilomena en rosinyol; e Tereu, per justícia fon convertit en uppupa o putput. Per la qual cosa Ffilomena encara en lo cantar plany la injúria de Tereu rebuda, e Prognes profferex encara veu de dolor, de corrucció e desdeny.

Singularment, donchs, micer Ffrancesch ha conjunyit lo temps de l'any, lo loch de la illa de Citarea e l'ora de la matinada en [116v] la qual major molèstia reben los enamorats, com ell matex en aquell sonet demostra "Gia famegiava l'amorosa stella / La sera disiare odiar l'aurora". En lo qual loch e temps més se trobava amor haver hagut força que en qualsevol altre. Per la qual cosa pot maniffestament veure quant aspra e innominosa mort, qual vida de permutar ab mil generacions de morts, e qual últimament de tot lur estat voler desig e obra incerta. E per ço justament deplora la condició de la natura humana, la qual se sotsmet a axí aspre penediment e inreparables colps de la cega fortuna. Perquè, segons la oppinió de micer Ffrancesch, amor no nax per eleçció, mas per destinació, com ell en aquell sonet demostra "Parra força ad alcun que allodar quella". Mas, segons la diffinició de ffortuna del philòsoff en lo segon de la *Ffísicha*, encara tots los enamorats suplicis, molèsties e amargors pervenen de fortuna, venint fora de la intenció dels enamorats.

Consegüentment, aprés micer Ffrancesch, per no en alguna cosa desviar en la consuetut dels antichs trihunffants romans, als quals per eterna memòria se constituhia hun arch trihunffal hon totes les lurs obres eren esculpides a effecte dels trihunffants, axí com encara en lo present temps és maniffest en la ciutat de Roma per lo arch trihunffal de Costantí⁵⁵³ e de Lúcio Sèptimo, aprés que ha conduhit

---

⁵⁵² *jermana*: ms. "jerman".
⁵⁵³ *de Costantí*: ms. "Costanti".

lo trihunffant Amor al seu convenient loch, descriu ara lo seu arch trihunffal, quals obres e quals effectes per ell en la sua guerra són estats obrats. E per ço principalment narra com en les columnes e de sobre, en la squena de l'arch e front[554] errors, somnis e ymatges blanques[555] smortides, e bax en[556] [117r] lo braç davall eren designades falses oppinions e infinides seducions de si matexs. E per ço diu:

> Errori et sogni et imagine smorte
> Eran di torno[557] a l'archo trihunphale
> Et false opinïoni in su le porte.

Ab quantes rahons lo nostre admirant poeta ha descrita la primera cara de l'arch d'Amor no crech per lengua humana poder-se acomodadament explicar; del qual és lo primer fonament dels enamorats ells[558] no falsament imaginar aquelles coses que desigen ésser-los a salut e sobiran plaher, les quals són a eternal dan e molèstia dels miserables enamorats. E ultra, axí com per ells se desiga les lurs enamorades alegrament possehir, axí se imaginen encara que per les enamorades se desiga ésser d'ells possehides. La qual cosa com sia falsa largament en lo precedent capítol, exprimint los seus effectes, ha demostrat de la falsedat de oppinió; consegüentment, ne seguexen, es multipliquen errors, segons la sentència del philòsoff en lo primer de la *Ffísicha*, on diu: "Dat hun inconvenient plura contingunt"; o en lo primer *del Cel* diu: "Si quis enim modicum fuerit transgressus et a veritate recedens fiet longe plus decies milies"; emperò que per lo ardent desig se confon la memòria. E per ço, affermant la sentència de Ffedra escrita de Ovidi en les *Epístoles* "Iupiter esse pium statuit quod cumque iuraret", la qual cosa demostra en effecte. E semblant statut sentí la reyna Semiramis quant, enamorada de Nino, son fill, féu tal excés ésser lícit per ley. Quants ultra [117v] aquests,[559] compresos de tal desenfrenat desig, han en los lits abandonats[560] los vells pares, les malaltes mares, los xiquets

---

[554] Falta "eren esculpits" para completar la oración.
[555] *blanques*: a continuación en el ms. "e" tachada.
[556] *en*: repetida en el manuscrito.
[557] *di torno*: Pac. "d'intorno".
[558] *ells*: ms. "ell".
[559] *aquests*: ms. "aquest".
[560] *en los lits abandonats*: "negligits i abandonats", error de traducción con "negletti"; it. "negletti e abandonati".

fills dexats sens la cura públicament ésser d'ells separats! Quants falsos juhins se fan, quantes veritats se confonen, quantes veritats[561] se exterminen e quantes coses prohibides se posen en execució! E aprés per la contínua e affixa cogitació no sols en la nit lo matex pensen, mas en lo somni encara retornen a simular les espècies intel·ligibles ensemps ab les fantasmes a les virtuts intrínseques. E per ço, allò que en la nit se desiga encara·s veu en lo somni, del qual continu exercici mental nax la mortifficació e blancor del cor per la gran resolució dels sperits; los quals, essent de natura de lum, no poden més collir la superfícia extrínsequa, de què[562] la carn ne roman blanca e esmortida. E, emperò, Ovidi conclohia in libro *De arte amandi* que la blancor era color abte a cupiditat, e per ço diu: "Palleat omnis amans: color hic est aptus amanti".

Seguex aprés micer Ffrancesch les ymatges situades dins l'arch, dient que en la escala[563] dins per la qual a la sua sumitat se pujava, veya escolpit hun malalt esperar en mig de hun ferm repòs e de hun reposat affany; e la natura dels grahons de la escala era tal que qui més per aquella devalla, més se troba a la fi ésser devallat. E per ço diu:

> Et lubrico sperare su per le scale,
> Stancho riposo et riposato affanno,[564]
> Et gradi ove più scende chi più sale.

Per més clara intel·ligència dels precedents versos és de saber que may neguna cosa [118r] pot ésser permanent que sia violenta, com sia universal sentència dels naturals, màxime de Aristòtil en lo segon *De celo et mundo*. E certament al parer meu neguna pot ésser major violència que aquella per la qual l'ànimo nostre és constret a seguir les delectacions corporals. Per la qual cosa és necessari que la esperiència la qual d'ells és fundada sia fal·lace, no havent algun fonament de rahó; de la qual cosa aprés ne nax hun enugós repòs, emperò que, havent-se l'ome molt exercitat ab la memòria e ab lo cors, e no havent attès o possehit lo seu desigat plaher, és necessari que·s

---

[561] *veritats*: "virtuts"; it. "virtu".
[562] *de què*: ms. "de".
[563] *escala*: a continuación en el ms. "encara" tachado.
[564] *Stancho...affano*: hay un error con el orden de los versos, porque aquí corresponde "Et damnoso guadagno et util damno", que se incluye en el fragmento siguiente.

repose, segons la sentència del ffilòsoff⁵⁶⁵ en lo primer *De somno et vigilia*, lo qual diu: "Unum quodque enim opus secundum naturam cum excesserit tempus in quanto cum contigat aliquit agere vel facere necesse est defficere". En lo qual repòs molt més molèstia·n·resulta, semblant als enamorats tostemps ésser totalment perdut lo qual no·s dispensa en lo acost de la cosa amada. E, axí com continuant en aquesta voluntat los enamorats tot lur repòs agreuga, axí per opòsit lo affadigar-se los sembla hun reposat dormir, emperò que esperen possehir allò que cerquen e en allò reposar-se; per la qual cosa, amor hi lo desig los leva tota causa de difficultat, segons que testiffica Ciceró in *De oratore ad Brutum* dient: "Nichil difficile amanti puto". E en aquesta tal enamorada operació se procehex per graus, per los quals qui més hix en declinació e més en bax loch, se troba a la fi tostemps ésser devallat. E aquesta disposició se guanya per tres evidents rahons: primer per la natura de l'home, segonament per la obscuració de la fama, tercerament per la calitat [118v] e consistència dels sentiments. Scriu Ciceró e acomodadament en lo primer dels *Officis*, e Aristòtil a la fi del primer de la *Èticha*, que la natura de l'home, segons la sua perfecçió, és que la rahó senyorege e lo apetit obehexcha. Per la qual disposició diu lo philòssoff en lo pròlech de la *Metaffisicha*: "Humanum genus arte et racionibus vivit"; e Ciceró in primo *De officiis* diu: "Homo enim quoniam racionis est particeps: per quam consequencia cernit causas rerum videt earumque progressus et quasi antecessionis non ignorat similitudines comparat: rebusque presentibus adiungit atque annectit futuris: facile tocius vite cursum videt ad eamque regendam prepatres necessarias". Per la qual cosa de aquesta excel·lentíssima pràticha l'ome és appel·lat animal racional. Emperò, axí com conclou Ciceró en les *Paradoches* dient "Voluptasque patrociniis plurimum deffenditur in rebus bonis habenda non est. Eaque quo est maior eo magis mente ex sua sede et statu dimovet", quant majorment l'ome pren de delits carnals, tant més se lunya de la sua més perfeta natura.

Segonament, per la segona rahó lo matex appar maniffest, com sia cosa que, quant més se done als enamorats plahers, tant mostra l'ome més affermar-se⁵⁶⁶ e apartar-se de la virilitat; de què és per ço reputat vilísim dels hòmens de virtut e de fama, obscur e privat de lahor, la qual cosa espessament produhex en aquells hòmens gran-

---

⁵⁶⁵ *del ffilòsoff*: ms. "dels ffilosoffs".
⁵⁶⁶ *affermar-se*: error por "efeminar-se"; it: "effeminarsi".

díssima variació. Per la qual cosa fon levat lo regne a Sardanapal·lo, essent Arbato son capità d'armes desdenyat de tal rey per la sua tant affeminada voluntat.

Devalla's encara per la terça rahó [119r], quant més se hix en los delits carnals, qual és[567] la natura dels sentiments e disposició corporal majorment en la venèrea delectació, emperò que, quant més plaher se pren en aquell acte, tant és menys potent l'ome a poder-ne pendre. E per ço diu Ciceró in *De senectute*: "Luxuria in iuventus effectum corpus tradidit senectuti"; e Avicenna en lo XX a la fi del terç diu: "Coitus evacuat de substancia cibi postremi quia debilitatem afert cuius similunem alie non anfferunt evacuaciones et evacuat de substancia spiritus rem plurimam propter delectationem et propter illud qui plus delectantur plus sunt cadentes in debilitatem". E per ço appar manifest quant en l'acte de la pol·lució se resolva part substancial d'esperit e de virtut. Ultra lo dan e debilitat que·s segués, no·s pot encara fer major estultícia, emperò que, com diu Tul·li in secundo *Officiorum* contra los pròdichs: "Nihil enim potest esse estulcius quam quod libenter facias curare ut id diucius facere non possis"; la qual cosa precisament intervé a·quells que molt plaer prenen de l'acte venèreo. Aquesta matexa disposició se pot encara als altres sentiments atribuhir, essent aquells constituhits en certa e determenada proporció e mesura, axí com és escrit in secundo *De anima*. Donchs, appar maniffestament per les preinductes rahons que[568] les escales[569] d'amor són de tal natura que qui més per aquelles hix, més se troba a la fi ésser devallat.

Aporta aprés micer Ffrancesch sis altres coses escolpides les quals en l'arch d'Amor se veyen, dient que, ultra lo enugós repòs e reposat affany, ell véu ésser escolpit lo damnós guany dels enamorats [119v] e lur utilíssim damnatge; e véu aprés la desonor e infàmia ésser clarament maniffesta, e la lur glòria negra e obtenebrada, hi encara véu la porffídia de la enamorada lealtat e la fe dels engans que per amor se cometen. E per ço diu:

> Et damnoso guadagno et util damno,
> Et gradi que piu scende chi più sale,
> Stancho riposo e riposato affano,[570]

[567] *qual és*: ms. "los quals"; it. "quale e".
[568] *que*: ms. "de"; it. "che".
[569] *les escales*: ms. "la escala"; it. "le scale".
[570] *Et damnoso...affano*: se repiten los mismos versos del fragmento anterior con la adición del primero de este fragmento para rectificar el error antes indicado.

Chiaro disonor et gloria obscura et nigra,
Perfida lealtade et fido inganno.

Com sia intenció del poeta voler universalment blasmar lo domini de l'apetit sensitiu, norresmenys espessament par que·s limite a detestar lo desig venèreo, en lo qual los enamorats neguna cosa tant estimen ne judiquen ésser-los útil com és possehir la lur enamorada; la qual cosa com sia damnosa no és molt diffícil a entendre. Qui poria acomodadament narrar quanta és la possessió e domini per la negligència que·s seguex d'amor e vinguen a declarar quants són los inútils[571] los quals se fan per complaure les enamorades! Quanta prodigalitat a aquell fi en los convits se demostra! Quantes supèrflues despeses de carn e de volataria! Quants, encara, donatius inadvertentment fets sols per semblar liberals! A les quals coses, com no y fos lo enamorat desig, seria segons la condició e estat del possehidor arreglades. Per la qual cosa·n seguex que sí lo ymaginat guany és[572] damnós dels enamorats, e lo dan que ells se reputen del [120r[573]] perdre totalment la enamorada feya[574] útil per la regla universal escrita en la *Tòpicha* del philòsoff, la qual diu "Sicut oppositum in opposito ita propositum in proposito", la qual sentència usurpen los juristes en la ley primera *ff. de officio eius cui mandata est iurisdiccio*, per la qual cosa se pren argument de la sua universal veritat, com aquesta proprietat, donchs, es connexa l'altra, ço és que la infàmia e vergonya dels enamorats és manifesta; emperò que, essent ells en los ulls de la moltitut contra la rahó, són blasmats dels bons, perquè a ells és molesta la injustícia, e dels catius encara són vituperats, perquè li par que l'error dels altres hòmens li sia sufficient escusa al seu mancament. Si esdevé que per lo no dret temps l'ome haja tostemps virtuosament obrat, aprés cayga en alguna mínima error totes les procehides operacions virtuoses e la passada glòria és obscura. E no sols açò intervé per los vicis pervenguts de la elecció, mas encara de aquells que advinguen quasi naturalment, com diu lo philòsoff en lo terç de la *Èticha*: "Ffuror corrumpit optimum virum". La qual cosa màximament intervé per l'amor carnal

---

[571] *quanta és...inútils*: error de traducción por "quantes possessions e dominis, per la negligència que·s seguex d'amor, vinguen a declinar, quants són inútils".

[572] *és*: ms. "e".

[573] Sin numeración en el manuscrito por un error de foliación. Por consiguiente, a partir de ahora la numeración en nuestra edición será siempre un número más que la que figura en el manuscrito.

[574] *Feya*: it. "sia".

essent jutjat cosa affeminada e los hòmens enamorats havent begut en la font Salmaya. Per la qual diu Ciceró in primo de *Officiis*, menyspreant aquesta[575] vana voluntat dels hòmens, diu aquells acomparant a salmays: "Salmacida spolia sine sudore et sanguine". Cosa molt maniffesta encara a veure quanta porfidiosa lealtat e quants fiats engans intervenen entre·ls enamorats, emperò que los simples enamorats estimen alguna volta que, quant [120v] han ells ensemps promesa la fe de unidament amar-se, quant d'aquest prepòsit se remouen, que sien porfidiosos e desleals, o ignorant, cech, e obumbrat enteniment. Quanta porfídia cometen los hòmens envès la lur fidelísima esposa sols per ésser fels a les enamorades! Quantes dones encara rompen la conjugal fe als marits per temor de no ésser als enamorats infiables! O injusta legalitat! O oblich manteniment de fe! O quant per contrari és aquell verament fel engan, aquella justa e rahonable porffídia, quant regonexent si matex les dones e los hòmens rompen la ja promesa fe en lo desordenat apetit! O quant seria fel aquella dona que, havent a l'enamorat promesa la fe, lo conduhís a les mans del marit, per la qual cosa convenientment se hagués de tal amor aprés detenir! E axí matex aquell home que, deffallint a la promesa de la enamorada, tornàs als fels exemples de la castíssima dona, verament no perjurs, no pèrfidis, mas fidelíssims serien de judicar!

Importa aprés micer Ffrancesch tres altres imatges en l'arch d'Amor escolpides, les quals universalment tostemps se demostren ésser en la enamorada batalla, dient que, ultra les altres imatges damunt dites, véu la furor ésser en lo solícit obrar e la pigra rahó e soptada; e en mig de aquestes dues véu una presó a la qual se pervenia per una larga maniffesta carrera e expedita, la qual, quant se'n cerca la exida de aquella, se troba estreta, diffícil e interrompuda. E per ço diu:

> Sollicito fuore[576] et ragion pigra;
> Carcere ove si viene per strada aperta,
> Onde per stretta a gran pena si migra;
> Stessa allo entrare, a l'uscir rota et erta.[577]

---

[575] *aquesta*: repetida en el manuscrito.
[576] *fuore*: Pac. "furore".
[577] *Stessa...erta*: Pac. "ratte scese a l'entrare, a l'uscir erte". Este verso no figura aquí en el texto del comentario, sino más adelante.

[121r⁵⁷⁸] Ffon opinió dels antichs, com en les *Tragèdies*, e per Leonart d'Areço, home en lo temps nostre doctíssim, se demostra en la *Epístola a Maràsio Siculo*, que amor fos una divinal furor divisa de Cupido en la memòria dels hòmens; per lo qual los enamorats les tant perverses y enteses operacions agitaven. De què, parlant segons aquesta opinió, lo poeta vench aquesta furor⁵⁷⁹ a ésser solicitador de les enamorades memòries, en les quals dorm totalment la rahó. Mas, si parlam segons la sentència de Tuli en aquella paradocha "Omens stultos insanare", la qual crehem ésser pus acomodada sentència, entén micer Ffrancesch que en aquells los quals per ignorància e incontinència se dexen de l'apetit sensitiu sobrar és necessari que la memòria per gran solicitut devinga furiosa hon la rahó e lo enteniment s'adormen; per la qual cosa és l'ome tancat en lo càrçre, en lo qual per la via lata se pervé e ampla de delits carnals, de plahers e solacos mundanals. Del qual carcre volent exir, se troba en la via angostíssima e quasi totalment precisa, en manera que és impossible o difficultós poder-se reduhir de aquella en libertat, segons la sentència de Sant Agostí in libro *Confesionum*, lo qual diu: "Ex voluntatem enim perversa fit libido et dum libidini servit fit consuetudo: dum vero consuetudini non resistitur fit necesitas quibus tanquam a nullis sibimet innexis quos catenam appellant tenebant me dura servitus". Axí matex prova Ciceró en la preal·legada paradocha aquell ésser servent lo qual és implicar en la voluptat contínuament seguex lo sensitiu apetit; [121v⁵⁸⁰] la qual sentència testiffica la ineffable veritat de Jesucrist en Sant Johan, en lo VIII,⁵⁸¹ lo qual diu parlant als juheus: "Omnis enim qui facit peccatum servuus est pecati". Aquell, donchs, que és servent és⁵⁸² en potestat de altri, e qualsevol és⁵⁸³ en potestat de altri, e màxime del àbit viciós, difícilment pot per si matex a la sua plena libertat retornar, axí com clarament demostra Aristòtil en lo terç de la *Èthica*. Per la qual rahó acomodadament diu lo poeta lo càrçer d'Amor haver a la exida la carrera erta, estreta e inaccesible.

Seguex aprés micer Ffrancesch quina és la vida dels enamorats aprés que dins la enamorada presó són portats, dient que dins

---

⁵⁷⁸ 120r en la numeración del manuscrito.
⁵⁷⁹ *furor*: it. "fuora".
⁵⁸⁰ 120v en la numeración del manuscrito.
⁵⁸¹ *VIII*: it. "VII".
⁵⁸² *és*: ms. "e".
⁵⁸³ *és*: "que és".

aquell carcre no y ha altra cosa que turbació ab offuscada confusió mesclada; de la qual hun certíssim dolor no s'espera[584] una incerta alegria, dubtosa esperança e dolcor amarga. E per ço diu:

> Dentro confusïone turbida et mischia,
> Et certo duolo, et alegreca incerta.[585]

Circa la intel·ligència dels precedents versos és de entendre com en dos maneres se confon la memòria dels afflictes enamorats. La una és lo lur obrar tostemps a beniplàcit de altri, ço és de les sues enamorades, e, allò moltes voltes essent incert, no saben què elegir sinó complaure aquelles. Quantes voltes fan moltes operacions sols per plaher de la enamorada, les quals norresmenys a ells sobiranament desplahen; après esmenar-se obrant lo contrari, axí [122r[586]] matex se troben a elles haver desplagut. On ells, confusos, vénen ab gravíssima dolor, havent experimentat la ja presa alegria; haver[587] cregut complaure les enamorades és incertíssima cosa. L'altra manera és quant, algun tant convertits[588] a la consideració de si matexos e vista la misèria de lur estament e la dificultat del separar-se de aquell, se confonen de vergonya e dolor e proven a ells per certa experiència, si han hagut may alguna alegria, aquella ésser estada instable e fugitiva; de què entre si matexos ploren la passada vida, axí com lo poeta axí matex en aquell sonet demostra "Io vo piangendo i mei perduti tempi", hi en aquell altre "Tennemi amor anno vintuno ardendo", en lo primer sonet hi en "Virgine bella".

Conclou aprés lo poeta per comparació l'aspredat, la molèstia e suplici del carcre d'Amor, dient que may sots la major altesa o més directe aspecte del sol, remogut tot impediment de núvols, tant bolliren les enceses flames que causaren aquestes cinch infernals illes, ço és, Vulcà, Lípar, Íschia,[589] Mongibell y Estràngoli, quant ferventment bollia lo loch de l'enamorat carcre; en lo qual, qui per sa elecció ab audàcia hi arriba arriscant-se molt, se expon a sort perillosa. E per ço diu:

---

[584] *s'espera*: error por "se separa"; it. "si separa".
[585] *Et certo...incerta*: Pac. "di certe doglie e d'allegrezze incerte".
[586] 121r en la numeración del manuscrito.
[587] *haver*: it. "havendo".
[588] *convertits*: ms. "convertit".
[589] *Íschia*: it. "Ischia Hiera".

> Non bollì mai Vulcano, Lipari o Ischia,
> Strongillo o Mongibello come quel luocho[590]
> Dove qualunche viene molto[591] se arischia.

Per més clara notícia dels precedents versos és de saber que, axí com escriu Solino in *De mirabilibus mundi* [122v[592]] e Plini en lo libre *De la natural istòria*, en la mar Sciciliana són les prenomenades illes, antigament nomenades Ephèstie; la natura de les quals és lancar flames de foch sobre la superfícia de la terra, màximament als opòsits raigs del sol. E per ço la illa de Vulcà, ja apel·lada Gera, aprés prengué tal nom sols per ésser per[593] Vulcà consagrada. Conté en si hun altíssim mont lo qual quasi de continu crema, hi en la nit la sua lum molt resplandent de luny se mira. Lípar fon denominada de Líparo rey, lo qual en aquella molt més abans que Heulo habità. Stràngoli fon la illa reputada la casa de Heulo, emperò que per lo seu fum conexen entre tres dies los abitants, segons la diversitat de les odors, que los vents deven espirar sobre la terra. Iscla és illa poc més que l'altra remoguda, semblant a·quella per la eruptuació de les flames, huy coneguda obra per les dones[594] circa aquelles obrades. Mongibell és en Scicília hi més que nenguna d'aquestes és famosa per la su incensió, hi més lo seu foch appar manifestament. De les quals incensions són estades vàries oppinions, emperò que alguns dirien aquest loch ésser lo devallament de l'infern, e Plutó prengué aquest loch havent en infer la furtada Proserpina portada; mas, segons Trogo, lo qual referix Justino en lo quart libre *De bellis externis* e no[595]·m par que discorde de la sentència dels naturals, Sicília és regió cavernosa e per lo siti la natura de la terra és quasi sulphúrea. Per la qual cosa los vents entrant en aquelles concavitats hi ensemps treballant aquella terra incensible, per la lur impetut s'encén e, engendrades les flames axí per la [123r[596]] natura del foch, que per ésser tan leuger tostemps munta, hi encara per la impetut de aquells vents, los quals davant si lo foch lancen, per ço tota la muntanya de Ethna és abundant en foch, segons que singularment des-

---

[590] *come quel luocho*: Pac. "in tanta rabbia".
[591] *Dove...molto*: Pac. "poco ama sé chi 'n tal gioco".
[592] 121v en la numeración del manuscrito.
[593] *per*: "a"; it. "a".
[594] *obra per les dones*: error por "per les dites obres"; it. "per le dette opere".
[595] *e no*: ms. "no".
[596] 122r en la numeración del manuscrito.

criu Virgili en la *Geòrgica* dient: "Vidimus undantem ruptis fornacibus Ethnam fflamarumque globos liquefactaque volvere saxa". E semblant natura contenen en si aquelles altres illes damunt dites. Per la qual cosa se pot fàcilment entendre quanta fervència e bullició és en los ànimos de aquells, que[597] per immensa copdícia hi encara per los intollerables affanys, los quals sotsmetre's a l'enamorat apetit no dubten.

Seguex aprés, com essent venguts los enamorats sperits en aquell turbulentíssim carcre, foren turmentats d'Amor, dient que ells en aquell loch foren tots ligats en diverses e contràries generacions de suplicis en gel, ffoch e sempiternes tenebres; hon, cridant cascú mercè als seus dolorosos martiris, ja la veu[598] en groca hi en encadarnada sonoritat era convertida. E per ço diu:

> Ive legati furon in ghiaccio et in fuocho,
> Et in sempiterne tenebre ove indarno
> Merce chiamando ciaschuno era rocho.[599]

Quants són los contraris sobre·ls quals los miserables enamorats se affligen molt clar en part dalt està maniffestament demostrat, emperò que, essent lo domini de les operacions nostres respost sols en lo apetir les delícies dels sentiments, tantes són [123v[600]] les causes de les afliccions dels enamorats quants són los delitosos obgectes. Per la qual cosa, espenyent-se tant la lum de l'agent intel·lecte quant solament seguint lo sensitiu judici, no discorre circa la elecció dels obgectes davant mesos, mas està sopte e quasi consumpt de la rahó, segons la sentència de Tuli en la *Rethòrica*, lo qual diu: "Ingenium est sicut ferrum quod nisi exercitetur rubigine regitur". Per ço, és maniffest ésser convenient cosa que los enamorats ligats en lo carcre d'Amor vixquen tostemps en sempiternes tenebres.

Conclou últimament micer Ffrancesch la fi del capítol, en lo qual afferma ell, ensemps ab los altres presos, ésser estat molts anys reclòs dins la enamorada presó, dient que, portat ell en aquell carcre, vixqué molts anys, hon, per los immoderats martiris que sostenia, desigava les sues solitaries habitacions, la una en Darno, la altra

---

[597] *que*: "així"; it. "si".
[598] *veu*: a continuación en el ms. "hi" tachado.
[599] *Ive legati...rocho*: Pac. "In così tenebrosa e stretta gabbia / rinchiusi fumo, ove le penne usate / mutai per tempo e la mia prima labbia".
[600] 122v en la numeración del manuscrito.

en Sorga; la una per lo natural effecte de la pàtria e l'altra per la consuetut del seu estudi. Hi en aquest temps estigué tostemps desigant la sua primera libertat, la qual norresmenys no pogué attènyer per tota la excel·lència dels ingenis toscans, emperò que de si matex serà escampat havent lo hus de la rahó sospès. Pur, norresmenys, hun sols remey trobà a rallentar algun tant los seus tant intensíssims suplicis, lo qual[601] fon pensar imaginar per lo exercici del seu estudi grans coses e memorables; en lo qual pensament ell majorment movia la vista pesada, la qual lo desig del saber y entendre feya ésser promptíssima e leugera a remirar si algú [124r[602]] havia may amat, e qui era estat lo amador, e qui lo amat. Hi en aquest remirar ell primer, per natural compassió la qual als pelegrins ànimos portava vehent en tal estament portats aquells, se fonia no altrament que la neu se resolla qual és posada als calents raigs del sol. E tanta era aquesta moltitut que, volent-la ell tota reguardar, secundàriament li intervenia com a qui en poch temps reguarda una ben larga, ornada, o ben composta pintura, là hon, proçehint davant los peus, espessament los ulls retornen en dret, judicant altri aquella per la sua grandesa e moltitud de perfetes figures en axí poch temps haver imperfetament considerada. E per ço diu:

> Ive pur sospirando Sorga et Arno
> Stetti molti anni et liberta sognando
> Ne potei per ingegni il si farno.
> Ch'io era da me stesso posto in bando,
> Solo uno rimedio hebi in quel estato
> Gran cose et memorabili mirando.
> Volgea la vista vaga in ciaschun lato
> Che il disio di sapere fa prompta et lieve,
> Per saper chi et quando havesse amato,[603]
> In tanto mistrugea vie piu che neve[604]
> Vedendo alme si chiare[605] in carcer tetro,
> Quasi longa pictura in tempo breve,
> Che i pie' va inanci, et l'ochi torno in dietro.

---

[601] *lo qual*: ms. "los quals".
[602] 123r en la numeración del manuscrito.
[603] *Ive pur...havesse amato*: Pac. "e 'ntanto, pur sognando libertate, / l'alma, che 'l gran disio fea pronta e leve, / consolai col veder le cose andate".
[604] *In tanto...neve*: Pac. "Rimirando er'io fatto al sol di neve".
[605] *Vedendo...chiare*: Pac. "tanti spirti e sì chiari".

Essent lo nostre micer Ffrancesch portat en aquell [124v⁶⁰⁶] estat hon los altres miserables enamorats se troben, molt acomodadament havia trobat remey al seu tant aserbísim suplici, emperò que, quant l'ome dreça la memòria a considerar algun prestant exemple, en aquella cogitació se revoca l'ànimo del pensar en les enamorades, hi encara se desvella a les grans coses; les quals volent obrar, és necessari apartar-se de la vil e affeminada diligència. Norresmenys, per ço no pogué, emperò, micer Francesch attènyer la sua primera libertat per la indústria dels enginys toscans,⁶⁰⁷ prenent la part per tot. On és de entendre que Itàlia per lo siti seu ha nom produhir més ingenis elumats que alguna altra regió del món, hi encara per lo exercici de la letra, hi per la negociació, hi encara per lo exercici de les armes. Per la qual cosa escriu Veieci⁶⁰⁸ in libro *De re militari* que lo capità de la gent vol ésser italià hi los combatents espanyols per voler constituhir bé hun exercici entre la nació italiana. Donchs, los toscans se diu ésser més aguts e més experts en les coses agibles; la qual cosa los és necessària per lo estèril estat que han en⁶⁰⁹ comparació a l'altra part. E dels toscans, los pobles⁶¹⁰ situats lonch temps⁶¹¹ han fama de major subtilitat d'ingeni que altres toscans a lur comparació, circa les coses al polítich viure pertanyents. Per la sufficiència, donchs, toscana, que axí entén lo poeta, màximament per la sua modèstia, no pot, emperò, reparar los durs colps e sagetes d'Amor e de aquelles remeyar-se, aprés que per ell fon subgecte. Usava, norresmenys, aquella operació la qual a hun ànimo gentil e pelegrí [125r⁶¹²] era convenient, com quasi a lo contrari mostra que tire la proprietat de la cosa; ço és que havia compassió, axí com és natura e costum de tots los hòmens gentils demostrat de Virgili per la persona de Déu quant diu: "Non ignara mali miseris succurrere disco".

*Capítulo quarto Trihumpi Amoris*⁶¹³

E sent cosa natural que lo ingeni donat a la conexença de les coses tostemps circa la intel·ligència de aquelles és abundós, e quant

---

⁶⁰⁶ 123v en la numeración del manuscrito.
⁶⁰⁷ *dels enginys toscans*: "de Val d'Arno, això és la indústria dels enginys toscans", it. "di valdarno: cio e de gli ingegni toschani".
⁶⁰⁸ *Veieci*: it. "Vegetio".
⁶⁰⁹ *que han en*: ms. "que en".
⁶¹⁰ *dels toscans, los pobles*: ms. "dels toscans pobles".
⁶¹¹ *lonch temps*: "al llarg de l'Arno" en el texto italiano; it. "longo Arno".
⁶¹² 124r en la numeración del manuscrito.
⁶¹³ Este capítulo corresponde al capítulo 2 del Triunfo de Amor en las ediciones canónicas de Petrarca.

més circa aquelles no s'aparta dificultat tant més en l'ome s'encén la voluntat de compendre aquelles sols per la obra [125v[614]] de la iracible virtut, d'on se seguex que alguna volta més prest se desistex per la comunicada fatiga al cors, lo qual aprés mediant los sentiments a l'ànima no pot administrar, per ço, que l'ome de la total comprensió dels obgectes sia satisfet. La qual cosa aferma lo nostre poeta en lo principi del prestant quart capítol ésser a ell intervenguda aprés que,[615] conduhit dins lo ferventíssim carcre de Cupido, no havent altre remey que de guardar e considerar coses grans e memorables les quals en aquell loch eren en tanta moltitut, que, volent-les totes diligentment compendre, intervenia axí com aquell que en poch temps havia a reguardar una larguíssima pintura; là hon procehint los peus tornen mancos, però los ulls en dret a més distincta conexença pendre de les precedents pintures. E per ço ell, ja desesperat de poder tota cosa conèxer-se[616] de diversament ací y allí reguardar[617] grans coses e dignes que, havent-les volgudes recitar en aquest Trihunffo, molt temps hauria occupat; per la qual conexença ell era devengut cansat, mas no saciat de tantes coses veure, les quals aprés hauria desigades, axí com les altres, en lo libre haver refferides. Era encara, ultra a la prefata lasitut d'ànimo, moltitut de pensaments en considerar les operacions de qui més fos estat deffès[618] d'amor, lo qual és més de la fortuna, e qui més que altre hagués rebuda, e qui encara més noble l'agués usada. E axí diversament pensant, diu micer Ffrancesch que fon totalment arrapat en la consideració de dos enamorats sperits, los quals plorant davant ell passaven lamentant-se de la forca de la romana ley [126r[619]] y de la constància de l'administrador de aquella, per los quals fon necessari que lo enamorat enuig fos per mort romput, volent la hu a l'altre servar fermament la súbita e inadvertent fe promesa, continuant aprés la narració de altres esperits més dignes los quals en lo carcre d'Amor foren detenguts. La qual cosa entén per subgecte particular de aquest quart e derrer capítol del Trihunfo d'Amor; per la qual cosa a exordi diu axí lo poeta:

---

[614] 124v en la numeración del manuscrito.
[615] *que*: a continuación en el ms. "a ell" tachado.
[616] *conèxer-se*: "conèxer així"; it. "si".
[617] *reguardar*: rectificado de "recordar", tachado en el ms.
[618] *deffès*: "ofès" en el texto italiano; it. "offeso".
[619] 125r en la numeración del manuscrito.

> Stanco già di mirar, non sacio anchora,
> Hor quinci, hor quindi mi volge, guardando
> Cose che a ricontarle è breve l'hora.
> Guia[620] il cor di pensiero in pensier, quando
> Tutto a sé il trasser due che a mano a mano
> Pasavan dulcemente lacrimando.

Neguna cosa és d'altri enujosa e molesta que los hòmens hajen compasió,[621] essent l'ome per natura animal civil e amicable, com en lo primer de la Ètica e Política maniffestament del philòssoff és escrit. Per la qual cosa, l'ora que al nostre prohisme occorre cosa que li sia enujosa par que·n resulte a nosaltres una natural compasió e misericòrdia, per la qual comuna obligació la qual escriu Ciceró in primo De officiis ésser naturalment entre los hòmens. De la qual no apartant-se lo nostre micer Ffrancesch vehent plànyer los dos enamorats sperits, comogut de natural compasió, tot a ells se voltà desigós d'entendre la causa de lur enamorat martiri [126v[622]] hi ells desigant així, com lo idioma pelegrí del lur parlar li era[623] no conegut si no fos estat lo intèrpetre estudi[624] que havia fet manifest, se mogué envès aquells e, conegut com la hu d'ells[625] era amichíssim al nom latí e l'altre mostrava dur e enemich, se girà al benvolent e cridà'l per nom perjurant-lo per los seus amichs de benivolència, ço és per Cipió Affricà e per Sophonisba cartaginesà, dient: "O Masanissa, no·t crexca ab mi algun tant parlar e respondre a aquelles coses de les quals te demanaré". On continuant diu:

> Mossemi 'l lor legiadro habito strano,
> Et il parlar peregrin che m'era obscuro,
> Ma lo interpetre mio me'l fece piano.
> Poi ch'io seppi chi eran, più sicuro
> M'acostai loro,[626] ché l'un spirto amico
> Al nostro nome, et l'altro era impio et duro.

---

[620] *Guia*: Pac. "giva".
[621] *Neguna cosa...compasió*: el sentido es "Ninguna cosa hi ha, sinó el home, que hagi compasió dels enuigs i de la molèstia de altri"; it. "Nissuna cosa e che habbia de le altrui voglie e molestie compassioni e dispiacer se non l'homo".
[622] 125v en la numeración del manuscrito.
[623] *era*: a continuación, repetido, "hera".
[624] *estudi*: "seu" en el texto italiano; it. "suo".
[625] *d'ells*: ms. "della" con la letra *a* tachada.
[626] *loro*: Pac. "a lor".

> Ffecemi al primo: "O Massanissa antico,
> Per lo tuo Scipïone, et per costei"
> Comincia "non t'incresca quel ch'io dico".

Quant pogué la força de la amicícia a interposar a aquella medi per obtenir la sua demanda clarament ho demostra en los precedents versos lo poeta, havent demanat Massanissa, per medi de Cupido[627] e Sophonisba, los quals havia únicament amats. E per ço ell se inclina a voler escoltar-lo e ab ell seguir larch rahonament.

E seguex que,[628] havent lo natural desig de saber les occorrents novitats micer Ffrancesch, demanat e pregat Masanissa [127r[629]] que·l degués escoltar, ell exit[630] a gran admiració que axí bé hagués conegut lo poeta los dos obgectes de sa benivolència, li demanà ell qui era, dient que volentés[631] entendria aprés que axí bé havia espiat e trobat los seus dos singularíssims effectes. E per ço diu:

> Miromi, et disse: "Volentier saprei
> Chi tu se', inanci, da poi che sì bene
> Spiati ài[632] ambo dui gli affecti mei".

Grandíssima humanitat descriu micer Ffrancesch en los precedents versos ésser estada aquella de Massanissa, essent ja preparat a condecendre al seu voler a demanar qui era aquest actor. Emperò, modestament e ab gran reverència seguex la sua resposta, callant lo seu ésser e demostrant gran umilitat, ajustant la rahó mijançant la qual[633] no meritava de Massanissa ésser conegut, dient: "O Massanissa, lo meu tan poch ésser no merita ne sosté de haver de si hun tant conexedor com ets[634] tu, com sia cosa que una poca flama de luny de si no pot produhir gran lum"; resposta verament a home prudent acomodada. E avant continuant diu: "Massanissa, ajustant la tua excel·lentíssima fama per tot lo món en manera que molts los quals may no·t veren, ni encara jamés te veuran, són ab tu conjunts

---

[627] *Cupido*: error por "Cipió".
[628] *que*: a continuación en el ms. "apres" tachado.
[629] 126r en la numeración del manuscrito.
[630] *exit*: it. "tratto".
[631] *volentés*: ms. "voletes".
[632] *Spiati ài*: Pac. "ài spiato".
[633] *mijançant la qual*: ms. "mijançant". *ets*: ms. "est".
[634] *ets*: ms. "est".

de bell acost d'amor, prech-te que·m digues si aquell que trihunf-fant procehex davant nosaltres, guia e manté en pau lo teu amor, qual moltitut és de tu e de Sophonisba. La qual certament me sembla una de les coses bones a tart[635] en lo món entrevengudes, [127v[636]] considerant los enamorats effectes ja en la vida obrats per vosaltres". E per ço diu:

> "L'esser mio" gli risposi "non sostiene
> Tanto cognoscitor, ché sì alunge
> Di poca fiamma gran luce non viene.
> Ma tua fama reale per tutto agiunge,
> Et tal che mai non ti vedrà né vide
> Con bel nodo d'amore teco congiunge.
> Dimi, se colui in pace vi guide",
> Et mostrai il duca lor "che copia è questa?
> Che mi par delle cose rare et fide".

Quant modesta reverència se deu als seus majors[637] portar molt clarament ho demostra micer Ffrancesch en los precedents versos. On seguex com, hoïda hi entesa Masanissa la acostumada resposta de aquest actor, volgué a la sua demanda consentir. On, comencant a parlar e a narrar lo modo del seu enamorament, continuant-lo diu Scipió ésser estat causa de la corrupció de allò que serva la costuma de la bona amicícia, la qual és justifficar les ampreses dels amichs encara que aquelles sien alguna volta causa de enujosa molèstia. Diu, donchs, en persona de Masanissa micer Ffrancesch: "Encara que la tua lengua, essent estada axí presta a cridar lo meu nom, molt demostra per sa part tu deus saber los meus conceptes, pur per esfogar la dolor de l'ànimo e la amaritut la qual resulta per la mort de la mia dilecta Sophonisba yo só content de dir e complir la voluntat tua. Havent tot lo meu cor, ànimo e benivolència [128r[638]] en aquell sobiran home mesa e col·locada, ço és Scipió Affricà, en manera que ab gran pena e dificultat atorgué a Lèlio lo primer grau

---

[635] *a tart*: "i rares" en el texto italiano; it. "e rare".
[636] 126v en la numeración del manuscrito.
[637] *majors*: a continuación en el ms. se repite "se deu", porque el traductor ha combinado dos oraciones del texto italiano en una, "Quanta modèstia se deu haver e reverència portar als seus majors"; it. "Quanta modestia si debba havere: e riverentia portare a suoi maggiori".
[638] 127r en la numeración del manuscrito.

de tal amicícia, encara que foren los romans ensenya sots lo ducat e auspici seu,[639] fuy yo tostemps confederat als romans, en la qual expedició tostemps la fortuna a ell fon factora, mas certament no tant com lo seu sobiran valer era digne, del qual verament molt més que hun altre home ell ne hagué l'ànima plenament insignida. Per la qual cosa, pux que les armes romanes ab gran honor e gloriosa victòria per lo extrem occident foren escampades en Mauritània a la ciutat de Cirta, axí com tu veus en aquell loch se ajusten e·s conjuny amor, e certament ab tanta suavitat e delit que may enamorada flama crema semblant dolçor en qualsevol altre enamorat cor, ne creu encara que puga cremar en los esdevenidors temps. Mas las de mi poques foren les nits aquelles en les quals plaher se gustà; aquelles foren brevíssimes, escasses e de poch delit, emperò que, essent nosaltres conduhits en darno al jou marital e legítim, acost les quals eren no falses escuses, del nostre furor foren rompudes. Perquè aquell sols que val més que tot lo restant del món, ço és Cipió Affricà, ab les sues dignes e santes paraules departint, a nosaltres enamorats separà hi en res dels nostres tant inflamats sospirs se curà. Norresmenys, encara que ell axí obràs e fes, per hon yo hagués causa de dolrre-m hi encara me·n dolch, pur viu en ell una clara hi encesa virtut, mijancant la qual als meus prechs no consentí, que verament és cego [128v[640]] aquell lo qual la llum del sol no veu, la qual yo menys ésser jutjava més que la virtut de Scipió. Hi és de veritat que una gran e rigorosa justícia és als enamorats grandíssima offensa, però que, essent contra lo just lo enamorat apetit, una justícia del tot li prohibex. Emperò hun tal just amich de hun axí dret consell com féu Cipió fon quasi a la enamorada ampresa hun amarch e dur escull, e major com que ell per edat me fos jermà lo qual norresmenys per honor m'era pare e fill per amor. De què per aquest respecte de obehir a ell, fon necessari encara que ab lo cor trist, dolorós e aflicte, e ab la vista intensament torbada; de què·s seguex que aquesta mia cara e dilecta Soffonisba, esposa mia, morí. Emperò que, vehent-se portada en les romanes forces, volgué primer elegir la mort que en servici ésser constituhida. En la qual mort de la mia tanta dolor yo fuy lo ministre per lo pregador, lo qual era l'ànimo de Sophonisba. E per los seus ardentíssims prechs, mijancant

---

[639] *seu*: ms. "se".
[640] 127v en la numeración del manuscrito.

los quals jo, no volent offendre-l, offenguí mi matex donant-li lo verí ab tant amarga dolor quant yo per experiència sabent ho prove. E ella·n cregué, hi encara tu matex...[641] se tant o quant may pervist[642] la cintilla[643] d'amor. Per la qual cosa de tant e axí excel·lent esposa lo hereu que·m roman fon sols amargor e plant. E, quant que ella fos tot lo meu bé e la mia esperança, norresmenys de perdre-la primer elegí que may trencar la fe a ella promesa, o verament al meu Scipió prestantíssim. Considera donchs, o micer Ffrancesch, si tu en aquesta moltitut, si trobes cosa alguna e digne semblant a [129r[644]] aquesta".

Per què molt més ne avança de la obra e de les coses de considerar que del jorn del temps, en lo qual a tal obra[645] lo ingeni se fatiga. E per ço diu:

> "La lingua tua, al mio nome sì presta,
> Pruova" disse "che il sappi per te stesso;
> Ma dirò'l per sfogar l'anima mesta:
> Havendo in quel summo homo tutto il cor messo,
> Tanto che a Lelio ne do vanto a pena,
> Ovunque fur sue insegne, io fui lor presso.
> A llui fortuna fu sempre serena,
> Ma non ia quanto degno era il valore,
> Del quale, più che altro mai, l'alma ebbe piena.
> Poi che l'arme romane a grande honore
> Per l'estremo occidente furon sparse,
> Quive ma giuse[646] et ne conjunse Amore.
> Né mai più dolce fiamma in duo cori arse,
> Né farà, credo. Oi me! ma poche nocti
> Ffuron a tanti desiri, et breve,[647] et scarse,
> Indarno al marital giogo condocti,
> Che del nostro furor scuse non false
> E legittimi nodi furon rocti.
> Quel che sol più che tutto il mundo valse
> Ne dipartì cu[648] sue sante parole,

---

[641] Falta la traducción de "poi considerare" para completar el sentido de la frase.
[642] *pervist*: "provares"; it. "provasti".
[643] *cintilla*: italianismo por "espurna".
[644] 128r en la numeración del manuscrito.
[645] *a tal obra*: ms. "ata obro".
[646] *Quive ma giuse*: Pac. "ivi n'aggiunse".
[647] *Ffuron...breve*: Pac. "fur a tanti desir sì breve".
[648] *cu*: Pac. "con".

Ché de nostri sospiri nulla gli calse.
Et benché il fesse[649] onde mi dolse et duole,
Pur vedi in lui chiara virtutte accesa,
Ché in tutto è orbo chi non vede il sole.
Gran giusticia agli amanti è grave offesa;
Però d'un tanto[650] amico un tal consiglio[651]
Ffu quasi un scoglio all'amoroso[652] impresa.
[129v[653]] Padre m'era in onore, in amore figlio,
Ffratel nelli anni, onde obedir convenne,
Ma col cor tristo et con turbato ciglio.
Così questa mia cara a morte venne,
Ché, vedendosi vineta in falça[654] altrui,
Morir in prima che servir sostenne.
Et io del dolor mio ministro fui,
Ché il pregator et preghi fur sì ardenti
Che ofessi me per non offender lui.
Et manda' li il venen con sì dolenti
Pensieri com'io so ben, et ella il crede,
Et tu, se tanto o quanto d'amor senti.
Pianto fu il mio di tanta sposa herede.
In lei,[655] ogni mio bene, ogni sperança
Perdere elessi, per non perder fede.
Ma certa[656] ormai se trovi in questa dança
Notabil cosa, perché il tempo è breve
Et più de l'opra che del giorno avança".

No és maravella si lo nostre micer Ffrancesch la present istòria en los precedents metres contenguda narra ab més còpia e més difusament que altre. Emperò que per la affecçió que ell hagué al nom de Scipió, on algú intervenia d'ell ab qualque operació, ne parla ab tant delit que del rahonament no·s sabia levar. Per la qual cosa quasi tota notícia e tot mínim gest de la present istòria refferint ha donat. Norresmenys, per més encara particularment mostrar alguna notícia pertanyent als precedents versos és de saber principalment que tanta fon la mútua benivolència de Scipió e de Lèlio [130r[657]]

---

[649] *il fesse*: Pac. "fosse".
[650] *d'un tanto*: Pac. "di tanto".
[651] *consiglio*: ms. "conseglio".
[652] *amoroso*: Pac. "amorosa".
[653] 128v en la numeración del manuscrito.
[654] *vineta in falça*: Pac. "giunta in forza".
[655] *In lei*: Pac. "Lei".
[656] *certa*: Pac. "cerca".
[657] 129r en la numeración del manuscrito.

que la hu sens l'altre neguna digna cosa obraven. E per ço diu la hu in *De secundo bello punico*: "Scipio namque sine Lelio nihi maioris rei volebat ducere". És emperò a acomodat scriure del poeta Massanissa apenes atorgar a Lèlio la vanació de la benivolència de Scipió.

Segonament és de entendre que, havent Scipió Affricà en la segona guerra púnica romputs e debel·lats als gades dos jermans de Aníbal, ço és Asdrúbal e Magone, e havent ja tota la Espanya sotsmesa, dreçà l'ànimo a occupar l'Àffrica. E, conexent ésser útil aquest effecte de provocar a la amicícia dels romans Sciphare, rey dels masilis o masessulis, en la regió de Umídia col·locada en la extremitat de l'abitable ocçidental terra, delliberà en persona anar a provocar tal effecte. E per ço concorregueren en hun matex temps ensemps ab Asdrúbal, fill de Gisgone, cartaginès e del senat seu per la matexa obra enviat. De què, sentint los cartaginesos la venguda de Scipió[658] e conexent la natura e continència de l'home, per més fàcilment la lur intenció obtenir y ensemps hun tal perill fugir li offeriren per muller una gentil dongella, del predit Asdrúbal filla, lo qual nom era Soffonisba. Aquesta donchs en tal manera l'ànimo de Sciphare alienà que, com que per medi de Scipió ell se fos confederat ab los romans, norresmenys de la llur amicícia se sabé e pres la part dels cartaginesos. Per la qual cosa intervench que Massanissa, rey en la matexa regió, essent son capital enemich, per contrari ab los romans se consellà. En la qual consuetut conegudes les singulars virtuts de Scipió Affricà, sobiranament lo amà e ab ell se conjunyí [130v[659]] de perfeta amicícia. Per la qual cosa, essent aprés enviat de Scipió ensemps ab Lèlio contra Sciphare, per les lurs virtuts aquell en lo seu regne venceren e donaren-lo als romans per presoner. Intervench donchs que, havent presa Cirta, ciutat metròpoli e cap del regne de Sciphare, quant Massanissa vencent la reyna Sophonisba sobrava, ab piadosos gests umils e flexibles paraules lamentant lo pregà en tal manera obrar li degués plaure que, essent ella cartaginesa hi enemiga de vicent Roma, no vingués en sa potestat. E si açò no·s podia fer sinó, per mijà de la sua mort lo pregava instantíssimament que ell ab les sues pròpries mans l'agués de matar. Masanissa, enteses les sues humanes hi umils paraules, immediate de la bellea de aquella tant pres inadvertentment que no sols li prometé allò que li demanava,

---

[658] *de Scipió*: ms. "Scipio".
[659] 129v en la numeración del manuscrito.

mas encara la prengué per muller. Refferint aprés allò que havia fet e promés a Scipió, com escriu Lívio in *De secundo bello punico*, libro X, no confirmant ni consentint aquestes per Masanissa promeses e obrades paraules, en aquesta forma respon: "Aliqua te estimo Massanissa intuentem in me bona et principio in Spania ad iungendam amiciciam mecum venisse. Et postea in Affrica te ipsum spem omnem tuam et te in fidem meam comississe. At qui nulla earum virtus propter quas tibi appetendus visus sum in qua ego eque temperancia ac continencia libidinum gloriatus fuerim hanc te quodque ad ceteras tuas eximias virtutes Massanisse adiacisse velim. Nam michi non est crede tantum ab hostibus armatis etatis nostre periculum: quantum a circunfusis undique voluptatibus qui eas temperancia [131r[660]] sua frenavit ac domuit multo maius decus maioremque victoriam sibi peperit quamque nos Siphace victo habemus. Que me absente strenue ac fortiter fecistis libenter et commemoravi et inveni et ipsum cetera reputare tecum quam me dicente erubecere malo. Siphax populi romani auspiciis victus captusque est. Itaque ipsum coniunx regnum ager oppida homines qui incolunt quicquid denique Siphacis fuit preda populi romani est regem et coniugem eius eciam si non civis cartaginensis esset eciam si non patrem eius imperatorem hostium videremus Romam opporteret mitti atque .S.P.Q.R. de ea iudicium atque arbitrum esse que regem nobis socium alienasse atque[661] in genera maiore culpa quam causa culpe est corrumpas". Havent donchs Masanissa entesa la justa, greu e rigorosa resposta de Scipió, e conexent que no asignant Sophonisba per caça ensemps ab los altres presoners mancava la fe als romans, e quant l'agués manifestada rompia la prometença a Soffonisba consentint que ella anàs presonera davant lo trihunfo, prengué hun dur, aspre e lacrimable partit, lo qual fon que li envià hun poch de verí, enviant-li a dir que, si volia que ell li servàs la fe, que begués allò que li trametia. Sofonisba pres lo verí en la mà e respòs que volentés prenia lo present enviat de Masanissa, mas que sols una cosa portava molesta, la qual era ésser-se en les sues funerals solemnitats en la mort desentristida.[662] E dites aquestes paraules, hagué lo verí, lo qual a ella fon occasió de mort e libertat, e a Masanissa de plant e dolor.

---

[660] 130r en la numeración del manuscrito.
[661] Falta aquí este fragmento del texto italiano: "in arma coegisse precipitem dicat vince animum cave deformes multa bona uno vicio et tot meritorum genera maiore...".
[662] *desentristida*: error por "de si casada"; it. "de si maritata".

Últimament és de notar que lo poeta [131v⁶⁶³] ab rahó introduhex Masanissa a dir Scipió ésser-li estat en honor pare e fill per amor, ultra lo ésser-li jermà en los anys, emperò que no·s pot la honor més ab rahó contribuir que al pare, com sia cosa que de negú pot nàxer major obligació, ni·s reb tant beniffici, quant del pare, segons la sentència de Ciceró en les *Paradoches*. Emperò que lo pare engendrant nudrex e mostra, constituhex en privat domini hi en les publiques honors, per la qual cosa justament Gèlio in XII⁶⁶⁴ libro *De noctibus acticis* referex Tauro, philòssof atteniench, haver conclòs en los lochs privats, là hon ha loch la procreació natural, lo pare deure procehir al fill. La qual cosa no sols natura la demostra, mas encara la ley divina ho mana connumerant-la per manament. E consegüentment major dilecció és portada als bons fills que a altra terrenal cosa no solament lo exemple natural, mas encara la esperiència de aquells qui·ls han, ho testiffica. E Aristòtil, en lo primer de la *Èthica*, ho conferma, als quals tant atribuhex que sens aquells afferma per alguna manera no poder ésser gloriós.

Seguex aprés apres micer Ffrancesch quin era ell tornat, hoïda hi entesa la narració feta de Massanissa, hi allò encara que hoí dir a Soffonisba, e que ell respongué a les paraules de aquella, e últimament allò que·s seguí aprés lo rahonament, dient com entengué quant la fortuna al lur narrat amor era adversa, hi en quant poch espay de temps se termenàs tanta benivolència, e ab quant aspra fi era ell vengut per lo lur cas ple de pietat e desaventura, axí e no [132r⁶⁶⁵] altrament que per⁶⁶⁶ compassió rompent lo seu cor se destruhia com si, essent de neu, als raigs del sol regalant se anichilàs.⁶⁶⁷ Hi estant en aquesta disposició hoí dir a Soffonisba envers Massanissa: "O Massanissa, aquest latí que és ací, micer Ffrancesch, per si matex en veritat no·m desplau. Mas yo estich ferma y en saldo prepòsit de haver tot lo lur voler en fastig". E seguex lo poeta la sua resposta a les predites paraules, dient que dix: "O Soffonisba, ara no cal pus, que ja no és temps de servar ab los ytalians la mala voluntat. Emperò, posa lo teu cor en pau, que la tua Cartayna per les nostres mans ytalianes dues voltes cahent's⁶⁶⁸ s'és molt abaxada. La terça

---

⁶⁶³ 130v en la numeración del manuscrito.
⁶⁶⁴ *XII*: it. "ii".
⁶⁶⁵ 131r en la numeración del manuscrito.
⁶⁶⁶ *que per*: ms. "per".
⁶⁶⁷ *anichilàs*: ms. "anichilars".
⁶⁶⁸ *cahent's*: ms. "cahens".

aprés fon del tot donada a rohina". Aporta aprés micer Ffrancesch que respòs Soffonisba a la exprobació per ell de la sua Cartayna feta, dient que ella[669] replicà axí: "O latí, no per aquesta exprobació n'a de diminuhir la inamicícia o abaxar l'audàcia, emperò que, si Àffrica plany en aquella guerra, Ytàlia non riu ja per tanta matança quant fon de cartagniesos feta per romans e ytalians, a la qual testimoniança yo matexa n·porte la vostra istòria". E, dites aquestes coses, conclou lo poeta que Masanissa, son caríssim amich e de Soffonisba, se partí d'ell metent-se en la gran calçada dels enamorats esperits en tal manera que·s separà de la sua vista. E per ço diu:

> Pien di pietade era io pensando[670] il breve
> Spacio al gran fuocho de due tali amanti,
> Pareami haver al sole il[671] cor di neve,
> Quando udi' dire su nel passare avanti:
> [132v[672]] "Costui certo per sé ia non mi spiace;
> Ma ferma son d'odiarli tutti quanti."
> "Pone" dissi "il cor, o Sophonisba, in pace,
> Ché Carthagine tutta per le mane nostre
> Due[673] volte cadde, e alla terça giace."
> Et ella: "Altro vogl'io che tu mi mostre.
> Se Affrica pianse, Italia non ne rise.
> Demandatene pur le istorie vostre!"
> In tanto il nostro et suo amico si mise
> Sorridendo con lei nella gran calcha,
> Et fur da loro le mie luce divise.

Per més plena intel·ligència dels precedents versos és de entendre que entre los romans e los cartaginesos hagué tres guerres. La primera començà perquè, fent guerra en Sicília los mecinesos e los siracusans, aquells de Mecina imploraren lo adjutori romà, e aquells de Siracusa cridaren aquells de Cartayna, en la qual fon molta varietat e diversitat de victòries. A la fi per virtut de .Q. Luctàcio Catulo havent debel·lades les illes de Egate, pasaren ab les naus del cartaginesos e foren los romans superiors, e feren pau ab tal condició que Sicília, e Serdenya, e totes les altres illes les quals són entre la Itàlia

---

[669] *ella*: ms. "ell".
[670] *era io pensando*: Pac. "e ripensando".
[671] *haver al sole il*: Pac. "al sol aver un".
[672] 131v en la numeración del manuscrito.
[673] *Due*: Pac. "tre".

e Àffrica, restassen per rahó de domini als romans. La segona guerra començà essent Aníbal de edat de nou anys hi essent per lo pare Amíclar portat sobre l'altar a jurar la perpètua inamicícia ab los romans. Essent aprés mort Amíclar, volgué Aníbal complir aprés lo jurament, que, essent en Espanya una [133r⁶⁷⁴] ciutat nomenada Sagunta ab los romans confederada, Aníbal posà camp sobre aquella e prenguè-la; de què·s seguí la segona guerra, en la qual fon quasi per ésser extint lo imperi romà, e encara los murs de Roma veren los camps dels enemichs affricans. A la fi, per virtut e obra de Scipió Affricà sobrat Aníbal, foren constrets los cartaginesos a demanar pau als romans; la qual aquells los consentiren ab duríssima condició de reffecció de peccúnies, de forments, de naus de guerra, de la tornada dels fugitius e de la regió d'Espanya, axí com més maniffestament a la fi del deè libre de la terça *Dècada* escriu Tito Lívio. La terça e última guerra hagué comencament perquè, essent estada tostemps enemiga dels romans e ja retornada més que may a ésser potent, consellà lo senat allò que fos de fer de aquella. March Cató judicà que aquella se degués desfer del tot, mas Sipió donà per sentència que·s degués mantenir per ço que, levant-se lo obstacle als romans, ells no fessen entre ells matexos disensió. Lo senat, hoïdes axí contràries sentències de tant gravíssims e axí excel·lents hòmens, prengué lo medi e, creats cònsols Tito Màllio e Cató Censsorino, los enviaren contra los cartaginiesos per complir lo lur duríssim decret verament per força de expugnar Cartayna. Pervengueren donchs los cònsols en Àffrica e principalment digueren als cartaginiesos que deguessen encendre les lurs naus de batalla e sols guardasen aquelles de mercaderia. La qual cosa los cartaginesos desigant viure en pau consentiren, e cremaren les naus los cònsols e manaren que totes [133v⁶⁷⁵] les armes de fer deffensa e offensa fosen a ells consignades e portades; hi encara los cartaginiesos foren contents contentar los romans. Hagudes les armes, los cònsols feren-los manament que deguessen anar abitar hon los fos més plahent, pux que huyt milles estiguessen luny de la mar, que ells volien donar Cartayna a rohina. Hoït per los cartaginesos lo duríssim edicte fet per los cònsols, tota lur paciència en desesperació e ràbia cambiaren, delliberant tots ensemps deffensant-se morir. Per la qual cosa lo senat romà, entesa la lur disposició, desliberaren dos coses.

---

[674] 132r en la numeración del manuscrito.
[675] 132v en la numeración del manuscrito.

La una, vehent que era quasi fatal que la casa de Sipió degués sobrar Cartayna, feren fins a guerra finida cònsol[676] Cipió Emílio, fill per natura de Paulo Emílio e per adopció fill de Lúcio Scipió, fill de Scipió Affricà. L'altra fon que, si Cartayna se prenia, que aquella fos cremada e convertida en roina. E per ço en discús de temps, havent Cipió expugnada Cartayna, aquella destrohí y en ruhina segons lo decret romà. En les quals guerres emperò tants romans e latins moriren que era difícil jutjar si de aquelles guerres era més de riure que plànyer per la haguda victòria, de les tantes morts excel·lents dels duchs e prestantíssims[677] romans. Per la qual cosa introduhix micer Ffrancesch per aquesta causa Soffonisba, per la universal inamicícia e no per alguna particular havent en oy los particulars hòmens latins; sentència digna e gran a excel·lent ànimo acomodada.

Narra aprés micer Ffrancesch un altre enamorat exemple, en lo qual se demostra una grandíssima força [134r[678]] d'amor, una miserable continència d'enamorats e una singularíssima paterna pietat e cortesia, dient que aprés la partida de Massanissa a ell intervenia axí com aquell lo qual cavalca per dubtosa e inamicada terra, que tota hora dels inprovisos asalts a cascun pas s'atura e reguarda si lo seu anar és sens perill; de què és en lo effecte molt desfallit e abreviat lo camí del pensament de l'anar. Emperò que tanta era la moltitud dels enamorats sperits que quascuna girada d'ull aquest poeta veya coses noves per les quals compendre, ell se aturava per lo desig que tenia de entendre quascú d'ells qui era, o ab quin foch o ab quin aspre suplici cremaven. E axí procehint véu a la part esquerre huns[679] fora del camí e comuna consuetut anar per la via, axí com aquell lo qual ab diligència circa alguna cosa, la qual trobada ne ha ensemps alegria e vergonya; e donar a altri la sua delectíssima esposa és verament hun sobiran amor, nova e admiranda cortesia, en la qual permutació aquesta esposa dada mostrava ésser del cambi alegra e vergonyosa. On, procehint tots aquests tres sperits ensemps, ço és lo primer, el segon marit y la cambiada esposa, anaven suaument rahonant de lur dolç e enamorat effecte, e sospirant del regne de Sòria, a ells per los romans levat sots lo consolat de Scipió Affricà. E per ço diu:

---

[676] *cònsol*: ms. "consols".
[677] *prestantíssims*: ms. "prestatissims".
[678] 133r en la numeración del manuscrito.
[679] *huns*: ms. "hu".

Come hom che per terreno dubio cavalcha,
Et va restando a ogni passo, et guarda,
Et il pensiero dello andar molto diffalcha,
[134v[680]] Così l'andata mia dubiosa et tarda
Ffacieno gli amanti, di che anchor m'agrada
Si per[681] quanto ciaschun et in qual fuocho arda.
Io vidi da man[682] mancha un fuor di strada
A guisa de chi brami e truovi cosa
Onde poi vergognose et lieto vada.
Donar altrui la sua dilecta sposa:
O sommo amore! o nuova cortesia!
Tal che lei stessa lieta et vergognosa
Parea del cambio, et givansi per via
Parlando insieme di loro dolci affecti
E suspirando del regno di Soria.

Singular comparació ha lo nostre poeta en los precedents versos feta per demostrar la tarditat del referir los exemples, hi encara acomodadament exclama la sobirana amor e nova cortesia de Seleuco essent ell estat liberal; per la qual cosa meritava ésser totalment comogut a gran ira. Emperò, per millor explicar e narrar aquest digne effecte seguex micer Ffrancesch com, mostrant aquests damunt dits tres sperits voler seguir altre camí e partir-se d'ell, aquest micer Ffrancesch se acostà al primer cridant-lo e pregant-lo que·l degués esperar. Mas aquell esperit, entès aquell so e idioma[683] latí, tot en la vista torbat, pur que·s retingués, es refermà mostrant remeyar l'antiga guerra e greu inamicícia ab lo poble romà haguda. E ultra açò quasi mostrant ésser adeví de la voluntat de micer Ffrancesch, començant a parlar [135r[684]] dix: "O micer Ffrancesch, sàpies que yo só Seleuco, antich rey de Síria, e aquest és mon fill Antíocho, lo qual ab vosaltres hagué grandíssima guerra e agonia preoccupant, mas la rahó en les sues obres no ha loch contra les forces, axí en los effectes del ànima com encara en les corporals disposicions. Aquesta" –continuant diu– "primer fon esposa mia e aprés fon sua, la qual yo per acampar-lo de la mort, li doní; a la qual lo enamorat desig lo conduhia. E lo donatiu fet per mi entre nosaltres fon lícit,

---

[680] 133v en la numeración del manuscrito.
[681] *Si per*: Pac. "saver".
[682] *da man*: Pac. "ir a man".
[683] *idioma*: ms. "dioma".
[684] 134r en la numeración del manuscrito.

no essent prohibit per neguna ley. Lo nom de aquella sàpies que és Estratònica. Per la qual cosa tu pots veure quant és la nostra sort indivisa, e per aquest sentiment se comprèn quant és la nostra amor fortíssima. Veies encara per aquest altre effecte que aquesta fon contenta de lexar lo regne, e de reyna retornar vassalla. Yo encara fuy content dividir de mi tot lo meu més suau delit, partint de mi Estratònica. E Antíocho era content abandonar la vida per fer e demostrar quant podia l'altre estimar hi ésser més digne" –diu– "la qual cosa és proprietat d'ànimo gentil e acostumat. E certament, si no fos lo adveniment e adjutori de l'eruditíssim e gentil ffísich Herasístrate, lo qual singularment de la sua egritut e malaltia se recorda la edat sua, finia en la més florida muntanya dels seus anys e joventut sua". E aportà en conclusió lo piadós pare Seleuca la escusa de l'amat fill, dient que ell corregué que[685] amant la mort, callava l'amor, e per ço lo amar-li fon forçat, estimant allò venir de Cupido axí com de númine;[686] mas [135v[687]] callar aquest amor fon bé seu propri e singular virtut, e la sua fon verdadera pietat paterna que·l soccorregué, consentint-li en esposa la sua dilecta e gentil Estratònica. E per ço diu:

> Trassemi a que' tre spiriti, che ristretti
> Eran già per seguire altro camino,
> Et dissi al primo: "Io prego che t'aspecti."
> Et egli, al suon de ragionar latino
> Turbato in vista, si rittenne un pocho;
> Et poi, del mio voler quasi indovino,
> Disse: "Seleuco[688] son; questo è Antïocho,
> Mio ffiglio, che gran guerra hebbe con voi;
> Ma ragione contra força non ha luocho.
> Questa mia prima, sua donna fu poi,
> Ché per camparlo d'amorosa morte
> Gli diedi; il don fu licito fra[689] noi.
> Stratonica è 'l suo nome, et nostra sorte,
> Come vidi, indivisa; et per tal segno
> Si vede il nostro amor tenace et forte;
> Ffu[690] contenta costei lassarmi il regno,

---

[685] *que ell corregué que*: "que el seu cor si gairebé"; it. "que lui cor se quasi".
[686] *númine*: italianismo por "divinitat".
[687] 134v en la numeración del manuscrito.
[688] *Seleuco*: Pac. "Io Seleuco".
[689] *fra*: Pac. "tra".
[690] *Ffu*: Pac. "ché".

Io il mio dilecto, et questo è[691] la sua vita,
Per far, vie più che sé, l'un altro degno.
Et se 'l non ffusse la discreta aita
Del phisico gentil, che ben s'acorse,
La età sua in sul fiorir era finita.
Tacendo amando quasi a morte corse;
E l'amar força, et il tacer fu virtute,
La mia, vera pietà, che allui soccorse."

[136r[692]] Sí amplament e axí clara lo nostre elegant poeta ha descrit ací la ja narrada istòria, que per la sua liçó dels metres cascú per si pot molt bé compendre, e emperò aquella més prest resumint que declarant, dich principalment que Seleuco fon rey de Síria e Antíocho fon son fill. Havent donchs Seleuco aprés la mort de la mare de Antíoco presa per muller la bella Stratònica, conforme a ell per imatge e prestància d'ànimo, mas per los anys difforme, Antíoco, son primogènit, intensíssimament[693] se enamorà d'aquella e, semblant-li no convenient lo seu desig, delliberà primer voler morir que ja may allò en alguna manera manifestar. De què, forçat de la agonia e constret de l'enamorat desig, caygué en grandíssima e mortal malaltia hi, essent devengut molt propinch a la mort, Seleuco féu convocar gran nombre de metges per la salut e cura sua. Los quals, no conexent en ell alguna causa de tanta gravesa, estaven sospesos e admirats, no sabent que poguessen per la sua salut obrar. Intervench en açò casualment que hu de aquells metges, apel·lt Herasístrate, tenint en la mà lo braç de Antíocho recercant lo pols, la reyna Stratònica se presentà davant Antíocho. La qual axí com prestament Antíocho hagué vista, axí la virtut sua revigorà e lo pols fortifficant-se mostrà grandíssima variació. Aprés axí tost com se'n fon partida, tornà Antíocho a la sua primera gran debilitat. Altra volta encara revenguda la reyna en presència d'Antíocho, lo pols féu lo matex effecte. Per [136v[694]] la qual cosa Herasístrate clarament conegué Antíocho ésser de la madastra enamorat. Per la qual cosa, axí com escriu Apianus Alexandrinus jutjant Herasístrate que, si ell ho digués súbitament a Seleuco, que ell per ventura no n'hauria consentit dar-li per muller la sua bella Estratònica, per ço ab grandís-

---

[691] *et questo è*: Pac. "e questi".
[692] 135r en la numeración del manuscrito.
[693] *intensíssimament*: ms. "intensissament".
[694] 135v en la numeración del manuscrito.

sim ingeni lo constrengué per salut de Antíocho a deure fer axí. Lo qual dix: "Seleuco, lo teu Antíocho és necessari que muyra. Emperò yo he conegut ell ésser enamorat de ma muller, la qual yo per nenguna cosa li consentria, de què és forçat prestament vinga a la mort". Seleuco, enteses les paraules, per la pietat del fill crexent-li al cor greu dolor e piadosament convertit, pregava molt Herasístrate per la vida del seu fill primogènit li consentís la sua tan cara muller, offerint-li per restauració sua grandíssims donatius. Dix Herasístrate: "Digues-me Seleuco, tu series-me greu que yo donàs la muller mia a Antíocho, lo qual és ton fill, e norresmenys tu no consentries hirarte dar-li Estratònica si ell la amàs axí com ama la mia". Respòs Seleuco: "Volguessen los déus que axí fos, que per la salut del meu fill a nengú altre que a mi yo hagués agreujar". Entès Herasistrat allò que Seleuco li havia offert, lavòs li maniffestà com Antíocho era en perill sols per lo intensíssim amor lo qual a la reyna Stratònica secretament portava. Per la qual cosa Seleuco, cercant del fill ab diligència si axí era, trobà per la sua modesta confessió ésser veritat allò que Herasístrate li havia recontat. Donchs de egual voluntat, [137r[695]] e ab consentment de Seleuco, Antíocho e Astratònica, ella que primer era muller del pare vench a ésser esposa o muller del fill Antíocho.

Segonament és d'entendre que aquest Antíocho hagué ab los romans crudelíssima guerra, e la causa fon que, essent mort Tholomeu Philopatro, digníssim rey de Egipte, e dexat lo fill pòbil sots la tutela e protecçió dels romans, Antíocho dreçà l'ànimo a occupar Egipte, e majorment perquè·s veya riquísim de tresor e abundant de gent. E ultra açò Aníbal cartaginés, lo qual del pròximo anat[696] de Scipió Affricà, demorava aprés d'ell e feya'l molt més ésser audace. Per la qual cosa los romans prenent justament la protecció e deffensa dels pobles, feren guerra ab Antíocho e crearen cònsols Scipió Asià, jermà de Scipió Affriquà, e lo Affriquà, ab los ja elets, per ço que Antíocho entengués bé los romans no menor confidència haver en lo vencedor Cipió que hagués ell en lo sobrat Aníbal. Combatent[697] donchs los romans ab Antíocho aprés del mont Sipilo, entre Síria y Egipte, fon sobrat Antíocho e portat en Sicília ultra lo mont Tauro, on, en xiqua part del regne a ell per gràcia dels romans lexa-

---

[695] 136r en la numeración del manuscrito.
[696] *anat*: ms. "amat"; it. "fugato".
[697] *combatent*: ms. "combantent".

da, senyorejant solia regraciar a la fortuna e als romans, que li havien la real senyoria deminuïda, los pensaments hi los afanys havent-li dexada tanta part del regne, que sols a la conservació de allò e no a l'augment era lo seu ànimo intent.

Narra aprés lo nostre elegant poeta com, havent Seleuco finit lo rahonament, [137v⁶⁹⁸] quasi remogut l'ànimo axí prest ensemps ab les paraules que escasament, saludant-lo micer Ffrancesch, ell li podia tornar les saluts matexes, e anà-se'n. E seguex que, aprés aquella ombra se partí dels seus ulls, ell estigué pensant en les damunt dites paraules e per compassió sospirant, y encara molt afix en aquest pensament diu que sentí dir, e fon açò hun acutíssim ffantasme: "O micer Ffrancesch, tu estàs molt sospès en hun pensament a tantes e axí diverces coses quant has narrades, sabent majorment quant és breu lo temps". De què, desvellat a aquesta veu e remirant, diu que Xerxe, rey de Pèrsia, may no conduhí tants armats en Grècia quant ell aprés Seleuco véu enamorats sperits en manera que de mil. Micer Ffrancesch no·n conexia hu, mas de aquells pochs dels quals tingué clara conexença farà en lo seu present poema stòria:

> Così disse, et come huom che il voler mute,
> Col fin delle parole i pasi volse,
> Che a pena gli pote render salute.
> Poi che dagli ochi mei l'ombra si tolse,
> Rimasi grave, et sospirando andai,
> Ché 'l mio cor dal suo dir non si disciolse,
> In fin chi⁶⁹⁹ mi fu detto: "Troppo stai
> In hun pensiero alle cose diverse;
> E 'l tempo ch'è brevissimo ben sai."
> Non menò tanti armati in Grecia Xerxe
> Quanti ivi erano amanti ignudi et presi,
> Tal che la vista l'ochio⁷⁰⁰ non sofferse,
> [138r⁷⁰¹] Varii di lingue, et varii di paesi,
> Tanto che di mille un non seppi il nome,
> Et fanno istoria quei pochi ch'io intesi.

Per més maniffesta notícia de la moltitud dels enamorats, de Xerxe és de entendre com Xerxe fon fill de Dari, rey de Pèrsia, lo

---

⁶⁹⁸ 136v en la numeración del manuscrito.
⁶⁹⁹ *chi*: Pac. "che".
⁷⁰⁰ *la vista l'ochio*: Pac. "l'occhio la vista".
⁷⁰¹ 137r en la numeración del manuscrito.

qual fon construhit rey per lo fremito[702] del cavall, com escriu Trogo e recita'n Justínio en lo primer libre *De bellis externis*. Dari donchs, havent mesa guerra als grechs e durant aquella essent pervengut a mort, succehí Xerxe en lo regne,...[703] per sentència de Ariaferne par seu,[704] com ell fos son major jermà, mas nat en lo temps que Dari era privat ciutadí e no rey. Xerxe, donchs, volgué la principiada guerra del seu pare seguir, de què vench primerament en Grècia ab setcentes mília persones, hon fon romput e bandejat de Leònida espartano sols ab siscents companyons en les angústies de Termòpila en terra y de Temístocle en la batalla marítima. Aprés encara retornat en Grècia ab equal exèrcit, fon de Timone, fill de Milcíades atenianch, per terra e per mar a gran vergonya sua constret de retornar en Pèrsia. Per la qual cosa se pot concloure ésser estat grandíssim lo nombre dels hòmens en la guerra de Xerxe conduhits, essent estats hun milió e més quatre millars. Diu encara lo poeta, no sens natural rahó, que los ulls seus no comportaren la vista de tanta moltitud de enamorats sperits [138v[705]] perquè, havent-se a conformar lo judici del comú sentiment hi de les altres intrínseques virtuts ab los exteriors sentiments, ne nax per lo exercici dels organizats membres una lur natural debilitat, mijançant la qual no·s produhex aprés la operació del sentir.

Havent donchs micer Ffrancesch en los precedents versos protestat de voler fer istòria de aquells pochs esperits presos d'amor los quals ell, entre tantes moltituts per ell vistes, havia coneguts, comenca a narrar aquell, dient que lo primer era Perseu, circa lo qual ell volgué saber en quina manera Andròmata, verge negra, e los seus ulls, hi encara les sues formes, li havien plagut en la regió de Ethiopia. E per ço diu:

> Perseo era l'uno; et volsi saper come
> Andromeda gli piacque en Ethiopia,
> Vergine bruna i bel' ochi et le chiome.

Per més clara intel·ligència dels precedents versos és de saber com Acrísio, rey dels argius, havent demanat als déus del seu esde-

---

[702] *lo fremito*: italianismo por "emoció".
[703] Falta aquí la traducción de "postergato Archemenes". La explicación posterior sobre su hermano se refiere a él, no a Ariaferne.
[704] *par seu*: "oncle patern" en italiano; it. "patruo".
[705] 137v en la numeración del manuscrito.

venidor, hagué resposta que per les mans d'un fill havia de morir, lo qual havia nàxer de una sua única filla apel·lada Damnes. Per la qual cosa Acrísio, per què perpetualment ella fos estèril, la féu murar en una altíssima torre o emparedar, e aprés de moltitud de hòmens armats ben guardada. Jovis, per fama de la bellea d'aquesta donzella enamorant-se de aquella, se convert en blanxet de or y per les [139r⁷⁰⁶] bigues del tragmat li devallà en la falda. On, reasumpta la humana forma, usà ab aquella, en la qual engendrà Perseu. Conexent aprés per discurs de temps Acrísio la filla ésser prenyada, la féu pendre e tancar dins huna caxa de fusta, e metre-la en mar, dexant-la als vents per què·s neguàs. E aquesta caxa donchs, guiada per la fortuna, pervench en Itàlia en la província de Pulla, hon regnava hun rey appel·lat Palumno; hi en aquest temps havia⁷⁰⁷ dins la dita caxa durant la sua fluctuasió la dita Damnes parit lo seu Perseu. Trobada la caxa per certs pescadors hi uberta, fon vista aquesta gentil joveneta ensemps ab lo seu xiquet fill en los braços. E, maravellant-se de açò los dits pescadors e jutjant ella ésser una excel·lentíssima cosa, la presentaren al rey ensemps ab lo fadrinet fill seu. Pilumno, rebent-lo per cosa gratíssima, li demanà de la condició sua y del seu cas. E así tost, com per la resposta conegué ésser de imatge e estirpe real, vehent-la d'altra part bellíssima, la prengué per muller e féu nodrir lo seu xiquet fill Perseu. Aquest donchs crexqué e, devengut victoriós e galant, anà per guanyar fama primer a combatre ab los fills de Fforco Medusa e les jermanes, de la⁷⁰⁸ qual era la proprietat convertir en pedra qualsevol que ella miràs. De què, havent-lo pres presta l'escut cristal·lí de Pallas e de Mercuri lo talari e la espasa, a la fi la vencé e tallà a Medusa lo cap. Aprés tornant, com escriu Ovidi en lo quart del *Metamorffoseos*, sobre Pegaso, [139v⁷⁰⁹] cavall alat nat de la sanch de la fera Medusa, e havent ab lo cap Gorgoneu convertit en pedra Atalante, rey de la ulteriora Espanya, en aquest camí essent, en l'ayre girant los ulls envers mig jorn, véu vehí a la antiga Jope, davall hun saxo o roca a la riba de la mar ligada, una gentil donzella Andròmada, filla de Cipheu, rey dels ethíops, condemnada de Jovis a deure ésser de les feres marines devorada perquè Casiope, mare sua, se era en bella prefferida a Juno,

---

⁷⁰⁶ 138r en la numeración del manuscrito.
⁷⁰⁷ *havia*: repetida en el manuscrito.
⁷⁰⁸ *de la*: ms. "del".
⁷⁰⁹ 138v en la numeración del manuscrito.

encara a altres dees marines. Perseu devallà en aquell loch e, trobant la donzella tota tremolant e temerosa, e lo seu pare e l'altre poble plànyer, demanà la causa. La qual entesa, dix a Cipheu que, hon Andròmata ell li donàs per muller, que ell la deffendria de les feres bèsties marines. Consentí Cipheu d'aquest pacte; de què, venint en tanta furor de l'aygua lo orrible mostrum a devorar Andròmata, Cipheu essent present, Perseu lo matà e prengué per muller Andròmata. Era Andròmata primer estada promesa a Ffineu, jermà de Cipheu; per la qual cosa, celebrant-se les noces de Perseu, Ffineu la volgué furtar, mas Perseu, aprés longa deffensa ab les armes, tragué a la fi defora la testa de Medusa; per la qual cosa Ffineu e les companyes súbitament foren convertits en saxos o pedres. Scriu Solino in *De mirabilis mundi* que la fera marina la qual devia devorar Andròmata era axí gran que lo seu costat era de largària de quaranta peus, e la sua altària sobrava bé hun orifany de Índia; axí com March Scauro, prestan[140r[710]]tísim ciutadí de Roma, al temps de la sua vida féu maniffest aquella entre les altres coses a Roma del dit saxo o pedra connomenat lo vincle de Andròmata.

Subseguex aprés lo poeta la vana amor de Narciso, lo qual, si matex e la sua bellea desigant, últimament ne pervengué a morir, dient que en aquell loch e aprés de Perseu era lo van amador lo qual desigant la sua pròpria bellea morí. Aprés se convertí en una flor, la qual,[711] com que fos bella, no may emperò ne produhí fruyt. On diu:

> Et quel[712] vano amator che la sua propria
> Belleça disiando fu destructo,
> Povero solo per troppo haverne copia,
> Che divenne un bel fior sença alchun fructo.

Circa la intel·ligència dels precedents versos és de entendre que Narciso, fill de Cèphilo, fill de Ocçeano e de Liríope nimpha, fon de Thirèsia vate profetizat que veuria quant induhís a reguardar si matex. Aquest donchs essent bellíssim de cors e exercitant la caça, fon de gran moltitud de nimphes amat, entre les quals majorment fon desigat de una nimpha nomenada Echo. Ell norresmenys no curant o apreçant aquestes amors[713] e delits carnals e no volent con-

---

[710] 139r en la numeración del manuscrito.
[711] *la qual*: ms. "lo qual la qual".
[712] *Et quel*: Pac. "ivi il".
[713] *amors*: ms. "amos".

sentir d'alguna, comogué a la fi totes les nimphes que·l havien amat a pregar los déus que per venjança d'elles Narciso sols una volta se degués enamorar. E hoÿren los déus los effectuosos prechs de les nimphes; per la qual [140v⁷¹⁴] hun jorn tornant de caçar Narciso essent gran calor, ell se aturà a una emaníssima e clara font, en la qual, ell volent beure, véu en l'aygua la sua gentil imatge. Lo qual, considerant-la e semblant-li bella, se'n enamorà e, temptant pendre-la, per lo moure de l'aygua se torbava la ymatge. Per la qual cosa havent Narciso moltes voltes cercat ab semblant manera obtenir-la, e a la fi conegut no poder-la obtenir, s'i dé sols al plànyer. De què, devengut en recort de pendre'n e beure de aquella, morí. De què les nimphes que aquell havien amat, comogudes de enamorada compasió e pietat, transformaren aquell seu cors en una bella flor, la qual encara serva lo nom de Narciso.

Aprés de Narciso, convenientment micer Ffrancesch ne ajusta la dolorosa Echo, dient que en lo matex loch era aquella la qual, amant aquest Narciso hi lo seu cors, se fes hun dur saxo o pedra, e ella se era transformada sola en última síl·leba reflexa de la veu humana. On diu:

> Et quella che, lui amando, in nuda⁷¹⁵ voce
> Ffece il⁷¹⁶ corpo un duro saxo asciutto.

Scriu Ovidi en lo terç del *Methamorfoseos* per la notícia dels precedents versos com Echo, nimpha del mont de Pernaso, fon condemnada de la deessa Juno que més paraules no pogués respondre que sols lo derrer accent de la veu dels hòmens. E açò féu Juno perquè lavòs Jovis prenia delit carnal ab les nimphes del mont, e ella anava cercant-lo. Echo tostemps [141r⁷¹⁷] Juno retenia ab paraules per ço que ni ell ni les nimphes trobàs. Per la qual cosa ella de la predita Echo en aquesta forma féu la sua venjança. Amà aquesta Echo sobiranament Narciso, y ell, no volent consentir a ella, a la fi li dix que primer elegiria molt més prest voler morir que fer en amor algun seu beniplàcit. Havent Echo hoÿdes les sues paraules hi vist lo seu obstinat prepòsit, comoguda de intensíssima dolor, la carn sua se en-

---

⁷¹⁴ 139v en la numeración del manuscrito.
⁷¹⁵ *in nuda*: Pac. "ignuda".
⁷¹⁶ *Ffece il*: Pac. "fecesi e 'l".
⁷¹⁷ 140r en la numeración del manuscrito.

durí sobre los ossos; norresmenys lo seu cos, ja devengut àbil,[718] per més accidents fon transformat en una freda e duríssima pedra; per la qual mort justament s'affermà Narciso dels déus ésser estat punit.

Seguex aprés micer Ffrancesch un altre exemple hon grandíssima inpaciència e singular estultícia dels enamorats se mostra, dient que encara allí en aquell loch se mostrava Iphis, veloce a la sua mort que, amant ella altri, prengué si matex en fastig, matant-se desesperat de poseir lo seu objecte amat. Ab lo qual ensemps se mostraven ésser molts altres damnats enamorats e posar a la matexa creu; là hon véu alguns altres moderns, los quals vol callar, estimant lo narrar-los ésser del tot obra perduda. On diu:

> Ivi quell'altro, a sua mal sì veloce,
> Iphi, che amando altrui se in odio hebbe,[719]
> Cum più altri dannati a simel croce:
> Gente a cui[720] per amar viver increbbe;
> Dove rafigurai alchun moderni,[721]
> Che[722] nominar perduta opra sarebbe.

Per més clara evidència dels precedents versos és de entendre, com escriu [141v[723]] Ovidi en lo XIIII[724] del *Methamorphoseos*, que·n la illa de Cipre ja fon hun jove nomenat Iphis, lo qual sobiranament amà una donzella apel·lada Anaxàrate, mas ella, menspreant totalment lo seu intensíssim amor, no volia may hoir ni escoltar alguns seus prechs ni paraules. Per la qual cosa Iphis desesperat, judicant molt menys mal ésser-li lo morir que en tal manera destentar, prengué hun llaç e ab aquell se penjà per lo coll. La qual cosa sentint Anaxàrate, comoguda per més justícia del potent Cupido, anà a veure lo cors mort de Iphis;[725] la qual junta ab la sua pobre casa, hon[726] ja ella entrar per supèrbia de la sua riquea havia recusat. Axí

---

[718] *àbil*: error por "dèbil"; it. "debile".
[719] *hebbe*: Pac. "s'ebbe".
[720] *a cui*: Pac. "cui".
[721] *alchun moderni*: Pac. "alcun de' moderni".
[722] *Che*: Pac. "ch'a".
[723] 140v en la numeración del manuscrito.
[724] *XIIII*: it. "iiii".
[725] La traducción resume mucho el texto italiano, en el que se dice no que ella fue a su casa, sino que el cortejo fúnebre pasó por delante de su casa, que estaba junto a la de él.
[726] *hon*: ms. "ho".

com tost ella lo cors de Iphis mort hagué vist, axí immediate o prestament en aspríssima pedra fon convertida.

Calla ab rahó per la gran moltitud lo poeta quants altres són estats que per amor si matexos hajen mort, entre·ls quals norresmenys lo contrari amonexqua lo poeta. Ne referex hun jove vestit de àbit de religió, lo qual no molt abans en la nostra ciutat de Sena, seguint lo damunt dit exemple, amava aquest una umil donzella de generació noble e digne d'excel·lència d'ànimo; a la qual, havent moltes voltes lamentat los seus enamorats affanys, tostemps per ella li fon tota esperança morta. A la fi aquest hun jorn li demanà que devia fer a termenar lo seu duríssim enamorat martiri; ella li respòs que·s penjàs. La qual resposta entesa per aquell, immediate la posà en effecte.

Narra aprés micer Ffrancesch un altre enamorat exemple, dient com véu aprés aquests acostar-se pensos[727] Alcíone e Ceice cercant Espèria, e tal volta volar en alt e tal volta volar davall l'aygua, e tal volta aseure's sobre una [142r[728]] dura pedra, e axí tostemps dolçament viure, com amor los hagués fet en vida y en mort eternal companyia.

> Quei duo che amor fece compangi eterni:
> Alcïone et Ceice, in riva di[729] mare
> Ffar i lor nidi a' più soavi verni;
> Longo costor pensosi et se acostare[730]
> Cercando Hesperia, hor sopra hun saxo assiso,
> Et hor sotto acqua, et hor altro[731] volare.

Circa la notícia dels precedents versos és de entendre que Ceis, fill de Luciffer, rey de Trachiuria, lo qual fon fill de Jovis, que hagué per muller Alciode, filla de Eulo, rey dels vents, volent Ceis anar al temple de Apol·line per demanar de alguna oportunitat, e no podent anar per terra per la guerra de Porbo rey en los camins interposada, prengué partit hi contra lo parer de la muller de anar per

---

[727] Todo este fragmento a partir de aquí aparece diferente en italiano: "dicendo come vidde quelli dui *com*pagni liquali la forza damor lifece inseperabili e eterni cioe Halcyone e Ceyce liquali sogliono fare li lor nidi sopra la riva del mare a tempi piu ameni e piu soavi de linverno".

[728] 141r en la numeración del manuscrito.

[729] *di*: Pac. "al".

[730] *pensosi et se acostare*: Pac. "pensoso Esaco stare".

[731] *altro*: Pac. "alto".

mar. Navegant donchs Ceis, surgí en la mar una terrible fortuna per la qual en poch espay de temps la sua nau sse rompé e ell s'enegà. Alcíone donchs, la[732] qual era restat a la casa, tots jorns pregava Juno per lo ésser de l'amat marit, mas Juno, fatigada de tantes làgremes e tantes veus d'Alcione, volent levar-se de si aquesta molèstia, li maniffestà, com escriu Ovidi, per hun ministre de la son apel·lt Moffeo la dura mort e naufraig del marit Ceis. La qual cosa havent Alcíone en lo somni maniffestament compresa, comoguda de grandíssima dolor se'n vench fins a la vora de la mar, hon, essent de les hones casualment portat lo cors del seu estimat marit, així com prest [142v[733]] ella l'agué vist, súbitament se lançà en la mar. Per la qual cosa los déus comoguts a gran compassió, majorment Luciffer, pare de Ceis, lo mort cors e la viva Alcíone, enamorats esposats ja ab delit estats en la vida, foren convertits en los ocells nomenats alcions, los quals encara per l'antiga memòria de lurs dolços effectes tenen consuetut de tenir lo niu e abitar sobre la vora de la mar. E así com testiffica Sant Ambròs en lo libre de l'*Exameron*, confermant la sentència de Ovidi en lo onzè del *Methamorffoseos*, mentre que los predits ocells engendren los altres sobre la vora de la mar e nodrexen, on lo temps de quatorze jorns en aquesta distància, la mar està segura, ne may reb alguna fortuna. Per la qual cosa los mariners los predits jorns nomenen alcions.[734]

Seguex aprés micer Ffrancesch lo exemple de Sil·la, filla de Niso, rey dels megaris, dient que véu, aprés Ceis e Alcione,[735] la cruel filla de Niso, la qual del pare volant fogia. On diu:

> Et vidi la crudel figlia di Niso
> ffugir volando.

Per intel·ligència dels precedents versos és de saber, com ja damunt diem, que, essent estat mort Androgen, fill de Minos rey de la illa de Creta, en Athenes per enveja dels atenienchs e magarenchs, Minos dispongué fer-ne venjança. Per la qual cosa ell vench en

---

[732] *la*: ms. "lo".
[733] 141v en la numeración del manuscrito.
[734] Está omitida a continuación toda la explicación sobre Esaco, hijo de Príamo, al que el texto italiano le dedica toda una sección del comentario propia, quizá porque la versión italiana que maneja el traductor, como hemos visto en los versos, no menciona este personaje.
[735] *Ceis e Alcione*: ms. "Ceis Alcione".

camp, com escriu Ovidi en lo principi de l'huytè de *Methamorffoseos*, a la principal ciutat del regne dels magarenchs apel·lada Alchatoe, hon regnava Niso, confederat dels athenienchs. Havia donchs aquest [143r⁷³⁶] Niso entre los cabells hun cabell de or, lo qual tenia una proprietat que, mentres que Niso no perdia aquell, no podia jamés perdre lo regne. Havia aprés aquest una filla nomenada Sil·la, de cors bellísima. Aquesta alguna vegada per plaer pujava sobre una torre, sobre la qual ja Apol·lo per aquelles parts volant havia posat la sua dolça lira; per la qual cosa aquella espessament sentia suau armonia. Essent pujada hun jorn aquesta sobre aquella torre a veure lo exèrcit, véu Minos, lo qual en lo mig dels camps combatia; la qual de aquell ardentment se enamorà. E per ço, per gratifficar-se a aquell e poder exequir lo seu inllícit desig, sabent la natura del daurat cabell del pare, dormint lo y tallà e, ab aquell corrent valerosament, se'n vench a Minos e donà-li lo cabell,⁷³⁷ pregant-lo per muller la volgués pendre. Mas Minos, vista la ferea de la ineffable⁷³⁸ filla, essent justíssim, no volgué complir la sua inconvenient demanda, mas manà que d'ell se partís. Ella, vehent-se rebella al pare e de Minos lançada, no sabent hon pogués retornar estigué tant vagabunda que ella e Niso se convertiren...⁷³⁹

Descriu aprés micer Ffrancesch hun altre exemple de Athalanta e de Ipòmanes, dient que ensemps ab Sil·la véu córrer Athalanta, la qual a la fi de tres palles d'or fon vencuda hi del gentil hi bell espectde de Ipòmanes, lo qual era ensemps ab ella, alegrant-se de la victòria haguda de Athalanta entre tants miserables enamorats corredors; los quals eren morts essent estats en lo córrer sobrats per Athalanta. On diu:

> [143v⁷⁴⁰] Et correr Athalanta,
> Da tre palle d'oro vinta, et da un bel viso;
> Et secco Ipomanès, che fra cotanta
> Turba d'amanti et miseri⁷⁴¹ cursori
> Sol di victoria si rallegra et vanta.

---

⁷³⁶ 142r en la numeración del manuscrito.
⁷³⁷ Tachado "del pare".
⁷³⁸ *ineffable*: error por "traïdora", "pèrfida" en italiano; it. "infida".
⁷³⁹ Falta el fragmento en que explica que se convirtieron en pájaros: "si convertiron in ucelli servando insieme come anchora hoggi il demonstrano di tanto inganno la merita inimicitia".
⁷⁴⁰ 142v en la numeración del manuscrito.
⁷⁴¹ *et miseri*: Pac. "miseri".

Per més clara intel·ligència dels precedents versos és de entendre que Athalanta, com escriu Ovidi a la fi del X libre del *Methamorfoseos*, fon filla de Ceneu, la qual demanà a les ýdoles del seu esdevenidor ésser. A la qual fon respost que del tot recusàs tot matrimoni o esposalici, que, axí tost com fos maridada, li era fatal disposició de deure morir. Per la qual cosa Athalanta, essent de cors bellíssima e per açò per molts demanada per muller, ella no volent consentir a algú hi essent en lo córrer més veloce que altra, constituhí aquesta ley: que qualsevol que a ella volgués obtenir per esposa se posàs ab ella en lo cors e, si corrent ell la sobrava, que ella restàs esposa sua; mas, quant ell restàs sobrat, que lavors degués perdre lo cap ensemps ab la vida. Per la qual cosa molts enamorats d'ella metent-se a córrer, perderen la esperiència[742] e restaren morts. Intervench que Ipòmanes, fill de Megaro, nebot de Neptuno, essent bellíssim e acostumatíssim jove, axí com véu la bella Atalanta, súbitament d'aquella se enamorà. E com primer hagués molt blasfemats tots los altres enamorats, los quals se eren a la força de la dura ley sotsmesos, norresmenys esforçat de les enceses flames d'amor, delliberà sotsmetre's a aquesta, disponent a obtenir Athalanta o no viure més en lo enamorat martiri. E primer que vingués Ipòmanes [144r[743]] a ésser la prova del córrer, anà[744] al temple de Venus a fer oració e pregar-la que li plagués obrar en tal manera que ell del córrer obtingués victòria. Venus, volent los seus prechs exaudir, li donà tres poms d'or collits[745] en lo jardí de les donzelles Espèrides e dix-li que, quant ves que Atalanta lo avançàs en lo córrer, que lançàs hun de aquell hun poch apartat del camí, per ço que, aturant-se ella a pendre'l, ell en aquell instant pogués avancar-la e lo semblant fes del segon hi del terç.

Vengut donchs Ipòmanes a la presència de Atalanta[746] e ja preparant-se a córrer, ella reguardant la sua bellea ja començà a flaquejar lo seu ànimo hi en alguna manera encara amar Ipòmanes: Principiant donchs a córrer Atalanta e Hipòmanes, Atalanta curiosa de honor ja comencava a passar Hipòmanes; de la qual cosa recordant-se, lançà hu dels poms que la deessa Venus li havia donats prou

---

[742] Tachado "vida".
[743] 143r en la numeración del manuscrito.
[744] *anà*: ms. "ala".
[745] *collits*: ms. "collit".
[746] El copista incluye aquí un fragmento que viene más adelante: "curiosa de honor ja comencava a passar Ipomanes de la qual cosa recordant se".

apartat del camí. Mirà Atalanta aquell lancat pom e, jutjant-lo bell, vench aturar-se; per la qual cosa abandonant-lo córrer, anà a pendre-l. Aprés tornant al cors, axí matex en breu espay sobrà Ypòmanes; de què, ell lancat lo segon pom, féu axí matex Atalanta del segon com del primer. Lo qual aprés que ella haguere collit, la segona volta corrent encara vencia Hipòmanes; per la qual cosa ell fon constret a lançar lo tercer e últim pom. Atalanta, en si sperant que prenent aquell encara restaria vencedor, transcorregué a collir-lo. De què, essent ja prop del terme, Hipòmanes redoblant en aquell punt tota la sua força, a la fi pervench a aquell abans que Atalanta; per la qual cosa ell la obtengué per muller. E tornant alegre a la pàtria ab lo digne premi e ab la honrrada [144v⁷⁴⁷] victòria, junt que fon a la silva de Cibele, mare dels déus, la qual era en mig del camí, no podent més tollerar lo enamorat apetit, se conjunyí ab ella ab còpula carnal. De la qual cosa desdenyada Cibele per la sua incontinència e Venus per la ingratitut, la hu e l'altre de aquells foren convertits en leons, hi en greu pena de lur sacrilegi foren condemnats a tostemps tirar lo gran carro de Cibele.

Narra consegüentment aprés micer Ffrancesch hun altre enamorat exemple, dient que entre aquests fabulosos enamorats fabulosament descrits del poeta, ell véu Athi hi véu Galatea...⁷⁴⁸ amava ab paraules e ab obres ne feya gran remor.

> Ffra questi ffabulosi et vani amori
> Vidi Athi et Galatea, che in grembo gli era,
> Et Poliffemo farne gran romori.

Per major hi més vident notícia dels precedents versos és de saber que Athis, com scriu Ovidi en lo tretzè del *Methamorfoseos*, fon fill de Ffauno hi de la nimpha Gio,⁷⁴⁹ per orígine sicilià e de cors bellíssim. Galatea fon filla de Nereo, deu marí, hi de Doris, la qual encara era bella e amava Athis intensíssimament. Poliffemo, cíclope, fon fill de Neptuno segons los poetes, specialment Ovidi. Mas,

---

⁷⁴⁷ 143v en la numeración del manuscrito.
⁷⁴⁸ Falta la traducción de una línea del texto italiano: "i vegí Galatea, els quals se solaçaven junts i després Polifem, el qual fervorosament la amava i con paraules..."; it. "e vidde Galatea iquali si solazavano insieme e inde Poliphemo: el quale fervidament lamava e con parole...".
⁷⁴⁹ *hi...Gio*: error por "i de Simetis, nimfa jove"; it. "e di Simethide nympha giovene".

segons Ditis Cretense, gravíssim istorial, Poliffemo fon[750] fill de Listrigano, lo qual en aquell temps fon tirà en Sicília. Lo qual Poliffemo férvidament amava Galatea, e Galatea, amant Atis, totalment menspreava Poliffemo ni als seus prechs en deguna manera volia consentir. On intervench que, essent hun jorn ella ensemps ab Athis prenent la hu de l'altre enamorats plaers, Poliffemo vench a ells e véu aquells ésser-se estrets entre los bracos. Per la qual cosa como[145r[751]]gut a gran ira, tirà una pedra de desmesurada granea sobre lo elegant e gentilíssim Athis, on fon constret a morir. Mas Galatea aprés la sua mort no oblidant lo seu amat enamorat, lo seu cors convertí en riu, lo qual encara huy d'ell matex té lo nom, e nomena's Athis aprés de tals amors celebrades en los poetes.

Seguex micer Ffrancesch lo exemple de Glauco, dient que ultra ensemps ab aquella esquadra de enamorats véu ondejar Glauco sense la sua tan dilecta Sil·la, la qual par que sol ell brame; norresmenys ell anava blasmant e nomenant una·altra enamorada, diu ésser estada fera cruel e acerba, havent Sil·la en fúria transformada. On diu:

> Glauco ondeggiar per entro quella schiera
> Sença colei cui sola par che pregi,
> Nomando un'altra amante acerba et fiera.

Per intel·ligència dels precedents versos és de saber, com escriu Ovidi a la fi del tretzè e al principi del catorzè del *Methamorffoseos*, que Glauco fon hun pexcador lo qual hun dia, havent pres gran moltitud de pex, lo estengué sobre hun vert prat; en lo qual prat havia una herba que axí tost com aquell pex fon tocat de aquella herba, axí revixqué e tornà en l'aygua. De la qual cosa Glauco maravellant-se hi volent experimentar si tal effecte era vengut per la virtut de la herba, prengué de aquella algunes fulles e mengà-les; y mengades immediate fon en pex transformat. De què Glauco, vengut a ésser pex entre l'aygua, fon rebut en lo nombre dels déus marins. Amà aquest [145v[752]] una gentil donzella nomenada Sil·la, filla de Phorco; e Circe,[753] reyna del mont Circeu, vehí de Gayeta, e filla del

---

[750] *Poliffemo fon*: ms. "Poliffemo".
[751] 144r en la numeración del manuscrito.
[752] 144v en la numeración del manuscrito.
[753] *Circe*: ms. "Torce".

sol era enamorada de aquell. Per la qual cosa Circe vehent que Glauco molt més estimava Sil·la que no a ella, irada contra Sil·la meté certs verins en una bella font là hon Sil·la se acostumava lavar. On intervench que Sil·la hun jorn, tornant a llavar-se a aquella[754] font, per lo enverinament de Circe fon transformada en vàries e orribles formes; per la qual cosa ella lançant-se en la mar, per obra de Glauco fon[755] encara en dea marina instituhida. Emperò Glauco, coneguda la iniquitat de Circe, tostemps aprés la nomenà fera cruel e acerbíssima enamorada.

Aporta aprés un altre exemple lo poeta de Pico y Canente, esposa sua, dient que aprés Glauco véu Canente hi Pico, ja hu dels reys latins, mas transformat de Circe en ocell. En la qual transformació, emperò, li dexà lo nom, hi lo real manto, hi lo fres en les plomes, essent aquelles variades hi distincts en moltes diverses colors, segons la consuetut dels antichs reys. On diu:

> Canente et Pico, un già di nostri regi,
> Hora vaga[756] augello; et chi di stato il mosse,
> Li lassò[757] il nome, i regal manto et i fregi.

Necessari és a saber per la intel·ligència dels precedents versos com Pico, fill de Saturno hi pare de Ffauno, com scriu Ovidi en lo XIIII del *Methamorffoseos*, hagué per muller Canente, gentilíssima donzella filla de Jano hi de Venília, muller sua, la qual parí Laude, mèrito en bellea de cors e dolçor de cant. Intervench que, amant-la Pico sobiranament, hun jorn [146r[758]] se partí de aquella e anà a caça en una silva, hon Circe hi ella, vehent-lo bellíssim de cors, intensíssimament se'n enamoraren.[759] De què, perceguint hun porch salvatge, féu mostrat que passàs davant Pico. On Pico, per la evidència de la caça seguint-lo, entrà en part de la més spessa silva. Era Circe en aquell loch amagada, la qual descobrint-se li aparech davant hi pregà'l molt intensament que la complagués de la sua persona, mostrant-li ésser filla del Sol. Pico, lo qual solament era intent a la sua

---

[754] *a aquella*: ms. "aquella".
[755] Palabra repetida en el manuscrito.
[756] *Hora vaga*: Pac. "or vago".
[757] *Li lassò*: Pac. "lasciògli".
[758] 145r en la numeración del manuscrito.
[759] *hon Circe...se'n enamoraren*: "on Circe, a ell veient-lo bellíssim de cos, intensament se'n enamorà".

dilecta Canente, respòs que, mentre la sua esposa vixqués, may deliberaria ab altra dona conjunyir-se. Circe, per la sua resposta compresa de greu dolor e comoguda a gran ira, immediate lo tranformà en ocell del seu nom. La qual cosa sentint Canente, per grandíssima dolor planyent per la riba de Tèvare, morí.

Narra aprés micer Ffrancesch dos altres exemples, dient que ell véu aprés Pico lo plant de Egèria, e aprés conegué com, en volta hi en lloch dels seus ossos, Sil·la se convertí en pedra, com ella encara fos infàmia de la mar Siciliana. On diu:

> Vidi il pianto di Egeria; in vice d'osse
> Silla indurarsi in pietra aspra et alpestra,
> Che del mare siciliano inffamia ffosse.

Circa la intel·ligència dels precedents versos és de saber com Egèria fon dona de Numma Pompílio, la qual, com scriu Ovidi en lo X del *Methamorffoseos*, essent mort Numma, no podent tanta dolor comportar, pervench al loch en la silva Arícia, prop de la font là hon Numma rebia les respostes, hi en aquell loch, no donant fi al seu plant, [146v[760]] se convertí en font, a la qual dexà lo seu perpetu nom. Sil·la axí matex, com damunt diem, amada de Glauco, aprés que per lo beniffici de Circe se fon convertida en mostrum de la mar últimament se fengex[761] convertint-se en roca; la qual, segons in *De mirabilibus mundi*, essent concavada hi en aquella concavitat recollint-se los vents, s'engendren alguns sons semblants a ladrament de goços hi aprés fan en la mar una certa remor, mediant la qual totes les naus sumergex que en aquell loch arriben. On en la mar Siciliana on és col·locada ne seguex gravíssima infàmia e calúmnia.

Aporta aprés micer Ffrancesch lo exemple de Canaça hi de Machareu, fill de Eolo, dient que aprés Sil·la véu aquella que, afflicta e desesperada, escrivia ab la mà dreta hi en la sinistra tenia hun ferro nuu o coltell acutíssim. On diu:

> Et quella che la penna da man dextra,
> Come dogliosa et desperata scriva,
> Et il fferro ignudo tien alla sinestra.[762]

---

[760] 145v en la numeración del manuscrito.
[761] *se fengex*: error por "se fixà".
[762] *sinestra*: ms. "sinistra".

Per més uberta notícia dels precedents versos és de saber que Canaça e Machareu[763] foren fills de Eolo. Los quals, ensemps desonestament amant-se e inlícitament prenent enamorats plaers, Canaça se trobà prenyada; la qual aprés parí hun fill lo qual donà a hun servent que secretament a una nodrica·l portàs a criar, per ço que Eolo fos de la celeritat sua lunyat. Mentres que l'infant era portat deffora, essent prop de Eulo, l'infant començà a plànyer. Per la qual cosa Eulo, sentint-lo, reclamà l'escuder qui portava e a la fi [147r[764]] maniffestament conegué lo peccat dels dos fills seus; de la qual cosa irat, manà Eulo que l'infant fos donat a menjar a les feres, e a Canaça donà hun coltell e manà-li que aquell en si matexa usàs justament. E ella, rebut aquell, tenint-lo en la mà esquerre escrigué a Machareu, lo qual de les mans del pare se n'era fogit, en la qual lo pregava que aprés la mort sua se esforçàs a recollir les sues rellíquies y del seu infant e col·locar-les en hun monument.

Aprés seguex lo nostre poeta l'exemple de Pigmaleon, lo qual, havent en fastig les dones e no volent per deguna manera pendre muller, féu-se una imatge de vorí hi enamorà's tant de aquella que dia e nit pregava Venus volgués aquella ymatge tornar viva, per ço que la pogués pendre per muller; e finalment fon complagut de Venus. On diu:

> Pigmalïon con la sua donna viva;
> Et mille que in Castalia[765] et Ganippe
> Udì cantar ffra l'una et l'altra[766] riva.

A més clara intel·ligència dels precedents versos és de saber principalment com Pigmalion, fill de Cilix, fill de Egenor, essent animosíssim jove e considerant la glòria dels seus antecessors ésser estada fins a la mar d'Àffrica maniffesta, per ell aquistar encara fama e honor aparellada una galera, se'n vench en Cipre, hon, havent fet moltes batalles, a la fi per força restà vencedor. Trobà Pigmalion, aprés que hagué pacífica possessió de aquell regne, molta lacívia en les dones de la illa; per la qual cosa del tot dellibarà sense alguna dona viure. Mas, perquè era ingeniós e singular escolpidor, e lo

---

[763] A continuación en el manuscrito "se troba prenyada", que aparece más adelante.
[764] 146r en la numeración del manuscrito.
[765] *que in Castalia*: Pac. "che Castalia".
[766] *ffra...l'altra*: Pac. "per la sua verde".

pendre de les dones e repòs és quasi a quascú [147v⁷⁶⁷] natural, per ço, estant en lo seu prepòsit, ell matex se escolpí una ymatge de vorí de una bellíssima dona; la qual ell espessament mirant e molt delitant-se en aquella, a la fi se'n enamorà. Per la qual cosa devotíssimament moltes voltes pregà Venus que la sua ymatge degués animar e tornar dona viva. Consentí Venus e hoí los prechs de Pigmalion. Per la qual cosa, una nit la sua ymatge, ab la qual ell dormia callant, sentí escalfar y en alguna part moure-s; de la qual cosa maravellant-se e per tal moviment més fixament mirant-la, a la fi conegué ésser viva. De què, vengut a ésser content tostemps aprés ab ella ensemps alegre, dolcíssimament vixqué fins als últims dies de la sua extrema vida.

Segonament és de entendre que micer Ffrancesch diu haver hoït cantar mil en Castàl·lia e a Ganipe per voler generalment sots tàcit modo narrar tots los enamorats cantars dels poetes, emperò que quascuna de les dues fonts és consagrada a les muses e lo escriure tal effecte se veu ut plurimum observato dels poetes, los quals màximament abundaren e foren celebrats entre Boècia, hon és la font Castàlia. Prengué tal nom de Castàlia nimpha, la qual anant hun jorn per lo mont de Pernaso, Apol·lo la volgué pendre e violar-la, per la qual cosa ella fogí e fogint, Apol·lo seguint-la, a la fi ella per servar la sua virginitat se lançà en aquella font, en la qual aprés tostemps ab la sua vida dexà encara lo seu nom.

Conclou a la fi micer Ffrancesch lo Trihunffo d'Amor ab aquest capítol, dient que últimament véu en lo carcre d'amor com Cidipe fon beffada o escarnida de hun pom. On diu:

[148r⁷⁶⁸] Et d'un pomo beffata al fin Cidippe.

Axí com Ovidi escriu en les enamorades *Epístoles* sues, Cidipe fon una pelegrina donzella, de la qual fon hun jentilíssim jove enamorat apel·lt Acòncio. Aquest, desigant haver-la per esposa y ella per ver acte no volent consentir, imaginà hun jentil e enamorat engan, lo qual fon que ell prengué hun bell pom d'or sobre lo qual escrigué aquestes paraules: "Yo Cidipe jure als immortals déus com yo volia ésser dona de Acòncio"; e axí escrit lo y portà a donar. La

---

⁷⁶⁷ 146v en la numeración del manuscrito.
⁷⁶⁸ 147r en la numeración del manuscrito.

donzella vehent les letres, les legí e axí legint-les vench a jurar⁷⁶⁹ ella voler ésser de Acòncio dona sua; per la qual cosa demanant-la ell aprés per virtut del jurament per muller, ella encara novament lo negà. Mas la fortuna a Acòncio fon favorable, emperò que Cidipe en aquest temps emmalaltí de greu malaltia; per la qual cosa Acòncio li escrigué aquesta ésser volgut dels déus que axí·s morís, per no haver servats los juraments los quals ella havia fets en llur nom. Per la qual cosa Cidipe se persuadí ésser axí com a ella affermava Acòncio; de què, com a no voluntària e tostemps de aquell lamentant-se, a la fi consentí a la voluntat sua e vench a ésser sa esposa. Per la qual cosa, axí com diu lo nostre poeta, fon per hun enamorat pom enganada.

---

⁷⁶⁹ *axí...jurar*: "així legint jurar".

TRIHUMPHUS SECUNDUS CASTITATIS

[148v[1]] Neguna cosa entre les humanes perfeccions se troba per la qual l'ome different natura se conega haver de les feres excepta l'ànima racional, quant lo us de aquella se convertex a obrar segons la sobirana y excel·lent virtut. E com aquella de sa natura a tal operació se incline, norresmenys ella tal volta de les delectacions que reb dels sentiments és remoguda de seu degut fi. Per la qual cosa, conexent-se l'ome per les dues natures de les quals és compost, semblant a les herbes, a les feres e als ocells, hi havent lo potestat de l'arbitre, diu poder a la hu dels seus semblants objectes conformar-se, difformant-se dels altres. Verament de aquella natura se dega clamar a la qual ell per pròpria elecció més se conforma. Per la qual cosa, si més la dolcesa sensual abraça que lo intel·lectual obrar, verament merita ésser nomenat bestial; hon se helegex lo plaer e jocunditat de l'enteniment, no solament és de nomenar angèlich, mas verament divinal. Emperò que, axí com la divina sapiència en lo seu obrar ja may no erra, axí encara l'àbit de la virtut humana és de tanta perfecció que, allò hon és abituat, may algun mal permet obrar. La qual cosa Aristòtil diffinint[2] aquella en lo segon de la *Ètica*, diu: "Virtus est que bene se habens perficit et opus eius bonum reddit"; hi sent Agostí in libro *De libero arbitrio* escriu: "Virtus est bona qualitas mentis qua recte vivitur: qua nemo male utitur". Emperò, en lo setè de la *Èthica* concluhia lo philòsoff los hòmens perfets per la virtut theòrica ésser divinals. E per ço lo nostre preclaríssim poeta micer Ffrancesch Petrarca, havent en lo precedent trihunffo de-

---

[1] 147v en la numeración del manuscrito.
[2] *diffinint*: ms. "diffinit".

ter[149r³]menat del domini del sensitiu apetit, lo qual dalt és diffinit lo primer estat de l'ànima, en lo qual hi segons lo qual l'ànima se troba a obrar en lo temps de la juventut e demostrat quants mals e inconvenients de allò seguexen, tracta ara en lo subsegüent Triunffo del domini de la rahó e intel·lecte segon a la ànima atribuït. Là hon ella en lo temps de la virilitat se reposa, en lo qual, comunament los hòmens a la pròpia conexença de si matexos tornant, mostren quantes són les excel·lències e parts singulars les quals resulten en l'ome quant en si matex opte la victòria contra lo sensitiu apetit.

Narra donchs lo poeta que, havent amor ab la orrenda sua fúria fet un assalt envers madama Laura, ella, com a discreta e sabuda cobrint-se dels seus colps, a la fi lo vencé e sotsmeté sots lo seu imperi. Aprés així vencut e ligat com primer ell dels hòmens trihunfant aquell havia portat a la illa Citarea, hi en aquell sagrat loch les ràpides despulles a la mare,⁴ així Laura ensemps ab la sua companyia lo conduí en Roma als temples de la castedat y de pudicíscia, on encara relexà en onor la palma y despulla de la sua victòria. E en aquest camí introduhex ella haver visitat Cipió Affricà, lo qual trobà en lo castell de Linterno, hon voluntàriament exilava⁵ sols per desdeny contra la pàtria concebut, per la sua ingratitut de haver consentit ell ésser estat acusat de les repetundes peccúnies; e axí de egual consentiment la hu e l'altre de aquells proceiren als ja narrats temples ab l'altra companyia. O gloriós [149v⁶] trihunffo, e singular e salutíffera victòria! En la qual sense sanch venç aquell que tants affanys produhex, tantes armes exercita, tanta sanch escampa, lo qual ora intervé que sobre·ls hòmens ha victòria. Comença, devallant al test micer Ffrancesch a consolar aquells los quals, en la jovenil edat constrets de qualque delit, a aquest apetit se sotsmesen; on tàcitament responia a una occulta demanda, la qual és si los jòvens que són vençuts d'aquest apetit se deven privar d'esperança y eternalment dolrre's de llurs errors e peccats comesos. A la qual respon que no per dues rahons. La primera perquè, essent estats los déus hi encara los hòmens reputats excel·lentíssims en lo món presos e sotsmesos a aquest apetit, molt pot pacientment tollerar hun jove incaut per esperiència, desarmat de prudència y de consel, sols si ell axí

---

³ 148r en la numeración del manuscrito.
⁴ Falta "consagrades".
⁵ *exilava*: ms. "exulava".
⁶ 148v en la numeración del manuscrito.

matex és constret a seguir les delícies del sentiment, perquè molt és posat en consolació quant se veu home de major dignitat ésser reposat en semblant estament, en lo qual l'ome és ja estat ab misèria conduhit. L'altra rahó és que los hòmens, considerant la lur pretèrita vida hi lo temps passat ésser estat vanament despès, se reduhexen totalment a la moral vida e política, on d'ells és tolta e apartada la ignomínia dels passats errors; emperò que de tanta força és la penitència que del tot altri torna de tot pecat innocent com aquest, perquè a penitència se pot retornar per la libertat del nostre arbitre humà en tot lo temps mentre que dura la vida. Per ço [150r⁷] no·s deu altri ja may desesperar en les errors, mas revocar-se a millor vida e a més just obrar, perquè, fent axí segons la humana ley o la divina, se troba del peccat perdonat, axí com expressa Nostre Senyor Déu en Sant Matheu XVIII quant respongué a la demanda de Sant Pere, on diu lo test: "Domine cociens peccaverit in me frater meus dimitam ei usque sepcies dixit illi Iesus Non dico tibi usque sepcies sed usque septuagensies sepcies".

Diu donchs lo nostre claríssim poeta, donant principi aquest segon Trihunffo, que aquesta matexa rahó confortava a ell. Per la qual cosa, havent vist en lo matex loch e a un matex temps per dòmita e subjugada l'alteza dels déus y dels hòmens de tanta excel·lència que foren en lo món reputats déus, ell del llur estat prengué exemple e l'altre dan e mal resultava en son útil e proffit, en haver los casos e dolors a consolar e pacientment sofferir; e exprimix però la causa dient que, si Phebo e Leandre de Abidos són de un matex arch e sagetes ferits, dels quals la hu fon reputat déu e l'altre pur home e com les altres mortals, y encara veent en un matex laç Juno, dea, e Dido, prestantíssima dona e mortal la qual sospengué a mort l'amor de Sicheu e no aquell de Eneas com vulgarment se diu, no·s deu ell sens mesura e moderància dolrre essent estat vencut d'Amor jove incaut[8] sols e desarmat. E encara no·s deu llamentar si la enamorada sua e llavòs enemiga, la qual ell sens negun orde amava, no fon constreta del terrible Cupido, considerant quant gravíssim error seria [150v⁹] de tal effecte aconseguit. E seguex la segona rahó que li intervé en effecte, dient que encara n'occorre un·altra rahó la qual és no de molta dolor perquè ell conex aquest amor per operació de

---

[7] 149r en la numeración del manuscrito.
[8] *incaut*: tachada "e" a continuación.
[9] 149v en la numeración del manuscrito.

la rahó figurada per madama Laura ésser vengut a tanta baxea en axí miserable estament, en manera que, privat de les armes y del mal amar, és comogut e vençut de compassió ell amargament plànyer. On diu:

> Quando ad un luogo et ad un[10] tempo quivi
> Per domita l'alteça[11] degli dèi
> Et degli huomini vidi al mondo divi,
> Jo presi exemplo di loro stati rei,
> Ffacendo mi proficto il altruy male
> In consolare i casi et dolor mei;
> Ché, se io veggio d'uno arco et uno strale
> Phebo percosso et il giovane d'Abido,
> L'un detto deo, et l'altro hom puro et mortale,[12]
> Et veggio ad un lacciol Giunone et Dido,
> Che l'amor[13] del suo sposo a morte spinse,
> Non quel di Enea, com'è publico grido,
> Non mi debbo doler, s'altri mi vinse
> Giovane, incauto, disarmato et solo,
> Et, se la mia nimica Amor non strinse,
> Non è ancor questa[14] assai cagion di duolo,
> Ché in habito il rividi ch'io ne piansi,
> Sì tolte gli eran l'arme[15] et il gire a volo.

Quànt elegantment lo nostre micer Ffrancesch en los precedents versos al juvenil error posa [151r[16]] esperança, y en quina manera rahonablement los escusa, molt en lo nostre present libre se mostra exprés. Semblantment[17] qui fon Phebo, Juno e Leandre, del qual apetit compresos, encara dalt en lo precedent Trihunffo fon demostrat. Resta donchs per intel·ligència dels precedents versos saber qui fon Dido y en quina manera en un matex laç ella fon ensemps ab Juno ligada. Hon és de saber que Dido fon filla de Belo, fill de Ffenice, rey de Ffenícia, hi, essent donzella bellíssima, fon donada aprés mort de Belo per esposa a Sicheu, lo qual era sacer-

---

[10] *luogo...un*: Pac. "giogo ed in un".
[11] *Per...l'alteça*: Pac. "domita l'alterezza".
[12] *et mortale*: Pac. "mortale".
[13] *Che l'amor*: Pac. "ch'amor pio".
[14] *questa*: Pac. "giusta".
[15] *l'arme*: Pac. "l'ali".
[16] 150r en la numeración del manuscrito.
[17] *semblantment*: ms. "sembalntment".

dot d'Èrcules. Aquest, essent riquíssim, fon mort per avarícia de Pigmaleon, cunyat seu. E trobat lo tresor e no sabent Dido lo fort cas al marit intervengut, ço és a Sicheu, moltes vegades en somni li aparech maniffestant-li la celeritat de Pigmaleon, son jermà. Per la qual cosa Dido donant diligent obra a cercar si era axí, e trobada e coneguda la veritat, conjurà contra lo jermà ab tots aquells ab los quals Pigmaleon era. E preparades les naus, robà tot lo tresor del jermà e ab aquell ensemps ab quantitat de poble sens impediment pervench en Àffrica, hon, attesa y essent requesta de aquells de la terra que en aquella part degués abitar, ella consentí e ab aquells vench en partes de comprar tanta terra quanta ella circuiria ab cuyro de toro; lo qual menutíssimament tallant, circuhí ab aquell gran quantitat de terra en la qual edifficà la ciutat, la qual la carta denomenà Cartago e la roca sua fon nomenada Birsa. Havent constituïda y edifficada Cartago, y en aquella regnant en àbit de viuda segons la paterna ley, Jarba, [151v[18]] rey dels massellitans, la demanà per muller encara sots protestació de guerra si no y consentia. Per la qual cosa ells molt la reyna estrenyien a deure exequir la voluntat de Jarba, sols per salut de la nova ciutat. Dido, la qual per la sua ciutat e per lo seu amat marit era a tot suplici disposta comportar, vent-se a tal partit portada, delliberà ella y la sua terra ab la sua mort de tal molèstia liurar. Per la qual cosa prengué algun temps e no molt a respondre, en lo qual, ella disponent qualsevol cosa que fos útil a la sua ciutat, a la fi portà una grandíssima pila; sobre la qual, essent vengut lo temps del respondre, ella féu posar la cendra de Sicheu y la sua vestimenta y espasa e, aprés exint sobre aquella, se girà als seus cartaginesos dient-los "Optimi cives ut vultis ad virum vado"; e donant-se ab hun punyal en los pits, sobre la cendra del marit Sicheu caygué morta.

Virgili donchs, fingint y no narrant la veritat de la istòria, diu que Eneas, partint de Troya per venir en Itàlia, essent ja en la mar Tirreno fon portat a Cartayna, hon pervengut fon per Dido reverentment rebut e honrrat e ab aquella algun temps estigué; en lo qual fengex que Dido de Eneas se enamorà hi que en una caça en una espellunca prengué carnal delit ab aquella, la qual cosa és falcíssima, emperò que Eneas vench en Itàlia gran temps abans que naxqués Dido, essent solament, segons Trogo, lo qual refferex Justino, setanta anys abans edifficada Cartago a Roma. Escusa's norres-

---

[18] 150v en la numeración del manuscrito.

menys Virgili per dues universals raons. La primera perquè, volent imitar Omero, axí com ell [152r[19]] introduex Ulixes ésser pervengut en Phenícia al rey Alcinoo a recontar los seus marítims errors, axí Virgili descriu Eneas ésser vengut a Cartayna e a Dido axí com a loch més acomodat, e a ella fa que reconta tot lo excidi e la guerra de Troya. L'altra rahó és més clarifficar los romans posant tota virtut en Eneas, del qual ell són tots devallats, e ultra açò tant lo descriu gentil que haguera pogut portar per la sua bellea a concupicència un castíssim ànimo, tal qual era aquell de la excel·lent Dido. Aprés consegüentment lo loa de continència, descrivint ell no haver volgut consentir a les paraules de Dido reyna, mas ésser estat entregue e constant en la voluntat dels déus. Últimament exalça[20] los romans mostrant, per la execució la qual féu Dido en la partida de Eneas, quanta fon la difficultat en lo sobrar la potent Cartayna. E de aquesta elegant e artifficiosa ficció de Virgili han pres argument aquells que poc exercitats en les poètiques ficcions diuen Dido ésser-se morta per la dolor de la partida de Eneas.

De la predita, donchs, vera istòria de Dido pot apparer la resposta de una dubitació, la qual ab rahó en aquest loch insurtex. La qual és que, si Dido reyna fon presa d'un laç ensemps ab Juno, ella no deuria ésser entre[21] les companyies de Laura nombrada e, si ella meritament és de la companyia de Laura, no deu ésser presa en un laç ab Juno. A la qual se respon que Dido merita en la una y en l'altra qualitat, emperò que no per alrre Juno és vencuda d'amor, sinó perquè lo déu Jovis desigava plaure la sensual simplament e no arreglada de alguna rahó. La qual cosa aximatex desigant Dido [152v[22]] en la vida del marit Sicheu, convenient fon ésser sotsmesa[23] a amor. E aprés volent primer morir que obrar contra la justícia de la pàtria, elegí e, on era liberta, no voler ésser subgecta esposa. Per aquesta justa e rahonable obra Dido merita acompanyar Laura, la qual a nosaltres demostra lo domini de la rahó. Per la qual cosa maniffestament se prova la nostra escrita intenció de principi ésser ve-

---

[19] 151r en la numeración del manuscrito.
[20] *exalça*: ms. "exalçada". La sílaba "da" parece haber sido añadida, no comprendiendo que la oración empieza en "últimament", sino creyendo que comienza en "los romans".
[21] *entre*: ms. "entres".
[22] 151v en la numeración del manuscrito.
[23] *ésser sotsmesa*: ms. "sotsmesa" con "esser" añadido al texto; it. "convenientemente sotsmesa".

ra, ço és que micer Ffrancesch no entén sols per amor lo apetit carnal, mas tot sensitiu delit e desig laciu. E per Laura no solament descriu la pudicícia, mas quascuna obra de virtut arreglada.

Últimament és de saber que micer Ffrancesch, planyent la misèria d'amor, no entén demostrar de dolrre's perquè li desplagués la victòria de la rahó, mas per dar a entendre quanta és la efficàcia de les virtuoses obres contra los vicis quant l'ome, regonexent si matex, de aquells se aparta donant-se a les virtuts. O verament descriu ell plànyer per demostrar que, quant l'ome sobra lo seu apetit, plany l'estament e misèria de la sua pretèrita vida. Havent donchs axí descrita aquesta rahonable rahó d'esperança, descriu consegüentment qual és lo sobtós moviment e celeritat de l'apetit contra la rahó per amor figurats e per madama Laura, dient que véu moure amor ab tots los esturments seus contra madama Laura; de la qual ell rahona no ab altra similitut que contra[24] en la batalla ab dos feroces leons, ne ab menor fúria que de l'ayre devallen dues ardent fulgures, les quals, hon sembla que s'estenen, fan passar tot altre opposat obstacle o en lo cel, o en la terra, o en la mar que·s drecen. E en açò seguex micer Ffrancesch que véu ella [153r[25]] aximatex ésser presta e molt laugera, més que vent, ayre o vapor. On diu:

> Non con altro furor d'impeto[26] dansi
> Duo leon fiero, duo fulguri ardenti
> Che in cielo, in terra, in mar,[27] dar lugo fansi,
> Ch'io vidi Amor con tutti suoi argumenti
> Mover contra colei di cui[28] ragiono,
> Et lei più presta che vapori[29] o venti.

Per més clara evidència dels precedents versos és de entendre que entre tots los animals, segons que vol Isidorus, e Plinii, lo leó és animal ferocíssim e furiós; per la qual cosa terriblament e ab gran impetut procehex contra lo enemich[30] e contra la caça. La folgura encara és una de les impresions aèrees potentíssima entre les altres, emperò, com diu lo philòsoff en lo terç de la *Metaura*, essent la

---

[24] *contra*: it. "contra di se".
[25] 152r en la numeración del manuscrito.
[26] *furor d'impeto*: Pac. "romor di petto".
[27] *Che in...mar*: Pac. "che cielo e terra e mar".
[28] *di cui*: Pac. "di ch'io".
[29] *più...vapori*: Pac. "presta assai più che fiamme".
[30] *enemich*: ms. "emich".

exaltació calda y seca alt en la miga regió de l'ayre y essent entre los núvols interclusa, y aquells per la intensa frigiditat del loch condensant-se e tornant en aygua, aquella tal exaltació circuïda de aquell per la contrarietat que ja sent prop per haver exit, on, per ço no trobant, talla impetuosament lo núvol. E perquè aquesta exaltació és composta de parts diverses e difformes, emperò mou-se leugerament la terra, en lo qual moviment penetra l'ayre que mentre[31] la sosté, y en la terra per ço que davant s'encontra romp, e tal volta l'aygua de la mar fa obrir per força fins a l'últim fons; com semblant, donchs, major violència moga lo apetit impetuosament. Per la qual cosa los hòmens, segons la sentència dels metges, quant de tal apetit són compresos [153v[32]] se diuen furiosos, mas en aquesta commosió la rahó se comou a la sua deffensa molt més prest que los vents o vapors. Són les vapors cossos subtilíssims poc més grosos que l'ayre y més subtils que los núvols, per bé que aquells no sien altra cosa que vapors més groses les quals, muntant a la segona regió de l'ayre, en aquell loch s'engrosexen, on aprés se produex la pluja, la pedra, la neu, la rosada e la boyra. Mas lo vent no és altra cosa que ayre lo qual se mou impetuosament per comixtió de seca exaltació treta ab velocitat dels cossos celestials de les concavitats de la terra, com par que vol lo philòsoff en lo segon de la *Methaura*, lo qual vent és vapor. Com se veu per experiència, són de velocíssim moviment, mas certament molt més y veloce in lo elegir la voluntat les agibles operacions ara de la rahó arreglada. Per la qual intel·ligència és de notar la sentència del philòsoff en lo VII de la *Èthica*, lo qual diu que, per causa que la voluntat no·s mou sens que l'intellecte discórrega, comprova Aristòtil in tercio *De anima* y Sant Thomàs in prima secunde a la questió VI e al primer article, al qual propòsit encara diu Sant Agostí: "Amamus quiden invisa incognita autem nequaquam"; emperò tostemps lo enteniment prepara a la voluntat una proposició universal, la qual és que tot bé se dega seguir. E perquè la potència concupicible és arreglada de la rahó, aprés en l'altra proposició dels dialètics apel·lada la menor, en la qual se conté l'objecte particular circa lo qual la voluntat ab la elexció dega insurtir, a sa voluntat s'i limita o allò seguir essent bé, o verament quant [154r[33]] fos mal al fugir-lo. On, axí com en les coses

---

[31] *mentre*: error por "res"; it. "niente".
[32] 152v en la numeración del manuscrito.
[33] 153r en la numeración del manuscrito.

speculatives immediate importada la menor se conex la conclusió, axí en les operables proposada la proposició menor immediate insurt la voluntat a elegir. Hi perquè neguna cosa corporal se mou tan prest com les potències de l'ànima, emperò, essent aquelles ben dispostes, diu micer Ffrancesch que són més prestes que vapors o vents.

Per explicar aprés micer Ffrancesch la efficàcia y gran perturbació d'ànima que los hòmens són reduïts a delliberar quals volen ésser, o verament obsequint al libidinós apetit, o sotsmetent allò a obeir a la rahó, la qual delliberació és difficíllima segons la sentència de Tuli en lo primer dels *Officis*, lo qual diu "In primis autem constituendum est quos nos et quales esse velimus et in quo genere vite que delliberacio est omnium difficillima", emperò descriu per similitud qual era aprés la moguda d'Amor lo espantable assalt fet a madama Laura, que no és aquell del mont de Ethna, lo qual ara és més comogut del gegant Encelado, o verament la remor de les regorgitants aygües de Sil·la e Carpdi quant bé mostrant ésser més irades, en modo que del tot desfia per tan orrent to saber o poder riure. On diu:

> Non fa[34] sì grande o sì terribil suono
> Ethna, qual hor da Encelado è più scossa,
> Scylla o Caribdi, quando irate sono,
> Che via magiore in su la prima mossa
> Non fuse del dubioso et grave assalto,
> Ch'io non credo ridir sappi[35] né possa.

[154v[36]] Per més plana intel·ligència dels precedents versos és de saber que Encelado fon fill de Titan y de la terra, e fon entre·ls altres immaníssim jagant. Aquest ensemps ab Tipheu, son jermà, com a capitans dels altres jagants, mogué ensemps ab aquells guerra contra los déus e a Jovis. On de aquell foren fulminats y, bé que per la lur potència no morissen per fúlmina, pur sobre de Encelado Jovis revoltà lo mont altíssim de Ethna e sobre Tipheu posà la illa de Inarime, la qual huy se nomena Ischia. Per la qual cosa ajusten los poetes aquesta ficció, que molt aquests jagants se sforcaren d'esquena comportar tan gran pes; de què, comovent-se, moven encara tota

---

[34] *fa*: Pac. "fan".
[35] *non credo...sappi*: Pac. "non cre' ridir sappia".
[36] 153v en la numeración del manuscrito.

la terra. Sil·la, que fon molt sobre lo Trihunffo d'Amor expost, on se diu ella ésser una vertígine o fúria de mar, la qual terrible tempestat maniffestament demostra Virgili en lo primer de la Eneyda, quant en prosa de Eneas parlant a les companyes diu: "Vos et Scilleam rabiem penitusque sonantes accestis scopulos vos et ciclopea saxa experti revocati animos mestumque timorem mitite forsam et hec olim meminisse iuvabit". Caribdi encara, segons la sentència de de Ovidi y de Ysidorus, és loch molt vehí a Scil·la de la matexa disposició e natura lo qual par que prenga delit de submergir les naus, e per ço[37] la nomena Ovidi "Avidam Caribdim". De la qual tal e recitada fàbula dich que Carib fon una fembra meretrice cupidíssima la qual, passant Èrcules, la matà e lançà-la en aquell loch hon huy és Caribdi. Per la qual cosa encara par que en los presents temps se enginye les naus [155r[38]] e los altres lenys furtar. Mas en lo ver Sil·la és loch cavernós hon, recollint-se los vents, fan aquella regurgitació en la qual perexen les naus. Axí encara intervé de Caribdi, com és maniffest per qui ha vist lo loch.

Seguex aprés fingint micer Ffrancesch quins venien aquells los quals eren en companyia d'amor, e semblantment qui seguia Laura axí com véu en començat lo assalt, dient que quascú se retrahia en loch eminent e alt per millor veure e compendre la fi de la rigorosa batalla, e ja la error[39] de la audace ampresa havia no sens gran maravella lo lur cor e los ulls fets d'esmalt. On diu:

> Ciaschun per sé si retraeva in alto
> Per veder meglio, et l'orror della impresa
> Et cori e gli ochi haveva faeto[40] di smalto.

No sens rahó descriu lo nostre poeta los hòmens retraure's en alt l'ora que amor combat ab madama Laura, com sia cosa que a alta consideració sia necessari que s'aparten los hòmens per demostrar lo immortal ànimo; de la qual conclusió seguex aprés delits sensitius ésser a la humana perfecció repugnants; per la qual cosa, no presuposant la immortalitat, és necessari lo contrari atorgar. En la qual consideració singularment compara lo poeta los seus ulls e cor ésser d'esmalt, emperò que, axí com los liniaments que·s fan en los

---

[37] *per ço*: ms. "per".
[38] 154r en la numeración del manuscrito.
[39] *error*: forma de "horror" que aparece otras veces en el manuscrito.
[40] *faeto*: Pac. "fatti".

smalts e los ulls que de aquell se pinten tostemps són uniformes, ne may en altra part ses giren, axí aquells que són compresos de gran maravella o affixa consideració [155v⁴¹] fengint⁴² los ulls con un obgecte del qual no·s resten e lo cor a una cogitació de la qual no·s separen, on per aquesta disposició vénen semblants a l'esmalt digna mixtura a veure delectable, de la qual los argenters en los daurats vexells e d'argent⁴³ les figures lurs esmalten.

Seguex aprés micer Ffrancesch l'àbit e armadura d'Amor e lo seu súbito asalt, dient aquell vencedor dels déus y dels hòmens primer narrat en lo precedent Trihunffo, lo qual principalment vench a la offesa de Laura, ja havia pres l'arch ab la mà esquerra e ab la dreta la estralla e, aquella mesa sobre la corda, havia aquella fins a la orella tirada com a fort archer valentíssim. E en aquesta manera, havent encara a la vista les enceses purnes, on ell encara cremà hi·s turmentà, alguna ora se recordà de la presó e dels enamorats laços. No corregué en lo camp de ffugitiva cerva hun lauger leopart que fos libert en la silva o domini de l'home, de la cadena desligat e solt, que no fos mostrat pigre, e lent e omnímodament tart a comparació d'Amor; tant venia⁴⁴ prompte e lauger sols per ferir madama Laura. On diu:

> Quel vincitor che prima era all'offesa,
> Da man dextra⁴⁵ lo stral, da l'altra l'arco,
> Et la corda alla orechia havia già tesa.
> Non corse may sì levemente al varco
> Di fugittiva⁴⁶ cerva un leopardo
> Libero in selva, o da catena scarco,
> Che non fusse paruto⁴⁷ lento o tardo,
> Tanto Amor prompto venne a llei ferire
> Con le faville el volto⁴⁸ ond'io tutto ardo.

[156r⁴⁹] En aquella ora neguna destrea o laugeria se entén en algun subgecte e aquella acomparar al leopard, emperò que, engen-

---

⁴¹ 154v en la numeración del manuscrito.
⁴² *fengint*: error por "fixant"; it. "figendo".
⁴³ *en los daurats...d'argent*: "en los vaixells d'or i d'argent".
⁴⁴ *venia*: corregido en el ms. de "ve" a "venia".
⁴⁵ *dextra*: ms. "dexta".
⁴⁶ *Di fugittiva*: Pac. "d'una fugace".
⁴⁷ *paruto*: Pac. "stato ivi".
⁴⁸ *Con...volto*: Pac. "ch'al volto à le faville".
⁴⁹ 155r en la numeración del manuscrito.

drant-se aquell segons Plinii per la comixtió del pardo y de la leona, o del leó y de la parda, per ço és animal ferocíssim e sutibundo[50] de la sanch, per la qual ve per la sua ferocitat veloce. Emperò no corrent, mas saltant, seguex la sua caça; la qual, si en tres salts no la ha presa, la dexa contra si matex irant-se e contra la sua pigrícia. Per la qual cosa micer Ffrancesch, entenent mostrar la velocitat del moure's l'apetit contra la rahó, convenientment diu aquell ésser-se mogut a semblança de leopart. Troben-se norresmenys alguns tests en los quals diu lo derrer vers "Con le vive faville ond'io tutto ardo", lo qual no varieja, però, aquesta sentència.

Aporta aprés lo poeta qual era la sua disposició y, vent furiosament Amor en tal manera exit a madama Laura, dient que ell era embolicat en una gran contrarietat, emperò que de la hun costat abatia lo desig que amor obtengués per haver axí dolça, grata e suau companyia, la qual era Laura; e de l'altra part li semblava molest, dur e incomportable que aquella excel·lentíssima dona perís hi·s levàs de la sua dignitat. On diu:

> Combatea in me con la pietà il desire,
> Ché dolce m'era sì facta compagna,
> Duro a vederla in tal modo perire.

Elegantment en aquests versos micer Ffrancesch demostra una natural disposició dels hòmens, la qual aprés lo peccat dels nostres primers pares resulta en nosaltres. On, segons la sentència [156v[51]] dels theòlechs en lo segon de les *Sentències* a la XXV[52] distincció, l'ànima nostra en si conté dues parts principals, com encara diem damunt, ço és la raó e la sensualitat. La rahó ha dues altres parts: la una per la qual entén a la conexença de les coses superiors e eternals; l'altra qui·s dreça a la convenient pràtica de les coses temporals. Per la qual cosa intervé que, la ora que algun obgecte a la voluntat se presenta, la sensualitat induex al delit corporal e la raó revoca la conveniència de la pràtica. De què·n nax en tots obliqua elecció, lo remordiment de la conciència per la rahó que a la sensualitat contradiu, com en si matex diu que intervenia micer Ffrancesch, com en aquest loch e en aquella cançó afferma la qual diu:

---

[50] *sutibundo*: "sedegós"; it. "sitibondo".
[51] 155v en la numeración del manuscrito.
[52] *XXV*: it. "xxiiii".

"Io vo pensando, et nel pensier m'asalle"; là hon, explicant aquesta conexença, primer los effectes de la un pensament descriu micer Ffrancesch ésser en ell, e aprés de l'altre. Emperò dien los theòlechs que tostemps ensemps són colligats a Adam e Eva, e la serpent, entenent per Adam la part superior de la raó, per Eva la inferior e per la serpent la sensualitat.

Seguex aprés lo poeta una àurea sentència ensemps ab lo gest de Laura, lo qual ella féu per lo reparo de l'assalt d'Amor, dient que la virtut e la prestància de l'ànimo, la qual jamés dels bons se desacompanya, demostra bé per medi de madama Laura quant de altri a tort se clama aquell lo qual ella dexa acostant-se al vici. Emperò que, essent Laura estada assaltada d'Amor e no ab altra favor ne altre subsidi que ab la pròpria voluntat, may esclaffidor axí ab tanta destrea [157r⁵³] esclaffí lo colp o la ferida per ell tirada, ni encara ab tanta celeritat o acorriment may discret nocher⁵⁴ revoltà la sua nau en lo port per fugir dels esculls, quant un veloce esclaffir e honest reparant cobrí la bella vista de Laura e aquell substragué a l'enamorat colp, agre a qui l'entén y prova. On diu:

> Mai⁵⁵ virtù, che da' buoni non si scompagna,
> Mostrò in⁵⁶ quel punto ben come a gran torto
> Chi abandona lei, d'altrui si lagna;
> Ché già mai schermidor non fu sì acorto
> A schiffar colpo, né nochier sì presto
> A volger nave dagli scogli⁵⁷ in porto,
> Com uno⁵⁸ schermo intropido et honesto
> Subito ricoperse quel bel viso
> Dal colpo, a chi lo attende, agro et funesto.

Acostuma per natura la desigada e humana inbecil·litat quant los hòmens en alguna lacívia transcórrer se dexen per escusa d'ells no inculpar si matexos, mas alguns les forces de les esteles, alguns lo predestinat orde de les esdevenidores, alguns altres la disposició de les objectes, de què·n nax lo plaer e delit acusar. O simple e ffal·laçe indici! O affeminada mol·lícia! O del tot aombrada memò-

---

⁵³ 156r en la numeración del manuscrito.
⁵⁴ *nocher*: italianismo por "pilot".
⁵⁵ *Mai*: Pac. "ma".
⁵⁶ *in*: Pac. "a".
⁵⁷ *scogli*: ms. "scoglio".
⁵⁸ *uno*: ms. "una".

ria e caliginosa! La qual primer a altri vol atribuir lo seu deffecte que un poch a la raó ab lo sensitiu plaer repugnar no comporta. De què persuadexen los oradors, què proven los philòsoffs, què demostren los teòlechs, sinó la libertat de l'arbitre, migançant la qual les virtuts [157v[59]] són conservades e celebrats los consells? Les ciutats moralment governa e últimament ab gran diligència curant observa lo us de la prudència, mijancant la qual en les humanes operacions se merita e·s demerita. Essent donchs en nostra potestat lo elegir la virtut e lo vici, no altra cosa que si matex deu l'ome acusar quant, seguint los vicis, la virtut abandona. Com sia cosa que neguna potència, sia no encara la[60] ordenària divina, que puga levar al homo la potestat de l'elegir mentre que dura en la vida eterna,[61] axí com en lo segon de les *Sentències* demostra Egidi romà e lo nostre poeta ho descriu en aquella cançó "Io vo pensando" pròximament allegada: "Mentre che il corpo e vivo,/ Hai tu il freno in valia de pensier tuoi". Per la qual cosa, qualsevol que aquesta virtut abandona de altra cosa a tort se lamenta, la qual al seu virtuós[62] obrar atribuhexca. Per la qual cosa havent-se Laura reparada de aquesta laciviosa elecció, maniffestament se entén per aquest acte los hòmens per pròpria virtut poder-se del vici deffendre e seguir lo rahonable obrar més[63] que lo súbito insentiu de l'apetit se oppose lo veloce reparo e deffesa de la rahó; stant donchs amor axí intent a la offensa de Laura e aquella diligent a la offensa.[64]

Seguex micer Ffrancesch quina era la disposició del seu ànimo, e per lo exemple diu descrivint la comuna natura dels hòmens que a l'enamorat apetit se sotsmeten, dient que en aquest estat la hu era intent al fi que devia seguir d'aquesta enamorada batalla hi que ell esperava la victòria de la part d'Amor, axí com [158r[65]] ell moltes voltes sol ésser, essent la humana infirmitat molt més provada a les deletacions sensuals que al virtuós obrar; hi, essent vengut en aquesta esperança, com a home que demostra per molt desig en lo front a part de ffora lo seu secret desig de l'ànimo, diu que volia pregant

---

[59] 156v en la numeración del manuscrito.
[60] *la*: ms. "e la"; it. " la".
[61] *eterna*: error por "terrena"; it. "terrena".
[62] *virtuós*: error por "viciós"; it. "vicioso".
[63] *més*: it. "pur". Parece una confusión del traductor con "pus".
[64] *offensa*: error por "defensa"; it. "a la diffesa de la ragione".
[65] 157r en la numeración del manuscrito.

Amor dir-li: "Senyor, si tu obtens victòria contra aquesta[66] e yo te parré digne de aquest do, yo·t pregue que·m ligues ab aquexa, ne may tembre que·m desligue de aquesta suau servitut voluntària". On diu:

> Io era al fin del oprar intento et[67] fiso,
> Sperando la victoria onde esser suole,
> Et per[68] non esser più da lei diviso.
> Come chi smesuradamente vuole,
> Che ha scripto, inanci che a parlar cominci,
> Negli ochi et nella fronte le parole,
> Volea dir io: "Segnor, se tu la[69] vinci,
> Legami con costei, se io ne son degno;
> Né temer che mi[70] scoglia quinci!"

Comuna consuetut és de aquells los quals als delits carnals són donats,[71] màxime als delits de Venus, que, quant algun obgecte desigen, tant plaer esperen de aquell posseir que en deguna cosa may tant l'ànimo drecen. E per ço, entre si matexos concloent, delliberen aprés possessió de la cosa amada no més cercar ja may altre plaer. La qual cosa com sia perniciosa molt maniffestament ho demostra Sèneca en les sues epístoles *Ad Lucillum*, dient "Turpissima enim iactura est que per negligenciam venit et si volueris attendere magna [158v[72]] pars vite elabitur male agentibus", hi en la XV epístola escriu "Quos ceca cupiditas ducit innocitura certe nunquam precipit sanaturam". La qual negligència y cega cupiditat a la salut nostra contrària comunament se avista en tots los hòmens vulgars. Per la qual cosa diu Virgili "Scinditur incertum studia in contraria vulgus"; et rabi Moisès, insigne metge, en la pràtica sua escriu "Id enim vulgus exstimat malum est bonum in rei veritate: et quod extimat bonum in rei veritate est malum". Màximament se troba aquesta desídia e obumbrada ignorància en los miserables enamorats, per la qual molt clar ha descrit lo nostre poeta la lur natura ésser tostemps desigar e obtenir les enamorades, ne may remoure's del plaer que·n seguex.

---

[66] *aquesta*: ms. "aquests".
[67] *del oprar...et*: Pac. "cogli occhi e col cor".
[68] *per*: Pac. "di".
[69] *Segnor...la*: Pac. "Signor mio, se tu".
[70] *che mi*: Pac. "che già mai mi".
[71] *donats*: ms. "donat".
[72] 157v en la numeración del manuscrito.

Narra aprés allò que véu seguir e quin fi hauria aquest tan gran e perillós assalt, dient que, mentres que ell era en aquesta voluntat e pensament volent les damunt dites paraules d'amor explicar, ell lo véu ple de tanta ira e desdeny que de riure era vencut per tots los singulars engenys y excel·lents, no que hu así bax com lo seu ne romangués confús; emperò que les enamorades estralles, e daurades, tintes e colorades, en los plaers de la enamorada bellea ja eren extinctes en lo gelat effecte de la honestat freda. On diu:

> Quando il vidi pien d'ira e disdegno
> Sì grave ffacto che a ridir sarebben[73] vincti
> Tutti i maggior, non che un si basso[74] ingegno;
> Ché già in fredda honestade erano extincti
> I dorati suo strali, accesi in fiamma
> D'amorosa beltade in piacer tincti.

[159r[75]] No·s separa en lo seu escriure lo nostre poeta de la pròpia natura del sensitiu apetit, mas aquella clarament demostra quant neguna cosa proceïda de Laura commemora migançant la qual Amor fos subjugat, mas quasi per si matex y per la sua proprietat declinant descriu aquell ésser contra Laura mancat; emperò que lo deffendre's de l'apetit sensitiu no és altra cosa que la pròpria operació del continent, la qual cosa diffinint Aristòtil en lo setè de la *Èthica* diu: "Continens idem est et constans in racione"; on, essent l'ome affix e abituat en la continència, la qual, a ell ara previnguen[76] aquests libidinosos apetits, a aquells no consent. On és necessari que aquells per si matexos manquen, com elegantment diu micer Ffrancesch Amor ésser mancat per si matex sens nenguna altra sua operació en lo feroce assalt fet contra madama Laura.

Descriu aprés micer Ffrancesch e diu les estralles d'amor ésser d'or per conformar-se ab la sentència d'Ovidi en lo primer del *Metamorfoseos*, lo qual atribuex a Amor dues generacions de sagetes, de les quals algunes són sagetes d'or migançant les quals los sensitius delits se seguexen, e les altres són de plom, per les quals los matexos delits fugen. Ni és apartat en açò Ovidi de la sentència dels metaffísichs e lògichs, los quals volen que los contraris circa un ma-

---

[73] *che...sarebben*: Pac. "ch'a ridirlo sarien".
[74] *che...basso*: Pac. "che 'l mio basso".
[75] 158r en la numeración del manuscrito.
[76] *previnguen*: ms. "previnga".

tex subgecte provehexquen, axí com en los *Postpredicaments* y en lo quint de la *Metaffísica* Aristòtil afferma. Són donchs aquestes estralles de or tenyides en lo plaer de la enamorada bellea y enceses en l'ardent flama del desig que nax [159v[77]] en nosaltres, quant segons la sensualitat los delits carnals desigam.

Seguex aprés lo nostre excel·lent poeta per semblança fingint a quanta ira se comogué Laura aprés que véu ésser mancat Amor en lo seu assalt contra ella, dient que may Camil·la, reyna de les amazones, gosà proceir en la batalla sols ab la sinistra entrega mamella havent veritat de dragina, la qual és una quarta part de una onca, de valor o virtut, ni encara Cèsar en Tesàlia en la última batalla contra son gendre Pompeu fon tant desigós de venjança y de la total exterminació sua, quant per comparació hagué vigor Laura ab ira contra lo seu enemich Cupido, lo qual en los lacius hòmens venc lo lur cor y desmalla les armes de lur deffensa quant sols per un simple assalt sens pus resistència a ell se donen. On diu:

> Non ebbe mai di vero valor dramma[78]
> Camilla e l'altre andar use in battaglia
> Con la sinistra solo[79] intera mamma,
> Non fu sì ardente Cesare in Thesaglia[80]
> Contra al genero suo como ella fue
> Contra lui che il cor vince et l'arme[81] smaglia.

Per més clara notícia dels precedents versos és de entendre principalment que Camil·la, reyna dels volchs, fon filla de Metabo rey e Camil·la fon esposa sua, la qual naxent morí la mare sua per lo grandíssim dolor del seu part. Per la qual cosa lo pare per memòria de la sua cara muller e consolació de si matex, axí com ella se apel·lava Camil·la, per semblant sa filla [160r[82]] hagué nom Camil·la. Intervench que en aquell temps los prenomenats pobles a ell sotsmesos conjuraren contra Metabo, per la qual cosa ell fon constret de dexar lo regne e anar en exili. De què en la sua súbita e necessària partida neguna altra cosa hagué temps de portar, sinó la xica filla sua Ca-

---

[77] 158v en la numeración del manuscrito.
[78] *dramma*: ms. "dragma".
[79] *solo*: Pac. "sola".
[80] *Thesaglia*: Pac. "Pharsaglia".
[81] *Contra...l'arme*: Pac. "contra colui ch'ogni lorica".
[82] 159r en la numeración del manuscrito.

mil·la. Hi, essent ell fugint axí perseguit, pervench en un riu lo qual per causa de la pluja era crexcut e vengut grocíssim. Metabo, veent açò a la sua fuyta contrari accident, no podent ab la xicha filla nadar y esperant-se conexia venir en les mans dels enemichs, e pres un partit, lo qual fon que enbolicada la xica donzella en una tovallola, que era en una asta que ell casualment havia portada en la mà, ligà aquella. E aprés votant-la a Diana tirà l'asta d'ell a lo riu ensemps ab la sua xiqueta donzella ligada. Nadant aprés Metabo de l'altra part del riu, trobà la filla per operació de Diana ésser sana sens lesió alguna. De què, presa aquella e a Diana refferides acomuladatíssimes gràcies, anà ab aquella abitar al boscatge e altres lochs salvatges e solitaris on, crexent Camil·la, delliberà la sua virginitat conservar a Diana. Per la qual cosa donada en lo boscatge en lo frequentar de la caça e a l'exercici de les armes, en breu temps vench en tal operació excel·lent e, segons la sua excel·lència, famosa. E havent menyspreades totes les amors dels hòmens jòvens e tots los marits, fon revocada a la fi en lo seu regne, constituïda reyna. Aprés venint Eneas de l'excidi de Troya en Itàlia y fent guerra ab Turno, rey dels rutilans, per amor de Lavina, filla de [160v[83]] Latino rey, ella se acostà per la vicinitat a la part de Turno e, combatent ab los troyans, féu grandíssima guerra entre·ls quals matà un sacerdot apel·lat Corebo. A la fi hun jorn combatent ab hun Aron troyà fon de aquell ferida en la mamella, per la qual ferida venint a mort expirà, com en lo XI de la *Eneyda* maniffestament demostra Virgili.

Segonament és de saber, segons que escriu Trogo, e Justino ho refferex in *De bellis externis*, en Scýtia foren dos jòvens, la hu apel·lat Plenos, l'altre Scolòpites, los quals per conspiració de lurs obstinats foren bandegats del regne. On intervent que, fogint aquells, los seguiren una moltitud de jòvens del regne de Sítia e pervenguts en la regió de Capadòcia, prengueren e occuparen en aquell loch una grandíssima terra. Mas en poch espay de temps inferint la lur molèstia a les veÿnes províncies, foren a la fi dels circuhins pobles tots morts. Les dones o mullers de aquests, vent-se per la lur mort ésser-las importada a una perpètua orbetat, prengueren les armes e no solament de lurs enemichs se deffensaven, mas encara als altres pobles feyen gran guerra e molts de aquells a lur senyoria sotsmeteren. No volien encara aquestes dones en altra manera marit, mas, no mancar lo llur nombre; anaven tal volta a usar ab los

---

[83] 159v en la numeración del manuscrito.

veÿns e ab aquells tant se abitaven fins que elles matexes se sentien prenyades; aprés retornaven al regne on, si parien fill mascle, lo mataven e, si parien aquella,[84] nodrien aquella. A les quals, axí com absolien la infància, cremaven la dreta mamella, [161r[85]] per ço que més expedites fossen de la mà de la espasa en la batalla y de la lança, en la qual procehien sols ab la sinistra mamella.

Terçament e última és de notar que, essent Júlio Cèsar, sogre de Pompeu, per sa natura molt clementíssim, sols en la batalla Ffarsàlica, la qual féu contra los pompeans, desgenerà del seu ànimo e consuetut. Emperò que, essent en procintu los cavallers per combatre, manà a ells que solament al ferir e dar mort als enemichs fossen intents ne més durants la batalla. Mas tostemps se exercità com a singular duch e fortíssim cavaller e a la fi, restant superior e fatigat de tanta matança, encara, com escriu Ffloro, més per jactància que per desig l'altra paraula cridant als cavallers dix que fon: "Percite civibus".

Negú, donchs, concloent d'aquests prenomenats exemples, hagueren dagma de vera valor per comparació de Laura. E, verament ab rahó no podent-se alguna axí gran victòria comparar-s'i a quella en la qual l'ome sobra lo seu apetit, axí com damunt fon exprés a Massanissa per sentència de Cipió Affricà, ni encara aquests matexos foren axí cruels o ardents contra llurs enemichs com madama Laura contra la d'ella sobrada cupiditat.

Conjunct donchs hi expugnat lo ffortíssim athleta Cupido, dóna ara principi micer Ffrancesch a narrar la companyia dels armats combatedors los quals ab Laura foren en aquesta gloriosa victòria, dient que ensemps ab ella eren armades les sues clares e singulars virtuts, verament noble esquadra gloriosa. Les quals de dos en dos convidant-se[86] procehien ab ella. De les quals les dues primeres que eren en lo ffront [161v[87]] e en la davant guarda eren Honestitat, l'altra Vergonya; certament un excel·lentíssim fermall de divines virtuts les quals entre les altres dones la feyen gran e digne. Aprés seguien propinques e circunveÿnes lo Seny e Modèstia, a la qual eren segons un delitós Àbit ferm e affix en l'ànima e una Perseverància, a la qual axí com affí lahor e honor era reservada y excel·lentíssima

---

[84] *aquella*: error por "una filla".
[85] 160r en la numeración del manuscrito.
[86] *convidant-se*: it. "combinandosi".
[87] 160v en la numeración del manuscrito.

glòria. Eren aprés en torn d'aquestes altres[88] virtuts un gratíssim e Bell Acolliment ensemps ab un prudentíssim Continent, ab lo qual era ab ella una simple Puritat abundant e alegra Cortesia ab una grandíssima Temor de Inffàmia e ardentíssim Desig de Honor; ab les quals últimament se veya ésser ensemps blanch, reposat e premeditat Pensament en edat jovenil, a la qual par que per pròpria natura repugnen[89] e la Concòrdia, que tart en lo món se veu; ço és una sobirana Bellea mesclada ab entrega e inviolable Pudicícia. On diu:

> Armate eran con lei tutte le sue
> Chiari Virtù[90] –o gloriosa schiera!–
> Et teneansi per mano a due a due:
> Honestade et Vergogna alla ffronte era,
> Un nobil paio[91] delle virtù divine
> Che fan costei sopra le donne altera;
> Senno et Modestia et[92] l'altre duo confine;
> Habito con Dilecto in meço il core;
> Perseverancia et Gloria in su la fine;
> Bella-Accogliencia, Accorgimento fuore;
> Cortesia atorno atorno[93] et Puritade;
> Timor-d'inffamia, gran Disio-d'honore;[94]
> [162r[95]] Pensier canuti in giovenile etade,
> Et –la concordia ch'è sì rara al mondo–
> Con summa Pudiciscia alma[96] Beltade.

[161v[97]] Maravellosa, veríssima e singular doctrina en los precedents versos descriu lo nostre poeta, per la in[162r[98]]tel·ligència dels quals és de saber que, tota ora e quant la raó ha lo govern de l'home e l'apetit[99] a aquella és sotsmès, en ella regna una universal prudència e justícia, les quals són fonament en qui totes les altres

---

[88] *altres*: ms. "altre".
[89] *repugnen*: el sujeto parece ser "els joves".
[90] *Chiari Virtù*: Pac. "chiare Virtuti".
[91] *Un nobil paio*: Pac. "nobile par".
[92] *et*: Pac. "a".
[93] *atorno atorno*: Pac. "intorno intorno".
[94] *gran Disio-d'honore*: Pac. "e Desio-sol-d'onore".
[95] 161r en la numeración del manuscrito.
[96] *Con...alma*: Pac. "v'era con Castità somma".
[97] 160v en la numeración del manuscrito.
[98] 161r en la numeración del manuscrito.
[99] *e l'apetit*: ms. "e al apetit".

virtuts se conjunyen. De la qual prudència parlant Aristòtil en lo sisè de la *Èthica*, diu: "Videtur prudentis esse viri bene consulere posse circa illa que sibi bona et utilia sunt"; e conclou poc aprés dient: "Quam obrem et universaliter prudens esset consulatiuus"; e de la justícia axí descriu en lo quint de la *Èthica*: "Hec itaque iusticia virtus quidem est perfecta non simpliciter sed ad alium et ob hoc excellentissima virtutum videtur esser iusticia et neque hesperus: neque luciffer ita mirabilis ac in proverbio dicimus omnes simul virtutes iusticie et inesse"; on intervé que d'aquest fonament ha origin al tot virtuós obrar. Emperò lo poeta primer narra en aquest loch aquelles virtuts que d'aquest fonament nexen, les quals convenen al home absolutament considerant-ho, e no com a part de consideració civil. De què a ell n'és refferit glòria e honor, les quals coses són l'extrínsec premi de la virtut, axí com en lo quart de la *Èthica* s'escriu, e aprés de aquestes seguexen altres virtuts, segons les quals obra l'ome quant en la vida política és constituït per relació a la natural amicabilitat. Per la qual cosa se entén neguna sua part ésser separada de l'offici segons que Tuli demostra deure's fer en lo primer [162v[100]] dels *Officis*, on diu: "Nulla enim vite pars neque publicis neque privatis neque forensibus: neque domesticis in rebus: neque si tecum agas quid neque si cum altero contrahas vacare officio debet".

Ara devallant particularment a demostrar, segons los preceptes de la moral philosoffia, quascuna de les sobredites virtuts sobre narrades poeta[101] dirivar de la font de la universal prudència e justícia, és de entendre principalment que nax de aquelles la honestat, la qual, segons Tuli in primo *De oficcis*, és un acomodadament obrar segons la disposició del loch, del temps y de les persones ab les quals l'ome ha a conversar. Emperò Aristòtil en lo quart de la *Èthica* diu no tota elargació ésser liberalitat, mas quant se fa aquella quant és necessària, e hon és necessària e a qui és necessària. La qual honestat, considerant los sobirans papes, segons l'auctoritat de Ciceró in tercio *De officiis*, sanciren lo capítol "Non debet de consanguinitate et affinitate", lo qual diu: "Non debet reprensibile iudicari si secundum varietatem temporum statuta quoque variantur humana". Emperò que, essent la prudència dreta raó de les operacions nostres, com s'escriu en lo sisè de la *Èthica*, axí dispon ésser

---

[100] 161v en la numeración del manuscrito.
[101] *poeta*: "del poeta".

just e injust, lícit e inlícit, com veu ésser lo mester del temps. On és maniffest esta onestat no ésser altra cosa que operació de prudència.

Acompanya aprés aquesta virtut la vergonya, emperò que la vergonya, com Aristòtil en lo quart de la *Èthica* demostra, no és virtut, mas loable effecte d'ànimo majorment convenient als jòvens; los quals per la inexperiència de les coses e per la lur natural complexió·n són [163r[102]] promptes a caure en error, mas, la vergonya retenint, los salva, però que jutja en ells la rahó en neguna cosa deure's per si obrar hon haver puguen neguna represió. E axí proporcionadament intervé tal effecte en totes les altres edats. On per aquesta rahó digne e loable effecte tostemps se troba hon la rahó senyoreja e tostemps seguex honestat, ne de aquella may pot justament ésser separada.

Seguex aprés de la imperant rahó lo seny ab la modèstia. Emperò que lo seny nenguna altra cosa vulgarment se entén, sinó en qualsevol sua operació no ésser reprensible, la qual cosa és necessari que sia que lo apetit haja la convenient brida de la rahó, emperò que hon la voluptat no se sforce, ací serà la ley natural; on obeyrà l'ome aquella, e per aquella obeyrà a les leys scrites, on a nengú porà noure, com escriu Tuli en lo terç dels *Officis* dient: "Ex quo efficitur hominem nature obedientem homini nocere non posse". E essent a aquesta ley obedient, no sols l'ome observarà los preceptes de rahó, los quals exprimix lo test *In lege justicia ff. de justicia et jure* dicendo[103] "Iuris precepta sunt honeste vivere alterum non ledere ius suum unicuique tribuere", mas en quascuna altra operació observarà lo convenient, segons la sentència del philòsoff en lo quint de la *Èthica*, lo qual diu parlant de la ley natural, la qual és principi de la ley escrita: "Lex iubet ea que sunt fortis viri ut non deserere locum in acie: non fugere: non arma abicere. Et ea que sunt temperantis ut non committere adulterium non flagitium facere. Et ea que sunt mansueti [163v[104]] ut non pulsare: non iurgia exercere eodem modo et secundum alias virtutes et vicia has iubens illa vetans". Norresmenys consegüentment apar clara evidència com per la presència del seny l'ome en tots los actes és modest, mansuet, acostumat e plaent.

---

[102] 162r en la numeración del manuscrito.
[103] *dicendo*: italiano por "dient".
[104] 162v en la numeración del manuscrito.

Donchs, de aquestes singulars virtuts ne seguexen les altres dues, ço és la fermetat de aquests àbits e la delectació en mig del cor, ab la perseverància en aquell, com sia cosa que, segons la sentència del philòsoff en lo primer de la *Èthica*, l'àbit de la virtut presupon affixió, delectació e perseverància, dient: "Non est preterea bonus qui non guaudet bonis operacionibus". On, havent l'ome per la operació de la virtut aconseguir felicitat, és necessari que y concórrega la perseverància, però que, així com una sola oroneta no prova ésser venguda la primaera, así una sola operació no mostra l'ome ésser virtuós e benaventurat, mas quant en aquestes operacions persevera atteny la eternal glòria celestial.

Són fins ací recontades aquelles virtuts que a l'home absolutament li convenen segons lo imperi de la rahó. Ara sols resten a refferir-se aquelles que·s pertanyen segons que és congregable e civil animal. Conexent donchs l'ome si matex e la sua natura per lo ús de la rahó, entén ell no a si matex solament ésser nat, mas d'ell, segons Plató, refferint-ho Tuli en lo primer dels *Officis*, part pàtria, part los parents e part los amichs venjar-se e, segons l'istoich comprèn, los hòmens aquest ésser nat que entre si matexos se deuen cuidar. Per la qual cosa ve l'ome a esser plaent al poble, on en les sues necessitats alegrament lo acullen e atteny la voluntat dels altres per les sues obres, perquè [164r[105]] l'ingeni tostemps està vetlant a proseguir lo bé e d'estirpar lo mal per què altres hòmens hi volguessen obrar. E de aquests àbits se seguex que l'ome ve a ésser cortès perquè s'aparta de la ley de la amicícia, la qual als amichs fa tota cosa comuna, com demostra Tuli in libro *De amiciscia*. Mas aquesta natural benivolència ésser entre·ls hòmens per què sien provocats a cortesia descriu lo philòssof en lo VIII de la *Èthica*, dient: "Ex quo fit eos homines qui erga ceteros benivoli sunt laudibus esseramus intuerique licet in erroribus omnem hominem amicum et familiarem homini esse". Per la qual disposició bandeja l'ome de si tota duplicitat e yporcesia, e sols resta en la puritat e senceritat del seu cor, obrant lo matex in occulto que en los teatros, segons que scriu Tuli in tercio *De officiis* tractant de l'anell de Giges, lo qual diu que altri tornava invisible; diu així: "Hunc ipsum anulum si habet sapiens nihil plus sibi licere putet peccare quam si non haberet honeste enim bonis viris non occulta queruntur". E açò a ell intervé per la grandíssima temor de la infàmia e intencíssim desig de la honor, la qual és certís-

---

[105] 163r en la numeración del manuscrito.

sim senyal de virtut y dels preclaríssims hòmens desigat com a sobiran be, segons la sentència del philòsoff en lo primer de la *Ètica*, lo qual, parlant de la diversitat de les oppinions circa a què consistex la felicitat, diu: "Eligantes autem viri et rebus agendis abti honorem". Los quals àbits tots de la puritat e fe diriven, essent aquella fonament de justícia, com escriu Ciceró en lo primer dels *Officis* dient: "Ffundamentum autem iusticie est fides".

Norresmenys[106] en qualsevol edat de aquestes virtuts nax la diligència [164v[107]] e pensament de cabells blanchs e de seny, e majorment en la joventut, axí com a més desigosos de glòria e de honor; com demostra Lívio in *De secundo bello punico* per la oració de Quinto Ffàbio Màximo e de Scipió Affricà quant en lo senat de Roma se consultava si ell devia passar ab lo exèrcit en Àffrica, ne si devia en tal operació, com se lig en lo primer de la *Èthica*, algun deffecte atribuïr a la edat, mas solament als costums. Hon jòvens y vells se diuen ésser los hòmens segons la edat e segons la lur operació, però que los pensaments canuts e vells són dits per similitud, emperò que, axí com los vells en los lurs corporals moviments són tarts, axí encara permeten tostemps bon examen e, premeditant, no són may mals en preferir lo lur judici, ni encara aquell metre en obra, segons que scriu deure's fer Tuli, in primo *De officiis* dient: "In omnibus autem negociis priusquam agrediare adibenda est preparacio diligens"; la qual sentència comprova lo philòsoff en lo sisè de la *Èthica* dient: "Oportet quidem velociter opari bene consiliata: consiliare autem tarde".

Parexen últimament aquestes excel·lents virtuts aquella concòrdia la qual caríssima entre·ls mortals se troba, ço és corporal bellea, pudicícia e constància de memòria, però que tant és natural lo desig de la conjuncció de l'home e de la dona, com s'escriu en lo primer de la *Política* y en la *Yconòmica*; que, encara que la bellea del cors no y sia, los sentiments e memòria sobiranament delita, segons la proffèticha sentència diu: "Delectasti me domine in factura tua". No emperò se pot condecendre l'ome que no transcórrega [165r[108]] en la luxúria, on, molt majorment essent-hi la bellea conjuncta, se encén lo libidinós apetit, per lo qual és grandíssima difficultat a poder mantenir ensemps la bellea del cors e integritat de l'ànimo. Donchs,

---

[106] *Norresmenys*: ms. "Norresmeys".
[107] 163v en la numeración del manuscrito.
[108] 164r en la numeración del manuscrito.

verament esquadra gloriosa és de virtuts o singular effecte de ineffables béns, los quals naxen del loable domini de la raó sobre lo detestat apetit.

Seguex aprés micer Ffrancesch la grandíssima excel·lència y perfecció la qual demostrava[109] aquest prestantíssim exèrcit en lo venir y repugnar contra Amor, dient que Laura ab aquestes dignes y singulars virtuts tal e axí admirable proceïa contra Amor, ab tal favor del cel y de les ànimes benaventurades que ell no sofferí en lo enteniment impetut y ponderositat de tan digne e axí excel·lent obgecte. On diu:

> Tal venia contr'Amor in si secondo
> Ffavor del cielo et delle ben nate alme,
> Che della vista io non soffersi il pondo.

Per més clara intel·ligència dels precedents versos és de entendre, segons la sentència de Ciceró en lo primer dels *Officis*, y de Aristòtil en lo segon de la *Phísica*, y de David proffeta en los *Psalms*, que los cels y totes les esteles coses materials són ordenades per lo servey de l'home, axí com per fi. On és apparent argument e efficace conjectura que, quant l'ome se manté en la sua natural perfecció, que los cels per voluntat divina sien en tot favorables en tot son obrar, axí com se lix de Josué, en *Josué* en lo quint, que lo cel se ferma per prestar-li la lum del sol a conseguir la complida victòria dels [165v[110]] amorreis. E la mar aximatex obeí a Moysès obrint-se als ebreus e als egipcians e tancant-se, axí com és scrit en lo *Èxodus* en lo XIIII capítol. Veu-se encara, axí com escriu Sant Luch en lo XV,[111] que les ànimes benaventurades e los àngels en lo cel més se realegren de la conversió de un peccador a penitència que de noranta nou perfets. De la qual cosa se pot pendre argument que, quant l'ome és instat de gràcia e de perfecció, axí com quant la rahó ha lo domini de l'home, que los àngels y sants a aquests tals presten tota favor a llur possible per[112] mantenir-los en tal perfectíssim estat en lo món. Donchs, aquests per les divines pregàries obrant hi lo cel per les virtuts de les estels, emperò micer Ffrancesch afferma aquesta esquadra gloriosa de les virtuts proceir contra amor ab favor del

---

[109] *demostrava*: repetida en el manuscrito.
[110] 164v en la numeración del manuscrito.
[111] *XV*: it. "al vigesimo quinto".
[112] *per*: repetida en el ms.

cel y de les ànimes, les quals foren benaventuradament nades, ço és dels sants en la glòria del paradís.

Avista aprés micer Ffrancesch e diu, elegantment fingint lo prepòsit, que, essent axí vencut e sobrat Amor, ell li véu levar mil cares famoses ab violència de mà, e de aquella cascar-li mil dignes palmes, insignes clares e nobles de victòria obtengudes per ell per respecte de aquells que primer havia al seu poder subgugats. On diu:

> Quivi mille[113] famose et chare salme
> Toglier li vidi, et cascargli[114] di mano
> Mille victorïose et chiare palme.

Axí com per la bèl·lica rahó se determena en aquell modo que lo vencedor reporta trihunffo e honrrada despulla dels presoners per ells presos, [166r[115]] axí intervé que ell de altri sia vençut per cosa convenient que no més a la sua laor se diuen ésser les victòries passades, mas del vencedor només vencut. On, axí com dalt lo vencedor e dominador del món Cèsar fon subgecte a Amor, e a ell passaren totes les[116] sues glòries, axí totes les forces de l'apetit les quals eren de la rahó subjugades són delides e despeses no més a ell, mas a l'intel·lecte s'atribuhex lo principat de tota obra.

Demostra aprés micer Ffrancesch per comparació y exemple quant súbitament és judicada y estranya la jactura d'amor e quasi contra tot posible, dient que no par bé axí súbito y estrany lo seu caure a Aníbal, considerant ell haver obteses tantes e axí grans e glorioses victòries contra·ls romans, e tant temps ésser estat en la possessió de Itàlia, conexent encara ell haver sobirana perícia de l'art de milícia e norresmenys veure's primer per força revocar de Itàlia, segonament Sipió no curar[117] de voler pau ab ell, últimament de aquell jove en axí tendra edat davant Cartayna ésser vencut e sobrat; axí matex no hagué tanta maravella lo philisteu Golies ne tanta temor quant li pegà lo primer colp tirat per David ab la sua fona en lo front, màxime havent vist primer fogir davant ell tot lo exèrcit de Saül, rey d'Israel; e paraments Ciro, rey de Pèrsia, no fon tant

---

[113] *Quivi mille*: Pac. "Mille e mille".
[114] *Toglier...cascargli*: Pac. "tôrre gli vidi, e scuotergli".
[115] 165r en la numeración del manuscrito.
[116] *les*: ms. "le".
[117] *curar*: ms. "cura".

escarnit quant se véu primer presoner, aprés conduït a la mort[118] per les mans de la vella[119] Thomir y del fill Orbata, excel·lentíssima reyna de Síthia, quant paregué estrany Amor veure's vençut e del tot de madama Laura ligat. On diu:

> [166v[120]] Non fu il cader sì subito et sì[121] strano
> Doppo tante victorie ad Aniballe,
> Vinto alla fin dal jovane romano;
> Né[122] giacque sì smarrito nella valle
> Né sì vincto[123] quel gran Philisteo
> Al qual[124] tutto Israel dava le spalle,
> Al primo saxo del garçon hebreo;
> Né Ciro in Scythia, ove la vedova orba
> La gran vendetta et memorabil feo.

Per més maniffesta intel·ligència dels precedents versos és de saber que, essent estat l'ome obseqüent a la voluptat e incontinència circa los enamorats delits, quant aprés retorna a la vera conexença de si matex, li sembla grandíssima maravella que súbitament se sia axí mudat; attès que les delectacions sensuals, quasi per consuetut fossen[125] convertides en natura per longa pràtica, sia diffícil a remoure, segons la sentència del philòsoff en lo setè de la *Èthica*, lo qual diu: "Nam ob it ipsum consuetudinem mutare dificile est qua nature asimilatur. Ut herebemus in quit. Aio inveteratum usum permanere amice".

Segonament és de entendre que Aníbal, fill d'Amíclar cartaginès, per exequir lo jurament fet per manament del pare sobre l'ara del temple dels déus del perpetu oy tostemps observar ab los romans, mort que fon Amíclar, prengué lo exèrcit e posà lo siti a Secundina, ciutat en Espanya ara nomenada Morvedre, la qual als romans era confederada. On, quant ell era en camp enviant los romans lurs em[167r[126]]baxadors que·s levàs segons los pactes en la

---

[118] *mort*: ms. "mor".
[119] *vella*: "vídua"; it. "vedoua".
[120] 165v en la numeración del manuscrito.
[121] *sì...et sì*: Pac. "di subito sì".
[122] *Né*: Pac. "non".
[123] *Né sì vincto*: Pac. "di Terebinto".
[124] *Al qual*: Pac. "A cui".
[125] *fossen*: añadida en la traducción, rompe el sentido de la oración; it. "quasi per consuetudine cosi converse in natura...".
[126] 166r en la numeración del manuscrito.

primera guerra condosos, Aníbal los denegà l'audiència y, estant en lo seu prepòsit, a la fi constrengué la Secundina a dedició. Volent donchs Aníbal dar-los certes gravíssimes condicions de pau e ells no acceptant-les, últimament los necessitar a deure's entre ells matexos voluntàriament matar. Aprés, havent expugnat Secundina, poch jutjà a si matex haver satisfet si los romans no molestàs en Itàlia. Per la qual cosa delliberà proceir més avant e pervench a l'Alpi Apennine, hon se termena Itàlia, e, aquelles per violència de foch y de sanch havent romput, devallà en Itàlia. E vengut entre lo Po y lo Tesino, se encontrà ab Publi Cipió, pare de Cipió Affricà, hi, en aquell loch combatent ab ell, lo debel·là y vencé. On certament seria estat mort en la batalla si no fos la virtut d'Affricà, lo qual, encara que era tendre de edat, virilment deffensà lo pare en mig dels armats enemichs, donant de si tal dil·ligència com a la fi lavòs devia ésser salut de la romana república. Procehex avant Aníbal aprés de la guanyada victòria e vench a Trèbia, hon trobà Tito Sempròni, ab lo qual combatent, lo vencé ab grandíssima matança dels romans. Ne açò fon la fi de la victòria d'Aníbal e cladi dels romans, emperò que, anant Aníbal més avant sobre lo lach Transimeno, combaté ab Caio Fflammínio, on ell ab gran quantitat del seu millor exèrcit ab inusitada art lo matà. Pasà aprés Aníbal en lo regne de Pulla, on contra ell foren enviats cònsols Paulo Emílio e Terenci Varró, ab los quals ell combatent en Cannas, [167v[127]] féu axí gran la matança dels romans que lo seu afferat ànimo no pot més comportar la error de la sanch escampada per lo nom latí. On tants foren morts en aquella batalla que sols un anell traent a quascú dues despulles de ovella ne envià a Cartayna. Per la qual cosa los romans foren reduïts a tanta pusil·lanimitat que no pus del deffendre la romana república, mas de abandonar-la consultaven. Svellà's en açò tan pública la excel·lent virtut de Scipió e principalment en casa de Metel·lo e Nimídico;[128] ab la espasa en la mà obligant qualsevol deffendre per jurament la pàtria, se offerí cònsol e deffensor de Roma contra Aníbal. On pres lo exèrcit, primer recobrà Espanya; aprés pasà en Àffrica e asetià Cartayna; la qual trobant molt pobra de gent y de tresor, foren constrets los cartaginiesos a revocar de Itàlia Aníbal per salut de Cartayna. Lo qual, axí tost com fon tornat, fo en col·loqui ab Cipió hi, vent-lo jove de edat de XXVII anys, fortment se maravellà. E ha-

---

[127] 166v en la numeración del manuscrito.
[128] *de...Nimídico*: it. "di Cecilio metello".

vent-lo algun tant tàcitament guardat, aprés lo requerí de pau, e Scipió la y deneguà e dix que·s prestàs a combatre; en la qual batalla fon vencut Aníbal e constret a fogir e los cartaginiesos a donar-se.

En lo terç loch és de saber, com s'escriu en lo primer dels *Reys* en lo capítol XVII, que ffent guerra Saül, rey dels jueus, contra los philisteus, vench en la guerra un bort jagant, lo nom del qual era Golies, y era de tanta y així desmesurada força que sols podia resistir a deu mília combatents. Del qual era així lo poble judaych espantat que sols per la sua presència [168r[129]] quascú a ses cases fogia, que per deguna manera contra los philisteus per temor de Golies no volien exir a la batalla. Eren en aquest temps en lo exèrcit de Saül tres ffills de Jesse bethlenita: la hu apel·lat Elap, l'altre Aminabad, l'altre Semma e, ultra aquests, havia Jesse un fill molt xich lo qual en Bethlem guardava bestiar, lo nom del cual era David. Envià en aquest temps Jesse a David per visitar los jermans e envià'ls alguna vitualla. On attès en lo exèrcit David e presentant-se als seus cars jermans, sentí rahonar e dir de part del rey que qualsevol que ab Golies se combatés hauria Micol, speciosa filla sua, per muller, e part del regne e gran tresor per dot, e véu encara en aquesta matexa ora, perquè Golies era vengut en camp, tots los jueus fogir a les cases. Demanà David de la una y de l'altra causa, e fon-li respost perquè negú no volia ab lo jagant combatre. De la qual cosa David maravellant-se, anà al rey e demanà-li licència de poder combatre, e dix a Saül que no·s desfiàs per la sua poca edat, que pochs jorns abans havia morts un onso e un leó los quals havien volgut devorar les sues vaques. Plagué a Saül que David combatés, al qual féu portar armadura, e dix-li que s'armàs, e ell se armà y, essent armat, no·s podia moure per la gravesa de les armes; les quals prestament se despullà e sols ab una ffona e ab lo bastó pastoral procehí contra Golies. On en la carrera collí tres viues pedres e aquelles se meté en la mà, e acostà's al jagant. Golies vent-lo ab lo bastó en la mà procehir contra ell, li demanà si era goç, que contra ell ab lo bastó anava. Al qual [168v[130]] David respòs que contra ell proceïa no ab lo bastó, mas ab lo nom de déu de Israel. E desviats ensemps, David prengué una de les dites pedres e ab la ffona tirà a Golies; la qual, pegant-li en lo front, li féu gran ferida. De la qual cosa Golies torbat, caygué en terra e David, en aquell punt que·l véu en terra, li

---

[129] 167r en la numeración del manuscrito.
[130] 167v en la numeración del manuscrito.

saltà sobre los muscles e, ab lo seu matex punyal tallant-li lo cap, se'n tornà ab la victòria a Saül.

En lo quart e últim loch appar més convenient de principi un poch repetir lo original de Ciro. On és de entendre que, essent per sucçesió lo regne de Mèdia pervengut a Astrages, avi de Ciro, ell véu una nit en somni que una filla sua única tenia una palmera, les palmes de la qual obumbraven tota l'Àsia. Demanà Astrages als adevinadors allò que ell havia vist en lo somni, al qual respongueren signifficar que a ell devia nàxer un net, lo qual devia senyorejar l'orient e administrar tot[131] lo regne de Mèdia. Per la qual cosa Astrages espantat, no volgué ab algun rey o príncep casar sa filla, mas aquella donà a un mediocre ciutadà privat, lo nom del qual era Cambises. Emprenyà's aquesta e al cap del temps parí un fill; la qual cosa com sabé Astrages, envià pres aquell a un capità apel·lat Arpago, que·l portàs a matar. Arpago, rebut l'inffant e dubitant que aprés la mort de Astrages, pervenint lo regne a la filla sua, si·l mataria, no·s venjàs d'ell, no·l volgué fer morir, mas donà'l a un pastor del rey que·l posàs a ésser devorat de les feres. E axí lo pastor exequí tot lo que a ell cometé [169r[132]] Arpago e tornà-se-n a la sua casa on, trobant la muller sua, li refferí lo dur fet del xiquet infant. Havia lo matex dia aquesta muller del pastor parit; on piadosament tant lo seu marit pregà que tornàs per aquell infant que·l volia veure, e ell, dels prechs de la muller vencut tornà per aquell al propi loch hon lo havia posat; e attés lo pastor, trobà que una cabra de la sua let lo nodria y encara de les feres y ocells lo deffensava. Per la qual cosa aquest, veent la cabra piadosa, se comogué a misericòrdia que pres l'infant e portà'l a casa a la muller sua, al qual la cabra fins dins lo loch tostemps seguí. De què pux l'inffant hagué pres en los braços, tant per lo seu agradable aspecte quant per pietat intencíssimament lo amà que pregà al marit que en loch de Ciro posàs lo propi fill a les feres e Ciro en loch del fill podrís; la qual cosa, axí com volgué la fortuna de Ciro, lo pastor consentí a la muller sua. E essent crexcut Ciro e dels fadrins de la sua edat, com és acostumat exercici lur algunes voltes fon constituït rey. Ell aquells aspramant tal volta, segons l'offici real, quant eren en deffecte castigava e batia. Per la qual cosa dels pares dels fadrins a Astrages fon posada

---

[131] *tot*: ms. "lot".
[132] 168r en la numeración del manuscrito.

querella; per la qual cosa Astrages envià per Ciro e demanà si axí era com[133] d'ell li eren estats fets clams. Ciro, enteses les paraules de Astrages, ab constant ànimo y cara respòs que sí e que a ell, essent rey, se pertanyia de fer de tal manera. De què, maravellant-se Astrages de la resposta y de la constància ensemps sua, considerant encara la edat y entesa [169v[134]] la relació del pastor al qual de l'ésser de Ciro havia demanat, conegué a la fi ésser aquell lo seu net y estimà aquell, per ésser estat lo constituïdor dels fadrins, que la declaració del seu somni fos complida. Per la qual cosa no·s curà contra Ciro més procehir, mas a Arpago per la sua desobediència donà a mengar lo propri fill. Ciro donchs, pervengut en los anys de la virilitat y essent prestantíssim en los fets de les armes, anà en Pèrsia a fer prova de les sues sobiranes e singulars virtuts. E essent allà, per la dolor que Arpago tenia de haver-se menjat lo propri fill cercant modo per venjar-se, escrigué a Ciro tot lo procés de la sua vida e així com Astrages lo y donà a matar, com ell lo havia campat de la mort, per la qual cosa ell matex havia menjat lo fill; de què lo animava de açò venjar-se d'Astrages e que aquest effecte, quant axí fos, que ell li offeria atorgar lo pas de Mèdia. Havia Ciro la nit matexa que rebé la letra de Arpago vist en lo somni lo matex effecte, on dellibarà fer la ampresa. Per la qual cosa avistats tots los ciutadins de Persòpoli e pres, segons les admonicions dels déus, un servent per companyó, lo nom del qual era Cibare, e féu-los a tots pendre segur e ab ell anar a succeir una silva. L'altre jorn aprés féu preparar un noble convit ab splendidíssimes e suaus viandes, e aquells tots convidà a menjar. Aprés que hagueren axí menjat, los demanà qual vida pus prest elegirien, la externa o aquella present. E havent ells respost que la present, los dix que, si volien viure en aquella vida, que·l seguissen a la conquesta de Mèdia. Respon[170r[135]]gueren los persians ésser aparellats; de què Ciro, congregat lo exèrcit, proceí contra Mèdia. Astrages, sentint la venguda de Ciro, se adreça a deffensar-se e, no recordant-se de la injúria feta a Arpago, lo preposà ab lo seu exèrcit a la guàrdia del pas de Mèdia; lo qual Arpago de continent se donà per presoner en poder de Ciro. Astrages, sentint la pressura dels seus, encara se preparà a deffendre's; lo qual me-

---

[133] *com*: repetida en el manuscrito.
[134] 168v en la numeración del manuscrito.
[135] 169r en la numeración del manuscrito.

tent-se a combatre ab Ciro, a la fi fon de aquell vencut e restà presoner. Al qual Ciro, sols pervengut al domini preposant-lo a Ircània per[136] si prengué[137]-lo seu regne de Mèdia. Vencé aprés Ciro la Lídia, la[138] Frígia e tot lo residuu de la regió de orient. Constituït Ciro en tanta sublimitat, delliberà temptar de sotsmetre al seu imperi les parts del septentrional; on delliberà moure guerra als sichians. Regnava lavors en aquella província una reyna vella[139] apel·lada Thomir. La qual vehent que Ciro hi los persians eren contra ella venguts en Síthia, manà súbitament a son fill, lo qual era nomenat Spargapisse, a la deffensa sua se aparellàs y del regne. Ciro sentint açò e sabent qu·els sithians no tenien vi, féu per totes les cases preparar les taules e aquelles omplir de singulars viandes e suavíssims vins. Aprés asetià certes insídies e, anant a batalla, simulà de fugir; de què als sithians los semblà ésser vencedors, majorment venint a dexar los de Ciro sens neguna guàrdia les tendes. Per la qual cosa trobant les taules parades, se posaren a menjar e beure; de què per la insuetut del vi en poca ora tots se embriagaren. Ciro, presa la oportunitat, [170v[140]] descobrint la incídia retornà a camp e, trobant los sithians dormint per embriaguesa, quasi tots los matà ensemps ab Spargapisse, fill de Thomir reyna. Entesa donchs aquesta nova per Thomir e conexent lo frau de Ciro, dispongué en lo matex modo ab frau de venjar-se; per la qual cosa ella en pròpria persona prenent armes e restaurat grandíssim exèrcit, aquell col·locà en certes montanyes les quals circuien entorn una vall. Aprés ab poca gent se aposà davant Ciro, la qual tostemps retraent-se fogia, mostrant temor fins a tant que·l conduí en la vall, on entorn dels monts havia amagat los exèrcits. De què, axí com fon junt Ciro, féu fer senyal que quascú se descobrís. Per la qual cosa maniffestant-se los de Síthia, animosament procehiren contra los de Pèrsia. Los quals en molt poch temps que durà la batalla Ciro fon mort ab tot lo exèrcit, que eren doents mília, en tal manera que no·s salvà la mitat que la nova portaren en Pèrsia. Aprés per manament de reyna fon pres lo cap de Ciro e, aquell posat en un odre de sanch, li dix: "Sacia't de la sanch, Ciro, de la qual tostemps tan gran set has mostrada".

---

[136] *per*: ms. "e per" con "e" tachada.
[137] *prengué*: ms. "prenent" corregido.
[138] *la Lídia, la Frígia*: ms. "la Lidialla Frigia".
[139] *vella*: "vídua"; it. "vedova".
[140] 169v en la numeración del manuscrito.

Ffon verament aquesta venjança,[141] com testiffica lo nostre micer Ffrancesch. ...[142] un·altra disposició dels hòmens que lavors de la vida lacívia e desonesta retornen al just e rahonable viure, dient que Amor estava axí com aquell lo qual és sa e sols per lo seu deffecte y desorde en un punt se emmalaltex, que de un tracte e temor s'espanta e amagadament se dol en acte, [171r[143]] e en similitud ab la mà se aparta dels ulls qualque vergonya; on en tal manera encara en pijor disposició demorava, però que por ira, dolor e vergonya totes a un tracte eren en la cara e fisumia en tal manera que[144] entre si matex airant se tremolava, que molt menys error fa la mar la ora que dels contraris vents és combatuda, e semblantment menys remor fa en Arimine quant se plany Thiffeu lo jagant o Mongibell, quant Encelado sospira. On diu:

> Come huom ch'è sano in un momento amorba,
> Che sbigotisse et duolsi, accolto[145] in acto
> Che vergogna con man dagli ochi forba,
> Cotale era egli, et tanto a peggior pacto
> Che paura, dolor,[146] vergogna et ira
> Eran nel volto suo tutte ad un tracto.
> Non freme tanto il mare,[147] quando s'adira,
> Non Inarime,[148] allor che Tipheo piangne
> Né Monsibel,[149] se Encelado sospira.

Digna y veríssima comparació ha feta lo nostre poeta entre la egritut del cors e aquella de l'ànima, en la qual és necessari que qui s'i troba encórrega totes les qualitats damunt scrites per micer

---

[141] Falta aquí "memorable" para darle sentido a la frase.
[142] Falta aquí "Afegeix després". El traductor ha unido dos oraciones del texto italiano en una, lo que hace la traducción confusa, "Fou verament aquesta venjança memorable aixi com testifica el nostre Mestre Francesc. Afegeix després una altra disposició dels homes que ara de la vida lasciva e deshonesta retornen al just i racional viure, dient que Amor..."; it. "Fu veramente adunque questa vendetta memorabile si come testifica il nostra Meser Francesco. Sogiunge appresso unaltra dispositione de gli homini quale hora de la vita lasciuia e dishonesta ritornano al giusto e ragionevol vivere: dicendo che amor stava...".
[143] 170r en la numeración del manuscrito.
[144] *que*: ms. "entre que".
[145] *accolto*: Pac. "o colto".
[146] *paura, dolor*: Pac. "paura e dolor".
[147] *tanto il mare*: Pac. "così 'l mar".
[148] *Inarime*: ms. "in Arime".
[149] *Monsibel*: Pac. "Mongibel".

Ffrancesch, emperò que, seguint lo sensitiu plaer, tostemps contra lo just e honest obra. Per la qual cosa a la severitat de les leys tem y encara aquells que per tal amar se reputassen offesos. Ni de aquesta por se desliga la dolor, que de necessitat de tal apetit se diriva; quant per ésser injust aquest tal desig no·s complia, o quant, aprés la con[171v¹⁵⁰]secució, de aquell home n'i reb segons justícia la deguda correcció, al menys si matex regonexent-se e recordant-se¹⁵¹ dels seus dans passats ha gran dolor de la passada vida. Encara ab aquestes dues qualitats en lo terç loch és connexa la vergonya la qual se seguex quant se veuen los celerats hòmens universalment damnar e blasmar de quascú y encara d'ells matexos, conexent haver bé pogut obrar y per inadvertènsia y perversa voluntat haver dexat tots los bons temps fogir. On nax una intencíssima ira e un estremit semblant aquells de les mars¹⁵² de Tipheu y Ençelado. Són aquestes proprietats dels hòmens sotsmeses a l'apetit sensitiu; los quals, aprés que·s regonexen, han por de la divina justícia, havent dolor, ira y vergonya de les procedides obres. On entre ells tremolant, se lamenten tant que no plany més Tipheu sots en Arimene, aprés sots Mongibell Ancelado sospira. Qui és Tipheu y Encelado, e per quina manera mouen la terra de Mongibell e en Arime, e com dalt relluen les enceses flames és dalt maniffest.

Interposa aprés micer Ffrancesch una pausa, dient ell d'aquí avant callar les grans e glorioses coses les quals ell a la sua madama Laura véu fer, e a les altres sues menors companyies e de menor dignitat, com sia cosa que aquelles eren axí dignes y excel·lents que no hés sufficient per algun verdader modo rahonar-ho. On diu:

> Passo qui cose gloriose et magne
> Chi¹⁵³ vidi et dir non oso. Alla mia dona
> Vengo et all'altre sue minor compagne.

[172r¹⁵⁴] Mostra lo poeta en aquestos metres una elegant e rahonable escusa, la qual nosaltres deuríem entendre del no tractar més avant de les obres virtuoses les quals pervenen d'aquesta disposició del senyorejar la rahó a l'apetit sensitiu; emperò que molt seria ma-

---

¹⁵⁰ 170v en la numeración del manuscrito.
¹⁵¹ *recordant-se*: ms. "recordat se".
¹⁵² *mars*: ms. "mas".
¹⁵³ *Chi*: Pac. "ch'io".
¹⁵⁴ 171r en la numeración del manuscrito.

tèria occorrent, considerant que tantas obres seria necessari que recontàs quantes may per hòmens virtuosos serien obrades.

Narra ara conseqüentment lo poeta l'àbit elegant de madama Laura e en quina manera anava abillada lo dia que d'Amor hagué la gloriosa victòria, dient que ella tenia damunt una candidíssima gonella, y en la mà l'escut cristal·lí, lo qual mal véu Medusa, per lo qual perdé la sua vida; e tenia una gentil columna de marbre, en la qual era en mig una cadena de diamants e topacis, digníssim vincle ja tostemps davant la vista dels hòmens e ara en lo riu Letes infús, lo qual majorment ja·s praticava entre les dones e ara no·s pratica mijançant la comuna lacívia. On diu:

> Ella havea in dosso, il dì, candida gonna,
> Lo scudo in man che mal vide Medusa.
> D'un bel diaspro una gentil[155] colonna,[156]
> Alla qual d'una in meço Lethe infusa
> Cathena di diamante et di topacio,
> Che si usò fra le donne, ogi non si usa.

No fon may, ni ab més rahó, ni més acomodadament descrit que aquest digne àbit lo qual en los precedents versos ha narrat lo nostre micer Ffrancesch. Hon per més clara intel·ligència és de saber que, qualsevol ora que los hòmens segons lo imperi de la rahó se guovernen, [172v[157]] lavors se visten la vestimenta de la ignocència, la qual és sens màcula e de color blanca, on, segons la doctrina cristiana, la blancor ha a signifficar la ignocència e, ultra a l'ornament de la pura vestidura, porten l'escut cristal·lí de Pal·las. Emperò que, axí com lo crestall demostre evident qualsevol cosa que li·s pose per objecte, axí los hòmens prudents e rahonables per lo discurs de la rahó manifestament conexen qualsevol cosa circa la qual se consellen. Lo qual escú mal véu Medusa per a ella. Hon és de entendre que Medusa fon filla de Phorço, rey de la ulteriora Hespèria, la qual essent bellíssima e ultra la bellea sua tenint daurats los cabells, Neptuno se'n enamorà e prengué ab aquella carnal delit en lo temple de Pal·las. Per la qual cosa Pal·las desdenyada, convertí tots los cabells de Medusa en serpents; de què·s seguí que ella de bellíssima venc a ésser mostruosa e

---

[155] *una gentil*: Pac. "er'ivi una".
[156] *colonna*: ms. "colunna".
[157] 171v en la numeración del manuscrito.

legíssima e, ultra açò, prengué tal proprietat que qualsevol que la vista de aquella mirava súbitament se convertia en pedra. Perseu, fill de Jovis e de Dannes, lo qual damunt diem, hoÿda la fama de Medusa, delliberà combatre's ab aquella, la qual prenent li presta lo escut de Pal·las cristal·lí e cobrint-se ab aquell, lo opposà a Medussa e aquella, mirant en aquell e vent la sua difformitat, vench a ésser estúpida e legíssima; de què Perseu li tallà lo cap. Han aprés de açò los hòmens justs[158] e prudents una columna de marbre, on és en mig una cadena de presons, topacis e duríssims diamants; per la qual intel·ligència és de notar que per lo marbre devem entendre la reprensió o diminució de les umors caldes, com és la sanch e la [173r[159]] còlera, y dels effectes que pervenen de aquelles,[160] axí com és la ira e delectació venèrea. On essent de la dominant rahó represos e apartats aquests primers dos effectes, los quals principalment naxen del sensitiu principi, per ço mèritament los hòmens són fets semblants a columna de un gentil marbre. D'aquesta matexa disposició encara·s deuria la indissoluble cadena de diamants e topacis, ço és de la durícia e constància, la qual és en tals hòmens contra los plaers e delits carnals, axí com entre les gemmes e metalls lo diamà és constant e duríssim, y encara de la temprança signifficada per lo topaci, la natura del qual és proibir, segun Plinii e Diascòride, quascuna ebulició de l'aygua calenta. La qual cadena de temprança e durea ja entre les dones s'és usada, mas huy no·s pratica perquè en lo riu Letes és infusa, ço és, són posades les sobredites virtuts e donades a oblivió per la lacívia del present temps. On Letes, segons que los poetes escriven, és un riu lo qual circuhex l'inffern, en lo qual està Caron barcher e porta les ànimes al lur degut loch; les quals, axí com passen lo riu Letes, jamés pus se recorden de alguna cosa que en la present vida los sia intervenguda, axí com és sentència del philòsoff clara y expressa en lo terç de la *Èthica*.

Seguex aprés micer Ffrancesch, dient que, aprés la victòria de Laura y eversió del potentíssim Cupido, a la fi ell lo véu aplegar e fer-ne tal estrall que fon veríssime convenient a mil altres venjança, com que fos molt desigada,[161] de la qual cosa se véu ell ésser molt assaciat e content. On diu:

---

[158] *justs*: ms. "injusts".
[159] 172r en la numeración del manuscrito.
[160] *aquelles*: ms. "aquells".
[161] *venjança...desigada*: "venjances, com que fossen molt desitjades".

[173v¹⁶²] Legar il vidi et farne quello stracio
Che bastò bene a mille altre vendecte;
Et io per me ne fu contento et sacio.

Demostra micer Ffrancesch en aquestos versos allò que naturalment a tots los hòmens intervé que de l'apetit carnal a l'us de la rahó se revoquen; la qual és que, havent resistit a les blandícies e forces de l'apetit e sotsmès a l'imperi de la rahó, a la fi lo liguen en manera que ells pus neguna cosa comouen y encara l'estracen ab l'abstinència de aquelles coses a les quals ell se inclina, entre lo qual nombre afferma lo poeta ésser ell matex, axí com afferma en aquell sonet "Io vo piangendo i mey perduti tempi" et "Tennemi Amor anni vint uno ardendo". Moltes vegades, com damunt en aquesta nostra exposició, ha allegat hon demostra lo gran penediment lo qual ell hagué en seguir los mundanals delits, dient ell no sols ésser estat content de l'estrall d'Amor, mas encara en gran abundància saciat, axí com si de aquell gran temps fos estat desigós.

Narra aprés micer Ffrancesch una acomodada esquadra de vèrgens per fer conforme la sua companyia a la trihunffant Laura, primer escusant-se del no portar major nombre, com sia cosa que aquelles sien tantes que a recontar-les no bastaria Caliope e Clio ab altre nombre de les nou muses, emperò sols ne entén recitar al present aquelles les quals eren sobre la fama de la vera honestat. On diu:

[174r¹⁶³] Io non potrei¹⁶⁴ le sacre et benedecte
Vergine¹⁶⁵ che ivi fur chiudere in rima,
Non Calïope et Clio con l'altre secte;
Ma di alquante dirò ch' erano in cima¹⁶⁶
Di verace¹⁶⁷ honestade.

Circa la notícia dels precedents versos és principalment de entendre que, havent micer Ffrancesch a descriure los exemples de aquells los quals l'imperi de la raó¹⁶⁸ han seguit, sols reconta algu-

---

¹⁶² 172v en la numeración del manuscrito.
¹⁶³ 173r en la numeración del manuscrito.
¹⁶⁴ *potrei*: Pac. "poria".
¹⁶⁵ *Vergine*: Pac. "vergini".
¹⁶⁶ *ch' erano in cima*: Pac. "che 'n su la cima".
¹⁶⁷ *Di verace*: Pac. "son di vera".
¹⁶⁸ *raó*: ms. "ro".

nes donzelles vèrgens per demostrar en aquelles per la edat lur e fràgil natura ésser major difficultat de resistir a l'apetit carnal. On se pot fàcilment concloure que, havent elles[169] resistit, molt majorment los altres hòmens poden reprimir aquest apetit laciu. Emperò tàcitament acusa e reprèn la ignàvia[170] de aquells que affermen ésser tantes les forces de aquest deliciós incentiu que a ell per verdader modo no poden resistir, mostrant les fràgils fembres sols per la arreglada voluntat haver allò extint e sobrat.

Segonament és de saber que les muses, segons Isodorus, són filles de Jovis e de la memòria, les quals los poetes fengexen ésser, segons Macobrius in *De somno Cipionis*, perquè per aquelles se entén l'armonia que resulta dels huyt celestial speres e les pròpries veus o sons de quascuna de les huyt, entre les quals particulars e aquesta[171] universal armonia resulta lo nombre de nou. Emperò que fon opinió d'Aristoxion, músich e philòsoff, la qual Ciceró aprova in *De somno Cipionis* e Aristòtil reprova en lo segon del *Cel*, que les speres del cel celestial faien so e armonia ensemps. Mas Ffulgenci circa les muses hagué altra imaginació, [174v[172]] entenent per aquelles nou maneres les quals necessàriament concorren a l'imperar les ciències, e aquelles explicant per nom què hajen a signifficar. E per ço Clio, la qual és la primera, és interpetrada cogitació de imperar; la segunda, Euterpe, delectació; la terça, Talia, importa capacitat; la quarta, Melpèmone, se entén meditació; la quinta, Polímnia, demostra molta memòria; la sexta, Erato, se interpetra invenció; la sèptima, Tercicore, signiffica delectable distincció; la octava, Urània, importa celestial speculació; la novena e última, Calíope, se entén ésser singular veu. Per la qual cosa se veu entre aquestes muses per respecte de lur fi ésser mirable orde contengut, lo qual és lo guany de la humana ciència, però que primer atteny lo desig de imperar, segonament lo delitar-se en allò, tercerament ésser de la intel·ligència capax, quartament meditar allò que altri ha per imperat, cinquenament bé abituar-lo a memòria, sisenament dels àbits attesos fer noves invencions; setenament distingir àbit de àbit, huytenament dreçar los ingenis a les altres celestials speculacions, nona e última aquella bé recitar, compondre e disputar. Mas los poetes y lo

---

[169] *elles*: ms. "ells".
[170] *ignàvia*: italianismo por "ignoràncià".
[171] *aquesta*: ms. "aquestes".
[172] 173v en la numeración del manuscrito.

nostre micer Ffrancesch en aquest loch y en lo Trihunffo de Fama les muses entenen segons altra intenció; per aquelles atribuhexen diverses qualitats, de aquelles vàriament, segons diverses matèries e diverses actes, invoquen. E per ço Clio invoquen los poetes quant reciten gestes passades in genere de totes virtuts, havent aquells permès en algun temps. Euterpe se apel·la a secundar lo cant poètich quant, [175r[173]] ja fet lo principi, fos estat per qualque causa permès. Talia se demana quant la lacívia comèdia se ha de tractar. E Melpèmone les tragèdies mostra. Mas Tercicore se prega quant lo poeta vol demostrar circa lo poema intencíssim effecte. Erato se invoca en les vàries e suaus invencions. E la excel·lent Polímnia és requesta quant se canten los fets gloriosos de les armes. Urània és posada a donar favor al cant de les coses celestials. E últimament la prestant Calíope se reclama en lo alt, digne e gran estil, altrament nomenat erohic, en lo qual se recita qualque digna y excel·lent istòria. Seu aprés Apol·lo en mig de aquestes muses, lo qual indifferentment se pot invocar en quascuna matèria diversa. La qual diversitat e offici de les muses fon breument expressa en aquestos versos, dient: "Clio gesta canens transactis tempora reddit. Dulci loquis calamos Euterpe flatibus urget. Comica lacivio gaudet sermone Talia. Melpemone tragico proclamat mesta beati. Tercicore affectum citara movet: imperat: auget: Plectra gerens Erato saltat pede carmine vultu. Signat cuncto manu loquitur Polimnia gestu. Urania et polum motus scrutatur et astra. Carmina Calop libris heroica mandat. In medio residens complectitur omnia Phebus". No eren donchs sufficients aquestes muses a portar[174] les sacres y beneÿtes vèrgens recontar, les quals en lo lur temple havien per la lur pudicícia acompanyada Laura.

Permesa donchs l'ascusa, micer Ffrancesch comença aprés a narrar les vèrgens[175] les quals veu ésser en l'orde de la vera honestat, dient que entre [175v[176]] aquelles de la man dreta era primera la romana Lucrècia. On diu:

> Infra le quali
> Lucrecia da man dextra era la prima.

---

[173] 174r en la numeración del manuscrito.
[174] *portar*: error por "poder"; it. "potere".
[175] *vèrgens*: ms. "vergens recontar", que parece tomado de la línea anterior.
[176] 174v en la numeración del manuscrito.

Circa la intel·ligència del precedent metro és de saber que Lucrècia, spill e lum de la romana pudiscícia, fon filla de Spúrio Lucrècio Tricipitino e muller de Tarquínio Col·latino, fill del jermà del noble Prisco Tarquínio. Intervench que, essent Tarquí Superbo, setè rey dels romans, al setje de la ciutat de Ardea, la qual era veÿna del castell de Col·latí, on demorava Lucrècia, hi essent Col·latí en lo exèrcit y Sexto Tarquí, fill de Tarquí Superbo, vingueren aquests jòvens ensemps ab altres un jorn a rahonament de la constància e pudiscícia de les dones romanes. De què Col·latino per moltes rahons preposà la sua Lucrècia a quascuna de les altres, e axí u feren los altres jòvens de les sues. Per la qual cosa preposaren tots de voler anar a fer experiència e veure la pudicíscia de les mullers sues. Anats primer a casa de Tarquino trobaren les donzelles de la reyna, que solaçaven ensemps ab altres lurs companyones e dançaven. Pervengueren aprés en Col·làcia, hon trobaren Lucrècia, la qual era molt intenta al digníssim exercici muliebre, sens algunes riques vestidures ni ornaments de la sua persona. Per la qual cosa, per universal judici de tots fon judicada Lucrècia més perfeta de totes. Col·latino rebent los jòvens e honrrant-los en casa sua, Sexto Tarquino se enamorà de Lucrècia, encara que ab Col·latino [176r[177]] fos conjunct de streta amistat, e preposà del tot en l'ànimo de complir lo seu desig per violència quant ell altrament no·l pogués atènyer. Per la qual cosa no molts dies aprés, essent ells retornats al camp, Sexto se partí de nit de les tendes, estimulat de la furor, e pervench a casa de Lucrècia, de la qual fon, axí com a bon amich de son marit, gratament rebut. Aprés essent tots los de casa anats a dormir, Sexto se levà del seu llit e anà a la cambra de Lucrècia armat e, aquella trobant sola, li dix, o que consentís a la sua voluntat, o que la mataria. Mas Lucrècia, primer disponent morir que consentir, tostemps s'esforçà a defendre's; de què Sexto a la fi furiosament li dix que, si no·n consentia, que ensemps ab hun servent seu la mataria e diria aprés que la hu y l'altra havia mort per haver-los ensemps trobats en adulteri. Lucrècia, vista la iníqua intenció de Tarquino ésser aparellada metre en obra quant li havia dit e conegut per açò dexaria de si als seus grandíssima infàmia, prengué per partit de voler consentir a l'adulteri e aprés ab la sua mort demostrar la violència feta al seu cors e ànima, e féu-ho axí. Aprés que Sexto[178] de aquella fon

---

[177] 175r en la numeración del manuscrito.
[178] *Sexto*: ms. "Sexo".

partit, Lucrècia[179] per Lucrècio, son pare, e per[180] Bruto Lívio Col·latino, marit seu, los quals ja havien entesa la remor de la violència de Sexto y de la disposició de aquella de voler-se matar; de què per voler-la aconsolar, com scriu Lívio *Ab urbe condita*, entrant a ella Col·latino, veent-la plànyer diu: "Sitim salve Lucrecia"; al qual ella axí respòs: "Minime quid enim salvi est mulieri amissa pudiscicia vestigia viri alieni Collatine in lecto tuo sunt ceterum corpus tantum violatum animus insons: mors testis erit [176v[181]] sed date dextras fidemque aud impune adultero fore Sextus est Tarquinus qui hostis per hospide priore nocte vi armatus mihi sibique si vos viri estis pestifferum hinc abstulit gaudiunt vos videritis quid ill debeatur. Ego me si peccato absolvo suplicio non libero nec ulla impudica Lucrecie exemplo vivet". E dites aquestes paraules, donant-se ab un punyal en los pits en presència de tots se matà.[182] De què la conjuració de Bruto Lucrècio e Col·latino principiant, se partejà fins que Tarquino Superbo ensemps ab los fills fon bandejat de Roma, on miserablement morí. Mas solien alguns en aquest loch portar contra Lucrècia la rahó que scriu Sant Agostí in primo *De civitate Dei*, ço és que, si Lucrècia era casta, no·s devia matar, e ella no fon casta, per la qual cosa no·s deu loar. A la qual cosa responem que Lucrècia fon casta, perquè la castedat és virtut de l'ànima e, podent lo cors ésser en altra potestat, no·s deu per les sues màcules macular l'ànima. E si per lo mancament del cors se perdés la castedat, verament no seria virtut divina, mas de natura, per la qual deguna persona seria loada, axí com és sentència del philòsoff en lo segon de la *Èthica*. Matà's aprés Lucrècia, com ella testifficà, per no mostrar d'aver consentut allò que tostemps l'ànima sua havia en vida sobiranament esquivat.

Aprés de Lucrècia consegüentment seguex lo poeta Penèlope, muller de Ulixes, dient que l'altra propinca a Lucrècia era Penèlope, e aquestes dues havien romput l'arch e les sagetes de Amor e levades les plomes de les ales de aquell vil e terrible Cupido. On diu:

---

[179] Falta aquí "envià"; it. "mando".
[180] *e per*: ms. "per".
[181] 175v en la numeración del manuscrito.
[182] El texto italiano presenta a continuación un fragmento con una nueva cita en latín.

[177r¹⁸³] L'altra è Penelopè.¹⁸⁴ Queste gli strali
Havieno l'arco, la pharetra speçato¹⁸⁵
A quel protervo, et spenachiate l'ali.

Circa la notícia dels precedents versos és de entendre que Penèlope fon filla de Ícaro, rey de Licaònia, e muller de Ulises, fill de Laerte, rey de Íthaca, e de Autídia, muller sua, del qual Ulixes havent ja Penèlope hagut un fill nomenat Thelàmaca, ell se partí e anà a la guerra troyana. Mas, presa deu anys aprés e destruhida la ciutat de Troya, Ulixes metent-se en mar per tornar-se'n en Íthaca, com vol fortuna e partex de la¹⁸⁶ sua pròpria voluntat, en molts lochs diverços fon transportat dels vents en manera que altres deu anys estigué vagabunt en veure lo món. De què, essent de tots los altres senyors de Grècia haguda certenitat, o de la mort sua, o del seu retornar, sols Ulixes era restat en dubte, ne s'i sabia per alguna manera si era mort o viu; per la qual cosa la sua mare Anthídia desesperada, estimant que ell fos mort, se penjà per la gola. Mas la constantíssima Penèlope espantada per la longa incertitut y exterritat¹⁸⁷ per lo dur fet de la sogra, delliberà esperar tant son marit Ulixes fins que de aquell sabés qualque certa nova, e en aquest temps estar ab Laerte, son sogre, e ab Thelàmaco, son xiquet fill, e observar una viduïtat marital. Mentres que era en aquest prepòsit essent molt molestada de molts senyors e del pare que degués pendre marit, e majorment perquè, essent-se partit Laerte e anat, molts dels seus havien occupada la règia senyoria, de què, dubitant Penèlope que no fos violada la sua [177v¹⁸⁸] pudicíscia, dicernint lo partit, crexqué lavors lo terme de tant sperar a Ulixes quant solament tardàs a fornir una tela, la qual segons la consuetut de les dones reals havia començada. La qual cosa consentiren aquells perquè estimaren que tost hauria effecte. La casta e prudent Penèlope totes les nits destexia allò que de dia havia ab diligència¹⁸⁹ texit e, axí esperant lo seu Ulixes, a la fi per voluntat dels déus tornant de Phenícia pervench en Íthaca, on per la sua presència cesant la¹⁹⁰ molèstia a Penèlope vixqué aprés alegrament ab lo seu tant sperat marit.

---

¹⁸³ 176r en la numeración del manuscrito.
¹⁸⁴ *è Penelopè*: Pac. "Penelopè".
¹⁸⁵ *Havieno...speçato*: Pac. "avean spezato, e la pharetra a lato".
¹⁸⁶ *de la*: ms. "la".
¹⁸⁷ *exterritat*: "aterrida"; it: "exterita".
¹⁸⁸ 176v en la numeración del manuscrito.
¹⁸⁹ *diligència*: ms. "dilencia".
¹⁹⁰ *la*: ms. "lo".

Verament donchs aquestes dues dones romperen l'arch e les sagetes d'Amor contrastant a tota la sua celerada dolcesa per mantenir-se sots lo ceptre de la imperant virtut rahó. Mas deu-se en aquesta part rahonablement deplorar les casuals tarditats de la producció de les coses que als temples nostres aparegués. A aquells matexos fos substret del cel un digníssim exemple de virtut en neguna[191] part, o a Lucrècia o a Penèlope, inferior, ço és la digna y excel·lent madama Honorata Ursina, muller que fon de un gentil home de Sena, verament d'ànima y de costums gentil, lo qual se nomenà Jacobo de Saracini. Aquesta, essent restada xiqueta donzella aprés la mort del pare, apel·lat Danase, sots lo govern e erudició de la mare, tal envés aquella dona exemple de pietat que eternament[192] a Clàudia envers lo trihunffant pare e a l'altra romana donzella envers la mare sua en persona ja se pot judicar. Callaré l'amor conjugal, la qual fon en ella superior allò de Cúrio envers de Quinto Lucrècio, [178r[193]] de Sulperícia envers Lentulo Curstellione, de Pòrcia, de Júlia, de Micol, d'Artemisa e Ipsicratea, e qualsevol altre més celebrat en la lengua latina. Era aprés en aquesta[194] tal eloqüència que fàcilment sobrava la digna fama de Cúria, proba Calfúrnia e Ortènsia, ab tanta més modèstia e gravitat que menor fon en la digna matrona Vetúria romana. Aprés, com fos aquesta del seu cors bellíssima e gran nombre de excel·lents hòmens la sua bellea guardassen, negú fon may, emperò, que de la sua presència no fos asosegat en quascuna sua voluntat, perquè tanta era la venusta observància de cor[195] e de tanta extimació la sua bella cara que qualsevol altre delit era judicat vilíssim, mas allò que sols en ella fon singular. E perquè de natura fon reputada injustíssima justícia aquella no produhir en lo temps de micer Ffrancesch, o aquell haver als nostres reservat, fon que les obres sues, cançons, sonets e trihunfos, neguna altra persona may ab més suavitat de veus, ab més dolcesa d'accent, ab més grata, expressiva o millor acció exprés fins aquest jorn que a nostra notícia sia vinguda. Per la qual cosa certament no dubte que, si nada era al temps de micer Ffrancesch madama Honorata, ella era honrrada de aquest Trihunffo. Morta donchs aquesta en lo temps única y excel·lentíssima dona de edat de vint e dos

---

[191] *en neguna*: ms. "eneguna".
[192] *eternament*: error por "certament"; ms. "eterment"; it. "certamente".
[193] 177r en la numeración del manuscrito.
[194] *aquesta*: ms. "aquestes".
[195] *de cor*: error por "decor"; it. "e decor".

anys, y en lo cel honorada segons los seus mèrits, fon en Sena lo universal judici dels hòmens doctes escrites aquestes paraules sobre la sua sepultura: "Honorata Ursina puellarum decus matronarum splendor coniugum honor: forme exemplum cumulusque virtutum: hoc per exiguo conditur sacro". La qual cosa sens dubte si Lucrècia e Penèlope havien ab les lurs [178v[196]] obres les sagetes e arch d'Amor romput, madama Honorata havia envers lo carro procehit e aquell ab tots los seus romput; per la qual cosa ab rahó a ells se descriu companyia.

Occorre norresmenys en aquest loch una rahonable dubitació, la qual és per quina rahó més prest Penèlope és introduhida del poeta en lo Trihunffo de la Pudiscíscia que Júlia, o Pòrcia, o Artemisa, o Àrgia, o Ipsicratea, de les quals quascuna és estada dalt introduïda en lo Trihunffo d'Amor; ni emperò menys dilecció portà quascuna de aquestes al seu amat marit, ni menys castament vixqueren que féu Penèlope ab Ulixes. De la qual Licofronte, poeta, encara fa suspitosa causa; de què apar que, o Penèlope degua ésser escrita en lo Trihunffo d'Amor, o aquelles altres deuen nombrar-se en lo Trihunffo de la Pudicícia, en manera que entre elles e Penèlope no·n par que y dega caure aquesta distincció, majorment per l'auctoritat de Valeri Màximo, lo qual totes aquelles en un matex capítol descriu "De fide aut amorem uxorum erga viros". A la qual dubitació se respon que no sens rahó e ab maravellós artiffici lo nostre micer Ffrancesch ha aquestes dones sots aquests diverços Trihunffos descrites, emperò que, així com de principi diem ell per amor no solament entén la carnal delectació, mas quascuna transgressió feta per força de l'apetit sensitiu, ni encara per la castedat e pudicíscia entén solament l'abstinència de l'acte venèreo, mas totes operacions que procehexen del verdader judici donat de la rahó. Altrament no·s poria micer Ffrancesch deffendre de parcialitat, havent aquelles dones dalt atribuïdes a amor e Penèlope a la pudicíscia. Segons donchs aquest veríssim fonament, dich que la dona justament [179r[197]] obrant dega solament aquelles coses obrar que a ella segons la sua pròpria natura circa lo familiar viure són convenients; les quals són moltes, així com Aristòtil descriu en la *Iconòmica*, e primer de la *Política* e huytè de la *Èthica*. Entre les quals muliebres leys, tres al present ne refferirem, portant les paraules

---

[196] 177v en la numeración del manuscrito.
[197] 178r en la numeración del manuscrito.

formals del philòsoff, migançant les quals molt clarament serà absolta la nostra dubitació. La primer ley curar e preceyr les coses de casa, les quals del marit cautament de fora són atteses. Per la qual cosa diu lo philòsoff: "Se igitur ipsam in his animet mulier pargatque laudabiliter rebus preesse. Nam viro quidem indecens videtur ea scire que intra edes sunt. In ceteris vere omnibus parere mulier viro contendat". La segona ley és que la dona no s'intremeta públicament en la cura, ni cerque fer neguna cosa que al marit se pertanga. On seguex Aristòtil: "Non audiens quicquam de re publica: nec tractans quiquam eorum que ad connubia spectare videntur atque sic una deliberet ut sentencia viri sequatur intelligens non ita turpe viro esse quicquam eorum que domi sunt facere sicut mulieri que foris perguirere". La terca e última ley és que la dona dega pertinentment e ab fort ànimo comportar totes les adversitats que a ella intervinguen per respecte del marit. On continua lo philòsoff: "Pretera sic cum fortunato vixisset viro non usque a deo virtus eis illustrata esset: non est sane parum secundis rebus bene uti attamen adversas moderata perferre multo maius est stimandum. Nam in magnis calamitatibus et iniuriis nihil abiecte facere celsi est animi: precandum est igitur nequit tale accidat viro. Quod si quid illi [179v[198]] accidat adversi putare debet mulier hinc obtimam sibi laudem si recte se gesserit proventuram". En aquella ora donchs que la dona viu ensemps ab les altres aquestes tres leys, lavors mèritament se pot adscriure a[199] la vida segons rahó. Mas, quant de aquestes se desvia, no de rahó, mas de intencíssim apetit, e celerat e impremeditada voluntat se pot dir ésser estada conduïda. Essent donchs Penèlope estada tostemps conforme a les predites leys, ne may de aquelles per alguna essent-se partida; emperò que, segons demostra Ovidi, ella singularment servà aquests preceptes en lo curar aquelles que a ella se pertanyien, e l'altra cura del regne rellexar al marit e pacientment comportar aquella molèstia que per la sua absència en ella naxia; emperò que açò, axí com lo philòsoff en la *Iconòmica* ensemps ab Alceste, muller de Ammeto, Penèlope sobiranament loa, axí encar lo nostre poeta aquella mèritament escriu al rahonable obrar; per la qual cosa evidentment ne seguex que quascuna de les altres sobredites, no de rahó, mas de encesa[200] voluntat guiades,

---

[198] 178v en la numeración del manuscrito.
[199] *adscriure a*: ms. "scriure" con "a" tachada.
[200] *encesa*: it. "accesa".

foren atribuïdes al Trihunffo d'amor. De què no era offici de Ipsicratea proceir armada en los exèrcits, mas lo estar-se en la real casa y esperar quina fos la fortuna de Metrídates, e conformar-se aquella. Semblantment, Artemisa no dóna alguna rahó persuasió[201] del seu cors feya sepulcre a Mausol, mas sols de la iracible potència tal obra procehia. Àrgia, aximatex de impaciència tirada, no les premeditades làgremes, mas la expressa per soberch desdeny e dolor contribuí en lo funere de Pol·linice. Semblantment, Pòrcia més justament la mort del seu Bruto hauria [180r[202]] planguda e lamentada en cambra que ab tanta impetut e furor per no més viure haver pres e mengats los encesos carbons. A Júlia més que a altra és de admetre la escusa, com sia cosa que sols temor, la qual quasi naturalment és instituïda en lo cor de les dones, la conduhí a la mort, mas certament dictava la rahó en aquell cas[203] voler entendre què era intervengut de l'amat marit Pompeu, e así conformar-se segons la exitú de fortuna e ab gran ànimo comportar si algun sinistre era al marit intervengut. Appar donchs sufficientíssima rahó per la qual aquestes singulars dones unides en l'amor conjugal foren del nostre poeta separades en honor e lahor, e en diverços Trihunffos col·locades. E a Valeri se respon que una cosa justa, la qual és la matrimonial benivolència, se pot però[204] injustament obrar e demostrar, segons la sentència del philòsoff en lo quint de la *Èthica*.

Seguex micer Ffrancesch lo exemple de Virgínea romana, digna e prestantíssima verge e de Virgineu, excel·lent e infiable[205] pare seu, dient que aprés Lucrècia e Penèlope ell véu Virgínea e, aprés de aquella, lo ferocíssim son pare armat de fferro, de impietat e desdeny, per lo qual ell a Roma e a la sua amada filla Virgínea la condició y estat féu remoure. On diu:

> Virgine vidi[206] et il fiero padre armato
> Di ferro, di disdegno[207] et di pietade,
> Che a sua figlia e a Roma cangiò stato,
> L'una e l'altra ponendo in libertade.

---

[201] *no...persuasió*: "no de alguna raó persuadida"; it. "non dalchuna ragione persuasa".
[202] 179r en la numeración del manuscrito.
[203] *cas*: ms. "cars".
[204] *però*: ms. "poro".
[205] *infiable*: error por "infeliç"; it. "infelice"
[206] *Virgine vidi*: Pac. "Verginia apresso".
[207] *Di ferro...disdegno*: Pac. "di disdegno e di ferro".

Per major evidència dels precedents versos és de entendre, com s'escriu en la ley segona *ff. De origine* [180v[208]] *iuris*, que, essent estat Tarquino Superbo bandejat de Roma per Bruto e Col·latino e ja lo poble romà no essent vixcut sens altra ley circa XXIIII anys, sols segons la natural prudència y les leys tributals,[209] delliberaren los romans enviar en Grècia e Atenes per la còpia de les leys dels atenienchs. Instituhiren deu embaxadors, los quals, obtengudes aquelles e portades a Roma, los romans les donaren a corregir als matexos deu oradors, ells essent hòmens doctes. E ultra açò los donaren potestat de poder fer leys noves, les quals examinades e comprovades, aquelles avistaren ab les altres. Constituhiren leys de les dotze taules, perquè en dotze taules aquelles eren descrites. Essent encara aprés de aquest deu l'auctoritat de interpretar les leys, per aquest respecte quasi la mitat de domini de Roma usava. Entre aquests elets del poble romà fon un Àpio Clàudio, lo qual, lo segon any de aquells magistrat essent romàs a la guàrdia de Roma ensemps ab un altre Àppio e los altres procehint[210] en lo exèrcit[211] contra los rocins dels volchs; vent passar un jorn per la via Virgínea, com dit he filla de un Virgineu, hom romà mas de l'orde plebeu, la qual havia promesa per esposa a un jentílíssim jove apel·lat Itilo Lúcil·lo, essent[212] Virgineu lavors en lo camp ensemps ab los altres romans, Clàudio moltes volter temptà ab falsia e ab donatius reduir Virgínea al seu beniplàcit. La qual cosa fon en va perquè Virgínea no consentia en tal deffalliment. Stimulat donchs Clàudio de la furor, considerant que fer la violència seria estada gran molèstia al poble romà, compongué ab un amich seu, home de gran audàcia apel·lat Marco Clàudio, que degués [181r[213]] aquesta, quant passàs per la carrera, furtar-la com fos sa esclava e li fos fogida, e axí presa anàs al tribunal de la justícia a demanar que la y judicassen. Fféu un jorn açò March e tot quant Clàudio li havia imposat. De què un dia prenent Virgínia en la carrera, e ella deffensant-se e les dones que l'acompanyaven posant-li adjutory e accitant a gran remor, concorregué allí gran poble y entre los altres lo marit. E entesa la dicensió, fon anunciada e portada al jutje, lo qual pronuncià aquesta sentència

---

[208] 179v en la numeración del manuscrito.
[209] *tributals*: "tribunals"; it. "tribunitiali".
[210] *procehint*: ms. "procehins".
[211] *exèrcit*: ms. "exercici".
[212] *essent*: ms. "essen".
[213] 180r en la numeración del manuscrito.

voler differir fins a l'altre dia. Pervench en tant la nova d'aquesta rapina a Virgineu, lo qual súbitament mogut, vench en Roma, mas no fon axí prest que[214] Clàudio l'altre dia vengut que primer no donàs la sentència que fos esclava d'aquell March Clàudio. La qual cosa sentint lo pare, demanà en gràcia a Clàudio que en presència de tant judici pogués a Virgínea e a la sua nodriça parlar en secret, per ço que, entesa de aquella la veritat, més fàcilment consentís en donar-la-y. Consentí lo jutge pervers a la demanda feta de Virgineu. Per la qual cosa, un poch apartada Virgínea, li dix: "Ffilla mia, per aquella sola via que·m es't deguda, yo·t retorne a la tua libertat". E pres un coltell en presència del jutje e pegà-li en los pits, lo qual, ella morta,[215] voluntàriament par que la offerís. Semblà açò als romans que eren presents molt mal e miserable exemple. De què, entesa de Virgineu la causa e a la fi coneguda la iniquitat de Clàudio, conjuraren ensemps aquells deu hòmens e deposaren del magisteri a Àppio Clàudio; per justa venjança, fon encadenat e portat en presó, on ab gran destent e molta misèria morí. E lo celerat libert Marco [181v[216]] Clàudio fogint per por, foren los seus béns publicats e ell condamnat, axí com era just; a sempitern exili. Per la qual cosa és maniffest la obra de Virgineu, la sua amada filla primer que qualsevol fon per ell posada en la libertat sua. E la romana república aximatex encara fon restituhida, la qual d'aquells deu hòmens era estada occupada.

Continua aprés lo poeta narrant l'exemple de la immensa constància de les dones tudesques, les quals ab cruel y aspríssima mort servaren la lur barbàrica honestat digna de lahor e de sublima glòria. On diu:

> Et le todesche[217] che con aspra morte
> Servaron lor barbarica honestade.

Circa la intel·ligència dels precedents versos és de saber que en lo temps de Màrio, los cimbres e tudeschs e altres nacions a la platga septentrional sotsmeses conjuraren contra lo nom romà. E, per voler ab més fort ànimo contra ells combatre sens esperança de alguna fuyta, delliberaren que les dones, fills e la roba sobre carros

---

[214] *prest que*: ms. "prest".
[215] *ella morta*: añadido por el traductor.
[216] 180v en la numeración del manuscrito.
[217] *Et le todesche*: Pac. "poi le tedesche".

los seguissen. Los quals ab aquest aparell devallant en Itàlia, los romans enviaren contra ells Caio Màrio per resistir-los. Lo qual occorrent primer als tudeschs aprés de les aygües Sextie, combaté ab aquells e dostroçà'ls e convertí'ls en fuyta. Aprés procehint contra los de Cimbri, aximatex los rompé aprés del camp Saimídio. Per la qual cosa les dones de aquells, molt[218] curioses d'onor que los lurs marits, no volgueren seguir, mas dispongueren ab la deffensa d'elles gloriosament morir e, axí reduhides ensemps sobre los carros, ja animosament [182r[219]] esperaven los romans. Consideraren aprés que aquest partit podia ésser causa de macular la lur castedat; de què conclogueren que molt millor era pactegar ab los romans que voler repugnar en tal manera. Demanaren donchs de parlar ab Màrio, al qual demanaren de gràcia no de seguir los marits, los quals axí vilment d'elles se'n eren fogits, no de campar los fills ni la roba, mas que sols li fos lícit per lo lur matex anar a Roma e axí devenir monges ab les del temple de Veste. La qual cosa denegant-les[220] Màrio, delliberaren per aquella via que poguessen als fills la libertat e a elles la castedat conservar. De què, imitant Virgineu, lo matex dia mataren los fills e la sobrevenint nit totes se degollaren, no dexant als romans deguna cosa que los propis cossos morts.

Aporta consegüentment micer Ffrancesch Judith, dient que veu aprés Judith, castíssima e animosa, seguir ab les altres lo trihunffo de Laura. On diu:

> Iudìth hebrea, la saggia, casta, et forte.

Quant rahonablement obrà Judith en lo dur siti de Holoffernes a la sua terra Betúlia molt damunt en lo Trihunffo d'Amor pot ésser manifest. Hon se comprèn ella primer haver satisfet a la honor divina quant reprengué los altres seus ciutadins de haver statuït lo temps a Déu de haver-lo soccors, perquè, com diu Ysaïes en lo LVIIIIo, "non est abreviata manus eius ut salvare nequeat". Aprés se conex, ab quanta prudència diligentment obrant-s'i, la sua castedat e la sua ciutat servàs de rohina. On mèritament deu aquesta [182v[221]] acompanyar Laura en aquest Trihunffo.

---

[218] *molt*: "més"; it. "piu".
[219] 181r en la numeración del manuscrito.
[220] *les*: ms. "los".
[221] 181v en la numeración del manuscrito.

Seguex aprés micer Ffrancesch un exemple de una excel·lent grega, dient que véu aprés ensemps ab Judith aquella grega la qual se lançà en la mar per morir claríssima e maniffesta,[222] e fugir la dura sort de la servitut, y ensemps ab aquesta altres clares y excel·lents ànimes véu trihunffar de aquells que·n lo món[223] primer havia vist trihunffar. On diu:

> Et quella greca che saltò nel mare
> Per morir nota[224] et fuggir dura sorte.
> Con queste et con certe altre anime chiare
> Trihonffar vide di colui che pria
> Veduto havea del mondo triomphare.

Circa la intel·ligència dels precedents versos és de entendre que dues excel·lentíssimes gregues occorren, de les quals quascuna per intel·lecte del poeta se pot acomodadament al test atribuhir. La primera és Theossena, filla de Heròdico, príncep de Tesàlia. On és de entendre que, essent Theossena e Archo, jermana sua, maridades per lo pare ab dos alts senyors, per virtut e linatge conformes ab elles, Philipo, fill de Demètrio, rey de Macedònia, la un marit e l'altre de aquelles féu matar, essent solament a quascuna de aquelles restat un xiquet infant de aquells.[225] Intervench aprés que Archo prengué altre marit, un príncep en Thesàlia nomenat Pòride. E algun temps estat ab ell, li parí més fills e aprés morí. De què Theossena jermana, la qual havia dispost l'ànimo a perpetu viduatge conservar, [183r[226]] comoguda de l'amor dels nebots,[227] per ço que no vinguessen sots altra madastra, no prohibint-ho lavors alguna ley, aximatex ella se maridà ab Pòride. En aquest temps, havent Phelip Macedoni ab gran tirannia occupada e en gran part desolada Thesàlia, meté un edicte per lo qual[228] los fills y nebots de Theossena venien condemnats a la mort. Manà aquell que deguessen morir totes les relíquies dels seus enemichs e rebelles. La qual cosa sentint Theossena y estimant Phelip deure fer cercar per aquells[229] e ells

---

[222] *claríssima e maniffesta*: it. "castissima e netta".
[223] *món*: ms. "mor".
[224] *nota*: Pac. "netta".
[225] *aquells*: ms. "aquelles".
[226] 182r en la numeración del manuscrito.
[227] *dels nebots*: ms. "del nebot".
[228] *lo qual*: ms. "los quals" con la letra s tachada.
[229] *aquells*: ms. "aquell".

devenir a la sua potestat, dix al marit que tots ab les sues mans primer volia matar. Per la qual cosa Pòride, espantat li dix que no u fes, mas que ell los volia fogir e dar-los en guàrdia a algun seu amich fidelíssim. E en continent, per dar a les paraules effecte, preparà una nau fingint voler solemnizar en lo port certs sacrifficis. Aprés metent en aquella la muller Theocena y los fills, féu fer vela per partir de Thesàlia. De què, essent algun tant lunyats, levaren-se en la mar certs vents contraris, per los quals Pòride fon detengut per manera que no pogué més procehir. Sobrevench lo dia, de què les guàrdies del port, les quals havia col·locades Phelip, vent aquesta nau combatuda dels vents y mar, la qual se mostrava fogir, súbitament pujaren sobre les gualeres e anaren envers aquella, no conexent-la, per voler-la pendre. La qual cosa vent Pòride e Theossena, e conexent lo lur gran perill, tostemps exortaven e ajudaven als mariners que deguessen fogir. Mas aprés que veren contrastar les ones e ja ésser prop les enemigues galeres, Theossena prengué verí e aquell se meté en lo polse, e prengué [183v[230]] un agut coltell, e girà's al fill e al nebot, e dix-los: "Mors sola vindictam salutemque nobis omnibus prestare potest ad mortem vero per oculum gladiusque sunt vie". E exortant-los a morir ab affestades[231] paraules, e aquells algun tant per por differint-la, Theocena, haguda de la lur libertat, no havent altra via per a salvar-la, tots los féu lancar en mar. E de continent, axí com los veu en l'aygua, axí voluntàriament ella matexa derrer d'aquells se lançà.

L'altra la qual és encara acomodat subgecte al[232] poeta ffon Hippo, antiquíssima verge grega, de la qual, com la pàtria y linatge sia innota, norresmenys se pot fàcilment conjecturar ella ésser estada de excel·lent progènia e de pàtria, de què sobiranament la virtut fos en premi. Aquesta, anant un jorn prop de la vora del mar, fon de certs ladres furtada e portada en altra diversa terra, hi, essent en camí, aquesta verge sentí ensemps rahonar los ladres de voler ab ella pendre enamorats delits. De què, conegut que a açò per altra manera que per mort no podia resistir, per no macular la sua pudicíscia pres partit de aquella posar davant la sua vida, la qual ella jutjava lavors misèrrima. De què, acostada per aquests a la extremitat de la galera, prengué un salt e lançà's en la mar, elegint primer en l'aygua

---

[230] 182v en la numeración del manuscrito.
[231] *affestades*: "eficaçes"; it. "efficaci".
[232] *al*: ms. "ab".

entre·ls pexos finir la sua vida que entre·ls cruels ladres corrompre la sua pudicícia. Mas, si algú en aquest loch digués que en Darno Hippo se conduhí a la mort per la salut de la virginitat, pux que la violència del cors e corrupció sua no leva la virtut de l'ànimo, axí com damunt havem dit en[233] [184r[234]] Lucrècia, a ço responch que no és egual[235] rahó en Hippo o en Lucrècia, emperò que nengun fi podia moure aquestes aconsentir a la voluntat dels ladres altre que temor de la mort o delit carnal, dels quals quascú corrompia l'ànimo, mas Lucrècia ni la hu ni l'altre comogué, mas sols voler evitar una perpètua infàmia, la qual la aconseguia quant ensemps ab aquell servent fos estada morta e trobada. Emperò mèritament Lucrècia fon constreta a consentir a Sexto Tarquino, e Hippo a saltar e morir en lo mig de la mar, no consentint als ladres.

Seguex aprés avistant un altre digne e memorable exemple, dient que entre les altres companyies de Laura ell véu la verge Vestal, la qual alegrament corregué al Tèvare e, per apartar de si tota mala infàmia, portà ab una cervellera[236] miraculosament l'aygua del riu en lo temple en testimoni de la sua inconveniència. On diu:

> Ffra l'altre la vestal vergine pia
> Che baldançosamente corse al Tibro
> Et, per purgarsi d'ogni fama ria,
> Portò dal fiume al tempio acqua coi[237] cribro.

A major evidència dels precedents versos és de saber, segons que scriu Valeri en lo huytèn libre e capítol dels *Infamis*, a Roma en lo temple de Veste fon una verge nomenada Tútia, la qual fon falsament infamada que ella comés lo sacrilegi. On, essent ja davant lo sacerdot constituïda per hoir la sentència e comportar lo suplici del foch estatuït per la ley romana, de l'altra [184v[238]] part sabent ella la sua integritat e conexent aquesta ésser infàmia e no havent alguna manera per la qual aquella pogués purgar, a la fi ab grandíssima confidència de la deessa Vesta, a la qual purament havia servit, que no dexàs opprimir e occultar l'innocència de la sua ministra, pren-

---

[233] *en*: repetida en el ms.
[234] 183r en la numeración del manuscrito.
[235] *no és egual*: ms. "no egual".
[236] *cervellera*: "crivell".
[237] *coi*: Pac. "col".
[238] 183v en la numeración del manuscrito.

gué un crivell y en presència del sacerdot dix aquestes paraules: "Vesta, si yo tostemps en los teus sacrifficis he usat les mies mans castes, prec-te que faces que ab aquest crivell yo attenga l'aygua del Tèvar y en aquell la porte dins lo teu sacratíssim temple". E feta la oració ab gran fe y esperança, anà al riu e prengué l'aygua en lo crivell e portà-la en lo temple. On mèritament no sols sdevingué escusada, mas a tota Roma admirable e sancta.

Aprés de aquestes seguex lo poeta, dient que véu les dones sabines de les quals la guia era Hersília, la qual diu del seu nom dexà plens tots los libres. On diu:

> Poi vidi Hersilia con le sue sabine,
> Schiera che del suo nome empie ogni libro.

A més clara evidència dels precedents versos és de entendre que, havent Ròmulo ja cenyida Roma de muralla, e no ves entre lo seu poble alguna dona, on la sua ciutat se hagués a conservar migançant la procreació dels fills, demanà per los seus embaxadors a les terres en torn vehines que deguessen ab ell e ab[239] los altres romans fer parentela donant-li les filles per mullers; als quals embaxadors fon denegada la sua demanda per los vehins e los romans[240] despreciaren, [185r[241]] essent encara en lo us pastoral. De què Ròmulo, conexent per açò que era necesitat abandonar la ciutat o ab indústria trobar[242] de les dones volent aquelles en esdevenidor mantenir, instituhí certs jochs, e edifficà lo asílio, e trameté a publicar que quascuna líberament y segura pogués venir a veure'n. On intervench que gran moltitud de hòmens y dones hi concorregueren a veure, majorment les vèrgens sabines. Ròmulo donchs, quant li semblà temps, armat ensemps ab lo poble, procehí en mitg e totes les vèrgens sens marit se prengué, a nengunes de les altres fent violència. E aquelles retengudes, les donà per mullers als seus novament romans. Era de aquest nombre una de les altres molt pus excel·lent nomenada Hersília, la qual a Ròmulo fon per muller consignada. De la qual Ovidi a la fi del *Methamorfoseos* diu: "Fflebat ut ammissum coniunx cum regia iuno: Irim ad Hersiliam decendere limite curvo imparat et vacue suasit mandata refferre. O et de latio o et de

---

[239] *e ab*: repetido en el ms.
[240] *e los romans*: ms. "romans".
[241] 184r en la numeración del manuscrito.
[242] *o...trobar*: ms. "o ab industria o trobant".

gente sabina pecipuum matrona decus: dignisima tanti. Ante fuisse viri coniunx nunch esse quirini. Siste tuos fletus et sit tibi cura vivendi". Essent donchs per aquesta rapina suscitada grandíssima guerra entre·ls sabins y romans, e un jorn amagadament combatent y essent cruel la batalla, Hersília, cap de les altres sabines, elles ensemps procehiren en mitg dels armats pares, e jermans, e marits, e aquells ab justes e rahonables pregàries ensemps pacifficaren e reconsiliaren, que molts de Sabina vingueren a estar e abitar en Roma, ni certament [185v[243]] era posible a més obrar ab rahó. Emperò que als pares, jermans o marits era necessari la fe, quant ells haguessen altrament obrat, de les quals coses quascuna era contra lo lur offici. Donchs, los scriptors de la lengua latina mèritament fan memòria de la romana orígine, no pretermetent en alguna manera Hersília havent axí dignament e ab tanta justícia obrat.

Seguex aprés micer Ffrancesch, dient que entre aquestes pelegrines dones véu Dido, la qual volgué anar a la mort per lo seu fel e amat marit Sicheu, e no per lo troyà Eneas. Emperò calle lo vulgar ignorant de l'artifici poètich, lo qual crech, per la discreció de Virgili, que Dido se matàs per la vana amor de Eneas; la qual cosa del tot és aliena de veritat. On diu:

> Poi vidi, fra le donne pelegrine,
> Quella che per lo suo dilecto et fido
> Sposo, non per Enea, volse ire al fine:
> Tacia il vulgo ignorante! Io dico Dido,
> Cui studio di honestade a morte spinse,
> Non vano amor, come è publico grido.

Perquè molt damunt en lo principi d'aquest Trihunfo fon maniffest en quina manera Dido per amor del seu espòs, no de Eneas, procehís a la mort, per qual rahó s'escusava Virgili en haver fingit Dido ésser-se enamorada de Eneas, e per qual calitat ella fon estada ligada ab Juno, e encara perquè·s descrita en la pudicícia. Emperò al present no és necessària la sua istòria repetir, mas sols ella lohar en lo primer [186r[244]] haver volgut morir liberta que viure ligada sota la ley del jou del matrimoni; per la qual ella de tot lo seu domini era substreta. Mostrava encara molta voluntat circa l'amor del

---

[243] 184v en la numeración del manuscrito.
[244] 185r en la numeración del manuscrito.

marit mort, la qual cosa en aquell temps era judicada a grandíssim blasme.

Conclou aprés micer Ffrancesch lo nombre de les prestantíssimes dones ab un digne exemple intervengut en Florença pochs anys abans de la vera edat, dient que a la fi ell véu una digníssima verge sobre Arno, la qual s'estrengué hi·s tancà per voler servar-se en la virginitat, mas no pogué ni li valgué, emperò que força d'altri veure lo seu bell y cast pensament. On diu:

> Al fin vidi una che si chiuse et strinse
> Sopra Arno per servarsi, et non li valse,
> Ché forca altrui il suo bel pensier vinse.

Circa la intel·ligència dels precedents versos és de entendre que, essent en Florença Otho, quart emperador de Roma, concorregué un jorn en la església de Sant Johan, ja antigament temple dedicat a Marts, una moltitud de singulars dones, entre les quals vench una verge nomenada Engoldrata, filla de un gentil home apel·lat Bilício de casa de Ravenanti. Mentres que l'offici divinal se celebrava, Otho emperador ab molts altres barons vench a la església e, attès que Bilício era notable ciutadí de Fflorença, se posà al seu costat per que respongués a la sua demanda. Mirant donchs Otho aquella moltitud de belles dones, sobiranament lohà quascuna, mas més affermava Engoldrata precehir[245] les altres en bellea; lo [186v[246]] qual, girat a Bilício demanà qui era aquella verge. Bilício, lo qual era son pare, respòs: "Sacra majestat, aquella donzella, qui·s vulla que sia, donarà un beso a la tua serenitat pux que tu·n vulles, si yo lo y mane". Engoldrata, la qual no molt luny de l'emperador distava, enteses les paraules del pare, súbitament se levà de peus e, colorada de una onesta color, dix a Bilício[247] son pare tals paraules: "Pare meu, no prometes may a degú la cosa que no és en ta potestat, que yo·t faç cert que primer aquest coltell que ara nuu veuràs passarà per mitg dels meus pits que altre home toque may les mies carns, sinó aquell que tu·m donaràs per marit". E ab la vista algun tant modestament torbada se tornà a seure. Plagué sobiranament a l'emperador la virginal constància; per la qual cosa de continent cridà un

---

[245] *precehir*: ms. "procehir precehir".
[246] 185v en la numeración del manuscrito.
[247] *Bilício*: ms. "Bilicio tals".

jentil home, lo qual li era en presència nomenat Guido, a ella per estat e linatge convenient, y ensemps ab ella en aquell loch e hora conjunyí en matrimoni, y en lo matex loch y temps dels seus propris diners donà a Engoldrata e Guido grandíssim dot. Mas aprés estimulant-lo la memòria de la sua bellea, ni contenint-se de no fer senyal, ffon oppinió que ell estrengué lo pare en donar en ella tal obra que de aquella prengués Otho enamorats plahers.

Són norresmenys alguns altres hòmens, e no de poca auctoritat, los quals diuen que fon en Florença una donzella nada de honestísims parents, la qual per la peste que fon en l'any 1348, essent morts quasi tots los seus attinents, restà riquíssima. Per la qual cosa ella dispongué servir Déu [187r[248]] e anà-se'n a un monestir de santa vida e singular fama, lo qual és sobre lo pont vell en la costa appel·lada Sant Jordi, solament per tal fi y per fogir a marits. Intervench que un hermità de gran estima de santedat e bondat, tenint en pràtica aquell monestir com a spiritual pare, essent jove y vent aquesta ésser tan bella, la requerí d'amors e, ultra açò, li féu alguna força. Per la qual cosa aquesta, no essent encara venguda al temps de ésser proffessa, vehent la iniquitat de l'hermità se'n tornà a casa sua e prengué marit contra la sua primera voluntat e instituhit,[249] estimant en tal vida poder encara viure sens offensa de Déu. De què estime certament que Johan Bocassi en lo libre *Decameron* narra ab gentil estil aquesta veritat quant compongué la novel·la de Alibeth e del[250] rústico jove hermità.

Seguex ara micer Ffrancesch a la fi del procés de Laura asignant-lo determenat loch, e dient com ella ab la sua companyia e ab aquest Trihunffo era arribada a Baya en lo temps del tèpido verno; y de aquell loch, passant en mitg entre lo mont Bàrbaro y lo lach Averno, hon ja habità la Sibil·la cumea,[251] se'n vench dins lo castell de Linterno, hon era lo gran y excel·lent home lo qual se nomena Affricà, e açò perquè fon lo primer que ab ferro obrí en Àffrica les vives parts recobrant Espanya, revocant Aníbal e sotsmetent Cartayna. E axí, trobant en açò lo prefat Cipió Affricà, e mirat ensemps e vist l'estil, honor e gloriosa novella no estimada en alguna part per la vista dels hòmens, plagué a quascú, e en aquella comparació no

---

[248] 186r en la numeración del manuscrito.
[249] *instituhit*: "institut" en el sentido de regla establecida; it. "istituto".
[250] *del*: ms. "de".
[251] *cumea*: it. "cumana".

bellea corporal feya alguna superior [187v[252]] reputar, mas aquella en la veritat era tenguda per més bella la qual en les sues obres era pus casta. On diu:

> Era il triompho dove l'onde salse
> Perchothon Baia, ch'à 'l tepido verno;
> Giunse a man dextra et in[253] terra ferma salse.
> Quivi, infra[254] monte Barbaro et Averno,
> Antichissimo albergon[255] di Sibilla
> Passando,[256] se ne andâr dritto a Linterno.
> In così angusta et solitaria villa
> Era il grande huom che d'Affrica s'apella,
> Perché prima col ferro il[257] vivo aprilla.
> Qui ve[258] l'ostil honor l'alta novella,
> Non stemato con gli ochi, a tutti piacque
> Et la più casta v'era et la più bella.

Qual és la terra Baya, lo mont Bàrbaro e lo lach Averno en lo regne de Pulla molt és maniffest en lo temps present. En quina manera en aquell loch habitava la Sibil·la clarament ho demostra Virgili. E semblantment lo castell de Linterno ésser estat aprés hon és huy la ciutat de Traiecto[259] és cosa maniffesta per los scriptors de la lengua latina. Resta donchs a saber per intel·ligència dels precedents versos que Scipió Affricà anà abitar en aquell loch perquè, havent senyorejada Cartayna e retornant a Roma, com tostemps fos estat abstinentíssim de la roba d'altri, ffon norresmenys de un Àctio Petílio acusat e constret a tornar la rahó de la affricana administració. Per la qual cosa Scipió desdenyat, se'n anà al Campo[188r[260]]dollo, hon, despullat tot nuu, mostrà al poble les ferides rebudes en Àffrica e dix ell solament aquelles e lo connom haver aconseguit en proprietat de la victòria de Àffrica. E aprés aquest acte per desdeny partintse de Roma, com fos estat absolt del poble, se'n anà en voluntari exili abitar en lo castell de Linterno.

---

[252] 186v en la numeración del manuscrito.
[253] *a man dextra et in*: Pac. "e a man destra in".
[254] *Quivi, infra*: Pac. "Indi, fra".
[255] *Antichissimo albergon*: Pac. "l'antichissimo albergo".
[256] *Passando*: Pac. "lassando".
[257] *il*: Pac. "al".
[258] *ve*: Pac. "de".
[259] *Traiecto*: it. "Gaieta".
[260] 187r en la numeración del manuscrito.

Segonament se deu entendre que no sens digne artiffici lo poeta descriu Laura anar a trobar Cipió, perquè per açò entén demostrar ell sempre haver ab rahó en tal manera obrat que mèritament sia degut ell ésser descrit a madama Laura egual; de què ella no·s desdenyà de anar a trobar-lo encara en aquell loch hon estava retret.

Últimament és de notar que aquesta companyia ab lo lur honor, estil e conversació no era ab los ulls estimada, emperò que qualsevol altra cosa que lo virtuós obrar per lo freqüentadament remirar-la molt estima[261] la sua dignitat. Sols la virtut, e la rahó, e aquella quant més mirava tant més a l'ànimo paria delitosa.

Recita aprés lo poeta què féu Cipió e aprés aquesta companyia ensemps ab ell, dient que aquest en lo seu trihunffo no desplagué seguir; com sia cosa que la universal sentència dels hòmens e lur credulitat no és en tot vana, aquest sols naxqué per imperi e trihunffo. E axí aquesta companyia ensemps ab Scipió pervench a Roma, e anaren al temple Pio, la qual la digna Sulpílcia ediffichà per ço que de la memòria dels hòmens s'espenyés l'abstolta e insana enamorada flama. E de aquell loch passaren aprés al temple de la Pudicíscia, migançant lo qual en los gentils ànimos generosos e no dels plebeus [188v[262]] s'encén casta e honestíssima voluntat. On diu:

> Né 'l triompho d'altrui[263] seguire spiacque
> Allui che, se credencia non è vana,
> Sol per triomphi et per imperii nacque.
> Così giungnemo alla città soprana,
> Al tempio pio quale[264] dedicò Sulpicia
> Per spegner nella mente fiamma insana;
> Passamo al tempio poi di Pudicicia
> Che accende in core gentil honeste voglie,
> Non di gente plebea, ma di patricia.

Circa la intel·ligència dels precedents versos és de saber principalment que micer Ffrancesch, com ha home just, com fos affectuosíssim a Cipió, diu aquest Trihunffo de la Rahó e Pudicíscia no ésser lo seu imperi, que aquella cosa la qual a molta gent és comuna no·s deu fer d'altri pròpia. Mas bé seguex micer Ffrancesch per grandís-

---

[261] *estima*: error por "relaxa"; it. "scema di".
[262] 187v en la numeración del manuscrito.
[263] *d'altrui*: Pac. "non suo".
[264] *Al...quale*: Pac. "nel tempio pria che".

sima lahor de Scipió en aquest trihunffo a ell desplagué[265] de seguir. On deuem entendre que, essent aquest lo Trihunffo de la Rahó, volgué en la sua vida Scipió axí justament obrar que no hagués a seguir algú, mas anàs de par egualdat ab qualsevol altre. En aquest trihunffo trihunffant se rebova.[266] Són norresmenys alguns tests que diuen "nel trihunffo non so seguire non spiacque alui", e on la sentència és fàcil, e a Scipió se atribuhex molta humanitat. Mas los primers versos han més crexcut[267] l'intel·lecte. Són encara alguns altres que diuen que a Scipió desplagué de seguir en aquest trihunffo, essent[268] sols nat [189r[269]] aquell per trihunffos y glòria, dient micer Ffrancesch haver dit açò per demostrar la excel·lència de Scipió, la qual era tanta que no meritava seguir alguna persona, e per demostrar la gran moltitud dels romans, ffingint Scipió no voler seguir Laura anant a Roma per la ira contra lo poble romà concebuda. La qual sentència se pot tollerar.

Segonament és de entendre que, volent los romans edifficar un temple de la dea Verticòrdia de Venus per què les romanes matrones e les vèrgens se conformassen en l'àbit de la castedat, abstinència e pudicícia, e devent-se, segons lo edicte de deu cavallers, crear una arquitetrice de tant ediffici venèreo en aquesta composició, que de tot lo nombre de les dones de Roma se'n traguessen mil, e de les mil se'n traguessen cent, e de les cent, deu, e de les deu, ne prenguessen una, la qual sentència fon comesa de donar a les dones, elegiren donchs aquestes dones per universal lur judici, no ab menor glòria de castedat que hagué Lucrècia, a Sulpícia, filla de un Sèrvio patrício e muller de Ffúlvio Fflaco. De què ella, a tal honor assumpta, conduhí lo ediffici al degut fi ab gran lahor sua, e contentament dels hòmens, e sobiran goig de les dones romanes.

Continua aprés lo nostre poeta micer Ffrancesch, per observància de la romana consuetut en lo trihunffar, descrivint Laura conduhida al temple de Pudicíscia a consagrar les sues despulles en la enamorada guerra guanyades, dient que Laura procehia ensemps ab Scipió, segons lo primer intel·lecte a Roma e, passada al temple de la Pudicíscia, desplegà en aquell loch les sues glorioses e

---

[265] *desplagué*: el sentido es claramente el contrario, "plagué".
[266] *rebova*: lectura difícil que puede corresponder a "trobava".
[267] *crexcut*: it. "creduto".
[268] *essent*: ms. "essen".
[269] 188r en la numeración del manuscrito.

victo[189v²⁷⁰]rioses despulles, aximatex deposà e consagrà les estimades sues e precioses fulles. On diu:

> Ivi spegò le glorïose spoglie
> La bella vincitrice; ivi depose
> Le sue victorïose et sacre foglie.

No poca lahor ha descrit de Scipió lo nostre micer Ffrancesch y de Laura en los precedents versos, havent aquells procehint egualment descrits ésser pervenguts en Roma en lo temple de Castedat e Pudiscícia. On podem entendre Scipió e Laura ésser estats tals que mèritament devien precehir algú en lo just obrar. Hi encara aquells ha demostrat de tanta continència e observància que mèritament la hu en son imatge lo principat pertanyia; norresmenys a l'altra ell ha tostemps donada honor.²⁷¹ E Laura, havent visitat Scipió, e Scipió havent acompanyada Laura e de egual consentiment pervengut en Roma al piadós temple a elles convenient, hon Laura hac consagrades les despulles obteses per les procehides obres de l'ànimo y les estimades fulles del seu recort a la inflexible castedat y virtut.

Seguex aprés micer Ffrancesch, dient que, havent feta Laura la sua consagració, lo jove toscà dexà encara e posà en guàrdia de la pudicíscia les belles plagues, les quals lo feren ésser no sospitós del seu comú enemich. On diu:

> [190r²⁷²] E 'l giovane toscan che non ascose
> Le belle piaghe che il fer non sospecto,
> Del comune inimico o in²⁷³ guardia pose.

Per intel·ligència dels precedents versos és de saber, com scriu Valeri en lo quart libre e al quint capítol, que quasi abans que en la Toscana fos alguna ciutat intervench que un jove de maravellosa bellea nomenat Spurina véu bé y conegué aquelles dones d'aquella regió ésser d'ell intencíssimament enamorades; per la qual cosa ell conegué que los marits y los pares de aquelles ésser-ne envejosos. De què, essent ell continentíssim y conexent la sua bellea ésser intencíssimament a totes les dones libidinosa, delliberà més prest voler que

---

²⁷⁰ 188v en la numeración del manuscrito.
²⁷¹ Siguen varias líneas tachadas.
²⁷² 189r en la numeración del manuscrito.
²⁷³ *o in*: Pac. "in".

la difformitat fos en testimoni de la fe e continència sua, que la bellea sua fos passió e mancament d'altri. Per la qual cosa la sua bella vista, e majorment la boca, la qual les dones més comovia al libidinós pensament, tota omplí de ferro e soccarrà's tot, venint a tanta difformitat que tota sospita d'aquell en los ànimos del poble engendrada fon mèritament expugnada e tolta.

Conclou aprés la fi d'aquest capítol e Trihunffo, dient que ensemps ab lo jove toscà véu ésser molts altres hòmens, dels quals conegué ésser Ypòlit grech e lo hebreu Joseph. On diu:

> Con parechi altri (et fummi il nome decto
> D'alcun di lor, come mia scorta seppe),
> Ch'avean facto ad Amor chiaro disdecto.
> Ffra quai cognobbe[274] Hyppolito et Ioseppe.

Qui fon Ypòlit e per quina manera [190v[275]] ab rahó resistí a la furiosa e insana voluntat de Phedra molt dalt en lo Trihunffo d'Amor fon maniffest. Resta ara sols per intel·ligència dels precedents versos a saber com Joseph fon fill del patriarcha Jacob, lo qual, com s'escriu en lo Jènesi a XXXVII e XXXVIIII capítols, havent vist en lo somni que, metent ell e los seus jermans en lo graner les garbes, totes se inclinaven a la sua, e norresmenys lo sol, e la luna, e dotze esteles se umiliaven a ell, refferí Joseph[276] als jermans lo que havia somiat. Los quals se mogueren contra ell a gran ira y enveja, estimant que, per ço que havia dit, l'avien a tenir per senyor. Un jorn essent ells a guardar lo bestiar, Joseph los portà que menjar; los quals, axí com de luny lo veren, digueren entre ells: "Ecce lo somiador; ara l'avem de matar"; e anant contra ell los nou jermans, volien-li donar mort. En açò la hu de aquells apel·lat Rubèn, comogut de amor fraterna e piadosa carnalitat, dix als altres estimant a campar-lo de tanta fúria: "Cars jermans meus, no vullau ensangonar les vostres mans de la sanch del nostre jermà, mas lançau-lo en una sisterna que sens aygua a nosaltres és propinca e fogirem de tan neffandíssim omicidi". Plagué a quascú dels altres jermans lo consell de Rubèn e, enviat a la sisterna e ja havent despullat Joseph per lancar-lo dintre, passaren en açò tres mercaders hismaelites, als quals

---

[274] *quai cognobbe*: Pac. "gli altri vidi".
[275] 189v en la numeración del manuscrito.
[276] *Joseph*: ms. "josephs" con la letra s tachada.

prengueren partit de vendre Joseph; e convenguts del preu, lo veneren per trenta diners, en figura de la venda de l'immaculat anyell Jesucrist, com predix Amos proffeta en lo segon capítol e Zacharies en l'onzè, [191r[277]] dient: "Et apprehenderunt mercedem meam triginta argenteos". Los hismaelites prenent Joseph, anaren ab aquell en Egipte, hon pervenguts lo veneren a Putiffar, ehunuch de Pharaó; lo qual vent Joseph de cors bellíssim e plaent de vista, lo preposà a tots los seus fets dexant-li lo govern de la sua casa. De què la muller de Putiffar, essent un jorn a soles Joseph en casa e no havent hi alguna de les companyes, lo prengué requerint-lo de libidinós plaer. La qual cosa ell no consentint e fent-li violència, a la fi se'n fogí e, partint-se de aquella, dexà lo manto. De què, vent-se aquesta en tal manera de Joseph escarnida, axí com Putiffar tornà a casa, planyent li dix que Joseph la havia volguda violar e, ella cridant, se'n era fogit, e en lo fogir havia dexat lo manto. Cregué Putiffar la muler; de què féu enpresonar Joseph. Hon, essent lo raboster e panicer de pharaó somiant una nit, Joseph los interpetrà lo somni, al panicer de la sua mort e al raboster de la sua salud, la qual seguint hagué Joseph gran fama de interpetrador. De què, seguint aprés lo somni de Pharahó de les espigues plenes e vàcues y de les vaques grases y magres, Joseph interpetrà deure ésser set anys[278] fèrtils e set altres de gran esterelitat. Per la qual cosa Pharahó preposà Joseph a la comulació del poble. On, subseguint aprés per l'univers la carestia, intervench que Jacob y los fills anaren en Egipte a inclinar-se a Joseph. E axí fon verifficat lo somni, com reconta la istòria del Jènesi, havent donchs Joseph axí justament obrat en tota cosa, axí per continència com per clemència, pietat, sanctedat e doctrina. Per ço mèritament és estat en el Trihunffo[279] del nostre micer Ffrancesch numerat.

---

[277] 190r en la numeración del manuscrito.
[278] *anys*: ms. "any".
[279] *en el trihunffo*: ms. "trihunffo".

[191v¹] TRIUMPHO TERCIUS MORTIS

Qualsevol cosa que per natural generació o per qualsevol altra transmutació dins en lo cel és produhida, aquella per certa experiència se veu mancar, e majorment aquesta tal deffecció ha sotsmesa natura humana que per tantes vàries² lacunes e rius en los cossos dels hòmens la mort se destil·la. On mèritament aquells entre tots los altres animats són cognomenats mortals. Ne pot may per alguna digna e prestantíssima obra fogir aquesta ley, que qualsevol home que nax en lo món dega una volta ésser necessitat a mort en tal manera del principi de flux humà, pux que los nostres [192r³] primers pares per no obehir la aspredat de la ley divina provaren. Mas, essent tostemps en la infinida bondat disposta en tota justa sentència la misericòrdia, com la mort hagués constituhida en pena de la transgresió del seu manament, no vol emperò que l'ànima, a la natur angèlica semble,⁴ principal i més digne part de l'home vingués a mancar, mas sols lo cors que aquella substentava fos aquell que tornàs a no-rres. És donchs la mort sola separació de l'ànima i del cors nostre, migançant la qual manquen⁵ e són apartades les operacions humanes. D'on los poetes, considerant aquesta natural continuació de l'home e necesària disposició en la qual l'ànima al cors primer se presenta, e ab la còpula d'aquell procehex convenient en l'ésser, e aprés últimament d'aquell se separa, emperò finaré⁶ Clotos, Lathe-

---

¹ 190v en la numeración del manuscrito.
² *que per tantes vàries*: ms. "de tantes vares".
³ 191r en la numeración del manuscrito.
⁴ *semble*: "símil"; it. "simile".
⁵ *la qual manquen*: ms. "manquen".
⁶ *finaré*: error por "fingiré"; it. "finsero".

sis e Antropos ésser les ministres del fat, per les quals aquest natural procés és descrit. Havent ja lo nostre micer Ffrancesch descrits dos estaments universals de l'ànima en los quals se troba, mentre que ella ab lo cors en la vida és vivida, ço és lo domini de l'apetit sensitiu en lo temps de la joventut e lo domini de la rahó en lo temps de la virilitat y vellea, consegüentment descriu lo terç, lo qual és la sua separació universalment de quascun home, apel·lat la mort. En lo qual ell entén per universal argument demostrar dues coses. La una és que quascun home, encara que de virtuts sia perfectíssim, és sotsmès a mort e a la natural varietat que antecedexen aquella. On tàcitament amonex los hòmens ésser contra la mort audaces e no deure[7] tembre a aquella, segons la sentència de Averroiç en lo pròlech de la *Phísica*, quant diu: "Et cum viderit [192v[8]] quod contigerit ex necessitate idee sine materie tunc erit audax ex necessitate". L'altra és persuadir la immortalitat de l'ànima, la qual cosa demostra introduhint en lo somni parlar ab Laura y demanar-li de la calitat de la mort. E açò fa en lo segon capítol.

Quant donchs al capítol primer micer Ffrancesch, seguint la sentència del philòsoff en lo primer de la *Phísica*, lo qual diu que, de aquells matexos principis que las cosas han la generació y ésser, en aquell matex se resolen e corrompen, e los astròlechs diuen lavors ésser finida una revolució celestial quant al matex punt e consemblant prest retornen los cossos celestials en lo qual eren en lo principi de lur movement, introduhex Laura tornar al propi domicili, del qual essent exida e passejada per lo món era a la fi pervenguda a Roma a consagrar les glorioses despulles de la sua victòria; de què, essent pervenguda a la fi de les sues dignes obres, convenient cosa era que retornàs a la sua primera orígine. On en aquest retornar encontrant la mort, cautelosament demostra lo poeta deure's recordar del nostre primer principi, lo qual la Santa Sglésia Catòlica lo primer dia de la Quaresma demostra ésser sols cendra y terra, segons encara que testiffica la scriptura sacra en lo primer capítol del *Gènesi*. Diu donchs micer Ffrancesch que, havent Laura ab la sua noble y excel·lent companyia haguda la gloriosa victòria del potent Cupido, e retornant-se'n[9] a Gravesons, en lo viatge encontrà la mort, la qual maniffestament se desfià e dix-li del tot vo-

---

[7] *e no deure*: ms. "e deure".
[8] 191v en la numeración del manuscrito.
[9] *e retornant-se'n*: ms. "retornar sen"; it. "e ritornandosi".

ler-la fer morir. A la qual Laura, responent com a la sua excel·lència se pertanyia, li féu deposar la sua ferocitat e, continuant ensemps [193r[10]] lo rahonament ab aquella resposta que a una ànima justa e prudent se pertanyia, a la fi Laura consentí morir. On, aprés que descriu la mort, narra lo poeta lo gran plant e convenient lamentació de les dones vehines, les quals ab Laura de honesta amicícia eren conjuntes.

Donant donchs principi micer Ffrancesch en aquest terç Trihunffo acompara aquell a tots los altres dels antichs romans, dient que quants may foren trihunffants en la edat agra de la ciutat de Roma en lo temps del polítich viure o en lo temps dels emperadors de la madura, on se ornàs lo gloriós coll de Quirino; e así matex quants foren sots aquell lo qual no ab argent mas d'un sangonós riu donà a beure als seus cavellers, o sots lo monarcha lo qual a quascun altre senyor levà lo nom de grandesa, lo qual per tot l'univers se vol descriure; quants presoners, encara, sots lo seu imperi foren per la via sacra portats al mont de Campotoglio no donaren tanta glòria e honor al lur possehidor, quant sols amor crexia mèrit de laor a Laura essent presoner d'aquella, on aquella en tal manera portava trihunffo. On diu:

> Quanti già nella età matura et acra[11]
> Triumphi ornaron[12] il glorioso colle,
> Quanti priggion passâr per la Via Sacra
> Sotto il monarcha che al suo tempo volle
> Ffare il mondo descrivere universo,
> Che il nome di grandeça a gli altri tolle,
> O soto quel che non d'argento terso
> De bere[13] a' suoi, ma d'un rivo sanguigno:
> [193v[14]] Tutti poco o nïente furo inverso[15]
> Questo un ch'io parlo.

Vària y digna notícia ha lo nostre poeta descrita en los precedents versos. Circa la qual és de entendre principalment, com diem

---

[10] 192r en la numeración del manuscrito.
[11] Los primeros 19 versos comentados en esta parte del Triunfo de la Muerte no corresponden a los de las ediciones canónicas, sino que son los que aparecen como Triumphus Mortis Ia en la edición de Pacca y Paulino.
[12] *ornaron*: Pac. "ornaro".
[13] *De bere*: Pac. "die' bere".
[14] 192v en la numeración del manuscrito.
[15] *furo inverso*: Pac. "forân verso".

al principi del Trihunffo d'Amor, que en aquella ora aquells que rebien trihunffo eren en l'acte propi del trihunfar; tostemps per via sacra procehien o per via lata, via specialment deputada al trihunffal exercici. Per la qual cosa, trihunffant e ab aquell orde que dalt és estat dit en lo *Trihunffo de Scipió*, venien fins al coll de Quirino, lo qual era lo capitoglio e roca de Roma. Segonament és de saber que, entre tots los príncHeps que may se ligen haver senyorejat, negú fon que en[16] veritat meritàs[17] ésser nomenat monarcha excepto que Octovià, com sia cosa que ell sols possehí en pau l'univers, la qual cosa és pròpia operació del monarcha. Essent donchs ell successor a Cèsar, e aprés de la mort de Írcio y de Pausa en la batalla de Mòdena, restat sols protector de la romana república, a la fi, com scriu Tranquil·lo, essent ja en pacíffica possessió, trihunfà un sancer triduo, on trihunffà lo trihunffo dalmàtico, lo acciatio[18] e lo alexandrí. Hagué ultra aquests Octovià quasi un nombre de honors e trihunfos de pobles los quals en pau a ell se sotsmetien, axí com los de Scítia, Ismarti, los d'Índia y los phartis e altres generacions, en manera que, com scriu Lúcio Floro, tot lo món sots ell concorregué, o per victòria, o per pacte. De què mèritament Octovià levà lo nom de grandeza d'estat e senyoria a tots los altres príncHeps que may foren. Constituït donchs Octovià [194r[19]] en la monarchia, delliberà veure quants nombres de hòmens ell imperava. Per la qual cosa féu manament en tots lochs que los nombres dels hòmens vius escriguessen. La qual cosa testiffica lo *Evangeli* en Sant Luch a II capítols dient: "In diebus illis exiit edictum a Cesare Augusto ut describerentur universus orbis". En lo terç y derrer loch és de notar que aquell lo qual de un sangonós riu donà a beure fon Cayo Màrio per naturalea de Arpino. Lo qual, essent anat[20] contra los cimbris e tudeschs, com diem en lo pròxim trihunfo, essent aquells sobre certs flums acampats de aygua clara e los romans havent-ne gran penúria, a la fi los seus cavallers, flaquejant en lo exèrcit, li deyen que se'n partís del camp e tornàs en loch hon hagués aygua que ellspoguessen beure. Màrio, ab copiosa oració los ho denegà e, mostrant-li aygües sobre les quals los enemichs eren alleugats, dix viz[21] "hòmens,[22] mirau

---

[16] *fon que en*: ms. "fon en".
[17] *meritàs*: ms. "queritas".
[18] *acciatio*: "asiàtic"; it. "asiatico".
[19] 193r en la numeración del manuscrito.
[20] *anat*: ms. "ant".
[21] *viz*: abreviatura de "uidelicet" ("a saber")
[22] *hòmens*: ms. "home".

l'aygua". Per les quals paraules los cavallers romans crexqueren en tal furor que, súbitament prenent les armes e procehint a batalla, feren axí gran matança dels enemichs que aquells rius de lur sanch crexqueren; en manera que, quant aprés Màrio e les altres seus finida la batalla e obtenguda la complida victòria, volgueren beure e no menys sanch begueren de aquell riu que aygua. La qual cosa afferma lo poeta en la cançó "Italia mia, encara que'l parlar sia en darna",[23] on diu: "Bene provide natura al nostro estato, / Quando de l'Alpi scherzo / Pose fra noi et la tedesche rabbia; / Ma il desir ciecho, e 'ncontra al suo ben fermo, / S'e poi tanto ingegnato, / Che al corpo [194v[24]] sano ha procurato scabbia. / Or dentro ab una gabbia / Ffier salvaggie et mansueto grege / S'annidan si che sempre il miglior geme; / Et questo del seme, / Per qui dolore, del popol senca legge: / Al qual, come si legge, / Mario aperse si il fiancho, / Che in memoria dell'opra ancor ne langue, / Quando assetato et stancho / Non hebbe piu del fine acqua che sangue". Sots Màrio donchs foren molts trihunffos de Jugurta, potentíssim rey de Numídia; trihunffà dels cimbris, trihunffà dels tudeschs, dels quals grandíssima honor e glòria reportà. Infinida moltitud de presoners sots aquell pervengueren al capitoglio, essent estat cònsol set vegades. Concloent donchs, tots aquests trihunffos foren de neguna o poca estimació per comparació ab aquell de la prestant Laura, la qual rebia per l'auctorità de Cupido haguda.

E demostra consegüentment lo poeta per comparació quanta fon la innocència de Laura, dient que, retornant Laura a la sua naturalea, la sua bella vista era en tal manera candidíssima e blanca que qualsevol blanquíssim signe acomparat a ella tindria de corb la semblança; e en aquesta qualitat ab un suavíssim gest dolcament en la vista torbada aquesta madama Laura, gloriosa e honestíssima vencedora tornant envers lo occaso o mar Tirreno, curvo per lo seu siti e sonant per les fortíssimes ones en los seus duríssims esculls. On diu:

> E sì candido cygno,
> Non fu già mai che non sembiasse un corvo
> Presso al bel viso angelico et benigno.[25]

---

[23] *Italia mia...en darna*: se traduce el título del poema "Italia mia, benche'l parlar sia indarno".

[24] 193v en la numeración del manuscrito.

[25] *angelico et benigno*: Pac. "angelico benigno".

Et così, in acto dolcemente torvo,
[195r[26]] La honesta vincitrice in ver' lo occaso
Segui[27] il litto tyrreno sonante et córvo.[28]

Circa la intel·ligència dels precedents versos és de entendre que, essent madama Laura de cors naturalment bellíssima e figurant en aquest trihunffo lo domini de la rahó, on lo fonament de tota obra que d'aquella procehex es la innocència, per ço essent aquella signifficada per la blancor, com diem damunt, emperò acomodadament diu lo poeta nengun signe ésser axí blanch en semblança e comparació de la bella vista de Laura que no·s demostràs un negrisíssim corp. Segonament és de saber que ab rahó se demostrava axí Laura torbada, emperò que és costum natural dels hòmens rahonables mostrar-se en l'aspecte torbats en qualsevol lur manera que hajen a reprimir lo libidinós apetit. En lo terç loch és de notar que tornar Laura envers lo occaso pot haver dues verdaderes intel·ligències: o que per lo occaso s'entenga lo loch de Ffrança, al qual tornant de Roma sobre la mar Tirreno e anant tostemps par que procehís[29] envers lo occaso, essent[30] França per major part a l'occident sotsmesa; o per lo occaso pot entendre la fi o mort de madama Laura. Lo qual intel·lecte sembla a mi més conforme, affermant lo poeta a la fi d'aquest camí haver madama Laura trobada la mort e morir.

Descriu lo poeta aprés en aquest retornar Laura cercar la mar Tirreno o, segons altre accent, retornar per mar aprés a la mar Tirreno, axí com per mar a Baya era venguda. On, segons la primera pronunciació és encara més acomodat entendre [195v[31]] la mar per la conformitat de la sua venguda. On és de entendre que la mar, segons los naturals e Aristòtil en lo segon de la *Methaura*, no és altra cosa que la congregació de l'aygua la qual circuhex la terra, segons encara que fon denomenat en lo principi de la sua creació, axí com és escrit en lo principi del *Gènesi*. Donchs aquesta congregació e mar principalment és divisa en dues denominacions: la una·s diu Occeana e l'altra Mediterrànea. La Occeana és aquella que segons la speral figura circuhix la terra, la qual particularment segons algunes

---

[26] 194r en la numeración del manuscrito.
[27] *Segui*: Pac. "seguio".
[28] *córvo*: ms. "curvo".
[29] *procehís*: ms. "procehirs".
[30] *essent*: ms. "essent de".
[31] 194v en la numeración del manuscrito.

parts de la terra encara reb altra denominació, axí com l'Athalàntica, la Indiana, la Bretànica, e moltes altres. Mas la Mediterrànea axí es nomenada perquè a la extremitat de ponent entre Calp e Alpina monts, axí nomenats de Solino y cosmògraffos, obre la terra e fluhint pervé a la oriental regió; aprés se volta envers lo septentrional e axí par que dividexcha e destermene Àffrica, e Àsia, e paraments Europa. Apella's encara aquesta mar per més nom segons la particular regió circa la qual discorre; on principalment quasi en lo seu introhir se diu Gaditano, aprés envers la riba de la terra sinistra seguint se apel·a Albèrica,[32] e Baleàrica,[33] e Hispània; seguex aprés la Ffrancesa, la qual termena en Proenca, aprés la Ligústica; e aprés la mar Tirreno, la qual en altra manera Jònio e Infero se denomena; seguex aprés la mar Siciliana, la qual s'estén fins a la mar de Creta, mas fins a la riba dreta la Mediterrànea principalment és nomenada Mauro; aprés Líbica e Àffria e, pro[196r[34]]cehint envers mig jorn se troba la mar Cirenaica; aprés continua la Cíprica o Sírica, y, entrant en la terra, seguex lo Scino de Sicília; a la qual aprés continua la mar Pamphílica, la qual es contigua ab la mar de Creta; a la qual de la part del septentrion se comunica la Il·lírica y la Adriàtica, en altra manera apellada Súpera; d'aquesta de Creta procehint aprés envers orient, seguex lo Arcepèlech, la qual devallant envers lo septentrion se estreny en grandíssima estretura huy nomenat estret de Galípol, e ja Helespont; aprés la mar nomenada Prepontis, la qual encara se restreny on se denomena Bòfforo, sobre lo qual estret és quasi la ciutat de Costantinoble, on, fins la dreta riba de la mar, se nomena Ponte Eusino, e a la sinistra se nomena Scýthico; ha encara més particular denominació de les illes, hon és nomenat Abideo, Ròdio, Cýprico, Carpàtio, e de més vària denominació. Majorment havent refferit tot lo defflux de la mar Mediterrànea, resta maniffest que, volent algú tornar de Roma a Ffrança, és necessari per la via dreta de cercar la mar Tirreno.

Descriu aprés micer Ffrancesch particularment lo loch hon naxqué e hon tornava Laura, dient que aquella la qual huy és sperit nuu de poca terra tornada, per la qual principalment a ell plagué de fer bé e seguir l'estudi, tornava al loch de Gravesons ab grandíssima honor de la sua guerra, havent vencut lo seu gran e potent enemich

---

[32] *Albèrica*: "Ibèrica"; it. "iberico".
[33] *Baleàrica*: ms. "balcarica".
[34] 195r en la numeración del manuscrito.

Cupido, lo qual ab los seus [en]ginys eterra[35] e domina[36] tot l'altre món. Lo qual loch de Gravesós és posat on[37] Sorga e Druença, gentils rius, reduhexen la lur [196v[38]] aygua terrible en lo major vas del Ròdano, lo qual loch ja fon a si matex un temps Acadàmia e Pernaso. On diu:

> Dove Sorga et Druenca[39] in maggior vaso
> Congiungon le lor chiare et turbide acque,
> La mia Acadamia un tempo et il mio Parnaso,
> Ivi, onde a gli ochi mei quel[40] lume nacque
> Che oggi è[41] ignudo spirto et poca terra,[42]
> Quella, per cui ben far prima mi piacque,
> Tornando[43] con honor dalla sua guerra,
> Alegra, havendo vinto il gran nimico,
> Che con suoi ingegni tutto il mondo atterra.

Axí com en lo principi diem, Madama Laura naxqué en Gravesons, vila entre aquells dos rius circuïda, ço és Sorga e Druença, on micer Ffrancesch habità molt temps sols per memòria de la sua dilecta Laura, axí com ell en aquella cançó mostra "Quale piu diversa et nuova". Lo qual loch ell afferma ésser-li estat Acadàmia e Pernaso per demostrar aquí haver scrit moral philosoffia ensemps ab coses poètiques, com sia cosa que la Cadèmia era lo loch lo qual Plató helegí per son estudi e hon, convenguts los philòsoffs, disputaven de philosoffia. Pernaso axí matex és lo mont consagrat d'Apol·lo y de les muses, sobre·ls quals se diu habitar qualsevol que scriu poètica fantasia, com escriu o afferma Persi.

Segonament afferma lo poeta que tornava Laura en aquest loch, la qual esperit nuu era devenguda e poca terra, axí com diem a demostrar l'ome ésser constituhit de dues [197r[44]] principals parts, ço és cors e ànima. De les quals lo cors, essent en breu espay de temps

---

[35] *aterra*: ms. "e terra".
[36] *e domina*: ms. "domina".
[37] *on*: ms. "en".
[38] 195v en la numeración del manuscrito.
[39] *Druenca*: Pac. "Durenza".
[40] *quel*: Pac. "il bel".
[41] *Che oggi è*: Pac. "ch'è oggi".
[42] Este verso es el primero que sigue ya las ediciones canónicas del primer capítulo del Triunfo de la Muerte. Corresponde exactamente al verso 2 de esta edición.
[43] *Tornando*: Pac. "tornava".
[44] 196r en la numeración del manuscrito.

corrubtible, se convertex de terra; on roman l'ànima en desnú esperit, essent aquella substreta a tota corrupció, de la qual com a principal part moltes voltes se denomena l'ome, la qual denominació no hagué del vulgar orígine. Mas lo philòsoff en lo quart de la *Phísica* ho descriu e Sant Agostí ho conferma en lo huytè *De civitate Dei*, al·legant Hermes: "Avus tuus o Asclepi medicine primus inventor cui templum consacratum est in monte libie circa litus corcodillorum: in quo eius iacet mundanus homo reliquus enim vel pocius totus si est homo in sensu vite melior remeavit in celum". En aquest retornar, havent Laura sobrat lo poderós Cupido, portava grandíssima glòria e singular trihunffo, essent en la vista alegra e certament ab rahó, que la ora que los hòmens ab rahó al libidinós apetit repugnen e a aquell a la fi fan a ella sotsmès, sobiranament delitant-se en les obres virtuoses, demostren gran goig e sobirana jocunditat, e majorment perquè·s veuen reposats en tal disposició que tal no temen dels carnals desigs[45] rebre molèstia, perquè axí del domini de la rahó és la lur voluntat confirmada, segons la sentència de Sant Agostí, nono *De civitate Dei*, lo qual diu: "Perturbacio enim passionumque stultis malis dominatur a sapientibus vero et bonis ita regittur: ut malint eam non habere quam vincere".

Seguex aprés micer Ffrancesch que armes e insturments bellíssims usava Laura a debel·lar Amor, dient que deguna altra arma portà en batalla que sols cast cor, y púdich y sens [197v[46]] màcula, e una bella vista ornada e no esquivada[47] ab moltitud de esquius pensaments e aliens de tota lacívia, e últimament un singular e modest parlar amich totalment a la vera honestat. On diu:

> Non con altre arme che col cor pudico
> Et un[48] bel viso et di pensier schivi,
> D'un parlar saggio et di honestade amico.

Segons les sacres e morals disciplines, neguna altra arma o espasa pot usar l'ome més acomodada a dominar lo apetit que aquestes que lo nostre eccel·lent poeta en aquests versos ha descrites. On per intel·ligència de aquells és de saber, segons l'evangèlica doctrina de Sant Matheu, que dos són los universals manaments d'on tota ley

---

[45] *desigs*: ms. "desig".
[46] 196v en la numeración del manuscrito.
[47] *esquivada*: ms. "esquivat", que mantiene la rima en italiano con "bel viso".
[48] *Et un*: Pac. "E d'un".

divina natural e descrita devalla, ço és amar Déu ab tot lo seu cor y pensa, e lo seu proïsme com a si matex. On diu al capítol XXII introduhint Jesucrist affermar axí: "Diliges dominum deum tuum in toto corde tuo et in tota mente tua hoc est primum et maximum mandatum secundum autem simile huic. Diliges proximum tuum sicut te ipsum in his duobus mandatis universa lex pendet et prophete". De què Sant Pau, vehent en quascú d'aquests manaments[49] presuposa l'amor, emperò la caritat sobre la fe y sperança diu ésser més digna; on *Als Corintians* en lo XIII diu: "Nunc autem manet fides spes et caritas hec tria. Maior autem his est caritas". Mijancant donchs aquests manaments fuig lo peccat e lo apetit se adomina, segons la diffinició del peccat feta [198r[50]] per Sant Agostí in libro *Contra Ffaustum hereticum* dient: "Peccatum est dictum aut factum aut concupitum contra legem Cristi". Aquests precepts presuponen la puritat e mundícia del cor; on diu Jesucrist en Sant Matheu en lo quart: "Beati in mundo corde quoniam ipsi deum videbunt". E emperò Isayes al primer parlant en persona de Déu demostra a ell no ésser acceptes les pregàries e sacrifficis quant l'ànima e les operacions de aquella són de alguns terrenals effectes maculades, on diu: "Cum extenderis manus vestras avertant occulos meos a vobis et cum multiplicaveritis oracionem exaudiam. Manus enim vestre sanguinem plene sunt". On per contrari, essent la mundícia del cor en lo sacriffici, Déu[51] aquell granment demostra haver car, com scriu Malachies encara al primer, parlant en persona de Déu contra·ls jueus e dient ell no voler rebre més sacriffici d'ells, essent les lurs mans pul·lutes e offerint en tot loch al seu sant nom munda e immaculada oblació, dient: "Non est michi voluntas in vobis et non suspiciam de manu vestra ab orta enim solis usque ad occasum magnum est nomen deum in gentibus et in omni loco sacrifficatur et offeretur nomini meo oblacio munda". La qual oblació e sacriffici en lo món no és altra cosa que lo cor e la pensa dels hòmens, com testifica David proffeta en lo psalm sinquanta dient: "Sacrifficium deo speritus contribulatus cor contritum et umiliatum";[52] on appar maniffestament la primera arma contra l'apetit ésser convenientment posada lo cor púdich. Vol encara aquesta operació lo delit de

---

[49] *d'aquests manaments*: ms. "d'aquest manament"
[50] 197r en la numeración del manuscrito.
[51] *Déu*: ms. "de deu".
[52] Falta a continuación "deus non despicies".

l'ànima, de què la effígia deffora no sia alegra e decora, a la sua rectitud conforme, [198v⁵³] on mostra Jesucrist en Sant Matheu dient: "Tu autem cum ieiunas unge caput tuum et faciem tuam lava". Concorren encara en aquest effecte lo pensament esquiu e les paraules fermes; emperò que, en l'ora que l'home a si matex consent en lo laciu pensament y en aquell se delita, peca segons la sentència de Jesucrist en Sant Matheu dient: "Qui viderit mulierem ad concupiscendum iam mecbatus est in corde suo". Mas que les paraules fermes vénen en aquest estat necessàriament maniffestament és scrit en lo XII de Sant Matheu, quant diu Jesucrist: "De omni verbo ocioso reddituri estis racionem in die judicii". Donchs notíssima cosa és Laura haver usades aquelles armes contra Cupido, les quals deure exercitar mana la ley divina.⁵⁴ Ara que aquestes matexes sien aquelles encara quines devien ésser, demostra la ley moral, no és diffícil cosa d'entendre. On en quant al pur cor, e a l'ànimo, e a la alegra vista que avant seguex, escriu Aristòtil en lo primer de la *Èthica*, parlant quina deu ésser la disposició d'aquells que volen los preceptes morals seguir en aquesta forma: "Sequax vero aduch affectibus existens inaniter et inutilit audiet cum finis sit non cognicio sed accio"; d'ací affermant lo matex circa la església⁵⁵ dels morals pensaments, seguex en lo matex libre dient: "Non est preterea bonus qui bonis operacionibus non delectatur". On seguex que, delitant-se l'ome en les operacions bones, l'altra pur ell la té a sobirana esquivesa. Demostra encara Aristòtil consemblant disposició circa lo ferm parlar, on en lo setè de la *Política* diu: "Prohibenda [199r⁵⁶] enim est in civitatibus obcenitas verborum nam ex turpiter loquendi licencia sequitur et turpiter facere". D'on se veu maniffestament a aquesta sentència conformar-se lo apòstol primo *Corintiorum* capítulo XV, on diu: "Corrumpunt enim bonos mores colloquia mala". Concluhint donchs resta notíssim ab aquestes soles armes veure's lo apetit e fer aquell sotsmès a l'imperi de la rahó.

Conformant-se aprés lo poeta en la preinducta sentència, seguex aprés dient com en aquell loch era a veure gran miracle ésser rompudes d'Amor les sues invencibles armes, ço és lo fortíssim arch

---

⁵³ 197v en la numeración del manuscrito.
⁵⁴ *mana la ley divina*: it. "dimostra la legge morale". La diferencia con lo que sigue, donde el traductor añade otras cosas, parece indicar que a la versión en la que se basa la edición de Illicino le faltan unas líneas.
⁵⁵ *església*: it. "schifeza".
⁵⁶ 198r en la numeración del manuscrito.

e les agudes sagetes; e molt major maravella era veure-y alguns los quals eren estats morts d'aquell e alguns altres que eren presos vius, axí com Achil·les, Pirrho, Leandre, Anthoni, Cèsar August, Aníbal, e molts altres. On diu:

> Era miraculo grande[57] a vedere quivi
> Rotte l'arme d'Amor, arco et saette,
> Et tal' morti dallui, tal' presi vivi.

La humana natura, per sa natura[58] perffeta e per la pròpria cupiditat depravada, tant en les delícies terrenals e mundanals delits és mesclada que quasi és totalment dada a seguir lo judici dels sentiments. De què mèritament, com scriu lo poeta en los precedents versos, és judicat a grandíssim miracle quant de l'apetit carnal los hòmens se abstenen e seguexen lo dret judici de la rahó. La qual cosa ell matex testiffica en aquell sonet "La gola et [199v[59]] il somno et l'ociose piume", on diu: "Et si spento ogni benigno lume: Del cielo, per cui si informa humana vita: Che per cosa mirabile s'adita: Chi vol fare de Helicona nascer fiume". E majorment se veu ésser aquesta disposició dels hòmens vulgars, los quals, quant ells més en nombre multipliquen, tant més de la pràtica de la rahó se desvien, segons que scriu lo philòsoff en lo terç de la *Retòrica* dient: "Quanto maior popula: tanto minor intellectus".

Ajusta aprés descrivint lo nombre, l'estat e la appariència deffora de Laura y de les sues excel·lents companyies, tornant de la noble victòria contra Cupido haguda. Eren en un bell drap restretes e eren poques, però que pochs són aquells los quals per les lurs obres se comunica lo mèrit de la vera glòria. Mas verament d'aquelles poques quascuna per si matexa paria digna de singular istòria e claríssim poema. On diu:

> La bella donna et le compagne ellecte,
> Tornando dalla nobile victoria,
> In un dapellecto eran[60] ristrecte.
> Poche eran, perché rara è vera gloria,
> Ma ciaschuna per sé parea ben degna
> Di poema clarissimo et d'historia.

---

[57] *grande*: Pac. "novo".
[58] *natura*: it. "origine".
[59] 198v en la numeración del manuscrito.
[60] *un...eran*: Pac. "un bel drappelletto ivan".

Circa la intel·ligència dels precedents versos és de saber principalment com micer Ffrancesch no·s desvia en aquests versos de la sentència de Sant Pau apòstol, narrant les persones eletes ésser dignes de glòria. On és de entendre que Nostre Senyor Déu par que serve cert orde de la justifficació dels hòmens: primer aquells [200r⁶¹] predestinant, segonament clamant-los per la segona e particular vocació, a la qual, quant ab l'arbitre consenten, aprés los santiffiqua; e últimament los honrra e·ls magniffica. Emperò diu lo apòstol *Ad Romanos*, capítulo octavo: "Quos autem predestinavit hos et vocavit et quos vocavit hos: et iustifficavit: quos autem iustifficavit illos et magnifficavit". Secundàriament és d'entendre aquelles persones que ab rahó procehexen en les lurs obres per dues rahons ésser dignes de poema y de istòria. La una per ço que mèritament hajen lahor de lurs obrades virtuts, perquè per lur exemple a ben fer se comouen qualsevol d'aquells que tinguen en notícia, on se arreglàs en lo seu procehiment de vida, segons la diffinició de la istòria dada de Ciceró en lo libre *De oratore*, lo qual diu: "Historia est testis temporum: magistra vite: vita memorie: lux veritatis".

Últimament és de notar que lo poeta diu aquestes dones ésser poques perquè a tart se comunica la vera glòria per conferrar-se ab la sibil·lina sentència damunt al·legada, escrita de Virgili en lo sisè, encara a la sobirana veritat de Jesucrist en Sant Matheu: "Multi enim sunt vocati pauci vero electi". Mas, si algú en aquest loch fes una rahonable qüestió, la qual és si Lucrècia e les altres estades en companyia de Laura connumerades foren de Déu eletes, havent vixcut segons rahó, sens injúria d'alguna ley, o de natura o escrita. Respon-se en açò, segons la doctrina de Sant Thomàs en la prima secunda en la qüestió C al XII article, que, quant a la justifficació disponent [200v⁶²] per la execució de la justícia, foren eletes per una general elecció per la qual vol Déu en la salut de quascú. Mas no és aquesta sufficient per la elecció ni especial,⁶³ perquè és necessari que a aquesta particular elecció, ultra la humana justifficació, concorre encara la justícia infusa, la qual ve de Déu y de la sua incomprensible voluntat, axí com mostra lo apòstol *Ad Romanos* quarto dient: "Si enim Abraham ex operibus legis iustifficatus est habet gloriam sed non apud deum". Per la qual cosa Lucrècia e altres

---

⁶¹ 199r en la numeración del manuscrito.
⁶² 199v en la numeración del manuscrito.
⁶³ *ni especial*: error por "especial".

companyies de Laura foren de legal justifficació justifficades quant al just obrar se pertany, segons la humana natura, perquè estes dones feren ley a si matexes, segons lo apòstol *Ad Romanos* dient: "Cum enim gentes que legem non habent naturaliter ea que legis sunt faciunt eiusmodi legem non habentes ipsi soli sunt lex". E axí concloent, de justifficació dispositiva foren Lucrècia e les altres en si matexes justifficades.

Seguex aprés elegantment e acomodada micer Ffrancesch una ensenya a aquest digne e gloriós exèrcit, dient que la lur ensenya noble e victoriosa era d'un candidíssim armellino[64] ab un gentil e hornat monile d'or e de topacis en mig d'un camp verd; lo qual estandart estès al vent, Laura anava primera. On diu:

> Ffra[65] la lor victorïosa insegna
> In campo verde un candido armellino
> Che òr fino et topacii al collo tegna.

A intel·ligència dels precedents versos és de saber principalment que lo universal fi [201r[66]] de les banderes e ensenyes que són en los exèrcits e guerres és per[67] distingir los prínceps e per mostrar la varietat de les esquadres, per medi de les quals sàpien los cavallers hon han a tornar per dar socors als seus e provehir al proffit de la conffusa batalla; de què per aquest respecte concorren les banderes en la diffinició dels altres senys, los quals deduhexen intel·lecte de la conexença del seu signifficat. Per la qual cosa no dubte entre tots los senys no poder-se trobar algun altre de judicar més acomodat que la bandera de madama Laura, la qual ha a signifficar lo plenari domini de la rahó sobre lo apetit. De què principalment, axí com lo vert signiffica la deguda disposició de principis de vida, axí encara en aquest domini és dretament dispost l'ome a la benaventurada vida per lo virtuós obrar segons los morals, e segons la fe és preparada a rebre la gràcia divina, migançant la qual eternalment ell viu. E axí matex semblantment és conforme l'ome a l'ermini[68] quant la rahó senyorega lo apetit; emperò que per natura primer consent aquell animalet venir a les mans de qui·l seguex e morir que macu-

---

[64] *armellino*: italiano por "armini".
[65] *Ffra*: Pac. "Era".
[66] 200r en la numeración del manuscrito.
[67] *per*: "és per", falta el verbo principal en el manuscrito.
[68] *a l'ermini*: rectificado y borroso en el ms.

lar la sua blancor. De què aquells qui cerquen l'ermini, com veuen aquell ésser fora del mamar e anar a pastura, posen a la porta de la sua tanca fanc e altra matèria; de què, quant és encalçat del caçador, fugint a la sua retreta troba aquella e atura's deffora inclinant-se a dexar-se pendre, primer elegint voler morir que macular la sua tanta mundícia. Larga istòria seria de recontar quants sants gentils e quants martres primer consentiren rebre [201v[69]] la mort que voler perdre la lur innocència, sols jutjant axí dispondre ab rahó deure's obrar; en la qual innocència e disposició és encara l'ome molt semblant a l'or, lo qual, per moltes proves que d'ell se facen, tostemps se reffina y més se fa perfet. E axí matex, axí com lo stopàcio tota ebolució e pol·lució prohibex, axí l'ome en aquest estament tota concupicència.[70] De què resta clara conclusió la descrita ensenya de nostre poeta ésser a madama Laura quant més pot conforme e acomodada.

Narra aprés lo poeta la disposició y estament de lur anar, e que semblant ésser mostraven en les discretes y enceses paraules, y encara en la lur presència, àbit e consuetut, dient que lo lur anar e les lurs santes paraules verament no semblaven cosa humana, mas divina, y en la vista claríssimes esteles mostraven, entre les quals fos un lucidíssim sol, lo qual la llum e lur bellea no occupava, mas totes aquelles singularment coronades de odorífferes violes e bellísimes roses ornava; de què verdaderament és gloriosa e benaventurada aquella ànima que en tal destinació és nada que al virtuós obrar sia eleta. On diu:

> Non human veramente, ma divino
> Lor andare era, et lor sancte parole.
> Beato è ben chi[71] nasce a tal destino!
> Stella[72] chiare pariano, in meco un sole
> Che tutte ornava, et non tolea lor vista,
> Di rose incoronate et di viole.

Per més maniffesta notícia dels precedents versos és de entendre que tota hora que l'[202r[73]]home a la ley natural se sotsmet, la

---

[69] 200v en la numeración del manuscrito.
[70] *concupicència*: A continuación aparece "prohíbex" tachado en el manuscrito.
[71] *è ben chi*: Pac. "s'è qual".
[72] *Stella*: Pac. "stelle".
[73] 201r en la numeración del manuscrito.

qual és obrar segons rahó, que lavòs se dóna semblant a la natura divina migançant la similitud y les ymatges de la trinitat figurada en l'ome per la memòria, intel·ligència e voluntat, o per la memòria, notícia e amor, axí com s'escriu en lo primer de les *Sentències* a la terça distinció. Les quals potències lavors han la lur deguda obra e disposició, dóna's ell encara semblant a la ley divina, la qual és ab justícia degudament portar quascuna cosa al seu degut fi; de la qual se diriva e ha orígine la ley natural, axí com lo effecte de la sua causa, segons la doctrina de Sant Thomàs en la prima secunda en la qüestió LXXXXI e al segon article.

Segonament és de saber que, essent la universal justícia, segons damunt diem per auctoritat del philòsoff en lo quint de la *Èthica*, molt més clara que la estela del dia Hespere, e aquella principalment essent presuposada en aquella disposició de l'imperi de la rahó, emperò convenientment los hòmens e dones los quals segons tal domini procehexen,⁷⁴ segons lo poeta, semblants a les esteles, e qui en allò en alguna part excedex mèritament ab lo sol ha conveniència. Mas en açò són desemblants a la llum corporal de les esteles, que aquella se comprèn e offusca tota hora que major llum en presència occorre; mas la llum spiritual de l'ànima per assistència de més luminós obgecte se conforta, e·s fa més intensa.

Últimament és de notar que, essent la sentència divina causa de les coses esdevenidores, axí com se diu en lo primer de les [202v⁷⁵] *Sentències* a la XXXVIII distincció e Averroiç en lo VIII⁷⁶ de la *Metaphísica*, per ço benaventurada·s diu ésser aquella ànima que sots lo divinal saber és creada de deure ab rahó virtuosament obrar; per la qual cosa se coronen de roses e de violes a demostrar la llur excel·lència, com la rosa e la viola en bellea e·n odor tot·altra flor en gran excés avança.

Porta aprés micer Ffrancesch dient com en aquest digne e gloriós estament procehint Laura en la vista sua alegra e gloriosa, axí com lo cor de les pelegrines esquadres se alegren quant guanyen honor, ell véu una escura e tristíssima bandera, en dret la qual venia una dona embolicada en una vestimenta negre, axí en la vista terrible e furiosa que certament no fon may tanta fúria en la vall Flegra quant los jagants ab los déus combateren, quanta davant aquella se mostrava. On diu:

---

⁷⁴ Falta aquí el verbo "són" para darle sentido a la oración.
⁷⁵ 201v en la numeración del manuscrito.
⁷⁶ *VIII*: it. "xii".

Et come gentil core honore acquista,
Così venia quella brigata alegra,
Quando io vidi[77] una insegna obscura et trista;
Et una donna involta in vesta negra,
Con un furor qual io non so se mai
Al tempo de' giganti ffusse a Fflegra.

Havent micer Ffrancesch en los precedents versos introduhida Laura haver encontrada la Mort, és de entendre per intel·ligència de aquells que la Mort per los actors de la lengua latina se descriu ésser filla de Herebo y de la Nit, e figura's en la vista ésser orrible [203r[78]] e armada de una cruel serpent, migançant la qual tots los hòmens irremeyablement priva de vida. Mas, segons la sentència del *Gènesi* al principi, la mort no és altra cosa que una privació de l'ésser, estatuhida en pena del peccat del primer pare, la qual, com segons Macobrius in *De somno Cipionis* quasi universal divisió, se distinguexca in natural e violenta. Norresmenys al present se pren in genere e com a comuna a la una e a la altra. La qual mort, com axí sia, és certament[79] la última de les coses terribles, segons Aristòtil en lo terç de la *Èthica*; on la humanitat de Jesucrist hagué temor de aquella, segons se lig en Sant Matheu a XXVI capítols, en Sant March a XII[80] e en Sant Luch a XXII. La qual cosa lo poeta acomodadament aquella acompara a la furor dels jagants, la qual descrivint sols ab lo juhí ho comprèn la memòria. On en lo quint dels *Methamorffoseos* los déus per por de Thiffeu y dels altres jagants ésser-se'n fugits en Egipte y en aquell loch transformats en diverces formes, escriu encara Ovidi los jagants haver combatut ab los déus en la vall Flegra, la qual, segons Solino in *De mirabilibus mundi* y encara los altres consmògraffos, y en[81] Macedònia, estimant en aquell loch per la llur força aquell sobrant occupar lo regne del Cel. Mas en aquest loch occorren diverses oppinions circa lo ésser estat dels jagants. Emperò dien alguns, per auctoritat de Macobrius en lo *Saturnal*, que los jagants no foren hòmens de major altitud que·ls altres que de present vivien, mas solament [203v[82]] foren gent inpia-

---

[77] *io vidi*: Pac. "vidi".
[78] 202r en la numeración del manuscrito.
[79] *és certament*: ms. "e certament es certament".
[80] *XII*: it. "xi".
[81] *y en*: "hi és en".
[82] 202v en la numeración del manuscrito.

dosa e cruel, la qual negava la potència dels déus; on prenen argument los poetes fengint ensemps los jagants haver combatut ab los déus en la vall Flegra. A la qual opinió repugnen los altres, per auctoritat de la scriptura sacra en lo *Jènesi* al X[83] y en lo primer dels *Reys* a XVII capítols, hon s'afferma Nembrot e Golias ésser estats jagants per excessiva granària; inde in Josophus in libro *De antiquitat judayca* afferma los jagants de immensa quantitat, com no assigne molt aprovada rahó circa la lur generació. Ciceró encara in *De senectute* par que afferme los jagants quant diu: "Quid enim est aliud more gigancium bellare cum diis nisi repunare nature". Donchs gran convenícia par que per lo poeta sia la mort acomparada a la furor dels jagants.

E últimament la Mort és[84] embolicada en la obscura vestimenta de la error e temor que per ella als vivents se demostra; de què Stacius en lo huytè libre del *Thebai* ab aquestos versos descriu axí la Mort: "Sed iam bella vocant alias nova fugere vires: Caliope maiorque chelim michi tendat Apollo: ffatalem populus ultro poscentibus horam. Admovet atra dies stigiisque emissa tenebris. Mors fruitur celo bellatoremque volando. Campum operit nigroque viros invitat hiatu. Nil vulgar legens sed que dignissima vita: ffunera precipuos annis animisque eruendo. Angue notat iamque in miseros pensum omne sororum: Scinditur et furie rapuerunt licia parcis". Per la qual cosa molt clar se veu micer Ffrancesch en los precedents versos ésser [204r[85]] estat a Staci conforme.

Encontrant-se ensemps la Mort ab madama Laura, seguex lo nostre poeta quines paraules foren per ella envers Laura expresses e a la sua companyia, dient que la Mort se mogué envers Laura dientli: "O dona, com vas per lo món tan altiva e adorna de joventut y bellea, no sabent quant serà lo terme del teu viure? Sàpies que yo so aquella la qual vosaltres y los mortals hòmens, gent verament a l'hoir sorda y cega al veure circa los obgectes de la salut vostra, e als quals primer de l'exir del sol se fa nit obscuríssima, axí fera importuna e cruel apellada. E ultra açò, sàpies que yo, ab la mia de subtilíssim tall tallant espasa, he portada a la sua última fi la gent romana, los troyans, grechs e altres pobles bàrbaros y estranys; e quant los hòmens en mi menys pensen y menys advertexen, lavors yo at-

---

[83] *al X*: it. "al VI e x".
[84] *és*: falta en el manuscrito.
[85] 203r en la numeración del manuscrito.

tenynt-los a terre deposant los lurs vans e infinits pensaments. Ara, de present delitant a vosaltres sobiranament lo viure, yo us he drecat lo meu cors disponent de levar-vos de viure, primer que la Fortuna pose e haja mesclat en lo vostre dolç, assossegat e suau pensament alguna causa de enuigs amargosos". On diu:

> Si mosse e disse: "O tu, donna, che vai
> Di gioventute e di belleça altera,
> Et di tua vita il termine non sai,
> Io son colei che si importuna et fera
> Chiamata son da voi, et sorda et cieca
> Gente, a cui si fa nocte inanci sera.
> [204v[86]] Et la troiana, a l'ultimo et i[87] romani,
> Con la mia spada, la qual punge et seca,
> Et populi altri, barbareschi et strani;
> Et, giungendo quando altri non m'aspecta,
> Atterro gli[88] inffiniti pensieri vani.
> Et hora[89] a voi, che[90] il viver piu dilecta,
> Driço il mio corso, inanci che Fortuna
> nel vostro dolce qualche amaro metta".

Religiosa e moral disciplina descriu micer Ffrancesch en los precedents versos, per intel·ligència dels quals és de saber principalment que ab rahó lo poeta afferma, en persona de la Mort, Laura no saber lo derrer terme de la vida, com sia cosa que aquest secret a sol Déu vol ésser maniffest, emperò diu Déu en Sant Matheu XXIIIIo: "Ideo et vos stote parati quia nescitis diem neque oram qua filius hominis venturus est". Mas la rahó se assign en *Deuteronomi*[91] CXXXII,[92] on en persona de Déu diu lo test: "Ego occidam et ego vivere faciam videte que ego sum solus et non sit alius deus preter me". De què, si la mort e la vida són effectes immediate prevenints de Déu, és imposible donchs que aquells quant vénen per enteniment humà se comprenga. Emperò Salamó en lo *Ecclesiastès* XIIIIo conferma aquesta matexa sentència, dient: "Vidi que sub so-

---

[86] 203v en la numeración del manuscrito.
[87] *et i*: Pac. "i".
[88] *Atterro gli*: Pac. "ò interrotti".
[89] *Et hora*: Pac. "Ora".
[90] *che*: Pac. "quando".
[91] *en Deuteronomi*: ms. "de Uteronomi".
[92] *CXXXII*: it. "al xxii".

le nec velocium esse cursium: neque forcium bellum: nec sapienciam pacen: neque doctorum divicias: nec artifficum graciam: sed tempus casumque in [205r[93]] omnibus nescit homo finem suum".

Segonament és[94] de entendre que ab gran rahó lo poeta apella la moltitud humana sorda e cega gent; sorda a la doctrina moral dels morals, a les amonicions[95] de les sacres cànones e justíssimes leys, a les predicacions dels sacres sants doctors theòlechs; mas cega als miracles de Déu, dels seus sants permesos, obrats ab mirable orde de l'univers a la conexença de la humana fragilitat. Per la qual cosa seguex que per la copdícia e domini de l'apetit a aquest se fa la nit de la obscuredat del peccat y de les tenebres de l'enteniment, davant la nit de l'adveniment de la mort, axí com Nostre Senyor Déu en Sant Matheu CVIo[96] demostra dient: "Lucerna corporis tui est oculus tuus si fuerit oculus tuus simplex totum corpus tuum tenebrosum erit. Si ergo lumen quod in te est tenebre sunt ipse tenebre quante erunt".

Demostra aprés micer Ffrancesch la divina bondat haver grandíssima cura e diligència de la salut de les ànimes nostres, introduhint la Mort dir a Laura que envers ella havia drecat lo seu cos primer que la Fortuna en la sua dolçor haugés mesa alguna amargura. De què és de entendre, segons la sentència del philòsoff en lo primer de la *Èthica*, que lo benaventurat e lo savi és als colps de la fortuna sotsmès, migancant los quals és remogut[97] de l'estament de la beatitut. On diu Aristòtil: "Grandia vero et multa si prospera sint beatiorum vita efficiunt. Nam et cum decorate apta sunt et eorum usus bonus studiosusque existit. [205v[98]] Si autem adversa beatum conterunt quidem atque inquinant. Nam et tristiciam afferunt et operaciones multus impediunt". E emperò essent dada la mort per açò per Déu en pena inevitable del peccat del primer pare, axí com s'escriu en lo principi del *Gènesi*, e Sant Agostí ho conferma en lo libell *De fide ad petrum*, y lo *Ecclesiàstich* capítol XXXVIIII ho descriu dient "Ignis grando famis et mors omnia hec ad vindictam creata sunt" transfferint-se aquell en quascuna persona en la qual ora

---

[93] 204r en la numeración del manuscrito.
[94] *és*: ms. "et".
[95] *amonicions*: ms. "amonicios".
[96] CVIo: it. "al VI".
[97] *remogut*: ms. "remgut".
[98] 204v en la numeración del manuscrito.

veu Déu los hòmens reduhits a la deguda disposició per la eterna beatitud, lavors permet la mort levar-lo de terra, per ço que en tal estat de innocència trobant-se munte al cel, hon totalment sien exemples dels greus perills de la present vida. Per los quals convenientment se diu no poder-se nomenar algú salvat mentre que·n lo món estiga, segons la sentència de nostre senyor Déu en Sant Luch capítol X dient: "Neminem per via salutaveritis".

Últimament és de notar que no sens rahó diu micer Ffrancesch la Mort haver expressa a Laura que a ella lo seu vol havia endreçat quant més lo viure la delitava, emperò que lavòs és bo lo morir quant comença a delitar la vida; la qual és quant l'ànima és de les pasions absolta e quant l'ome de si matex sols y del seu ben obrar pren delit. De què morint en aquesta disposició sens dubte en la sobirana beatitud és asumpta, la qual és l'obgecte universal del desig humà, segons que scriu lo philòsoff en lo primer de la *Èthica* y dehè, e Sant Agostí Xº *De civitate Dei* diu: "Omnia [206r[99]] enim certa ciencia omnes homines se beatos esse velle". Convenia·s donchs a Laura morir en aquell temps aprés que lavors a ella delitava.

Seguex aprés micer Ffrancesch la resposta de Laura, aprés que axí hagué entesa la Mort parlar, a la qual en aquesta forma tals paraules endreça: "O Mort, tu, en aquesta mia excel·lent companyia, tu no has alguna rahó ni poder, y en mi·n tens poca, perquè solament en aquesta terrenal despulla de la carn caduca estens les tues negres veles; de la qual sàpies que yo faç poca stima, mas algun altre, la salut del qual sola d'aquest meu viure devalla, ne haurà molt més dolor e tristícia. A mi verament serà grandíssima gràcia que tu m'apartes d'aquest jou e ligam corporal". On diu:

> "In costor non ài tu ragione alchuna,
> Et in me pocha; solo in questa spoglia",
> Rispose quella che fu nel mondo una.
> "Altri so che ne harà[100] più di me doglia,
> La cui salute del mio viver pende.
> A me fia gracia che di qui mi scioglia."

Singular e acomodada resposta de un excel·lentíssim ànimo ha descrit lo nostre poeta ésser estada aquella de Laura. Per la qual in-

---

[99] 205r en la numeración del manuscrito.
[100] *ne harà*: Pac. "n'avrà".

tel·ligència és de saber que la mort és de tal natura que, una volta venguda, no pot may pus retornar en lo matex individuu, com testiffica lo apòstol *Ad Hebreos* VIIIIo dient: "Statutum est homini semel mori". De què, essent [206v[101]] ja morta Lucrècia, e Penèlope, y les altres companyones de Laura, eren per ço a la rahó e poder de la mort substretes. E axí matex era en pocha part Laura a la mort subjecta, essent sola aquella sotsmesa per la natura del terrenal cors, restant l'ànima aprés lo morir absolta, segons lo philòsoff in IIo *De anima*, Virgili en lo VI de l'*Eneydos* e Ciceró en lo primer de la *Tosculana*, ab l'auctoritat de totes les sacres letres.

Diu encara e justament lo poeta que altri de la súbita mort de Laura ne haurà major dolor d'ella, entenent-ho de si matex, lo qual la vida de Laura sobiranament amava, perquè aquella, excitant-lo a virtud, l'induhia e a altres consideracions, com diem en lo primer Trihunffo. E en aquestes paraules tàcitament descriu la dolor de les ànimes ben dispostes quant algun home veuen morir, les obres del qual los sien causa de pus ferventment seguir les virtuts. Mas aquests excel·lents hòmens considerant la nostra salut no ésser en la present vida; han per costum de desigar, axí com madama Laura, per ço que per la lur mort aconseguexen una altra vida, la qual no és més a la mort sotsmesa;[102] de què tot goig terrenal esperen. Emperò lo apòstol XIIIo diu "Non habemus hic civitatem manentem sed futuram inquirimus"; y de si matex parlant *Ad Philipenses* descriu: "Disolvi cupio et esse cum Cristo". La qual cosa demostra en effecte que Robotto[103] philòsoff, lo qual, axí com scriu Ciceró en lo primer de la *Tosculana* y Sant Agostí in Io [207r[104]] *De civitate Dei*, legint lo libre de Plató *De inmortalitate anime*, per desig de poseir aquella vida se lançà de una muralla per morir e morí. Donchs la mort no és altra cosa que una segregació de les parts unides, ço és ànima y cos, de les quals, restant l'ànima invariable, solament és lo cors aquell que ve a mancar. E per ço Ciceró en lo primer de la *Tosculana* parlant de la mort en aquest prepòsit diu: "Est enim interitus quasi discessus et segregacione diremptus earum parcium que ante interirtum iuncione aliqua tenebantur". Per la qual cosa a les ànimes absoltes del peccat és singular gràcia quant sobrevé la mort a levar-les de terra.

---

[101] 205v en la numeración del manuscrito.
[102] *sotsmesa*: ms. "no es sotsmesa".
[103] *Robotto*: it. "ambraciot Cleombroto".
[104] 206r en la numeración del manuscrito.

Aprés ffengex micer Ffrancesch que, havent Laura a la Mort feta aquesta resposta, ella la véu ab maravella en semblança d'aquell que remirant l'obgecte se recorda de allò que primer no havia considerat, de què reprèn si matex de la error e inadvertència sua, e aprés que fon algun tant en aquesta disposició estada, respon a Laura que veritat era que ella no tenia més poder ni rahó en la sua companyia, e bé sabia quant ab les sues dents la havia morduda. E seguex que, deposada apart la sua usada ferocitat, continuant lo parlar envers Laura diu: "O Laura, como yo no haja més força en la tua companyia, pur norresmenys tu no provist[105] lo meu offici. Emperò, si tu alguna quantitat de fe al meu consell prestes, per bé que yo·t pugua forçar, consent morir en aquesta edat jovenil per ço que·t fugen [207v[106]] los enuigs[107] de la vellea y los seus larchs y desplaents fastigs; e majorment perquè yo só disposta a fer-te una tan excel·lent honor que may dona mortal ab tanta glòria del món fon departida on virtut divina no obràs, en tu,[108] la qual és que tu passes d'aquesta vida sens alguna temor de la sempiterna justícia e sens dolor d'ànima e de effecte". On diu:

> Qual è chi in cosa nuova gli occhi intende
> Et vede donde prima[109] non si accorse,
> Di che si[110] maraviglia, et si riprende,
> Tale ffe aquella[111] fera; et poi che in forse
> Ffu stata alquanto:[112] "Ben le riconosco"
> Disse "et so quando el mio dente le morse."
> Poi, col ciglio men turbido et men fosco,
> Disse: "Tu, che la bella schiera guidi,
> Pur non sentisti mai mio duro[113] tosco.
> Se del consiglio mio punto te fidi,
> Che forçar posso, egli e pur il migliore
> Ffuggir vechieça et i suoi longhi[114] fastidi.
> Io son desposta a farti un tale honore

---

[105] *provist*: error por "provares"; it. "provasti".
[106] 206v en la numeración del manuscrito.
[107] *enuigs*: ms. "enuig".
[108] *en tu*: añadido del traductor que rompe el sentido de la oración.
[109] *donde prima*: Pac. "ond'al principio".
[110] *si*: Pac. "or si".
[111] *Tale ffe aquella*: Pac. "tal si fe' quella".
[112] *alquanto*: Pac. "un poco".
[113] *mio duro*: Pac. "del mío".
[114] *et...longhi*: Pac. "e' suoi molti".

Quale altrui far non soglio, che[115] tu passi
Sença paura et sença alcun dolore".

Circa la intel·ligència dels precedents versos és de saber que micer Ffrancesch, sots elegant ficció de la persona de la Mort, entén demostrar una natural consideració e un convenient rahonament que·ls hòmens fan a si matexos quascunora quant consideren la mort ésser effecte; [208r[116]] lo qual naturalment intervé als vivents, com afferma Sòcrates dient "Athenienses condemnaverunt morti", on respòs "et illos natura". On demostra aquella per verdader modo no poder-se fogir; la qual és que, vista per los rahonables hòmens la necessitat de aquella, en ella tostemps consideren, segons la sentència de Plató en lo *Phedro*, transumpto de Tuli en lo primer de la *Tosculana*, dient: "Tota enim philosofforum vita commentario est mortis". On tostemps se enginyen persuadir-se que pacientment la comporten e majorment perquè, quant la conciència és laugera, no ha, ni en la memòria ve, pahor de Eaco, Minos e Radamanto, segons los gentils, e majorment de la rigorosa justícia divina, segons la crestiana religió, e encara ha dolor de les mal procehides operacions. De què per ço a l'altra vista[117] se passa ab alegre ànimo e jocunda sperança, emperò que sols lo remordiment de la conciència y lo peccat és aquell que fa mostrar la mort diffícil, com és sentència de sent Pau apòstol en la primera *Als Chorintians* capítol XXVo, altra volta dalt en lo Trihunffo d'Amor al·legat, dient: "Stimulus autem mortis peccatum est". E per aquesta rahó considerant ésser estada la vellea[118] fastigosa e blasmable, Virgili[119] en lo VI de l'*Eneydos* aquella escriu en lo infern dient: "Vestibulum ante ipsum primisque in faucibus orci Luctus et ultrices posuere cubilia cure. Pallantesque habitant morbi tristisque senectus". Emperò, desigen los hòmens justs morir en joventut, per ço [208v[120]] que, sobrant virtut, les naturals forces no maculen l'ànima per sobiran fastig e impaciència; de què, per aquest estament de la joventut, morint ab la puritat de la lur conciència, se guanya grandíssima honor, glòria e premi aprés de Déu, retribuïdor de totes les bones obres, e singular

---

[115] *che*: Pac. "e che".
[116] 207r en la numeración del manuscrito.
[117] *vista*: error por "vida"; it. "vita".
[118] *vellea*: ms. "velle".
[119] *Virgili*: ms. "diu Virgili".
[120] 207v en la numeración del manuscrito.

fama, aprés essent loats e comendats en lo món per virtuosos hòmens.

Havent fins ací lo poeta introduhit la Mort haver finides les sues paraules, porta ara micer Ffrancesch la resposta de Laura, verament convenient a sancer ànimo e amich de Déu, dient[121] que, aprés que Laura hagué entesa la mort y les rahons per ella al·legades a deure consentir que morís, y encara les sues dignes offertes, respòs: "O Mort, axí com plau en aquell Senyor qui està en lo cel y regex de allà tot l'univers temprant tots los seus excessos, segons lo profit yo consent al morir e per ço, segons la voluntat sua, yo faré de mi tot lo que per ley natural se fa dels altres". On diu:

"Come piace al Signor che in ciel stassi
Et inde regge et tempra l'universo,
Ffarai di me quel che degli altri ffassi."

Axí és maniffesta en la resposta de madama Laura no sols modèstia e prudència servar-se, prudència en lo acceptar la mort, modèstia en voler ésser eguals ab los altres, mas encara religió e reverència als divinals manaments e civils, [209r[122]] e ultra açò confusió d'alguns insensats herètichs opinió. On és de entendre principalment, axí com scriu Lactanci primo *Divinarum institucionum*, que Pictàgoras e Diàgoras negaven del tot l'ésser de Déu eternal, sentència errònea semblant a l'incipient del qual lo proffeta en lo psalm LII diu: "Dixit incipiens incorde suo non est deus". Alguns altres, axí com los epicuris e Demòcrit[123] deyen Déu ésser ociós e no obrar res en aquestes coses del món. Ultra aquest, com scriu Averroiç en lo XII de la *Methaffísica*, los çabins imaginaren lo cel ésser Déu e primer movedor, de què tot effecte hagués a procehir en lo món e foren los egipcians y los altres ydòlatres los quals perversament de Déu imaginaren. De què, per no més largament procehir, és molt maniffest lo nostre poeta en los precedents versos elegantment aquests errors haver descrites, la qual veritat per ell expressa principalment és demostrada, y dels proffetes aprovada, y declarada dels philòsoffs, aprés dels gentils poetes cantada. E principalment, quant a l'ésser lo cel domicili de Déu, diu David proffeta en lo

---

[121] *dient*: ms. "dien".
[122] 208r en la numeración del manuscrito.
[123] *Demòcrit*: ms. "democrits".

psalm damunt al·legat: "Deus de celo prospexit super filios hominum"; y en lo *Èxodo*, al segon parlant, lo test en persona de Déu diu: "Vos vidistis que de celo locutus sum vobis"; primerament[124] Ysayes a LXVI demostra dient: "Celum est mihi sedes et terra scabellum pedum meorum"; conferma axí matex la preinducta sentència Aristòtil in primo *De celo* dient: "Videtur autem racio et [209v[125]] apparentibus testifficari et apparencia racioni. Omnes enim homines comune de his habent extimacionem et omnes eum qui sursum locum deo atribuunt et barbari et greci quicumque putant esse de hos ut immortale immortali coabtant"; y en lo libret *De mundo ad Alexandrum* parlant de Déu diu: "Summam ergo et primam sedem ipse sortitus est: quam obrem et altissimus dicitur et secundum poetam residet in summo vertice universi"; conferma encara açò matex Virgili en lo X de l'*Eneydos* al prepòsit scrivint aquestos versos: "Panditur interrea domnus omnipotentis olimpi: Consiliumque vocant diuum pater atque hominum rex: Sideram in sedem: terras unde arduus omnes: Castraque dardanidum aspectat populosque latinos"; ni de aquesta vera comuna sentència se separa Ovidi en lo principi del *Methamorffoseos*, on, havent parlat de les obres fetes de Déu, seguex dient axí: "Que postque evolvit cecoque exemit acervo dissociata locis: concordi pace ligavit. Ignea connexi vis et sine pondere celi. Emicuit summaque locum sibi legit in arce". Resta donchs maniffest ésser lo cel lo asento de Déu, no emperò per circunscripció del loch essent Déu in corporeo, ni encara per parcial designació o diffinició de punt essent asistent en quascun loch del món present, mas sols perquè és en los cels la intuitiva fruició dels benaventurats.

Semblantment e circa del divinal govern se conffona la herètica pravitat, en la qual causa permetent[126] los sacres doctors theòlechs [210r[127]], majorment Sant Agostí in IIIo *De trinitate et super genesim ad literam*, dexant lo test evangèlich de Sant Johan capítol Io, e axí matex en lo principi del *Gènesis*, no curant de Ysidorus in libro *De summo bono*, de Ysayes a XXXXVIII[128] y dels altres proffetes, basta a refferir l'auctoritat dels gentils, de què se entén l'altíssim Déu guovernar en lo món qualsevol cosa. Aristòtil principalment *Ad*

---

[124] *primerament*: "igualment"; it. "pari*me*nte".
[125] 208v en la numeración del manuscrito.
[126] *permetent*: ms. "permeten".
[127] 209r en la numeración del manuscrito.
[128] *XXXXVIII*: it. "xlix".

Alexandrum in libro *De mundo* diu: "Est enim re vera salvator et genitor omnium deus quecumque et quomodo cumque fiunt in hoc mundo"; e seguex: "Nam pasiones omnes tan que per aerem quamque super terram que in aqua vere dicentur opera esse dei: et secundum naturalem Empedoclem omnia quecumque sunt et post modum erunt ab eo processerunt"; et in duodecimo *Methaffisice* parlant de Déu diu: "Ab hoc enim principio dependet celum et tota natura"; Ciceró encara VIo *De república* en aquest prepòsit diu: "Nihil est enim principi illi deo qui omnem mundum regit: quod quidem fiat in terris acceptiuus quam consilia cetusque hominum iure sociati que civitates appellantur". Per les quals paraules maniffestament se veu Tuli atribuir a Déu lo principat d'aquest món e Plinii d'aquesta sentència in *Panagerico ad Troianum Augustum* diu: "Bene ac sapienter maiores instituerunt .P.C.[129] ut rerum agendarum ita dicendi initium a precacionibus caperent quod nihil rite nihil providenter homines sine deorum immortalium opere consilio honore auspicarentur". [210v[130]] Scriu açò matex Tito Lívio *Ab urbe condito* libro IIIo, on, aprés encarcerat Àppio Clàudio per obra de Virgineu, com damunt diem, diu: "Ffremebant tandem deos esse et si seras non tamen leves ex crudelitate venire penas"; et in *Oracione Poncii Herenii ad samnites* scriu: "Quod si nihil cum potenciore humani iuris relinquitur in opere ad deos iudices in tollerande superbie confugiam et precabor"; afferma açò matex in *De secundo bello punico* libro VIIII in *Oracione Locrensium adversus et Pleminium*, introduhint lo exemple de Pirrho quant en la caça en lo temple de Proserpina; e açò matex Cèsar en lo *Gàl·lic comentari* contesta, on diu los déus immortals a més greu dolor dels peccadors atorgar alguna volta més diüturna y longa impunidà; mas la ja reduïda pluralitat dels reduhir-se tandem a un sols principal maniffestament demostra Virgili en lo primer de l'*Eneydos* quant introduhex Venus aprés la jactura de Eneas dir axí a Jovis: "O qui rex hominumque deumque. Eternis regis imperisque". Últimament Averroiç en lo segon de la *Phísica*, atorgant la natura obrar a determenat fi, determina Déu haver cura e solicitut de totes les coses del món. Donchs, concloent, lo eternal Déu lo qual està en lo cel regeix de aquell loch y tempra, com diu lo poeta, l'univers món.

Segonament és de entendre que no ab menor fonament introdu-

---

[129] *P.C.*: abreviatura de "post consulatum".
[130] 209v en la numeración del manuscrito.

hex micer Ffrancesch Laura sols consentir [211r[131]] a la mort segons la divina voluntat, e no absolutament per sua, emperò que no sols de la religió crestiana és prohibit lo desig y la obra del morir primer que sia la voluntat divina, mas encara dels gentils philòsoffs. De què Pictàgoras, entre·ls altres preceptes que als seus dexebles donava, deya: "Sitote namque dicendum non esse de stacione nisi iussu impatoris". E Ciceró in *De somno Cipionis*, introduhint Paulo Emílio a Scipió respondre, lo qual se volia matar per anar a la possessió de aquells béns los quals veya que·l pare alegraven, diu axí: "Nisi enim cum deus is: cuius est hoc templum omne quod conspicis istis te corporis custodiis liberaverit huc tibi aditus patere non potest"; hi en lo primer de la *Tosculana* axí matex al matex effecte: "Vetat enim nobis dominans ille deus iniussus hinc suo nos demigrare". Mas si ve alguna rahó per la qual se conega que a Déu placia que l'home dega morir, lavòs se deu arreglar quascú que per medi de la mort és levat de terra, axí com en lo matex libre Ciceró axí seguex dient: "Cum vero causam iustam deus ipse dederit: ut tunch Socrati: nunch Cathoni sepe multis. Ne ille medius fidius vir sapiens letus ex iis tenebris in lucem illam excesserit: nec tamen illa vincula carceris ruperit. Legis enim vetant sed tanquam a magistratum aut ab aliqua potestate legittima: sid a deo evocatus atque emissus exierit"; sentència verament digna, e no sols a home gentil y expert de la crestiana religió e qualsevol santíssim en aquell acomodada és convenient. Consentí donchs Laura al morir, axí com s'espera a un [211v[132]] prudentíssim ànimo, mas no primer que·n dispongués la divina voluntat, com eren les parts de una memòria santa, religiosa e devota, al qual exemple obrar quascú en los precedents versos elegantment lo amonex lo poeta. Mas si algú en aquest loch digués aquesta sentència invalidir-se per l'auctoritat de la sgleya, la qual diffinix Samsó ésser salvat qui matà si matex violentment, respon-se aquella occisió de Samsó ésser estada permesa de Déu e aprovada per fer la sua venjança y de Israel contra los philisteus. La qual cosa demostra la letra en lo libre de *Judicis* quant quasi sempre a les operacions de Samsó diu: "Irruit spiritus domini in Samsone". De què no·s desvia de la voluntat divina encara que a si matex en tal manera inferís la mort.

Havent ara lo poeta escrit lo consentiment de Laura a morir, e la

---

[131] 210r en la numeración del manuscrito.
[132] 210v en la numeración del manuscrito.

presència de la Mort e voluntat de matar-la, volta lo parlar a la narració de l'ésser mortal mostrant[133] l'ome, encara que en vida virtuosa e gloriosa sia estat, norresmenys ésser necessitat de obehir a la mort; e norresmenys ab lo callar dóna a entendre Laura ésser connumerada en la gran turba la qual ell véu aprés la sua resposta esser morta sobre la fas e superfície del món, dient que, axí tost com Laura hagué respost a la mort, ell véu al través tant nombre e tanta torba de morts que tota la campanya dins les Índies interclusa e Cathaio, entre Marocho e la Spanya, n'eren plenes, y era incomprensible e innarrable de humana lengua en [212r[134]] prosa o en versos. Là hon se veyen los cossos de aquells los quals en la vida present foren estimats benaventurats, ço és los reys, emperadors e papes, los quals norresmenys huy són despullats dels miserables membres de l'ànima e apartats de les estranyes[135] riqueses, segons la oppinió probable. On diu:

> Costei[136] rispose. Et ecco da traverso
> Piena di morti tutta la campagna,
> Che comprender nol puo prosa né verso:
> Da India, dal Cathaio, Marocho et Ispagna
> El meço havia già pieno et le pendici
> Per multi tempi quella turba magna.
> Quivi eran quei che fur decti felici:
> Pontiffici, regnanti, et imperadori,[137]
> Hor sono ignudi, miseri et mendici.

Per més plena intel·ligència dels precedents versos és de saber que la efficàcia del peccat del primer pare fon tanta e de tal condició que la mort instituhida en pena de aquell és diffusa e passa en tots los hòmens que·n lo món devien nàxer. La qual cosa demostra lo apòstol *Ad Romanos* V°, dient: "Propterea sicut per unum hominem in hunc mundum peccatum intravit: et per peccatum mors: ita et in omnes homines mors pertransivit in quo omnes peccaverunt". Conferma açò matex Sant Agostí in libro *De viciis et concupicenciis* et in *De fide ad Petrum transumpto*, y en lo decret *De consacratione*

---

[133] *mostrant*: ms. "mostrat".
[134] 211r en la numeración del manuscrito.
[135] *estranyes*: ms. "estrayes"; it. "externe".
[136] *Costei*: Pac. "Così".
[137] *et imperadori*: Pac. "imperadori".

distinccione quarta [212v¹³⁸] al capítol Ffirmissime, on diu: "Ffirmissime tene et nulla tenus dubites quod omnis homo qui per concubitum viri et mulieris concupitur cum peccato originali nascatur". Per lo qual respecte tots los hòmens que may foren nats són inde morti excepti sols aquells que la crestiana religió afferma ésser reservats fins al dia del judici en testimoni de la divina incarnacione; de aquesta mort alguna mundana sapència ni alguna real dignitat o pontiffical, ne algun altre estat ne pot delliurar. Emperò aprés la justícia divina no és alguna acceptació e singularitat de persones, axí com escriu lo apòstol *Ad Ephesios* VI dient: "Accepcio personarum non est apud deum". E per ço en aquella gran torba de la Mort eren acollits los papes, los emperadors y reys reputats benaventurats per los pobles, aprés venguts molt miserables e mentirosos, y era rahonablement plena tota la campanya de Índia y lo Cathaio de Marocho y la Spanya, ço és los estrems y lo mig del món. Los quals entén lo poeta descriure per aquests lochs, no emperò perquè aquells sien oposats diametralment, emperò que per Índia entén la part austral e per Carthaio, la qual, encara que sia en Índia, norresmenys és tant la sua extremitat envers levant que per aquell enté la regió de orient. Semblantment per Marocho, lo qual és occidental regió, essent d'ací directa del mont¹³⁹ Athalante, entén lo ponent, e per la Espanya lo septentrion, essent aquella molt vehina a tal siti. Donchs, signifficant-se per aquests quatre lochs [213r¹⁴⁰] aquests tals sitis principals del món, mèritament era gran la turba que sobre aquesta campanya jahia.

Exclama aprés e justament reprèn lo poeta la cega e intensa copdícia dels hòmens y la tant inútilment perduda fatiga del guanyar la possessió e regne esperant aquells ésser causa de pau, d'on ells són en contínua molèstia e perturbació d'ànimo, dient: "O cegos del tot e inadvertents mortals copdiciosos de les quaduques e trancitòries coses, on són ara los tresors e riqueses posehides dels seculars prínceps y ecclesiàstichs? On són los splendidíssims vexells d'or y d'argent puríssim? On és la moltitud dels cavalls? On les precioses pedres? On són los ornats e riquíssims ceptres? On les resplandents corones? On la color purpúrea? On los estrados e lits altíssims? On són últimament les mitres, les reverències, prechs e

---

[138] 211v en la numeración del manuscrito.
[139] *mont*: ms. "mort".
[140] 212r en la numeración del manuscrito.

submissions a ells ja fetes de infinits quasi nombres de hòmens? O miserables verament e malaventurats aquells que posen en cosa mortal la sua esperança! Mas verament havent-la-y posada y a la fi ésser enganats[141] o del tot[142] privats de tota lum és grandíssima rahó e justícia. O mundanals! Què us ajuda a vosaltres? Quin útil vos porta la immensa fatiga e intol·lerable suplici per guanyar opinió e domini, com sia cosa que en poch espay de temps tornaren tots a l'antiga terra e original mare vostra, e aprés apenes se trobarà entre·ls humans? Quin serà estat lo renom vostre? Digues-me aquell que ab més indústria e diligència [213v[143]] entén als estudis, desigs e operacions vostres; pur una sola entre mil axí quasi infinides fatigues pot ésser proffitosa, en manera que totes no sien vanitats e ombres. Digues me encara què val o quina fermetat és establida en subjugar les terres, regnes e altres regions y fer-se pagar tributs de gents bàrbares y estranyes, havent aquells tostemps al dan de la mort los ànimos encesos, y a la sua rohina màximament, procehint les vanes y perilloses empreses on les terres y tresors ab sanch se guanyen. On verament molt més dolça y segura se troba la vida ab sols simple aygua e pa passada en vexells de fust y de vidre que aquella de l'or y de pedres precioses e delicats y adquisits potatges". E a la fi conclou lo poeta que, per no més seguir axí longa matèria, diu que ja és temps del retornar al seu primer lavor. On diu:

> U' son hor le richeze? U' son gli honori?
> Et le gemme, et gli sceptri et le corone,
> Et le mitre et purpureï[144] colori?
> Miser chi speme in cosa mortal pone!
> (Ma ben chi ve[145] la pone?) et, ei[146] si truova
> A la fin ingannato, è gran[147] raggione.
> O ciechi, el tanto affatighar che giova?
> Tutti tornate alla gran madre anticha,
> Et il vostro nome a pena si ritrova.
> Pur delle mill'è un'utile faticha,
> Che non sien tutte vanità palesi?

---

[141] *enganats*: ms. "enganat".
[142] *o del tot*: borroso, de difícil lectura.
[143] 212v en la numeración del manuscrito.
[144] *purpureï*: Pac. "et purpureï".
[145] *ben chi ve*: Pac. "chi non ve".
[146] *ei*: Pac. "se".
[147] *gran*: Pac. "ben".

Ch'intende a' vostri studii, sì mel dicha.
[214r[148]] Che vale a subgiugar gli altrui paesi,
E tributarie far le gente strane,
Con gli animi al suo danno sempre accesi?
Doppo l'imprese perigliose et vane
Et col sangue acquistar terre et thesoro,
Vie più dolce si truova l'acqua et pane,[149]
E 'l vetro e 'l legno[150] che le gemme et l'oro.
Ma, per non seguir più sì longo thema,
Tempo è ch'io torni al mio primo lavoro.

Quant és salutíffera e quant santa e veríssima la dada reprensió del nostre excel·lent poeta en los precedents versos més prest per si quascú la pot entendre que ella no·s pot explicar ab lengua, com sia cosa que per si es justíssima y en totes les sues parts en la ley divina e doctrina crestiana fundada. Per la qual intel·ligència principalment és de saber que a la sua primera requesta, on diu on són les honors e riqueses, gemmes, ceptres, corones, mitres, e colors purpúrees del pasats prínceps, neguna altra cosa se pot respondre que lo que scriu Salamó, ço és vanitat de vanitat, e tota cosa de vanitat. La qual cosa no solament demostra lo *Eclesiastès* en lo principi, mas la esperiència en lo temps nostre maniffestament ho demostra essent morts axí singulars pontífices, Eugeni, Nicholau, Calisto, Pío, lum, glòria e honor no sols de la magníffica y excelsa ciutat de Sena, mas de tota Ytàlia y de tota la religió crestiana; aximatex aquell sereníssim rey don Alfonso d'Aragó; egual certament ab tots los latins prínceps e grechs; [214v[151]] lo il·lustríssim duch Phelip Maria, de ànimo e liberalitat no inferior a Alexandre; paraments al gloriossíssim Ffrancesch Sforça, duch, axí en totes virtuts excel·lent, que molt se mostrà superior al grech Epaminunda o egual; semblant y en lo últim Leonell, invictíssim duch, en lo qual la prudència de Ffàbio e la ffortalea de Cèsar, la longanamitat de Stòrio, la dexteritat de Marcel·lo, la ffelicitat de Cornèlio Scil·la se mostraren no-rres en lo seu justíssim domini.

Segonament és de entendre que verament se pot apellar miserable aquell que en cosa mortal e terrena ha col·locada la sua speran-

---

[148] 213r en la numeración del manuscrito.
[149] *et pane*: Pac. "e 'l pane".
[150] *E 'l vetro e 'l legno*: Pac. "e 'l legno e 'l vetro".
[151] 213v en la numeración del manuscrito.

ça, emperò que la sperança és un àbit virtuós solament convenient als hòmens. Per la qual cosa escriven los poetes que, tornant los déus per manament de Jovis en los lurs proprijs regnes alt en lo cel o bax en lo infern, sols la sperança restà en lo món entre los vivents hòmens, com sia cosa que·n los superiors e inferiors puguen per alguna manera esperar aquells tot bé posehint, e aquests essent condemnats a sempitern suplici. De la qual sentència no·s desvien los sacres theòlechs en lo terc de les *Sentències*, dient en pàtria no ésser pròpiament fe o sperança que sia virtut per lo no ésser enigmàtica e specular,[152] mas clara y maniffesta visió de les coses de sperar y de creure. És donchs la sperança, segons lo mestre de les *Sentències* en lo al·legat libre distinccione XXVI, una virtut migançant la qual l'espiritual e sempitern bé ab confidència se spera; on appar maniffestament que·l verdader obgecte de la [215r[153]] sperança és ferm, immoble y exempt de tota varietat y tresmutació, per la qual cosa repugna a la essència de la speranca lo mortal obgecte. Per la qual cosa qui aquell espera e solament desia[153bis] és privat del verdader sperar, lo qual verament és miserable, com sia cosa que per medi de la speranca se obteny la felicitat, hon és bé rahonable que a la fi se trobe enganat aquell que les coses caduques e fràgils estima com a fermes e permanents. Són norresmenys alguns tests los quals dien: "Misero chi spem in cosa mortal pone, ma chi non vela pone, e se ritrova al fine inganato e gran ragione". Hon fa lo poeta una elegant demanda e tàcita repransió conformant-se ab lo test de Salamó en la *Sapiència*, on diu: "Beatus vir qui non abiit post aurum quis est hic et laudabimus eum"; la qual sentència y versos, axí com los primers se poden tenir.

En lo terç loch ab gran rahó són denomenats cegos tots aquells que tant per attènyer los béns temporals se fadiguen, com sia cosa que·n breu temps torna l'ome a la sua primera natura, la qual és la terra. La qual cosa maniffesta la scriptura en lo principi del *Gènesi* dient: "Ffomavit deus hominem ex limo terre"; la qual terra verament és la nostra mare. A la qual provació testiffica Lívio *Ab urbe condita* libro primo que, aprés que Tarquí Superbo hagué expugnats los gabins, los fills seus anaren al temple a demanar a l'oràculo qual de aquells devia succehir en lo regne, y en aquest camí porta-

---

[152] *e specular*: ms. "specular".
[153] 214r en la numeración del manuscrito.
[153bis] *desia*: "desitja".

ren ab si Júnio Bruto. Als quals responent l'oràculo o ýdol, dix que aquell regnaria en Roma [215v[154]] aprés Tarquino que primer besàs la mare. Bruto súbitament fengint caure besà la terra; de què los fills de Tarquino, no entenent la occulta resposta se acordaren de tornar a Roma per besar la mare e así aprés se seguí que, bandejat de Roma Tarquino, lo primer cònsol que dels romans fon elegit fon Bruto, y ell succehí en lo domini de Roma. On mèritament se pren argument la terra ésser la nostra antiga mare, a la qual com s'i retorna és escampat lo nom quasi totalment que axí en la vida fon gloriós. Quant aprés són vanes les obres humanes les quals se donen a la possessió dels bens temporals molt ho demostra a Salamó, com dalt diem, en lo principi de l'*Ecclesiastès* dient: "Vanitas vanitatum et omnia vanitas. Quid enim habet homo de universo labore suo quod laboret sub sole"; e hon ell de si matex afferma haver haguts tots los delits mundans, e norresmenys aquells ésser a ell no solament no altra cosa que vanitat e afflicció d'esperit. E entre aquestes tals operacions aquella màximament és damnosa migançant la qual se guanya més domini, com sia cosa que, segons que scriu lo philòsoff en lo primer de la *Política*, entre·l senyor hi·l servent és tostemps natural inimicícia. De què aquell qui molts servidors se guanya, més capitals enemichs se moltiplica.

Últimament és de notar que quant més és dolça e quieta la vida de la alegra pobretat que aquella de les precioses pedres y de l'or molt maniffestament ho demostra Salamó en lo *Ecclesiastès* [216r[155]] Vo, dient: "Melius est pugillus cum requie quam plena utraque manus cum labore et afflicione animii". Axí matex Sènecha en la quarta *Epistola ad Lucillum*, aprovant aquesta sentència, diu: "Magne divitie sunt lege composita paupertas. Nam qui cum paupertate bene convenit dives est". Solino encara in *De mirabilis mundi* al matex prepòsit diu: "Namque Cornelius Silla ductus pocius quam fuit felix sum certe beatum cortina Aglaum indicavit: qui in angustissimo archadie angulo pauperis soli dominus nunquam egresus paterni cespitis terminos invenitur". Infinides auctoritats y exemples se porien portar en demostrar la preposada sentència, les quals al present dexarem com a proves no necessàries en notíssima causa.

Dient aprés micer Ffrancesch per a la observància de un enamorat costum dels verdaders enamorats, la qual és tostemps observar

---

[154] 214v en la numeración del manuscrito.
[155] 215r en la numeración del manuscrito.

quascun acte de lurs enamorades e aquell celebrar per crexer-li honor e fama, on, aprés que ha descrita Laura haver consentit a la mort, és deplorada la humana misèria[156] y la intença copdícia represa, retorna consegüentment a narrar lo trànsit de Laura y les gestes que foren obrades de les circunstants, dient que, ja essent junta la extrema ora de la digna e gloriosa vida de madama Laura y lo dubtós pas de la Mort, del qual tot lo món ab gran rahó tremola, moltes excel·lents dones veÿnes e amigues sues eren vengudes a visitar-la y estaven totes sols per veure si la Mort de Laura se mostraria piadosa; y en aquest estament, contemplant lo nostre fi de la mort, lo qual [216v[157]] a quascú és necessari fer solament una volta, aquesta Mort portà aquell candidíssim cap de Laura, los daurats cabells de l'ànima benaventurada dedicada a portar en lo cel la eterna aureola de Déu a les ànimes benaventurades concessa. On diu:

> I' dico che giunta era l'hora extrema
> Di quella breve vita glorïosa
> Il[158] dubio paso di che 'l mondo trema;
> Er' a[159] vederla un altra valorosa
> Schiera di donne, non dal corpo sciolta,
> Per saper se ser puo Morte piatosa.
> Quella bella compagna era ive accolta
> Pur a veder et contemplar il fine
> Che far convensi, et non più d'una volta:
> Tutte sue amiche et tutte eran vicine.
> Alhor di quella bionda testa svelse
> Morte col la sua man un aureo crine.

Circa la intel·ligència dels precedents versos és de saber que no sens gran rahó e conveniència escriu micer Ffrancesch ultra la auctoritat del philòsoff en lo terç de la *Èthica*, affermant la mort ésser l'última de les coses terribles e aquella ésser un dubtós pas del qual tots los hòmens del món tremolen, com sia cosa que en aquell punt manque la indivídua perfecció humana, e l'ànima resta apartada de la libertat de l'arbitre y de tota obra, e sia portada davant lo eternal jutge, del qual la inflexible justícia retribuhex segons les procehides

---

[156] *misèria*: ms. "miseri".
[157] 215v en la numeración del manuscrito.
[158] *Il*: Pac. "e 'l".
[159] *Er' a*: Pac. "ed a".

[217r¹⁶⁰] obres, com scriu Sant Johan en lo *Apocalipsi* XXo dient: "Iudicatum est de singulis secundum opera eorum"; per manera que no ha més lonch temps de penedir-se en la mort dels seus passats errors. E ultra açò premet la divina justícia que en aquell punt los peccadors en lo món nomenats sien estimulats de la conciència, ne lavòs de Déu més se recorden ni de si matexos aprés que en vida per negligència e copdícia se oblidaren, segons la sentència de Sant Agostí en lo sermó *De penitència*, on diu: "Hec enim animadversione punitur peccator ut in morte obliviscatur sui posquam in vita non recordatus est dei". Per la qual cosa verdaderament és de tremolar lo pas on és la rígida e incomutable justícia, ni més va lluny la misericòrdia circa lo procés dels miserables peccadors.

Segonament demostra micer Ffrancesch en aquestos versos la dignitat de Laura, quant introduhex més dones valeroses en companyia en la mort sua haver-la visitada. Emperò que és consuetut dels excel·lents hòmens la hora que vénen a la mort ésser visitats d'aquells qui·ls han amats per les lurs singulars virtuts y exemples. E majorment s'entén açò en Laura quant seguex que aquelles dones pensaven la Mort deure ésser envers Laura piadosa; hon se pot maniffestament conjecturar que en Laura eren singularíssims donatius de corporal bellea y perfecció d'ànimo on se podia esperar la cruel Mort moure's a compassió de la elegant Laura.

Seguex aprés lo poeta una rahó la qual convenientment dels [217v¹⁶¹] hòmens se asigna en les divines operacions, dient que la Mort matant Laura exella o bandeja de viure una més bella flor que lavòs fos en lo món, e certament no malvolença que li portàs, mas solament per més maniffesta e clara mostrar-se en les altes y excel·lents coses. On diu:

> Così del mondo il più belli fiore scelse;
> Non già per odio, ma per dimostrarsi
> Più chiaramente nelle cose excelse.

Per intel·ligència dels precedents versos és de saber, segons la sentència dels theòlechs en lo primer de les *Sentències* a la huytena distincció, que, com la essència divina sia simplísima, conté norresmenys en si les perfeccions atribuitals; on diu Averroiç en lo V de la

---

¹⁶⁰ 216r en la numeración del manuscrito.
¹⁶¹ 216v en la numeración del manuscrito.

Methafísica: "Deus enim continet perfecciones omnium encium"; les quals nosaltres judicam ésser en Déu per les obres divines obrades. De què dispon la divina bondat intervenir molts effectes per ço que·s maniffeste la sua glòria, com scriu Sant Johan en lo VIIIIe de aquell cego nat, del qual demanant los apòstols qui havia peccat, ell o los seus parents, respongué a la llur demanda Nostre Senyor Déu en tal manera: "Neque hic peccavit neque parentes eius: sed ut maniffestentur opera dei in illo". Per la qual cosa axí matex consent nostre Senyor, no per peccats d'altri ni per inimicícia, que la mort alguna volta leve de terra hòmens perfectíssims, per ço que·s maniffeste la sua universal justícia en Adam exercitada [218r[162]] per la sua transgressió, per ço que algú en alguna cosa terrenal no confie, mas que tot a la voluntat divina se disponga.

Continua aprés micer Ffrancesch los altres procehiments fets e servats en la mort de Laura, dient y exclamant: "O quants llaments e plants![163] O quantes làgremes foren escampades en aquell loch hon Laura jahia morta, essent escampades per la llum les dolces umors dels bells ulls de aquella per los quals cantí 'Longa stagione e gran tempo arsi' in amorosa fiamma".[164] Y entre tant dol, sospirs y sanglots quants en aquella ora per ella se exprimien, Laura seya sola tàcita en la vista alegra, ja recollint ab l'ànima los dolços fruyts de la sua santa vida. E les circunstants dones a una veu totes deyen: "O verdadera deessa y mortal dona, ves-te'n ab pau en la tua benaventurada vida". E seguex que verament ella fon dea mortal migançant les sues virtuts, mas no li valgué contra la rahó e potència de la axí cruel Mort terrible: "Donchs, o humana sperança, cega, falsa y fal·lace! Ara què serà de totes les altres dones, com Laura, tan excel·lent dona y de Déu tant amiga, en poques nits se cambià, cremar, refredar moltes voltes ab gran dolor e altres corporals alteracions?".[165] On diu:

> Quanti lamenti lacrimosi sparsi
> Ffur quivi, essendo que' begli ochi asciuti
> Per cui[166] longa stagion cantai et arsi!

---

[162] 217r en la numeración del manuscrito.
[163] *e plants*: ms. "plants".
[164] *in amorosa fiamma*: el traductor continúa en italiano, sin darse cuenta de que la cita ha terminado.
[165] *alteracions*: ms. "racions".
[166] *cui*: Pac. "ch'io".

> Et fra tanti sospiri et tanti lucti
> [218v[167]] Tacita, et lieta sola,[168] si sedea,
> Del suo bel[169] viver già cogliendo i fructi.
> "Vattene in pace, o vera mortal dea!"
> Dicien; et tal fu ben, ma non gli[170] valse
> Contra la Morte, in sua ragion sì rea.
> Che fia dell'altre, se questa arse et alse
> In poche nocti, et si cangiò più volte?
> O humane sperance ciechi et false!

Natural effecte corroborat de compassió e humanitat demostra lo nostre poeta en aquestos versos narrar per la mort de Laura les altres dones ésser comogudes a làgremes, emperò que, vehent-se lo intrínsech e humana imbecil·litat per la mort dels altres e conexent l'ome si matex a semblant cas ésser sotsmés, per ço ab gran rahó en la mort de altri se comou a plànyer, no perquè en si indique lo morir ésser mal, mas perquè lo peccat d'algú los altres mortals obliguen a la pena. Axí matex les pasions corporals les quals són en lo prohisme conviden a plànyer per la virtut de la misericòrdia, la qual no és altra cosa que una de les altres misèries compassió en lo cor. De què, essent estada Laura molt apartada d'aquelles, emperò mèritament a compasió movia qualsevol que d'ella havia attesa notícia. Collia norresmenys en aquest estat Laura lo fruyt del seu bell viure, perquè, encesa l'ànima davant lo divinal conspecte, era de aquell premiada segons les sues obres en la vida benaventurada.

[219r[171]] Emperò, relexa lo poeta per lo següent ternal en lo judici altri per extimar quants foren los plants e làgremes en les sues obsèquies expresses, dient que ell, per la pietat e compassió d'aquella gentil ànima santa, ab moltes làgremes banyava la terra, mas qui y fon en presència ho sabe, mas qui solament ho escolta en si matex ho pot pensar. On diu:

> Se la terra bagnâr lacrime molte
> Per la pietà di quell'alma gentile,
> Chi 'l vide, il sa; tu pensa che l'ascolte.

---

[167] 217v en la numeración del manuscrito.
[168] *lieta sola*: Pac. "sola lieta".
[169] *bel*: Pac. "ben".
[170] *gli*: Pac. "le".
[171] 218r en la numeración del manuscrito.

Molt és fàcil lo judici que en aquest ternal lo nostre elegant poeta preposa. Lo qual se pot maniffestament compendre si encara que de negunes altres persones fossen estades produhides làgremes que tantes no lancàs com micer Ffrancesch, que quasi com un corrent e abundant riu haurien produhides, axí com pot ésser maniffest per los sonets e cançons aprés la sua mort fetes. On tot singular enteniment sens més dir per si matex acomodadament ho pot conèxer.

Narra aprés lo poeta qual fon lo dia e la hora del terrible cas de la mort de Laura, dient que lo sisèn dia del mes de abril fins a la primera ora del dia, en lo qual dia hagué principi lo seu més intensíssim amor e quant més estret e ligat se trobà dins los copdiciosos laços, ell se trobà solt per la mort d'aquells; com par que la fortuna algunes voltes en los hòmens lo[172] seu estil e consuetut vaja cambiant. E nengú tant de la[173] [219v[174]] sua servitut se dol ni encara de la mort quant ell féu de la sua libertat y de la vida la qual li era restada, emperò que era degut al món e a la edat sua primer bandejar del viure aquest micer Ffrancesch, lo qual primer que madama Laura e la sua dignitat era vengut en lo món. Donchs d'aquest effecte pot clarament quascú compendre quanta dolor sentí lo poeta, que apenes solament pot pensar Laura ésser morta, no que parlar-ne puga en rimats latins versos. On diu:

> L'hora era prima,[175] el dì sexto d'aprile,
> Ch'amor mi strinse, hor lasse[176] me sciolse.
> Come ffortuna va cangiando stile!
> Nessun di servitù già mai si dolse
> Né di morte, quant'io di libertate
> Et della vita, ch'altri non mi tolse.
> Debito al mondo et debito all'etate
> Cacciar mi inanci, chi ero[177] giunto in prima,
> Né allei[178] torre anchor sua degnitate.
> Hor qual fussi il dolor qui non si stima,
> Ch'a pena oso pensarne, non chi[179] sia
> Ardito di parlarne in versi o in rima.

---

[172] *lo*: ms. "le".
[173] *de la*: repetido en el ms.
[174] 218v en la numeración del manuscrito.
[175] *era prima*: Pac. "prima era".
[176] *Ch'amor...lasse*: Pac. "che già mi strinse, ed or, lasso,".
[177] *chi ero*: Pac. "ch'ero".
[178] *allei*: Pac. "a lui".
[179] *chi*: Pac. "ch'io".

Per més plana intel·ligència dels precedents versos, és de saber que la sort inserta e la instable revolució de fortuna par que volgués permetre que madama Laura morís en aquell matex punt que la sua bella vista havia ligat lo poeta en los laços d'amor, axí com en aquest loch ell testiffica, [220r[180]] mas molt més clar en aquell altre sonet "Voglia mi sprona",[181] on diu a la fi de la vida: "Mille trecento vinte sette, a punto Su l'hora prima, / el di sexto d'aprile, Nel laberinto entra, neso donde esca". Per la qual cosa, no és maravella si ell acerbíssimament se dolia, com sia cosa que lo matex dia li portàs afflicció de la mort de Laura e de la memòria del principi de amar-la; per la qual cosa retornava al lamentar veent-se privat de tanta dolcesa.

Segonament és de entendre que ab efficace e natural rahó diu lo poeta que era degut al món e a la edat que en aquell temps corria primer bandejar a ell de vida que a madama Laura. On és de considerar que espesses voltes una cosa composta se denomena de la part més noble, axí com si deyem l'ome ésser intel·ligent e sient sols perquè l'ànima sab y entén, segons la doctrina del philòsoff en lo IIII de la Phísica. De què, essent infinit lo món, segons diu Aristòtil in libro De mundo en esta forma: "Mundus est agregatum ex celo et terra et his que infra hec sunt"; per ço spesses voltes diu ell lo món haver fet un effecte solament que sia pervengut de la disposició de les coses, la qual solament ne procehex del cel mediant la operació e moviment del sol. On diu lo philòsoff IIo Phísico: "Sol et homo generant hominem"; y en lo segon De generacione: "Motus solis in circulo zodiaci adducit ad nos generans et se ducit a nobis". Donchs essent una matexa causa de generació e corrupció, era cosa convenient que, essent estat [220v[182]] micer Ffrancesch primer engendrat que Laura, que ell se corrompés majorment, essent lo temps causa de corrupció, com s'escriu en lo quart de la Phísica. Era encara deguda cosa micer Ffrancesch deure's primer partir, com sia cosa que, essent més vell, era menys potent a resistir a les causes alterants que no la joventut de Laura; per la qual cosa devia més prest venir a la mort.

Retorna encara lo poeta a narrar les paraules que les dones ven-

---

[180] 219r en la numeración del manuscrito.
[181] *Voglia...sprona*: El primer verso completo es "Voglia mi sprona, Amor mi guida et scorge".
[182] 219v en la numeración del manuscrito.

gudes a les obsèquies de Laura deyen y rahonaven en lo plant o endetxa, dient que, estant les dones ab gran tristícia e afflicció en torn del castíssim lit de Laura, deyen planyent: "Ay lasses de nosaltres; si en lo bell cors de Laura és morta virtut y elegant bellea, què serà de nosaltres? Qui veurà d'ací avant en dona més segur y perfet seny de singular disposició? Qui hoyrà ja més un parlar ple de tanta discreció e modèstia semblant a aquell de Laura? Qui serà que entenga ja may la suavitat del cant ple de tanta delectació que als dels àngels ésser semblant mostrava?". On diu:

> "Virtu morta et belleça[183] et legiadria".
> Le belle donne in torno al casto lecto
> Triste diceano "omai di noi che fia?[184]
> Che[185] vedrà may in donna acto perfecto?
> Chi udirà il parlar di saper pieno,
> Il[186] canto pien d'angelico intellecto?".[187]

Molt clarament demostra lo poeta en esta muliebre lamentació, e ab rahó discorregueren les dones argumentant que, si Laura, en qui era tanta excel·lència de bellea e virtut, era morta, que no podien per elles esperar [221r[188]] salut; y encara, essent Laura a elles exemple y regla de honestament viure y essent mancada, no saben judicar en l'esdevenidor què devia ésser d'elles. Per la qual cosa podem entendre ésser estada per aquestos atribuïda grandíssima lahor a madama Laura.

Seguex aprés lo nostre elegant poeta una disposició de les ànimes benaventurades ésser convengudas al sperit de madama Laura, dient que l'esperit, ja en si matex retengut e comprès de totes les dignes e singulars virtuts sues, per lo partir que havia fet de aquell bell si e gentilíssim cors de madama Laura, havia donat en aquella part del cel, la qual era sobre la casa de Laura, una grandíssima serenitat e lum. On diu:

---

[183] *morta et belleça*: Pac. "mort'è, bellezza".
[184] La tercina a continuación aparece en el folio siguiente en el manuscrito (220r), pero la incluimos aquí porque parece ser una distracción del copista, pues aparece al margen y no hay un comentario por separado de estos versos solos.
[185] *Che*: Pac. "Chi".
[186] *Il*: Pac. "e 'l".
[187] *intellecto*: Pac. "diletto".
[188] 220r en la numeración del manuscrito.

> L'espirito pel partir di quel bel seno
> Con tutte suo virtù in sé romito
> Ffacto havea in quella parte il cielo sereno.

Universal sentència és dels sacres teòlechs, e majorment de Alexandre d'Ales en la sua *Summa de theologia*, que les ànimes humanes que ara són en estament de salut y de gràcia en aquelles es una intensíssima llum; de què la serenitat no és altra cosa que una presència de un llucidíssim obgecte. Emperò, convenientment l'ànima de Laura, essent lúcida, feya ab la sua presència serena aquella part del cel per hon a la suprema glòria muntava.

Porta [221v[189]] consegüentment l'antecedent disposició migançant la qual l'ànima de Laura era venguda lúcida, ço és l'ésser ella sens peccat, dient que negú dels adversaris a la humana natura hagué tanta audàcia que ab la sua scura vista aparegués a Laura fins que totalment hagué la Mort lo seu assalt fornit. On diu:

> Nessun degli adversari fu sì ardito
> Ch'apparisse già mai con vista obscura,
> Ffin che Morte il suo assalto hebbe fornito.

Per més plana intel·ligència dels precedents versos és de saber que, aprés que la natura angèlica[190] davant Déu pecca, d'on foren los rebelles àngels en lo pregon de l'infern lançats e fon creat l'ome a reparació e possessió de aquelles eternes cadires, tostemps porta lo diable grandíssima enveja a l'home, com scriu san Agostí últimó capítulo *De civitate Dei* dient: "Non tam Juno Troianis a quibus Roma carnalem ducis originem artes videtur invidisse Romanas quam isti demones quos aduch deos putas omni genere hominum sedes invident sempiternas". Hon intervé que, per noure a l'home quant se troba en la agonia de la mort, lo dimoni li aparex reduhint-li a memòria tots los seus peccats, demostrant-li aquells ésser tals que merita de Déu misericòrdia; on mostra portar-lo a desesperació y enganar-lo en tal manera. E axí tostemps és la sua natura, com scriu Sant Agostí en lo terç libre e capítol VII dient: "Nam demones semper ad decipiendum vigilantissimi quod potuerunt [222r[191]] fece-

---

[189] 220v en la numeración del manuscrito.
[190] *la natura angèlica*: ms. "naturangelica".
[191] 221r en la numeración del manuscrito.

runt". Grandíssima lahor donchs és de Laura que en ella no·s trobàs peccat, migancant lo qual pogués lo diable pendre occasió de aparexer-li e temptar de enganar-la.

Seguex aprés lo poeta quines[192] aprés lo larch plant e la compresa temor vingueren les tant amigues dones de Laura, dient que, dexat lo cruel e llamentable plant e axí matex la intensa temor, quascuna d'elles per si era intenta en la bella vista de Laura e, tenint los ulls saldos, eren fetes segures, no per confort, mas per desesperació. On diu:

> Poi che, deposto il pianto et la paura,
> Pur al bel volto era cuaschuna intenta,
> Et per desperacïon facta sicura.

Convenient cosa és que, quant l'ome no veu pus manera de acampar de la cosa que tem, que a la fi vinga circa aquella ésser segur, així com intervench a la companyia de madama Laura, la qual vista morta aquella, eren vengudes a desesperació de si matexes, e circa lo morir, e circa la manera del viure per la necessitat de la mort. On aquest prepòsit diu Quinto Cúrcio: "Ignaviam quoque necesitas acuit et sepe desperacio causa spei est". Per la qual cosa Virgili escriu consemblant sentència en lo II de l'*Eneydos*, dient: "Nulla salus victis nullam sperare salutem". Donchs mèritament scriu lo poeta les ja narrades per desperació ésser vengudes segures.

Descriu aprés lo seu derrer fi e quin fon lo trànsit de la consumpta Laura aprés la virtut debilitada, dient que l'ànima de aquesta contenta [222v[193]] de morir se'n anà en pau a l'altra vida, no com a flama, la qual per violència e força és empesa, mas que per si matexa consumint se resolgué així com una suau llum e clara e a la qual manca lo seu nodriment; y en aquesta resolució tostemps lo seu car costum, fermetat e perfecció d'enteniment reservà fins a la fi. On diu:

> Non come fiamma che per força è spenta,
> Ma che per se medesima si consume,
> Se n'andò in pace l'anima contenta,
> A guisa d'un suave et chiaro lume

---

[192] *quines*: ms. "qui es".
[193] 221v en la numeración del manuscrito.

> Che'l[194] nutrimento a pocho a pocho manca,
> Tenendo al fine il suo chiaro costume.

Òptimament compara micer Ffrancesch lo Trihunffo de Laura a la deffecció del nodriment de la llum, la qual se empeny, volent demostrar[195] neguna violència ésser estada en lo seu finir, mas sols natural resolució. On és de entendre que los principis de la vida nostra, segons lo philòsoff in *De causa longitudinis et brevitatis vite* e Avicenna en la primera del primer, són les calors naturals e l'úmit radical. Per la qual cosa l'ome és lo subgecte e la matèria de la calor, la qual contínuament del dia de la nostra nativitat se resol e terrestriffica segons lo cors de la edat nostra. E tant se prohibex la sua resolució quant la calor natural se convertex sobre l'úmit influx del menjar. On diu Ipocras en la primera partícula dels *Ampho*[223r[196]]*rismes*: "Et qui crescunt plurimum habent innatum calorem plurimo ergo indigent nutrimento. Si vero non corpus consumitur". De què, mancat e resolt l'úmit radical, és finida la vida, axí com, mancat lo nodriment de l'oli del qual se nodrex la flama, immediate quel llum se empeny.

Últimament convertex lo poeta les paraules sues a narrar quines eren les qualitats del mort cors de Laura, dient que, aquell no tenint neguna pal·liditat mas essent blanch en semblança de càndida neu, la qual sobre les muntanyes sens alguna impetut e tempestat de vents jahia e paria que·s posàs, axí com tal volta intervé a persones que per fort exercici a ésser canssades pervenen; de què, essent d'aquell divís l'esperit, allò que los hòmens apellen morir, semblava una dolça son e suau dormir, en manera que sens algun dubte la Mort, a considerar-la en la vista de Laura, demostrava ésser bella. On diu:

> Pallida no, ma più che neve biancha,
> Che sença venti in un bel colle fiochi,
> Parea posar come persona stancha.
> Quasi un dolce dormir ne' suo' begli ochi,
> Essendo lo spirto già da lei diviso,
> Era quel che morir chiaman gli sciochi.
> Morte bella parea nel suo bel viso.

---

[194] *Che'l*: Pac. "cui".
[195] *demostrar*: ms. "demostra".
[196] 222r en la numeración del manuscrito.

Quanta fon la bellea de Laura molt pot ésser manifest per los precedents versos, quant la obscuredat e orribilitat de la mort, essent col·locada e reposada en la sua bella vista, demostrava e pareïa ésser cosa bella, [223v[197]] essent sols aquell bell cors restat blanch per la mortifficació dels sperits, on la natural blancor de les carns demostra vívida o encarnada. On paria bé un suau dormir allò que los grosers e indoctes hòmens nomenen morir, com sia cosa que en veritat lo morir se fa mentres que dura la vida; mas aprés que aquella és finida, més no mor. Emperò Ciceró en lo primer de la *Tosculana* acomodadament diu: "Habes somnum ymaginem mortis eamque cotidie indivis". Mas molt més difusament ho explica Sèneca en la epístola primera *Ad Lucillum* dient: "Quem mihi dabis: qui aliquod precium tempori ponat: quit diem extimet: qui intelligat se quotidie in hoc enim fallimur que mortem perspicimus magna pars enim iam preteriit quic quit etatis retro est mors tenet". Últimament Sant Agostí Vo *De civitate Dei*, diffinint la vida al capítol XI, demostra maniffestament quant són ignorants tots aquells que nomenen a la fi del viure nostre morir, dient: "Vita hec est decessio morientium et subcessio moriturorum". Per la qual cosa és[198] maniffest que, la hora que atteny la mort los hòmens, en aquell punt és totalment finida tota potestat de morir. On és notíssima aquella àurea sentència: "Cum nacimur mori incipimus: cum vero morimur desinimus mori".

Capítulo IIo Trihumphi Mortis

[224r[199]] Natura humana de corpòrea bellea, de excel·lència de àbits intel·lectuals y de glòria e honor en totes partes perfeta e circuhida ésser sotsmesa a la natural variació e a la mort molt és estat per lo nostre excel·lent poeta exprés en lo precedent capítol. Mas, perquè aquesta sentència no més avant demostra lo terç stament de l'ànima, lo qual és per ella restar simple e nua aprés la sua separació del cors, lo poeta en lo capítol present per atestació de la ànima de madama Laura entén aquesta total immortalitat d'ànimes elegantment fingint descriure. On, per universal argument entén de provar

---

[197] 222v en la numeración del manuscrito.
[198] *és*: ms. "est".
[199] 223r en la numeración del manuscrito.

la àrdua sentència de la eternitat de les ànimes nostres, dels epicuris negada y de aquells que no més avant affermen poder ésser cosa que aquella que sols del sentiment és compresa. E fet açò, entén declarar tot dubte que fos nat circa lo seu amar de la incontinència de madama Laura, no desviant-se de la consuetut dels grats enamorats, los quals principalment no apetexen blasme de lurs enamorades, e segonament a elles se enginyen a tenyer glòria, lahor e comendació. E emperò, perquè en l'estament de la nuditat de les ànimes no cau ficció ni falsia, per ço introduhex micer Ffrancesch ell demanar del seu passat amor y si ella may fon disposta de complaure'l, o si fon conforme a alguna voluntat sua. A la qual demanda escriu respondre Laura segons que a una digna ànima estant en estament de gràcia era convenient respondre, [224v^{200}] perquè donchs cau en aquesta recitació quasi un diàlogo. Emperò descriu ell dormir, y en lo seu somni aparèxer-li Laura e convidar-lo a rahonar-se ab ella, en lo qual rahonament ell veu maniffestament ésser expressa la intenció damunt dita. Diu donchs que la nit la qual seguí l'orrible cars de la mort de Laura que espengué'n en terra lo sol de tota bellea e costums, e aquell reposà e reconduí en lo cel, là hon ell, tenint aquell per la sua guia, quasi era restat en la vida virtuosa, axí com un home cego ja scampant-se per l'ayre lo dolç yvern estiu, lo qual ensemps ab la blanca Aurora fanciulla de Titone sol levar lo vel de la falsedat dels confusos somnis. En aquesta ora donchs l'ànima de Laura en forma de dona semblant al temps de la primavera, en la qual ella aparech coronada de oriental crestall, partint-se de mil altres ànimes coronades vench envers micer Ffrancesch, y en semblança de un suau sospir, estenent la mà dix semblants paraules: "O micer Ffrancesch, conexes aquella que primera que negun·altra tornà atràs los teus passos del públich viatge dels indoctes vulgars incontinents, que lo teu jovenil cor reffrenà de aquella". E, dites aquestes paraules, pensosa a la vista ab gravitat e modèstia, li semblà que se'n muntàs sobre una riba de un claríssim riu, hon un bell y vert llorer ensemps ab un fullat e ombrós faig donaven fresca y agradable ombra. On diu:

[225r^{201}] La nocte che seguì l'orribil caso
Che spense il sole, anci il ripose in cielo,

---

^{200} 223v en la numeración del manuscrito.
^{201} 224r en la numeración del manuscrito.

Onde io²⁰² son qui com huom cieco rimaso,
Spargea per l'aere el dolce stivo gielo
Che con la biancha figlia²⁰³ de Titone
Suol da' sogni confusi tôrre il velo,
Quando donna sembiante alla stagione,
Di gemme orïentali incoronata,
Mosse ver' me da mille altre corone;
Et quella man, già tanto desiata,
A me, parlando et sospirando, porse,
Onde eterna dolceça al chor m'è nata:
"Ricognosi colei che prima²⁰⁴ torse
I passi tuoi dal publico viaggio?"
Come il chor giovenil di lei s'accorse,
Così, pensosa, in acto humile et saggio,
S'assise, et seder femmi in una riva
La qual ombrava un bel lauro et un faggio.

Mirable intel·ligència ab fonament de rahó ha interclusa lo nostre micer Ffrancesch en aquestos versos. Per la qual intel·ligència és de saber que principalment lo poeta fengeix la nit següent al morir de madama Laura haver vista aquesta visió per denotar una vera similitut, la qual és que, com en lo jorn sia estada la memòria fixa a considerar qualque obgecte, que·n la nit en somni retornen movent los matexos fantasmes, on Ciceró in VI *De república* diu: "Ffit enim fere ut cogitaciones ser[225v²⁰⁵]monesque nostri pariant aliquid in somno"; tal qual de Homero scribit Ennius de vz:²⁰⁶ "Sepisime vigilans solebat cogitare et loqui". Mas, si micer Ffrancesch lo jorn de la mort de Laura, la qual, en la nit pux ell haver somiat, descriu haver hagut pensament de aquella ho parlar, quascú per si matex en qui may fos centilla de benivolència ho pot clarament compendre, que verament és de judicar que solament del pensament e del rahonament de aquella, essent-se les virtuts naturals rellexades, fos constret de anar-se'n a dormir.

Segonament encara per qualque rahó lo poeta descriu haver somiat en la hora de la matinada ell per si matex maniffestament ho declara, ço és perquè maniffestament s'entenga del seu somni ésser

---

²⁰² *Onde io*: Pac. "di ch'io".
²⁰³ *figlia*: Pac. "amica".
²⁰⁴ *che prima*: Pac. "che 'n prima".
²⁰⁵ 224v en la numeración del manuscrito.
²⁰⁶ *vz*: abreviatura latina de "iudelicet" (a saber).

apartat tot vel de escur signifficat e falsa presentació, del cual effecte qual sia la causa dalt en lo principi del libre per la doctrina d'Albert fon largament demostrat. Paraments encara en quina manera l'Aurora se diu la ffanciulla et de Titone la filla encara en aquell matex lloch fon exprés.

En lo tercer lloch és de entendre que micer Ffrancesch diu madama Laura ésser semblant al temps de la primavera, volent entendre que pus bell temps més sa y més temprat que algun altre temps, segons la sentència de Ipocras e Galiè en la terca partícula dels *Amphorismes*. Axí encara la bellea de Laura e serenitat sua, per comparació a les altres ànimes sobre lo cel assumptes, les quals a micer Ffrancesch paria veure en sa companyia, mostrava excel·lentíssima.

Descriu aprés Laura coronada [226r[207]] e que·s partí de mil altres corones per explicar la sentència dels teòlechs, los quals affermen a quascuna ànima justa en la pàtria celestial ésser atribuïda una corona, segons la sentència de sent Pau apòstol *Ad Thimoteum* IIIIo dient: "Bonum certamen certavi cursum consumavi: fidem servavi in reliquo reposta est michi corona iusticie quam reddet michi dominus nulla die iniustus iudex". Emperò la sacra sancta militant Ecclésia canta en l'offici dels martres y dels conffessos en lo llur offertori a commemorar lo llur sant premi de la corona: "Posuisti domine super capud eius coronam de lapide precioso". Era donchs Laura coronada de orientar crestall, acompanyada per la sua excel·lència de mil altres corones, ço és de mil altres ànimes justes e coronades.

Últimament diu que, estesa la mà, dix: "Regonex aquella que primer apartà los teus passos del públich viatge". On vol demostrar micer Ffrancesch no sols Laura ésser estada causa d'haver-lo revocat de l'estudi de rahó civil, axí com ell afferma en aquella cançó "Quel antico mio dulce impio signore", mas encara de la ampla via de vicis, la qual és axí nomenada de Nostre Senyor en Sant Matheu VIIo dient: "Intrate per angustam quia lata porta et spaciosa via est: que ducit ad perdicionem: et multi sunt qui intrant peream"; axí com ell en la matexa cançó afferma e en molts sonets. E emperò ella·l convida a conèxer-la novament, essent ella beatifficada, y de si despullada la greu vestidura dels terrenals membres [226v[208]] e pervenguda a la pàtria celestial, là hon tota transmutació cessa e manca

---

[207] 225r en la numeración del manuscrito.
[208] 225v en la numeración del manuscrito.

tota sensual inclinació e solament és la via[209] directa a contemplar lo seu darrer fi aquell possehir, amar e fruir. E emperò ab gran rahó lo reclama a deure-la conèxer; essent variada del mortal estament a la certíssima[210] e invariable alegra tranquilitat e aquesta sua conexença a la qual Laura lo crida, ella·l fa posar a seure, a demostrar que no per moviment repentí, no per súbita voluntat, no per celerat exercici, mas greument, pensadament, ab diüturn e madur examen dega l'ome procehir a la intel·ligència de la celestial pàtria y de l'estament de les ànimes benaventurades, axí com en tota bona operació l'ome fins a la fi dega perseverar, com clarament mostra Jesucrist en Sant March XIIIo y en Sant Matheu XXIIIIo dient: "Qui autem perseveraverit usque in finem hic salvus erit". E ultra açò, per la seguretat del cors no ve a ésser prudent, axí com testiffica lo philòsoff en lo VI de la *Phísica* dient: "Sedendo autem et quiescendo fit anima prudens". De què resta maniffesta rahó per la qual Laura micer Ffrancesch constrengués a seure.

Havent donchs lo poeta descrit la preposada rahó sua qual féu, maravellant-se que ella judicàs no deure ésser coneguda de aquell, dient que ell en semblança d'ome que planyent-se parla, diu: "O Laura mia; com no conech yo a tu qual és la divinal ànima mia, certament yo veig que tu est aquella; per la qual [227r[211]] cosa yo·t pregue que tu vulles dir-me si est morta o viva". On diu:

"Come non cognoscho l'alma[212] mia diva?"
Rispose in guisa d'huom che parla et plora
"Dimi pur, prego, se se' morta[213] o biva."

Circa la intel·ligència dels precedents versos dues coses ne occorren de considerar. La una la gran affecció de ffantasmes en la memòria de micer Ffrancesch circa la persona de Laura, semblant-li veure aquella viva on de l'altra part eren encara les semblances de la mort. Per la qual cosa estava ell en lo somni ambiguu si Laura era

---

[209] *la via*: error por "l'ànima"; it. "lanima".
[210] Faltan unas líneas, probablemente por el deseo de resumir "de l'estat mortal a l'immortal, del temporal a l'etern, de la misèria a la beatitud, de la dubtosa tempesta a la certíssima feliç tranquil·litat"; it. "dal stato mortale a lo immortale: del temporale al eterno: da la miseria a la beatitudine: da la dubia tempesta a la certissima e invariabile lieta tranquilita...".
[211] 226r en la numeración del manuscrito.
[212] *l'alma*: Pac. "io l'alma".
[213] *se se' morta*: Pac. "s' tu se' morta".

morta o viva. L'altre concepte lo qual nosaltres devem haver que micer Ffrancesch demana ella si és viva o morta, no perquè a ell no fos maniffest quin era l'estament de l'ànima aprés mort, mas, segons la poètica consuetut, per narrar en persona d'un tercer la immortalitat de l'ànima; a la qual recitació convenientment per més rahons ell introduhex Laura primer, perquè ella damunt havia descrita en manera virtuosa que no podia en ella haver ni abitar falsia, perquè diu lo philòsoff en lo quart de la *Èthica*: "Est enim mendacium per se ipsum improbum ac vituperacione dignum"; de què ab les singulars virtuts de Laura no eren competibles les no verdaderes paraules. Segonament era Laura acomodada perquè ella era morta, e per exper[227v[214]]iència provava hi entenia aquella immortalitat. Tercerament y última perquè, entenent ell per Laura la rahó, negun altre pot millor de la immortalitat parlar que la rahó, essent aquella del judici dels sentiments aliena e solament de la rahó comprensible.

Seguex aprés micer Ffrancesch que respongué Laura a la sua demanda, on, mostrant ell més prest voler entendre allò que per los exteriors sentiments se conex, que l'ànima ésser immortal, introduhex Laura revocar-lo a aquella conexença, dient: "O micer Ffrancesch, sàpies que yo só viva, e tu est aquell qui est mort, e axí seràs tostemps fins que vinga la última hora per levar-te de terra, e que·t delita lo rahonar ab mi. Sàpies que lo temps és breu, e lo desig e voluntat nostra es larch, de què t'avise estrengues e reffrenes[215] la voluntat abans que lo jorn, lo qual[216] és ja vehí a tu, desfent-te lo somni, no attenga". On diu:

> "Viva son io, et tu se' morto anchora,"
> Diss'ella "et serai sempre, fin[217] che giunga
> Per levarti di terra l'ultima hora.
> Ma 'l tempo è breve, et nostra vogla è lunga.
> Però t'aviso,[218] e 'l tuo dir stringi et frena,
> Nanci che 'l giorno, già vicin, n'agiunga."

A més clara notícia dels precedents versos és de entendre que un salutíffer document demostra lo nostre poeta, lo qual és l'ome

---

[214] 226v en la numeración del manuscrito.
[215] *e reffrenes*: ms. "reffrenes".
[216] *qual*: ms. "quals".
[217] *fin*: Pac. "infin".
[218] *t'aviso*: Pac. "t'avisa".

deure[219] en aquest món dreçar la sua memòria a pochs [228r[220]] obgectes, e aquells sien salutífferes e la larga voluntat nostra se reffrene, per la qual tostemps los terrenals béns se desigen, però que lo temps és breu y l'art del possehir los delits sensitius és llarch per la llur moltitud. Per la qual cosa són molt bé al prepòsit acomodades les paraules del primer amphorisme de Ipocras, co és: "Vita brevis: ars vero longa: tempus acutum: experimentum fal·lax iudicum autem difficile". Hi lo jorn derrer de la mort és tostemps vehí, per la qual cosa és bon seny tostemps saber refrenar lo desig y voluntat.

Segonament micer Ffrancesch mostra l'ànima ésser immortal introduhint Laura dir ésser ella viva y ell mostrar consentir-ho, com se veu per los inferiors versos on escriu satisffet, e demanar de l'altra qualitat de la mort. La qual cosa per més clarament entendre qui volgués seguir los sacres doctors theòlechs, màxime Sant Thomàs in *Summa contra gentiles*, molt seria larga e diffícil inquisició y, encara perquè la crestiana religió aquella quasi pressupon per article, emperò, solament los theòlechs,[221] portarem en aquesta causa per testimoni lo patró nostre, la qual cosa és totalment de tot judici legal aliena, emperò, volent portar alguna evidència circa la sempiternitat de l'ànima nostra, permetrem en aquesta part sols los theòlechs. Sobre la sentència dels philòsoffs, auctoritats de proffetes y exemples de gentils edifficarem lo nostre fonament.

Aristòtil donchs, sobiran philòssof, havent dili[228v[222]]gentment considerat les natures e proprietats de les coses, determena a la fi la corrupció pervenir en les coses substancials per ésser en aquelles participant la primera matèria. On, diffinint aquella en lo setè de la *Methaffísica*, diu: "Materia est per quam res potest esse et non esse"; y en lo primer de la *Phísica* scriu: "Dico autem primam materiam primum subgectum unicuique entium ex quo fit aliquid cum in fit". Per les quals diffinicions inferex lo philòssof in primo *De celo* lo cel ésser incorrubtible, com sia cosa que no ha subgecte ni matèria on puga ésser fet. Al qual prepòsit encara Averroiç en lo primer de la *Phísica* diu en aquesta forma: "Et ex hoc declarabitur que corpora super celestia non habent materiam omnium quia tunch essent generabilia et corrubtibilia. Nihil enim est aliquid cau-

---

[219] *deure*: a continuación "acceptar" tachado en el ms.
[220] 227r en la numeración del manuscrito.
[221] *solament los theòlechs*: "si només seguint els teòlegs".
[222] 227v en la numeración del manuscrito.

sa generacionis alit corrupcionis quam materia prima propter non esse quod est mixtum in substancia eius". D'aquest fonament donchs nax una primera rahó de l'ànima ésser incorruptible, la qual és ella ésser absolta y exempta de tota matèria e corrupció corporal; on no pot comportar corrupció, essent del principi de aquella aliena. La qual cosa no solament se entén per l'auctoritat de Anexàgoras, lo qual affermava l'ànima immortal,[223] immixta e impasible, mas clarament se veu per les operacions que pervenen d'aquella. Emperò que, hon lo cors alguna volta intensament s'aflegex, l'ànima està en gran jocunditat, e per contrari, estant lo cors [229r[224]] en delícies, l'ànima sent grandíssima molèstia e aprés entén l'ànima les coses abstretes e inuniversals e discorre circa los obgectes insensats, la qual cosa no poria ésser quant virtut fos affixa en algun orgue o membre corporal.

La segona rahó ha orígine de la doctrina, pur del philòsoff en lo primer libre e V de la *Phísica*, on diu tota acció e transmutació ésser tostemps entre contraris tèrmens, dient: "Omnes igitur principia contraria faciunt". De què si naturalment l'ànima vingués a no ésser per la sua matexa essència, seria necessari que fos alterable, essent l'alteració prèvia a la corrupció. La qual cosa demostra ésser falsa la primera rahó, però que, segons lo philòsoff in primo *De generacione*, les primeres qualitats contràries, entre les quals és l'alteració, ço és frigiditat, sicatat, caliditat e umiditat, són accidents inseparables de la matèria e cossos elementals. Emperò Averroïç, en lo segon de la *Phísica* al XV coment, diu aquests accidents e les altres formes substancials naturals no separar-se de la matèria prima, on los nomena accidents essencials. Ne ha efficàcia si algú afferma l'ànima nostra corrompre's per la corrupció del cors humà, lo qual és lo seu propinch subgecte, axí com los altres accidents e les altres formes substancials naturals no per pròpia corrupció, mas per simple desició. Emperò que, essent l'ànima al cors nostre comparada axí com causa formal efficient e final, com s'escriu en lo segon *De ànima*, per ço és més de perfecció, nobilitat [229v[225]] e independència antecessor al cors; d'on se seguex que de aquell no pot rebre corrupció, no devallant de aquell en lo seu ésser y en lo seu conservar-se, mas molt més prest e ab més rahó pulula lo contrari.

---

[223] *immortal*: it. "immateriale".
[224] 228r en la numeración del manuscrito.
[225] 228v en la numeración del manuscrito.

És la terça rahó de la pura sentència del philòsoff, en lo primer libre y segon *Del cel* y en lo terc *De l'ànima*, hon afferma Déu e la natura neguna cosa poder produhir en aquest món, dient: "Deus et natura nihil frustra faciunt"; y en lo segon de la *Phísica* diu aquella cosa ésser en va produïda, la qual no pot attènyer la fi per a la qual al principi ella fon ordenada, dient: "Signum autem est quod vanum est quem dicitur cum non fiat propter quod aliud illius causa ut ambulare deposicionis causa est. Si vero non fiat ambulanti frustra dicimus ambulansse et ambulacio vana". De què, essent les dues nostres potències universals, ço és intel·ligència e voluntat, estades produïdes per la consecució del primer ver y del bé lo qual és sobirà, no podent-se aquests dos obgectes possehir en la vida present, axí com demostra la experiència ultra les auctoritats dels doctors, per ço és necessari atorgar aquestes dues potències ésser estades de Déu o de natura produïdes; o que, s'i deya un estament aprés de aquesta vida en lo qual l'ànima absolta del cors lo puga aconseguir, la qual cosa seria impossible qu·ella tostemps aprés de aquesta vida no romanga immortal.

La quarta e última rahó se funda sobre la intenció del philòsoff en lo libell *De bona fortuna*, lo qual té per gran incon[230r[226]]venient que s'atorgue Déu ésser injust. Emperò nega en ell ésser la cura dels béns de fortuna, dient: "Si enim bona fortune deum curam dixerimus ipsum pravum iudicem faciemus". Donchs, si l'ànima fos mortal, seria necessari ésser perempta tota divina justícia, emperò que maniffestament se veu per experiència molts hòmens viure segons la lley de natura moral e norresmenys ésser contínuament més mal aventurats subseguits, e, per contrari, alguns prosperar, aprés dels quals és perversa tota ley; e axí matex se veuen alguns fins del principi de llur naximent ésser més e menys aptes a la operació de l'enteniment. De què, si sols lo ésser de l'ànima pertany a la vida present, del tot li seria donador a tota reverència divina, no volent aquella, o no podent, adequar aquestos excessos. Mas aquesta falsedat no sols per opinió apartaren los antichs romans, mas per pública lley, com parla lo test en la lley *Veluti .ff. De iusti et iure*, dicendo:[226bis] "Veluti erga deum religio: sic et patre et parentibus". Basten donchs al nostre prepòsit de molts que ací se porien portar

---

[226] 229r en la numeración del manuscrito.
[226bis] *dicendo*: "dient". El traductor parece tomar esta palabra como parte del título.

aquestes quatre rahons circa al veure l'ànima immortal, a les quals consegüentment ajustarem a major evidència algunes auctoritats conformes en aquest ver e rahonable prepòsit.

Aristòtil donchs, principalment in secundo *De ànima*, parlant de l'ànima nostra intel·lectiva diu per comparació a l'altra: "Separatur autem hoc ab hoc tanquam perpetuum a corrubtibili". La qual opinió axí matex consentí Plató, lo qual segons Ciceró, Eusebi y lo nostre [230v[227]] poeta a tot altre philòsoff és de interposar; del qual encara testiffica Sant Agostí VIIIIo *De civitate Dei*, capítol VIIIIo, dient aquestes paraules: "Plato enim cum de humanis ageret inquit ipse misericors mortalia illis vincula faciebat ita ergo hoc ipsium quod mortales sunt homines corpore ad misericordiam dei patris pertinere arbitratus est ne semper huius vite miseria reverentur". Ciceró encara in *De somno Cipionis* et VI[228] *De República*, introduhint lo major Cipió parlar al menor Affricà, diu confermant lo matex prepòsit: "Sed quo sis Affriquane alacrior ad tutandam republicam sic abeto omnibus qui patriam conservaverint adiuverint auxerint certum esse in celo et diffinitum locum ubi beati evo sempiterno fruantur". E ultra açò, quant ell la matexa oppinió affermàs, molt pot ésser maniffest per lo procés del primer de la *Tosculana*, que diu encara açò matex quant los hòmens excel·lents afferma ésser per les llurs obres deyfficats, axí com se veu en molts lochs del *Methamorffoseos*, specialment en lo novè, introduhint la mort Hèrcules y en aquella dir Jovis aquestes paraules: "Nec nisi materna vulcanum parte potentem / Senciet: eternum est a me quod traxit et expers / Atquam immune necis: nullaque domabile flamma / Idque ego deffunctum terra celestibus oris / Accipiam". Virgili aprés en lo sisè de l'*Eneydos*, a demostrar l'ànima immortal e aprés la sua separació ésser subgecta a la justícia divina, e de aquella les penes reportar-y [231r[229]] lo mèrit segons les obres precedents en vida, scriu en aquesta forma: "Quin et supremo cum lumine vita reliquit / Non tamen omne malum miseris nec funditus omnes / Corpore excedunt pestes penitusque necesse est / Multa diu concreta modis inolecere miris / Ergo exercentur penis veterumque malorum / Suplicia expendunt alie panduntur inanes / Suspense adventos alii sub gurgite vasto / Infestum eluitur stelus aut exuritur igni / Quisque

---

[227] 229v en la numeración del manuscrito.
[228] *VI*: it. "vii".
[229] 230r en la numeración del manuscrito.

suos patimur manes ex inde per amplium / Mittimur elisuum et pauci leta arua tenemus". Prova's encara aquesta vera sentència per lo sant eloqui dels divinals profetes, los quals, spirats de Déu, quant d'ell entengueren tant pronunciaren a les gents. On principalment David proffeta en lo psalm LXX demostra ésser reservat per la resurrecció quant diu: "Quantas ostendisti michi tribulaciones multas et malas et conversus vivifficasti me et de abissis terre iterum reduxisti me"; Micheas encara in VIIIo capítol diu: "Expertabo dominum salvatorem meum audiet me deus et leteris inimica mea super me quia cecidi consurgam cunsedero in tenebris"; Ezechiel a XXXVII manifestament la reservació de les ànimes demostra y aquelles deure's reunir ab los cossos, dient: "Ossa arida audite verbum domini: Ecce ego intermitam in vos spiritum et vivetis et dabo super vos nervos et subcrecere faciam super vos carnem et super extendam in vobis cutem et dabo vobis spiritum [231v[230]] et vivetis et scietis qua ego sum dominus". Mas, si algú digués que Déu no les ànimes dels morts, mas de nou creades, dega infundir en la ossament dels cossos, açò seria erròneum e contra aquest proffeta, però que no serien los matexos hòmens de primer, ni més conexerien ell per lo miracle ésser Déu que los hòmens primerament morts. Seria encara contrària sentència dels altres proffetes, los quals fan en la resurrecció special menció de la identitat numeral. Hagué encara aquesta sperança Job, emperò diu: "Scio quia redemptor meus vivit in novissimo de terra surrecturus sum. Et tursum circundabor pelle mea videbo deum salvatorem meum". Certiffica a la fi en aquesta causa a nosaltres la digna auctoritat del gran philòsoff Albert, lo qual en lo primer *De ànima* diu ell haver vista speriència de les ànimes nostres, aprés que són partides dels cossos, ésser mobles, del qual article màximament se dubta entre·ls philòsoffs.[231] On diu: "Sed id quod videtur anch dubitacionem destruere est quod ab antico rismegisto et nunch a divinis et incantacionibus aseritur quod s. spiritus quos angelos aut demones vocant anime exute a corporibus suis moventur de loco ad locum cuius veritatem et nos expertissimus immagicis".

Últimament los exemples dels gentils circa la observància de les leys, circa la erecció de les estàtues, circa les obsèquies sumptuoses, circa la pietat dels deus, no altra cosa testi[232r[232]]fiquen que la

---

[230] 230v en la numeración del manuscrito.
[231] *philòsoffs*: ms. "philosoff".
[232] 231r en la numeración del manuscrito.

sperada e testifficada natura de les ànimes humanes. Concloem donchs ensemps ab lo nostre poeta que Laura és viva, e los hòmens los quals són en lo món fins en lo seu derrer dia de la vida present són morts, segons la sentència de Ciceró in *De somno Cipionis*, lo qual diu: "Immo vero vivunt qui e corporum vinclis tanque a carcere evolaverunt vestra vero que dicitur vita mors est"; e Sant Agostí VIIIIo *De civitate Dei* capítol IIII diu: "Multo credibilius et probabilius est homines quamdiu vivunt tam diu miseros esse". Donchs mèritament podem affermar la mort spènyer una mort vivint e parir la sempiterna vida.

Havent Laura respost al poeta ella ésser viva e ell prestant-li fe no dubtosa, no més avant en aquesta part la demanda procehex, mas gira les sues paraules a altra interrogació, dient: "O madama Laura, e digues-me si a la fi de aquesta altra serena apellada vida lo morir és tal pena e suplici qual vulgarment s'estima, pux que tu per esperiència ne has atesa conexença". On diu:

> Et io: "Al fin di questa altra serena
> Ch'à nome vita, che per prova il sai,
> Dimme se 'l nostro[233] è sì gran pena."

Circa la intel·ligència dels precedents versos és de saber que rahonablement micer Ffrancesch ha introduhit lo narrat quisit, emperò que tres generacions de penes, segons la diversitat del vulgar, [232v[234]] se troben en la mort. La una és corporal, la qual pervé sols per la repugnància de l'ànima y del cors en la llur partida, essent-se ensemps naturalment units, com lo propri perfectible e la pròpria perfecció. On a resistir a tal divisió totes les forces de la natura insurten, per la qual cosa nax en lo cors una dolor intensíssima. La segona pena és mental per dexar les coses desigades del món, on ha tal dolor qual seria en partir lo cor del seu propri cors, emperò que és pròpria similitud, segons la sentència de Jesucrist en Sant Matheu en lo sisè, dient: "Ubi est thesaurus tuus ibi cor tuum erit". La terça e última pena, e comporta'l[235] mental, vehent-se l'ome constret sens algun remey a deure abans ésser conduhit a aquell etern jutge, del qual tant rigorosament és aquell temps ministrada justícia,

---

[233] *Dimme...nostro*: Pac. "deh, dimmi se 'l morir".
[234] 231v en la numeración del manuscrito.
[235] *e comporta'l*: "és patir", error de traducción por confusión del verbo "ser" con la conjunción copulativa; it. "e patire".

e de la qual gràcia solament devalla lo seu mèrit e no de neguna altra obra. De què per aquest respecte és dada[236] la mort dels hòmens ésser una grandíssima pena.

Narra aprés micer Ffrancesch la digna y excel·lent resposta de Laura a la sua demanda, dient que ella diu: "O micer Ffrancesch, mentre que tu vas dret a la sentència del vulgar e a la sua falsa opinió, per cert may poràs ésser benaventurat. Emperò yo·t faç cert que la mort és la fi d'una streta y escura presó als ànimes gentils, les quals són donades a la conexença de les coses celestials. Mas les altres les quals han tota lur diligència y desig posat en lo fanch de les coses terrenals, la mort [233r[237]] solament los és desplaent e enujosa. E més avant te dich que lo meu morir, lo qual és a tu al present tan enujós, te portaria plaer e alegria si tu una de les mil parts sentisses de tant goig e alegria que yo sent". On diu:

> Rispose: "Mentre al vulgo driete vai
> Et alla opinïon sua seca[238] et dura,
> Esser felice non puo tu già mai.
> La morte è fin d'una prigion obscura
> A gli animi gentili; a gli altri è noia,
> Ch'ànno posto nel fango 'gni lor cura.
> Et hor il morir mio, che sì t'annoia,
> Ti farebbe alegrar, se tu sentissi
> La millesima parte de mia gioia."

Per més clara intel·ligència dels precedents versos és de saber principalment la natura de l'ànima nostra, no solament segons los teòlechs e la crestiana religió mas encara per la opinió dels philòsoffs, ésser divina. Per la qual veritat veurem primer que s'escriu en lo principi del *Gènesi* de Moisès en persona de Déu: "Ffaciamus hominem ad imaginem et similitudinem nostram". A la qual sentència és conforme la colorada fantasia dels poetes, los quals fingint diuen que, aprés que Promoteu hagué format l'ome, essent de Minerva portat e conduhit en lo cel per que prengués al compliment de la sua obra qualsevol cosa que més lo delitàs, e ell vehent la llum del sol, a aquella encengué una palla jutjant tota altra cosa menys digna e, aplicant-la als pits del seu cors format, [233v[239]] introduhí

---

[236] *dada*: "dita"; it. "detta".
[237] 232r en la numeración del manuscrito.
[238] *seca*: Pac. "cieca".
[239] 232v en la numeración del manuscrito.

l'ànima en l'ome, com testtiffica Ovidi en lo primer del *Methamorfoseos*, e axí vench a ésser viu. La qual sentència que sia vera e de qual llum entenen los poetes declara Plotònio platònico, del qual refferex Sant Agostí Xº *De civitate Dei* al capítol segon dient: "Plotonius platonicus animam nostram intellectualem quan in celestibus sedibus habitare non dubitat non habere suppra se naturam nisi die qui fabricatus est mundum a quo ipsa facta est arbitratur: nec aliunde illi superius preberi vitam beatam et lumen intelligencie veritatis. Unde consonans sentencia est Evangelio ubi dicitur. Erat lux vera que illuminat omnem hominem venientem in hunc mundum". Scriu encara açò matex Ciceró en les *Paradoches* demostrant l'ànima ésser de natura divina, dient: "Tu cum tibi sive deus: sive natura mater ut ita dicam omnium rerum dederit animum: quo nihil est prestabilis neque divinius sic te ipsum abicies atque prosternes ut nichil inter te atque quadrupedem putes interesse". Afferma açò matex lo philòsoff en lo VII de la *Èthica* e primer de la *Política*, e Sòcrates spesament solia dir a confermació de la preinducta sentència: "Homo perfectus per sapienciam nihil aliud est quam deus in humano corpore conspiratus". Per les quals auctoritats molt pot ésser maniffest lo antich philòsoff no haver per alguna manera dubtat l'ànima nostra deure ésser divina. Donchs per aquest fonament, y per la sentència del philòsoff en lo primer de la [234r[240]] *Èthica*, e de Ciceró en lo primer *Dels officis* y en lo segon de la *Tosculana*, hon dividexen l'ànima racional en dos potències, ço és sensitiu e intel·lectiu, hon ha natura la divisió de la vida inactiva e contemplativa, se pot maniffestament compendre la mort ésser la fi d'una scura presó a les ànimes gentils e enuig a les altres, les quals han posat tota la llur diligència e delit en lo fanch.[241] Per la qual cosa és de saber que les gentils se denomenen aquelles que per qualque operació se tornen semblants a la llur natura, segons la sentència del philòsoff en lo VII[242] de la *Èthica*, quant, parlant de bestials vicis, recita aquell qui havia havut lo pare y, essent reprès, respòs: "Et ipse patrem verberavit suum et puerum fillum ostendens inquit et hic cum vir erit verberabit me nam id nobis gentile est". Les ànimes gentils donchs apetexen ab lo llur principi conformar-se, e ésser absoltes e simples de aquesta soma del cors terrenal, e apartar-se de la cura e possessió de les coses mortals. De què sent Agostí VIIIIº *De civitate Dei* diu

---

[240] 233r en la numeración del manuscrito.
[241] *fanch*: ms. "fach".
[242] *VII*: it. "VI".

en aquest prepòsit: "Si ergo deo quanto similior tanto fit quisque propinquior nulla est ab illo alia longinquitas quam eius disimilitudo. In corporali vero illi eterno et incommutabili tanto est anima hominis disimilior quanto rerum temporalium mutabilum cupidior". E emperò Plató en lo libell *De inmortalitate animi*, demostrant la letícia de les ànimes gentils quant la mort s'apropinca, [234v[243]] de què elles se desjunyen[244] del cors, diu a aquest prepòsit: "Tritum si quidem et ad omnes decantatum vitam nostram pregrinacionem quandam esse. Qui autem mansuete: modeste: moderateque vixerunt forti animo decedentes quasi peana canentes ad debitum nature accedunt". Per aquesta rahó donchs Solone athenienchdeya, com scriu Tuli in libro *De senectute*, que no volia que·ls seus amichs a la sua mort planguessen, ni per aquella comportassen alguna dolor. On Ènnio poeta solia dir "Nemome lacrimis decoret neque funera flexu faxit" stimant la mort ésser a glòria e dolcesa de l'ànima, com scriu Tuli en lo matex libre. Donchs aquesta és la consuetut de les ànimes dignes e gentils. Emperò Scipió Emilià, com scriu Tuli in *De somno Scipionis*, axí com veu en lo somni Paulo Emílio, son pare, havent entès del major Affricà la disposició de aquella eterna vida, diu: "Queso pater sanctissime atque obtime quoniam est hec vita ut Affricanus audio dicere quid moror in terris quin huc propero ad vos venire". E axí com se realegren les ànimes dignes de l'adveniment de la mort, axí encara per contrari s'entretexen aquelles que curen de les coses del món, les quals pròpiament són fanch apellades, essent aquelles en brevíssim spay de temps delibles. D'on appar maniffest que semblant judici se pot donar de les altres, lo qual se dóna de aquella cosa que és en més noble estima del món, ço és la peccúnia, la qual és la pus [235r[245]] vil, commutant-se aquella en totes les coses spurcísimes, com scriu Aristòtil en lo V de la *Èticha* e Sant Agostí Vo *De civitate Dei* contra la opinió de Varró. Emperò demostra Jesucrist en Sant Matheu en lo V no deure's curar de aquestes terrenals riqueses, dient: "Nolite thesaurizare vobis thesauros in terra ubi erugo et tinea demolitur et ubi fures effodiunt et furantur". Per la qual cosa, naxent la alegria per la possessió sols de les coses que plaen e la dolor e l'enuig per la relexació de aquelles, per ço, essent constrets los hòmens a dexar lo món per la mort quant en aquell hajen posada sa diligència, és cosa rahona-

---

[243] 233v en la numeración del manuscrito.
[244] *desjunyen*: ms. "desjunyel".
[245] 234r en la numeración del manuscrito.

ble que s'entrestexquen quant vinguen a morir. Aquesta diversitat dels desigs affermà Pictàgoras ad Leonte, príncep de Philiasi, quant li demanà lo nom de philòsoff que importava. Al qual ell respòs, com scriu Tuli en lo V de la *Tosculana* en aquesta forma: "Pictagoram autem respondisse ffertur similem sibi videri vitam hominum: et mercatum eum qui haberetur maximo ludorum apparatu totius grece celebritate. Nam et ut illi alii corporibus exercitatis gloriam et nobilitatem corone peterent. Alii emendi aut vendendi questu ducerentur. Esset quoddam genus eorum idque vel maxime in genuum: qui nec plausum nec lucrum quererent: sed visendi causa venirent studiosque prospicerent: quit ageretur et quo modo. Item nos quasi in mercatis quadam celebritate ex urbe aliqua in hanc vitam ex alia vita et natura perfectos: alios glorie servire: alios [235v[246]] pecunie: raros esse quosdam qui ceteris omnibus pro nihilo habetis: rerum nostram naturam studiose intuerentur hos se appellare sapiencie studiosos .i. philosoffos". Donchs per aquest desig de l'entendre y specular la natura de les coses se fan los hòmens més semblants a Déu; emperò, segons lo philòsoff en lo XII de la *Metaphísica*, Déu pròpriament és nomenat intel·ligència de les intel·ligències. Concloent donchs, Laura diu justament que micer Ffrancesch axí·s seria alegrat havent solament sentit una de les mil parts que ella havia sentit de la dolcesa que per mort en la pàtria celestial havia conseguda.

Seguex aprés micer Ffrancesch que, havent axí parlat Laura com damunt ell ha refferit e mentres tenguts tostemps fixos los ulls al cel, a la fi callà fins que, ell demanant-li, novament li dix, e no sens gran maravella, que·n la mort no fos dolor: "O Laura; segons la comuna oppinió dels hòmens, Sil·la, Màrio, Neró, Macenci Caio, ab lo llur inexcogitat[247] suplici, e axí matex la intensa e aguda dolor dels ronyons y del ventrell y les ardentíssimes febres, dels quals seguex la mort, ffan mostrar aquella verament no ésser dolça, mas molt més amarga e aspra que en qualsevol manera lo donzell se guste". On diu:

> Così parlava, et gli ochi havea al ciel fissi
> Divotamente. Et poi misse[248] in silencio
> Quella labra rosate, infin ch'io dissi:

---

[246] 234v en la numeración del manuscrito.
[247] *inexcogitat*: it. "excogitate".
[248] *Et poi misse*: Pac. "Poi mosse".

"Silla, Mario, Neron, Caio et Mecencio,
[236r[249]] Ffianchi, stomachi et ffebre ardente fanno
Parer la morte amara più che assencio."

[235v[250]] Vol demostrar lo poeta per a[236r[251]]questos versos ésser en la mort gran amargor, tant per los acerbíssims turments donats als hòmens com encara per la natural pasió que espesses voltes intervé de aquella. On en lo temps de la romana república importà per exemple Sil·la Màrio d'Arpínio, famosíssim ciutadí de Roma mas crudelíssim a molts ciutadins, com aprés en la istòria és maniffest. Aquest donchs per la crueldat usada en la mort que donava als hòmens feya aquella judicar ésser amarga. E axí matex lo cruel Neró, segons Corneli Toca e Suentoni Tranquil·lo, e Gaio Gal·lícula, quart emperador, los quals quasi mostraven que·s nodrissen de les molèsties e aspredats que envés los hòmens inferien. Als quals[252] fon encara conforme Macenci, fill de Maximià en lo temps que regnava Costantí, fill de Helena, XXVIIIIo emperador de Roma, lo qual per la furor dels cavallers de la pretoria fon apellat a Roma Augusto, home crudelíssim e major persecudor del nom crestià, mas despux de Costantí aprés del pont Mínio vehí a Roma, esent sobrat, fon mort.

Aquest matex effecte de la acerbitat de la mort par que produhexca encara la dolor còlica, vulgarment nomenada dels ronyons, aquell essent intensíssim. Emperò que, segons la sentència d'Avicena en lo XVI del terç, aquella dolor intervé les més voltes per grossa ventositat closa en lo budell, en lo qual, rugitant e cercant per hon exir puga, [236v[253]] produhex a l'home grandíssima passió, axí com la experiència demostra. Pervé encara algunes voltes per supèrflua sequedat del cors, e majorment de les superfluïtats naturals per soberch exercici, per calor d'ayre, de menjar, per poca effusió de umor colèrica en los budells, per hon se debilita la virtut expulsiva. E de ací s'engendren umors fleumàtiques grosses e vistoses, les quals durament estan en los budells aderents; de què, tentant la natura contra aquells, la dolor infart grandíssima últimament se engendra encara per apostema en lo budell contenguda, per la matèria

---

[249] 235r en la numeración del manuscrito.
[250] 234v en la numeración del manuscrito.
[251] 235r en la numeración del manuscrito.
[252] *quals*: ms. "qual".
[253] 235v en la numeración del manuscrito.

ésser correguda per les venes e[254] meats als lochs més dèbils, e dels quals la natura ha menys cura a solicitut. Per la qual cosa, en qualsevol manera que aquesta egritut pervinga, tostemps produhex intensíssim greu dolor. En aquesta manera encara lo ventrell és alguna volta causa d'aspres penes; emperò que, segon Galièn e Avicenna en lo XIII del terç, lo ventrell és un membre molt nervós, per la qual cosa se dóna molt sensitiu, essent los nirvis lo medi e lo instrument del sentiment del cor, segons la sentència dels metges y del philòsoff in IIo *De ànima*. Pervenen encara en lo ventrell més causes de dolor, ço és mala complexió in matèria simple o composta, o ab manera defluxa en aquell loch axí matex, e apostemes, e solució de continuïtat, e ulceració, e ventositat, e senglot, e destrucció y debilitat de apetit, e altres moltes egrituts que són[255] causa de amargues torçons e gravíssimes dolors. La ffebra encara quanta [237r[256]] molèstia porta als hòmens molt pot ésser manifest per la sua diffinició scrita de Avicenna en lo principi del primer del quart, quant diu: "Ffebris est calor extraneus accensus in corde proveniens ab eo mediantibus spiritu et sanguine per venas et arterias in totum corpus". Et Galièn en la primera particla dels *Anforismes* ab més breus paraules demostra la cerbitat de les febres dient: "Ffebris est calor naturalis mutatus in igneum". Et Isach in *De ffebribus* afferma la febra venir en la molèstia totes les altres egrituts, com sia cosa que de aquella no solament pervenen inquietut, alienació de memòria, desvetlament superflu, set immoderata e altres importuns accidents, mas ella impedex e fa inperfetes totes les altres operacions humanes. Aquestes donchs naturals passions e aquestes dolors són la causa d'on, ensemps ab los altres suplicis, los quals inferexen als hòmens la mort, és jutjada del vulgar amaríssima.

Havent lo nostre micer Ffrancesch feta la sobredita obgecció a Laura, descriu ara una resposta de aquella tan digna e acomodada quant verament a la sua excel·lència se convenia, dient: "O micer Ffrancesch, yo no puch negar e no negue que l'affany e martiri que procehex la mort no dolga acerbíssimament, y encara més que açò molesta una agonia e temor que l'home ha de l'eternal damnatge, conexent-se haver offès Déu, lo qual aprés la dada sentència és jutje inflexible. Mas digues-me en veritat, confortant-se l'ànima en la mi-

---

[254] *e*: tachado en el ms.
[255] *que són*: ms. "son".
[256] 236r en la numeración del manuscrito.

sericòrdia de Déu y [237v²⁵⁷] donant al cor en si matex las algun confort de salut y d'esperança, quina cosa és en veritat aquesta mort no és alrre que un brevíssim sospir". On diu:

> "Negar" disse "non posso che l'affanno
> Che va nanci al morir, non doglia forte,
> Et più la tema de l'eterno danno;
> Ma, pu²⁵⁸ che l'alma in Dio si conforte,²⁵⁹
> E 'l cor, che 'n se medesimo forse è lasso,
> Ch'altro che un sospir breve è la morte?"

Digna verament e singular resposta fon aquella de Laura, e no certament millor e més acomodada se podia respondre, emperò que, axí com diu Sant Agostí en lo primer *De civitate Dei*, la diversa generació e²⁶⁰ la vària manera de la mort és allò que fa blasmar la mort, o²⁶¹ solament allò que a la mort seguex; e axí no indica res pertànyer-se a la diversitat del morir e a²⁶² la sua malícia. On diu: "Quid enim interest quo mortis genere vita ista finiatur quando ille cui finitur amplius mori non cogitur cum autem unicuique mortalium sub cotidianis vite huius casibus innumerabiles mortes quodammodo continentur: quamdiu incertum est que natura rerum ventura sit quero utrum sanctius sit unam perpeti mortem moriendo an omnes timere vivendo"; e seguex: "Mala mors putanda non est quam bona vita precessit neque enim facit malam mortem nisi quod sequitur mortem". On per ço conclou en lo V que los sants martres sobraren [238r²⁶³] perquè ells sabien més prest comportar la mort pacientment a ells²⁶⁴ per altri donada que a si matexos inferint-la en tal manera. La qual constància norresmenys quant se pertanyia a la diminuïda conexenca molt clar la mostraren en lo no dubtar la mort March Atíl·lio Rògolo, pres dels cartaginesos, Teràmenes, pres de LXXX²⁶⁵ tirants de Lacedemònia, Caridemo ateniench, pres de Dari, e Teodoro, pres de Lisímaco, lo qual, mena-

---

²⁵⁷ 236v en la numeración del manuscrito.
²⁵⁸ *pu*: Pac. "pur".
²⁵⁹ *conforte*: Pac. "riconforte".
²⁶⁰ *la diversa...e*: "ni la diversa generació ni".
²⁶¹ *o*: "sinó".
²⁶² *e a*: ms. "a".
²⁶³ 237r en la numeración del manuscrito.
²⁶⁴ *ells*: ms. "ell".
²⁶⁵ *LXXX*: it. "lxx".

çant de fer-lo morir en creu, respòs, com scriu Tuli en lo primer de la *Tosculana* e Valeri en lo capítol *De libere dictis*: "Istis queso ista orribilia minitare purpuratis tuis Theodoro quidem nihil interest humi ne an sublimi perescat". E ultra aquest, molts altres poch estimaren lo suplícia que de la mort pervenia, essent armats de aquella sperança que·ls naxia per la pàtria.

Ajusta micer Ffrancesch una prova per testimoni de Laura en si matexa, axí com l'ànima no·s perturba fins en lo extrem pas per les forts pasions pur que sia dret a la eterna salut, introduhint Laura axí continuar les paraules: "O micer Ffrancesch, per vera speriència de les mies paraules, sàpies que yo tenia ja vehí l'últim pas de aquesta nostra vida y, encara que lo cors y la carn fossen fràgils e l'ànima malalta, norresmenys era prompta quant en aquest estament sentí dir ab gran mescla de dolentes paraules: 'O miserable enamorat de micer Ffrancesch, lo qual[266] de hu en hu conta los dies de la malaltia de Laura, e a quascú de aquells li sembla mil anys, tan desiga quascuna ora veure-la e norres[238v 267]menys ella és venguda tal que nunca ensemps se trobaran en la terra. O miserable, verament miserable, que cercant ell quasi tota la terra, cercant la mar y quascuna de les sues ribes, tostemps serva una matexa consuetut sols en pensar, y parlar, y tostemps descriure de aquella'. E axí havent sentit parlar, yo·m girí devés aquella part d'on venia lo so de tals paraules, e mirant yo viu aquella que spesses voltes me havia consellat amar-te e a tu retengut en la enamorada furor. La qual yo tost ab la sua vista e paraules haguí reconeguda perquè espesses voltes ja abans de la mort m'aconsolava ara greu me donà gran delit". On diu:

> "Io havea già vicin l'ultimo passo,
> La carne inferma, et l'anima ancor pronta,
> Quando udi' dir in un suon tristo et basso:
> 'O misero colui che i giorni conta,
> Et pargli l'un mil anni! Endarno vive,
> Et sero[268] in terra mai non si rafronta.
> Et cercha il mar, et tutte le suo rive,
> Et sempre un stile, ovunque fusse, tenne:
> Sol di lei pensa, o di lei parla o scrive.'

---

[266] *lo qual*: ms. "lo qua".
[267] 237v en la numeración del manuscrito.
[268] *Et sero*: Pac. "ché seco".

Alhora in quella parte onde suon[269] venne
Gli ochi languidi volgo, et veggio quella
Ch'ambo noy, me sospinse et te riettenne.
Riconobila al volto et alla favella,
Che spesso ha già il mio chor raconsolato,
Hor grave et saggia, allor honesta et bella."

[239r[270]] Per més clarament entendre la cruel y elegant sentència contenguda en los precedents verssos és de saber principalment que les costumes e natura de les ànimes pelegrines, la qual reposada en la spurcícia de l'acte venèreo sols entenen a l'enamorat plaer no separat de la alegra honestat, quant vegen dos consemblants enamorats, esforçen-se ab paraules e obres aquells mantenir en tal enamorat exercici, així com micer Ffrancesch demostra en aquell sonet: "Due rose fresche et colte in paradiso". E majorment intervé quant en lo enamorat és alguna prestància d'engeny, on componga en lahor de la enamorada alguna elegant obra la qual als altres enamorats legint porte en delectació e plaer, com intervenia en micer Ffrancesch per los sonets y cançons morals sues. E quanta·s vulla que sia aquesta consuetut de quascuna pàtria, norresmenys majorment se acostuma en Ffrança, hon los hòmens molt més que en altra província se demostren amorosos. De què per aquest respecte l'amor de micer Ffrancesch era a molts gratíssima, en tant que és fama que papa Benet XII e papa Climent VI quascú consentís e dispensàs que micer Ffrancesch fos benifficiat e norresmenys pogués haver Laura per muller. Ffon donchs aquest amor del poeta entre·ls altres caríssima a una gentil dona de Avinyó, la qual dien molts ésser estada la nodriça de Laura. La qual cosa a mi no·m par verdadera, perquè és quasi fora de natura que en ànimo [239v[271]] així de pres com era o devia ésser aquell de la nodrica de Laura, essent tal exercici de gent baxa, e majorment perquè Laura fon de xich linatge nada en aquella vila apellada Gravesons que haïa així digne concepte, quant és mantenir en amor honesta e loable dues singularíssimes enamorades. Segons donchs la conformitat dels servidors dalt,[272] hon diu que les dones vengudes a visitar Laura en la malaltia eren totes amigues e vehines sues, dich que una gentil dona en la

---

[269] *onde suon*: Pac. "onde 'l suon".
[270] 238r en la numeración del manuscrito.
[271] 238v en la numeración del manuscrito.
[272] *la...dalt*: error por "la conformitat que descriu amunt"; it. "la co*n*formita che descrive di sopra".

ciutat de Avinyó desigava molt aquesta benivolència e connexió d'ànimo de Laura e de micer Ffrancesch. Emperò, quant per qualque enamorada injúria que rebia de Laura micer Ffrancesch mostrava ab aquella voler-se torbar e del tot partir-se d'aquest amor, e per ço Laura més ne indurava. Lavòs aquesta gentil dona ab honestes persuasions retenia micer Ffrancesch dient que no·s partís de l'amor de Laura e ab Laura, blasmant la sua durea, a qualque[273] gratitut la induhia; de què les[274] precehides llurs hires no era altra cosa que reintegració de major amor.

Haguda donchs aquesta notícia, vol demostrar[275] micer Ffrancesch que l'ànima nostra és encara superior en la mort a totes les corporals passions quant ab la deguda confiança en Déu en si matexa és fortifficada. Hon és de entendre que l'amor, segons lo philòsoff en lo VIII[276] de la *Èticha* y segon de la *Tòpica*, és pasió de la concupicible potència. E, segons Sant Agostí al XIIII *De civitate Dei*, [240r[277]] l'amor és lo primer e principal fonament de totes les altres concupicències; on diu: "Omnes animi pasiones ex amore causantur Amor enim inhians habere quod amatur cupiditas est id autem habens eo que fruens leticia". De què, per neguna cosa tant se mou l'ome quant per lo recort de l'obgecte amat, axí com micer Ffrancesch descriu en aquell sonet "Del mar Tirreno alla sinistra riva". Per la qual cosa essent estat micer Ffrancesch d'aquella dona recordat en la mort de Laura, e ella amant-la quant permetia la honestat, axí com se demostra en los pròxims subsegüents versos, e no comouent-se en alguna part ni estant en lo seu ànimo pensós per alguna mundana delectació, se pot fàcilment concloure que neguna altra passió la podia alterar que comouent-la lo seu amat enamorat. Per la qual cosa és maniffest que l'ànimo certe e prompte, com la carn sia fràgil, no·s tempra en la mort, mas de quascuna passió resta dominador. E per ço, havent lo poeta narrat que Laura havia coneguda la gentil dona e de aquella restava aconsolada perquè era venguda molt greu e prudent, on essent[278] venguda en la bella e honesta vida encara la consolava, emperò més avant narra per les sues paraules no haver haguda alguna mutació.

---

[273] *qualque*: ms. "qualgue".
[274] *les*: repetida en el ms.
[275] *vol demostrar*: repetido en el ms.
[276] *VIII*: it. "V".
[277] 239r en la numeración del manuscrito.
[278] *essent*: ms. "enssent".

Seguex aprés micer Ffrancesch l'altra speriència feta de Laura per lo seu testimoni en la mort no ésser alguna pena, pux que demostrat la ànima poder restar superior a qualque affecció sensitiva, dient que Laura continuant diu: [240v[279]] "O micer Ffrancesch, sàpies aprés allò que yo t'e dit, e quant yo fuy en lo meu estament pus bella[280] e de joventut y bellea, en aquella edat que a tu[281] mostrast ésser més cara y en paraules, gests y obres per aquelles has molt donat que dir, pensar e obrar, la vida mia lavors me fon quasi amarga e molesta per respecte de aquella dolça e mansueta mort,[282] la qual per la depravada natura raríssimes voltes és contingent als mortals. Emperò que en aquell meu trànsit yo era granment més alegra que aquell que de l'exili retorna a la dolça e desigada pàtria, sinó que sols de tu al cor m'estrenyia compassió e pietat que·n la misèria del món restaves". On diu:

> "Et, quando fui[283] nel mio più bello stato,
> Ne l'età mia più verde, a te più cara,
> Ch'a dire e a pensar a molti ha dato,
> Mi fu la vita poco men che amara
> A rispecto di quella mansueta
> Et dolce morte ch'a' mortali è rara;
> Ché 'n tutte quel mie passo era[284] più lieta
> Che qual d'exilio al dolce albergo riede,
> Se non che mi stringea sol di te[285] pieta."

Dos notables effectes ésser-se obrats per Laura descriu lo nostre poeta en los precedents versos, dels quals lo primer, segons la ley de la amicícia e proprietat stablida de Pictàgoras, comprovada del philòsoff en lo VIII de la *Èthica*, [241r[286]] de Ciceró in libro *De amicícia* y de Sènecha en la sisena *Epístola ad Lucillum*, on diu: "Nullius enim boni sine socio jocunda possessio est". Per la qual cosa Laura, havent pietat a micer Ffrancesch, ella li desigava un estament semblant a si, per lo qual fos fora de la mundana misèria. L'altre effecte

---

[279] 239v en la numeración del manuscrito.
[280] *bella*: ms. "bell".
[281] *a tu*: ms. "tu a tu".
[282] *mort*: ms. "amort".
[283] *fui*: Pac. "io fui".
[284] *tutte...era*: Pac. "tutto quel mio passo er'io".
[285] *sol di te*: Pac. "di te sol".
[286] 240r en la numeración del manuscrito.

és ella degudament ésser-se alegrada del seu pasar d'aquesta vida a l'altra en semblança de aquells que de l'exili retornen a la pròpria terra, e verament ab rahó, essent aquesta nostra vida no altra cosa que una mar de turbulenta tempesta; on mèritament scriu Ciceró en lo primer de la *Tosculana* aquestes paraules: "Quod si expectando et desiderando pendemus animis cruciamur et agimur: pro[286bis] dii immortales que illud tunch iter iocundum esse quo confecto nulla reliqua cura nulla solicitudo futura est". Ni menys clarament entenia aquesta disposició Sòcrates; emperò, essent dels athenienchs encarcerat perquè detestava les[287] llurs idolatries, no volgué algun procurador o causídich que·l deffensàs en la sua causa, ni posà degú per alguns prechs al jutge, mas volgué estar en líbera contumàcia. E lo derrer jorn de la sua vida, com scriu Tuli en lo matex libre disputant de l'estament de l'ànima, diu ésser dues les vies de totes les ànimes que partien dels cossos. On así seguex Tuli: "Nam qui se humanis viciis contaminassent et se totos libidinibus dedissent quibus velint secati domesticis viciis atque flagiciis se inquinassent. Ubi rei publice violande fraudes inexpiabiles concepissent hiis demum quoddam iter [241v[288]] esse seclusum ad concilio deorum. Qui autem se integros castosque servassent quibusque fuisset anima cum corporibus contagio: seque ab iis semper se vocavissent essentque in corporibus humanis vitam imitari deorum his ad illos quibus essent profecti reditum facilem patere". Conferma encara açò matex Tuli in *De somno Cipionis*, introduint Paulo Emílio demostrar a Cipió, son fill y nebot per adobció del major Affricà, que la via de la virtut sia aquella que sola revoca les nostres ànimes en lo cel, dient: "Sed sic Scipio aut auus hic tuus ut ego qui te genui cole iusticiam et pietatem que tum magna in parentibus et propincuis tum in patria maxima est. Quare ea via vita est in celum et in hinc cetum eorum qui iam vixerunt et corpore lassati illum incolunt locum que vides". No és donchs de plànyer la mort, la qual Júlio Cèsar, segons que scriu Salusti en lo *Cathelinari* e Ciceró en la *Oració contra Catelina*, stimava pervenir o per necessitat de natura, o[289] per fi e seguretat de les nostres fatigues e misèries, e no ésser atribuït suplici dels déus als hòmens. Emperò may aquells que són sants moren contra lur voluntat,[290] mas bé aquells que són espessament volenters se

---

[286bis] *pro*: ms. "proh".
[287] *les*: ms. "le".
[288] 240v en la numeración del manuscrito.
[289] *o*: ms. "e".
[290] *voluntat*: ms. "volutat".

provoquen a la mort. És donchs verament un exili de l'ànima lo abitar en lo cors, e majorment segons la oppinió de Plató, lo qual vol les nostres ànimes no de nou crear-se, mas ésser eternes e devallar del cel en los cossos, axí com primer és la matèria disposta a la sua recepció; on convenientment se realegren quant, absoltes de aquell, se'n retornen [242r[291]] al cel.

Molt elegantment ha descrit lo nostre poeta fins en aquest punt la natura de les ànimes, la disposició de la mort e la glòria que seguex lo victoriós obrar. Ara per avant vol mostrar, axí com al principi d'aquest capítol dient micer Ffrancesch per relació e testifficació de Laura, qui és lo procés no reprensible e la tollerable consuetut de l'amor sua, volent apartar tot dubte si algú n'agués hagut concept que ell menys virtuosament hagués amat madama Laura. Emperò ell introduhex demanar si en veritat, en lo temps quant ella era viva, ella fon may disposta en haver compassió d'ell, dient que dix: "Digues, madama Laura, singular mia senyora, yo·t pregue per aquella sacra y intemerada fe que yo·t portí en lo temps de la nostra vida, la qual yo crech te fon maniffesta mas molt més ara ve notòria en la cara de la divina essència, la qual veu e conex tot effecte que tu·m desiges, si may amor t'engendre en l'ànima algun pensament d'aver pietat al meu enamorat martiri, no dexant emperò la tua alta, digna e rahonable ampresa de la observància de la vera honestat. Emperò que tal volta lo teu dolç desdeny y la ira dolça, encara les dolces paus escrites en los bells ulls vostres, tingueren lonch temps a mi y lo meu desig en perplex y longa dubitació". On diu:

> "De, madonna", diss'io "per quella fede
> Che vi fu, credo, al tempo maniffesta,
> Hor più nel volto di chi tutto vede,
> [242v[292]] Creòvi Amor pensier mai nella testa
> D'ave[293] pietà del mio longo martire,
> Non lassando vostra alta impresa honesta?
> Ché i vostri dolci sdegni et le dolce ire,
> Le dolce pace ne' begli ochi scritte,[294]
> Tenner molt' anni in dubio il mio desire."

---

[291] 241r en la numeración del manuscrito.
[292] 241v en la numeración del manuscrito.
[293] *D'ave*: Pac. "d'aver".
[294] *scritte*: ms. "scripte".

[242r²⁹⁵] Circa la intel·ligència dels precedents versos [242v²⁹⁶] és de saber que micer Ffrancesch, segons la sentència dels teòlechs, afferma madama Laura deure conèxer la fe sua en la cara de qui veu totes les coses, ço és la divina esència, com sia cosa que, segons lo mestre de les *Sentències* en lo primer a la XXXV distincció per sentència de sent Agostí *Super genesi ad literam* y de sent Ambròs in libro *De trinitate*, quascuna cosa és present a nostre senyor Déu, axí pretèrita com futura, per respecte del món. La qual sentència encara afferma Aristòtil in libro *De bona fortuna*, on par que en Déu per la sua omnímoda simplicitat la essència, lo ésser, la sciència, la potència e los altres divinals atributs són una pura e una matexa cosa, ço és ell matex Déu. Per aquest les coses creades resplandexen tostemps en la divina essència, en semblança dels dits obgectes que formen²⁹⁷ dins l'espill la llur ymatge. On, axí com diu Sant Agostí nono *De civitate Dei*, "Verus deus est cum quo solo inquo solo de quo solo anima racionalis et intel·lectiva beata est". Essent sols Déu lo nodriment de l'ànima en la be[243r²⁹⁸]naventurada vida, per aquest a ell tostemps són intentes; a ell reguardant tostemps se induexen. Emperò comprenent²⁹⁹ ell de la essència divina segons la sua capacitat, comprenen encara la ymatge e semblança de les coses creades que resplandexen en aquella.

Seguex aprés micer Ffrancesch la resposta de Laura a la sua demanda acomodada e convenient a una ànima en lo cel col·locada, dient que, axí tost com hagué finides les sues paraules, ell véu lampegar lo dolç riure de Laura, lo qual fon a ell ja un confort e un sol restaurant les sues virtuts aflictes. Aprés, exortant ab un suau e piadós sospir, axí començà a parlar: "O micer Ffrancesch, yo·t notiffique que may en vida lo meu cor fon separat de tu en benivolència, ni encara en l'esdevenidor may se dividirà. Mas, conexent yo la tua enamorada flama, temprí aquella tal volta reffrenant-la ab la mia vista, emperò per a salvar-te en la tua continència y a mi en la mia pudiscícia, e nostra comuna fama en la sua virida extimació, neguna via se podia trobar més fàcil e segura. E per ço no deus reputar que yo jamés te sia estada piadosa, axí com la mare no és de judicar

---

²⁹⁵ 241r en la numeración del manuscrito.
²⁹⁶ 241v en la numeración del manuscrito.
²⁹⁷ *tostemps...formen*: se repite la misma frase completa en el ms.
²⁹⁸ 242r en la numeración del manuscrito.
²⁹⁹ *comprenent*: ms. "comprenen".

menys piadosa quant lo seu estimat fill castiga. Quantes vegades diguí yo entre mi matexa: 'O, quant só de aquest amada! Aquest micer Ffrancesch no ama axí mesuradament mas crema, per la qual cosa és mester que s'i provehexca per fogir la comuna infàmia. Mas certament me serà diffícil perquè mala provisió pot fer aquell que [243v³⁰⁰] un effecte brama, e aquell de fer norresmenys ha temença'. Axí com a mi matexa intervenia que desigava que tu a mi amases e dubtava que la tua amor en alguna part produís escàndel, emperò per tal provehiment entre mi deya: 'Ara vant solament mira micer Ffrancesch la effígie de part de fora, mas dins la disposició de l'ànima mia deguna cosa no mira'. E aquesta fon aquella cautela que t'estrengué e girà de propòsit, axi com lo fre lo cavall voltant gira. E sàpies de mi verament encara que més de mil voltes ira e corrucció pintà a les parts de fora la mia cara que amor dins mi cremant lo cor me destruhia. Norresmenys jamés en mi per aquest meu amar-te la mia voluntat vencé la rahó o lo discurs, mas, aprés que yo viu a tu ésser ple de tanta ira e sobrat de la enamorada dolor, lavors yo drecí envers tu los meus ulls plens de suaus gests³⁰¹ e benignitat, salvant ensemps la tua pròpria vida e la nostra comuna honor. Y encara sé que si la passió tua fon molt aspra e poderosa, que yo moguí la veu mia e lo front a offerir-te saluts benignes, ara ab la vista temorosa, ara de làgremes plena e malalta. Aquests foren donchs los meus engenys e arts ab aquexa amor tua, ara fent-te acolliments benignes, ara mostrant-te desdenys. La qual cosa tu sabs ésser-ne maniffesta perquè en moltes parts has cantat de aquella. E a la fi aquesta axí gran varietat usí perquè yo viu tal volta los teus ulls axí greus e prenyats de làgremes que yo [244r³⁰²] diguí verament: 'Aquest és corregut a la fi de la sua vida si yo soccorrent no li ajude, que yo conech lo seu seny'. E lavòs yo·t provehí de un honest soccors e loable confort. E tal volta yo·t viu haver en los costats tals esperons de seguretat que diguí en mi matexa: 'Ací és forçat un mos que més durament lo retinga'. E axí entre aquestes contrarietats, ara calent, ara fret, ara blanch, ara vermell, ara trist, ara alegre, yo t'he salvament fins aquest punt portat, de què entre mi matexa gloriegant me'n alegre". On diu:

---

³⁰⁰ 242v en la numeración del manuscrito.
³⁰¹ *gests*: ms. "gest".
³⁰² 243r en la numeración del manuscrito.

Appen hebb'io questo parole ditte,[303]
Ch'io vidi lampeggiar qual dolce riso
Che un sol fu già di me virtuti aflitte.[304]
Poi sospirando disse:[305] "Mai diviso
Da te non fu il mio cor, né già mai fia,
Ma temprai la tua fiamma co mio viso;
Perché ad salvar te et me nulla alta via
Era, la[306] nostra gioveneta fama;
Né per ferça è però madre men pia.
Quante volte diss'io: 'Questo meco ama,[307]
Anci arde; onde convien che acciò[308] proveggia,
Et mal puo proveder chi teme et[309] brama:
Quel di fuor miri, et quel dentro non veggia.'
Questo fu quel che te rivolse et strinse
Spesso, come caval che fren[310] vaneggia.
Più di mille fiate ira dipinse
El volto mio, ch'Amor ardeva il chore;
Ma voglia in me raggion già mai non vinse.
[244v[311]] Poi, se vinto te vidi dal dolore,
Drica in te gli ochi alhor soavemente,
Salvando la tua vita e 'l nostro honore.
Et, se fu passïon troppo possente,
Et la fronte et la voce a salvarti[312]
Mossi, or[313] temorosa et hor dolente.
Questi fur teco mie' ingegni et mie arti:
Hor benigne accogliencie, et hora sdegni.
Tu 'l sai, che n'ài cantato in molto parti.
Ch'io vidi gli ochi toi talhor sì pregni
Di laghrime ch'io dissi: 'questo è corso,
Se non saita, ch'io il cognosco[314] ai segni'.
Alhor providi d'onesto soccorso.
Talhor ti vidi tali sproni al fiancho

---

[303] *ditte*: ms. "dette".
[304] *aflitte*: ms. "aflicte".
[305] *Sospirando disse*: Pac. "disse sospirando".
[306] *la*: Pac. "e la".
[307] *diss'io...ama*: Pac. "diss'io meco: 'Questi ama".
[308] *onde...acciò*: Pac. "or si conven ch'a ciò".
[309] *et*: Pac. "o".
[310] *caval che fren*: Pac. "caval fren, che".
[311] 243v en la numeración del manuscrito.
[312] *salvarti*: Pac. "salutarti".
[313] *or*: Pac. "ed or".
[314] *Se non...cognosco*: Pac. "chi non l'aita, s'i' 'l conosco".

> Ch'io dissi: 'qui convien più duro morso.'
> Così, caldo, vermiglio,³¹⁵ freddo et biancho,
> Hor tristo, hor lieto, in fin che³¹⁶ t'ò conducto
> Salvo, onde io m'alegro,³¹⁷ benché stancho."

Circa la intel·ligència dels precedents versos és de saber principalment que molt és competent³¹⁸ ab la observància de les virtuts lo pendre delit de la corporal bellea, com sia cosa que lo actor de natura no errant intel·ligència, o ell natural agent, lo qual és que immediatament produhexca tal effecte en lo món no és intenció sua haver-lo produhit sots l'obgecte de la potència visiva, e que aquella en la sua comprensió no·s degua delitar en aquell. De què Ciceró, en lo primer *Dels officis*, aprovant aquesta sentència diu e afferma deure haver-se [245r³¹⁹] deguda cura e diligència circa la forma e mundícia del cors; e Virgili en lo V açò matex mostrant diu: "Gracior et pulcro veniens in corpore virtus adiuvat". Per la qual cosa no és reprensible l'amor, pux que no transcórrega l'ànima a la abcega luxúria. On, essent Laura benívola e micer Ffrancesch amant solament la sua bellea, com demostra ell en aquell sonet "Quando fra l'altre donne ad hora ad hora", per ço, no més avant desigant ensemps degun acte venèreo, no·s partiren del virtuós obrar. Sols en açò micer Ffrancesch fon vencut de l'apetit, que la bellea de Laura més ferventment veure que no era lo just desigava. Però que, axí com diu Tuli en les *Paradoches* ésser aquestes coses laços de la humana libertat mas ab degut modo usades e mesurades...,³²⁰ convenientment donchs quant a la intel·ligència dels versos, madama Laura trobant-se algunes voltes ab mycer Ffrancesch per reprimir la sua voluntat de veure-la e per fogir l'infàmia, no devia ésser reputada³²¹ menys piadosa. Emperò que, segons la sentència de Salamó en los *Proverbis*, lo castigar los fills demostra major amor, dient: "Qui parcit virge odit filium suum". E axí qualsevol que no retrau son amich de les coses no degudes certament no l'ama. E per ço sobira-

---

[315] *vermiglio*: ms. "vermiglia".
[316] *che*: Pac. "qui".
[317] *m'alegro*: Pac. "mi rallegro".
[318] *competent*: it. "compatibile".
[319] 244r en la numeración del manuscrito.
[320] Laguna en el manuscrito: "no perjudicar a l'ànim lliure"; it. "e misurate non preiudicare a lo animo libero".
[321] *reputada*: ms. "repuda".

nament és de comendar madama Laura, que axí dignament ella segons la disposició necessària sabia acomodar fins quant era forçat ab la pròpria veu saludar-lo, segons ell testiffica en aquell loch y en aquell sonet "Perseguendo mi amor al luogo usato" y en aquell madrial [245v³²²] "Volgiendo gli ochi al mio nuovo colore". Là hon renova³²³ la opinió qualsevol, ultra l'onest amor, imagina en micer Ffrancesch ésser estat desordenat apetit.

Narra aprés micer Ffrancesch allò qu·ell respongué a madama Laura, no desviant en aquesta resposta de la consuetut e naturalea enamorada en qui tostemps una gelosia és incitada, dient que ab tremor e no apartat de làgremes dix: "Madama Laura, molt serien les paraules vostres grans e suau fruyt de tota la mia fe portada a la vostra excel·lència, perquè yo cregués axí ésser veritat com vós ho dieu". On diu:

> Et io: "Madonna, assai sare³²⁴ gran fructo
> Questo d'ogni mia fe', pur ch'il credesse",
> Dissi tremando et non col viso asciuto.

O terrible,³²⁵ dura e miserable condició dels enamorats, que tan ardentíssimament en amar són oppresos, que, amant les enamorades, no·s poden may recordar en mirar si són amats de aquelles! E la rahó és aquesta, que, essent ells tostemps disposts en fer distinctament quascun ora per elles qualsevol cosa que plaent-los sia, e qualsevol altra de aquelles los sia més denegada, sens negun dubte diminució de amor e benivolència ésser estimen. E lo que tal volta per lur salut se fa, ells miserables e afflictes a injúria ho estimen, axí com en aquests versos maniffestament demostra [246r³²⁶] lo poeta.

Narra aprés consegüentment micer Ffrancesch la resposta feta per Laura a les sues paraules, demostrant ella quant en la vista rahonablement torbar-se, dient: "O terrible, incrèdul y de poca fe; si allò que yo t'e dit no sabesses, o si no fos veritat, qual rahó seria mia que m'induís affermar-ho axí? Yo·m vull callar si en lo món m'a plagut la persona tua, maç açò yo·t dich hi confesse que aquell dolc enamorat enuig que tu en torn del cor tenies tostemp sobiranament

---

³²² 244v en la numeración del manuscrito.
³²³ *renova*: "remou"; it. "rimoue".
³²⁴ *sare*: Pac. "fôra".
³²⁵ *terrible*: ms. "trerrible".
³²⁶ 245r en la numeración del manuscrito.

delitant me plagué. Y plague'm encara si, entenent la veu dels mortals, escolti la veritat del bell nom de glòria y fama que tu largament me has atribuïda ab lo teu poètich escriure; on verament sàpies que yo en la tua amor no requerí altra cosa ni desigava que un món, una observància e mesura, e açò fon solament aprés que allò manquà. Emperò que, mentres que tu volies mostrar-me en acte trista la disposició del teu ànimo, la qual yo entenent tostemps veya, tu m'obrist mostrant-me lo teu cor tancat maniffest a tot lo món. Per la cosa yo celí lo meu ànimo, d'on encara huy te destempre. Mas d'aquesta differència en fora, entre tu e mi fon tostemps una concòrdia tal qual amor acostuma congunyir, pux que sia temprat de condigne honestat. E sàpies encara que en nosaltres foren quasi eguals les enamorades flames, al menys quant yo del teu intensíssim foch fuy recordada. Mas la hu ho maniffesta que fuist tu, e yo que era l'altra ho celí; [246v³²⁷] y axí matex intervench que tu eres ja tal volta cansat de cridar mercè quant yo en mi matexa callava, perquè la vergonya y la temor feya lo meu excés y gran desig mostrar menys del que era. Mas verament la dolor no desmenuhex per premer-lo, ni crex encara, per bé que planyent se lamente, ni la veritat purament per fingir en alguna manera augmenta. Mas digues-me en veritat, micer Ffrancesch, no·s rompe davant tu tot vel de dubitació quant yo sols a tu presentí cantant los teus enamorats versos? E no més avant dir la nostr amor en aquesta part³²⁸ consent? Emperò yo·t dich que lo meu cor tostemps era ab tu quant a mi matexa girí los ulls, e tu de açò mostrés dolrre com de part iniqua si yo doní a tu més e més digne loable³²⁹ e leví de tu allò que era menys e molt de menor reputació, ni volguí encara abituar y fingir aquesta sentència;³³⁰ ...los meus ulls te ffossen apartats, yo dich mil voltes, e més de mil mília, te foren tornats ab summa pietat benigne. E verament te persuadí que la llum de aquells a tu seria estada tranquil·le, sinó que yo tostemps dubtí de les tues enceses e perilloses flames. E ultra açò yo·t vull dir un·altra vera conclusió, la qual no dubte que per ventura te seria plaent oir y entendre en aquest partir meu, qu·és la causa que yo en totes me repute molt benaventurada, mas

---

³²⁷ 245v en la numeración del manuscrito.
³²⁸ *part*: ms. "per".
³²⁹ *si...loable*: "si jo doní a tu això que era més laudable i digne"; it. "se io diede a te qu*e*llo che era piu laudabile e degno".
³³⁰ Laguna en el manuscrito: "emperò que si en mala hora entretant"; it. "i*m*pero che se malhora pur".

en aquesta sola desplaguí a mi matexa, que·n molt umil terra me trobí nada y encara verament, com no [247r³³¹] naxquí pus prop del teu florit niu de la bella ciutat de³³² Fflorença, mas en veritat la terra o país de la ciutat de Avinyó ne fon molt bella, per la qual cosa yo só venguda a plaure't. E la rahó per què yo tant me dolch de açò és perquè yo estava en perill, emperò que lo teu cor, del qual yo solament me fie que tu·m procures lahor, e glòria, e singular fama, se poria voltar altra volta a amar altra dona, la qual de menys lahor e reputació seria estada". E aquestes paraules seguex lo poeta que no respongué deguna cosa perquè la terça espera del cel lo conduhia hi l'alçava a tant amor quanta jamés, fos estada immota e ferma, hauria pogut produhir. Continua lo parlar de Laura dient que dix: "Però sia que·s vulla, micer Ffrancesch, yo haguí de tu tal honor que encara·m seguex, mas conech-te ara que per ton delit no·t recordes del fogir de les ores. E ja veig l'Aurora fora del seu daurat lit reportar lo jorn als mortals, e lo sol ésser fins als pits dels occeans. E, si altra cosa vols rahonar-me estudiar, que sies breu y ab lo temps dispensa les meus paraules". On diu:

> "Di pocha fede! Hor io, se nol sapessi,
> Se non fusse ben ver, perche 'l direi?"
> Rispose, in³³³ vista parve s'accendessi.
> "Se al mondo tu piacesti agli ochi mei,
> Questo mi tachio; pur che 'l³³⁴ dolce nodo
> [247v³³⁵] Mi piacque asai che 'ntorno al chor havei;
> Et piacquemi il bel nome, se vero odo,
> Che allungi³³⁶ et presso col tuo dir m'acquisti;
> Ne mai in tuo amor richiesi altro che 'l modo.
> Quel mancho sol; et, mentre in acti tristi
> Volei mostrarmi quel ch'i vedea sempre,
> Il tuo cor chiuso a tutto 'l mondo apristi.
> Quinci il mio celo,³³⁷ onde ancho ti distempre;
> Che concordia era tal del'altre cose
> Qual giunge amor pur ch'onestade il tempre.

---

[331] 246r en la numeración del manuscrito.
[332] *de*: repetida en el ms.
[333] *in*: Pac. "e 'n".
[334] *che 'l*: Pac. "quel".
[335] 246v en la numeración del manuscrito.
[336] *allungi*: Pac. "lunge".
[337] *celo*: Pac. "gelo".

Ffur quasi equali in noi fiamme amorose,
Almen quando m'accorsi[338] del fuo foco;
Ma l'un se[339] paleso, l'altro l'aicose.[340]
Tu eri di merce chiamar gia roco,
Quando tacea, perche vergogna et tema
Ffacean molto disir parer si poco.
Non e minor il duol perch'altri il prema,
Ne magior per andarsi lamentando.
Per ficcion non cresce il ver, ne scema.
Ma non si ruppe al meno ogni.[341] quando
Su gli tuoi i decti,[342] te presente, accolsi,
'Dir[343] piu non osa il nostro amor' cantando?
Teco era il core; a me gli ochi rivolsi.[344]
Di cio, come d'inicqua parte, duolti,
Se 'l meglio e 'l piu ti diedi, e 'l men ti tolsi!
Ne pensar[345] che, perche ti ffusser[346] tolti
Ben mille volte, et piu di mille et mille
Renduti et con pieta a te fu[347] volti.
E state sarien[348] lor luci tranquille
Sempre ver' te, se non ch'ebbi temença
Delle periculose tue faville.
[248r[349]] Piu ti[350] vo dir, per non lasarti sença
Una conclusione che ti fia grata
Fforse d'udir in questa dispartença:[351]
In tutte l'altre cose assai beata,
In una sola a me stessa dispiacqui,
Che 'n troppo umil terren mi trovai nata.
Duolmi anchor veramente ch'io non nacqui
Almen piu presso al tuo fiorito nido.
Ma assai ffu bel paese ond'io ti piacqui;

---

[338] *quando m'accorsi*: Pac. "pori ch'i' m'avidi".
[339] *se*: Pac. "le".
[340] *l'aicose*: Pac. "l'ascose".
[341] *ogni*: Pac. "ogni vel".
[342] *Su...decti*: Pac. "soli i tuo' detti".
[343] *Dir*: Pac. "Di".
[344] *rivolsi*: Pac. "raccolsi".
[345] *pensar*: Pac. "pensi".
[346] *ffusser*: Pac. "fossin".
[347] *pieta...fu*: Pac. "pietate a te fur".
[348] *sarien*: Pac. "fôran".
[349] 247r en la numeración del manuscrito.
[350] *ti*: Pac. "a te".
[351] *in...dispartença*: Pac. "in su questa partenza".

> Che potea il chor, del qual sol io mi fido,
> Volgiersi altrove, a te essendo ignota,
> Ond'io fore[352] men chiara e di men grido".
> Aquesto non risposi[353] "perche la rota
> Terca dal ciel m'alçava a tanto amore,
> ovunque fusse, stabile et immota".
> "Hor, che si[354] sia", diss'ella "Io n'ebbi honore
> Ch'anchor mi segue. Ma per tuo dilecto
> Tu non t'acorgi del fuggil[355] de l'hore.
> Vedi l'Aurora[356] de l'aurato lecto
> Rimenarr a mortali il giorno, e 'l sole
> Gia fuo de l'occeano in fino al pecto.
> Questa vien per partirne, onde mi dole.
> Se a dir hai altro, studia d'esser breve,
> Et col tempo dispensa le parole".

Convenientment en lo precedent test ha, lo nostre poeta per la resposta de Laura, confusa la gran differència dels miserables enamorats e maniffestament mostrat aquella ésser justament reprensible, e majorment la sua. On és [248v[357]] de entendre que, passant micer Ffrancesch un dia segons la enamorada consuetut davant la casa de madama Laura, e prestant la fortuna favor que lo veÿnat o carrer era privat de gent, Laura està sola sobre la porta e començà a cantar sonets e cançons per micer Ffrancesch composts en laor sua. La qual cosa a ell devia ésser evident argument que ella a ell e les sues[358] amava, e li plahia d'ell ésser amada. Per la qual cosa no devia desfiar de les paraules a ell damunt dites per Laura.

Segonament a intel·ligència dels precedents versos és de saber que micer Ffrancesch introduhex Laura dir-li per cosa gratíssima haver hagut ella desig d'ésser nada vehina al seu florit niu e gloriosa ciutat de Florença, e la rahó és que, essent ella longinca a micer Ffrancesch, podia ell altra volta voltar-se en amar altra dona; per la

---

[352] *fore*: Pac. "fôra".
[353] No sigo la puntuación de las ediciones modernas ("'Aquesto non', risposi"), porque rompe la interpretación del comentarista que hemos visto en la traducción, en el sentido de que el poeta no respondió: "non risposi".
[354] *che si*: Pac. "così".
[355] *fuggil*: Pac. "fuggir".
[356] *Aurora*: ms. "Auroro".
[357] 247v en la numeración del manuscrito.
[358] *les sues*: "les sues obres".

qual cosa Laura vendria a ésser-ne no coneguda. Per les quals[359] paraules ne deuem entendre dos coses. La una que lo desig de la fama és cosa loable, digna e natural, que los hòmens sobiranament desigen. La qual cosa demostra Temístocles athenienchc, com scriu Tuli in *Oraciqne per Archia poeta*, lo qual, essent en lo theatro, on eren molts cantors, demanà quina veu més que algun·altra li plahia, respòs que aquella per la qual les sues lahors fossen cantades. Axí matex Alexandre Macedoni solament per la copdícia de la glòria prohibí que negun altre esculpidor que Policreto, e Apel·les e Pirgotele la real figura sculpissen, [249r[360]] dubtant per medi d'altri no scemar la sua fama. La qual cosa axí matex entenent Virgili, introduhex Venus en lo primer de l'*Eneydos* solament reconsolar-se de la lectura de Eneas per la fama que·n reportaria. E emperò los romans hagueren en pràtica ells tostemps posar-se a gravíssim perill e mort certíssima sols per les stàtues e ensenyes a ells per fama instituïdes. La qual cosa bé entenent Salamó que fama és bé e cosa apetible, diu en los *Proverbis* al XXXV:[361] "Melius est nomen bonum quam divicie multe". Et Ciceró en lo primer *Dels officis* per guanyar bona fama e oppinió diu mostrant[362] aquesta cautela: "Adhibenda est igitur quedam reverencia adversus homines et optimi cuiusque et reliquorum. Nam neclegere quid de se quisque senciat non solum arrogantis est: verum eciam dissoluti"; per la qual cosa, si Laura en aquesta part havia desigada la fama, no era estat perverç lo seu apetit ni alièn de natura. E més avant perquè par que la conjuncció de les ànimes e amicícia en gran part devalla de la vicinitat, consuetut e conjuncció, com par que demostre lo philòsoff en lo VIII de la *Èthica* dient "Loca enim non disolvunt amiciciam simpliciter sed accionem quod si diuturnior sit absencia oblivionem amicicie inducere videtur. Unde id natum est dictum multas amicicias silencium dirimit", per ço, donchs se dolia Laura en no ésser nada vehina de micer Ffrancesch. Et màxime, essent ella nada en una vila emperò que estimava, quant que en ella fossen estades contràries calitats, que [249v[363]] micer Ffrancesch encara més fermament hauria les sues lahors cantades, emperò que espessament era reprès de molts que ell a Laura atribuïs tal fama, com

---

[359] *quals*: ms. "qual".
[360] 248r en la numeración del manuscrito.
[361] *XXXV*: it. "xxxvi".
[362] *mostrant*: ms. "mostran".
[363] 248v en la numeración del manuscrito.

se maniffesta en aquell sonet "Parra forse ad alchuno che a lodar quella" y en aquell altre "Quel che providencia et arte". On, versemblant cosa és que, quant lo poeta se degués reprimir per les contràries persuasions a ell fetes...[364] L'altra cosa és que micer Ffrancesch se loa tàcitament e s'atribuex lo poder per sua doctrina fer molt digna Laura e verament ab rahó, emperò que en ell maniffestament se demostra quanta força pot haver l'engeny humà en la toscana ideoma. Emperò ab gran rahó ell descriu aquelles paraules no haver resposta, per ço que, conformant o contradient, ell no caygués en error de si matex, o loar-se, o blasmar-se, mas diu que per aquestes paraules era alçat en gran e fervent amor sobre la terça espera.

On en lo terç loch és de entendre les speres celestials, segons los naturals y estròlechs, són huyt, per bé que, segons los theòlechs, són més nombre, com s'escriu per Nicholau de Lira en lo principi del *Gènesi*. La primera començant de la propinqüitat de la terra és la spera de la Luna, la segona aquella de Mercuri, la terça aquella de Venus, la quarta aquella del Sol, la quinta aquella de Març, la sisena aquella de Jovis, la sèptima aquella de Saturnus, la huytena aquella de les esteles fixes; y és quascuna de aquestes per la proprietat de la planeta productiva en diverses effectes. Per la [250r[365]] qual cosa, quant al nostre propòsit, la terça spera de Venus és entre los altres effectes productiva de l'enamorat concepte, segons que és oppinió de Andalo d'Albumasar e tots los altres estròlechs e no solament aquella ha potència en los actes venèreos, mas encara en tots los altres enamorats incentius que han a produir tal libidinat ha encara molts e més varis effectes engendrar, los quals, així com no molt pertinent a la nostra intenció, al present premetrem.

Últimament ab gran artiffici diu lo poeta aquesta espera alçar-lo a tanta amor quanta fos immota e ferma. On és de entendre que universal sentència és dels estròlechs y dels philòsoffs que los cossos celestials influexen sobre nosaltres, e majorment la llum del sol, per la qual cosa en tota influxió ha més potència per recte que per oblich, y encara, quant més dura, més ha efficàcia e més intens effecte ha a produhir. Emperò per aquest respecte demostra la intenció e grandesa de amor al qual se era alçat. Emperò, quant la spera de Venus fos immota e ferma, lo esperar seu[366] sobre nosaltres seria

---

[364] Falta el resto de la oración.
[365] 249r en la numeración del manuscrito.
[366] *seu*: ms. "sou".

recte, essent sobre lo nostre emisperi, y de continu influiria, no variant-se e obliquant-se per lo continu circular seu moviment, on en aquest estament versemblant[367] hauria de produir més intens effecte que pogués produhir.

Seguex a la fi micer Ffrancesch la disposició e consuetut de tots aquells hòmens que s'inclinen en la veritat y estan segurs a la rahó, affermant-se primer ésser totalment satisfet [250v[368]] circa l'amor de Laura portat, e segonament mostrant per les sues paraules ésser-li encès un ardentíssim desig de voler morir, dient que dix: "O madama Laura, quant yo amant-vos en la vida y en lo món sofferí may penes y enamorat martiri, lo nostre[369] dolç e piadós parlar m'a fet mostrar ésser cosa suau e alegra, mas sols me pesa hi·m sembla sia gravíssim més viure sens vós. Emperò desige saber de vós en aquesta vostra partida y derrer fi de nostres paraules si yo, morint algun temps, só per a seguir a vós y estar-vos prop, o verament més tart". A la qual demanda continua que Laura, ja al seu parer moguda, li dix: "Micer Ffrancesch, tu sens mi viuràs gran temps en la terra". On diu:

> "Quanto soffersi mai, soave et lieve",
> Dissi "m'a ffacto il parlar dolce et pio;
> Ma il viver sença voi m'e duro e greve.
> Pero saper vorrei, madonna, s'io
> Son per tardi seguirvi, o se per tempo".
> Ella, gia mossa, disse: "Al creder mio,
> Tu starai in terra sença me gran tempo".

Segons la vulgar oppinió abans, segons lo ver desig que en nosaltres deuria ésser, micer Ffrancesch estigué gran temps en terra après la mort de Laura, com sia cosa que ell estigué XXVI anys primer que vingués a morir. Emperò, axí com en lo principi diem micer Ffrancesch naxqué en l'any de la nativitat de nostre senyor Jesucrist mil CCCIIII e morí en [251r[370]] l'any mil CCCLXXIIII.[371]

---

[367] *versemblant*: ms. "versembbant".
[368] 249v en la numeración del manuscrito.
[369] *nostre*: error evidente por "vostre".
[370] 250r en la numeración del manuscrito.
[371] En el texto italiano se continúa con más información específica sobre las fechas de la vida de Petrarca y Laura.

EL MANUSCRITO DEL ATENEU
DE BARCELONA

[TRIUMPHUS QUARTUS FAMAE]

[fol. 251r[1]]...*bello punico* scriu Tito Lívio: "Vicit autem omnia pertinax virtus". Venç, verament venç y majorment venç la mort; emperò, lavòs celebrats viven los hòmens quant, morint lo cors, viven en lo sel ab l'ànima de virtuts insignida y entre los hòmens gloriosos y onrrats per fama. Emperò Ciceró en lo primer libre de la *Tosculana*, volent exprimir la mort de la virtut ésser vana, diu axí: "Nemo parum diu vixit qui virtubis perfecte perfecto functus es munere". La qual cosa conferma Sèneca en lo derrer de les *Tragèdies*, dient: "Nunquam stigias fertur ad umbras inclita virtus vivite fortes". E aximatex Tito Lívio, in *Secundo bello punico*, libro V, introduhint Lúcio Marco, prestantíssim cavaller de Roma aprés la mort de Eneas[2] e Públio Cipió en Espanya, exortar los cavallers en nom seu, en aquesta forma descriu: "Vos quoque velim milites non lamentis lacrimisque tanquam exterritos prosequi. Vivunt viventque Cipionis fama rerum gestarum sed quocienscumque occurret memoria eorum velut ad hortantis signaque dancis videatis eos ita prelio inire". D'aquesta donchs exímia e singular pròpria virtut e donatiu dels hòmens excel·lentíssim[3] nax lo seu premi e fruyt, lo qual, segons lo philòsoff en lo quart de la *Èthica*, és la honor y glòria que als hòmens en vida o en mort és atribuhida.

---

[1] Las primeras páginas de este Triunfo están encuadernadas al final del manuscrito y no están completas, por lo que hay una laguna al comienzo de este fragmento, aunque los primeros versos del Triunfo de la Fama de Petrarca están presentes.

[2] *Eneas*: error por "Gneo".

[3] *exímia...excel·lentíssim*: "exímia i singular pròpia dot dels homes excel·lentíssima i sublim virtut"; it. "Da questa adunque eximia e singulare propria dote de gli homini excellentisima e sublime virtu".

Emperò Ciceró in *Oracione per Marco Marcello* axí deffenex la glòria: "Gloria est illustris ac pervagata magnorum vel in suos cives vel in patriam vel in omne genus hominum fama meritorum". Emperò Virgili, a confirmació de la preinducta sentència, introduhex en lo V[4] de l'*Eneydos* Jovis aconsolar Hèrcules de la mort de Pal·lante, fill de Evandre, demostrant aquella deure's poch estimar pux que al virtuós obrar seguex la fama, dient: "Stat sua cuique dies breve en inre[fol. 251v]parabile tempus / Omnibus est vite sed famam extendere factis / Hoc virtus opus". Per la qual cosa, aprés que la inevitable mort ha levada de terra la operació virtuosa separant l'ànima del cors, la glòria y la fama extengex. Ella renova en lo món una vida no més a la vària contingència de mort sotsmesa.

Havent donchs lo nostre micer Ffrancesch en lo precedent Trihunffo demostrat la mort dominar e trihunffar de la vida eterna y de les operacions virtuoses, quant a l'ésser de la mort virtuosa,[5] declara ara lo nostre present Trihunffo lo quart estament de l'ànima, lo qual és la glòria y la fama que s'atribuhex als hòmens, migancant lo virtuós e just obrar de aquella procehit mentres que és estada en lo món ab lo cos unida; de què, volent los posteriors semblar als primers migancant la fama y la glòria, se comouen a ells de les dignes y elegants obres. Per la qual cosa, axí com la mort en los progenitors havia escampada la fama, la mort obscurant, aquella en memòria[6] regnar dels vivents; e perquè segons la discreció[7] de la fama dada de Virgili en lo quart de l'*Eneydos* y de Ovidi en lo XII del *Metamorfoseos*, on[8] verament pus prest ésser descrita la remor e confabulació popular, dient: "Ffama malum quo non aliud velocius ullum: / Mobilitate viget viresque acquirit eundo: / Parva metu primo mos sese attollet in auras: / Ingrediturque solo et caput inter nubile condit. / Illam terra parens ira irritata deorum: / Extrema ut peribent coeo enceladoque sororem / Progenuit pedibus celerem et pernicibus alis: / Monstrum orrende ingens cui quot sunt corpore plume: / Tot vigiles occuli subter mirabile dictu: / Tot lingue toti demora sonant tot subrigit aures: / Nocte volat seli medio terreque per umbram / Stridens nec dulci declinat lumina somno: / [fol.

---

[4] *V*: it. "x".

[5] *mort virtuosa*: "vida present" en el texto italiano; it. "quanto a lo essere de la vita presente".

[6] *aquella...memòria*: ms. "aquella fa en memòria"; it. "fa in memoria".

[7] *discreció*: error por "descripció"; it. "descriptione".

[8] *on*: ms. "o".

252r] Luce sedet custos aut summi culmine tecti: / Turibus aut altis et magnas territat urbes: / Tam ficti pravique tenax quam nuncia veri". E Ovidi en lo loch al·legat, per demostrar aquest matex rahonament vulgar, diu: "Orbe locus medio est inter terraque fretumque: / Celestesque plagas triplicis confinia mundi: / Unde quod est usque quavis regionibus absit: / Inspicitur penetratque cavas vox omnis ad aures: / Ffama tenet summaque domum sibi legit in arte: / Innumerosque aditus ac mille foramina tectis: / Addidit et nullus inclusit lumina portis: / Nocte dieque patet tota est ex aere sonanti: / Tota fremit vocesque refert faturque quod audit: / Nulla quies intus: nullaque salencia parte: / Nec tamen est clamor sed parve murmura vocis: / Qualia de plagi: siquis procul audiat undis: / Esse solent qualem ve sonum cum iupiter atras: / Increpuit nubes: extrema tonitua reddunt / Atria turba tenet venitque leve vulgus euntque: / Mistaque cum veris passim comenta vagantur: / Milia rumorum: confuaque verba voluntant: / Hequibus hi vacuas implent sermonibus auras: / Hi narrata ferunt alio mensuraque ficti: / Cresit et auditis aliquid novus adicit auctor: / Illich credulitas illic temerarius error: / Vanaque leticia est conscernatique timores: / Sediciosque recens: dubioque auctore sussurri: / Ipsa quid in selo rerum pelagoque geratur: / Et tellure videt totumque inquirit in orbem".

Emperò no de aquesta fama entén micer Ffrancesch tractar, perquè per los damunt dits poetes és maniffest aquella pertànyer als hòmens en la present vida, mas la sua intenció és descriure d'aquella fama, d'aquella lahor y glòria que seguex aprés de la mort per alguna digna y virtuosa obra procehida en lo temps de la vida, e aprés dels scrivents istorials poetes celebrada, per ço que a semblant exemple se comoguen aquells que dretament subseguexen segons lo discórrer del temps; axí com se lig de Temístocle, com damunt [fol. 252v] diem en lo quart de la *Tosculana*, que, anant quascuna nit a la plaça y essent-li demanat per quina rahó no dormia, respòs que era despert del trihunffo de Melcíades. E Cipió Affricà deya encendre's-li l'ànimo tota ora a virtut quant veya les stàtues e ymatges dels seus antecessors romans. Per la qual cosa, axí com scriu Lívio in *Secundo bello punico*, libro VI,[9] essent anat Scipió Africà aprés la mort del pare y de l'avi en Espanya cònsol a recuperar los exèrcits, en la fi de la primera oració que féu als seus cavallers diu en lo nostre prepòsit: "Vos modo milites favete nomi-

---

[9] *VI*: it. "v".

ni Scipionis ac soboli imparatorum vestrorum velut accisis recrecenti stirpibus. Agite veteres milites novum exercitum novumque ducem traducite hiberum traducite in terram cum multis fortibus factis sepe a vobis peragratam brevi faciant ut quem ad modum noscitis nunch in me patris patruique si multitudine oris vultusque et liniamenta corporis ita ingenii fidei virtutisque exemplum effigiem vobis reddam et revixisse aut renatum sibi quisque Scipionem imperatorem dicat".

En aquesta glòria, donchs, y sempiterna fama voler aconseguir, entre les altres operacions no és neguna més acomodada que aquella menysprear e fogir. Per la qual cosa deya Ffàbio Màximo a Paulo Emílio, com scriu Lívio: "Qui gloriam spreverit veram habebit". E Agostí,[10] V *De civitate Dei*, capítol XVI, diu: "Habenti virtutes magna virtus est contemnere gloriam". Les quals auctoritats demostren l'ome solament deure's entendre en lo virtuós obrar e no al ventós confabular[11] de la gent.

Entenent donchs lo poeta tractar de aquesta glòria ferma e diüturna, principalment se descriu ésser absolt del dormir, per demostrar lo present subjecte e matèria de dir ésser cosa remota de tota ficció, en si veríssima y verament dels scriptors de la lengua la[fol. 253r]tina tractada; on en lo precedent Trihunffo se ha descrit dormir per elegant ficció, migançant la qual la moralísima y eruditíssima sentència ha imposada.[12] Diu donchs micer Ffrancesch que, havent entès lo rahonament de la sua dilecta y cara madama Laura, encara en lo seu cor ressonava l'accent de les sues paraules plenes de una amarga dolçor, en lo qual rahonament y paraules solament ell estimà més que altra cosa que d'ell sia amada y, perquè en la fi ella havia dit que ell estaria sense ella gran temps en terra, seguex emperò que volia dir: "O dies de la mia vida miserables, tarts e lents"; y és altra cosa pertinent que lamentable plant,[13] pux que devia axí lonch espay de temps ésser privat de la sua conversació, quant ell véu que ella alegra d'ell se partia anant entre les belles, santes y lucidíssimes ànimes. On diu:

---

[10] *E Agostí*: ms. "Et Agustines".
[11] *no al ventós confabular*: it. "no al vento o confabulare".
[12] *imposada*: it. "infuscata".
[13] *y és...plant*: "i altres coses pertinents al plany"; it. "e altre cose pertinenti al lamento".

Nel cor pien d'amarissima dolceca[14]
Risonavano ancor gli ultimi accenti
Del ragionar ch'e' sol brama et appreça;
Et volea dir: "O dì miey tristi et lenti!"
Et più cose altre, quando vidi allegra
Bursenne[15] lei fra belle alme lucenti.

Circa la intel·ligència dels precedents versos és de saber que ab gran y vera semblança diu lo nostre micer Ffrancesch que ab dolçor amarga lo accent de les paraules de madama Laura en lo seu cor ressonaven, perquè, axí com damunt diem, la fort affixió de la memòria y los intencíssims effectes procehits en la vigília solien axí matex retornar en lo dormir.[16] Per la qual cosa essent Laura morta y reservant-se en lo seu enteniment aquesta spècia, y aprés semblant-li en lo somni haver parlat ab aquella, emperò havia de aquelles paraules [fol. 253v] presa una temprada dolçor de la amaritud de la memòria de la mort de aquella. E ultra açò, serà feta la sua dolçor amarga, emperò que ella li havia dit en lo seu partir com ell estaria gran temps en terra sens ella; de què la rebuda consolació de la immortalitat de l'ànima y de la sua glòria que reb aprés la partida del món era ja fora per la tanta tardança del temps de la possessió que de aquella desigava. Per la qual cosa ell era induhit ab rahó a deure o voler los seus lents dies y lo seu tart procés de la vida sua acusar y blasmar, y encara a exprimir altres coses de l'ànima, axí com que ell pregàs l'altíssim Déu que aquest temps se degués acurtar. Emperò ell descriu que en aquesta voluntat véu ella partir y anar-se'n entre les belles ànimes lucidíssimes, e axí se despertà y rahonablement primer que la ora en la qual era, que molt era acomodada a la solució del somni, essent ja lo sol elevat sobre lo emisperi.

Segonament, perquè és effecte natural que, quant al home en lo somni li sembla veure coses terribles o de dolor, que·s deu desvellar per la presta alteració en lo cors feta per la revocació dels sperits de vida al cor, los quals naturalment en aquell loch retornen axí com en lo principi y a la roca de tot lo nostre cors, e per aquest respecte

---

[14] Los versos de este capítulo no corresponden a las ediciones canónicas de los Triunfos. Constituyen el capítulo que figura como Triumphus Fame Ia en la edición de Pacca y Paolino. Aunque se considera una versión primitiva, algunas ediciones, como ésta, la añadieron como un capítulo más.
[15] *Bursenne*: Pac. "girsene".
[16] *dormir*: "somni"; it. "somno".

ve l'ome a desvellar-se. Y emperò acomodadament micer Ffrancesch, havent entès en la fi les paraules de madama Laura les quals li havien portada grandíssima amargor, descriu ell ésser despert per aquelles axí com per objecte, y de por y de dolor.

Descriu aprés la ora particular e allò que a ell, essent despert, li semblà veure aconseguir contra aquesta mort, dient que ja en aquella hora lo sol havia levada la freda negra y umida bena de la nit davant la cara de la dura terra, [fol. 254r] la qual nit és lo repòs de la gent mortal y malalta; y en aquesta ora encara ab gran treball la son seu era partida y la visió de aquella que encara lo seu cor ab enamorades claus obré y tancà quant ell véu començar un·altra digna e nobilíssima guerra. On diu:

> Havea già il sol la benda umida et negra
> Tolta dal duro volto della terra,
> Riposo della gente mortal egra.
> El somno, et quella che ancor apre et serra
> Il mio cor lasso, a pena eran partiti,
> Ch'io vidi incominciar un'altra guerra.

Circa la intel·ligència dels precedents versos és de entendre que lo poeta appel·la la nit umida y negra bena, emperò que la nit no és altra cosa que una obscuredat la qual pervé per l'absència del sol. On, essent lo jorn per la presència d'aquell serè, luent y blanch, semblantment deu ésser la nit compresa, per la sua absència, de la qualitat contrària, segons la doctrina del philòsoff en lo segon de la *Phísica*, lo qual parlant de les causes primitives[17] diu: "Amplius autem eadem contrariorum est causa quod enim presens causa cuiuspiam est id et absens non nunquam causam esse contrarii dicimus. Ut gubernatoris absenciam submercionis navis cuius presencia causa erat salutis". Mas umida se diu ésser la nit primer per semblant rahó, essent lo jorn per la calor del sol de vapors dissecat; segonament perquè en ella aquells multipliquen[18] que són de natura umida, e ultra açò la luna ha més potència. Essent aquella a la nit condecent,[19] com s'escriu en lo principi del *Gènesis*, és de tal complexió que dels philòsoffs és appel·lada mare de umiditat; de la qual cosa, alterant-se lo

---

[17] *primitives*: error per "privatives"; it. "privative".
[18] *multipliquen*: "es multipliquen"; it. "si multiplicano".
[19] *condecent*: it. "confident".

diüturn ayre, tot se convertex en umiditat molt més intenssíssim que no és la sua natura.

Segonament és [fol. 254v] de saber que micer Ffrancesch diu la nit ésser lo repòs de la gent mortal, no desviant-se de la comuna doctrina dels philòsoffs y metges, los quals afermen la nit y la son ésser estat trobat de natura per restauració dels sperits resoluts en la vigília. On, inportant-se per lo exercici del jorn una lassitut a la natura del cos molesta, ffon necessari que aquesta s'i convingués, restaurant-se les parts resolutes ab lo adjutori del dormir y de la nit, e per ço mèritament aquella és estada nomenada repòs dels hòmens. Era donchs aquesta umida y negra bena de la nit levada de la dura fas de la terra y la son ja partida, y ab ella ensemps la visió de Laura, quant nova guerra véu lo nostre poeta contra la mort preparar-se, ço és volar per lo món clara y maniffesta la il·lustre fama y excel·lent glòria de tots aquells qui ab gran rahó havien virtuosament obrat en la present vida.

Invoca aprés lo nostre micer Ffrancesch lo adjutori y favor de Polímnia, una de les nou muses, y de Minerva a exprimir tant concepte quant havia vist dels antichs los fets gloriosos, dient: "O Polímnia, yo·t pregue que·m vulles ajudar y tu, Minerva, lo meu estil vulles acompanyar, lo qual aprén de cercar terres y diverces pàtries y rahons y narrar hòmens, gestes dignes y gloriosos actes obrats per les parts de mitg jorn y per les parts extremes del món, on lo sol en lo occèano banyant-se se refresca de matí, exint e inclinant-se a la nit". On diu:

> O Polimnia, hor prego che mi aiti,
> Et tu, Minerva,[20] il mio stile acompagni,
> Che prende[21] a ricercar diversi liti.
> Huomini et facti gloriosi et magni,
> Per le parti di meco et per l'extreme,
> Dove sera et matina il sol se bagni.

Per més plana intel·ligència dels precedents versos és de saber [fol. 255r] que, axí com damunt diem, los poetes solien segons diverses subjectes diversament invocar les muses e, per ço, essent Polímnia la qual se interpetra encara molt designada memòria a narrar

---

[20] *Minerva*: Pac. "Memoria".
[21] *Che prende*: Pac. "che 'mprende".

les clares gestes y notables istòries, havent ara micer Ffrancesch a tractar de aquelles convenientment, invoca aquella en aquest Trihunffo de ffama. E perquè no solament de fets d'armes, mas encara de ffamosos en doctrina y en letra ha de tractar, per la qual cosa ensemps encara ab Polímnia demana adjutori a Minerva, la qual és deessa de la sapiència. On, segons la poètica ficció no podent engendrar Jovis algun ffill en Juno, la hu a l'altre d'estèrils se acusaven; de què Jovis, volent mostrar no ésser en ell lo deffecte, se donà un colp en lo front de hon hixqué Minerva; per la qual cosa ella se diu ésser la sapiència de Jovis, havent hagut naxença del seu cap e per ço fon preposada e dedicada dels antichs poetes deessa de la sapiència y de la doctrina. Donchs, havent micer Ffrancesch a tractar de aquells que per la sapiència claríssims y famosos són romasos en lo món, convenientment invoca Minerva, essent president als estudis y doctrina.

Segonament és de entendre que micer Ffrancesch diu lo seu estil recercar les parts d'en mig y les extremes, hon lo sol de matí y de vespre se banya, per demostrar una differència del siti de la mar occèana circuhir terra; de què, quant lo sol munta sobre lo nostre emisperi, par que hixca de la mar occèana, e axí, quant aprés torna a la nit, par que axí matex se banye en la occèana, e de ací és treta per lo nostre poeta tal similitut.

Seguex aprés micer Ffrancesch que véu molta noble gent anar ensemps sots la bandera de una grandíssima e admirable reyna, [fol. 255v] la qual quascú per si ama y quascú reverint la honrra. On diu:

> Io vidi: molta nobil gente insieme
> Sotto le insegne d'una gran reina,
> Et[22] ciascuno l'ama, et reverisce et teme.

Singularment, segons la sua consuetut, lo nostre micer Ffrancesch primer denomena la ffama ésser una reyna, com sia cosa que regir no és alrre que les coses a un ffi ordenades degudament reportar-les aquell, la qual cosa negun altre obgecte tant acomodadament fa com la fama. Emperò que, essent l'ome ordenat a la felicitat, la qual segons la humana disposició és obrar segons la virtut, com s'escriu en lo primer de la *Èthica*, e migançant aquella operació se atteny la lahor, glòria y fama de aquella, per ço diu Ciceró en lo pri-

---

[22] *Et*: Pac. "che".

mer dels *Officis* "Virtutis enim laus hominis in accione consistit". Per ço la fama, constrenyent altri a obrar justament y segons virtut, porta l'ome al seu degut fi de la benaventurança, on singularment lo governa y regeix ab tal manera que ab rahó merita ésser nomenada reyna, per si[23] quascun home la ama y la desiga, quascú la reverex ab lahor y obres, quascú la tem en la sua perversió,[24] emperò que no és algú tant dedicat e induhit a la luxúria e als vicis que no desige bona fama y que no treballe a fogir de tota infàmia; e per ço quascú la deu tembre. Molts serien los exemples que·s porien portar en prova d'aquesta sentència, mas basta solament lo exemple de Lucrècia, la qual no la violència de Sexto Tarquino, no les menaces de mort, mas solament la temor de la infàmia la constrengué a cumplir la sua celerada voluntat. Per la qual cosa ella[25] volent aprés mostrar lo seu ànimo ésser estat [fol. 256r] sancer davant Bruto Col·latino, Lucrècia animosament se matà, axí com damunt és ja estat dit.

Narra aprés quina se mostrava a la vista aquesta reyna gloriosíssima Ffama, dient que ella al veure demostrava ésser verdaderament cosa divina e admirable. On diu:

> Ella a veder parea cosa divina.

No·s separa micer Ffrancesch en aquest vers de la sentència del philòsoff en lo primer *Del cel*, dient la fama mostrar-se cosa divina. On és de entendre que Aristòtil en aquell loch afferma la primera cosa que convinga a la divinitat ésser la perpetuïtat e variabilitat, on diu lo philòsoff: "Et enim nomen hoc divinum enunciatum est ab antiquis a semper esset suscipiens demostracionem"; per la qual cosa aquella és més participant de divinitat que més en si conté. Aquesta disposició donchs, protelant-se[26] la fama longíssim temps, par que alguna cosa en si contenga de divinitat. No diu emperò micer Ffrancesch aquella ésser divina, mas mostrar-se que par en veritat aquella no dura tostemps, segons demostra en lo subseguent Trihunffo; mas bé excedex moltes edats dels hòmens; per la qual cosa d'aquells és reputada ésser divina.

Seguex que aquesta reyna havia a la part dreta hun gran cavaller romà lo qual en Ffrança y en Germània féu grans batalles. On diu:

---

[23] *per si*: "perquè" en el texto italiano; it. "perche".
[24] *en la sua perversió*: no figura en el texto italiano.
[25] *ella*: ms. "ell".
[26] *protelant-se*: it. "protelando si".

> Et da man dextra havea quel gran romano
> Che fe' in Germania et Ffrancia tal ruhina.

Aquest gran cavaller romà ffon aquell ínclit e gloriós primer emperador de Roma apel·lat Júlio Cèsar, lo qual en Ffrança y en Jermània féu grans proves de batalles fins que en lo deèn any subjugà lo [fol. 256v] poble romà; la vida del qual és maniffesta per los seus *Comentaris*, e *Vida de Suetoni Tranquil·lo* y molts altres, com diffusament se declararà en lo següent Trihunffo.

Eren aprés de Júlio Cèsar, segons egrègiament fengeix lo poeta, August, Druso y dos Cipions. On diu:

> Augusto et Druso seco a mano a mano,
> Et duo ffulgori seco[27] di battaglia:
> Il maggior e 'l minor Scipio Affricano.

Per la intel·ligència dels precedents versos és de saber com Octovià, aprés del poble de Roma appel·lat August, quasi per auguri consagrat, fon fill de Octàvio y de Júlia, jermana de Cèsar. Lo qual aprés la mort de Júlio tornant de Apolònia en Ytàlia, procurant Ciceró, encara que fos fadrí, ffon tramès per lo senat ab Herício y Pansa per cònsol contra March Anthoni, lo qual asetjava Dècimo Bruto en Mòdona; en la qual ampresa morint lo cònsol,[28] restà capità dels exèrcits. Mas, acordant-se ab March Anthoni y March lo pregà[29] per espay de temps, se fes no solament príncep romà, mas encara fon felicíssim monarcha que, vivint[30] March Anthoni y Cleopatra en Èpiro, fàcilment hagué la obediència de tot lo món; al qual voluntàriament les parts li donaren los estandarts romans, los quals foren perduts en la mort de Crasso. Regí gentilment sinquanta e sis anys. Morí de edat de LXXVI anys menys XXXV dies.[31]

Druso fon fill de Tibèrio Neró e Lívia Drusil·la, la qual,[32] segons diu Suetoni Trànquil·lo, essent demanada per August, ffon per Tibèrio atorgada essent prenyada de Druso, lo qual, nat aprés de August, fon levat de aquell per fill adobtiu. Ffon home de gran virtut

---

[27] *seco*: Pac. "veri".
[28] *lo cònsol*: "els cònsols"; it. "li consuli".
[29] *March lo pregà*: error por "March Lèpid"; it. "marco lepido".
[30] *vivint*: ms. "vint".
[31] *menys XXXV dies*: no figura en el texto italiano.
[32] *la qual*: ms. "la qua".

[fol. 257r] y valgué molt en art militar, per la qual cosa fon tramès per August contra los de Germània, dels quals reportà lo cognom, que fon cognomenat Germànich, pare digne de Germànich, pare de Caio Calícula. Morí en Roma no sens suspició de verí.

Dos Scipions, lo major y menor; del major[33] diffusament se veurà Trihunffo[34] següent. Aquest és aquell lo qual revocà Aníbal de Ytàlia, lo qual la havia molestada y aflicta prop de XVI anys, e aprés retret de Ytàlia en Àffrica, combaté y vencé aquell y Siphace, y féu tributària Cartayna del poble romà.

L'altre, Scipió menor, fon fill de Paulo Emílio per natura, mas adoptat de un fill de Scipió major malalt, mas docte y exercitat en letra. Aquest fon verdader ymitador del pare natural y de l'avi adobtiu, que, com l'avi reportà lo cognom de Affricà y de Cartayna tributària, axí ell aconseguí allò matex, deffeta y erradicada de aquell Cartayna en la terça batalla púnica. Vencé Anchi y desféu Numància, potentíssima ciutat d'Espanya y enemiga del poble romà. Aquestos dos mèritament los nomena dos lamps de batalla, axí com diu Virgili: "Geminos duo fulmina belli Scipiadas cladem libie"; los quals són maniffests per los monuments de Lívio y altres que han d'ells fets tractats y libres.

Eren aprés alguns altres.[35] On diu:

E Papirio Cursor, che tutto smaglia,
Curio, Ffabricio, e l'uno e l'altro Cato,
E 'l gran Pompeo, che mal vide Thesalia.

Ffon Papírio, cognomenat Cursor, home de gran ànimo y de sobirana fortalea y velocitat de cors. Per les sues virtuts merità lo consolat e dictatura, en lo qual vengà la injúria que los romans reberen a les forces caudmes y merexqué justament trihunffar dels sam[fol. 257v]nites.

March Cúrio, no migà exemple de continència, trihunffà dels samnites.

---

[33] *del major*: "dels quals"; it. "de li quali".
[34] *Trihunffo*: "en el Triunfo"; it. "si vedera nel triompho".
[35] *Eren...altres*: La introducción a los siguientes versos es totalmente diferente en el texto italiano: "era vo dapoi alchuni altri exempli li quali contenuti nel presente capitolo sotto brevita transcorremo reservandoli a la dechiaratione de li subsequenti capitoli dove de quèlli piu diffusamente e piu particularmente trattaremo dice adunque il poeta che doppo Augusto Druso e Scipioni sequitavano li in fra scriti excellenti homini Papyrio cursore: Curo Fabritio e il gran Pompeo".

Ffabrício, home de gran severitat, exercità la censsura. Essent cònsol, fon temptat de Pirro, rey dels epirotes, per vàries maneres, ne may se partí de la sua continença y severitat; la virtut del qual induhí a Pirro a desesperació de poder vençre los romans en alguna manera, e axí, feta pau ab aquells, se partí de Ytàlia.

Dos Catons són màximament celebrats. Lo primer, appel·lat Cató Censsorino, lo qual en la sua censura per molts anys se portà en manera que merità lo cognom, ffon home de summa virtut y precípua ignocència. És ver que XL voltes fon acusat de vàries coses per enveja e tostemps fon absolt. Ffon home literatíssim y de summa prudència. Aquest fon auctor que Cartayna, perpètua enemiga dels romans, fos dels fonaments derrocada.

L'altre fon fill de Cató Soloniano, nebot del Censsorino, amador de la república, verdader stoich, home doctíssim en gran reverència del poble romà. Seguí Pompeu en la batalla civil, lo qual en Àffrica en una ciutat appel·lada Útica per morir libert se matà ell matex, bé que Agostí, *De civitate Dei*, reprenga aquest acte. Ffon cognomenat aprés la sua mort Catò Uticense perquè morí en Útica.

Pompeu, fill de Pompeu Strabone, en la sua adolecènsia affavorí Sil·la contra Mario. Fféu moltes dignes proves, principalment contra Domício en Àffrica, hon merità trihunffar avant lo degut temps; on escriu Lucà: "Ille reget currus non dum pacientibus annis". Trihunffà dels pirates y de Methídatres, potentíssim rey de Ponto, e a la fi, vençut de Cèsar en Thesàlia, fugint a Tholomeu, rey de Egipte, perquè li ajudàs, ffon per aquell rey miserablement escapçat.

Seguex lo poeta dient:

[fol. 258r] Et Valerio Corvino, et quel Torquato
Che per troppo pietà[36] uccise el figlio;
E 'l primo Bruto li sedea al[37] lato.

March Valeri, cavaller sots Camil·lo, induhit de hun ffrancès a combatre cos per cos ab ell, hagué victòria hi, perquè hun corp maravellosament volant sobre lo seu cap ab lo bec picava e infestava lo seu enemich, fon per ço nomenat Corvino. Primer vencé los samnites, hi trihunffà moltes voltes, ab suma alegria[38] ffon cònsol e vixqué cent anys de cors rebustíssim y de sobirana prudència de ànimo.

---

[36] *troppo pietà*: Pac. "troppa pietate".
[37] *al*: Pac. "da".
[38] *alegria*: error por "glòria"; it. "gloria".

Semblantment Tito Màl·lio, induhit de un francès, combaté y, vençut que fon, li despullà un collar que tenia entorn del coll, lo qual en latí se nomena "torques", per la qual cosa fon nomenat Torquat. Essent cònsol contra los latins y samnites, e perquè son fill havia combatut contra lo seu manament encara que·n reportàs la victòria, per molta pietat de la pàtria, la qual fermada[39] en la obediència del magistrat, matà lo fill y restà aprés vencedor, y trihunffà dignament.

Lo primer Bruto; fforen més Brutos, mas lo primer axí apel·lat fon aquell que bandegà o lançà Tarquí Superbo de Roma, del qual escriu Ovidi en lo libre *De faustis*: "Brutus erat stulti sapienti imitator ut esset tutus ab insidiis dire superbe tuis". Bandejat Tarquí fet primer cònsol, féu escapcar Tito Tibèrio, son fill, que ab alguns altres jòvens havia conjurat remetre rey en Roma, on era al costat, a Torquat. Combatent ab Anunte,[40] fill de Tarquino, se mataren la hu a l'altre, axí que la gloriosa ànima de Bruto, pare de la libertat romana, perseguí Arunte fins en l'infern, com narra Lúcio Ffloro.

Ffon un altre Bruto que restituhí la libertat quant ab Càssio matà Júlio Cèsar, lo qual, vencut de August y March Anthoni...[41]

....

[fol. 1r] que anaren contra los cartaginesos foren March Attílio Règulo y Lúcio Màulio cònsols. Lúcio fon revocat y restà Règulo, lo qual aprés algunes victòries fon de[42] Xantipo Lacedemònio, capità de cartaginesos, prengué e a la fi remeté en Roma. E retornat, no volent los romans cambiar les persones, fon crudelíssimament turmentat. Declara ell matex lo poeta qui foren aquells que primer en mar venceren Cartayna, Àppio y Catulo, y foren presos prop de Lílibe, prop los monts de Scicília, LXX naus de cartaginesos, als quals ab moltes condicions fon la pau aprés atorgada. Caio Duil·lo vencé los cartaginesos en mar y fon lo primer que trihunffà entre·ls romans de guerra de mar, lo qual se exalçà y gloriejà tan alt de la victòria que totes voltes que tornava a casa retornava acompanyat dels senadors del capitòlio.

Seguex haver vist Camil·lo, lo qual trihunffà de XX anys e aprés per enveja fon acusat de L. Apuleo que havia mal divisada la presa;

---

[39] *fermada*: "és fermada"; "it. "e affermata".
[40] *Anunte*: it. "Aronte".
[41] Aquí hay una laguna en el texto, que salta desde el comentario del verso 33 de Petrarca hasta el 52.
[42] *fon de*: ms. "fada"; it. "fu da".

ffon portat en exili mas, presa la ciutat de Roma dels gàl·lichs, tornà creat dictador e, trobant aquells pesar or, los vencé entre Casso[43] en manera que meritá de aquells trihunffar; e axí delliurà la sua pàtria de les mans dels bàrbaros. Fféu moltes egrègies coses, com Lívio y Plutarco diffusament d'aquell parlant scriven. On diu:

> Vidi el victorïoso et gran Camillo
> Sgombrar l'oro, et menar la spada a cerco
> Et riportarne el perdito verillo.[44]

Aprés, mirant en torn lo nostre poeta, narra haver vist Cornèlio Cosso y alguns altres plebeus, per virtut il·lustres. On és de saber que Corneli Cosso vencé y despullà Lart Talúnnio y reportà la despulla òppima a Govis; trihunffà dels pobles latins. La despulla qu·és nomenada òppima és allò que hun capità despulla a un altre capità. Sols tres hagueren aquesta honor: Ròmulo de Acorne, [fol. 1v] rey de Comnèsia, Casso de Lart Talúnnio y Marcel·lo de Viridomaro.

Emílio Mamerco, dictador, vencé de edat de vint anys, hon aconseguí gran glòria. No hagué menor fama que fon ell actor, y la censura que durava cinch anys fon abreviada a XVIII mesos.

Los altres apel·la umils de natura lo Petrarcha perquè foren plebeus. Màrcio Ritulo fon cinch vegades cònsol, e lo[45] primer plebeu que trihunffà; vencé los eques.[46]

Lúcio Volúmino,[47] plebeu, aprés en lo flum Volturno en campanya matà molts[48] samnites e moltes voltes d'aquells hagué victòria.

Tibèrio Semprònio Gracco, pare de C. y T. Gracco, vencé los gàl·lichs cisalpins, subjugà la illa de Cerdenya, trihunffà dues voltes, ffon home en batalla y en pau utilíssim a la república romana.

Q. Públio Philone, primer pretor plebeu, precònsol, prengué Paleòpol, ciutat no molt luny de Nàpols, y de aquella hagué lo trihunffo. Aquests eren entre·ls nobles romans, los quals havien natura de troyans, dels quals fon hun rey apel·lat Ilo. On diu:

---

[43] *los vencé...Casso*: "els vencé i fracasà"; it. "li vinse e fracasso".
[44] *riportarne...verillo*: Pac. "riportare il perduto vessillo".
[45] *e lo*: ms. "lo"; it. "e el".
[46] *los eques*: "els aqueus"; it. "iphalischi".
[47] *Volúmino*: "Volunnio"; it. "volunnio".
[48] *molts*: ms. "mols".

Mentre coll'ochii quinci et quindi cerco,
Vidi un[49] Cosso coll'espoglie hostili,
Et[50] dictatore Emilïo Mamerco,
Et parechii altri de natura umili:
Rutilio con Volunnio et Gracco et Philo,
Ffacti per virtù d'arme alti et gentili.
Castor[51] vid'io fra 'l nobel sangue d'Ilo
Mixto col roman sangue chiaro et bello,
Cui non basta né mio né altro stilo.

Narra aprés haver vist dos Paulos y Marcel·lo. Fforen dos Paulos apel·lats Emilis. Lo primer, Lúcio Paulo Emílio, ensemps ab C. Attíl·lio, cònsol, rompé los gàl·lichs cisalpins y transalpins, trihunffà de Ilírico,[52] dit Esclavònia; e aprés, Marc Terenci Varró,[53] per temeritat del seu company en Canna, ciutat de Pulla, combatent animo[fol. 2r]sament contra Aníbal fon mort. L'altre fon son fill y vencé la Ligúria, huy apel·lada Rebera de Gènova. Aprés, havent passat LXVIII anys, cònsol, vencé Persa, rey de Macedònia, la qual reduhí en forma de província, e·l portà catiu en trihunffo, en lo qual fon tanta presa que durà tres dies la pompa de aquest.

Marc Marcel·lo, com havem dit, a Clasteggio matà ab les pròpries mans e dominà lo rey dels gàl·lichs, y prengué Milà; trihunffà d'aquells.[54] Clasteggio és[55] una ciutat en la riba del Po; riporto de la despulla òppima[56] a Jovis Ffaretro. Ffon lo primer que mostrà de fogir a Aníbal aprés a Nola. Passà aprés en Siscília y expugnà Saragoça.[57] Y en lo cinquèn consolat, essent contra Aníbal ab poca gent, segons Lívio y Valeri Varró, a especular un loch apte per campar-se, ab trahició fon mort aquell gloriós capità, lo qual gloriosament 39 voltes combaté ab banderes esteses; sols en aquest[58] vencut de Cèsar que combaté 50. On diu:

---

[49] *Vidi un*: Pac. "vidivi".
[50] *Et*: Pac. "E 'l".
[51] *Castor*: Pac. "Costor".
[52] *Ilírico*: "els il·liris".
[53] *e aprés...Varró*: "i aprés, cònsol ab M. Terenci Varró"; it. "e poi consule con Marco Terentio Varrone".
[54] *y prengué...d'aquells*: "i, presa Milà, triunfà d'aquells"; it. "e preso Milano triunpho di quelli".
[55] *és*: ms. "e".
[56] *en la...òppima*: "reportà de la la despulla òppima"; it. "ne la riva di po: riporto di la le spoglie opime"
[57] *Saragoça*: "Siracusa".
[58] *en aquest*: "en això".

> Viddi' do Pauli, e 'l buon Marco Marcello,
> Che su 'n[59] riva di Po, presso a Clasteggio[60]
> Uccise con[61] sua mano el gran ribello.

Voltant-se en dret lo poeta narra haver vist quatre reys primers romans. Primerament Ròmulo, fundador de Roma, lo qual ab força d'armes combaté alguns circunvehins pobles de aquella. Matà Acron, rey dels ceneses, on primerament portà la despulla òppima, y, feta pau y comunicat imperi ab T. Tàcio Sabino y havent hordenat los senadors, fon mort per aquells; del qual Lívio y Plutarco diffusament parlen.

Era necessari, com diu Lúcio Floro, que l'impetut de Ròmulo y violència militar fos mitigada. On succehí Numa Pompílio, home religiós, lo qual per la sua bondat y justícia fon apel·lat dels sabins en lo regne de Roma. Lo qual compongué la memòria[62] dels romans assueta primerament [fol. 2v] a les batalles y sotsmeté a la religió militar,[63] mas perquè·s mostraven molt affeminats los romans sots aquests succehí aprés la sua mort Tuli Ostílio, bel·licós home. Aquest desvellà los romans, fféu moltes batalles, squarterà Mèscio Suffècio, desféu Albània y traduhí[64] totes les nobles companyies a Roma.

Aprés succehí encara Màrcio, nat d'una filla de Numa Pompílio. Home en pau y en guerra digne, vencé los latins y, deffetes algunes terres, traduhí[65] les companyies per abitar en Roma, la qual amplificà. Ediffica Hòstia, ciutat sobre la marina. Moria de la sua mort havent regnat XXIIII anys. Aquests foren los primers quatre reys romans. On diu:

> E vogliendomi[66] indietro anchora veggio
> I primi quatro bon ch'hebbeno[67] in Roma
> Primo, secondo, terco et quatro[68] seggio.

---

[59] *Che su 'n*: Pac. "che 'n su".
[60] *Clasteggio*: Pac. "Chiasteggio".
[61] *con*: Pac. "di".
[62] *la memòria*: it. "le menti".
[63] *a la religió militar*: it. "a la religione".
[64] *traduhí*: "traslladà".
[65] *traduhí*: "traslladà".
[66] *vogliendomi*: Pac. "volgendomi".
[67] *hebbeno*: Pac. "ebbero".
[68] *quatro*: Pac. "quarto".

Diu aprés lo poeta...⁶⁹ que, essent asetjat Munúcio cònsol del poble apel·lat equi, creat dictator,⁷⁰ fon trobat laurar. E axí abstret ab la pols, com diu Lívio, prengué la dictatura e, aprés quinze jorns trihunfant, la deposà⁷¹ "tan quam ad intermissum opus festinaret trihunfalis agricola", com diu Lúcio Floro. Aprés féu matar Spúrio Mèlio, sedicioso per lo servent,⁷² en presència del poble, lo qual cercava constrènyer la libertat romana.

Era allí Ffàbio Rotiliano, lo qual en Sànnia lexat ab lo exèrcit de Papiri Cursor ab manament que no combatés fins que ell no tornàs essent dictator, y Ffàbio, mestre de les gents d'armes a cavall, veent los sannites senyors per la absència del dictator, seguí'ls e ab esperons ferms los assaltà, combaté y vencé. Retornat Papírio,⁷³ en lo siti que havia fet contra la militar disciplina. On, furtant-se Ffàbio, sperant més en la clemència del senat que·n la severitat de Papírio, anà en Roma, on súbitament vench Papírio cercant punir Ffàbio e ab⁷⁴ [fol. 3r] summa difficultat li perdonà, donant-lo per les làgremes del pare y pregàries dels parents al senat y poble romà. Era desdenyat Ffàbio, jove, que de victòria degués ésser punit, mas poch li haguera ajudat si lo dictator no li hagués hagut tants intercessors. Trihunffà tres voltes aprés dels apulis, samnites e últimament dels gàl·lichs junts ab la Toscana.⁷⁵

Ensemps seguex Lúcio Metel·lo, lo qual fon moltes voltes cònsol y dictator, e aprés pontíffex màximus, ardent lo temple de Minerva, on era lo paladi, ço és estàtua de Pal·las fatal a quascun regne mogut de la religió per medi de l'incendi, libertà lo paladi; e aquesta és la noble soma de la qual parla lo poeta. Esdevench de continent cego. On diu:

---

⁶⁹ *Diu aprés lo poeta*: La oración siguiente habla de Cincinnato, como indica una parte significativa del texto italiano que falta aquí: "crida després Cincinnato amb la inculta cabellera que..."; it. "chiama dappoi Cincinnato con la inculta chioma che essendo assidiato Minutio...".

⁷⁰ *essent asetjat...creat dictator*: ms. "cret dictator". La frase se refiere a Cincinnato, como hemos visto en la nota anterior, no a Minucio, y el sentido de la frase es "essent asetjat Munúcio cònsol pels aqueus, del poble apel·lat i creat dictator, fon trobat llaurar".

⁷¹ *la deposà*: ms. "despux se"; it. "la depose".

⁷² *sedicioso, per lo servent*: "sediciós de Servílio"; it. "seditioso da Servilio".

⁷³ Falta aquí "li féu citar"; it. "il fece citare".

⁷⁴ *ab*: ms. "a"; it. "con".

⁷⁵ *ab la Toscana*: "amb els toscans"; it. "con thoscani".

> E Cincinnato colla inculta chioma,
> E 'l gran Rutilan col chiaro sdegno,
> Et Metello orbo con la nobil soma.

Gran lahor meritá Actílio Règulo vencent moltes voltes los cartaginesos. Mas molt fon pus gran la glòria que aquistà de la conservada seguretat, que, essent pres, fon enviat ab jurament en Roma per embaxador de cartaginesos que los romans deguessen tornar los presoners de Cartayna y retenir Actílio Règulo; y ab tot que·l senat fos content de tal condició, ell fon[76] de contrari parer. E fengint ésser content de venir a terme, no volch per ell sols la pàtria comportàs aquell dan de restituhir tants presoners, ni volgué mancar la sua fe; on retornà sabent bé quant cruel pena devia portar, com aprés fos turmentat y mort cruelment. Ffon clar aquest mèritament vencent y morint.

Era aprés Àppio Cego, lo qual vench a ésser cego perquè fon occasió que los sacrifficis d'Èrcules, celebrats per antiga successió de la ffamília dels poticis, fossen transferits a umil y vil ministeri dels servents. [fol. 3v] Aquest desféu la pau ab Pirro, rey dels Epirotes, hon fon occasió que M. Cúrio reaquistàs los passats damnatges; e Pirro fon constret de partir-se de Ytàlia e no poder veure Roma per consell de Àppio. On diu:

> Regulo Actilio, sì di laude degno
> Et vincendo et morendo; e Appio ceco,
> Che Pirro fe' de veder Roma indegno.

Era ab aquest un altre Àppio, lo qual nomena spron de poble.[77] Podem entendre d'aquell Àppio que fon creat cònsol en aquella sedició que fon entre los senadors e lo poble de la ley tribunícia, que sols contra la voluntat del poble resistia en deffensió del senat, e apenes fon pogut retraure dels senadors que no dejudicàs la cosa ab les armes, reclamant los déus en testimoni que no mancava al consell del senat,[78] mas lo senat mancava al consell.[79]

Aprés tramès cònsol contra los lochs,[80] superbament tractava lo

---

[76] *ell fon*: ms. "ell"; it. "lui fu".
[77] *spron de poble*: "esperó del poble"; it. "spron del populo".
[78] *al consell del senat*: "el cònsol al senat"; it. "il consule al senat".
[79] *consell*: "cònsol".
[80] *los lochs*: "volscs"; it. "li velsci".

exèrcit, en manera que per fer despit al cònsol comportà ésser vençut e fogit, no volent combatre. De què, havent-se portat axí, retragué la gent en loch segur, e axí féu primer tallar lo cap als centurions que eren fugits e aprés als hòmens d'armes de X hu. Ffon aprés acusat al poble e deposat lo magistrat[81] lo següent any, en la qual causa se fatigà tot lo senat més[82] que may en negun·altra causa, ne may volgué[83] obtenir que mudàs vestidura o remetés la sua austeritat, mas, pervengut de malaltia primer que fos determenada la causa, no·s pogué veure la fi del judici. Aquest era terrible estímol del poble, ab tot que tots los Àppios fossen acerbíssims enemichs de la gent plebea.

Aprés eren dos Fulvis. Lo primer Q. Fúlvio, que féu venjança de Càpua, que era contra[84] Aníbal rebel·lada; [fol. 4r] la qual presa, tragué tota la nobilitat y senadors de ffora y matà'ls a tots. E venint les letres del senat que·ls degués perdonar, no legí aquelles primer que fossen de matar aquells que restaven. L'altre fon apel·lat Ffúlvio Nobílior cònsol; vencé los ethòlichs y molts pobles de Èpiro y la Cephalònia que havien affavorit Antíocho, rey de Àsia, contra los romans, y de aquesta victòria trihunffà.

Màulio Volsso succehí a L. Scipió en la província, vencut Antíocho, y, entès que los gàl·lichs,[85] grechs, los quals pobles[86] en Àsia eren poderosos mesclats de gàl·lichs e grechs, havien feta la lur pàtria una part de Àsia e ab gran terror dels altres senyoregaven, mogué les armes envers aquells y en breu temps despengué quasi la sement, que·n lo mont Olimpi eren fogits; ne matà més de LX[87] mília y molts presos. D'aquests trihunffà Màl·lio, essent mort avanti Brenno,[88] capità de aquella gent.

Fflamínio, fill de Fflamínio que morí en lo lach de Perusa, fon tramès contra Phelip, rey de Macedònia, pare de Perseu, lo qual fon vencut de Paulo Emílio. Lo qual lo vencé y destrocà en manera que li fon fatiga en obtenir la pau ab moltes condicions, entre les quals fon que la Grècia no hagués algun impediment d'ell ni hagués en

---

[81] *deposat lo magistrat*: "deposat de la magistratura"; it. "deposto del magistrato".
[82] *més*: ms. "nes".
[83] *volgué*: "pogué"; it. "possete".
[84] *contra*: error por "a favor de"; it. "ad Hannibale".
[85] *gàl·lichs*: "gàlates".
[86] *los quals pobles*: "i quants pobles"; it. "iquali populi".
[87] *LX*: it. "lxx".
[88] *avanti Brenno*: ms. "avantibrenno".

ella rahó; a la qual restituhí l'antiga libertat y consuetut. Emperò diu que delliurà la terra de Grècia. On diu:

> Et[89] un altro Appio, spron del populo,[90] seco;
> Duo Fulvii, et Maulio[91] Volso, et quel Flaminio
> Che vinse et liberò el paese greco.

Era entre·ls altres Virgineu, tenyit tot de sanch per aquesta causa, que, essent en gran contenció la gent plebea y los senadors en crear noves leys, plagué'ls elegir X hòmens [fol. 4v] los quals haguessen sumària potestat en los judicis. Entre·ls quals fon Àppio Clàudio, lo qual, essent enamorat de Virgínea, filla de Lúcio Virgineu, lo qual era en aquell temps contra·ls sabins y equins, e no pensant haver-la en altra manera, féu que hun seu gran servidor nomenat Marcho Clàudio la demanàs com a serventa sua davant lo seu tribunal. Revocat lo pare de l'exèrcit, no podent delliurar altrament la sua filla de la servitut vituperosa, levà un coltell de una bahina e ab aquell matà la sua filla Virgínea; e ab aquell coltell ple de sanch anà a l'exèrcit e, aquell remogut, vench en Roma y prengueren lo mont Aventino; hon fon necessari lançar aquells X cavallers de Roma, los quals nomenava tirans, e axí, per Lúcio Valeri, M. Horàcio Virgineo ab los altres fon reconsiliat al senat. On diu:

> Ivi fra l'altri tinto era Virginio
> Del sangue di sua figlia, onde a que' dieci
> Tiranni tolto fu l'empio dominio.

Quanta devia ésser l'amor dels ciutadins envers la pròpria pàtria demostrà Dècio, col·lega de Torquat en la batalla contra los latins y sabins que, havent visió que de la una part los déus infernals y la terra demanaren[92] lo capità de l'altra lo exèrcit,[93] volgué voluntàriament morir per la pàtria. Lo qual aprés seguí son fill en la batalla contra los samnites, gàl·lichs y toscans. Y, estant semblantment com hereditari lo nebot, seguí los vestigis de l'avi y del pare, on contra

---

[89] *Et*: Pac. "era".
[90] *populo*: Pac. "popol".
[91] *Maulio*: Pac. "Manlio".
[92] *demanaren*: ms. "demana".
[93] *de...exèrcit*: "de l'u o de l'altre exèrcit"; it. "de luno o laltro exercito".

Pirro y Pirota, en la matexa manera volgué morir per la pàtria. Aquests III[94] foren liberals de la pròpria sanch. On diu:

> Et larghi di lor sangue era[95] tre Deci.

Fforen[96] dos jer[fol. 5r]mans Públio y Gneo Scipió tramesos[97] en Espanya contra Asdrúbal y Magone, los quals en espay de XX[98] anys feren grans fets d'armes ab victòria en Espanya a gran utilitat de la república. Mas, esforcant-se per donar fi en aquella longa guerra, per tració y fuyta de celtibèrio[99] en espay de XXX dies foren morts los cònsols.

Era lavòs un jove nomenat L. Màrcio, de gran ànimo y prestantíssima virtut, lo qual, recollides les rellíquies de dos exèrcits romputs, confortant-los ab les sues paraules, li aparech en torn del seu cap miraculosament una petita flama de foch; la qual donà tanta sperança als romans que ab esforçat ànimo assaltaren los enemichs, y prengueren los alleujaments d'Asdrúbal y Magone. Y axí Màrcio sostench lo pes de dos cònsols ab grandíssima matança d'enemichs y salut dels romans, y en aquesta manera conservà d'Espanya la república dels romans.[100] On diu:

> Et doi gran Sccipïon[101] ch'Spagna oppresse;
> Et Marcio, che sostenne ambe lor veci.

Aprés eren dos fills de aquests. La hu Lúcio Scipió de Àsia, jermà de Scipió major, fill de Públio Scipió, com damunt diem mort en Espanya, lo qual, tramès en Àsia contra Antíocho, reportà de la victòria trihunffo y merità ésser axí nomenat Asiàtich per la victòria de Àsia. L'altre era Scipió Nasica, fill de Gneo Scipió com damunt diem, lo qual per les sues virtuts merità per lo senat ésser judicat

---

[94] *III*: ms. "XIII"; it. "tre decii".
[95] *di lor sangue era*: Pac. "due di lor sangue o".
[96] Este párrafo figura en el texto italiano antes de los versos de Petrarca, no después, presentándose además este verso de Petrarca junto a los dos que siguen.
[97] *tramesos*: ms. "trames"; it. "mandati".
[98] *XX*: it. "viii".
[99] *de celtibèrio*: "dels celtibers"; it. "deli celtiberi".
[100] *d'Espanya la república dels romans*: it. "conservo la spagna e la republica e stato romano".
[101] *Scipïon*: ms. "Scloion".

per lo millor home de Roma. Per la qual cosa ffon en lo simulacre[102] de Cibele, mare dels déus, portat de Ffrígia fins que fon ediffícat lo seu temple. Combaté contra Gàl·lia cisalpina y contra los bons pobles, axí nomenats, [fol. 5v] y reportà lo trihunffo; y aprés, essent home privat, fon actor de la mort de Tibèrio Gracco, home sediciós, la qual cosa fon a gran utilitat del senat de Roma. Aquests paria que quascú s'acostava a son pare. On diu:

> Et come a' suoi par che ciascun[103] s'appresse,
> L'Asiatico era ivi, et qual perfecto
> Ch'optimo solo el bon senato elesse.

Mèritament seguex que Caio Lèlio era ensemps ab los Corneli Scipions perquè era singular amich del major Affricà, ab lo qual féu grans actes de milícia. Ffon abans cònsol y vixqué ab singular reputació.

Mas no semblava axí amich Metel·lo, lo qual en vida mostrava ésser divís ab Corneli, mas mort demostrava ésser reconsiliat. On és de saber que Metel·lo, cognomenat felicíssim, fon èmulo de les virtuts de Scipió Emilià e discorde solament per honor y ambició. On, mort Scipió, se dolgué en lo senat e manà a sos fills que honrrassen lo cors de Scipió, de què pareguè ésser viu èmulo de les virtuts mas amar aquell en la mort. Aquest fon cognomenat Macedònich perquè trihunffà de Macedònia. Ffon conffús[104] en Espanya, hon féu moltes proves. Hagué quatre fills, los quals[105] véu ésser los tres cònsols e la hu trihunffar axí en la sua mort. Aprés los quals fon Metel·lo Numídico, que fon contra Iugurta, y Metel·lo Arètich, que vencé Creta. Aquests quatre fills portaren lo pare mort al sepulcre. Emperò lo Petrarcha diu que era aprés del pare la sement d'ell[106] mes davall terra. On diu:

> Et Lelio a' suo' Cornelii era ristrecto;
> Non così quel Metello al qual arrise
> Tanto Fortuna che felice decto.[107]

---

[102] *Ffon...simulacre*: it. "onde albergo el simulachro".
[103] *par che ciascun*: Pac. "ciascun par che".
[104] *conffús*: error por "cònsol"; it. "consule".
[105] *quals*: ms. "qual".
[106] *d'ell*: ms. "del".
[107] *decto*: Pac. "è detto".

Parean vivendo lor mente[108] divise,
[fol. 6r] Morendo recogniunte; et seco el padre
Era, e 'l suo seme che sotterra el misse.

[fol. 5v] Regonegué lo poeta a Vespesià en la forma del cors [fol. 6r] y ab les espalles quadrades, com Suetoni recita. Aquest fon X emperador; trihunffà ab Tito, son fill, de Jherusalem, segons fa menció Joseph, e aprés la sua mort dexà dos fills: Tito y Domicià.

Ffon succehidor d'ell Tito, verdader fill seu e succehidor, home ornat de totes virtuts y liberalíssim mas, com la Fortuna és envejosa, priva prestament los hòmens del regiment; emperò en breu temps morí aprés lo pare "felix brevitate imperii".

Al qual succehí son jermà Domicià, home celeratíssim. Emperò no era com los altres, mas eren bé aquells que per elecció del senat o per adopció eren pervenguts[109] a l'imperi romà.

Com Domicià, Nerva[110] fon elet emperador per lo senat. Home moderat e just, morí aprés XVI mesos del seu imperi y dexà successor Trajà, fill seu adoptiu, lo qual fon espanyol per nació y home digníssim. Subjugà la Dàcia; reaquistà l'Armènia, tolta dels iparthins;[111] reduhí a una província Síria, Messopotàmia e Aràbia. Aprés moltes glorioses obres en pau y en guerra, morí en Àsia en Selèucia, nobilíssima ciutat.

Adrià, adobtiu de Trajà, cerquà quasi totes les províncies subjectes als romans, component aquelles. Ffon home literatíssim e amador de hòmens literats y virtuosos. Hagué la lengua gregua y latina, arismètica, jaumetria, pintura, astrologia; doctíssim en art militar, la qual tornà que ja era transcorreguda. Morí en Dàcia de edat de LXX anys V[112] mesos y X[113] jorns; regnà XXI anys.[114]

Succehí Anthoní Pio, aquest fill seu adoptiu, clementíssim home y entès més en conservar que a créxer l'imperi, perquè amà los seus ciutadins. Lo qual deya que més amava més prest conservar un seu ciutadí que matar un enemich seu. Aquesta sentència [fol. 6v] fon abans de Scipió. Morí de edat de LXXII anys, com diu Eusebi, LXXVII capítol, segons Eutròpio.

---

[108] *mente*: Pac. "menti".
[109] *eren pervenguts*: ms. "era pervengut"; it. "erano pervenuti".
[110] *Nerva*: ms. "Herva".
[111] *dels iparthins*: "dels parts"; it. "i parti".
[112] *V*: ms. "xv".
[113] *X*: it. "xvii".
[114] *anys*: ms. "any".

Lexà March Antoni, adobtiu fill, lo qual fon doctíssim philòsoff. Una sola batalla féu contra alguns pobles de Àsia y en lo terç any trihunffà de aquells. Ffon clementíssim al seu poble y seria estat ffelicíssim si hagués pres qualque fill adoptiu per no lexar l'imperi a Lúcio Anthònio Còmodo, fill natural seu, lo qual fon home celeratíssim.

Y molt millor haguera pogut heretar o adobtar un semblant a Theodòcio, lo qual succehí en lo regne aprés d'ell prop de CCXL anys. Fforen entre ells molts emperadors axí egregis: Alexandre, Aureliano, Diocliciano, Costantino y molts altres. Mas Theodòsio fon lo derrer, quasi, espill dels bons. Ffon home religiós. En lo seu temps fon Sant Ambròs, Sant Jherònim, Sant Agostí y Claudiano poeta. Morí en Milà. Aprés la sua mort lo món verament començà a mancar de les antigues pràtiques, constitucions y bones virtuts, y lo imperi romà cayguè en gran rohina. On diu:

> Vespasïan poi et ha[115] le spalle quadre
> Il ricognobbi ad guisa[116] d'hom chi ponta,
> Con Tito suo dell'opre alto et legiadre.
> Domicïan non v'era (onde ira et onta
> Havea),[117] ma la famiglia che per varco
> D'adopcïone al grande[118] imperio monta:
> Traiano et Adrïano, Anthonio et Marco,
> Che facea d'adobtar anchora[119] meglio;
> Al fin Theodossio de ben far non parco.
> Questo fu di vertù l'ultimo speglio,
> In quel'ordine dico; et dopo[120] lui
> Cominciò el mundo forte[121] a farsi veglio.

No molt largament narra lo poeta ésser-se apartat dels hòmens dignes, mas offuscats[122] per la splèndida [fol. 7r] fama dels successors. Tots aquests[123] que nomena foren reys d'Albània, entre·ls quals

---

[115] *et ha*: Pac. "a".
[116] *Il...guisa*: Pac. "Riconobbi ed al viso".
[117] *Havea*: Pac. "avean".
[118] *grande*: Pac. "sommo".
[119] *anchora*: Pac. "anch'egli il".
[120] *dopo*: ms. "dipo".
[121] *el mundo forte*: Pac. "forte il mondo".
[122] *offuscats*: "offuscat", en relación a los "hòmens dignes"; it. "offuscati".
[123] *aquests*: ms. "aquest".

era lo primer fundador de Albalonga, Júlio Scrano,[124] fill de Eneas; Athi, rey d'Albània, lo qual senyorejà XXIIII anys; Númitor fon pare de Rea Sílvia, mare de Ròmulo y Remo, jermà de Amúlio, fill de Proca; ffon bandejat per lo jermà y per lo nebot tornat en lo realme; Sílvio, perquè naxqué en la sílvia,[125] del qual tots los altres reys albanesos són appel·lats Silvis; Proca pare fon de Emílio[126] e Númitor; Capi Sílvio regnà XXVIII anys; lo nou Latí, a differència del pare de Lavínia,[127] lo qual novè rey Latí succehí a Eneas Sílvio; Agrippo regnà XXXX anys; y Tiberino Aventino, la hu offegat, féu apel·lar lo riu Tíber, sepultura d'ell e donà-li eternalment lo nom en lo coll Aventino,[128] encara que sien vàries oppinions de aquest nom. On diu:

> Poco in disparte accorto mi[129] fui
> D'alquanti in cui regnò virtù non poca,
> Ma ricoperta fu dall'ombra altrui:
> Ivi era quel che' fundamenti loca
> D'Albalonga in quel monte pelegrino,
> Et Athi, et Munitore,[130] et Silvio, et Proca,
> Et Capi, e 'l vecchio e 'l novo re Latino,
> Agrippa, e i duo ch'eterno nome denno
> al Tevero et al bel colle Aventino.

No sens gran misteri fengeix lo poeta que no·s recordava dels antichs reys de Ytàlia per la gran vellea, mas fon-li fet un sentiment y així véu Saturno, lo qual fon bandejat per lo fill Jovis de Canòlia, vench en Ytàlia, hon regnà ab Jano y, perquè mostrà de sembrar forment, y plantar, y semblants coses, en aquelles gents rústiques aprés la mort fon adorat com a déu.

Pico, fill de Saturno, marit de Pomona, deessa de les pomes, fon amat de Sirce y de aquella transformat en un chiquet ocell, segons demostren [fol. 7v] los poetes, perquè aquell rey usà molt los auguris de semblants[131] ocells.

---

[124] *Scrano*: "Ascànio".
[125] *sílvia*: "silva", "bosc".
[126] *Emílio*: "Amúlio".
[127] *pare de Lavínia*: ms. "pare Lavinia".
[128] *sepultura...coll Aventino*: error por no haber entendido que hay dos personas: "l'altre, sepultat, li donà el nom etern al coll Aventino"; it. "laltro sepulto dette el nome eterno al colle aventino".
[129] *mi*: Pac. "ancho mi".
[130] *Munitore*: Pac. "Numitor".
[131] *semblants*: ms. "semlants".

Ffauno, fill de Pico, prengué per muller Ffauna, jermana sua, la qual matà sabent que havia begut vi, e aprés, per l'amor que li portava, la féu adorar com a deessa, ordinant-li sacriffici.

Jano, antiquíssim rey de Ytàlia, primer ordenà temps[132] als déus e sacriffici. Ffon aquell temps que Saturno vench en Ytàlia; lo qual aprés fon pintat ab dues cares e aprés ab quatre, e fon adorat com a déu de tots los princípis.

Camil·la, filla de Metabo, rey de Priverno, terra dels volchs, fon nodrida ab pràtiques militars; per la qual cosa fon en adjutori de...[133] Turno, fill de Dauno e Venília, rey dels[134] rutilans, cremava per amor de Lavina, fill de Latí. Combaté ab Eneas y, encara que fos home fortíssim, fon mort per aquell, havent ell primer mort a Pal·lantre, fill del rey Evandro. Aquests narra lo poeta. On diu:

> Non m'accorge,[135] ma fummi fatto un cenno,
> Et quasi in un mirar dubio nocturno
> Vidi quei ch'hebber men força et più senno,
> Prima l'italici[136] regi: ivi Saturno,
> Pico, Fauno, Iano, et poi non lunge
> Pensosi vidi andar Camilla et Turno.

Replegua aprés alguns digníssims hòmens de diverses nasions los quals narra lo nostre poeta haver vists. E primer aquell gran cartaginès Aníbal, lo qual, no desmentit del jurament fet al pare de tostemps ésser enemich dels romans, passà en Ytàlia ab gran exèrcit y rompé primerament Publi Scipió cònsol, e aprés Tiberi Semprònio ab aquell matex Publi Scipió de nou rompé a Trèbia. Perdé aprés un ull en lo pla de Arno, que·n aquell temps era cova[137] per molt fret. En lo lach de Perusa vencé Fflamínio, ad canem[138] Paulo Emílio y Terenci [fol. 8r] Varró. Fon detengut de Ffàbio Màximo, fet fogir per Marcel·lo, e a la fi, revocat de Scipió en Àffrica, fon sobrat

---

[132] *temps*: "temples"; it. "templi".
[133] El traductor salta a la siguiente mención de Turno en el texto italiano, "anà en ajuda de Turno contra Eneas, fou pudiquíssima e, com narra Virgili, morta de Arunte. Turno, fill de Dauno..."; it. "fu in adiutorio di turno contra enea fu pudicissima: e come narra Virg. Morta da arunte. Turno figliolo di Dauno...".
[134] *dels*: ms. "del".
[135] *accorge*: Pac. "accorgea".
[136] *Prima l'italici*: Pac. "primi italici".
[137] *cova*: "pantà"; it. "palude".
[138] *ad canem*: "a Cannas"; it. "a canna".

de aquell, on fogí a Antíocho. Y, feta pau ab los romans entre ells[139] y Antíocho, anà a Perusa, rey de Bithínia, hon ell matex se avingué[140] per no venir en les mans dels romans.

Aprés véu Ffelip macedònich, pare de Alexandre, lo qual semblantment de un ull era cego essent ferit d'una sageta en batalla. Vencé los athenienchs, ilírichs, Molòsia, Brècia, Capadòcia, Tràcia; vencé los dardànichs y alguns altres pobles. Lo qual, pensant anar contra Pèrsia, fon mort de Pausània, jove, en mig de Alexandre fill e de Alexandre[141] son gendre, marit de Cleopatra, filla sua, en les noces ab un coltell, no sens sospita de consentiment de Olímpia, mare de Alexandre, y del fill, del qual sots brevitat escriu egrègiament Justino.

Xantipo lacedemònio, fet capità de cartaginesos, prengué Marcho Actílio Règulo, capità dels romans e, tornant en la pàtria, los cartaginesos lo trameteren ab una nau, e axí per sospita y temor de la sua virtut, lo feren morir y axí ab summa ingratitut pagaren lo bell servici.

Gelipo, semblantment lacedemònio, tramès per los seus ciutadins en adjutori de Sysaragoça contra Catània, affavorida dels attenienchs, tres voltes hagué victòria e, mort Lamaco, capità ateniench, delliurà aquella del setje. Transportada la batalla en la mar, fon dues voltes vencedor y prengué cent trenta naus e Nica, lur capità. Aquest, reportant mil desigs[142] de la presa, se'n retingué XXX per ell, no assignant rahó per què. Per la qual cosa, de la severa justícia fon portat per los lacedemonis[143] en exili e allí morí. Seguex donchs aquest hon diu:

> [fol. 8v] Et perché gloria in ogni parte aggiunge,
> Viddi oltra un rivo un[144] gran carthaginese,
> La cui memoria ancora Italia punge.
> L'uno ochio havea lassato in[145] mio paese,
> Stagnando al freddo tempo el fiume tosco,
> Si che'l era, a veder,[146] estrano arnese:

---

[139] *ells*: ms. "ell"; it. "loro".
[140] *se avingué*: error por "se enverinà"; it. "se medesimo aveneno".
[141] *e de Alexandre*: ms. "de Alexandre"; it "e de Alexandro".
[142] *desigs*: it. "talenti".
[143] *los lacedemonis*: ms. "lacedemoni"; it. "da la severa iustitia di lacedemonii fu mandato".
[144] *un*: Pac. "il".
[145] *in*: Pac. "al".
[146] *Si...veder*: Pac. "sicch'egli era, a vederlo".

> Sopra un gran elephante un duca[147] losco.
> Guarda[148] glii intorno, et vidi re Philippo
> Similmente[149] dal'un l'alto[150] fosco.
> Vidi el lacedemonio, vidi[151] Xantippo,
> Che a gente ingrata[152] fece il bel serviglio,
> Et d'un medesimo nido[153] uscir Gilippo.

Ab quanta diligència los antichs havien cercada fama, honor y glòria largament ho demostren los poetes; que Hèrcules no solament senyoregà los nostres superiors mas, confiant-se en les sobergues[154] forces, devallà ja molt vell y antich en los inferns. Segons l'auctoritat de Varró, foren XXXXIII[155] Hèrcules, mas hu fill de Jovis y Alcimena ffon entre·ls altres aquest granment celebrat e aquell que chiquet en lo bres estrengué dues bívores, matà lo leó, vencé la ydra, matà lo porch, vencé Archeloo, Antheu, Busírides, Diòmedes de Tràcia, sostench lo cel, anà en l'infern e tragué Cerbaro per força, y moltes altres experiències en nombre XXX, encara que·s diga les principals ésser XII. Matà Nesso centauro; en aprés en Oeta, mont de Thesàlia, una camisa tenyida en la sanch de Nesso, ferit de les sues sagetes enverinades, tramesa de la sua muller Dianira, creent ésser cosa bona a fer que Hèrcules la amàs com Nesso li havia dit y consellat, la qual lo consumà cremant-lo en tal manera que morí. Ffon soterrat per Philòtete e aprés la mort adorat.

Eneas, com narra Virgili, e Lívio, vench en Ytàlia e contínuament [fol. 9r] matava y combatia. Prengué per muller Lavina, filla de Latí, mas, com narra Virgili en lo vi, ab tot que ell anàs en lo regne Stígio, ço és, en l'infern ab la Sibil·la, aprés retornà y hagué victòria en Ytàlia, com ja he dit. La mort del qual és molt dubtosa, mas pur se que·s negà en lo riu Númico. Aprés fon adorat y apel·lat Jovis.

Moltes proves se narren de Teseu. Ell[156] senyorejà Corincto, Cercione, Sciro, lo minotauro, anà als inferns per furtar Proserpina

---

[147] *duca*: Pac. "doge".
[148] *Guarda*: ms. "guada".
[149] *Similmente*: Pac. "similemente".
[150] *l'alto*: Pac. "lato".
[151] *vidi*: Pac. "ivi".
[152] *Che...ingrata*: Pac. "ch'a cruda gente".
[153] *medesimo nido*: Pac. "nido medesmo".
[154] *sobergues*: it. "sue".
[155] *XXXXIII*: it. "lxiii".
[156] *Ell*: ms. "el".

ab Piritoo. Alguns dien ésser tornat e altres no, però és cosa fabulosa. Mas la veritat és que volgué furtar Proserpina, fill de Aidoneu, rey de Molòssia, del qual fon aprés delliurat per Hèrcules. Fféu moltes coses, com Plutarco diffusament escriu en la sua vida.[157]

Ulixes, fill de Laerte, fon hu dels capitans grechs. Féu moltes coses en Troya: portà Achil·les en lo exèrcit, matà Dolone Reso, rey de Tràcia, prengué les cendres de Laumendonta, el paladi de les roques de Troya, e a la fi ab la sua prudència y obres estucioses fon presa Troya. Anà deu anys per la mar, ffugí la crueldat de Poliffemo, la tempestat de Scil·la y Caripdi, lo frau de les serenes, la feredat de Strangol, los beniffícis de Circe. Com narra Homero, anà a l'infern. Aprés tornat en Íthaca pàtria, no podent[158] fugir, perquè l'oràculo o la ýdola no hagué loch d'avisar-lo que devia ésser mort de mans del seu linatge, e axí fon mort de Thelegone, fill seu que havia hagut de Circe.

Aquests quatre narren los poetes ésser anats al regne Stígio, ço és en l'infern. On diu:

> Vidi color che andaro al regno stigio:
> Hercule, Enea, Theseo et Ulysse,
> Per[159] lassar qui di ffama tal vestigio.

Ffon en la Toscana un Dardano de una terra appel·lada Corito, lo qual fon fill de Jovis y Elestra. Lo qual anà [fol. 9v] en Ffrígia y ell donà principi a la ciutat de Troya, hon foren los troyans appel·lats per causa sua dardànichs y la província Dardània. D'aquest fon fill Eriththònio,[160] del qual naxqué Tros, rey troyà, del qual és denominada Troya. Hagué dos fills: Ilo y Assaraco. De Ilo prengué lo nom Ylion, ciutat de Troya. Lo qual Ilo fon pare de Laumendonta. Lo qual Laumendonta fon pare de Príam, que entre·ls molts fills hagué Hèctor, home fort y moderatísim, lo qual matà Patroclo, y moltes voltes sostingué l'impetut dels grechs y aquells afflegí en gran manera. A la fi fon mort per Achil·les. Príam, vell, quasi vixqué aprés la mort de L fills los quals se narra ell haver haguts; véu la pàtria presa per los enemichs y aprés de Pirro, fill de Achil·les, miserablament mort. Emperò diu lo poeta que molt vix-

---

[157] *en la sua vida*: ms. "la sua vida"; it. "ne la sua vita".
[158] *no podent*: repetido en el ms.
[159] *Per*: Pac. "e".
[160] *Eriththònio*: it. "Erchitonio".

qué, que, si fos mort primer, no hauria vista tanta misèria. Narra donchs entre molts en especialitat haver vist Hèctor, Príam, Dardano y Tros. On diu:

> Hector con[161] padre, quel che troppo visse,
> Dardano et Tros et heroi altri vidi
> Chiari per sé, ma più per chii ne scrisse.

Maniffesta és molt largament l'ampresa dels grechs contra·ls troyans, en la qual foren molts fortíssims[162] hòmens. Entre·ls quals hi fon Dïomedes, fill de Tideu, amich de Ulixes; ffon molt profitós als grechs. Aprés la presa de Troya tornat en Argo, per vergonya de Egiale, muller sua que havia comès adulteri, ffugí en Pulla y edifficà una terra apel·lada Argòppio, aprés Argirippa, a la fi Arpi, y allí vixqué.

Achil·les fon fill de Peleu, criat per Chirone. Portat en la ampresa troyana finalment, se mostrà fortíssim sobre tots los altres y, mort Hèctor per les sues mans, vista [fol. 10r] Policena se'n enamorà y, demanada aquella, vench axí com era donat l'orde en lo temple de Apol·lo Timbreo per voler fer parentesch ab Príam y partir-se del setje. Paris assaltà aquell e ab tració matà'l; ffon soterrat en Sigeu, mont de Troya.

Los grans Àtredes foren aquests: Agamenon y Menalau, fills de Philistene, mas reputats fills de Atreu. Aprés la captivitat de Troya Agamenon tornà a casa, hon fon mort de Clitamestra, muller sua, y de l'adúlter Egisto. Menalau reaquistà la sua Elena, ffon molt agitat de la tempesta, mas a la fi tornat a la pàtria. Morí ab repòs y ossi.

Dos Ajaç; la hu fon Ajaç Talamon, lo qual fon en lo exèrcit fortíssim de Grècia y, aprés la mort[163] de Achil·les, contengué ab Ulixes per la successió de les sues armes, y, vençut, vench tan mat y envergonyit que per si matex se matà, com escriu Ovidi en lo XIII del *Metamorffoseos*. L'altre fon Ajaç Oileo, velocíssim home y fort, lo qual retornant a casa aprés Caphareu mont, de la tempesta vençut, se negà; axí fon per la ira de Pal·las fulminat, com dien los poetes. Seguexen donchs aquests. On diu:

---

[161] *con*: Pac. "col".
[162] *fortíssims*: ms. "fortissim".
[163] *aprés la mort*: ms. "aprés mort"; it. "Doppo la morte".

Dïomedes, Achille e i grandi Attridi,
Duo Aiaci.

Ffon una ciutat en Boècia apel·lada Tebes, edifficada per Cadmo Fenice cercant Europa, jermana sua furtada per Jovis, havent-lo-y acomanat Agenor, son pare, y que no tornàs a la pròpria pàtria sens aquella. En aquesta ciutat fon un rey appel·lat Edipo, lo qual hagué dos fills mascles, Eteocle y Polinice, los quals[164] dividiren la senyoria en aquesta manera: que regnàs quascú un any. E axí començà anar lo primer any en exili Polinice y arribà una nit en Argo, anant a Adastro, rey de aquella ciutat on era arribat Tideu calidònio, que imprudentment havia mort son [fol. 10v] jermà Menalipo. De què, essent davant la porta del rey, vengueren en gran contesa e hira, en manera que foren a dir la sua qüestió e denunciar-la al rey. Lo qual volent pacifficar-los, véu Polinice tenir una pell de leó en torn e Tideu una pell de cenglar. Havia aquell rey dues filles, la una Àrgia e l'altra Deyfile, y tenia resposta de una ýdola "setiger unquam suem et fuluum adventare leonem", que devia venir un cenglar y un leó als quals devia donar les sues filles. E axí donà Àrgia a Polinice e Deyffile a Tideu. Aprés fon tanta amor entre Tideu y Polinice que meritaren ésser entre·ls pars dels amichs. Passat l'any, Polinice tramès embaxador Tideu al jermà que li restituhís la senyoria; lo qual superbament denegant, la y se congregaren set capitans: Adastro, Tideu, Polinice, Amphirao, Campaneu, Ipomedonte y Partenopeo. Los quals tots moriren en Tebes, sinó Adastro que fugí, y Theocle y Polinice se mataren la hu a l'altre. Campaneu fon mort en lo derrocar de la muralla, Amphirao deglotit de la terra, los altres moriren en batalla. De aquests fa menció lo poeta. On diu:

> Tydeo et Polinice,
> Nemici prima,[165] amici poi sì fidi;
> E la brigata ardita e infelice
> Che cadde a Thebe; e quell'altra che a Troia
> Ffece assai, credo, ma di più si dice.

Fforen certes dones en Scíthia apel·lades amazones, forts y bel·licoses, les quals vixqueren sense hòmens y feren en armes gran-

---

[164] *los quals*: repetido en el ms.
[165] *prima*: Pac. "in prima".

díssimes proves. E, morta Methèsia reyna, succehí Oríthia, egrègia per moltes virtuts e principalment per perpètua virginitat. Fforen de tanta terror aquestes amazones que, per manament de Eristeu, Hèrcules com a cosa quasi imposible vench a demanar-la. [fol. 11r] Era en aquell temps Oríthia en milícia fora de la pàtria; de què Hèrcules prengué dues jermanes sues: Ypòlita, la qual donà a Theseu, e l'altra Menalippe. Retornada Oríthia, passà en Grècia per recobrar la sua jermana Ypòlita, mas fon unida ab[166] Theseu y ab los athenienchs.

Aprés la mort de la qual succehí Pantasilea, la qual vench en adjutori dels troyans y, encara que tardà algun tant en la sua venguda, féu moltes experiències de les sues virtuts. A la fi fon morta per Achil·les ensemps ab lo exèrcit, y aquelles poques que restaren foren mortes dels pobles vehins que tenien, en manera que en breu temps mancà lo imperi de les Amazones scithianes, de les quals fa menció lo Petrarcha. On diu:

> Pantasilea, che a' Greci fe' gran noia,
> Hipolita et Orithia, che regnaro
> Là presso al mar dov'entra la Dannoia.

Per quant lo poeta havia feta menció d'aquestes famoses dones, mèritament seguex Ciro, lo qual fon vencut de Thamira, reyna de Sitia, y és cosa maniffesta per les ystòries com Ciro, fill de Cambises y de Mandane, deputat del Cel a l'imperi de Mèdia, lançà son avi de la senyoria,[167] nomenat Strages, y en breu temps subjugà tota la Àsia y part de l'Orient. Mas pasant en Scíthia contra Thamira ab aquell art que fon vencut per ell lo fill de Thamira, fon vencut ell y mort per Thamira ab dos cents mília persians. Lo cap de Ciro fon tallat y mes en un odre de sanch humana ab aquestes paraules: "Cyre, Cyre, sanguinem sitisti sanguinem bibe". Per la qual cosa diu lo Petrarcha que fon més avar de sanch que no Crasso de or.

Aquest Crasso, potentíssim ciutadí de Roma, per avarícia de acomular or anà contra los pàrtichs, [fol. 11v] perquè havia entès que aquells eren richs; en manera que, attenent solament en acomular les riqueses, fon mort ell y lo fill, y consumat lo exèrcit, y les glorioses banderes romanes vingueren en mans de bàrbaros. Lo cap de

---

[166] *Unida ab*: error por "vençuda de"; it. "vinta de".
[167] *senyoria*: ms. "senyora"; it. "signoria".

Crasso, tallat y portat al rey dels pàrtichs, fon omplit d'or, axí com se diu. A la hu y a l'altre fon amarga copdícia, en aquell de la sanch y en aquest de l'or. On diu:

> Et vidi Cyro, più di sangue avaro
> Che Crasso d'oro; e l'un e l'altro n'ebbe
> Tanto ch'al fine a ciascun parve amaro.

Demostra lo poeta com aquests dos havien offuscada la glòria sua, la hu ab crueldat, l'altre ab avarícia, narrant aprés haver vist alguns hòmens de grandíssima fama, aprés dels quals era primer Philipòmene, ciutadí de Magalòpol, en Orchaya, lo qual se trobà a lançar Aristademo, tiraníssim. Vencé Onabi; lo qual mort, prengué Lacedemònia. En Creta féu moltes coses. A la fi, anant ab lo exèrcit contra Messeni,[168] un jorn victoriós corrent per lo camp li caygué lo cavall mig mort y, axí vist dels enemichs, fon posat en un càrcer; lo qual, tement los messènichs que no s'en fogís e aprés que no fes venjança, fon de aquells desvenat y mort en aquell temps que morí lo major Cipió y en Bithínia Aníbal cartaginès. Fon de tanta perícia Philipòmene de art militar que diu lo Petrarcha no poria ésser nou negun art en batalla per a ell que ell no·l sabés.

Aprés succehí Massinissa, rey de Numídia, lo qual, lançat per Ciphare, se concordà ab Cipió, ab lo qual hagué grandíssima amicícia, la qual conservà per tota la sua vida ab lo poble romà. Milità ab Cipió contra Aníbal e Ciphare en Àffrica y, vencuts los cartaginesos, fon [fol. 12r] posat per Cipió en lo seu regne. Ffon home robustíssim de cors y comportador de treballs. Morí sobre LXXXX anys, amiquíssim de la família de Corneli y de tots los romans.

Leònida spartano fon il·lustre exemple de fortalea, lo qual ab set cents hòmens tingué ànimo de resistir a l'innumerable exèrcit de Xerxe y axí prengué l'estret de Termòpile. Combatent fortíssimament, no vencut mas vencent, canssat morí.

Epaminunda de Tebes, gloriosíssim capità, primer vencé los lacedemonis y matà Lisandro, lur capità. Mas aprés combatent Amantinea[169] ab los spartanis, encara que[170] los seus hagueren victòria, la hu fon ferit y pochs dies aprés morí; ab lo qual ensemps

---

[168] *Messeni*: "els messènics"; it. "messenii".
[169] *Amantinea*: it. "a mantinea".
[170] *encara que*: ms. "encara"; it. "benche".

morí l'imperi e libertat tebana, lo qual ans ab ell era nada, que primer y aprés fon d'altri senyorejada.

Melcíades, capità ateniench, lançà los bàrbaros de Cherronesso, la qual havien[171] presa. Prengué Leumo y totes les ylles Cíclades, y ab deu mília rompé més de cent mília combatents de Dari qui eren venguts a subjugar la Grècia. Mas essent en camp en la ylla de Pharo una nit guardant una[172] silva que brugia, ço és que les herbes y fulles dels arbres se menejaven, dubtà que no fos l'armada de Dari, s'en tornà[173] en Athenes. Lo qual fon acusat de tració que, corromput de Dari, havia dexada l'ampresa; e así, condemnat en L vots,[174] mes en presó, no podent pagar morí.

Temístocle ateniench, en lo temps que Xerxe vench en Grècia, rompé en tal manera la sua armada que Xerxes tingué fatiga de fogir y escapà ab una chica barqueta, dexant Mardònio, son capità, ab CCC mília hòmens, los quals poch aprés de Temístocle en terra foren vencuts. De què aconseguí tanta glòria y potència que, dubtant la sua pàtria ell no·s fes molt gran senyor, lo trameteren en exili y aprés fon [fol. 12v] jutjat traydor que ab persians havia tractat occupar la Grècia. Ffon constret fugir a Artaxerxe en Àsia, lo qual li donà Magnèsia, Lampsaco y Esmirna, nobles ciutats, prometent Temístocle dar-li lo realme de Grècia. Mas aprés, per amor de la pàtria o que no ves poder deportar en effecte les sues promeses, se degollà[175] ell matex, encara que sien alguns que dien ésser mort de ffebra. De aquests fa menció lo Petrarcha. On diu:

> Philipomene, a cui nulla sarebbe
> Nov' arte in guerra, e chi di fede abonda,
> Re Massanissa, in cui[176] sempre ella crebbe;
> Leonida e 'l thebano Epaminonda,
> Milcïades e Themistocle, che Persi[177]
> Cacciâr di Grecia, vinti in terra e 'n onda.

Narra lo poeta haver vist cantar a David celestials versos, per ço que, essent enamorat de Bersabé, muller de Uries, féu morir lo ma-

---

[171] *havien*: ms. "havia".
[172] *una*: ms. "un".
[173] *s'en tornà*: it. "onde si ritorno".
[174] *vots*: it. "talenti".
[175] *se degollà*: it. "se aveleno".
[176] *Re...cui*: Pac. "Massinissa, nel qual".
[177] *Persi*: Pac. "i Persi".

rit e aprés cometé adulteri. Lo qual, conexent lo seu peccat, féu aspríssima penitència y compongué molts salms, y aquests són los celestials versos que cantava.

Judas Macabeu, capità y governador del poble judahic, fon home egregi en fet d'armes. Fféu coses increhibles contra Antíocho Epíphane, rey de Síria, y Demètrio,[178] fill de Seleuco, y vencé moltes voltes. Fféu amicícia y liga ab los romans. Últimament, combatent ab Bàchide, capità del rey Demètrio,[179] virilment en batalla morí ab summa glòria.

Josuè, capità del poble de Déu en terra de promissió, vencé moltes voltes los malachites, poble bàrbaro y cruel que li hixqueren a camí. Mort Moysès, essent[180] en una ciutat en Judea campats IIII reys de Amorrey[181] y hu de Jerusalem, tement que per beniffici de la nit los enemichs no campassen de les sues mans, devotament pregà Nostre [fol. 13r] Senyor Déu que, si li era car lo seu poble, fes aturar lo sol; e axí Déu lo hoyí y fermà la màchina del cel XXIIII hores; y prengué los V reys e crucifficà'ls. A·quests seguex., on diu:

> Vidi David cantar celesti versi,
> E Iuda Macabeo, e Iosuè,
> A cui el sol e la luna immobil fersi.

Havent narrats molts hòmens romans famosos y de tota condició estranys y a la fi quasi concloent, no li sembla deure passar al nostre poeta sens fer menció de David, rey gloriós del poble de Déu, y de Josuè, al qual Déu se delità tant complaure que mudà lo seu propri orde donat als cossos celestials. E, posant fi al capítol, seguex Alexandre Macedoni, Artús y Carles. On diu:

> Alexandro, ch'al mondo briga de';
> Hor l'oceano tentava, e potea farlo;
> Morte vi si interpose onde nol fe'.
> Poi alla fin Arture vidi[182] e Carlo.

Havent collit en aquest capítol la flor dels hòmens famosos, seguex tres a la fi. Alexandre Macedoni, lo qual de edat de XX anys

---

[178] *Demètrio*: ms. "de Metrio".
[179] *Demètrio*: ms. "de Metrio".
[180] *essent*: ms. "essen".
[181] *Amorrey*: ms. "Amor Rey".
[182] *Arture vidi*: Pac."vidi Arturo".

succehí a son pare Philipo, desféu Tebes e subjugà tota la Grècia, y, vencut Dari, fon apel·lat rey de l'Àsia. Vencé Poro, rey de la Índia, y, presa tota la província, sotsmès en l'Àsia moltes nacions.[183] Prengué més de V mil[184] terres. A la fi morí en Babilònia enverinat, de edat de XXXIII anys, e, si no fos mort, tentava cercar la mar occeana. Mas per ventura fon lo millor de la sua fama que morí en la flor y discurs de la sua glòria e innumerables victòries.

Artús fon rey de Bretanya lo qual hagué molts cavallers nomenats errants, dels quals és feta menció en lo Trihunffo d'Amor. E perquè lo Petrarcha diu aquell que les cartes umplí de somnis, [fol. 13v] demostrant ésser coses fabuloses, no·ns volem en aquestes estendre.

Mas lo derrer que posa és Carles, digníssim rey de Ffrança y emperador de Roma, lo qual fon fill de Pipino, cognomenat Magno per les sues grans proves y nobles experiències. Lo qual sotsmeté tota la Catània[185] y passà aprés en Ytàlia, hon vencé Desidèrio, rey de longobarbi;[186] lo qual dexat asetjat en Pavia, visità Roma e aprés hagué a les mans sues Desidèrio, restituhí al Papa totes les terres que Desidèrio li havia preses. Sotsmeté la Sansogna, la qual empresa durà XXX anys. Vencé la Spanya y aquella reduhí a la fe crestiana. Castigà los bretons. Retornà en Ytàlia, hon vencé lo duch de Benavent,[187] que havia fet moviment contra·l Papa. Fféu súbdit Traxillo, duch de Baviera, y vencé totes les parts d'Alamanya. Mogué als ongres[188] guerra, gent feroce de Scíthia venguda habitar en Ungria, los quals en VIII anys sotsmeté al seu imperi. La terça volta vengut en Roma retornà en la cadira Papa Leó, lançat de Roma, y per aquest beniffici meritá ésser emperador de Roma. Fféu moltes altres coses dignes, e a la fi de edat de LXXII anys morí ab summa glòria, dexant gran dolor als seus pobles de la sua mort, ab fama immortal y glòria de les sues nobles y egrègies obres. On diu:

---

[183] *moltes nacions*: ms. "molta nasio".
[184] *V mil*: it. "diece milia".
[185] *Catània*: it. "Aquitania".
[186] *de longobarbi*: "dels longobards"; it. "di longobardi".
[187] *Benavent*: it. "Benivento".
[188] *als ongres*: it. "a li hunni".

Capítulo secundo Triumphi Ffame[189]

[fol. 14r] Da poi che Morte triumphò nel volto
Che di me stesso triumphar solea,
Et fu del nostro mondo il suo sol tolto,
Partissi quella dispietata et rea,
Pallida in vista, horribile et superba,
Che 'l lume de beltade spento havea;
Quando, mirando inturno su per l'herba,
Vidi dall'altra parte giugner quella
Che trha[190] l'huom dal sepulcro e 'n vita il serba.
Quale in sul giorno l'amorosa[191] stella
Suol venir d'oriente inanci al sole,
Che s'acompagna volentier con ella,
Così[192] venia. Et, io[193] di quale schole
Verrà il maestro che descrive[194] a pieno
Quel ch'io vo' dire in simplice parole?
Era d'intorno al[195] ciel tanto sereno
Che per tuto il disio ch'arde[196] nel core
L'occhio mio non potea non venir meno.
Scolpito per la fronte era 'l valore
De l'honorata gente, dov'io scorsi
Molti di quei che lagar[197] vidi Amore.

És natural apetit de tots los animals que sobiranament la sua conservació desigen, e tant més dels hòmens quant són més nobles y tenen la intel·ligència de la sua noblea. Mas perquè aquella ley e condició humana dura, no menys universal e justa, "quomnia orta occidant",[198] no atorga, ans repugna, en aquest estament conservar-se ultra lo degut terme al qual necessàriament té a venir una volta, perquè "reddenda est terra terre" per la cotidiana experiència; la

---

[189] Este capítulo corresponde en realidad al capítulo primero de las ediciones canónicas.
[190] *trha*: Pac. "trae".
[191] *l'amorosa*: Pac. "un'amorosa".
[192] *Così*: Pac. "cotal".
[193] *io*: Pac. "oh!".
[194] *descrive*: Pac. "discriva".
[195] *al*: Pac. "il".
[196] *disio ch'arde*: Pac. "desir ch'ardea".
[197] *lagar*: Pac. "legar".
[198] En el texto italiano continúa: "aucta senescant".

qual és tanta que no y és necessària altra [fol. 14v] auctoritat per que la present sentència sia provada. Sola dons és una conservació viure en la memòria de la posteritat "et famam extendere factis", la qual solament aconseguexen aquells que per medi de les virtuts merexen d'ells matexos dexar nom y eterna memòria. Y, ab tot que la vida sia breu y lo cos en los seus principis se resolga, la virtut no comporta resolució y damnatge, e axí per la mort remogut lo vel de la enveja, la qual és enemiga companyia de la virtut entre·ls vivents, se demostra més lúcida y més resplandent. Per la qual cosa no dubtà Marco Actílio Règulo retornar als cartaginesos y abreviar algun tant aquesta brevíssima vida per viure eternament en la boca y moviment[199] de la posteritat. Acò matex conduí a diverses y vàries empreses a Ffàbio, Scipió, Deci, Marcel·lo y tants altres famosos romans y externs. La qual cosa conexent lo poeta, sots egrègia ficció importa la Mort, aprés que ha trihunffat de Laura, partir-se y succehir la Ffama, la qual sola és aquella que cava l'ome de la sepultura y contínuament viu lo reserva. Y mèritament en lo precedent capítol la nomena reyna, la qual mostra ésser cosa divina que tenia tanta potestat que los morts per la sua força y potència quasi eternament viuen.

Seguex aprés dient que aquesta reyna Fama, la qual semblava una cosa divina, tenia en la sua mà dreta Cèsar y Scipió, mas qual d'aquests dos era més pres d'ella era cosa diffícil de judicar-la. Dels quals dos excel·lents famosos, la hu era sols mancípio[200] de virtuts y no d'amor, e l'altre ensemps, però que,[201] seguint Scipió la virtut, tostemps era estat luny de l'amor,[202] mas Cèsar en lo seu temps l'amor y la virtut havia observada. On diu:

> [fol. 15r] Da man dextra, ove gli ochi prima[203] porsi,
> La bella dona havea Cesare et Scipio,
> Ma quel[204] più presso a gran pena m'achorsi;
> L'un di virtù,[205] et non d'Amor mancipio,
> L'altro d'intrambo.

---

[199] *moviment*: error por "monuments".
[200] *mancípio*: "servent".
[201] *però que*: en el sentido de "ja que"; it. "perhoche".
[202] *l'amor*: ms. "la virtut", que contradice lo que viene a continuación; it. "lo amore".
[203] *prima*: Pac. "in prima".
[204] *quel*: Pac. "qual".
[205] *virtù*: Pac. "vertute".

Circa la intel·ligència dels precedents versos és principalment d'entendre que micer Ffrancesch dóna loch en la mà dreta de la Fama en aquesta[206] insigne y excel·lent companyia, la qual descriu més avall per demostrar aquella ésser més digna de fama que·ls hòmens los quals solament al repòs literal se donen, per bé que sien aquests altres dignes d'onor; com sia cosa que de aquells major notícia, memòria y rahonament tostemps ne reste en lo món, y en los altres tostemps se trobe en lo nombre de les virtuts.

Segonament és d'entendre que, volent micer Ffrancesch en aquest Trihunffo solament descriure les gestes de virtut, no és necessari refferir tots los actes de la istòria axí com los escriptors de la lengua latina per orde escriven; com sia cosa que totes les chiques gestes ells observen, de les quals molts no són de lahor ni de fama dignes. Emperò, aquells solament ne basten a refferir dels quals havien hagut notícia ésser de la virtut prevenguts o de la llum de aquella, majorment en los fets de les armes, que axí par que sia la intenció del poeta quant en lo terç capítol y derrer de aquest Triumpho diu "Io non sapea da tal vista levarmi / Quando odi dir pon mente all'altro lato / Che ben s'aquista pregio o altro che d'arme"; per la qual cosa és obrat per los hòmens que mèritament resta d'ells en lo món gran fama. Y la rahó és que a una matexa disciplina se pertany deter[fol. 15v]menar dels contraris, axí com és famosa proposició "Oppositorum eadem est disciplina". Axí matex és convenient ésser breu per confermar-se a l'orde del poeta, lo qual espesses voltes sols lo nom y tal volta un sols gest entre molts ha commemorat.

En lo terç y últim loch és de notar que primer és necessari narrar les gestes de Cèsar y de Scipió, aprés mostrar entre ells tanta conformitat que ab gran rahó sia diffícil en poder judicar qual dels dos la hu a l'altre pogué avancar de ffama.

Júlio Cèsar donchs fon fill de Lúcio Cèsar y de Aurèlia, honestíssims ciutadins de Roma. Lo qual, ja pervengut a edat de XV[207] anys, restà sense pare y, essent de règia y gratíssima pràtica,[208] fon molt odiós a Lúcio Corneli Sil·la, lo qual amagat algunes voltes trobaven. Y, essent algun tant de temps estat en aquesta persecució, a la fi un Mamerco Emílio y un Aurèsio Cotta, amichs seus propinchs

---

[206] *en aquesta*: "aquesta"; it. "questa".
[207] *XV*: it. "xvi".
[208] *pràtica*: it. "effigie".

y benivolents, impetraren per ell perdó de Sil·la, al qual fon atorgat, com scriu Plutarco: "Vos amentes estis nisi in hoc puero multos inspiciatis marios". Essent donchs Cèsar fora del bando y edicte de Sil·la, partí de Roma y anà en Bretanya al rey de la illa Pharnacusa, y fon pres per les guardes, ab los quals estigué en presó prop de XXX dies ab un sols metge y dos cubiculars. Rescatat aprés per pecúnia, entengué en perseguir-los y venjar-se d'ells, e, a la fi presa la ciutat de Pàrgamo, prengué'ls tots y penjà'ls per lo coll, axí com estant en presó moltes voltes per burla ho avien dit de fer d'ell.

Mort aprés Sil·la, començant-se a poblar[209] la república, Cèsar retornà en Roma, hon, tenint quasi Marco Lèpido lo principat e volent Cèsar fer comunament participant de totes les sues fortunes, Cèsar no y volgué consentir, [fol. 16r] mas per si matex regnar y governar en la pública administració. Per la qual cosa aconseguí molta honor per si matex, axí com és de pretor, sacerdot y cònsol. Principalment quant a la expedició militar, essent estat pretor, li tocà en província la ulteriora Espanya dellà lo riu Betis; a la qual, anant breument y fidelíssima,[210] la sotsmès al domini de Roma. Tornant aprés en Roma y essent vengut lo temps de fer los novells cònsols, Cèsar volgué demanar lo consolat e d'altra part trihunfar dels espanyols, mas, perquè era necessari que qui trihunffava estigués algun temps fora de Roma e qui demanava lo consolat...[211] Essent donchs lo govern en aquest temps y la cura de Roma comès y totalment reduhit en Marco Crasso, Gneo Pompeu y Júlio Cèsar, y per l'offici del seu consolat Cèsar essent anat contra los gàl·lichs y germànichs, y al temps recreats los cònsols Marco e Crasso Gneo[212] Pompeu, y procehit Crasso contra Paris,[213] y fon d'ells mort, y los exèrcits en Mesopotàmia, ja Pompeu, que ab Cèsar tenia intrínseca inimicícia per l'ambició, veent-se restar sols en Roma, se engenyava en quant podia en deprimir Cèsar en tota honor y reputació. De què intervench que, havent Cèsar vencuts y subjugats los gàl·lichs, jermànichs, y saxons, y bulgàrichs y altres pobles d'ell matex des-

---

[209] *poblar*: error por "turbar"; it. "turbare".
[210] *fidelíssima*: error por "feliçment"; it. "felicimente".
[211] Salta unas líneas en la traducción: "i qui demanda el consolat fos en la cúria present, per aquesta repugnància al fi Cèsar dexà passar el triunf i demanà el consolat. Essent donchs en aquest temps el govern..."; it. "e chi domandava il consolato fusse ne la curia presente: per questa repugnantia al fine Cesare pretermise il triumpho e dimando il consolato essendo adunque in questo tempo il governo...".
[212] *e Gneo*: ms. "Gneo".
[213] *Paris*: "els parts"; it. "li parthi".

crits en los *Comentaris gàl·lichs*, retornà en Roma y crexqué[214] en lo senat lo segon consolat y la prorrogació de l'imperi. La qual cosa del senat per obra de Pompeu, de Cató, de Marco Bíbulo y de Marco Marcel·lo li fon deneguada, y ultra açò per auctoritat dels cònsols li fon comanat, essent encara en camí,[215] que primer que passàs Rubiconte, fflum cituat sobre Arimino, ell degués rellexar los exèrcits [fol. 16v] y venir en Roma axí com a privat. Ultra açò atorgà lo senat a Pompeu lo imperi y certes legions les quals eren en Lucèria reservades. A la qual determinació del senat, essent en presència un centurió de Cèsar nomenat Curione, respongué en son nom Cèsar ésser content de observar totes les coses que lo senat d'ell havia dispostes y rellexar la gent si açò matex feya Pompeu. La qual cosa no acceptant lo senat, ni a Cèsar volent prorrogar[216] lo imperi, Cúrcio lancà la mà a la espasa y, tirada fora la bayna, dix semblants paraules "Hic enssis quidem porrogabit" e anà-se'n.

Era ja Cèsar junt en aquest temps a Rubiconte tornant de Gàl·lia, hon se reposà sobre la riba y entre si matex pensava si devia pasar més avant; de la qual cosa maravellant-se los seus cavallers, li demanaren la causa perquè s'aturava. E Cèsar, mostrant-los lo pont, respòs: "Si hunc ponticulum transierimus milites omnia armis agenda erunt". A la fi, estant emperò en dubte, apparech en l'ayre una grandíssima forma d'ome, y prengué una trompeta de hu d'aquells de l'exèrcit, e passà lo flum sonant fins l'altra[217] riba. Lavòs Cèsar veent cosa tan admirable, dix: "Iacta sit alea ea in quo deorum ostenta et inimicorum iniquitas vocat". E passà lo flum, e, no havent convengut de la pau a Ravenna ab los embaxadors de Pompeu, la matexa nit se'n vench en Arimino y prengué-la. Aprés vengué Osino ab tota la Marcha, e de aquí se'n vench a Corfínio; per la qual cosa fogí Domício Enobarbo, lo qual, fogint-se per por, fon pres dels cavallers cesarians y portat a Cèsar ab grandíssima quantitat de or. Mas Cèsar ab gran liberalitat rellexà Domício e Àccio Varró, lo qual era estat pres de March Anthoni, per ço [fol. 17r] que no menys en la peccúnia que·n la vida dels hòmens se mostràs continent.

Sentint-se donchs les obres de Cèsar en Roma, Pompeu se'n partí e cavalcà a Càpua, y Lentulo, cònsol, per por ab part dels se-

---

[214] *crexqué*: "demanà"; it. "chiese".
[215] *camí*: ms. "cama"; it. "camino".
[216] *prorrogar*: ms. "porrogar".
[217] *l'altra*: ms. "latra".

nadors se'n fogí a Pompeu. Mas Cèsar, sabent la fuga dels cònsols a Pompeu y dels senadors, se'n partí de Corsínio y pasà per seguir-los. Per la qual cosa Pompeu se'n fugí a Brundísio, hon Cèsar lo asetjà e a la fi lo constrengué de fogir ensemps ab los senadors en Epiro a Diràchio. Allà hon Cèsar prengué Brundúsio e aprés se'n retornà en Roma a compondre e pacifficar la ciutat; y los senadors restaren, los quals pregà que ensemps ab ell volguessen deffendre la libertat de la romana república. E axí composta Roma, partí y anà en Espanya contra Petreio e Affrànio, los quals constrengué a deposar les armes; hon, essent moltes voltes pregat dels seus cavallers que combatés, y encara sots protest de no combatre quant a ell plagués, Cèsar norresmenys no mudà la sentència, mas deya a ells: "Non minus imperatoris est consilio superare quam glabio". Y, continuant aprés la victòria, prengué aprés la ciutat de Massella y tornà en Ytàlia. Creà aprés Cèsar los novells cònsols, ço és Lúcio Cèsar y Públio Servílio e, dispostes les coses de Ytàlia, se voltà tot a seguir Pompeu, lo qual partint de Brundúsio pròsperament navegà en Pharsàlia y de allí se'n vench en Epiro; hon moltes voltes combatent per mar y per terra ab los pompeans a la fi constré a fogir Pompeu en Thesàlia, hon últimament lo sobrà y vencé. Per la qual cosa Pompeu fogí en Egipte, hon per manament de Tolomeu fon mort per les mans de un Lúcio Sèptimo o, segon Appiano, Potínio, e de un Achil·les, [fol. 17v] home de gran audàcia. Y Cèsar, no sabent encara de la mort de Pompeu, vench en Egipte, hon, coneguda y vista la testa de Pompeu y lo braç ab los anells de les sues armes, lo plangué molt dolorosament. E aprés moltes obres combaté Cèsar ab Tolomeu y vencé'l. Prengué en Alexandria un loch dit delta y lo rey fugint se negà en lo riu del Nil.

En aquest temps Pharnace, fill de Metídrates, confiant-se en la discòrdia e dicensió[218] dels romans, pus prest que no era lo seu poder anà per occupar Capadòcia. La qual cosa sentint Cèsar, vench contra ell y, combatent ab aquell prop d'una terra nomenada Zala o Zela, Cèsar lo sobrà e convertí'l en fuyta e ab molta celeritat aprés occupà tota la regió de Ponto, hi semblantment Deiotaro[219] rey y les altres terres[220] ab Síria, Boèmia, Capadòcia e Armènia, que mèritament solia dir ell primer haver vençudes que haver vist l'enemich.

---

[218] *dicensió*: ms. "dicesio".
[219] *Deiotaro*: ms. "de Jotaro".
[220] *les altres terres*: "els altres tetrarques" en el texto italiano.

Tornat Cèsar aprés en Roma e pacifficada la província de Ytàlia, delliberà anar contra les rellíquies pompeanes, les quals lavors en potentíssima part eren en Àffrica reduhides; hon era Marco Cató, Lúcio Scipió, Consídio, Bneo y Sexto Pompeu, fills[221] de Pompeu Major, los quals ensemps ab Jubba, rey de Numídia, y Saburra, perfet seu, estimaren molt acomodadament poder resistir a Cèsar. E vengut Cèsar en Àffrica féu ab aquells moltes batalles, en les quals Bneo, fill de Pompeu, fon per Déu perfet de Cèsar sobrat y mort; Sexto fogí en Scicília; Consício fon mort dels betulis; Àccio Varró y Scipió foren constrets a dedició [fol. 18r] de Cèsar; Jubba a la mort violenta, fent-se matar per un servidor seu; y Cató en la voluntària, havent-se a si matex aquella donada en Útica.

Aprés retornat en Roma, trihunffà quatre dies portant sobre lo carro trihunfal los simulacres de les vencudes batalles. Hon trihunfà primerament dels gàl·lichs, portant per ensenya lo Reno y lo Ròdano y la mar occeana. Aprés trihunffà dels egipcians, portant lo lauro egipciaco, lo Nilo, Asinoe regina, Achil·les mort e Potimo, axí com escriuen Ffloro y Appiano. Trihunffà en lo terç loch de Pharnate; portà ell que ffogia y damunt portava escrit: "Veni, vidi". Der-rerament font lo trihunffo affricà, hon portà Petreu, mancat per fama, Scipió, que succehia e aprés cahia en mar, e lo gran Cató, que lacerava les sues pròpies entramenes. En lo qual trihunffo se comprenia ésser d'ell subjugada Espanya dues vegades.

Ffet donchs aprés perpetual dictador y en part oppresa la libertat de la romana república, fon a la fi en la cort en presència del senat de Bruto y Càssio mort cruelment, hon li donaren XXIII ferides de punyal; les quals rebudes, a la fi de la vida volgué servar la digne vergonya embolicant-se tot dins lo seu manto, per ço que pus onestament cayqués en terra. Essent donchs a la fi de la sua vida vengut, no és de presuposar[222] que en tanta turbolència de guerra, y axí gran ponderositat de fets, y en tantes diverses fortunes, ell en tal manera entengués als estudis, los quals demostren les dignes escriptures dels *Comentaris* y *Epístoles* sues, en manera que ab rahó se pot dir ésser estat condexeble de Ciceró sots Apoloni. Per la qual cosa Quintilià, en lo X *De institutione oratoria*, diu de Cèsar aquestes [fol. 18v] paraules: "C. vero Cesar si tantum foro vacasset: non alius ex nostris contra Ciceronem nominaretur tanta in eo vis est id acu-

---

[221] *fills*: ms. "fill".
[222] *presuposar*: "ometre" en el texto italiano; it. "pretermettere".

men ea concitatio ut illum eodem animo dixisse quo bellavit appareat". Pot-se donchs maniffestament compendre ab quanta rahó Júlio Cèsar del nostre poeta és posat primer que·ls altres en la ffama.

Públio Corneli Scipió, lo qual per haver feta Cartayna, cap e imperi de tot lo regne d'Àffrica, tributària y subjecta a la romana república, merità fer-se cognomenar Affricà, ffon fill de Públio Cipió. Com sia oppinió que·n aquell temps fos estat engendrat de Jovis, per molts signes que en aquell temps se veyen, axí com la nit que fon concebut fon trobada una grandíssima serp en lo lit ensemps ab sa mare; y essent chiquet infant fon pres de un orrible drach, del qual no rebé algun damnatge; e aprés anant de nit al capitòlio, los cans qu·estaven allí preposats en la guàrdia no li ladraren. Per los quals senyals mèritament se jutjava Jovis no altrament haver cura de si matex que del fill.

Essent donchs principalment Aníbal cartaginès entrat en Ytàlia, y pasats los monts, e conduhit en Lombardia, presa la ciutat de Pavia, los romans trameteren per Scipió, pare de Scipió Affricà, contra ell en deffensió y reparo de l'imperi de Roma, hon era procehit ab ell Scipió Affricà. Combatent donchs en dos exèrcits y essent Públio sobrat en la batalla, fferit Scipió, lo jove de edat de XVIII anys, lançant-se en mig dels enemichs deffensà lo seu pare virilment de aquells y salvà'l retornant-lo en lo camp; hon, com escriu Lívio, féu de si Affricà quasi cert presagi, havent salvada la vida del cònsol, en haver ésser salut de la romana [fol. 19r] república. Succehint aprés l'altre cladi[223] donada de[224] Aníbal al poble de Roma, ço és aquella de Semprònio a Trèbia, aquella de Caio Flammínio al lach Transimeno y la memorable clade de Canassa, volgueren los romans, actor Quinto Metel·lo, fugir-se'n de Roma a no solament abandonar la pàtria, mas encara Ytàlia, sols per la immensa temor la qual era consent[225] de la fúria de Aníbal. Consultant-se donchs en casa de Quinto Metel·lo de aquesta fuga, lo jove Scipió dix: "Aquesta cosa no és de caure en consulta"; e aprés axí fet, se girà envés aquell e dix: "Ego juro que patriam non deseram neque alium civem romanum deserere patiar expostulo igitur Cecili Metelle ut vires patrium non relinqueret ceteri qui adestis qui non iuraverit in se hunc gladium strictum esse sciat". Y estant en aquesta afficció y torbulència la ro-

---

[223] *cladi*: "desgràcies".
[224] *donada de*: ms. "dona a"; it. "date da".
[225] *consent*: "concebuda"; it. "concepto".

mana república, no trobant-se algun deffensor que s'offerís per aquella, per Quinto Ffàbio, ffill de Ffàbio Màximo, per Publi Bibulo y per Àppio Pulcro, tribuns[226] restats de la primera, segona y terça legió, fon concordablament donat lo imperi a Públio Corneli Scipió e a Públio Clòdio. Lo qual rebut, ab gran prudència y fortalea administrant les rellíquies dels exèrcits restats en les clades de Canassa encara, per mig dels alleujaments de Hanibal salvament reconduhí a Venúsia.

Hi essent ja lo setèn any que Aníbal era estat quasi en domini e possessió de Ytàlia, essent Gneo e Públio[227] Scipió en Espanya y pròsperament havent combatut contra los cartaginesos, essent estat Asdrúbal, fill de Gisgone o[228] Mamagone, jermà de Aníbal, ab lo seu exèrcit de aquells sobrat y vencut, en aquest temps Asdrúbal, fill de Amíclar y de Aníbal[229] jermà, venia [fol. 19v] ab lo exèrcit de Cartayna per pasar en Itàlia e conjunyir-se a ell. La qual cosa sentint los Scipions y vent que, si·s feya tal conjunció, lo imperi de Roma era del tot destrohit, com coneguessen la lur maniffesta rohina e la lur mort, delliberaren norresmenys opposar-se en Espanya, per ço que algun tant lo detinguessen. Per la qual cosa dividiren lo lur exèrcit, e part anà contra Hasdrúbal Biachino e part restà contra Magon e Asdrúbal[230] de Gisgone; hon intervench que, essent divisos en tal manera, fforen sobrats dels cartaginesos y entre XXX dies la hu y l'altre Cipió foren morts. Per la qual cosa naxqué axí gran temor en los ànimos dels romans que negú no·s trobava entre ells que volgués ésser duch contra los cartaginesos.

Scipó, lavors de edat de XXIIII anys, no atterrat per la procehida victòria de Hanibal, ni espantant per la fresca mort del pare y de l'oncle, se offerí per la romana república deffensor contra los cartaginesos y, fet pretor del poble romà, s'en anà en Espanya, hon prengué les relíquies dels exèrcits dels Scipions, restades y conservades per virtut de Lúcio Màrtio, fortíssim cavaller de Roma. E ab aquelles en breu temps les Espanyes ab açò[231] lo matex dia que vench en Cartayna nova, la qual era l'armamentàrio[232] de cartaginesos en Es-

---

[226] *tribuns*: ms. "tributs"; it. "tribuni".
[227] Gneo e Públio: ms. "Ch.P.".
[228] *o*: it. "e".
[229] *y de Aníbal*: ms. "y Anibal".
[230] *e Asdrúbal*: ms. "Asdrubal".
[231] *ab açò*: "conquerí i amb això"; it. "conquisto e".
[232] *armamentàrio*: ms. "amamentario".

panya, la debel·là y vencé. La qual cosa fon als romans no poch subsidi y als cartaginesos gravíssima jactura.

En la presa donchs d'aquesta Cartayna fon portada davant Scipió entre les altres una verge bella donzella, de la qual, demanant ell qui era y de quina condició, fon-li respost ésser aquella noble per natura y entre les altres coses ésser esposada de un príncep dels celtiberis nomenat Lúcio. Per la qual cosa Scipió trameté per [fol. 20r] ell, lo qual guerrejava ab los cartaginesos, y, vengut a la sua presència, sabent que ell immoderadament amava la sua esposa la y tornà dient aquestes paraules: "Iuvenis iuvenem appello ut minor sit huius sermonis inter nos verecundia. Ego cum esponsa tua vocata a militibus nostris ad me deducta esset: audiremque eam tibi cordi esse: et forma faceret fidem quia ipse si frui liceret et ludo etatis presertim in leto legittimoque amore et non res publica animum meum occuppasset: veniam michi dari: sponsam impensius amanti vellem: tuo cuius sponsa est amori faveo fuit sponsa tua apud me eadem qua apud soceros tuos parentesque suos verecundia servata est tibi ut inviolatum et dignum me teque donum tibi dare posset hanc mercedem unam pro munere paciscor: amicus populi Romani fis". Per la qual cosa intervench que, vista Lúcio axí gran cortesia, vench a ésser amichs[233] dels romans, perquè·n[234] naxqué a ells grandíssim fruyt. E lo pare[235] y la mare de la predita donzella de continent donaren a Scipió grandíssima quantitat de moneda; lo qual, axí prest com l'agué rebuda, altra volta féu cridar Lúcio e, donant-li tot lo tresor, li dix: "Super dotem quam accepturus a socero es hec tibi a me dotalia dona accedant".

Continuant aprés la guerra, havent desbaratat y lancat Hasdrúbal Brachino aprés de Botulo e Adgades[236] Magone e l'altre Hasdrúbal, y del tot expulsos los cartaginesos d'Espanya, Scipió dreçà l'ànimo a dominar Àffrica. Per la qual cosa tornà en Roma y, fet cònsol per la favor del poble, prengué los exèrcits y, passant en Àffrica, se'n vench en Cartayna. Era Cartayna, per moltes voltes rebuda[237] en Espanya y per haver hagut tostemps a suplir y restaurar Ytàlia [fol. 20v] Haníbal, d'on restà[238] molt flaca de les humanes

---

[233] *amichs*: "amich".
[234] *perquè·n*: "de què en"; it. "onde".
[235] *pare*: ms. "para".
[236] *Adgades*: it. "ad Cades".
[237] *rebuda*: "desgràcies rebudes"; it. "clade ricevute".
[238] *d'on restà*: Añadido en la traducción catalana, rompe la lógica de la oración: "Era Cartayna...molt flaca de les humanes forces".

forces, perquè fon necessari que Haníbal fos revocat de Itàlia y vengués a deffendre los murs de la pàtria. Lo qual, axí com fon junt, volgué ésser en col·loqui ab Scipió, al qual parlant demanà que fessen pau; al qual fon per Scipió denegada. E a la fi combatent, fon sobrat y vencut Haníbal, y constret a fogir. E pervench en la sua fuga en Síria a Antíocho rey, lo qual comogué a fer guerra als romans; per la qual cosa Scipió, imposant aprés la victòria la condició de la pau a Cartayna, se'n tornà en Roma y trihunffà de aquella. Continuant-se aprés la guerra d'Antíocho, volgueren los romans que ell entengués que tenien no menys esperança de vencedor en Scipió contra Antíocho; mas ell, per honrrar lo seu major jermà Lúcio Corneli Scipió, no volgué acceptar lo consolat, mas féu elegir lo jermà y ell anà ab sa companyia. E pervenguts en Síria fàcilment sobrà Antíocho, e Aníbal se'n fogí a Prúsia, rey de Bretanya,[239] hon, seguint-lo Scipió, a la fi lo constrengué a pendre verí e morí. Retornant aprés los dos jermans en Roma, no portaren altra cosa pròpria aprés de tanta victòria que solament lo cognom, la hu d'Affricà e l'altre d'Asià.

Últimament essent Scipió Affricà constret de Accio Petílio a mostrar les rahons de la sua administració, se'n anà al capitòlio, hon, despullant-se tot nu, mostrà les ferides que havia rebudes en les guerres e dix negun·altra cosa haver reportada d'Àffrica, sinó sols allò y lo propri cognom, per la qual cosa fon immediate absolt. Mas per la gran ingratitut que a ell se véu mostrar, se departí de Roma e anà-se'n en voluntari [fol. 21r] exili en lo castell de Allinterno,[240] en lo realme de Nàpols, y en aquell loch morint demanà a la sua muller de gràcia que no permetés que lo seu cors fos reportat en Roma. Com en tals fets e axí perillosos fos embolicada la memòria de Scipió Affricà, no permetent[241] la doctrina, mas, devengut auditor de Panècio, no menys excel·lent philòsoff que capità de guerra se donà a quascú.

No sens rahó lo nostre micer Ffrancesch diu ésser diffícil de judicar qui de aquests dos excedexca en fama e sia superior. Emperò que, si Cèsar vencé moltes voltes, Scipió senyorejà pus feroçe. Majorment, segons que scriu Veieci[242] in libro *De re militari*, si Cèsar

---

[239] *Bretanya*: "Bitínia"; it. "Bithynia".
[240] *Allinterno*: it. "Linterno".
[241] *no permetent*: "no negligint"; it. "non pretermisse".
[242] *Veieci*: it. "Vegetio".

guanyà major domini en la romana república, Scipió la delliurà de pus greus perills; si Cèsar fon liberal, Scipió fon clementíssim; si Cèsar fon claríssim orador, Scipió insigne philòsoff; si Cèsar senyorejà la romana república, Scipió senyorejà los ànimos, essent elet universalment del poble cònsol en la guerra affricana, encara contrariant lo senat; si a Cèsar se atribuhex més elegància per ésser estat enamorat, a Scipió se dóna més continència per haver tostemps repugnat tal amor; si a la fi a Cèsar se atribuhex celeritat, aquella matexa se dóna a Scipió, com sia cosa que moriren de una edat, Cèsar de LVI anys e Scipió de LV, e si Cèsar més vehí de la mort féu alguns actes, Scipió començà a millor ora. Per la qual cosa mèritament dubtosa y confusa roman aquesta causa.

Seguex aprés micer Ffrancesch l'orde y procehiment de aquells que eren descrits y celebrats famosos, dient que aprés axí bell y gloriós principi li fon mostrada [fol. 21v] gent armada de virtuts y valor quasi d'aquella manera y d'aquella semblança que lavors en Roma en lo temps antich procehia al capitòlio per la via Sacra. Y seguex que·ls véu venir a tots en aquell orde que ell los descriu, y quascú portava scrit en lo front lo seu nom, tal qual en lo món és restat més amich de glòria. On diu:

> Et poi mi fu mostrata,
> Doppo sì glorioso et bel principio,
> Gente di ferro et di valor armata.
> Sì come in Capitolio il[243] tempo antico
> Talhor o per Via Sacra o per Via Lata
> Venian tutti in que'ordine ch'i' dico,
> Et ciascun havea scripto[244] intorno al ciglio
> il nome, al mondo più di gloria amico.

Circa la intel·ligència dels precedents versos és de saber que micer Ffrancesch diu aquesta noble y gloriosa gent ésser armada de valor, y verament ab rahó, emperò que, havent-se ells tots exercitats en guerra, mèritament per respecte de aquella se armaven de ferro les exteriors membrances. Armaven-se encara dins en lo cor de virtut y valor, la qual no és altra cosa que la furor que administra les armes, segons que scriu Virgili en lo primer de l'*Eneydos* dient: "Ffuror arma ministrat". La qual furor es una ascensió dels sperits

---

[243] *il*: Pac. "al".
[244] *Et...scripto*: Pac. "e leggeasi a ciascuno".

vivifficant la virtut de la fortalea; per la qual cosa diu lo philòsoff en lo III de la *Èthica*, parlant de aquella per auctoritat de Homero: "Virtute immitte furori"; y segons la nova translació diu: "Unde Homerus robur animo iniecit et alibi vim et animum concitavit qua per aures impetus et effervit [fol. 22r] sanguis". E axí procehien en la guerra ab la una armadura y ab l'altra, ço és armats de valor y de virtut, y de ferro.

Segonament és d'entendre que micer Ffrancesch diu procehir aquests en aquell orde que ell descriu, perquè axí judicava ell la hu y l'altre d'ells[245] haver procehir en fama com ell feya e descrivia procehir en orde. Últimament en quina manera per la via Sacra y per la Clara pervingués al capitòlio qui trihunffava largament dalt en lo principi del Trihunffo d'Amor fon demostrat e descrit.

Narra aprés consegüentment lo poeta ell veure seguir en fama a Cèsar e a Scipió, dient que, estant ell intent al noble rahonament lo qual se fa d'aquests hòmens famosos, encara a les lurs cares y presència e a lurs actes y obres, véu venir un nebot y un fill los quals foren en lo món sens comparació, los quals seguien los dos primers, ço és Cèsar e Scipió Affricà. On diu:

> Io era intento al nobile bisbiglio,[246]
> A volti, agli atti. Di que primi[247] due,
> L'un seguia il nipote, et l'altro il figlio,
> Che sol sença alchun pare al mondo fue.

Per més manifesta notícia dels precedents versos és de saber que, axí com damunt diem en lo Trihunffo d'Amor aprés, dels romans en dues maneres se aquistaven fills, ço és per natura y per adopció. Per la qual cosa aquests dos en aquest loch descrits per lo nostre poeta no naturals nebots o fills foren de Scipió o de Cèsar, mas sols per adopció.

On és de entendre que Scipió Affricà hagué un fill nomenat Públio Corneli Scipió, lo qual fon malalt de cos e inpotent en lo exercici de les armes, y en la sua adolescència [fol. 22v] fon pres d'Antíocho e restituhit al pare; lo qual, com scriu Valeri, fon naturalment de les paternes virtuts. Aquest no havent fill adoptà lo fill Scipió

---

[245] *d'ells*: ms. "dell"; it. "di loro".
[246] *bisbiglio*: Pac. "pispiglio".
[247] *Di que primi*: Pac. "Ed ecco: i primi".

Emilià, fill natural de Paulo Emílio, e aquell fon de la família de Corneli, hon venia a ésser nebot per adopció de Scipió Affricà. Scipió donchs, nebot de Scipió y fill natural de Paulo Emílio, principalment, com escriu Plutarco en la vida de Paulo, son pare essent anat ab ell ab los exèrcits contra Perse, rey de Macedònia, en la sua edat de adolocència en aquella batalla en la qual Perse fon debel·lat y vencut axí agrament, e ab tal pertinàcia se donà a la persecució dels enemichs que no tornà may a les tendes romanes fins que fon pasada la miga nit, ab gran dolor y temor del pare Emílio y de tot lo exèrcit. Haguda la victòria Paulo e retornat ab lo fill en Roma, en aquell temps los espanyols, per favor[248] a ells donada dels bàrbaros d'Àfrica, mogueren guerra als romans; per la qual cosa los romans y trameteren a Scipió, lo qual en breu temps vencé la guerra a honor del senat de Roma; hon ab singular batalla, prengué una ciutat apel·lada Itercàcia on vencé[249] un bàrbaro provocador. La qual ciutat aprés per los romans expugnant-se, Scipió fon lo primer que muntà sobre los murs de aquella.

Era en aquest matex temps la ciutat de Cartayna tornada en tal manera poderosa, aprés la pau feta per Scipió Affricà, que los romans dubtant de nova guerra, com scriu Appiano Alexandrino, li volgueren donar noves condicions de pau, entre les quals fon aquesta: que abandonasen Cartayna e la redifficassen almenys VIII milles luny de la mar. A la qual cosa no volent consentir [fol. 23r] los cartaginesos, se mogué la tercera guerra púnica, a la qual los romans trameteren[250] per cònsols a Tito Mànlio y Cató Censorino, Scipió enviant tributari[251] sots lo consolat de Mànlio, lo qual axí dignament se exercitava ab prudència y fortalea en les armes que un Ffameas, prefecto dels líbichs, lo qual habitava contínuament en les silves, no permetia als cavallers romans portar en camp alguna vitualla, mas fon conduhit procehir en la batalla y exir contra Scipió. Durant donchs un dia la guerra per imprudència del cònsol Mànlio y per sedició dels tribunis combatent, los romans foren romputs; de què se referen part de aquells en un casal derrocat, hon foren circuhits en torn per Asdrúbal, fill de Gisgone, divers de aquell que fon vencut dalt del major Affricà. La qual cosa sentint Scipió, encara

---

[248] *favor*: it. "furore".
[249] on vencé: ms. "vence".
[250] *trameteren*: ms. "trametent".
[251] *tributari*: error por "tribú"; it. "tribuno".

que ves lo perill gravíssim y los seus cavallers espantats algun tant li digueren[252] aquestes paraules: "Rebus incoantibus prudencia et consilio uti oportet periclitantibus verso tot obtimis civibus audacia et quidem admirabili utendum est". Aprés procehint animosament contra los cartaginesos, a la fi los seus romans reconduí salvos en los camps.

Continuant donchs aquesta guerra púnica, judicaren los romans que a l'excidi de Cartayna era fatal lo nom de Scipió; per la qual cosa lo crearen cònsol sens renovació fins que la guerra fon finida. Scipió, donchs, prengué los exèrcits dels camps de Cartayna e aquells convertí en cendra. Seguí aprés la guerra de Numància, en la qual los romans trameteren per cònsol Túlio Ostílio Mancino; lo qual essent ab gran vituperi e jactura de Numància sobrat, en tant que negun romà era gosat de mirar [fol. 23v] la cara dels hòmens de Numància, ni·s trobava que volgués pendre legació o consolat, Scipió, com scriu Lívio en la V *Dècada* e VIII libre, segons que recita Lúcio Floro, se offerí al senat de voler exiquir qualsevol generació de província que li fos acomanada. Per la cosa essent-li comès lo imperi, principalment ell castigà los affeminats cavallers del seu exèrcit. Aprés, entenent en la guerra, constrengué a la fi los numantins a dedició; per la qual victòria lo imperi romà ne restà en grandíssima glòria.

Ffon aprés Scipió tramès per lo senat en Síria, en Egipte, y en Àsia, y en Grècia; en la qual expedició solament procehí ab dos servidors, com commemora Tuli en lo VI *De re publica* e Plini in *De viris illustribus*. Y en aquest temps essent estat mort Caio Gracco de Scipió Nasica, en la tornada plagué al poble hoir la sentència de Scipió, la qual judicà Gracco justament ésser estat mort; de la qual sentència féu gran tomult al poble. Scipió animosament diu: "Taceant quibus Italia novera est: non mater: quos ego sub corona vendidi". Ffet censor a temps e donant-li per col·lega un Anúmio Scipió, acusant les sues segnícies al senat diu: "Utinam michi collegam dedissetis aut non dedise". A la fi, prenent a favorir la causa de la ley agrària promulgada principalment de Ffàbio Ambusto e d'Ancus Màrcio Coriolano, fon un jorn ab lo cap embolicat trobat mort.

Ffon encara Scipió, vivint ultra lo exercici de les armes, de tanta continenca que solament XXII lliures d'argent e[253] una miga d'or

---

[252] *li digueren*: error por "els digué"; it. "li disse".
[253] *e*: ms. "o"; it. "e".

lexà de herència al seu posterior.²⁵⁴ Mèritament, donchs, aquest menor nebot seguia en fama a l'avi seu Scipió Affricà.

Octovià August, fill natural de Caio Octàvio, per antiga [fol. 24r] natura fon Velitense; la família del qual fon en Roma conduhida de Lúcio Tarquínio Prisco e designada en lo orde patrício de Tuli Sèrvio, la hu estat lo quint y lo sisè l'altre rey dels romans. Aquest, donchs, lo quart any de la sua edat perdé lo seu pare; per la qual cosa fon pregat en fill de Júlio Cèsar. Havent en l'any dotzè de la sua edat loada la morta²⁵⁵ Júlia, àvia sua, molt eloqüentment, crexcut aprés y presa la viril vestidura, en lo trihunffo d'Àffrica de Cèsar fon honrrat de aquell de la militar ensenya y ornament e, com no fos estat en batalla per deffecte de la sua edat, fon norresmenys de aquell constituhit cavaller. Succehint aprés la mort de Júlio Cèsar y semblant per aquella al poble romà tornat en la primera sua libertat, per ço prestà en lo principi favor lo senat a Bruto y Càssio, factors de Cèsar;²⁵⁶ d'on se renovaren les guerres civils. Emperò March Anthoni, cònsol, y March Lèpido, mestre dels cavallers de Cèsar, volien fer-lo morir per venjança de Júlio e, ultra açò, tenir la república oppresa en la matexa manera que feya Cèsar.

Intervench donchs que lo senat jutjà Anthoni per enemich de la república, lo qual, essent en Gàl·lia Cisalpina, tenia en aquell loch assetjat Dècimo Bruto, al qual anaren contra ell los derrers cònsols, co és Írcio y Pansa, e ab ells Caio Octavià,²⁵⁷ de edat de XVII anys. Acostats donchs los exèrcits e a la fi venguts a batalla prop la ciutat de Mòdena, fon aquella tan aspra y així cruel que, encara que Anthoni fos sobrat y fugís, norresmenys Pansa restà mort en la batalla e Írcio per les ferides en pochs dies. De què Caio Octavià,²⁵⁸ havent obrat virilment en aquesta batalla y tot embolicat [fol. 24v] en la sanch dels enemichs, vehent la bandera de l'àguila en les mans de un alfèriç que per les ferides moria, no havent aquella altrament pogut salvar, prengué-la sobre los seus muscles e portà en lo camps, e restà tot sol a poseir la victòria; per la qual cosa intervench²⁵⁹ que, morts los dos cònsols, tres exèrcits se conduhiren en hu y sots lo ducat de Octovià.

---

²⁵⁴ *al seu posterior*: "als seus hereus"; it. "a suoi posteriori".
²⁵⁵ *morta*: ms. "mort".
²⁵⁶ *de Cèsar*: "de la mort de Cèsar".
²⁵⁷ *Octavià*: ms. "octavio".
²⁵⁸ *Octavià*: ms. "Octavio".
²⁵⁹ *intervench*: ms. "intervech".

Succehí aprés que de aquesta victòria lo senat ne atribuí molta glòria a Bruto Dècimo y més que no a Octovià. Per la qual cosa ell, desdenyat, féu concòrdia ab March Anthoni per medi de Lèpido, e, retornats[260] en Roma ab los exèrcits constituhiren de[261] trihunvirato, lo qual a si sumpsiren Marco Lèpido, March Antoni e Octavià.[262] Sentint ells[263] haver congregats exèrcits, delliberaren anar contra ell[264] e, axí posat en execució y pervenguts en Grècia, feren la primera batalla; en la qual Bruto en tal manera sobrà Octavià que ab gran treball se pogué salvar e tornar a l'altra part hon era March Antoni. Preparada aprés la segona batalla y essent en conflicte, ja Càssio havia presos los alleujaments de[265] Octavià;[266] per la qual cosa los seus cavallers intents a la presa sens algun orde, comencaren a discórrer; la qual cosa veent ell, cregué que per temor[267] e per ésser romputs fogiren. On ell ab alguns altres fogí e ansiós, en tal estament reduhit, tramès hu de aquells cavallers a veure qui[268] havia succehit sots Bruto aprés la sua fuga; aquest seu cavaller differint no pochs dies la tornada, Càssio ymaginà que se'n era fogit y per desperació, donada la espasa a hu dels seus familiars, se féu matar en tal manera. Bruto,[269] d'altra part, [fol. 25r] veent Càssio ésser fugit, prengué la espasa e matà's. E axí dexaren la complida victòria en les mans d'Antoni e a Caio Octavià,[270] lo qual aprés fet cercar de Bruto y, trobat lo seu cors, li féu axí mort tallar lo cap y aquell portar en Roma e sotsmetre'l a la imatge de Cèsar. En aquesta victòria usà Octavià[271] moltes crueltats, majorment envers molts nobles romans los quals tots ab contumelioses paraules féu morir. Y, essent pregat de hu d'aquells que almenys aprés que fos mort li fes donar sepultura, respongué: "Iam ista in volucrum est potestate". Tornant aprés en Roma Octovià, se mogueren encara més guerres civils, emperò que Lúcio Antoni, jermà de March Anthoni, confiant en los seus

---

[260] *retornats*: ms. "retornat"; it. "ritornati".
[261] *de*: "la magistratura de"; it. "il magistrato de".
[262] *Octavià*: ms. "Octavio". Falta una oración del texto italiano: "Erano in questo tempo in Macedonia Bruto e Cassio interfectori di Cesare".
[263] *ells*: Se refiere a Bruto y Casio, mencionados en la frase anterior omitida.
[264] *ell*: "ells"; it. "loro".
[265] *de*: repetida en el ms.
[266] *Octavià*: ms. "Octavio".
[267] *per temor*: ms. "temor"; it. "per paura".
[268] *qui*: "que".
[269] *Bruto*: ms. "Bruta".
[270] *Octavià*: ms. "Octavio".
[271] *Octavià*: ms. "Octavio".

tres cavallers, aparcel·lava guerra per la rohina de Octavià.²⁷² Per la qual cosa Octavià²⁷³ anà contra ell e seguí'l fins en Perusa, hon no sens moltes procehides batalles lo constrengué a la fi a dedició. Procehí aprés en lo quart loch contra Sexto Pompeu, on, encara que més temps duràs la guerra per molts moviments fets en Àffrica y Espanya, a la fi Octavià²⁷⁴ ne restà vencedor.

Havent en aquest temps Octavià²⁷⁵ ab Antoni divís lo imperi, regnant Antoni en l'orient, Octavià²⁷⁶ en lo occident, e ultra açò donada encara a ell Octàvia, jermana sua, per muller, Anthoni se enamorà de Cleopatra, reyna de Egipte, e per la sua complacència repudià Octàvia. Per la qual cosa Octovià, desdenyat, féu guerra ab Anthoni. Y, essent vengut Anthoni ensemps ab Cleopatra en grandíssima classe pres a Àccio y a la illa Leucada, Octavià²⁷⁷ li vench a l'encontre; hon fortment combatent, com mostra en lo VIII Virgili, a la fi [fol. 25v] Octovià fon vencedor y constrengué Antoni ab lo exèrcit a fogir e, seguint-lo, últimament lo conduhí a pendre metzines.

Havent donchs en aquest discurs de les guerres civils Octovià sobrat quascú dels seus enemichs, tornà en Roma, on ab gran justícia e singular modèstia dispongué circa a la república e a les subjugades províncies e dominis.²⁷⁸ Ne solament en aquestes civils guerres se exercità Octovià y de aquelles ne restà vencedor, mas per si matex vencé la guerra dalmàtica y la cantàbrica, y per legat y ministre vencé Catània, vencé lo ilírico, la Gàl·lia Cisalpina, la Dàcia, Germània, Suèvia e Sicàmbria, y moltes altres nacions y prínceps bàrbaros. Trihunffà tres voltes, axí com damunt diem. Ffon eruditíssim en letra latina y greca. Hagué la complida monarchia del món e, norresmenys, in tanta²⁷⁹ excel·lència y domini, may permeté que negú lo nomenàs senyor, axí com scriu Suetònio Tranquil·lo. A la fi, havent possehit molts anys tot lo món en pau, essent de edat de LXXVI anys del mes de agost morí. Per la qual cosa, considerant les sues preclares gestes, pot mèritament²⁸⁰ Octovià lo pare Cèsar en lo segon loch seguir de fama.

---

²⁷² *Octavià*: ms. "Octavio".
²⁷³ *Octavià*: ms. "Octavio".
²⁷⁴ *Octavià*: ms. "Octavio".
²⁷⁵ *Octavià*: ms. "Octavio".
²⁷⁶ *Octavià*: ms. "Octavio".
²⁷⁷ *Octavià*: ms. "Octavio".
²⁷⁸ *dominis*: ms. "domini"; it. "dominii".
²⁷⁹ *in tanta*: ms. "intenta".
²⁸⁰ *mèritament*: ms. "meritamen".

Seguex aprés micer Ffrancesch los nobles Scipions, dient que aprés seguien dos pares acompanyats de tres fills, los quals volgueren ab los lurs cossos tancar lo pas de Ytàlia als armats enemichs. Dels quals fills la hu anava davant y los dos succehien aprés, y lo derrer dels tres fills era lo primer entre tots lohat. On diu:

> Et quei che volsero a' inimici armati
> Chiudere il passo con le membra sue: [fol. 26r]
> Duo padri, da tre figli accompagnati,
> L'un vuia[281] inanci, et duo venivan[282] dopo,
> Et lo ultimo era il primo fra i laudati.

[fol. 25v] Circa la [fol. 26r] intel·ligència dels precedents versos principalment és d'entendre quina és la genologia entre aquests Scipions descrits en aquest loch del poeta, on Públio Cornèlio Scipió e Gneo Cornèlio Scipió foren jermans devallats de un matex pare apel·lat Scipió perquè sobre ell quant era fadrí, lo seu pare, essent vell, anava per Roma muntat de Públio Cornèlio Scipió, lo qual adoptà en fill Públio Scipió Emilià. Mas de Caio Públio Cornèlio Scipió sols ne naxqué Scipió Nasica, en qui hagué fi la genologia.

Segonament és de saber que, essent Aníbal devallat en Itàlia hi havent sobrat Públio Cornèlio Scipió sobre lo Tesino, ell dellibrà pasar en Espanya, on era Bneo, son jermà, lo qual era en camp en una ciutat que·s nomena Híbera. En aquest temps vench Hasdrúbal de Cartayna per voler soccórrer aquella ciutat e, aprés passar en Itàlia, hon los Scipions combateren ab ell e sobraren-lo, per la qual cosa quasi tota Spanya vench en dicensió[283] dels romans. Aconseguí aprés que los cartaginesos trameteren en Espanya Magone Branchino y Hasdrúbal, fill de Gisgone, ab un altre potentíssim exèrcit; als quals P.C. Scipió passant lo flum Híber féu resistència, e aprés lo debel·là y vencé, hon moriren XII mil cartaginesos y X mil ab XXXVI banderes militars restaren presos. Vencé encara Scipió un altre exèrcit de cartaginesos, hon entre·ls altres moriren XXXVIIII elephants. Últimament, havent los carthaginesos restaurat los exèrcits, volent trametre Hasdrúbal Brachino[284] en Itàlia perquè·s conjunyís ab lo jermà Haníbal, en açò los celtiberis [fol. 26v] mancaren als ro-

---

[281] *vuia*: Pac. "giva".
[282] *venivan*: Pac. "ne venian".
[283] *dicensió*: ms. "dicesio"; it. "ditione".
[284] *Brachino*: it. "Barchino".

mans e ligaren-se ab los cartaginesos. Per la qual cosa un duch nomenat Indíbile ab VII mil cavallers venia a conjunyir-se ab lo exèrcit dels cartaginesos. De què Públio Scipió prengué partit de nit saltejar-lo o de dia hon sembla que·l trobàs; per la qual cosa prengué una part de l'exèrcit e ab l'altra lo assaltà[285] Tito Fronteo en los alleujaments. A la fi se affrontà ab los numidians, ab los quals, mentres que combatia sobrevenint los exèrcits affricans, fon últimament debel·lat y mort. Sentint donchs la mort del jermà Gneo Corneli Scipió e jutjant pestíffer als romans si Hasdrúbal passava en Itàlia, dellibera opposar-lis davant, hon, essent ab molt menor exèrcit, aprés més asalts y rompiments, lo XIII[286] dia combatent dal che[287] P. Scipió era mort, fon debel·lat e mort. Al qual essent-li restat Lúcio Màrtio, com damunt diem, exortant en tanta manera los cavallers romans, en la nit hixqué als camps dels cartaginesos, los quals, essent per la procehida fadiga cansats,[288] los romans prengueren[289] gran cantitat e mataren[290] XXXVIII mil, y lo lur camp totalment prengueren.[291] Hon, entre les altres coses, prengueren l'escut d'Asdrúbal, hon era escolpida la sua pròpria figura, lo qual era de pes de CXXXVIII nombres d'argent. Lo qual escut fon tramès en Roma, hon portà no poca recreació als romans, a tanta dolor concebuda per la mort dels tres cònsols.

Lúcio Cornèlio Scipió no ha dexat pus notícia de si matex que haver ensemps ab Scipió Affrica, jermà seu, aprés o prop del mont Sipílio vencut y sobrat Antíocho, rey de Síria, y ensemps ab ell lo ja romput y desrahigat Haníbal. On per aquesta victòria subjugà aprés [fol. 27r] tota la Àsia als romans, per on attés lo cognom de Asià. Tornat aprés en Roma y trihunffat de Anthíoco, intervench que lo dia aniversari del trihunffo fon volgut posar en presó per certes peccúnies, les quals la pobrea no li dexava restituhir. Mas Tiberi Gracco, tributari[292] de la pleba gent, com tingués greu inimicícia ab ell y ab lo jermà Affricano, norresmenys lo delliurà dient no ésser onrra de la romana república que aquell jorn·s fos encarcerat aquell

---

[285] *lo assaltà*: it. "lasso".
[286] *XIII*: it. "xxx".
[287] *dal che*: "del que".
[288] *cansats*: ms. "cansat".
[289] *prengueren*: ms. "prengue"; it. "presene".
[290] *matan*: "mataren"; it. "occiseno".
[291] *prengueren*: "perderen"; it. "perdorono".
[292] *Tributari*: "tribú".

que l'any abans, en lo matex dia trihunffant, enemichs[293] del poble de Roma havia conduhit en presó. La qual cosa a Scipió fon molt honorable y en testimoni de mèrits y virtuts.

Scipió Nasica, com que en lo exercici de les armes poca conexenca y fama semble que haja dada, havent solament en lo seu consolat en la guerra dalmàtica virilment expugnat Delmínio, lo qual era cap de la regió del Dalmàtia, mas en les altres prestantíssimes y singulars virtuts sues mèritament de si ha dexada gran fama. On primerament, essent en gran joventut que per ley li era prohibit lo magistrat e dignitat quistoral,[294] fon del senat jutjat e comprovat ésser lo singular de tots los hòmens de Roma. Aprés essent estat cònsol nomenat de Caio Gracco, perquè aquell era contra lo auspici renuncià lo magistral; la qual cosa fon no poca fe de la sua continència, y majorment perquè totes les estàtues posades per los altres en la plaça lançà per terra, jutjant aquelles pertànyer a privada lahor que a comuna utilitat, la qual cosa solament del públich se deu entendre en la comuna societat. Y per confondre del tot tota supèrbia renuncià encara lo seu propri trihunffo. Ffon eloqüen[fol. 27v]tíssim y claríssim jurisconsult; per la qual cosa fon en grandíssima fama.

Últimament la confirmació de tota la sua excel·lència fon que, trobant-se en los libres sibil·lins que may Haníbal partiria de Ytàlia fins que la mare dels déus fos en Roma portada y rebuda per les mans de aquell lo qual fos lo pus perfet de tots los romans, fferen cercar aquella la qual Atalo, rey d'Àsia, tenia y sentint lo desig dels romans líberament la donà a·quells. La qual, a la fi essent portada en Hòstia Tiberina, los romans hi trameteren Nasica y totes les mares y matrones romanes; de què, donant los sacerdots asians la figura en mans de Nasica, ell la donà aprés a una Clàudia Quinta. E axí ab grandíssima devoció e trihunffo la portaren en Roma al temple de la victòria.

Reduhint ara al prepòsit del poeta la prefata notícia, diu micer Ffrancesch que los dos pares, ço és Públio e Gneo Cornèlio[295] Scipions, los quals volgueren ab los seus membres tancar lo pas als enemichs, segons que scriu Tuli en les *Paradoches* dient "Quid duo propugnacula bellici Ch. Et P. Scipiones qui corporibus suis carta-

---

[293] *enemichs*: ms. "enemich"; it. "inimici".
[294] *quistoral*: "de questor".
[295] *Públio Cornèlio e Gneo*: ms. "P.CH.C".

ginensium adventum intercludendum putaverunt", venien ab tres fills, ço és Públio Cornèlio Scipió Affricà, Lúcio Cornèlio Scipió Asià e Scipió Nasica, y lo derrer dels fills, ço és Scipió Affricà, anava davant y los dos venien aprés, e justament en lo fet de les armes y lo derrer de edat, ço és Affricà, era primer entre·ls loats per fama. Dien norresmenys alguns que lo derrer en lo exèrcit de les armes, ço és Nasica, era lo primer entre·ls loats del senat, essent estat judicat singular per pública determinació; la qual sentència pot ésser, mas al [fol. 28r] juhí nostre la primera exposició és més a micer Ffrancesch conforme. Descriu ell egualment procehir ensemps ab Cèsar en lo Trihunffo de Ffama.

Deduex aprés consegüentment lo poeta Clàudio Neró, dient que aprés dels Scipions seguia aquell en manera de un esmaltat vidre ardent,[296] lo qual ab lo consell y ab la prudència, y encara ab les mans y ab les armes, attengué a la major necessitat d'Itàlia, ço és Clàudio Neró; lo qual pla, y segur, e nocturn, com véu lo fflum Metauro venir per la sua obra a purgar lo camp y terra romana d'una pestíffera lavor, verament en aquesta operació ell hagué al veure-la-y conèxer-la claríssima vista y plomes al volar per exequir-la. On diu:

> Poi fiammegiava in[297] guisa d'un pyropo
> Colui che chol consiglio et con la mano
> Di[298] tutta Italia giunse al magior opo:
> Di Claudio dico, che nocturno et piano,
> Come il Metauro vide, a purgar venne
> Di ria semença il buon campo romano.
> Egli hebbe occhi al veder,[299] al volar penne.

Circa la intel·ligència dels precedents versos és de saber principalment com aquest nom "pyropo" és general e signiffica alguna cosa lúcida davant los nostres ulls representada; specialment denota un lucidíssim vidre de color roja e una mixtura de or o de esmalt, la qual se diu ésser lucidíssima.

Segonament és de entendre que part del XI any e part en lo XII del segon bello púnico, aprés la mort dels Scipions en Espanya,

---

[296] *esmaltat vidre ardent*: añadido al margen.
[297] *in*: Pac. "a".
[298] *Di*: Pac. "a".
[299] *al veder*: Pac. "a vedere".

Hasdrúbal Brachino [fol. 28v] pasà en Ytàlia per conjunyir-se ab Aníbal, lo qual era en lo realme de Nàpols. En aquest temps foren elets cònsols Marco Lúcio[300] Salinatore e Clàudio Neró, los quals, ab sorts partint les províncies, a Clàudio vench de haver-se posar contra Aníbal. Estant donchs Clàudio circa la sua expedició, Hasdrúbal, lo qual era en camp en Plasència,[301] escrigué a Aníbal del seu ésser y de la sua voluntat quina era, ço és, de conjunyir-se ab ell e solament entendre en lo excidi de la ciutat de Roma. Intervench que aquest correu fon pres y ensemps les letres, les quals Clàudio, fetes interpetrar als presos affricans, conegué[302] lo concepte d'Asdrúbal y la maniffesta roÿna de Roma si no reparava. Per la qual cosa manà súbitament a un home que portàs les dites letres en Roma d'Asdrúbal, y escrigué al senat que prestament trametesse lo Salinatore per opposar-se a Hasdrúbal. E axí fon fet que, sens fer alguna novitat en los camps, prengué prop de VI mil elets combatents, y de nit se'n partí e ab grandíssima celeritat pervench en Lombardia; y en aquell loch se conjunyí al col·lega e, maniffestant-li lo seu ànimo, lo qual era inprovís e inadvertent per assaltar Hasdrúbal, perquè ab Aníbal no·s pogués conjunyir, fon ultra açò la nit davant la batalla offerta als romans òptima occasió.

Emperò Hasdrúbal, veent que lo seu misatger no tornava, ymaginà lo que·s seguí; per la qual cosa dexà la obsisió[303] de Plasènsia y en la nit se meté a passar lo flum Metauro mas, no sabent lo vado, differí fins al matí ab molt affany y desorde del seu exèrcit. Per lo matí donchs essent los cònsols romans [fol. 29r] preparats y en punt, assaltaren Hasdrúbal, ab lo qual agrament combatent a la fi foren superiors los romans; on en aquesta axí aspra batalla moriren VIII millars de romans e LVII mília cartaginesos ensemps ab lo duch Hasdrúbal, e V mília ne restaren presos. Haguda donchs Clàudio aquesta victòria, la següent nit del dia d'aquesta batalla se'n partí Clàudio de Lombardia, y lo sisèn jorn als[304] seus camps en la extremitat del realme portant-se'n lo cap d'Asdrúbal, lo qual féu posar al camp de Aníbal. Lo qual havent vist aquell, no dix pus paraules que ell conèxer lavors la fortuna de Cartayna. Mèritament

---

[300] *Lúcio*: Su nombre real era "Lívio".
[301] *Plasència*: "Piacenza".
[302] *conegué*: ms. "cone".
[303] *obsisió*: "obsidió", "setge".
[304] *al*: "tornà al"; it. "e il sexto giorno ritorno".

donchs Clàudio Neró hagué ulls en veure y en volar plomes, axí bé jutjant y prest subvenint lo profit de la romana república, majorment en lo seu major perill.

Importa aprés micer Ffrancesch Quinto Ffàbio Màximo, dient que, procehint Clàudio Neró davant, en dret d'ell seguia un gran vell en virtuts excel·lent, lo qual ab[305] singular art y prudència tingué corda a Haníbal en les armes, hon tostemps en lo seu consolat li prohibí vencre. On diu:

> Et un gran vechio il secondava a presso,
> Che con arte Hannibàle a bada tenne.

Quinto Ffàbio Màximo, nobilíssim ciutadí de Roma, essent Haníbal pasat en Itàlia e sobrats[306] tres cònsols, ço és Públio Scipió, Tito Semprònio, Caio Flamínio, y los exèrcits exterminats en més parts, e aprés passat en[307] lo regne de Pulla, fon per los romans elet cònsol e tramès ab lo exèrcit contra Haníbal. Lo qual veent alegrar per les procehides victòries y los seus romans per la major part atterrats, e considerant encara [fol. 29v] Haníbal ésser tant luny de Cartayna que era necessari que·s retragués primer que soccors ni ajuda li pogués venir, prengué partit de no voler combatre, mas solament deffendre's e prohibir que vingués més avant. Per la qual cosa prengué lo cognom de Ffàbio Cunctatore.[308] Ffon solament aquesta operació aquella que salvà la romana república, emperò Haníbal no era potent a debel·lar Quinto Màximo. Quant estava en deffensa, no podia a algun exèrcit seu procehir sens tots los exèrcits, essent Ffàbio tostemps a ell vehí quasi ab egual exèrcit o no molt inferior a ell; de què Haníbal era en gran affany e manifest perill. Per la qual cosa mèritament, primer per sentència de Ènnio aprés confermada de Virgili, pogueren dir los romans les paraules de Anchises: "Que ffessum rapitis Fabi: tu maximus ille es / Unus qui nobis cuntando restituis rem".

Per la qual cosa se denota la salut feta per la sua cunctació, e la prova de aquella demostrà Minúcio, mestre dels cavallers los quals militaven sots lo imperi de Ffàbio, emperò que, menyspreant y blasmant la sua tarditat, delliberà combatre ab Aníbal. De què, devallat

---

[305] *ab*: repetida en el manuscrito.
[306] *sobrats*: ms. "sobrat"; it. "superati".
[307] *en*: repetida en el manuscrito.
[308] *Cunctatore*: "contador".

prest en lo camp, prestament se pervèn de la sua gran error, emperò que circuït de cartaginesos era constret en breu restar mort o pres. Ffàbio veent Minúcio en axí greu perill, girà's als seus cavallers dient-los: "Non celerius quam timui deprehendit fortuna temeritatem". Aprés exortats aquells, soccorregué Minúcio, lo qual, essent delliure per la prudència de Ffàbio, voltà's als seus cavallers dient-los axí: "Sepe ego audivi milites eum primum esse virum qui bene consulat [fol. 30r] quit in re sit. Secundum eum qui bene monenti obediat. Qui nec ipse consulere: nec altri parere scit eum extremi ingenii esse. Nobis quam prima animi ingeniique negata sors est: secundam ac mediam teneamus: et dum imperare dicimus parere prudenti: animo inducamus castra cum Ffabio iungamus: ad pretorium eius signa cum tulerimus. Ubi ego eum parentem quod benefficio eius erga nos ad maiestatem dignum est. Vos vero milites quorum vos modo armaque texerunt patronos salutabitis: et si hinil aliud gratorum certe nobis animorum gloriam dies hec dederit". Ni solament aquesta digna e singular operació obrà Quinto Ffàbio, mas per la sua prudència, ab egual calidat a quella per la qual Aníbal prengué,[309] recobrà Tarento. Per la qual cosa diu d'ell Haníbal: "Et romani suum Hanibalem habent". Y de Tarento portà a Roma la imatge y bandera d'Èrcules, y aquella col·locà al capitòlio. Sobrà Ffàbio encara los liguris, y en totes les sues obres fon observatíssim de la promesa fe. Lo qual havent ab los enemichs fermat lo pacte de rescatar los presoners romans y lo senat lo[310] aprovant lo pacte, Ffàbio vené lo seu patrimoni y aquells rescatà per satisfer a la fe de la sua pròpria peccúnia.

Seguex aprés micer Ffrancesch en un ternal més nombre d'exemples de hòmens excel·lents, dient que ab Ffàbio eren dos altres Ffabis[311] y dos altres prestantíssims Catons, dos Paulos, dos Brutos, y dos gloriosos Marcel·los y un Marco Règulo, lo qual[312] molt més amà la república y los altres que no a si matex y la sua pròpria vida. On diu:

[fol. 30v] Duo altri Ffabii, et duo Caton con eso;
Duo Pauli, duo Bruti, et duo Marcelli;
Regulo, che amò Roma et non se stesso.[313]

---

[309] *prengué*: "la prengué"; it. "il prese".
[310] *lo*: error por "no"; it. "non".
[311] *dos altres Ffabis*: it. "un altro fabio", también en los versos siguientes.
[312] *lo qual*: ms. "lo qua".
[313] *Regulo...stesso*: Pac. "un Regol, ch'amò altrui più che se stesso".

A més clara notícia dels precedents versos és d'entendre, com se veu en lo procés de Lívio *Ab urbe condita*, libro secundo, que la família de Ffàbio fon grandíssima, en la qual foren molts diversos y excel·lentíssims homes. Hon principalment foren Quinto Ffàbio y Ceso Ffàbio, jermans. Dels quals, havent los equis e los iveientis[314] moguda guerra als romans, Quinto Ffàbio constrengué los equis a deposar les armes y Ceso Ffàbio quasi sols reservà la romana libertat, resistin's[315] als veientis[316] y comprimint la discòrdia del poble romà per la enveja portada a Spúrio Fúrio, lo qual era col·lega seu o condestable.

Seguí aprés que l'any esdevenidor los equis[317] remogueren guerra contra los pobles[318] de Roma, on fon elet cònsol un altre Marco Ffàbio, prestantíssim home. Y en aquest temps, essent estat en la batalla damunt dels veientis mort[319] lo superior Quinto Ffàbio, per ço aquest sols la família de Ffàbio prengué a finir aquella guerra; y sots lo ducat y consolat de Marcho Ffàbio obtingueren moltes victòries. A la fi, essent animats ne quasi més estimant o curant los veientins, un jorn seguint-los foren portats de certes celades, hon, descobrint-se aquelles, no sens digna deffensa d'ells feta a la fi restaren en aquella batalla morts CCCVI Ffabis. Per la qual cosa, negú de la família restà excepto un chiquet infant del qual hagué natura Quinto Ffàbio Màximo y los altres seus posteriors.

Aprés la mort de CCCVI Ffabis fon un altre Quinto Ffàbio, lo qual féu [fol. 31r] moltes guerres contra los equis y contra los volchs e fon encara cònsol contra los gàl·lichs, com ne vingués molt mal als romans. Ffon ultra açò lo primer entre·ls altres que fon cognomenat Màximo Quinto Ffàbio Ritilano.[320] Lo qual, militant sots Lúcio Papírio Cursore contra los samnites, essent lo cònsol retornat en Roma, contra lo precepte combaté ab ell y aquell sobrà y vencé; hon Papírio encara per la inobediència lo volgué fer morir. Vencé ultra acò los samnites e subjugà a l'imperi romà Quinto Ffàbio los pullesos y mucerins, y de aquells trihunffà; y aprés trihunffà dels sabins, aprés dels gàl·lichs y dels umbres, dels màrsichs y dels toscans, com scriu Plini y Tito Lívio, libro X *Ab urbe condita*.

---

[314] *iveientis*: "els veians"; it. "iveienti".
[315] *resistin's*: "resistint-se".
[316] *veientis*: "veians".
[317] *los equis*: "els aqueus".
[318] *los pobles*: "el poble"; it. "il populo".
[319] *mort*: "per ells mort"; it. "da loro ucciso".
[320] *Ritilano*: "Ruliano".

Lo derrer Ffàbio lo qual no s'occorregué abant ffon Quinto Ffàbio, fill de Ffàbio Màximo, lo qual en lo exercici de les armes com fos excel·lent se comprèn per lo contengut de Lívio, e màximament essent gosat Quinto Ffàbio, son pare, aquell posar-se davant Scipió Affricà. On, com escriu Lívio en la terça *Dècada* en lo VIII libre, volent disuadir Ffàbio Màximo que Scipió guerregàs Cartayna, per expugnar-se de tota emulació e enveja envés los cònsols, dix aquestes paraules: "Que enim michi emulacio cum eo esse potest qui ne filio quidem meo equale sit". Resta donchs ara en lo judici y en lo liberal arbitre dels quals dos Ffabis ho ha entès de present micer Ffrancesch.

Conseqüentment, per la intel·ligència dels Catons és primer de saber la sua genologia. Per la qual cosa fon lo primer Màrcio Pòrcio Cató Censorino, del qual naxqueren dos fills. Lo primer hagué en la sua joventut e nomenà's Marcho Pòrcio Cató,[321] eloqüentíssim e digne jurisconsult, lo qual, essent designat pretor, vench a mort; [fol. 31v] y de aquest scriu Ciceró in libro *De senectute*. De aquest naxqué un altre Marcho Pòrcio Cató,[322] cognominat nebot, home ffacundíssim, lo qual morí en Àffrica ab un Quinto Metel·lo, y de aquest Cató últimament naxqué un altre March Cató, lo qual fon constituhit pretor.

Hagué encara lo Censorino Cató en la sua vellea un altre fill lo qual haguda[323] d'una jove apel·lada Solon, filla de un seu cliente, y de la mare fon cognomenat Marco Pòrcio Catone Soliniano. D'aquest naxqué un altre Marco Cató lo qual, pretor, aprés morí en Tràcia. Y de aquest naxqué lo prestantíssim Marco Cató Uticense, y de l'Uticense naxqué March Cató, lo qual, militant ab Bruto aprés la mort de Cèsar, fon mort en Macedònia de Anthònio y de Octovià. Mas entre aquests Catons no és diffícil conèxer de quals ho entén a dir lo nostre micer Ffrancesch. Emperò que en armes avança lo primer Cató Censorino y lo Uticense o lo fill, com sia cosa que sots lo ducat y auspici de Cató foren sotsmesos los sarts essent ell pretor; y en lo consolat ensemps ab Tito Mànlio vencé los celtiberis; y, essent primer estat tribú sots March Attílio Glabrione en Grècia aprés les angústies de Termòpile, féu en armes gloriosíssimes obres

---

[321] *Cató*: ms. "Coto".
[322] Desde aquí hasta el final del párrafo nos encontramos con una amplificación que no figura en el texto italiano.
[323] *haguda*: ms. "haguna".

y dignes, com escriu Plini y Appiano Alexandrino. Hon, com fos claríssim y singular orador, demostrà norresmenys egualment ésser diligent ab la spasa en la mà y ab la lengua en plaça. On per la sua facúndia obtench aprés lo terç camp púnich que la èmula en Roma Cartayna se mogués a roÿna.

Los altres dos Catons, ço és lo Uticense y lo fill, com quascú per ses dignes y singulars obres se donassen a l'exèrcit de les armes, norresmenys lo fill de Cató sortí pus prest en disposició e nom [fol. 32r] de cavaller que no d'emperador. Emperò que altre Cató conclourem ésser lo Uticense ultra lo Censorino, al qual totes les rellíquies dels pompeans aprés la mort de Bneo Pompeu en Egipte reffogiren en Àffrica, com en lo derrer presidi d'ells, e lavòs en loch de Pompeu subseguex Cató y Lúcio Scipió, com scriu Ffloro. Aprés anant Cèsar contra ells en Àffrica y contra ell per resistir venint T. Labieno e Scipió e Iuba, a la fi Cèsar en un matex dia los sobrà a tots, e, no essent intervengut Cató en aquella batalla, los seus fugint-se'n en Útica, sentint l'auctoritat de Cèsar matà a si matex, tant s'envergonyí que lo seu gran ànimo hagués a ésser perdonat de Cèsar, com scriu Sant Agostí en lo primer *De civitate Dei* en lo capítol XXII. Poden donchs mèritament aquests dos gloriosos Catons per lo exercici de les armes seguir ab Ffàbio en lo Trihunffo de Ffama.

En lo tercer loch eren los dos, ço és Paulo Emílio pare y Paulo Emílio fill. Hon és d'entendre que lo primer Ffàbio memorable y clar[324] la terrible clade[325] dels romans en Cannas. Hon continuant-se la guerra de Haníbal y essent finit lo temps del consolat de Quinto Ffàbio Màximo, los romans elegiren cònsol Paulo Emílio y Terenci Varró. Havent donchs Ffàbio en lo agro salernitano reclòs y tancat Haníbal en una vall entre Pasfiliano y lo mont Calículo, era quasi reduhit en la derrera desesperació Haníbal. Per la qual cosa Ffàbio recordà a Emílio que, si volia vencre, no mudàs en alguna manera lo seu orde. Emílio, conexent lo partit, seguia lo precepte de Ffàbio, ni entenia per alguna manera combatre. Mas lo seu companyó, Terenci Varró, home audacíssim e inexpert de la fú[fol. 32v]ria affricana, blasmant la hu la cunctació de Ffàbio y Emílio, scrigué al senat Paulo no voler vencre, no combatent; per la qual cosa lo senat manà al cònsol que del tot combatés Haníbal. Venint donchs a la

---

[324] *Fabio...clar*: error por "féu memorable i clara". La oración no se refiere a Fabio sino a Paulo Emilio padre.
[325] *clade*: "desgràcia".

batalla y essent los cartaginesos constrets a morir o[326] a vencre, feren crudelíssim estrall dels romans, hon moriren XXXX mília romans y altres tants del nom latí, y morí lo digne cònsol Paulo Emílio; per la qual cosa Varró ab gran por y gran viltat se'n fugí. Primer donchs que morís, essent ferit de mort y ja poch podent aspirar, sient sobre una pedra un cavaller nomenat Gneo Corneli Lentulo li dix aquestes paraules: "P. Emili quem virum insontem culpe cladis hodierne dii respicere debent cape hunc equuum: dum et tibi virium aliquid superest: comes ego te tollere possum ac protegere ne funestam hanc pugnam morte consolis feceris: et si hoc lacrimarum satis luctusque est". Aquestes dolces y piadoses paraules benignament y ab gran prudència respòs lo cònsol Paulo dient: "Tu quidem Ch. Cornel macte virtute esto: sed cave ne frustra miserando exiguum tempus e manibus hostium evadendi assumas: abi nuuncia publice patribus urben romanam muniant: ac priusque victor hostis adveniad presidiis firmetur privatimque Ffabium Emilium preceptorum eius memorem extitisse et vixisse aduch: mori me in hac strage militum meorum patere expirare: Ne tu ulteris intereas causaque consulatus acusator college existas ut alieno crimine innocenciam meam protegam".

Greu molèstia posà la mort de Paulo Emílio pare al senat de Roma, mas Paulo Emílio fill ne portà major[327] fortuna a la romana república. Per [fol. 33r] la qual intel·ligència és de saber, com scriu Plutarco, en la primera expedició que féu Paulo Emílio fon contra los hiberis. Emperò que, durant encara la guerra[328] d'Antíocho, rey de Síria, en Hespèria, se mogué gran y torbulent tomult; en la qual guerra fon tramès Emílio, no sols ab los pretors com era pràtica, mas ab los dotze segurs, per ço que en ell refulgís tota dignitat consular. Pervengut donchs en Hibèria, sols en dos batalles que vencé romangueren morts circa XXX mília hòmens. La segona guerra la qual féu Emílio fon contra los liguris, pobles ferocíssims, los quals en breu temps conduhí a didició de tot lo lur possehit domini de terres y de naus. La última guerra és pus famosa; fon contra Perse, fill de Philipo, rey de Macedònia, a la qual essent procehit Paulo, principalment sobrà y vencé Milió, duch y prefet de Perse, ab tot lo seu florit exèrcit, e subseguint aprés pròsperament la guerra, a la fi Per-

---

[326] *o*: ms. "y".
[327] *major*: ms. "majo".
[328] *guerra*: ms. "guera".

se, y la muler y fills, conduhí presos en Roma davant lo carro quant trihunffava, mas no volgué comportar la enveja. La maligna fortuna que[329] en aquesta glòria Paulo fos expert de qualque tristícia. Hon havent[330] ell quatre fills, dels quals dos la hu ses nomenava Scipió e l'altre Ffàbio, la hu morí ja de edat de XVI anys, cinch dies abans que trihunffàs; l'altre tres dies aprés del seu trihunffo, de edat de XII anys. Mas Paulo, ab fort ànimo comportant axí crudelíssims colps, usà aquestes dignes paraules al poble: "Cum iam salvis rebus incolumis ad vos delatus urbem leticia et festivitate compleri aspicerem: ad huc fortunam subspectam humi quam sciebam purum nihil sine invidia homnibus gratifficari consuevisse nec animus pro me re publica prius timere [fol. 33v] destitit qua adversus caus me privatum invasit: optimos filios quos michi solum delegeram subcesores continuatis prope funeribus extulit. Nunch autem sine periculo vos esse video bonam spem michi propono et arbitror iam populo romano fortunam sine labe permansuram quando satis invidie mihi atque meis anteriori prosperitate illa inflixit". Últimament aprés de aquest trihunffo Paulo Emílio, fet censor, vench en una larga malaltia, hon per consell dels metges anà abitar en Ideaamena, illeta molt prop de Itàlia, en la qual tres dies aprés la sua venguda, havent fet sacriffici als déus perquè li tornàs la sanitat, gloriosament morí. No és de premetre[331] en la fi Paulo en la vida haver vixcut tant continent que, havent usat per delliberació del senat en lo joch circensi tostemps les vestimentes trihunffals, venint a mort[332] no primer ell pogué tornar lo dot a les dones que fossen les sues posessions venudes.

Ultra los dos Paulos Emilis fon un Paulo Emílio en lo temps de Cèsar, lo qual solament en aquell temps ell ésser estat tributari;[333] e no és altra que les sues gestes[334] commemorà Suetònio Tranquil·lo.

Seguexen en lo quart loch los dos Brutos, ço és Júnio Bruto y Marco Bruto, y al meu juhí se pot ajustar lo III[335] Bruto y lexar a la memòria dels hòmens dels quals ho entén lo nostre micer Ffrancesch. Per la qual cosa quant a Júnio[336] Bruto és de saber que, aprés

---

[329] *que*: "féu que".
[330] *havent*: ms. "haven".
[331] *premetre*: "oblidar" "descuidar".
[332] *a mort*: ms. "amor".
[333] *tributari*: "tribú".
[334] *no és...gestes*: "i no altra la seva gesta"; it. "e non altro suo gesto".
[335] *III*: ms. "XIII"; it. "tercer".
[336] *Júnio*: ms. "la Vnio".

que Sexto Tarquino hagué per força corrompuda Lucrècia, les costumes y pràtiques de Tarquino Superbo foren molestes al senat de Roma. Bruto, per la sua obra, lançà Tarquino de Roma y de la senyoria y consegüentment obrant, veent que lo nom de Tarquino era odiós entre·l poble, per obra de Tarquino Col·latino, marit de Lucrècia y cònsol, se partí de Roma perquè era de[fol. 34r]vallat dels Tarquins, ço és nat de la jermana de Tarquino Superbo. Ffeta aquesta obra, Tarquí Superbo tramès en Roma embaxadors per demanar los seus béns, hon en la distància que foren naxqué una conjuració ab los jòvens de Roma de remetre lo rey, entre·ls quals foren dos fills de Bruto los quals conjuraren. Mas, maniffestant-se aquesta conjuració al cònsol Bruto per un servent nomenat Vindício, Bruto féu pendre los fills y levar-los lo cap, y al servent seu féu donar gran pecúnia y ensems lo libertà ab la civilitat; y d'ell per lo seu nom fon en l'esdevenidor denominada la venjança. Tarquí donchs veent lo seu pensament fallit, públicament mogueren guerra los[337] romans ab lo ajutori de Porsenna rey, aprés del qual se'n era fogit en lo exili. M. Bruto ensemps ab Valèrio publicà la sua senyoria o offici, lo qual havia subrogat en loch de Col·latí, virilment se posà a deffendre la romana libertat e, combatent molt temps, a la fi un jorn combatent en la batalla Bruto y Arunto, fill de Tarquino, ensemps d'un colp combatent se mataren.

Marco Bruto, axí com damunt diem fill de Júlio Cèsar y de Servília, jermana de Cató Uticense, lo qual, pux que per recuperar la occupada república romana libertat[338] hagué mort Cèsar en lo senat. Com que en la expedició militar se pertanyia, se'n anà en Grècia y en aquell loch principalment mogué guerra a Traci, hon poch gloriós vench succehit. Per la qual cosa convertit a congregar les relíquies dels exèrcits e de nou portar-ne per mar y per terra, se aparellà contra Anthoni e Octovià e, últimament venint a batalla, com a ell se pertanyia, restà superior. Per bé que per la error de Càssio, com damunt diem, en la fi restàs vencut e a si matex matàs, [fol. 34v] no resta que mèritament no·s dega reputar prestant e digne, majorment essent ell estat no menys avisat de letra que estudiós de la libertat, com demostra Tuli en diverses obres y varis estudis a ell scrites y trameses.

---

[337] *mogueren...los*: "mogué una guerra als"; it. "mosse una guerra a li".
[338] *libertat*: "i libertat".

Dècimo Bruto aximatex de si ha dexat notícia, majorment per ésser estat sols resistent a la voluntat e fúria d'Anthoni, lo qual aprés la mort de Cèsar e la vida de Octovià volia occupar y estrènyer la romana república mas, damnat aprés del senat perquè en la derrota de Mòdona Anthònio no havia seguit e a la fi vengut a la sua potestat, fon de un cavaller nomenat Capeno mort per manat d'Anthoni.

En lo quint loch vinguen los dos Marcel·los, dels quals lo primer fon Marco Marcel·lo. Lo qual, principalment essent los gàllichs y los subris[339] venguts contra los romans, sots lo ducat de Viridomaro, lur príncep procehint ell contra ells, aprés d'algunes batalles a la fi aquells debel·là y vencé; y combatent, a batalla singular ab Viridomaro, lo matà y les òpimes despulles sues, com scriu Lívio e Virgili, consagrà a Jovis. Succehint aprés la guerra de Aníbal y havent ja quasi ell presa tota la campanya[340] de Roma, Marco Marcel·lo essent en Nola un jorn feta erupció de la terra, assaltà Haníbal, lo qual era en camp; e ab aquell pròsperament combatent, com se pertanyia a la sua poca gent, restà en aquell acte Aníbal superior mas, continuant-se per Aníbal la obsidió, lo pretor Marcel·lo tant ab greu estímul agreujà los affricans que Aníbal fon constret a fogir. Per la qual cosa Marcel·lo[341] fon lo primer dels romans lo qual véu les spatles d'Aníbal en fuyta e que alguna sperança donava als ro[fol. 35r]mans de victòria. On agreujant Marcel·lo molt espessament Haníbal, e axí com scriu Lívio en lo VII del segon *De bello punico*, essent una volta sobrat de cartaginesos e morts circa dos mília VII cents romans, entre·ls quals foren dos tribuns e quatre centurions, Marco Marcel·lo asprament se reprengué y exortà axí los seus cavallers: que tots aquells que eren romasos cridaren a una veu voler seguir tota la sua voluntat, y que prengués certa experiència la qual cosa Marcel·lo dix voler fer. E altre dia vench contra Haníbal e hixqué-li e rompé'l, hon foren morts circa VIII mília cartaginesos ab cinch elephants. Per la qual cosa Haníbal, girat als seus cavallers, los dix de Marco Marcel·lo: "Cum eo nimirum hoste vobis res est qui nec bonam nec malam scit ferre fortunam nec potest: seu vicit ferociter instat victis: seu virtus es instaurat cum victoribus certamen". Entre aquest temps essent quasi tota la Sicília en potestat y

---

[339] *los subris*: "els ínsubres".
[340] *campanya*: ms. "companya".
[341] *Marcel·lo*: ms. "Marcella".

domini de cartaginesos, Marco Marcel·lo anà y expugnà Syracusa y breument recobrà tota la illa hi reconduhí a la romana república. Últimament essent estat fet cònsol contra Haníbal Marco Marcel·lo e T. Quíntio Crispino no dexant un sols dia als affricans reposar en pau, intervench que los cònsols anaren per explorar lo siti hon era acampat Aníbal e portaren ab si poca companyia. En açò tornant algunes esquadres de Aníbal a les tendes, assaltaren los cònsols, hon, combatent-se asprament, a la fi restà mort lo gloriós y clar Marco Marcel·lo.

L'altre Marco Marcel·lo fon aquell que era cònsol en lo temps de Cèsar y que ensemps ab Pompeu, Cató, Bibulo y los altres adversaris seus fon en la guerra civil. Lo qual [fol. 35v] com se exercitàs en lo fet de les armes contra Cèsar, norresmenys crech que restà més famós per la clemència de Cèsar a ell usada, pux que d'ell fon constret a dedició, y per la oració de Tuli la qual comença "Diuturni silencii: quo eram his temporibus usus. P.C."; la qual ell féu regraciant a Cèsar de la clemència demostrada a Marcel·lo que per la sua altra pròpria operació. Emperò que, exulant ell en Atenes y Cèsar havent-lo y atorgat, ell retornà[342] a instància del senat e, així com se volgué metre en camí per tornar, fon mort per un Ch. Màgio Sil·lone, com scriu Lívio en lo IIII libre e XII *Dècada*, segons que fragmenta Floro. Ffon un altre Clàudio Marcel·lo, com scriu Lívio en lo III libre y a la quarta *Dècada*, segons que Lúcio Ffloro annota, lo qual ensemps ab Lúcio Fúrio Purpúrio vencé y sobrà los boys, los subris y los gàl·lichs, los quals[343] encara de nou ultra Veridomaro havien contra los romans conjurat; y de aquests[344] pobles trihunffà Clàudio Marcel·lo. Últimament fon un Lucínio Marcel·lo en lo temps del primer Marcel·lo, lo qual fon tribuno y cavaller sots Marco Marcel·lo, ja damunt dit. Lo qual morí en aquella batalla quant de Haníbal fon sobrat Marcel·lo.

Resta últimament a narrar les gestes de Règulo, collint aquelles de Plini y de Lúcio Ffloro, y del fracment per ell fet de Lívio en la segona *Dècada* al VII y VIII libre; així matex encara de Eutròpio. Hon és de entendre principalment que, no essent los romans en plenària possessió de Itàlia mas havent guerra ensemps ab los salentins, M. Attílio Règulo essent fet cònsol contra ell, los vencé y

---

[342] *retornà*: ms. "rotarna".
[343] *los quals*: ms. "lo qual".
[344] *aquests*: ms. "aquest".

trihunffà de aquells. On fon aquesta la última victòria pertanyent a l'acost de Itàlia. [fol. 36r] Desigant donchs los romans, pux que eren en possessió de la terra de Itàlia e ja dos maris fets vassalls del seu domini, en experimentar la fortuna de la mar casualment los fon offert singular occasió. Imperò en Sicília havent guerra los çaragoçans y venecians,[345] los çaragoçans imploraren lo adjutori de carthaginesos y los venecians crexqueren[346] la favor dels romans. Per la qual cosa hagué natura la primera guerra púnica, en la qual essent ja anats tres duchs romans, ço és Apprio Clàudio, Ch. Duel·lo et Attílio Calantino, en lo quart loch subcehí[347] M. Attílio Règulo, lo qual entre tots los romans fon lo primer duch que passàs en Àffrica. Essent donchs principalment Règulo en la mar d'Àffrica, combaté ab Amílcare cartaginès, lo qual sobrà y vencé, prenent[348] de Cartayna LXIII naus, e aprés d'aquesta victòria devallant en terra, prengué una ciutat la qual era nomenada Clipea y, anant aprés en poch espay de temps, prengué CCC castells y CC mília hòmens, los quals sotsmeté a l'imperi de Roma. Ne solament ab los hòmens semblava que combatés Règulo, mas encara contra los déus, emperò que quasi a la venjança d'Àffrica apparech aprés dels camps romans un crudelíssim y orrible serpent, lo qual molt infestava y damnifficava los romans; mas Règulo, vencedor de tot·altra cosa, sobrà encara la terrible serpent. On no sens gran temor y admiració lo nom seu fon escampat per tota l'Àffrica, ne altra cosa més li restava de fer sinó anar a conquistar Cartayna; la qual cosa los cartaginesos, veent quant a les sues pròpries forces se pertanyia ésser sobrats de Règulo, se convertiren a l'ajutori estranger, per la qual cosa [fol. 36v] conduhiren per prechs en lur capità Xantipo lacedemònio. Lo qual venint a Cartayna y vent que los romans tenien fretura d'aygua, enginyà's de levar-los aquella poca que tenien. Lo qual, quant los véu per aquest effecte tant fatigats, los assaltà y rompé, y prengué presoner lo insigne y prestant Marco Attílio Règulo. Havent donchs aquest Règulo en la guerra presa gran còpia y moltitut de cartaginesos, aprés ell essent restat encara presoner, volien los cartaginesos fer permutació entre M. Règulo y la lur joventut; per la qual cosa delliberaren trametre lo propi Règulo per embaxador als romans,

---

[345] *los çaragosans e venecians*: "els siracusans i messinesos"; it. "i siracusani e mesinensi".

[346] *crexqueren*: "demanaren"; it. "chieseno".

[347] *subcehí*: ms. "subcehit".

[348] *prenent*: ms. "prenen".

donant-li primer lo jurament que, si los romans no consentien al pacte, ell retornaria a Cartayna. Obehí Marco Règulo y, pervengut en Roma, nengun gest o costumes mostrà d'ésser romà mas, introduhit en lo senat, exposta la embaxada dels cartaginesos, aprés aquella ab copiosa e urgent oració persuadí al senat e al poble romà que tal permutació no·s fes, ni encara fessen pau, dient ell ésser vell y totalment inútil en la guerra y los presoners cartaginesos ésser jòvens y ésser abtes en lo exèrcit[349] de les armes; per la qual cosa los romans no feren pau, ni encara los presoners permutaren. E volent partir aprés Règulo y retornar a Cartayna, la sua muller lo volia abraçar e lo senat li deya que restàs en Roma, mas Règulo lançà y apartà de si la muller e dix al senat: "Exilla die in qua in potestate affrorum veni Romanus esse desivi. Quare nego me in ea urbe mansurum in qua postque affris servivi dignitatem honesti civis habere non possum". Retornat donchs Règulo a Cartayna e los cartaginesos sabent que per la sua obra y era la [fol. 37r] permutació destorbada y la pau, lo tancaren en una bota tota circuïda d'acutíssims claus e, tallant-li les palpebres dels ulls, per ço que en la ffi los extrems sperits sentissen dolor, lo feren morir en aquella manera miserablement rodant la bota. Ab gran rahó dons és ben dit ell amar més a altri que a si matex, ço és la romana república que la pròpria vida.

Seguex aprés micer Ffrancesch que seguia aprés Marco Règulo, dient que dret a ell véu venir un Cúrio y un Ffabrício, molt més bells que lur pobrea y de més digne ffama, essent aquella estada voluntària, que fon Mida, rey de Ffrígia y Marco Crasso romà ab lo or y riquesa, los quals a la virtut foren rebelles. On diu:

> Un Curio et un Ffabricio, assai più belli
> Con la lor povertà che Mida o Crasso
> Con l'oro, onde a virtù furon rebelli.

Cosa convenient és, axí com Mànio Cúrio e Caio Licínio Ffabrício foren en voluntat consemblants y en obres, que encara los dos ensemps procehexquen en lo Trihunffo de Ffama. On és de entendre que, los romans havent ja aquistat part de domini en Itàlia, los samnites,[350] los quals eren potentíssims pobles, portant enveja als romans li mogueren guerra, la qual hagué gran varietat, e a la qual

---

[349] *exèrcit*: "exercici".
[350] *los samnites*: ms. "lo samnite".

expedició foren tramesos més cònsols, ço és Caio Vecúrio, y Lúcio Pòstumo[351] y Lúcio Papírio, cognomenat Cursore; ni emperò que per negú de aquests foren subjugats los samnites en manera que encara de nou no restaurassen la guerra. On lo poble de Roma trameté Mànio Cúrio de tant,[352] lo qual aquell no solament vencé, mas de la riba de la mar infero là hon abitaven, a la fi[353] tot ho sotsmeté a l'imperi de [fol. 37v] Roma. On durant la guerra essent-se aquells de Sabina rebel·lats dels romans, Cúrio los revencé. Emperò triunffà dues voltes, la una dels samnites, l'altra dels sabins, en un matex consulat y ultra aquestes victòries sotsmeté Cúrio los lucans, e Pirro, rey dels epirotes, totalment lançà de Itàlia. Essent donchs retornat en Roma e aprovant-se Cúrio haver preses tantes terres que seria estat una solitut si no hagués pres tants hòmens, que·s serien morts de fam si no hagués preses tantes terres, ell se'n tornà a abitar en la sua chica y pobra abitació; y en aquella demorant y cosint un matí roba, los embaxadors dels samnites li portaren en donatiu grandíssima quantitat d'or. La qual, axí tost com la véu, la desdenyà y menypreà dient als embaxadors "Malo in fictilibus meis esse et aurim habentibus imperare"; digna verament resposta e a claríssim romà acomodada. E ultra açò essent Cúrio acusat que havia molta presa de la guerra samnítica, ell sols mostrà al poble un calzer de ffust ab lo qual sacrifficava als déus, jurant neguna altra cosa que aquell haver possehit de tota la presa; per la qual cosa ell fon absolt.

Semblant pobretat y continència fon aquella de Caio Licínio Ffabrício, lo qual, no havent mostrat ésser en ell menor notícia dels fets de les armes en la guerra la qual hagueren los romans ab Pirro y ab lo poble de Taranto, que M. Cúrio Dentato encara en la guerra dels samnites y lucans, dels quals reportà gloriós trihunffo, volgué encara demostrar ajustar-lo en l'altra virtut de la pobrea voluntària; del qual escriu Agèlio in *De noctibus acticis* libro primo que, havent-li los samnites offert encara [fol. 38r] ell, axí com a Cúrio, grandíssima quantitat d'or, ell en presència d'ells tàcitament girat als samnites dix: "Dum iis omnibus que modo attigi membris obsistere atque imperare potero: numque quicque de futurum est. Quare peccuniam qua michi nullus est usus ab iis quibus scio em usui essen non accipiam". Semblantment, essent Ffabrício anat una volta

---

[351] *Pòstumo*: este personaje no figura en el texto italiano.
[352] *de tant*: "dentat".
[353] *de la mar...fi*: it. "da la riva del mare la dove habitavano in fino al mare".

embaxador a Pirro per rescatar los presoners en la guerra, Pirro, vist y conexent que era pobre, li offerí donar la quarta part del seu ample regne. La qual cosa menyspreant Fabrício, portà a Pirro en gran admiració, mas molt major li augmentà aprés quant, essent Ffabrício anat cònsol contra ell y havent los camps prou vehins Teramones ambraciense, com scriu Valèrio en lo VI libre y al V capítol, li offerí fer donar a Pirro metzines e al fill,[354] y Nítia, sont metge, vench de nit a Ffabrício offerint-li per semblant manera donar-li la mort de Pirro, e Ffabrício lo metge féu ligar e trameté a Pirro, maniffestant-li la sua mala intenció y escrivint-li per respecte de Teramones que·s guardàs en lo mengar y en lo beure, no explicant-li en aquesta part més avant. Per la qual cosa dix Pirro "Ille est Ffabricius qui difficilius ab honestate quam sola cursu suo averti potest"; y en continent per açò se partí de Itàlia e passà en Sicília. Emperò ab gran rahó Dant Elegeri en lo XX capítol del *Purgatori* diu que sentí dir de les ànimes purgades en lahor de Ffabrício aquests versos dient: "Seguentment disse o buon fabricio / Con poverta volesti: anci virtute / Che gran richeca possedere con vicio".

Axí com donchs aquests dos excel·lentíssims hòmens foren notables [fol. 38v] y bells ab la lur pobrea, axí per contrari la immensa avarícia e insaciable cubdícia féu mostrar companyó[355] Crasso y lo rey Mida ab les lurs riqueses. On és de saber que Marco Crasso fon potentíssim ciutadí de Roma y de grandíssima riquea, en manera que fàcilment podia de les sues pròpries riqueses nodrir tot lo exèrcit del poble de Roma, ne may deya a negú ésser rich si no tenia aquesta facultat e poder; y ensemps ab la sua tanta riquea era Crasso avaríssim, com maniffestament demostra Ciceró en la última *Paradoxa* feta contra ell. Intervench donchs, essent quasi lo domini de Roma reduhit a Cèsar, Pompeu e a Crasso com a més potent, en açò los[356] pàrtichs[357] mogueren guerra a Roma. On Marco Crasso, sabent que les terres del levant eren riques, per pròpria avarícia e cupiditat de pendre se féu fer cònsol en aquesta expedició. De què, pasat lo riu de Èuffrates y conduït en Messopotàmia, combaté ab los pàrtichs; dels quals eren[358] prínceps dos, la hu apel·lat Silates, l'altre Sirenas, com se veu en lo contengut de Ffloro y en lo frag-

---

[354] *e al fill*: ms. "al fill".
[355] *companyó*: "companys".
[356] *los*: ms. "los romans" con "romans" tachado.
[357] *los pàrtichs*: "els parts".
[358] *eren*: ms. "en".

ment de Lívio en lo quart libre de la XI *Dècada*, y, essent vencut y sobrat Crasso y mort un fill seu, fogí ab les rellíquies del camp sobre una montanya molt fort. La qual cosa veent los pàrtichs y sabent bé la sua avara natura, sots protest de dar-li gran quantitat d'or lo feren devallar per poder-lo pendre si no fossen estats los tribunis, los quals, conegut lo frau dels pàrtichs, prengueren batalla delliberant pus prest virilment morir que com a rohins ésser portats presos; on fortment combatent ensemps ab lo avar emperador restaren morts. Per la qual [fol. 39r] cosa los pàrtichs, no satisfets de Crasso, ab lo cors viu li tallaren lo braç dret y lo cap y en recort o exemple de la sua avarícia li buydaren tot l'or en la boca ab aquesta exprobació: "Aurum sititsti: aurum bibe". Per la qual cosa Dant Elegeri escriu en lo *Porgatori* al XX capítol damunt al·legat a conffusió de Crasso y de la sua avarícia aquestos versos, dient: "Polimestre che occise Polidoro / Ultimamente cisi grida Crasso / Dici se cel chi il sai di che sapore e loro". Per la qual cosa, per aquesta ignominosa mort se escurà qualsevol obra dignament obrada per Crasso contra di Spartaco en la guerra de servi[359] y les rellíquies de gàl·lichs y germanis, on matà XXXV millars de persones ensemps ab lo duch nomenat Gànico, havent primer mort Spartaco ab LXX miliars de fugitius.

Mida axí matex avaríssim fon rey de Ffrígia. La avarícia del qual se pot maniffestament compendre per la ffàbula de Ovidi en lo XI del *Metamorffoseos*, quant diu que, havent Mida honrrat Celeno, sacerdot de Baccho, y Baccho per ço havent-li dit que li requerís una gràcia la qual més li plagués, Midà lo pregà que tot lo qu·ell tocàs súbitament se tornàs or. Atorgà-li Baco la gràcia, la qual haguda súbitament fon constret a demanar la contrària, altrament era necessari que ell morís, que tocant la vianda era convertida en or y tot lo que menjava; per la qual cosa no·s podia nodrir. De què Ovidi elegantment toca la natura de la avarícia, la qual és que, mentres que dura, de totes les riqueses del món possehides l'ome no té força de solament poder-se nodrir.

Últimament és de notar que ab gran rahó micer Ffrancesch diu Mida [fol. 39v] y Crasso ésser estats per la avarícia rebelles de la virtut, com sia cosa que aquella és quasi fonament y natura de tots los vicis; per la qual cosa lo philòsoff en lo quart de la *Èthica* diu "Avaricia enim insanabilis est", et Cassiodoro *Variarum* duodècimo

---

[359] *di servi*: "dels serfs".

en aquesta forma descriu: "Reginam illam procacium viciorum avariciam fuge cui cuncta crimina detestabili devocione famulantur". On mèritament per aquest respecte y encara perquè no merita laor l'ome viciós, segons la sentència de Bias, encara que possehexca riquea; dient ell: "Indignum hominem non laudes propter divicias". Cúrio et Ffabrício són de jutjar ésser estats pus bells ab la lur pobrea que Crasso e Mida ab la ffluència de tanta riquea.

Seguex aprés micer Ffrancesch dient que véu seguir Cincinato Serano,[360] lo qual no va solament un pas sens aquests dos prestantíssims cònsols, ço és Cúrio y Ffabrício. On diu:

> Cincinato et Serano,[361] che solo un passo
> Non van sença costoro.[362]

Lúcio Quinto, lo qual donà la molta y bé composta quantitat de capells y de l'exèrcit y del[363] sembrar lo cognom de Cincinato Serano, fon prestant y digne ciutadí de Roma. Havent donchs los romans en lo seu temps guerra ab los equis[364] y ab los sabins, un jorn los sabins sots lo ducat de Clòdio Gracco vingueren guerregant y corrent fins a les portes de Roma; per la qual cosa molts dels romans ne vingueren a desterrats y majorment perquè lo lur cònsol Quinto Minúcio era assetjat de Gracco sobre una montanya, la qual se nomenava Algido. Per la qual cosa los romans, desfiant de tota altra sperança, elegiren dictador Cincinato, [fol. 40r] lo qual era en Transtèvere que sembrava y laurava los seus camps. Cincinado donchs elet a axí dura província, tornà en Roma y, presa la dictatura y los exèrcits, anà contra los sabins y, combatent ab aquells, los vencé y constrengué la lur supèrbia en demanar ab prechs misericòrdia y pau. Delliurà Minúcio de la obsidió e, retornat en Roma, li feren renunciar lo consulat dient a ell aquesta honesta castigació: "Carebit prede per te miles ex eo hoste cui quoque prede fuisti et tu L. Qu. Minuti donech consularem animum incipias habere legatus iis

---

[360] El comentarista confunde a los dos personajes, que compartían la misma historia de ser nombrados cuando iban a labrar el campo. Como explica Pacca (368n), Serrano corresponde a Caio Attilio Regolo, que venció a los cartagineses durante sus consulados del 257 y del 250; su nombre viene de "serere" (sembrar).
[361] *Serano*: Pac. "Serran".
[362] *Non...costoro*: Pac. "senza costor non vanno".
[363] *de l'exèrcit y del sembrar*: "de l'exercici del sembrar".
[364] *los equis*: "els aqueus".

legionibus preeris"; y tota aquesta victòria havent haguda Sarano entre XV dies, lo setzèn dia dexant la dictatura a fornir los seus camps de la lavor que sembrava.

Seguex aprés d'aquest Ffúrio Camil·lo. On narra micer Ffrancesch que lo gran Camil·lo seguia a Cincinato. Lo qual Camil·lo primer se véu ésser cansat de viure que tostemps de viure y virtuosament obrar; emperò que lo cel y la sort lo posà en axí digne grau d'excel·lència que la sua clara virtut lo portà gloriosament en Roma, on primerament una cega ràbia de lavòs d'enveja lo havia departit y remogut. On diu:

>   E 'l gran Camillo,
>   Prima di viver[365] che di ben far lasso,
>   Per ché a sì degno[366] grado il cielo[367] sortillo
>   Che sua chiara virtute[368] il ricondusse
>   Là donde[369] ceca rabia dipartillo.

Digna y gloriosa fama mèritament se deu atribuhir a Camil·lo, essent estat vas de tantes dignes y singulars virtuts. Per la intel·ligència de les quals és de saber, com escriu Lívio *Ab urbe condita* y en lo V libre, que, havent ja lo poble romà deu anys tengut assetjat los veientins [fol. 40v] y en aquest temps essent nades moltes dicesions tribunícies, eren ja deduhits a tanta desesperació los romans que no solament no esperaven obtenir la victòria, mas estaven en dubte de abandonar Roma per les moltes corregudes fetes tal volta fins a les lurs portes. Ffon donchs en aquest temps axí com a derrera esperança dels romans fet dictador Marco Ffúrio Camil·lo, lo qual[370] de continent escogué[371] nou exèrcit ab lo adjutori de latins y hernicis, los quals libertament se eren offerts venir en la guerra per la favor dels romans. Exint donchs de Roma Camil·lo y lo exèrcit, principalment aprés de Nepe vencé los carpenates y los ffalicis,[372] e aquella[373] de Ffidena. E hagudes aquestes victòries, pervench a Veios,

---

[365] *Prima di viver*: Pac. "di viver prima".
[366] *degno*: Pac. "alto".
[367] *cielo*: Pac. "ciel".
[368] *chiara virtute*: Pac. "virtute chiara".
[369] *Là donde*: Pac. "onde altrui".
[370] *lo qual*: repetido en el manuscrito.
[371] *escogué*: ms. "escrigué" rectificado.
[372] *los carpenates y los ffalicis*: "els carpenats i els faliscs".
[373] *aquella*: "aquells".

la qual prestantíssimament debel·là y vencé, e axí termenà lo tant setje deu anys abans continuats tostemps dels romans. Tornat donchs Camil·lo en Roma e principalment satisfet d'Apol·lo de la deena part de la presa per la cara la qual[374] havia feta per vencre, e aprés trihunfat segons la consuetut, encara de nou anà cònsol contra los ffalices,[375] o verament tributari[376] consular. Y essent ell en camp per resistir a Ffúrio Camil·lo, foren d'ell vencuts en la batalla y presos los seus camps y totalment robats; per la qual cosa los fon necessari que estiguessen tancats dintre e guardassen la terra, on Camil·lo los asetjà entorn. Continuant-se aquest dur siti, un mestre d'escoles al qual era comesa la erudició de tots los fills adolocents ffalices,[377] volent-se gratifficar a Camil·lo, un jorn aquell sots espècia de exercitar los portà fora de Ffalèria, y de pas en pas tant procehí que pervench en los camps romans [fol. 41r] e, presentant-se a Camil·lo, li dix que li donava aquells infants presos, per medi dels quals podia fàcilment obtenir la victòria de la ciutat y molt prest. Camil·lo, al qual tots los vicis eren sobiranament enemichs, majorment lo frau y trayció, vista la malignitat de aquest lo féu pendre y ligar-li les mans, y féu dar una verga en la mà de cada hu dels infants. Aprés li dix aquestes paraules: "Non ad similem tui: nec ad populum: nec imperatorem scelestus ipse cum scelesto munere venisti: nobis cum falisci que pacto fit humano societas non est quam ingeneravit natura utrisque: Atque sunt que et belli sicut pacis iura: iusteque ea non minus quam fortiter didicimus gerere. Arma habemus non adversus eam etatem cui et iam captis urbibus parcitur: sed adversus armatos et ipsos qui nec lesi: ne lacessiti a nobis castra romana ad veios oppugnarunt eos tu quantum in te fuit novo scelere vicisti. Ego Romanis artibus virtute opere armis sicut veios vincam". E aprés que hac dites les paraules, manà als infants que·l batessen, y en tal manera los remeté a Ffalèria. Los ffalices[378] donchs, veent aquesta tanta fe, virtut y prestància del romà Camil·lo, ab madur exam conclogueren e delliberaren molt millor ésser de obeyr axí just príncep y observador de tanta fe y clemència com eren los romans que negun·altra república, o verament de si matexos haver pau y govern. E per ço immediate elegiren embaxadors que anasen

---

[374] *la cara la qual*: "el vot el qual"; it. "il voto".
[375] *los falices*: "els faliscs".
[376] *tributari*: "tribú".
[377] *falices*: "faliscs".
[378] *los falices*: "els faliscs".

al senat a donar³⁷⁹ a si matexos la ciutat y lo domini en lur potestat y voler. Venguts donchs los embaxadors en Roma y entrats dins lo senat, digueren per part de tots los ffalices³⁸⁰ aquestes poques y axí dignes paraules: "P.C. cui nec deus: nec³⁸¹ [fol. 41v] homo quisque invidiat. Victos a vobis et imperatore vestro dedimus nos vobis rati quod nihil victori pulcrius est: melius nos sub imperio vestro quam legibus vestris victuros. Eventu huius belli duo salutaria exempla prodita humano generi sunt. Vos fidem in bello que presentem victoriam malvistis. Nos fide provocati victoriam ultro detulimus. Sub dicciones vestra sumus. Mittite qui arma: qui obsides: qui urbem patentibus portis accipiant: nec vos fidei nostre: nec nos imperi vestri penitebit". Haguda donchs Camil·lo victòria y retornat en Roma dels delphos³⁸² de pagar los vots, fon del senat y del poble honorablement y ab gran goig y exultació rebut. Multiplicant-se aprés en aquest temps gran discòrdia entre lo senat y la pleba gent, perquè la pleba volia saciar Aulo Virgínio e Quinto Pompònio, tribuns, ja estats en temps passat y essent los lurs innocents pares, lo senat los volia absolre. A la fi pogué més la ira de la pleba que la clemència dels pares, y foren condemnats en grandíssima quantitat de pecúnia, per la qual cosa Camil·lo greument reprengué la pleba. On, essent aprés fet tribú un Lúcio Apuleio, havent ja concebuda ira contra Camil·lo, lo féu condemnar en XV³⁸³ mília graus de metall, prenent occasió que³⁸⁴ aquell los se havia usurpats en la guerra veietana. Per la qual cosa Camil·lo, no podent pagar tanta condemnació, fon constret fogir en Ardea y viure en exili.

En aquest temps donchs los gal·lis senons pasaren en Toscana y posaren-se en camp a la ciutat de Chiusi. On los chiusins, per si matexos no podent-se deffendre, demanaren adjutori als romans. Los romans donchs, consultant sobre aquesta demanda del·li[fol. 42r]beraren a la fi trametre embaxadors als gàl·lichs e trametre'ls a dir que pacífficament³⁸⁵ se levassen de la obsidió. Venguts los embaxadors en camp y exposta la lur embaxada, respongueren los gàl·lichs que ells creyen los romans ésser hòmens forts y que ells los amichs

---

³⁷⁹ *donar*: ms. "nonar".
³⁸⁰ *los falices*: "els faliscs".
³⁸¹ *nec*: repetida en el ms. a vuelta de folio.
³⁸² *dels delphos*: "de Delphos".
³⁸³ *XV*: it. "cin*que*cento".
³⁸⁴ *que*: ms. "e".
³⁸⁵ *pacífficament*: ms. "pacífficamen".

seus soccorreguessen ab les armes en les mans y ab la legatura, mas la pau offerta ells no la renunciaven quant los romans donassen tanta terra sua ab que ells poguessen acomodadament habitar. Entesa aquesta resposta, los legats romans se comogueren a ira y vengueren ab los gàl·lichs a les armes, per la qual cosa ells revoltaren la ira contra los romans, als quals los romans, volent resistir, trameteren certes legions al fflum dit Àllia ab poch orde y poca provisió. Los gàl·lichs donchs combatent ab los romans, los sobraren y venceren, e axí, procehint a Roma vencedors, la prengueren y, veent lo senat de Roma, primerament lo honrraren com a déus, després los mataren e axí l'altre poble, excepto aquells que eren reduhits al capitòlio y aquell deffensaven. Lo qual los gàl·lichs cercant moltes voltes expugnar, més ferides reberen dels jòvens romans. Havent donchs los gàl·lichs presa Roma, comencaren a discórrer per les terres d'entorn, majorment[386] a Ardea, en la qual era Camil·lo. Per la qual cosa ell incitant los ardeans contra los gàl·lichs, los assaltaren en lo camp ab gran estrall que·n feren. Açò matex feren los veientins, y los romans, los quals eren prop d'ells, de comuna concòrdia elegiren Camil·lo en lur capità. Camil·lo donchs prengué los exèrcits y vench contra los gàl·lichs, los quals ja eren cayguts en pacte ab los romans de rebre mil livres d'or y[387] [fol. 42v] dexar la obsidió. E, mentres que aquest or se pagava, dix un superbo gàl·lich que·n volia encara tant més quant pesava la sua espasa. Y estant en aquesta contenció, sobrevench Camil·lo ab lo exèrcit y, combatent ab los gàl·lichs, sobrà tots aquells y vencé. E no solament féu aquest beniffici Camil·lo a la ciutat romana mas, essent estada cremada y desfeta dels gàl·lichs y los romans per açò volent dexar-la y anar abitar a Veios, Camil·lo los retench hi·ls féu restaurar Roma. Aprés continuant-se per les finítimes ciutats la guerra ab los romans, Camil·lo vencé gloriosament los equis,[388] los volchs,[389] latins, hèrnicos, e toscans, y nepesins; y molts altres pobles sotsmeté a la romana república. Aprés anant venint a Roma gravíssima pestilència, Camil·lo vench a mort. Sortí Camil·lo[390] donchs al cel, segons la opinió; de aquells li atribuexen tota effigència, màximament Posidònio astròlech, axí digne y excel·lent grau de virtut que, on la enveja lo havia lançat, la prò-

---

[386] *majorment*: ms. "majormen".
[387] *y*: repetida en el ms. a la vuelta del folio.
[388] *los equis*: "els aqueus".
[389] *los volchs*: "els volscs".
[390] *Sortí Camil·lo*: ms. "sortillo".

pria virtut lo reportava en glòria y trihunffo; on mèritament d'ell en lo VII *Ab urbe condita* scriu Tito Lívio aquestes dignes paraules: "Ffuit enim vere vir unicus in omni fortuna princeps pace belloque priusque exulatum iret clarior in exilio: vel in desiderio civitatis que capta absentis imploravit operem: vel felicitate: qua restituus in patriam secum ipsam patriam restituit par: de inde b. et XX annos tot enim postea vixit titulo tante glorie fuit dignusque habitus quem secundum a Romulo conditorem urbis romane ferrent".

De semblant observància de les bèl·liques leys mogué Mànlio Torquato. Diu micer Ffrancesch que seguia Camil·lo, dient que poch avant [fol. 43r] era procehit Camil·lo e Cincinato que dret a ells seguia Mànlio Torquato, lo qual pegà y féu morir lo seu propi fill, y comportà primer de viure cego y ab greu dolor que la milícia restàs orba d'ell per la inobservància de les sues leys. On diu:

> Poi quel Torquato che il figluol percusse
> Et vivere orbo per amor sofferse
> Della militia, perché orba non ffusse.

Tito Mànlio Torquato fon fill de un Lúcio Mànlio. Lo qual, perquè de ingeni mostrava molt ésser luny del pare, en la vila era estat quasi replegat o ajustat. On, essent Mànlio acusat de un M. Pompònio, sentint açò Torquat, com escriu Lívio *Ab urbe condita* libro VII, esforçat de la fraterna affecció, tornà en Roma y ab la espasa en la mà constrengué a jurar Pompònio que ell desistiria de la acusació del pare. Aprés anant delliberant los romans spènyer in Itàlia les rellíquies dels gàl·lichs, girat dictador Q. Minúcio Peno y Sèrgio Corneli Maltigiense mestre de la milícia, Tito Mànlio anà en lo exèrcit. On, essent un gàl·lich provocador a batalla los romans cavallers, solament Mànlio procehí contra ell y, combatent ab aquell, lo vencé y, levant-li una tovallola la qual portava en lo coll y metent-la a ell matex, guanyà d'aquí anant lo nom de Torquat. Subseguint avant la guerra entre los romans y los latins, y essent creat cònsol Torquat havent ensemps ab lo companyó regir prudentment la guerra, perquè ab los latins semblava fos tota egualtat de virtut y domini, per ço manà Mànlio que negú sens la sua licència degués combatre. En açò lo propri fill seu per explorar la provisió dels enemichs anà ab la sua esquadra als camps dels latins, on[391] [fol. 43v] la guarda dels

---

[391] *on*: ms. "on los".

camps eren los tosculans, dels quals era lo duch un Mècio Germínio. Aquest donchs provocant Tito Mànlio, fill de Torquato, a batalla y exprovant moltes mordents paraules, a la fi Mànlio, inpacient a la exprobació de Mècio, combaté, y vencé'l, y matà'l en lo camp. Tornat aprés ab alegria al pare, dix aquestes paraules: "Ut me omnes pater tuo sanguine ortu vere referrent provocatus equestria hec spolia capta ex hoste ceso porto". Les quals paraules axí com Torquat hagué enteses, ab gran dolor féu aquesta resposta: "Tite M. neque imperium consularem neque maiestatem patriam veritus adversus edictum nostrum extra ordinem in hoste pugnasti: et quantum in te fuit disciplinam militarem qua stetit ad hanc diem Romana res pu. solvisti meque meam necessitatem adduxisti ut aut rei pu. mihi: aut mei meorumque obliviscendum sit: nos poscius nostro dilecto plectemur que res pu. tanto suo damno nostra peccata luat triste exemplum sed in postrum salubrem iuventuti erimus". E a la fi fet cridar un sargant, féu ligar son fill en un pal y en sa presència féu-li tallar la testa. Digna observança certíssimament e algun tant trista, y acerbíssima tal volta, és aquella de les leys, majorment tant més en la guerra quant per la inobservància de aquelles pot la república en molt major jactura perillar. Emperò Ciceró in primo *Officio* diu "Atque in re pu. maxime conservando sunt iura belli", axí com a cosa més necessària a la comuna salut.

Seguex aprés micer Ffrancesch Públio Dècio pare y lo fill, dient que aprés Torquat véu la hu y l'altre Dècio, los quals se demostraven ab los seus pits y ab la dura mort la esquadra dels enemichs. Exclama aprés y mèritament dient: "O ferocíssim y piadós [fol. 44r] vot lo qual offerí y reconduhí lo pare y lo fill en una matexa mort". On diu:

> L'un Decio et l'altro, che col pecto aperse
> Le schiere de' inimici: o fiero voto
> Che 'l padre et il figliol[392] ad una morte offerse!

Durant la guerra latina y essent cònsols Tito Mànlio Torquat y Públio Dècio, intervench una nit que quascú d'ells véu en lo somni un home de grandíssima reverència, lo qual los deya per part dels déus que lur intenció era en la pròxima batalla de l'hu dels altres ésser mort lo cònsol[393] y de l'altre ésser vencut lo exèrcit. Conferint

---

[392] *et il figliol*: Pac. "e 'l figlio".
[393] *l'hu...mort lo cònsol*: "l'u dels (altres) cònsols ésser mort".

donchs la matinada ensemps los cònsols allò que havien la nit reduït, fet primer los deguts sacrifficis, compongueren a la fi, per ço que lo exèrcit no s'espantàs, que aquella esquadra en la futura batalla inclinàs lo cònsol de aquella, votàs als déus y morís per la pàtria. Ffermada donchs aquesta convenció y preparats los romans a combatre, venint lo jorn de la batalla e quant aquella fos més fervent, la part de Dècio començà a declinar. La qual cosa veent ell, immediate votant als déus se lançà en mitg dels enemichs, hon, fortment combatent y a l'exemple seu los altres romans, a la fi essent de la multitut dels latins sobrat morí, y morint dexà la victòria al seu col·lega Torquat.

Aquest matex exemple seguí Públio Dècio fill, lo qual, havent trihunffat dels samnites y d'ells consagrat a Cerere la despulla, ffon fet cònsol ensemps ab Ffàbio Màximo en l'aspra guerra que hagueren los romans ab los gàl·lichs, samnites, cimbris y toscans, los quals havien conjurat ensemps contra lo poble de Roma. On essent en la batalla e ja fugint los romans, no podent ell per cridar-los y exortar-los [fol. 44v] revocar-los a combatre, a la fi dix entre si aquestes dignes paraules: "Quid ultra moror familiare fatum datum hoc nostro generi est ut luendis periculis publicis piacula simus iam ego mecum hostium legiones mactandas telluri ac diis manibus dabo". Aprés cridat a si lo papa Marco Lívio y havent-li dit com per la pàtria votava als déus, voltà's furiosament envers los enemichs y, fent grandíssimes proves d'armes, a la fi morint guanyà la victòria y aquella dexà al seu col·lega Ffàbio.

Narra aprés micer Ffrancesch consemblant devoció en M. Cúrio, dient que ab aquells dos y devotíssims venia ensemps M. Cúrcio, no menys devot y amador de la pàtria que fossen ells estats, lo qual omplí de si[394] y de les sues armes lo horrible forat lo qual aparech en Roma saltant en mitg. On diu:

> Curcio con lor venia,[395] non men vòto,[396]
> Che di sé et della armi empi[397] lo speco
> In meço il Foro horribilmente devoto.[398]

---

[394] *de si*: ms. "diu". El texto de Petrarca posterior muestra el error en la traducción.
[395] *con lor venia*: Pac. "venia con lor".
[396] *voto*: Pac. "devoto".
[397] *empi*: Pac. "empié".
[398] *devoto*: Pac. "vòto".

Scriu Tito Lívio en lo VII *Ab urbe condita* que durant la guerra dels hernices en Roma aparech una grandíssima ubertura en terra la qual, tan lo poble de Roma com més voltes lo volien omplir, axí quascun jorn se feya major. Per la qual cosa prenent[399] lo senat consell dels aurúspices y fent pregàries als déus que·ls mostrassen què porien fer perquè·l poguessen cloure, ffonch-los respost per una incògnita veu aquell forat voler aquella cosa per la qual los romans eren més potents. Dubtant lo poble de Roma en aquesta resposta, M. Cúrcio fortment los reprengué, interpretant lo que la veu havia dit dient als romans no haver cosa per la qual fossen més potents que los hòmens, y les armes, y la virtut. Per la qual cosa, [fol. 45r] armant-se súbitament y muntat a cavall ab gran hornament, axí com si hagués hagut anar abitar ab los déus, se lançà en lo mitg del forat; e axí tost com fon dins, axí se tancà lo forat o la ubertura de la terra. On per la mort de Cúrcio fon feta salva la ciutat de Roma.

Consegüentment aprés diu micer Ffrancesch que ab Curcio eren Mèmio, Levínio e Attílio, e ab lur companyia Tito Fflammínio, lo qual ab les forces y ab los arts romans vencé lo poble de Grècia, mas certament molt més ab la pietat y clemència. On diu:

> Memio, Levinio et Attilio eran seco[400]
> Tito Fflaminio, che con forca vinse,
> Ma via[401] più con pietade, il popul greco.

Circa la intel·ligència dels precedents versos és de saber que durant encara la guerra sabina, Mènio Agrippa fon fet cònsol contra aquells e, ab ell molt temps mantenint lo setje encara fent moltes batalles, a la fi los vencé, y d'ells trihunffà. Ffon certament aquesta victòria gran honor y profit a la romana república, mas molt major aquella que féu la prudència y eloqüència sua quant en la primera sedició e discòrdia entre·l senat y la pleba, per la qual cosa eren ja venguts a les armes y ell los pacifficà ab una digna e efficace oració. Lo qual se pot rahonablement nomenar confirmador de la romana república. Restà famosíssim per aquesta obra Mènio, mas verament molt[402] més per la sua continència, la qual fon tanta que, havent

---

[399] *prenent*: ms. "prenen".
[400] *Memio...seco*: Pac. "Mummio, Levino, Acilio, ed era seco".
[401] *via*: Pac. "vie".
[402] *molt*: repetida en el manuscrito.

prou voltes haguda occasió d'enrriquir-se, norres menys en la mort fon necessari que del públich laurar se fes la sua sepultura.

Troben-se[403] norresmenys alguns tests que dien Múmio e no Mènio, on és d'entendre que Lúcio Múnio fon [fol. 45v] aquell que fon tramès cònsol contra aquells de Acaia, los quals ell vencé y de aquesta victòria tantes foren les riqueses y la presa que tota Itàlia se'n omplí, eccepto la casa de Lúcio Múmio, lo qual ell havia vencut, com testiffica Ciceró en les *Paradoches*, Trogo Pompeo, com refferex Justino en lo XXXIIII *De bellis externis*, la qual obra fon molt fructuosa a la romana república y a Lúcio Múnio causa de eterna fama.

Marco Valèrio Levínio mèritament en lo segon loch connumerat de micer Ffrancesch, on és d'entendre que, fent guerra los romans y tarantins, Pirro, rey de Èpiro vench en favor de Taranto contra los romans e ab ell portà gran exèrcit de hòmens ab gran nombre encara de eleffants. Ffon donchs tramès contra ell Marco Livínio e ab ell un centurió apel·lat Consídio. Los quals, després que vengueren a batalla ab Pirro, lo centurió Consídio constrengué ...[404] no fos la novitat dels elephants, per los quals torbant-se les esquadres dels romans y los spantats cavalls retornant a rrere...[405] A la fi Pirro restà superior, mas certament, quant se pertanyia a Levínio e als romans cavallers, ells en tota fortuna satisferen[406] al possible vencent y perdent, perquè vencent tostemps seguiren enemichs y perdent may se'n tornaren atràs per fogir; y encara, aprés que foren morts, demostraven en la cara la lur admirable ferocitat.

En lo terc loch millor fortuna hagué Attílio que Levínio a la ciutat de Roma, emperò que, continuant-se lo primer camp púnico y essent la Sicília desdita a la favor dels cartaginesos, Attílio Col·latino la hu[407] tramès capità contra los cartaginesos. On, essent pervengut en Sicília, principalment Ethna, Drepano, Lilibeo, Agrigento et Panormo, nobilíssimes y po[fol. 46r]tents ciutats de la illa, vencé y conduhí sots la dictió romana. D'ací avant procehint no ab molta gent contra d'Amíclar, prefet y duch de cartaginesos, lo qual gran-

---

[403] *Troben-se*: ms. "toben se".
[404] Falta un fragmento: "en tal manera l'exèrcit de Pirro que si no fos..."; it. "constrinse in tal modo lexercito di Pyrrho che se non fusse la novita...".
[405] Falta la conclusión "haurien restat vencedors"; it. "seriano restati vincitori" (f. 105r).
[406] *satisferen*: ms. "satisfere".
[407] *la hu*: falta el verbo "fon".

díssim nombre portava de naus, venint ab ell a batalla lo sobrà y vencé. La qual cosa parturi immediate, pux que la illa de Sicília tota vench subjecta a l'imperi de Roma.

Ffon ultra aquest Attílio un altre M. Attílio Glabrione, lo qual Lívio in *De bello macedonio* al VI libre y Justino ho recita a XXXI, vencé Antíocho Cacciolo de Grècia recobrant les ciutats occupades per ell, e ultra a ell, encara sobrà los etholis. Per la qual cosa de Antíocho y dels etholis reportà trihunffo, e no menor utilitat de tal obra ajustant digna glòria a la romana república.

Últimament T.Q. Flamínio, aprés la furor de la segona guerra púnica essent-se estatuïda per lo senat la guerra contra Phelip, rey de Macedònia, fon tramès cònsol contra ell y contra Habide, tirà de Lacedemònia. Lo qual pervengut en Grècia y molt temps continuant la guerra ab aquests dos prínceps, y moltes ciutats essent-se conligades ab Philipo e Habide, volent més prest conservar l'amicícia dels grechs que la dels romans guanyar novament, a la fi Flammínio de l'hu y de l'altre príncep restà superior. Y havent últimament sobrat Philipo, convocà totes les ciutats de Grècia que a ell eren estades subjectes y manà'ls que vinguessen un dia designat a hoir la voluntat del senat. Les quals convengudes y ab gran por esperant la sentència dels cònsols, ell a la fi, com escriu Valeri en lo quart libre en lo VIII capítol, havent fet ab crida imposar a quascú silenci, ab altra veu féu pronunciar aquesta sentència: "S.P.Q.R. et T.Q. Flaminius imperator omnes Grecie urbes [fol. 46v] que sub diccione Philipi regis fuerunt liberas et immunes esse iuhet". Aquesta donchs tanta clemència y pietat féu no solament confirmar los ànimos en la fe dels romans mas, essent-se divulgada en tota Grècia aquesta liberalitat, en poch espay de temps tota la Grècia voluntàriament vench sots lo govern y protecció dels romans. Per les quals obres tornant en Roma Fflamínio, mèritament essent honrrat del senat y del poble, gloriosament sol trihunffà un entregue[408] triduo.[409]

Ajusta conseqüentment micer Ffrancesch qui[410] seguia aprés Tito Flamínio, dient que en aquell loch era encara aquell lo qual cenyí lo rey de Síria de un magnànim cercle, y aprés ab la sua lengua, ab la cara y auctoritat sua lo estrengué a deure consentir a la sua voluntat. On diu:

---

[408] *entregue*: "enter", "sencer"; it. "intiero".
[409] *triduo*: italiano para designar un periodo de tres días.
[410] *qui*: ms. "que".

> Eravi quel[411] che il re di Syria cinse
> D'un magnanimo cerchio, et con la ffronte
> Et con la lingua a sua voglia lo strense.

Circa la notícia dels precedents versos és de saber que aquest fon Marco Pompílio, segons que recita Justino en lo XXXIIII *De bellis externis*. Lo qual, havent Antíocho, rey de Síria, moguda guerra a Tolomeu, rey de Egipte, nebot seu, fill de sa germana y confederat ab los romans, ffon tramès a ell per embaxador a manar-li que·s degués detenir de la guerra de Egipte e, si ell fos entrat en lo regne, que tantost se'n retornàs. On Pampílio pervengut en Síria y rebut graciosament per lo rey, exposà la sua comissió; la qual aprés que Antíocho hagué entesa, dix voler-ne conferir ab los seus amichs e aprés li daria resposta. Mas Pampílio veent que lo rey açò solament[412] per differir e perlongar la resposta e essent un jorn en lo palau y [fol. 47r] tenint Pampílio una verga en la mà, fféu en torn del rey un rotle o cercle axí gran que y poguessen estar los seus amichs e dix Antíocho: "Consella't ací dintre ab tos amichs, que no vull primer hixque que respongues al senat si tu vols pau o guerra ab los romans". Antíocho, espantat per aquest acte axí fort, sens més dilació respòs ell en totes coses voler obehir al senat, e axí ho posà en exercício, estant-se de la empresa d'Egipte.

Narra aprés un altre exemple lo poeta, dient que encara aquí seguia aquell que sols armat deffensà un mont, del qual fon aprés lançat y empès. On diu:

> Et quel che armato, sol, difese un monte
> Onde poi fu sospinto.

Per la intel·ligència d'aquest vers[413] és de saber que aquest que ací descriu lo nostre micer Ffrancesch fon Mànlio Capitolino. On havent los gàl·lichs senons presa la ciutat de Roma, y per consell dels pares tota la romana joventut essent correguda a la deffensió del capitòlio y aquell molt virilment deffensant, intervench que una nit los gàl·lichs volgueren muntar ab escales sobre lo capitòlio, on moltes oques sentint lo gran tomult, començaren a cridar. Per la

---

[411] *quel*: Pac. "quei".
[412] *açò solament*: falta el verbo "feia".
[413] *vers*: ms. "ves".

qual cosa Mànlio desvellant-se, prengué les armes y ensemps ab molts romans hixqué a la deffensa y, combatent asprament ab los gàl·lichs, féu d'aquells grandíssim strall; per la qual cosa fon sobiranament honrrat e, havent-li donat públicament una casa sobre lo capitòlio, fon nomenat Mànlio Capitolino. Mànlio donchs, per aquests ornaments elevat en supèrbia, cercà aprés fer-se senyor de Roma; la qual cosa essent per los altres coneguda, fon mes en presó. Essent aprés per la favor del poble absolt, estech pertinace encara en lo seu prepòsit; per la qual [fol. 47v] cosa M. Menènio y Quinto Públio, lavòs tribuns del poble, lo feren morir lançant aquell sobre una pedra nomenada Tarpeo, la qual és col·locada en lo matex mont del capitòlio, e ultra açò donaren a roÿna la casa y estrengueren los Manlius a jurar que nengú[414] per l'esdevenidor no servaria lo cognom de Capitolino.

De egualtat ab Mànlio seguex micer Ffrancesch que venia aquell que tot sol deffensà lo pont del Tèvare contra la força de tots los toscans essent congregats a voler-lo expugnar. On diu:

> Et quel che solo
> Contra tutta toscana tenne il[415] ponte.

Essent estat Tarquino Superbo lancat de Roma per Bruto, com damunt diem, ell se'n fogí a Porsenna, rey dels toscans, lo qual regnava lavòs en la ciutat de Chiusa y, pervengut a ell ab grans prechs y ab rahons, lo comogué a haver-li[416] ajudar y fer guerra als romans. Per la qual cosa Porsenna, ensemps ab Tarquino havent congregada molta gent, se'n vench en Roma; de la qual cosa estant los romans inprovisos, los posà tan gran por que no s'i consultava d'altra cosa sinó de haver-se'n a fogir estant axí en aquesta tribulació, attès Porsenna y Tarquino ab lo exèrcit, e primer hagueren pres lo janícol que quasi los romans de negú se soccorreguessen. Era en aquella ora casualment en guàrdia del pont Sublino sobre lo Tèvare, lo qual és aquell que ara és guastat sots lo pont de Sant Àngel, un romà apel·lat Oràcio Cocles ab alguna companyia de cavallers, los[417] quals, axí com veren aparèxer los enemichs, axí lancades les armes comencaren a fogir. Oràcio vent açò no podent-los retenir a batalla,

---

[414] *nengú*: ms. "nengue".
[415] *il*: Pac. "un".
[416] haver-li: ms. "haurli".
[417] *los*: ms. "lo".

se girà a dos que sols ab ell eren [fol. 48r] romasos, nomenats la hu Spúrio Laèrcio e l'altre Termínio, e dix-los que donasen obra que lo pont ab ferro e foch se tallàs. E ell sols, quant fos permès a hun home, sostench la pugna y la impetut dels toscans e fent-se[418] davant contra los cavallers al cap[419] del pont, començà la batalla y, combatent virilment, sostench tanta moltitut fins que lo pont fon tallat y romput. La qual cosa coneguda al sentiment dels romans,[420] feren-li senyal, tornà arrere y, lançant-se[421] en lo Tèvare, se reduí als seus ab la sua salut donada a Roma.

Seguex aprés micer Ffrancesch, dient que ensemps ab Oràcio véu un altre lo qual ab loable art e ingeni en mig de l'estol y esquadres dels enemichs en Darno mogué la sua digne mà, y aprés aquella matexa cremà axí fort ell matex que no sentí la dolor de la cremadura. On diu:

> Et quel ch'en meço del inimico[422] stuolo
> Mosse la mano indarno, et poscia l'arse,
> Sì seco irato che non sentì il duolo.

Circa la notícia dels precedents versos és de saber que, pux que Oràcio natant[423] per lo Tèvere retornà en Roma, Porsenna posà lo camp en torn de Roma e manà lo setje deure's servar. La qual cosa continuant per algun temps, Roma se conduí en grandíssima necessitat y penúria; per la qual cosa era necessari o que de fam morisen o que·s donasen presoners a Porsenna. En aquest estat donchs trobant-se Roma, un romà dolocent apel·lat Caio Múcio dellibera morir y matar lo rey per delliurar la pàtria; per la qual cosa demanà licència al senat de poder anar en los camps dels enemichs. Atorgada que li fon la licència, Múcio passà [fol. 48v] lo Tèvere o Tíber y, pervengut en camp, véu lo scrivà o sacerdot del rey vestit de porpra e, creent que per lo vestiment que ell fos lo rey Porsenna, se acostà a ell e matà'l; per la qual cosa, Múcio de continent fon pres y portat davant lo rey. Lo rey veent-lo axí jovenet li demanà qui era. Múcio sens por respòs aquestes dignes paraules: "Romanus sum civis C.

---

[418] *fent-se*: ms. "fet se".
[419] *cap*: ms. "camp".
[420] *romans*: ms. "roman".
[421] *lançant-se*: ms. "lançanse".
[422] *Et...inimico*: Pac. "e chi a grande opra nel nemico".
[423] *natant*: ms. "notant".

Mucium vocant hostis hostem occidere volui. Nec ad mortem minus animi est: quam fuit ad cedem et facere nec pati forcia Romanum est. Nec unus in te ego hos animos gessi. Longus post me ordo est idem petencium decus". Lo rey donchs per aquestes paraules espantat e irat, lo féu circuir menacant de cremar-lo si no li maniffestava aquesta insídia la qual deya ésser-li mostrada. Múcio lavòs estengué la mà en lo foch lo qual era allí estatuït per fer lo sacriffici, aquella obstinadament dexant cremar. Seguex al rey aquestes altres excel·lents paraules: "En tibi ut sencias quam vile corpus fit iis qui magnam gloriam vident". Lavòs lo rey, vista aquesta constància, del tot espantat delliberà dexar lo setge y tornar pau als romans y la salut a Múcio; e girat a ell dix: "Abi in te magis quam in me hostilia ausus: iuberem macte virtutis esse. Si per mea patria ista virtus staret. Nunc iure belli liberum te in tactum inviolatumque hinc dimitto". Múcio donchs, presa del rey licència, se'n tornà en Roma, hon mèritament fon ab gran glòria e honor del poble rebut e Porsenna per la constància de Múcio féu pau ab los romans, levant-se de tota obsidió ab lo seu exèrcit, retornant-se'n en Chiusa.

Narra aprés micer Ffrancesch un altre exemple, dient que [fol. 49r] aprés Múcio seguia aquell que primer se mostrà en la mar ésser vencedor contra los cartaginesos, e ab ell venia axí matex aquell altre que havia les naus affricanes rompudes y despargides entre[424] Sicília y Sardenya. On diu:

> Et chi in mar prima vincitore apparse
> Contra i Cartaginesi, et chi lor navi
> Ffra Sicilia et Sardinia ruppe et sparse.

Escriu en aquests versos micer Ffrancesch Ch. Duel·lo y Q. Luctàtio Catulo procehir e mèritament ab los altres romans en lo Trihunffo de Ffama. On és de entendre que, essent-se deliberat per los romans y cartaginesos soccórrer y ajudar a les dues ciutats residents en Sicília, ço és Mecina y Caragoça, com damunt diem, on hagué principi la primera guerra púnica, per la part dels romans fon tramès capità de les batalles Ch. Duel·lo, y per la part dels cartaginesos fon tramès Imilcone. Duel·lo sabent que los cartaginesos eren poderosos per mar, instituí noves generacions de naus més prest abtes a batalla que a espectacle de bellea e, ultra açò, los ajustà les àn-

---

[424] *entre*: ms. "entra"; it. "infra".

cores de fferre per poder pendre y encadenar los enemichs. Venint donchs a affronte ab los cartaginesos, Duel·lo féu lançar les àncores sobre les naus sues, de la qual cosa los cartaginesos se prengueren a riure. Aprés combatent asprament, Duel·lo restà vencedor de la batalla, y per medi de les àncores tots los cartaginesos restaren presos excepto la galera de Imilcone, la qual se'n fugí e tornà a Cartayna. On pervengut Imilcone en lo senat de Cartayna y exposta la disposició de la gent romana, los demanà[425] què·ls semblava que devien fer. Al qual los car[fol. 49v]taginesos respongueren que·ls semblava que devien combatre. Lavòs dix Imilcone "Yo he combatut y perdut", y axí fugí la pena de la creu instituïda de cartaginesos a qualsevol que en mar fos vencut en batalla".

Essent aprés la primera guerra púnica durada molts anys y molt vàriament essent-se combatuts la una part y l'altra, volent quascuna de les dues potències tentar de posar-hi fi, quascuna de aquelles se enginyà de fer lo[426] derrer efforç en lo parar una derrota; per la qual cosa los romans prepararen CCC naus sots lo govern de Quinto Luctàcio Catulo, e los cartaginesos segons[427] sots lo ducat conduït de Imilcone. Combatent donchs aquests dos potentíssims estols prop la illa de Egate, entre Sicília y Serdenya, a la fi Catulo restà vencedor prenent les naus de cartaginesos y aquelles portant-se'n, y los hòmens restant presos. Per la qual jactura los cartaginesos foren constrets a fer ab los romans pau e lavòs rellexar totes les illes que són situades entre la Itàlia e Àffrica e ultra totes aquestes la Spanya la qual es deçà lo riu Íber.

Ajusta consegüentment lo poeta un altre exemple d'un excel·lent vell, dient que aprés d'aquells ell conegué Àppio Clàudio als seus ulls, los quals, tostemps habituats e privats de lum, foren greus y molestats a la umil, instable y abjecta pleba gent. On diu:

> Appio cognobbi agli ochi, soi[428] che gravi
> Ffuron sempre et molesti alla umil plebe.

Àppio Clàudio per natura fon de Sabina, on essent[429] en quant podia prohibint que los sabins als romans no feren guerra, fon per

---
[425] *demanà*: ms. "dama".
[426] *lo*: ms. "do".
[427] *segons*: error por "sis centes".
[428] *soi*: Pac. "e' suoi".
[429] *essent*: ms. "essen".

açò volgut matar per lo poble [fol. 50r] de Sabina; per la qual cosa ell se'n fogí de Sabina y vench en Roma. Lo qual arribat, de continent fon fet ciutadí y nombrat entre l'orde patrício. Vench aprés a ésser cego miraculosament, emperò que, essent[430] en Roma en una família apel·lats Ipòticis, los quals eren sacerdots e a ells dedicats los sacrificis, Àppio Clàudio per diners los corrompé y féu que mostraren als públichs servidors les cerimònies y sacrifficis d'Èrcules. Aquest, abans que vingués a ésser cego, vencé virilment y dominà en batalla principalment los seus sabins, aprés los samnites y encara los iosconis. Aprés essent abcegat e ja molt temps estada la guerra de Pirro, rey dels epirotes, volent los romans fer pau ab ell, Àppio se féu portar al senat, on, magnànimament suadint lo contrari, los romans no acceptaren les condicions portades de Pirro. Ffon encara Àppio tostemps greu y molest al poble; emperò, axí com se lig en lo procés de Lívio, volent moltes voltes lo poble que·ls fos comunicada la dignitat consular, tostemps Àppio Clàudio animosament fon resistent. Últimament merità Àppio Clàudio laor, comendació y ffama per lo digne ediffici de la via Àppia continuada de pedra de Roma a Brundúsio, y encara per los acaduffs[431] per los quals l'aygua del riu Amene copiosament fon portada en Roma.

Seguex aprés micer Ffrancesch un altre exemple de hu que seguia la Fama, dient que aprés Àppio Clàudio Cego seguia hu ab actes suaus e mansuets, lo qual, sinó que la sua lum y la sua glòria mancà a les extremes forses, era lo primer entre·ls hòmens famosos, mas certament fon entre nosaltres tal qual tots ensemps foren aquests tres en Tebes, ço és [fol. 50v] Baco, Hèrcules y Epaminunda, y verament a confirmar la glòria y viure molt més pigor se troba. On diu:

> Poi vidi un altro[432] con atti soavi:
> Et, se non che il suo lume allo extremo hebbe,
> Fforse era il primo, et certo fu fra noi
> Quale Bacco, Alcide, Epaminunda[433] a Thebbe;
> Ma il peggio è viver troppo!

Vol en los precedents versos lo nostre poeta, segons lo meu judici, descriure Cneo Pompeu, al qual per les sues sobiranes e singu-

---

[430] *essent*: ms. "essen".
[431] *acaduffs*: "aqüeductes".
[432] *altro*: Pac. "grande".
[433] *Quale...Epaminunda*: Pac. "qual Baccho, Alcide e Epaminonda".

lars virtuts fon atorgat lo cognom de magno, on se pot per la nostra oppinió arguhir, per les calitats dignes mijançant les quals lo circunscriu lo poeta. On és d'entendre principalment que la suavitat dels actes y mansuetut se convé a Pompeu en dues maneres. La hu per la sua pròpria natura, que era clementíssim y piadós. De la qual pietat fa menció lo comentador civil quant, combatent ab Cèsar, per pietat no·l volgué seguir que se'n fogia, no per matar lavòs tants romans; per la qual cosa Cèsar jurà, com scriu Suetònio Tranquil·lo que Pompeu no sabia més vencre. Convench a Pompeu e per altra manera la mansuetut, la qual és per accident, emperò que, essent ell estat vencut en Pharsàlia, era convenient que deposàs tots los seus fets e la sua ferocitat, on mèritament se devia fengir ésser suau.

Segonament ab rahó se li atribuex que, si lo extrem no hagués perdut condignament, seria estat lo primer, emperò que may negú dels altres romans, totes les sues gestes havent [fol. 51r] duplicades, féu tantes armes com sols Pompeu.

En lo terç y derrer loch verament se pot dir ésser estat Pompeu a la romana república quals foren en Tebes Hèrcules, Bacco y Epaminunda. On és de entendre que Bacco donà subjecta la Índia e altres pobles als tebans, Hèrcules los occidentals y Epaminunda los septentrionals, mas Pompeu sol tots aquests pobles orientals, occidentals y septentrionals vencé y sotsmeté a l'imperi de Roma. De què, essent primer estada Sicília occupada dels prescrits de Sil·la, seguint Pompeu la sua obra virilment d'aquells la recobrà. Segonament, havent Ch. Domício, hu entre·ls altres prescrits, ensemps ab Hiarba occupada Numídia y levada a Massinissa lo seu regne, y retornat en Roma trihunffà de aquell essent solament de edat de XXIIII anys. Subcehint aprés la dura guerra y aspra de Sertòrio y d'altri per los cònsols, los quals havien seguit les parts de Màrio, Pompeu en Espanya aquells lançà y vencé. Y en aquest temps essent grandíssima quantitat de pirates o cossaris y corrent la una y l'altra mar prenent les vitualles que a Roma venien, essent[434] als romans grandíssima molèstia, Pompeu sols en XXXX dies tots aquells constrengué a dedició e a mort. Girant-se aprés envés l'orient, Pompeu principalment vencé lo rey Metrídates, rey de Ponto, y lo rey Tigrane de Armènia constrengué a dedició, y trihunffant d'aquells portà davant si lo fill de Tigrane, lo fill del rey Metrídates y Aristòbolo, rei de juheus; en lo qual trihunffo may se véu observar més digna pom-

---

[434] *essent*: ms. "essen".

pa. Seguint aprés Metrídates y aquells pobles que·l havien ffavorit, vencé y sobrà los albanesos, los colchis, los hermicis, los sirians, los de Ffenícia, los de Càspia y [fol. 51v] los de Bòffera. Vencé encara los juheus y aquells que habitaven en la mar Roja, en la mar Aràbica y la mar Sicano, y fon lo primer emperador dels romans que en aquests lochs portà les banderes romanes. Per la qual cosa mèritament Pompeu era superior en la guerra civil. Era sens dubte lo primer de tots los altres famosos romans, mas per qual exida ell se ves en aquella molt és notori del nostre poeta a tres tebans la operació[435] feta. Emperò conclou rahonablament micer Ffrancesch la largària y molt viure ésser lo pijor, segons la sentència de Ciceró en lo primer de la *Tosculana*. Per la qual cosa nomena Príam, Metel·lo y Cneo Pompeu, lo qual, quant Samalo en Nàpols fos mort no encorria moltes calamitats e misèries. On diu Tuli parlant d'aquella egritut:[436] "Utrum igitur situm esset extinctus a bonis rebus: an malis exessisset certe a miseris. Non enim cum socero bellum gessisset: non imperatus arma supersisset: non domum reliquisset: non ex Italia fugisset: non exercitu amisso nudus in servorum ferrum et manus incidisset: non liberi defleti: non fortune omnes a victoribus possiderentur". Y per aquesta causa escriu Suetònio Tranquil·lo ésser oppinió de molts que Júlio Cèsar volgué morir en aquell temps que ell fon mort, dubtant que·n la vellea no diminuís la sua glòria. Emperò havia despreats los auguris, no curant-se de les amonicions dels amichs, e derrerament rellexats los satèlites, los quals portava armats en torn de si per la sua pròpria guarda.

Seguex aprés micer Ffrancesch, dient que aprés Pompeu véu seguir un altre de[437] l'ésser seu, lo qual era esdevenidor; hagué prest lo lauger nom sobre la flor dels seus anys. On diu:

> [fol. 52r] Et vidi poi
> Quel che de l' esser suo presto et legiero
> Hebbe 'l nome in fu 'l fiore[438] delli anni suoi.

Per intel·ligència dels precedents versos és de saber que aquesta sentència que micer Ffrancesch descriu, o aquest que en aquest loch posa, fon Lúcio Corneli Syl·la. On és d'entendre que, essent

---

[435] *operació*: error por "comparació".
[436] *egritut*: italianismo por "malaltia".
[437] *de*: "que de".
[438] *in fu 'l fiore*: Pac. "e fu 'l fior".

Syl·la chiquet en la faxa li aparech una dona la qual, com escriu Plutarco, li dix "Salve puer tibi et rei pu. tu felix" y de continent, dites aquestes paraules, se'n anà. Les quals pronuncià Syl·la e verifficà quant, aprés que hagué constret Màrio a morir per edicte perpetu, ell se rescrigué hi·s nomenà gloriós. Norresmenys, entre tots los cognoms los quals se porien als hòmens atribuhir, nengú és que més prest y més laugerament se puga remoure que aquell de la ffelicitat, essent l'ome a infinis perills sotsmès, dels quals lo més chich que intervé és sufficient a comportar tot estat benaventurat, axí com demostra lo philòsoff en lo primer de la *Èthica*. Syl·la donchs, principalment essent quistor sots Caio Màrio, virilment combatent contra Jugurta, lo qual havia per la voluntat de Bacco, rey de Mauritània, moguda guerra als romans, a la fi aquest Bacco conduí a donar Jugurta per presoner a Màrio. E axí matex en la guerra címbrica y dels tudeschs axí virilment se portà combatent que·s blasonà ésser excel·lentíssim home. Elet aprés cònsol contra Metrídates, aquell sobrà y vencé e axí matex Archelao, prefet seu, prop de Athenes. Sobrà encara los samnites y los arpins, y lo regne de Capadòcia restituhí al rey Ariobarça. Vingueren aprés les qüestions civils, com sia cosa que Públio Sulpício, tribú del poble, a instància de Màrio volia revocar e deposar Syl·la de la província [fol. 52v] de Metrídates y en lon loch elegir Caio Màrio. Per la qual cosa resistint Quinto Pompeu y Corneli Syl·la, P. Sulpíscio matà lo fill de Pompeu, lo qual era gendre de Sil·la. Per la qual cosa Sil·la ab los seus exèrcits retornà a Roma. En la qual, aprés que fon entrat, matà a Sulpúcio, e lançà Màrio, e, aprés pacifficada Roma, anà contra Metrídates y de nou lo vencé. Aprés vencé la Tràcia y retornà en Itàlia hon, combatent ab Ch. Norbano, lo sobrà y vencé. Lançà aprés de Itàlia Caio Màrio, Ch. Carbone e, retornat en Roma, prengué la dictatura perpètua. Aprés ordenà la ciutat de Roma y posà la taula de la prescripció; les quals coses fetes, deposà la dictatura y anà en lo regne a Puçol y en aquell loch últimament morí.

Seguex aprés lo nostre poeta, dient que, quant Syl·la en les armes fos estat cruel, tant aquell que·l seguia en la vista mostrava ésser benigne; per la qual cosa no sabia discernir qual era de jutjar millor, o més sufficient, o verament duch conduhidor, o ver cavaller combatent. On diu:

> Et quanto in arme fu crudo et severo,
> Tanto quel che il seguia era benigno,
> Non so se meglio duca o cavaliero.

Per[439] manifesta y expedita notícia dels precedents versos és principalment de saber que quanta era la crueltat y severitat de Sil·la ultra la taula de la prescripció ho demostra Plutarco en la vida sua, quant descriu un[440] C. Metel·lo haver dit aquestes iroses paraules: "Quis malorum finis erit: quoniam ysque progrediens incumbencium gladium requiem expectare iubes: haud enim suplicium ab iis deprecamur quos necari instituisti: sed ambiguitatem [fol. 53r] ab iis quos conservare decrevisti". Al qual respòs Syl·la: "Non dum michi compertum est quos dimictam". E Tito Lívio en la nona *Dècada* al V[441] libro II, que testiffica Ffloro, diu Syl·la en un sol dia VIII mília hòmens haver fet morir en la via pública, entre·ls quals foren tots los prenestrins y entre los romans hi fon un Mànio Honesto, ciutadí de l'orde patrício, al qual Sil·la féu tallar les cames, los braços, les orelles y lo nas, y aprés arrancar los ulls, e aprés últimament lo féu cruelment morir; per la qual cosa d'ell diu mèritament Lívio en lo preal·legat libre: "Pulcherrimam crudelitate victoriam quanto in nullo hominum fuit inquinavit". Aquesta matexa crudelitat demostra Valeri en lo III libre y en lo primer capítol quant diu que, havent Sarpedone, pedagoge de Cató, portat a casa de Sil·la a gratifficar-se d'aquell, e Cató algun tant fos tendre adolocent, veent tants caps de hòmens en lo pati de la casa de Sil·la, los quals precisos de busti[442] eren posats en aquell loch, demanà lo ferro a Sarpedone per matar Sil·la, pux que negun altre romà havia tanta crudelitat extirpada.

Segonament és d'entendre que en tres maneres se pot interpretar la sentència dels precedents versos, y cascuna és tollerable y bé se acomoda al test del poeta. Lo primer és que ací s'entenga de Valèrio Corvino, lo qual, militant sots Camil·lo en la guerra gàl·lica y essent un gàl·lich provocador a batalla tots los romans, Màximo Valèrio anà contra ell e, combatent, un corp se posà sobre lo cap de aquell e damnifficava ab gran molèstia lo gàl·lich en tant que a la fi Valèrio restà superior. Y per causa de aquest corp fon tostemps cognomenat Corvino. Aprés avant crexent en virtut, [fol. 53v] y pervengut a la edat de XXIII anys fon fet cònsol, la qual cosa may intervench pus a negun altre romà, y en aquest consolat, com escriu

---

[439] *Per*: ms. "pe".
[440] *un*: ms. "una".
[441] *V*: it. "vi".
[442] *busti*: "bustos".

Lívio *Ab urbe condita* libro sèptimo, trihunffà dels volchs, y dels samnites, y dels de la Campanya. Scriu axí matex Tito Lívio, en la matexa *Dècada* en lo VIIII libre, quant diu les gestes de Alexandre Magno y reconta aquells hòmens ab los quals hauria combatut en Itàlia, que Tito Mànlio Torquato y Màximo Valèrio Corvino foren[443] primer ensenyes militars e aprés singulars duchs, dient: "T. Manlius Torquatus aut Valerius Corvinus insignes ante milites: que duces". On, segons aquesta interpretació, axí se expon en los versos: "E quant Sil·la fon cruel en les armes, tant aquell que·l seguia en l'orde del trihunffar, ço és Valeri Corvino, era benigne. No sé si és de judicar millor duch o cavaller en batalla".

L'altra interpretació és que entenga lo poeta Cneo Pompeu, perquè, com escriu Lívio en la nona *Dècada* y al setè, segons Lúcio Ffloro, Pompeu de edat de XXIIII anys essent encara cavaller y no duch, anà en Àffrica contra Hiarba y contra Bneo Domício y, aquells havent vencuts, tornant a Roma trihunffà d'ells. Per la qual cosa, segons aquest enteniment, axí s'entenen los versos: "E quant Sil·la fon cruel en les armes, tant aquell que·l seguia en les sues civils faenes, ço és Pompeu, era benigne. No sé si és de judicar millor duch o cavaller, havent[444] tot sol trihunffat quant era cavaller". Quanta fon la benignitat de Pompeu molt se pot compendre per la universal benivolència que lo poble li portava, la qual fon tal que, com escriu Appiano Alexandrino, [fol. 54r] Cèsar en los seus trihunffos no volgué portar les ymatges de Pompeu sobre lo carro per por del poble, que per respecte d'aquell no li vengués contra. Mas per contrari portà Achil·les mort, per ço que fos recreació als romans.

La última y terça interpretació és que entén lo poeta Júlio Cèsar, emperò que, com scriu Salusti quant ensemps acompara Cató y Cèsar, Cató se provocà la benivolència de Roma ab la rigiditat de Cèsar, ab la benignitat y clemència, la qual encara demostrà en la batalla Ffarsàlia quant altament cridà als seus cavallers: "Parcite civibus". E segons aquesta interpretació, axí se introduhexen los versos "E quant Sil·la fon cruel en les armes, tant aquell que seguia, ço és que aquest Sil·la perseguia, era benigne. E seguex no sé si és de judicar millor duch o cavaller", per confirmar-se a Lúcio Ffloro, lo qual, escrivint de la batalla Ffarsàlia, diu de Cèsar: "Multus fuit Cesar in eo prelio mediusque inter imperatorem et militem".

---

[443] *foren*: repetida en el ms.
[444] *havent*: ms. "havant".

Resta ara donchs en la elecció de l'arbitre de qual d'aquests, o verament d'altres, en aquests versos ho entén lo nostre micer Ffrancesch. Mas si algú digués que, havent damunt lo poeta commemorat Cèsar y Pompeu, entenent-los en aquest loch encorreria en superfluïtat de açò no ésser ver, emperò que ell sols vol per lo lur exemple mostrar la cruedal de Sil·la ésser estada grandíssima, essent estada egual a la immensa benignitat de quascú d'ells.

Narra aprés un altre exemple lo poeta, dient que aprés de Sil·la o Valeri Corvino venia aquell noble Lúcio Volúmmio, digne d'alta y excel·lent lahor, lo qual bé obrant opprés la maligna temor la qual venia de la correpta sanch. On diu:

> [fol. 54v] Poi veniva quel che il livido[445] maligno
> Tumor di sangue, bene oprando, oppresse:
> Nobil Volummino,[446] et d'alta laude digno.[447]

Lúcio Volúmmio, prestantíssim home de Roma, essent excellentíssim en los fets de les armes, fon elet cònsol, com escriu Lívio X *Ab urbe condita*, contra los samnites y toscans; als quals pobles essent dades grandíssimes congoxes, reportà molta utilitat a Roma, mas certament més fructuosa operació fon la sua quant la pestíffera influència cessà mijencant aquest Lúcio Volúmmio, on és de entendre que, essent la ciutat de Roma compresa de una mortíffera pestilència, en la qual per ebulació de sanch e la sua putrefacció, natura rentant-la, ixqué,[448] produhia en los lochs emontoris una apostema, la qual dels metges és diffinit ésser un tumor contra natura, com par que volia Avicenna en la segona part del primer y en la terça del quart; per la qual cosa los hòmens en breu temps se morien. Y havent los romans tentat y experimentat los remeys del món, veent aquells no ésser de efficàcia indicaren, e majorment lo prudent Volúmmino, per lo verdader soccors[449] haver de recórrer a Déu com a causa efficient d'aquesta influència pestíffera, segons la sentència de Avençoar, lo qual diu "Pestis contingit quia dominus mandat"; y Avicenna en lo X de la sua *Metaffísica* escriu en aquesta forma: "Intendas disposicionem omnium rerum que proveniunt et

---
[445] *che il livido*: Pac. "che livido".
[446] *Volummino*: Pac. "Volumnio".
[447] *digno*: ms. "degno".
[448] *ixqué*: "eixida" en el texto italiano; it. "uscita".
[449] *soccors*: ms. "foccors" con la letra *s* tachada.

credo que deus dederit pestem de flagellis divinis que descendunt super civitates flagiciosorum et super homines iniuriosos". Emperò delliberaren los romans trametre a Esculàpio; per la qual [fol. 55r] cosa elegiren deu embaxadors, entre·ls quals fon Lúcio lo primer, ço és Volúmino. Venguts los embaxadors al temple e portant devotament los seus prechs davall la ymatge de Esculàpio, ixqué una serpent més prest en si venerable que orrible e, planament procehint, pervench a les naus dels romans, on se col·locà en lo tabernacle de Volúmino. E retornant los romans ab aquell, así com foren pervenguts en Hòstia, la serp ixqué de la nau y entrà en una pròxima silva en la qual se aturà, e los romans constituhiren hi un temple en honor de Esculàpio; per la qual cosa la cruel pestilència súbitament passà. Per la qual cosa, essent estat Volúmino consultador y operador d'aquesta obra, mèritament a ell se atribuhex haver fet aquest tan gran beniffet en Roma.

Seguex aprés micer Ffrancesch tres altres exemples de valentíssims hòmens, dient que aprés Lúcio Volúmino seguia Cosso, e Philone y Rutílio. On diu:

Cosso, Phylone, Rutilio.

Cornèlio Cosso, axí com escriu[450] Lívio *Ab urbe condita* libro quarto, gentil home de presona, y d'ànimo y força egual ab la sua bella, essent tribuno sots Concinnato en la guerra dels veientins, ffon lo derrer presidi de la romana república, emperò que, essent los fidenats rebel·lats contra Roma y confederats ensemps ab los veientins e, ultra açò, havent injustament morts los romans embaxadors, los romans eren algun tant espantats, majorment per la impetut e fúria de Laerte Telúmio, duch d'ells, que quasi temien[451] de la ruhina certa. Cosso, essent ja la batalla en principi y vent tembre los seus ca[fol. 55v]vallers y, d'altra part, veent Volúmino discórrer per lo camp, diu aquestes paraules: "Hiccine est ruptor federis humani violatorque gencium viris. Iam ego hanc mactatam victimam si modo sancti quicque in terris esse dii volunt legatorum manibus dabo". E aprés drecant lo seu córrer contra aquell, tant lo seguí que virilment lo matà y la sua despulla, segons Ròmulo, consagrà a Jovis. Aprés continuant-se la guerra, un jorn, combatent los fidenatis

---

[450] *axi com escriu*: repetido en el ms.
[451] *temien*: ms. "temia".

ab les enceses falles contra los romans, Cosso manà als seus cavallers que levassen les brides als cavalls e axí, aprés donant d'esperons devés los enemichs e primer a quascú, ab tant impetut en aquell hixqueren que·n breu espay de temps lo venceren.

Philone, com escriu Lívio libro octavo *Ab urbe condita*, ensemps ab Tito Emílio Mamertino fon fet cònsol en la guerra contra los antiates, los quals ell ab indústria y militar disciplina debel·là y vencé, y fon prestantíssim home; en tant que Tito Lívio en lo novè *Ab urbe condita*, connumerant los prínceps los quals eren abtes a resistir a Alexandre Macedoni, entre·ls altres reconta P. Philone. Donchs aprés la primera victòria encara fon fet cònsol Lúcio Corneli Lentulo; en lo qual consolat passà en Grècia, on conduhí gran trihunffo y glòria a l'imperi de Roma, com escriu Lívio en lo VIII libre de la primera *Dècada*.

Ara quant a la notícia de Rutílio és d'entendre que fon un Màrcio Rutílio lo qual, essent finida la guerra en Toscana y presa Perusa, Cortona y Areço per los romans, com escriu Lívio en lo novè *Ab urbe condita*, los samnites tenint[fol. 56r]-ne enveja, mogueren de nou la guerra contra los romans; per la qual cosa fon contra ells elet en cònsol. On Rutílio prenent los exèrcits y entrant en Sàmnia per força, quasi totes les terres de la província expugnà, en manera que breument constrengué los samnites a dedició; e aprés d'aquesta victòria donant molèstia los hernicis als romans, Màrcio Rutílio anà contra ells, gloriosament los vencé e, retornat en Roma, ab gran glòria trihunffà de aquells.

L'altre Rutílio fon P. Rutílio, del qual parla Tito Lívio en la sèptima *Dècada* en lo novè libre, segons Floro, quant diu que, essent cònsol ensemps ab C. Mutiori, cavallers romans los[452] eren restats en guàrdia de Àsia aquella tiranament combatien, la qual Rutílio emprengué a deffendre. Per la qual cosa vench en grandíssima enveja de l'orde de la cavalleria, aprés del qual era lo judici y lo magistrat de les repetidores pecúnies. De què, essent ell acusat, fon a la fi Rutílio de la enveja de l'orde eqüestre damnat en exili; en la qual partida y per la qual damna no sembla que perdés lo senat de Roma quascuna honor y tota majestat. Donchs essent quascú d'aquests dos Rutilis estat prestantíssim home estigua a l'arbitre elegir de quals ho entén lo nostre micer Ffrancesch.

---

[452] *los*: "los quals".

Aprés de aquest continua lo poeta tres altres dignes y excel·lents hòmens, mas més prest forts y combatedors que experts duchs o emperadors de exèrcit, dient que ell véu anar algun tant apartat de les espesses lums dels hòmens famosos sols tres cavallers, los quals havien romput los seus membres hi les armes sues totes esmayades, e verament tots en la vista mostraven ésser tres esculls dabans tres lamps [fol. 56v] de guerra; la hu era Lúcio Dentato, e l'altre Marco Sèrgio, e l'altre Cèsio Sceva; y hu d'aquests no era subcessor de laugera fama. On diu:

> Et dale spesse
> Luci in disparte tre soli ir vedeva,
> Rotti i membri, et smagliate l'arme et ffesse:
> Lucio Dentato, et Marco Sergio, et Sceva,
> Que' tre folgori et tre scogli di guerra;
> Ma l'un non[453] subcessor di fama leva.

Per ben judicar la fama que·s deu atribuhir a aquests tres hòmens crech més prest sia de veure en ells sia estada fortalea de cors que militar disciplina y de enginy. On és de entendre principalment, segons escriu Valeri en lo terç libre al segon capítol y Solino in[454] libro *De mirabilibus mundi*, Lúcio Sicínio Dentato quasi en si conté la glòria de tots los cavallers que may fossen en Roma, emperò que, essent estat tribú en los exèrcits y devallat en batalla, CXX voltes tostemps la més part de la victòria fon atribuïda al seu fort combatre; ultra açò combatent singulars actes, XXXVI despulles detragué als sobrats enemichs. Hagué XLV ferides; totes en la part d'avant, mas en les espatles no u hagué neguna. Fon decorat de XIIII corones civils, havent XIIII ciutadins romans per la sua virtut salvats de la mort. Ffon encara Dentato insignit CXII voltes d'altres militars donatius. E últimament seguí aquest nou emperadors trihunffants, los quals per la virtut d'ell pròpria de lurs enemichs havien reportada victòria.

Marco Sèrgio, encara quant s'espera a la prestància de un home, fon memorable aprés Dentato, com sia cosa, segons que scriu Solino, ell[455] en les batalles fon [fol. 57r] ferit XXIII vegades en los pits;

---

[453] *non*: Pac. "rio".
[454] *in*: ms: "y".
[455] *ell*: "que ell".

en les quals batalles havent ell perduda la sua mà dreta, se'n restaurà una de ferro, ab la qual combatent quatre voltes un jorn a singular batalla, tostemps restà vencedor. Essent encara dues voltes Marco Sèrgio estat pres de Haníbal y estat contínuament XX mesos en los ferros, se'n fogí. Aquest axí matex en qualsevol destroca y batalla que fessen los romans ab Haníbal, y Alago[456] Transimena, y en Trèsbia, y en Cannas tostemps emperò fon onrrat de dons militars y de corona civil. E verament aquest era més de reputar gloriós, com diu Solino si lo seu hereu Catilina no hagués la sua noblea ab la damnació y exili denigrada.

Egual o verament poch inferior devia ab rahó procehir Cèsio Sceva, centurió de Cèsar, ab aquests dos excel·lents damunt dits, emperò que, axí com escriu Plutarco en la *Vida de Cèsar* y Cèsar axí matex en lo *Comentari civil*, Sceva no premeté[457] alguna obra pertanyent a feel, fort y valent centurió. Perquè havent Cèsar asetjat Pompeu en Èpiro y havent fet en torn de la terra XXIIII castells y Steva dexat en guàrdia de hu de aquells, Pompeu hixqué fora y en aquell dia combatent ab los cesarians fon superior; de què prengué lo castell lo qual guardava lo fort[458] Cèsio Sceva. En aquesta expugnació virilment Sceva deffenent-se, rebé en l'escut CXXX sagetes y ultra açò molts darts que li foren pasats a les espatles; e una sageta, ajunyint-li en torn de l'ull, aquella ensemps ab l'ull se'n entrà dins lo cap. En aquestes donchs sues tantes ferides Sceva contínuament cridava los enemichs mostrant a ells voler-se donar, los quals axí com a ell[459] eren venguts, no podent Sceva sostenir les armes, ab les dents mordent-los [fol. 57v] los feya fogir; y ab aquest modo se deffensà tant que de molts dels seus fon soccorregut y portat sobre los bracos fon tornat en segur.

Últimament, quant a la notícia dels precedents versos és de saber que aquell derrer vers que diu "Ma non subcessor di fama leva" se pot expondre en dues maneres, ço és que la hu de aquests no levà lo seu subcessor de fama, essent quascú de aquests tres famosos, y axí porta en aquesta exposició y paraules. L'altra interpetració és que la hu, ço és Marco Sèrgio, no és subcessor de fama laugera, ço és de fama guanyada ab la mà esquerra perquè a la mà dreta de

---

[456] *Alago*: "al llac".
[457] *premeté*: "descuidà".
[458] *fort*: ms. "for".
[459] *ell*: ms. "ells".

fferro se li atribuhex tota lahor; y aquesta exposició és segons més tests. Són norresmenys alguns tests, y al meu judici més acomodats, los quals dien: "Ma l'uno ne subcessore di fama leva"; on tàcitament micer Ffrancesch descriu Marco Sèrgio haver perduda la dextra e sols restar successor de la fama per la digna, laugera e sua sinistra mà.

Seguex aprés micer Ffrancesch lo exemple de Màrio, dient que aprés d'aquests seguia Màrio, lo qual aterrà Jugurta, rey de Nimídia, aterrà los cimbris y la furor tudesca. On diu:

> Mario poi, che Gugarta[460] e i Cimbri aterra
> Et il tedesco furore.

Màrio, axí com damunt diem, fon natural de Arpino y, per les sues virtuts venint en Roma, aprés aconseguí lo nom de Romano. On principalment, com escriu Plutarco, Màrio en la terça guerra púnica milità sots Scipió Emilià, hon, guanyant lo nom de fortíssim cavaller, tornat en Roma, ab la favor de Quinto Metel·lo fon fet tribuno. Subcehint aprés que la Espanya era vexada de molts ladrons, Màrio hi fon tramès pretor; lo qual en breu [fol. 58r] temps lançà tots aquells y la província reposà en pau segura y alegra tranquilitat. En aquest temps se començà la guerra de Jugurta. La causa fon, com scriu Salusti, la differència entre Jempsale, lo[461] fill natural de Micipsa, e Jugurta, son fill per adopció, essent per natura estat fill de Gulussa. Emperò, essent Jugurta de major edat que Adherbale, se posà a seure en lo primer loch y volia reffer algunes coses fetes per Micipsa en lo temps de la sua vellea; on Jempsale per la una y per l'altra cosa designat, dix que s'i volia reffer les sues adopcions, de què Jugurta no subcehí pus lo seu hereu. Jugurta donchs enteses les paraules de Jempsale, súbitament mogut a furor, li mogué guerra; per la qual cosa Aherbale y Jempsale essent en tutela dels romans, crexqueren lo soccors a aquell. Los romans trameteren Màrio contra Jugurta, y en lo seu exèrcit anà Corneli Syl·la, essent fet questor o verament tribuno. Intervench que, essent Jugurta moltes voltes sobrat en batalla per Màrio, a la fi ell fogí a Bocco, rey dels mauris,[462] lo qual era son sogre, mas Bocco, portant enveja a Jugur-

---

[460] *Gugarta*: Pac. "Iugurta".
[461] *lo*: ms. "y lo".
[462] *mauris*: "mauritans".

ta y havent a desplaure la sua infidelitat, trameté per Syl·la, lo qual li era amiquíssim, e a la fi aprés molts dies li donà Jugurta viu per presoner. La qual cosa fon quasi aprés la roÿna de Roma, emperò Mario, tornant en Roma y portant Jugurta davant lo seu carro presoner, volia la glòria y la presura de Jugurta escriure a si matex. Mas Sil·la portava en l'escut pintat lo rey Boccho lo qual a ell donava Jugurta per preponer, la qual cosa a Mario era gravíssima.

Havent donchs Mario hagut en la sua força Jugurta quasi a un tracte, en Roma vench aquesta [fol. 58v] grata[463] e adversa nova, la qual fon que los cimbris y tudeschs venien contra los romans. Per la qual cosa Mario fon elet cònsol contra[464] aquells, los quals sobrà y vencé, com damunt en lo Trihunffo de la Mort diem. Vencé ultra aquests Mario, com escriu Plutarco, los gàl·lichs, dels quals en una sola batalla restaren entre morts y presos C mília. Vencé encara los latins y féu ab Sil·la crudelísimes[465] guerres civils e a la fi, essent estat cònsol set vegades, ja de edat de LXX anys morí a XVII dies del seu derrer consolat.

Seguex micer Ffrancesch aprés Ffúlvio Fflacco, dient que véu aprés de Mario seguir Ffúlvio Fflacco, lo qual per indústria errar, per ço que pogués castigar los ingrats. On diu:

> Et Ffulvio Flacco,
> Che a troncare gli ingrati[466] a bel studio erra.

Scriu Tito Lívio a intel·ligència dels precedents versos en lo quint libre y sisè de la III[467] *Dècada* que, havent los romans per virtut de Marco Marcel·lo represa qualque esperança y Haníbal se mostràs en alguna part enervat,[468] ells crearen cònsols Gneo Ffúlvio Flacco e Públio Clòdio. On, essent estat[469] molt temps Càpua per los romans asetjada, Ffúlvio Flacco ajustà los exèrcits y súbitament ordenà fer a Càpua més estreta oppugnació e ja vehent Haníbal, lo qual no mostrava curar-se de Càpua, Fflaco tramès un bando o manament per tota la host que qualsevol capuà que tornàs als romans

---

[463] *grata*: "greu".
[464] *contra*: repetida en el ms.
[465] *crudelísimes*: ms. "crudelisima".
[466] *Che...ingrati*: Pac. "ch'a l'ingrati troncar".
[467] *quint...III*: it. "i e ii".
[468] *enervat*: ms. "enarrat".
[469] *estat*: ms. "estats".

fos absolt de la culpa primera quant se eren reduhits a Haníbal. Norresmenys no fon negú que·s giràs als cartaginesos mas, més prest portats[470] en desesperació part dels senadors,[471] y aquells portà en presó en dues terres, la una dita Cales y l'altra no[fol. 59r]menada Thiano. Composta aprés la presa ciutat axí com li semblava, per tornar lo degut mèrit als capuans de la lur perfídia e ingratitut cavalcà a Thiano e a tots aquells senadors capuans los quals eren en aquell loch presos féu tallar lo cap. Aprés essent vengut a Càgiles, li vingueren letres del senat romà que ell degués perdonar als capuans, mas Fflaco, per pagar-los justament de la lur obstinada perfídia, se meté les letres en lo si, de les quals havia notícia, y manà a Lictore que exequís tot lo que li havia manat; on axí matex fon a tots aquells tallat lo cap. Prengué aprés depux la excusació[472] Fflacco les letres legí.[473] Axí errà ex industria, non legendo les letres primer e no obehint al senat sols per matar los ingrats, la qual cosa sens algun dubte fon de nomenar error.

Ajusta aprés micer Ffrancesch lo exemple de Ffúlvio, més noble, dient que Ffúlvio procehia pus noble ab Flacco y ensemps ab ell lo seguia la Ffama. On diu:

E' l[474] più nobil Fulvio.

Marco Ffúlvio, com scriu Lívio en la quarta *Dècada* libro VIII e Plini in *De viris illustribus*, fon prestantíssim home en los exèrcits[475] de les armes. On principalment ell essent cònsol vencé en Grècia y sobrà los etholis y los oretians, on d'ells retornà a[476] Roma. Aprés, essent finida la guerra contra Philip Macedoni y los ambracensis havent prestat[477] favor contra los romans, Ffúlvio anà contra ells e aquells constrengué ab tan greu obsidió que fon necessari vingues-

---

[470] *portats*: ms. "portots".
[471] Falta un fragment: "part dels senadors s'enverinaren i altres més pusil·lànimes esperaren llur extrema fortuna. Fúlvio Flaco donchs la assetjà i donant la batalla a la fi prengué Càpua i, entrat dins, prengué tots els senadors i aquells..."; it. "parte de senatori se avelenorno: et altri piu pusillanimi aspettoron la lor extrema fortuna: Fulvio flacco: adun*que* la assedio e dando la battaglia al fine prese Capua: e intrato dentro prese tutti li senatori: e quelli mando in pregione in due...".
[472] *excusació*: error por "execució".
[473] *legí*: "i les legí".
[474] *E' l*: Pac. "Ed il".
[475] *los exèrcits*: "l' exercici".
[476] *a*: ms. "de".
[477] *prestat*: ms. "losprasta"

sen a dedició. Aprés anant contra los cephalònichs, aquells en breu temps vencé y sobrà, y aprés tota la província ab gran clemència col·locada en pau, tornant en Roma y arrancant d'aquella [fol. 59v] tots los ornaments y despulla gloriosament trihunffà de aquells. Ffon aquest cognomenat Ffúlvio més noble, o per prestància de gestes, o elegància de pràtiques, o bellea de cors, o perquè les sues obres foren celebrades de Ènnio, lo qual en aquell temps era digne poeta.

Narra consegüentment lo poeta lo exemple de Tibèrio Gracco, dient que véu aprés un sols Gracco seguir la Ffama, e procehia ab lahor y glòria d'aquell modo[478] garulo, inquieto y maligne, lo qual féu moltes voltes lo poble de Roma ésser mogut de guerregar-lo. On diu:

> Et solo un Gracco
> Di quel gran nido et garulo[479] inquieto
> Che fel el[480] popol roman più volte stracco.

Tibèrio Gracco e Caio Gracco,[481] com scriu Plutarco e Plini *De viris illustribus*, foren fills de Tibèrio Semprònio Gracco e de[482] Cornèlia, filla de Scipió Affricà. Los quals, com en quascú de aquells contengués moltes notables calitats de armes y de eloqüència, norresmenys per haver volgut occupar la república, e la hu per ço essent estat mort per Cipió Nasica e l'altre mort per Lúcio Opini per decret del senat, havent Gracco occupat lo mont Aventino o constret a fer-se matar de un seu familiar, essent d'ell lancat y seguit, per ço mèritament són de micer Ffrancesch en aquest loch exclusos de Trihunffo de Ffama. E solament commemora lo pare lur, Tibèrio Semprònio Gracco,[483] e justament, emperò que principalment aprés[484] fent moviment los celtiberis contra lo poble de Roma, com escriu Lívio en la quinta *Dècada* en lo primer libre, segons que recita Floro, Tibèrio Gracco anant contra ells [fol. 60r] los sobrà y vencé, y a memòria perpètua de si y de la sua família nobilíssima edifficà en la província un castell lo qual aprés se nomenava lo castell

---

[478] *modo*: error por "nido", palabra que aparece en los versos en italiano y después en el propio comentario un poco más adelante.
[479] *nido et garulo*: Pac. "nido garulo".
[480] *fel el*: Pac. "fe' il".
[481] *Tibèrio…Caio Gracco*: ms. "Tiberio Gracco".
[482] *e de*: ms. "de".
[483] *Gracco*: ms. "y Gracco".
[484] *aprés*: ms. "ells aprés".

dels Graccos. Últimament fon elet cònsol Tibèrio contra los sarts, los quals sobrà y vencé, e tants ne prengué y conduhí presoners, y aprés vené per esclaus, que fon reduhit en vulgar proverbi aquesta ignomínia de sarts, dient axí: "Sardi venales". No solament per les armes fon ben digne Gracco ésser celebrat per fama, mas encara per justícia e pietat, on principalment, segons que damunt diem, no semblà[485] que lo aniversari del seu trihunffo Scipió Asià fos conduhit en presó. Axí matex essent estat Claudi, son companyó, condemnat a l'exili, jurà Tibèrio[486] anar ab ell si no fos absolt; per la qual cosa en continent se revocà la sentència. Últimament, trobant Gracco una nit en lo seu lit dues serpents, una mascle, l'altra femella, demanà a l'auguri allò que li semblava que degués ésser. Fon-li respost que ell o la muller devien morir; en açò, que ell matàs les serpents, conforme a la natura a aquell que devia morir. Per la cosa Gracco entesa la resposta, súbitament matà lo mascle, elegint pus prest morir que ésser causa de morir a la sua digna e dilecta Cornèlia.

Nomena aprés micer Ffrancesch Serdenya garulo et inquieto nido, lo qual ha fet moltes voltes distret lo poble romà en la guerra, perquè segons los processos dels istorials may los romans tantes voltes combateren aprés les complides y obteses victòries com contra los sarts. On principalment, com escriu Lívio en la segona *Dècada* en lo VII libre, segons Lúcio Ffloro,[487] los sarts y corsos [fol. 60v] ensemps ab Hannone cartaginès foren vencuts de Ch. Corneli Scipió. Segonament foren sobrats de M. Pòrtio Cató Censorino, essent pretor, com scriu Plini. Aprés, com fa testimoni Ffloro, escriu Lívio en la V *Dècada* en lo primer libre, foren debel·lats los sarts de més varis cònsols, los quals a la fi essent portats a la narrada vendició de Tibèrio Gracco, mèritament a ell devien ésser escrits a major glòria y fama.

Ajusta aprés micer Ffrancesch tres altres duchs prestantíssims, dient que véu aprés aquell que semblava, quant a les estranyes delícies, alegre y benaventurat. Norresmenys seguex ell no affermar-lo, emperò que no·s veya clar qual era un proffundo secret en mitg un tancat cor, ço és Metel·lo pare, y fill, y nebot, los quals[488] ja de Macedònia, de Numídia, de Creta y d'Espanya portaren grans preses e domini a la romana república. On diu:

---

[485] *semblà*: "li semblà".
[486] *Tibèrio*: ms. "a Tiberio".
[487] *segons Lúcio Ffloro*: ms. "Lucio Floro".
[488] *los quals*: ms. "lo qual".

Et quel che parve altrui beato et lieto;
Non dico ffu, ché non chiaro si vede
In[489] chiuso cor profondo un[490] suo secreto:
Dico Metello,[491] et suo padre, et suo herede,
Che già di Macedonia, et di i Numidi,
Et di Creti[492] et di Ispagna addusser prede.

Per intel·ligència dels precedents versos és de saber principalment que entre tots los romans, y per ventura entre tots los altres hòmens, negú per la abundància de les coses estranyes fon may de jutjar ésser més benaventurat que Quinto Metel·lo, segons que scriu Ciceró a la fi del primer de la *Tosculana* y Valeri Màximo en lo VII libre e al primer capítol, lo qual, nombrant les sues felicitats del principi a la fi [fol. 61r] diu que Metel·lo era nat en aquella ciutat la qual era cap y tenia lo imperi de tot lo cercle de la mar occeana, y fon procreat de nobilíssims pare y mare ab los donatius del cos y l'ànima loables e dignes. Hagué Metel·lo fecundíssima y pudicíssima muller. Hagué dignitat consular, la imperatora potestat. Obtengué grans y preciosos trihunffos. Hagué quatre excel·lents fills, dels quals véu los tres ésser cònsols e hu trihunffant. Hagué tres filles digníssimament maridades, de les quals tench en los seus pits los seus cars nebots.[493] No hagué may alguna causa de tristícia fins a la mort; la qual venguda naturalment e quieta, digníssimament dels fills y gendres ab gran pompa fon portat a la sepultura. On rahonablement pot mostrar aquest ésser estat alegre y benaventurat.

Segonament és de entendre que micer Ffrancesch ab gran rahó no jutjava affermant benaventurat Metel·lo, emperò que tota nostra felicitat y glòria consestex en l'ànimo nostre. E perquè allò és a nosaltres amagat, segons la sentència de l'apòstol y de Sant Agostí primo *De civitate Dei* al capítol XXV quant diu: "Nemo scit quit agatur in homine nisi speruus hominis qui in ipso est". Emperò no podem judicar si algun home en si matex és benaventurat.

En lo terç y derrer loch és de notar, quant a la istòria, que Quinto Cecílio Metel·lo, com scriu Lívio segons Ffloro en la quinta *Dècada* y en lo derrer libre, essent pseudo Philippo anat contra los

---

[489] *In*: Pac. "un".
[490] *un*: Pac. "in".
[491] *Dico Metello*: Pac. "Metello dico".
[492] *Creti*: Pac. "Creta".
[493] *nebots*: "nets".

amichs de Roma y havent delit un exèrcit lo qual era en presidi dels romans en aquell loch e mort M. Vivèntio, pretor, fon elet cònsol contra ell. On anant en Macedònia, aprés moltes batalles a la fi sobrà y vencé, y tornant en Roma portà gloriós trihunfo. [fol. 61v] Era aquest Philippo per nom propri nomenat primer Andrisco y ell matex se nomenava Philippo, e per ço fon cognomenat Pseudo Philippo. Succehint aprés los romans, enviaren embaxadors als acheus, los quals d'ells foren cruelment batuts y ab gran ingúria del senat de Roma; per la qual cosa a Roma delliberat[494] que Quinto Metel·lo anàs contra ells a venjar la rebuda injúria. Lo qual anà e, dues voltes combatent ab ells, los sobrà y vencé, en manera que solament[495] ne restà la derrera eversió e lo trihunffo,[496] lo qual reportà aprés Lúcio Múmmio quant vencé Chorinto. On Metel·lo en la segona batalla que féu ab ells, on los acheus hagueren soccors d'aquells de Boècia y dels calcedonis en les angústies de Termòphile, en manera que·ls[497] debel·là que Critolao, lo lur duch, se matà ab ses mans, com scriu Lívio, e Lúcio Ffloro ho testiffica, en la VII *Década* y al segon libre, prenent metzines. Aprés movent-se nova guerra en Hespanya, Metel·lo anà cònsol contra ells y en breu temps aquells sobrà, particularment vencent aquells de Arbàtia y los celtibèrichs pobles. Era induhit aquest Metel·lo tostemps exortar los seus amichs[498] que recobrassen[499] lo loch si may tal volta d'aquell per impetut d'enemichs era lançat. Ffon encara aquest Metel·lo home destre de ingeni y de operació, grandíssim observador de secrets; lo qual, com scriu Valeri, essent demanat un jorn de un seu amich allò que pensava fer, respòs: "Tunicam meam interiorem exurerem si eam consilium meum scire existimarem".

L'altre Metel·lo fon Quinto Cecílio Metel·lo Numídico,[500] lo qual principalment vencé los fundicularis y quasi silvestres hòmens de les illes Valeàries. [fol. 62r] Aprés avant procehí en Numídia contra Jugurta, lo senat[501] de Roma contra ell delliberada la guerra per la mort dels jermans d'ell fetes. On combatent Metel·lo ab Ju-

---

[494] *delliberat*: "fon deliberat".
[495] *solament*: ms. "solamen".
[496] *trihunffo*: ms. "trihuffo".
[497] *en manera que·ls*: "en tal manera els".
[498] *amichs*: it. "militi".
[499] *recobrassen*: ms. "recobras".
[500] *Numídico*: ms. "umidico".
[501] *lo senat*: "havent lo senat".

gurta dues voltes, lo vencé y sobrà en batalla, e aprés sobrà la Numídia, hon mèritament li fon atribuït lo cognom de Numídico. Ffon aprés aquest tramès en exili, no volent jurar mantenir les leys graccanes, les quals volia soldar Lúcio Apuleo Satiurnino solament per la favor que li prestava Màrio, perquè Metel·lo elegí pus prest voler exilar[502] que consentir allò que no era just. Emperò, com scriu Lívio en la VII *Dècada* e al VII libre, com demostra Ffloro essent estat Metel·lo en exili en Smirna, ciutat posada in Grècia, ffon aprés la mort de Màrio y de Galúcia, son pretor, revocat ab grandíssima honor y favor de la ciutat de Roma.

L'altre Metel·lo fon Quinto Metel·lo Pio, fill de Metel·lo Numídico,[503] lo qual Pio fon cognomenat per les tantes làgremes escampades per ell mentres que·l pare era en exili, per ço que d'aquell fos revocat. Aquest donchs, havent los marfis moguda guerra als romans y essent pretor, procehí contra aquells y aquells sobrà y vencé, e matà lo duch que tenien, lo qual se nomenava Q. Poppèdio. Aprés subcehint la guerra sertoriana, Quinto Metel·lo, essent procònsol y anant en Espanya, vencé y matà Lúceo Hercúleo, pretor de Sertòrio, quasi ab tot lo exèrcit. Aprés continuant Sertòrio y Marco Perpena la guerra, Quinto Metel·lo aquells debel·là dues vegades y vencé en tal manera que foren constrets totalment a fogir-se'n de Espanya. Y de aquesta sua tanta virtut y prestància véu lo senat presàgio quant, essent encara adolocent, en lo de[fol. 62v]manar la pretura e lo pontifficat superbo[504] judici del senat abans posat a molts altres hòmens encara que fossen estats cònsols.

L'altre Metel·lo fon Quinto Metel·lo, lo qual, essent estatuïda la guerra contra los cretensis, fet precònsol, anà contra aquells y posà lo siti a una noble y potent ciutat nomenada Adònia. E a la fi, com scriu Lívio en la X *Dècada* en lo VI et VII libro segons Lúcio Ffloro, Metel·lo los vencé y, procehint més avant, vencé per força y sobrà més y més nobles y forts ciutats, entre les quals foren Gnoson, Lícium e Sidònia; de la qual cosa no poca glòria, reputació e riquea ne attengué lo imperi de Roma.

Un altre Metel·lo fon del qual escriu Lívio en lo loch al·legat que, essent pretor, vencé en Sicília gran moltitut de pirates y hagué nom aquest Lúcio Metel·lo. Ultra les ja narrades gestes que s'atribue-

---

[502] *exilar*: ms. "exular".
[503] *Numídico*: ms. "mundico".
[504] *superbo*: error por "superà".

xen⁵⁰⁵ a Quinto Metel·lo haver volgut salvar lo eràrio contra Cèsar, lo ésser estat censor ensemps ab Quinto Pompeu y haver nombrat CCCXVII millars e VIII C XXII ciutadins sens los pobills e viudes. Y, semblant-li aquest poble ésser poch, dix al senat que li semblava que tothom fos constret a deure pendre muller; lo qual en la sua copiosa oració conclou a la fi aquestes dignes paraules: "Si fine uxoribus possemus esse quirites omnes proffecto ea molestia careremus: sed quia non satis commode sine eis aut impossibile vivere: pro inde perpetue utilitati magis quam voluptati duco consulendum".

Concloent dons per les damunt narrades gestes los Metel·los foren prestantíssims hòmens, com diu lo poeta. Entre·l pare y lo fill en Roma portaren preses de Achaia, de Creta, de Hespanya, de Macedònia [fol. 63r] y Numídia. Tots aquests excel·lents hòmens, o la major part de aquells, commemora Virgili en lo VI de l'*Eneydos* quant introduhex Anchises mostrar a Eneas tots los seus subcessors, y encara en lo VIII quant descriu Venus donar a Eneas l'escut lavorat de Vulcano, hon estaven pintats tots los subcessors de Roma. Emperò al present, per no més reiterar los versos de Virgili, no·ls introduhirem.

Seguex aprés micer Ffrancesch dient que aprés Metel·lo véu ffamós a Vespesià y al seu bell y bon fill Tito, no ja lo bell y mal Domício. On diu:

> Dapoi Vespesïano⁵⁰⁶ col figlio vidi:
> Il buono e 'l⁵⁰⁷ bello, non già il bello e rio.

Vespesià, segons que scriu Suetònio Tranquil·lo, hagué natura de Tito Fflàvio Petrònio, ciutadí reatino, lo qual en la batalla ffarsàlica milità sots Gneo Pompeu e fon son centurió. Naxqué Vespesià sots Augusto en agre Reatino en un chiquet castell, lo qual era nomenat Falacrine, y fon nodrit d'una sua àvia, lo nom⁵⁰⁸ de la qual era Tertúlia. Crexcut Vespesià y presa la viril toga, vench en Roma imperant aquella Clàudio,⁵⁰⁹ lo qual fon lo quint imperador de Roma; e pux fon pervengut, per favor dels amichs aconseguí algunes dignitats, co és la pretura y la edilitat, e prengué muller, la qual fon

---

⁵⁰⁵ *que s'atribuexen*: "s'atribueix".
⁵⁰⁶ *Dapoi Vespesïano*: Pac. "Poscia Vespasïan".
⁵⁰⁷ *e 'l*: Pac. "e".
⁵⁰⁸ *nom*: ms. "non".
⁵⁰⁹ *Clàudio*: ms. "Claudo".

nomenada Fflàvia Domitil·la; de la qual hagué Vespesià dos fills, ço és Tito e Domícia, e una filla, la qual ensemps ab la mare morí primer que Vespesià no fos muntat a l'imperi. E Vespesià, vivint Clàudio, anà legat en Jermània y de aquí passà en Bretanya, hon en quascuna província aprés moltes batalles restà ab glòria y trihunffo victoriós, occupant en Bretanya [fol. 63v] prop de XX castells en una illa nomenada Vecte, los quals sotsmès a l'imperi de Clàudio; per les quals coses lo pontiffical sacerdoci y ornaments trihunffals attengués dues voltes de Clàudio. Mort Clàudio aprés per obra de[510] Neró essent ja procehit Vespesià ensemps ab lo seu Tito a la expedició judaica, la qual Josephus copiosament escriu en lo *Imperi de Roma*, succehint Neró e aprés la mort de Neró havent Galba d'aquell rebel·lada la Espanya, fon nomenat imperador dels cavallers romans aquest Galba. Intervench aprés que Tito, lo qual era estat amiquíssim de Neró, matà Galba y los cavallers romans lo nomenaren imperador. Era en aquest temps en Germània Vitèl·lio ab un exèrcit. On, sentint aquells cavallers romans la mort de Galba y la subcessió de Otho, nomenaren imperador Vitèl·lio; lo qual retornant en Itàlia combaté ab Otho a matar[511] si matex; e Vitèlio restà tot sol imperador. Lo huytèn mes de l'imperi de Vitèlio los exèrcits romans los quals eren en Ungria y aquells d'ultra mar de Síria y de Judea se rebel·laren contra ell e nomenaren imperador Vespesià, lo qual, retornant en Itàlia contra Vitèlio, lo prengué essent ell per por molt vilment fogit; lo qual pux Vespesià lo hagué pres, axí com a vil e indigne príncep que era Vitèlio, lo féu morir. Ffon Vespesià expertíssim en armes e insignit de totes les altres virtuts, on ab rahó de micer Ffrancesch merita connumerar-se entre los hòmens famosos.

Resta ara de narrar la rahó per la qual micer Ffrancesch descriu en lo Trihunffo de Ffama Tito y no Domicià. On és d'entendre que Tito per les [fol. 64r] sues sobiranes e singulars virtuts era cognomenat majorment del pare Vespesià en aquesta fforma, com scriu Tranquil·lo: "Titus amor ac delicie generis humani". Y verament tal cognom a ell era convenient, tanta gratitut e humanitat demostrava en paraules, en costums y obres. E axí matex, axí com era adorn Tito de tota excel·lència d'ànimo, axí encara de bellea de cors entre·ls altres digníssim e singular; les quals calitats e digníssims donatius en

---

[510] *de*: ms. "ne".
[511] *a matar*: "i li constrengué a matar".

ell mostraven que augmentassen segons encara que crexia la edat. Quanta lahor donchs merita en lo exèrcit de les armes Tito essent tribú en Germània y Bretanya, la qual cosa poden testifficar les ymatges de la trihunffal sepultura, la qual encara huy se demostra de Tito en la ciutat de Roma, axí matex les banderes de memorable victòria de Jerusalem, per la qual fon Tito per los seus cavallers nomenat imperador y ensemps ab lo pare administrà lo imperi. Ffon encara Tito clementíssim y de tanta benivolència que, quant fos estat sols un jorn sens haver fet qualque benifici, intensament se entrestia, per la qual cosa merexque loar-se aquella sua veu digna de la cena, expressa quant lo jorn no era estat negun amich benifficat d'ell, quant diu: "Heu amici diem perdidi".

Perquè mèritament és Tito ensemps ab lo pare de micer Ffrancesch celebrat per fama, com donchs Tito fon excel·lent en virtut, axí per contrari Domicià fon proclive en los viciis; lo qual fon cruel, luxuriós, avar, injust persecudor de cristians. De què tots dies, com scriu Tranquil·lo, volia algunes ores de repòs, en les quals no feya altra cosa que matar les mosques; [fol. 64v] en tant que, si algú cercant[512] la audiència demanava en aquell temps si algú havia dintre ab Cèsar, Júlio Crispo, cavaller seu, responia: "Nec musca quidem". Et impero,[513] com del cors fos Domicià entre·ls altres bellíssim, obscurint norresmenys aquella bellea ab tants companyons y axí orribles vicis, ab gran rahó és exclús de la fama y honor del nostre excel·lent poeta.

Continua aprés micer Ffrancesch dos altres notables exemples, dient que depux Vespesià y lo fill venien los fels y prestantíssims prínceps Nerva y Trajano. On diu:

> E 'l buon Nerva, et Traian, principi fidi.

Domicià, damunt dit fill de Vespesià, praticant los seus detestables vicis en la administració de l'imperi, a la fi fon mort com era convenient a la sua tirannia. Per la qual cosa Precòrnio, preffecto, Precòrio y Precèrnio, ministres seus, donaren obra que fos elet emperador Nerva, lo qual era home vell, just y ornat de tot·altra virtud; dee què se complí lo somni de Domicià, lo qual fon ver, mas aprés lo seu imperi devia haver molt més alegre estat. Regnà donchs

---

[512] *cercant*: ms. "cecant".
[513] *Et impero*: "I emperò".

Nerva un sol any en lo imperi, e ab tanta justícia aquell administrà que mèritament aprés la sua mort per delliberació del senat fon nombrat entre·ls déus.

Adoptà Nerva en aquest any Úlpio Trajano, natural d'Espanya, lo qual, essent en la mort del pare en Gàl·lia en una ciutat nomenada Gripina, rebé en aquella lo imperi per universal elecció dels romans. Lo qual ab tanta justícia y virtut administrà que no sols al pare, mas mèritament fon de posar davant tots los altres prínceps romans. Essent donchs per la injustícia e intollerable tirania dels precedents imperadors a Nerva [fol. 65r] moltes províncies rebel·lades de l'imperi romà, les quals possehí Augusto Tibèrio, sols Trajà no solament aquelles recobrà, mas encara en alguna part amplià. On principalment Armènia, la qual havien occupada los pàrtichs, recobrà-la e instituhí-la província. Aprés anà en Síria e, combatent ab Sarmato, rey dels sirians, lo sobrà y vencé, matant-lo en la batalla. Aprés rebé los homenatges, subjugant-se a l'imperi de Roma lo rey dels iberis, lo rey dels sarmatis, lo rey dels dacis, lo rey dels bofforanis y dels aràbichs. Vencé Mossopotàmia y aquella féu ésser província, y a semblança de província confirmà Aràbia. Senyorejà la mar Roja y en aquella preparà les naus per pendre's los circunvehins de la Índia. On per tantes dignes y excel·lents obres fàcilment aconseguí Trajà tota glòria a la militar diciplina atribuïda, però per les sues tantes victòries, ni per sobirana lahor a ell per los hòmens refferida, nunca Trajà se elevà en supèrbia, ans tostemps com de privat anava, estava y conversava per Roma. Y quant per tanta submissió era per los seus amichs reprès, responia Trajà aquestes dignes paraules: "Talem me imperatorem esse privatis volo quales esse michi imperatores privatis obtassem".[514] Ffon encara observatíssim de la justícia. Lo qual, ja essent a cavall en la expedició contra los pàrtichs, una viuda lo prengué per lo fre del cavall dient que li fes justícia per lo fill innocent que li havia mort. A la qual respòs Trajà que ell la satisfaria quant fos tornat. Dix la viuda: "Mas si tu no tornes, qui·m satisfarà?". Respòs Trajà: "Satisfer t'a aquell qui·m succehirà". Dix lavors la viuda: [fol. 65v] "Tu a mi est deutor, y certament gran és lo frau que·m fas en no voler-me satisfer ni donar allò que és't obligat. E sàpies que a tu altri la tua obra jamés tornarà absolta ni pagada". Per les quals paraules Trajà súbitament devallà del cavall, ne primer féu altra cosa que de quant portava féu plenament rahó a la viuda.

---

[514] Ilegible en el manuscrito.

Per la qual obra Sant Gregori, aprés comogut de compassió de Trajà, tan, segons se lig, se plangué y plorà per la sua remissió que l'ànima sua de les leys d'infern fon absolta.

Ajusta aprés micer Ffrancesch consegüentment altres examples, dient que aprés Trajà y Nerva véu seguir Hèlio Adriano y lo seu Anthònio Pio y, devallant per bella y loable successió, seguia últimament Marco Anthònio Pio, los quals hagueren no menys lo desig natural que la voluntat de regnar. On diu:

> Helio Adrïano et il[515] suo Anthonio[516] Pio,
> Bella subcessïone infino a Marco,
> Ché hebber non meno il naturale[517] disio.

A més clara notícia dels precedents versos és de saber principalment que Hèlio Adriano, segons que scriu Hèlius Spartiano, naxqué en Adrià e fon fill de Hèlio Adriano Affro,[518] consobrino de Trajano y de Domícia Paulina, nada en Gades;[519] lo qual Hèlio Adriano aximatex per antiga natura ell fon d'Espanya. Aquest donchs, mort que fon Trajà, fon muntat en lo imperi, lo qual ab gran justícia y moderància regí, essent de virtuts y pràtiques prestantíssim home. Ffon encara en lengua grega doctíssim, no menys que·n la latina. Hagué grandíssima notícia de medicina, gaumetria, música, pintura, es[fol. 66r]culptura, e fon molt destre y versifficava d'ingeni; en manera que un temps escrivia, dictava, donava audiència y ab los amichs se ansiava.[520] Circa la expedició militar ffon Adriano diligentíssim duch envers lo seu exèrcit, y als seus cavallers molt liberal y benigne; per la qual cosa era de aquells molt amat. Ffon temerós en donar principi a les guerres; per la qual cosa aquest rellexà los mauris, los sarmatis, los bactrianis y Egipte, dient ell mudar lo exemple de Cató, lo qual havia pronunciat ésser liberts macedonis pux que aquells[521] no podia mantenir sots més. Rellexà encar per enveja de la glòria de Trajano Sýria, Armènia y Mesoppo-

---

[515] *et il*: Pac. "e 'l".
[516] *Anthonio*: Pac. "Antonin".
[517] *Ché...naturale*: Pac. "ché bono a buono à natural".
[518] *Affro*: No figura en el texto italiano.
[519] *Gades*: ilegible en el ms.
[520] *se ansiava*: error por "scienciava".
[521] *liberts...aquells*: ms. "libert macedoni pux que aquell", presentando la letra "s" tachada tras "libert" y "aquell".

tàmia, fent-les libertes y constituhint lo riu d'Èuffratres terme. E a la fi, de l'imperi de Roma sols hagué guerra Adriano ab los jueus, los quals, rebel·lats de l'imperi de Roma, havien occupada Palestina; y aquells en breu temps vencé y sobrà, y cremà del tot Jerusalem. Aprés la rehediffica.

Notables edificis,[522] entre·ls quals fon Moles Adriani, huy nomenada de nosaltres Castell de Sant Àngel. Últimament, volent encara Adrià rellexar la Dàcia y fer-la liberta, vench en desgràcia del senat, on, aprés morint en campanya, no fon del senat transferit[523] entre·ls déus si primer ab gran difficultat y prechs Anthoní no l'hagués obtès; per la qual obra aprés atengué lo cognom de Pio. Scriu Adriano, ja essent vehí o prop de la mort e considerant lo seu trànsit, aquestes paraules explicant:[524] "Animula vagula blandula hospes comesque corporis quo nunch abibis in loco pallidula rigida nudula nec ut soles dabis iocos". Morí Adriano de edat de [fol. 66v] LXXII anys y estigué en lo imperi prop de XXII anys.

Segonament és de entendre que, mort Adriano, fon muntat a l'imperi Anthònio Pio, fill seu adoptiu, mas devallat per natura, com damunt diem. Segons que scriu Júlio Capitolino, de Tito Aurèlio Fúlvio nat en Gàl·lia transalpina, aprés per los seus mèrits vengut en Roma permès magistrat intermedi a la dignitat consular; verament aquest fon Pio, y en tal manera ornat de tota virtut que sens dubte fon egual a Nerva, y de egualtat estimant a Numma Pompílio rey. Tingué Anthoní lo imperi ab grandíssima justícia en pau y fon de grandíssima auctoritat, en tant que scriu Capitolino que lo rey de Aràbia molt més dignament y ab major traüt vench ajudar-li a Roma que primer no havia fet Adriano. Axí matex, lo rey dels pàrtichs fent guerra als d'Armènia, sols per les simples letres d'Anthoní que axin manava, se revocà de l'ampresa. No s'exercità Anthoní en guerra, mas tostemps vixqué hi·s mantingué en pau e, quant dels amichs era mogut a fer guerra, responia la digna sentència de Scipió, ço és: "Malo unum civem servare que mille hostes occidere". E a la fi, com scriu Capitolino, més prest entès sens injúria d'algú a enrriquir lo eràrio que guanyar domini, e havent hagut[525] ab gran

---

[522] *Notables edifficis*: ms. "de notables edifficis". Error del traductor, que sigue la oración anterior cuando ésta claramente se refiere a Roma. De esta manera la oración queda sin verbo y debe leerse como "Notables edificis féu in Roma".
[523] *transferit*: ilegible en el manuscrito.
[524] *explicant*: ms. "explica".
[525] *hagut*: ilegible en el ms.

tranquilitat e justícia lo imperi prop de XXIII anys, morí de edat de LXXVII anys y fon soterrat en la sua vila, la qual era prop de Roma dos milles; lo qual del senat fon mèritament nombrat entre·ls déus.

Succehí aprés d'aquest últimament March Anthoní Pio y lo seu jermà Lúcio Ànnio Severo, la natura del qual ja dalt havem narrada en lo Trihunffo d'Amor [fol. 67r] per testimoni de Júlio Capitolino. Lo qual, nat de Ànnio Severo e Domícia Calvilla a Roma y vengut doctíssim sots dels preceptors damunt connumerats, vench en gràcia de Roma y d'Anthònio Pio, lo qual li donà filla sua per muller. E así matex per les sues sobiranes e singulars virtuts fon aquest matrimoni ordenat de Adrià, per ço que per aquest medi aconseguís lo imperi, havent adoptat Anthoní Pio per fill, com scriu Eutròpio. Ffon aquest de tanta virtut y perfecció que mèritament és posat davant tots los altres emperadors romans. Quant donchs a la expedició militar, principalment March ensemps ab Lúcio, son jermà, vencé los jermaneus, e no volgué de aquells per algun modo tornant en Roma sens trihunffar lo jermà. Aprés movent los pàrtichs guerra a l'imperi de Roma essent ja mort Lúcio Severo, Marco anà contra aquells y aquells en breu temps sobrà y vencé. E aprés partint d'aquí, procehí en Síria, hon gloriosament debel·là Selència, ciutat nobilíssima, en la qual prengué prop de CCCC mília presoners. Vencé encara los marcomans, quasi riba del Dannúbio, y tots los pobles cituats entre lo Ilírico y la Gàl·lia, axí com taristi, hermondoli, suevi, lacrinsi, halani, y altres del Capitolino nombrats; per la qual cosa demostra la sua virtut no menys ésser en les armes perfeta que en philosophia. Havent donchs March de les narrades victòries reportat gloriós trihunffo, morí lo XVIII anys del seu imperi de edat de LXI anys, y en ell finà la digna successió dels emperadors, emperò que aprés March seguí en lo imperi Còmmodo[526] Anthònio, lo seu fill[527] vulgarment tengut, ab tot que ell [fol. 67v] demostràs pus prest ésser fill de Gladiatore, del qual diem damunt. D'Anthònio considerades les crueldats, e supèrbia, luxúria, avarícia, que en ell foren, segons que·n la sua vida Hèlius Lamprídio demostra, on mèritament lo nostre micer Ffrancesch no procehex més en lo Trihunffo de Ffama circa los emperadors que foren nomenats romans.

Últimament és de notar que per les procehides vides narrades y dels sobredits auctors escrites és maniffesta la rahó per la qual mi-

---

[526] *Còmmodo*: ms. "Commoda".
[527] *lo seu fill*: ms. "verso lo seu fill" con "verso" tachado; it "vero suo figliolo".

cer Ffrancesch diu que aquests sobredits prínceps no menys hagueren lo desig natural, emperò que tots donaren obra als estudis; la qual operació és natural, segons la sentència del philòsoff en lo primer de la *Methaffísica* dient: "Omnes homines natura scire desiderant". E Ciseró in primo *De officiis* scriu: "Omnes enim trahimur et ducimur ad cognicionis et sciencie cupiditatem in qua excellere pulcrum putamus labi autem errare: decipi: malum ac turpe ducimus". On mèritament són per ço estats los emperadors damunt dits per la una y per l'altra obra celebrats per ffama del nostre micer Ffrancesch.

Conclou últimament lo poeta la gloriosa esquadra dels romans ab los lurs primers progenitors y reys, dient que, mentres que ell vagava y delitat de la procehida vista, com més avant procehia, véu venir lo gran fundador de la ciutat de Roma y cinch reys los quals a ell succehiren; mas lo derrer y sisè véu estar en terra carregat de un mal pes de gravíssima infàmia, axí com universalment intervé a tots aquells que, dexant la virtut, los vicis seguint se deliten. On diu:

> Mentre che, vago, oltre con gli ochi varco,
> Vidi il gran fondatore, et i[528] regi cinque;
> L'altro era in terra et di[529] mal peso carco,
> [fol. 68r] Si come adviene[530] a chi virtì relinque.

[fol. 67v] Volent repetir la natura [fol. 68r] de la ciutat de Roma y dels antichs romans, és de entendre que, essent la genologia de Eneas per contínua subcessió a la fi pervenguda a Procas, rey dels albanis, havent ell dos fills, la hu nomenat Amúlio e l'altre Numitore, com vench a mort dexà los fills que ells regnassen un any solament quascú d'ells. De què Amúlio, lo qual era post gènito,[531] començant a regnar, a la fi de l'any no volgué tornar lo regne al jermà Numitore e axí·l privà in perpetuum y lança'l; e per ço que d'ell[532] may se sucitàs progènia féu morir son fill nomenat Lauso, e la ffilla nomenada Rea Ília féu posar en lo temple de Vesta. Ella aprés essent[533] prenyada de Marts, parí al temps Ròmulo et Remo en un ma-

---

[528] *et i*: Pac. "e i".
[529] *terra et di*: Pac. "terra di".
[530] *Si come adviene*: Pac. "come adiven".
[531] *post gènito*: "primo genito" en el texto italiano.
[532] *d'ell*: ms. "del".
[533] *essent*: ms. "essen".

tex part. La qual cosa sentint Amúlio, manà que fossen los dos infants lancats en lo riu Tèvere. Mas l'aygua miraculosament conduhí los dos infants en terra, hon, planyent, vench una loba y aquells ab la sua let nodria, en tant que sobrevench un pastor nomenat Ffaustulo y, mogut de compassió, prengué los infants e portà'ls a la muller sua, nomenada Laurència, que·ls nodrís axí com si fossen sos fills. Los quals Ròmulo y Remo essent crexcuts, se donaren tant a ladronejar e, congregat gran nombre de pastors que·ls ajudaven y portaven quasi en manera de exèrcit en aquest estat, e regonexent en tal estament la lur pròpria natura, vengueren a Alba y mataren Amúlio, y tragueren Rea, lur mare, de presó e restituhiren lo regne a Numitore, lur avi. Aprés partits d'Alba vingueren sobre la riba del Tèvere y en aquell loch edifficaren Roma, la qual axí de si matex nomenà Ròmulo per [fol. 68v] millor auguri.

Essent la ciutat bé crexcuda, Ròmulo demanà los matrimonis a les ciutats circunvehines, los quals matrimonis per la lur pastoral natura los foren denegats. Per la qual cosa Ròmulo hordenà certs jochs de cavalls, los quals vengueren[534] a veure moltes gents, hòmens y dones, y gran moltitud de donzelles, e Ròmulo veent açò, armà's ensemps ab lo seu poble e, anats hon era la gent, prengué totes les vèrgens, les quals destribuí ab los seus romans prenent-les per mullers. Per la qual cosa se mogué entre·ls romans y circonvehins crudelíssima guerra, e principalment ab los cerinesos, los quals Ròmulo vencé y matà Jerone, duch d'aquells, y de aquell reportà y consagrà la despulla al ffèretro Jovis.

Consegüentment, aprés per semblant causa los sabins, sots los ducat y auspício de Tito Tàcito mogueren guerra als romans, los quals per obra e simplicitat d'una verge Tarpeia foren portats en lo coll del Capitòlio; la qual cosa vehent Ròmulo, procehí contra aquells. On essent la batalla fervent, fon mort un Hostílio romano, fortíssim combatedor, per la qual cosa tots los romans se posaren en ffuyta. La qual cosa veent Ròmulo, votà a Jovis edifficar un temple si lo seu exèrcit se assegurava. En aquest estat les furtades sabines vingueren en mig de les armades esquadres y ab paraules y gests piadosos pacifficaren a la ffi los marits romans y los sabins pares lurs y jermans ab pactes, y capítols y convencions comunes: majorment que los sabins vinguessen abitar en Roma y que los romans de

---

[534] *vengueren*: ms. "venguengueren".

les lurs armes se nomenassen quiriti.⁵³⁵ Les quals coses fetes, Ròmulo restà senyor. Un jorn lustrant lo seu poble [fol. 69r] a la paluda caprea⁵³⁶ fon vist Ròmulo sens par viure entre·ls mortals.⁵³⁷ On immediate comencant-se sedició entre lo poble y los pares, los quals ell havia instituhits en senat,⁵³⁸ un romà nomenat Júlio Pròculo jurà haver vist exir Ròmulo al cel e haver-li dit aquestes paraules: primer, que l'adorassen hi·l nomenassen Quirino, y axí era voluntat dels déus, y que·s detinguessen de les sedicions, emperò que Roma sua per divina voluntat devia ésser cap de tot lo imperi del món. On per l'auctoritat d'aquest immediate se callà lo vulguo y Ròmulo fon deyfficat; y estuhiren-li⁵³⁹ lo temple en lo coll Quirinale, e aprés fon tostemps nomenat lo déu Quirino.

Aprés de Ròmulo lo primer rey dels romans ffon Numa Pompílio, fill de Pompònio, del castell de Sabina, lo qual fon home de gran religió y santíssim. Aquest regnant sens injúria de algú y vehent lo poble romà duríssim e quasi ferro, instituí més sacrifficis per umiliar-lo, ordenà encara lo temple y la religió de la dea Vesta, compongué lo sacerdoci, dividí l'any en XII mesos, ajustant-hi jener y Febrer, reformà moltes leys útils y honestes per la romana república e qualsevol cosa que feya deya fer aquella per instrucció e document de Egèria, muller sua, la qual en aquell temps era reputada una deessa. De què per la sua santedat y bondat negú li feya guerra, ni menys ell la mogué a negú. A la fi morí aquest vell; ab gran dolor y honor dels romans fon soterrat en Janícolo.

Lo segon rey fon Túlio Hostílio, home virtuosíssim e digne, lo qual, immediate muntat en la real dignitat, mogué guerra als albanesos. On essent rey en Alba Mècio Suffècio y havent en la terra tres [fol. 69v] fortíssims jòvens jermans nomenats Curiatiis, confiant-se en ells dix a Hostílio si li plahia finir la lur guerra per tres romans contra altres tres dels seus d'Alba, en manera que aquella ciutat romangués vencedora dels quals vencien los tres combatents. Plagué a Hostílio lo pacte; de què tramesos⁵⁴⁰ tres altres jermans ro-

---

⁵³⁵ *quiriti*: nombre que los romanos se daban a sí mismos y que proviene de una tribu sabina.
⁵³⁶ *paluda caprea*: se refiere a "palus caprae", "el pantà de la cabra", en el Campo de Marte.
⁵³⁷ *fon...mortals*: error por "desaparegué i no fon més vist vivint entre els mortals"; it."...a la palude caprea dispari ne piu fu veduto vivere infra mortali".
⁵³⁸ *senat*: ms. "si Natura".
⁵³⁹ *estuhiren-li*: "li instituïren".
⁵⁴⁰ *tramesos*: ms. "trames".

mans nomenats Oratis per combatre la pàtria ab los tres Curiacis tramesos de Mècio per Alba e venint a la batalla, los romans Oracis restaren superiors, restant-ne un viu e morts los altres dos, mas tots aquells tres Curiacis morts. Intervench per aquest effecte que Mècio vench en gran fàstig y desplaer dels albanesos, havent comès la lur fortuna e virtut a XI poca pugna. De la qual cosa recordant-se ell y volent recobrar, mogué los veientins y fideuatis contra los romans, offerint-los de trayir Roma; per la qual cosa aquests pobles mogueren guerra als romans; per la qual cosa Hostílio demanà ajutori a Mècio, e Mècio hi anà per donar effecte a la promesa. Y essent los romans en batalla ab los enemichs y Mècio estant sobre un putg, no devallant per esperar lo temps del trahir, los romans dubtaren y demanaren a Hostílio allò què volia dir que Mècio encara no era devallat a batalla. Hostílio, conexent lo partit, cridà ab altes veus Mèscio estar en aquell loch perquè axí lo y havia manat. La qual veu, axí com los enemichs entengueren, estimant allò de Mècio fos doble trahiment, súbitament fugiren dexant la complida victòria als romans. On, venint l'altre dia aprés Mècio a[541] fer alegries ab Hostílio, reprovant-li la trahició lo féu súbitament esquarterar.

Lo terç [fol. 70r] rey dels romans fon Ancus Màrcio, fill de la filla de Numa Pompílio, semblant a l'avi en sanctimònia y virtut. Aquest en batalla vencé y sobrà los latins, y ajustà dos colls a la ciutat de Roma, ço és lo Màrcio, axí d'ell nomenat, y lo Aventino, los quals ensemps ab la resta de Roma féu senyals de mur; ediffica Ancus lo port a la ffoce del Tíber, fféu moltes silves ésser públiques solament per la pràtica de les naus; obrà encara més[542] obres reals. Ordenà mantenir l'estat mas, en poch temps essent pervengut de la mort, no pogué donar-se qual ja s'era promès, excel·lentíssim príncep.

Lo quart rey fon Lúcio Tarquino Prisco, fill de un Demarato de Corinto, lo qual fogint la tirania de Grècia se'n vench en Roma y, entrant en Roma Tarquino, una àguila volant prengué lo seu mantell y, aquell portant en alt, a la fi lo dexà en ossa.[543] Havia aquest una muller nomenada Tanàquil la qual, essent auguratriu y havent vist aquest acte, dix a Tarquino aquest acte demostrar-li que havia d'aver lo regne de Roma. Tarquino essent rich, per medi dels diners

---

[541] *a*: ms. "ab".
[542] *més*: repetida en el ms.
[543] *en ossa*: error por "adossat"; it. "adosso".

aquistà gran benivolència e ffamiliaritat d'Ancus Màrcio y encara algunes dignitats; de què venint a mort Ancus, dexà Tarquino tudor de sos fills. Tarquino, tantost com hagué presa la tutoria, començà a innovar leys y novament a governar, majorment confiant-se per lo auguri d'Àccio Nèvio, lo qual li deya lo cel reprometre-li poder-se fer tot allò que ell imaginava de fer. Hon havent respost ell pensar que aquest Àccio Nèvio tallàs ab un rahor una pedra, ell en testimoni de la província[544] sua ab un simple colp aquella rígida pedra ab [fol. 70v] aquell raor immediadament tallà. Vencé aquest los latins y los sabins en batalla, y de aquells trihunffà; y la secta dels colls[545] de la ciutat de Roma circuhí de muro. Aprés per frau e insídia dels fills d'Ancus Màrcio fon cruelment mort.

Lo quint rey fon Tuli Sèrvio, lo qual, essent estat llevat en quasa de Tarquino, y conegut Tanàquil[546] per una flama de foch la qual en lo principi li circuhí lo cap que a ell devia pervenir lo regne de Roma, li féu al seu marit Tarquino donar una sua filla per muller. On, quant fon mort Tarquino, Tanàquil,[547] essent[548] la remor gran, hixqué de fora al poble e dix Tarquino ésser ferit e no mort, ni encara tenir mortal ferida; per la qual cosa volia y axin manava que, fins que fos guarit, Tuli administràs lo seu regne. Restà lo poble segur[549] a la veu de Tanàquil,[550] y axí Sèrvio prengué la sensoria; lo qual administrant aquella justíssimament, fon aprés confermat en lo regne. En lo qual, mentres que fon, vencé moltes voltes los tosquans y en Roma ediffícà més temples y, tenint dues filles entre si molt de costums incomparables, les donà per mullers als fills de Tarquino, los quals eren encara molt disformes, per ço que la hu y l'altre se retifficassen: la sua feroç filla[551] donà per muller a l'umil fill de Tarquino y a la sua umil donà a Tarquino Superbo. De què intervench que, volent-se los semblants per natura congregar ensemps, Túlia matà[552] lo marit y féu que Tarquino Superbo matés[553] la muller sua, y aprés ensemps los dos se prengueren per marit y muller, però no foren

---

[544] *província*: error por "profecia".
[545] *la secta dels colls*: error por "els set colls"; it. "i setti colli".
[546] *Tanàquil*: ms. "Tranquillo".
[547] *Tanàquil*: ms. "Tranquillo".
[548] *essent*: ms. "essen".
[549] *segur*: ms. "se segur".
[550] *Tanàquil*: ms. "Tranquillo".
[551] *la...filla*: ms. "les sues feroces filles".
[552] *matà*: ms. "ma".
[553] *matés*: ms. "ma".

contents de axí celerat homicidi, mas ordenaren que fos mort Sèrvio. [fol. 71r] La qual cosa feta e Túl·lia sentint mort, sobre un carro anà a saludar lo seu marit, lo rey Tarquino. E trobant en la carrera lo cors de Servi, son pare, sobre[554] aquell manà sens error[555] que fos tirat avant lo carro. E axí finiquen ultra Ròmulo cinch loables reys dels romans, los quals subcehí Tarquino Superbo. Lo qual, per les sues males obres lancat de Roma per Bruto, exulà[556] molt temps en Porssenna. Despux après del jendre seu Mamílio Octàvio a Tustulo envellí ab la muller, e a la fi en lo bres vilíssimament morí. On ab rahó Tarquino s'està en terra sens levar-se fora del sepulcre per fama, carregat del mal pes de inffàmia, com ha descrit lo nostre micer Ffrancesch.

Capítulo IIIo Triunphi Phame[557]

Totes les coses que la natura de l'home excedexen y la sua pròpria extimació solen per pròpria[558] costum qualsevol, aquelles considera conduhir de si matexes a grandíssima maravella. La qual sentència maniffestament mostra lo philòsoff en lo primer de la *Èthica*, dient: "Conscii autem sibi ipsis sue ignorantie alios cum aliquid supra se ipsos dicunt admirantur". Per la qual cosa no separant-se micer Ffrancesch [fol. 71v] d'aquesta natural disposició, diu en lo present capítol ell principalment ésser posat en gran maravella per la virtut y prestància dels precedents romans. En lo qual capítol lo poeta entén per universal argument tractar dels altres hòmens d'armes de diversa nasió dels romans, los quals per la salut pública o per qualque altra comuna utilitat se són en lo exèrcit[559] de les armes dignament exercitats. Y perquè voler en semblant effecte particularment discórrer seria per ventura obra prolixa, per ço micer Ffrancesch quant a aquest exèrcit comprèn en breus paraules en lo present capítol la nació grega, la ebrayca, la bàrbara, conjunyint ensemps hòmens y dones que ab alguna egrègia obra hajen ajudat a la salut comuna.

---

[554] *sobre*: repetida en el ms.
[555] *error*: "horror"; it. "horrore".
[556] *exulà*: "exilà"-
[557] Este capítulo corresponde en realidad al capítulo segundo de las ediciones canónicas de los Triunfos.
[558] *pròpria*: ms. "propri".
[559] *exèrcit*: "exercici".

Diu donchs, donant principi a la present matèria, que ell, ple de infinida y noble maravella, essent pres del loable desig de remirar lo gran poble de Marts, exèrcit de Roma tal, e axí fet, que·n lo món no fon una semblant família, ell conjunyia la vista sua ensemps ab les cartes antigues dels poetes y historials, hon són descrits los alts y excel·lents noms, y sobiranes prestantíssimes laors; y en aquesta obra tal ell conexia lo seu dir que havia fet dels romans mancar grandíssima part d'òmens y de gestes, com pot ésser maniffesta ací la tostemps freqüentada istòria. De què en aquest pensament, mentres considerava los romans, ell fon desviat y remogut d'aquesta cogitació per la vista dels egregis peregrins y estrangers hòmens. Lo primer dels quals conegué ésser Haníbal cartaginès. On diu:

> [fol. 72r] Plen d'infinita e nobil maraviglia
> Presi[560] a mirar il gran populo[561] di Marte,
> Che al mondo non fu mai simil famiglia,
> Giugnea la vista con le antiche carte
> Ove son gli altri nomi et[562] sommi pregi,
> Et sentiva nel[563] mio dir mancar gran parte.
> Ma desviârmi i peregrini egregi:
> Hanibal primo.

Circa la intel·ligència dels precedents versos és de saber principalment que per tres rahons lo nostre excel·lent poeta diu y denomena los romans ésser lo poble de Marts. Primerament per lo primer progenitor[564] d'aquella y pare, lo qual fon Marts, essent estat pare de Ròmulo y Remo, del qual tots los romans són devallats. La segona és perquè lo exèrcit de les armes, lo qual se dóna hi s'atribuhex a Marts, no fon may de tanta excel·lència en algun altre poble quant en lo poble romà. E la terça y última obra és perquè, segons los astròlechs, Marts se diu lo signifficador dels romans; y per aquest respecte mèritament lo poble de Roma és de nomenar lo gran poble de Marts.

Segonament, quant a la notícia de Haníbal, poch resta de ajustar, com sia cosa que los seus més gloriosos fets foren molt estesa-

---

[560] *Presi*: Pac. "presa".
[561] *gran populo*: Pac. "buon popol".
[562] *altri nomi et*: Pac. "alti nomi e'".
[563] *sentiva nel*: Pac. "sentiv'al".
[564] *progenitor*: ms. "progenitors".

ment descrits dalt en lo Trihunffo de la Pudicícia. Emperò, quant a la present notícia, solament[565] basta lo testimoni de Lívio en la III *Dècada* en lo primer libre, escrivint la natura de Aníbal y lo testimoni de si matex Hanibal a Scipió, lo qual axí matex escriu Tito Lívio en la quarta *Dècada* y al quart libre. E quant a la primera notícia, axí descriu Lívio Hanibal: "Cum [fol. 72v] plurimum audacie ad pericula capessenda: plurimumque consilii inter ipsa pericula herret: nullis unquam parcens laboribus: suas tum ingentes virtutes viciis demigravit in eo namque in humana crudelitas: perfidia plusque punica: nihil veri: nihil sancti: nullus dei metus: nullum iusiurandum: nulla religio". Migançant donchs aquest art y perfídia púnica vencé Hanibal, essent en Itàlia, Taranto per migà de Nico y Philemeno, los quals, mostrant de anar a caça, en la nit meteren dins en Taranto lo presidi de Hanibal; e migançant un Pacúvio Caleno ffraudulosament prengué Càpua. Ffugí encara sols per astúcia[566] Hanibal de les mans de Q. Ffàbio Màximo, posant sobre lo cap dels bous presos fexets de sarments y aquells encengueren de nit; de què les bèsties, comogudes per la lur impetut y per la fera error, mostraven abandonar les estàncies als romans y Hanibal, essent lavòs hordenat en esquadra se'n fogí del loch hon era tancat sots lo mont Cal·lículo. Vencé ab consemblant art, segons escriu Trogo[567] refferí-ho Justino en lo XXXII libre, essent fugit a Prúsia, rey en Bitínia, fet d'aquell preffet de les armes Eumenes, rey de Ilion, en la batalla marítima, havent tancats orribles serpents en un vexell de terra y aquelles lancant dins en les naus de Eumenes, fon occasió de grans rialles entre los de les naus; aprés per la orrible crueltat de les serpents vencuts y confusos, se donaren a Hanibal.

Scriu Lívio que, essent Hanibal ab Antíocho, rey de Síria, Sipió Affricà fon tramès ensemps ab altres embaxadors a Antíocho e parlant[568] un jorn ensemps ab Aníbal, Scipió li demanà [fol. 73r] qual emperador creya ell que fos estat en lo món més loable. Respòs Aníbal Alexandre Macedoni, que ab poch principi havia vencuts innumerables exèrcits y pervengut fins a la última terra. Demanà aprés Scipió del segon y Aníbal respòs Pirro, rey dels epirotes, lo qual fon lo primer qui havia mostrat de col·locar los exèrcits e negú

---

[565] *solament*: ms. "solamant".
[566] *astúcia*: ms. "estucio"; it. "astutia".
[567] *Trogo*: ms. "Trgo".
[568] *parlant*: ms. "par parlant".

may millor havia sabut elegir lo modo e ab major avantage en les batalles o en los alleujaments. Demanà encara Scipió del tercer e Aníbal respongué de si matex. Lavòs Scipió, rient-se, dix: "Quidnam tu diceres si me vicisses". Respòs Aníbal: "Tu vero me et ante Alexandrum et ante Pirrum et ante alios posuissem". Pot-se donchs clarament compendre per aquesta y per les altres gestes damunt narrades no contra lo degut Haníbal ésser lo primer d'aquesta esquadra digna y excel·lent la qual dret als romans seguia la ffama.

Seguex aprés de Aníbal micer Ffrancesch un altre digne exemple, dient que aprés d'ell era aquell duch que los versos als seus cavallers cantava per exercitar-los en la sangonosa batalla. On diu:

Et quel che cantò[569] in versi.

Los messenis, poble ferocíssim en Grècia, axí com scriu Trogo[570] Pompeo y Justino ho refferex en lo terç libre *De bellis externis*, constituïren un jorn certs sacrifficis als quals veure concorrent gran moltitut de poble, hi vingueren entre·ls altres moltes donzelles verges de Lacedomònia. E los[571] messenis, mirant aquelles ésser de cors bellíssimes, les furtaren y estruparen ab gran injúria dels lacedomonis; per la qual cosa se mogué grandíssima guerra, la qual durà X anys. E aprés [fol. 73v] termenant-se ab certes condicions per los messenis, ells duraren en tal manera prop de LXXX anys ab gran potència.[572] Aprés restaren en la segona guerra als lacedomonis e los lacedomonis trameteren a l'oràculo d'Apol·lo per saber què devien fer per haver la victòria; als quals respòs l'oràculo que, si volien vencre, era necessari haguessen lo emperador atheniench. De què los lacedemonis trameteren[573] enbaxadors en Athenes a pregar-lo umilment li plagués atorgar-los un duch. Los athenienchs, entesa l'ambaxada, los donaren per duch un poeta zoppo[574] que lavòs era nomenat Cirtheo. Lo qual combatent ab los missenis, foren los lacedomonis sobrats tres voltes en tal manera que foren forçats armar los catius y servents, y en aquells atorgar libertat, donar-los la civilitat y offerir-los les mullers de aquells que morissen en la batalla.

---

[569] *Che cantò*: Pac. "cantato".
[570] *Trogo*: ms. "Trgo".
[571] *los*: ms. "lo".
[572] *potència*: error por "paciencia"; it. "patientia".
[573] *De que...trameteren*: ms. "De que lacedemoni tramete".
[574] *zoppo*: italiano por "coix".

Mas veent lo rey de Lacedomònia los messenis ésser restats axí tostemps superiors, no volia temptar la fortuna del combatre;[575] ans pus prest restar-se de finir la guerra ab pau y comportar greus condicions dels messenis. Per la qual cosa Circeu començà a exortar los seus cavallers cantant los versos que·s deguessen aparellar a batalla y en tal manera los excità que, súbitament preses les armes, anaren contra los messenis e, combatent agrament ab aquells, a la fi foren superiors los lacedemonis.[576] E axí mèritament, quant més Cirtheo[577] era inexpert de l'exercici de les armes, tant merexqué més acomodades lahors, havent per virtut pròpria de allò reportat victòria.[578]

Ajusta consegüentment micer Ffrancesch lo exemple d'Achil·les, dient que ensemps ab Cirtheu [fol. 74r] véu Achil·les, lo qual hagué grandíssima lahor de ffama. On diu:

Achille, che di fama hebbe gran fregi.

Scriu lo nostre poeta en lo següent Trihunffo la ffama dels hòmens ésser donada en guarda als poetes y istorials, escrivint la hu e l'altre[579] de aquests dos artifficis les[580] gestes dignes y les obres virtuoses; y essent adnotades les operacions d'Achil·les per poema e istòria, emperò la una y l'altra notícia per intel·ligència del precedent vers portarem. Achil·les donchs fon fill de Peleu, fill de Eaço, y de Tetis, filla de Nereo. Lo qual, axí com ella lo hagué parit, axí immediate lo banyà tot en la paluda Estígia, excepto les plantes dels peus. Aprés donà'l a nodrir a un centauro lo qual se nomenava Chiron. Aquest nodrí Achil·les solament de vianda de merolli de

---

[575] *combatre*: ms. "cobatre".
[576] *lacedemonis*: ms. "macedonis".
[577] *Cirtheo*: ms. "Artheo".
[578] No figura aquí la discusión del texto italiano sobre las posibilidades de atribuir esta acción a Aquiles, en lugar de a Cirtheo: "E quel cantato in versi dove non de cirtheo se debba intendere ma de achille e cosi se vol legere col subsequente verso insieme intendendo quello essere stato dachille cantato e celebrato dal divino poeta homero ne li soi versi maxime in la sua Iliade come testifica el nostro poeta nel subsequente triompho quarto de homero haver cantato li errori e la faticha del figliolo de la Erte e de la divina ma piu chiaramente in quel soneto giunto Alexandro a la famosa tomba del fero Achille sospirando disse: o fortunato che si chiara tromba trovasti: e chi di te si alto scrisse: e benche sia apresso di me tal sentimento piu accommodato tuttavia il lassaremo ad ogni altro piu saldo indicio".
[579] *e l'altre*: ms. "al altre".
[580] *les*: ms. "y".

feres, les quals prenia en la caça; del qual diu Leòncio ésser deduhit lo seu nom d'Achil·les "ab a quod est sine et chillos quod est cibus", quasi sens comuna o natural vianda nodrit. Tetis, mirant un jorn quin devia ésser lo fet d'Achil·les, véu que devia morir en la guerra troyana; per la qual cosa furtadament lo substragué de casa de Chiron y portà'l en la illa d'Ischiro al rey Licomedes vestit en àbit de dones, que·l tingués entre les sues donzelles. Lo qual Achil·les, estant, y conversant, y dormint ab elles, emprenyà Deydamia, de la qual naxqué Pirro, com damunt diem. Essent aprés ffurtada Helena y los grechs delliberant fer guerra als troyans, demanaren a l'oràculo o a les ídoles quina provisió porien fer per obtenir la victòria; lo qual respòs entre les altres coses que ells donassen orde de haver Achil·les, que sens la persona [fol. 74v] de aquell era inposible haguessen victòria. De què los grechs, diligentment investigant y demanant de Achil·les, conegueren a la fi ésser aquell entre les donzelles del rey Nicomedes; per la qual cosa imposaren a Ulixes que per la sua indústria lo degués portar. Ulixes lavòs no conexent-lo, ffengí ésser mercader e portà moltes joyes y altres ornaments de dones y, ultra açò, un arch ab sagetes y una gentil armadura; y anà en Schiron y ab nom de voler mercadejar súbitament fon portat al loch hon estaven les donzelles monges, davant les quals havent esteses les sues mercaderies, totes les altres donzelles prenien y guardaven los ornaments femenils. Achil·les sols prengué y mirava l'arch y l'armadura, per la qual cosa Ulixes lo conech y a la fi persuadint-lo lo portà a l'exèrcit dels grechs. E procehint los grechs a la guerra troyana, Achil·les féu molts fets d'armes dignes y glorioses. E principalment, com scriu Ditis Cretense, volent Agamenon, Calcante, Menalau y Ulixes immolar Ephigènia y aquella havent tolta ab gran ffrau a Clitemestra, mare sua, havent-li escrit Ulixes en nom de Agamenon com era maridada ab Achil·les, per ço que Neptuno y los vents fossen placats en lo lur navegar, Achil·les a cas sobrevenint en aquell loch hon volien fer lo sacriffici, veent plànyer aquesta verge y recomanar-se a ell, per força d'armes la acampà d'aquells. La qual aprés que fon delliurada, aparech allí una grandíssima cèrvia, de la qual Achil·les féu fer als déus sacriffici en cambi de Effigènia, sots lo seu nom a Clitemestra substreta y traÿda. Aprés avant essent venguts [fol. 75r] los grechs en la illa Aulides, procehiren a la expedició troyana e, pervenguts en Mísia hon regnava hun rey nomenat Telepho per antiga natura devallat d'Èrcules, volent primer que·ls seus ministres li vinguessen contra, aprés ell matex volgué prohibir los grechs de les sues mars; per la qual cosa venint a batalla, fon per les mans d'Achil·les cruelment ferit mas, aprés regoneguda la affinitat que havia ab los grechs, benignament los acullí y a la fi per obra del matex Achil·les, Machaone y Polidàrio, fill de Esculàpio, fon restituït Telepho a la sanitat primera. Junts aprés los grechs sobre les mars troyanes, Achil·les féu coses maravelloses en armes, on espesses voltes sols pogué sostenir y resistir a tota l'impetut dels troyans; e sols axí matex aquells tots moltes voltes regirà y seguí en fuyta. Hi essent en la guerra mort per Èctor Patroclo, son caríssim amich, com scriu Ditis Cretense, aprés lo larch plant y degudes obsèquies, delliberà Achil·les del tot fer-ne venjança e, essent un jorn Èctor procehit envers la reyna Pantasilea, la qual venia del regne de les amazones en ffavor dels troyans, Achil·les l'esperà al tornar y al passar del riu Sant, essent ja Èctor en l'aygua, Achil·les lo assaltà y matà'l. Veritat és, segons Darte Troyà escriu, Èctor ésser estat mort per Achil·les en la batalla mentres que portava pres un rey dels grechs, essent destituït de la favor de l'escut, lo qual se havia lançat a les spatles. E mort que hagué Achil·les Èctor, despullà lo cors[581] tot nuu y aquell féu ligar al seu carro; y aprés en venjança y satisfació de Patroclo lo féu portar en torn dels murs de Troya [fol. 75v] y per tot lo exèrcit; y aprés molts jorns en aquella forma lo tingué davant la moltitud hon era soterrat Patroclo. Aprés rebent gran quantitat[582] de diners, lo mort cors de Hèctor donà a Príam, son pare. Continuant-se encara aprés la guerra, Achil·les matà lo ffortíssim Troyol, e Sarpedon, Lítio, e altres molts de l'exèrcit de Troya; emèritament Achil·les reportà lo nom de ffortíssim grech, y a la fi, com damunt diem, fon per obra de Èccuba mort de Paris en lo temple d'Apol·lo.

Continua aprés micer Ffrancesch, dient que aprés Achil·les véu seguir los clars troyans. On diu:

Et i duo chiari troiani.

Vàries oppinions se poden verifficar en aquest loch y acomodar de qui ha volgut entendre micer Ffrancesch en aquests dos exemples. Emperò que, si nosaltres reguardàssem la vària volubilitat de

---

[581] *lo cors*: ms. "licors".
[582] *quantitat*: ms. "quatitat".

fortuna, no solament Príam excedex tots los altres malaventurats del món; si nosaltres consideram la sapiència hi lo vaticino, Heleno, fill de Príam; e Proteu, fill de Eusòbrio philòsoff, a tots los altres precehint attenia la bellea corporal de Paris y lo primer entre tots los troyans; mas, si consideram l'art militar, de Phebo, Troilo, Polidamas, Eneas y Hèctor tots meriten ésser celebrats y loats per fama. Norresmenys sia salvat tostemps tot millor indici, segons lo meu entendre yo afferme lo poeta haver entès de Hèctor y Eneas, emperò que, segons que scriu Darete, Hèctor, moltes voltes combatent ab Achil·les singularment, contínuament restà a ell superior, en manera que tostemps de Achil·les fon temut en batalla y sols tots los grechs constrengué a fugir, com escriu Homero. La virtut del qual y militar disciplina encara cla[fol. 76r]rament largament se pot entendre per lo cognom de Hèctor, lo qual, segons Leonart d'Areço, home de la lengua grega en la edat nostra doctíssim, consentint a Plató en lo libre *De nomine*, ha signifficar salvador y deffensor de la pàtria. La qual cosa encara maniffestament demostra Virgili en lo segon de l'*Eneydos*, introduhint Hèctor suadir en lo somni a Eneas que·s degués partir de la ciutat de Troya e no attengués en voler-la salvar, perquè la sua ruhina era dels déus destinada, que no·s podia deffendre per alguna dextra algun cors humà; que, hon ell pogués campar-la, molt era potent la dextra de Hèctor a procurar la sua salut. E per ço diu Virgili en persona de Eneas a Dido parlant de Èctor: "Ille nihil nec me querentem vana morantur. Sed graviter gemistusimo de pectore ducens. Heu fuge nate dea: teque his ait eripe flammis. Hostis habet muros ruit alto a culmine troia. Sat patrie priamoque datum: si pergama dextra. Deffendi possent eciam ac deffensa fuissent". Manifesta açò matex Ovidi en les *Epístolas*, que introduhex Penèlope escriure a Ulixes, e diu: "In te fingebam volentos troias ituros. Nomine in Hectoreo pallida semper eram". Per aquesta donchs tanta y singular virtut de Hèctor escriu Omero Govis haver manat a Apol·lo que donàs[583] tal manera que lo cors de Hèctor may se corrompés. La qual cosa en veritat fon feta per obra y manament de Príam, migançant la virtut del bàlsem y moltes altres mixtures, com escriu Darete. Donà's encara clar y famós Hèctor a Eneas per la digna gent que d'ell devallà, hon, segons que scriu Vicent gàl·lich istorial, aprés la presa de Troya a Heleno, fill de Príam, [fol. 76v] e al fill de Hèctor per los grechs fon perdonades la vida; los

---

[583] *donàs*: ms. "dona".

quals pervingueren en la extrema Jermània, hon edifficaren la ciutat de Sicàmbria; e a la fi ells multiplicant, hagueren natura los degnes reys de Ffrança de Ffrancone, fill de Hèctor.

Eneas axí matex, fill d'Anchises, molt és manifest per lo poema de Virgili de quanta virtut se porie'n judicar, no essent[584] emperò premès[585] de Darete Troyà ell en la guerra ésser-li virilment deffesat en batalla singular de Achil·les, Diòmedes y Ajaç. Essent donchs los seus fets molt maniffests en gran part en lo[586] seu procés sobre narrat en lo Trihunffo d'Amor, per fugir superfluïtat premetrem[587] què succehexca de la guerra de Turno, no més avant d'ell escriurem. Majorment encara essent dit quant de Dido o de Eneas entengués Virgili, en lo Trihunffo de la Pudicícia, per aquesta celebració dels poetes se mostra que lo nostre micer Ffrancesch haja volgut entendre de Hèctor y de Eneas; e majorment per auctoritat de Dant en lo quart capítol de l'*Infern*, lo qual escrivint què gent habitàs dins en los Camps Eliseus entre los altres, afferma ésser entre aquells Hèctor y Eneas en aquest vers dient: "Jo vidi Electr con molti compagni / Ffra quali vi scorsi Hectore et Enea / Cesa armato con gli ochi grifagni". E per los dos claríssims troyans, concloent, diu lo poeta haver entès Eneas y Hèctor.

Narra aprés dels troyans micer Ffrancesch dos altres exemples de dos grans persians. On diu:

> Et i duo gran persi.

Axí com dels troyans se pot entendre diversament l'auctoritat del poeta, axí matex encara dels persians. On premetent[588] Ciro, del [fol. 77r] qual fa menció davall micer Ffrancesch, quant occórrega dels persians als quals se atribuex convenientment lo cognom de grans, ço és Xerce, y Artaxerse, y los dos notíssims Daris. Mas, perquè Xerce y Artaxerse més prest per benifici de natura y fortuna que per alguna lur pròpria virtut foren grans, segons que·s mostra en lo procés dels istorials, majorment de Trogo Pompeu, com refferix Justino, per ço al meu judici lo poeta en aquest loch los dos Daris; la hu, ço és aquell que fon pare Xerce, y altre aquell que comba-

---

[584] *essent*: ms. "essen".
[585] *premès*: "oblidat", "descuidat".
[586] *en lo*: ms. "lo".
[587] *premetrem*: "evitarem", "descuidarem".
[588] *premetent*: "excluint".

té ab Alexandre Macedoni. Dich donchs quant al primer que, essent lo regne de Pèrsia per celerasció de Cambises, fill de Ciro, havent fet matar lo jermà Mergide per un Cometes magno,[589] pervengut en Oropasta, mago jermà de Cometes, essent-se mort cruelment ab ses mans Cambises, un noble ciutadí de Persòpoli nomenat Ostano de tal effecte estava en gran dubte. Mas, perquè Oropasta era tan semblant a Mergides en la fisomia que la hu de l'altre no·s conexia, Ostano no ardia públicament temptar alguna cosa e, havent ell una filla la qual estava per donzella del rey, lo qual creya que fos Mergides, li trameté a dir que, quant dormís ab lo rey, tocàs si tenia orelles, perquè·s recordava que, ja vivint Cambises, en Oropasta les hi havia fetes tallar. La filla obehint als manaments del pare, dormint en la nit ab lo rey cercà les orelles e trobà que no·n tenia., la qual cosa signiffica a son pare. Ostano donchs conexent per açò clarament que lo rey no era Mergides, fill de Ciro, mas Oropasta mago, conjurà ab los optimates de Pèrsia de matar [fol. 77v] Oropasta, lo qual se feya rey. Convenguts donchs set dels quals, solament ne nomena quatre Justino, ço és Ostano, Zophiro, Gobrisa y Dari; e sot vincle de jurament s'entrengueren de matar lo rey o morir. Anaren de nit al palau o casa d'aquell e hixqueren los magui,[590] e havent Gobrissa abraçat[591] Oropasta, per la molta escuredat los seus companyons temien donar a ell si pegaven al rey; e Gobrissa cridà que no dubtassen de matar-lo pux que ensemps ab ell fos mort Oropasta; per la qual cosa los maguis o porters restaren morts. Havent donchs aquests barons persians en aquesta manera venjat Mergides y morts los maguis, delliberaren entre ells fer un rey e vingueren en aquesta convenció, que quascú d'ells procehís a cavall en un cosser e determenat loch, y aquell de qui en lo naximent d'ell[592] sol lo cavall rellincharia restàs rey entre ells. Dari la nit abans del dia de l'experiment portà en aquell loch una egua; de la qual, de la pràtica y odor dels seus cavalls, sobrevenint de matí junt Dari ensemps ab los altres en aquell loch, lo cavall per la memòria de la procehida[593] nit començà a cridar. Per lo qual effecte concordablement Dari, fill de Idapso, fon rey sagrat dels persians. Soldat donchs en lo regne Dari, per demostrar la real virtut prengué per

---

[589] *Cometes magno*: "mag"; it. "Comaris mago".
[590] *magui*: italiano por "mags".
[591] *abraçat*: ms. "abraça".
[592] *d'ell*: ms. "del".
[593] *de la procehida*: ms. "procehida".

muller la filla de Ciro. Anà en camp a Babilònia, essent los assirians rebel·lats d'ell e, procehides moltes batalles, a la fi per obra e indústria de Zèphiro obtengué victòria. Aprés persuadit per Íppia, tirà dels attenesos, mogué guerra als grechs hon, pervengut ab los exèrcits, fon a la fi per obra de Milcíades e Temístocle attenienchs sobrat y vencut, [fol. 78r] constret a fogir. E començant encara la segona guerra, mogut digne aparell, morí.

L'altre Dari fon aquell que combaté ab Alexandre Macedoni. De què, havent Ffelip, son pare, ja statuït de fer la guerra pèrsica, aprés essent mort dels conjurats e Alexandre succehint a ell, principalment delliberà de seguir la expedició de la guerra de Pèrsia per reverència de l'orde del pare. Dari sentint açò e confiant en les sues riqueses y grandíssima moltitut de poble, delliberà pus prest dexar entrar Alexandre en lo regne de Pèrsia que accórrer abans als circumvehins combatre. Essent Alexandre entrat en la Pèrsia, Dari li fon a l'encontre ab VI C mília persones, com escriu Justino, e combatent en los camps Adastres, fon vencut Dari ab grandíssim estrall dels persians, que fon constret a fogir. Norresmenys per aquest cas en negun acte espantat Dari, un·altra volta restaurà los exèrcits y anà contra lo vencedor Alexandre; hon segonament combatent ensemps, tanta virilitat mostrà quascun rey que tots los dos reys cruelment ferits se trobaren aquell jorn, mas Dari encara fon inferior y en aquesta batalla foren per Alexandre preses les filles, muller y mare de Dari. Últimament cridant[594] Dari ésser quasi fatal lo procés de Alexandre, se volgué agenollar a ell o umiliar; de què li tramés embaxadors per demanar pau y offerir-li part del regne y la filla per muller; e Alexandre no·n consentí. E Dari per açò convertit a l'extrem subsidi, delliberà últimament combatre; lo qual exortant los seus cavallers, com escriu Q. Cúrcio, conclou a la fi aquestes paraules dient: [fol. 78v] "Sua cuique dextra aut ulcionem tot malorum pariet: aut finem. E quidem quam versatilis fortuna sit: documentum ipse sum. Nec immerito mitiores vices eius expecto. Sed si iusta ac pia bella dii adversantur: fortibus tamen viris licebit honeste mori. Per ergo vos decora maiorum qui totius orientis regna cum memorabili laude tenuerunt. Per illos viros quibus stipendium Macedonia condam tulit: per tot navium classes in Greciam missas per tot trophea regum oro obstestor: ut nobilitate vestra gentisque ves-

---

[594] *cridant*: "veient" en el texto italiano; it. "riguardando".

tra dignos spiritus capiatis: ut eadem constancia animorum quia preterita tollerastis expiamini quicquid de inde sors tulerit. Me certe in perpetuum aut victoria egregia nobilitabit: aut pugna"; paraules reals verament foren aquestes de Dari y a la sua excel·lència acomodades. Lo qual aprés que axí hagué expresat, féu tot lo seu esforç y derrer aparell hi procehí a la terca batalla, a la qual a la fi últimament fon vencut, e per consell dels seus cavallers Dari mudà prepòsit y fogí, lo qual primer era dispost de morir. Y en aquesta fuga conspirant los seus cunyats, entre·ls quals fon un Besso e un Nabarçane, contra Dari, primer lo prengueren y encadenaren-lo ab ànimo de donar-lo a Alexandre preponer; aprés mudant prepòsit, lo feriren de mort, de què morí. Dari donchs sobrat d'Alexandre y rahonablement nombrat entre·ls hòmens famosos, emperò no de effecte de virtut que en ell fos, mas més prest la fortuna d'Alexandre, la qual és potíssima part de la guerra; axí com afferma Tuli in *Oracione pro Ch. Pompeo*, fon aquella que portà Dario en la guerra a succumbir. Ffon [fol. 79r] encara Dari molt observant de la gratitud, la qual en un principi y excel·lentíssima part, y manifestament ho demostra Quinto Cúrcio quant introduhex Tiriota affermar a Dari la muller sua ésser estada servada il·lesa de Alexandre; per la qual cosa Dari dix aquestes paraules als déus: "Dii patrii primum stabile regnum de inde si de me iam transactum est: precor nequis poscius Asye rerum sit quam iste tam iustus hostis: tam misericors victor". E a la fi Dari en la mort no dexà altre de si fer venjança que a Alexandre, pregant los superiors déus y encara los inferiors que ell fos pròsperament vencent senyor no sols d'Àsia, mas de l'univers món.

Seguex aprés micer Ffrancesch dos altres exemples, dient que aprés los dos grans persians seguia Phelipo Macedoni y lo fill Alexandre, lo qual corrent a les Índies ab gran velocitat vencé y sotsmeté diverses terres. On diu:

> Philippo et il[595] figlio, che, da Persi[596] a gli Indi
> Correndo, vinse paesi diversi.

Per intel·ligència dels precedents versos és de saber principalment que Phelip Macedoni, pare d'Alexandre Magno, segons que

---

[595] *et il*: Pac. "e 'l".
[596] *Persi*: Pac. "Pella".

scriu Trogo y Justino ho referex en lo VII libre *De bellis externis*, fon fill de Amincta, segon rey de Macedònia, lo qual de Eurídice, muller sua, hagué tres fills, ço és Alexandre, Predicca y aquest Philippo. E aprés la mort dels dos jermans procurada de la lur mare, essent estat Philip sots la disciplina de Epaminunda quant del jermà Alexandre fon donat per statge als tebans en la guerra il·lírica, a la fi fon fet rey de Macedònia. [fol. 79v] Aquest de edat de XXII anys essent constituhit rey, principalment féu guerra ab los atenienchs; lo qual en poch temps havent-los[597] sobrats y vencuts y tenint-los presoners, líberament los rellexà en la sua libertat. Aprés convertit als il·lírichs, aquells ab gran celeritat expugnà, hon prengué la noble ciutat Larrissea d'aquells; aprés procehí contra los thesàlichs e aquells així matex sobrà, e la hu y l'altre poble ajustà al seu exèrcit. En aquest temps prengué Philippo per muller Olímpia, filla de Neoptolomo, rey dels molossis. E aprés Arcuba, rey cunyat seu lo qual tenia per muller Troada, jermana de Olímpia, privà injustament del regne; contra·l qual, mentre era en lo siti en una ciutat la qual se nomena Mathona, fon de l'hun ull cegat ab una sageta. Aprés innovant los phocensis guerra als tebans sots lo auspici de Ottomaco, lo qual era lur duch, Philip enprengué de ajudar als tebans mas en açò dubtant los athenienchs que, si Philipo entrava en Grècia, no occupàs la lur libertat, feren lur esforç a resistir-li en les angústies de Termòphile que no passàs. Norresmenys en va foren les lurs obres, perquè Philipo passà y moltes ciutats de Grècia donà a ruhina, encara d'aquelles que eren estades sots la sua fe, entre les quals encara la gran Capadòcia expugnà per força. Essent passat de Grècia en aquest regne, procehí aprés Philipo contra los olimpis y aquells en breu temps ajustà al seu regne ensemps ab los iphocensis y dardanis, usant lavors grandíssima crueldat y perfídia. Aprés havent Philipo inlícitament abusat Alexandre, jermà de Olímpia, lo [fol. 80r] qual era bellíssim adoloscent, dispongué de fer-lo rey; per la qual cosa mogué guerra a Aribba, rey de Èpiro, lo qual era strectíssim conjunt a la muller, y aquell lançà del regne y vestí'n Alexandre damunt dit. Voltà's aprés Philipo contra·ls de Grècia, y a la fi vencé los atenienchs, y tebans, y trebelis, y altres pobles, de què vencé tota la Grècia y vench sots la senyoria de Philipo. No foren en aquest temps los scythians inexperts de la violència philípica mas, entrat ell en Scíthia, grandíssima presa portà d'aquells. Aprés compostes les

---

[597] *havent-los*: ms. "havt los"

coses del seu regne, repudià Olimpiades, mare d'Alexandre Magno, y prengué per muller Cleopatra, jermana de un seu capità lo qual se nomenava Atalo, al qual ensemps ab Parmenione e Amincta havia Phelip comesa la cura de la guerra que fer volia de pròximo contra los persis, e la filla d'aquesta Cleopatra féu donar per muller a Alexandre de Èpiro. Intervench últimament que, celebrant-se un noble convit en lo qual fon aquest Atalo, essent ell un poch escalffat en lo convit, prengué Atalo un bellíssim y noble garçó o fadrí de Macedònia, nomenat Pausània, y ab aquell usà lo inlícit acte de Venus y no sols usà aquell, mas encara hi sotsmeté la major part d'aquells del convit. De la qual cosa lamentant-se Pausània a Philipo e Philipo no curant-se'n, Pausània en venjanca sua un jorn lo matà, essent Philipo de edat de XLVII anys.

Mort donchs Philip, succehí a ell en lo regne Alexandre, son fill, lo qual era de edat de XX anys, lo qual essent los macedonis aterrats per la mort de Philipo, vistes diverses oppinions y faccions [fol. 80v] ésser-se en lo exèrcit axí dignament engendrades, parlà aquell poble que, apartant tota temor, drecaren los macedonis l'ànimo a l'imperi de tota la terra. E volent Alexandre donar principi a la sua intenció, Caramo, son jermà nat de Cleopatra damunt dita, se opposà a ell donant-li gravíssim impediment; per la qual cosa Alexandre lo féu matar y lavòs fon concordablement elet duch de tota la Grècia. Ffeta aquesta universal conclusió per les repúbliques de Grècia, no pasà molt temps que·ls atenienchs y tebans per persuasió de Demòstenes se rebel·laren del domini de Alexandre; de què, voltant ell contra ells, en breu temps los sobrà y vencé; y la digna y bel·licosa ciutat de Tebes donà totalment a extrema rohina, perdonant als atenienchs y aquells de Lapsato per obra y prudència de Anaxímane philòsoff, lo qual pregà Alexandre que la donàs a rohina, havent ells jurat de no fer cosa que Anaxímane li crexqués per gràcia, com escriu Valeri en lo VII libre y en lo terç capítol. Aprés procehí Alexandre contra Dari en Pèrsia y aquell tres voltes vencé, com pròximament diem, y en la terça batalla essent ell estat mort de Besso e Nabarçane, com és dit damunt, Alexandre accità los seus cavallers a fer-ne la venjança, dient a la fi de la oració aquestes paraules: "In ipso lumine victorie stamus milites pauci nobis fugitivi: et domini interfectores supersunt egregium opus me Hercule et inter prime glorie vestre numerandum posteritati fameque credatis Darium quoque hoste finito post mortem eius odio parricidas esse vos ultos neminem impium effugisse [fol. 81r] manus vestras hoc perpetrato quanto creditis persas obsequensiores fore cum intellexerint via pia bella suscipere et Bessi sceleri non nomini suo irasci". E axí posant en execució, constrengué la hu y l'altre a morir desesperats, obra verament digna y acomodada ab un rigidíssim ànimo. Y en aquesta guerra havent Alexandre presa Sisigambis, mare de Dari, y les filles y muller, no ab altra reverència, vergonya y amor aquelles mantenia que si fossen estades la sua pròpria mare e muller, e sos propis fills en tant que, essent Sisigambis sobrevixcuda a Dari, quant aprés morí Alexandre, matà si matexa per no restar aprés la sua a ella tant demostrada clemència, com scriu Justino en lo XIII libre *De bellis externis*. Ne menor liberalitat usà Alexandre envers los presoners de Dari, los quals Parmeno deya que per peccúnia relexàs anar, trametent-los tots cortesament a Dari; e dient a Parmeno, com scriu Cúrcio, aquestes dignes paraules: "Ego peccuniam quam gloriam mallem si Parmenio essem nunch autem Alexander de paupertate securus sum et me non mercatorem memini: sed regem. Nihile quidem habeo venale: sed fortunam meam utique non vendo: captivos si placet reddi honestius dono dabimus: quam precio remittemus". E un·altra volta suadint Parmeno a Alexandre que de nit assaltàs los alleujaments o tendes de Dari, respòs Alexandre: "Malo me victorie peniteat: quam victorie pudeat itaque ad prelium vos parate". Y essent Alexandre una volta malalt e per ço no lexant la cura dels exèrcits, li fon dit que reposàs tant fins que fos guarit; als quals ell en esta forma respòs: "Lenta [fol. 81v] remedia et segnes medicos non expectant tempora mea: vel mori strenue quam tarde convalescere mihi melius est: per inde si quit artis in medicis est sciant me non tam mortis: quam belli remedium querere". Haguda donchs Alexandre la victòria de Dari, anà en camp a Gordion, ciutat situada en mig de Ffrígia major e menor, sols perquè havia entès en aquella ésser una ýdola la qual se deya qui la prengués era augurat senyor de tota la terra de Àsia. Aprés partint, anà en Síria y aquella vencé, aprés expugnà la ciutat de Tir, e aprés vencé Rodo, la Cilícia y lo Egipte. Edifficà en Egipte Alexandria y, per breument recontar los pobles per ell subjutats, Alexandre vencé: los ilírichs, los acheis, los trebellis, aquells de Boècia, aquells de Tràcia, Sparta, lo Peloponesso, aquells de Elespont. Recobrà la regió de Eloida, la qual havien occupada los bàrbaros. Vencé Cària, Lídia, Capadòcia, Ffrígia, Paflagènia, Phamphília, Phenícia, Armènia, Pèrsia, Mèdia y Pàrthia, e altres pobles en torn lo mont de Càucaso, com scriu Justino. Últimament vencé Alexandre Porro, rey de la Índia, lo qual demanà de combatre en batalla singular ab Alexandre, e Alexandre combatent-lo vencé'l y prengué'l presoner mas, veent-lo primer contra de si[598] venir grandíssim de cors e sobre un elefant, dix Alexandre: "Tandundem par animo periculum video". Havent donchs Alexandre haguda la victòria de Porro, gratament li restituhí lo regne y la vida, e solament per la sua perpètua memòria ediffica en Índia Alexandre dues nobles ciutats, ço és Nícia [fol. 82r] y Bucèfale. Ni menys en aquestes expedicions Alexandre exercità l'offici del bon cavaller que del singular emperador, emperò que tostemps en la batalla era primer en lo ferir, y en lo pendre de les terres y en lo passar dels rius tostemps era exemple dels altres. E una volta, com scriu Cúrcio, en lo castell de Subdrachi Alexandre entrà per lo mur, essent sols, e saltà en la terra, e tant sostengué la batalla que dels seus fon soccorregut y fon pres lo castell. Últimament havent Alexandre fet terme del seu domini, de l'hun costat[599] lo Ipanis, nobilíssim riu de la Índia, com scriu Solino dient "Hipanis nobilissimus indie fluvius qui Alexandri magni iter terminavit: sicut are in ripa eiur posite probant", y de l'altré costat lo Índico occèano, se'n retornà en Babilònia, hon ja les potències occidentals havien tramès los embaxadors sols per dar-li la senyoria de occident. Havent donchs en aquest temps Alexandre fet morir Parmenione e Philota, fill seu, hon havia primer mort en la cena Clito, son singularíssim amich, fet pendre Calistene philòsoff a desnuar per los membres y exposat lo seu cos excel·lent al leó famolent, Antipadro, lo qual era restat en Macedònia per governador, veent-se a Alexandre envejós per molts dignes y gloriosíssims fets los quals havia obrats, delliberà de fer-lo morir ab verí. Per la qual cosa tramès Cassandro, son fill, en Babilònia ab un verí axí terrible que sols se podia tenir en la ungla del cavall, e junt per obra de Iola e Phelip, son jermà, los quals[600] servien Alexandre del crèdit de la salva del vi, [fol. 82v] enverinà Alexandre. Per la qual cosa venint a mort, e com ell tingués un jermà nomenat Aredeo e un fill de la reyna Cleophi, lo qual regnava en Índia prop del mont Dedali, que·s nomenava Alexandre, e un altre de Basenne persa, lo nom del qual era Hèrcules, y encara per bé que la muller sua, Rosana, fos prenyada, essent-li demanat dels seus propinchs[601] qui a ell faria ereu, postpo-

---

[598] *contra de si*: ms. "contradix".
[599] *costat*: ilegible en el manuscrito.
[600] *quals*: ms. "qual".
[601] *propinchs*: ms. "propinch".

sant Alexandre tota carnal affecció solament respòs "dignissimum"; y immediadament morí essent de edat de XXXIII anys y un mes. Mèritament donchs Alexandre essent en aquest poch del cercle del temps solament de XIII anys en los quals cavalcà, restat[602] vencedor de tantes províncies intercluses[603] entre Pella, ciutat de Macedònia hon ell naxqué, e la província d'Índia, és estat del nostre poeta dit ell les ampreses haver vencudes corrent.

Aporta aprés micer lo exemple de Alexandre de Èpiro, dient que aprés ell véu un altre Alexandre, e no molt luny d'aquest primer macedoni no córrer ja ab tanta velocitat que hagué altre rencontre y en molt, y exclamant: "Ajusta Fortuna[604] quant devedexes per la tua obra de la vera onor de aquell lo qual sots lo teu poder regex". On diu:

> Vidi uno altro Alexandro et non[605] longe indi
> Non già correr così, che hebbe altro intoppo.
> Quanto del vero honore,[606] Fortuna, scindi!

Circa la intel·ligència dels precedents versos és de saber que, fent guerra en Itàlia los Brutos contra los tarentins, ells demanaren soccors a Alexandre, lo qual regnava en Èpiro, huy nomenat Albània. Lo qual, axí com en[fol. 83r]tès la nova, no menys se realegrà que de l'ésser estat fet rey de Philippo, stimant axí com a Alexandre Macedoni era pervengut lo imperi oriental, axí la Fortuna a ell haver preparada occasió de posseir lo imperi occidental; y certament stimava premi no menys digne de glòria y de honor Itàlia, Sicília e Àffrica che Pèrsia, y Mèdia y tot lo Orient. Lo qual pervengut en Itàlia y conjunyint amicícia ab los metapotius y romans, procehí contra los Brutos e lucans e, ab ells haguda molta guerra, a la fi prop la ciutat de Pandòsia en lo regne combatent fon mort.

Segonament és de entendre que micer Ffrancesch ab rahó exclama dient quant tolga la fortuna honor y lahor. Emperò[607] que, si[608] n'anava Alexandre d'Èpiro contra los orientals, obtenia[609] glo-

---

[602] *restat*: ms. "resta".
[603] *intercluses*: ms. "interclusa".
[604] *Fortuna*: ms. "a fortuna".
[605] *uno...non*: Pac. "l'altro Alexandro non".
[606] *honore*: Pac. "honor".
[607] *Emperò*: ms. "impero".
[608] *si*: ms. "se".
[609] *obtenia*: ms. "optenia".

riosa victòria; y, si⁶¹⁰ Alexandre Macedoni venia en occident, com scriu Lívio *Ab urbe condita* libro nono, trobava⁶¹¹ en cambi de perses los romans y en loch de Dari los decis, L. Cursor, P. Rutílio, Valèrio Corvino, Mànlio Torquato, L. Volumino, Q. Ffàbio Màximo y los altres prestantíssims duchs, y los exèrcits que constrenyien Itàlia a dedició, los gàl·lichs a la mort y los affricans a ffugir. On aferma Lívio que no hauria hagut altre fat Alexandre que s'abés Haníbal ab lo seu feroce e potent exèrcit. Emperò Cèsar nomenà Pompeu gloriós quant se véu fogir davant Ffarnace, havent guanyada la sua fama solament per ignàvia de pobles orientals,⁶¹² e per ço al nostre prepòsit scriu Quinto Cúrcio: "Quis negat eximiam quoque gloriam sepius fortune: quam virtutis esse benefficium"; [fol. 83v] e Lúcio Ffloro: "Quanto efficacior est fortuna quam virtus"; axí encara escriu Cèsar en lo *Comentari civil*: "At fortuna plerumque quos beneficiis plurimus ornavit eos ad duriores casus reservat". Donchs certament se pot concloure a Alexandre d'Èpiro solament la fortuna haver-li dat l'ésser estat en fama inferior al macedònich, ab lo designar-li la guerra en Occident e al macedònich la sort dels orientals.

Consegüentment aprés d'aquests descriu micer Ffrancesch Hèrcules, Bacco e Epaminunda, los quals ensemps damunt commemorà en comparació de Pompeu, dient que véu aprés Alexandre seguir los tres tebans, los quals ell damunt compresament en un bell grup⁶¹³ narra dient "Quale Bacco, Alcide, Epaminunda a Tebe". On diu:

I tre tebani⁶¹⁴ ch'io dissi, in un bel groppo.

Lo primer dels excel·lents tebans lo qual en aquest loch és descrit del nostre poeta és⁶¹⁵ Hèrcules, fill de Jovis y d'Almena, muller d'Amphitrion, que per les sues grans y maravellosíssimes obres los poetes, los istorials y altres dignes auctors de la lengua grega y de la latina han fatigat en celebrar les laors sues. Lo qual nosaltres al present desigant majorment la brevitat, no altrament referirem, mas sols devallarem lo nostre scriure a narrar part de les sues dignes ges-

---

⁶¹⁰ *si*: ms. "se".
⁶¹¹ *trobava*: ms. "tobava".
⁶¹² *orientals*: ms. "olientals".
⁶¹³ *grup*: ms. "grop".
⁶¹⁴ *tebani*: Pac. "theban".
⁶¹⁵ *és*: ms. "e".

tes. Principalment donchs essent irada Juno contra Hèrcules y de qualsevol devallat de Jovis, essent ell chiquet en lo breç ab lo jermà Iphiclo, Juno[616] li tramès dues serpents a devorar-lo, les quals aquest Hèrcules les matà. Essent despert y planyent [fol. 84r] lo jermanet Iphiclo, prengué-les ab les mans e matà-les ensemps les dos. Crexcut aprés y entès en la paluda[617] Lernea ésser un orribilíssim serpent nomenat Idra, Hèrcules hi anà y sobrà'l. En lo terç loch, essent en la regió Nemea un infestíssim e ferocíssim leó, Hèrcules havent-se fet mostrar lo loch per un pastor nomenat Molorco, anà contra ell y aquell prengué y vencé per força; e levà-li la pell y en perpètua memòria anà vestit ab aquella. No menys virtut demostrà contra l'altre leó theumense, aquell sobrant e metent en terra en semblant sort, portant lo senyal[618] dels boscatges Menalis, los quals corria e guastava l'Archàdia, donant-lo viu primer al rey Euristeu. Semblantment la cerva dels peus eneis, les àrpies y lo toro cretense portà a la mort. Ultra aquests, no més seguint lo combatre feral, sobrà Hèrcules Acheloo, flum de Calidònia, com damunt diem, obtenint en premi la sua amada Deanira. Sobrà aprés Diomedes, rey de Tràcia, lo qual matava los forasters que li venien al regne y de aquells cossos paxia los seus rocins, y aquest matex Diomedes a aquells ses animals preparà en vianda. Exint aprés de Grècia y pervenint en Líbia, trobà que Busiri, fill de Neptuno y de Líbia, rey de la província confina o acostada al Nilo, totes infestava aquelles regions, y prenia los hòmens e sacrificava'ls déus; per la qual cosa Hèrcules anà contra aquell y matà'l, e posà en pau tota aquella terra. Y en aquesta matexa regió trobà Antheu, jagant fill de la terra, ab lo qual luytant trobava per experiència [fol. 84v] que tota volta que tocava en terra se redoblaven a Antheu les forces; per la qual cosa Hèrcules levant-lo de terra sobre los seus bracos, tant lo estrengué que·l féu morir. Procehint aprés Hèrcules en occident, no aquistà menor fama y glòria donant lo principi a la mar occeana en la terra, on ultra a la Espanya en la extremitat de la terra abitable a nosaltres són notables dos monts, la hu nomenat Calp e l'altre Appina, cognominats les colones d'Èrcules perquè és oppinió, la qual no nega Solino y Sèneca ho afferma en la última *Tragèdia*, que Hèrcules lo mont lo qual era continuat dividí e obrí; per la qual obertu-

---

[616] *Juno*: ms. "Iovis".
[617] *paluda*: italiano por "pantà".
[618] *senyal*: "cinyell".

ra lo occèano hagué la entrada a engendrar la mar Mediterrànea. Per la qual cosa Pompònio Mel·la diu en aquest prepòsit aquestes paraules: "De inde est mons prealtus: quem ex adverso Hispania attollit obiectus hunc apinam illum calpim vocant colunnas Herculis. Utrumque addit fama nominis fabulam Herculem ipsum iunctos olim perpetuo iugo dirimisse colles atque ita exclusum ante a mole moncium oceanum atque nunc inundat admissum". Passà ultra açò en Espèria Hèrcules, hon anà en l'ort de les donzelles Hespèrides; y en aquell loch mort lo drach qui·l guardava, prengué los poms d'or e féu aquelles òrfenes de tanta excel·lència. Vencé aprés en Espanya Gerione triànimo[619] y a aquell matà, e los seus bestiars conduhí en Grècia ab gran pompa sua y perpètua glòria. Semblantment ab Teseu ensemps sobrà Hèrcules [fol. 85r] lo regne de les amazones. Albione y Bergione en Gàl·lia, los quals impedien lo seu camí, foren d'ell morts presos en lo fosso del Ròdano. Laumendonta fon mort en Troya, Licínio ladre pres als vehins de Itàlia y Caco ladre sots lo mont Aventino. Scriu-se encara de Hèrcules haver ell sobrats los centauros, los quals volien levar Ypodama a Peritoo e, ultra açò, afermen los poetes Hèrcules haver ab los seus muscles sostengut lo cel; la qual cosa s'escriu en dues maneres. La una és que, essent[620] Hèrcules anat en la ulteriora Hespanya y trobat lo rey Atalanta, lo qual sostenia lo cel ésser deffensat per sa requesta, Hèrcules sotsmeté los muscles tant que Atalanta voltàs les espatles. L'altra manera escriu Anselm en lo libre *De ymagine mundi*, lo qual és que, essent convenguts tots los déus en aquella part, la[621] qual ve sobre lo mont Atalante, par que lo sel volgués per soberga càrrega o pes caure; per la qual cosa Hèrcules sotsmetent-se, féu gran ajutori al ja cansat Athalanta. Axí matex Hèrcules, seguint tostemps les obres virtuoses y havent ja sobrada tota mundana fatiga, delliberà temptar la victòria infernal; de què devallà en infern y tragué per força Cerbaro, de tres caps, y encara Alceste, muller de Ameto, senyor de Thesàlia, ensemps ab Teseu, son caríssim amich, lo qual era en l'infern devallat ab Peritoo per recobrar Proserpina, volent una muller que fos nada de Jovis; y era mort Peritoo estat detengut de Plutó. Retornat aprés Hèrcules de l'infern [fol. 85v] en Tebes, sobrà y matà Lico, rey de Tebes, lo qual havia volgut fer força a Megera, dilectíssima muller sua.

---

[619] *triànimo*: it. "tricorpore".
[620] *essent*: ms. "essen".
[621] *la*: ms. "lo".

Últimament tornant Hèrcules de Calidònia ab la sua amada Dianira y essent junt a un flum grosíssim, trobà Nesso centauro, lo qual, veent Dianira ésser bella, immediate se enamorà de aquella y, creent enganar Hèrcules ab bones paraules, li offerí sobre si matex passar lo riu a la sua Dianira. Hèrcules acceptà la offerta y posà Dianira sobre la sua esquena de Nesso; y entrà-se'n ab aquella en lo riu e prestament fon d'ella l'altra riba; lo qual Nesso, com fon junt, començà ab Dianira a fogir. La qual cosa Hèrcules veent, prengué una enverinada sageta ab la qual ab la forca del seu dur arch ajunyí ab Nesso e ferí'l; e Nesso, veent-se ferit y la indubitada sua mort conexent, pensà de venjar-se. E posada en terra Deanira, prengué la sua camisa, la qual era tinta de l'enverinat sanch y donà-la a ella dient que la guardàs, que ella tenia aquesta virtut que qualsevol ora Hèrcules se enamoràs d'altra dona, que ella súbitament, com la tingués vestida, seria revocat al seu amor dexant tot·altra manera de benvolència. Dianira sentint les paraules de Nesso, donà creenca en lo que li deya, que prengué la camisa e aquella ab diligència y bona guàrdia guardà molt temps. Succehint aprés que Hèrcules se enamorà de Iole, filla de Eurito, rey de Ethòlia, Dianira axí prestament com ho entès, li tramès la camisa; la qual Hèrcules havent-se vestida e aprés exercitant lo seu cos e suant, lo verí mesclant-se ab la suor penetrà dins per los [fol. 86r] uberts poros. Lo qual pervengut del tot, ...[622] en tan gran dolor en lo cor que delliberà morir; per la qual cosa cridat Philitete, fill de Phiante, amich seu dilectíssim, muntàse'n sobre lo mont Oeta, hon constituí una gran pila o munt de lenya e, posant si damunt la féu encendre, y en tal forma vench a mort Hèrcules. Axí com damunt diem en lo Trihunffo d'Amor, Hèrcules no és nom propri, ni totes aquestes coses foren de un sols Hèrcules obrades, ni per la major part han altre fonament que sols la descripció dels poetes, los quals, volent alguns extolrre en fortitut de cors, tostemps lo nomenaven Hèrcules, pux que obràs coses algunes excel·lents; en les quals narracions són moltes coses fictes, de les quals volent referir la al·legoria dada de diversos auctors, molt per ventura se extendria l'escriure. E majorment perquè la diversitat dels intèrpetres no fa menor confusió que fan les fàbules pures;[623] norresmenys lo Hèrcules tebà se lig aprés los istorials haver, e les amazo-

---

[622] *en tan...cor*: falta un fragment "als precordis li portà"; it. "a gli precordii gli porse".

[623] *fàbules pures*: ms. "faules pur".

nes, y lo rey Laumendonta sobrat en batalla, y altres dignes obres haver fetes, per les quals mèritament devia ab los altres seguir la ffama.

Lo segon dels excel·lents tebans fon Bacco, fill de Jovis segon, lo qual fon en l'orde novè dels fills del Cel, nat de l'Èthere, y encara del Dia, lo qual engendrà de Sement, filla[624] de Cadmo, rey del regne de Tebes. Per la qual notícia premetrem[625] en aquesta part les confabulacions dels poetes, seguint Eusebi en lo libre *Temporum* y Gustino en lo XII *De bellis externis*. Direm Bacco ésser estat Dionís, altrament [fol. 86v] nomenat[626] libert pare, lo qual procehint contra los indians aquells sobrà y vencé en la batalla, y aprés a sua eterna memòria edifficà en Índia sobre lo flum Indo Ilisa,[627] ciutat axí nomenada d'ell; a la qual, pux que fon pervengut Alexandre, per reverència de Bacco no féu alguna oppugnació. Per la qual cosa essent estat ell[628] naturalment de Tebes y aprés pervengut en la Índia, se pot maniffestament compendre ésser estat excel·lentíssim en armes, majorment essent estat[629] aprés deifficat y dels poetes descrit en tantes maneres; los quals al present preterirem ab scilenci perquè a diversos hòmens par que les lahors sues se deguen atribuhir.

Lo terç y derrer de tres tebans fon lo prestantíssim Epaminunda, circa lo qual es d'entendre que, havent per les sues virtuts los tebans eleta[630] la sperança a possehir tot lo imperi de Grècia, y desigant y cercant occasió de fer guerra, posaren[631] als atenienchs ajutori contra los lacedemonis. Hon havent fet duch Epaminunda, hagué gloriosa victòria,[632] màximament per la mort de Alexandre lacedemoni, sots lo qual auspici eren estats vencuts los atenienchs. Havent donchs aquesta victòria Epaminunda haguda, procehí a la obsidió de Lacedemònia, y a la fi aquella debel·là y vencé; e aprés essent rebel·lats[633] de nou, mogué[634] guerra als de Archàdia e als la-

---

[624] *filla*: ms. "de filla".
[625] *premetrem*: ms. "excluirem".
[626] *nomenat*: ms. "nomenen".
[627] *lo flum Indo Ilisa*: ms. "lo flum Ilisa".
[628] *ell*: ms. "el".
[629] *estat*: ms. "esta".
[630] *eleta*: "erigida"; it. "erecta".
[631] *posaren*: ms. "posen".
[632] *hagué gloriosa*: ms. "gloriosa".
[633] *rebel·lats*: error por "debel·lats".
[634] *mogué*: ms. "e mogue".

cedemonis.[635] Hon essent la batalla cruel, Epaminunda no menys exercità lo offici de cavaller que de emperador o duch, en tant que combatent hagué una ferida de la qual aprés pochs dies morí. En la qual mort par que del tot morís [fol. 87r] la dignitat, la glòria, axí aquesta matexa tebana república, com sia cosa que aprés la sua mort los tebans ab los lurs actes[636] se feren memorables. On mèritament Justino en lo sisèn libre *De bellis externis* scriu de Epaminunda aquestes dignes paraules: "Ffuit autem incertum vir melior an dux fuerit. Nam imperium non sibi sed semper patrie quesivit: et peccunie a deo parcus fuit: ut sumptus funeris defuerit: glorie quoque non cupidior quam peccunie. Quippe recusanti omnia imperia in gesta sunt honoresque ita gessit ut ornatum non accipere sed dare ipse dignitati videretur". Mentre donchs que per la ferida era Epaminunda en la agonia de la mort, essent algun tant alleujat demanà als circunstants si lo seu escut era restat en les mans dels enemichs, hon, aprés que hagué entès que no y que los tebans havien haguda complidament la victòria, se féu portar l'escut e aquell, axí com un companyó de les sues glòries y fatigues moltes voltes besant, abraçava; e axí morí. Recollint donchs les gestes y les virtuts de aquests tres prestantíssims tebans, molt se manifesta la comparació feta damunt ell a Cneo Pompeu del nostre clar y digne micer Ffrancesch.

Seguex aprés lo poeta, dient que aprés aquests[637] véu seguir dos Ajac,[638] e Diomedes, e Ulixes, lo qual havia hagut molt desig de veure molt y de cercar lo món. On diu:

> L'un[639] l'altro Aiace, Dïomede et Ulixe,
> Quale[640] desiò del mondo veder troppo.

A més clara notícia dels precedents versos és de saber principal[fol. 87v]ment que los dos Ajaçes, la hu fon Ajaç Thelamònio, fill de Ajaç Talamon, rey de Salamina, y de Exiona, jermana de Príam e filla de Laumendonta de Troya. Aquest fon entre·ls grechs

---

[635] *e als lacedemonis*: ms. "lacedemonis".
[636] *los lurs actes*: "llur desgràcies"; it. "le loro cladi".
[637] *aquests*: ms. "aquest".
[638] *véu...Ajace*: el traductor maneja una versión de la obra que menciona dos Ajax; it. "vidde seguire ne laltro groppo Aiace".
[639] *L'un*: Pac. "ne".
[640] *Quale*: Pac. "che".

expertíssim home en armes, en tant que solament cremava resistir en la batalla a Hèctor e, com scriu Ditis Cretense, Achil·les per la fortalea de Ajaç quasi en tots los seus gests lo nomenava[641] companyó. On, essent un jorn Ajaç en una torbulenta batalla encontrat ab Hèctor y per més espay de temps havent combatut ensemps, a la fi se regonegueren; per la qual cosa Hèctor li donà una spasa, e Ajaç a Hèctor donà un bellíssim baltheo.[642] Los quals donatius, segons Servi, foren verdaderament fatals, emperò que Hèctor portant aquell balteo fon mort de Achil·les, e Ajaç matà si matex ab aquell coltell, havent perdudes les armes d'Achil·les ab Ulixes, per sentència de grechs. Afferma norresmenys Ditis Cretense que, havent un jorn Ajaç davant los grechs menacat de donar mort a Ulixes per les armes predites y lo pal·ladi contra ell obtengut, la sobrevenint matinada Ajaç fon trobat mort e ab moltes ferides, tot cregut a operació de Ulixes; la qual cosa ell dóna a entendre essent-se després la mort de Ajaç furtivament partit de l'exèrcit.

L'atlre Ajaç fon Ajaç Oileo, rey de Ilocri, home bel·licosíssim. Lo qual, com testiffica Ditis, tornant de l'excidi de Troya, mentres era en la mar per força de vents y de fortuna pegà en los escullls Euboici hon, essent rompus los seus lenys o fustes, encara que ell se esforçàs campar y per ço [fol. 88r] notàs,[643] a la fi en aquest naufraig morí. On Virgili, en persona de Juno desdenyada contra los troyans, diu aquestes paraules: "Quippe vetor fatis: Pallas ne exurere dassem: Argiuum: atque ipsos potuit submergere ponto. Unius obnoxam: et furias aiacis olei. Ipsa Iovis rapidum iaculata enubibus ignem. Disiecitque rates evertique equora ventis. Illum expirantem transfixo tempore flammas Turbine corripuit scopuloque infixit acuto". Aquesta donchs ira de Pal·las intervench a Ajaç[644] per lo haver profanat lo seu temple en la presura de Troya y de sanch libidinosa.[645] On mèritament par que fos conduhit a la mort per comesos excessos.[646]

Segonament és de entendre que Diomedes fon fill de Tedeu y de Deifile, ja damunt narrats, home fortíssim y gran combatedor lo

---

[641] *lo nomenava*: repetido en el ms.
[642] *baltheo*: "cinyell".
[643] *notàs*: "nedàs"; it. "natasse".
[644] *a Ajaç*: ms. "a jaç"
[645] *y...libidinosa*: it. "e di sangue e libidine".
[646] Se omite aquí el razonamiento en el que el comentarista concluye que Petrarca debe referirse a Ajax Telemonio, pues reúne muchas más virtudes, como es lógico dado que la versión del traductor menciona dos Ajax.

qual, anant en la expedició troyana, fon ultra Achil·les jutjat lo més prestant entre·ls grechs que entràs en batalla. Per la qual cosa Virgili en lo primer de la *Eneyda* diu en persona de Eneas: "O danaum fortissime gentis Titide: me ne illiacis occumbere cambis. Non potuisse: tuaque animam hanc effundere dextra"; y per la sua stremitat y fortalea ffon de Homero afermat Diomedes haver Marts ferit en batalla. Diomedes donchs ultra als reys per ell morts en la guerra troyana y les batalles singulars fetes contra Eneas y Hèctor, a la fi ensemps ab Ulixes prengué los cavalls de Reso, primer qu·entrasen en Troya y beguessen en lo riu Sant, y de aquella ab indústria substragué lo paladi. Ffinida aprés la guerra troyana, volent Diomedes retornar a la [fol. 88v] pàtria, no fon volgut de Egiale, muller sua, rebut persuadida de Nàuplio, pare de Palamedes, que·s meritàs[647] a altre home. Servi norresmenys aferma que, havent Diomedes sentit Egiàlia haver adulterat ab Clibaro, fill de Sceleno, deliberà no tornar més a ella mas vench-se'n en Itàlia, hon edifficà la ciutat de Giponto; y en aquest loch fengexen los poetes los seus companyons ésser estat transformats en ocells. Edifficà encara, segons alguns altres, Arpo y Benevento; y Justino en lo XII *De bellis externis* afferma los etholis, los quals[648] vingueren ab Diomedes en Itàlia, haver edifficada la ciutat de Brundúsio, on a la fi morint, per los seus hòmens[649] fon reputat ésser déu. Aristòtil en lo libre *De auditu mirabilium* aferma Diomedes ésser estat mort per Eneas y lo seu regne dels troyans occupat.

Últimament és de notar que Ulixes, fill de Laerte, rey de Ítaca, y de Antídia, muler sua, axí matex fon home en les armes exercitatíssim, mas en astúcia[650] y en eloqüència[651] fon de preposar a tots los altres grechs. Essent donchs ell anat en lo eccidi de Troya y en aquella expedició obrat molts gloriosos fets, a la fi aprés la haguda victòria se partí de l'exèrcit furtivament de la mort de Ajaç, com pròximament diem. Mentres donchs que era per la mar li vench voluntat de veure diverses regions en lo món, com diguen alguns ell ésser estat fforçat de la fúria dels vents a fer axí. Emperò donant execució al prepòsit, incorregué en aquest camí grandíssim naufraig y terrible perill, axí com en la Odixea introduhex largament Home-

---

[647] *meritàs*: error por "maridàs"; it. "maritasse".
[648] *etholis los quals*: ms. "etholi qual".
[649] *hòmens*: ms. "homen".
[650] *astúcia*: "astucio".
[651] *eloqüència*: ms. "aloquencia".

ro. Mas perquè [fol. 89r] part de les sues gestes són descrites solament ab ficció, a les quals dels actors solament és atribuït sentiment moral, axí com del seu ésser vengut a la real casa de Heolo y d'ell haver hagut los vents tancats en los odres, e de ésser devallat als inferns y semblants altres gestes, emperò nosaltres al present solament narrarem lo seu procés segons lo testimoni de Ditis Cretense y Darete Trojano. Ulixes donchs essent partit de Troya, vench principalment a Esmirna, pàtria de Homero, excel·lentíssim sobre tots los poetes hon, essent aplicat los habitants prohibint-li les terres, Ulixes per forca d'armes obtengué grandíssima presa y anà-se'n. Hon navegant pervench en la regió de Ilotophagli, en lo qual loch trametent alguns exploradors per veure la terra e aquells no tornant, estimà deure ésser estats morts, e partí's e arribà en Sicília. Regnaven lavors en Sicília dos jermans tirans, dels quals la hu se nomenava Listrigona e l'altre era nomenat Cíclope, los quals, axí com veren Ulixes, lo robaren, y empresonaren moltes de les sues companyes[652] y mataren. Aprés per obra de Polipheno y de Antípate fon Ulixes tret de la presó y reduhit algun tant en gràcia dels prínceps. Stant donchs axí Ulixes libert en la real casa, intervench que Arene, filla de Listrigona, se enamorà de Alphenor, hu dels companyons de Ulises; la qual cosa Ulixes coneguda, donà orde fugir y portar-se'n la dita Aregnes. Mas Listrigona adonant-se d'aquest frau, volgué pendre o matar Ulises; per la qual cosa ell se'n fugí e vench a Calipso y a Circe ab una sola barcha y poca companyia. [fol. 89v] La qual, axí com lo véu se'n enamorà. On lo retench un any; aprés fon prenyada d'ell d'un fill, lo qual parit hagué nom Talagònio. Partí aprés Ulixes de Circe y vench al lach Averno y, no aturant en aquell loch, navegà aprés a la illa de les serenes, hon lo conduhí grandíssima tempestat de vents. Hon com ell se conegué ésser arribat, tapà les orelles a si matex y a tots los altres companyons e partint de aquell loch arribà[653] aprés en les voràges de Sil·la y Caribdi, hon perdé gran part de les naus les quals havia hagudes de Calipso y de Circe, mas de tant perill pur essent escapat, mentres que anava vagant per mar, fon pres de certs cossaris phenicis; los quals aprés per compasió relexant-lo, Ulixes se'n retornà a Circe, hon de nou se tornà a metre en punt per tornar a la pàtria. Partint donchs d'ella alegrament, navegà fins en Creta. Aprés per força de vents fon constret arribar en Sala-

---

[652] *companyes*: ms. "compayes".
[653] *arribà*: ms. "ariba".

mina, là hon de Talamone,[654] pare de Ajaç, fon totalment robat y a gran pena escapà de la mort; per la qual cosa essent pobríssim, conduït aprés dues naus de phenicis se'n anà en Creta al rey Idomeneu. E Ydomeneu, reconegut Ulixes, li donà dues naus y molta roba, y tramès-lo a Alcínoo, rey de Phenícia, lo qual, axí com sentí lo celebrat nom de Ulixes, graciosament lo rebé ab digna honor. Y estant Ulixes en Phenícia, conegué per letres escrites a ell de Penèlope lo mal estat que era del seu regne; per la qual cosa deliberà totalment de tornar en Ítacha. Per la qual cosa pregà Alcínoo que li degués ajudar; la qual cosa aquest Alcínoo de bona voluntat li ajudà. [fol. 90r] Tornà-se'n donchs en aquesta forma Ulixes al seu regne, hon fon rebut dels seus ab gran alegria, e majorment més de la dilecta Penèlope; hon, pux que fon pervengut, presa venjança de tots los seus enemichs, ab gran justícia governà lo seu regne. Intervench aprés no molt lonch temps que, havent voluntat Talagònio de anar a visitar lo seu amat pare no conegut, Ulixes, se partí de Circe, mare sua, e navegant se'n vench en Ítacha y, en aquest matex temps havent Ulixes vista en lo somni una visió, la qual li fon interpretada que ell devia morir per les mans del fill, no recordant-se de Talagònio solament dubtava de Telèmaco; per la qual cosa feya guardar-se en manera que negú se partia d'ell sens la sua licència. Talagònio donchs pervengut a la real posada, volia devallar de les naus a veure lo seu pare mas, essent detengut de les guàrdies y no conexent-lo, ell prengué ab aquells guardes batalla y, havent-ne ferits gran part, Ulixes sentí la remor e vench en aquell loch portant en la mà un dart; y veent aquest jove axí ferir los seus hòmens, li tirà lo dart e feri'l un poch mas Talagònio, reprès lo dart, no conexent Ulixes, lo y tornà a tirar y ferí'l de mort. La qual ferida com sentí Ulixes, recordant-se de la visió féu cessar la batalla e demanà a Talagònio qui era ell; e respòs Talagònio ésser ell fill de Ulixes y de Circe, y en aquell loch ésser vengut per veure lo pare Ulixes. Lavòs sentit que ell era, abraçà'l y besà'l, e súbitament lo féu pacifficar a Thelàmaco, lo qual ja era en aquell loch vengut armat sols per fer la vengança del pare, [fol. 90v] dient a ell aquell ésser un seu carnal jermà; e pochs dies aprés morí Ulixes. Donchs mèritament és scrit a la ffama sí per les obres d'ell fetes abans en la guerra troyana, axí com la invenció d'Achil·les y lo portar-lo a l'exèrcit ephigenià; sí encara per aquelles que féu en la guerra y en les horribles batalles per la substracció del

---

[654] *de Talamone*: ms. "Talamone".

paladi de les cendres de Laumendonta, y per la rapina dels cavalls de Reso y, paraments, per los vàrios casos d'ell tollerats en la sua dura e longa peregrinació.

Ajusta consegüentment micer Ffrancesch lo exemple de Nèstor, dient que aprés Ulixes véu seguir Nèstor, lo qual vixqué tant ultra la comuna consuetut y tant sabé per scientíffica conexença y gran experiència haguda de les coses del món. On diu:

Nestor, che tanto seppe et tanto vixe.

Nèstor fon fill de Neleo, fill de Neptuno, y de Doris, filla de Amphione, rey de Orchomeno, home facundíssim e doctíssim, segons lo testimoni de Homero en la Illíada. Aquest donchs vixqué longuíssim temps, com mostra Ovidi en lo XII del *Methamorfoseos* quant introduhex Achil·les demanar Nèstor y pregar que li diga en quina manera Ceneu de fembra devingués a ésser mascle, y ab qui militava y, si may en batalla fon vencut, de qui; seguint aprés la sua resposta en aquesta forma, dient: "Quisquis adest narretque: rogant quos inter Achil·les. Dic age nam cunctis eadem est audire voluntas. O facunde senex eui prudencia nostri: Quis fuerit ceneus cur in contraria versus. Qua tibi militcia cuius certamine pugne. Cognitus a quo sir victus: si victus ab ullo est. [fol. 91r] Tum senior: quodnis obstet michi tarda vetustas: Multaque me fugiant prima spectata sub annis: Plura tamen memini: nec que magis hereat ulla. Pectore res nostro est inter bellique domique. Acta tot: at si quem potuit spaciosa senectus. Spectatorem operum multorum reddere vixi. Annos bis centum iam tercia vivitur etas". E ultra a la doctrina e la conexenca de les coses experimentades, les quals hagué versemblant per la largària de la edat, fon Nèstor belliquíssim home e principalment, essent encara jovenet, féu guerra ab los pesalis y aquells sobrà y vencé matant grandíssima quantitat d'ells, com scriu Homero en lo loch. Y ultra aquesta guerra fon ensemps ab Teseu e Peritoo contra los centauros y, segons Darete e Ditis Cretense, fon en la una y en l'altra guerra troyana; primera ab Hèrcules y Jason contra Laumendonta, aprés ab los altres grechs contra Príam. En la qual expedició, encara que fos molt vell, com scriuen los prenarrats istorials, en manera se experimentà en la batalla que justament no fon de reputar a molts inferior grechs dels quals la edat era florida y fort.

Aprés de Nèstor narra micer Ffrancesch Agamenon y Menalau, dient que dret ab Nèstor véu seguir Agamenon y Menalau, los quals, essent estats en les sues mullers no gloriosos per aquelles, norresmenys havien fet crudelíssimes batalles en lo món. On diu:

> Agamenòn et Menelao, che in spose
> Poco felici, al mondo feron gran rixe.

La guerra troyana quant fos greu, quant longa, quant perillosa, ab quanta despesa, ab quant descent, ab quantes [fol. 91v] morts de prestants prínceps, grandíssima notícia n'és difusa per los auctors que han scrit de aquella. A la qual essent president Menalau per l'interés de la furtada Elena e Agamenon[655] per la comuna elecció en capità e duch de tot lo exèrcit feta d'ell per lo senyor de Grècia en lo temple de Juno, procehit primer lo ius jurant fet en lo pasar ab la espasa il bipartito porco, significant l'orient y l'occident, segons la cerimònia de Calenas, fill de Hèstor, preposat de Agamenon en aquesta observança del jurament, del qual la forma era que, tenint quascú l'aspasa en la mà, feria-la mig porc y pasava'l dient aquestes paraules: "Iuro perpetuas cum Priamo inimicicias neque prius me bellum deserturum quam illum atque omne regnum eius eversum sit"; mèritament donchs d'ells se pot dir que fessen gran guerra y cruel en lo món, mas que fossen poch gloriosos en les lurs mullers.

Molt fon demostrat damunt en lo Trihunffo d'Amor per respecte de Agamenon, mas la infelicitat de Menalau molt clara se entén per lo testimoni de Ditis Cretense, lo qual diu que, aprés la rapina de Helena essent anats[656] Menalau y Ulixes a Troya a demanar a Príam, Príam la féu venir davant la sua presència y donà-li plenària libertat si ella volia anar-se'n ab Menalau. Mas ella responent a Príam, dix aquestes paraules: "Nihil michi cum Menalai matrimonio convenit". De què fon gran infelicitat la sua ésser conjunt en matrimoni ab Helena, perquè, com solia dir Sòcrates, "Sicut nihil est superius benigna coniuge: ita nihil infesta muliere crudelius". De què per [fol. 92r] aquesta rahó molt convenientment se veu aquesta qualitat a ells ésser atribuïda del nostre micer Ffrancesch.

Aporta consegüentment lo poeta un altre digníssim exemple, dient que aprés aquests dos seguia Leònida spartano, lo qual alegre en la vista y gloriós preposà als seus cavallers un dinar duríssim,

---

[655] *Agamenon*: ms. "et agnove non".
[656] *anats*: ms. "anat".

anunciant-los una cena molt més terrible, y en poca plaça y angustíssim loch obrà en armes maravellosíssimes coses. On diu:

> Leonida, che a' suoi lieto propose
> Un duro prandio, una terribil cena,
> Et in[657] poca piaça fe' mirabil cose.

Per més clara intel·ligència dels precedents versos és de saber com, essent vengut Xerxes, rey de Pèrsia, contra los grechs per continuar la guerra comencada de Dari, son pare, havent portats VII C mília persians en exèrcit, Leònida spartano ab quatre mília combatents sols se li opposà en la engústia de Termòpile. La qual cosa veent Xerxe y menyspreant-lo per lo seu poch nombre de les gents d'armes, manà que se combatés ab ells; per la qual cosa Leònida virilment se prepara a deffensa e, combatent tres dies continus, molts persians foren morts d'ells. Lo quart jorn havent Xerxe ocupada la cima d'una muntanya y Leònida essent-ne content, dix a tres mília quatrecents dels seus, los[658] quals eren procehits de la greca nació ab ell[659] a la universal deffensa de Grècia, que se'n tornasen a la pàtria lur y aquella deffensant guardasen dels persians, y el sols ab los seus spartanos[660] dexasen experimentar la comuna fortuna. La qual cosa obrà Leònida, perquè, havent de[fol. 92v]manat[661] a les ýdoles en l'esdevenidor què seria de la ampresa guerra, havia respost, com scriu Justino: "Aut duci et regi spartanorum aut urbi cadendum est". Restat donchs solament ab VI C[662] companyons, Leònida dispongué lo dia en lo qual volia combatre, y en la matinada, preparat un nobilíssim dinar, aquell exortà los seus cavallers a deure virilment ferir aquell dia y asaltar los alleujaments o tendes dels persians, que no podien, restant vencedors, més dignament vencre que en aquell loch y, havent a subcumbir, en negun altre era posible més gloriosament morir. E a la fi de les paraules conclogué, com scriu Valeri en lo terç libre en lo segon capítol: "Prandete conmilitones tanque apud inferos canaturi"; e Cicero en lo primer de la *Tosculana* diu: "Pergite ergo forti animo lacedemonii hodie apud inferos

---

[657] *Et in*: Pac. "e 'n".
[658] *los*: ms. "lo".
[659] *ell*: ms. "ella".
[660] *los seus spartanos*: ms. "lo seu spartano".
[661] *demanat*: ms. "de".
[662] *VI C*: it. "septecento".

fortasse cenabimus". On disposts los spartanos singularment per les paraules de Leònida, a la mort entraren en la batalla e immediate foren als alleujaments de Xerxe, lo qual, axí com prestament ell sentí la remor, vilment fugí dexant tot quant a ell pertanyia, als spartans la complida victòria. Los quals a la fi vagant per lo camp y matant los persians, essent fatigats, foren norresmenys ells vencedors dels vencuts persians morts, ensemps ab lo lur capità Leònida.

Seguex aprés lo poeta aprés Leònida Alcibíades, dient que véu aprés Leònida Alcibíades, lo qual spesíssimes voltes girà y regirà la ciutat d'Atenes ab la sua eloqüència y ab la alegra vista de la cara serena. On diu:

> [fol. 93r] Et Alcibiade, che sì spesso Athena
> Come fu suo piacer, volse et rivolse,
> Con dolce lingua et con fronte serena.

Alcibíades atheniench no menys claríssim orador demostrà ésser que philòsoff, mas insigne philòssof, prestant y fortíssim cavaller capità en fets d'armes, lo qual per les sues grans e singulars virtuts, molt[663] més de enveja que de gràcia contragué aprés la república d'Atenes. Principalment, havent en Sicília los de Catània demanat soccors als attenienchs contra los siracusans, Alcibíades ensemps ab Nícia e Lamaco anà prefet de la àtica gent; en la qual expedició poch estant, fon revocat a Athenes e aprés a poch temps aprés tramès en exili. Alcibíades se'n vench a Lacedomònia y aquells mogué a fer guerra als athenienchs.[664] ... rey dels lacedemonis. De la qual cosa recordant-se Agis de Alcibíades, fon constret a fogir a Disapherne, prefet de Dari, fill de Xerxe, lo qual volia a Grècia moure guerra. Mas Alcibíades los persuadí lo contrari, dient-li com la podia vencre sols per les sues pròpries disesions, essent lavors guerra entre los jonis, lacedomonis e athenienchs; de què, aprovant Sapherne aquesta sentència, molt Alcibíades honrava y tenia car. Sabent donchs los athenienchs quin era lo estat d'Alcibíades aprés de Sapherne, trameteren a ell embaxadors a dir-li que fes haver l'amicícia del rey a la república sua; als quals Alcibíades respòs ésser content quant lo imperi que era del poble fos tornat aprés del senat. La

---

[663] *molt*: ms. "molts".
[664] Falta un fragment del texto italiano: "i mentre que així demorava en Lacedemònia hagué l'ús de la dona de Agis...", it. "e mentre che cosi dimorava in lacedemonia hebbe lo uso de la donna di Agide, re de lacedemonii".

qual cosa consentint los atenienchs, cruelment imperant al poble, fon revocat Alcibíades del poble y fet prefet novament.[665] [fol. 93v] E tornant-se'n en Atenes, primer se vengà dels optimates que li havien fet comportar de fogir per por, e aprés girà les armes contra los lacedomonis, los quals primer sobrà en mar e aprés en la terra; e aprés tornà en Atenes, on ab grandíssima honor y maravella de cascú fon rebut. Aprés essent anat en Àsia ab cent naus dels atenienchs, fon dels asians sobrat y vencut; de què voluntàriament se'n anà en exili a Artaxerx. En aquest temps essent los atenienchs sobrats dels lacedomonis, los lacedomonis posaren XXX hòmens al govern d'Athenes, los quals, dubtant que Alcibíades no restituís la libertat a la pàtria, lo mataren; de què, vengut lo precursor en Pèrsia e no podent-lo matar ab ferro, lo cremà viu dins la sua cambra, com scriu Justino. Dien norresmenys alguns altres que, essent Alcibíades pres de Sapherne, Lisandro, rey de Lacedomònia, li tramès gran cantitat d'or perquè fessen morir Alcibíades. Per la qual cosa Isapherne, vencut de la cupiditat de l'or, lo féu matar y en senyal de la sua mort tramès lo seu cap a Alexandre; e aprés per la sua concubina fon fet al seu cors los deguts funerals sacrifficis.

Descriu consegüentment lo poeta l'exemple de Melcíades, dient que aprés Alcibíades véu ésser Melcíades, lo qual levà de Grècia lo gran joch y a si matex lo seu bon fill; lo qual ab vera y perfeta pietat de aquell viu se alegrà y soltà lo mort. On diu:

> Milciade, che il gran giogo a Grecia tolse,
> E 'l buon figliuolo,[666] che con pietà perfecta
> [fol. 94r] Legò sé vivo e 'l padre morto sciolse.

[fol. 93v] Quanta fon la in[fol. 94r]gratitut a Melcíades usada del beniffici que havia fet a tota Grècia molt destrament ho demostra micer Ffrancesch en los precedents versos. On és d'entendre, com scriu Justino in secundo libro *De bellis externis* y Valeri Màximo en lo cinquèn libre en lo III capítol, que, essent estat Dari, rey de Pèrsia, induït de Íppia, tirà d'Atenes, a fer guerra contra los atenienchs e anant contra ell ab exèrcit de VI C mília persones, on estimava cascú tota Grècia deure subir lo gran joch de la servitut, los atenienchs demanaren adjutori als[667] lacedemonis; los quals, essent

---

[665] Falta "de la classe"; it. "de la classe".
[666] *figliuolo*: Pac. "figliuol".
[667] *als*: ms. "a".

per quatre jorns impedits a certes observàncies de sacrificis, no podien anar en exèrcit. De què Melcíades, auctor d'aver recuperada la llibertat dels tirans y fet duch per la deffensió de aquella contra Dari, jutjà molt més ésser útil la resistència que lo esperar lo adjutori dels lacedomonis; per la qual cosa ab deu mília cavallers atenienchs e mil platensis fon acompanyat a la comuna deffensió. Vench en los camps Maratons, on, entrant a la batalla ab Dari, lo sobrà y vencé matant CC mília persians e Íppia, accitador de la terrible guerra. En la qual batalla un cavaller atenienc nomenat Cinigero, lo qual seguí los persians fins a les lurs naus, ne prengué una ab la mà dreta e aquella tenint li fon tallada la mà; de què ell la matexa nau prengué ab la esquerra e mirà bé que, essent aquella també tallada, la prengué ab les dents y aquella tingué tant que, sobrevenint los atenienchs, fon aquesta nau totalment presa.

[fol. 94v] Ara circa la notícia del seu bon fill és de saber que, havent Xerxe, fill del damunt Dari, innovada la guerra del pare començada y essent vengut en Grècia ab VII centes mília persones, los athenienchs elegiren duch contra ell Thimon, fill de Melcíades; o qual combaté ab Xerxes en lo matex loch hon havia Milcíades combatut ab Dari y, sobrant-lo en batalla terrestre y marítima, constrengué Xerxe a fogir en Pèrsia. Últimament és de notar que, essent estat Milcíades de la antiga ingratitut necessitat a morir en presó, lo fill Thulion demanà de gràcia poder a ell parentar les praticades obsèquies y donar al cors mort la deguda sepultura; la qual cosa ell ab difficultat obtengué ab aquesta condició, que damunt s'i portàs totes les cadenes ab les quals era ligat Melcíades fins al loch del seu sepulcre. La qual cosa lo digne y piadós fill consentint, encadenat donà los funerals al seu amat y car pare Milcíades.

Seguex aprés micer Ffrancesch prop de Milcíades los altres atenienchs los quals, havent tostemps obrat ab virtut, norresmenys esperimentaren la durea de la ingrata pàtria, dient que ab aquesta secta de Milcíades procehia Temístocle, y Teseu e Aristocle, lo qual fon en virtut y sobirana continència un Fabrício greco; e a tots aquests fon egualment interdita y negada la pàtria sepultura. Per la qual cosa lo gran vici de tanta ingratitut y enveja fa aquell ésser il·lustre; emperò que neguna cosa millor se cobre[668] y notifica dos contraris que una entre ells poqueta distància, e un breu e mínim intervall. E seguex que véu ab aquests damunt tres nomenats Pho[fol. 95r]cio-

---

[668] *se cobre*: "descobreix"; it. "scopre".

no atheniench, lo qual fon mort y lançat de la terra sua, on fon molt diverç y contrari lo guardó y premi rebut de les sues dignes y excel·lents obres. On diu:

> Temistoclè et Teseo con quella[669] secta,
> Aristidè, che fu greco un[670] Ffabricio:
> A tutti ffu equalmente[671] interdecta
> La patria sepultura; et l'altrui vicio
> Illustra loro,[672] ché nulla meglio scopre
> Contrarii duo che in[673] piccolo intersticio.[674]
> Phocïon va con questi tre di sopre,
> Che di sua terra fu cacciato et morto:[675]
> Molto diverso il guidardon dalle opre.

A més clara notícia dels precedents versos és de saber que, devent-se granment a blasmar tots los vicis y majorment la ingratitut, és necessari extolrre y el·lustrar aquells versos[676] los quals tal mancament se obra. On no immèritament diu lo poeta l'altre vici, ço és de la ingrata Atenes, haver il·lustrat Temístocle, Teseu, e Arístide e Phocione, havent ells tostemps dignament obrat per la pàtria.

Segonament és de entendre que rahó natural és per la qual[677] neguna cosa millor sobre un contrari que la propinca posició de l'altre contrari, emperò que tota contrarietat és solament entre les qualitats[678] les quals se poden conèxer dels sentiments. On a ell sols és servat lo judici, segons que demostra lo philòsoph[679] en lo segon de la *Phísica* dient: "Non enim de coloribus iudicat cecus". E emperò, essent los contraris diminuïbles de la lur sobirana intensió y excel·lència per poca, per migana e per molta distància, per ço aquests sols presentant-se als [fol. 95v] sentiments donen d'ells confusa conexença. Mas quant ensemps dos contraris occorren davant lo judici de la sensitiva potència, distinctament y clara se prenen si per la lur diversa natura, si encara per la contrària immutació d'ells feta.

---

[669] *Temistoclè...quella*: Pac. "Theseo, Temistoclès con questa".
[670] *greco un*: Pac. "un greco".
[671] *equalmente*: Pac. "crudelmente".
[672] *loro*: Pac. "lor".
[673] *duo che in*: Pac. "due com".
[674] *intersticio*: ms. "intersicio".
[675] *cacciato et morto*: Pac. "scacciato morto".
[676] *versos*: ms. "vers".
[677] *qual*: ms. "quals".
[678] *qualitats*: ms. "qualitas".
[679] *philòsoph*: ms. "philosop".

Donchs singularment ha dit lo nostre poeta neguna cosa millor descobrir dos contraris que una brevíssima intersissió de aquells.

Últimament és de notar, quant a la istòria, com Temístocle principalment a la batalla damunt narrada entre Dari e Melcíades en tal manera ab virtut combaté y prudència que mèritament a ell, com fos de edat jovenet, la primera laor fon atribuïda, com scriu Justino. Aprés elet duch contra Xerxe, stimant ésser més útil lo combatre en mar que en terra y encara ésser aquesta la voluntat dels déus, fféu Temístocle tots los atenienchs entrar en les naus y en tal manera anà contra Xerxe. Eren en açò los jonis pobles rebel·lats dels atenienchs a la part de Xerxe; de què Temístocle jutjant ésser en perill y no podent parlar-li, anà al port on devien devallar y en aquell loch scrigué en pedra marbre quanta error era ésser contra los seus progenitors, y contra aquells que moltes voltes eren estats venjadors de la lur libertat, commemorant los benificis fets en la guerra de Dari; on intervench que los jonis,[680] quant foren aplegats, legiren aquella scriptura en la batalla e prestament se voltaren contra Xerxe. Essent donchs quasi totes les repúbliques gregues sots lo domini e auspici de Temístocle convengudes en l'estret de la mar Salamina, algunes de aquelles [fol. 96r] volien retornar a les terres y estar a deffensa. La qual cosa veent Temístocle e dubtant que per la lur partida ell no fos aprés abte a resistir a Xerxe, súbitament scrigué a Xerxe una letra persuadint-lo que vingués a batalla, com sia cosa que podien ensemps pendre en aquell loch ab un tracte tota la força de la grega nació; on si la dexàs partir, seria major dificultat aprés en obtenir lo domini de Grècia. Xerxe donchs no conexent la prudència de Temístocle e semblant a ell que les sues suasions fosen veres, mogué les esquadres per venir a batalla. On intervench que ja algunes ciutats les quals eren partides se'n retornaren per por de Temístocle; per la qual cosa, seguint la batalla, los jonis voltant-se en favor dels grechs foren en tal manera que Xerxe aprés fon vencut, e ja era en torn circuït quant hi havia Temístocle, dubtant que per desesperació los persians no·s restaurasen, tramès a dir a Xerxe que se'n fogís primer que fos pres, mostrant-li la manera y la via; la qual cosa Xerxe veent, vilísimament ho posà en execució e fugí. Tornat aprés en Athenes ab la victòria, Temístocle fon per mèrit de axí digna obra d'Atenes lançat e constret en Pèrsia prop de Xerxe, lo qual havia vencut; per la qual cosa Xerxe, gratament rebent-lo, li féu gran honor; y, volent novament Xerxe per la sua venguda fer guerra en ven-

---

[680] *los jonis*: ms. "jony".

jança sua en Atenes, fféu Temístocle son capità mas ell, veent açò, per no fer guerra a la pàtria e no trahir Xerxe, lo qual era de si matex benemèrito, volgué per mort satisfer a quascú. De què pres verí e fora de la [fol. 96v] sua pàtria morí.

Aprés qui fon Teseu, e quantes dignes obres féu per la república d'Atenes molt largament fon recontat damunt en lo Trihunfo d'Amor. Norresmenys no pogué emperò fogir la ràbia vulgar e envega;[681] de la qual lançat en exili fon constret en la illa de Schiron a miserable viure, e desventuradament morí.

Arístides, no menys prestant grech en fet d'armes mas encara en letra claríssim philòsoff, lo qual en una sua única obra salvà tota Grècia de dues tiraníssimes persones. Emperò volent los lacedemonis y los athenienchs venjar-se en part de les injúries rebudes dels persians, los lacedomonis elegiren duch un Pausània y los athenienchs elegiren Arístides. Havent donchs aquests dos duchs preses y corregudes moltes terres en Pèrsia, Pausània en la guerra dreçà l'ànimo a occupar la libertat de Grècia e scrigué a Xerxe, trametent-li tots los presoners, que li degués en açò ajudar y ell donar-li hia[682] la filla per muller e, per ço que aquesta obra fos secreta, que ell matàs tots los misatgers que ell trametia ab letres. Per la qual cosa Arístides estant diligent en la obra de Pausània, conegué la tració; per la qual cosa fent-la manifesta, Pausània fon tramès en exili e[683] Grècia salvà y liberà del perill. Xerxe donchs, veent-se en tal manera descubert, mogué aprés la guerra, en la qual fon vençut de Timone. Ffon ultra açò verament Arístides semblant a Ffabrício, jutjant neguna glòria o utilitat a la república poder-se ab frau atribuir. On, com scriu Tuli en lo terç *Dels officis*, haguda los atenienchs la victòria contra los persians [fol. 97r] per obra de Temístocle, Temístocle matex dix un dia en lo senat ell haver un òptimo e salutar consell per la república athenienchs, lo qual volia ell a un sol hom de ell manifestar; de què lo senat li donà Arístides, al qual Temístocle dix com les fustes dels lacedemonis...[684] ne deurien[685] total-

---

[681] *e envega*: ms. "envega".
[682] *hia*: "havia".
[683] *e*: ms. "en".
[684] *dels lacedemonis*: ms. "de lacedemoni". Falta a continuación un fragmento del texto italiano: "digué que la classe dels lacedemonis que eren a Egipto amagadament es podia encendre, on de llurs enemics els lacedemonis ne..."; it. "disse: che la classe de ilacedemonii: quale era in egypto occultamente si poteva incendere. Un de gli loro inimici lacedemonii ne deverebbeno totalmente depressi".
[685] *deurien*: "devindrien".

ment depresos.[686] Arístides, havent entès lo parer[687] de Temístocle, dix en lo senat, hon ab gran expectació era entès, utilíssim ésser lo consell de Temístocle, mas no és honest. Hon los atenienchs judicaren allò que no era honest encara no poder ésser útil. Norresmenys lo prestant Arístides a la fi fon de la pàtria[688] lançat; com scriu Valeri Màximo en lo quint libre y al III capítol, anà en exili la virtut, y la continència, y la santedat grega.

Últimament Phocione, lo qual fon adorn de tots los dots los quals parturir poden, y splendor e glòria majorment, liberalitat y clemència, com scriu Valeri en lo matex loch, fon norresmenys dels atenienchs primer en Herculeo gravíssima generació de suplici ab gran acerbitat fet per enveja morir; e aprés manaren que la sua ossa fos portada fora de la terra àttica e dexada insepulta. En la qual terra Phocione era ab gran virtut e santimònia, sens injúria d'algú benignament vixcut, on ab rahó micer Ffrancesch diu aquests ésser diversíssim lo premi del precehit mèrit.

Aporta aprés micer Ffrancesch lo exemple de Pyrro, dient que, com se voltà aprés Phocione, véu seguir lo bon Pyrro de Èpiro. On diu:

Come io mi volsi, il buon Pyrro hebbe scorto.

Circa la notícia del precedent metre és de entendre que [fol. 97v] dos són estats los Pirros celebrats dels scriptors per virtut y per fama. La hu fon Neoptolomo, fill de Deidamia e Achil·les, lo qual en la sua adolocència per la rogor dels cabells prengué lo cognom de Pirro, com scriu Plutarco. Aquest, segons Ditis Cretense, essent vengut aprés la mort de Achil·les en lo excidi de Troya, constituhit cap dels mirmidons e subcehit en les armes e altres coses del pare, virilment en la batalla vera demostrà ésser en si la figura d'Achil·les. On en batalla matà, segons Darete, Pantasilea, reyna de les amazones, com que Ditis la mort d'aquesta atribuhexca a Achil·les. Matà aprés Príam en lo temple y Policena davant lo sepulcre del pare. Mas de aquest no crec[689] haver entès lo nostre micer Ffrancesch.

---

[686] *depresos*: ms. "depreses".
[687] *parer*: ms. "pare"; it. "il parere".
[688] *pàtria*: ms. "patra".
[689] *crec*: ms. "creu".

L'altre Pirro fon Pirro Epirota per natura, com scriu Plutarco, devallat d'aquest damunt dit Pirro. On és de saber que aprés de imolossi,[690] aprés Deucalion y Pheton, regnà aquest Pirro, fill de Achil·les, altrament Neoptolomo, y d'ell aprés tots los altres devallats prengueren lo nom de Pirro. Y essent subcehits alguns reys de bàrbaros y perversos costums, a la fi regnà un Tarrita e, aprés Tarrita, lo seu fill Alectas, e aprés Alectas, Arimba, e aprés Arimba, Eàcides. Aquest Eàcides prengué per muller Píthia, filla de Memone, senyor de Tesàlia, de la qual engendrà dues filles: la una nomenada Deydamia, l'altra Troade; e ultra aquestes dues filles aquistà Pirro. Y essent donchs mort Eàcides, se mogué sedició entre los molossis; per la qual cosa mataren tots los amichs primer estats de Eàcides e, ultra açò, cercaven matar Pirro. Per la qual cosa [fol. 98r] essent ell encara chiquet fadrí, fon per alguns ansiosament cercat per acampar-lo; de què, trobat, prestament fugí. Fon aquesta fuga palesa, emperò foren seguits. Eren norresmenys ja arribats aquests ab lo chiquet infant a un flum grosíssim on, veent gent sobre l'altra riba, escriguiren una letra e, ligada a una pedra, la tiraren; per la qual los fon maniffesta la fortuna de Pirro. Lesta la letra, foren moguts a compasió aquells, e passaren lo flum e prengueren a Pirro, e ab ell anaren en lo Il·lírico e presentaren-lo al rey Glàucia, que en aquell temps regnava. Glauca, sentint lo seu procehiment, per no provocar-se inimicícia no·l volia rebre, mas lo chiquet Pirro tants gests féu de demanar a ell misericòrdia e ajutori que Glàucia se mogué a pietat y rebé'l, y féu-lo nodrir. Crexqué aprés Pirro e vench a ésser gran y valerós en armes, y prengué per muller la filla de Glàucia; y ab lo seu ajutori se'n retornà en Èpiro y cobrà lo seu regne ab les armes. Aprés encara essent un·altra volta dels seus expulso Pirro, se'n anà a Demètrio, fill d'Antígono, rey de Macedònia, lo qual havia Deydamia, jermana sua, per muller; e ab lo seu ajutori recobrà novament lo seu regne, y así matex la favor de Demètrio tostemps aprés ab gran glòria la[691] tingué. Aprés molt temps se seguí que, havent Demètrio guerra ab Tolomeu, Seleuco e Lisímaco, pròceri stats[692] de Alexandre Magno, crexqué subsidi al seu cunyat Pirro, lo qual anà en lo seu ajutori ab potent exèrcit. Hon aprés que fon junt, posada[693] tota affinitat y beniffici[694]

---

[690] *aprés de imolossi*: error por "apressos els molossos".
[691] *la*: ms. "lo".
[692] *stats*: ms. "stat".
[693] *posada*: error por "postergada"; it. "prostergata".
[694] *beniffici*: "tot benefici".

tramès a oblivió, corrompé Pirro los hòmens de Demètrio, [fol. 98v] ell lançà y prengué per si Macedònia.

Constituït donchs en aquesta senyoria Pirro, com ell no la possehís molt, dreçà l'ànimo a l'imperi del món, mas primerament a occupar Ytàlia. De què, maniffestat lo seu concepte a Cinea, lo qual era aprés d'ell de grandíssima auctoritat, Cinea tàcitament li volgué mostrar lo seu apetit ésser va, dient-li: "Egregii quidem bello Romani esse dicuntur: multisque bellicosis gentibus imperare quod si eos superare dii nobis dederint quid tunch agemus o Pyrrhe". A la qual demanda respongué Pirro: "Proxima Sicilia est insula felix ac populosa capi vero facilis obsidione ac discordia civitatum". Seguex lavòs Cinea: "Recte dicis sed an finis milicie nobis erit Siciliam cepisse". Dix Pirro: "Deus modo victoriam prestet. Nam iis veluti preludis utemur ad res maximas conficiendas. Quis enim se libia abstineat et Carthagine: quam modo Agatocles clam Siracusis profectus magna classe paulo abfuit quin caperet". Seguex lavòs Cinea: "Ita est constat enim quod et Macedoniam recuperare et[695] Grecie dominari certissime cum hac potencia licebit: set partis omnibus atque subactis quid faciemus tandem". Pirro lavòs rient respòs: "Ocium agemus et cotidiana festivitate mutuisque sermonibus leticiaque perfruemur". Cinea, havent haguda la resposta que desigava, últimament dix a Pirro: "At quid vetato rex quo minus ista leticia nunch et ocio perfruamur adest quippe nobis sine labore facultas eorum atque per sanguinem: molestias et pericula nostra: et aliorum perventuri sumus". Pirro, per aquestes paraules més prest torbat que retret, anà a l'oràculo d'Apol·lo a demanar [fol. 99r] si ell hauria la victòria contra los romans, lo qual ambigu axí li respòs, com scriu Plini: "Aio te Eacide Romanos vincere posse". Per la qual cosa confiant-se Pirro, vench en Itàlia en ajuda dels tarantins contra los romans, en la qual expedició fon soccorregut de naus d'Antígono, rey de Macedònia, de diners d'Anthíoco, rey de Síria, y de gent de Tholomeu, rey de Egipte. Pervengut donchs en Itàlia, los romans trameteren contra ell Aulo Albino[696] en Lucània, lo qual, agrament combatent ab Pirro, a la fi fon sobrat d'ell. Norresmenys la victòria de Pirro fon tal que pus prest fon de judicar gloriosa que alegra. Trameteren aprés los romans contra Pirro March Levínio, lo qual en la primera batalla per la orribilitat dels oriphanys y lur insuetut axí

---

[695] *et*: repetida en el ms.
[696] Aulo Albino: error por "Marc Levínio"; it. "Marco Levinio".

matex fon sobrat de Pirro. En la qual batalla, remirant aprés Pirro los morts cavallers, los quals encara en la vista reservaven la procehida ferocitat, dix, com testiffica Ffloro: "O quam facile erat orbis imperium occupare aut michi Romanis militibus: aut me rege romanis". Continuant-se aprés aquesta guerra y Levino havent restaurats los exèrcits, a la fi per virtut d'un Concídio romà, lo qual ferint un orphany lo matà y demostrà los altres poder morir, foren en la segona batalla debel·lats y vencuts los macedonis, egiptes y altres pobles de Pirro. Per la qual cosa dix Pirro la sua fortuna ésser semblant a la de Hèrcules la qual hagué ab la Idra a la Lernea paluda, y per ço cercà Pirro fer pau ab los romans, la qual no consentiren per la auctoritat d'Àppio Clàudio Ceco. De què vench a la terca batalla, on foren [fol..99v] cònsols M. Cúrio y Ffabrício, en la qual fon sobrat Pirro y totalment constret a fogir-se'n a Tarento. Partí's aprés Pirro de Itàlia y anà en Sicília, on prengué Mecina y los mamertins, y a la fi tota la illa; la qual aprés que hagué obtesa, contra la sua natura vench a ésser tirà cruel, lo qual primer era clementíssim y humaníssim rey. Y en aquest estat dubtant los cartaginesos d'ell, li trameteren embaxadors per demanar-li pau, havent haguda guerra per la Sicília, y offerir-li gran nombre de naus e quantitat de moneda; als quals, com aferma Plutarco, respòs Pirro aquestes superbes paraules: "Una est pacis via si obmissis omnibus in Sicilia rebus libicum mare terminos capietis". Partí a la fi de Sicília Pirro per anar contra Antígono, rey damunt dit fill de Demètrio, y contra los lacedomonis.[697] On espessament per lo camí reguardant la Sicília deya: "O qualem Cartaginensibus ac Romanis pro hac insula palestram reliquimus". E junt en Grècia prestament mogué la guerra, estimant per la sua força e astúcia prestament possehir tota Grècia. Mas combatent un jorn Tholomeu, fill de Pirro, ab los lacedomonis, corré dins fins en mig de la terra, hon per lo concurs del poble fon mort; la qual cosa, com sovint diu Pirro: "Aliquanto tardius quam timuerim: aut temeritas eius meruerit occisus est". A la fi, havent molt temps tengut asetjat Antígono, delliberà dar la batalla a la ciutat. On, mentres que aquella era més fervent essent ja Pirro dintre en lo palench y volent matar un macedònich lo qual lo havia ferit, la mare de aquell, la qual estava sobre la muralla, tirà una teula sobre lo cap de [fol. 100r] Pirro, per la qual Pirro cayguè en terra. Hon sobrevench un cavaller d'Antígono, lo nom del qual era Zopiro, e

---

[697] *los lacedomonis*: ms. "lacedomoni".

prenent Pirro li tallà lo cap, lo qual Alcíoneo, fill d'Antígono ab gran alegria lo portà a son pare. Antígono, lo qual era home d'ànimo prestant y verament rigidíssim, reprengué molt lo fill, batent-lo e nomenant-lo bàrbaro, e aprés prengué lo cap y lo cors de Pirro e a aquell donà magníffica sepultura. Alcíneu donchs castigat del pare, tornà a la batalla, hon trobà Elemo, fill de Pirro, ab dolor y vilíssima vestidura, lo qual benignament acollí e plàcidament conclogué[698] a Antígono; hon Antígono li dix: "Melius nunch quam prius a te factum est fili: sed ne nunch quidem satis qui hanch vestem abstuleris ob quam nos qui vicisse videmur magis dedecorat quam se". Aprés abraçat y besat Elemo, lo tramès en Èpiro y féu-lo constituhir en loch del pare rey de la província. Y axí fon lo èxito de Pirro, lucidíssim exemple de la una y de l'altra fortuna.

Narra aprés micer Ffrancesch l'exemple del rey Masinissa, dient que aprés Pirro seguia lo bon rey Massinissa, al qual era avist,[699] y semblava rebre gran perjuhí no ésser connumerat ensems ab los altres romans. On diu:

> E 'l buon re Masinissa, gli[700] era aviso
> D'esser sença i Romani ricevere[701] torto.

Masinissa, com se veu per Tito Lívio en lo novèn libre de la terça *Dècada*, fon fill de Galaó, rey dels massilis; lo qual essent mort, ell subcehí en lo regne. Y en aquest temps tornat Siphace, rey dels massessulis,[702] de la part dels[703] cartaginesos per ell haver presa Sophonisba, damunt dita, per muller, fon d'ell [fol. 100v] vencut y lancat del regne. Per la qual cosa ell exilà y[704] pobre se'n vench als camps a Scipió Affricà, on, de aquell benignament rebut, fon fet duch de part de l'exèrcit. Per la qual cosa Massinissa y per tanta cortesia vench a Scipió ésser tan parsial y amich que negun·altra cosa tant amava quant feya a Scipió. Donchs essent Massinissa rebut en fe dels romans, procehí principalment ab Scipió contra Aymone Brachino y aquell matà ab grandíssim nombre de cartaginesos. Aprés encara

---

[698] *conclogué*: error por "conduí"; it. "condusse".
[699] *avist*: ms. "vist".
[700] *gli*: Pac. "e gli".
[701] *Romani ricevere*: Pac. "Roman ricever".
[702] *rey dels massessulis*: ms. "re de Massessuli".
[703] *dels*: ms. "de".
[704] *exilà y*: ms. "exula y y".

procehint contra Asdrúbal, fill de Gisgone, lo sobrà hi·l lançà del camp fent presa de les sues tendes y alleujaments. Aprés continuant-se la guerra púnica, anà Masinissa ensemps ab Caio Lèlio contra lo seu enemich Siphace, lo qual sobraren, y venceren, y detingueren presoner; en la qual presó prengueren encara Cirta, sua principal ciutat; e Masinissa prengué per muller Sophonisba ab aquell aprés èxito que damunt narram. Per la qual cosa a Massinissa fon aprés restituhit lo seu regne, hon molt temps pacífficament vixqué, excepto que per differència dels confinis vench en judici primer ab los cartaginesos e aprés guerra, los quals virilment sobrà, com scriu Lívio en la quinta *Dècada* en lo VII y VIII libre, segons que recita Floro. Morí aprés Massinissa de edat de LXXXXII anys e pux que·n hagué LXXXVI engendrà un fill, com scriu Solino e Tito Lívio en la predita *Dècada* e al derrer libre. E havent Masinissa a la sua mort tres fills, ço és Micipsa, Gulussa y Menastàbale, los dexà en protecció dels romans, y que la divisió de la heretat fessen segons lo judici e voluntat de Scipió [fol. 101r] Emilià. Ffon tanta la benivolència de Masinissa envers los romans e majorment devés los Scipions quanta la descriu Sciceró in *De somno Scipionis* quant introduhex Scipió Emilià ésser vengut a ell en lo seu regne, lo qual abraçat a Masanissa haver dit aquestes dignes paraules: "Grates tibi ago o summe sol vobisque reliqui celites que antequa ex hac vita migro conspicio in meo regno et iis tectis P.C. Scipionem cuius egon ipso nomine recreor. Itaque nunquam ex animo meo discedit illius optimi atque invictissimi viri memoria". Veu-se encara axí matex la sua benivolència per lo test de Lívio in *Secundo bello punico*. Per la qual cosa acomodadament micer Ffrancesch introduhex Masinissa parer-li rebre perjuhí en no ésser ab los seus romans d'ells[705] tant amat connumerat.

Conseqüentment micer Ffrancesch porta lo exemple de Jeró siracusano, dient que, remirant ell fixament ençà y enllà d'entorn a Massinissa, ell véu ab ell Jeró siracusano. On diu:

Con lui, mirando quinci et quindi fiso,
Iero siracusano[706] cognobbi.

Jeró siracusano fon fill de Jeròdoto, noble ciutadí en tota Sicília, lo qual per antiga natura devallà da Gelone, antiquíssim de Sicília se-

---

[705] *d'ells*: ms. "dell".
[706] *siracusano*: Pac. "siracusan".

nyor. Aquest essent nat d'una donzella, fon dejecte del pare y expost a la mort així com ignoble, com aquell que obscurava la sua genologia. De què, essent aquest fanciullo chiquet y no tenint qui·l nodrís, un exam d'abelles molts dies fonent-li en la boca la mel y en torn circuhint lo nodriren; per la qual cosa fon dit al pare per lo auguri que l'elevàs, perquè havia ésser digníssim rey de Sicília. Crexcut aprés Jeró y essent [fol. 101v] bellíssim de cors y de virtuts ornatíssim, se donà a l'exèrcit de les armes, on, moltes voltes combatent en batalla singular, tostemps restà vencedor; de què fon de Pirro, rey dels epirotes, en molts dons militars y altres ornaments insignit. Partit aprés Pirro de Sicília, los cartaginesos mogueren crudelíssima guerra; per la qual cosa Jeró fon fet duch primer contra ells, e aprés per universal consentiment rey de tota Sicília, com mostra Trogo e Gustino ho referex en lo XXII[707] libre *De bellis externis*. Seguint aprés entre los romans y cartaginesos lo primer bello púnico y Jeró essent ab los cartaginesos, fon vencut de Àppio Clàudio; on aprés tostemps stech immutable en l'amor y fe de la romana república. Mas Jeró, son fill, desemblant al pare, e inich e protervo, com scriu Lívio en la III *Dècada* e al quart libre, així com a ell a les virtuts fon contrari, així encara en les obres. On tostemps fon enemich dels romans y per los seus vicis prestament tornà lo seu degut premi, emperò que dels seus propis fon cruelment mort, així com era a ell convenient.

Seguex aprés lo poeta, dient que aprés Jeró véu lo cruel Amílcar, molt d'ell y de Masinissa divís en la benivolència del poble de Roma. On diu:

> Et il[708] crudo
> Amilcare da loro[709] molto diviso.

A més clara notícia del precedent exemple és de entendre que, com entre los romans y cartaginesos fossen tostemps grandíssimes inimicícies, nengú norresmenys fon may de cartaginesos que tant lo·s demostràs quant Amíclar y lo fill Aníbal. Hon, així com scriu Valeri en lo novèn [fol. 102r] libre y al terç capítol, havent Amíclar quatre fills, ço és Aníbal, Hanno, Hasdrúbal y Magone, deya ell nodrir quatre leonets en dan de l'imperi romà. E así com aquells al novèn any

---

[707] *XXII*: it. "xxiii".
[708] *Et il*: Pac. "e 'l".
[709] *loro*: Pac. "lor".

de la lur edat eren pervenguts, axí los feya jurar[710] lo altar del temple lo oy perpètua ab la ciutat de Roma. Ne solament en aquest acte se demostrà als romans enemich, mas encara en les públiques guerres y expedició militar; de què en la primera guerra púnica ell fon capità de les fustes[711] contra los romans com fos robat y vençut de[712] Attílio Calatino, com damunt diem. Per la qual cosa singularment divís y separat de Masinissa y de Jeró en aquest loch lo ha descrit lo nostre micer Ffrancesch; troben-se norresmenys alguns tests que dien Amíclar no d'aquells molt divís, los quals se salven fent lo poeta menció de la distància local en lo procés de la fama.

Narra aprés lo nostre poeta, dient que aprés Amíclar per la sua presència véu com de mig lo foch matà tot nuu Creso, rey de Lídia, y entès per manifest exemple com val poc defensa o escut contra la Fortuna. On diu:

> Vidi quale uscì già del foco, ignudo,
> Il re di Lidia, manifesto exempio
> Che poco val contra Fortuna scudo.

Regnant en Babilònia Baltasar, fill de Nabuchodonosor, y essent irat Déu contra ell per haver profanat los sepulcres del temple de Déu en lo convit lo qual féu als seus sàtrapes, com scriu *Daniel* a V, en aquest temps, segons Eusèbio y Guillem de Nangis in libris *Temporum*, Ciro, rey de Pèrsia, vench contra Babilònia. On Creso request, com scriu Heròdoto, gravíssim istorial grech, a diverses ýdoles a de[fol. 102v]manar quina cosa li era futura quant prengués guerra contra los persians, y si lo seu imperi devia ésser diüturn; entre·ls quals oracles o temples aquell de Apol·lo en Grècia respòs aquests versos: "Regis apud medos mulo iam sed potito. Tunch scruposum fugere hernium strenue lide. Nec per stare nec ignauum te esse pudendum". La qual resposta havent entesa Creso, fon ple de grandíssima alegria, estimant lo seu imperi deure ésser perpetual il mulo no poder regnar en vice[713] d'ome. Per la qual cosa ab gran exèrcit e grandíssima quantitat d'or anà en Babilònia en soccors. Ci-

---

[710] *jurar*: ms. "jugar".
[711] *les fustes*: it. "la classe".
[712] *de*: repetida en el ms.
[713] *il mulo no poder regnar en vice*: "considerant el mul no podia regnar en lloc"; it. "considerando il mulo non potere regnare in vice". Los dos textos se refieren a "mul" cuando resulta claro de la historia que se cuenta a continuación que se trata de "mut".

ro donchs expugnant Babilònia y matant Baltasar, essent-se Creso fugit y retornat en Lídia, procehí contra ell y combatent ab aquell lo vencé; de què Creso se'n fogí a una ciutat la qual se nomenava Sardi, a la qual Ciro se posà en torn en camp. Havia Creso un fill lo qual era en totes parts excel·lentíssim excepto que era mut; on, havent temptat moltes medecines per fer-lo parlar e no ajudant, al fi tramès a la ýdola de l'oràculo d'Apol·lo crexent la sua favor per què parlàs. Al qual respòs Apol·lo en aquesta forma: "Lide genus rex multorum valde inscie croese he curam gnati exoptatam audisse loquentis. Intra edes vocem sine qua pocior tibi longe. Ille die quoniam primum infelice loquetur". La qual infelicitat anunciada a Creso, intervench emperò que, veent un jorn un Hirceades Mardo, fortíssim cavaller de Ciro, muntar un niu de la rocha, posant-los en cura aprés per la matexa manera anà ab gran quantitat de persians, y entrà en la terra, y aquella prengué. Hon, pervengut a la senyoria, no conexent [fol. 103r] Creso, lo volia matar. Lavòs lo mut fill per la por y pietat dix: "Homo ne primas Cresum"; y segons Solino parlà dient: "Parce patri Creso Cire et hominem te casibus disce nostris". Per la qual cosa Creso no fon mort lavors, mas pres presoner. Ciro, Creso lavòs presoner, havent fama ell ésser estat home religiós volgué oferir la premícia de la presa, o verament pagar lo vot, o esperimentar si algun dimoni delliurava Creso. Per la qual cosa lo féu pendre e despullar tot nu y ensemps ab ell quatorze altres de Lídia, y féu-lo posar sobre una gran pila; aprés féu encendre aquella. Hagué ja Creso mentres que ell se reputà gloriós en la real senyoria Solone ateniench, lo qual demanà moltes voltes qual home a ell havia semblat benaventurat, al qual respòs: "Cleobis et Bitó, fills de la sacerdota Argiva, y Teló ateniench, lo qual, essent en les altres parts fortunat, en la batalla que feren los atenienchs aprés lo Eusino Confinítimo gloriosament morí; en aquell loch fon d'ell gloriosament y magnífica sepultat". Maravellant-se Creso que ell a Solone no pareguès gloriós, li dix: "Hospes ateniensis a deo ne tibi pro mulla contennitur nostra felicitas. Ut ne privatis quidem viris nos equiparandos ducas". Al qual Solone en aquesta forma respòs: "Me Crese ignarum omne numen invidum esse ac turbulentum de rebus humanis interrogas. In diuturno enim tempore multa videntur que nemo velit videre et tollerantur multa que nolit quispiam tollerare: proponamus enim homini terminum vite ad septuaginta annos qui anni constant [fol. 103v] ex XXV milibus ac ducentis diebus mense intercalari non posito que si velis reliquum annorum ob hunc mensem prolixius fieri ut ore: aut id quod deest accedentes arguant. Menses quidem intercalares supra annos LXXV dies autem ex his mensibus V horum dierum omnium qui sunt ad settuaginta annos numero XXVI milia CCL nullus prorsus qualem alius rem afert. Ita igitur Crese omino calamitosus est homo: verum tu michi videris et diviciis valde pollere et per multorum hominum esse rex. Sed quod me interrogasti non dum te appello priusque bene vita defunctum audiero: neque enim beatior est qui magnus opibus preditus eo qui divinum victum habet nisi eidem omnibus bonis predito fortuna concesserit bene vita defungi: et enim complures homines sunt per quam locupletes minime tamen beati. Complures item mediocria habentes patrimonia fortunati. Quorum iis qui diviciis afluit sed non beatus est duabus tantum modo rebus antecellit fortunatum: at hic illum pluribus ille ad cupiditates explendas est ad grandem que incidat offensam superandam facilior est: hic est si illo inferior et iis duobus que bene illi a fortuna denegantur tamen excellit que illorum inexpertus est que prospera feratur valitudine que malorum expers: que bonorum liberorum parens: que formosus est: qui si preter hec diem quoque suum recte obierit is est quem queris dignus qui vocetur beatus prius tamen que ad abitum pervenerit nequaque beatus appellandus: sed fortunatus que omnia consequi quam diu sis homo imposibile est. Sicut ne una regio cuncta sibi ipsi suppeditat sed aliud habens alio indiget: que tamen habet plurima [fol. 104r] ea est optima quem ad modum et hominis corpus unum aliquod non est consumatum quia aliud habet alio vocat. Quisquis autem horum plurima perpetuo habuerit de hinc placido animo e vita excesserit hic apud me nomine hoc veluti rerum donari meretur. Omnis enim rei oportet inspicere exitum quo sit evasura quoniam multos deus quibus fortunas suppeditaverat radicitus evertit". Creso donchs veent-se en tanta calamitat constituït e ja sentint[714] la gran calor del foch, se recordà d'aquesta sentència. On, aprovant-la en si matex tres voltes ab alta veu cridà: "O Solone". La qual cosa veent Ciro, lo qual era en presència, li féu demanar per los intèrpretes a qui demanava. Creso havent callat a la primera demanda, dix a la segona: "Illum nominavi qui ut omnes tirannos alloqueretur. Ego quam ingentem peccuniam preoptarem". E no entenent los intèrpretes lo per ell confusament rahonat, novament lo constrengueren a més clarament parlar. On Creso dix axí com Solo-

---

[714] *sentint*: ms. "sentit".

ne, havent vistes totes les sues riqueses, lo havia menyspreat y dit a ell y a tots los altres hòmens, y majorment aquells que·s reputaven benaventurats, quanta era la lur oradura mentres que vivien creure ésser gloriosos, y emperò trobant-se en aquella misèria y aprovant la sua vera sentència lo reclamava axí com un oracle del temple. Ciro entès per los intèrpretes allò que·ls havia dit Creso, y jutjant ésser ver, y estimant en la vida humana neguna cosa poder ésser ferma, manà prestament que lo foch fos apagat y Creso devallat de l'alta pila de la lenya. Mas essent [fol. 104v] lo foch atès a la extremitat hon era Creso, no·s podia per humana força restaurar. Per la qual cosa ell veent ab los gests la bona voluntat de Ciro, pregà a Apol·lo que, si may li fon accepte algun donatiu per ell fet, que l'acampàs de tant infortuni. Hoý Apol·lo la piadosa veu de Creso e prestament, encara que lo cel fos clar y serè, plogué grandíssima quantitat de aygua, en tant que lo foch fon totalment apagat. E devallat Creso de la pila y portat davant Ciro, Ciro li demanà en aquesta forma: "Crese quisnam te hominum persuasit: ut cum exercitu invaderes terram meam ex amico factus hostis". Al qual respòs Creso: "Ego rex istud feci tuo prospero meo in fausto fato: grecorum deo auctore qui me ab bellum tibi inferendum impulit. Neque enim quispiam ita amens est ut bellum quam pacem preoptet. Nam in pace filii patres: in bello patres filios sepeliunt sed ut ista fierent demoni cordi fuit". Per la qual cosa Ciro li perdonà relexant-li tot lo seu patrimoni, segons que scriu Justino, y una ciutat nomenada Baragon. On com que no com la primera influència pur vivia en la real delícia de la sensoria.

En aquest estat Creso anà a l'oracle en Grècia, obté sa licència de Ciro, al qual dix si era lícit als déus de Grècia ésser falciosos e ingrats, havent a ell persuadit lo anar contra los persians dient que·ls vençria: "Sortem fato destinatam defugere contigit deo quoque est imposibile". Per la qual cosa Creso no més donant-los fe, axí com véu Ciro a altra província occupat, rebel·là d'aquell los lidians. Mas Ciro [fol. 105r] venint novament contra aquell, lo vencé e Creso aquell féu morir en creu; y a perpètua lur gran ignomínia li levà les armes y los cavalls, y volgué en los exèrcits solament excercitasen les nocimis;[715] On mèritament la lur porfídia fon retribuïda de Ciro. Fon donchs verament Creso un manifest exemple que en va se posa com[716] scut als colps de la fortuna, emperò que, segons lo

---

[715] *les nocimis*: "alcavoteria"; it. "lenocinii e taverne".
[716] *com*: ms. "hom".

philòsoff en lo segon de la *Phísica*, lo vencut de la fortuna és totalment[717] a l'humà entendre no conegut y hon ell fos un númine, com ja fon opinió dels romans. On Lúcio Lúcul·lo[718] per delliberació del senat ja a Roma constrengué[719] lo temple de la dea Fortuna. Encara és manifest que en va als seus colps se opposa per los hòmens l'escut a fer contínua defensa.

Aprés[720] lo nostre micer Ffrancesch, dient que ultra a Creso véu ésser Siphace, quasi vengut a consemblant y egual infortuni. On diu:

> Vidi Siphace pari a simil scempio.

Largament qui era Siphace, rey dels masessulis[721] en la regió de Numídia, per molts exemples damunt narrats en lo capítol dels prestants romans y estranys és estat manifest. Mas que fos egual no és diffícil a entendre, emperò que, podent ell estar indifferent primer entre los cartaginesos y romans, y aprés conservar-se en la romana benivolència, de què per la una y per l'altra obra dignament en vida podia mantenir-se fins a l'extrem de la vida, volgué norresmenys experimentar la fortuna prenent la part dels[722] cartaginesos, sols persuadit de la bellea de la sua Sophonisba. On intervench, com scriu Lívio en lo X libre de la III *Dècada*, que havent Siphace ensemps ab Asdrúbal, son sogre, conjunyits [fol. 105v] los exèrcits en Àfrica y venint a batalla ab Caio Lèlio y ab Masinissa, fon sobrat y vencut ab los cartaginesos y restà presoner. Aprés per Caio Lèlio conduït a Roma davant lo senat, fon condemnat a presó en Alba, hon vivint miserablement ab gran ignomínia se conduhí a la mort.

Aprés d'aquest seguex micer Ffrancesch, dient que véu Brenno, sots lo qual portat y auspício caygué molta gent, y aprés ell pervench a la mort sots lo temple dèlphico. On diu:

> Brenno, cui sotto[723] cadde gente molta,
> Et poi cade el sotto 'l delphico tempio.

---

[717] *lo vencut...totalment*: it. "lhomo e vinto da la fortuna: e totalmente".
[718] *Lúcio Lúcul·lo*: ms. "Lucio y Lucullo".
[719] *constrengué*: error por "construí"; it. "construsse".
[720] *Aprés*: falta el verbo principal: "Continua aprés".
[721] *masessulis*: "massesils".
[722] *dels*: ms. "de".
[723] *cui sotto*: Pac. "sotto cui".

Circa la notícia dels precedents versos és de saber, com scriu Justino XXIIIIo *De bellis externis*, que, essent en Gàl·lia multiplicats los pobles en tant que la província no·ls nodria, prengueren per partit anar a conquistar per migà de les armes més pàtries y terres. De què part de aquells se'n vingueren en Itàlia al temple[724] de Camil·lo, com scriu Lívio en lo V *Ab urbe condita* e com damunt diem, e part encara per auguri de vecegli[725] se'n anaren en lo Ilírico. Los quals, axí com los sclaus hagueren subjugats, axí pasaren aprés en Ungria; la qual axí matex prenent, per algun temps se reposaren en aquella. On, primerament essent moltiplicats, encara de nou isqueren en lo cercar de més regions; on anaren part d'aquells en Grècia e part envés Macedònia. On tots los pobles d'ells se recompraven diners, excepto Tolomeu, rey de Macedònia, lo qual contra ells[726] se volgué drecar a deffendre. Y ultra açò, volent los dardanis a ell donar ajutori, molt en si matex fiant lo menyspreà, e no volgué encara que [fol. 106r] fos ab XX mília armats. Per la qual cosa vench a batalla ab Bèlgio, lo qual era duch d'aquesta part de gàl·lichs y prestament d'ell fon sobrat y mort. Brenno, altre duch de gàl·lichs, sentint la victòria de Bègio ab desdeny, se partí de Grècia y vench en Macedònia encara ell per pendre més avant. Los macedonis venint-los a l'encontre per resistir-li, en poca ora los vencé, de què foren constrets a fogir en la terra y defendre los murs de aquella, en torn de la qual Brenno posà lo seu camp. E mentres qu·estava axí ab lo setge de Macedònia, Brenno, essent home de guerra evidentíssim y sens alguna religió, delliberà anar a la rapina del temple. Era lo temple d'Apol·lo ensemps ab la ciutat de Delphos situat sobre lo mont de Pernaso, hon grandíssimes ribes y profundes altituts aquelles en torn circuhien, en manera que no menys admiració posà la natura del loch que la manera del temple. Vengut Brenno en aquella regió, aquells de la terra dexaren gran quantitat de vitualles per les viles, estimant, axí com intervench, que los gàl·lichs tant en aquella presa treballarien que ells haurien facultat de trametre per soccors als amichs. E axí donant effecte en moltiplicar defensors, confiant en lo déu Apol·lo ixqueren a la batalla ab Brenno, en la qual, mentres que més era fervent, aparech visiblament un jovenet de maravellosa bellea en mig de dues vèrgens, les quals hixqueren del temple de

---

[724] *temple*: error por "temps"; it. "tempo".
[725] *auguri de vecegli*: "auguris de vedells".
[726] *ells*: ms. "ell".

Diana, e Minerva ab los archs en la mà. Anaven davant los adèlpichs, e axí combatent sobrevent de l'ayre una grandíssima boyra, per la qual a la fi foren sobrats los gàl·lichs. [fol. 106v] Y essent Brenno estat ferit en la batalla, sentint gran dolor, com a desesperat ab un punyal se matà.

Seguex aprés continuant micer Ffrancesch en versos[727] subsegüents aquells que damunt són estats narrats, dient que la squadra de la gent ja nomenada fon multiplicada en nombre y en àbit diversa. On, dreçant ell d'aquella los ulls alt en altra part, véu una gent tota en si ésser recollida, y lo primer d'ells era aquell que volgué fer lo gran alberch a Déu, per medi del qual ell habitàs en terra entre els hòmens. On diu:

> In habito diversa, in popul folta
> Ffu quella schiera; e, mentre gli ochi sprego,[728]
> Vidi una parte tutta in sé raccolta:
> Et quel che volse a Dio far grande albergo,[729]
> Per habitare[730] fra gli huomini, era il primo.

A major y més clara intel·ligència dels precedents versos, és de saber principalment com micer Ffrancesch diu aquesta esquadra ésser estada en hàbit diversa per demostrar ell, en aquest capítol, haver ensemps parlat de diverses nasions, ço és de grechs, de bàrbaros y de juheus; dels quals, axí com les regions són distinctes, axí encara los hàbits y les obres són diverses.

Segonament és d'entendre que, havent ara micer Ffrancesch a parlar de juheus, diu aquesta part dels hòmens que seguien la fama ésser solament recollits en si matexos per demostrar que la lur notícia y la glòria a ells atribuïda és solament per los lurs auctors prochida; emperò Justino y los altres scriptors que descriven d'ells y de la lur natura tots detraen a la lur excel·lència. De la qual cosa se lamenta [fol. 107r] Josophus en lo principi del libre lo qual scriu, *De bello judayco*, dient ell voler parlar de allò, com sia cosa que los altres scriptors o per obsèquies dels romans o per fàstig portat als juheus, contra la fe y veritat de les coses han scrit. De què ell en açò los reprèn y afferma aquest disminuir la dignitat dels romans, dient:

---

[727] *versos*: ms. "ves".
[728] *sprego*: Pac. "alto ergo".
[729] *albergo*: ms. "albergol".
[730] *habitare*: Pac. "habitar".

"Nam dum romanos volunt magnos ostendere iudeorum rex extenuant et in humilitatem deiiciunt. Non autem intelligo quo nam pacto magni esse videantur qui parva superaverint". Per la qual cosa és manifest los juheus per ells matexos ésser-se reduhits famosos.

Últimament és de notar, quant a la istòria, que aquell que volgué fer lo gran alberch a Déu fon David, rey fill de Isaí, altrament nomenat Jessé. De què, essent Déu irat envers Saül perquè en la guerra contra Damàlech lo havia desobehit, havent perdonat a Cineu, son amich, e a molts altres pobles[731] y pres lo rey Agag presoner, lo qual Déu li havia manat que matàs, com s'escriu en lo primer dels *Reys* a XXXVI capítols, per ço dispongué Déu deposar Saül y tots los reys en lo rey David.[732] On, manat a Samuel que anàs a casa de Jessè y untàs a David rey del poble de Israel, exequí Samuel lo manament de Déu y, pervengut a Jessè, li manà per son pare que li fes venir davant tots los fills. Obehí Jessè y mostrà tots los fills a Samuel, excepto David, lo qual paxia los bestiars. Samuel aquells desdenyà y féu trametre per David, lo qual, com fon vengut, prestament lo untà per part de Déu en rey y senyor d'Israel. Quanta donchs fon la excel·lència de David no solament en l'esperit de proffecia a ell per nostre senyor Déu [fol. 107v] comunicat, mas en l'exèrcit de les armes y altres preclares gestes, molt pot ésser manifest per lo procés del primer libre y segon dels *Reys* y del primer del *Paralipamenon* començant al X capítol; hon, si donada la persecució a ell feta de Saül per la sua mort, essent assumpt al fastigi de tot Israel, vench envés la terra de jesubei.[733] Lo qual no volent rebre David, tramès o donà un edicte que qui aquell debel·làs seria duch de la sua milícia. Per la qual cosa Joab sobrà aquell en breu temps y vencé; y David per lo loch del seu habitacle elegí la rocha la qual se nomena Sion, per què fon tostemps dit aprés lo mont de Sion la casa y la ciutat de David. Elegí despux aprés d'aquesta victòria David XXX fortíssims hòmens per sos companyos, migançant los quals hagué tostemps grans y glorioses victòries. On vencé y sobrà los philisteus y arians, aquells de Amon, aquells de Rabba y molts altres pobles descrits en los lochs al·legats. Havent donchs David portada l'archa federis[734] en Jerusalem y constructes y edifficades més cases,

---

[731] *molts altres pobles*: ms. "molt altre poble".
[732] *y tots...David*: it. "e ungere David".
[733] *de jesubei*: "dels jebuseus".
[734] *archa federis*: "arca foederis", "arca de l'aliança".

y majorment la sua digníssima de fust de cedre, lo qual a ell del rey de Tir Surone era estat donat, ab punt[735] de la conciència cridà a si Natan proffeta e dix: "Ecce habito in domo cedrina. Archa autem federis domini sub pellibus est". Al qual Natan respòs dient: "Omnia que in corde tuo sunt fac: deus autem tecum est". Aprés en la nit Nostre Senyor Déu aparech en visió a Natan, e dix-li que li denunciàs per sa part com no li edifficava altra casa, perquè havia dispost que hu de sos fills fos aquell que construhís lo temple lo qual volia. On *Paralipomenon* XVII y en lo segon dels [fol. 108r] *Reys* diu lo test en persona de Déu a David: "Suscitabo semen tuum post te quod egredietur de utero tuo et firmabo regnum eius ipse edificabit domum nomini meo et stabiliam tronum eius usque in sempiternum et ego ero ei in patrem et ipse erit michi in filium". La qual cosa, en quant a la letra de la edificació del temple marmore, se verifica en Salamó, fill de David y de Bersabé, muller que fon de Uries. Mas, segons la al·legoria y memòria divina, fon lo predit test verificat quant lo verb divinal, ver fill de Déu, se statuí per temps de glòria sots cors fecunde de la verge Maria, quant immediate per la atestació de l'àngel Gabriel li respòs "Ecce ancilla domini fiat michi secundum verbum tuum", com s'escriu en lo primer de Sant Luch. Lo qual temple del cors de la gloriosa Maria pronuncia Ezechiel XLIIII quand dix: "Et converti me ad viam porte sanctuarii exterioris que respiciebat ad orientem et erat clausa et dixit dominus ad me: porta hec clausa erit non aperietur: et vir non transibit per eam quoniam dominus deus Israel ingresus est per eam". Volgué David, pux que foren vencuts y sobrats los enemichs del poble de Israel, fer a Déu lo temple per ço que habitàs entre·ls hòmens, mas fon aquell reservat a Salamó. Per la qual obra y per l'altra sua digna, començant a la occisió de Golias, merita ab rahó ésser lo primer a seguir la fama entre la squadra judayca.

Narra aprés micer Ffrancesch dient que aquell lo qual féu la obra de l'alberch de Déu seguia da tergo y endret de les espatles a David, la qual ab eterno fon a ell destinada; e emperò d'ell un fons[736] produhí al sobiran aquell sant edifici, encara [fol. 108v] que ell estime aquell no ésser estat dins en l'ànimo y concepte seu tal architecto en lo ben obrar, lo qual se demostra ésser en la construcció de fora del sacre temple a Déu per ell dedicat. On diu:

---

[735] *ab punt*: error por "compungit"; it. "compuncto".
[736] *d'ell un fons*: ms. "del un fons"; it. "da lo imo fundo".

Ma chi fe' l'opra, li venia da tergo:[737]
A llui fu destinato, onde da imo
Produsse al sommo lo edifficio sancto,
Non tal dentro architecto, quale io[738] stimo.

Salamó, fill de David, entre tots los hòmens que may foren fon ple de major sapiència que alguns altres que may fossen en lo món, excepto aquella de Jesucrist; a la qual vench experimentar y conèxer la reyna Sabba, com s'escriu en lo III dels *Reys* en lo X capítol. La qual, pux li hagué partlat, dix y confessà verament la sua sapiència ésser molt major que no·s deya. E aquella matexa demostrà Salamó en lo prudent juhí de les dues dones, conexent per la natura les afliccions que eren en la mare del viu fill e a aquella del mort, axí com se mostra en lo terç capítol del matex libre. A Salamó donchs per la sua sapiència no fon feta guerra e vixqué pacífficament XXXX anys. En aquest temps donchs Salamó per edifficar lo temple de Déu tramès per mestre a Surone, rey de Tir, e Sidone, com scriu Eusebi VIIII[739] *De preparacione evangelica,*[740] los quals ell los tramès los pus perfets que pogué trobar; migançant los quals fon fet lo ediffici del temple de Déu. Era la quantitat del temple LX cubitis la sua largària y per larguària sua de XX cubitis, XXX cubits aprés la sua altària; y davant la porta era un vestíbulo y pòrtico larch XX cubitis y de semblant largària. [fol. 109r] Y les fustes dintre lo edifici eren totes de cedre y totes fabricades y compostes[741] de pedres ab gran mesura y de scarpre. Era dins egualada una font copiosíssima d'aygua, y encara per los griffons era gran abundància, migançant la qual se lavava la sanch dels oferts animals en lo sacrifici judaich. Era la sua cara envers orient y la part posterior envers occident, com scriu Aristeu en lo libre *De interpretacione judaice legis.* E aquesta forma y noble composició donà[742] Salamò al noble temple de Déu.

No fon emperò dins si Salamó tal sostre o cuberta qual en aquest edifici del seu concepte y operacions, com sia cosa que·n lo tercer dels *Reys* en lo XI capítol se ligga Salamó haver peccat en lu-

---

[737] *tergo*: ms. "targo".
[738] *quale io*: Pac. "com'io".
[739] *VIIII*: it. "viii".
[740] *evangelica*: ms. "evuangelica".
[741] *totes…y compostes*: ms. "tots de cedre y tots fabricats y composts"
[742] *donà*: ms. "de"; it. "di".

xúria, en ydolatria y en ira, y ésser mort sens may fer-ne alguna penitència; per la qual cosa no s'abé may edificar lo seu ànimo en la obediència divina. Per la qual cosa mèritament no tal dins edifici de l'ànima qual del temple defora del nostre poeta és estat jutjat.

Continua aprés y connumera lo nostre poeta ell veure la fama seguir dretament a Salamó, dient que aprés véu aquell lo qual a Déu fon tan familiar que ab ell parlava cara per cara; de la qual cosa negun altre fon que més en lo món se pogués gloriegar. On diu:

> Poi quel che a Dio familïar fu tanto
> In gracia a parlar seco a faccia a faccia,
> Cal che nullo[743] altro se ne puo dar vanto.

Descriu micer Ffrancesch en aquests versos Moysès, on és d'entendre que ell sols entre tots los hòmens fon aquell que parlà cara per cara ab Déu, com s'escriu en lo *Èxodo* a XXXIII capítols; [fol. 109v] del qual aprés la santedat la doctrina de les letres sacres demostra, y la sciència sua declara Virgili en lo VI y Eupolemo Grech, y lo exercici de les armes en lo contengut del *Pentateuco* manifesta Artapano. Per la qual cosa principalment és de saber que, essent lo poble de Israel tant multiplicat en Egipte, que farahó dubtant d'allò manà a Sephera e Phua, caps de la host judayca, que tots los mascles que naxquessen en aquest temps deguessen matar. Y en aquest temps naxqué Moysès, lo qual ultra a bellísim modo la mare no·l volgué matar, mas tingué'l amagat per temps de tres mesos. Crexent lo chiquet infant y no podent-se més amagar, delliberà la mare posar-lo a la fortuna; per la qual cosa presa un jorn una cistella feta de vímens, y meté'l dins; y ben ligat dintre lo meté en lo riu. Era en aquell dia Meris, filla de Chenefro, rey de Egipte cognomenat ffaraó, devalla al riu per voler-se lavar; la qual, veent venir per l'aygua aquesta cistella, la féu prestament pendre y abrir e, vist lo infant tan bell essent ella estèril, lo adoptà per fill.

Crexcut Moysès y devengut a ésser pastor en la sua adolocència, essent un jorn sobre lo mont Oreb, Déu li aparech mentres que guardava les ovelles e cridà'l, dient-li que la aflicció del seu poble lo havia comogut a pietat, de què volia delliurar-los de la mà dels egipcians y portar-los en la terra de promissió fluent abundant de let y de mel, la qual tenien los camaneus, los de la Morea, y los atheus,

---

[743] *Cal che nullo*: Pac. "che nesun".

los fariseus, los eneus y jesubeus; y havien elet aquest Moysès per duch y príncep; e que per ço anàs a pharaó [fol. 110r] a dir-li per part sua que relexàs lo seu poble, axí com era la sua voluntat. Moysès enteses les paraules de Déu, se escusà a ell, dient ell no ésser tal que pharaó l'agués de creure; al qual Déu respòs que seria ab ell y li faria obrar grans miracles. Confià Moysès en Déu y anà a pharaó, al qual explicà la divina embaxada, mas pharaó més per aquella s'endurí y més afany donà al poble de Déu. Per la qual cosa Moysès fon constret a obrar miracles. De què, entrat en concert ab los màgichs de pharaó, féu convertir la sua verga en serpent, mas allò matex hagueren fet los màgichs, excepto que la serp feta de la verga d'Aron y de Moysès devorà[744] totes aquelles fetes de les vergues dels màgichs; per la qual cosa Moysès fon jutjat restar superior. E últimament no havent pogut los màgichs tant com féu Moysès, com vench[745] en tot ell obrar divina virtut y no màgica. Norresmenys no umiliant-se, per açò, ans molt dur, lo cor de pharaó, Déu percudí los egipcians de molta plaga, ço és de pestilència, de grandíssima boyra, e a la fi de la mort de tots los primogènits de Egipte. No movent-se encara pharaó del seu obstinat prepòsit, a la fi Déu manà a Moysès que·s posàs en punt ab tot lo poble y se'n fogís. E devent-se partir de Egipte los ebreus segons lo manament de Déu, Moysès los dix que cascú crexqués en prestar als egipcians algun vexell d'argent o d'or, la qual cosa, aprés que hagueren feta, Moysès lo féu partir de nit ab ell per venir fins a la mar Roga. Ffaraó, sentint la fuga, lo seguí ab grandíssim nombre de gent armada del seu poble, on, essent ja prop dels jueus, Moysès pegà en la mar [fol. 110v] ab la sua verga, per la qual cosa súbitament se feren dotze carreres hon mostrava ésser seca la terra. Lo poble d'Israel passà la mar Roga per aquestes dotze vies y, essent prop aquell exitú d'Egipte, atengué pharaó ab los egipcians y, veent obertes les vies o carreres, se meté dins ell y lo seu exèrcit. Hon intervench que, com foren fora los ebreus, les aygües totes tornaren en son acostumat loch y moviment; de què tots los egipcians se neguaren en la mar. E campants los israelites de tant perill, Moysès vench ab lo poble en lo desert, hon foren paxcuts per Nostre Senyor Déu XL anys de tortres y de mannà, hon Moysès totes les amargues aygües convertí en dolces. Aprés exits del desert y venguts en les terres dels amalechites, com-

---

[744] *devorà*: ms. "devoraren".
[745] *com vench*: error por "confessaren"; it. "confessorno".

bateren ab ells; de què, mentres Moysès orava per lo poble, tostemps vencia los amalechites. A la fi conduït segons la promesa de Déu prop lo mont de Sinaý, donà la ley a Moysès sobre aquell mont, la qual volia que servàs lo seu poble. Devallant Moysès y mirant scrita aquella ley en taules, trobà lo poble que adorava lo daurat vedell; per la qual cosa prengué tan gran ira que, pegant de les taules en terra, aquelles rompé en moltes parts. Aprés mogut de compasió del poble, pregà a Nostre Senyor Déu per la sua remissió. Aprés[746] instituïda la ley al polítich viure, ordenat lo sacerdoci, ffabricada l'archa, construït l'oratori, descrits los tribs segons lo manament de Déu beneynt-los a tots, vixqué sobre lo mont Nebo, hon, mirada tota la terra de promisió com Déu havia dispost, en aquell loch de edat de CXX anys morí. Són manifestes aquestes obres per lo procés [fol. 111r] de la sacra scriptura en lo *Exodus, Leviticus, Numeri* y *Deuteronomi*. Ultra norresmenys lo testimoni de la scriptura sacra, la excel·lència de Moysès és manifesta per lo contengut de Eusebi en lo VIIII libre *De preparacione evangelica*, hon introduhex Eupolemo scriure de Moysès aquestes dignes paraules: "Moyses sapientisimus homo fuit et literas judeis primum tradidit et a judeis fenices acceperunt". Manifesta encara Virgili la doctrina de Moysès en lo VI de l'*Eneydos* descrivint Museu en los Camps Eliseus, que axí·l nomenaven los grechs per testimoni de Eusebi, procehir pus excel·lent que·ls altres, dient aquests versos: "Concupit ecce alios dextra: levaque per herbam: Vescentes: letumque choro peana canentes: Inter odoratum lauri nemus: unde superne: Plurimus eridani per silvam voluitur amnis: Hic manus ob patriam pugnando vulnera passi: Quique sacerdotes casti dum vita manebat: Quique pii vates: et phebo digna loquuti: Inventas aut qui vitam excolvere per artes: Quique sui memores alios fecere merendo: Omnibus iis nivea cinguntur tempora victa: Quos circunfusos sic est affata sibilla: Museum ante omnes: medium nam plurima turba: Hunc habet: atque humeris extanttem sucipit altis: Dicite felices anime: tuque optime vates: Que regio Anchisen: quis habet locus: illius ergo: Venimus et magnos Erebi tranavimus amnes".

Circa encara lo exercici de les armes, ultra lo testimoni del *Pentateuco* scriu Artapano, com mostra Eusebi, que, pux que Orpheu de Moysès hagué rebuda doctrina grandísima, Moysès trobà los

---

[746] *Aprés*: ms. "ares".

sturments de la guerra que [fol. 111v] los egipcians aprengueren per militar. Per la qual cosa en Egipte fon adorat quasi per un comun Déu y era per la sua gran doctrina aprés d'ell nomenat Mercuri. Per la qual cosa Chenefro, mogut d'enveja, per ço que Moysès morís lo tramès príncep contra los etiops, on, ell preparant los exèrcits, la major part levà del poble judaych, per ço que, essent inexperts morisen ab lo lur duch Moysès. Moysès donchs presos los exèrcits, anà a la expedició, hon estech deu anys, e per la tanta durada ediffià una ciutat en aquell loch hon primer sostingueren l'impetut dels ethiops, la qual del seu nome féu nomenar Hermòpoli. Aprés sobrats los ethiops, vench aprés d'ells en tanta veneració que consentiren per complaure'l en circuncir-se tots. Tornat aprés Moysès a Chenofro y en vista alegrament d'ell rebut, lo tornà trametre a un·altra expedició e a la fi de Ethiopia ab lo cors de Meris, dient-li la sepellís en aquell loch. Ell hi anà y exequí lo manament de Cenefro; y ediffià ab lo nom de la adoptiva mare una ciutat la qual nomenà Moroe y, coneguda en aquesta expedició la insídia de Cenefro, Moysès se'n fogí en Aràbia, hon prengué per muller Raguella, filla del rey de la província. Consent aprés aquest Artapano quasi a totes les gestes escrites per Moysès en lo *Exodus*, excepto que al trànsit de la mar Roga diu los memphitis[747] haver dit que Moysès, lo qual havia notícia grandísima de astrologia, y larch temps esperà lo reflux de la mar y en aquell pas pasà ab lo poble. De què los egipcians, essent sobrevenguts en deflux de l'aygua, se negaren. [fol. 112r] Norresmenys los eliopolites afermen la mar ésser-se uberta per lo colp del bastó de Moysès. Aquestes y altres coses excel·lents scriu Eusebi en lo libre al·legat, les quals per no més largament procehir al present finarem.

Seguex aprés micer Ffrancesch lo exemple de Josuè, dient que véu seguir aprés de Moysès aquell que ab la sua potent lengua ligà lo sol, axí pròpriament com se liga o enllaça un animal, solament córrer-li detràs los seus enemichs. Y exclama dient: "O gentil confidència y benaventurada[748] quanta és la tua eficàcia[749] que, qui vol a Déu, quant és creat en terra tant és a ell subgecte; e ultra açò ha poder de tenir solament ab simples paraules lo cel y lo seu moviment que més no·s moga ni discórrega". On diu:

---

[747] *los memphitis*: ms. "memphiti".
[748] *benaventurada*: ms. "benaventurat".
[749] *eficàcia*: ms. "eficacio".

> Et quel che, come un animal s'allaccia,
> Con la lingua possente legò il sole
> Per seguire[750] de' nemici suoi la traccia:
> O fidança gentil! chi a Dio ben vole,[751]
> Quanto in terra[752] à creato, havere[753] subgetto,
> Et il[754] cielo tener con simplici parole!

Per més plana intel·ligència dels precedents versos és de saber principalment que no sens rahó lo nostre poeta diu qui vol bé a Déu haver potestat de poder aturar lo cel, com sia cosa que aquella benivolència no puga ésser sens lo fonament de la fe. E hon sia la fe és estatuïda aquesta potestat, axí com testiffica Jesucrist en Sant Luch a XVII capítols y en Sant Matheu a XXI, hon parlant als apòstols diu: "Amen dico vobis si fidem habueritis et non hesitaveritis [fol. 112v] non solum de ficulnea sacietis: sed et si monti huic dixeritis tolle te et iacta te in mari fiat et omnia quecunque pecieritis in oracione credentis accipietis".

Segonament és d'entendre, quant a la istòria, que aquell que fermà lo cel y ligà lo sol fon Josuè, fill de Num, ministre de Moysès. Lo qual, aprés que fon mort, com damunt diem, Déu elegí en son[755] loch duch del poble de Israel elegí lo predit Josuè, com se lig *Josuè* en lo primer. Manà-li Déu que prengués los exèrcits y pasàs lo flum Jordà; la qual cosa fent ell, lo rey dels amorreys y aquells de la regió de Canaam prepararen exèrcit contra lo poble judaich. Josuè en açò havent tramès exploradors a la ciutat de Jericó, y aquells essent estats rebuts de una meretrice nomenada[756] Raab e per obra sua salvats, entengué Josuè en lo lur retorn qual era la disposició de la terra. De què lo setèn dia prengué la ciutat per força, essent d'aquella cayguts los murs per haver-la ab l'archa federis set voltes circuhida primer y en tota circuyció fet cridar al poble ab grandísima veu aprés procehint Josuè. Prengué aprés la ciutat de Hai y matà lo seu rey perquè havia fet resistència; per lo qual exemple cayguè aprés en pactes ab aquells de Gabaon, de Caphira, de Beroth y de Caria-

---

[750] *seguire*: Pac. "giugner".
[751] *a Dio ben vole*: Pac. "Dio ben cole".
[752] *in terra*: Pac. "Dio".
[753] *havere*: Pac. "aver".
[754] *Et il*: Pac. "e 'l".
[755] *son*: ms. "lon".
[756] *una meretrice nomenada*: ms. "un meretrice nomenat".

tarin. Sentint-se donchs aquestes obres per los reys convehins, ço és Adonsedech rey de Jerusalem, Orbam rey de Hebron, Pharam rey de Ermoth, Laphire rey de Lachis e Abin rey de Eglon, se congregaren ensemps contra los juheus e delliberaren anar[757] a expugnar Gabaon; on posant-se en camp, aquells [fol. 113r] de la terra trameteren per socós a Josuè, lo qual era en Galgala, regió non molt luny. Josuè feta oració a Déu y entès d'ell que no degués tembre perquè hauria victòria, prengué los exèrcits y vench en subsidi a Gabaon. Procehint aprés a la batalla ab aquells amorreis, Josuè los[758] vencé; los quals posant-se en fuyta, Déu plogué sobre ells grandíssima pedra, la qual matà molts d'aquells. E mentres que Josuè aquests reys[759] seguia, essent la ora de vespre manà al sol que no·s mogués contra a Gabaon, ni la luna contra la vall de Ilon. Y axí estant lo sol y la luna immobles y tostemps luents segons los seus preceptes, com s'escriu en *Josuè* al V, Josuè tant perseguí aquells reys que·ls prengué closos dins una spellunca, hon per por se'n eren fogits, los quals ell manà fossen guardats fins a la complida victòria; la qual, pux que fàcilment y prest hagué obtesa, féu-se venir davant cinch reys, los quals davant ell féu degollar. Aprés en lo dia matex prengué la ciutat de Macida y matà lo seu rey. De què resta manifest quant sia sotsmès a la potència ab tot que ab fe se ame y·s tema nostre senyor Déu.

Narra aprés lo poeta l'exemple de Abraam, dient que aprés de Josuè véu lo nostre pare al qual fon dit que hixqués de la sua terra y anàs al loch elet per Déu per la salut humana, ço és a la terra de promissió, on Déu naxqué, morí, y hon pugà en lo cel. On diu:

> Poi vidi il padre nostro, a cui fu decto
> Che uscisse di sua terra et gisse a loco
> Che alla humana salute era già electo.

Axí com demostra la scriptura sacra del *Gènesis* a XII capítols per la notícia dels [fol. 113v] precedents versos és de saber que, mort Thare, pare de Abraam, en la regió de Canaam, Déu aparech a Abraam e dix-li que hixqués de la terra de Canaam e anàs a la terra de promissió. Per la qual cosa Abram ensemps ab Sarra, muller sua,

---

[757] *anar*: ms. "ana".
[758] *los*: ms. "lo".
[759] *aquests reys*: ms. "aquest rey".

y ab Loth, fill de Aran, jermà seu, partí de Canaam. E quant foren al principi de Egipte, Abram pregà Sarra que digués ésser jermana sua e no muller, e açò per no ésser mort dels egipcians, essent Sarra bellíssima y los egipcians luxuriosos, e aprés d'ells essent lo adulteri peccat. De què intervench que, donat aquest orde, Sarra en Egipte, com fon vista, fon presa y portada a pharaó. Per la qual cosa Déu flagel·là los egipcians, e pharaó, coneguda la causa, ab molta benivolència tornà Sarra al seu amat marit Abraam. Vengut donchs Abraam a la sua companya en Betlem, los pastors de Loth feren qüestió ab aquells de Abraam, de què Abraam crexqué la divisió e dix a Loth que habitàs divers d'ell, e Loth anà a habitar en Sodoma y Abraam en Ebron, molt veÿna a la vall Mambre. En aquest temps intervench que Amrafel rey de Senaar, y Arioth rey de Ponto y Codor, Laormor rey dels alamites, y Tadal rey de genti[760] feren guerra contra Bam, rey de Sodoma, y contra lo rey de Gomorra, y contra Semeber, rey de Soboym, y contra lo rey de Segor. Y essent la guerra ja molts anys durada, a la fi combateren aquests reys ensemps y lo rey de Sodoma fon vencut ensemps ab los altres seus reys. Per la qual cosa aquells de Codor e Laormor[761] prengueren gran presa de Sodoma y Gomorra, y [fol. 114r] entre·ls altres prengueren Loth, jermà de Abraham; e hu fogint de la batalla venc a Abram denunciant-li la presa de Loth. Per la qual cosa Abraam elegí CCC dels seus servents y seguí lo vencedor tant que l'atés y combatent ab ell lo vencé; e matant-ne gran part, recobrà la presa ensemps ab lo seu jermà Loth. E mentres que retornava ab aquest a victòria encontrà Melchisedech, sacerdot, lo qual lo benehí y offerí a Déu sacrifici de pa y de vi en[762] figura del sacrifici odierno.[763] Per la qual cosa Déu aprés benehí Abraam e dix-li tants deure's beneir en la sua sement quantes eren les esteles del cel y les arenes sobre la riba de la mar. Gran laor e singular fama fon per cert aquesta de Abraam en aquell temps, mas cert molt major aquella obediència de la circuncisió y de l'imolar Isac, son fill, per satisfer al manament de Déu, com s'escriu en lo *Gènesi* a XXII capítols. Per la qual cosa no immèritament Abraam és estat posat ab los altres ebreus haver seguit lo Trihunfo de Fama.

---

[760] *de genti*: it. "de le genti".
[761] *e Laormor*: ms. "Laormor".
[762] *en*: ms. "no en".
[763] *odierno*: italiano por "del dia".

Continua aprés micer Ffrancesch dient que ab Abraam era lo fill y lo nebot, als quals fon fet lo joch de les dues esposes, ço és d'Ilia y de Rachel. On diu:

> Seco il figliolo et il[764] nipote, a cui fu il gioco
> Ffacto delle due spose.

Discorrent la scriptura del *Gènesis* y cercant les gestes per les quals a Isach, fill de Abraam, y a Jacob, son nebot, convenientment atribuixca laor y fama, lo més prestant y de més efficàcia se trobarà ésser estat aquell qui ab los preceptes divinals serà confirmat; majorment per respecte de Isach, lo qual per satisfer al voler divinal [fol. 114v] y al manament del pare consentia al morir y ésser sacrificat, axí com és scrit en lo *Gènesis* a XXII. Per la qual tanta obediència y per la confirmitat haguda ab Déu merita ésser connumerat en lo nombre dels sants patriarches.

Mas Jacob ultra aquesta disposició lo donà famós l'engan fet a Exaú, jermà seu; primer d'aver-li levada la primogenitura per una scudella de lenti y aprés la benedicció per lo consell de Rabecca, mare sua, essent-se fengit de ésser Exaú metent-se la pell anyellina en les mans perquè·s mostràs pelós com era Exaú, axí com és scrit en lo *Gènesis* a XXVII. E ultra açò la visió haguda dels anyells muntant y devallant per la scala en lo cel molt ha ampliat lo seu nom; ni menys certament lo fa clar ell haver collocate[765] ab l'àngel, de què aconseguí lo nom d'Israel. Per la qual cosa deven aquests dos axí matex no ésser aliens del Trihunfo de Fama, mas que engan o joch fos fet a Jacob de les dues esposes largament se mostra damunt en lo Trihunfo d'Amor. Per la qual cosa no és necessari en aquesta part allò més repetir per intel·ligència dels versos.

Narra aprés conseqüentment lo poeta dient que aprés de aquests véu lo cast y singular Joseph lunyarse un poch del seu pare Jacob. On diu:

> Et il[766] saggio et casto
> Iosèph dal padre alontanarsi un poco.

---

[764] *figliolo et il*: Pac. "figlio e 'l".
[765] *collocate*: error por "lluitat"; it. "colluctato".
[766] *Et il*: Pac. "e 'l".

Joseph, fill de Jacob, venut dels jermans als ismaelites y d'ells a Putifar; aprés mes en presó per la calúmnia a ell dada de la falsa muller de Putifar; e aprés ab glòria tret d'aquella per faraó per haver interpetrat lo seu somni [fol. 115r] y essent constituït sobre cadira del rey; seguint aprés la fam universal e vist los seus jermans ésser venguts a ell a comprar del forment, com diem dalt en lo Trihunfo de la Pudicíscia; recordant-se del seu somni, lo qual fon que lo sol y onze steles a ell se agenollaven, ço és lo pare y onze[767] jermans, arreglat del Sperit Sant ell volgué verificar mostra e figura de Jesucrist, al qual se devia inclinar tota la generació d'Israel, com predix Isaÿes en lo XV dient: "Radix iesse stabit in signum populorum et gentes eum deprecabuntur". Per la qual cosa essent aquest sublimat quasi en la real cadira per lo segon pharaó, per tot lo regne de Egipte venia forment. Jacob dix als fills que anassen[768] a comprar forment perquè no morisen de fam, y ells, partint-se de Canaam pervingueren en Egipte y, presentats davant Joseph, demanaren que·ls venés forment. Mas Joseph fengint de no conèxer-los, demanà de la lur condició; al qual ells respongueren ésser de Canaam y ésser venguts per comprar forment. Dix a ells Joseph açò devia ésser falsia, mas que devien ésser exploradors venguts a veure y explorar Egipte. Respongueren no ésser venguts per altra intenció y ésser XII jermans, tots servents seus, fills[769] de un vell pare, dels quals jermans un chiquet ne havia restat en casa e l'altre no sabien com no era arribat. Dix lavòs Joseph "Ara bé veg que sou exploradors"; y féu-los pendre y metre'ls en la presó. Tragué'ls aprés lo tercer dia Joseph e dix: "Yo entench pendre experiència si axí és de vosaltres com me haveu dit. Emperò al present reste hu de vosaltres y los altres partexquen, y a l'altra volta portau lo [fol. 115v] menor jermà". Açò dix a ells Joseph perquè desigava veure Benjamin, lo qual entre·ls nats de Rachel era son jermà, nats d'un ventre. Restà Simeon, e Joseph féu-los donar forment y en los sachs[770] de cada hu féu metre les bosses ab tota la lur moneda. Tornaren los nou jermans a Jacob y exposaren l'ambaxada de Joseph, e digueren com Simeon era restat en rehenes fins que a ell portasen Benjamin. Aprés ubertes les taleques del forment, trobaren les peccúnies, de la

---

[767] *onze*: ms. "onzo".
[768] *anassen*: ms. "anas".
[769] *fills*: ms. "fill".
[770] *sachs*: ms. "sach".

qual cosa se maravellaren. Jacob, entesa la preposada lur embaxada, dix no voler dar-li Benjamin, y que a ell semblava que ells volien fer-lo restar sens fill, essent mort Joseph, Simeon pres, y ara voler-li levar Benjamin. Estrenyent-los aprés la necessitat del menjar, dix Judes[771] a Jacob: "Pare, donau-me Benjamin a mi, que yo us promet de restituhir-lo". E tant digueren a la fi que Jacob ab moltes làgremes ho atorgà al seu minor fill. Retornaren aquests jermans ensemps ab Benjamin davant lo conspecte de Joseph, lo qual gratament los acollí y demanà de l'ésser de lur pare. E vist Benjamin, no pogué quasi retenir les làgremes; de què havent-li feta molta honor, li féu aprés donar lo forment y restituhir les pecúnies, y manà que·n lo sach de Benjamin fos amagada o mesa la copa ab la qual bevia pharaó, y donà'ls licència. Partits aquests onze germans y poch lunyats, Josep los féu pendre y portar-los davant la presència sua, dient, ab cara molt fellona menaçant-los, que ells eren ingrats y que havien furtada la copa del rey. Respongueren aquests no ésser ver, y que u [fol. 116r] cercasen bé, y si·l trobaven en colpa, que·l punisen agrament. Fféu lavors Joseph cercar los sachs, y a la fi la copa se trobà en lo sach de Benjamin. Per la qual cosa Joseph lo féu pendre y als altres jermans donà aprés licència mas, vehent aquest Judes ab los altres jermans y que per lo furt Benjamin devia restar servent, cascú per si deya voler restar en cambi d'aquell y ell obtingués licència solament per amor de lur tan vell pare. Mas Joseph estant ferm en lo seu prepòsit, a la fi Judes ab larga oració planyent umiliant lo seu ànimo, de què Joseph, no podent-se més detenir que ja li abundaven les làgremes, tramès fora de la sala tota l'altra gent e als seus amats y cars jermans se manifestà ell ésser Joseph, aquells ab alegra vista carament abraçant. Escampà's aprés la fama y entengué pharaó los[772] jermans de Joseph ésser venguts en Egipte, de la qual cosa estigué molt alegre; e féu-los venir davant ell e molt gratament los acollí. Aprés los dix que se'n tornassen en Canaam y que portassen Jacob y tota la sua família. Tornaren[773] los jermans a Jacob y explicaren tot quant faraó los havia comès; de què ab lo pare ensemps y tota la lur família pervingueren en Egipte, hon dignament foren rebuts de pharaó, e Joseph per manament de pharaó fon-los donada per a ells abitar la millor terra del regne de Egipte.

---

[771] *Judes*: "Judà".
[772] *los*: ms. "lo".
[773] *Tornaren*: ms. "tonaren".

De què mèritament lo digne y cast Joseph per voluntat de Déu, com scrit en lo *Gènesis* a XLV, un poch vixqué més que·l seu pare.

Seguex aprés lo poeta dient que, estenent la vista sua tant com les forces li bastaven e avant mirant [fol. 116v] en loch hon los ulls no variaven y lo veure, véu lo just rey Ezechies y lo gran y poderós Samsó. On diu:

> Poi, stendendo la vista quanto io basto,
> Rimirando ove l'occhio oltre[774] non varca,
> Vidi il giusto Ezechia et Sansone vasto.[775]

Per més fàcil intel·ligència dels precedents versos principalment és de saber que Ezechias, rey de Judà, fon fill de Acham y de Abissa, filla de Zacharies, fill de Baràchia, y fon entre tots los reys de Judà hu dels pus justs y pus prestants que en aquell temps fon entre ells. E per testimoni de la sua bondat diu la scriptura sacra, en lo IIII dels *Reys* a XVIII capítols, havent parlat d'ell: "Itaque post eum non fuit similis ei de cunctis regibus Iuda: sed neque in his qui ante fuere et adhesit domino et non recesit a vestigiis eius fecitque mandata eius que preceperat dominus Moysi unde erat cum eo dominus et in cunctis atque precedebat sapienter se habebat". Aquest donchs en lo principi de les sues dignes obres destrohí les ídoles y la serpent Eneo de Moysès, la qual féu per la salut del poble quant en lo desert de la via de la mar Roga foren los hebreus damnificats de cruel serpent; a la qual[776] qui reguardava era salvat, com s'escriu *Numeri* XXI, en senyal y figura de qui guardava a Jesucrist crucificat que devia rebre la salut verdadera; la qual serpent[777] perquè encara los juheus a aquella daven l'encens, de què tots idolatraven en la ydolatria. Aprés conexent Ezechias que lo poble de Déu no era convenient que estigués subjecte a altra gent estranya, se rebel·là del rey Senacharib, lo qual dominava[778] als asirians, sots lo qual molt temps eren estats subjugats los [fol. 117r] juheus; e ultra açò combaté ab los philisteus, y aquells sobrà, y vencé y lançà'ls de la lur regió. Mas, sentint Senacharib la rebel·lió del rey Ezechias, vench contra ell en la regió de Judà, hon prengué moltes terres en tant que

---

[774] *Rimirando...oltre*: Pac. "colui vidi, oltra il qual occhio".
[775] *Vidi...vasto*: Pac. "la cui inobedienza à il mondo guasto".
[776] *a la qual*: ms. "al qual".
[777] Falta "aixi contrita" para darle sentido a la oración; it. "cossi contrito".
[778] *dominava*: ms. "demanava".

Ezechies fon constret donar lo traüt. Mas Senacharib, no content del traüt, tramès a Jerusalem tres embaxadors, lo nom dels quals fon Tartam, Rapsaris y Rassacen, los quals digueren al poble que no confiasen en lo lur Déu ni encara de Ezechies que·ls enganava, mas que·s donasen a ell primer que haguessen experimentar les sues forces. Ezechies, entesa aquesta embaxada, dolgué's molt y vestí's de marrega, y tramès Eliachin, son mestre de casa, y lo seu escriva Sobria a Ysaÿes, fill de Amos, propheta,[779] dient que pregàs Déu per lo seu poble perquè lo temps de la tribulació era vengada. Ysaÿes respòs que ell no degués tembre, mas degués confiar-se en Déu y exir a la batalla. Haguda aquesta resposta, Ezechies féu tot quant li dix lo profeta, de què fon manifest als embaxadors ell ésser aparellat de combatre, la qual cosa ells referiren al rey Senacharib. Per la qual cosa Senacharib encara de nou escrigué a Ezechies que no confiàs en aquesta fal·làcia y falça esperança, la qual judicava ésser del seu Déu, si ell més volia en ell trobar misericòrdia. Ezechies norresmenys, rebudes les letres, estigué ferm en lo seu bon prepòsit y féu a Déu devotament oració. Y essent los exèrcits convenguts per combatre y estatuïts lo jorn de la batalla, la nit abans vench l'àngel de Déu contra[780] los asirians y matà CLXXXV mília hòmens. La qual cosa veent en la matinada [fol. 117v] Senacharib, se'n ffugí en Síria y Ezechias fon delliurat d'aquesta molèstia. Aprés d'aquesta victòria Ezechias emmalaltia a mort, per la qual cosa ell devotament planyent se recomanà a Déu; de què Déu, comogut de compasió, tramès-li Ysaÿas a dir que lo tercer dia seria guarit y que li havia atès lo statuït temps de la vida sua ab XV anys més; los quals[781] Ezechies pacíficament regnà en lo seu regne vivint felment e dormí ab los seus pares.

Samsó qui fon y en quina manera en moltes parts obrà largament dalt fon narrat en lo Trihunfo d'Amor, de què repetir-ho altra volta seria de judicar superflu.

Últimament és de notar, quant en aquell vers "Rimirando ove l'occhio oltre non varca" per molts se diga enportar la gran antigüitat de Ezechies, norresmenys crech lo poeta haver hagut més alt concepte; ço és que, mirant ell en lo quart libre dels *Reys*, hon la vista no més avant se extén que al sentiment literal istorial, no caent

---

[779] *propheta*: ms. "prophetes".
[780] *contra*: repetida en el ms.
[781] *quals*: ms. "qual".

ni⁷⁸² moral, al·legòrich, ni anegògich, ell véu Ezechies de XVIII a XXI capítol.

Narra aprés micer Ffrancesch dient⁷⁸³ que deçà de Ezechies y Samsó véu aquell que féu l'archa axí gran, y encara aquell altre que construhí y edifficà l'alta e immensa torre de Babel, la qual fon tanta càrrega de peccats y error. On diu:

> Di qua dallui che⁷⁸⁴ fece la grande arca,
> Et quel che cominciò poi la gran torre,
> Che fu sì de peccato et d'errore⁷⁸⁵ carca.

Pux que l'altísim Déu, no constret d'alguna causa mas per immensa e infinida liberalitat, digné crear lo món [fol. 118r] y l'ome, més essent-se aprés lo peccat del primer pare moltiplicada la humana nequícia, Déu se comogué a ira y dellibarà trametre sobre la terra lo diluvi, axí com és scrit en lo *Gènesis* en lo VI. Per la qual cosa Déu cridà a si Noè e dix-li que fabricàs una archa de trecentes cubertes, e cinquanta pases de largària e trenta d'altària, y que dins aquella entràs ell y tota la sua família; y encara hi metés mascle y femella de qualsevol altra generació d'animals. Obehí Noè a Déu y axí compongué l'archa y entrà dintre ab la sua família y ab tots los animals. Tramès Déu lo diluvi sobre la terra, hon plogué XL jorns continus e moriren totes les ànimes vivents sobre la terra, excepto aquelles que reservà Noè. Conexent Noè aprés ésser mancades les aygües y la secca terra ésser descuberta, havent la coloma sua tramesa la segona volta portada en la boca la fulla de la olivera vert, tramès fora de l'archa al propri domicili lavòs tots los animals; y Déu a tots benehí dient: "Crescite et multiplicamini et replete terram". E donant obra a la generació, Noè aprés restaurà lo món.

Hagué Noè tres fills, ço és Sem, Cam y Jafet. De Cam naxqueren molts fills entre·ls quals fon Cus, e Cus naxqué Menroth, lo qual fon robust y gentil de persona y començà a ésser potent y voler regnar. Lo qual pervengut ab los fills de Jafet en lo camp Sennar, Menroth per regnar dix als fills de Jaffet que de la terra fessen morter y edifficasen una ciutat e una torre, la sumitat de la qual muntàs a les esteles. Consentiren los fills de Jaffet y comencaren a edi[fol.

---

⁷⁸² *ni*: ms. "hi".
⁷⁸³ *dient*: ms. "dien".
⁷⁸⁴ *che*: Pac. "chi".
⁷⁸⁵ *errore*: Pac. "error".

118v]ficar y, essent la torre ja edificada o elevada a certa quantitat, Déu volgué confondre la supèrbia de Menroth. De què, essent lavòs no pus de una lengua e un sols edioma, Déu la confongué y partí en més lengües; de què en lo ministeri la hu no entenia l'altre, y axí fon necessari que la torre desistís e no procehir en ella; y per aquesta tal conffusió de les lengües fon nomenada aprés la torre de Babel.

Ultra les prenarrades gestes és d'entendre a majorr notícia dels precedents versos que lo poeta no diu aquests dos ésser estat deçà de Ezechies perquè ells no li precehisen en temps mas perquè ell li precehia en notícia y en fama, essent ells coneguts solament per un simple gest y ell per molts diversos.

Últimament és de notar que la torre de Babel fon carregada de peccat y error, perquè per supèrbia fon del principi instituhida y perquè estimaven los obrers poder penetrar la segona regió de l'ayre frigidíssim y la spera del foch, y la terça de l'ayre, regió caldíssima, la qual cosa del tot era imposible. Axí matex fon carregada d'error per la conffusió de les lengües, emperò los obrers,[786] no entenent-se entre ells, erraven ells matexos en tota la lur obra.

Seguex aprés micer Ffrancesch lo ffamós y prestant macabeu, dient que véu aprés aquell bon Judes, lo qual la paterna ley no pogué levar de anar a la vista sua, franch e no vencut, axí com un home lo qual per observància del just desig voluntàriament corre a la mort. On diu:

> Puoi quello[787] buon Giuda, a cui nessun puo tôrre
> Le sue leggi paterne, invicto et francho
> Come huom per giusticia a morte corre.

[fol. 119r] Pux que Antíocho, fill de Antíocho, rey de Síria, com s'escriu en lo primer dels *Macabeus* y Josoffus ho resumex en lo principi de la *Istòria judayca*, hagué expugnada la ciutat de Jerusalem, girà encara més a la proffanació del temple de Salamó que los juheus dexasen la pàtria y adorasen les ýdoles. La qual cosa molts no volent fer, foren dels seus ministres straçats y morts ab divercos suplicis. La qual cosa veent Judas Macabeu y los germans, fills de Mathacia sacerdot, delliberaren la principiada deffensa del pare de

---

[786] *obrers*: ms. "obres".
[787] *quello*: Pac. "quel".

la lur regió proseguir. Hon succehint Judas en lo ducat aprés la mort de Mathacia son pare, lo qual vivint havia morts los ministres d'Antíocho e un jueu,[788] a ells exortà les relíquies de Israel a voler-se ensemps ab ell venjar-se en la lur prístina libertat e vida. E dispostes aquelles en manera d'exèrcit, principalment procehí contra Apol·loni, príncep de Samària, ab lo qual venint a batalla lo matà ab grandíssim estrall dels seus samaritans. Haguda aquesta victòria, fon denunciat a Juda com Seron, príncip de l'exèrcit sírico, venia contra Israel; per la qual cosa Juda anà contra ell e, conforts los seus los quals eren afamats e dejuns ab discretes paraules, devallà a la segona batalla, en la qual fon debel·lat Seron, y mort y despargit tot lo seu exèrcit; e axí en un breu e continuat temps obtingué Juda aquestes dues glorioses victòries. Antíocho, havent sentida la fama de Juda, desliberà fer-ne de son poder la venjança, per la qual cosa ajustà grandíssima cantitat d'exèrcits. Aprés veent que·n lo seu erari no eren tantes peccúnies que fossen sufficients, anà en Pèrsia per ajustar de aquells y dexà [fol. 119v] lo govern del seu regne a un noble home nomenat Lísia, de real genologia. Lísia essent restat en lo regne, elegí tres duchs, ço és Tolomeu, Nicanor y Gòrgia, y aquells tramès contra los juheus ab set mília cavalls y XL mília altres combatents; e a ells manà que cremasen y destrohissen la regió de Judea. Pervenguts aquests a l'exèrcit dels juheus, Gòrgia prengué cinch mília hòmens e de nit vench per asaltar Juda, lo qual sols ab tres mília era ab la deffensa de Israel. Sentint-se per aquest Juda tal ardiment, se meté en punt e a la matinada anà contra Gòrgia y aquell vencé, posant-lo en fuyta e seguint-lo fins a l'altre exèrcit; e trobat aquell ésser tot en desorde, axí matex lo vencé. E retornat a la victòria, tramès a Gerosolima, encara[789] que en més part fos cremat per oferir al temple, dotze mília dragmes d'argent per les ànimes d'aquells que eren morts en les precedents batalles.

Entès Lísia la nova de la victòria de Juda y de la fuga y gran estrall dels seus, per la qual cosa l'any següent deliberà venjar-se; de què vench contra Juda ab cinch mília de cavall e LX mília combatents. Juda donchs vista aquesta moltitud e no gens espantat,[790] feta oració a Déu combaté ab Lísia, y sobrà'l y vencé. La qual victòria haguda, Juda retornà en Jerusalem y aquella reedificà en part, y pu-

---

[788] *un jueu*: it. "uno Iudeo che consentiva".
[789] *encara*: repetida en el ms.
[790] *espantat*: ms. "espantats".

rificà lo temple de les inquinacions fetes per Antíocho. Estant los jueus en aquesta disposició, los pobles finítims[791] sentint ells haver erigit[792] l'altar e continuar les usades cerimònies, conjuraren contra ells. Mas Juda, gloriós vencedor,[793] tots los vencé y sobrà, y entre·ls altres la ciutat de Efrén e Scitopoli. Vencé [fol. 120r] aprés de aquests los[794] insidiants fills de Exaú e alguns mesos se reposaren en pau. En aquest temps morí Antíocho de Síria e succehí Demètrio Sother, jermà seu e fill del major Antíocho, lo qual encara volgué fer guerra ab los juheus, mas Juda lo vencé e per lavors compongué una ficta pau. E aprés Demètrio tramès contra Juda Nicanor[795] rey y ell vench per enganar-lo sots spècia de pau. A la fi combatent ensemps, de què Juda[796] feren maravelloses proves en armes; majorment Eleacar contra los eleffants, matant aquells; la qual cosa era reputada un miracle. On Nicanor a la fi desconfit y mort, y lo seu cap a la mà, e ab los muscles y la lengua, per manament de Juda fon portada en Jerusalem.

Confederà's aprés Juda ab los romans, havent entesa la lur bona fama, e en aquesta confederació Demètrio, rey de Síria, encara de nou mogué guerra a Juda, e contra ell tramès dos capitans, la hu nomenat Alcimo y l'altre Bachide. E Juda preparat a la deffensa, anà contra aquells[797] e, a la fi combatent y lancant lo exèrcit de Bachide, a la fi Juda fon mort en batalla. La mort del qual Simeon y Jonathan, amats germans seus, dignament y ab gran effusió de sanch venjaren la mort contra los asirians.

Seguex aprés micer Ffrancesch dient que aprés la vista de tants y axí excel·lents hòmens lo seu desig de veure y entendre era pres que fatigat,[798] quant una vista alegra y digna lo féu més reposar en remirar que era; y encara emperò que véu en una lista o esquadra prestant dones, entre les quals era [fol. 120v.] Antiopa, y la bella y armada Oríthia, e Ypòlita, trista y aflicta del seu fill Ypòlit, y encara Menalippe, totes reynes del regne de les amazones; y quascuna en la vista era molt més bella y gentil, y en les armes en tal manera exper-

---

[791] *finitims*: ms. "finits"; it. "finitimi".
[792] *erigit*: ms. "ereticat"; it. "erecto".
[793] *gloriós vencedor*: ms. "gloriosos vencedors".
[794] *los*: ms. "lo".
[795] *Nicanor*: ms. "Meano"; it. "Nichanor".
[796] Falta "i els seus germans"; it. "e i frategli".
[797] *aquells*: ms. "aquell".
[798] *pres que fatigat*: ms. "pres que"; it. "presso che stancho".

ta que al gran Hèctor fon glòria haver-les vencudes quant per premi de la victòria hagué ell la una germana y Teseu l'altra. On diu:

> Già era il mio disir[799] presso che stancho,
> Quando mi fece una legiadra vista
> Più vaga di guardar[800] che io ne fussi ancho.
> Io vide alquante donne ad una lista,
> Anthiope et Orithia, armata e bella,
> Hipolite, del figlio aflicta et trista,
> Et Menalippe, et ciascuna più[801] snella
> Che vincerle fu gloria al grande Alcide:
> Et l'una hebbe, et Teseo l'altra sorella.

Per més expedita conexença dels precedents versos és de saber que, havent les dones de Scíthia[802] preses les armes, com damunt diem en lo Trihunffo de la Pudicíscia, per la partida dels marits d'elles, elles constituhiren les lurs primeres reynes, ço és Marthèsia y Lampedone, les quals, mentres que regnaren, occuparen gran domini en Europa y part en la Àsia; per la qual cosa Èpheso ab moltes altres ciutats edifficaren. Y essent en aquelles parts restada Marthèsia a guarda de lur domini e ditonne[803] y les altres tornant-se'n ab gran glòria en lo regne, fon aquesta Marthèsia del concurs de bàrbaros mata ensemps ab gran quantitat de les sues donzelles.

Succehí en lo regne aquesta Oríthia, la qual de militar disciplina y de sobirana pudiscícia [fol. 121r] de totes les altres fon de major excel·lència. Y en aquest temps morint l'altra reyna Lampedone, fon eleta en son loch la jermana de Oríthia, la qual se nomenava Antíope. Mas Antíope se stava en lo regne y Oríthia anava fora ministrant la guerra.

Per virtut donchs d'aquestes dues excel·lents[804] reynes tant pervingueren en reputació les amazones que lo rey Eristeu, vengut a ésser-ne envejós de la lur glòria, manà a Hèrcules que les anàs a combatre. E pervengut Èrcules en lo regne hon era Antíope, la qual lavors no dubtava en res la guerra, trobant-la sens reparo ab poca batalla e repugnància la prengué; hon fon presa Menalippe, germa-

---

[799] *disir*: Pac. "desio".
[800] *vaga di guardar*: Pac. "vago di mirar".
[801] *più*: Pac. "sì".
[802] *de Scíthia*: ms. "Scithia".
[803] *ditonne*: "poder, autoritat"; it. "ditione".
[804] *excel·lents*: ms. "excellent".

na de la reyna Ypòlita, de les quals la primera hagué Hèrcules però restituhí-la a la germana, prenent en aquell cambi les armes de la reyna, e Theseu hagué Hipólita, la qual se féu legítima muller de aquell, de la qual naxqué Ypòlit. Del qual ella fon aprés molt trista quant, segons que diu Sèneca en les *Tragèdies*, per obra de Theseu fon lacerat y mort Ypòlit sobre la riba de la mar, essent los cavalls del carro seu espantats per causa dels monstrums marins, encara que aprés per obra de Esculàpio fos revocat dels inferns e restituhit a la vida com los poetes fingen. Mas en la veritat essent estat Ypòlit, per calúmnia a ell donada per Ffedra, ferit de Theseu y creent que fos mort, lo dexà estar sobre la vora de la mar e una dona nomenada Arítia, la qual Ypòlit sobiranament amava, lo recollí y féu-lo metgar a Esculàpio, de què fon delliurat. La qual cosa sentint Theseu, no volgué procehir més avant contra lo fill, mas Ypòlit per no experimentar la ira del pare contra ell, a gran tort concebuda, se'n vench en Itàlia, [fol. 121v] hon edifficà una terra e posà-li lo nom de sa enamorada Aríthia en loch on és huy la ciutat de Roma. De la qual Aríthia aprés, quant Eneas vench en Itàlia, Vírbio, fill de Ypòlit, se partí y vench en favor de Turno, com en lo VII de l'*Eneydos* scriu Virgili dient: "Ibat et Ypoliti proles pulcherima bello. Virbius: insignem quem mater Aricia misit. Eductum egerie lucis hymencia circum. Litora pinguis ubi et placabilis ara diane". De què per aquest respecte mèritament Ypòlita fon trista y aflicta del fill.

Últimament és de notar que no poca laor y fama atribuhex lo nostre poeta a les damunt dites reynes, dient que a Hèrcules fon glòria lo vencre-les, emperò que, essent Hèrcules estat axí virtuós y potent, no podia vencent aquistar glòria sens gran dignitat y excel·lència del sobrat enemich. La qual probitat ésser en ell[805] demostrà aprés Oríthia quant ab lo adjutori de Sagílio, rey de Corínthia, y de Panasàgora, son fill, volia sobre los grechs venjar la presura de les sobrades jermanes, la qual cosa necessitat y intervenia quant entre les amazones e Panasàgora[806] no fos cayguda en dissesió.[807]

Continua aprés lo poeta dient que en aquesta matexa esquadra véu la vella Thomir, la qual ab tanta seguretat véu lo seu fill mort, del qual féu tal e axí manifesta venjança que lavors morí Ciro y al

---

[805] *ell*: "ells"; it. "loro".
[806] *e Panasàgora*: ms. "Panasagora".
[807] *dissesió*: ms. "en dissesio".

present matà la sua fama, emperò que, veent-se encara per les istòries que parlen d'ell lo seu terrible fi e mort ignominiosa, par que quascun dia muÿra per la sua pròpria culpa, tant lo dia que fon vencut de Thomir perdé la sua honor guanyada en Àsia en lo precedent temps. On diu:

> La vedova che sì secura vide
> [fol. 122r] Morto il figliolo, e tal vendette feo
> Che uccise Cyro, et hor sua fama uccide,
> Perché, vedendo[808] anchora il suo fin reo,
> Pare[809] che di nuovo a sua gran colpa muoia;
> Tanto quel dì del suo honore perdeo!

Manifestament dalt en lo Trihunffo de la Pudiscícia per intel·ligència dels precedents versos fon demostrat qui fon Thomir y lo fill Spargapise, qui encara fon Ciro y en quina manera fon d'ella vencut. De què no és necessari repetir-lo, mas solament se deu considerar quant elegantment lo poeta diu semblava que a gran culpa Ciro muÿra quascun dia, essent estat pres en lo matex laç de Thomir, en lo qual ell Spargapise primer havia ab engan guerregat.

Narra aprés micer Ffrancesch dient que aprés de Thomir véu aquella que mal per a ella véu Troya, y ensemps ab les altres conegué[810] una verge latina, la qual en Itàlia donà grans enugs als troyans. On diu:

> Poi vidi quella che male[811] vide Troia;
> Et fra l'altre[812] una vergene latina
> Che in Italia a' Troiani de[813] tanta noia.

La primera d'aquestes dues descrites del nostre poeta en los precedents versos fon Pantasilea, reyna de les amazones, la qual, sí per l'antiga inimicícia haguda ab los grechs en lo temps de Theseu y de Hèrcules, com encara, segons Darete, per la amicícia que havia ab Èctor, vench en soccors als troyans; aquesta aprés moltes batalles

---

[808] *Perché, vedendo*: Pac. "però che, udendo".
[809] *Pare*: Pac. "par".
[810] *y ensemps...conegué*: ms. "ensemps conegue".
[811] *male*: Pac. "mal".
[812] *l'altre*: Pac. "queste".
[813] *de*: Pac. "fe'".

a la fi fon morta de Pirro. Mas, segons Ditis Cretense, essent ella venguda per prechs a la favor dels troyans y combatent un jorn ab Achil·les, fon d'ell morta, com diem [fol. 122v] dalt. Justino ultra aquest en lo segon *De bellis externis*, solament commemora ésser estada reyna de les amazones y en la guerra troyana haver mostrats molts dignes y virtuosos exemples.

L'altra latina verge fon Camil·la, filla de Metabo, lo procés de la qual manifestament dalt se demostra en lo Trihunffo de la Pudicíscia. Lo aparell de la[814] qual en la guerra de Turno en aquesta forma en lo VII de l'*Eneydos* escriu Virgili dient: "Hos super advenit volsca de gente Camil·la. Agmen agen equitum et florentis ere catervas. Bellatrix: non illa colo calathis ve Minerve ffoeminas assueta manus: sed prelia virgo. Dura pati: cursuque pedum prevertere ventos". Aprés quant virilment y ab virtut se portàs contra los troyans molt clar ho mostra Virgili en lo XI libre, on introduhex ella en lo principi dir axí a Turno: "Turne sui merito si qua est fiducia forti. Audeo: et eneadum promitto occurrere turme. Solaque tirrenos equites ire obvia contra. Me sine prima manu temptare pericula belli. Tu pedes ad muros subsiste et moenia serva". Per la qual cosa mèritament Camil·la és digna connumerar-se entre les altres en lo Trihunfo de Fama.

Seguex lo poeta dient que véu ultra aquestes la reyna magnànima, la qual ab una treça recollida o apartada corregué a la rapina y presa de Babilònia. On diu:

> Poi vidi la magnanima regina,[815]
> Con una treça avolta[816] e l'altra sparca
> Corse alla babilonica rapina.

Axí com escriu Justino en lo primer libre *De bellis externis*, mort Nino, rey dels asirians, subcehí a ell Semiramis, muller sua, la qual no solament conservà allò que trobà [fol. 123r] per herència del marit, mas granment llaguia y dilatà lo seu regne. Emperò que sola en la real cadira congregà nou exèrcits y anà contra los feroces etíops, los quals sobrà y vencé ab gran estrall y matança d'ells. Aprés girada contra los de la Índia, se féu egual a qualsevol altre príncep, com sia cosa que may a dona sia intervengut en aquella part ésser venguda armada. Havent donchs aquesta en tota la sua ampresa reportada

---

[814] *de la*: ms. "del".
[815] *regina*: Pac. "reina".
[816] *Con...avolta*: Pac. "ch'una treccia ravolta".

honor, hedifficà la gran Babilònia y aquella cenyí en torn de cuyts martons junts ab pega, y arena y betum. Y estant en aquest temps un jorn Semiramis entre les règies delícies curant dels seus cabells segons la consuetut femenina, li fon portada nova que Babilònia era del seu imperi rebel·lada. De què, havent ja la mitat de les treces dels seus cabells reduhides y ligades y les altres escampades y soltes, prestament se levà y prengué les armes, y ab lo exèrcit anà en Babilònia; e may aquelles treces escampades foren per ella recollides fins que hac reduhida la ciutat a la sua obediència. Per la qual cosa a perpètua memòria sua li fon feta en Babilònia una estàtua en semblant àbit en lo qual ella era de les diverces treces. Tornada aprés y retreta en oci, vench en tanta fúria y celerada inclinació que lo propri fill requerí de carnal mixtió; per la qual cosa fon d'ell morta.

Narra aprés dient lo poeta que véu Cleopatra y quascun·altra la qual fon cremada de digne[817] desig e foch. On diu:

> Poi vidi Cleopatra; et ciascuna arsa[818]
> Di degno[819] fuoco.

Qui fon Cleopatra maniffestament dalt fon expressat en lo Trihunffo [fol. 123v] d'Amor. Emperò solament a intel·ligència del vers és de saber que micer Ffrancesh diu Cleopatra ésser estada cremada de foch digne, perquè lo apetit del dominar, segons la grega sentència escrita de Tuli en lo terc *Dels officis* dient "Si ius violandum est regnandi causa violandum est", és[820] cosa natural e digna. Al qual apetit ensemps ab Cleopatra fon conjuncta Arsinoe, jermana sua; Agrippina, muller de Clàudio, mare de Neró; Túl·lia de Tarquino; Atàlie la qual fon[821] filla de Acab, rey de Jerusalem, y de Jetabole, muller sua; y Jei, muller de Joran, fill[822] de Josaphat, com s'escriu en lo IIII[823] dels *Reys* en lo capítol XI; e[824] altres moltes les quals, com afer és[825] en la operació, convingueren norresmenys en aquest digne desig de regnar.

---

[817] *digne*: it. "indegno" aquí y en los versos que siguen, pero "degno" en el comentario que sigue a los versos.
[818] *vidi...arsa*: Pac. "Cleopatra; e l'un' e l'altra er'arsa".
[819] *Di degno*: Pac. "d'indegno".
[820] *és*: ms. "e".
[821] *la qual fon*: ms. "fon".
[822] *fill*: ms. "filla"
[823] *IIII*: it. "iii".
[824] *e*: ms. "a".
[825] *com afer és*: it. "quantumque esser ate".

Són emperò alguns tests los quals dien "de indegno foco", los quals encara se poden tollerar essent Cleopatra cremada de carnal concupiscència, com damunt diem, y lo nomenat vici s'abé reduhir a la famosa virtut. Emperò que "rectum est iudex sui et obliqui", com aferma lo philòsoff en lo primer *De l'ànima*. On quascú de aquests dos contraris se pot manifestament al test acomodar, mas lo primer és lo més comú.[826] L'altre par més conforme als subseqüents versos.

Y emperò més seguex, dient que véu en aquella tresca de les dones cremar de foch digne o indigne Zenòbia, la qual molt més fon de la sua honor escassa que no Cleopatra, la qual era bella y en la sua fresca y florida edat; e quant en més bellea y més joventut se trobava tant semblava que se li atribuís y crexqués més lahor. E seguex que en lo cor femení de Zenòbia fon axí gran substància y fermetat que la sua bella vista ab les galeres [fol. 124r] ferrades féu venir en temor qui per natura sol menysprear lo perill, ço és l'alt imperi de Roma; lo qual ella ja hixqué ab les armes, com a la fi ella fos al trihunffo d'Itàlia digna presa e riquíssima soma. On diu:

> Et vidi en quella trescha
> Zenobia, del suo honore assai più scarsa.
> Bella era, et nella[827] età fiorita et frescha:
> Quanto in più gioventute et in[828] più belleça,
> Tanto par che honestà sua laude accrescha.
> Nel cor femineo fu sì gran fermeça
> Che suo bel viso et la ferrata[829] coma
> Ffece temer chi per natura spreça:
> Jo parlo dello imperio alto di Roma,
> Qual[830] con arme assalìo, ben che allo extremmo
> Ffusse al nostro triompho richa soma.

Zenòbia, com escriu Trebèl·lio Pol·lione, fon reyna de Palmitemi, per natura devallada dels Tholomeus, reys de Egipte. La qual en la edat de la sua puerícia donant-se a l'exèrcit de la caça, menyspreava lo conjugi de quascun senyor. Pervenguda aprés als anys núbilis,

---

[826] *lo primer...comú*: it. "el primo e piu erudito e anchora e piu commune".
[827] *et nella*: repetida en el ms.
[828] *et in*: Pac. "e 'n".
[829] *suo...ferrata*: Pac. "col bel viso e coll'armata".
[830] *Qual*: Pac. "che".

per consell dels amichs seus se casà ab un príncep de Palmitemi, lo qual se nomenava Odenato. En aquest temps essent estat Val·lerià XXXI emperador de Roma, pres de Sapore, rey de Pèrsia, y constret a vilísim axercici, y Galieno son fill, lo qual era successor en lo imperi, vivint affeminadament ni del pare ni de l'imperi mostrà no curar-se, Odenato, axí com a fidelíssim súbdit, anà contra Sapore y ab ell ensemps la dilecta Zenòbia; lo[831] qual sobrà y vencé, com escriu Júlio Capitolino en la vida de Galièn, XXXII emperador de Roma. Aprés, per testimoni de Eutropi, deffensà [fol. 124v] Odenato...[832] per si[833] regint lo imperi de Orient fon per obra de Meònio, son cosín germà, mort ensemps ab Herodes, son fill. Zenòbia donchs, sabuda la mort del marit y restant-li encara dos fills[834] de Odenato, la hu nomenat Hermànio y l'altre Ehimolao, prengué la cura del regne e imperi oriental, per la qual conservació no menys obra de bon cavaller que de singular reyna demostrava.

Ffon en aquest temps mort Galieno ensemps y Valeriano, son jermà, per frau de un duch seu nomenat Aureolo. On succehí en lo imperi Clàudio segon per delliberació del senat, lo qual fon digníssim príncep, y subjugà los gots, y hagué fama de haver ensemps congregat la virtut de Trajà, la pietat d'Anthònio y la diligència de Augusto. Mort aquest Clàudio al cap de dos anys, Quintílio, son jermà, tench lo imperi XVII jorns, lo qual, com no fos en virtut inferior al jermà, norresmenys fon mort dels superbos cavallers. Aquest succehí Aureliano, lo qual, com escriu Fflàvio Vopisco, havent recobrat tot lo occident, volgué encara que l'orient, lo qual tenia Zenòbia, retornàs sots lo seu domini, com ella[835] en pacíffica possessió per los fills lo tingués. Escrigué-li, primer que temptàs la guerra, en aquesta forma a ella Aureliano: "Aurelianus imperator romani orbis et receptor orientis. Zenobie ceterisque quos societas tenet bellica. Sponte facere debuistis id quod meis literis invite iubetur. Dedicionem enim precipio inpunitate vite proposita: ita ut illich Zenobia cum tuis hagas vitam ubi ex senatus amplisimi snia

---

[831] *lo*: ms. "la".
[832] Salta el texto a la siguiente mención de Odenato, por lo que queda un fragmento sin traducir: "..Síria, recobrà Mesopotàmia i penetrà dins Thesifonte. Essent en aquest estat Odenato..."; it. "...la syria: recupero mesopotamia e penetro insino a Thesifonte: stando in questo stato Odenato: e per se regnando...".
[833] *per si*: ms. "Perse".
[834] *dos fills*: ms. "dues filles"; it. "dui figlioli".
[835] *ella*: ms. "ell".

collocavero: gemmas: aurum: argentum: sericum: equos: camellos: in Romanum erarium [fol. 125r] conferas: palmitenus ius suum servabitur". Zenòbia donchs, havent rebuda aquesta epístola, ni en ànimo ni en paraules se diminuí la sua digna virilitat; de què principalment a Aureliano féu tal resposta: "Zenobia regina orientis Aureliano Augusto. Nemo aduch preter te hoc quid poscis literis petiit. Virtute faciendum est quicquid in rebus bellicis est gerendum dedicionem meam poetis qua si nescias Cleopatram reginam perire maluisse que in quamlibet vivere dignitatem. Nobis persarum auxilia non desunt que iam speramus: pro nobis Saraceni: pro nobis Armenii latrones Sirii exercitum tuum Areliane vicerunt quid si igitur illa venerit in armis que undique speratur pones profecto supercilium: quod nunch michi dedicionem quasi omni farium victor imperas". Aprés de ésser per quascuna part[836] trameses y rebudes les letres, Aureliano y Zenòbia se aparellaren a batalla, hon, combatent de summa rerum quant s'espera a la virtut humana, Zenòbia restà vencedora. De què, havent combatut en Síria en un loch nomenat Thima, prop d'Anthiochia, ja los cavallers aurelians se'n fugien quant apparech una moltitut la qual los confortà; per la virtut dels quals retornats a la batalla, a la fi fon vencuda, presa y sobrada Zenòbia. La qual, aprés retornant, Aureliano portà davant lo seu trihunffo ensemps ab lo seu carro, lo qual era d'argent, sobre lo qual creya encara dominar Roma.

Segonament és d'entendre que misser Ffrancesch ab rahó diu Zenòbia ésser estada escassa de la sua honor, emperò que, essent la major[837] de les dones lo abstenir-se de l'acte venèreo, en açò Zenòbia fon [fol. 125v] excel·lentíssima perquè, com a donzella de la edat tendra ella fos y bellíssima, no may però s'i atorgava a Odenato marit sinó solament a procrear la sobole.[838] De què aprés de un concúbit tant estava sens ell a usar que podia clarament compendre no ésser prenyada en la procehida conjuncció. La qual ora ella se trobava prenyada, no primer se reatorgava que diligentment aprés lo part fos purgada.

Últimament és de notar que micer Ffrancesch diu que los romans per natura no solien tembre, mas més prest menysprear los enemichs y abans los perills, y en açò no·s separa de la doctrina del

---

[836] *part*: ms. "par".
[837] *la major*: "la major honor"; it. "il maximo honore".
[838] *sobole*: "descendència".

philòsoff en lo terç de la *Ètica*. Emperò essent los romans nomenats poble de Marts, com damunt diem en lo principi d'aquest capítol, emperò que a[839] particular inclinació eren promptes a pugar en perills, y ultra aquesta natural fortalea havien les semblances y primer la sivil, migancant la qual per guanyar glòria y per la pena de la ley post liminia no curaven la mort. Segonament havien la perícia militar, per la qual se creyen la consuetut del vencre, migancant la qual mirablament no devien tembre. Norresmenys la grandíssima virtut de Zenòbia a quells introduhex por, com testifica lo preal·legat Vopisco.

Seguex aprés lo poeta dient que, com ell per dir breu premé[840] més noms de dones y hòmens excel·lents y famosos, no volgué emperò que entre aquells sia la valent y ardita vella Judith, la qual per salut de si matexa y de la sua pàtria féu lo foll amador seu sem del cap. On diu:

> Ffra i nomi che a[841] dir breve ascondo et premo,
> Non fia Iudìth, la vedoveta ardita
> [fol. 126r] Che fe' il folle amator del capo scemo.

Largament en lo Trihunfo d'Amor fon demostrat qui fon Judith y en quina manera matà Olofernes, de què és molt manifesta notícia que·s contenga en los precedents versos. Per la qual cosa solament és d'entendre que, com Judith en annualment[842] no fos en batalla de què a Betúlia guanyàs victòria, fon norresmenys[843] causa de gran efficàcia que los seus ciutadans hixquessen a combatre. Y per aquesta obra mèritament és connumerada entre los hòmens los quals per medi de les armes són fets famosos.

Narra aprés micer Ffrancesch, quasi responent-se ell matex de haver presa tanta inducció, descriure los subsegüents exemples, dient a si matex: "Ara hon só yo que no reconte aquell del qual és ordenada e ha principi tota història humana, y encara lo seu gran successor, lo qual la sua superba vida conduhex a bestial consuetut y modo". On diu:

---

[839] *que a*: ms. "que".
[840] *premé*: ms. "premie".
[841] *a*: Pac. "in".
[842] *en annualment*: error por "manualment".
[843] *norresmenys*: ms. "norres".

> Ma uno[844] onde ogni istoria humana è ordita,
> dove lasc'io?, il[845] suo gran subcessore,
> Qual[846] superbia condusse a bestial vita?

Los dos exemples que lo nostre poeta descriu en los precedents versos són molt dignes d'ésser notats per haver-ne eterna memòria. Hon és d'entendre que aquell hon és ordenada tota humana istòria fon Nino, rey dels asirians, emperò que la istòria del *Gènesis* escrita per Moysès y si algun altre de aquella més escrigués, com mostra Eusebi in *De preparacione evangelica*, no humana istòria se deuria nomenar, mas divina. Quant donch Habraam regnà lo primer any aprés dels hebreus, Nino havia regnat XLIIII anys en Asíria y Europa,[847] XXII en los sicionis y tebeis. Encara féu [fol. 126v] principi a regnar ab los egipcians. Essent donchs consuetut de rey primer a Nino, com scriu Justino en lo principi *De bellis externis*, fer la guerra de luny en los lurs regnes y les lurs obres no ja a si, mas a lur poble designar a glòria, Nino fon lo primer que als finítimes féu guerra. On, havent[848] primer presa tota la Asíria y en aquella edifficada la gran ciutat per ell nomenada Nínive, prengué successivament tot lo imperi de orient, lo qual pux que hagué possehit, mogué guerra a Zoroastres, rey dels[849] batriani; ab lo qual venint a batalla lo sobrà y vencé, e matà'l. Últimament anant contra los egipcians, Nino fon ferit d'una sageta en la batalla e morí.

Ara circa lo seu successor és de entendre que aquell fon Nabucdonosor, rey de Babilònia, lo qual per dues rahons se pot nomenar successor a Nino ultra la successió temporal. Primer perquè, estant lo imperi dels assirians de la reyna Semiramis, ella edifficà Babilònia, lo qual domini essent pervengut a Nabucadonosor per contínua successió, per ço, essent Semiramis successa a Nino, axí matex Nabucadonosor[850] li succehí. L'altra manera és que, com de Sardapallo, derrer rey dels asirians, fos transladat lo imperi a Medi en la persona d'Arbato y Arbato seguís Sesarmo, y a Medido Cardiceas, a Cardiceas Deioces, a Deioces Farotes, últimament al nostre prepò-

---

[844] *uno*: Pac. "Nino".
[845] *il*: Pac. "e 'l".
[846] *Qual*: Pac. "che".
[847] *Europa*: ms. "Europs".
[848] *havent*: ms. "haven".
[849] *dels*: ms. "de".
[850] *Nabucadonosor*: ms. "a Nabucadonosor".

sit Ciassares, norresmenys Nabucodonosor en aquest temps succehí a Nino occupant l'Asíria, emperò que, regnant Ciassares, Nabucdonosor anà contra Nescao, rey de Egipte, ab lo qual venint a batalla lo sobrà y vencé. Aprés se transferí a l'Èufrates [fol. 127r] e, aquell pasat, occupà tota la Assíria, migançant la qual possessió micer Ffrancesch lo nomena lo gran successor de Nino.

E aprés que Nabucdonosor hagué l'Asíria[851] sots lo seu domini, passà ab la guerra en Judea, la qual tota en torn prengué y cremà; y pervengut en Jerusalem hon regnava lo rey Joachim, com s'escriu en lo principi de *Daniel*, la prengué ensemps ab lo rey e la[852] sua ffamília; y ell ab molts altres presoners y ab los vasos sacres del temple los portà ab si, y entre·ls altres[853] a Daniel. Y essent Nabucdonosor per les tantes victòries elevat en supèrbia, remogué per aquell[854] de Déu lo seu ànimo e féu fer una estàtua a la sua semblança; e a quascú constrengué que degués adorar aquella. La qual cosa no volent fer Sidrac, Misac e Abdanagó, los féu metre en una fornal ardent. Nostre Senyor Déu volent-li mostrar que tota senyoria y estat devalla d'ell, li féu una nit veure un arbre en somni, sots la ombra del qual menjaven molts animals; y en açò vench un rey[855] ab gran moltitud de servidors, manant als seus ministres que tallassen aquell arbre prestament y lancassen tots los animals que sots aquell menjaven. Hagué Nabucadonosor per aquesta visió gran temor que, despert que fon, manà o trameté per los seus adevinadors y, havent-los dit lo somni, li demanà què signifficava. E aquells no·n saberen[856] fer neguna interpretació, de què lo rey tramès per Daniel, al qual, de nou replicat lo somni, demanà del seu significat. Respòs Daniel: "O rey tu est aquell arbre ample, la potència del qual per tot s'estén, y aquell rey[857] que venint del cel manà l'arbre deure's succeir [fol. 127v] és Déu, al qual és estada molt desplaent la tua supèrbia; de què vol aquella extirpar y demostrar-te ell ésser sols lo qual atorga les potèncias y regnes. Emperò tu abitaràs ensemps ab les feres, y lo teu menjar serà fe y herba per temps de set anys". Entès que hagué Nabucadonosor a Daniel, súbitament fogint se'n anà

---

[851] *l'Asíria*: ms. "la siri".
[852] *e la*: ms. "la".
[853] *altres*: ms. "altre".
[854] *aquell*: "això"; it. "quello".
[855] *rey*: ms. "reyna"; it. "una maiesta regia".
[856] *saberen*: ms. "saber".
[857] *aquell rey*: ms. "aquella reina"; it. "quella maiesta regia".

al boscatge y ben luny dels seus súbdits[858] abità ab les feres set anys tant que regonegué l'altíssim Déu y ell regracià y loà, axí com és escrit en *Daniel* en lo quart.

Seguex aprés micer Ffrancesch dient: "Ara hon roman aquest meu escriure Zoroastro,[859] lo qual fon lo inventor de les arts màgiques". On diu:

> Belo dove riman, fonte di errore,
> Non per sua colpa? Dov'è Zoroastro,
> Che fu de l'arte magiche inventore?

En lo discurs dels poetes e istorials se troben ésser estats los Belos celebrats y escrits per medi d'algunes dignes obres. Lo primer fon fill de Epapho, fill del primer Jovis, pare[860] aprés de Danao y de Egisto e Agenor, lo qual fon home doctíssim, tant que meritá aprés en Babilònia ésser-li per honor sua ediffícat un temple e adorat.

L'altre Belo fon fill de Phènice, fill de Agenor, al qual lo primer Belo fon avi;[861] e ffon home expertíssim en armes e vencé los de Cypre, que infestaven lo regne de Phenícia; lo qual Virgili commemora en lo primer de l'*Eneydos*, quant introduhex Dido respondre a les referides gràcies de Eneas dient: "Genitor tum belus opimam vestabat Cyprum: et victor didicione tenebat". Mas de negú d'aquests ho entén micer Ffrancesch.

L'altre Belo fon pare de Nino, pròximament dit, lo qual Nino sobiranament [fol. 128r] reveria y honrrava; de què, com vench a mort, Nino sentí per ell gravíssima dolor. Emperò per la sua consolació ediffícà un temple, e féu una ymatge esculpida a semblança de Belo, son pare, y col·locà-la en lo prefat temple, e instituhí que qualsevol que en aquell temple vingués li fos perdonada tota error; per la qual cosa lo poble circunvehí començà a fer sacriffici a la damunt dita ymatge, y axí caygueren en la ydolatria, la qual és lo pèssim peccat, com s'escriu en lo *Exodus* en lo capítol XXXII. Aprés seguí que lo dimoni, enemich de la humana generació, entrà en la estàtua de Belo e començà a respondre als hòmens y enganar lo poble. Aprés per lonch temps aquesta ydolatria quascuna ýdola se ser-

---

[858] *súbdits*: ms. "subdit".
[859] *Ara...Zoroastro*: el orden lógico es "Ara hon aquest meu escriure roman Zoroastro".
[860] *pare*: ms. "pares".
[861] *avi*: "rebesavi"; it. "Abavo".

và lo nom de Belo, com s'escriu en *Daniel* propheta. Ffon donchs Belo causa e font de grandíssima error, no ja per la sua culpa mas per culpa de Nino. Emperò que, com primer errassen los hòmens adorant lo sol y la luna, com escriu Eusebi per testimoni de Diodoro en lo primer libre *De preparacione evangelica,* y Virgili ho mostra en lo principi de la *Geòrgica* y Breguardí en lo libre *De causa Dei contra pelagium,* norresmenys eren escusables perquè no més avant que a les coses sensades se estenia la lur conexença, y perquè manifestament veyen per virtut de aquelles planetes les coses en vida produhir-se y en lo món prolongar-se, la qual cosa no feyen les ýdoles e primerament la estàtua de Belo.

Zoroastro, lo[862] qual pròximament diem ésser estat mort de Nino, fon rey de Bàctria y home expertíssim en armes, mas més en letra en àbit speculatiu. On, com scriu Justino en lo Principi e Isidorus en la [fol. 128v] *Ethimologia,* fon Zoroastro philòsoff e inventor entre les altres obres sues de l'art màgica, del qual encara escriu Solino in *De mirabilibus mundi* que la matexa hora que naxqué ell rigué; la qual cosa fon verament mirable, majorment segons la sentència de Plini en lo VII *De natural estòria,* hon, narrant les calitats humanes, diu entre les altres coses: "At Hercule risus precox illi et celerrimus ante XL diem nulli datur". Per tantes donchs excel·lents calitats en Zoroastro contengudes és estat convenient micer Ffrancesch...[863]

...dient ara[864] hon resten aquells que feren lo mal govern de nostres duchs[865] que in dura e malaventurat astre pasaren lo Èufrates, la qual cosa fon leig y fer empastre a la ytaliana pasió y dolor. On diu:

> Et chi de' nostri duci ch'on[866] duro astro
> Passâr l'Euffrat,[867] fece il mal governo,
> Alle italiche doglie fiero impiastro?

---

[862] *lo*: ms. "la".

[863] Se omite un fragmento, pues el copista salta a la siguiente mención del autor: "...que ell encara sigui del poeta numerat en el Triunf de Fama. Afegeix aprés Micer Francesc..."; it. "...e stato conveniente lui anchora fia stato dal poeta annumerato nel triumpho di fama. Sogiunge appresso M.F. dicendo hor dove rimangano...".

[864] *ara*: ms. "oda".

[865] *de...duchs*: ms. "demostre dur".

[866] *ch'on*: Pac. "che 'n".

[867] *Euffrat*: Pac. "Eufrate".

Axí com damunt diem en lo capítol dels romans precedent, essent l'auctoritat e quasi lo impiadós[868] romà restat en aquells tres hòmens, ço és G. Pompeu, Júlio Cèsar y Marco Crasso, occorregué que los romans volgueren fer guerra als pàrtichs. De què, perquè la regió era d'or abundantíssima, Marco Crasso per la sua avarícia volgué aquesta província. E preparat lo exèrcit, lo qual fon XI legions de romans, Crasso passà lo Èufrates e, no gloriosament pugant, vench en Pàrthia. Eren lavors dos duchs dels parthis,[869] segons que escriu Floro: la hu nomenat Silates, l'altre Sirenas; e que sols Sirenas recorda[870] Lívio en la XI *Dècada* en lo quart libre, segons Ffloro; lo qual anant contra Crasso, mataren a ell ab tot lo exèrcit en [fol. 129r] en la manera damunt expressada[871] en lo recitar les gestes de Ffabrício y de Cúrio. La qual cosa verament fon fer empastre a la dolor itàlica, com sia cosa que Cèsar y Pompeu no haurien tant combatut entre ells, estimant quascú d'aquells granment la potència de Crasso. Mèritament donchs són aquests dos de celebrar famosos, havent tal cònsol ab tant exèrcit sobrat y mort.

Seguex aprés lo nostre micer Ffrancesch lo exemple de Metrídates, rey de Ponto, dient: "Ara hon llas de mi[872] lo gran rey Metrídates, aquell etern enemich del poble de Roma, lo qual axí ramingo[873] y feroce fugí davant ell en tot lo temps l'estat de l'ivern".[874] On diu:

> Ov'è il gran Metridate, quello eterno
> Nimico de' Romani,[875] che sì ramingo
> Ffuggì dinanci allor la stade et il[876] verno?

Circa la intel·ligència dels precedents versos és de saber, com principalment escriu Lívio, segons que recita Floro, de la sèptima *Dècada* a la XI, y Lúcio Ffloro en lo compendi seu tracta de March Varró, Plini en la *Vida* de Metrídates e Justino en lo XXVII e XXVIII llibre *De bellis externis*, que Mitrídates fon fill de Mitrídates

---

[868] *impiadós*: error por "imperi".
[869] *dels parthis*: ms. "de parthi".
[870] *recorda*: ms. "com recorda"; it. "commemora".
[871] *expressada*: ms. "ex expressada".
[872] *llas de mi*: it. "lasso".
[873] *ramingo*: italiano por "errant".
[874] *l'estat de l'ivern*: error por "l'estiu e l'ivern"; it. "il verno e la state".
[875] *Romani*: Pac. "Roman".
[876] *et il*: Pac. "e 'l".

rey de Ponto. Lo qual essent chiquet infant y ultra lo degut de la edat en lo cavalcar, regint ell e demanant[877] lo cavall, fon volgut avelenar o emmetzinar dels tudors. Pux que en tal exèrcit parat per la sua mort no era tramès, mas recorrent-se[878] prenia espessament medicina resistint al verí, e ultra açò donant-se a l'exercici de la caça, no s'estrenyia en terra murada.

Crexcut aprés y pres lo regne de Ponto, principalment anà contra los sirians, [fol. 129v] gent fins aquell temps may per algú vencuda; y aquell la vencé y sobrà en breu temps. Drecant aprés l'ànimo a l'imperi d'Àsia, ell primerament ab poca companyia la volgué explorar tota y, tornat conjunt ab Nicomedes, rey de Bithínia, y ensemps anaren a expugnar Paflagònio, lo qual era en tutela y protecció dels romans. Trameteren embaxadors a Metrídates a dir-li que del tot se detingués de la ja feta ampresa, mas ell, essent ja elevat en supèrbia y creent-se deffendre contra los romans, respòs ell ésser pervengut en lo seu regne hereditari. E Nicomedes, lo qual era ab Metrídates, volent deludir los embaxadors romans, dix que ell restituhiria lo regne al just rey, on constituhí lo fill Philiamene rey de Paflagònia, mudant-li lo nom e ací anomenant-lo[879] Paflagònio. Los romans per la una y per l'altra delusió s'encengueren fort contra Metrídates, e majorment perquè en aquell temps ell féu morir Ariarate, rey de Capadòcia, y cercava encara fer morir Ariobarça, fill, lo qual era restat sots lo govern de la romana república. Estimant Metrídates per aquestes proceÿdes injúries fetes als romans deure venir a la guerra ab ells, se conjunyí ab Tigrane, rey dels armenis, per ésser més fort a deffensa e offendre. Morí en aquest temps Nicomedes, rey de Bithínia; per la qual cosa Metrídates occupà lo seu regne e lançà lo fill, lo qual se nomenava encara Nicomedes. E ultra açò trametent Archelau, son prefet, ab potent armada per mar, prengué totes les illes de l'arcepèlech, excepto Rodo y la terra d'Athenes. No po[fol. 130r]gueren més comportar los romans la concepta ira contra Metrídates, que trameteren contra ell dos cònsols, la hu nomenat Aquílio e l'altre Mànlio. Los quals prenent la deffensa de Nicomedes, foren norresmenys ensemps ab ell de Metrídates sobrats, e

---

[877] *demanant*: ms. "demana".
[878] *Pux...recorrent-se*: error de traducción por "Després que en tal exercici la mort no succeí, però adonant-se..."; it. "poi che in tale exercitio la sua morte non era successa: ma lui accorgendo...".
[879] *ací anomenant-lo*: ms. "aci amantlo"; it. "chiamandolo".

aprés aquesta victòria escrigué per tota la Àsia Metrídates; per la qual un jorn foren morts tots los romans que eren en la província. Parech als romans axí gran aquesta injúria e al poble y senat, que delliberaren contra ell la empresa fins a guerra finida. De què principalment elegiren cònsol[880] en la guerra Lúcio Cornèlio Sil·la, lo qual combatent ab ell lo vencé, y lança, y prengué Archelao, son perfet. Mas restaurant-se aprés Metrídates, los romans trameteren contra ell Lúcio Lúcul·lo, lo qual, combatent ab ell prop de Argos, encara lo combaté y vencé. A la fi volent los romans del tot extinguir Metrídates e Trigane, elegiren cònsol Gneo Pompeu, lo qual últimament lo debel·là y constrengué a fogir y, essent pervengut en lo regne, prengué verí, mas no pogué morir per consuetut haguda en joventut de resistir en allò. Ffarnasce, fill seu, lo qual contra lo pare ab lo poble havia conjurat, veent ell no morir per verí y tenint-lo asetjat dins en un castell, li tramès a la fi un familiar, lo qual se nomenava Sitoco, que·l matàs. Lo qual Sitoco veent la presència de Mitrídates, tot s'espantà, mas ell lo confortà tant que últimament fon atrevit de matar-lo. E axí morí lo gran rey Metrídates, verament eternal enemich dels romans, havent ab ells guerrejat [fol. 130v] XLVI anys continus y tostemps fugint-los davant aprés que en veritat delliberaren l'ampresa, encara que en aquella intervinguessen moltes vàries victòries.

Seguex aprés micer Ffrancesch dient a ell matex estrènyer en poch fex moltes notables coses, e dignes gestes, y fets gloriosos, demanant a si matex hon ha ell dexat lo rey Artús y tres Augusts Cèsars, dels quals la hu fon d'Àffrica, hu d'Espanya e hu Lothoringo. On diu:

> Molte gran cose in piccol fascio stringo:
> Ov'è il re Artù,[881] et tre Cesari Augusti,
> Uno[882] d'Affrica, un di Spagna, un Lothoringo?
> Cingean costui suo' duci[883] robusti.

Dignes verament y excel·lents coses descriu compresament lo nostre poeta en los precedents versos; per la intel·ligència dels quals

---

[880] *cònsol*: ms. "consols".
[881] *il re Artù*: Pac. "un re Arturo".
[882] *Uno*: Pac. "un".
[883] *duci*: Pac. "dodici".

és de saber principalment, axí com escriu Guillermo de Nangis per auctoritat[884] de Sigimberto Gàl·lico, que lo rey Artús fon fill del rey Uterpandragon, rey de Bretanya, ara nomenada Englaterra, com incògnito y no extimato en aquell temps. Emperò que, essent la reyna Igerda, mare de Artús, prenyada de Uterpandragon en casa de son pare, dubtà que ell no cregués que ella no hagués adulterat ab altri, quant hagués reservat lo fill en notícia dels hòmens. E per ço venint al part y parint Artús, ella manà que aquest infant fos mort, mas Merlí, lo qual en aquell temps era mago y molt amava lo rey Uterpandragon, coneguda la ordenada mort d'aquest infant, tant ab lo seu prestigi ordenà que·l delliurà y secretament lo féu nodrir. Mort aprés aquest rey Uter[fol. 131r]pandragon, no essent d'ell segons la comuna oppinió restat masculí hereu, mas solament una donzella nomenada Morguèn, la qual era maga e doctíssima en astrologia, los regnícoles donchs principals convenguts en una església y celebrat solemne offici, ab umil oració pregaren Déu que·ls mostràs pacífficament qui havia ésser rey abans que no haguessen a venir a les espases. Ffeta la oració, prestament davant la porta del temple caygué una gran pedra de l'ayre, en mig de la qual era feta una espasa ab letres daurades, les quals deyen: "Rex erit qui me traxerit". Sentintse la gran remor de la pedra dins en la església, tota la gent hixqué deffora, y veren lo miracle y legiren les letres. De què sobiranament regraciaren a Déu y, volent procehir a la experiència, primerament los més nobles del regne començaren de cavar la spasa, mas negú d'ells no y pogué haver força. Començaren aprés los altres pobles y los altres de menor condició a fer la experiència, entre·ls quals nombres essent Artús, ell solament fon aquell que fora de la pedra tragué la spasa e, vent la gent lo gran miracle, sens alguna contradicció constituhiren Artús rey de Bretanya. Y essent en aquesta forma sublimat Artús, ell se ajustà ab Hoel, comte de la menor Bretanya, y ensemps ab aquell se vengà principalment dels saxons, los quals havien quasi tota Englaterra abraçada. Vencé aprés Ybèrnia, Fflàndria, Normandia, Dàcia, Turònia, Andegàvia, Pictàvia, Gascunya y part de Ffrança; per la qual cosa ensemps ab les sues dignes[885] e singulars virtuts fon molt amat y rebut dels pobles. De què, axí com damunt diem [fol. 131v] en lo Trihunfo d'Amor, féu aquest la taula

---

[884] *auctoritat*: ms. "auctorita".
[885] *dignes*: ms. "digne".

redona y ordenà los cavallers errants, per la qual cosa vench en gran reputació y ffama.

Ara devallant a tres Cèsars Augusts, e primer a l'affricà, es d'entendre secondàriament que d'Àffrica foren dos emperadors romans. La hu fon Severo, fill d'un Geta, segons que scriu Hèlius Partiano, nat en una ciutat nomenada Lepti. Aquest adolocent fon nodrit en Àffrica y, venint a Roma, per molts graus fon assumpt a l'imperi. Emperò que, essent doctíssim en letra e ja de edat de XVIII anys, públicament declamà, hon per favor pux de Setímio Severo, amich seu, obtench il lato clavo.[886] Aprés consegüentment crexent tots jorns en virtut, anà en Serdenya questor; la qual província ab justícia ministrant, com retornà en Roma, fon constituhit precònsol en Àffrica. E no solament aquesta dignitat obtench Severo, mas, aconseguida la pretura, sots aquella regí Espanya y Creta. Altra volta encara aprés fet precònsol, ministrà Sicília y egualment Pannònia. En aquest temps essent estat mort Còmmodo Anthònio y havent a ell succehit en lo imperi Helius Pertinace; aprés encara aquest pasats sis mesos essent mort per obra de Juliano Dídio, lo qual fon XX emperador romà, y de Clòdio Albino, fon feta elecció de més emperadors, hon del senat romà fon elet aquest Juliano en Germània, fon elet de l'exèrcit Severo en Orient, en[887] Sýria Ffescemino y en Gàl·lia Clòdio Albino. Estant les coses en aquesta varietat, Julià lançà de Roma Settímio Severo, [fol. 132r] lo qual era afí[888] del predit Severo; per la qual cosa ell se'n vench a Severo e accità'l contra Juliano. E essent en Ytàlia ab los exèrcits Julià, per auctoritat del senat fon deposat y mort.

Restant donchs Severo, Fescènnio e Albino en lo imperi, los romans trameteren a demanar a les ýdoles qui[889] era més expedient a la república romana que d'ella imperàs. Apol·lo respòs: "Obtimus est fuscus: bonus afer: pesimus albus". Per la qual resposta entengueren los romans Ffescènnio Nigro ésser aquell que seria millor a la república, lo segon Severo y Clòdio Albino omino da repudiare. Emperò seguexen a demanar qui d'ells venceria y obtendria lo imperi; als quals respòs Apol·lo: "Ffundetur sanguis albi nigrique animantis imperium mundi penus reget urbe proffectus". Entesa

---

[886] *il lato clavo*: "el latus clavus", vestimenta que distinguía a los senadores.
[887] *en*: ms. "e".
[888] *afí*: ms. "a la fi".
[889] *qui*: ms. "que".

donchs aquesta resposta, lo senat dexà a Severo la pacíffica possessió de Occident, la qual ell haguda, no volgué lo seu temps perdre en oci. De què, congregats los exèrcits, hixqué de Roma y anà en Sýria contra Fescènnio, y a la fi combatent ab ell lo sobrà y vencé prop de un loch nomenat Tício. Vencé aprés los anthioches, y pàrtichs, y los aràbichs, e juheus y egualment los sarmatis. Aprés anant en Gàl·lia contra Albino, combaté ab ell a Lugdúnio[890] sobre·l Ròdano y aquell matà ab grandíssim estrall dels seus. Retornant aprés en Roma, edifficà en aquella més nobles edifficis, entre·ls quals foren los termens Severians, a la qual semblança encara en Antíocha les havia constructes.

Últimament venint Severo a mort, scriu Hèlius Spartiano que ell dexà encara tant oli que per cinch anys no solament a la usança de Roma, mas de [fol. 132v] tota[891] Itàlia era sufficient. E morint lo VII any de l'imperi, dix aquestes dignes y derreres paraules: "Turbatam rem publicam ubique accepi: pacatas etiam britanias relinquo senex et debilis eger firmum imperium Anthonius filius meis si boni erunt inbecillum: si mali". Concluint donchs, lo digne Severo convenientment és estat del nostre poeta connumerat en lo Trihunffo de Ffama.

En lo terç loch és de notar que ultra Trajà e Adrià, los quals damunt és estat dit ésser espanyols, Espanya produhí més Cèsars Augusts, ço és Theodòsio, e Archàdio, y Honòrio fill seu, e Theodòsio segon, lo qual fon fill de Archàdio. Mas comparant ensemps les gestes de quascú de aquests, sens algun dubte lo nostre poeta entès en aquest loch del primer Theodòsio. Regnant Graciano XLVIII anys emperador de Roma, essent a ell molts pobles rebelles, coneguda la virtut de Theodòsio, lo constituhí emperador d'Orient. Per la qual cosa Theodòsio, volent mostrar la opinió de Gracià no fallir, prengué los exèrcits y venchsen en Tràcia, hon eren los gots molt adversant lo imperi de Roma; e combatent ab ells, los sobrà y vencé. Aprés de la victòria anà a Thessalònica a recrear-se y emmalaltí de greu malaltia; hon, essent visitat de Sant Basili, prengué lo babtisme y retornà en la sanitat primera. Y en aquest temps essent en Bretanya per sedició dels cavallers elet emperador[892] Maximià, rey de la

---

[890] *a Lugdúnio*: ms. "Alugdunio".
[891] *tota*: ms. "ta".
[892] *emperador*: ms. "emperado".

província, ell se'n vench en Roma, en[893] Gàl·lia y en aquell loch prengué lo exèrcit, y anà a infestar Graciano, e començà a fer guerra contra ell, lo qual era en la província.

E continuant-se lo guerrejar, un cavaller [fol. 133r] de Maximià, lo nom del qual era Andràgato, delliberà ab engan matar Graciano. Per la qual cosa fengí letres de part de la muller sua, la qual Gracià novament havia presa, y así féu dir com ella volia anar-lo veure públicament a Lucdònio. Creent Gracià la falsa veu e simulades letres, al dia instituhit hixqué deffora de la terra, creent anar a encontrar la sua muller. Veent un ornat carro venir envers ell, era en aquest carro armat Andràgato, lo qual, axí com fon prop de Gracià, hixqué fora e cruelment lo matà; aprés la mort del qual fàcilment Maximià meté lo seu exèrcit en Esconfita. E sentint Theodòssio aquesta nova, com escriu Agostí a la fi del V *De civitate Dei*, essent restat de Gracià un chiquet fill, lo nom del qual era Valentiniano, delliberà d'aquell no en altra manera pendre la cura que si li fos fill, fins que ell li començàs a prestar tota favor. Per la qual cosa Maximiano delliberà fer totalment guerra a Theodòsio, e Theodòssio, confiant-se en lo babtisme novament pres, demanà un sant hermità nomenat Johan què era lo que havia de fer per resistir a Maximià; lo hermità respòs que combatés. Preparà's donchs Theodòssio en venir contra Maximià, lo qual essent prop d'Aquilea, estimant Theodòssio deure venir per aygua, dexà la guàrdia del mont e solament attengué en ben guardar los rius. Per la qual cosa sentint açò Theodòssio, ab gran camí vench per la Dalmàcia, hon, havent los passos sense impediment Maximià, sobrevench encara en Aquilea. Y emperò venguts los dos exèrcits a la cruel batalla, miraculosament [fol. 133v] se levà un vent envers aquells de Maximià, per lo qual les sagetes per los cavallers de Theodòssio tirades més agrament ferien aquells de Maximià y aquelles dels[894] cavallers de Maximià perdien la força. On mèritament Claudiano poeta dix de Theodòssio aquests versos: "O nimium dilecte deo: cui militat ether: Et coniurati veniunt ad classica venti". Concluint donchs, Theodòssio obtengué complida victòria y matà Maximiano en la batalla. La qual cosa com sentí Andràgato, desesperant-se, negant se matà.[895]

---

[893] *en*: "anà en".
[894] *dels*: ms. "del".
[895] *matà*: ms. "mate".

Són en lo quart loch més oppinions del Lothoringo Cèsar. Emperò alguns dien aquell ésser estat un Arnulfo de Àustria, alguns altres Ffederigo Barbarrossa, molts altres Otho, primer emperador, y encara altres Otho, duch de Lothoríngia. Jo norresmenys, salvant tostemps tota millor notícia, crech lo nostre poeta en aquest loch haver entès de Carles Magno, fill del rey Pipino. Per la qual intel·ligència és de saber que Carles Magno fon tudesch, com se veu per los canonistes capítulo Venerabilem de eleccione, hon diu lo test: "Translatam enim imperium est a grecis in germanos et personam caroli regis pipini filii". Mas que fos de Lethoríngia clara evidència·n·posa Sigimberto Gàl·lico, per la qual és de considerar que, regnant Graciano en lo imperi, molts pobles y diverces nacions se rebel·laren dels romans y estatuïren per ells matexos mantenir lo lur regne; entre·ls quals foren los unnis, que elegiren un Balambar per lur rey, y los ostrogottes elegiren un Víncaro, y los visigottis elegiren Athalarico, e los[896] viàndalis elegiren Modigisilo, y los britànichs elegiren Britànico, pare de Màximo, o quells de [fol. 134r] Ffrancònia, los quals elegiren un Príam. E aquest Príam combatent ab Gracià fon vencut y mort en batalla; per la qual cosa los franchs elegiren tres duchs, ço és Marco Miro, Sonnone y Genabando. Y en aquesta manera restà algun temps e, aprés mort Marco Miro, elegiren los ffranquis un rey, lo nom del qual era Pharamondo. D'aquest Pharamondo naxqué un Clòdio, lo qual féu guerra als de Lothoringa y prengué tota la província; y aquella delliberà que fos lo cap del seu regne. D'aquest Clòdio naxqué un Mereveo, y de Mereveo Childerico, y de Childerico Clodovoe, y de Clodovoe Clotàrio, y de Clotàrio Cliperico. De Cliperico naxqué una filla nomenada Vuitildis, la qual fon muller de un Ausberto y donà-li per dot lo seu regne de Lothoríngia. Del qual Ausberto naxqué Arnoldo, y de Arnoldo Arnolffo, y de Arnolfo Anchegises, de Ansegises Pipino, y de Pipino breve Carlo Marcel·lo, y de Carlo[897] Marcel·lo Pipino, y de Pipino Carlo Magno. Hon és manifest que Carles Magno per antiga natura fon lothoringo. Veritat és norresmenys Lothoríngia ésser transmudada segons Bretanya y moltes altres províncies. Pipino donchs havent conquistada la Gàl·lia y moltes altres pàtries, morí, y a ell succehí Carles Magno. Lo qual primerament hagué guerra ab los saxons y a gran dan d'ells los sobrà y vencé. Debel·là aprés

---

[896] *los*: ms. "lo".
[897] *y de Carlo*: ms. "y Carlo".

Gayfferos e Unoldo, duchs de Aquitània, los quals aprés moltes batalles míserament constrengué a morir.

En aquest temps essent Adrià LXXXXVII[898] potències perseguit y agravat de Desidèrio, rey dels longobardi,[899] tramès per Carles Magno en la sua deffensa [fol. 134v] y ell, essent crestianíssim, súbitament vench en Itàlia y per força y batalla sobrà Desidèrio y Arcuso, duch de Benavent, hon, mentre qu·estigué, novament los saxons se rebel·laren d'ell. Per la qual cosa retornat en França y procehit ab nou exèrcit contra aquells, a la fi los vencé y féu tornar-se'n los crestians. Essent en aquesta dilació Adelgiso, fill de Desidèrio, retornat de Grècia, hon primer se'n era refogit, y ab la ajuda d'aquells fent guerra a Carles y a la Església, Carles tornà en Itàlia y combatent ab ell breument lo vencé en batalla. En aquesta disposició de l'estat occidental vench en visió a Costantí, lo qual imperava en Constantinòpol, que·s juntàs ab Carles, rey de Ffrança y ensemps los dos anasen a la conquesta de la terra santa. Per la qual cosa Costantí signifficà a Carles per embaxador la amonició de l'àngel que ell havia haguda. E Carles gratament acceptà la ampresa y meté aquella en execució; y passaren ultra mar y prengueren la Síria e Jerusalem. Per la qual cosa Carles recollí moltes rellíquies en la tornada, les quals huy encara en la ciutat de París se troben. Tornant Carles ab gran trihunffo de la conquesta de la terra santa, los romans se rebel·laren de la ffe y lançaren de Roma Leó papa, lo qual era estat successor de Adriano. Per la qual cosa ell tramès a Carles que li prestàs favor y ell, desigós de satisfer a la església, encara de nou tornà en Itàlia y per medi de les armes retornà lo papa ab gran trihunffo en la sua cadira.[900]

E Carles, havent rebut lo imperi a perpètua me[fol. 135r]mòria en Itàlia, reedifficà Fflorença, la qual dels gots sots Totil·la era estada deffeta. E retornat en Ffrança, anà en Ongria contra los unnis y aquells obtengué ab gloriosa victòria. Vencé aprés encara los ilírichs y la illa d'Englaterra, la qual estigué per pactes sots lo seu domini. Hagué en aquest temps un poch de repòs Carles en les guerres de Europa, mas, mentres que axí·s deportava o reposava en pau, de la

---

[898] *Adrià LXXXXVII*: "Adrià, papa, de LXXXXVII".

[899] *dels longobardi*: ms. "de ilongobardi".

[900] Falta la traducción de la frase siguiente: "là on el Papa Leó li donà la dignitat de l'imperi occidental per mèrit de les seves obres; it. "La donde Papa Leone gli de la dignita de lo Imperio occidentale per merito de le opere sue".

Àffrica vench lo rey Aigolando en Espanya ab grandíssim exèrcit. La qual cosa sentint Carles, anà contra ell y, combatent ab ell, a la fi lo sobrà y vencé: Y en aquesta guerra narra Sigimberto los duchs de Carles Magno, los quals del vulgar se nomenaven paladins. E diu ésser ab ell anat primerament Turpino, vesconte de Mense; Orlando, fill de Milione, comte de Angel; Cenomanense, senyor de Blàvio; Oliver, comte de Benenense; y Stuto, comte lingonese; Arastano, duch de Bretanya; Engelieri, duch de Equitània; Gayferos, rey burdelialense; Galero Galino; Salamone; y Balduvino; Gondebodo, rey de Ffrígia; Naamon, duch de Bavera; Ogier, duch de Dàcia y senyor de Danesmarech; Lamberto, duch de Bitúria; Sanson, duch de Burgunya; Costantino, perfet dels romans; Renaldo de Albanispa; Galter de Termis; Ginel·lino Germo, duch de Lothoríngia; Berardo de Nubilis; e Ganel·lone de Magúncia. Scriu encara Sigimberto de Carles, aprés aquesta victòria haguda de Igolandos, Carles vencé Ffiure, príncep de Navarra, y en Espanya debel·là tres ciutats, ço és Augusta, Pampilione y Lucerna. Vench encara en aquest temps [fol. 135v] per la mar Mediterrànea de Turquia un ferocíssim turch en forma de jagant en Espanya, a la ciutat de Nàgera, lo nom del qual era Ffero Acuto, contra lo qual anant Carles, lo jagant demanà batalla singular, en la qual prengué tots los barons de Carles excepto Orlando, lo qual a la ffi combatent ab ell lo matà. Lo qual per les ferides que tenia cridant terriblament Fferro Acuto, los sarracins vingueren a soccórrer-lo. La qual cosa veent la gent de Carles, entraren en batalla ab aquells, en la qual a la ffi, fugint los turchs y los francesos seguint-los envers la terra ensemps, tots entraren en Nàgera, la qual prengueren y recobraren los presoners. Últimament Carles anà contra lo rey de Sibília y contra Altumajore, rey de Còrdova, los quals breument vencé. Y havent occupada tota la Espanya, dexà Orlando ab poca companyia en govern de la província y procurar que los espanyols prenguessen babtisme. Ab lo qual essent restat Ganel·lone corrupte, o corromput, per or, ordenà tració en manera que los crestians dels espanyols sarrahins foren morts. Donchs fent conclusió, segons lo procés de Sigimberto Cingeano, aquests los seus duchs robusts millor se atribuhex al Cèsar Lothoringo lo qual fon Carles Magno que no a Artús, rey de Bretanya, per los seus tants cavallers errants.

Narra aprés consegüentment lo poeta dient que, aprés los tres dignes Cèsars Augusts, ell véu sols aprés procehir lo bon duch Goffredo, lo qual féu la santa empresa, dient que aquest féu en Jerussalem lo mal guardat per los crestians e ja en lo lit[901] del [fol. 136r] niu del mont de Sion, de la qual cosa ell se'n desdenyà y cridà. On diu:

> Poi venia solo il buon duce Goffrido,
> Che fe' la impresa sancta et i[902] passi justi.
> Questo (di ch'io mi lagno[903] e 'ndarno grido)
> Ffece in Gierusalem con le sue mani
> El mal guardato e già neglecto nido.

Regnant Urbà segon en lo papat e Arrigo quart en lo imperi de Roma en los anys de Jesucrist mil LXXXXIII, Belceto, rey de Turquia, vench en Grècia, hon féu gran matança de crestians e major part de la província meté a rohina e a foch. Per la qual cosa los senyors de occident esvetlats y encesos de un Petro hermità, home santíssim e amich de Déu, delliberaren fer lo pasatge e anar a la conquesta de la terra santa. Concorregué principalment en aquesta santa empresa Boamondo, rey de Pulla, ab los jermans Tancredi y Theolofre, fills que foren de Ruberto Guiscardo; Gofredo y los seus jermans Eustàchio y Balduino, duch de Lothoríngia; Anselmo de Ribo di Monte e un altre Balduino, comte de Monter; Ruberto, comte de Fiandra; Stèffano, comte blesente; Ugo, comte de Verivendense jermà carnal del rey Phelip de Ffrança; Ruberto, duch de Normandia jermà del rey d'Englaterra; y Ramondo, comte de Sant Egídio, y molts altres senyors.

Congregant-se aquest noble exèrcit, tots concordablement elegiren per capità y duch lo prestantíssim Goffredo, lo qual, pres lo bastó, vench principalment en Grècia, hon corré lo fflum nomenat Ffarsar. En lo qual loch essent correguts los turchs, Goffredo venint ab ells en batalla los debel·là y vench en gran matança d'aquells. [fol. 136v] Passant aprés en Romània un·altra volta, combaté ab los turchs lo primer dia de juliol mil LXXXXVIII, hon axí matex ne matà grandíssima moltitut. E hagudes aquestes dues victòries, sens altre intrevall passaren en Síria, hon prengué moltes ciutats, entre les quals foren Marra y Barra; y en la obsidió passaren tanta fretura de vitualles que, com escriu Guilermo de Nangis, foren los crestians

---

[901] *en lo lit*: error por "negligit"; it. "negletto".
[902] *et i*: Pac. "e'".
[903] *lagno*: Pac. "sdegno".

constrets a menjar los cossos dels turchs. Venceren aprés un castell prop Jerosolima nomenat Arcas, hon feren crudelíssimes batalles en les quals[904] moriren molts crestians y entre·ls altres Anselmo de Ribo de Monte. La qual victòria haguda, foren exits los crestians a gran moltitut de pàrtichs, mas los crestians aquells sobraren y venceren; y corregueren fins en Ascalone, la qual prengueren per força d'armes e fúria de batalla.

Tornant aprés Gofredo ab lo seu victoriós exèrcit, prengué aprés per força y vencé Jerosolima, hon moriren molts cans[905] sarrahins. Havent donchs presa en tal manera la terra santa, los crestians consellaren-se entre ells los príncens que per crestians en aquella terra degués restar un príncep y senyor de tota la terra; e a la fi de comuna concòrdia elegiren Gofredo en rey y senyor de tota la terra santa. E volent posar-li la corona, Goffredo ab bella oració negà als príncens voler-la portar, dient-los aquestes excel·lents y relligioses paraules: "Nimque proffecto ego in ea urbe auream feram in qua cristus rey mundi atque celorum et ipse spineam portavit coronam".

Restat donchs senyor Gofredo en Jerusalem per un any sols que vixqués y regís en [fol. 137r] aquells notables e dignes ediffficis, entre·ls quals fon lo digne abitacle del mont de Sion, hon és huy en dia lo sepulcre de Jesucrist, aprés és de entendre que, continuant-se per los successors de Gofredo la senyoria de Jerusalem e Síria fins als anys de Nostre Déu y Senyor MCLXXXVII, e havent aprés per los altres succehits temps los sarrahins fet molt dan y gran guerra als crestians fins a la edat del nostre micer Ffrancesch, ell com a relligiosa persona tostemps exortava y persuadia als crestians que venjassen la offensa rebuda y reconquistassen Jerusalem santa, com manifestament se mostra per aquella cançó "O aspectata in cielo beata et bella" y per aquell sonet "Piu dime lieta non si vede a terra: Et il successore de Carlo che la chioma". En la qual ell particularment exorta los italians a seguir Vincislao, fill de Carles XXXI emperador, lo qual, veent-se vell, havia aquest fill coronat cèsar, y axí matex a seguir Urbano quinto, lo qual retornà en Itàlia solament per fer lo sant passatge ab la ajuda y potència dels italians en los anys de Jesucrist MCCCLXVI. Mas los príncens italians y encara les repúbliques, fermes y saldes en lo lur obstinat prepòsit, distribuhi-

---

[904] *les quals*: ms. "la qual".
[905] *cans*: no está en el texto italiano.

ren[906] aquella empresa essent molt de les privades passions[907] sobrats.

Emperò seguex micer Ffrancesch en aquest loch continuant una digna, justa y mèrita reprensió a tots los crestians, dient: "O miserables y superbos crestians! Ara nau consumant-vos bé los uns als altres, e no·us induhexca altra cura que lo sepulcre de Jesucrist és occupat en mans dels cans sarrahins!". On diu:

> [fol. 137v] Ite superbi et[908] miseri crestiani,
> Consumando l'un l'altro, et non vi caglia
> Che il sepolcro di Cristo è in man de' cani!

O quant és justa y quant salutíffera la reprensible monisió del poeta a desvetlar los enteniments dels hòmens y dels invictíssims prínceps crestians, y recordar-los la lur supèrbia e misèria! Què major supèrbia pot en lo món ésser que no curar-se de la injúria de tant beniffici de l'umil y benigne rey Jesucrist, lo qual de la immortal, eterna e incomprensible divinitat en forma de servent per tots nosaltres se umilià a la mort? De què pot ésser major misèria que dexar-se a tanta ira, pasions e misèria sobrar que de propris jermans desige escampar la sanch? De quals és més conjuncta fraternitat que aquella dels crestians en la unió de la Església cathòlica? Hon deu ésser major benivolència que entre aquells que són creats solament en caritat y amor? O cega memòria dels crestians! Si la relligió no us mou, si les amonicions de la tua mare santa Església romana, semblant a aquella de Jocasta de tu[909] planyent a Polinice y Etheocle en les *Tragèdies*, no·t persuadexen, si la natura e innada compasió no·t conduhex, sforcen-se almenys les tues pasions: avarícia, supèrbia y fferocitat. On millor se porà umplir lo ample sach de la tua copdícia que de l'or, de les sedes, de les pedres precioses, dels aromàtichs de l'orient? On se pot més amplificar lo domini que en les grans y populoses terres de la Àsia? On se pot més complir la ira que contra los feroces pobles, los quals són sens armes e totalment inexperts de tota militar disciplina? [fol. 138r] Sia una la fraterna pietat y les glorioses banderes despleguen-se, les agudes lances, les

---

[906] *distribuhiren*: error por "pertorbaren"; it. "disturbaron".
[907] *passions*: ms. "passios".
[908] *Ite superbi et*: Pac. "Gite superbi, o".
[909] *de tu*: error por "dita"; it. "dette".

mortífferes sagetes, les tallants espases y les altres màchines bel·licoses. Desisten ara de vexar los crestians y contra los orientals virilment exerciten-se, en manera que lo sacre sepulcre de Jesucrist axí com és degut torne[910] al culto dels verdaders cristians.

Narra aprés micer Ffrancesch, dient que, aprés Goffredo, si no s'engana en lo seu jutjar, no véu algú que hixqua en alta fama y, si n'i ha algú, molt són a tart per les arts de la pau o verament per medi de les cruels batalles; pur norresmenys, segons los hòmens dignes y elets van en lo procehir en lo derrer loch, axí diu ell haver vist envés lo finir d'aquests hòmens famosos hun potent sarrahí, lo qual ja féu als nostres crestians gran vergonya y greu dammatge. On diu:

> Raro o nessun chi[911] 'n alta fama saglia
> Vidi doppo costui, se non m'inganno,
> Or per arte di pace o di bataglia.
> Pur, come huomini electi ultimi vanno
> Vidi verso la ffine uno[912] sarracino
> Qual[913] fece a' nostri assa' vergogna o[914] danno.

Essent-se en l'any de Jesucrist MCC per los crestians totalment perdut lo imperi oriental, lo cristianíssim rey de Ffrança y la il·lustríssima senyora de Venècia delliberaren del tot fer lo passatge y anar ultramar. E axí metent en exercício vingueren a Costantinòpol y prengueren-la, e constituhiren emperador lo fill del passat emperador.

Aprés mort aquest, los grechs elegiren emperador un ffrancès nomenat Balduvino, e aprés d'ell regnà Arigo, son jermà, fins en l'any [fol. 138v] mil CCLXVIII. En lo qual temps Michele Paleòlogo[915] ab lo adjutori de jenovesos recobrà lo imperi d'orient; de la qual cosa seguí grandíssima favor als crestians que habitaven en les parts orientals. Era en aquest temps en Babilònia un soldà y prestant príncep nomenat Bondogar, lo qual, sentida la pressura de Costantinòpol feta del Paleòlogo, delliberà fer guerra als crestians; e principalment se'n vench en Síria en l'any mil CCLXV e fféu grandíssima matança de crestians. Aprés vench en Armènia y prengué la província no sens moltes sangonoses batalles, mas, mentres que era

---

[910] *torne*: ms. "torte".
[911] *chi*: Pac. "che".
[912] *uno*: Pac. "il".
[913] *Qual*: Pac. "che".
[914] *o*: Pac. "e".
[915] *Paleòlogo*: ms. "palcologo"; it. "paleologo".

en aquesta expedició, los asirians se rebel·laren. De què, ell retornant contra ells, prengué la ciutat de Anthiochia y, procehint per la província contra los asirians, a la fi un jorn en una batalla fon ferit y portat en Domàs; e allí morí.

Succehí aquest l'altre soldà nomenat Malethsait, lo qual, continuant la empresa del seu processor,[916] féu tanta matança de cristians que constrengué los que restaven a fogir de Jerusalem y de Síria y aquelles dexar en la sua potestat. Lo qual quasi egual y conforme féu aquest dan y vergonya als cristians.

Seguex aprés micer Ffrancesch dient que aquell sarrahí molt de longa fama seguia lo Saladino y encara lo duch de Lancastro, lo qual en los pròxims temps era estat aspre vehí al regne de Ffrança. On diu:

> Quel di lungi[917] seguiva il Saladino;
> Poi il duca di Lancastro, che pur dianci
> Era al regno di Franchi aspro vicino.

Lo Saladino, com los altres dos damunt dits, ffon soldà de Babilònia lo qual en los anys de Crist MCLXXXVII vench en Judea y [fol. 139r] posà camp a la ciutat Tiberíades. La qual cosa sentint Guido, rey de Jerusalem, que en aquell temps regnava, congregat tot lo poble, y clergues y lechs, anà contra Saladino; per la qual cosa lo Saladino fon constret a dexar lo siti y retraure's en fortalea dins los alleujaments o tendes. Estant en acò havent venir a batalla, los crestians se[918] dividiren; anant part de aquells sobre certes montanyes, e aquest fon lo compte Tripolitano, lo qual hagué infàmia d'aver enganats los crestians, e l'altra part dels crestians anà dretament a l'estandart hon era lo Saladino. Per la qual cosa intervench que·l Saladino, la una part y altra debilitada per ésser-se dividits, debel·là y vencé. E feta gran matança de crestians, prengué lo rey y lo mestre del temple ab los altres dignes hòmens de Jerusalem, los quals tots féu cruelment matar; excepto lo rey y lo mestre del temple, los quals reservà per glòria del trihunffo.

Per la qual cosa la ciutat de Jerusalem, Acone, Thalomaida sens contesa se donaren al Saladino. Ffon ultra lo exèrcit de les armes lo

---

[916] *processor*: "predecessor"; it. "predecessore".
[917] *lungi*: Pac. "Luria".
[918] *se*: ms. "de".

Saladino home justíssim e liberal, e observant majorment de les sues paraules. Lo qual, aprés que fon entrat en Jerusalem y pres lo domini, dexà anar líberament tots los clergues y tots los pobres que los imposats censos no podien pagar. Y encara essent molts pobres cavallers ferits, lo Saladino féu que·l seu propi físich los curàs. Per la qual cosa intervench que ell en totes aquelles parts fon temut y amat.

Segonament és d'entendre a més expedita notícia dels precedents versos que aquest vers "Quel di longe seguia il Saladino" pot haver dues diverses intel·ligències: [fol. 139v] la primera que aquell sarrahí que féu als nostres gran vergonya seguex per fama molt largament al Saladino, e l'altre que·l Saladino seguex a ell. En la una y l'altra intel·ligència se pot comportar. Emperò que, si lo Saladino hagué més còpia de virtuts morals, aquell altre hagué més glòria en les victòries, havent, per pròpia astúcia d'ell donada, vencuts los crestians, e no per lur desorde. Pur lo primer intel·lecte és més comendat, majorment per l'auctoritat de Dant, lo qual commemora lo Saladino en lo primer cercle de l'*Infern* en lo quart capítol ab los altres famosos.

Últimament és de entendre que Lancastro és una província entre Aragó y Ffrança, hon era un duch lo qual a Phelip, rey de Ffrança, y a Johan, fill seu, ab lo adjutori del rey Aduart d'Englaterra féu molt temps crudelíssima guerra, en tant que en aquella fon pres lo rey de Ffrança y son fill. Lo nom del qual duch no més avant a nosaltres és manifest que sots aquesta generalitat, ço és duch famós de Lancastro.

Conclou últimament micer Ffrancesch la ffi de aquest capítol dient que, aprés la vista de aquests dos, ell mirava en manera y semblança de qui en alt se alça on més pogués avançar los altres per veure si més hòmens famosos seguirien en armes, y en aquella manera que ell abans en la present vida havia vist. Y en aço diu que véu dos los quals se partiren del pròximo de aquesta terra de la nostra vida, la hu dels quals era lo bon rey de Sicília, lo qual entès en alt; y véu de luny tant que verament fon Argo, y de l'altra part era lo seu gran Colunyès, lo qual era magnànim, liberal, constant y segur en quascuna obra sua. On diu:

> [fol. 140r] Miro, comch'uom[919] che volentier s'avanci,
> S'alcuno vi revedesse[920] qual egli era
> Altruove agli ochi mei veduto inanci;

---

[919] *comch'uom*: Pac. "come uom".
[920] *S'alcuno vi revedesse*: Pac. "s'alcuno ivi vedessi".

> Et vidi duo che se partir hiersera
> Di questa nostra età[921] et del paese;
> Costor chiudean quel' honorata schyera:
> Il buon re sicilian che in alto intese
> Et vidi alonga[922] et fu veramente Argo;
> Dal'altra parte il mio gran Colonnese,
> Magnanimo, gentil, constante et largo.

Volgué micer Ffrancesch per no desviar del costum dels grats hòmens introduhir dos singulars benefactors seus ensemps ab los altres en lo Trihunffo de Ffama, ço és lo rey Ruberto, del títol de Sicília citra farum.[923] Lo qual compresament atribuhex tanta dignitat quanta pot ésser en algun terrenal home, dient ell haver entès en alt, on se'n munta la sua excel·lència circa l'especulatiu intel·lecte, y haver vist de luny ésser estat Argus, hon se comprèn l'acte de la prudència circa l'enteniment pràtich; y verament aquestes excel·lències ésser en ell demostra-u en la experiència del seu pacíffich possehir lo regne y en la inscripció de molts libres a ell de diversos actors feta.

Argo, al qual és comparat lo rey Rubert, fon un pastor que tenia cent ulls, lo qual recita Ovidi en lo primer del *Mathamorffoseos* en la faula de Jovis y de Io, filla de Inaco fluem, dient: "Centum luminibus cinctum caput Argus habebat: Inde suis vicibus capiebant bina quietem: Cetera servabant atque in staciones manebant". Per lo qual a la fi s'entenen los hòmens prudents.

Lo Colunyès de micer Ffrancesch [fol. 140v] pot ésser Stiara[924] Columna, però que tots en lo seu temps concorrien segons los annuals de Matheu Palmero florentí,[925] home encara vivent y doctíssim. Mas versemblant és que·u entenga de Steffano Columna, lo qual molt temps vixqué honrradament en Roma, com diem en lo principi, del qual quanta fon la dignitat y excel·lència molt clarament se pot entendre per les sues virtuts en lahor sua del nostre excel·lent poeta expressades.

---

[921] *età*: Pac. "etate".
[922] *Et vidi alonga*: Pac. "e lunge vide".
[923] *citra farum*: nombre que se aplicaba al reino de Nápoles y que significa de este lado del faro. Se refiere al faro del estrecho de Mesina.
[924] *Stiara*: ms. "ostiara".
[925] *Stiara...florentí*: it. "o Stiara colonna o Stefano colonna o giovanni cardinale di colonna o Matheo Palmiero Florentino".

Capítulo quarto Trihunffi Ffame[926]

Convenient cosa és als ànimos jentils y pelegrins desigosos de posehir la virtut, los quals veent[927] aquella en alguna part relluhir, no girar la vista de tal obgecte per alguna cosa menys digna, mas fengir-se[928] solament en aquell espectacle y pexer la memòria de deliciosos fruyts seus suavísims. Emperò quascuna cosa desigant lo seu ésser perfet serà tostemps contrària operació quant se mogués de més dignes obgectes a la cura e diligència d'alguna cosa de menys excel·lència. La qual disposició essent estada en lo nostre poeta, havent contemplat tants prestants y axí excel·lents hòmens los quals per medi de la gloriosa militar diciplina [fol. 141r] eren encesos[929] a diüturna fama, emperò ab rahó exordex en lo subsegüent capítol, si no saber-se de tal vista remoure pur norresmenys en aquesta elevació e contemplació d'enteniment discorre y conclou ab rahó no ésser alieno en aquest Trihunffo de Ffama, reguardar un altra disposició y qualitat migançant la qual se leven los hòmens en ffama y honor, la qual és conexença literal y exercici de l'estudi en lo conquistar la sciència. Hon per universal subgecte del present capítol entén micer Ffrancesch tractar de la ffama, quart estat de l'ànima, en més especial consideració, ço és segons que als hòmens se atribuhex migançant les letres y scientíffichs estudis. Mas en aquest loch occorre una necessària e digna dubitació, la qual és per quina rahó micer Ffrancesch atribuhex més glòria y més fama a l'exercici de les armes que a l'exercici de les letres, com sia cosa que moltes rahons par que sien en contrari; de les quals nosaltres, mutuant[930] la silogística forma dels dialètichs, ne portarem algunes.

E quant a la primera, qualsevol cosa que·n si té major perfecció, en aquella encara se deu atribuhir major lahor, mas les sciències són més perfetes que l'art militar; donchs aquelles meriten major comendació. La primera part de l'assumpte nostre és maniffesta y la segona clarament se prova, com sia cosa que los béns de l'ànima són entre tots los altres inperfets lo més sobiran bé. Donchs atte-

---

[926] Este capítulo corresponde en realidad al capítulo tercero de las ediciones canónicas de los Triunfos.
[927] *veent*: ms. "veen".
[928] *fengir-se*: error por "fixar-se"; it. "figersi".
[929] *encesos*: error por "ascendits"; it. "ascesi".
[930] *mutuant*: italianismo por "prenent prestada".

nyent-se aquells per lo exercici de les letres y estudi, par que constrenga a atorgar a l'estudi convenir-se més lahor que a qualsevol altra obra.

La segona rahó és: neguna[931] cosa contenguda en més part sots lo domini y poder de fortuna merita més glòria [fol. 141v] que·ls àbits dignes totalment aliens de la fortuna. Mas la milícia en més part consistex en lo ministeri e favor de fortuna, y los àbits scientíffichs són de la fortuna segurs. Donchs la milícia y les armes en fama no pot excedir la jocunda sciència. E axí matex la primera part del nostre assumpt és notíssima, majorment per la sentència del philòsoff en lo libre *De bona fortuna*, hon diu ésser mínim intel·lecte là hon més domina la fortuna; e l'altra part clarament és escrita de Sciceró in *Oracione pro Gneo Pompeu*, de Lucà, de Cèsar, de Lúcio Ffloro, de Quinto Cúrcio, de Suetoni Trànquil·lo. Per la qual rahó no solament se conclou la milícia no excedir les letres, mas par que suadex aquella totalment de tota laor ésser aliena.

La terça rahó és: neguna cosa la qual repugna a la natura del home e a la universal inclinació sua pot ésser més digna que aquella per la qual l'ome naturalment se conduhex al ffi que és ordenat. Mas l'art militar repugna a la natura del home y les letres lo conduhexen a la sua última felicitat, la qual és la contemplació de les abstretes substàncies. Donchs la milícia no merita més ffama que les scientíffiques letres. E encara la primera part de l'assumpt nostre és evidentíssima, e la segona se prova essent la milícia disgregativa de la humana companyia e natural y mútua benivolència, a la qual l'ome és naturalment inclinat, com s'escriu en lo primer de la *Política* e primer y huytè de la *Ètica*; on los estudis són efficients causes migançant la divina mare admirable philosophia, com demostra Tuli en V de la *Tosculana*. [fol. 142r] Donchs par que sens algun dubte les letres als[932] fets de les armes deguen precehir en ffama.

La quarta e última rahó és: tota qualitat és mes digna que dóna més prestant effecte. Mas les sciències donen lo perfectíssim estat, ço és la felicitat, e les armes sols lo domini temporal. Donchs les sciències molt més dignes són que l'art militar. La primera part de l'assumpt nostre per si matex és maniffesta y la segona declara Aristòtil en lo X de la *Èthica*, y Averroiç en lo pròlech de la *Phísica*, e

---

[931] *neguna*: ms. "neeguna".
[932] *als*: ms. "y"; it "a i fatti".

Ciceró[933] en lo libre *De amicíscia,* hon posa la sapiència precehir a la amicíscia y aquella aprés totes les altres coses. Donchs concluint, lo exercici de l'estudi mostra més digne que lo imperi de les armes. Consent açò Ciceró en lo primer de la *Tosculana,* com diu la philosophia no ésser altra cosa que ver donatiu e una invenció dels déus, e neguna cosa en aquest món ésser més suau que·l oci literat. E Aristòtil axí matex en lo primer *De anima* y Boeci dien les sciències ésser del nombre dels béns honorables; hon no immèritament diu Tuli en lo primer *Dels officis*: "Cedant arma toge: concedant laurea lingue".

Per les quals rahons par que no sia poca error del poeta haver preposats los hòmens armats als de sciència. Nosaltres norresmenys, no partint de la intenció del poeta, confessarem la veritat, com siam molt obligats als philòsoffs, dient en la fama les armes a[934] les letres deure ésser superior. Per la qual conclusió provar, primerament per una sola rahó mostrarem la sua veritat; aprés respondrem a les contràries rahons. "Hec enim duo exhigit disputacio", descriu Averroiç en lo primer y V[935] de l'*Auditu naturale.* Sia donchs aquesta rahó: [fol. 142v] qualsevol bé públich e universal és molt més digne de honor y de lahor que·ls béns privats e particulars.[936] Donchs la disciplina militar és més digna de lahor que qualsevol altra facultat o privada sciència. La primera part de l'assumpt nostre declara Aristòtil en lo primer de la *Èthiqua,* hon, comparant lo públich bé al privat, diu y afferma aquestes apropiades paraules: "Amabile quidem et uni soli: pulcrius tamen ac divinius genti: civitatibusque". E Ciceró en lo primer *De officis* diu: "Sed facilior et tucior et minus aliis gravis aut molesta vita ociosorum: fructuosior autem hominum generi et ad claritatem amplitudinemque aptior eorum qui se ad rem publicam et ad magnas res gerendas acomodaverunt". Mas la segona part afferma Tuli en lo matex libre, com diu demostrant a la fi del bèl·lich exercici: "Quare suscipienda quidem bella sunt: ut sine injura in pace vivatur". La qual dignitat y excel·lència d'armes demostra en fets encara la experiència com quant, com scriu Lívio en lo VII

---

[933] *Ciceró*: ms. "Cicerco".
[934] *a*: ms. "y".
[935] *primer y V*: ms. "primer v".
[936] Falta a partir de aquí una oración del texto italiano que introduce la proposición menor del silogismo: "la disciplina i obra militar és públic bé i universal i la ciència i els studis són béns particulars"; it. "la disciplina e opera militare e ben publico e universale e le scientie e gli studii sono beni particulari".

Ab urbe condita, aquella ubertura que aparech en lo mig de Roma, la qual per tancar-se demanava la singular cosa que la romana república possehia. La qual cosa interpretant Cúrcio ésser los hòmens y les armes, armat a cavall se lançà dins, la qual prestament se tancà. Conferma's encara aquesta rahó perquè aquella cosa deu procehir en fama que majorment atrau los hòmens per la virtut a més rahonament, no essent altra cosa la ffama que les lahors atribuhides dels homes a les obres procehides. Per la qual cosa no podent-se en lo exercici de les armes fer fora dels ulls y de la comuna notícia axí com [fol. 143r] los estudis, als quals par que tal comunitat més prest sia a gran inpediment, emperò més porten los hòmens a rahonament los fets de les armes que aquells de les letres. E per aquesta rahó no immèritament Aristòtil en lo segon de la *Política* no connumera los hòmens speculatius entre les parts essencials de la república, hon los cavallers afferma ésser la terça part. E Plató solament la sua república devedex en dues parts, ço és⁹³⁷ en los jutjes y en los hòmens d'armes. Per la qual cosa lo test *De iuris consulti instituta de iusticia et iure* diu anteposant les armes: "Imparatoriam maiestatem non solum armis decoratam. Verum eciam legibus oportet esse armatam ut utrunque tempus et bellorum et pacis recte possit gubernare". Donchs concluhint ab Aristòtil en lo primer de la *Política*, axí com les armes fan ésser l'ome injust e vituperable, axí lo virtuós fa digne, gloriós y més que altre excel·lent.

Ara per respondre a les contràries rahons solament és necessari fer un presupost, lo qual és que la política felicitat consistexca en l'acte de la prudència; axí com Aristòtil demostra en lo primer de la *Èthica*, com diu la felicitat ésser obra de la singular virtut la qual és prudència, essent aquella la moderadora de la rahó de totes les coses agibles, y en qui totes les altres virtuts se ajusten. La qual sentència encara declara Egidi en la primera part *De regimene principum* en lo capítol XII, al qual fonament seguex que la milícia per la qual als hòmens se deu atribuhir ffama és considerada en lo seu ésser perfet axí com la perfecció de les letres, e aquella ésser conforme a la voluntat recta. Emperò que, com fos la voluntat depravada,⁹³⁸ [fol. 143v] ni per medi de les armes ni per medi encara de les letres se deu donar al home alguna lahor, axí com al present micer Ffrancesch presupon en aquest gloriós Trihunfo de Ffama.

---

⁹³⁷ *ço és*: repetido en el ms.
⁹³⁸ *depravada*: ms. "depra"; it. "depravata".

Segons donchs aquest fonament, se respon a la primera rahó que no solament los àbits de sciència se deven nomenar los béns de l'ànima, mas encara les virtuts morals, com se veu en lo primer de la Èthica, dient Aristòtil: "Cum ergo tripliciter dividantur bona et alia externa dicantur: alia animi et corporis bona: animi principalissima dicimus ac maxime bona. Actus vero et operaciones animales cum esse ponimus"; entre les quals essent la prudència la primera, e aquella divisa en prudència singular, familiar, política, regitiva e militar, axí com en cinch diverses sues espècies. Emperò aquesta militar diciplina se conté entre los béns de l'ànima, axí matex com les sciències. On per aquest respecte es lavòs egual, mas excedés-li aprés, però que aquelles són a bé particular e la milícia a bé universal, lo qual és pus digne molt y més stant.[939]

Excel·lex encara la milícia extensive en dignitat les speculatives sciències, perquè aquella de necessitat complex los béns del cors y aquells[940] de la fortuna, e totes les virtuts morals les quals[941] concorren a drecar la sua operació, axí com demostra Tuli in primo Officiorum quant diu: "Temere autem in acie versari et manu cum hoste confligere immane quidam et bellvarum simile est: sed cum tempus necessitasque postulat: decertandum manu est: et mors servituti turpidinique anteponenda". E ultra aquestes, moltes altres observàncies descriu ésser-ne [fol. 144r] necessàries al virtuós combatre.

A la segona rahó dich no la prudència militar, mas solament lo èxito de la batalla ésser en potestat de fortuna. Emperò que, essent aquella cosa particular y podent circa ell concórrer mil casos e disposicions singulars no coneguts del tot de l'enteniment humà, emperò solament aquell èxitu és sotsmès al ministeri de fortuna. Donchs qui dubta que, quant a la militar diciplina, Marco Marcel·lo no fon superior a Aníbal, ab tot que aprés dels affricans fos mort? E semblantment Bruto y Càssio contra Octovià y Anthoni solament per fortuna en lo bel·licós èxitu foren inferiors. Cèsar a Driàchio[942] fon sobrat de Pompeu y en Espanya ja pensà de matar-se, y per clemència e benignitat de Pompeu no fon delit[943] en lo conflicte ja dit. Molts serien los exemples que poríem portar al nostre prepòsit, axí

---

[939] *stant*: it "prestante".
[940] *aquells*: ms. "aquella"; it. "quelli".
[941] *les quals*: repetido en el manuscrito.
[942] *a Driàchio*: ms. "Adriachio"; it. "a dirachio".
[943] *delit*: "destruït", "esborrat"; it. "deleto".

com de Pirro, de Dari y de molts altres, los quals per retenir l'escriure al present farem fi.

Donchs per cloure, la prudència militar sobra la fortuna usant diligència en lo fengir⁹⁴⁴ los alleujaments, en lo ordenar de les esquadres, en lo pugnar los enemichs, per ço que neguna cosa puga intervenir contra la intenció del capità o duch de l'exèrcit. E a Ciceró se respon que la pròspera fortuna és universal aminículo en les coses particulars, mas segons lo seu ésser no·s mesura la sciència. E si algú digués en aquest matex infortuni alguna volta procrear les sciències, hon Archimèdine, Eschilo, Philemone et Eurípide basten per exemple y prova de l'enteniment nostre, dels quals quascú a fortuna morí solament per lo exercici fet en los estudis y scientíffiques letres.

A la terça rahó se respon la justa guerra no dirimir la humana benivolència, mas ésser [fol. 144v] instituhida sols per la pugnació de les injúries y per deffendre dels incorriments estranys allò que dins se pot donar ab pau. La qual cosa maniffestament és fàcil d'entendre per la denominació dels cavallers feta de Plató, los quals ell nomena "propugnadores bello". Són donchs⁹⁴⁵ les armes y l'art militar instituhides⁹⁴⁶ per la deffensa, sols la qual és de iure naturali, segons Tuli in primo *Officiorum* et in *Iuris consulti* in L ut vim ff. *De Iusticia et iure*. La qual deffensa tant se obliga per la pàtria que lícitament romp l'amor filial y benivolència paterna, en tant que la hu l'altre matant solament per lo fi de salvar la república justament és digne de premi, axí com diu lo test in L mínime ff. *De religiosis sumptibus funerum*. E a Ciceró se respon no menys la prudència militar ésser contenguda sots aquella philosophia de la qual parla que les especulatives sciències. Emperò diu aquell ésser estada inventora de les leys lo vincle de la ciutat; on diu Ciceró in *Oracione pro Aulo Cluèntio Albino*⁹⁴⁷ parlant de les leys: "Hoc enim vinculum est huius dignitatis qua fruimur in republica hoc fundamentum libertatis hic fons equitatis corpora nostra sine mente sic civitas sine lege suis membris et partibus uti non potest"; y Aristòtil en lo segon de la *Política*: "Ubi leges non prevalent: non est res publica". Emperò les quals⁹⁴⁸ serien de neguna valor sinó fos qui aquelles fes ob-

---

⁹⁴⁴ *fengir*: error por "fixar"; it "figere".
⁹⁴⁵ *Són donchs*: ms. "donchs"; it. "Sono adu*nque*".
⁹⁴⁶ *instituhides*: ms. "instituhida".
⁹⁴⁷ *Albino*: ms. "Abito"; it. "albino".
⁹⁴⁸ *les quals*: ms. "quals".

servar, com exprimex lo test en la l. II ff. *De origine iuris consulti post origine*, on diu: "Parum est enim vis in civitate esse nisi sint qui iura regere possint"; e Ciceró en la matexa oració al·legada: "Ministri legum ingratus sunt". Donchs mantenint-se aquelles per lo medi de les armes, per ço les armes excedexen [fol. 145r] les especulatives sciències, en les quals solament se attén lo bé ésser d'un particular individu.

A la quarta e última rahó se respon, com damunt diem en lo presupost nostre, que no menys se guanya la felicitat política per l'acte de la prudència que la contemplativa per l'àbit de la sapiència y per la adopció de l'intel·lecte agent ab l'enteniment possible, segons que scriu Averroiç en lo terç *De l'ànima*. Ni menys són béns honorables los actes de les virtuts que los àbits de les sciències, com escriu lo philòsoff en la fi de la *Èthica*; e la philosophia, la qual és de Déu, no menys comprèn la moral que la natural. De què Sòcrates detrau aquella del cel y col·loca-la en la ciutat, axí com Tuli axí matex affirma. Y la dolçor de l'oci literari solament se considera per respecte a les altres particulars cures e no per respecte al públich, la qual cosa demostra Tuli a la fi del primer *De officis* dient: "Quis enim cupidus in prospicienda cognoscendaque rerum natura. Ut si ei tractanti contemplantique res cognicione dignissimas subito sit oblatum periculum discrimenque patrie; cui subvenire opitularique possit non illa omnia relinquat atque abiciat: eciam si dinumerare se stellas: aut metiri mundi magnitudinem posse arbitretur".

Per la qual cosa molt clar se mostra ésser respost a les confirmacions les quals portam damunt. Mas allò que scriu Ciceró "cedant arma toge, concedant laurea lingue et foris parum sunt arma: nisi sint consilium domi"; e l'altre procés del primer *Dels officis*, quant vol mostrar ésser falsa la oppinió de aquells que dien les coses bèl·liques ésser de preferir a les civils, no fa al nostre prepòsit, emperò que nosaltres atorgam lo judici[949] y prudents tostemps ésser la primera [fol. 145v] part més digna de la república, com encara Aristòtil demostra en lo segon de la *Política*, y los militars la terça dignitat o la quarta. Mas de aquests no·s parla al present, mas solament dels àbits especulatius de les sciències, de les quals lo judici y domini se reserva a la disciplina civil, com se lig en lo principi y en lo V de la *Èthica*. Donchs cloent, lo nostre poeta és absolt de quascuna error e, axí com és degut, primer los armats que·ls especula-

---

[949] *lo judici*: "els jutges"; it. "i giudici".

tius ha descrits famosos. Absolta donchs aquesta dubitació, resta d'ací avant condecendre a les particulars exposicions de la letra.

Diu donchs micer Ffrancesch en lo principi del present capítol que ell no sabia levar-se de una tal vista de tants dignes y axí excel·lents hòmens quant, essent ell en aquest pensament, ell sentí dir: "O micer Ffrancesch. Ara para ments a l'altra part de la humana operació, emperò que veuràs[950] que bé encara se pot atènyer ffama e honor altra que lo medi de les armes". E seguex que en açò ell se girà a veure, y véu Plató que en aquella esquadra dels hòmens especulatius anà més prop al sentiment de la humana intel·ligència. Al qual sentiment ajusta allò que li és dat y promès del cel. On diu:

> Io non sapea da tal vista levarmi,
> Quando udi': "Pon' mente all'altro lato,
> Ché ben s'acquista[951] pregio altro che d'armi."
> Volsimi da man mancha; e vidi Plato,
> Che 'n quella schiera andò più presso al segno
> Al qual aggiunge chi dal ciel gli è[952] dato.[953]

Circa la intel·ligència dels precedents versos és de saber principalment que, per la ja narrada conformitat en l'ànimo nostre y los seus objectes dignes, [fol. 146r] micer Ffrancesch diu ell no saber levar-se de la digna vista dels hòmens armats, com sia cosa que per lo exercici de les armes, més que per un·altra humana obra, lahor, glòria, trihunffo se guanya. Hon mèritament deuen los ànimos aquella tostemps ab grandíssima diligència ésser intents.

Segonament és d'entendre que micer Ffrancesch diu que en aquest pensament e desig de conèxer los hòmens armats hoyí dir que·s giràs y posàs l'enteniment a l'altre costat, hon encara veuria que en aquesta vida se ateny fama, e no solament per les armes. Hon no més avant explica de qui açò dit fos pronunciat per demostrar una occulta intel·ligència que·n nosaltres resulta migançant una furor e una angèlica comoció; la qual en quina manera intervinga més amplament la expondré en lo subsegüent Trihunffo, axí com en loch més de micer Ffrancesch expressat.

---

[950] *veuràs*: ms. "veure"; it. "vedrai".
[951] *ben s'acquista*: Pac. "s'acquista ben".
[952] *chi...è*: Pac. "cui dal cielo è".
[953] *dato*: faltan tres versos del texto de Petrarca; Pac. "Aristotele poi, pien d'alto ingegno; / Pythagora, che primo humilemente / Philosophia chiamò per nome degno".

En lo terç loch és de notar que micer Ffrancesch diu Plató ésser anat més prop al sentiment, al qual ajusta que li és a ell dat del cel, perquè ell fon de oppinió que tota nostra operació fos portada dels cossos celestials, o almenys⁹⁵⁴ aquells posassen⁹⁵⁵ en grandíssima inclinació, com més maniffestament en lo procés de aquest capítol poch bax nos esforçarem a demostrar-ho.

En lo quart loch repetirem que, vist lo poeta esforcar-se en allò que més pot seguir la brevitat, per aço, e nosaltres⁹⁵⁶ en quant porem, solament la pàtria, los parents, les opinions y les sentències dels subseguents philòsoffs esforçarem a portar; y les altres gestes de la lur vida dexarem recontar a la prestància de Laèrcio Diògenes per no més avant contexir la tela que per lo nostre poeta, circa lo attenyr la científfica fama, se mostra ésser ordida.

Últimament [fol. 146v] és de considerar que Plató fon de Atienes, fill de un Aristone y de Perictònia o Petona, com escriu Laèrcio. Lo qual per materna natura devallà de Solono o de la sua progènia; emperò Dropide, son jermà, engendrà un Crítia, e Crítia Calestro, Calestro Glaucone y Glaucone Periciònia. Plató donchs tenia cognom,⁹⁵⁷ essent primer nomenat Aristocle del seu avi, del qual cognom fon la causa, segons Alexandre Grech, l'ornat àbit del seu cors y, segons Neantes, la sua facúndia y maravellosa libertat del parlar. Volent donchs lo pare que Plató se donàs a les letres, dispongué de donar-lo a Sòcrates, lo qual, tres dies abans que a ell fos portat Plató, havia vist en lo somni que·n lo seu gremb⁹⁵⁸ crexia un signe y prenia les plomes; aprés volant en alt exprimia dolcíssims cants. Scriu encara Valeri Màximo en lo primer libre y en lo quart capítol⁹⁵⁹ que, essent Plató en la culla o en lo breç chiquet infant, vingueren certes abelles e destil·laren mel sobre la sua boca en senyal y pressagi de la sua eloqüència. E donant obra Plató a les letres, en manera tal vench⁹⁶⁰ a ésser tal en sciència que obscurava los condexebles auditors; ni premeté⁹⁶¹ algun loch o peragracione hon estymàs qualque doctrina poder aconseguir que ell a aquell no vol-

---

⁹⁵⁴ *o almenys*: ms. "almenys"; it. "o almeno".
⁹⁵⁵ *posassen*: ms. "posassem"; it. "porgessino".
⁹⁵⁶ *nosaltres*: ms. "no"; it. "noi".
⁹⁵⁷ *cognom*: "per cognom".
⁹⁵⁸ *lo seu gremb*: italianismo por "la seva falda"; it. "nel grembo".
⁹⁵⁹ *capítol*: ms. "capitor".
⁹⁶⁰ *vench*: ms. "que vench".
⁹⁶¹ *premeté*: "descuidà", "negligí".

gués anar. Hon principalment anà a cercar la natura del[962] Nilo; per la qual cosa pervengut en Egipte, arismètica y astrologia imparà.[963] Aprés se'n vench en Itàlia sols per ohir Archita Tarentino. Aprés passà en Sicília per contemplar lo mont de Ethna y lo seu foch. Retornà aprés en Athenes per millor reposar a les especulacions, com scriu Hierònim *Contra Iovinianum*, elegí la chadèmia en loch no solament desert [fol. 147r] mas encara morbós, per ço que les assídues cures de les egrituts[964] mortifficassen[965] lo encès foch libidinós. Lo qual vench en tanta perfecció que mèritament fon nomenat lo déu de la philosophia. Ciceró encara escriu per exaltació sua en lo primer de la *Tosculana*: "Aristotiles longe oibo platonem semper excipio prestans ingenio ac diligencia". Per les quals paraules molt clarament s'entén quanta devia ésser de Plató la excel·lència. Mas més clarament ho mostra Agostí X *De civitate Dei* e al primer capítol, dient: "Elegimus enim platonicos omnium philosophorum merito nobilissimos"; y en lo VIII diu: "Aristotiles vir excellentis ingenii: Platonis tamen eloquio impar". Marco Fàbio Quintiliano encara en lahor de Plató axí scriu in X *De institucione oratoria*: "Quis dubitat Platonem esse precipuum sive acumine diserendi: sive eloquendi facultate divina quadam et homerica. Multum enim supra prosam oracione et quam pedestrem greci vocant surgit: ut michi non hominis ingenio: sed quodam delphico videatur oraculo instructus". A la qual sentència és conforme Tuli in *De oratore ad Brutum*, dicendo:[965bis] "Longe omnium quicumque scripserunt aut locuti sunt extitit et gravitate princeps Plato". Últimament Eusebi en lo X libre *De preparacione evangelica* al capítol segon diu de Plató: "Plato de inde vir natura prestans et vere divinitus missus nullam partem philosophie imperfectam reliquit". Donchs per aquestes auctoritats se comprèn mèritament Plató ésser muntat a la sumitat del speculatiu enteniment.

Ara quant a la platònica oppinió és de saber que circa Nostre Senyor Déu, com mostra Eusebi en lo XIII *De preparacione evangelica* al capítol VIII, Plató molt diversament [fol. 147v] parla. Hon primerament diu aquell ésser factor y creador de tot lo món únic, e perfectíssim, e immutable, com se lig VIII *De civitate Dei*. Aprés

---

[962] *del*: ms. "de".
[963] *imparà*: italianismo por "aprengué".
[964] *egrituts*: italianismo por "malalties".
[965] *mortifficassen*: ms. "mortificas".
[965bis] *dicendo*: "dient". El traductor parece tomarlo como parte del título.

caygué en la pestíffera error de idolatria; hon lo dèlphich Apol·lo solia nomenar intèrpetre paternal de Grècia,⁹⁶⁶ e a Esculàpio volia que·s sacrifficàs lo gall, e moltes altres neffàries supersticions aprovava. Los diables egualment posava ésser eterns y de la memòria divina e natura ésser dirivats.

E circa l'ànima humana imaginà aquella ésser un nombre si matex movent etern y de natura subtilíssima, com s'escriu en lo primer *De l'ànima*. Devedex l'ànima en tres parts, ço és racional, vital e concupiscible, com demostra Tuli en lo primer de la *Tosculana*. Diu principalment aquella ésser un nombre perquè imaginà lo nombre concórrer com principia a la generació de les coses. Mas perquè aquella tal ara judicava eterna, emperò no de nombre ésser feta, mas conclohia si matexa ésser nombre. Diu aprés aquella moure si matexa, considerant ella moure lo cors, e tota qualitat y perfecció de l'effecte ésser molt majorment en la sua causa.

Scriu encara Eusebi en lo matex libre capítulo Xº que Plató les ànimes, aprés la llur separació del cors, deya errar fins que·s reunien, y en aquest temps inabitar en diversos cossos de bruts animals, segons que la vida eren estades les obres sues conformes a la natura de aquells. De què si en la vida l'ome se era donat a la voluptat, entrava l'ànima sua en la partida en ase o en porch; si era estat ladre, entrava en àguila o en lop, o semblants animals; si era estat prudent, entrava en formiga y en abelles, e qualque volta en altres hòmens. Alguna volta diu Plató partint-se les ànimes [fol. 148r] dels nostres cossos immediate transvolar al cel e altra volta les sotsmetia a la justícia divina, dient que, si havien ben obrat, estaven mil anys en lo cel; aprés li era lícit elegir qualsevol estat que li plagués o no·l repugnàs. E si havien obrat mal, estaven mil anys davall terra a purgar-se e, aprés purgades, retornaven al món. Encara altra volta diu Plató les bones ànimes estades en lo món aprés la lur separació perpetualment abitar en lo cel, y les catives cruelment cruciar-se en infern. De què és manifest de la nostra ànima Plató haver diversament parlat.

Scriu encara Plató del cel que era convenient adorar-lo y a ell exprimir los vots, com Eusebi mostra en lo matex libre circa lo summo bene; diu aquell ésser una ydea per la qual participació tota⁹⁶⁷ altra cosa era bé. E aquest se movia per salvar la unívoca gene-

---

⁹⁶⁶ *Grècia*: it. "gratia"
⁹⁶⁷ *tota*: it. "e tota".

ració dels animals y majorment dels hòmens, y encara per establir l'objecte de les sciències humanes ésser eternal. Últimament, com escriu lo philòsoff en lo segon de la *Política* y Eusebi ho conferma en lo preal·legat libre a XII capítols, Plató la república sua volia ésser en tanta unitat que les dones y les possessions fossen comunes, y que les dones se magistrassen a les coses bel·licoses, y que la ciutat se dividís en XII tribs, y tota aprés la comuna civilitat volia ésser divisa en dues parts, ço és en judici[968] e propugnadors de la guerra.

Scriu encara Plató més dignes sentències. On Agostinus VIII *De civitate Dei* en lo capítol VII diu axí: "Platonici lumen omnium esse dixerunt adiscenda omnia eundem ipsum deum a quo facta sunt omnia". Valeri Màximo en lo quart libre y al primer capítol [fol. 148v] scriu que, essent irat Plató contra un servidor seu, dix a Speussipo, nebot seu, que·l batés, dubtant no poder[969] diligentment veure la manera de la venjança, essent greument irat adverso lo amant servent, y extimant esser-li disforme si cometés que la castigació de Plató ensemps ab la culpa del servent meritàs egual reprensió. Y per no més procehir en ésser larch, solament refferrem alguns dits. On en lo seu libre *De legibus* diu: "Dormiens nemo ullius percii est: Veritas auditu suavior omnibus: que dicunt. At est consuetudo non modica". Són ultra aquests quasi infinits notables de Plató transladats per Tuli en molts y deversos libres seus, y de aquells molt diffusament encara escriu Laèrcio. E per ço no més avant ne refferirem al present.

Morí Plató de edat de LXXXI anys lo XIII any del regne de Phelip Macedònich, pare de Alexandre. Y en los seus libres, segons lo testimoni dels moderns, més e més coses diu ab ficció restant tostemps en la vera intel·ligència. Per la qual cosa concordablement lo primer de tots los altres philòsoffs és jutjat.

Seguex aprés lo poeta dient que dret a Plató véu venir Aristòtil ple d'alt, gran e notable ingeni; on diu "Aristotil poi pien d'alto ingegno". Aristòtil, com scriu Laèrcio, fon de Stragira, vila la qual era molt prop d'Athenes, ffill de un Nicòmaco y de Phestiade, muller sua. Era aquest Nicòmaco per natura devallat de Nicòmaco, fill de Macaone, fill de Esculàpio, com testiffica Hermipo. De què, essent Aristòtil pervengut a la edat de XVII anys y essent portat[970] en elo-

---

[968] *judici*: "jutges"; it. "iudici".
[969] *poder*: ms. "podent"; it. "potere".
[970] *portat*: it. "dotto".

qüència se donà a philosoffia;⁹⁷¹ a la qual tres anys sots Sòcrates estudià, e aprés XX sots Plató. En la qual vench tan perfet [fol. 149r] que mèritament de Ciceró, com davant diem, excepto Plató fon judicat excel·lent sobre los altres grechs. Averoiç norresmenys, cordovès, molt més de⁹⁷² Aristòtil presumí que Ciceró; e·n aquesta forma descriu d'ell en lo pròlech de la *Phísica*: "Nomen autem auctoris est Aristotiles: Hicomaci filius sapientissimus grecorum qui composuit libros multos in hac arte: in logica: et in⁹⁷²ᵇⁱˢ methafisica et ipse invenit et complevit has tres artes: invenit quicquid invenitur scriptum ab antiquis non est dignum ut sit pars artis huius neque principium neque ambiguitas ne dum principia esset. Complicuit autem qui nullus eorum qui secuti sunt eum usque ad hoc tempus invenit in dictis eius errorem alicuius quantitatis et hanc disposicionem reperiri in dividuo uno miraculosum et extraneum existit. Et quia alis reperta fuit in isto homine meretur potius dici divinus que humanus". Conforma encara açò matex en lo terç *De l'ànima* y primer *De generacione*, hon diu ésser estat Aristòtil la última perfecció de la natura dels hòmens; on mèritament regla, y exemple, y pare de la philosoffia jutjava-lo nomenar-lo. Diògenes Laèrcio scrivint de Aristòtil no mediocre laor li atribuhex, dient: "Cunctis enim in rebus summo studio atque industria fuit invencionisque incredibili copia viguit". Quintilià encara X *De institucione oratoria*, commemorant⁹⁷³ los philòsoffs les liçons dels quals crexen la facultat oratòria, diu de Aristòtil: "Quid Aristotilem quin dubito an sciencie rerum: an scriptorum copia: an eloquendi usum suavitate: an invencionum acumine: an varietate operum clariorem putem".

Circa les opinions de Aristòtil, primerament de Déu ell diu Déu ésser una substància simple, única y sem[fol. 149v]piterna, com demostra en lo XII de la *Methafísica* dient: "Quoniam quidem pluralitas mala est unus est ergo princeps"; y aquesta del tot prova ésser immoble en lo VIII de la *Phísica*, y entendre, y delitar-se de la sua pròpria intel·ligència en lo XII de la *Metafísica*; hon demostrà singularment haver entesa la Trinitat divina, com, més les sues sentències conjunyint, fàcil cosa seria de conèxer. Diu encara ésser Déu l'objecte de la felicitat⁹⁷⁴ en lo X de la *Èthica*, y creador y factor de

---

⁹⁷¹ *a philosoffia*: ms. "philosoffia"; it. "a philosophia".
⁹⁷² *de*: ms. "que"; it. "da".
⁹⁷²ᵇⁱˢ *in logica: et in*: ms. "en logica y en".
⁹⁷³ *commemorant*: it. "connumerando".
⁹⁷⁴ *felicitat*: ms. "renlicita"; it. "felicita".

l'univers en lo libre *De natura deorum*. Y en lo libre *De mundo ad Alexandrum*, confermant-se aquesta sentència, escriu aquestes paraules: "Oportet enim hoc de deo considerare vi quidem ente fortissimo: specie vero gloriosissimo vita inmortali: virtute autem potentissimo. Qua propter invisibilis omni nature. Visibilis factus est ex operibus suis. Nam passiones omnes tam que in aere quidque in aqua que super terram vere dicuntur opera esse dei". Atribuhex encara lo cel a Nostre Senyor Déu per estància sua, com en lo matex libre y en lo primer del cel és manifest.

Quant a l'ànima, com escriu Ciceró en lo primer de la *Tosculana* y Aristòtil en lo II *De l'ànima*, diu aquella ésser una primera perfecció del cors natural y orgànich. Mas l'ànima humana posa ésser simple e incorrubtible ab dues potències; la una activa, la qual depura los fantàsmates, y l'altra passiva, en la qual s'abitua⁹⁷⁵ la intel·ligència. Mas qui seguís d'ella, ço és de l'ànima, aprés la mort no escriu molt clarament; per bé que tàcitament⁹⁷⁶ en lo primer de la *Èthica* demostra les ànimes reservar-se en loch de ffelicitat e misèria, quant diffenex en quina manera la fortuna pròspera o adversa dels vius als morts comparar se deven. Aprés [fol. 150r] del cel, com clarament se veu in primo *Celi* e·n lo VIII de la *Phísica*, afferma ésser un primer moble y cors simple segregat y divers de la natura elemental; perfet més que les altres coses materials, mas de menys dignitat que les substàncies abstretes. Los principis de les coses naturals diu ésser un confús subjecte, lo qual nomena matèria, y una perfecció, lo qual nomena forma. Mas de les transmudacions⁹⁷⁷ ultra aquestes dues pot ésser principi encara la privació, e açò per respecte de lur intrínsech ésser y essencial. Mas per los principis extrínsechs ajusta lo ffi y lo efficient; on resulta lo nombre de les quatre causes damunt expressades en lo principi del libre, lo qual ja narrat procés del tot manifest se veu en lo primer y segon de la *Phísica* sua, y segon y quint de la *Methaffísica*.

Divisa Aristòtil la república sua en sis parts, ço és jutjes, sacerdots, cavallers, richs, artifficis y agricultura. Y en l'altra part axí matex com en la ydea contradiu a Plató, com se lig en lo II de la sua *Política*.

Scriu Aristòtil tantes dignes sentències quantes d'ell se troben

---

⁹⁷⁵ *s'abitua*: "s'hi habita"; it. "si habita".
⁹⁷⁶ *tàcitament*: it. "Tacito".
⁹⁷⁷ *forma...transmudacions*: it. "forma de la transmutatione".

preposicions expresades. De què en la vida sua escriu Laèrcio aquests excel·lents notables dits:⁹⁷⁸ "Erudicio inter prospera est ornamentum: inter adversa refugium. Est enim optimum disciplina ad senectutem viaticum: hoc enim quispiam ex philosoffia lucratur quod iniussus faciat quod plerisque per metum legum operantur. Vicia enim ad miseriam atque infelicem vitam sufficiunt". Scriu encara Aristòtil en la *Iconòmica* circa lo ésser de l'home en la vida activa: "Nihil enim homini potest esse malius que si vir et uxor pari concordia domum gubernent". La qual vera y excel·lent sentència [fol. 150v] no solament yo en la present per les rahons entench, mas per experiència ho conech y afferme axí matex⁹⁷⁹ la modèstia ingènita, castíssima benivolència, diligència alegra, púdica y jocunda conversació de la caríssima y amada consorte Mariana Ilicina. Escriu encara en lo primer de la *Política* aquestes dignes paraules: "Optimum animalium homo est sic et separatum a lege et iusticia pesimum omnium. Severissima autem est injusticia tenens arma". Y en lo terç de la *Èthica* diu: "Ignorat enim omnis flagiciosus que facere a quibus ve abstinere oportet"; y en lo quart: "Est enim ipsius virtutis officium benefficia pocius conferre que suscipere. Et honesta poscius agere: que eno agere turpia". Últimament en lo sisè escriu: "Imposibile est enim prudentem esse quem piam nisi sit bonius".

Aristòtil donchs, com scriu Laèrcio, fon de grandíssima reputació aprés de Phelip Macedònich; on fon preceptor de Alexandre Magno. Constituí en Atenes la secta paripatètica, los quals philòsoffs de la pràtica de l'anar foren axí nomenats. E a la fi veent fer morir Sòcrates en Athenes perquè blasfemava la lur idolatria, se partí e anà en Càlchide, hon morí de edat de LXIII anys; l'ingeni del qual fon tant sublimat que d'aquell temps fins als nostres dies per tota edat lo féu pus gloriós.

Seguex aprés micer Ffrancesch dient que, aprés d'Aristòtil, véu Pictàgoras seguir, lo qual principalment ab umilitat los philòsoffs nomenen per digne nom e convenient; on diu Pictàgoras que primer umilment philosoffia nomenà per nom digne. Pictàgoras, com escriu Justino en lo XX *De bellis externis*, ffon de la illa de Samo fill de un mercader lo qual se nomenava Demarato. Volent [fol. 151r] donchs aquest donar obra a les speculatives sciències, principal-

---

⁹⁷⁸ *notables dits*: ms. "notables"; it. "notabili detti".
⁹⁷⁹ *axí matex*: "mitjançant"; it. "mediante".

ment se'n anà en Egipte a imparar[980] les sciències mathemàtiques. Aprés passà en Babilònia solament per compendre la notícia astrològica. Vench aprés a estar en Macedònia y en Creta per contemplar les leys de Licurgo de Minos y de l'altra[981] república grega. De Grècia aprés Pictàgoras vench en Ytàlia en la regió de Crotomati. Per la qual cosa, com scriu Agostí en lo VIII *De civitate Dei* capítulo II, Pictàgoras fon lo principi de la itàlica philosophia. E donà's totalment Pictàgoras a la vida contemplativa; on en lo matex libre diu Sant Agostí: "Ita que cum studium sapiencie in accione et contemplacione versetur. Unde una pars eius activa altera contemplativa dici potest: quarum activa ad hagendam vitam pertinet contemplativa ad prespiciendas nature causas et simplicissima veritatem. Socrates in activa excelluisse memoratur Pictagoras vero magis contemplative quibus potuit intelligencie viribus institisse". Ciceró encara in libro *De senectute* Pictàgoras nomena príncep de philosophia, e Boeci in *De arte musica* afferma Pictàgoras ésser estat actor d'aquella. Per la qual cosa axí scriu Ysidorus en lo terç libre de les *Ethimologies*: "Numeri disciplinam apud grecos primum Pictagoram nuncupant perscripsisse ac demum a Nicomaco diffusius fuisse dispositam qua apud latinos primus Apuleius ac de inde Boecius transtulerunt".

Circa les sues opinions primer deya Pictàgoras, com s'escriu en lo primer de la *Methaffísica*, los principis dels naturals ésser lo finit e lo infinit nombre. E axí tota cosa natural ésser estada produhida del nombre, axí com de causa material. Mas en açò differia Pictàgoras de Plató, [fol. 151v] que Plató deya lo nombre ésser principi per participació d'ell feta de les coses naturals, e Pictàgoras per immutació de aquell en la substància de les coses naturals. Quant que a l'ànima té lo matex, dient aquella ésser composta de nombre, com scriu Tuli en lo primer de la *Tosculana*, quant aquella és separada del cors. Diu Pictàgoras[982] ella ésser immortal y transferir-se en diversos cossos. On de si matex, com scriu Ovidi en lo XV del *Metamorfoseos*, afferma Pictàgoras que era estat Euforbi, cavaller troyà, y era estat mort en aquella guerra. Aprés aquell temps se trobava Pictàgoras aquell ésser un imperador regint tot l'univerç món, al qual no·s volia may repugnar en la república.

---

[980] *imparar*: italianismo por "aprendre".
[981] *de l'altra*: ms. "del altre".
[982] *Pictàgoras*: ms. "a Pictagoras".

Solament judicà una cosa necessària, ço és l'amicícia; de què los seus dexebles la hu per l'altre a exposar en la mort la sua doctrina estrenyia. Per la qual cosa Phítyas y Damone, com scriu Valeri en lo quart libre y setè capítol, e Ciceró en lo terç *Dels officis*, servaren lo instituït e precepte de lur mestre Pictàgoras, la hu per l'altre exposant-se a la mort y fent-se fidejussores[983] de la vida davant Dionís Siracusà. Lo qual volent fer morir la hu d'aquells, li demanà de gràcia que·l dexàs tornar a la pàtria y dispondre de la sua heretat, e aprés tornaria y de açò li daria fidejussione.[984] Consentí Dionís a la demanda de aquest; de què, l'amich seu entrat per ell en presó e aquell ja partit lo constituhit del qual devia morir, lo seu amich retornà a Dionís y demanà la execució de si matex y la absolució del seu amich. La qual cosa veent Dionís ab gran maravella, perdonà a quascú y demanà'ls que l'acceptassen per tercer en la amicíscia.

Aprés essent [fol. 152r] Pictàgoras un jorn pervengut a Leonte, príncep de Philiasi, com scriu Tuli en lo cinquè de la *Tosculana*, e algunes coses havent disputat molt excel·lentment, Leonte li demanà quin art o proffessió era la sua. Respòs Pictàgoras ell no saber algun art, mas ésser philòsoff. Aquest nom dix Pictàgoras per umilitat y fon verament digne y acomodat nom de philòsoffs. On és d'entendre que primer al temps de Pictàgoras los hòmens studiosos se nomenaven sapients; lo qual nom era molt arrogant, essent la sapiència lo àbit per lo qual se comprèn la causa de totes les coses humanes y divines, axí com és scrit en lo II *Dels officis*, y sisè de la *Èticha* y en la *Methaffísica*; lo qual àbit ésser en los hòmens és inposible. Emperò Pictàgoras, semblant-li aquest nom superbo los nomenà philòsoffs amadors de la sciència o de la sapiència. Ffon aquest nom digne e convenient, com demostra Agostinus VIII *De civitate Dei* en lo primer capítol, dient: "Philosophorum nomen si latine interpretretur amorem sapiencie signifficat porro: si sapiencia est deus per quem facta sunt omnia sicut divina auctoritatis veritasque demostrat verus philosoffus est amator dei". Per la qual cosa estenem tostemps en Déu les dues nostres potències universals, ço és voluntat y enteniment, axí com a bé infinit y sobirana veritat. Emperò dignament se deuen los hòmens d'aquesta inclinació cognomenar philòsoffs.

Scriu Pictàgoras més dignes sentències, de les quals escriurem

---

[983] *fidejussores*: "fiançadors".
[984] *fidejussione*: "fiança".

alguna; e primerament: "Ffuganda sunt omnibus modis et abscidenda langor a corpore: imperia ab animo: luxuria a ventre: a civitate sedicio: a domo discordia: et in comuni a cunctis [fol. 152v] rebus intemperancia. Ffinis ire inicium est penitencie. Liber non est: quem superbus inflamat animus. Loqui ignorat qui nescit tacere. Vir si optimus est: suis se effectibus probat. Divicie contennende sunt que liberalitate perduntur et parcitate putrescunt". Partí's últimament de Leó Pictàgoras y vench en Methaponto hon morí. E fon hagut en tanta veneració que fon dels pobles reputat déu, que feren temple de la sua pròpria casa.

Aporta aprés micer Ffrancesch que, aprés Pictàgoras, véu seguir Sòcrates, Xenoffonte y aquell ardit vell de la furor poètica, Homero, al qual foren tant amigues les muses e familiars que Argus, Micena y Troya ne són ffamoses y vengudes en gran lum. Aquest Homero, seguex lo poeta, fon aquell que cantà les errors y fatigues de Ulixes, fill de Laerte, y de Achil·les, fill de Tetis, y fon lo primer pintor en cartes de les antigues memòries. On diu:

> Socrate et Xenophonte; et quel ardente
> Vechio a cui fur le Muse tanto amiche
> Che Argo et Micena et Troya se ne sente.
> Questo cantò gli errori et le fatiche
> Del figliuol di Laerte et della[985] diva,
> Primo pictor delle memorie antiche.

Sòcrates, com scriu Laèrcio, fon fill de un Sopronisco lapidari y de Phanarete hostetrice, muller sua, nat en un castell nomenat Allopaco de la juridicció d'Athenes. Sòcrates donchs, axí com Plató, principalment no premès anar en algun loch que no sabés primer si·s mostrava doctrina. Mas perquè les coses amagades del cel véu tostemps ésser en con[fol. 153r]tinu flux, e aquelles que són sobre·l cel ésser al nostre sentiment amagades ni poder-se per altra cosa que per provables opinions compendre, emperò diu neguna ésser ciència natural; de què per ço tot se convertex a la philosoffia de costumes. Per la qual cosa escriu d'ell Aristòtil en lo primer de la *Methafísica* dient: "Socrate vero circa moralia negociante et de tota natura nihil". E aquest prepòsit encara diu Laèrcio de Sòcrates: "Animadvertens autem naturalis speculacionis fructum nullum

---

[985] *della*: Pac. "d'una".

eamque ad officia vita nihil esse necessariam invexit primo ethicem deque illa et in officinis et in publico quotidie philosoffans ea poscius inquirenda hortabatur que mores instruerent. Et quorum usus nobis domi esset necessarius. Illinc enim Homeri testimonio bonum nobis malumque nasci". Isidorus encara en la *Ethimologia* conferma açò matex dient: "Ethicam Socrates primus ad corrigendos componendosque mores instituhit atque omne studium eius ad bene vivendi disputacionem perduxit dividens eam in quatuor virtutibus sicilice prudenciam: ffortitudinem: iusticiam: et temperanciam". Últimament Ciceró, confirmant la matexa sentència, diu en lo V de la *Tosculana*: "Socrates autem primum philosophiam devocavite celo et urbibus collocavit: et in domos iam introduxit et coegit de vita et moribus rebusque bonis et malis querere".

E quant a la oppinió sua circa nostre Déu y Senyor, imagina Sòcrates, com mostra Eusebi en lo XIIII *De preparacione evangelica* e al VI capítol, aquell ésser únic e uniforme, y perfectíssim bé e intel·ligència, del qual qualsevol cosa[986] tota mínima preparació ésser subjecta a la divina justícia [fol. 153v] segons les obres procehides en vida, com damunt diem per testimoni de Tuli en lo primer de *Tosculana*. Lo món diffenex ésser una pàtria comú;[987] la república statuí deure ésser com damunt Plató y ab aquella única.

Scrigué Sòcrates moltes dignes sentències ultra aquelles que scrigué Tuli in *De senectute*, *Tusculane*, et *Officii*, y en les altres sues obres. On primerament diu: "Occulos et aures vulgi puta malos testes esse. Solum enim id a diis precandum est quod bona tribuant. Nam plerumque id voti expetimus quod quidem non impetrasse melius foret. Inventus enim virtus eo nihil nintis. Que concesserit fortuna: temperet iusticia: et quod iusticia invenit: tempere et moderancia. Falli namque semper poteris famam concienciam nunquam. Geminat peccatum quem delicti non pudet. Si quid dubitas ne feceris: sed quod animi iudicio negatum fuerim fugito. Si bene egeris tibi auxilium dabis".

Morí Sòcrates en la presó de Athenes perquè blasfemava la lur ydolatria, de edat de LXXX anys, segons Ciceró in *De senectute*, mas segons Laèrcio de LXX anys, havent-lo los athenienchs condemnat a morir. De la qual mort tant aprés se dolgueren que tots aquells que eren estats causa los quals condemnaren a exili e aquells

---

[986] *cosa*: ms. "cosa es".
[987] *comú*: ms. "com es"; it. "commune: e".

feren cruelment morir; e a Sòcrates per eterna memòria edifficaren una estàtua. De què foren manifests tots los seus grans béns.

Xenoffonte, digne y prestant philòsoff, fon fill de de hun pare que·s nomenava Grillo, nat en un castell nomenat Archeo, propinch de Athenes y de la sua dicció. Fon constituhit del seu cors bellíssim y de costumes [fol. 154r] ingeniós, y desigós de tots loables estudis. E procehint un jorn Xenoffonte en Athenes e passant per un loch estret, encontrà's ab Sòcrates; e volent més avant passar, Sòcrates lo prohibí e damanà-li on era la sua intenció de voler pervenir. Respòs Xenoffonte ell voler anar allà hon fossen los bons y excel·lents hòmens. E respòs Sòcrates: "Donchs seguex-me y empara". E Xenoffonte no convidat obehí. Ffon Xenofonte no solament[988] clar e insigne philòsoff, mas excel·lent orador y ffacunde. On d'ell en lo X *De institucione oratoria* diu Quintilià: "Xenoffon non excidit michi sed inter philosophos reddendus est"; e seguex: "Quid commemorem Xenoffontis illam iocunditatem ineffectatam: sed quam nulla affeccio consequi possit. Ut ipse sermonem gratie finxisse videatur". Valeri Màximo en lo V[989] e derrer capítol diu: "Xenophon autem quod ad Socraticam disciplinam attinet proximus a Platone felicis ac beate facundie gradus". Conforma's a les preïnductes sentències Diògenes Laèrcio, dient: "Appellabatur autem Xenoffon musa attica pro dulcedine eloquii et incredibili facilitate".

Circa les sues oppinions en neguna discrepà del seu preceptor Sòcrates, però que allò, com escriu Laèrcio: "Ad unguem imitatus est". Ffon constantíssim Xenoffonte, magnànim y molt observador de la justícia. On, sacrifficant ell un jorn en Chorinto, hagué en aquell punt nova que lo seu fill, lo qual del pare se nomenava Grillo, era mort en batalla. La qual cosa ell ab grandíssima pasciència comportà, e per ço no·s llevà de l'exercici del sacrifficar, mas solament deposà una corona[990] que tenia en lo cap. Mas, sentint com lo fill [fol. 154v] virilment combatent entre los enemichs era estat mort, tornà a pendre la corona, més realegrant-se de la sua virtut, y nom digne y fama guanyada que no dolor de la agra mort sua.

Scriu Xenoffonte més dits notables, entre·ls quals fon que, essent estat un jorn ab paraules desonestes molt mal tractat, solament respòs: "Tu studium tuum ad male dicendum dedisti. Ego vero

---

[988] *solament*: ms. "salament".
[989] *V*: it. "v lib.".
[990] *corona*: repetida en el ms.

consciencia teste didici male dicta contennere". Morí Xenoffonte en Corinto l'any XXXVIIII de la sua loable edat.

Homero fon poeta excel·lentíssim entre tots los altres que may fos en Grècia. La dignitat del qual fàcilment pot ésser maniffesta considerant moltes pàtries en Grècia ésser vengudes a les armes solament per Homero affermar ésser estat ciutadí de aquelles. On diu Ciceró in *Oracione pro Achia poeta*: "Homerum colophonii civem esse dicunt suum qui suum vendicant Salamini repetunt Smirnii vero suum esse confirmant. Itaque eciam delubrum eius in urbe dedicarunt per multi alii preterea pugnant inter se atque contendunt"; y seguex en la matexa oració Marco Túlio lo judici de Alexandre Magno, lo qual Achil·les judicà gloriós solament per haver Homero les sues laors cantades. Quintilià encara a laor de Homero axí descriu in X *De institucione oratoria*: "Homerus quem ad modum ex oceano animum vim fontiumque cursus inicium cepere omnibus eloquencie partibus exemplum et ortum dedit. Hunc nemo in magnis rebus sublimitate: in parvis proprietate superavit. Idem letus ac depressus: iocundus et gravis: tum copia: tum brevitate mirabilis: nec poeticam modo: sed oratoria virtute eminentissimus. Namque ut de laudibus exortacionibus: consolacionibusque taceam [fol. 155r] nomine vel novus liber quo missa ad Achillem legacio continetur: vel in primo inter duces illa contencio: vel dicte in secundo sentencie omnes litium ac consiliorum explicant artes"; e poch més bax seguex: "Verum hic omnes sine dubio et in omni genere eloquencie procul a se reliquit et maxime heroicos".

Ara quant a les sues oppinions, sentí Homero principalment circa Nostre Senyor Déu, segons la greca consuetut, la pluralitat d'aquells. Hon escriu Elimando que, havent Homero aquells entre ells matexos affermat combatre, fon per aço reputat insano, no havent per ventura los vulgars poetes notícia fingir, e més prest refferir oppinions dites a altre que afermar de si matexos alguna cosa.

Scriu donchs Homero de la guerra de Troya, de les lahors de Achil·les y de les errors de Ulixes, y fon dels primers quasi que donàs natura a la istòria. Morí Homero, com s'escriu[991] en lo Pollicato en lo primer, de edat de CVIII anys. Anant un jorn a la hora[992] de la mar e trobant certs pexcadors, los quals li proposaren aquest enigma: "Quot cepimus non habemus. Quod vero no cepimus ha-

---

[991] *s'escriu*: ms. "escriu"; it. "se scrive".
[992] *hora*: error por "vora".

bemus". La qual cosa considerant Homero no podent ab l'enteniment compendre'n, per ira y agonia en aquest pensament vench a menys.

Seguex aprés lo poeta dient que a propinca de Homero seguia lo mantuà Virgili, lo qual en l'estil heroich luyta ab ell de egualtat per eloqüencia, invenció y fantasia poètica. On diu:

> A mano a man con lui cantando giva
> El mantovan che di par seco giostra.

Virgili, com scriu Servi en lo principi de la *Bucòlica*, fon fill de Maró Virgili Fígulo y de Maia, muller sua, ciutadí de Màntua. Lo qual, [fol. 155v] volent donar obra als estudis, principalment a Verona, aprés a Milà, últimament a Nàpols se exercità. Aprés usant la amicíscia de Asínio Polione y Mecenate, caríssims a Octovià, intensament fon amat d'aquell. Scriu donchs Quintilià de Virgili en lo X *De institucione oratoria* aquestes dignes paraules, havent parlat dels grechs: "Ita ut apud illos Homerus: sic apud nos Virgilius auspicatissimum dederit exordium: omnium enim eius generis poetarum grecorum nostrorumque and dubie proximus. Utar enim iisdem verbis que ab afro domicio iuvenis accepi: qui michi interroganti quem Homero crederet maxime accedere. Secundus inquit est Virgilius proprior tamen primo que tercio. Et hercle ut illi nature celesti atque inmortali cesserimus: ita cure et diligencie vel ideo in hoc plus est: quod ei fuit magis laborandum et quanto plus eminencioribus vincimus fortasse equalitate pensamus. Ceteri omnes longe sequentur". Properci encara de Virgili axí escriu la sua grandíssima lahor: "Cedite romani scriptores: cedite Grai Nescio quid maius nascitur iliade".

Circa les oppinions sues qui bé los seus dits considera tingué Virgili ésser un déu omnipotent e sol. On en lo V de l'*Eneydos*, introduhint Eneas invocar Jovis pux que les sues naus per obra de Juno foren enceses, diu: "Tum pius eneas humeris abscindere vestem. Auxilioque vocare deos et tendere palmas. Iupiter omnipotens si non dum exosus ad unum Troianos si quid pietas antiqua labores. Respicit humanos: da flammam evadere classi"; y en lo deè introduhint Venus parlar a Jovis diu: "O pater o hominum divumque eterna potestas. Namque aliud quid sit: quod iam implorare queamus". De l'univers món y de l'ànima [fol. 156r] nostra tench Virgili aquells ésser eternals, com demostra en lo VI de l'*Eneydos*, y lo cel diu ésser la estància⁹⁹³ e cadira de Déu y causa generativa de les coses terrenals, com en lo X de l'*Eneydos* e primer de la *Geòrgica* clarament se veu.

Escrigué Virgili tants dits notables quants quasi són versos en les sues tres principals obres, permès d'ell los altres menors poemes. On principalment contra los superbos diu en lo primer de l'*Eneydos*: "Si genus humanum et mortalia tenuitis arma. At sperate deos memores fandi atque nefandi"; y en lo sisè: "Discite iusticiam moniti et non tenuere divos". Exortà Virgili los fills a la reverència paterna quant introduhex Eneas parlar a Anchises en la reina de Troya, dient: "Ergo age care pater servici imponere nostre. Ipse subibo humeris neque me labor iste granabit. Quo res cumque cadent: unum et comune periclum. Una salus ambobus erit: michi parvus ulus. Sit comes: et longe servet vestigia coniunx". Demostra encara quina devia ésser la claredat de la pàtria quant diu: "Arma amens capio: nec sat racionis miarmis. Sed glomerare manum bello et concurrere in arcem. Cum sociis ardent animi furor iraque mentem. Precipitant: pulcrumque mori succurrit in armis". Últimament és de concloure ell haver descrit qualsevol gesta y obra de virtut, axí com és manifest en lo procés dels libres.

Morí Virgili de edat de LIII anys a Tarento. Aprés ab glòria sua foren los seus ossos portats en Nàpols, hon encara és oppinió que y són.

Aporta consegüentment micer Ffrancesch, aprés de Virgili, Ciceró, dient que aprés d'ell véu al qual pasar floria en lo camí la herba; e aquest era aquell March Tuli en qui clarament [fol. 156v] se mostra quant la facultat de eloqüència ha florit y donat fruyt. Y ell ensemps ab Virgili verament són los ulls y la llum de la nostra lengua latina. On diu:

> Et uno al cui passar l'herba fioriva:
> Questo è quel Marco Tulio, in cui si mostra
> Chiaro quanti eloquencia ha fructi et fiori.
> Questi son gli ochi della lingua nostra.

Marco Túlio Ciceró, com scriu Plutarco, fon de Arpino fill de un Tuli devallat per antiga natura de Tuli, rey dels volchs, y Òlbia, sua deya y castíssima muller. Lo qual fins⁹⁹⁴ del temps de la sua ten-

---

⁹⁹³ *estància*: ms. "estanci".
⁹⁹⁴ *fins*: it. "insino".

dra edat donant-se a l'exercici de l'estudi, vench en tal glòria e reputació que mèritament ha aconseguit la palma de la eloqüència. On d'ell escriu Plutarco que aquell en Attenes sots més preceptors imparà[995] les letres gregues. Aprés essent pervengut en Rodo, a persuasió de Apol·loni, philòsoff y orador grech, declamà en lengua grega. Per la qual cosa portà tots los auditors a gran admiració e constrengué aquells a sobiranament loar. Apol·loni a la fi aprés lonch silenci digué envers Tuli aquestes paraules: "Ego te laudo equidem et admiror Cicero. Quod autem te dicente causa eciam perorata diucius tacuerim dolor et commiseratio quedam effecit. Repetebam namque ipse mecum superiora tempora et armis et gubernacione rerum publicarum et institutis domesticis grecos preceteris nacionibus floruisse. Quibus in rebus Romani nobis palmam iam pridem vera et incredibili virtute superantes confessione omnium abstulerunt. Reliquia una sola suparat doctrine et eloquencie gloria: quam et ipsam per te nobis aufferri et ad romanos transferri [fol. 157r] video et nihil iam precipue laudis apud nostros relinquatur".

No menys encara les precípues lahors de Ciceró descriu Quintilià in X *De institucione oratoria*, dient: "Marcus Tulius cum se totum ad imitacionum grecorum contulisset. Mihi videtur effinixisse vim demostenis: copiam platonis: iocunditatem et Socratis. Nec vero quod in quoque optimum fuit studio consecutus est tantum sed vel plurimas pocius omnes ex se ipso virtutes extulit: inmortalis ingenii beatissima ubertas. Non enim pluvias ut ait Pindarus aquas colligit: sed vivo gurgite exundat dono quodam providencie genitus: in quo totas virtutes suas experiretur eloquencia. Nam quis docere diligencius: movere vehemencius: potest: cui tanta unquam iocunditas affuit ipsa illa que extorquet: impetrare eum credas: et cum transuersum vi sua iudicem feriat: tamen ille non rapi videatur sed sequi. Iam omnibus que dicit tanta auctoritas inest: ut dissentire pudeat: nec advocati studium: sed testis aut iudicis afferat fidem. Cum inter hec monia que vix singula quisque intentissima cura consequi posset fluunt illaborata: et illa qua nihil pulcrius auditu est oracio pre se fert: tamen felicissimam facilitatem. Quare non inmerito ab omnibus etatis sue regnate in iudiciis dictus est: apud posteros vero idest consuetus: ut Cicero iam non hominis nomen: sed eloquencie habeatur. Hunc ergo spectemus: hoc propositum nobis sit exemplum ille se profecisse sciat: Cui Cicero valde placebit".

---

[995] *imparà*: italianismo por "aprengué".

Circa les oppinions de Tuli de Déu, y del món y de l'ànima no és necessari més avant refferir-les, emperò que per lo testimoni del matex Ciceró ffon acadèmic, del qual la professió és neguna cosa affermar, mas: ad libitum deffendre [fol. 157v] tota part contrària, pur que aquella sia probable. On diu en lo terç *Dels officis*: "Nobis autem Academia nostra dat magnam licenciam ut quodcumque maxime probabile occurat: id nostro iure liceat deffendere". Emperò Sent Agostí IIII *De civitate Dei* al capítol XXX, reservant a Tuli la palma de la eloqüència, deminuhex del tot en les altres coses la sua auctoritat dient: "Cicero augur irridet auguria et reprehendit homines corvi et corvicule vocibus vite consilia moderantes: sed iste academicus qui omnia esse contendit incerta indignus est qui habet ullam in his rebus auctoritatem". Mas ab tot que no és acertiva doctrina, a nosaltres demostren les obres de Ciceró quantes són les flors y fruyts de eloqüència que en[996] aquelles clarament se mostra. Al qual prepòsit diu Quintilià en lo II *De institucione oratoria*: "Et hercle deus ille princeps parens rerum fabricatorque mundi nullo magis separavit homines a reliquis animalibus que dicendi facultate". La qual en Ciceró essent estada suprema, mèritament per ell és fet manifest lo més elegant y gentil hornament de l'home.

Scriu Ciceró tantes dignes sentències y morals quantes quasi són en los seus libres expressades oracions y paraules. On premetent[997] aquelles que són insertades en los libres, alguns seus dits en les *Oracions* solament me plau de refferir, e principalment en la *Oració primera contra Cathalina* diu: "Ut sepe homines egri morbo gravi cum estu febrique iactantur si aquam gelidam biberint: primo relevari videntur. De inde multo gravius vehementiusque afflictantur"; y en la terça: "Quod si non minus nobis iocundi atque illustres duos dies quibus conservamur et quod salutis [fol. 158r] certa leticia est nascendi incerta condicio et quod sine sensu nascimur cum voluptate servamur"; y en la quarta diu: "Nam neque turpis mors forti viro potest accidere: neque inmatura consulari: neque misera sapienti"; y en la matexa: "Qui autem ex numero civium demencia aliqua depravati hostes patrie semel esse ceperunt: hos cum a apernice rei publice repuleris nec vi coercere nec beneficio placare possis". Ultra aquests en lo primer de les *Polítiques* diu: "Beatus est nemo qui a lege vivit ut non modo impune: sed eciam cum summa interfecto-

---

[996] *que en*: ms. "en".
[997] *premetent*: ms. "premetre"; it. "pretermesse".

ris gloria interfici possit"; y en la segona: "Male parta: male dilabuntur. Non ne igitur miles perire est melius que in sua civitate sine armorum presidio nos posse vivere. Pax est tranquilla libertas servitus postremum malorum omnium non modo bello sed morte eciam repellendum"; y en la setena: "Sed eciam nuper summa laus consularium vigilare cogitare adesse animo semper aliquid pro republica aut facere aut dicere"; y en la XI: "Cuius vis est hominis errare: nullius nisi insipientis perseverare in errore"; y en la última: "Ut enim cursu cursus: sic in viris fortibus virtus virtute superatur". Larga y enujosa cosa seria per totes les oracions de Tuli discórrer y de aquelles excel·lents sentències referir. Emperò de les moltes que són basten les sobre escrites poques.

Morí Ciceró sobre la vora de la mar prop de Asture, mort dels cavallers de Marc Anthoni conduhits[998] d'un Pompílio, lo qual ja Ciceró havia per la vida en juhí deffensat. Axí com a la fi de la vida sua demostra Plutarco, ffloria l'herba al passar o procehir de Túlio en senya y prodígio de la perfecció última de la viriditat de la facultat oratòria.

Narra aprés [fol. 158v] lo poeta, dient que prop de Ciceró venia Demòstenes, lo qual era del tot fora de la esperança de obtenir lo primer loch entre·ls oradors, y en la vista mostrava no contentar-se de la honor feta a ell de meter-lo segon e[999] mostrava verament en lo procehir un gran lamp encès tot de flammes de ffoch. On diu:

> Doppo venia Demosthene, che fuori
> È di sperança omai del primo loco,
> Non ben contento de' secondi honori.
> Un gran fulgur parea tutto di foco.

Demòstenes, com scriu Plutarco, fon fill de Demòstenes atteniench, nomenat Macceòpio perquè en Athenes lavorava coltell, e de la mare sua, estada filla d'un Gilone y d'una dona bàrbara, axí com exprobava a Demòstenes Eschines. Aquest de tendra edat desigant proseguir la doctrina, majorment la facultat oratòria donà en aquella tota solicitut e summa diligència, en tant que·s féu tenir per tota la Grècia per lo més clar e insigne orador, axí com és escrit de Valeri Màximo en lo VIII libre, de Plutarco en la *Vida* sua axí ma-

---

[998] *conduhits*: ms. "conduhit"; it. "condutti".
[999] *meter-lo segon e*: ms. "Amecterlo segons"; it. "metterlo secondo e".

tex y en lo *Policrato*. Del qual mèritament escriu Ciceró in *De claris oratoribus* aquestes paraules: "Nam plane quidem perfectum et cui nihil ad modum desit Demostenem facilem dixeris: nihil acute inveniri potuit in eis causis quas scripsit: nihil ut ita dicam sub dole: nihil versute quod ille non viderit: nihil subitle dici nihil presse nihil enucleate quo fieri possit aliquid limatius: nihil contra gradum: nihil incitatum: nihil ornatum vel verborum gravitate: vel sentenciarum quo quicque esset elatius".

Quintilià encara en lo X *De institucione oratoria* diu de Demòstenes: "Sequitur oratorum ingens [fol. 159r] manus: ut cum decem simul Athenis etas una tulerit quorum longe princeps Demostenes ac pene lex orandi fuit. Tanta vis in eo: tam densa omnia: ita quibus dare nervis intenta sunt: tamen nihil ociosum his dicendi modus: ut nequid desit in eo: Nec quid redundet invenias". Eschines encara, com s'escriu en lo compendi *De vita et moribus philosophorum*, solia dir de Demòstenes: "Qui in ipso consideraset cerimum oculorum vigorem terribile vultus pontus: acomandatum singulis verbis sonum vocis efficacissimos corporis motus profecto cognosceret: quod et si eius operi nihil addi potest tamen demostenis magna pars abest cum[1000] legitur que auditur". No és més avant de refferir de les oppinions de Demòstenes, no essent ell estat especulador natural, mas solament orador excel·lent.

Scriu norresmenys molts dignes notables dits;[1001] e primerament: "Amicus non est qui ffortune particeps non esset. Tum bene dices si nihil dixeris: nisi quod bene scieris: liberi servique personam veritas separat. Servi liberique mendacium miscet". Anant últimament en exili, girà la vista envers Athenes dient: "O Pallas urbium custos cur tribus infestissimus bestis delectaris noctua dracone et populo". Morí Demòstenes per obra de Anthipatro, lo qual havia la libertat dels attenienchs occupada, en lo temple de Neptuno en Calàbria ja madur d'anys a XVI dies de juliol, com scriu Plutarco, prenent metzines, lo qual prop de si tostemps havia servat en una ploma en totes les exides que fes fortuna. Y a tal fi se dispongué, volent un Archiatúrio escriptor de tragèdies ell viu per força reportar a Anthipatro.

[fol. 159v] Seguex aprés micer Ffrancesch, dient que, ensemps ab Demòstenes, véu venir Eschines, lo qual podia sentir y entendre quant ja per si diminuït se mostrà prop Demòstenes. On diu:

[1000] *cum*: repetida en el ms.
[1001] *dignes notables dits*: ms. "dignes notables"; it. "degne e notabili detti".

Seco era Eschine,[1002] che 'l pote sentire,
Quando presso al suo tuon parve già roco.[1003]

Axí com scriu Diògenes Laèrcio otto[1004] foren los hòmens dels quals quascú fon nomenat Eschines, y lo tercer d'ell nomenat és aquell del qual ho entén de present lo nostre micer Ffrancesch. Aquest Eshines fon èmulo de Demòstenes per si digne y prestant orador y philòsoff. On d'ell continua Ciceró a les damunt dites lahors de Demòstenes, dient: "Huic proximus Eschines fuit".

E Quintilià axí seguex al pròxim damunt al·legat test: "Plenior Eschines et magis fusus et grandiori similis quo minus strictus. Carnis tamen plus habet minus lacertorum". Eschines donchs per la doctrina sua fon fet ciutadà d'Athenes solament per haver composta la tragèdia. On diu d'ell Sent Agostí II *De civitate Dei* al capítol XI: "Eschines et Aristodomus ob tragedie edicionem atheniensem rem publicam nacti sunt". Emperò vench moltes voltes en concert ab Demòstenes; y entre les altres una volta en la causa de Thesiffonte, en la qual Demòstenes fon judicat superior y Eschines molt menys eloqüent. Per la qual causa ab gran desdeny se partí de Athenes y anà a Rodo, hon encara, essent pregant del poble, recità la sua y la oració de Demòstenes feta en Athenes per la narrada causa. Y essent posat en Rodo en gran admiració e sobiranament loant Demòstenes, dix Eschines, [fol. 160r] com scriu Plini en lo II libre en la *Epístola* al nebot: "Quid si bestiam illam perorantem audivissetis"; no volent callar quanta fon la dignitat de Demòstenes en lo exprimir les convenients accions. Són les oppinions sues com de Demòstenes, essent ell estat més prest eloqüent que especulatiu.

Scriu Eschines molts dits notables, com se lig en la oració de Leonart d'Areço, home eloqüentíssim, traduhida en latí, la qual descriu contra Thesiphonte, lo qual és car amich de Demòstenes. On primerament diu: "Qui enim filios odit et malus est pater nunquam bonus gubernator populi esse potest. Qui privatim est malus nunquam publice bonus esse potest. Qui domi et improbus: nulla in patria aut legacione probus erit: non enim mores sed locum mutavit". Morí Eschines encara en molt longa y madura vellea.

Seguex aprés micer Ffrancesch, dient que de ara avant ell no

[1002] *Seco era Eschine*: Pac. "Eschine il dica".
[1003] *roco*: Pac. "fioco".
[1004] *otto*: "vuit".

pot dir per orde on ell veés açò o allò dels hòmens literats, o qual d'ells anava davant o seguís detràs, emperò que, mirant tal e tanta turba pensant, era cosa innumerable, y encar los ulls y lo pensament lo desviava del seu orde instituhit. Y en açò seguex que véu Solone, lo qual féu la utilíssima planta la qual es huy axí mal conrreada y encara produhex axí mal fruyt y pestíffer; y ensemps ab ell eren los altres sis dels quals tota Grècia s'engloriega. On diu:

> Io non posso per ordine redire
> Questo o quel dove mi vedesse, o quando,
> Et quale andar inanci, et quale[1005] seguire,
> Ché, cosa innumerabile[1006] pensando,
> [fol. 160v] Et mirando la turba tale et tanta,
> L'ochio il[1007] pensier m'andava desviando.
> Vidi Solon, che fe' l'utile[1008] planta
> Che, si mal culta et[1009] mal fructo produce,
> Con gli altri sei di che Grecia si vanta.

[fol. 160r] Circa la intel·ligència dels precedents [fol. 160v] versos és de saber principalment que ab rahó lo poeta diu ell no saber redir o recitar per orde aquesta moltitud; primerament per lo gran orde dels hòmens literats, segonament perquè és difícil de conèxer qual devia precehir l'altre en fama. E Solono, lo qual és connumerat entre aquesta esquadra, és primer recontat del nostre micer Ffrancesch. Axí com escriu Laèrcio, ffon fill de Elcèstides del regne de Salamina. Aquest desigant aconseguir la doctrina, no permès anar en alguna regió sinó hon se exercitàs lo escolàstich exercici. Lo qual pervengut a grandíssima perfecció, may resistí a obrar cosa que fos útil a la república. Essent donchs en temps passat estades crudelíssimes guerres entre los athenienchs y magarenchs per la regió Salamina, en tant que la una y l'altra república havia prohibit a penes de la vida que negú més de aquella pogués parlar, Solone, conexent aquella província ésser sobiranament útil als athenienchs, se fengí molt temps ésser orat. Aprés un jorn ab gests y obres de estultícia començà en lo mercat o plaça parlar al poble de la recuperació de Salamina, e may finà lo seu

---

[1005] *quale*: Pac. "qual".
[1006] *cosa innumerabile*: Pac. "cose innumerabili".
[1007] *il*: Pac. "e 'l".
[1008] *che fe' l'utile*: Pac. "di cui fu l'util".
[1009] *et*: Pac. "è,".

parlar fins que·ls athenienchs,[1010] accitats y moguts per ell, prengueren les armes e comencaren la empresa. La qual obtenint ab victòria y honor, grandíssima utilitat aconseguí la atenienca república. Ffon verament aquesta simulada oradura de Solone una sobirana prudència [fol. 161r] molt profitosa a tots los atenienchs, mas certament més fructuosa fon la sua digna obra, quant aquells conduhí a viure sots la profitosa planta de les leys; la qual produhí lo digne fruyt de les leys romanes scrites en les XII taules y de les altres les quals de aquelles hagueren dependència. On és huy constituhit lo sacre y venerable cors de rahó civil, com se lig en la ley II ff. *De origine iuris*, la utilitat de la qual molt pot ésser maniffesta per lo test *De iuris consulti* en la ley primera ff. *De legibus*, hon diu: "Lex est comune preceptum sapientum virorum consultum delictorum que sponte vel ignorancia fuerit coercio comunis rei publice sponsio et in lege nam Demostenes eodem titulo"; diu lo test: "Lex est invencio quidem et donum dei dogma autem omnium sapientum. Correccio autem voluntariorum et non voluntariorum peccatorum civitatis autem composicio comunis secundam quam omnes decet vivere qui in civitate sunt". Y en lo matex test per auctoritat de Crispo stoico seguex: "Lex est omnium rerum et humanarum et divinarum noticia. Oportet autem eam presentare bonis et malis et principem et ducem esse secundum hoc regula est iustorum et iniustorum et eorum que natura civilia sunt preceptrix quidem faciendorum prohibitrix autem non faciendorum". Aristòtil encara en lo V de la *Èthica* circa la utilitat de les leys y perfecció de aquelles diu: "Leges enim provident in omnibus coniectantes autem comunem omnium utilitatem". E Ciceró en les *Phelípiques* en la oració dècima scriu aquestes paraules: "Est enim lex nihil aliud nisi recta et a numine deorum tracta oracio: imperans honesta [fol. 161v] prohibensque contraria". De la qual ley los fruyts que naxen molt bé són expressats en lo test de la ley legis ff. *De legibus*, hon diu: "Legis virtus hec est imperare: vetare permittere et punire"; y en la ley *Iustícia* ff. *Iusticia et iure* diu lo test: "Iuris precepta sunt honeste vivere: alterum non ledere: ius suum unicuique tribuere".

Aquesta donchs utilíssima planta, únic víncul̃o y fonament de tot bé constituta república, ja era en lo temps de micer Ffrancesch, abans al[1011] temps matex d'aquest Solone, molt mal cultivada. La qual cosa demostra la sua resposta quant li fon demanat quina cosa

---

[1010] *athenienchs*: ms. "athenienchs".
[1011] *abans al*: ms. "abans del"; it. "anzi il".

era ley, y ell respòs: "Lex est aranee tela quia si in ea inciderit quid debile retinetur grave autem ac validum pertransit tela rescissa". De què, quants mals naxen de la inobservància de les leys, molt maniffestament ho mostra lo philòsoff en lo II de la *Política* e Ciceró en lo III *Dels officis*. La qual inobservància, e aquell inich, e aquell pervers culto que·s contribuhex a les leys, del qual nax aprés la divisió de l'honest y de l'útil, com se nota en lo V de la *Èthica* e Ciceró ho mostra en lo libre *Dels officis* dient: "Quare error hominum non proborum cum aliquid quod utile visum est arripuit: id continuo secernit ab honesto. Hinc sice: hinc venena: hinc falsa testamenta nascuntur. Hinc furta: hinc peculatus. Expilaciones: direpciones sociorum et civium hinc opum nimiarum potencie non ferende. Postremo in liberis civitatibus existunt regnandi cupiditates. Quibus nihil nec tetrius: nec fedius excogitari potest". Nax encara d'aquesta invalidat legal sedició, discòrdia, dirubació[1011bis] de menor y últimament la guerra intestina; [fol. 162r] y la jactura y reina de l'imperi, com en una sola paraula mostrà Othone, dient: "Pereunte obsequio imperium quoque intercidit". La qual cosa, quant fos en la república italiana y senyoria, molt és maniffest per los scriptors dels *Annuals* de les coses de Itàlia, majorment per Matheu Palmero florentí, home al nostre temps copiosíssim. De Solone donchs scriu Tuli in libro *De senectute* aquestes paraules: "Et Solonem vidimus gloriantem versibus qui se cotidie denuo aliquid adiscentem dicit senem fieri". Justino encara en lo II *De bellis externis* y Laèrcio en la sua vida dien encara de Solone: "Solicitus ergo Solon ne autem tacendo parum rei publice consulere: autem censendo demenciam sibi subitam simulat cuius venia non dicturus modo prohibita: sed facturus erat deformis habitu more ve cordium in publicum evolat factoque concursu hominum quo magis consilium disimulet insolitis sibi versibus suadere populo cepit quod vetebatur omniumque animos ita cepit ut ex templo bellum adversus Magarenses descerneretur". Semblant sentència aquella de Ciceró scriu[1012] axí matex Valeri en lo VIII libre e capítol *De studio*, e ajusta que, essent Solone vehí a la mort, sentí los amichs seus que disputaven; per la qual cosa se dreçà sobre si matex y hoya la lur disputa. Demanat de la causa perquè axí s'era ris,[1013] ab gran seu disagi[1013bis] respòs: "Ut cum istud de quo

---

[1011bis] *dirubació*: italianismo por "enderroc".
[1012] *Ciceró scriu*: ms. "Sicero scriu Cicero"
[1013] *ris*: "aixecat"; "rito".
[1013bis] *disagi*: italianismo por "molèstia", "incomoditat".

disputatis perceperis moriar". On se pot entendre clarament ab quant fragrant ànimo anà Solone a atenyir les sentències.

Circa les sues opinions, dretament sentint del simple ésser de Déu y de la reverència a ell condigna y deguda, y cregut lo món ésser[1014] [fol. 162v] perpetu y l'ànima immortal, entre les altres coses diu, com s'escriu en lo primer de la *Èthica* y de Laèrcio en la *Vida* sua, y aprés Heròdoto, com damunt diem en lo precedent capítol, que negú en aquest món dir-se podia benaventurat, havent quasi la ffortuna lo domini de nosaltres fins a la mort. Emperò si alguna era de nomenar glòria en aquest món, aquella se volia atribuir o a la sciència, o a la mort, o a la fama universal. On, essent demanat de Cresso rey de Lídia qui judicava en aquest món benaventurat, respòs Tello atheniench, Cleobis et Vitó.

E les altres coses les quals són en boca de tots scriu Solone moltes dignes sentències; e primerament: "Siquis parentes enutriverit. Is ignobilis et obscurus esto. Qui sectatur ocium omnibus accusare volentibus obnoxius esto. Que non posuisti ne tollas. Princeps si hebrius deprehensus sit mort multandus est. Sermonem quidem silencio: silencium vero tempore signa. Virtutem ac probitatem iuramento fideliorem cense. Mentiri noli. Amicos cito noli acquirere: quos autem acquiseris reprobare cave. Tunc rege cum primum didiceris regi. Consule non que sunt suavissima sed que sunt optima. Animum ac racionem ducem sequere. Noli cum malis congredi. Deum honora: proxime vero parentes revere".

Últimament morí Solone en Cipre de edat de LXXX anys e manà als seus que lo seu cors fos cremat y diffusa la cendra per tota la terra de la regió Salamina.

Segonament és d'entendre que dels altres sis dels quals se gloriega Grècia lo primer fon Talete Milèsio, [fol. 163r] lo segon Chilone Lacedemònio, lo terç Pitaco Mitileno, lo quart Biante Priennense, lo quint Cleòbolo Lídio,[1015] lo sisè y derrer Periandro de Corinto. E quant a la notícia parcial de quascú és de entendre primerament que Thalete Milèsio fon fill, segons Heròdoto y Demòcrito, com aprova Laèrcio, de un Exàmio y de Cleobulina, muller sua; mas per antiga natura devallat de Cadmo y Agenor, rey de Ffenícia. Aquest, per testimoni de Plató, fon nomenat lo primer savi de Grècia, e primerament de philosofia natural disputà e descrigué les

---

[1014] *ésser*: repetida en el ms.
[1015] *Cleòbolo Lídio*: ms. "cleobo lo Lidio".

astronòmiques calculacions. On divisà l'any en CCCLXVI[1016] dies e sis ores. Volgué tostemps viure en pobrea y en estudi; la qual essent-li una volta exprobada,[1017] volgué mostrar ésser fàcil cosa ésser rich lo philòsoff. Per la qual cosa, com scriu Hierònim Ròdio, veent[1018] Thalete per astrologia l'any següent deure ésser grandíssima anyada d'olives, prengué prestat dels amichs diners y aquelles comprà a la ventura. Per la qual cosa l'any següent guanyà Thalete grandíssima quantitat d'or; lo qual aprés liberalment havent distribuït, retornà al seu pobre viure. Ffon diligent envés la sua república y per la sua diligència aquella servà en libertat de Creso. Scriu encara d'ell Laèrcio que, contemplant una volta les steles, caygué en una fossa que li estava davant. Per la qual cosa fon reprès d'una dona vella en aquesta forma: "Qua racione o Thales que in celis sunt te comprensurum arbitraris qui ea que sunt ante occulos videre non vales".

Circa les sues oppinions, principalment diu Thalete, com scriu [fol. 163v] Aristòtil en lo primer de la *Phísica* y *Methafísica*, Augustinus *De civitate Dei* VIII y Eusebi XIIII *De preparacione evangelica*, l'aygua ésser lo principi de totes les coses generables y corrubtibles, veent totes coses, majorment les vivents, nudrir-se per umiditat. L'ànima nostra diu ésser immortal; lo món animat y ple de dimonis, fet y creat per Déu, emperò bellíssim, com scriu Laèrcio. Mas segons Eusebi en lo preal·legat libre, diu Thalete lo món ésser Déu per la sua comprensió de totes les coses celestials y terrenals.

Scriu més dits notables Thalete; e primerament: "Non multa verba prundentis animi indicium sunt. Quecumque stipendia parentibus intuleris eadem ipse a filiis expecta: fortissimum enim omnium necessitas est superat enim omnia. Sapientissimum tempus invenit namque omnia. Antiquissimum omnium deus ingenitus enim est. Difficillimum enim est senex tirannus ffelix namque est qui corpore sanus fortuna locuplex animoque ignavus aut imperitus est. Amicorum presencium et absencium memores esse debemus. Optime ac iustissime vivemus: si que in aliis reprehendimus ipsi non faciamus". Solia encara Thalete de tres coses sobiranament regraciar Déu; la una d'ésser nat home e no bèstia, la segona mascle y no fembra, la terça grech y no bàrber. Y en tota cosa deya l'ome deure's esforçar de conèxer si matex, com en lo principi del libre diem.

[1016] *CCCLXVI*: it. "trece*n*to sesanta cinq*ue*".
[1017] *exprobada*: ms. "exprobrata".
[1018] *veent*: ms. "veen".

Morí Thalete de edat de LXXVIII anys segons Appol·lodoro, y segons Sòcrates de edat de LXXXX. Les quals oppinions Laèrcio tollera com a cosa posible y egualment evi[fol. 164r]dent a quascú.

Chiscone Lacedomoni, com scriu Laèrcio, fon fill de Damageto y fon lo segon que en Grècia sortís lo cognom de savi. Aquest, com és scrit en lo *Policrato*, anant en Corinto per ambaxador per contraure[1019] lega entre los corintians y lacedemonis, y trobant aquells los quals eren preposats al mogistrat jugar a taules, se'n tornà sens expondre l'ambaxada, dient ell no voler la glòria des lacedemonis[1020] contaminar ab los jugadors de taules.

Ffon aquest Chilone excel·lent philòsoff. Norresmenys més exercità la poesia, majorment cantant versos. Per la qual cosa d'ell no·n són més notes oppinions, mas solament en confús se lig ell haver tengut la pàtria de lacedemoni. Observà encara Chilone la brevitat del parlar; en tant que Aristàgora, com testiffica Laèrcio, tot breu parlar nomenava "chilònio". On diu parlant d'ell: "Erat in loquendo brevis: atque ob eam rem Aristagoras milesius hunch loquendi morem Chilonium appellat". Essent donchs un jorn request[1021] a Chilone de Esopo quina cosa feya Jovis, respòs: "Excelssa umiliat et umilia extollit". La qual resposta no podia ésser més prudent, ni més vera o pus acomodada. E axí matex essent-li dit en què eren differents los doctes dels ignorants, neguna cosa respòs que bona sperança. On se pot compendre ell haver tengut l'ànima nostra ésser immortal. Encara de nou essent request de dir qual cosa a nosaltres és més difícil de ffer, respòs: "Arcana reticere: ocium recte disponere: iniuriasque posse tollerare".

Scriu més avant aquest Chilone moltes dignes sentències; e primerament: "Lingua semper quidem: sed presertim in convivio contine. Nemini mine [fol. 164v] intendende sum et enim muliebre. Uxore umilem aparatu modico duce. Senectutem honora: teque ipsum observa. Damnum pocius quam turpe lucrum elige. Nam id quippe semel tantum angere hoc semper aptum est. Ffortem mansuetum esse oportet ut proximi non tam metuant quam revereantur. Linguam preire animo minimo premittendum est. Superanda omnibus modis est iracundia. Sponsioni non deest iactura".

Morí Chilone en Pisa, ciutat de Grècia, abracant lo fill, lo qual

---

[1019] *contraure*: ms. "contrare"; it. "contrahere".
[1020] *dels lacedemonis*: ms. "de lacedemoni"; it. "ilacedemonii".
[1021] *jorn request*: ms. "jorn".

era estat coronat vencedor en la palestra olímpica; y per quant se pot conjecturar morí d'alegria, vell molt y dèbil de natura.

Pittaco Mitileno scriu Laèrcio ésser estat fill de Hiràdio o Heràdio de Tràcia. Lo qual per la sua doctrina fon connumerat encara entre·ls altres set savis de Grècia. Aquest, com fos humà de letres y estudi, norresmenys no fon menys excel·lent en lo fet de les armes. De què, havent los mithilens guerra ab los athenienchs, Pitaco prengué les armes y anà contra los enemichs. E combatent en batalla singular ab Phirione, duch dels athenienchs, lo sobrà y vencé, y aprés obtench complida victòria. Per la qual cosa los mitilenis de comuna concòrdia li donaren lo principat e constituhir-lo senyor. Lo qual Pittaco tant administrà que de leys y externs presidis compongué y muní la república en honest, just e polítich viure. La qual cosa feta, deposà la senyoria y lo magistrat, com scriu Laèrcio, havent aquell retengut X anys. Ffon Pittaco adorn de tota moral virtut, y majorment de clemència y de mansuetut.

On scriu Laèrcio que, essent estat acume mort un fill seu y pres[1022] [fol. 165r] dels comans[1023] lo homicida y portat a Pitaco, Pitaco li perdonà. E un·altra volta pres un altre seu capitalíssim enemich, axí matex encara li perdonà; on diu lo contest: "Acume anis vero iunctum homicidam ad Pittacum missum atque ab eo pene fuisse absolutum dicente indulgenciam esse preferendam. Heraclitus autem alceum asserit habuisse captivum liberumque dimisisse. Veniamque suplicio meliorem dixisse". Volgué Pittaco aprés lo deposat principat viure pobrament. Emperò renuncià gran quantitat de diners, al qual los creadors de Lídia volgueren[1024] donar.

Scriu moltes dignes sentències, sentint de l'ànima nostra dretament com circa Déu posa lo nombre, les altres sues calitats atribuhint-les totes; on primer: "Per difficile est bonum esse. Principatus virum ostendit. Optimum enim omnium est bene hagere. Obscurus est futurorum eventus. Ffidelis terra: mare vero infidum est. Prudentis enim viri est providere priusque adversa contingant: ne eveniant: fortium vero cum illa contingerint equo animo ferre. Quid facere intendis noli predicare: nam si facere nequieris irrideberis. Depositum cum hacceperis redde. Amico noli maledicere ne inimi-

---

[1022] *y pres*: repetido en el ms.
[1023] *comans*: it. "i cumani".
[1024] *al qual los creadors de Lídia volgueren*: error por "els quals a Creso rei de Lídia volgué..."; it. "a lui creso re de lidia volse".

co quidem pietatem colsas ffrugiesto pudiscisciam ama: veritati stude fidem periciam dexteritatem sodalitatem diligencimque custodi. Sumpto arcu et iaculis sagiptiferaque faretra ne que homo impetendus est. Nam fidum nihil lingua loqui prevalet dum cordi duplex alte insedit sensus".

Morí Pittaco de edat de LXX anys en Lesbo, hon fon sepultat; y sobre lo seu sepulcre féu escriure aquesta sola paraula, ço és "tempus nosce".

[fol. 165v] Bias Priannense, segons que scriu Laèrcio, fon ffill d'un home lo qual se nomenava Tetànio, y fon en los estudis tant excel·lent y sobirà que de Satir, grandíssim scriptor y grech, precehí a tots los altres sis savis de Grècia.

Aquest per la natural disposició, com encara per lo exercici de l'estudi, fon prudentíssim home. Per la qual cosa havent un Aliatere assejada Prienne y essent la ciutat en extrema necessitat de vitualles, Bias féu fer grasses[1025] dues mules y ordenà que aquelles fossen preses dels enemichs, creent-les pendre a cas. Les quals, aprés que foren portades en lo camp feren maravellar a quascú, y majorment lo rey, jutjant no ésser vera la ffama que la ciutat fos en tanta estretura. On per certificar-se tramès un explorador en la terra a entendre l'estat e disposició de la terra. Bias donchs, sabent açò, fféu en moltes parts de la ciutat posar monts[1026] d'arena y aquells cuberts de gra. E vist açò l'explorador, tornà al rey e dix en la terra ésser grandíssima abundància de gra. Per la qual cosa Aliate levà lo siti e partí-se'n. On per la prudència de Bias solament fon salvada la sua pàtria Prienne. Scriu encara d'ell Valeri Màximo en lo VII libre y en lo terç capítol e Ciceró en les *Paradoches*, hon se veu la sua grandíssima lahor: "Nec non sepe laudabo sapientem illum Biantem ut opinor qui nominatur inter septem grecie sapientes cuius cum patriam priennem cepisset hostis: ceterique ita fugerent ut multe de suis rebus secum asportarent. Cum esset admonitus a quodam ut idem ipse faceret. Ego vero inquit facio. Nam omnia mea mecum porto".

Ffon ultra açò Bias observatíssim de la amicíscia [fol. 166r] y dexà escrites moltes dignes sentències; e primerament: "Infelix namque nimium est: qui ferre nequit infelicitatem. Quodcumque agere instituis cunctabundus ac delliberans arripe. Indignum ho-

---

[1025] *grasses*: ms. "grassesc".
[1026] *monts*: ms. "mont".

minem diviciarum gracia laudare noli. Quodcumque bene egeris ad deos refer. Noli cito loqui est enim insanie indicium. Viaticum tibi ad adolescencia ad senectutem sapienciam compara. Ea quippe sola est veraque possessio". Últimament essent demanat a Bias quina cosa era difficultat, respòs: "Fferre mutacionem rerum in deterius". E un·altra volta dient un home audatíssim e impiadós a Bias perquè en tal manera allò callava, respòs Bias: "Quia de rebus nihil ad te pertinentibus queris". Encara altra volta navegant Bias, essent-se levada gran fortuna en mar, los mariners ab altes veus pregaven los déus per la lur salut; als quals dix Bias: "Silete ne vos hic illi navigare senciant".

Morí Bias molt vell de edat en aquest món, com scriu Laèrcio; que, essent advocat en una causa y havent orat, aprés posat en grembo[1027] a un seu nebot, donada que fon per lo seu clièntulo la sentència, fon trobat mort. On aprés los priennesos constituhiren un temple a honor y sempiterna memòria sua.

Cleòbolo digne philòsoff fon de Cària o de Lírido, com aprova Laèrcio, fill de un Evàgora y per antiga natura devallat de Hèrcules. Lo qual essent de doctrina, de costums y de bellea de cors perfetament insignit, ffon encara connumerat entre los set savis de Grècia. Aquest per accessa valor de cercar la doctrina, cercà lo Egipte y quasi tota la Àsia per trobar algú que li pogués dar [fol. 166v] alguna notícia; de què vench a ésser doctíssim y singular philòsoff. Hagué aquest una filla nomenada Cleobolina, la qual encara fon excel·lent, majorment en l'art poètich. Scriu Laèrcio de Cleòbolo ell haver descrit l'any en aquesta manera: "Unus pater est isque duodecim filios habet: eorum singulis triginta sunt filie pulcra specie et varia. Alie namque sunt candide: alie nigre; immortales vero sunt et moriuntur omnes".

Scriu encara Cleòbolo moltes sentències dignes morals, com maniffestament mostra en la sua vida Laèrcio; e primo: "Amici beneficiis fovendi sunt: ut amiciores sint: inimici autem ut amici fiant:[1028] Audiendi magis que loquendi studiosum esse opportet. Linguam habere laudabilem proprius virtutis est.[1029] Uxorem tibi parem eligas: nam si

---

[1027] *grembo*: italiano por "falda".
[1028] *fiant*: falta un fragmento del texto italiano: "antequam domo exeas quod acturus fis apud te pretracta rursus quum redieris quod egeris recogita: corpus rite exercendum: est audiendi magis quam loquendi studiosum esse oportet".
[1029] *est*: falta otro fragmento del texto italiano: "alienum esse a vitio: iniustitiam fugiendam esse uxorem...".

clariorem te dixeris affines dominos habebis. Ffortune mutaciones fortiter preferre disce".

Morí Cleòbolo de edat de LXX anys; en lo sepulcre del qual foren descrites en epigrama totes les sues obres.

Periandro de Corintho, lo derrer philòsoff connumerat entre·ls set, com scriu Laèrcio, fon fill de hu lo qual se nomenava Cipselo. Y essent en lo exercici de l'estudi pervengut fins a la vellea, conexent-se prop de la mort, delliberà que no·s trobàs lo seu sepulcre ni esperar la última resolució natural. Per la qual cosa conduhí dos jòvens en una solitària via, e dix-los que, la nit aprés que sobrevindria a la un·ora, ells matassen aquell que trobarien en aquella e aprés secretament lo sepel·lissen Aprés ne conduhí quatre en lo matex loch, e dix-los que la segona ora de la nit qualsevol que trobassen en aquella via que·l matassen e axí matex sepel·lissen ab gran cautela. Aprés ne [fol. 167r] conduhí altre major nombre, e dix-los que la terça ora fessen lo matex effecte. On seguí que la següent nit Periandro, anant a la un·ora, en aquella via fon mort y sepultat dels dos, y los dos dels quatre, y los quatre d'aquell altre nombre. De què·s seguí que hon fon sepultat Periandro restà en aquell temps a tots los hòmens incerta la sepultura, axí com ell havia desigat.

Scriu Periandro moltes sentències notables; et primo: "Nihil peccuniarum gracia agendum est. Inter secundas res esto moderatus inter adversas prudens. Amicis et felicibus et infelicibus eundem et prebe. Quodcumque pollicitus fueris serva. Inter loquendum cave ne secreta pronuncies. Non peccantes modo: verum peccare gestintes puni". Ffon Periandro ultra l'estudi y les letres intent a les occupacions del domini de Corintho. On d'ell escriu Laèrcio en aquestes paraules: "Primus hic armatis circunseptus incessit magistratumque ad tirannidem transtulit".

Morí Periandro de edat de LXXX anys en la manera damunt dita. Concloint donchs, Grècia ab rahó se gloriegava d'aquests set hòmens, essent axí prestants y dignes com ha descrit lo nostre micer Ffrancesch.

Consegüentment aprés narra lo nostre poeta molts nombres d'hòmens latins, excel·lentíssims en doctrina y en letres no menys que·ls precedents grechs dignes. Ell véu la nostra latina gent haver per duch lo terç gran lum de Roma, lo qual, quant més se remira, tant més clarament llu y resplandex. On diu:

Qui vidi nostra gente havere[1030] per duce
Varrone, il terço gran lume romano,
Che, quanto il miro[1031] più, tanto più luce.

Marco Varró fon prestan[fol. 167v]tíssim ciutadí de Roma, home eloqüentíssim, en istòria abundantíssim, digne philòsoff y theòlech. Lo qual, segons que testiffica Isidorus en la *Ethimologia*, escrigué grandíssim nombre de libres, los quals encara són en notícia *De la lengua latina*,[1032] *De etatibus urbis*, *De antiquitatibus* et *De selectis diis*.[1033] On diu acomodadament d'ell lo poeta ésser un llum lo qual tant més luïa quant més se reguardava. Scriu Augustí en lo IIII *De civitate Dei* en lo capítol XXXI de Varró aquestes paraules: "Acutissimus atque doctissimus Marcus Varro quod dii soli dicit ii videantur ei animadvertisse: quid esset deus: qui crediderunt eum esse motu ac racione mundum gubernantem"; e seguex: "Idem Varro sanctius ac modestius dicit de eos sine simulacris coli cuius rei testis est iudaicus[1034] populus". Ne sols açò se movia per la consuetut del poble judaich, mas per la regió, dient lo matex Govis ésser incomprehensible, emperò no deure haver simulacre, axí com testiffica lo matex Augustí en lo preal·legat libre y al VIIII capítol. On clarament se pot compendre ell haver perfetament coneguda la unitat, e simplicitat, e infinida incomprensibilitat divina.

Circa[1035] l'ànima nostra diu aquella ésser immortal, y, mentre qu·era conjunta ab lo cos la nomenava "gèllio"; e diu aquella ésser de natura divina, com mostra Augustí en lo matex libre. Lo cel diu ésser domicili y lo món etern.

Scriu encara moltes dignes sentències y en més varis libres y diversos lochs; et primo en lo libre *Ad atticum auditorem*: "In multis contra omnes sapere desipere est. Fficte refferas graciam invito danti. Quod vi datum est non putes beneficium sed predam. Semel dedit qui rogatus [fol. 168r] bis vero qui non. Vis experiri amicum calamitosus fias. Nemo suum putet quod est extra ipsum. Non enim est miser nisi qui se esse credit. Nulla gravior iactura scienti est quam temporis. Adulacionis est specimen cum laus postulacio-

---

[1030] *havere*: Pac. "aver".
[1031] *miro*: Pac. "miri".
[1032] *De... latina*: it. "De origine latinae linguae".
[1033] *diis*: it. "diis de re rustica".
[1034] *iudaicus*: ms. "iudicatus".
[1035] *Circa*: ms. "Cira".

nem precedit". Per les quals auctoritats e sentències fàcilment se pot compendre convenir a Varró les paraules d'ell escrites de Quintilià en lo X *De institucione oratoria*, lo qual diu: "Varro vir Romanorum eruditissimus plurimos libros et doctissimos composuit peritissimus lingue latine et omnis antiquitatis et rerum gestarum nostrarum".

Morí Varró de edat molt vell, e mèritament aprés la sua fi fon dels scriptors celebrat per ffama.

Seguex aprés dient que ensemps ab Varró véu venir aprés Crispo Salusti. On diu:

Crispo Salustio seco.[1036]

Crispo Salusti fon prestant y digne ciutadí de Roma, home doctíssim e claríssim historial. La doctrina del qual y elegància y dexteritat del dir molt clarament se pot veure per les obres sues scrites de la conjuració y èxitu de Catilina y de la guerra de Jugurta. On ab rahó d'ell Quintilià scriu aquestes paraules: "At non istoria cesserit grecis nec opponere Thucididi Salustium verear". E ultra açò per universal conclusió dels antichs y moderns scriptors és dat a Salusti mèritament lo primer loch de tots aquells que han escrites istòries.

Scriu Salusti moltes dignes sentències; et primo: "Mihi rectius esse videtur ingenii quam virum opibus gloriam querere et quoniam vita ipsa brevis est qua fruimur. Diviciarum et forme gloria fluxa atque fragilis est: virtus clara eternaque habetur. Priusquam incipias consulto et ubi [fol. 168v] consuleris mature facto opus est. Pulcrum est rei publice bene facere: eciam benedicere aud absurdum est. Sed profecto fortuna in omni re dominatur. At res cunctas ex libidine magis quam ex vero celebrat obscuratque. Dux atque imperator vite mortalium animus est".

Són norresmenys alguns que aquell vers damunt "il terço gran lume romano" atribuhexen a Salusti per ell haver scrit tota la istòria romana, contant Ciceró lo primer, Varró lo segon, Salusti lo terç. Norresmenys, attesa la romana consuetut la qual fon que Roma fos pàtria de cascú comú, no deu Virgili ésser remogut del nom romà. E axí, segons aquesta imaginació, Virgili fon lo primer, Ciceró lo segon y Varró lo tercer lum de Roma descrits per micer Ffrancesch.

[1036] *Salustio seco*: Pac. "Salustio; e seco".

Narra aprés micer Ffrancesch dient que mà per mà ab Salusti venia hu, lo qual ja li havia enveja y véu-lo tort y no ab dret ànimo, ço és lo gran paduà Tito Lívio. On diu:

> A mano a mano
> Un che gli ebbe invidia et vide'l[1037] torto,
> Cioè il gran Tito Livio padovano.

Quanta fon la dignitat del paduà Tito Lívio no solament se comprèn per les sues obres, mas per lo cognom que li era donat, essent nomenat àureo pèlago y flum de eloqüència. E per ço parlen les paraules de Quintilià scrites d'ell en lo X *De institucione oratoria* en aquesta forma: "Titum Livium cum in narrando mire iocunditatis clarissimique candoris: tum in concionibus supra quam enarrari potest eloquentem. Itaque dicuntur omnia cum rebus: tum personis accomodata: sed affectus quidem precipue eos: qui sunt dulciores: ut parcissime dicam: nemo [fol. 169r] istoricorum comendavit magis. Ideoque illam inmortalem Salustii velocitatem diversis virtutibus consecutus est". Per les quals paraules molt se pot compendre quant helegantment micer Ffrancesch ha descrit Tito Lívio a[1038] Salusti haver portat enveja.

Scriu Tito Lívio *De gestis romanorum* CXL libres distincts en XIIII; de qu·és comencant del principi de Roma fins en lo temps de Octovià, on l'última guerra que scriu és aquella de Druso[1039] contra los jermànichs. En lo qual contest són quasi infinits los seus dits notables, dels quals nosaltres poch nombre havem ací narrat; et primo: "Maxime cuique fortune minime credendum est. Raro simul contigit hominibus: bonam fortunam: bonamque mentem dari. Melior tuciorque est certa pax: qua sperata victoria. Ad ultimum desperate rei publice auxilium cum honesta utilibus cedunt. Hec natura multitudinis est aut servit umiliter: aut superbe dominatur: libertatemque media est nec spernere modice: nec habere sciunt. Multaque in expedita natura sunt consilio expediuntur. Itaque quod metus non teneat benefficio et gratia convincendos esse. Parvus ignis magnum sepe suscitavit incendium. Vana sine viribus ira est. Experimento visum est fortunam iuvasse fortes".

[1037] *gli...vide'l*: Pac. "già l'ebbe a schifo e 'l vide".
[1038] *a*: ms. "e"; it. "a".
[1039] *Druso*: ms. "Bruso".

Morí Tito Lívio en Pàdua lo quart any de Tibèrio Cèsar de edat de prop de LXXX anys; la sepultura del qual y la sua dignitat encara lo dia de huy és maniffesta en Pàdua.

Importa aprés micer Ffrancesch, prop de Tito Lívio, Plíni veronès, dient que, mentres que mirava Tito Lívio, súbitament véu discórrer Plini Veronès, de la sua pàtria vehí; l'escriure del qual fon molt, mas poch recordat del morir. On diu:

> [fol. 169v] Mentre io mirava,[1040] subito hebb[1041] scorto
> Quel Plinio veronese, suo vicino,
> A scriver molto, a morir poco accorto.

Dos foren los Plinis dels quals quascú se nomena Plini Segon,[1042] ço és oncle y nebot, entre·ls quals fon gran conformitat circa lo molt scriure e gran similitut circa la mort. On lo segon[1043] Plini nebot principalment, venint en Roma, aconseguí molts graus de dignitat, majorment lo preconsolat d'Àffrica y la pretura d'Espanya. Lo qual escrigué a Trajà Augusto, lo qual perseguia los crestians, en lur favor dient ells[1044] viure sots les leys romanes e solament adorar Jesucrist crucifficat, per la qual cosa a aquelles no contradeÿa. Per la qual cosa Troyà per les letres de Plini no volgué que més los crestians[1045] se matassen, axí com escriu Eusebi Cesariench en la *Istòria ecclesiàstica*.

Scriu aquest Plini la istòria del principi del món fins al seu temps en LXXVIII libres, hon imita lo seu oncle, axí com ell afferma, en lo V libre de les sues *Epístolas*, *Ad Capitonem* en la VIII epístola. Scriu *De viris illustribus* et *De triparticione orbis*, e un volum de digníssimes epístoles. Morí vell en Roma de mort natural, y de aquest no entén parlar lo poeta.

L'altre Plini e superior fon lo oncle del sobredit Plini, y font veronès, com ell matex demostra en lo exordi *De natural istòria*, on diu Valeri Catul·lo ésser conterraneu seu. Mas de Suetònio Tranquil·lo in libro *De viris illustribus* és[1046] aquest Plini dit Novocomen-

---

[1040] *io mirava*: Pac. "io 'l mirava".
[1041] *hebb*: Pac. "ebbi".
[1042] *Segon*: "Secundo". Se refiere a los nombres del tío (Cayo Plinio Secundo) y del sobrino (Cayo Plinio Cecilio Secundo).
[1043] *segon*: "Secundo".
[1044] *ells*: ms. "ell"; it. "loro".
[1045] *crestians*: ms. "crestias".
[1046] *és*: ms. "e".

sis perquè en gran part ell habità a Como, y encara prop del lach Cumano, hon havia gran còpia de possessions, com demostra lo prenarrat Plini en lo quart libre de les *Epístoles* [fol. 170r] sues en la última *Epístola a Licínio*.[1047] Ffon aquest Plini home estudiosíssim y gran scriptor, y de coses excel·lents. On scriu les *Istòries romanes* del principi de Roma fins al seu temps en XXXVIII libres y *De natural istòria* XXXVII libres, hon demostra en lo contest haver tengut oppinió l'ànima ab lo cors ésser mortal.

Scriu encara quasi infinits dits notables, dels quals solament basten a rreferir la deploració d'ell feta de la natura humana en lo principi del VII libre *De la natural istòria*, hon diu: "Mundus et in eo terre gentes: maria insignes insule. Urbes ad unch modum se habent. Animancium in eodem natura nullius probe partis contemplacione minor est: si quidem cum omnia exequi humanus nequeat animus principium iure tribuetur homini: cuius causa videtur cuncta alia genuisse natura: magna et seva mercede contra tanta sua munera: ut non fit satis stimare: parens melior homini: an tristor noverca fuerit. Ante omnia unum animancium cunctorum aliena alienis velat opibus. Ceteris varie tegumenta tribuit Testas: cortices: coria: spinas: villes: setas: pilos: plumma: pennas: squamas vellera. Truncos eciam arboresque cortice interdum gemino a frigoribus et calore tutata es hominem tantum nudum et innuda humo natali die abiicit ad vagitus statim et ploratum: nullumque tot animalium aliud ad lacrimas et has protinus vite principio. At hercle risus illi precox et celerrimus ante XL diem nulli datur. Ab hoc lucis rudimento. Quod ne feras quidem inter nos genitas: vincula excipiunt et omnium membrorum nexus atque infeliciter natum iacet manibus pedibusque de vinctis flens: animal [fol. 170v] ceteris imperaturum et simplicis vitam auspicatur: unam tantum ob culpam quia natum est. Heu demencia ab hiis iniciis extimancium ad superbiam se genitos. Prima roboris spes: primumque temporis munus quadrupedi simile facit. Quando homini incessus? Quando vox? Quando firmum cibis os? Quamdiu palpitans vertex? Summe inter cuncta animalia inbecillitatis indicium. Iam morbi tot atque medicine tot contra mala excogitare et he quoque subinde novitatibus victe. Cetera sentire naturam suam: alia prenicitatem usurpare: alia prepetes volatus: alia vires: alia nare: hominem scire nihil sine doctrina: non fari: non ingredi: non vesci: breviterque non aliud nature sponte

---

[1047] *a Licínio*: ms. "Alicinio".

quam flere. Itaque multi existere: qui non nasci obtimum censerent: aut quam ocissime aboleri. Uni animancium luctus est datus: uni luxuria: et quidem innumerabilis modis ac per singula membra. Uni ambicio: uni avaricia: uni inmensa vivendi cupido. Uni supersticio: uni sepulture cura. Atque eciam post se de futuro. Nulli vita fragilior. Nulli rerum omnium libido maior. Nulli pavor confusior. Nulli rabies acrior. Denique cetera animancia in suo genere probe degunt. Congregari videmus in ista re contra dissimilia. Leonum feritas inter se non dimicat. Serpentum morsus non petit serpentes. Ne maris quidem belue ac pisces nisi in diversa genera seviunt. At hercule homini plura ex homine sunt mala".

Morí Plini en aquesta manera com scriu Tranquil·lo e Plini en lo V libre en la *Epístola ad Cornèlio Tàcito*. Y essent ell perfet de les fustes a Missena en les calendes de nohembre, un núvol en semblança d'un arbre hixqué del mont [fol. 171r] Vesevo, lo qual davall Nàpols és nomenat la montanya de soma. La sua jermana donchs denuncià a Plini quina era aquesta elevació en l'estudi del núvol.[1048] On, venint a veure, delliberà...[1049] sobre lo mont a contemplar lo loch on aquelles negres vapors exien. E mentre que era en camí, se levà una fúria de vent y lo mont començà a moure enceses flames y aspirar odor de sofre molt[1050] a l'olrre molesta. Per la qual cosa embolicat Plini de la polsosa tempesta, essent en mig de dos servents seus caygué en terra offegat y mort; segons diu Suetònio que ell per los seus prechs de hu de sos servents fon mort. Ffon Plini poc recordant[1051] al morir, emperò que podia partir-se ab les galeres y tornar segur de la tempestat marítima. Y essent a·quest effecte exortat del governador de les naus, no volgué consentir, mas respongué com scriu Plini: "Ffortes fortuna iuvat". On per la sua durea fon portat al seu fi.

Porta consegüentment micer Ffrancesch, aprés de Plini, Plotino, dient que aprés véu Plotino, lo gran platònich, lo qual, creent-se poder viure en oci salvat, fon norresmenys prevengut del seu fer e immoble fat y destinació, lo qual en la vida era cresqut ab ell fins a l'aví[1052] maternal. Emperò contra aquell no valgué a ell alguna providència. On diu:

[1048] *denuncià...núvol*: it: "nuncio a Pli. quale era in estudio questa elevatione de la nuvola".
[1049] Ilegible en el manuscrito; it. "salire".
[1050] *molt*: ms. "mol".
[1051] *poc recordant*: ms."por recordant"; it. "poco accorto".
[1052] *a l'aví*: "a l'alví", it. "lo alvo".

Poi vidi il gran platonico Plotino,
Che, credendosi in ocio vivere[1053] salvo,
Prevento fu dal suo fiero destino,
Il qual seco venia dal materno alvo,
Et però providencia lui[1054] non valse.

Per més plana intel·ligència dels precedents versos tres coses són diligentment de considerar: [fol. 171v] la primera, quina cosa és destinació e com de allò han ja parlat diversos escriptors; la segona, en quina manera vench Plotino a la sua fera destinació; tercerament y última, en quina manera, presuposant micer Ffrancesch la destinació, salva la lahor de la operació virtuosa. E quant a la primera, és de saber que, quant als antichs destinació és fat, e per axò matex que principalment és diffinit de Tuli in libro *De divinacione* ésser un orde invariable, dient: "Ffatum id appello quod greci himarmenen in ordinem seriemque causarum cum causa causam exse gignat: ea est ex omni eternitate fluens veritas sempiterna". Per la qual diffinició se'n atteny tota nostra operació ésser necessària de la causa superior; en la qual diffinició se conformen Apuleio Medauriense y Hermes Trimegisto in libro *De natura deorum*, los quals axí descriven lo ffat: "Ffatum est causarum complexio et providencie prime cause dependens". Sentiren açò matex Ffrenício y Possidònio estròlechs, excepto que la operació dels effectes atribuyen al sol, y a la luna y esteles. On diu Ffrenício: "Ffatum est colligancia causarum ex motibus astrorum vim et efficaciam trahens". Y Tholomeu a·questa diffinició ajusta la necessària immutabilitat dient: "Ffatum est virtus costellacionum inmobilis". Sèneca ultra aquests in libro *De questionibus naturalibis*, al·legant Cetina pontíffice, atribuhex aquest orde fatal a la voluntat, consell y premeditació de Déu; on concluhia tot esdevenidor ésser necessari, dient: "Ffatum est necessitas omnium rerum et accionum quam nulla vis potest irrumpere ex iovis disposicione difinitoque consilio deorum". Aquesta matexa necessitat aprovaren quasi tots los gentils [fol. 172r] per sentència de Homero y de Apol·lo. On, com escriu Eusebi VI *De preparacione evangelica*, essent Apol·lo demanat quant devia durar lo seu temps, respòs profetizant de la sua rohina ab aquests versos: "Tunch quoque terrifico percussum hoc fulmine templum: Ardebit sic stat fato-

---

[1053] *vivere*: Pac. "viver".
[1054] *lui*: Pac. "ivi".

rum inmobilis ordo. Fferre autem longe prestat quodcumque severe. Et fixa et stabili statuerunt lege sorores. Esse et enim incertum stabile inviolabile semper. Quicquid nent fusis parce rex iussit olimpi". Y Homero ab més breus paraules explicà no ésser alguna contingència, mas en totes maneres necessitat, dient: "Non est qui fixas parcarum avertere leges. Effugere aut possit". Per les quals auctoritats mogut Sèneca, diu novament en la tragèdia *Edipo* en aquest prepòsit: "Ffatis agimur credite fatis. Non solicite possunt cure. Mutare rati stamina fusi. Quicquid patimur mortale genus. Quicquid facimus venit ex alto". Ovidi axí matex en lo *Metamorffoseos*, introduhint Jovis parlar a Venus, diu: "Tu sola insuperabile fatum. Nati movere putas". E Virgili en lo primer de l'*Eneydos*, confirmant allò matex, diu en persona de Jovis a Venus aquestos versos: "Parce mete citherea manent inmota tuorum ffata tibi cerneres urbem et promissa Lavini Menia sublimemque feres ad fidera celi. Magnanimum eneam: neque me sentencia vertit"; y en lo sisè: "Desine fata deum flecti sperare precando".

Donchs concluhint, molt maniffest se veu quina cosa és fat segons la oppinió dels antichs y com hi ha ésser necessària la humana operació. Mas de aquesta falsa y rígida opinió discorda la veritat de la Sglésia cathòlica, aprovant [fol. 172v] la opinió dels istoichs, los quals deyen algunes causes obrar per necessitat e algunes altres ésser substretes de aquella,[1055] com scriu Augustinus V *De civitate Dei* al VII capítol; entre les quals causes contingents poden ésser la fortuna y la voluntat nostra. Mas que fos fortuna, los romans d'Aristòtil molt foren differens en lo II de la *Ffísica*; emperò estimaren aquella ésser un númine regint y disponent aquestes coses externes. On a provocar la sua favor constituhiren un temple migançant Lúcul·lo sots lo nom de Felicitat, pur, com sia, convenen en açò obrar la fortuna per necessitat. Mas ultra los stoichs se demostra per los theòlechs nostres neguna cosa excepto la intrínseca operació divina, com és engendrar y spirar, ésser necessària. On tota creatura de norrès és produhida en l'ésser per mera liberalitat de la voluntat divina. Emperò lo mestre de les *Sentèncias*, en lo primer de la XXXVIII a la XXXI distincció, diu lo ffat o la destinació o predestinació, segons la fantasia dels antichs, ésser solament la presència de Déu ab lo seu beniplàcit; la qual connotant la extrínseca creatura, axí com obgecte, no imposa alguna necesitat, essent aquella variable y se-

---

[1055] *aquella*: ms. "aquelles"; it. "aquella".

guint a la variació de la cosa sible la[1056] desició de la sciència de aquella, com scriu lo philòsoff a la fi del primer de la *Posteriora*. On doctament Boeci en lo IIII libre *De consolació* diu lo fat no ésser altra cosa que una inherent disposició de les coses mudables, per la qual la divina providència connectés les coses en lo seu orde, dient: "Ffatum est inherens rebus mobilibus disposicio: per quam providencia queque suis nectit ordinibus". Per les quals paraules és ma[fol. 173r]nifest lo fat solament importar orde de les causes als effectes sens alguna altra necessitat.

Ara quant al segon és d'entendre que Plotino fon digne e insigne ffilòsoff nat en Alexandria d'Egipte, ffill d'un escolpidor d'imatges chiquet y no molt...[1057] Aquest principalment fon dexemble de Ammònio Alexandrino, sots lo qual donà obra a l'estudi XI anys ensemps ab Orígenes e Lisímaco. Aprés anà en Pèrsia y en Índia solament per imparar[1058] l'art màgica. Aprés vench en Roma essent de edat de prop de XXXX anys. Ffon home de sobirana constància, sobrietat y justícia; y per castedat may no·s volgué implicar al matrimoni. Ffon Plotino grandíssim diseptador[1059] de la doctrina platònica, tal que ab rahó lo poeta lo denomena "lo gran platònic Plotino". On d'ell escriu Hermes: "Plotinus singularis philosophus quas philosophie non attigit partes cum eius doctrina vite sequeretur insignia cum id quod docebat...[1060] alieno: sed proprio virtutis ostenderetur exemplo. Macrobius in de somno scipionis. Sed plotinus inter philosophie professores cum Platone princeps libro de virtutibus gradus earum vera et naturali divisionis racione compositos per ordinem digerit. Quatuor sunt inquit quaternarum genera virtutum. Ex his prime politice vocantur: secunde purgatorie: tercie animi iam purgati: quarte exemplares".

Circa les sues oppinions, principalment diu de Déu ésser ffactor de natura y d'ell provenir tot ésser vida e intel·ligència; y lo món d'ell affermà ésser fabricat. L'ànima nostra féu més...[1061] que l'àngel[1062] y diu aquella sobre si no haver més natura excel·lent que aquella de Déu, com damunt diem en lo [fol. 173v] Trihunffo de la Mort per sentència de Sant Agostí.

[1056] *la*: ms. "a la"; it. "la".
[1057] Ilegible en el ms.; it. "formoso".
[1058] *imparar*: italianismo por "aprendre".
[1059] *diseptador*: ms. "septador".
[1060] Ilegible en el ms.; it. "non".
[1061] Ilegible en el ms.; it "nobile".
[1062] l'àngel: "els àngels"; it. "li angeli".

Scriu Plotino molts dits notables, e primo: "Est politici prudencia ad racionis normam que cogitat queque agit universa dirigere ac nilhil preter rectum vel laudabile facile facere: humanique actibus tanque divinis arbitris providere fortitudinis est...[1063] animum supra periculi metum agere nihilque nisi turpia timere tollerare fortiter vel adversa vel prospera. Temperacie est nihil appettere penitendum: in nullo legem moderacionis excedere: sub iugum racionis cupiditatem domare. Iusticie est servare unicuique quod suum est. De iusticia veniunt innocencia: amicicia: concordia: pietas: religio: affectus: humanitas. His virtutibus vir bonus primum sui atque inde rei publice rector efficitur: iuste ac provide gubernans humana non deserens". Últimament morint en Roma grandíssima quantitat d'òmens per una pestilència, moriren a Plotino tots los seus amichs y ell s'emmalaltí de grandíssima infirmitat, ço és de espasme. Per la qual cosa estimant ell deure guarir e viure, se'n anà a estar en un loch apartat; hon se féu portar en una vila en campanya de un seu dexeble, lo qual se nomenava Zeto. E com hi fon pervengut, en pochs dies fon mort.

Morint donchs Plotinus, se girà a Eustòchio metge e dix-li: "Divinum quod in nobis est o Eusthochio in quod in universo est divinum iam revertitur". Morí Plotinus de edat de LXVI anys. Scrigué molts libres en philosoffia moral, natural e theologia. Són norresmenys alguns altres, e no de poca auctoritat, hòmens que dien que Plotino, veent les coses [fol. 174r] del món ésser en més parts sots lo govern y protecció de fortuna, volent evitar los seus colps anà abitar in vida solitària, creent en tal loch viure ab molta pau. Mas en aquest estament Plotino fon ple tot de lebrosia; per la qual cosa irritat contra de si matex per la fatiga de les malalties, ab grandíssima molestia morí. On conclohint aquest ésser ja destinat,[1064] lo qual tragué del ventre de la mare, perquè aquesta egritut,[1065] com scriu Gullelmo de Palència en lo terç libre de la sua *Pràtica*, ha de engendrar-se entre les altres causes en lo principi de la generació, quant fos mesclat la sement humana ab la mèstrua sanch de la dona en lo coito. Alguns altres refferexen aquesta destinació solament a la mort, la qual degués ésser privada d'ell de repòs y seguretat.

En lo terç y últim loch occorre una diffícil e mèrita dubitació; la

---

[1063] Ilegible en el ms..
[1064] *ésser ja destinat*: ms. "esser ia esser destinat".
[1065] *egritut*: italianismo por "malaltia".

qual és en quina manera és compatible ab la necessitat de la destinació prohibició de la humana providència; la qual micer Ffrancesch demostra en aquest loch y en aquell sonet "Parra forse ad alcuno que a lodar quella", mas més clarament en aquells altres "Rotta es l'alta colonna et il verde lauro / Et il male mi preme et mi spaventa il peggio". Les lahors y comendacions de la operació virtuosa, les quals descriu lo poeta en lo Trihunffo de la Pudicíscia y presuposa en aquest Trihunffo de Ffama en quina forma se leva la contradicció que par en ell en aquesta part y en l'altra, on afferma la libertat de l'arbitre, axí com en aquella cançó "Nel dolçe tempo de la prima ettade", mas més clarament en lo derrer Trihunfo y en aquella cançó "Io vo pensando et nel peniser m'asale".

A les quals dubitacions complexament responent [fol. 174v] dich que per dues maneres se veu maniffestament als hòmens convenir-se lahors de les sues obres, encara essent la predestinació y necessitat de totes les obres nostres. La una és que, quant axí fos y l'ome fos necessitat a tals obres, aquesta fforça és[1066] occulta totalment al seu entendre si ella és o no; e on, conformant-se per aquest respecte ab lo seu beniplàcit aquelles obres que són diffinides ésser bé, e axí per quant està en ell encara, esforçant-se, aquelles obres deure obrar, convenient cosa és de tal effecte deure's lohar. E açò és allò que·s pertany fer a quascú mentre que viu perquè,[1067] com diu lo test *De iuris consulti* ff. *De regulis iuris*: "Semper in dubio benigniora sunt preferenda".

La segona via és que, axí com un predestinat o prescit pot ésser no predestinat, fent la preposició en lo sentiment dividit, axí aquesta necessitat, essent dependent de la cosa futura, no és absoluta, emperò pot ésser no necessitat. Per la qual cosa tostemps se deu ab gran rahó obrar bé y aquella obra mèritament se deu lohar y extolrre. Mas si algú digués la cosa necessària és contingent, podent indifferentment ésser y no ésser, responch açò no seguir de la dita sentència, emperò que aquesta dicció necessita[1068] en la preposició del sentiment divís, hon sia principal aquest verb; "pot" signiffica tota cosa y esta per aquella, la qual és necessària, o pot ésser tal, segons les regles de les ampliacions logicals. Y si se al·legàs lo philòsoff en lo terç de la *Ffísica*, lo qual diu que·n les coses eternes no és different la potència de l'ésser, s'i diu aquella auctoritat deure's en-

---

[1066] *és*: ms. "y".
[1067] *perquè*: repetida en el ms.
[1068] *necessita*: ms. "necessitat".

tendre en lo compost sentiment y no divís, ço és que si li és posible alguna cosa ésser eterna, [fol. 175r] aquella és eterna; on que, si altrament s'entengués inseguirien mil inconvenients.

Pot-se encara ultra les predites dues vies salvar micer Ffrancesch segons la oppinió de Crispo, la qual davall direm en lo propi loch. Y semblantment se pot dir encara que micer Ffrancesch entenga la providència humana no haver loch, o alguna potència a reparar la mort, com entenia fer Plotino. Ab la qual impotència nostra stà molt bé la libertat de l'arbitre; y aquest intel·lecte par que volen molts sants hòmens. On primerament *Job* a XIIII[1069] capítols diu: "Breves dies hominis sunt et numerus mensium apud te est. Constituhisti terminos vite qui preteriri non possunt". Semblantment Sant Jerònim en la *Epistola ad Eliodorum* diu: "Debemus igitur et nos animo premeditari quid aliquando futuri sumus et quod velimus nolimus abesse longius non potest". Scriu lo matex Sant Hierònim en los *Morals* a XII capítols, dient: "Quamvis omnipotens deus illud temporis uniuscuiusque ad mortem precipiat quo eius vita terminatur statutum quoque est quantum in ipsa vita mortali temporaliter vivat". Últimament diu lo test XXIII qüestió IIII al capítol Nabuchodonosor: "Quamvis certissime sciamus neminem ultra terminum sibi prefixum a deo esse victurum: tamen omnibus languentibus non incongrue medemur". Nosaltres norresmenys no diem la vida de l'home per potència de Déu no poder allargar-se, perquè lo contrari intervé a Ezechias, com damunt diem en lo precedent capítol. Non val donchs providència a la mort, la qual immediate ab lo nostre naximent s'acompanya tostemps. E resta molt clarament solta la una y l'altra dubitació moguda dalt en los precedents [fol. 175v] versos.

Seguex aprés micer Ffrancesch, dient que aprés Plotinus véu seguir Crasso, Anthònio y Hortènsio; Sèrgio Galba y Calvo Licínio, lo qual ensemps ab Asínio Pol·lione alça ab supèrbia lo front contra Ciceró, armant les lengües sues contra ell y cercant-li infàmies, les quals foren indignes y totalment falses. On diu:

> Poi Crasso, Anthonio, Hortensio, Galba, et Calvo
> Con Pollïon, che 'n tal superbia salse
> Che contra quel d'Alprimo[1070] armâr le lingue
> In lui cercando infamie[1071] indegne et false.

[1069] *XIIII*: it. "xiii".
[1070] *Alprimo*: Pac. "Arpino".
[1071] *In...infamie*: Pac. "cercando ambeduo fame".

Scriu Corneli Tàcito en lo seu libre *De claris oratoribus*, per intel·ligència dels precedents versos, quascú dels damunt dits e nombrats per micer Ffrancesch ésser estats clars e insignes oradors. E Ciceró axí matex pur *De claris oratoribus* la matex conferma; on principalment parlant de Crasso diu: "P. Crassum valde probatum oratorem in isdem fere temporibus accepimus qui et ingenio valuit[1072] enim valet illa eloquentissimi viri Crassi copiosa magis quam sapiens oracio: erripite nos a servitute". Per los quals dits molt clar se entén quant mèritament és estat Crasso en lo Trihunffo de Ffama connumerat de micer Ffrancesch.

E de Anthònio scriu Tuli in *De oratore ad Brutum*, dient aquest parlar: "Superiores magis et ad omne genus apti. Crassum dico et Anthonium". Et in *De claris oratoribus* diu: "Sic nunc ad Anthonium Crassumque pervenimus. Nam ego sich existimo hos oratores fuisse maximos in his primum cum grecorum gloria latine dicendi copiam equatam omnia veniebant Anthonio in mentem: e aque suo queque loco ubi plurimum perficere et valere possent ub ab imperatore equites [fol. 176r] pedites: levis armatura: sic ab illo in maxime opportunis orationis patribus collocabantur". Commemora encara aquest Anthoni Quintilià en lo VII *De institucione oratoria* per clar y excel·lent orador; on egualment ensemps ab Crasso lo ha ab rahó descrit famós lo nostre elegant poeta.

Aprés quanta és la excel·lència de Hortènsio molt clarament la demostra Tuli en lo pròlech del libre *De claris oratoribus*, com diu que la doctíssima veu de Hortènsio seria estada digna a tots los grechs y latins hoyidors. No postposa encara Ciceró, en lo matex libre, les dignes lahors de Sèrgio Galba, mas d'ell escriu aquestes dignes paraules: "Sed inter hos etate paulum his antecedens sine controversia Sergius Galba eloquencia prestitit. Et nimirum his princeps ex latinis. Illa oratorum propria et qua si legitima opera tractavit". Per la qual cosa aquests altres dos són aquí descrits y celebrats ab los altres famosos.

Gran fon la excel·lència dels precedents oradors, mas no era menor aquella de Calvo Licínio quant de la mort no fos estat en la joventut prevengut. La qual cosa molt expedita mostra Ciceró in *De claris oratoribus* dient: "Quamque facienddas mencio est ut quidem

---

[1072] *valuit*: el texto pone juntas, por la repetición y confusión de "valuit" y "valet", dos citas separadas del texto italiano: it. "...valuit et studio et habuit quasdam etiam domesticas disciplinas. Et ne le paradoxe dice. Quid enim valet...".

michi videtur duorum adolescencium: qui si diucius vixissent: magnam essent eloquencie laudem consequti C. Curionem te inquit Brutus et C. Licinium caluum arbitor dicere: recte quidem arbitraris quorum quidem alter quod verisimile dixiset ita facile soluteque verbis volebat satis interdum acutas crebras quidem certe sentencias ut nichil posset ornacius esse nihil expeditus". Per la qual cosa ab rahó no és estat Calvo segregat dels altres oradors los quals [fol. 176v] en aquell temps y huy són estats dignes de singular[1073] fama.

Últimament quant fon la prestància de Asínio Pol·lione no·s comprèn per la sua gran opinió aprés de Octòvio, mas per les paraules scrites de Quintilià in X *De institucione oratoria* dient: "Multa in Asinio Pollione invenio summa diligencia a deo: ut quibusdam eciam nimia videatur: et consilii et animi satis anitore et iocunditate Ciceronis: ita longe abest: ut videri posit secundo prior". Aquest donchs, si per la sua doctrina, si encara per la potència la qual havia aprés de Augusto, li semblava molt diminuhir de la sua glòria si aquella de Cicerò no abaxava.

On ensemps ab Calvo comencà a insectar Ciceró; on li escrigué moltes epístoles imposant-li gran y gravíssima infàmia, com mostra Corneli Tàcito in libro *De claris oratoribus* quant diu introduhint parlar Messala Corvino: "A strictior Cabuus numerosior Asinius: Splendidior Cesar: Amarior Celius: Gravitur Brutus: Vehemencior et plenior et valencior Cicero. Omnes tamen eandem sanctitatem eloquencie ferunt. Ut si omnium pariter libros in manum sumpseris sciencia quanvis in diversis ingeniis esse quandam iudicii ac voluminis similitudinem et cogitacionem. Nam quod invicem se obtrectaverunt et super aliqua epistolis eorum inserta: ex quibus muta malignitas detigitur: non est oratorum vicium: sed hominum. Nam et calvum et Asinium et ipsum Ciceronem credo solitos et invidere et livere: et ceteris humane infirmitatis viciis affici". Per la qual cosa conclohint, no sens rahó Asínio Pol·lione és estat ab los altres oradors del nostre poeta a comendació sua incert en los precedents versos.

Seguex aprés micer Ffrancesch dues notables istòries [fol. 177r] de la greca nació, dient que aprés d'aquests romans oradors ell véu venir Thucydide, lo qual distingex bé lo temps de les guerres fetes y encara les fortíssimes obres combatedors, y particularment qual

---

[1073] *singular*: ms. "singlar".

camp se tiny y de quina sang; y ensemps ab ell era encara Heròdoto, pare judicat mèritament de la greca istòria. On diu:

> Tucydide vidi yo, che bene[1074] distingue
> E tempi et il voghi[1075] et le opere legiadre
> Et di che sangue quel campe si tingue.[1076]
> Herodoto, di greche historie padre.

Quanta és la dignitat que merita y comendació[1077] de Thucídide molt clarament se pot compendre per allò que d'ell scriu Ciceró, Quintilià y Aulo Gèlio;[1078] on no immèritament és judicat grandíssima lum de les gestes clares y magnànims fets de la nació grega. On d'ell principalment diu Ciceró in *De claris oratoribus*: "Thucydidem imitare obtime si istoriam scribere non si causa dicere cogitas. Thucidides enim rerum gestarum provinciator sincerus et grandis fuit". A les quals paraules ajusta Aulo Gèlio en lo primer libre *De noctibus acticis* dient: "Auctor historie grece gravissimus Thucidides". Al qual se conforma Quintilià scrivint: "Thucidides dulcis et candidus"; e continua aprés en lahor de Heròdoto, seguint aquestes paraules: "Et effusus Herodotus. Ille concitatis: hic remissis affectibus melior. Ille concionibus: hic sermonibus. Ille vi: hic voluntate". Hon és molt maniffesta la sua sufficiència, mas molt majorment és manifesta per lo contest de la istòria sua; la qual descriu de les coses gregas comencant a les coses per les quals entre los fenicis y los assirians y los grechs se accitaren les guerres, axí com a guerra rapina de Auropa, filla de Agenor feta de Jovis Cretense; aprés aquella de Medea, [fol. 177v] y de Helena, y axí procehint scriu fins al temps de Xerse, d'on concorregueren d'aquests principis prop de mil CCCXXXVIII anys. Les quals guerres ab tanta elegància descriu que mèritament és nomenat del nostre poeta y dels altres escriptors Heròdoto pare de la grega història.

Narra aprés micer Ffrancesch que dretament véu seguir Heròdoto, dient que véu lo noble jeumetre Euchides ésser pintat tot de triangles, de tondes y de formes quadrangles. On diu:

[1074] *bene*: Pac. "ben".
[1075] *E tempi et il voghi*: Pac. "i tempi e' luoghi".
[1076] *quel campe si tingue*: Pac. "qual campo s'impingue".
[1077] *que...comendació*: it. "e merita comendacione".
[1078] *Aulo Gèlio*: ms. "Agelio"; it. "Aulo Gellio".

> Vidi, et dipinto il nobil geometra
> Di triangoli et tondi et forme quadre.

Euchides, com scriu Laèrcio, fon magarench home doctíssim y, com en aquesta part descriu lo poeta, noble y singular jaumetra. Aquest essent-se donat de principi a l'estudi de philosoffia natural, e majorment seguint egualment Parmènides,[1079] judicà ésser chiqueta la conexença que per la honor[1080] se podia attenyr en obra a tantes y axí diverses natures de coses; per la qual cosa dexà aquest estudi y donà's tot a philosoffia moral. Havent donchs per algun temps attès en aquesta moralitat, véu aquella ésser incerta y particular conexença, com sia cosa que les coses morals més prest han lo lur ésser per les leys y per consuetut que per natura. Emperò abandonà lo seguir-les y donà's aprés a les sciències matemàtiques, les quals, per la pràtica conexent ésser en lo primer grau de la certesa humana, com scriu Averrois en lo II de la *Methafísica*, les seguí fins en lo extrem esperit, majorment la jaumetria. On la pràtica de aquella reduhint en speculativa doctrina, compongué un libre de jaumetria, hon dels assumpts principis mostra les conclusions circa les figures, angles y línees de les quals...[1081] Per la qual cosa acomodadament [fol. 178r] lo pinta lo poeta ple de triangles, los quals són una figura contenguda de tres línees rectes, la qual és triangle[1082] equal a dos angles rectes, mas en si són differents, emperò que alguns d'aquells són tres angles[1083] equilàteris, alguns altres ineguals y alguns de línees diformes que són nomenades...[1084] la designada figura. Axí matex és pintat Euclides descripte de tondos, los quals són una figura plana d'algun[1085] centre a la sua circunferència totes les línees protractes serien eguals, axí com se manifesta en la scrita figura. Y encara refulgex lo geumetra de figures quadrates, les quals encara són entre si[1086] differents, emperò que algunes d'aquelles són eguals, on són dits ortogonii, y algunes ineguals, dites no ortogonis, axí com

---

[1079] *seguint...Parmènides*: ms. "seguint egualment".
[1080] *la honor*: error por "l'home"; it. "lhomo".
[1081] Falta "se prolonguen"; it. "si protragano".
[1082] *és triangle*: it. "ha tre angoli".
[1083] *tres angles*: "triangles"; it. "triangli".
[1084] Ilegible en el ms.: "scalens, come es veu en..."; it. "scalenoni: come si vede ne".
[1085] *d'algun*: error por "del qual"; it. "dal cui".
[1086] *entre si*: ms. "entre".

intervé a la egualtat[1087] e inegualtat de triangles, com se veu en lo descrit exemple.

Hagué Euclides aquesta fantasia que solament la argumentació feya per conclusió. Emperò deya les premisses proposicions ésser o semblants o dessemblants. Si eren dessemblants, no eren pertinents; si eren semblants havien la matexa dificultat. Morí Euclides nadant en lo fflum Alfeu, hon se ferí ab una canya la qual per la sua fortuna fon trencada en l'aygua.

Aporta consegüentment lo poeta qui[1087bis] era propinch al ja dit Euclides, dient que[1088] aprés ell véu aquell Porfírio, lo qual envers nosaltres y de la crestiana religió vench a ésser dur en semblança de pedra, y agut de silogismes y subtils argumentacions, noves armes y nous inusitats suffismes. On diu:

> [178v] Et quel que inver di noi divenne pietra:
> Porfirio, che di acuti silogismi
> Empié la dïaletica pharetra,
> Ffaccendo contra 'l vero arme et[1089] soffismi.

Los Porfidis que dels scriptors se troben celebrats majorment per lo àbit de dialètica foren dos: la hu que compongué lo *Sagogicon*[1090] a predicament de Aristòtil, huy nomenat libre *Dels universals*, y d'aquest no n'entén lo poeta; l'altre fon Porfiri lo qual en lo temps de Costantí scrigué contra los crestians, com commemora Uberto en lo *Policrates* y Eusebi en lo X *De preparacione evangelica*. Hon mostra aquest Porfiri ésser estat inimicíssim de crestians e juheus. On al prepòsit diu aquestes paraules: "Uter autem de vetustate in presenciarum Moysi Porfiri testimonio eius videlicet qui iudeorum et cristianorum inimicissimun odii tumulo. Ipsem quoque moysem atque prophetas improbis petere verbis ausus est". Y en lo quart diu: "Ergo eorum quod adversus nos libros evomuit iis verbis utitur".

Scriu donchs Porfiri contra los cristians y majorment contra lo sacriffici, dient a Déu no convenir-se algun sacriffici, ni de animals en lo testament vell ni en lo nou de pa y de vi. On deya, com affer-

---

[1087] *egualtat*: it. "qualita".
[1087bis] *qui*: ms. "qui que".
[1088] *que*: repetida en el ms.
[1089] *et*: Pac. "i".
[1090] *lo Sagogicon*: it. "lo isagogico".

ma Eusèbio en lo IIII: "Aliena enim sacrifficia ab omini sunt pietate. Nihil enim materiale inveniri potest quod in materiali deo non sit obscenum ic circo neque oracio ei que voce profertur convienit". Stimava lo matex Porfiri de les figures y estàtues constituïdes en honor de sants y de Déu, y del tot removia de la Santa Creu la pràtica y pietat dels altres oració.[1091] Per la qual cosa acomodadament [fol. 179r] les sues rahons són nomenades soffismes, los quals són de aparent conclusió, mas de neguna existència, com és manifestament scrit en lo quart de la *Methafísica*.

Seguex aprés micer Ffrancesch prop del Porfiri Hipòcrates, dient que aprés Porfiri véu aquell de Coo, lo qual féu molt millor obra si los seus amforismes fossen, axí com d'ell, entesos dels altres metges. On diu:

> Et quel di Coo, che fe' vie miglior opra,[1092]
> Se bene intesi fusser gli aphorismi.[1093]

Scriu micer Ffrancesch en los precedents versos Hipocras, digne y excel·lentíssim metge, lo qual fon fill de un Asclèpio nat en la illa de Coo. Aquest, essent aprés la mort de Esculàpio la medecina ja estada sepulta cinch cents anys, la reduhí[1094] en llum ab major dignitat y ab més perfecció. Emperò que, hon primer sols era fundada en experiència, Hipocras la descrigué en cànones y regles universals ab rahó. Ffon Hipocras home continentíssim, com scriu Àulio Gèlio,[1095] y de ingeni excel·lent, com testiffica Hali, intèrpetre de de Galièn. Y Sant Hierònim, en les *Qüestions sobre·l Jènesis*, là hon diu que, havent una dona parit un infant dessemblant[1096] al pare e a la mare y per ço essent suspecta de la sua castedat, Hipocras diu que guardassen en la cambra si hauria alguna figura que semblàs a l'infant que aquella era estada causa de tal effecte, havent la dona molt imaginat sobre aquella en lo temps de la concepció. E mirant lo marit y los parents, trobaren ésser axí com dix Hipocras. Hon per aquesta indústria fon aquella dona absolta de tota sospita.

Scriu Hipocras en medecina molts libres, ço és la *Pronostica de*

[1091] *oració*: it: "laltre oracione".
[1092] *opra*: Pac. "l'opra".
[1093] *aphorismi*: ms. "amphorismi".
[1094] *reduhí*: "reconduí".
[1095] *Àulio Gèlio*: ms. "Agelio".
[1096] *dessemblant*: repetida en el manuscrito.

regimine acutorum, De epidimia; [fol. 179v] *De lege, De natura fetus* y més altres, entre·ls quals foren los excel·lents *Amfforismes*, axí denomenats per la independència de la una sentència de l'altra. E quant és útil aquesta obra molt clarament per la sua notícia se entén, on se veu contendre tota part compresa de la diffinició de medecina dada de Avicenna en lo primer del libre y de Ysidorus en lo quart de la *Ethimologia*, on diu al principi: "Medicina est que corporis vel tuetur vel restaurat salutem".

Sentí Hipocras dretament de Déu circa lo seu ésser simple y factor de totes les coses mundanes; lo món féu eternal. Mas l'ànima, com scriu Macobrius in *De somno Cipionis*, diu ésser un sperit subtilíssim diffús per tot lo cos, on tàcitament descriu aquella ésser mortal. Atribuhexen-se a Hipocras molts dits notables; e primerament: "Timore cum diviciis paupertas secura eligibilior est. Vitabit quippe indigencia qui eo quod modicum est contentus erit. Qui liber omino vult esse quod nequit habere non oportet. Qui itidem quod optat vult possidere cupiat quod facile nancisci potest". Morí Hipocras de edat de LXXXXV anys.

Porta micer Ffrancesch, aprés de Hipocras,[1097] Esculàpio y Apol·lo, dient que damunt ell per longíssim temps véu Apol·lo y Esculàpio, los quals eren tant closos y compresos de la distància del temps que a penes la vista los podia compendre sí eren de la longa edat embolicats y los seus noms obscurats. On diu:

> Apollo et Esculapio gli son sopra,
> Chiusi, che a pena il viso gli comprende,
> Sì par che nomi[1098] il tempo limi et copra.

Cosa és maniffesta ésser estats dos los Apol·los hi cascú d'ells haver hagut notícia de medicina. La hu fon [fol. 180r] fill de Vulcà, primer fill de Celo, e l'altre fon fill de Jovis y de Latona, del qual fon fill Esculàpio. On diu Isodorus en lo quart de la *Ethimologia*: "Medicine autem artis auctor ac repertor apud grecos prohibetur Apollo hanc vero filius eius Esculapius opere ampliavit". Mas quascú de aquests ésser estat en l'art excel·lentíssim molt la antiga opinió ho demostra, y la hu d'ells fon déu y l'altre hagué potestat de revocar Hipòlit encara de l'infern. E norresmenys tanta és la lur

---

[1097] *Hipocras*: ms. "Hipocars".
[1098] *che nomi*: Pac. "che i nomi".

antiquitat que més prest fabuloses que veres y lúcides istòries d'ells entre nosaltres són romases.

Solament donchs en conffús podem concloure ells ésser estats hòmens excel·lents y en medicina doctíssims; majorment per testimoni de Eusebi in *De preparacione evangelica*, lo qual axí descriu de Esculàpio: "Esculapium Apollinis atque forodonis filium esse aiunt a deoque medicine artibus excelluisse ut ab incurabili morbo multos liberaret". La qual cosa, ab tot que no sia expedita, norresmenys és a Escolàpio grandíssima lahor.

Narra consegüentment lo poeta, dient que dret a Hipocras seguia hun de Pèrgamo y en ell en penjava l'art la qual es huy guasta entre nosaltres, ço és medicina; la qual en lo seu temps no era útil;[1099] y essent aquella[1100] en los[1101] procehits scriptors confusa y obscura, ell la extén, la il·lustra y declara. On diu:

> Uno[1102] di Pergamo il segue; et in lui pende
> L'arte guasta infra[1103] noi, allor non vile,
> ...[1104]

Per intel·ligència dels precedents versos és de saber que aquest lo qual micer Ffrancesch posa en Àsia, lo qual essent a la fi del seu temps la medicina scrita diminudament y més prest essent col·locada en experiència que en rahó [fol. 180v] y en cànones, Galièn fon aquell que la declarà y estengué en grandíssima quantitat de volums de libres. Com és maniffest la lició d'aquells,[1105] no solament per si compongué Galièn, mas encara fon fel intèrpetre del prestant Hipocras. Ffon verament en lo temps de Galièn l'art de medicina no vil, com sia cosa que, imperant a Roma Anthoní Pio, ffon Galièn conduhit de la Àssia en la ciutat de Roma ab grandíssim salari. Al qual veure y conèxer tant era lo concurso del poble que ab gran difficultat podia Galièn en algun loch procehir per Roma.

Aprés ab rahó deplora lo poeta en lo nostre temps l'art de la medicina ésser guasta, com sia cosa que tanta és la copdícia y avarí-

---

[1099] *útil*: error por "vil".
[1100] *aquella*: ms. "equella".
[1101] *los*: ms. "lo".
[1102] *Uno*: Pac. "Un".
[1103] *infra*: Pac. "fra".
[1104] Ilegible en el ms. Pac. "Ma breve e oscura; e' la dechiara e stende".
[1105] *aquells*: ms. "aquell".

cia dels metges que, girats més al guany que a la sciència, dexen los estudis necessaris, "bonarum arcium"; sens los quals és totalment medicina inperfeta, axí com mostra lo *Consellador* en lo principi del libre de les sues differències. On són conffuses les sectes y en veritat ne imperiti ne methodici són de nomenar, ne racionals; y aquesta gran efficàcia és y causa de guastar medicina. Mas certament molt major és la culpa y més ab effecte conduhex a la rohina sua la error dels prínceps y de les altres repúbliques, los quals no fan distincció entre los perites metges e purs més experimentadors, dels quals lo effecte solament governa fortuna. On espesses voltes donen més crèdit y premi a un simple experiment pervengut per beniffici de natura reglant la error de l'impèrit que a molts los quals ab rahó y per cànones són estats obrats de metges. On intervé que la necessària intel·ligència[1106] de medicina se dexa y quascú corre a fer nothomia de cossos humans [fol. 181r] per aclarir-se de la virtut d'un simple. O com és perduda la debita y loable temor scrita de Ipocras en lo primer anphorism!; quant diu: "Experimentum fallax"; y Galièn expon "Ffallax i timorosum propter nobile semen in quod elaborandum est id enim corpus humanum"; quant encara és perduda la diligència per los versos magistrals, la qual recerca la deguda cura, dient: "Hec sunt pensanda medico curare volenti Ars: etas; virtus regio complexio forma Mors: et sinthoma: replecio tempus: et versus". Ara no és huy permès, axí lícit, lo menar qualsevol cosa greu es fracta, romiti y artifici,[1107] d'on és rústiques y axí may hagué alguna notícia de letres?[1108] Ara no són huy blasmats los metges e públicament e privadament manats los imperiti?[1109] Ara no·s dóna més credit a un jove inexpert paraboler que a un vell, exercitat y continent metge? O cega ignorància! O insulta[1110] credulitat! Verament huy se pot concloure medecina per la major part ésser en mà de públichs e privats farmacòpolis. Deu-se però en aquesta part al vulgar haver compassió primer per la sua ignorància, per la qual no conex lo docte de l'impèrit.[1111] Segonament perquè la pobre gent atenada de somnis y de faules porta la pena de la error comesa, res-

---

[1106] *intel·ligència*: it. "diligencia".
[1107] *lo menar...artifici*: "lo medicar qualsevol cas greu a germans ermitans artesans"; it. "il medicare qualumque caso gravi a frati romiti artefici"."
[1108] *de letres*: ms. "dilecta"; it. "di letre".
[1109] *manats los imperiti*: "lloats los imperits"; it. "comendati imperiti".
[1110] *insulta*: it. "insulsa".
[1111] *l'imperit*: ms. "imperit"; it. "lo imperito".

tant exausta de diners o de vida. No dich emperò que no·s troben alguns metges excel·lentíssims e dignes e alguns senyors prudentíssims y grats, y axí matex repúbliques, emperò que les públiques operacions ne nodrir y exalçar los estudis fan ver testimoni de la il·lustríssima lur virtut e magníffica, y encara de la dignitat y sufficiència dels metges.

Scriu Galièn moltes dignes sentències; e primerament: "Sciencia insensato non prodest. Neque ei qui eo non utitur prodest sensus. Potens est homo [fol. 181v] suos quoscumque actus dirigere cum se ipsum agnoverit. Hoc excellentis est sapientie hominem sui ipsius habere noticiam nec ex dilectione quam habet in se ipso fallatur et bonum se reputet cum non sit. Sicut graviter morbidus donec vivit non desistit medicini insistere ut ad salutem perveniat ad quam complete pervenire non potest: sic nos oportet animarum nostrarum saluti aggregare salutem: et bonitatem bonitati adiungere licet nequeamus ingentis et sapientis anime attingere statum". Morí Galièn de mort natural molt antich y madur de edat.

Seguex aprés micer Ffrancesch dient que aprés Galièn véu seguir Anaxarcho y véu quant era viril. On diu:

Vidi Anaxarcho intrepido et virile.

Anaxarcho, com scriu Laèrcio, fon clar y prestant philòsoff; la intrèpida virilitat del qual molt clara demostra[1112] Valeri en lo terç libre y en lo terç capítol; axí matex Laèrcio quant descriu la sua digna vida. On principalment, essent Anaxarcho a cena ab Alexandro y essent enemich Nicocreonte, tiranno de Cipre, lo qual encara era e ell a la cena, Alexandre demanà Anaxarcho si lo convit era estat perfet en quascuna sua part. Al qual respòs, fixament mirant-lo Nicocreon, aquestes paraules: "Cuncta per magniffice o rex. Verum opportebat iam capud satrape cuiusdam apponi". Per les quals paraules Nicocreon se comogué a grandíssima ira e inimicícia contra Anaxarcho. Per la qual cosa aprés la mort de Alexandre Nicocreon féu pendre Anaxarcho y meté'l en una pila; y ab malls de ferro lo féu batre. Mas lo intrèpido philòsoff deya contínuament al tirà: "Tunde tunde Anaxarchi vas[fol. 182r]culum. Nam Anaxarcum nihil teris". Per la qual cosa irritant-se Nicocreon, manà que li fos ta-

---

[1112] *demostra*: ms. "se demostra".

llada la lengua. Lo qual manament sentint Anaxarcho, la tallà ab les dents y escupí-la-y en la cara.

Tengué Anexarcho les opinions de Demòcrit, majorment la infinitat del món; y aprés fent-se Alexandre Macedònich adorar per déu, un jorn li hixqué sanch per una ferida. Anaxarcho veent açò, demostrà aquella sanch dient: "Hic nempe divinus sanguis non est". E axí tàcitament reprengué la superstició de Alexandre Macedoni.

Ffon Anexarcho per la sua libertat e constància de l'ànimo nomenat gloriós. Ne ultra açò per alguna pena corpòrea fon may sentit que·s lamentàs. On verament és estat del nostre poeta cognomenat viril e intrèpido.

Seguex micer Ffrancesch dient que aprés Anaxarcho seguia Xenòcrates, lo qual, mantenint-se molt saldo y més continent que una pedra, neguna força fon may que·l pogués girar a algun acto o vil obra. On diu:

> Et Xenocrate più saldo che un saxo,
> Che nulla força il volse[1113] ad acto vile.

Xenòcrate, com scriu Laèrcio, fon calcedònich, ffill de un Agathenor y dexeble de Plató. Lo qual en tanta continència y modèstia y gravitat vivia que portava a admiració y a enveja lo poble atheniench. E quant passava per la carrera, corria la moltitut per impeder-lo en lo seu procehir. Era axí matex en aquell temps en Athenes una dona enamorada nomenada Phrine, la qual se offerí poder apartar Xenòcrates de la castedat; per la qual cosa li fon promès grandíssim premi si ella ho feya. Aquesta anà a [fol. 182v] Xenòcrate e umilment lo pregà que la dexàs dormir ab ell una nit e Xenòcrates atorgà-lo-y. E norresmenys per la presència d'aquesta, per los seus libidinosos accitaments no·s mogué més Xenòcrates que si fos estat de marbre. De què en la matinada essent interrogada Prine, responia ella no ab home, mas ab una estàtua haver dormit en la nit.

Un·altra volta volent los dexebles de Xenòcrates de la sua castedat fer experiment, li posaren en lo lit un·altra dona no menys bella que l'altra damunt dita Prine, la qual se nomenava Laide. Per la qual sentint Xenòcrates algun libidinós accitament, se levà sobre lo

---

[1113] *força il volse*: Pac. "forza volse".

lit y ell matex se prohibí de tal luyta.[1114] On verament tal evidència de si matex dada és infal·lible que ab rahó és escrit neguna força haver ell esforcat a peccar.

Ffon Xenòcrates de tanta veneració ab los athenienchs que solament d'ell creyen lo testimoni sense jurament. La pecúnia no estimà més de la que solament havia mester. Per la qual cosa havent-li·u tramesa a donar gran quantitat Alexandre, levant-ne poca quantitat quanta conexia que·n merexia, e l'altra dexà y la y tramès. E un·altra volta de Antipatro no havent Xenòcrates mester-la, la y trameté tota. Legint encara un jorn Xenòcrates als seus dexebles les consuetes liçons, un jovenet nomenat Polemo, com scriu Valeri, lo qual era de vils y celerats costums, entrà en la escola per escarnir Xenòcrates. De la qual cosa occorrent-se ell, voltà la matèria de la qual tractava e dexant aquella, començà a parlar de la moralitat y costumes. La qual cosa tan dignament y tanta efficàcia dix que Polemo remogué natura, e, primer que·s partís, tornà lo seu de[fol. 183r]xeble més clar e insigne philòsoff.

Scrigué Xenòcrates moltes obres, com testiffica Laèrcio, y l'ànima nostra diu ésser un nombre ell matex movent-se. Com mostra Macobrius in *De somno Scipionis* e Ciceró en lo primer de la *Tosculana*, fon de Xenòcrates aquella àurea sentència: "Me quidem fuisse locutum aliquando penituit tacuisse vero nunquam". Un·altra volta essent injuriat de paraules de un Bione en Athenes diu: "Non tibi respondeo equidem. Nam neque tragedia comediam cum ab ea lacessitur responsione dignatur". Morí Xenòcrates molt madur de edat, ab gran dolor de[1115] damno de Calcedònia y atenienchs.

Narra aprés lo poeta y seguex aprés Xenòcrates ell haver vist Archímedes estar contemplant ab la vista baxa en terra. On diu:

Vidi Archimede star col viso basso.

Archímedes fon siracusà, com mostra Lívio en lo V libre y la III *Dècada*, home doctíssim y perfet jaumetre. Lo qual, per la sua indústria havent los romans tenguda molt temps Siracusa asetjada, com en lo matex libre se lig, salvà la ciutat, portà la pressura[1116] d'aquella contra Marco Marcel·lo. Emperò un jorn donant los romans

---

[1114] *se prohibí de tal luyta*: "se tallà els genitals"; it. "sarse i genitali".
[1115] *de*: error por "i".
[1116] *portà la pressura*: it. "protelo da pressura".

la batalla, prengueren la terra per força y aquella donaren als cavallers en presa. Era en aquell jorn Archímedes en casa y demostrava signant en terra certes conclusions matemàtiques. On intervench que a fortuna un centurió entrà en la casa de Archímedes y, trobant-lo attent a la damunt dita demostració, demanà qui era ell. Archímedes callant no respòs neguna cosa, mas solament dix girant-se a ell: "Noli of obsecro istum disturbare circulum". Per les quals paraules creent lo centurió ésser escarnit, lo matà. [fol. 183v] De la qual cosa intenssament se enugà Marcel·lo, e majorment en no haver manat que no·s fes negun mancament a Archímedes.

Scriu Archímedes de quadradura dels cercles,[1117] la qual, ab tot que·s pot saber, norresmenys encara no és sabuda, com en lo seu temps axí matex ésser intervengut scriu y afferma Aristòtil.

Porta consegüentment lo nostre micer Ffrancesch qui dret a Archímedes seguia, dient que véu aprés anar pensós Demòcrito y per lo seu propi voler lançat y privat de or, de llum y de vista. On diu:

> Et Democrito andar tutto pensoso,
> Per suo voler di lume et d'oro casso.

Vàries són les oppinions de qui fon fill Demòcrito Abderite; emperò alguns dien ell ésser[1118] fill de un Hegesistrato, e altres[1119] de un Athenonòcrito, y alguns altres de un Damasippo, com en la sua vida demostra Laèrcio Diògenes. Norresmenys en açò és conveniència que quascú diu Demòcrit ésser estat digne y prestant philòsoff, home estudiosíssim y observant la speculació. Demòcrito donchs, principalment desigant entendre qualsevol cosa que·s pogués imparar,[1120] no dexà de anar en qualsevol pàtria hon fos algú que mostràs doctrina. Lo qual per aquest respecte pervench en la Índia sols per la fama de Gimno sofista.[1121] Agué Demòcrito, com scriu Àulio Gèlio in *De noctibus actibus* e Valeri Màximo en lo VIII libre en lo capítol VII, lo pare seu tant abundant en riquea que solament ell hauria pogut donar les vitualles a l'exèrcit de Xerxe. Norresmenys per millor reposar en l'estudi prengué Demòcrito una part de la heretat e donà lo avanç a la sua pàtria, y per elecció vixqué pobrament.

[1117] *dels cercles*: ms. "cercles".
[1118] *ésser*: ms. "essen".
[1119] *altres*: ms. "altre".
[1120] *imparar*: italianismo por "aprendre".
[1121] *Gimno sofista*: ms. "Gimnosofistes"; it. "Cymno sophisti".

Vench Demòcrito a l'estudi en Athenes, hon may se [fol. 184r] dexà conèxer sols per fogir de tota pompa e supèrbia. Y en aquell loch per millor attendre a les especulacions ell matex se levà los ulls, com diguen alguns altres ell esser-se abcegat per no veure les prosperitats y catius subsehir. E alguns ho affermen perquè deya ell no poder sense concupiscència mirar les dones. Crexqué Demòcrito, com scriu Ysidoro en lo VIII[1122] de la *Ethimologia*, l'art màgica, la qual del temps de Zoroastres fins al seu temps era molt diminuïda. Ffon constantíssim a les paraules injurioses, com mostra Sèneca en les *Epístoles* sues *Ad Lucillum*. Hagué oppinió Demòcrito los àthamos ésser principi de quascuna cosa, com se lig en lo libre *De finibus bonorum* in *De fet*, en la *Tosculana* de Ciceró y en lo primer de la *Methafísica* y *De ànima* y *De generacione* d'Aristòtil; axí matex en lo XIIII *De preparacione evangelica*, hon d'ell axí escriu Eusebi: "Democritus quem epicurus sequitur principium rerum asserit corpuscula quedam minutissima quas athomos appellat racione cognoscibiles solidas non generabiles nec corruptibiles omni factura superiores que alterari non possunt". Açò matex conferma Laèrcio y seguex aquells ésser infinits, als quals par que·s conforma Tuli en lo primer de la *Tosculana* dient: "Democritum enim magnum illum quidem virum et levibus et rotundis corpusculis efficientem animum concursum quodam fortuito obmittamus. Nihil enim est apud istos quod non athomorum turba conficiat".

Circa Déu diu Demòcrito allò ésser l'ànima del món y haver forma d'una palla de foch, com testiffica Eusebi en lo matex libre. Pot ésser encara lo vacuu, per lo qual se moguessen los àthamos; y per ço diu ésser infinits mons e infinides voltes engendrar-se, com[1123] [fol. 184v] se lig en lo matex loch, y tal generació fer-se a cas com s'escriu en lo VIII de la *Ffísica*.

Scriu Demòcrito moltes obres dignes, en les quals[1124] són incerts[1125] molts notables dits;[1126] et primo: "Sermo et operis umbra unus michi pro populo est et populus pro uno. Vita mollis mare mortuum est. Indoctus solum scilencium ex doctis habet. Parcitas necessitatis remedium est medicina damnorum". Morí Demòcrito prop de Hermippo de edat molt vell y per sa natural consumpció.

[1122] *VIII*: it. "vii".
[1123] *com*: repetida a vuelta de folio.
[1124] *en les quals*: ms. "de les quals en les quals".
[1125] *incerts*: "inserts".
[1126] *notables dits*: ms. "notables"; it. "detti notabili".

Narra aprés lo poeta, dient que aprés Demòcrito en lo seguir lo Trihunffo de Ffama véu ell Íppia y lo vechiarello[1127] ja atrevit de dir sense saber alguna cosa. On diu:

> Vidivi Ippia, el vechiarel già oso[1128]
> Dire: "Io so tutto."

Híppia no ha dexada a nosaltres més notícia que essent estat digne y prestant orador nombrat de Tuli in *De claris oratoribus*, on scrivint d'ell diu aquestes paraules: "Sed ut intellectum est quantam vim haberet acurata et facta quodammodo oracio: tum eciam magistri dicendi multi subito existiterunt: tum leontinus Gorgias: Thrasimachus calcedonius: Protagoras Abderites: Prodicuschius: Hippias heleus". Mas lo "vechiarello ardito"[1129] fon Gòrgias Leontino, del qual scriu Tuli in libro *De senectute* que vixqué CVII anys; on ab rahó és dit vechiarello. Scriu Isidorus, Quintilià y Tuli de *Gòrgias* ell ésser dels primers inventors de la facultat oratòria, y Sant Hierònim *Contra Iovinianum* diu ell haver scrit ab grandíssima moralitat un libre de concòrdia als grechs. Gòrgias donchs, essent un jorn en lo covent de Athenes de tots los hòmens doctes, dix ell ésser aparellat [fol. 185r] en voler respondre a qualsevol matèria que volgués algú disputar. ...[1130] "Quia nihil habeo quo senectutem meam accusem". És[1131] versemblant Gòrgias haver scrit molts dits notables entre·ls quals n'és vengut a notícia[1132] aquell que dix morint, ço és que·s dolia lavòs abandonar la vida quant ell comencava saber.

Ffon preceptor de Sòcrates Gòrgias, lo qual fon insigne rector, com demostra Quintilià e Tuli, e morí vell en la edat damunt dita. Al qual feren aprés mort les athenienchs una estàtua daurada a perpètua memòria.

Continua aprés micer Ffrancesch dient que aprés Gòrgias véu Archesilau molt dubtós e incert de quascuna cosa. On diu:

[1127] *vechiarello*: italiano por "vellet".
[1128] *Vidivi...oso*: Pac. "Vidi Ippia, el vecchiarel che già fu oso".
[1129] *vechiarello ardito*: "vellet ardit".
[1130] Falta la traducción del texto italiano que corresponde a la introducción de la cita: "Era ja Gòrgias arribat a la última vellesa quant fon d'algú demanat per quina raó prenia tant plaer en la vida; on respongué aquestes paraules..."; it. "Era gia gorgias devenuto in ultima vecchieza quan fu da uno dimandato per quale cagione pigliava tanto piacere essere ne la vita: on rispose queste parole".
[1131] *És*: ms. "E".
[1132] *notícia*: ms. "notia".

> E poi di nulla certo,
> Ma d'ogni cosa Arcesilao dubioso.

Arcesilao, com scriu Laèrcio, fon pitaneu, ffill de un Seutho o verament Scitho. Lo qual fon auctor de la acadèmica secta; com altres scriptors, majorment Sent Agostí VIII *De civitate Dei*, ho atribuhexca a Archelao Milèsico. Aquest, estimant solament la nostra notícia poder ésser circa les coses probables, tostemps arguhia en qualsevol matèria in utranque parten, reduhint aquesta consuetut a aquella que primerament Plató havia scrita en forma de diàlogo. Ffon ultra açò Arcesilao no sols philòsoff, mas insigne orador y excel·lent poeta. On may no anava ni s'aturava a dormir en alguna part si primer Homero no havia lit. E quant disputava Arcesilao majorment en philosoffia natural, tostemps en les sues affirmacions deya: "Arbitror equidem"; ni més certea may mostrava tenir. Era [fol. 185v] excel·lent en la invenció; e si en les humanes obres a quascun temps òptimament adaptava, ffon mathemàtich singular, liberalíssim e als amichs[1133] bonifficador. Lo qual volent donar a un amich seu una vegada certs[1134] vexells daurats e aquell no volent, los hi prestà. Aprés essent constret de la necessitat, no·ls hi podia tornar; per la qual cosa Arceselao los hi donà gratament tots. Un·altra volta un altre amich anomenat Thesíbio essent malalt y envergonyint-se de requerir Arceselao de algun ajutori, aquell socor-rent-lo amagadament li posà un sach de moneda d'or sots lo cap-cal. La qual trobada per Thesíbio, dix: "Arcesilai hi ludus est".

Scrigué Arcesilao molts dits notables; e primerament: "Improbe et impudice loqui servorum filli consueverunt. Loquax omni gravi nutrice carvit. Latent et ventorum tansitus omne: nisi cum adsit fetus". Últimament essent demanat Arcesilao per quina rahó molts philòsoffs anaven a la epicúrea y nengun epicuri se partia d'aquella, respòs: "Quia sepe ex viris galli fuint ex gallis autem viri nunquam". Fféu una volta Arcesilao certs versos, los quals sentí dir a un fill molt ineptament. Per la qual cosa entrà entre los seus vasos y, tots aquells rompent, deya: "Tu mea corrumpis: ergo tua dissipabo". Morí Arcesilao molt vell de edat e may volgué muller ni engendrar fills, com clarament és en la sua vida, scriu Laèrcio.[1135]

[1133] *amichs*: ms. "amich".

[1134] *certs*: ms. "cert".

[1135] *clarament... Laèrcio*: ms. "clarament es en la sua vida com"; it. "chiaramente ne la sua vita scrive Laertio".

Seguex aprés micer Ffrancesch dient que véu, aprés Arcesilao, Heràclito en lo seu dir y sentències sues cubert. On diu:

> Vidi in suoi detti Heraclito coperto.

[fol. 186r] Heràclito, per cognom nomenat Tenebroso, ffon de Àsia digne y excel·lent philòsoff, lo qual en lo seu modo descriure féu tantes diffultats que mèritament se podia dir que·s metia en tenebres. Hagué Heràclito oppinió que lo foch fos principi de totes les coses mundanes, com descriu Aristòtil en lo primer de la *Phísica*, *Methafíssica* y *Ànima*. E axí matex diu los déus encara ésser tots de foch; per la qual cosa Eusebi en lo XIIII *De preparacione evangelica* axí descriu de Heràclito: "Heraclitus vero et Hippasus metapentinus ignen esse principium rerum putaverunt quo extincto cetera gignuntur"; e seguex aprés: "Principum igitur ignis est quia ex eo sunt omnia et in eum demum resolvuntur".

E quant a Déu, diu aquell e lo cel y les steles ésser de foch, y ells esser déus, confermant-se en acò en la oppinió dels stoichs; l'ànima nostra, com scriu Macobrius in *De somno Scipionis*, axí diffinint: "Anima est scintilla stellaris essencie quantumque". Heràclito pontico aquella diu solament ésser llum.

Scriu entre·ls altres Heràclito aquests dos notables dits:[1136] "Unus dies pax omnium est. In eundem fluvium bis descendimus et non descendimus". Morí Heràclito molt vell e aprés la sua mort se reservà lo cognom de Obscur.

Narra aprés micer Ffrancesch, aprés de Heràclito, Diògenes Cýnico, dient que ell véu venir en los dits seus fets e operacions molt més maniffestament que no volgué la vergonya. On diu:

> Et Dyogene cinico, in suoi facti
> Assai più che non vuol vergogna, aperto.

Diògene Cínico, com scriu Diògenes Laèrcio, fon sinopeo, fill de un Icèsio Mensàrio, lo qual de principi se donà a falsar la moneda; per la qual cosa fon tramès en exili. E ell per consell de les [fol. 186v] ýdoles se'n vench en Athenes, hon, vist Antísthene philòsoff, se meté ab ell per dexeble; y ab tot que d'ell fos lançat moltes voltes, a la fi obtench Diògenes per la sua umilitat la sua voluntat. Em-

---

[1136] *notables dits*: ms. "notables".

però que, prenent Antístenes un bastó e volent-li donar, Diògenes enclinà lo cap e dix: "Cede non enim ita durum baculum reperies qui me abste quamdiu aliquid dixeris arcere possit". Devengut donchs Diògenes de falsador de la natura philòsoff y de la secta de cýnici, los quals solament la ley de la natura observen, tot·altra aquella judicant supèrflua, per casa sua y domicili habitava en una bóta la qual tostemps voltava segons los raigs solars,[1137] y era en oppinió que tota riquesa ultra la cotidiana pràtica fos supèrflua y tota voluptat deya ésser blasmable. On d'ell escriu Sènece in VI *De beneficiis potencior*: "Potencior fuit Diogenes Alexandro omnia possidente: plus enim erat quod Diogenes nollet accipere: quam quod ipse posset dare". Açò matex conferma Tuli en la *Tosculana* e Valeri Màximo en lo quart libre y en lo terç capítol. Ara de Diògenes y los cínici més que no·s diu vergonya eren acompanyats, y en les sues obres maniffestament se demostra per Sant Agostí en lo XIIII *De civitate Dei* quant parla dels cínicis contra humana vergonya: "Inmunda inprudentemque sentenciam profferebant"; e seguex: "Vicit tamen pudor naturalis opinionem uius erroris".

Circa les sues oppinions, principalment ymaginà Diògenes lo principi de totes les coses ésser l'ayre, com és descrit del philòsoph en moltes parts, en Sant Agostí VIII[1138] *De civitate Dei* y de Eusebi XIIII *De preparacione evangelica*, lo qual diu axí de Anaxímenes: "Anaximenes vero milesies principium rerum aerem opinatus est ex quo fieri cuncta et in quem resolvi contendit. Animam enim nostram [fol. 187r] aerem esse ait hic enim nos continet universum eciam mundum spiritiis et aer fovet". A les quals paraules ajustant Sent Agostí VIII *De civitate Dei*, se veu clarament qual fon primer la opinió de Diògenes; on diu Agostí: "Diogenes autem Anaximene auditor ex aere dicit constare omnia". No discrepant de la sentència dels seus preceptors, ffon Diògenes encara pacientíssim. De què una volta essent-li estat per un Lèntulo orinat[1139] en los ulls, no li dix altre, que ni·s mogué, que aquestes paraules: "Lentule dicam falli eos qui te negant os habere".

Fféu Diògenes més notables gestes y escrigué molts dits morals, com se veu en Laèrcio, en tant que spessament deya Alexandre Macedoni que, si ell no fos Alexandre, hauria desigat ésser Diògenes; e

---

[1137] *los raigs solars*: ms. "lo iraci solar"; it. "iraggi solari".
[1138] *VIII*: it. "vii".
[1139] *orinat*: it. "sputat".

primerament: "Sermonem ad graciam institutum melleum esse laqueum. Cupiditatem arcem omnium esse malorum. Meliorem eciam esse indicat mala lingua quem carpit superat enim consciencia quicquid mali confixerit lingua". Y en la *Epistola ad Pollixide* diu: "Qui enim bonus est per se ipsum commendatur"; en la *Epístola a Argesilao*: "At unum in nobis duntaxat certissimum est corrupcio post generacionem"; y en la matexa: "Ne ve suppra hominem sapias te admoneo"; en la *Epistola ad Acratete*: "Si quidem minime tutum est ut illich moram trahas ubi tui similes non invenias"; en la *Epístola a Metrodo*: "Illi autem qui brevi via ad felicitatem properat mulierum congressus utilis est quidem dii omnium domini sunt. Omnia deorum sunt. Diis autem amici sapientes sunt. Sunt autem amicorum cuncta cum omnia comunia omnia igitur sapientum sunt"; en la *Epistola ad Timocrato*: "Si quidem pauperitas neminem detrimento [fol. 187v] est set malicia"; en la *Epistola ad Predicta*: "Minaris autem nimis cantharidis hoc est mortem neque intelligis hoc pacto te michi pocius dissuadere. Est enim qui nostra curam habet. Malorum operum debitum supplicium exigit: et a viventibus quidem simpliciter; a mortuis autem decuplum"; en la *Epístola a Monimo*: "Divicias autem iis relinquas qui a recta via aberrant. Cum igitur mortem nomi meditamur molestior vite finis expectandus est. Verum ubi optimam meditati erimus meditationem et vita suavis est et mors minime molesta ac via per facilis". Morí Diògenes molt vell de edat, y en la mort del seu cors no volgué ésser sepultat.

Seguex aprés micer Ffrancesch dient que aprés Diògenes véu venir aquell lo qual alegre en l'ànima y sens alguna molèstia véu los seus camps estar sens cultura y desfets, essent ell carregat de les altes[1140] gràcies de la digna sciència, per les quals creya los pactes de tal permutació ésser estats en ell envejosos. On diu:

> Et quel che lieto i suoi campi disfacti
> Vide et deserti, d'altre merce carco,
> Credendo havere[1141] invidïosi pacti.

Lo digne y excel·lent philòsoff descrit per lo nostre poeta en los precedents versos ffon Anaxàgoras de Claçomene, fill de un Hegesíbulo o Éubulo, y dexeble de Anaxímenes, com scriu Laèrcio.

[1140] *altes*: it. "altre".
[1141] *havere*: Pac. "averne".

Aquest essent riquíssim y majorment de possessions, dexà totes coses y donà's a l'estudi, distribuint als amichs grandíssima part del seu patrimoni. E tant se delità en l'estudi Anexàgoras que a negun·altra cosa més girava lo pensament. Per la qual cosa essent un dia Cremente[1142] reprès de no haver cura o diligència de la pàtria, Anaxàgoras, estès lo braç y demostrant lo cel, respòs: "Michi vero patrie cura et quidem summa est". Escriu encara Valeri [fol. 188r] en lo huytèn libre y en lo capítol setè que, essent tornat Anaxàgoras aprés molt temps en Claçomena, pàtria sua, li fon exprobat les sues possessions no ésser cultivades. On ell respòs extenent la mà e mostrant-los-ho: "Hon ego salvus essem nisi iste perisent".

Circa les sues oppinions, com s'escriu en lo primer de la *Phísica*, imaginà principalment Anaxàgoras ésser infinits[1143] los principis de les coses naturals e tots effectes ésser confusos en los altres principis y causes, axí matex confuses; los quals aprés en la generació segregaven per obra de l'enteniment divinal. On Eusebi en lo XIII *De preparacione evangelica* scriu al prepòsit de Anaxàgoras aquestes paraules: "Primus autem grecorum omnium Anaxagoras fertur intellectum rerum omnium causam asservisse: qui philosoffandi amore agros suos dicitur incultos reliquisse. Is primus efficientem causam racionalem arbitratus est. Confusa enim omnia simul fuerunt inquit se intellectus a confusione ordinem ea redigit. Admiracione vero dignum esst quod ita dicentem parum defuit quin athenienses lapidibus obruerent. Quia videlicet non solem sed solis creatorem venerabatur".

Diu Anaxàgoras responent a altres més dits notables, on principalment essent demanat per quina rahó era nat, respòs: "Inspicienci celi causa et solis et lune". Un·altra volta dient ell no curar-se de ésser sepultat en la pàtria e un amich seu per açò desdenyant-lo, dix Anaxàgoras:[1144] "Bono animo esto idem enim undique in infernum descensus est". E dient-li un altre com ell era privat de Athenes, respòs: "Non ego illis sed ille me". Últimament essent-li nunciada la mort d'un seu fill únich, respòs: "Nil novum aut in expectatum nuncias. Ego enim illum ex me natum sciebam esse mortalem".

Morí [fol. 188v] Anaxàgoras de edat de LXXII anys, mas com morís és gran differència en les opinions. Emper Hermippo diu ell

---

[1142] *un dia Cremente*: it. "uno di Acremente".
[1143] *infinits*: ms. "infinis".
[1144] *Anaxàgoras*: ms. "a Naxagoras".

ésser mort en Athenes en presó perquè deya lo sol, lo qual adoraven los athenesos ésser una pedra fogicegant e que no era déu. Alguns altres dien que de aquest dir Anaxàgoras fon absolt per obra de Temístocle, e partí's de Attenes, e anà en Lampsaco, hon morí de mort natural y dels lampsaneus fon en aquell loch honrradament sepultat.

Narra aprés micer Ffrancesch dient que en aquell loch ab los altres famosos véu ésser lo curiós Decearco.[1145] On diu:

> Quivi era il curïoso Dicearco.

Dicearco o Clitarco no més a nosaltres se manifesta que solament ésser estat curiós istorial, mas falciós. Del qual scriu Ciceró in *De claris oratoribus* e al nostre prepòsit aquestes paraules: "Quoniam quidem concessum est rethoribus ementiri in historiis ut aliquid dicere possint ardutus. Ut enim tu nunch de coriolana: sic Clitarcus: sic Stratocles de Themistocle finxit". Et Quintiliano en lo deè *De institucione oratoria* diu: "Cliarci probatur ingenium: fides infamatur". Són norresmenys alguns tests que dien no Clitarco, mas Diceararco, del qual diu Tuli en lo primer de la *Tosculana*: "Dicearcum vero cum Aristoxeno equal et cum discipulo suo doctos sane homines omittamus. Quorum alter ne condoluisse quidem unquam videtur: qui animum se habere non senciat. Alter ita delectatur suis cantibus ut eos eciam ad hec transferre coneturum".

Imaginà Dicearco l'ànima no ésser alguna cosa, la qual opinió com sia falsa no és necessari més largament mostrar-la.

Seguex aprés micer Ffrancesch dient que aprés de Dicearo e Clitarco véu venir tres [fol. 189r] molt deseguals y differents en lo seu magisteri, ço és Quintilià, Sèneca y lo digne Plutarco. On diu:

> Et, ne[1146] suo' magisteri assai dispari,
> Quintilïano, Seneca et Plutarco.

Quanta fon la excel·lència y dignitat de Sèneca no solament la demostren les obres sues, mas Quintiliano maniffestament ho declara, dient ésser estat doctíssim en qualsevol generació de studi en aquestes paraules: "Senecam in omni genere eloquencie distuli"; e

---

[1145] *Decearco*: ms. "de cearco".
[1146] *ne*: Pac. "in".

ajusta: "Cuius multe et magne virtutes fuerunt. Ingenium facile et copiosum plurimum studii et multarum rerum cognicio"; e seguex: "Tractavit enim omnium fere studiorum materiam. Nam et oraciones eius et poemata et epistole et dialogi feruntur".

Ffon Sèneca de Còrdova, preceptor de Neró y gran amich de Sent Pau, com demostren les[1147] sues mútues epístoles. Lo qual tants dits morals scriu quant quasi són paraules en les sues obres; on ab rahó és nomenat Sèneca per Dant Elegieri moral. Dexarem donchs aquells e més avant ne refferirem, perquè dir-los tots seria impossible, si encara perquè són maniffests, e encara ne havem portats en lo procés del libre.

Plutarco fon chironeu, de Grècia natural. Del qual quanta fon la doctrina molt maniffestament se pot compendre qui bé considerarà la vida de molts excel·lents romans descrits d'ell, encara d'altres excel·lentíssims grechs. Mas que, ultra la notícia de la istòria y eloqüència, Plutarco fon digne philòsoff y theòlech molt clar ho demostra Eusebi en lo procés del libre *De preparacione evangelica*, hon afferma ell haver scrit y dexat notícia de Déu y de philosoffia.

Ffon Plutarco preceptor de Trajà, com scriu Albert[1148] en lo *Polícrato*, e a ell scriu un libre *De paciència* [fol. 189v] e un altre lo qual intitulà *De institucione Traiani*. Ffon home Plutarco excel·lentíssim, on deu ab los altres seguir la ffama.

Quintilià fon d'Espanya, lo qual, com fos home prestantíssim y digne, no altra cosa que les sues obres vénen en testimoni, majorment lo libre *De institucione oratoria* y lo libre *De les causes o declamacions*; on sens algun dubte se pot clarament conèxer la doctrina, lo ingeni, la eloqüència y sobirana virtut sua. Vench en Roma Quintilià en lo temps de Galba, hon públicament conduhit legí y mostrà eloqüència.

Scriu ell encara molts notables dits, com se lig en lo procés dels libres; e primerament: "Carendum est non solum crimine turpitudinis verum eciam suspiscione. Aliena quisque reprehenci mavult quam sua. Princeps qui vult omnia scire necesse habet multa ignoscere. Pulcherrimi operis studio vacare mens non nisi omnibus viciis libera potest. Prodit se quilibet custodita simulacio: nec unquam tanta est loquendi facultas que non titubet quosciens ab animo verba discenciunt. Totius hominis libertas est occulos perdidisse. Oculi

---

[1147] *les*: ms. "le".
[1148] *Albert*: it. "Uberto".

sunt per quos paupertates ferre non possumus. Oculi tota nostra luxuria sunt".

Morí Quintilià en lo[1149] primer sentiment[1150] de natural mort. Donchs concluhint, qui bé considera les obres dels[1151] tres damunt dits famosos veurà clarament lur ésser diversament estat desegual en los seus magisteris.

Aporta aprés micer Ffrancesch compresament tots los dialètichs, dient que aprés d'aquests precedents tres, ell los véu algun tant, axí com la mar, torbats ab los adversos vents; y ab los engenys universals y reposats[1152] los quals ensemps bramaven com leons, y com drachs y serpents, [fol. 190r] ells, ab les coes[1153] complicant,[1154] axí se vinclaven aquesta companyia ensemps ab les paraules. Y seguex exclamant: "Ara quina disposició és aquesta d'aquesta sciència, que no par que negú se contente del seu saber?". On diu:

> Vidivi alquanti ch'àn turbati mari[1155]
> Con venti adversi, con gli[1156] ingegni vaghi,
> Non per saper, ma per contender chiari,
> Urtar come leoni, et come draghi
> Con le code avinchiarsi: or, che è questo,
> Che ognum del suo saper par che s'aggaghi?[1157]

Per intel·ligència dels precedents versos és principalment de saber que micer Ffrancesch en aquest loch compresament e ab confusió descriu los dialètichs. On és d'entendre que dialètica no és diffinida de algun ésser sciència, mas solament modo de saber, com scriu Averroiç en lo segon de la *Methafísica*, on diu: "Vanum est simul querere sciencian et modum sciendi". Tractant com dialètica és necessària a l'attènyer lo proffit de les altres sciències; al qual prepòsit és conforme Albert Gran en lo primer *De l'ànima*, hon diu dialètica ésser lo instrument de totes les altres sciències. On Alfaràbio, diffinint aquella, diu: "Logica est lingue sciencia". A la qual

---

[1149] *en lo*: repetido en el ms.
[1150] *sentiment*: "senyal"; it. "senio".
[1151] *dels*: ms. "de".
[1152] *reposats*: it. "vagi".
[1153] *coes*: it. "chode".
[1154] *complicant*: ms. "compliquen".
[1155] *mari*: Pac. "i mari".
[1156] *con gli*: Pac. "e con".
[1157] *aggaghi*: Pac. "appaghi".

diffinició concorda e Al abat, quant diu de lògica: "Logica est verborum libra omni utilis arti".

E de aquesta sentència no·s desvia Simplício en los *Predicaments*, on diffinint lògica diu: "Logica est pars organica tocius philosoffie deffendens nos a malis impraticis et a falsis inspeculativis". Per les quals diffinicions tot se mostra maniffestament; e per la notícia de lògica no·s deu clamar un home ésser scientíffich; e perquè Averroïç en lo primer de la *Phísica* nomena dialètica art de disputar. Emperò convenientment [fol. 190v] micer Ffrancesch diu los lògichs ésser clars no per saber, mas solament per lo contendre e disputar. Mas si algú digués que Aristòtil en lo primer de la *Tòpica* afferma dialètica ésser sciència de les sciències y art de les arts, dich aquell dit ésser més prest expressió de fet que de pròpria oppinió, o verament lo philòsoff entendre en la prehicació causal per la identitat, ço és dialètica ésser via o principi de les sciències y de les arts.

Era donchs aquesta de dialètica una grandíssima turba, entre·ls quals era lo primer Parmènides, dexeble de Zenophonte, actor e inventor d'aquesta digna notícia; lo qual fogint tota companyia humana abità en les ribes del mont Càucaso, on se diu que ell trobà la lògica. O verament era lo primer Clitòmaco Calcedònich, al qual tal invenció se atribuhex per altres scriptors.

Seguien aquest auctor los posteriors dialètichs, ço es Alexino, Alfaràbio, Simplicio, Algacele, Porfírio, Ulmentone, Clientone, Hentisbero, Strodo, Heudip e Johan[1158] venator, Albert Tudesch, Fferabrich y Sompset, Pere d'Espanya y lo sobtil Petrus de Màntua, Ocham, Galter, y los excel·lents moderns Polo de la Pèrgola y Paulo veneciano.

Mas certament a negú d'aquests inferiors entre ells se pot connumerar lo condexeble e lo claríssim preceptor Alexandre Senès. Del qual quanta sia la subtilitat, lo acúmine de l'ingeni, la dexteritat del parlar, la felicitat de la invenció molt clar se comprèn en lo maravellós y soblimat compendi de la sua exposició sobre les conseqüències del Strodo, per ell a nosaltres per la sua indecible humanitat y benivolència intitulada. Ni certament menor lahor se ateny en la natural doctrina y medecinal, en les quals, declarant tot dubte, reffellint[1159] tota falsia y demostrant tota veritat [fol. 191r] elegantíssimament, ha conscrit moltes obres. Lo vestigi de les quals ha acon-

---

[1158] *Johan*: it. "Giovanni".
[1159] *reffellint*: italianismo por "refutant".

seguit lo condexeble...[1160] que disputant, legint o scrivint no aldre del preceptor mostra divers que solament lo cors y la extrínseca effígia.

Narra aprés micer Ffrancesch dient que aprés d'aquesta companya véu Carneades axí elegant y destre en lo seu dir y en l'estudi solícit que, parlant ell qualsevol cosa, o que fos vera o falsa ab treball se podia discernir, tant fon prest en lo explicar les paraules; lo qual vivint lonch temps posà la sua cura la larga vena de l'ingeni y la sua diligència en concordar les parts contràries, les quals lo literat furor conduhí a guerra. Norresmenys no·u pogué fer; emperò axí com crexen les arts, axí crex la enveja. La qual ensemps ab lo saber scampa lo seu verí al cor ja inflat de la supèrbia. On diu:

> Carneade vidi in suoi studii si desto
> Che, dicendo[1161] egli, il vero e 'l falso appena
> Si discernea; sì[1162] nel dir fu presto.
> La longa vita et la sua larga vena
> D'ingegno pose in accordar le parti,
> Che il furor litteral[1163] a guerra mena;
> Né il pote' far, ché, come creber l'arti,
> Crebbe la invidia, et col saper insieme
> Ne' cori infiati soi[1164] veneni ha sparti.

Carneabe, com scriu Laèrcio, fon cireneu, ffill de un lo qual se nomenava Philòcomo. La doctrina del qual commemora Tuli en lo quart de la *Tosculana*, quant recita Carneades haver affermat en lo savi no poder caure alguna dolor. Mas la sua velocitat de l'entendre y lo seu ingeni acomodadament scriu Eusebi en lo XIIII *De preparacione evangelica*, al·legant Numènio en aquestes apropiades paraules: [fol. 191v] "Carneades inquit morem Archesilai renovavit omnibus contradicens: et huc atque illuch nunch affirmando nunch negando volubilitate oracionis omnia distraens cumque rem nactus graviorem ut maximus atque vehemens annis fluxo oracionis atque vorticibus contradices obruebat". E seguex: "Carneades vero permulcebat et depopulabatur nam furta quidem occulte: latrocinia ve-

---

[1160] Laguna en el manuscrito; it. "in tal modo".
[1161] *dicendo*: Pac. "parlando".
[1162] *sì*: Pac. "così".
[1163] *litteral*: Pac. "litterato".
[1164] *soi*: Pac. "i suo'".

ro aperte irruens faciebat modo dolo: modo vi: et preparatos premeditatosque homines confundebat. Ita nullus ei resistere poterat. Sed erant omnes quibus cum pugnabat multo inferiores".

Ffon donchs Carneades molt diligent lector de libres dels stoichs, e majorment de Crisippo, com scriu Laèrcio. E ab aquest Crisippo disputà moltes voltes, com afferma Valeri en lo VIII libre. On, essent-se en aquell temps moguda la gran controvèrsia contra les philosòphiques sectes, Carneades se sforçà reduhir aquelles a concòrdia. Mas los successors aprés, més per salut de la honor del nom que no per deffensa de la veritat, encara se sterien en aquella discensió, jutgant ésser gran ignomínia no deffendre los seus progenitors y voler donar loch a les altres opinions.

Tingué Carneades quasi totes les oppinions dels stoichs e vixqué CX anys, com scriu Valeri. E un matex dia fon del seu studi la loable fi de la vida.

Seguex aprés micer Ffrancesch, dient que véu, aprés de Carneades, Epicuro...[1165] y essent atrevit no ésser axí mas corruptible y caduca. Per la qual cosa molt desminuí la sua fama. La qual cosa affermar per contrari era axí famosa y ex[fol. 192r]cel·lent a la sua llum. On diu:

> Contra 'l buon siro, che la humana speme
> Alçò, ponendo l'anima immortale,
> S'armò Epicuro, onde sua fama geme,
> Ardito a dir ch'ela non fusse tale
> Cosa al suo lume si famosa.[1166]

Axí com scriu Aristòtil en lo primer *De la ànima* e Ciceró ho conferma, primerament entre tots los philòsoffs que l'ànima affermàs immortal fon Pherècides de Síria, lo qual fon fill de un nomenat Bado. Ne solament d'aquesta posició on se leva l'óme en sperança de la vida futura fon actor Pherècide, mas encara fon lo primer que scrigué de la natura y déus, com mostra Laèrcio. E ha-

---

[1165] La traducción salta aquí a la siguiente mención de Epicuro en el texto italiano: "el qual s'armà contra el bo i diligent Ciro, el qual aixecà la humana esperança posant i afirmant l'ànima nostra és totalment immortal, volent això Epicuro..."; it. "el qual sarmo contra del bon e diligente Syro: el qual alzo la humana speranza ponendo e affermando lanima nostra esser al tutto immortale. Volendo esso epicuro e essendo...".

[1166] *Cosa...famosa*: Pac. "così al lume fu famoso".

gué ultra de açò conexença del sdevenidor, que, veent en la mar una nau, predix súbitament aquella deure perir, e axí fon en effecte. E axí matex bevent e gustant l'aygua d'una font, predix d'aquí a tres jorns seguir-se gran terratrema.

Contra donchs aquesta famosa oppinió ell se armà en lo temps dels epicuris[1167] y combaté moltes voltes sforçant-se de provar l'ànima nostra ensemps ab lo cors morir. Ffon Epicuro atheniench, fill de un Niocle y de Cerestrate, muller sua. Lo qual, ymaginant l'ànima ésser comixta de ffoch, ayre y sperit, com scriu Macobrius in *De somno Scipionis*, per aquesta materialitat concluhia aquella ésser mortal y corruptible; y encara perquè tenia oppinió Déu ésser ociós y no curar de les coses mondanes. Per ço atribuhia tota efficiència a les speres celestials y affermava solament coses materials d'aquelles poder-se produhir; les quals a la fi necessari era que·s corrompessen. A la qual cosa afermar se movia Epicuro ab molt fonament, lo qual[1168] nosaltres en la exposició de les *Paradoxes* de Tuli [fol. 192v] altra volta portam.

Diu Epicuro lo sobiran bé ésser la voluptat de l'ànima, segons Lactanci, y del cors, segons Aristòtil en la *Èthica* e Ciceró in primo *De ffinibus* y en les *Paradoches*; e la voluptat in genere per causa de l'imperi, segons Sant Agostí XVIIIIo *De civitate*; lo qual par que sia d'aquella sobre les altres virtuts manant a cascuna la sua obra per respecte de si.[1169] Nosaltres norresmenys ni la una ni l'altra creuríem ésser estada oppinió d'Epicuri, mas ell haver hagut més resolt concepte; lo qual altra volta explicam en lo loch al·legat y narrarem, atorgant-ho Déu, en la exposició dels sonets, hon mostrarem Epicuro ésser estat boníssim home e molt continent, com scriu Jerònim in *De viris illustribus*, Galièn en lo terç e Ciceró en lo segon de la *Tosculana*, hon diu: "Venit Epicurus homo minime malus: vel pocius vir optimus tantum monet quantum intelligit". Açò matex conferma Laèrcio en la *Vida dels epicuris*, responent aquells los quals dels[1170] epicuris desonestament parlaven. Emperò és justa cosa salvar y no blasmar los seus dits, majorment no considerant-los. Los

---

[1167] *ell...dels epicuris*: error por "en el temps de Epicur ell se armà"; it. "al tempo de epicuro lui sarmo". El contexto muestra que esta oración habla de Epicuro mismo, quien escribe contra la inmortalidad del alma.

[1168] *lo qual*: ms. "les quals"; it. "equali". El antecedente es "fonament". El texto italiano usa el plural "equali" porque el antecedente es "fondamenti".

[1169] *de si*: tachado en el manuscrito y substituido por "dun"; it: "di se".

[1170] *dels*: ms. "de".

déus[1171] afferma Epicuro, com scriu Eusebi XIIII *De preparacione evangelica*, haver forma de hòmens, la qual cosa sols ab rahó és comprensible de l'enteniment nostre. On diu Eusebi: "Epicurus deos hominum formam habere quamvis non sensu propter tenuitatem nature: sed racione precipiantur".

Últimament quant a la diversa intel·ligència és de notar que aquella opposició, cosa a la sua lum axí famosa, se pot exposar en dos maneres. La hu és que, quant ell hagués tengut l'ànima ésser immortal com Pherècides, era una cosa al seu lum e glòria molt famosa e digna. L'altre és que, havent ell descrit corrompre's y per ço diffinida [fol. 193r] la voluptat lo sobiran bé, essent aquesta oppinió estada de cascú reprovada, Epicuro vench a esser-ne famós y notíssim. Donchs al present no més avant refferirem de Epicuro, mas servarem a la exposició d'aquell sonet "La gola et il sonno et le ociose piume", on tot fonament y rahó de Epicuro per la sua salut esforçaré a demostrar.

Aporta consegüentment micer Ffrancesch ensemps més dexebles stats de Epicuro, dient que aprés d'ell véu Lippo y l'altra companyia igual[1172] al mestre Epicuro, ço és Metrodoro e ab ell Aristippo, los quals[1173] en la secta epicúria ab gran rahó foren judicats més excel·lents y famosos. On diu:

> Et Lippo[1174]
> Con la brigata al suo maestro equale:
> Di Metrodoro parlo et di Aristippo.

Ippo, o vero Lippo, fon dexeble de Talete Milèsio, segons que anoten los exposadors en lo primer de la *Methafísiqua* quant diu lo philòsoff ell no deure's connumerar entre los philòsoffs per la inbecil·litat del seu ingeni. Ffon aquest reputat tart d'ingeni perquè, seguint les opinions del preceptor Talethe, neguna cosa féu aquella de addició. Norresmenys merexqué aquest en la fama ésser connumerat per la grandíssima diligència y exercici que donà en l'estudi.

[1171] *Los déus*: ms. "deus".
[1172] *igual*: ms. "lo qual".
[1173] *los quals*: ms. "lo qual".
[1174] *Lippo*: El texto italiano interpreta "Lippo" como una persona, que se comenta a continuación, pero ediciones modernas como la de Pacca consideran que "lippo" es un adjetivo que significa "cisposo, malato agli occhi" y se refiere a Epicuro.

Mas Metrodoro fon dexeble de Epicuro e seguí les sues oppinions. On d'ell diu Ciceró en lo segon de la *Tosculana*: "Metrodorus quidem perfecte eum beatum putat cuius corpus bene constitutum sit et exploratum ita semper fore". Norresmenys en açò dissentí del mestre que Epicuro no volia al savi poder intervenir alguna dolor, encara si fos estat en lo tauro de fallaris cruciat o turmentat; la qual cosa no posava [fol. 193v] Metrodoro.

Aristippo fon cirenaico, lo qual, axí com entengué la fama de Sòcrates, axí anà a estudiar en Athenes, com mostra Laèrcio. On, essent vengut per l'estudi a gran perfecció, se'n vench en Sicília a Dionís de Çaragoça[1175] tirà, aprés del qual sí bé e ab gestes e al temps se acomodava que de aquest Dionís reputava grandíssima gràcia. Scriu avant d'Aristipo Vetrúvio in libro *De architectura* que, havent ell navegat y pasat fortuna, y a la fi aplegat a la vora de la mar, veent en terra certes figures methamàtiques començà a cridar la companya: "Bene speremus hominum enim vestigia video". Y entrat en la terra e disputat singularment de philosoffia, fon grandíssimament honrrat ensemps ell ab la sua companyia.

Aristippo donchs, com mostra Lactanci in libro *De vera et falsa religione* en lo terç, posa la voluptat del cors ésser en sobiran bé y en açò devia de Sòcrates, de qui fon dexeble, e de Epicuro, de qui fon sectator. Diu Aristippo moltes notables sentències. On, essent-li dit què havia guanyat dels studis fets en philosoffia, respòs: "Posse omnibus fidenter loqui". Un·altra volta essent-li dita injúria, ell se partí y, havent-li demanat de la causa, dix: "Quoniam tu maledicendi potestatem habes ego vero non audiendi". Un·altra volta essent-li dit per quina rahó los philòsoffs tostemps estaven als ulls dels richs, respòs: "Et medici languencium iannas frequentant: non tamen ideo quispiam infirmari mallet quam mederi". Semblantment havent un jorn navegat Aristippo y per la tempesta de la mar havent hagut por, fon-li demanat per quina rahó los philòsoffs havien por de la mar y no los [fol. 194r] ydiotes. Aristippo respòs: "Quia non de eadem aut simplici anima utrisque vestrum cura et metus incumbit". Últimament essent-li demanat en què differia lo[1176] savi de l'indocte, respòs: "Mitte ambos nudos ad incognitos ed disces".

Morí Aristippo en la illa de Rodi de edat de LXX anys, hon ab gran honor e glòria sua fon sepultat. Pogué norresmenys y per ven-

---

[1175] *Çaragoça*: Siracusa.
[1176] *lo*: ms. "la".

tura no menys acomodadament tot allò envers damunt partit, ço és cosa al seu lum axí famosa, y Lippo fer-se apposició quasi que volia dir micer Ffrancesch que lo posar l'ànima immortal era la llum y la glòria de Epicuro una cosa famosa, mas ell fon Lippo axí verament cego e no·u véu, on perdé molta fama e reputació.

Seguex aprés micer Ffrancesch dient que aprés de Aristippo véu ab un gran súbbio[1177] e un fus mirable Crissipo texir una subtilíssima tela. On diu:

> Poi con gran subbio, et con mirabil fuso
> Vidi tela suttil tesser[1178] Chrysippo.

Crissipo tarsense fon fill de un Appol·lònio y dexeble de Zenone stoico o de Cleante. Lo qual, com scriu Laèrcio, fon excel·lentíssim en la facultat oratòria, perfet en philosoffia e soblimat en la dialètica disciplina, en tant que en lo seu temps era comuna veu que, si los déus haguessen haguda la lògica en pràtica, no·n hagueren may exercitada negun·altra que la crisípea. Scriu donchs Crisippo gran moltitut de libres, com mostra Laèrcio, entre·ls quals, essent ja vell de edat de LXXX anys, ne compongué hu al qual entendre és necessari longuíssima vida, com scriu Valeri en lo VIII libre e al capítol VII; aquest fon lo libre *De fet*. Volent narrar [fol. 194v] la oppinió de Crissipo, diu ésser estada axí expressada d'ell, ço és que sia lo fet e no sia la necessitat de l'adveniment de les coses futures, volent ésser medi entre dues antigues oppinions. De les quals la una deya no ésser alguna necessitat en l'esdevenidor, e l'altra posava cascuna cosa necessàriament venir. Per la qual sua oppinió demostrar feya Crisippo dos fonaments seus: la hu era que tota preposició anunciada és de necessitat vera o falsa; l'altre fonament era que de les coses efficients algunes eren principals e poderoses, e algunes altres solament disponents. On per lo primer fonament conclohia ésser lo fet, perquè, dient que demà serà lo sol luent, huy aquesta preposició és de necessitat vera o falsa; perquè és necessari que tal effecte pervinga o no pervinga de causa efficient potent. Mas dient demà cessar de anar a la plaça, aquesta preposició és huy vera o falsa, mas contingentment perquè a·quest effecte concorren causes effectives, no principals, mas artant o verament lo sol disponent.

[1177] *subbio*: italiano por "plegador".
[1178] *tesser*: Pac. "ordir".

Atribuhia donchs Crisippo l'ésser fatal a la anunciació e a la contingència dava el[1179] concors de les coses; solament hagué lo moviment, mas no la volubilitat, perquè aquella devalla solament de imperfecta causa. Verament és aquesta una tela tant sobtil que en ella se entriquen los dialètichs en lo segon *Perierinenias*,[1179bis] los naturals en lo segon *De la phísica*, los morals y juris consultis, los canonistes, theòlechs y metaphísichs, y qualsevol altra secta de purs philòsoffs que consideren de la providència de Déu; en manera que aquest matex Crisippo en tal matèria més que·ls altres se embolicà. On ab rahó diu Tuli en lo libre *De fet* aquestes apropiades paraules: "At michi quidem videtur cum due sentencie [fol. 195r] fuissent veterum philosophorum. Una eorum qui censerent omnia ita fatto fieri: ut id fatum vim necessitatis afferret. In qua sentencia Democritus Heraclistus Empedocles Aristides fuit. Altera eorum quibus viderentur sine ullo fatto esse mortus animi morum voluntarii Crisipus tanquam arbiter honoratius medium fertur voluisse. Sed applicar se ad hos pocius qui necessitate motos animos liberatos volunt: dum autem verbis utitur suis delabitur in eas difficultates: ut fatti necessitatem confirmarent invitus".

Ffon donchs Crisippo stoich aquell al qual se atribuhexen aquelles dignes sentències, les quals disputa Tuli en les *Paradoches*. Lo qual morí de edat de LXXXIIII anys, de si dexant singular fama e notícia.

Conclou últimament micer Ffrancesch a la fi d'aquest Trihunffo y capítol, dient com en la fi ell véu lo pare dels stoichs alcat damunt ell, ço és Zenone, lo qual per fer clar lo seu dir mostra la uberta palma y lo puny clos, e per fermar la sua oppinió bona aprés de aço volta los seus ulls en altra part més excel·lent y de major utilitat lo entendre-la. On diu:

> De li stoïci il padre alcato in suso,
> Per far chiaro il suo[1180] dir, vidi Zenone
> Mostrar la palma aperta e 'l pugno chiuso;
> Et per fermar sua bella intencïone
> La sua tela gentile ordi in carte,[1181]

[1179] *el*: ms. "al".
[1179bis] *Perierinenias*: Se refiere al *Peri Hermeneias* de Aristóteles.
[1180] *il suo*: Pac. "suo".
[1181] *La sua...carte*: Pac. "dipinger la sua tavola Cleante"; it. "La sua tela gentil tesser Cleante". El comentario del texto italiano es más largo, porque da una explicación completa de Cleante.

Che tira al vero[1182] la vaga opinïone
Et poi revolsi gli ochi in altre parte.[1183]

Zenone àtico de Cipre ffon fill de un Muasieo o Demeo, insigne philòsoff y dexeble de Cratere pare, y actor de la secta stoica, com scriu Laèrcio. Lo qual fon de tanta veneració aprés dels athenienchs que·l coronaren de corona d'or e aprés d'ell fiaren les claus de la lur ciutat, com testiffica [fol. 195v] lo matex Laèrcio.

Zenó donchs quant al prepòsit nostre, com recita Ciceró in *De oratore ad Brutum*, volent mostrar la differència entre dialètica y retòrica, figurant[1184] retòrica mostrava la palma de la mà uberte e ffigurant dialètica strenyia lo puny. On diu Tuli: "Zeno nanquam manu demostrare solebat quid inter dialeticam et rethoricam facultatem intecesset. Nam cum compressis digitis pugnum faciebar eius modi dialeticam aiebat. Eum autem illos deduxerat et manum dilataverat palma illius similem esse eloquenciam dicebat".

Axí matex Zenone fon lo primer dels stoichs lo qual, contra l'antiga consuetut dels philòsoffs, descriu en cartes y reduhex la doctrina la rahó y fonament de la stoica posició. On la oppinió vagabunda per les moltes e diverses opinions és tirada al ver; ço és a tostemps obrar ab virtut y rahó per la rigor de la sentència stoica: "Parva quidem est: ut magna culpa". De la qual certament neguna sentència al viure bé és més fructuosa, com scriu Tuli en les *Paradoches*.

Scriu Zenone molts dits notables, entre·ls quals foren aquests dos excel·lentíssims, ço és: "Sepultus sit apud te sermo: quem tu solus audieris. Malum hominem blande loquentem agnosce tuum laqueum esse". Últimament, com scriu Sènequa in libro *De tranquilitate animi*, essent dit a Zonene que tota la sua riquea era tota cayguda[1185] en la mar, respòs: "Iubet me fortuna expedicius philosophari".

Morí Zenone de edat de CVII anys, e ab gran glòria sua y honor fon sepultat.[1186] Concloent donchs, se pot clarament veure quanta és estada la intel·ligència [fol. 196r] del nostre poeta en lo haver

---

[1182] *vero*: Pac. "ver".
[1183] *Et poi...parte*: it. "Qui lascio e piu di lor non dico avante".
[1184] *figurant*: ms. "figuranda".
[1185] *cayguda*: ms. "cayguna".
[1186] El texto italiano empieza aquí la explicación de los tres últimos versos, en su versión diferente.

tants hòmens numerats y demostrat de cascú d'ells haver hagut plena intel·ligència. Per la qual cosa mèritament havent tota philosòffica secta, y cascuna generació d'estudi, y tota part de philosoffia ocupada[1187] en recontar aquests dignes y excel·lents hòmens litterats, ja és convenient ora revoltar los ulls en altra part a specular y veure totes les predites disposicions ésser del temps obscurades. On verament se determena que no altra cosa que la fama és lo[1188] verdader obgecte de la voluntat nostra.

[1187] *ocupada*: ms. "tocatto".
[1188] *lo*: ms. "la".

TRIUMPHUS QUINTUS TEMPORIS

La humana spècia contendre en si dues natures no solament la rahó evident ho mostra y les irrefragables auctoritats o consenten; mas la experiència mostra de cascuna cosa maniffestament y sens algun dubte ho persuadex. Per la qual la una de aquelles se entén ésser immortal y celestial y l'altra fràgil y corruptible en breu; essent norresmenys cascuna de aquelles, mentre que ensemps viven, vencudes de natura imbecil·le, e podent infermar-se [fol. 196v] la humana diligència, y a la una y l'altra soccórrer trobant la medicina. De què permutant-se la complexió, transformant-se y solvent-se la continuïtat, per la qual cosa en nosaltres resulten les egrituts a cascuna de aquestes disposicions, e a ssufficiència és necessari de l'ingeni humà provehit. Mas alguna ora l'ànimo nostre, removent-se de la sua valitut, ve a ésser morbós y emmalaltex. No per la eversió de les sobredites natures se diu ésser la sua egritut, mas per inclinació de vici y perversió de la recta voluntat; de què no virtut d'erbes, no observància de dietes, no deguda pràtica de les coses no naturals pot reduhir aquell a la sua sanitat, mas solament la pràtica de la virtut, la delectació de aquella y la perseverància en ella lo pot portar en vera convalescència.

Per la qual cosa acomodadament és represa la obscura diligència dels hòmens que, solament entenent al bé ésser del cos, dexen l'ànimo, hon tota intenció ésser deuria e diligència nostra. Per la qual cosa volent lo nostre micer Ffrancesch en lo present Trihunffo nosaltres reclamar la deguda cura, emperò en açò se demostra lo quint estament de l'ànima, lo qual és departir-se del seu cos, ab aquell unida vivint en lo món. On per ço poríem entendre que en neguna cosa pertinent als estats del món pot ésser ni consistir la salut de l'ànima; per la qual cosa és gran prudència dreçar la voluntat y l'enteniment nostre a aquella glòria e circunspecta fama, la qual de si matexa e no dels hòmens devalla. Havent donchs lo poeta en los[1] precedents trihunffos molt ubertament mostrat, per la mort del cors, los hòmens més dignament [fol. 197r] viure ab glòria migancant la fama entre la gent del món, e açò no que negú se persuadexca per açò que la fama sia la última fi de desigar-se per l'ànimo dels hòmens, emperò en lo present trihunffo e capítol descriu tal fama e mondana glòria, axí com les altres coses terrenals compreses e circuides del cel, deure per la largària del temps mancar.

Emperò entén per universal argument e subgecte d'aquest trihunffo tractar de la vanitat de la fama, cinquèn estament de l'ànima; la qual dels hòmens se guanya per la virtuosa operació, la qual s'estén al mundanal obgecte. Y perquè aquest effecte intervé per la revolució diüturna de temps, emperò lo poeta s'enginya en aquest demostrar tanta celeritat, successió y deflux que quasi axí verament de cascuna cosa ensemps par que sia lo principi y lo seu ffi. Volent donchs narrar aquesta vera e indubitada sentència, e nosaltres per aquella desvellar en la pigre son en la qual dormim per delit terrenal, ab elegant ficció poètica introduhex lo Sol, que entre si matex se llamenta e corrucha de la fama dels hòmens ésser axí longa; on contra aquella se arma, se ahira e s'aparella. Diu donchs que·l Sol ab la sua dilecta precedent aurora exia de la sua casa daurada, cenyit dels seus delitosos y lucidíssims raigs, axí prest e ab tanta velocitat que tu hauries dit que dabans ell se fos alçat un poch sobre lo emisperi. Axí com és costum a tal ora dels hòmens prudents, se mirà en torn d'ell e así matex diu: "Què fas donchs tu? E ara què penses? Certament te convé haver de tu matex més cura, emperò que, si hu és exit famós y gloriós sobre la terra y per morir no hix de la sua fama, què serà [fol. 197v] donchs de la universal ley que lo cel entre nosaltres ferm e affix? Verament és necessari ésser vana". On diu:

> De l'aureo albergo con l'aurora inanci,
> S[i ratto usciva il Sol, cinto di raggi,
> Che detto haresti:[2] "e 'l se colcò[3] pur dianci!"

---

[1] *los*: ms. "lo".
[2] *haresti*: Pac. "avresti".
[3] *e 'l se colcò*: Pac. "e' si corcò".

> Alcato un poco, come fanno i saggi
> Guardosse intorno, et a se stesso disse:
> "Che fai?[4] ormai convien che più cura aggi.
> Ecco: s'un huom[5] famoso in terra visse
> Et di[6] sua fama per morir non esce,
> Che sarà della legge che il Ciel fisse?"

Fon antiga sentència, costum e consuetut dels excel·lents poetes tostemps sots lo obumbrat vel de poesia descriure qualque doctrina y elegant moralitat, axí com en aquest loch observa lo nostre elegant poeta e digne micer Ffrancesch. Hon és d'entendre que no sens rahó lo poeta introduhex lo Sol procehir desdenyat contra los hòmens famosos, solament per voler demostrar la humana fama repugnar a les leys naturals. Emperò Virgili, axí com damunt diem, escriu aquella ésser estada produhida de la terra irritada de la ira dels déus. Hon és de considerar que, essent los cossos celestials reputats déus de la antiga gentilitat, com se lig en Eusebi en lo primer *De preparacione evangelica*, en lo primer de la *Geòrgica*, en lo primer *De causa Dei contra Pelagium*, y en Ciceró en lo primer *De natura deorum*, on diu: "Declaravimus iam deos esse quorum insignem vim et illustrem faciem videmus solem et lunam et vagas stellas"; la qual cosa se conferma *Deuteronomi* a XVII, quant dix lo test parlant en persona [fol. 198r] de Déu irat contra los jueus: "Ut vadant et serviant diis a licnis: ut adorent solem et lunam et omnem miliciam celi qui non precepi"; y essent ultra açò per la influència d'aquells sobre nostres cossos, nomenada dels poetes ira, inportada gran alteració últimament a la mort, emperò los hòmens, cognomenats terra, per ço quasi en venganca de la asignada mort accidaren la fama. E per ço lo poeta descriu los déus, designats per los cossos celestials, no menys obrar contra la fama que primer feyen contra la vida de l'home. E perquè lo sol entre tots és més maniffest y de major virtut; de què lo philòsoff per auctorità de Homero, a la fi del segon *De ànima* segons la divisió del libre feta de Averroiç e al principi del terç segons que dividex Egidi, lo nomena "Pater hominum que deorum". Per ço introduhex micer Ffrancesch lo Sol ésser aquell que més se desdenya d'aquesta mortal fama.

---

[4] *fai*: Pac. "pensi".
[5] *huom*: Pac. "che".
[6] *Et di*: Pac. "de la".

Segonament és de notar, com se scriu en lo primer *Del cel*, que per necessitat natural qualsevol cosa ha principi, aquella és forcat que del tot per qualque temps haja fi. On, estant aquest fonament, se veu maniffestament lo Sol primer ab rahó corruxar-se o enugar-se contra la fama; emperò que, si per aquella vixquessen los hòmens, seria durant la glòria aquesta necessitat tolta. Emperò que l'ome hauria hagut principi sens haver fi, quant per fama restàs viu. De què la ley la qual lo cel ferm y segur seria del tot vana qual fon, ço és que la cosa que rebés varietat del cel no pogués per alguna manera ésser eterna. De què Salamó en lo *Ecclesiastès*, en lo terç, conclou neguna cosa sots lo sol poder ésser perpètua. Emperò lo nostre poeta ffengeix acomodadament lo Sol aparellar-se a guerregar contra la Fama; e per ço ab la sua celeritat prestament se leva ab l'Aurora; davant la qual celeritat[7] necessàriament va [fol. 198v] davant ell, essent ella una blancor nada de l'ayre quasi com a resplandor per la reflexió de los raigs solars[8] en les parts més sòlides.

Últimament és de entendre que micer Ffrancesch descriu lo Sol aprés del seu naximent e algun tant alçat sobre lo emisperi fer ab si matex aquest rahonament, per demostrar quant sia que·l sol haja sobre nosaltres en lo variar-se més força; e açò és quant més s'apropinca a la línea del mig sel. De què en lo seu occaso, ne la nit ni en lo seu naximent ha tanta força quant de la hora de tèrcia a nona. Descriu encara lo poeta lo Sol primer lamentant-se de la eversió de la ley universal del cel que de si matex y de la injúria sua, com fa en los pròxims versos, per notifficar quant és degut primer més comoure's per la observància de la pública honor y de les coses comunes que del seu propri privat. On mèritament conclou que, si hu no hix per morir de la sua fama guanyada en terra, què serà donchs de la ley ferma y confirmada del cel? Quasi dicat neguna.[9]

A la fi diu micer Ffrancesch lo Sol ésser exit tant veloce de la sua àurea casa, com sia cosa qu·en lo seu naximent y en lo seu occaso del sol per les vapors terrestres, les quals són en mig del sol y als nostres ulls, par que l'orizon sia de color groga, axí com poch més bax pux largament direm. Són norresmenys alguns tests los quals dien "De la casa de Taurus ab la aurora davant", los quals crech

---

[7] *la qual celeritat*: ms. "la qual"; it. "la quale celerita".
[8] *los raigs solars*: ms. "l'iraci solar"; it. "i ragi solari".
[9] *Quasi dicat neguna*: "gairebé digui ninguna"; it. "quasi dicat nulla". Es una cita latina medio traducida.

que sien corruptes. Emperò que lo sol, circuhint lo cel a cascuna hora, per temps de trenta dies stà tostemps ferm en lo signe de Taurus, segons lo nombre dels seus trenta graus; hon no és necessari que hixa de la sua àurea casa per elevar-se sobre lo emisperi.

Havent donchs lo poeta descrit lo Sol entre si matex ésser-se dolgut de l'estatut universal del cel, [fol. 199r] seguex ell aprés condolrre's de si matex, particularment dient que, si la fama dels hòmens mortals[10] crex morint, en la qual mort se deuria allargar,[11] certament ell veu en breu temps les sues glorioses excel·lències ésser portades[12] a fi, de la qual cosa se dol e·s llamenta. On, què més de injúria pot ell esperar, o què pigor li pot intervenir? O què ell més[13] possehex en lo cel que un home en terra al qual per singularíssima gràcia ell demanaria a l'etern factor d'ésser-li egual? On diu:

> "Et se ffama mortal, morendo, cresce,
> Che spegner si dovea in breve, vegio
> Nostre excellencie[14] al fine; onde m'inscresce.
> Che più s'aspecta? o[15] che puote essere[16] peggio?
> Che più nel ciel ho io che in terra un huomo,
> A cui d'essere equale[17] per gracia chiegio?"

Ab gran rahó se dol hi·s lamenta lo Sol, axí com és pròpia natura de les altres coses les quals són sobre la terra, no manca la fama dels hòmens. Per la qual intel·ligència és de saber que lo sol, com sia en l'esdevenidor perpetu y de natura incorrubtible, ell norresmenys és cos inanimat per essència distinct dels elements, com se prova en lo primer *Del cel* y *Del món*. De què l'ànima racional, y l'ome per participació d'aquella,[18] és molt més perfet que lo cors solar, quan no fos sotsmès l'ome a la mortalitat e a la mesura finida del temps; de què, si per la fama ell devingués immortal e incor-

---

[10] *mortals*: ms. "mortal".
[11] *allargar*: error por "extingir": it. "spegnere".
[12] *portades*: ms. "potades".
[13] *O...més*: ms. "o que ell o mes".
[14] *Nostre excellencie*: Pac. "nostra excellentia".
[15] *o*: Pac. "e".
[16] *essere*: Pac. "esser".
[17] *d'essere equale*: Pac. "esser egual".
[18] *d'aquella*: ms. "daquella mortalitat"; it. "di quella"; Ar. "d'aquella". La palabra "mortalitat" que aparece en el manuscrito no parece apropiada porque está en contradicción con el resto de la oración; "aquella", así, se referiría a "l'ànima racional".

rubtible, indubitadament excediria la prestància del sol. La qual cosa par que ab rahó lo Sol d'aquesta part se dolga, y que mèritament se dega esforçar extinguir aquella, sols per no perdre la sua dignitat.

Segonament és de entendre que la fama ab rahó se deuria espènyer en la mort de l'home, [fol. 199v] com sia cosa que, mancada la causa final, versemblant és que manquen tots los effectes de les altres causes, los quals a·quella són tostemps ordenats, com se scriu en lo segon de la *Phísica*, V de la *Metaphísica* y dels *Iurisconsultis* en la L oració ff. *De sponsalibus*. Essent donchs la virtut o la sua operació causa de la glòria y de ffama, e a la qual últimament aquella se resol, emperò, mancant aquella y la sua pràtica per la mort de l'home, consegüentment encara aquesta ffama deuria mancar. Per la qual cosa acomodadament afferma lo Sol que les sues excel·lències serien a la fi quant sens may puix mancar; morint lo home la sua fama crex.

Últimament és de considerar que ab dret[19] y rahonable apetit lo Sol desigaria ésser egual al famós home, y que neguna cosa hauria d'ell quant per fama restàs eternal. Emperò que en lo sol se consideren V qualitats: e primerament ell ésser eternal; segonament moble; tercament luhent; quartament generatiu y productiu de més varis effectes; quintament y última moltes lahors a ell atribuhides dels hòmens. En les quals coses l'ome o verament lo ajustaria o·l trespassaria; emperò que en la sempiterna duració, si per respecte de l'ànima, la qual conté en si per natura immortal, com encara per la ffama, en la mort li seria egual. Mas per la mobilitat de gran loch lo trespassaria, essent les ànimes humanes, axí com és universal conclusió de teòlechs, no sols les ànimes mas los cossos glorificats, agilíssims y mobilíssims; on no és tanta la velocitat del sol que molt major no sia aquella de l'ànima y del cors glorificat. E ultra açò essent lo sol moble solament per cercle, com és provat in primo et secundo *De celo*, l'ànima encara lo avança; e no sols ella mas [fol. 200r] lo cors[20] glorifficat e lo cors mortal, movent-se a tota diffèrencia de loch e disposició. Avança'l encara de lucidität, perquè la llum de l'ànima virtuosa separada dels cors és molt major y més intensa que aquella del sol, segons que diem dalt per la sentència dels theòlechs en lo Trihunfo de la Mort. En lo quart loch lo ajusta l'ànima,

---

[19] *dret*: ms. "ret"; it. "dritto".
[20] *cors*: ms. "sol"; it. "corpo".

ans de lonch lo sobra circa la producció dels effectes; emperò que lo sol, si aquells produhex tots, són materials y en poch espay de temps inaccessibles.[21] Mas l'ànima produhex effectes specials de molt major perfecció e dignitat, axí com intel·lecció, amor, goig, possessió y ffruició. Últimament si la ffama de l'home duràs eternalment, encara en llahor y honor granment trespassaria lo sol; emperò estant aquesta eterna fama en lo món, neguna cosa possehex més lo sol en lo cel que fan los hòmens sobre la terra. Per aquests donchs artificciosos verssos del poeta podem clarament compendre ell parlar dels staments de l'ànima; acomparats e per relació a l'ésser dels hòmens és molt inferior, axí com nosaltres de principi diem.

Seguex aprés micer Ffrancesch les paraules irades del Sol per respecte del seu voluble y veloce moviment, dient que entre si matex deya: "O las de mi! Ab quant studi e diligència doni a mengar y nodri yo com adorns quatre cavalls en lo gran occèano, los quals en lo lur córrer són velocíssims, e norresmenys no·m sembla que yo puga domar solament y extinguir la ffama de un sol home mortal. Verament aquesta és una gravíssima injúria de provocar corrucció, e no és rahó de intervenir a mi aquesta vanitat, com yo fos en lo cel, no sols lo primer planet, mas lo segon hi·l terç". On diu:

> [fol. 200v] "Quattro cavagli con quatro[22] studio como,
> Pasco nello oceàno, et sprono, et sferço,
> Et pur la fama d'un mortal non domo!
> Ingiuria da corruccio, et non da scherço,
> Advenire[23] questo a me, se io fusse[24] in cielo
> Non dico[25] primo, ma secondo o terço!"

Circa la intel·ligència dels precedents versos és de saber principalment com lo poeta no·s partex de la sentència dels naturals en lo descriure quatre cavalls prop o en torn del carro del Sol; emperò que ells destinguexen lo seu cós[26] sobre lo nostre emisperi en quatre parts: la una és lo seu naximent e apparència; la segona la sua elevació; la terça lo declinar o exurgir; la quarta e última la sua abscon-

---

[21] *inaccessibles*: error por "corruptibles"; it. "marcessibili".
[22] *cavagli con quatro*: Pac. "cavai con quanto".
[23] *Advenire*: Pac. "avenir".
[24] *se io fusse*: Pac. "s'i' fossi".
[25] *dico*: Pac. "dirò".
[26] *cos*: error por "curs"; it. "corso".

sió. La qual sentència, seguint l'Ovidi en lo segon del *Metamorffoseos*, havent descrita la casa del Sol y lo seu àbit y digne ornament, descriu aprés los cavalls que·l guien y aquells nomena segons la preinducta sentència, dient: "Interea volucres pyrous, eous et ethon / Solis equi: quartusque phlegon hinnitibus auras / Fflammigeris implent pedibusque repagula pulsant". On Pyrous és interpetrat ros y al seu naximent. La qual cosa intervé que lo sol se mostre ros quant comence a muntar, perquè en la nit se són moltiplicats los vapors y, essent aquells grossos sobre los orizonts, fan reflectir los raigs del sol. De què per la lucidItat de aquells e opacitat de vapors resulta la color roja, la qual és color mig entre los extrems, més a l'obscur que al lúcido.

Lo segon, Eous, és interpetrat resplandent; y la causa és que, essent lo sol alçat sobre lo emisperi, per la sua potència y calidItat ha resoltes en l'ayre les vapors. De què no resta obstacle per lo qual los raigs del sol sien alterats de la sua lum [fol. 201r] e natural resplandor; emperò lo sol en aquella ora és més luent que en altra y resplandent.

Lo terç, Ethon, és interpetrat adurent;[27] e la rahó és que, essent lo sol ja pervengut a la altitud del cel e començant a declinar, ell ha feta més longa stança que puga fer sobre lo emisperi quant ell ha hagut major potència; emperò en aquesta ora l'ayre és més calent qu·en negun·altra ora del dia. Y per aquesta rahó, segons la sentència de Avicenna en la primera del primer se respon al problema, lo qual és per què rahó és molt major calor de juliol e d'agost que de maig y de juny, e com en aquest temps lo sol sia en més dret aspecte y més elevat sobre lo nostre emisperi.

Lo quart y derrer, Phlegone, és interpetrat amante terra; e la rahó és perquè, declinant lo sol envés occaso, devalla a la terra en la vista. Emperò los pintors pinten los cavalls del Sol: lo primer pinten ros, lo segon blanch, lo terç groch y lo quart escur. Són, quant en aquests vessos, alguns altres que per los quatre cavalls del Sol no les quatre ores del jorn, mas los quatre temps entenen de l'any, ço és primavera, estat, octumne e yvern; les quals opinions són encara tollerables. Ffulgèncio norresmenys nomena los cavalls del Sol d'altre nom, quant a la signifficació consenta, ço és Eritreo, Ancteoma, Lampas et Philogeo.

---

[27] *adurent*: ms. "adurente"; "ardent".

Segonament és d'entendre que lo poeta diu lo Sol manar, esforçar y exprovar aquests quatre cavalls en lo occèano per demostrar com la mar occèana circuhex la terra almenys per una sua differència del seu loch o siti. On, essent l'ull en terra ferma y lo occèano[28] en torn, axí envers orient com envers occident, austre[29] y tremuntana, extenent-se tant que en les aygües [fol. 201v] se fa lo orizon a nostres ulls, per ço apar que lo sol de l'occèano se leve y en l'occèano se tanca. De què, fent per l'altre emisperi lo seu cors e ymaginant alguns la terra en l'altra part ésser cuberta de l'aygua, per lo test del *Gènesis* en lo principi, lo qual par que vulla qu·en la sua creació l'aygua cobrís la terra e aprés per seccasió de aquella la terra apparegués, dient: "Dixit quoque deus congregentur aque sub celo sunt unum locum"; e seguex: "et appareat arrida". E de aquesta paraula prenen argument a dir que sols aquesta poca terra la qual abitam és descuberta de l'aygua; emperò discorrent lo sol per l'altre emisperi, tostemps par que procehexca per l'occèano. Aristòtil norresmenys in primo *De celo* para que no consenta aquesta oppinió, mas més prest ymagina los antípodes segons la attestació d'alguns, los quals dien ja ésser tant procehit envers lo polo antàrtich que aquell altre se és elevat per altitut d'una lança, com testiffica lo consellador en les sues differències.

Últimament és de notar, com damunt en lo principi diem, que lo sol per més rahó se diu ésser lo primer planet del cel; e majorment perquè és diffinit per los philòsoffs y astròlechs negun altre planet haver de si alguna llum, mas solament rebre'l del sol reflectint en aquells los seus raigs. La qual cosa mostra Aristòtil in secundo *De celo*, hon, diffinint les steles, diu: "Si quidem enim stella est densior pars celi". Emperò Ovidi en lo principi del segon del *Methamorffoseos*, considerant aquestes naturalitats, descriu al sol la casa en aquesta forma: que ella és sostenguda de columnes sublimes. Per les quals entenem la màchina mundana substentar-se per la discòrdia de quatre elements, segons [fol. 202r] la opinió de Empèdocle; a la qual és president lo sol, devent-se, com scriu Aristòtil en lo primer *De les metaures*, aquest món inferior governar per la virtut dels cossos superiors, e majorment migancant la sua lum y la sua influència. Per la qual cosa essent de tota llum celestial príncep y duch lo sol, per ço a ell s'atribuhex la principalitat del govern del

---

[28] *occèano*: ms. "occano".
[29] *austre*: ms. "autre"; it. "austro".

món. On a la prova d'aquesta sentència diu Ciceró in *De somno Cipionis*: "De inde subteri mediam fere regionem sol obtinet dux et princeps et moderator luminum reliquorum". Et Macobrius, exponent aquest pas, scriu aquestes paraules: "Dux ergo est: quia omnis luminis maiestate precedit. Princeps quia ita eminet ut propterea quod talis solus appareat sol vocetur"; e encara lo sol moderador e distinctor de les ores, on dels poetes foren descrites ésser ses filles y ésser prepostes a preparació del seu carro. Per la qual cosa si se[30] enuga e li par rebre injúria de la sempiternitat de la fama dels hòmens y que·s diminohexca la sua excel·lència; no és sens rahó.

Continua aprés lo poeta y narra lo effecte lo qual diu lo Sol deure seguir d'aquesta sua ira y malenconia, dient que per les sobredites causes convé que[31] tots los seus cels e voluntat s'encenguen contra la fama dels hòmens, y que lo seu vol y velocíssim discurs adobe[32] lo lur dan, com sia cosa que ell porta envega als hòmens e ja no·s vol amagar ni celar de dir-ho; entre·ls quals hòmens alguna volta intervé que algú aprés de mil anys, e altres mil e mil, és molt més clar[33] y pus famós que en vida, e ell emperò dels seus affanys perpetuus no avança més del que primer ja tenia, com sia cosa que ell tal e qual era de principi, abans que la terra fos stablida o ferma, rodant de nit y de dia [fol. 202v] o voltant-se prop y en torn d'ella per la sua rotunditat de la sua spera, la qual és infinida. On diu:

> "Hor conven che s'accenda ogni mio celo,
> Et che il mio volo lo radoppi e danni,[34]
> Che io porto invidia agli homini, et nol celo,
> De' quali io vedo[35] alcun' doppo mille anni,
> Et mille et mille più chiari che in vita;
> Jo nulla avanço de[36] perpetui affanni.
> Tal son quale era, anci che stabilita
> Ffusse la terra, dì et nocte rotando
> Per la strada ritonda che è infinita."

---

[30] *si se*: ms. "se"; it. "se si".
[31] *que*: repetida en el ms.
[32] *adobe*: "redobli"; it. "radoppi".
[33] *és molt més clar*: ms. "e molt mes car"; it. "e assai piu chiaro"; Ar. "és molt més clar".
[34] *Et che...danni*: Pac. "sì ch'al mio volo l'ira adoppi i vanni".
[35] *vedo*: Pac. "veggio".
[36] *Jo...de*: Pac. "ed io m'avanzo di".

Per més clara y maniffesta notícia dels precedents versos és de saber que micer Ffrancesch en aquest loch introduhex lo Sol protestar el portar als hòmens enveja y encendre's lo seu cel contra aquells, per exprimir més clarament la efficàcia de la obra sua contra la permanència e duració dels hòmens, seguint l'exemple de la scriptura sacra[37] en lo *Gènesis* en lo sisè, quant a exprimir la gravitat del peccat dels hòmens, en persona de Déu diu: "Penitet me ffecisse hominem". Y en sant March XIIII diu lo Salvador al matex prepòsit: "Et filius quidem hominis vadit sicut scriptum est de eo. Ve autem homini illi per quem filius hominis tradetur. Bonum erit ei si natus non fuisset homo ille". Hon és maniffest norresmenys ni en Déu poder caure penitència ni en la privació, e no n'i poder ésser algun bé,[38] axí com a la ffi del primer de la *Phísica* del philòsoff, y comentador, e quasi tots los doctors és aprovada e divulgada sentència.

Segonament és de entendre que lo Sol no avança res dels seus perpetus affanys, emperò que ni més lahor, ni més fama, ni més eternitat ateny que de principi s'abé quant en lo quart [fol. 203r] jorn que fon creat per nostre Senyor Déu, com se scriu en lo principi del *Gènesi*, e nomena lo poeta Déu del Sol ésser perpetu affany perquè són diüturns; o, segons la sentència del philòsoff en lo VIII de la *Phísica*, lo qual per los naturals fonaments demostra lo moviment del cel ésser eternal, mas tal és hi·s manté lo sol qual era abans que fos establida la terra per domicili de l'home. Perquè, com la terra fos creada lo primer dia per Déu y lo sol en lo quart, no fon emperò statuïda y establida a la pràtica de l'home sinó aprés del peccat del primer pare. Emperò, com se veu en lo procés de la scriptura en lo principi del *Gènesis*, preposant Déu l'ome a totes les coses creades en terra, no·l preposà a la terra ni en aquella encara·l posà, mas en lo paradís de les delícies; del qual aprés lançat, lo col·locà en terra. Emperò Bruno en la exposició del *Gènesis* diu la terra ésser dita de l'ús de laurar-la y conrrear-la los hòmens, e aprés los altres animals estant en aquella. E axí és maniffest que lo sol començà primer a circuhir la terra que ella fos stablida y ferma per sustentament de l'home. Emperò Ovidi en lo principi del *Methamorffoseos*, aquesta sentència exprimint, diu parlant del temps de la confusió y chaos:

---

[37] *sacra*: ms. "sacrra".
[38] *e no n'i poder ésser algun bé*: it. "e nel essere non potere intervenire alchuno bene".

"Quaque erat et tellus: illic et pontus et aer / Sic erat instabilis tellus: inabilis unda / Lucis egens aer nulli sua forma manebat". On mèritament se pot concloure lo sol primer ésser-se mogut que la terra fos nomenada stablida.

Últimament és de notar que micer Ffrancesch diu lo sol rodar nit e jorn per la retonditat de la terra, la qual és infinida. Per la qual intel·ligència és de saber que lo moviment del sol és regularíssim e uniforme, perquè no discorre axí com los altres planets per cercles y centres, mas ab tota unifformitat. On és ne[fol. 203v]cessari que la sua spera y la sua via per la qual procehex sia perfetament spèrica y redona; de què seguex que sia infinida, perquè en lo cercle, com scriuen[39] los matemàtichs y és exprés en lo primer *Del cel*, no·s dóna alguna part o punt precedent, ni algun subsegüent, mas quascú de aquells és principi e fi. Emperò en lo modo[40] circular no·s dóna últim terme distint, lo qual sia segur del cors circularment mogut. E per ço se diu lo cercle ésser distància infinida, no perquè continga infinita[41] quantitat, mas per la privació del terme posat...[42] encara de la matexa quantitat ésser encara principi. On, no essent en aquella aquest tal fi, resta aquesta ésser privadament infinida.

Havent ara micer Ffrancesch fet aquest examen en los precedents vessos, continua descrivint la operació del Sol aprés que termena lo parlar, dient que·l Sol aprés d'aquestes paraules ab grandíssim desdeny reprengué[43] lo seu cós molt més veloce e ab més celeritat que no·s mou un falcó, lo qual de alt de la sumitat de l'ayre devalla furiós a la caça; axí molt més, en tant que ab lo pensament no és possible seguir lo vol, no tant que la ensenya o lo estil poètich ho puga explicar. Per la qual cosa ell lo mirà ab grandíssima temor. On diu:

> Poi che questo hebbe detto, desdegnando
> Riprese il corso, più veloce assai
> Che falcon d'alto a sua preda volando.

---

[39] *scriuen*: ms. "scruen".
[40] *modo*: "moviment"; it. "moto".
[41] *infinita*: ms. "infinitat"; it. "infinita".
[42] *mas...posat*: el traductor se ha saltado una parte de la traducción y la ha adaptado a la nueva oración: it. "ma perche la privatione del termine positivo el quale nel corpo circolare non si trova tale che si come e fine e termine non posi etiamdio de la medesima quantita esser anchora principio".
[43] *reprengué*: rectificado a "prengue" en el ms.; it. "riprese".

> Più, dico; né pensier poria già mai
> Seguir suo volo, non che lingua o stile,
> Tal che con gran paura il rimirai.

Quanta és la velocitat del cors del sol molt se pot com[fol. 204r]pendre per la comparació feta del nostre micer Ffrancesch, no emperò que aquella sia en tota via verdadera, mas certament molt semblant. Emperò que dels exemples no·s cerca verifficació, mas maniffestació, com diu Averroiç en lo segon *De anima*; e Aristòtil en lo primer de la *Priora* al prepòsit diu: "Exempla enim ponimus non ut ita sit: sed ut senciant qui adiscunt". Per la qual cosa seguex a explicar la veritat de la velocitat, que no solament la lengua no·u poria exprimir, mas lo pensament no·u pot compendre. Y és aquesta sentència veríssima, emperò que no·s pot ymaginar alguna certa velocitat, que infinit no·s pot donar encara més espert[44] moviment.

Mèritament donchs diu micer Ffrancesch que ab por mirava lo seu cors y ab temor lo devia considerar qualsevol més saldo[45] y exercitat enteniment; emperò que, essent aquell causa de la permutació de les coses y essent la vida de l'home encara compresa del temps finit, y la mort del tot occulta a l'enteniment humà, per ço se deu tal cors veloce tembre, conduhint-se a stat là hon és tolt lo arbitre de les obres o hon és la rígida justícia sens algun mèrit seu de provocar misericòrdia.

Seguex aprés lo poeta quin effecte aconsegui en ell, vista aquesta velocitat del Sol, dient que, considerada tanta del moviment dels cossos celestials, ell té lo nostre viure a molt major viltat que primer aquella conexença no l'havia tengut noble y gentil. On diu:

> Alhor tenn'io il viver nostro a vile,
> Per la mirabil sua velocitate,
> Via[46] più che inanci non tenea gentile.

Vil e innoble verament se pot judicar la vida de l'home, essent aquella sotsmesa a tantes calamitats e misèries quantes porten los moviments [fol. 204v] e domini de les speres eternes, de les quals la causa potíssima y aquesta transmutació,[47] migançant la qual neguna

---

[44] *espert*: error por "ràpid"; it. "celere".
[45] *saldo*: italiano por "ferm".
[46] *Via*: Pac. "vie".
[47] *la causa...transmutació*: it. "la cagione e potissima essa transmutatione".

cosa pot haver més duració present que un indivisible moment, com sia cosa que contínuament l'ome se varia hi·s transmuda, y lo moviment se diffinexca en lo terç de la *Phísica* ésser una alteració del primer stat. Emperò acomodadament Jacob demanà[48] aquesta nostra vida per lo seu continu deflux una peregrinació; on, com se scriu en lo *Gènesi* a XXXXVII capítols, diu pharahó a Jacob: "Quants són los dies dels teus anys?" Respòs: "Dies peregrinacionis vite mee CXXX annorum sunt parvi et mali". Axí matex Job, conexent lo deffecte y la misèria de la nostra vida, diu a VII capítols: "Memento quia ventus est vita mea et non revertetur occulus meus ut videat bona"; y al XIII seguex: "Homo natus de muliere brevi vivens tempore repletus multis miseriis qui quasi flos egreditur: et fugit velut umbra".

Ne donchs encara aquesta utilitat[49] del viure se comprèn per lo no degustar algun delit present, mas per les tantes e inevitables rahons, on a aquest home pervinguen en affany e molèstia. Quantes són les egrituts del cors! Quantes les immenses pasions de l'ànima! Quanta accídia! Quanta rohina! Quant suplici! Quanta jactura! Quants naufragis! Quantes presons! Quantes altres disposicions a les quals és sotsmès l'ome! D'on és necessari que a l'ànima sua contínuament li s'ajuste molèstia. E on, encara que totes les predites coses fossen lunyades, qui pot posar fre ni limitar la enveja dels hòmens? On nax la calúmnia, la qual ja tanta acerbitat en lo temps de Alexandre féu sentir a Apel·le, de la qual parlant Salamó diu al VII de l'*Ecclesiastès*: "Calumnia conturbat sapientem et [fol. 205r] perdit robur cordis illius". Mas, si moguda y posada a part encara aquesta calúmnia, a la fi aquesta tanta celeritat axí prestament conduhesx a la mort que ab treball se pot haver temps per considerar en quina manera l'ome contínuament mor; axí com lo matex micer Ffrancesch descriu en aquella cançó "Si e debile il filo a cui s'atene", quando dice en el princípio de la seconda[49bis] stança "El tempo passa et le ore son si prompte / Al fornir il viagio / Che assai spacio non agio"; y essent aquest un dan inrremeyable que produhex lo temps. Per ço donchs mèritament vil y abgecta és de judicar aquesta vida terrenal.

---

[48] *demanà*: error por "nomenà"; it. "chiamo".
[49] *utilitat*: error por "vilesa".
[49bis] *quando...seconda*: "quan diu al principi de la segona estança". Otra vez el traductor parece tomar estas palabras como parte del título de la canción.

Aporta aprés micer Ffrancesch un seu moral e indubitat judici, dient que a ell sembla una vanitat terrible posar y fermar lo seu cor que lo temps[50] estreny y porta, les quals, mentre que l'ome les creu possehir, més les streny y lavòs més passen hi·s mostren caduques. On diu:

> Et parvemi terribil vanitate
> Ffermare in cose il cor che il Tempo preme,
> Che, mentre più le stringi, son passate.

Quant és infal·lible y vera la preinducta sentència del nostre poeta molt ho demostra maniffestament Salamó en lo principi de l'*Ecclesiastès*; là hon diu que tota cosa temporal primer esperada y aprés, segons la sua voluntat, possehida no és altra cosa que vanitat de vanitat y afflicció de sperit. On, quant axí no s'estimàs que fos ver, diu un poch més avall, què més se reputa segur y cert possehir de les coses temporals, la qual principalment cosa més prest se pert, que la bellea y sanitat corporal? E qual és de més enemiga occasió circuhida que aquella? De quant en poch temps se perden les acomulades riqueses, los[51] [fol. 205v] stats, regnes, fills y delits mundanals? Dels quals és aquell plaer o consolació que més no solament duren, mas poden durar, que un indivisible instant? E certament ab gran rahó, emperò que, axí com se scriu en lo quart de la *Phísica*, a nosaltres del temps y de les coses que en lo temps discorren neguna n'és present,[52] sinó lo divisible moment continuant lo pretèrit temps ab aquell que és futur, emperò qualsevol que en aquelles coses posa la sua sperança no té alguna certenitat aquelles sols un complit dia poder-li durar, com sia cosa que sobre aquelles domina la fortuna. On Ciceró en les *Paradoches contra Públio Clòdio* al nostre prepòsit en aquesta forma descriu: "Cui vero omnis spes et racio et cogitacio omnis pendet ex fortuna huic nihil potest esse certi nihilque quod habeat exploratum sibi permansurum unam diem". Molt seria larch y prolix voler portar los exemples de aquells los quals en poca distància de temps han remogut y variat de seu ésser y estat, no sols en los béns temporals, mas encara en la fama, e glòria y oppinió popular.

---

[50] *que lo temps*: ms. "en coses que lo temps"; it. "in cose che il tempo".
[51] *los*: repetida en el ms. a vuelta de folio.
[52] *neguna n'és present*: ms. "neguna de present"; it. "nessuna ne e presente".

Seguex aprés lo poeta, per aquesta disposició de l'ésser nostre, un singular mostrament y àurea sentència, dient que qualsevol que tem del seu estat deu provehir de soldar-se bé ab aquell mentre que ha en terra la potestat de l'arbitre de posar la sua sperança en cosa ferma e diüturna. On diu:

> Però chi di suo stato cura o teme,
> Provega[53] ben, mentre è l'arbitrio intero,
> Di porre in cosa[54] stabile sua speme.

Salutíffer y loable document és certament aquest lo qual en los precedents versos ha expressat lo nostre micer Ffrancesch. Per la intel·ligència dels quals és de saber que l'arbitre nostre no és altra cosa [fol. 206r] que una potestat de poder elegir e no elegir l'obgecte representat de l'enteniment a la voluntat nostra; lo qual ésser libert molt clarament ho mostra lo mestre de les sentències en lo segon *Distinccione* XVI,[55] e molt millor Breguardí en lo procés *De causa Dei contra Pelagium*. La qual libertat se pren[56] en dues maneres: la una per la mort natural, la qual venguda no pot més obrar ni elegir, y de aquesta parla lo poeta en los precedents verssos; l'altra manera és quant, per lo qu·ella fa, los hòmens se fan un àbit inpermutable, segons que damunt diem en lo Trihunffo d'Amor e com al prepòsit parla Jeremies a XIII dient: "Si mutare potest etiops pellem suam et pardus varietates suas: et vos poteritis bene facere cum didiceritis malum"; e Aristòtil en lo III de la *Èthica* diu confirmant lo matex: "Non enim egortans si vult sanus fiet si ita contingat ut sponte egrotet per incontinenciam atque laciviam preceptis medicorum adversatus. Tunch ergo licebat illi non egrotare: sed nunc non amplius licet quem ad modum nech emissum lapidem quis retinere potest. Erat tamen in illo capere ipsum atque emitterre. Principium enim erat in ipso sic iniusto et flagicioso licebat ab inicio talis non esse. Ex quo sit ut volens delinquat sed postque talis factus est non licet postea sibi talis non esse". Donch proffitosa cosa és preservar-se libert contra la una manera, y l'altra possar y fermar lo seu cor en cosa ferma, perquè solament migancant aquesta providència se atteny la felicitat, essent aquella sols goig e pau per la possessió de la

---

[53] *Provega*: Pac. "proveggia".
[54] *Di...cosa*: Pac. "fondare in loco".
[55] *XVI*: it. "xv".
[56] *pren*: error por "perd"; it. "perde".

cosa sperada y amada. De què, si aquell obgecte fon permutable, no poria l'ome ésser benaventurat per la contínua temor de no perdre aquella cosa guanyada; de la qual temor nax en l'ànima nostra [fol. 206v] un turment ab lo qual ensemps no és compatible[57] la nostra beatitut. E per aquesta rahó se conclou y rahonablement neguna cosa terrenal poder ésser lo obgecte de la nostra ffelicitat, perquè cascuna de aquelles és permutable y pot-se fàcilment perdre; de què ab la possessió d'ells tostemps la gelosia y temor és conjunta.

Emperò descriu bé l'Ovidi en lo segon del *Methamorffoseos* a demostrar no ésser cosa mortal lo obgecte de la nostra sperança, introduhint Phebo parlar a Pheton, fill seu, dient: "Sors tua mortalis non est mortale quod obtas". Aprés que, si cerca en totes les nostres obres degut modo y mesura, no se deu[58] l'ome, aprés la aconseguida cosa sperada y amada, elevar en supèrbia. Emperò seguex Ovidi lo amostrament de Phebo a Pheton y los documents de la via per la qual degués portar la divina lum; e a la fi seguex la exida que seguex a quells que no seguexen[59] les degudes amonicions, demostrant aquells ésser fulminats de Jovis, com fon Ffeton.

On per la preinducta doctrina resta maniffest que l'ome en aquesta vida dega solament sperar les coses perpètues y aquelles per umilitat possehir, no per supèrbia. E axí ho mostra la evangèlica doctrina de Jesucrist en sant Matheu a XVIII, dient: "Amen dico vobis nisi conversi fueritis et efficiamini sicut parvuli: non intrabitis in regnum celorum". Lo qual acost[60] de l'etern bé és necessari de ffer en la present vida; emperò, sobrevenguda la mort, no més s'i merex ni són contingents les humanes operacions, perquè, com diu Aristòtil en lo terç de la *Ètica*, parlant de contraris accidents que intervinguen als viuus: "Nec quicquam preterea bonum vel malum mortuis videtur esse". Donchs mèritament durant lo nostre ésser deuem [fol. 207r] ab la conexença de nosaltres matexos a les virtuts, axí com a preparatori al cel, com a pàtria dilecta, aspirar.

Aporta consegüentment lo poeta, ultra la disposició de si matex, aquella dels mondanals la qual intervé per la celeritat del Temps, primer escusant-se poder-la totalment recitar (tant és stesa que no solament recitar, mas certament no·s pot ab enteniment compendre,

---

[57] *compatible*: ms. "copetible"; it. "compatibile".
[58] *no se deu*: ms. "se deu"; it. "non si debba".
[59] *seguex la exida...no seguexen*: el juego de palabras con la repetición de las formas del verbo "seguir" no está en el texto italiano.
[60] *Lo qual acost*: "La qual adquisició", como indica Armangué; it. "acquisto".

essent la latitut de la velocitat infinida, axí com és universal opinió dels philòsoffs y majorment del calculador), dient que, quant ell véu lo temps anar lauger dret a la sua guia, la qual no pot may recitar, perquè en la veritat spera no poder, com sia cosa que ell quasi véu ésser pres en un matex punt les roses y lo rigidíssim gel, y lo gran fret ensemps ab la gran calor; que verament a dir-ho, par que dega ésser una mirable cosa. On diu:

> Ché quanto io vidi el Tempo andar ligero
> Doppo la guida sua, che mai non posa,
> Io nol dirò, perché poter non spero.
> Io vidi el ghiaccio, et lì presso[61] la rosa,
> Quasi in un punto el gran freddo e 'l gran caldo,
> Che, pur a dirlo,[62] par mirabel cosa.

Circa la intel·ligència dels precedents versos és de saber que, axí com diem, no és posible ymaginar una tal e tanta celeritat que ans en infinit d'aquella no·s puga dar una major. Emperò diu lo poeta no poder recitar quanta fon la prestesa del temps dret a la sua guia, no donant-se ne poder-s'i donar la màxima velocitat la guia del temps, y lo subgecte seu e lo cel; on se scriu al IIII de la *Phísica*: "Tempus est passio celi". Mas lo poeta atribuex en aquest loch[63] al sol ésser la [fol. 207v] guia del temps, perquè, essent lo temps diffinit del philòsoff en lo quart de la *Phísica*, diu ésser mesura del moviment del cel tant quant aquell del sol; emperò a ell se atribuhex ésser conduhidor del temps. Y encara ultra açò lo temps és cognomenat[64] lauger més prest que greu, perquè, com se scriu en lo primer *Del cel*, la natura de la cosa greu devalla a la terra y de la laugera munta dalt en lo cel; on, estant segura la terra y lo cel movent-se per lo moviment local, lo qual és lo primer de tots, com se prova en lo huytè de la *Phísica*, per ço essent lo temps en lo cel per lo ésser-hi moviment, axí com a mesura de aquell, emperò aquest temps és cognomenat lauger, essent conforme a les coses laugeres.

Últimament és de entendre que, com parega cosa mirable dos contraris ésser ensemps per la lur repugnància, essent la lur natura essemps lançar y corrompre, axí com és diffinit del philòsoff en lo

---

[61] *presso*: Pac. "stesso".
[62] *a dirlo*: Pac. "udendo".
[63] *loch*: Ar. "lloc".
[64] *és cognomenat*: "cognoment"; Ar. "cognomena"; it. "cognominato".

post *Predicament* y en lo quint de la *Phísica*, norresmenys, essent lo temps de l'any una continuació y les coses contínuament són aquelles de les quals lo derrer terme és un matex punt, com se scriu en lo V de la *Phísica*, emperò acomodadament diu lo poeta quasi en un matex punt ésser lo gel, fet per fort congelació y gran frigiditat, y la rosa, la qual[65] per calor y activitat nax sobre la úmida terra e mira bé[66] l'altra contrària disposició de l'any. Aquesta donchs súbita y contínua successió descriu Salamó en lo terç de l'*Ecclesiastès*, quant lo temps de tota contrària operació nombra ésser propinch, dient: "Tempus nascendi et tempus muriendi: tempus plantandi et tempus evellendi: quod plantandum est tempus occidendi et empus sanandi similment".[67] Et Ovidi en lo XV del *Methamorffoseos* [fol. 208r] en aquesta matexa inremeyable celeritat e narrant diu: "Nihil est toto quod prestet in orbe / Cuncta fluunt: omnisque vagans formatur mago / Ipsa quoque assiduo labuntur tempora motu / Non secus a flumen: neque enim consistere flumen / Nec levis hora potest: sed ut unda impellitur unda / Urgeturque eadem veniens urgetque priorem / Tempora sic fugiunt pariter pariterque sequntur / Et nova sunt semper nam quod fuit ante relictum est / Ffitque quod haud fuerat: momentaque cuncta novantur". De què resta maniffesta per la preinducta sentència tanta ésser la velocitat del temps que quasi ésser no puga distincció d'algun effecte qu·en lo món quantsevol que provinga contrari.

Excita aprés consegüent e reclama lo poeta los hòmens mortals a deure considerar aquesta tal veritat e compendre, servant lo digne costum de aquells los quals, havent errat, no estan obstinats en la error, mas conffessen-ho y de tal obra feta se peniden, dient que, com la precedent sentència parega molt mirable, pur norresmenys qui ben dret mira a la veritat de aquella ab un ferm e íntegre judici veurà ésser axí com ell ha scrit, com aquest poeta en lo temps de la sua joventut no·u ves; de la qual cosa ell contra si matex s'enfellonex y pren gran ira. On diu:

> Ma chi ben mira col iudicio saldo,
> Vedrà esser così. Ché nol vid'io?
> Di che contra me stesso hor mi riscaldo.

---

[65] *la qual*: ms. "lo qual es"; it. "quale".
[66] *mira bé*: it. "parimente".
[67] *similment*: ms. "similem te"; it. "similmente". Como indica Armangué, el traductor ha confundido "similmente" del texto italiano con una expresión en latín.

Qui dubta que y puga may haver alguna rahó de dubtar la vida nostra ésser quasi en duració un indivisible instant per respecte del temps y eterna duració la qual aprés nosaltres és descrita seguir? On mèritament cascú aquella en nosaltres axí ésser proporcionada deuria entendre; e per ço en lo nostre breu e [fol. 208v] fugitiu spay del viure dispondre la memòria y les obres a conseguir lo ffi al qual la natura humana de l'eternal Déu és stada en lo món produhida. E emperò justament reprèn si matex lo poeta y, contra si matex prenent ira, s'enfellonex en no haver aquesta celeritat coneguda; y los altres exorta a deure ab més saldo y madur judici aquella considerar.

On seguex qual és lo medi per lo qual fon deduhit o portat a la preffata negligència, dient que ja la sua sperança seguí los vans desigs, per la qual obra fon vengut en error en lo temps de la joventut; mas ara en la vellea ell té davant los seus ulls un claríssim spill, en lo qual ell mira si matex e paraments conex quant greument y fort ell errant ha ffallit. On diu:

> Segui' già le sperançe il[68] van disio;
> Hora ho dinanci agli ochi un chiaro spechio,
> Dove io vego[69] me stesso e il falir mio.

Demostra en aquests vessos lo nostre micer Ffrancesch quina deuria tornar la nostra obra, com alguna volta, mentres que l'ome és jove, transcorre en los delits e fugitius plaers del món. On és de veure que, aprés les vanes dolceses han de aquella simulada suavitat acevat lo cor jovenil, aprés dexat[70] del ver nodriment dejú, la part de l'home és[71] mirar-se davant lo spill de la conciència e allí dins guardar quina és la disposició de si matex, e de quina natura e condició són estades les obres procehides; emperò que negú és millor jutge, negú és més efficace coteig que aquell de la conciència a voler-se retraure y exhortar-se segons la disposició de les pretèrites obres o presents. A la qual prova demostrar diu Ciceró en lo II de la *Tosculana*: "Tuo tibi iudicio utendum est: tibi si recta probanti placebis: tu non modo te viceris quod paulo ante precipiebam: sed omnes et omnia". [fol. 209r] E poch més bax seguex: "Omnia enim

---

[68] *sperançe il*: Pac. "speranze e 'l".
[69] *Dove...vego*: Pac. "ov'io veggio".
[70] *dexat*: ms. "dexada"; it. "lasciato".
[71] *és*: ms. "son".

bene facta in lucem collocari volunt. Sed tamen nullum teatrum virtuti conciencia maius est".

Prova la matexa sentència lo nostre poeta en aquell sonet "Del mare Thirreno alla sinistra riva", hon diu en la mudança: "Quve soletto infra boschetti et colli / Vergogna hebbi di me: que al core gentile / Basta ben tanto et altro spron non volli". Per la qual cosa és maniffest que a l'ànima rectifficada, la qual ara se conforma ab la conciència, neguna cosa és més necessària en portar-la[72] al ben obrar e encara a retraure'l de mal obrar, ni més d'altra cosa pren delit que de si matex, ni stima altra glòria. Mas axí com lo apòstol diu parlant a tots los crestians en lo segon dels *Corintians* en lo primer capítol, dient: "Hec enim est gloria vestra testimonium conciencie vestre", axí a si matexa parla l'ànima humana statuint tota dignitat sua e honor ésser la ffe de la conciència y lo testimoni de la sua puritat.

Descrita la obra la qual deu fer l'ome volent reduhir-se al virtuós obrar, seguex ara lo poeta lo effecte que seguex de tal examen y regonexença de si matex segons lo dret juhí de la conciència, dient que ell, quant més pot, se aparella al seu fi pensant tota ora al seu breu viure, en lo qual de matí se trobava un infant y ara al vespre se troba vell. On diu:

> Et quanto posso al fine m'aparechio,
> Pensando al breve vivere[73] mio, nel quale
> Stamane[74] era un fanciullo et or son vechio.

O quant és digne e salutíffer effecte aquell que·ns demostra lo poeta en los precedents vessos! Com sia cosa que, qui bé mira e considera, neguna més loable operació pot ésser entre·ls mortals, ni encara a la futura glòria preparació, ni més segura [fol. 209v] que, vista la mort a l'home ésser inevitable, aquella singularment dispondre's per la sua pròpia conexença, y de si matex, y del seu viure breu y del velocíssim trànsit dels hòmens necessari de fer a quascú d'aquest món a la futura vida. Al qual effecte singularment mostra sant Jerònim scrivint a Eliodoro, dient: "Platonis sentencia est omnem sapientis vitam meditacionem esse mortis. Debemus ergo et

---

[72] *la*: ms. "lo".
[73] *vivere*: Pac. "viver".
[74] *Stamane*: Pac. "stamani".

nos animo premeditari quid aliquando futuri sumus: et quod velimus nolimus ab esse longius non potest". Semblantment Sèneca en la epístola XVIIII *Ad Lucillum* ab breus paraules explica la prefffata sentència, demostrant l'ome deure's aparellar a la ffi e singularment dispondre's al derrer sospir de la vida, dient: "In ffluctu viximus moriamur in portu".

Mas quanta és aquesta velocitat, en la qual quasi súbitament l'ome se transforma de chiquet infant en vell, molt clara la mostra Ciceró en lo primer libre de la *Tosculana* per una digna e apropiada comparació, dient: "Apud Hypanim flumium: qui ab heurope parte in pontum influit: Aristotiles ait bestiolas quasdam nasci: que unum diem vivant. Ex iis igitur ora octava que mortua est que vero occidente sole: decrepita: eo magis si eciam solisticiali die. Confer nostram longissimam etatem cum eternitate. In eadem prope modum brevitate qua ille bestiole reperimur".

Mèritament donchs micer Ffrancesch, de qui l'espill de la conciència era net y bell, se apparellava y disponia a la mort, y pensava y considerava lo breu spay de la vida nostra, en lo qual pensament verament concluhia de matí ésser estat un chiquet infant y trobar-se aprés en la nit un vell.

[fol. 210r] E demostrat quant és breu lo spay y cercle de nostre viure, deplora consegüentment micer Ffrancesch la error dels miserables mortals los quals stimen aquella ésser longa y en aquella dien trobar segura pau, glòria y consolació, dient: "De què és més o què més longa se pot jutjar aquesta mortal vida que un ben chiquet die? La qual verament no és altra cosa que núvol, e neu y fret ple d'enugs y suplici. De què pot ella mostrar-se bella? Com sia cosa que no valga en ella res la humana sperança". E norresmenys la error dels hòmens és tanta que ací s'espera tota glòria, ací los miserables mortals ensuperbexen e alcen lo cap, e norresmenys negú d'ells sab quant viurà o morrà. On diu:

> Che più d'un giorno è la vita mortale
> Nubil 'e nev[75] 'e freddo et pien di noia,
> Che puo bella parere,[76] ma nulla vale?
> Qui la humana speranca, et qui la gioia.[77]

---

[75] *nev*: Pac. "brev".
[76] *parere*: Pac. "parer".
[77] Faltan dos versos a continuación: Pac. "qui' miseri mortali alzan la testa, / e nessun sa quanto si viva o moia".

La brevitat e celeritat de la vida humana no solament les auctoritats al·legades la ensenyen, mas la experiència universal la demostra; on verament és de concloure aquella no més durar que un brevíssim dia. Per la qual intel·ligència és de saber que breu y larch se diu per comparació; on la vida de Nèstor per respecte aquella de Matussalem fon nomenada o dita breu, e, com fos acomparada a l'altra, molt se diria ésser longa. E qui al present vixqués cent anys, per respecte de Nèstor seria la sua vida judicada breu, on per comparació del viure de huy seria stimada larguíssima. Si donchs aquest temps comú del viure és comparat a tot lo cercle del principi del món fins a la ffi, qui dubta que la més longa vida que al present pot ésser [fol. 210v] no és de nomenar de largària de un dia? Hi en aquest breu temps, quantes sien les molèsties, quantes les afliccions, qui més s'estima gloriós aquell en veritat ne dóna testimoni. La qual cosa molt bé la dóna entendre Tuli en lo V de la *Tosculana* per lo exemple de Dionís siracusà, lo qual, essent judicat gloriós de Dàmocle, lo constituhí en son loch en la taula y sobre lo cap li féu ligar la spaga[78] ab una cerda de cavall, com diem en lo Trihunffo d'Amor. Hon entench Dàmocle quantes cures e molèsties amagades regnen en la memòria dels hòmens. Semblantment, com en la vida nostra sien les sperances fal·laces com a vans pensaments, com en l'ayre se despenguen les humanes fadigues, no dubte que per si matex cascú no puga ésser justíssim jutge.

O miserables, donchs, verament miserables mortals que possen en lo món tota la sua sperança y glòria! Quin tant ensuperbir ni recordar-se de la sua natura! Ara què és l'ome en tot lo seu procés, sinó spurcida sement sembrada e nudriment de vèrmens? De què Demòcrito a reprimir la humana supèrbia spessíssimes voltes anava a visitar los sepulcres dels morts; on, considerant lo nostre derrer fi, com ell fos umil, ell ensenyava o demostrava en les sues obres confermar aquell.

Considera donchs y bé stima la tua natura, la inflada supèrbia remeya-la en lo seu procehir y conex bé lo teu necessari ffi; y entén clarament, mentres que dura la vida, en no poder conèxer quant serà viva o verament se muyrà, perquè dormint corre a la mort, vetlant se'n va a la mort, e rient corre a la mort, e planyent camina a la mort, e a la fi en cascuna de nostres obres se apropinca a la mort.

---

[78] *la spaga*: italiano por "la spasa"; Ar. "la sua spaga".

Aporta aprés consegüentment micer Ffrancesch [fol. 211r] lo exemple de si matex a demostrar allò que segueix[79] en aquesta tal consideració de la vida humana, fent aquella ab bo y madur examen, dient que, havent ell considerat l'ésser y lo procés de la nostra vida, conexia manifestament la fuga del seu viure, e no solament d'ell mas de tots los hòmens, quant era presta, y veya manifestament en lo vogir e fogir del sol de aquell prevenir la maniffesta rohina del món. On diu:

> Vegio hor la fuga del mio viver presta,
> Anci di tuti, et nel fugir del sole
> La roina del mondo maniffesta.

Essent la ley y lo statut universal del morir y de les diüturnes y efficaces en nosaltres operacions del cel a cascuna cosa terrenal comunes, y majorment a l'home, com en lo primer[80] del X del *Metamorfoseos* scriu Ovidi, dient: "Serius aut citius sedem properamus ad unam / Tendimus huc omnes: hec est domus ultima vosque / Humani generis longisima regna tenetis", rahonable cosa és que l'enteniment verdader, de si matex conexent lo procehir, entenga encara lo matex de tots los altres. Y en semblant manera, veent aquestes revolucions y moviments celestials posar a les coses elementades grandíssimes alteracions, comprèn encara egualment la ruhina universal deure ésser del món; perquè, axí com és comuna sentència dels philòsoffs, aquest moviment del cel és ordenat a la conservació de l'univerç axí com al seu fi, lo qual, havent aquell venir a termenar-se, altrament en va seria estat de la natura produhit axí mateix e[81] la conservació d'aquest món en tal forma qual és ara dega mancar.

Emperò segueix[82] lo poeta una digna y modesta reprensió a la edat jovenil, la qual és a·questa consideració menys diligent que no és la sua necesitat, y encara que la edat[83] dels vells, dient: "Ara donchs jòvens, recon[fol. 211v]fortau-vos en les vostres faules y no considereu la mort, mas[84] mesurau lo temps de la largària, lo qual

---

[79] *segueix*: Ar. "seguex".
[80] *en lo primer*: it. "al principio".
[81] *e*: ms. "es" con la letra *s* tachada; Ar. "és"; it. "e".
[82] *segueix*: Ar. "seguex".
[83] *la edat*: ms. "ladat".
[84] *mas*: Ar. "Mes".

par a vosaltres larch stimant succehir fins a la vellea. O trists! Yo us avise que molt millor seria pensar de haver de morir, perquè deixa menys dol la prevista plaga que aquella que ve de plahers y delits inopinada.[85] Mas per ventura se pot seguir que, yo reprenent en aquesta forma, les mies paraules són despeses en l'ayre; e si axí elles, yo us acerte que molt sereu offesos de una mortíffera plaga, com sia cosa que les hores y dies, y encara los mesos y los anys, tots en breu ensemps volen. Per la qual cosa en poch intrevall[86] tots nosaltres, vells y jòvens fadrins, haurem a cercar per abitar altres terres. Donchs no façau en torn del cor tan dur call contra la veritat, axí com per lo desviat temps no·n sian usats, mas girau los ulls a la via de la veritat mentre que·l vostre defalliment y peccat se pot esmenar, e no[87] esperar que la mort despare la sua terrible y mortíffera fletxa, axí com fa la més vulgar gent, que per[88] cert la multitut dels ignorants és un infinit nombre". On diu:

> Hor vi riconfortate in vostre fole,
> Giovani, et misurate il tempo largo!
> Ma piaga antiveduta assai men dole.
> Fforse che indarno mie parole spargo;
> Ma io vi anuncio che noi[89] sete offesi
> Da un grave et mortiffero letargo:
> Ché volan l'hor'e i giorni e gli anni et[90] mesi;
> Insieme, con brevissimo intervallo,
> Tutti habiamo[91] a cercare altri paesi.
> Non fate contro al[92] vero al core un callo,
> Come sete usi; anci volgete gli ochi,
> Mentre emendar potete[93] il vostro fallo.
> [fol. 212r] Non aspectate che la morte scochi,
> Come fa la più gente,[94] ché per certo
> Infinita è la schiera degli schiochi.

---

[85] *inopinada*: ms. "opinada"; it. "inopinata".
[86] *intrevall*: Ar. "intervall".
[87] *no*: Ar. "non".
[88] *que per*: Ar. "perquè".
[89] *noi*: Pac. "voi".
[90] *et*: Pac. "e'".
[91] *habiamo*: Pac. "avemo".
[92] *contro al*: Pac. "contra 'l".
[93] *potete*: Pac. "si pote".
[94] *gente*: Pac. "parte".

[fol. 211v] Per més plana intel·ligència de la singular e salutíffera reprensió y fructuós amostrament contengut en los precedents versos, principalment és de saber [fol. 212r] que la humana natura és quasi universalment compresa de una negligència de considerar les coses esdevenidores, axí com elegantment escriu Q. Cúrcio dient: "Male humanis ingeniis natura consulvit quod plerunque non futura sed transacta perpendimus"; e majorment insurt aquesta oblivió en les prosperitats e abundància dels béns, o que aquells sien de fortuna o de natura. On de aquest prepòsit lo preal·legat Quint Cúrcio ajusta aquestes paraules: "Ffragilitas humane nimia in prosperis rebus oblivio est"; e Tito Lívio in *De secundo bello punico*, confirmant lo mateix, scriu: "Fferme enim fit ut secunde res negligenciam creent"; e altra volta en lo matex[95] libre diu: "Quod si in secundis rebus bonam quoque mentem darent dii: non solum ea que evenissent:[96] sed que ventura essent putaremus"; emperò conclou quasi en la fi dient: "Raro quidem contingit hominibus bonam fortunam bonamque mentem dari". E si en alguna edat intervé aquesta negligència, sí és majorment la edat jovenil, emperò que los infants, axí com no coneixen lo bé, axí encara no entenen lo mal; de què a ells aquesta oblivió no·ls és imposta a mancament o peccat. Per semblant manera los vells, si no de altre, almenys de la edat y de la experiència són constrets a considerar a la mort. On solament resten los jòvens a ésser represos de aquesta negligència; e la rahó que, regnant en ells les naturals forces e no essent encara per poca experiència stats enganats de la fortuna, per ço no·s conformen a les operacions que serien convenients als pensaments de la mort, mas mesuren lo temps larch y jutjen la mort ésser molt distant d'ells; de què segueixen los delits mondanals, no [fol. 212v] stimant allò que·ls pot donar la fortuna.[97] Perquè, axí com diu Haníbal al jove Scipió, com scriu Lívio en lo preal·legat libre: "Incerta temere casuum reputat quem fortuna nunquam decepit", emperò acomodadament micer Ffrancesch ells ésser[98] offesos de un mortal y greu letargo, lo qual és una malaltia, com scriven los metges, per la qual, maculant-se lo terç ventrícol[99] del ceròbrum, se ve en oblivió de les

---

[95] *matex*: Ar. "mateix".
[96] *evenissent*: Ar., it. "venissent".
[97] *donar la fortuna*: Ar. "donar fortuna".
[98] *Micer Ffrancesch ells ésser*: como dice Armengué, falta el verbo principal "acusa"; it. "accusa". Parece que el traductor sobreentiende "diu" como verbo y no lo repite.
[99] *ventrícol*: ms. "untricol"; Ar. "ventrícol".

coses passades. Y és denomenada aquesta pasió de Latheo fum[100] de l'infern; la qual, axí com l'ànima portada de Caron, axí vénen a perdre tota memòria de les coses del món.

De què per fogir aquest excés y aquest mancament revoca lo poeta als jòvens a la conexenca de si mateixos, e deure consentir la veritat e no fer en torn del cor un dur call, e a premeditar la mort per ço que, venint aprés per necessitat, no li semblarà axí aspra com si no considerada vingués.

Emperò aquest mateix effecte satiritzant Persi en la terça sàtira, damna la nostra incúria[101] e negligència en aquests versos, dient: "Discite o miseri et causas cognoscite rerum / Quid sumus et quidam victuri gignimur ordo / Quis datus aut mente quoque mollis flexus et unde / Quis modus argento? quid fas optare? quid asper / Utile nummus habet? atrie carisque propinquis / Quantum elargiri deceat? quem te deus esse / Iussit et humana qua parte locatus es in re". És donchs convenient cosa, axí com demostra lo poeta, en aquesta vall de les misèries y en aquest incitatiu desert a lacívia y peccat, girar los ulls a la vera penitència, on se purga y tol la sua màcula; lo qual temps com sia mentres que dura la vida, axí com determena lo mestre de les *Sentències* en lo IIII, XX distincció, per sentència de sant Leó papa. Norresmenys no és segura part conduhir-se e aprés penedir-se, perquè és gran perill de l'estat de l'ànima, per l'ésser[102] l'ome inapte a satisfer ab les [fol. 213r] obres. Emperò, mostrant-se la via, diu sant Agostí al prepòsit en lo sermó *De penitència*: "Si quis positus in ultimam necessitatem volverit penitenciam accipere: et mox reconsiliatur[103] et hinc vadit fateor vobis quia nulli negamus quod[104] petit sed non presumimus: quia bene hinc exit. Si securus hinc exierit ego nescio penitenciam dare possumus: securitatem vero non: nunquid dico damnabitur:[105] sed nec dico liberabitur. Vis ergo a dubio liberari hage penitenciam dum sanus es quia penitenciam egisti eo tempore quo peccare potuisti. Si enim vis hagere penitenciam ia quando peccare non potes peccata te dimiserunt non tu illa". Donchs no solament no·s deu esperar que la mort ignore,[106] mas que encara ella, perquè coneix l'enteniment

---

[100] *fum*: error por "flum"; it. "fiume".
[101] *la nostra incúria*: Ar. "la injúria".
[102] *per l'ésser*: Ar. "per ésser".
[103] *reconsiliatur*: Ar., it. "reconciliatur".
[104] *quod*: Ar. "quid".
[105] *damnabitur*: Ar. "damnabitur non".
[106] *ignore*: "dispari", como propone Armangué; it. "schocchi".

nostre, no[107] s'apressi a nosaltres. De la qual cosa precix[107bis] al contrari fa les més gents ignorants; les quals[108] en lo seguir la oradura se pot jutjar infinida, com scriu Salamó en lo *Ecclesiastès* en lo I capítol dient: "Perversi difficile corriguntur et stultorum infinitus est numerus".[109]

En aquesta donchs consideració devem pensar que en breu espay totes les ànimes creades, partides dels cossos per la força de la mort, han a cercar diverses terres de aquests y encara distinctes entre elles mateixes, perquè algunes són assumptes al cel, algunes sotsmeses en infern e algunes altres detengudes de les mans de la divina justícia en un terç loch nomenat purgatori; lo qual nosaltres ésser fora persuadirem ab rahó en lo subsegüent y últim trihunffo contra la sentència de l'obstinat y herètich Viraldo, e qualsevol ell per ceguedat d'enteniment o durícia de cor volgués seguir.

Mas sols en aquest loch de l'ingeni elevat portar[110] una dubitació, la qual és per quina rahó micer Ffrancesch, volent en aquest trihunffo demostrar lo temps sobrar la ffama dels hòmens, ell [fol. 213v] fins ací ha solament narrat y conclòs lo temps y lo procés de la vida nostra ésser breu e aquella ésser sotsmesa a molts perills, los quals en breu la poden apartar. A la qual se respon que ab gran artiffici e rahó lo nostre poeta ha tal sentència fins ací constituhida, emperò que, havent la fama natura sols de les obres virtuoses dels hòmens obrades en lo món y essent[111] de aquelles estada causa la vida nostra, no essent qualitat alguna més perffeta en lo effecte qu·en la causa, axí com afferma Averroïç en lo VIII de la *Methaffísica*, emperò, essent la vida nostra breu y per chica offensa de poder mancar, per ço no deurem persuadir la fama, que és effecte de aquella, ésser eterna.

Havent dochs[112] lo nostre micer Ffrancesch fins en aquest punt demostrat la celeritat del temps haver sobrat la vida dels hòmens, determena ara per lo d'abans aquest mateix temps vencre e denigrar la ffama guanyada de la vida present, dient que, puix que ell

---

[107] *no*: ms. "non"; Ar. "no".
[107bis] *precix*: Referencia oscura que parece referirse a "precisa", en confusión por analogía con "prescita": "predestinada a la damnació eterna" (Alcover Moll).
[108] *les quals*: ms. "la qual".
[109] *infinitus est numerus*: Ar. "infinitus numerus".
[110] *portar*: ms. "portarem" rectificado.
[111] *essent*: ms. "essen".
[112] *dochs*: Ar. "docs".

per lo passat hagué vist, e per lo present maniffest veya, lo volar y la súbita fuga del gran planet del sol, migançant la qual ell ha grandíssim dan y engan rebut, remirant encara fixament véu una gent anarse'n queda y no tembre del temps la sua furtada velocitat; la qual gent era en protecció y[113] guàrdia dels istorials, y encara dels poetes. On diu:

> Poi che hebbi veduto et veggio aperto
> El volar et il fogir del gran pianeta,
> Onde io ho danni et inganni asai sofferto,
> Vidi una gente andarsene[114] queta queta,
> Non temendo[115] di Tempo o di sua rabbia,
> Ché gli havea in guardia istorico o poeta.

Circa la intel·ligència dels precedents versos és de saber que micer Ffrancesch entén per aquesta gent, la qual diu no tembre lo temps en la sua crudelíssima ràbia, los hòmens morts e[116] ce[fol. 214r]lebrats per fama, los quals escriu proceir ab cilenci per demostrar com sien estats de la mort occupats. On per aquesta causa, no més curant-se de alguna cosa que pertanga a la vida present ni més essent sotsmès a les celestials revolucions, emperò no més temen del temps la ràpida y veloce circuïció. Són aprés aquests donats en guarda als poetes e istòrichs, com sia cosa que quascú de aquests actors notats[117] e descriva[118] la operació virtuosa feta dels hòmens en la vida present; emperò tant duren e són guardats d'aquests quant duren los libres de les istòries y dels poemes que d'ells són escrits. E com lo poeta e lo istorial diversament escriuen, perquè lo poeta alguna cosa més fengeix per millor explicar certs effectes de l'ànimo e lo istorial solament scriu aquell qu'en veritat se conté en la istòria, norresmenys convenen en açò: que quascú verament adnota les obres virtuoses migançant les quals en aquest món se gua-nya la ffama.

Seguex aprés donchs micer Ffrancesch qual és la disposició dels hòmens morts y celebrats per fama per respecte dels hòmens vivents, dient que d'ells par que molt més sab a enveja que de algun·altra generació sobre la terra; e la rahó és perquè ells per si

---

[113] *y*: Ar. "e".
[114] *andarsene*: Pac. "andarsen".
[115] *Non temendo*: Pac. "senza temer".
[116] *e*: Ar. "o".
[117] *notats*: "anoti"; it. "annoti".
[118] *descriva*: Ar. "descriu a".

mateixos, migançant les sues obres virtuoses, se són sublevats al gloriós valor de la fama, exint fora de la gàbia comuna de aquesta terrena abitació y popular vida dels inpèrits vulgars. On diu:

> Di loro par più che[119] d'altri invidia s'abbia,
> Ché per se stessi son levati a volo,
> Uscendo fuore[120] della comune gabbia.

Qualsevol que[121] ab diligència considera la descripció de la enveja dada de Ovidi a la ffi del segon del *Metamorffoseos* veurà molt ab rahó en aquest loch lo nostre elegant poeta haver descrit als hòmens [fol. 214v] famosos ésser portada enveja, com sia cosa que principalment la enveja és descrita habitar en antres[122] subterranes, hon per alguna[123] manera no penetra lum del sol blanca e obscura, involta in densa calenta.[124] Per la qual cosa la contrària qualitat en vida y en mort vénen en si haver los hòmens de virtut y famosos; e per ço, lunyant-se de la natura dels hòmens ignorants, exciten en la memòria d'ells e comouen[125] aquells a enveja. No és donchs alguna cosa que més contrària sia a la enveja que la fama dels hòmens, però que aquella tostemps se estén en la lum del sol y tots jorns més se descara hi·s maniffesta. De què aquells que per pròpia virtut no poden guanyar aquella són per los altres exemples[126] primer provocats a admiració, y aprés a enveja.

Segonament, als hòmens morts e famosos és portada grandíssima enveja, emperò que, quant se troba algú en qualque perill o estranya adversitat, considera los hòmens passats ésser exempts dels mondanals infortunis, on estima lo lur estat ésser molt millor que la present vida; e emperò a ells ne porta enveja, axí com en lo primer de l'*Eneydos* manifestament mostra Virgili quant introduex Eneas en la sua fluctuació lamentar-se dient: "Exemplo enee solvuntur frigore membra. Ingemit et duplices tendens ad sidera palmas Talia voce reffert: o terque quaterque beati. Quis ante ora patrum troie sub menibus altis. Contigit oppeter: o danaum fortissime gentis Titide mene iliacis occumbere campis. Non potuisse: tuaque animam

---

[119] *loro...che*: Pac. "lor par che più".
[120] *fuore*: Pac. "for".
[121] *Qualsevol que*: ms. "Qualsevol".
[122] *antres*: ms. "antre".
[123] *alguna*: ms. "aguna".
[124] *calenta*: error por "calitja"; it. "caligine".
[125] *comouen*: Ar. "comanen"; it. "commovano".
[126] *los altres exemples*: "exemples per los altres"; it. "altrui exempli".

hanc effundere dextra". De què, essent los hòmens famosos per mort substrets a perills mondanals, per ço descriu lo poeta ells[127] no curar-se del temps e a ells[128] més que a altri ésser portada enveja.

Ara, puix que micer Ffrancesch ha narrat quals són aquells que ab cilenci proceheixen en la fama, no[129] [fol. 215r] essent aquella alterable per la celestial revolució e per ço no curant del temps, segueix e demostra totalment ésser vana sperança de qui però cregués que la ffama ja dita degués ésser eterna, descrivint la largària del temps no menys aquella extinguir que la sua celeritat ensemps ab les operacions provenients del cel de primer haguessen extermenada la vida, dient que aquell que sol entre tots los planets resplandeix s'aparellava ab molt major esforç y reprenia un volt més expedit; y en aquest velocíssim volar era l'onso y lo pàbulo als seus córrer[130] redoblats; e ultra açò la reyna, la qual en lo pròxim trihunffo diem ésser la glòria y la mortal fama, ja volia separar-se y fer divorci de algú d'aquells que eren ab ella[131] en la sua digna esquadra y companya. On diu:

> Contra costoro[132] colui che splende solo
> S'apparechiava con maior[133] sforço,
> Et riprendea un più expedito volo.
> Ai suoi destrieri[134] radoppiato era l'orço;
> Et la regina di cui[135] sopra dixi
> D'alcun' di loro[136] già volea far divorço.

A més clara intel·ligència dels precedents versos és de saber principalment que, axí com avant diem, negun altre planet en lo cel ha pròpia possessió la lum, exceptat lo sol, mas solament resplandeixen per la reflecció dels raigs solars que reverberen en ells[137] y en les altres esteles, axí com en part més acomodada[138] del cel.

---

[127] *ells*: ms. "ell"; it. "loro".
[128] *ells*: ms. "ell"; it. "ad essi".
[129] *no*: repetida en el ms. a vuelta de folio.
[130] *l'onso y lo pàbulo als seus córrer*: el sentido del texto italiano es "l'ordi i l'aliment als seus corcers", como indica Ar.; it. "lo orzo e il pabulo a suoi corsieri".
[131] *ab ella*: ms. "ab ell"; it. "con seco".
[132] *costoro*: Pac. "costor".
[133] *maior*: Pac. "maggiore".
[134] *destrieri*: Pac. "corsier".
[135] *cui*: Pac. "ch'io".
[136] *di loro*: Pac. "de' suoi".
[137] *que...ells*: ms. "que en lo reverberen en ell".
[138] *acomodada*: error por "densa"; it. "dense".

Segonament és de entendre que lo poeta acomodadament diu lo Sol aparellar-se ab major esforç contra la fama que primer no havia fet contra la vida dels hòmens, e haver redoblat l'onso al seu córrer[139] per dar a entendre que molt és més apta a mansa[140] per tota mínima operació celestial la vida de l'home que no és la sua fama. Emperò és necessari al sol [fol. 215v] redoblar, triplicar, e cadruplicar e moltiplicar les sues revolucions a espènyer lo nom y la glòria dels hòmens més que a tolrre la present vida; com sia cosa que a levar la vida solament basta alterar l'ome a més diverses e vàries contrarietats, mas a obscurar la fama lo s'i aproffita[141] que longitut de temps. Emperò a exprimir aquestes calitats diu lo sol haver redoblat l'onso al seu córrer[142] e haver pres vol pus expedit, essent més absolut vol del sol aquell per lo qual lo seu voltar continua que no és l'altre que priva aquells hòmens de viure.

Últimament és de notar que lo poeta segueix que la fama, damunt figurada per una reyna, ja volia separar-se de alguns...[143] antichs scriptors, e mancada la notícia de molts hòmens prestantíssims, axí com se pot compendre en aquesta edat nostra en la qual moltes istòries se veu ésser portades,[144] axí com se comprèn en Quint Cúrcio, en Cornèlio Tàcito, en Justino, en Salusti, en Tito Lívio y en molts altres istorials de la lengua latina. Per la qual cosa la fama de molts ja·s comença a sepelir y fora del sepulcre neguna és restada sinó sols lo seu nom, y la lur obra ja de la terra compresa y obscurada del temps són totalment sepultats. Donchs d'aquests tals la reyna ffama vol fer divorci, separació y partida.

Aprés lo nostre micer Ffrancesch véu lo sol haver reprès major cors y ésser-se aparellat ab més dura guerra contra la ffama dels hòmens, segueix, servant una loable modèstia, certes digníssimes[145] y excel·lents sentències, dient quelles haver ell hoït dir, mas no sab reffirir de qui les entengués; mas solament aquelles havent enteses, les scriu y reduhex en doctrina; de les quals la primera fon que en

---

[139] *l'onso al seu córrer*: "l'ordi als seus corcers"; it. "lorzo a i suoi corsieri".
[140] *a mansa*: ms. "amansa"; it. "a mangiare e consumare".
[141] *lo s'i aproffita*: "no cal que"; it. "non bisogna que".
[142] *l'onso al seu córrer*: "l'ordi als seus corcers"; it. "lorzo a i suoi corsieri".
[143] El traductor salta una línea del texto italiano: "per demostrar que quasi ja per la diüturnitat del temps essent corruptes els llibres dels..."; it. "per demostrare che: quasi gia per la diuturnita del tempo essendo corrotti li libri de li antiqui...".
[144] *portades*: error por "perdudes"; it. "perdutte".
[145] *digníssimes*: ms. "dignicies"; Ar. "diguícies"; it. "dignissime".

aquest mondanal effecte, verament e pròpriament[146] és de nomenar [fol. 216r] ligustri,[147] són[148] proffundes y latíssims abissos d'una cega y obumbrada oblivió. On diu:

> Udi' dir, non so a chi, ma il decto scripsi:
> "In questi humani, a dir propio, ligustri,
> Di ceeca oblivïone et obscuri[149] abissi!"

Scriu lo gloriós Plató a més clara notícia dels precedents versos hon[150] ésser les generacions de la furor. La una, la qual prové de les coses terrenes, cosa en veritat de blasme y vituperi; lo qual encara reprèn Ciceró en lo segon de la *Tosculana* perquè les més voltes intervé de dolor de cors o passió de l'ànima, la qual qualitat no deu caure en home savi. La segona generació y[151] furor divinal, y açò es distinct en vaticini, en misteri, en amor.[152] On micer Ffrancesch, volent en quascun acte seu servar degut costum e modèstia, no a ssi mas a·quest tal furor atribuheix lo exprimir les greus e indubitades sentències; emperò diu haver dir[153] les sentències, mas no sab de qui, perquè[154] aquesta furor en nosaltres occultament y ab inconegut modo se destil·la y obra.

Segonamens és d'entendre que los effectes del món són apropiadament cognomenats ligustres, perquè los ligustres són certes flors blanques de poquíssima umor, on prestíssim vénen lànguits e marcessibles. On Virgili en la *Buccòlica*,[155] volent exprimir la jovenil bellea mancar quasi que súbitament, introduheix Coridon pastor parlar a Alexi e dir aquestes paraules: "O formose puer nimium ne crede colori. Alba ligustraa cadunt vaccinia[156] nigra leguntur".

Últimament[157] és de considerar que en aquests mondanals effectes neguna cosa més delita[158] que la oblivió, la qual cosa ensenya la

---

[146] *pròpriament*: Ar. "propiament".
[147] *ligustri*: "bardissa".
[148] *són*: "hi ha", como indica Ar.; it. "sono".
[149] *oblivïone et obscuri*: Pac. "oblivïon che scuri".
[150] *hon*: it. "due".
[151] *y*: error por "és"; it. "e".
[152] *en amor*: it. "in amore e in poesia".
[153] *haver dir*: "haver sentit dir"; it. "haverle sentite dire".
[154] *perquè*: ms. "perques" con la *s* tachada; Ar. "per qu·és".
[155] *Buccòlica*: Ar. "Bucòlica".
[156] *vaccinia*: Ar. "vaccionio".
[157] *Últimament*: Ar. "Segonament".
[158] *delita*: error por "dilatada"; it. "dilata".

experiència, considerant quants nombres de hòmens sien pasats y quants pochs a nosaltres sia restada notícia. Aquesta donchs cega oblivió [fol. 216v] volent demostrar Salamó al principi de l'*Ecclesiastès*, diu: "Nihil sub sole novum: nec valet quisque dicere ecce hoc recens est: iam enim precessit in seculis que fuerunt ante nos non est priorum memoria. Sed nec eorum quidem que postea futura sunt erit recordacio apud eos qui futuri sunt in novissimo".

Mèritament donchs podem affermar ésser en aquest món proffunde abís de cega oblivió.

Narra aprés Micer Ffrancesch la segona sentència la qual deya haver hoÿda dir e no saber de qui, la qual és que lo sol voltarà no solament los anys singulars, mas encara lo lustre y lo segle, lo qual és vencedor de tot famós home prestant y celebèrrimo; semblantment voltarà lustre y veuràs tornar van y sense fama nom o coneixença d'aquests los quals al present són reputats il·lustres. E a la prova d'aquesta sentència segueix dient de quants foren clars y famosos entre lo flum Peneu y lo flum d'Ebro,[159] les quals part[160] ne són devenguts e part veuran tost menys, quants enquara sobre lo fflum Xantus e quants encara en la vall prop lo fflum Tebro. On diu:

> "Volgerà il sol, non pur anni, ma lustri
> Et seculi, victor d'ogni celebro,
> Et vedrài il vanegiar di questi illustri.
> Quanti fur chiari infra Peneo et Hebro
> Che son venuti et[161] verran tosto meno!
> Quanti in sul[162] Xanto, et[163] quanti in val di Tebro!"

Circa la notícia dels precedents versos és de saber principalment que il·lustre[164] és diffinit dels scriptors de la lengua latina signifficar[165] lo temps de cinch anys, lo qual hagué natura de la connumeració de cinch anys feta del poble de Roma. On lo nostre poeta entén d'argüir que lo sol no és apte a preterir un any, mas encara

---

[159] *d'Ebro*: Ar. "Hebro"; it. "Hebro".
[160] *part*: ms. "parts"; it. "parte".
[161] *et*: Ar. "e".
[162] *in sul*: Pac. "sul".
[163] *et*: Ar. "e".
[164] *il·lustre*: error por "el lustre"; it. "il lustro".
[165] *signifficar*: Ar. "significar".

il·lustre[166] e qualsevol altra[167] complicació dels anys; migancant la qual [fol. 217r] revolució e divinitat lo segle que comprèn aquella divina[168] superior e dominador de tot celebrat home, lo qual més per fama sia sublimat e digne fet dels eruditíssims scriptors. Per la qual cosa en los sdevenidors segles han a tornar e sens fama, e van molts los quals huy són famosos e il·lustres.

Segonamens és d'entendre que singular exemple porta micer Ffrancesch d'aquells los quals són ja obscurats entre Hebro y lo Peneo, y fins al flum Xantus y en la vall de Tebro, los quals norresmenys ja per ffama foren notíssims e clars. On és de considerar que per los primers entén los famosos grechs; emperò que lo fflum Peneu rega y discorre per la Thesàlia, la qual és envers[169] mig jorn contigua amb Macedònia, e lo flum de Hebro discorre per Tràcia, que és vehina a Propontis y Costantinòpoli; on entre aquests dos fflums se conté Macedònia, Tràcia, Thesàlia, e convehines són les terres Àtica e Boècia. On quants hòmens foren famosos en aquest siti entre macedònichs, tràcichs, thesàlichs, athenienchs y tebans quascú per si mateix ho considere; e norresmenys molts de aquells són del tot de la fama sublats e altres[170] molts són per les vies a extinguir-se.

Per lo segon intent lo poeta entén los troyans, emperò que lo flum Xantus passava per mig de Troya. On Virgili en lo primer de l'*Eneydos* lo commemora quant narra que Eneas veya dins lo temple pintades per orde totes les guerres troyanes, y entre les altres coses Diòmedes quant prenia los cavalls de Reso, los quals tenien proprietat que, axí com beguessen en lo riu Xantus, Troya no·s poria més perdre. On diu Virgili: "Agnoscit lacrimans primo que prodita somno / Titides multa vastabat cede cruentus / Ardentesque advertit equos in castra priusquam / Pabula gustassent troye Xantumque bibissent".

[fol. 217v] Per los tercers y derrers entén micer Ffrancesch los gloriosos romans, emperò que lo fflum lo qual és contigu a Roma, com primer se nomenàs Albula per la blanquor del qual, fon nomenat aprés Tíber, de[171] Tiberino rey dels albanesos, lo qual vanejà[172]

---

[166] *il·lustre*: error por "el lustre"; it. "il lustro".
[167] *altra*: Ar. "altre".
[168] *divina*: error por "devé"; it. "divenne".
[169] *és envers*: ms. "envers"; it. "e verso".
[170] *altres*: Ar. "altre".
[171] *de*: ms. "a"; Ar. "o"; it. "da".
[172] *vanejà*: error por "se anegà"; it. "vise annego". El traductor entiende como sujeto el vocablo y no la persona.

aprés dins del vulgar per la corrupció del vocable fon dit tostemps e nomenat Tíber. Donchs com sien los romans y troyans ja famosos y per la largària del temps en la fama obscurats molt clar argument se'n comprèn en lo discórrer les istòries, en les quals espesses voltes los sols noms de alguns se ven restar a la nostra notícia.

Aporta aprés micer Ffrancesch l'altra digna sentència la qual entès, dient que hoyí[173] dir que la ffama dels hòmens mortals era en semblança d'un dubte e instable serè en l'ivern, lo qual una poquíssima boyra romp y obscura; e per ço un gran y longuíssim temps és, nomenat gran y excel·lent per ffama, un gran acerbíssim y mortíffer verí. On diu:

> "Un dubio verno, instabil et[174] sereno,
> Et[175] vostra ffama, et pocha nebbia il rompe,
> E 'l gran tempo a' gran nomi è gran veneno."

Quant ab rahó és expressada del nostre poeta aquesta digna comparació y sentència, e quanta és la vanitat de aquells que la ffama aprés d'ells restar estimen[176] com a sobiran bé, més fàcil és ab la memòria ésser compresa que ab la lengua ésser narrada. Emperò no tan prestament la boyra y los núvols rompent la serenitat del cel rompen quant una leugera causa leva o destorba en lo món dels hòmens la ffama. Però no és ver que una poca veu, de vil e ignoble persona produhida, dilate en manera que revoque en dubte allò que molts altres excel·lentíssims hòmens han affermat per cosa verdadera; e axí mateix una stranya opinió, una falca intemperància, una[177] pròpia crudelitat quasi totalment [fol. 218r] extingeix la fama y opinió antiga dels altres.

Ara no és[178] quasi revocada en dubte la entrega y digna pudicícia de Penèlope, sols per la oppinió de Licofronte, grech poeta, lo qual afferma ella[179] haver donat de si mateixa[180] lo concúbito a tots los barons que la y demanaren en l'absència de Ulixes. Axí mateix no són estades en modo diverses les opinions circa de Eneas y de

---

[173] *hoyí*: Ar. "hoy".
[174] *instabil et*: Pac. "instabile".
[175] *Et*: Pac. "è".
[176] *restar estimen*: Ar. "estimen restar".
[177] *una*: ms. "un"; Ar. "una".
[178] *Ara no és*: Ar. "Ara és"; it. "Hor non e".
[179] *ella*: ms. "ell"; it. "lei".
[180] *si mateixa*: ms. "si mateix"; it. "di se".

Turno, que no·s pot distinguir qui de la hu a l'altre fos superior, essent opinió de molts Eneas sobre lo riu Númico ésser estat mort o constret de Turno a lançar-se en lo riu en aquell negar-se. Norresmenys Virgili afferma en lo XII Turno en batalla ésser estat mort per Eneas. Gran moltitut de semblants exemples en la istòria de la lengua latina se troben, les quals per ésser breu dexarem. De qui, si aquesta causa no interrompés la ffama, lo temps, lo qual és lo verí dels grans noms, és necessari que·l domine y que l'aspenga.

Continua narrant lo poeta un·altra excel·lent sentència, dient que ultra aquestes refferides ja hoyí[181] dir que totes les nostres grandeses y totes les nostres pompes passen y tornen a no rres; y semblantment les senyories se termenen y los regnes manquen, y a la ffi lo temps enterromp qualsevol cosa mortal. On diu:

> "Passan vostre grandece et vostre pompe,
> Passan le signorie, passan i regni;
> Ogni cosa mortale[182] Tempo interrompe."

A més clara intel·ligència dels precedents versos és de saber que la natura de totes les coses intercluses de l'element del ffoch és,[181bis] fins en lo principi del món, statuhida a deure comportar transmutació e alguna volta venir a la ffi. On no sens rahó aquesta regió mondana és dels philòsoffs nomenada[183] spera[184] de les coses actives y pasives, perquè en ella són col·locats los elements los quals en si contenen la primera calitat contrària. De què per natural [fol. 218v] conclusió se pot entendre les nostres pompes y grandeses, devallant sols de les coses terrenals, ésser en breu espay per revolució de temps caduques y transitòries; y semblantment los estats, les senyories y los regnes. On, com per aquesta rahó natural no·s comprenga en la contrària contínuament acció, l'experiència almenys per necessitat ho demostra. Considere's donchs bé hon és al present la grandesa de Octovià,[185] los trihunffos de Cèssar, la glòria de Alexandre macedònic, la opinió de Pirro y Pirota; hon és la pompa de Dari, la riquea[186] de Antíocho, la singular virtut de Epaminunda, la

---

[181] *hoyí*: Ar. "hoy".
[181bis] *és*: ms. "son".
[182] *mortale*: Pac. "mortal".
[183] *nomenada*: Ar. "nomanada".
[184] *spera*: Ar. "sphera".
[185] *Octovià*: Ar. "Octavià".
[186] *riquea*: Ar. "riquesa".

sobirana laor e digna de Philipomena; hon la gran Babilònia, la potent Cartayna,[187] la superba Troya; hon la bèl·lica Tebes, la justa Lacedomònia,[188] la studiosa Athenes; hon és a la ffi la trihunffant Roma. Totes són passades, e algunes eguals ab la terra en manera que no se'n mostra vestigi; algunes altres axí variades del primer estat que de l'antiga bellea en si no tenen alguna semblança. Mira fixament ab ferm enteniment la gentil Itàlia, hon són reduhits grans moltituts de pobles ja per si matexos[189] potents y gloriosos: los potents samnites, los volchs, latins, sabins, secinensis, ffal·licis, brutos, lucans, hernicis, salentins. Tots són variats, tots són despesos, abrasats los noms y regnes perduts.

Bé consideraríem[190] lo procés de la grega potència e com la hun regne[191] e la una senyoria ha extincta l'altra, primer comencant d'aquelles hon hagué principi lo seu gloriós domini. On principalment, com scriu Justino, lo principi de regnes fon[192] aprés dels assirians en lo temps de Nino, lo qual fon lo primer rey que de les subjugades províncies se asserbàs domini; e duraren los assirians prop de MCCCL anys; aprés foren conffusos dels medians. Ni aquests encara molt se prolongaren en lo regne, que quasi aprés CC anys foren vençuts [fol. 219r] dels persians. Los persians aprés no regnaren eternalment, mas sobrats quasi en altre tant temps foren dels grechs. No foren los grechs encara d'altra natura, ni pogueren fogir, que no vinguessen a la ffi y dels romans en poch spay de temps fossen constrets a servir.

Què·s dirà del regne dels caldeus, què dels ebreus, què dels sicionins, què dels argius, què dels egipcians, què dels de Tir, què dels lidians, què dels troyans? No alrre que allò mateix dels altres, ço és ésser mancats, ésser conffusos y últimament arrancats. Ne solament aquesta varietat han comportat les monarchies y regnes, mas encara les constitutes repúblicques; de què los athenienchs principalment, havent quasi guanyat tot domini entre la riba Pamphílico[193] y aquella de Ponto ab treball, LXXII anys hagueren de spay que foren sobrats de lacedomonis.[194] Y los lacedomonis,[195] havent

---

[187] *Cartayna*: Ar. "Cartayena".
[188] *Lacedomònia*: Ar. "Lacedemònia".
[189] *matexos*: Ar. "mateixos".
[190] *Bé consideraríem*: Ar. "De considerar".
[191] *regne*: ms. "regna"; it. "regno"; Ar. "regne".
[192] *fon*: Ar. "són".
[193] *Pamphílico*: Ar. "Pamphílica".
[194] *lacedomonis*: Ar. "lacedemonis".
[195] *lacedomonis*: Ar. "lacedemonis".

tot lo Peloponesso fins a Macedònia guanyat, en breu temps foren dels tebans subjugats. No foren los tebans encara en lo domini perpetus, que no molt luny del principi foren dels fferocíssims macedònichs debel·lats. Los macedonis últimament, no essent en Grècia alguna república que més a ells repugnàs, entre XXX anys per lur pròpria e mútua simulada evasió.[196]

Callaré la república de Cartayna, aquella entre los nostres ytalians;[197] callaré los campaneus y los tarantins,[198] los herculans y tosculans e innumerables altres repúbliques. E sols Roma, Pisa y Gènova són un exemple de les quals la potència en tots los sitis del món fon maniffesta, y encar[199] huy la bàrbara nació, per les pasades lurs excel·lents victòries sols entenent, recorden lo nom tres anys encara per dolor e temor.

Donchs aquesta tanta variació y permutació del procehir de no rres y en no rres tornar singularment entenent los antichs nostres progenitors, [fol. 219v] scrigueren a Saturno, lo qual és aprés interpetrat lo temps, y que ell se devoràs los fills. On d'ell diu Ciceró, demostrant aquesta consumpció del temps feta: "Saturnus autem apellatus est eo quod saturetur annis edere autem natos fingitur quia consumit etas temporis spacia: annisque preteritis insaciabiliter expletur". E axí, per lo menjar-se Saturno los fills, avant és que nosaltres[200] deuríem entendre aquesta largària del temps ab si contraure y obscurar tota cosa. Emperò Ovidi en lo XV del *Metamorffoseos*, açò mateix comprenent, ho explica elegantment ab egrègia doctrina en aquests verssos: "Tempus edax rerum tuque invidiosa vetustas / Omnia destruitis vitiataque dentibus evi / Paulatim lenta consumitis omnia morte". Encara d'aquest matex fonament induït Salamó, com dalt en lo principi annotam en lo III capítol de l'*Ecclesiastès*, diu: "Omnia tempus habent et spaciis suis transeunt universe sub celo". E Ciceró en les *Philípiques* en la X oració al matex prepòsit diu: "Nihil enim semper floret etas subcedit etati". Per què ab gran rahó acomodadament se pot concloure neguna cosa en aquest món, no joventut ni riquea, no senyoria, no valentia de cors, no sapiència, no vida, no ffama,[201] poder fugir al domini del temps.

---

[196] *evasió*: error por "esvaïren"; it. "evanirono".
[197] *ytalians*: it. "Italiani de locri".
[198] *tarantins*: ms. "itarantins".
[199] *encar*: Ar. "encara".
[200] *nosaltres*: ms. "no"; it. "noi".
[201] *ffama*: Ar. "ffam".

Seguex aprés micer Ffrancesch l'altra sentència, dient qu·encara hoyí[202] dir que aquells que són menys bons, e no aquells los quals són més dignes, los és levat no solament lo cors de fora, lo qual brevíssimament lo temps solta, mas ultra açò les eloqüències, y les obres e ingenis. On diu:

> "Et è tolto[203] a' men buon, non a'[204] più degni;
> Non[205] pur quel que di fuor il tempo solve,
> Ma le vostre eloquencie et[206] vostri ingegni."

Vol en los precedents versos lo nostre elegant poeta levar tàcitament a tots una vana sperança e ffantasia de molts, los quals se persuadeixen per tota [fol. 220r] mínima coneixença de letres poder guanyar una ffama immortal, dient que a·quells los quals són menys bons y menys dignes són[207] a un tracte en la mort sublats y tolts no pur lo cors, mas les sues obres d'ingeni y les sues eloqüències, e axí mateix lo lur estudi, com açò no intervinga a més digne, emperò que per algun tant temps aprés la mort se prolonga d'ells la ffama.

Poden-se encara los prefats vessos[208] altrament interpretrar, ço és que a·quells los quals són estats menys bons en les obres pertinents a la vida política o a la relligió cristiana ensemps los és levat lo cors, la ffama y la doctrina; mas no a·quells que són estats més dignes dignifficant-se ab lo ben obrar, pero que, essent restaurats entre los sperits benaventurats, tostemps la fama entre aquells és notíssima per lur operació entre·ls hòmens en lo món, quant a ells los cossos sien estats levats en lo món.

Conclou últimament lo poeta la derrera sentència la qual hoyí[209] dir pertinent en aquest dictamen[210] d'enteniment, dient que més avant continuant la veu diu que, fugint axí lo temps com damunt és mostrat, en si conduheix y revolta lo món, ne resta, ne may retorna, ne may par que desista obrar contra los hòmens, fins que ells haja reconduhit en lo lur principi e fet tornar un poch de pólvora. On diu:

---

[202] *hoyí*: Ar. "hoy".
[203] *Et è tolto*: Pac. "e, ritolta".
[204] *non a'*: Pac. "non dà a'".
[205] *Non*: Pac. "e non".
[206] *et*: Pac. "e'".
[207] *són*: ms. "e".
[208] *prefats vessos*: ms. "prefats vessos"; Ar. "presats versos".
[209] *hoyí*: Ar. "hoy".
[210] *dictamen*: Ar. "dictament".

"Così, fugendo, il mondo seco volve,[211]
Né mai si posa, né si resta[212] o torna,
Ffin che v'à ricondocti in poca polve."

Neguna és entre totes les narrades sentències la qual és més digna e més fructuosa a la salut de l'home que aquesta, la qual lo nostre micer Ffrancesch ha ab tanta elegància expressa en los precedents versos. Per la qual intel·ligència és de saber que la nostra primera y vera perfecció consistex[213] les demés voltes en entendre la veritat, lo qual certament no·s pot compendre si primer [fol. 220v] l'ome, com de principi diem, no s'efforça[214] conèixer si mateix; a la qual coneixença neguna cosa més prest se induheix que la ley natural universal, la qual és tota cosa que al principi deure retornar en aqueix principi, e després de açò veure y entendre lo nostre derrer ffi e última conversió ésser pólvora y terra.

On verament poríem concloure lo nostre principi ésser estat terra, e nosaltres mateixos axí matex ésser terra. La qual veritat comprenent y entenent los antichs egipcians a perpètua memòria de la lur terra y la moguda natura,[215] de lurs sacrifficis usaven manant[216] la herba ulva[217] collida en la paluda, quasi com apropinca a la nostra natura. Testiffiquen egualment aquests mateixos los ethíops, los quals, entre les altres pàtries lahors[218] que·ls atribuhexen, dien ells ésser los primers hòmens que naxqueren de terra. Aquesta sentència indubitadament se afferma per Moysès, com damunt diem al principi del *Gènesis*, quant Déu haver format l'ome afferma del lim de la terra y en ell haver spirta lo spiracle de la vida; de què crech[219] que indubitadament hagués argument la celebrada fàbula de Promotheu en lo confegir l'ome. Ni aquesta[220] fon sola opinió dels hebreus e crestians, egiptes y ethíops; mas Parmènides primer, après Exíodo e après Archelau Milèsio y Cenone Elèathe, claríssims philòsoffs, dien la terra ésser principi de tota cosa en lo món produhi-

---

[211] *volve*: ms. "vole".
[212] *si resta*: Pac. "s'arresta".
[213] *consistex*: Ar. "consisteix".
[214] *s'efforça*: Ar. "s'esforça".
[215] *la moguda natura*: it. "limosa origine".
[216] *manant*: "en la mà"; it. "in mano".
[217] *ulva*: it. "viva"; Ar. "vlua".
[218] *lahors*: ms. "lahor"; Ar. "lahors".
[219] *crech*: Ar. "crec".
[220] *aquesta*: Ar. "aquest".

da, on e principalment de l'home,[221] axí com primer acultor e habitador de la terra. Singularment donchs Ysaÿes a LXIIII[222] la nostra terrena natura demostra parlant envers Déu, dient: "Et nunc domine pater noster es tu nos autem lutum: tu factor noster: et opera manum tuarum omnes nos". Deplora encara açò mateix Jeremies en lo derrer capítol de la sua *Lamentació*, demostrant nosaltres [fol. 221r] totalment ésser fanch, dient: "Ffilii[223] Sion incliti admicti auro quando[224] modo reputati sunt in vasa terrea opus manuum figuli".[225] Mas certament[226] molt més clar ho explica al capítol XXIII[227] quant, parlant e prophetizant universalment als hòmens demostrant lo lur ésser terrènea existència, diu: "Terra: terra: terra: audi verbum domini". Qual és donchs més certa y més vera sentència que los hòmens ésser terra; observada dels gentils, opinada dels philòsoffs, celebrada dels poetes, dels prophetes pronunciada e aprovada de la experiència?

Mèritament donchs no resta lo temps y lo sol de revoltar e transmudar aquesta humana natura fin que·ns han conduhits a la nostra natura e al nostre principi, lo qual és una poquíssima pólvora.

Respon a la fi ara micer Ffrancesch a una tàcita objectió dels ignorants, los quals, veent la ffama de molts ésser-se prolongada,[228] no poden stimar aquella ésser subgecta al temps; dient que ésser no done maravella, havent la glòria humana tanta moltitut de corns, si aquella tota algun tant treballa posar-les ultra la usança[229] del mancar les altres coses. Mas pense que vol parlar e ymagine lo vulgar que, si la nostra vida no fos axí breu y no mancàs axí prest, certament tots veurien aquelles retornar en fum. On diu:

"Hor, perché humana gloria ha tante corna,
Non è mirabil cosa, se a fficarle[230]
Alquanto oltre alla usança[231] si sogiorna.

---

[221] *l'home*: Ar. "l'ome".
[222] *LXIIII*: Ar. "LVIIII".
[223] *Ffilii*: Ar. "Filii".
[224] *quando*: Ar. "quo".
[225] *figuli*: Ar. "siguli".
[226] *certament*: Ar. "verament".
[227] *XXIII*: it. "xiii".
[228] *prolongada*: Ar. "prolungada".
[229] *la usança*: Ar. "la sua usança".
[230] *fficarle*: Ar. "ffiacarle".
[231] *oltre...usança*: Pac. "oltra l'usanza".

> Ma cheunque[232] si pensi il vulgo o parle,
> Se il viver nostro[233] non fusse sì breve,
> Presto[234] vedresti in fumo ritornarle."

Per més clara intel·ligència dels precedents versos és de saber principalment que tanta és la moltitud dels scriptors, tanta encara la diligència dels hòmens en guanyar honor, que, [fol. 221v] volent quascú de si mateix fer prova, del[235] seu ingeni prenen scriure històries, e altres[236] encara compondre poema; de què, y ensemps, y a ells y a·quells que per ells són celebrats, atenyen laor, reputació y glòria. Per la qual cosa intervé que algun tant se prolonga aquesta mundana ffama, e majorment perquè, vehent-se los hòmens axí prestament morir, s'engenyen[237] per aquests exercicis venir a més larga nomenada.[238] On, si la vida lur fos més diüturna, ne seguiria primer que nosaltres vessem[239] en breu temps, per lo perdre's los libres y corrompre's, molta gran fama dels[240] hòmens…[241] de prolongar-se per fama, quant per la llargària de la vida lur en si mateixos fossen satisfets.

Havent ara fins aquest punt micer Ffrancesch expresades les ja narrades sentències excel·lents, segueix al present allò que ell feia, y en qual[242] disposició devingués e quin obgecte aprés li semblàs veure, dient que, havent ell hoït aquest axí digne y gran rahonament, ell véu plena e indubitada fe; emperò que ell és degut al ver no contradir en alguna part, mas en allò donar ffe y creença. Y emperò axí fent lo poeta, en la consideració y pensament que aprés li seguí ell véu tota nostra glòria ésser en semblança de neu posada al raig del sol; y véu consegüentment lo temps restar ab ell en la sua giració tal

---

[232] *cheunque*: Pac. "quantunque".
[233] *nostro*: Pac. "vostro".
[234] *Presto*: Pac. "tosto".
[235] *del*: ms. "y del".
[236] *altres*: Ar. "altre".
[237] *s'engenyen*: Ar. "s'enginyen".
[238] *venir a més larga nomenada*: it. "devenire di piu largo nome".
[239] *vessem*: Ar. "veesem"; it. "vederessimo".
[240] *dels*: ms. "de".
[241] La traducción salta a la siguiente mención de "homini" en la siguiente línea del texto italiano: "excel·lents tornar en fum; i secundàriament, essent la vida més llarga, menys se preocuparan els homes…"; it. "molta gran fama de gli homini excellenti tornare in fumo. Et secondariamente essendo la vita piu lunga meno si curarebbenno gli homini di prolongarsi per fama…".
[242] *en qual*: Ar. "en la qual".

y tanta caça de noms y de la mortal fama, que ell verament estimà-la y²⁴³ lo nom ésser de neguna stimació, com la gent grossa e vulgar açò no sab, no creu e no·l pot compendre. On diu:

> Udito questo perché al ver si deve
> Non contrastar, ma²⁴⁴ dar perfecta fede,
> Vidi ogni nostra gloria al sol di neve.
> Et vidi il Tempo rimenar tal' prede
> De' nostri²⁴⁵ nomi ch'io l'ebbi per nulla,
> Benché la gente ciò non sa né crede.

No·s pot, ni·s deu, ni·s vol dubtar la dignitat y excel·lència [fol. 222r] de la veritat ésser tal que a ell per alguna manera no·s deu repugnar; la qual cosa per entendre no és difícil, essent la veritat encara que sia obra del Sperit Sant. E Jesucrist²⁴⁶ diu ésser encara sobirana veritat; e ultra aquest sia singular²⁴⁷ amostrament de Jesús Sirac en lo *Ecclesiàstich* al IIII capítol, on diu: "Non contra dicas verbo veritatis ullo modo"; e al XXXVII és scrit: "Ante omnia opera verbum²⁴⁸ verax precedat te". La qual cosa conferma Aristòtil en lo primer de la *Èthica*, quant la veritat diu ésser de prefferir a la amicíscia; a la qual en lo VIII, ensemps ab Ciceró en lo libre *De amicíscia*, atribuheix tanta dignitat, e majorment contra Plató, pare e preceptor, dient: "Sed pro deffensione veritatis esset propria oppugnare opportere presertim²⁴⁹ philosophos magis forsan existimandum est. Nam cum ambo sint amici pium est veritatem in honore prefferre".

Emperò, servant aquest singular institut, lo poeta conffessa la verità y afferma tota nostra glòria per lo cors del temps evenir. Mèritament donchs aquesta presa dels noms y de la ffama se'n porta lo temps y lo veloce discórrer dels anys. On Ciceró in *De somno Scipionis*, introduhint Scipió Affricà parlar a l'Emilià, son nepot, scriu al prepòsit nostre aquestes dignes paraules: "Cernis profecto quantis in angustiis se vestra gloria dilatari velit. Ipsi autem qui de vobis

---

²⁴³ *estimà-la y*: it. "la fama e"; Ar. "(la fama) y".
²⁴⁴ *ma*: Ar. "mas".
²⁴⁵ *nostri*: Ar. "vostri".
²⁴⁶ *Jesucrist*: Ar. "Crist".
²⁴⁷ *singular*: ms. "singlar".
²⁴⁸ *verbum*: Ar. "verum".
²⁴⁹ *presertim*: Ar. "per certium".

loquuntur quam diu loquentur.[250] Quin[251] eciam si cupiat proles illa futurorum hominum: deinceps unius cuisque nostrum laudes a patribus[252] acceptas posteris[253] procedere. Tamen propter eluviones exustionesque terrarum quas accidere tempore certo necesse est non modo non eternam: sed ne diuturnam quidem essequi[254] gloriam possumus". E prop a la ffi, més baix, segueix: "Sermo autem omnis ille angustiis cingitur iis regionum quas vides: nec [fol. 222v] unquam de ullo perennis fuit et obruitur hominum interritu et oblivione posteritatis extinguitur".

Donchs qual en veritat per nosaltres se obra major stultícia que en aquella cosa sperar la[255] qual terribilitat és necessària? Ne per alguna mondana potència se pot reparar, ne pot encara a nosaltres[256] alguna part ajudar ni en vida ni en mort, axí com a cosa estranya e inpertinent a la nostra natura y a la salut de l'ànima. Mas si algú digués donchs per aquest respecte la bona ffama se deu estimar, açò no·u dich mas bé afferme: aquella no més avant que lo degut deure's desigar, ço és dega's la ffama amar per respecte de la sua rahó, la qual és santament y virtuosa obrar. On no·s deu desestimar la virtut per la glòria y mondana ffama, mas per contrari la fama y lo nom del món se deu desigar per les virtuts d'on naix.

Exclama aprés consegüentment lo poeta contra la gent vulgar, la qual no sab ni creu que·l voltar del temps dega obscurar la fama, dient: "O quant és cega y vana, y quant se peix de vent hi·s nodreix d'una falsa opinió lo poble, stimant que·l morir en vellea és molt millor de desigar més que en la infantea! O quants són aquells qu·en la cara són morts gloriosos, e quants són los miserables morts en la vellea última! Y encara és opinió d'alguns que sols aquells sien benaventurats los quals may naxqueren ni foren en lo món". On diu:

> Cieca, che pur[257] al vento si trastulla,
> Et pur di false opinione[258] si pasce,
> Laudando più il morir vechio ch'in culla.

---

[250] *loquentur*: Ar. "loquantur".
[251] *Quin*: Ar. "quin".
[252] *a patribus*: Ar. "patribus".
[253] *posteris*: Ar. "postoriis".
[254] *essequi*: Ar. "assequi".
[255] *la*: Ar. "a".
[256] *a nosaltres*: Ar. "nosaltres".
[257] *pur*: Pac. "sempre".
[258] *opinione*: Pac. "opinïon".

Quanti son già felici morti in fasce!
Quanti i miseri[259] in ultima vechieça!
Alcun dice: "Beato è[260] chi non nasce!"

Circa la intel·ligència dels precedents vessos[261] és de saber principalment que la rahó [fol. 223r] y lo fonament dels hòmens vulgars a determinar e a dir que la largària de la vida sia bé és[262] açò: que·l viure e bé essent effecte de natura e natura tostemps entén lo bé, essent areglada de la no errant intel·ligència, de què, quant més longament se participa lo bé, tant aquella és més loable disposició. E ultra açò, essent la fama bé y cosa desigable y no podent-se attènyer[263] si l'ome en la vida no viu largament, emperò per aquestes rahons lo viure fins a la vellea és determenat del vulgar ésser molt millor que morir en la fas. Mas com aquesta opinió sia fundada en error no és difícil a poder-la entendre.[264] Hon per fonament és de presuposar que tot bé y tota humana delectació de l'home sia de jutgar per respecte de l'ànima, axí com per respecte del fi y de la cosa molt més perfeta, segons la doctrina del philòsoff en lo VII[265] de la *Política*, dient: "Omne est quod inperfectum est melioris gracie". Del qual fonament segueix que, vista, posehida[266] la delectació de l'ànima, no és de curar de aquella del cors, emperò que, si aquella com a part distincta se unís, e deforma,[267] al plaer de l'ànima, lo hauria a desminuhir, axí com és regla últimò[268] demostrada del calculador y presa dels altres com a fonament. Stant donchs aquest suppòsit veríssim, primer segons la opinió de Plató y de molts gentils, la qual és que[269] l'ànima eternal devalle del cel y al cel se retorne tostemps plena dels mateixos àbits, és manifest que per la mort en la fas primer se ateny lo sobiran bé de l'ànima, lo qual és tornar-se'n al cel y especular les coses divines; e aprés fuig la misèria e molèstia de les quals és participant en lo procés de la vida per la contegió del

---

[259] *i miseri*: Pac. "miseri".
[260] *Beato è*: Pac. "Beato".
[261] *vessos*: Ar. "versos".
[262] *és*: ms. "e"; Ar. "é(s)".
[263] *attènyer*: Ar. "atènyer".
[264] *entendre*: Ar. "etendre".
[265] *VII*: it. "vi".
[266] *vista, posehida*: it. "veduta e posseduta"; Ar. "vista (i) posehida".
[267] *e deforma*: ms. "e defoma"; it. "per esser deforme"; Ar. "e deforma".
[268] *último*: "últimament"; Ar. "última"; it. "ultimo".
[269] *la qual és que*: ms. "los quals que"; it. "quale e che".

cors, de què molt més és millor lo mateix bé participar sens comportar algun suplici o affany que posehir lo mateix complicat ab amargor. E si encara [fol. 223v] l'ànima volíem sotsmetre per lo peccat a la divina justícia, com descriu Virgili en lo VII, encara és millor de judicar lo morir en aquella edat hon no cau peccat. Açò mateix és indubitat per la religió crestiana, emperò que la voluntària passió de Crist a l'ànima nostra procura tant mèrit que per lo batisme purgant-se lo peccat...[270] lo qual se poria atènyer migancant la llargària del viure.

Lo qual és cosa notíssima per aquestes rahons que lo morir en la fas és molt millor que prolongar la vida. Emperò Ciceró, aquesta vera sentència comprenent, per més exemples aquella conferma ésser vera, tal que en lo primer de la *Tosculana* diu que Hegèsia cirenaico, per les efficaces rahons que havia que lo prolongar la vida fos lo pejor, induhia tants hòmens a matar-se que li fon prohibit ensenyar més aquella doctrina en lo regne per Tholomeu rey de Egipte. On per pròpria oppinió segueix aprés Tuli aquestes paraules: "Certe si ante obissemus: mors nos a amis: non a bonis: abstraxisset". E aprés connumera quantes molèsties intervingueren a Metel·lo, a Príam, a Pompeu, les quals totes diu que haurien fogides si fossen morts en la lur fas, o almenys en la lur joventut. E inporta aprés quasi en la fi l'exemple de Clèobis e Viton, fills de la sacerdota Argia; los quals, essent estats piadosos envers la mare en haver-la sobre sobre los seus muscles portada al temple, y ella per aquesta pietat havent pregada la deessa que·ls atorgàs aquell gran premi que·s pot donar als hòmens, havent ells cenat ab la mare e aprés anats a dormir, en la matinada foren trobats morts. Aprés seguex Tuli que açò mateix, per la lur mateixa deprecació, intervench a Trophònio e Agamedes, havent construct a Apol·lo un temple y pregant[271] a ell per remuneració aquella cosa la qual era singular entre totes les al-

---

[270] La traducción salta aquí a otra mención más adelante de "peccato" en el texto italiano: "original són en tal estat de inocència que morint ara, petita cosa satisfent per pena en el purgatori a satisfacció del pecat de Adan transfús en nosaltres, gairebé com un ràpid trànsit immediatament volen al cel. On es fuig tot grau perill del pecat..."; it. "purgandosi il peccato originale sono in tal stato de innocentia che morendo alhora piccola cosa satisffacendo per pena nel purgatoria a satisffatione del peccato di Adamo transfuso in noi: quasi come uno celere transito immediate volano al cielo. Dove si fugge ogni grave pericolo del peccato: quale possi acquistare mediante...".

[271] *pregant*: ms. "creyent"; it. "chiedendo".

tres podien tostemps a tots los hòmens intervenir; [fol. 224r] de què, aprés que lo pregaren,[272] lo tercer dia foren trobats morts.

Per aquests exemples donchs segons lo test de Tuli se arghuheix que, si la mort és aquella singular cosa que pot en lo món intervenir als hòmens, donchs quant més prest se aconsegueix tant és d'estimar major felicitat; donchs molt més és de ésser jutjat gloriosa la mort la qual intervé en la fas que aquella que ateny en la derrera vellea. Par encara axí mateix que Ciceró no reprove la sentència de Sileno, lo qual, essent pres de Mida, rey dels lidians, y no havent alrre de què rescatar-se que doctrina, dix al rey per singulars preceptes: la hu, que la millor cosa que pogués intervenir a l'home era no nàixer; l'altre que la pròxima en bondat al no nàxer era súbitament morir. On diu Tuli: "Fertur eciam de Sileno fabella quedam quicum a Mida captus esset hoc ei muneris pro sua missione dedisse scribitur docuisse regem non nasci hominem longe optimum esse: proximum autem quam primum mori".

Açò mateix conferma lo poeta Erurípedes,[273] lo qual mostra[274] la naxença de l'home a plànyer y en la mort a cantar. Y egualment Erantore, aconsolant Termaneu Elísio en la mort del fill, scriu aquests versos: "Ignaris homines in vita mentibus errant / Euchinous potitur fatorum munere[275] leto / Sic fuit utilius finiri ipsique tibique". Quant norresmenys en aquesta causa per la religió fossen sospesos aquests testimonis, excepta-se'n[276] almenys la sentència de Job, lo qual fon home simple, just y tement Déu, hi·s descrostava[277] del mal obrar: lo qual, considerant la disposició de la misèria humana quasi de Déu lamentant-se, envers ell a X capítol diu aquestes paraules: "Quare de vullua eduxisti me qui utinam consumptus essem ne oculus me videre fuisse quasi non essem de utero translatus ad tumulum". Y en lo terç primer havia conclòs açò mateix dient: "Pereat [fol. 224v] dies in qua natus sum et vox in qua dictum est conceptus est homo". Per les quals paraules molt poríem clarament compendre quant és mísera y calamitosa aquesta llargària de la vida.

Resta ara solament respondre a les rahons les quals són en confús edifficades per la equivocació de aquest terme viure; emperò

---

[272] aprés...pregaren: ms. "apres lo prega".
[273] Erurípedes: Ar. "Eurípides".
[274] mostra: ms. "moltra"; Ar. "(ens) mostra".
[275] munere: Ar. "numere".
[276] excepta-se'n: Ar. "exceptàseu"; it. "acceptisi".
[277] descrostava: "allunyava", como indica Ar.; it. "discostava".

per lo viure nosaltres poríem entendre sols l'ésser de les coses animades, segons que scriu[278] Aristòtil in II *De ànima* dient: "Vivere viventibus est esse"; y encara per lo viure poríem entendre no solament l'ésser, mas la largària de aquell. Dich donchs que lo primer viure és bé e de desigar, mas no lo segon més que sia voluntat de Déu; ne fugint la mort les feres y los hòmens deffenen la largària del viure, mas solament se engenyen mantenir l'ésser per lo apetit natural de totes les coses y no racionals.

Segonament, en quina manera la ffama sia bé y de desigar e com dalt molt és estat maniffest.[279] On molt clara resta la resposta a la segona rahó.

Aporta aprés micer Ffrancesch a més maniffesta declaració una gentil demanda, dient: "Ara donchs digues-me y responga la turba aveada a grandíssima error: vet que sia aprés una longa edat e una gran protelació[280] de vida clar y famós lo nom. Què és a la fi, però, aquesta ffama que s'estima, se cerca hi·s loa?" On diu:

> Ma per la turba, a' grandi errori aveça,
> Doppo la longa età sia il nome chiaro:
> Che è questo però che sì s'apreça?

De pense[281] un poch ab madur examen aquesta gentil demanda, qui és més evident y desigós d'aquest fum y neu del món y boyra,[282] aquell que a ella[283] ab veritat y ab justícia porà millor respondre, y veurà clarament ésser constret a conffessar la fama no ésser altra[284] cosa que una ffàcil y expedita via a perdició. E axí respondrà que la glòria mondana no és altra cosa que un medi de moltes [fol. 225r] voltes fer-se malaventurat quant desordenadament se apeteixca, axí com intervench a Bruto, que per la glòria del just govern matà los fills; on vench a no ser gloriós, com mostra Virgili en lo VI dient: "Animamque superbam: Ultoris Bruti fasces videre receptos? / Consulis imperium hic primus setiasque secures[285] / Accipiet natosque

---

[278] *que scriu*: Ar. "descriu".
[279] *maniffest*: ms. "maniffet".
[280] *protelació*: Ar. "procelació"; it. "protellatione".
[281] *De pense*: it. "Deh pensi".
[282] *y neu del món y boyra*: "i tènue boira del món"; it. "e tenue nebbia del mondo".
[283] *a ella*: it. "lui".
[284] *altra*: Ar. "altre".
[285] *secures*: falta en Ar.

pater nova bella moventes / Ad penam pulcra pro libertate vocabit infelix". Emperò a confermació d'açò diu sant Agostí V *De civitate Dei*: "Glorie enim cupiditati melius resistitur sine dubitaciones quoque creditur. Tanto quisque est deo similior: quanto et hac inmundicia mundior". E per ço al capítol XIII en lo mateix libre consigna deposar aquest pervers apetit, dient: "Tolle iactanciam: quid[286] homines sunt nis homines". Què és donchs açò que tant s'estima? No altra cosa certament que vent, faula, ombra, confusió e somni.

Donchs segueix últimament lo poeta que aquest temps copdiciós e avar de la mortal fama tant venç que revolta en torn ab lo girar del cel, que aquesta que·s nomena ffama no és altre que un segon morir, ni més se troba o·s pot donar reparació açò que a la mort. Per la qual rahó lo temps en aquesta forma porta glòria e trihunffa dels noms dels hòmens, y de la ffama dels hòmens y así mateix del món. On diu:

> Tanto vince et rivolge[287] il Tempo avaro;
> Chiamasi Ffama, et[288] è morir secondo,
> Né più che contra al primo è alcun riparo.
> Così el Tempo triumpha i nomi[289] e 'l mondo!

Tanta és la doctrina interclusa en aquests vessos[290] y la lur salutíffera amonició que, com volgués algú la memòria sua revoltar a entendre'n la veritat, veurà en ells contendre's tota regla y tota forma de viure; però que per aquells s'afferma, axí com és la veritat, que en la mort corporal ni encara en la fama mondana deure's perdre pot obrar-se[291] per los hòmens alguns efficaces reparos. On entenent l'ome [fol. 225v] l'ànima sua ésser immortal y ésser produhida per la beatitut,[292] com és[293] per última fi, on aquella rahonablement se degua amar, y no podent algú ésser gloriós si primer no frueix la cosa amada d'ell, per ço mostren aquests vessos[294] neguna cosa pertinent a la vida corporal de l'home o a la ffama guanyada en

---

[286] *quid*: Ar. "quis".
[287] *rivolge*: Pac. "ritoglie".
[288] *et*: Ar. "ed".
[289] *i nomi*: Ar. "nomi".
[290] *vessos*: Ar. "versos".
[291] *deure's perdre pot obrar-se*: "pot deure's perdre obrar-se".
[292] *la beatitut*: ms. "laptitut"; it. "la beatitude".
[293] *com és*: it. "come".
[294] *vessos*: Ar. "versos".

lo món poder ésser causa de la nostra salut, demostrant-se cascuna de aquelles per los preal·legats vessos[295] deure inremeyablement mancar; on s'engenyen[296] ésser necessari deure cercar altre obgecte lo qual perpetualment realegre l'enteniment y faça perfeta la memòria. Lo qual volent nosaltres cercar, trobarem aquell en lo V *De civitate Dei* al capítol XV ésser Déu; del qual parlant sant Agostí diu: "Deus enim felices facit[297] qui est mencium vera opulencia". Donchs menyspreant les coses mortals y la fama, y no curant la mort, retorne l'ànima trobar lo seu semblant; del qual, per la infinida clemència, a si alegrar y posehir de natura eterna en lo principi fon la sua spècia creada.

---

[295] *vessos*: Ar. "versos".
[296] *s'engenyen*: error por "s'ensenyen"; it. "cinsegnano".
[297] *facit*: Ar. "facis".

TRIUNPHUS ULTIMUS DIVINITATIS

Lo abisme y proffunditat de la scriptura sacra tal y tan confusió, y axí gran stupor, posa a la memòria o enteniment dels hòmens que los ulls de l'enteniment abcegats y confusos deixen a altres en la via del cercar, e majorment quant, ultra a la facultat y capacitat de l'enteniment nostre, l'ome s'esforca [fol. 226r] de més investigar aquelles coses que excedeixen la sobrietat rahonable. On, axí com la lum del sol qui més en ella fixament guarda conduhex a més ceguedat, axí la lum intel·lectual offusca l'enteniment de qui més avant s'engenya estendre que les sues forces no regnen[1] a entendre. Per la qual cosa yo ab gran rahó entench ésser ara tostemps detengut en més avant procehir, com sia cosa que la matèria descrita del nostre poeta en lo subsegüent Trihunffo sia de tal natura que ni de l'enteniment se pot compendre, ni acomodadament explicar per la lengua; emperò determena de la eternitat y del judici divinal lo qual deu precehir aquella.

Sospendré donchs certament ne més avant seré atrevit expondre, mas tres rahons contra·l propi judici e voler m'esforcen encara de seguir. La primera és perquè la sacra scriptura y doctrina contenguda en lo present Trihunffo és de tal natura e disposició per divina gràcia que·n lo seu pèlech pot anar lo anyell y lo oriffany notar;[2] on a nosaltres tant se maniffestarà quant se porà compendre la baxea del meu poch enteniment, deixant les altres profundes speculacions a aquells hòmens dels quals l'enteniment vola com àguila sobre les cimes de les montanyes. La segona rahó és per no deixar aquest tre-

---

[1] *regnen*: "vénen"; it. "vegnano".
[2] *notar*: error por "nadar"; it. "natare".

ball nostre interromput mas, axí com universal desig de tots los ordenats apetits, aquella ab tota forca, obra e diligència nostra portaré a degut fi, al qual porà portar la chica capacitat del nostre enteniment. La terça y última és la fidúcia col·locada en l'ànima per la sperança de mi posa en la humanitat y clemència de aquells los quals legiran aquelles, perquè stime judicaran no audàcia o temeritat ésser estada la mia, mas més prest encès desig de voler en aquell que yo [fol. 226v] pose lo meu treball comunicar als altres.

Confortat donchs y confirmat d'aquestes rahons, darem principi a la exposició d'aquest digne, mirable y gloriós Trihunffo del nostre poeta, en lo VI loch y derrer col·locat. L'ànima humana, la qual ja damunt és estada notifficada variar-se en cinch estats, les quals la relació de aquella a·quest món pot posar puix qu·és al cor unida y lo imperi de l'apetit y de la rahó ha consentit, avant separada per mort, celebrada per ffama e a la ffi obscurada de la largària del temps, termenant-se aquell en lo dia del divinal judici, al qual aprés segueix la omnímoda 'eternitat, ja·s conduheix a l'estat VI de la invariabilitat, en lo qual, essent-se ella per voluntat divina rehunida al cors, és necessari o que per los procehits mèrits en sempitern se realegre en lo cel, o que per les culpes pasades perpetualment sia turmentada en infern; e açò per virtut, efficàcia e poder de aquella la qual[3] sentència e just juhí la qual ha de fer dels hòmens lo etern jutje, lo qual nosaltres ab la sua sanch desliurà del dimoni y escriu en gestes, operacions y paraules complida e salutíffera ley, per la qual qui precedex se conduhex a la eterna vida d'ell a nosaltres reparada per mort, e qui d'esta desvia transcorre sens sperança en lo cambi[4] de la mort, lo qual sens fi los vius[5] peccadors mata y los morts turmenta. És donchs lo últim subgecte de aquest Trihunffo lo sisèn stat de l'ànima perpetual, lo qual devia atènyer aprés que de Déu serà jutjat.

De què micer Ffrancesch introduheix la eternitat y mesura infinida dominar y extinguir lo temps, axí com en lo pròxim Trihunffo ha descrit aquell superar y apartar tota la fama dels hòmens. Là hon mostrant deure mancar tota transmutació, ensenya qui bé considera en tal modo deposa[6] en lo món a l'aterna salut, que sens dubte algú

---

[3] *la qual*: "imparcial"; it. "equa".
[4] *en lo cambi*: ms. "en la cambi"; it. "nel baratro".
[5] *los vius*: ms. "en los vius"; it. "i vivi".
[6] *deposa*: "es disposa"; it. "disporsi".

[fol. 227r] que qualsevol que fos que·ls descrits[7] preceptes observàs se pot segurar no contravenir a ell la crua, horrible y terrible sentència; e perquè són tres los fonaments sobre los quals consestex la nostra salut, ço és ffe, esperança y caritat. On diu lo apòstol exortant los *Corintians* al XIII: "Nunc autem manet fides spes et caritas hoc tria". Per ço micer Ffrancesch afferma ésser en ell aquestes tres virtuts, aprés que, confús de la error del món, és revocat a haver fe, a sperar e amar Déu per ésser benaventurat, axí com testiffica Sant Agostí, VIIII[8] *De civitate Dei* al II capítol, dient: "Verus deus est cum quo solo: in quo solo: et de quo solo anima racionalis et intellectualis beata es". On, perquè la primera porta d'entrar a la divina gràcia és la fe, com mostra lo apòstol *Ad hebreos*, XI, dient "Sine fide inposibile est deo placere", per ço micer Ffrancesch principalment diu ell sol haver en Déu col·locada la ffe, pux que en neguna cosa del món se pot fiar l'ome.

Elegantment donchs y axí com se convé a un religiós ànimo y prudent, donant principi a la matèria sua, diu micer Francesch que, aprés que ell no véu cosa neguna compresa de la circumferència del cel ésser fferma, a si mateix girant-se y a la sua coneixença, elegantment demanà a si mateix, dient "Ara en què·t fies, micer Ffrancesch?"; dient:

> Da poi che sotto il ciel cosa non vidi
> Stabile et ferma, tutto sbigotito
> A me mi volsi,[9] et dissi: "In che ti fidi?"

Salutíffers documents contenen en los precedents versos, per los quals entendre és de saber que lo discurs y la experiència del món voler-la cercar e investigar és obra de prudència quant ab mesura e al bon [fol. 227v] examen se experimenten, axí com diu haver fet testifficant Salamó en lo principi de l'*Ecclesiastès*. E aquesta fon la vida dels philòsoffs a trobar y concloure Déu ésser del tot immoble e sobirà, veent cascun·altra cosa ésser mutable y alterabble; hon concloen aquella tal no poder ésser sobirana.

En aquest examen donchs se deu exercitar l'ome prudent e, trobat l'últim fi y lo més sobiran bé, en aquell fengir-se[10] e no més

---

[7] *descrits*: "discrets"; it. "discretti".
[8] *VIIII*: it. "viii".
[9] *A me mi volsi*: Pac. "mi volsi a me".
[10] *fengir-se*: error por "fixar-se"; it. "figer-si".

aprés remirar-se dretament, axí com la dona de Loth, ne primer fermar-se en cosa transmutable alguna fins aquella que del tot és permanent, la qual és Déu. Aquest procés donchs demostra haver fet lo poeta en los precedents versos e no ésser ferm en alguna cosa mutable mas, d'aquelles spantat, a si mateix demana ab temor en quin obgecte ara deu tostemps posar la sua fe.

Havent donchs a si mateix lo poeta feta axí justa e digna demanda, respon encara acomodadament, axí com a la perfecció de una ànima convenia, dient que ell no ha més fe sinó en aquell Senyor lo qual may fall de la promesa sua a qui ha posada en ell la sua ffe. On diu:

> Risposi: "Nel Signor, che mai ffallito
> Non ha promessa a chi se fida in lui."

O digna, àurea y celebrada resposta! Donchs, hon millor e acomodadament se podia respondre del que ha respost lo nostre poeta, ço és fiar-se en aquell que may no manca la promesa per ell feta al qui té fe en ell, redemptor nostre, cap Jesucrist? Deu considerar l'ome quant és lo maniment de les promeses divines del principi, en lo qual nosaltres creà per haver possehir la sempiterna delícia. Donchs pux que la cega ignorància de nostres pares per la sua error fon justament privada de la original justícia divina, no volgué [fol. 228r] lo verb divinal umiliar-se en terra y venir a carn humana per sotsmetre's a les humanes penalitats e obehir a la mort en les mans dels peccadors e ingrats? O divinal amor, què·l conduhí a morir? No es alrre que amor. Qui donchs pot dubtar que les sues permeses fundades en amor no·s compleixquen? Qui pot creure ab rahó aquelles ésser fal·laces? Negú certament sinó ab ombretat y depravat enteniment. "Divinus amor non promisit eum sine germine esse", diu Dionís in *De divinis nominibus*. Lo qual amor ésser directe a la salut de tota la terra declara Sophònia en lo III capítol dient: "In igne enim celi mei devorabitur omnis terra: quia contra reddam populis labium electum: ut vocent omnes in nomine et servanit ei humero uno". Donchs no permet encara Jesucrist ab la sua boca aquest mateix amor en Sant Matheu, a XI, dient: "Venite ad me omnes qui laboratis et honerati estis et ego refficiam vos"; y en Sant Joan, a VI: "Eum qui ad me veniet non eiciam foras". Donchs no afferma ell ésser lo bon pastor lo qual deposa l'ànima sua per les sues ovelles? Paulus Apòstolus encara no conferma aço mateix?, exortant los *Ephesians*, a II capítol, dient: "Iam non estis hospites et advene sed estis cives sanctorum et domestici dei super edifficati supra fondamentis apostolorum et prophetarum. Ipso summo angulari lapide Christo Iesu in quo omnis edifficacio constructa crescit in templum sanctum in domino".

Crist donchs és aquell en lo qual ensemps ab lo nostre poeta se deu haver ffe. Jesucrist manté les promeses. Jesucrist sotsmet al nostre dèbil ésser en lo món, que ab Sant Ambròs ho podem mèritament dir: "Omnia nobis factus est Christus si febribus [fol. 228v] estuas: fons est: si vulnus habes: medicus est: si mortem timeas: vita est: si auxilio indiges: virtus est: si cibum queris: alimentum est". De què postposa les coses terrenes en vida lo poeta en haver fe en Jesucrist.

Segueix aprés micer Ffrancesch lo effecte que naix de la prudència quant ha trobat en què deu haver fe, coneixent les coses per dretament amar d'aquest món no ésser fonament de ffe mas de error, no port de salut mas lata via de perdició; dient que, ara solament confiant-se en aquell Senyor que may no fall les sues promeses, veu maniffestament e coneix que·l món l'a escarnit, y veu ara allò que ell és e allò que ja és estat, y veu com lo temps se'n va avant y com vola; de què ell se volrrà dolrre, mas no sab de qual altre que de si mateix, car la culpa és sua perquè a millor ora y més abans devia obrir los ulls a entendre la veritat y no tardar a la fi de la vellea; que a dir la veritat y confessar lo degut may és molt sotmès als anys y al voltar de la edat y del temps. On diu:

"Ma veggio ben[11] che 'l mondo m'à scarnito,
Et veggio[12] quel ch'io son e quel ch'io fui,
Et veggio andar, volar,[13] il tempo,
Et doler mi vorrei, non[14] so di cui,
Ché la colpa è pur mia, che più per tempo
Dovea aprir gli occhi, et non tardar al fine,
Che a dir il vero, omai troppo m'atempo."

Per més expedita notícia dels precedents vessos és de saber, com diu lo philòsoff en lo II *Del cel* y en lo V de la *Èthica*, la un

---

[11] *veggio ben*: Pac. "ben veggio".
[12] *veggio*: Pac. "sento".
[13] *andar, volar*: en el ms. repetida y tachada "andar"; Pac. "andar, anzi volare".
[14] *non*: Pac. "né".

contrari és cotejat a notícia de l'altre, y per la natura de la hu més maniffesta se veu hi·s coneix la essència contrària. Emperò artifficiosament introduheix lo poeta que, confiant-se en Jesucrist, ell coneix lo món haver-lo enganat, emperò que Jesucrist [fol. 229r] y lo món són contraris, axí com és scrit en Sant Johan a XIIII capítol, dient: "Venit enim princeps mundi huius et in me non habet quicquam"; e al XVI, parlant als apòstols, diu: "In mundo pressuram habetis: sed confidite quia ego vici mundum". De què totes les coses mondanes que sí posen delits són a engan nostre si en elles apetir no és lo degut fre de la rahó. Hon lo apòstol recorda que de aquelles no·s deven guardar *Ad colocenses* II, dient: "Videte ne qui vos decipiat per philosophiam et inanem fallaciam secundum tradicionem hominum secundum elementa mundi huius et non secundum Christum".

Segonament és de entendre que, conexent l'ome la dolçor del món haver-lo en tal forma enganat, coneix-se aquell què era estat en temps passat e quant de blasmar, y entén encara en lo present allò que ell és y per lo stímol de la conciència se volrria dolrre. Y comencant a blasmar les coses mondanes axí com a causa de la pasada vida y error sua, conclou a la fi la colpa ésser sua, perquè, podent per la libertat de l'arbitre reveure's y revocar-se a la vera visió, se retroba aprés en vellea no ésser-se esmenat; no altri que a si mateix deu blasmar, axí com afferma ell fer, lo poeta, en los precedents versos.

Últimament és de notar que, regonexent-se l'ome y no primer que en la vellea, molt se atempta y viu en lo peccat però que, essent necessari en apartar y tolrre la culpa que·s interponga en mig de la deguda penitència, l'ome·n aquella edat és inapte si per la sua diminuïda natura, si encara per poch espay de vida; perquè a bona ora deu l'ome preveure's de les errors sues e de quants laços en aquest món ha atès lo domini.[15]

Havent donchs en los singulars vessos mostrat lo nostre micer Ffrancesch la justa reprensió dada a si mateix de haver tardat a conèxer Déu y la sua [fol. 229v] matexa disposició, vol ara notifficar que may l'ome, mentres que és viu, se deuria privar d'esperança, mas considerar tot·ora que los braços de la misericòrdia divina són tostemps uberts a qui torna del peccat a Déu, dient que, no essent

---

[15] *domini*: "demoni" en el texto italiano; it. "il demonio".

estades may les gràcies divines tardanes a subvenir aquells que aquelles piadosament y ab contricció han invocat, emperò ell encara espera en aquelles que en ell faran altes, dignes e peregrines operacions. On diu:

> "Ma tardi non fur mai gratie divine;
> In quelle spero ch'in me anchor faranno
> Alte operacïone et pellegrine."

Axí com per la doctrina de Sent Pau apòstol *Ad hebreos*, XI, és maniffest no poder ésser fe sens esperança, dient ell "Ffides est substancia rerum sperandarum argumento non aparencium", axí lo nostre micer Ffrancesch, havent en los precedents versos demostrat en ell ésser ffe, descriu encara ell haver no menys esperança de la misericòrdia de Déu. On a nosaltres demostra açò mateix deure fer, pres argument que la divina gràcia no·s nega may a qualsevol persona vera a penitència dels seus passats errors; e aquella a Déu umilment demana. La qual cosa maniffesta Jesucrist en Sant Matheu, capítol XVIII, quant, demanant Sent Pere si set voltes al peccador perdonaria, respòs: "Non dico tibi usque sepcies sed usque septuagesies sepcies"; y en Sant Luch, a XV, per la conversió del peccador és scrit: "Congratulamini michi quia inveni que perierat". O quant és donchs la sperança que en nosaltres deu surgir, entenent l'altíssim Déu no desigar may la mort del peccador, mas la sua vida y la sua conversió e, ultra açò, havent notícia més ésser accepta a ell la misericòrdia que la oblació![16] En lo degut procés donchs de la nostra vida creent per fe de[fol. 230r]gudament de Déu, par que, com diu Agostí, V *De civitate Dei* capítulo VII: "Male enim vivitur se de deo non bene creditur".

És necessari encara indubitadament sperar per conseguir la salut, com ha mostrat lo nostre elegant poeta. No solament açò és precepte de la religió cristiana, mas Quintilià en lo XII *De institucione oratoria* aquesta mateixa sperança demostra deure's haver, dient: "Nunquam enim tempus ullum et recte voluntati serum". Al qual propòsit Sèneca en les *Tragèdies* diu: "Nunquam sera est ad bonos mores via". La qual cosa mèritament porem concloure que may foren tardanes les gràcies pux que ab dreta y pura voluntat se demanen. Là hon sia ab deguda[17] connexió conjunta la fe y la nos-

---

[16] Se añade aquí en el texto italiano "e le victime de gli homini stulti".
[17] *deguda*: ms. "deguna"; it. "debita".

tra sperança, necessària cosa és que d'ells no·s separe l'ardentíssima caritat, mas que, sperant-se per la sperança en sdevenidor bé, no pot l'ànima nostra ésser divisa de amar lo donador de tals béns, majorment quant per mera liberalitat y cortesia, y no constret de algun beniffici rebut, atorga allò que dóna a qui·n reb.

Donchs podem concloure que, havent lo poeta demostrat en ell ésser fe y sperança, que en ell fos encara la caritat, la qual davall demostra tenir envés lo sobiran bé dient en aquell ves "O qual gracia mi fia se mai lo impetro", emperò, havent per aquestes tres virtuts en ell descrites a nosaltres demostrat qual deu ésser la nostra disposició en consellar-se ab Déu, descriu consegüentment un pensament rahonable lo qual insur en la memòria dels fels, considerant aquestes coses mondanes deure ésser necessari alguna volta fuir. La qual disposició[18] de les coses naturals serà après que lo cors y lo revoltar del cel serà finit y mancada la generació y corrupció y la alteració de les coses, dient que, [fol. 230v] havent ell axí dit y axí respost entre si mateix, com en los precedents vessos és estat narrat, ell pensava que devien haver fi aquestes coses que lo cel aprés lo seu voltar governa, no stant ell ni podent-se mantenir en aquest estat en lo qual són perpètues. On diu:

> Cossì decto et risposto. Hor, se non stanno
> Queste cose che il ciel volge et governa,
> Doppo molto voltar, che fin haranno?[19]
> Questo pensava.

Cosa convenient és que en tot effecte perfectible tostemps a la sua perfecció sia intemptat, com scriu lo philòsoff a la ffi del primer libre de la *Phísica*; là hon diu que, essent la perfecció de l'enteniment nostre[20] la intel·ligència de les operacions divines en quant d'aquelles podem entenent ésser principi, per ço diu lo poeta que era retret a pensar la fi de la celestial circungiració.

Elevat micer Ffrancesch a sí alt y excel·lent pensament, seguex aquell que en aquesta consideració li aparech[21] ab la memòria com-

---

[18] *La qual disposició*: ms. "Lo qual es que disposicio"; it. "e quale dispositione li".
[19] *haranno*: Pac. "avranno".
[20] *nostre*: ms. "nostra"; it. "nostro".
[21] *aparech*: it. "parve". El traductor generalmente utiliza "pervenir" para traducir esta palabra, pero en este párrafo, para enfatizar que el poeta está hablando en una visión, prefiere "aparèixer" o "semblar" (dos veces).

pendre, dient que, mentre que l'enteniment seu més en lo entrínsech entrava, en açò li semblà veure innovar-se un nou món en eterna edat immoble y intrasmutable;[22] y semblà-li axí mateix veure desfer aquest cel ensemps ab lo sol y esteles, y egualment la mar y la terra y tots los altres elements, y reffer-se'n un altre molt més bell, més alegre y més noble. On diu:

> Et mentre più s'interna
> La mente mia, veder mi parve un vento[23]
> Novo, in etade inmobil et eterna,
> E 'l sol et tutto il ciel disfarsi[24] a tondo
> Con le sue stelle, ancor la terra et il[25] mare,
> Et riffane un più bello et più giocondo.

Lo exercici mental y la diligent inquisició spessísimes voltes les coses difícils fa maniffestament compendre, axí com en part [fol. 231r] als antichs philòsoffs intervench determenant y posant lo món deure's corrompre y engendrar. Donchs a més clara evidència dels precedents vessos és de saber que lo poeta affermar aquest món deure's desfer y un altre haver-se'n engendrar molt més noble y bell se conforma ab la conclusió de Empèdocle, Demòcrit e[26] Plató, ensemps encara a la doctrina crestiana, mas són d'ells vàriament parlades en diverses posicions. Emperò Empèdocle diu en cert espay de temps los elements ensemps concórrer en una confusió e un cahos y axí lo món corrompre's, e aprés afferma los mateixos elements segregar-se, lo món corrompre's, y açò per virtut de les intel·ligències dels cels y disposició dels cossos celestials; y, segons que·n la generació regna millor influxió, axí fer-se lo món més bell y perffet que per les altres voltes. E aquesta tal ffabricació par que conferme Ovidi en lo principi del *Metamorffoseos*, axí com és manifest reguardant los seus vessos.

Mas Demòcrit hagué diversa fantasia de Empèdocle, que, posant los àthamos ésser lo principi de totes les coses naturals e jutjant lo món effecte natural, deya encara aquell engendrar-se per la congregació dels àthamos; los quals movent-se inordinadament, com se veu en la spera del sol, per ço diu lo món deure's poduhir a cas.

---

[22] *intrasmutable*: ms. "transmutable"; it. "intransmutabile".
[23] *vento*: Pac. "mondo".
[24] *disfarsi*: Pac. "disfar".
[25] *et il*: Pac. "e 'l".
[26] *e*: ms. "a".

Plató Atheniench, per la més part seguint Pictàgoras, lo món diu deure's innovar en tota complida circulació de la octava spera, variant[27] dels predits philòsoffs y posant los mateixos effectes segons les celestials revolucions axí mateix tornar en lo món.

La qual oppinió par que Virgili consenta en lo VI de l'*Enoydos*; havent parlat[28] de les ànimes pasades en los camps Eliseus, diu: "Quisque suos patimur manes exinde per amplum. Mitimur elisium: et pauci leta [fol. 231v] arua tenemus. Donech longa dies perfecto temporis orbe. Concretam exemit labem: purumque reliquit. Ethereum sensum atque aurai simplicis ignem. Has omnes ubi mille rotam volvere per annos. Letheum ad fluvium deus evocat agmine magno. Scilicet inmemores supera ut connexa revissant. Rursus et incipiet in corpora velle reverti. Dixerat anchises".

Vera és la sentència d'aquest philòsoff quan a deure's innovar aquest món, mas frívola y falsa en lo assignar lo món. Emperò la sacra santa ffe cathòlica, effecte del Sperit Sant, il·luminada de Déu factor de la natura, posa que lo dia del juhí universal que·s deu fer aquest sol, lo cel y la luna deure's en septúpulo[29] resplandir, essent primer desfeta y cremada per foch aquesta regió dels vivents, com clarament ho pronuncia *Ysaÿes*, en lo XXX, quant diu la lum dels cossos celestials deure's tornar semblant[30] a aquella lum la qual havien en lo VII dia, primer del peccat del primer pare, dient: "Et erit lux lune sicut lux solis: et solis lux erit simpliciter[31] sicut lux et dierum"; la qual lum sols perderen per lo peccat comès de l'home. Afferma encara lo mestre de les *Sentències*, en lo IIII[32] a la XXXXVIII[33] distincció, que lo cel estarà ferm y no·s mourà més, y açò diu per auctoritat de Zacharies. Hon conclou Isidoro[34] que lavòs lo cel rebrà l'estipendi del seu tant voltar, stant immoble y no més circuhint.

Demostra més avant que la edat del renovat cel serà eterna, perquè ja serà aconseguida la fi per la qual fon creat l'ome, y donat y ordenat d'ell lo judici; on no restarà més causa mediant la qual lo

---

[27] *variant*: ms. "varien"; it. "variando".
[28] *parlat*: ms. "parlant"; it. "parlato".
[29] *septúpulo*: "sèptuple"; it. "septuplum".
[30] *semblant*: ms. "semblants"; it. "simile".
[31] *simpliciter*: it. "septempliciter".
[32] *IIII*: it. "terzo".
[33] *XXXXVIII*: it. "xxxviii".
[34] *Isidoro*: ms. "Isiporo".

món se puga o·s digua renovar.³⁵ Vera és donchs la visió del nostre micer Ffrancesch y dels nostres theòlechs aprovada, ço és que aprés la ultimada revolució del cel, lo món, lo cel, y lo sol y les [fol. 232r] steles deure's desfer y variar-se, y ennovar-se, y fer-se'n altre més bell en una edat perfeta, intransmutable e infinida.

Segueix aprés micer Ffrancesch y narra allò que ab gran maravella véu seguir aquesta innovació del món, dient que ell fortíssim y molt se maravellà quant veya lo cel restar en un peu ensemps ab lo sol, que may no s'estigué de girar del dia que fon creat, mas sols ab lo seu voltar e discórrer tota cosa variar y cambiar. E véu ultra açò les tres parts sues ésser restretes a una, y aquella una ésser en lo món ferma, que·n lo seu voltar no s'aturava³⁶ pus axí com solia. E véu conseqüentment no ésser més distincció de temps en lo passat y sdevenidor, ni més aquex temps dividir-se per avant ni may,³⁷ la qual variació fa ésser la vida nostra ab serenitat³⁸ y ab amargor, mas s'i stava en similitut y forma de terra, y despullada y separada totalment d'erbes. On diu:

> Qual maraviglia hebbi io, quando restare
> Vidi in un pie colui che mai non stete,
> Ma discorrendo suol tutto cangiare!
> Et le tre parte sue vidi restrecte
> Ad una sola, et quella una esser ferma
> Sì che, come solea, più non s'affrette;
> Et, quasi terra d'erba³⁹ ignuda et herma,
> Né 'fu', né 'fia', né 'mai' vezza 'anci' o 'drietro',⁴⁰
> Che amara⁴¹ vita fanno variar et inferma!⁴²

Per més clara intel·ligència dels precedents vessos és de saber principalment, axí com scriu Pere de Tarantàsio en lo quart de les *Sentències*, XLVIII distinccione, que, essent al judici universal dispost de la justícia divina, que lo món se desfaça per foch, la qual cosa dien alguns que intervindrà per lo concurs de foch superior e in-

---

³⁵ *digua renovar*: ms. "digua"; it. "debbi piu rinovare".
³⁶ *s'aturava*: error por "s'apressava"; it. "saffretava".
³⁷ *may*: "enrera"; it. "indietro".
³⁸ *serenitat*: "enfermetat"; it. "infirmita".
³⁹ *terra d'erba*: Pac. "in terra d'erbe".
⁴⁰ *Né 'fu'...'drietro'*: Pac. "né 'fia', né 'fu', né 'mai', né 'inanzi' o ''ndietro'".
⁴¹ *Che amara*: Pac. "ch'umana".
⁴² *variar et inferma*: Pac. "varia e 'nferma".

ferior, axí com intervench lo diluvi per lo deflux de les aygües celestials y de les terrenals. Alguns altres dien que s'encendrà lo foch de la reflexió dels raigs del sol en aquests cossos terrenals los quals[43] per natura són soldats[44] en similitut [fol. 232v] de la reflexió solar feta en lo spill concavat, hon se veu per experiència che·n los subjectes propinchs incensibles súbitament s'encén lo foch. Mas altres dien que serà relexada la virtut del cel per la qual és detenguda la spera del foch que no discorre y crema. Emperò aprés aquesta combustió, essent-se lo cel innovat y transmudat de les qualitats proporcionades a la corrupció de l'home, seguirà la sua immobilitat, com sia cosa que no per altra ffi al present se mouen en lo cel que per la conservació del món en aquest estat fins que a Déu plaurà de mudar-lo. Lo qual fi donchs essent lavòs levat, serà axí mateix lo moviment del cel; emperò serà lavòs fix lo cel sobre un peu, co és un immoble punt, on al present són dos los seus peus fixos, ço és lo polo àrtich y lo polo antàrtich, que no pot lo enteniment imaginar lo cos spèrich star fix sobre un punt y moure's circularment envers algun altre siti.

Segonament és d'entendre que lo poeta més prest al sol que al cel atribuheix no ésser-se may fermat del dia de la sua creació, però que açò par que·n diga la scriptura sacra al principi del *Gènesis*, hon, parlant de la creació del moble nostre cel, lo qual és aquell de les steles fix, no diu més d'aquestes paraules: "Dixit deus quoque fiat firma mentum in medio aquarum et dividat aquas ab aquis et fecit deus firmamentum divisitque aquas ab iis que erant sub firmamento ab iis que erant supra firmamentum et factum est ita vocavit deus firmamentum celum et factum est vespere et mane dies secundus". En les quals paraules és cosa maniffesta que no és expressa rahó per la qual aquest cel se degués moure; donchs stigué ferm e immoble fins al dia que peccaren los primers pares. Mas en la creació del sol és exprés lo fi per lo qual ell immediate se mou, lo qual fon que il·luminàs [fol. 233r] la luna, on ella fos president a la nit; on diu lo test: "Dixit deus fiat luminaria in firmamento celi dividamque diem et noctem et sint in signa et tempora et dies annos"; e seguex: "Ffecitque deus luminare maius ut preesset diei: et luminare minus ut preesset nocti". De què és maniffest que·l sol immediate creat se començà a moure, lo qual moviment e discurs, segons lo

---

[43] *los quals*: ms. "lo qual".
[44] *soldats*: "sòlids"; it. "solidi".

philòsoff en lo II *De generacione* y en lo II de la *Phísica*, com altra volta diem, és efficient causa de tota variació que intervé en lo món. Troben-se norresmenys alguns tests que dien: "Vidi in un pie colui che mai non stette", on s'entendria ensemps del cel y del sol tota similitut, la qual cosa és substentable, mas lo primer moviment és[45] molt més erudit.

En lo terç loch és de considerar que en lo cel y en lo sol que comunament de cascú se pot entendre són tres qualitats migancant les quals alteren y fan diverses aquests effectes mondans, ço és lum, influx y moviment; de les quals tres qualitats solament aprés del judici li restarà la lum y li mancarà lo moviment y tot influx, emperò que levat serà lo ffi per lo qual al present influxquen hi·s mouen. Emperò bé diu lo poeta que les tres sues[46] parts, ço és del sol y del cel, les quals són influxes a luciditat faran[47] restretes a una sola, ço és a la lum, e aquella restarà ferma. Poden-se encara en los precedents versos interpretar solament del sol e dir que les tres parts, ço és lum, calor y virtut generativa seran restretes a una sola, ço és a la lum, y aquella starà immoble; y ab rahó diu lo poeta que aquelles tres parts solament a una seran restretes, e no diu seran toltes, emperò que aquestes virtuts al sol no mancaran en àbit, mas solament en la operació, excepta la lum, la qual serà més intensa que ara, com dalt mostra *Ysaÿes*.

Últimament és de notar [fol. 233v] que lo poeta diu que·l temps serà en forma de terra privada y despullada d'erbes per voler demostrar la sua uniformitat, axí com la terra là hon no ha herba no·s mostra diversa, mas tota par ésser semblant y uniforma, com mostra la experiència com aquella és cultivada y solcada. Emperò no serà més avant,[48] com sia cosa que aquestes differències provinguen sols per lo moviment del cel, axí com mostra Aristòtil en lo quart de la *Phísica* y lo test del *Gènesis* damunt al·legat.

Troben-se norresmenys alguns tests que dien: "Qua giu la terra di herba ignuda et herma", los quals se poden fàcilment salvar, emperò que per l'ardor del foch dega tornar la terra a la sua primera natura; de la qual diu lo test del *Gènesis*: "Terra autem erat in anis et vacua". Donchs concloent, levant-se aprés del judici lo moviment

---

[45] *és*: ms. "e".
[46] *sues*: ms. "sues dos".
[47] *les quals...faran*: error por "les quals són influx, llum i moviment seran..."; it. "quali sono influxo lucidita e moto saranno...".
[48] *avant*: "avant ni enrera"; it. "inanzi ne dietro".

del cel, se levarà el "fon",⁴⁹ ço és lo pretèrit, y "serà", lo sdevenidor; les quals diversitats de temps fan a nosaltres la vida nostra mostrar o semblar amarga, y faran encar enferma y caduca.

Narra aprés micer Ffrancesch allò que més avant pensant ab l'enteniment,⁵⁰ dient que, pasant y penetrant lo pensament y la consideració en les coses futures aprés lo dia del judici, axí com lo sol penetra lo davant posat vidre, axí molt més emperò no⁵¹ reté lo pensament axí com lo vidre en part reté lo sol, ell véu un sobiran bé sens alguna companyia de mal, lo qual a nosaltres⁵² produheix⁵³ lo temps: Y demostrant, com damunt diem, l'acte de l'ardent caritat, exclama seguint: "O quanta gràcia yo·m reputaria si may impetre ésser portat a la sua possessió". On diu:

> Passa il pensier sì come il sol un⁵⁴ vetro,
> Anci asai più,⁵⁵ però che nulla il tene.
> O, qual gratia mi fia, se mai io l'impetro,
> Ch'io veggia ivi presente il sommo bene,
> Non alchun male, che solo il tempo mesce
> Et con lui si diparte et con lui vène!

Havent fins ací lo nostre poeta descrit la [fol. 234r] incomprensible eternitat, la qual deu seguir encara aprés lo judici haver lo temps confús y tot·altra mesura finida, y ajunt veure en ella sens algun mal present lo sobiran bé, y⁵⁶ lo altíssim regent y disponent ab sempiterna ley l'orde del potentíssim univers, potent⁵⁷ Déu, se veu maniffestament ell no ésser-se separat de la sentència de Claudiano, digne y excel·lent poeta, lo qual, considerant la eternitat, axí aquella descriu ab aquests vessos: "Est ignota procul nostraque inparvia menti. Vix adeunda diis annorum squalida mater / Immensi spellunca evi que tempora vasto / Suppeditat revocatque sinu complectitur antrum / Omnia que placido consumit numine serpens / Per-

---

⁴⁹ *fon*: ms "fuit"; it. "fu".
⁵⁰ *l'enteniment*: "l'enteniment comprengué"; it. "comprese".
⁵¹ *no*: "res"; it. "niente".
⁵² *a nosaltres*: ms. "nosaltres"; it. "a noi".
⁵³ *produheix*: it. "solo misce".
⁵⁴ *il sol un*: Pac. "sole in".
⁵⁵ *asai più*: Pac. "più assai".
⁵⁶ *y*: "el cual és"; it. "quale e".
⁵⁷ *potentíssim...potent*: redundancia que existe en el texto italiano, en el que "potentissimo" es aplicado sólo a "Déu".

petuum viret squamis caudamque reducto / Ore vorat tacito relegens exordia lapsu / Vestibuli custos vultu longeva decoro / Ante foras natura sedet cunctisque volantes / Dependent membris anime mensura verendus / Scribit iura senex numeros qui dividit astris / Et cursus stabilisque moras quibus omnia vivunt / Ac pereunt fixis cum legibus ille recenset".

Segonament és d'entendre a intel·ligència dels vessos que, com aprés lo dia del judici les dues ciutats, ço és la una de Jesucrist e l'altra del dimoni, seran plenes, norresmenys lo poeta, qui solament commemora la glòria dels benaventurats perquè entenent aquella se entén encara la disposició dels damnats, com se trau del philòsoff en lo primer *De l'ànima*, on diu: "Rectum est iudex sui atque obliqui", diu donchs que ell ací veya un sobiran bé, sens algun altre mal, que sol meté[58] lo temps penetrant lo seu pensament, axí com lo sol trespassa lo vidre y encara molt més. On és d'entendre que la lum del sol és en tanta subtilitat que penetra y passa certes porositats que són en lo vidre mas l'enteniment no passa per porus[59] [fol. 234v] ni ha[60] algun altre obstacle; emperò a tot obgecte encara remogut y amagat pervé, ab tot que en aquell se drece la voluntat del saber.

Egualment encara és de considerar que aprés lo dia del judici, essent glorifficats los nostres cossos, la invaliditat y malalta natura d'aquestes potències sensitives serà apartada, e sols restaran en lo seu perffet ésser fruhint Déu lavors cara per cara com, parlant de la visió beatíffica, mostra lo apòstol dient: "Vidimus nunch per speculum in enigmate tunch autem facie ad ffaciem". Donchs posehirem[61] lavors lo sobiran bé sens alguna commixtió de mal, lo qual solament se produheix lo temps hon pren lo poeta la calitat per subjecte, ço és lo temps per lo cel que·s volta; emperò Déu per si no pot ésser causa de algun mal, essent sobirana perfecció. Emperò diu Sant Johan, I capítulo, parlant de Déu: "Sine ipso factum est nichil"; hon glosant lo theòlech diu:[62] "Nichil in peccatum".

La qual cosa com sia Déu la causa primera de totes les coses, com se prova per Aristòtil en lo II de la *Metafísica* y Sant Agostí ho demostra in III *De Trinitate*, noresmenys movent sols axí com

---

[58] *meté*: it. "mesce".
[59] *porus*: ms. "poch"; it. "pori".
[60] *ni ha*: it. "ne per".
[61] *posehirem*: ms. "posehiren".
[62] *lo theòlech diu*: plural en el texto italiano: "i theologi dicono".

amat y desigat, y com a derrer ffi, axí com és escrit y en lo I *Del cel* y XII de la *Metafísica*, per ço la efficència és atribuïda al cel com a seu instrument y causa segona. On lo philòsoff en lo I de la *Methaura* afferma aquest món inferior governar-se effectualment del cel, però[63] no més movent aquell aprés lo judici universal no seran més les segones causes, mas sols la primera, de la qual no alrre que bé és possible que puga procehir. Convenientment donchs afferma lo poeta dient que lo mal ve ab lo temps y ab ell se departex, essent ell accident del cel, com damunt diem per auctoritat del philòsoff.

Segueix aprés micer Ffrancesch un effecte privatiu lo qual és necessari que segueixca a la seguretat del cel, dient que aprés [fol. 235r] lo judici lo sol no haurà més per lo seu estar[64] lo cercle zodíach, là hon és col·locat lo signe del Tauro y lo signe de Piscis, per lo qual diverses habitacles de cases y de signes tot lo nostre lavor ara naix, ara mor; ara creix, ara manca. On diu:

> Non harà[65] albergo il sole in Tauro[66] né Pesce,
> Per lo cui varïar nostro lavoro
> Hor nasce, hor more, hor[67] scema, e or[68] cresce.

Axí com de principi diem per intel·ligència dels precedents vessos, en la VIII spera és designat un cercle contengut entre los dos tròpicis, en lo qual se ffa lo solistici jemal y del stiu quant lo sol en aquells és[69] pervengut, lo qual se nomena zodíach, distint en XII parts dels estròlechs nomenades signes, segons la semblança de aquells animals que en ell són nomenats. Per aquest cercle donchs, o davall ell, se mou lo sol transcorrent los XII signes en lo temps d'un any, on segons la propietat y complexió de aquells lo sol ha a engendrar en lo món y en nosaltres diverses calitats e disposicions. Emperò, devent-se lo sol fermer aprés lo dia del judici y no moure's més circularment, per ço no haurà més per lo seu estar lo Tauro, en lo qual ell entra a XI o XII dies d'abril, ni encara lo Picis, en lo qual

---

[63] *però*: "emperò"; it. "imperho".
[64] *estar*: it. "albergo".
[65] *harà*: Pac. "avrà".
[66] *in Tauro*: Pac. "Thauro".
[67] *hor*: Pac. "ed ora".
[68] *e or*: Pac. "or".
[69] *en aquells és*: ms. "en aquells"; it. "a quelli e pervenuto".

entra en ffebrer en lo matex nombre dels dies, ne algun altre signe...[70] d'Àries de març en lo principi de l'any.

Mas si algú demanàs en aquest loch si lo sol se mourà e, on no·s moga, en qual signe ell se ferma,[71] respon que no·s mourà lo sol de la spera hon és, ni may se mudaran les parts del zodíach, mas sols mancaran les calitats proporcionades a la corruptibilitat de l'home, y estarà ferm lo sol en lo signe d'Àries y versemblant[72] en lo XV grau, devent Déu aquell dia elegir per judicar lo qual ell elegí per incarnar e morir, y perquè sia d'açò la veritat tostemps en salut; perquè, com diu Sant Agostí: "Melius est dubitare de [fol. 235v] occultis que litigare de incertis", com refferex lo mestre en lo IIII en la última distincció.

Havent donchs micer Ffrancesch ab lo pensament ajunt a la glòria sempiterna, al sobiran bé, a la infinida beatitut y tota felicitat, exclama y dignament cerca l'estat dels comprensors y ànimes beatifficades, dient: "O sperits benaventurats, quant són gloriosos aquells que·s troben constituhits en grau, y aquells que axí matex se trobaran que lo seu nom serà aprés tostemps en eterna memòria!" On diu:

> Beati spirit che nel sommo choro
> Si trovaranno, o trovano, in tal grado
> Che sia in memoria eterna il nome loro!

O digna y excel·lent memòria! O singularíssima ffama de les ànimes benaventurades! Quant és digne lo nostre Actor e Istorial, que los vostres noms y vostres gestes celebra! De Tàcia[73] Ditis cretense y Darete de Troya; tace o calla Eutròpio ensemps ab Paulo Eròsio; calla sexto Ruffo, Plini ab Lúcio Ffloro; calle Justino y Euclides istòrich; calle Hèlius spartiano, Hèlius Lampídio y Flamo nopisto;[74] calle Terrebílius Pòlio, Júlio Capitolino, Valeri; calle Giulínio Frontino, Anninano, Marcelino, Cornèlio Tàcito e Diodoro Sículo; calle Servílio Nomano, Basso Antíffido, Teopompo

---

[70] *signe*: el traductor salta a la siguiente mención de "signe": "en el zodíac ni els que entra segons la proporció de la seva introducció en..."; it. "altro segno nel zodiaco ne iquali entra secondo la proportione del suo introito nel segno dariete...".
[71] *ferma*: "fermarà"; it. "fermara".
[72] *versemblant*: "versemblantment".
[73] *De Tàcia*: "Calla"; it. "Deh taccia".
[74] *Flamo nopisto*: it. "Flavio vopisco".

Heraceo; calle Quinto Cúrcio; calle Herodoto e Apiano Alexandrino; calle Suetoni Tranquil·lo; calle Políbio; calle Trogo Pompeu; calle a la ffi Tito Lívio, Plutarco, Salusti; vingui en cilenci Cèsar y Varró en comparació de l'istorial lo qual ha scrites les gestes dels[75] benaventurats quina és la voluntat e intel·lecte divinal predestinant e retribuhint a nosaltres segons les obres nostres; lo qual no les coses generals, com les altres scriptors, solament annota, mas qualsevol mínima gesta, cogitació y paraula. On ha conscrit lo libre de la vida del qual parla Moysès en lo *Èxodus*, capítulo XXXII, *Ysaÿes*, capítulo VIII, *Daniel*, a XI, e Sant Johan en lo *Apocalipci*, al capítol XX.

Aquest libre donchs [fol. 236r] de la vida hon són scrites totes les obres meritòries starà lavors a lur glòria[76] tostemps davant los benaventurats, on eternalment la un sperit les obres bones remirant de l'altre, en aquesta consuetut de contemplar restaran totes la una de l'altra en memòria perpètua.

Exclama aprés aximateix micer Ffrancesch circa l'estat dels viadors, dient: "O quant és benaventurat aquell que ab lo seu ben obrar troba la via y lo vado de segurament passar aquest torrent alpestre ràpido, lo qual ha nom vida, lo qual a molts ignorants és[77] agrau y delit". On diu:

> O felice colui che trova il vado[78]
> Di questo alpestro et rapido torrente
> Ch'à nome vita et a molti è sì a grado!

Aquella ora en la qual alguna cosa és ordenada en algun seu ffi, aquella de aquell ffi convenientment se denomena. On diu lo philòsoff en aquest prepòsit en lo II de la *Phísica*: "Generacio est natura quia est via in naturam". Emperò, essent nosaltres la vida nostra ordenada a la perpètua felicità, mèritament aquella se pot dir gloriosa quant se adapta a conseguir la ffi la qual és la possessió de la pàtria celestial, partint-se de aquesta vida axí cara y tant dels hòmens vulgars bramada; la qual és verament un torrent rapidíssim, ni és possible ymaginar fluir l'aygua en lo riu com sia velocíssim que molt més

---

[75] *dels*: ms. "del".
[76] *a lur glòria*: ms. "glòria"; it. "a lor gloria".
[77] *és*: ms. "e".
[78] *vado*: Pac. "guado".

prest...[79] és un moure de cella y en molt menys temps no sia passat tot delit y tot delit temporal. O benaventurats donchs, y verament benaventurats, aquells que en[80] tanta velocitat y tant proffundo pèlech de perdició se han a trobar lo vado de la abstinència de delits carnals y passar aquest flum de la terrena vida ab la càndida vestimenta de la pura innocència consignada a nosaltres de la Santa Iglésia, que la devíem portar davant lo tribunal de Jesucrist, segons la visió de Sant Johan, a LVII de l'*Apocalipci*, quant veu [fol. 236v] aquella gran torba star davant lo tro del[81] conspecte de l'anyell sens màcula, vestit tot de càndida vestidura.

Aprés micer Ffrancesch en los superiors vessos ha mèritament loat lo estat dels benaventurats y dels viadors que proceheixen en gràcia, deplora ara la mísera condició dels[82] vulgars los quals stimen ignorantment que les coses denomenades del temps puguen a nosaltres induhir felicitat, dient: "O miserable la gent vulgar totalment cega de la llum de l'enteniment, qui en aquest món posa la sua sperança en coses que lo temps ab tanta fúria porta!" On diu:

> Misera la vulgare et ceca gente,
> Che pone qui la sue sperança[83] in cose tali
> Che il tempo lieve[84] porta sì repente!

Per més clara evidència dels precedents vessos és de saber que los béns, com scriu lo philòsoff en lo primer de la *Èthica*, són en tres espècies distinctes, ço és béns de l'ànima, béns del cos y béns de la fortuna; y egualment és cosa maniffestíssima que la sperança ha per obgecte seu lo bé sdevenidor. Per la qual cosa intervé que·ls hòmens vulgars ymaginen que, en la hora que posseheixen los béns del cors e aquells de la fortuna, que ells són benaventurats. Y alguns altres, no tenint la lum de la santa ffe, stimen que los béns de

---

[79] El traductor ha saltado a otra mención de "presto" en el texto italiano: "abans in infinit no sigui més ràpid el trànsit de la nostra vida mundana, car, qualsevol certa velocitat sigui donada, infinitament més prest aquella passa la vida present, ni axí prest..."; it. "...molto piu presto anzi in infinito piu celere non sia il transito de la nostra vita mondana. Impero qualunque sia data certa velocita infinitamente piu presto quella passa la vita presente ne cosi presto e uno movere di ciglia...".
[80] *que en*: ms. "en"; it. "che in".
[81] *del*: it. "nel".
[82] *dels*: ms. "del".
[83] *pone qui la sue sperança*: Pac. "pon qui sue speranze".
[84] *lieve*: Pac. "le ne".

l'ànima, y majorment l'àbit de la sapiència, lo qual ultra tots los altres és nobilíssim, com scriu Aristòtil en lo VI de la *Èthica* e Ciceró en lo segon *Dels officis* y libre *De amicicia*, sien aquells que nosaltres fem benaventurats. La qual imaginació y sentència com sia falsa, per respecte dels primers, molt damunt és stat demostrat; e quant als segons, parlant de la sapiència mundana maniffestament demostra Salamó ells ésser en error. On en lo *Ecclesiastès*, capítulo II, volent mostrar la humana sapiència ésser dominada del temps, diu aquestes paraules: [fol. 237r] "Non enim erit memoria sipientis similiter et stulti in perpetuum. Et futura tempora oblivione cuncta pariter operient". On resta manifest en aquests tals obgectes no ésser la vera beatitut, emperò aquells verament són miserables que, axí stimant per lur possessió fer-se gloriosos, stan tostemps y viuen en error.

Havent donchs micer Ffrancesch fins ací mostrat la falsedat de les opinions del vulgar, ara ab una mèrita y honesta reprensió descriu la qual és l'obgecte verdader lo qual asegura l'enteniment y la voluntat nostra e hon verament és col·locada tota felicitat, dient: "O dèbils mortals d'enteniment! O sorts y cegos de memòria! O pobres de consell! Aquell que governa lo món solament ab lo nus[85] del seu senyil,[86] y asegura los[87] elements, y aquells conturba segons la sua voluntat, a la qual intel·ligència és de saber[88] no yo, creatura terrena, no·m prench per vergonya,[89] mas los àngels encara són contents circa lo lur desig de veure una de les mil parts de la sua perfecció y en açò són attents; aquestes donchs, Aquell que deu ésser lo nostre obgecte, Aquest devem nosaltres cercar d'entendre, Aquest solament per fi de nostra investigació". On diu:

> O veramente sordi, ignudi et frali,
> Poveri di judicio[90] et di consiglio,
> Egri del tutto et miseri mortali!
> Quel che il mondo governa pur col ciglio,
> Che conturba, quieta[91] gli elementi,

---

[85] *nus*: ms. "nun".
[86] *senyil*: it. "ciglio".
[87] *los*: ms. "lo".
[88] *a la...saber*: "al saber de la qual intel·ligència".
[89] *per vergonya*: "o arribo"; it. "o pervengo".
[90] *di judicio*: Pac. "d'argomenti".
[91] *quieta*: Pac. "ed acqueta".

Al cui sappere[92] non pur io non m'apiglio,
Ma gli angeli ne son lieti et contenti
Di veder delle mille parti l'una,
Et in ciò stanno disiosi et intenti...[93]

Quanta és la elegància e doctrina del nostre excel·lent poeta la ignorància de aquells que micer Ffrancesch reprèn molt majorment la demostra y declara. On és d'entendre que la inperfeta construcció qu·és en aquests vessos, là hon ell és calumniat, no és sens rahó y sens gran ffonament descrita, com sia cosa que, com scriu lo philòsoff [fol. 237v] en lo I de la *Posteriora*, les notíssimes veritats y principis evidents solament se conexen pux que·s coneguen los tèrmens. La qual cosa nosaltres coneixent quant se importa per aquests tèrmens, Aquell que·l món governa ab lo sagell entendrem immediate ell ésser lo obgecte que per nosaltres se deu amar y entendre sens que més sia affermat o exprés. En sol Déu donchs consestex lo compliment de la nostra beatitut; la qual cosa los pobres y nuus de juhí vulgars no entenent, estimen altra volta aquella ésser reposada.

Segonament és d'entendre que, essent Déu inffinit, com mostra lo philòsoff, en lo I *Del cel*, in *De bona fortuna* e XII de la *Methaffísica*, on diu "Movet enim per tempus infinitum et non habet potenciam infinitam finitum", y Sant Anselmo o conferma Athenasi y Joan Damareno en les sues sentències dient "Deus est sine principio principium primum increatum ingenitum eternum infinitum ad infinita potens", semblantment Trimegisto dient "Deus est spera intellectualis cuius centrum ubique est circunfferencia vero nusque", e últimament David proffeta al *Psalm* CXXXXIIII[94] dient: "Magnitudinis eius non est finis", per ço no és comprensible per enteniment creat, essent tota creatura solament diffinada perffecció no capace de infinit obgecte. On singularment[95] Damacenus en lo loch al·legat seguex: "Nemo enim deum vidit nisi unigenitus filius qui in sinu patris eternaliter fuit". E *Ysaÿes*, confirmant lo matex al XXXX capítol, diu: "Deus sempiternus qui creavit terminos terre non deficiet neque laborabit nec est investigacio sapientie eius".

Donchs per Aquest los àngels són contents de entendre una mí-

---

[92] *sappere*: Pac. "saver".
[93] *et intenti*: Pac. "e 'ntenti".
[94] *CXXXXIIII*: it. "cxxxiiii".
[95] *singularment*: ms. "singlarment".

nima part de la essència divina, per la qual intel·ligència judiquen ésser benaventurats y plens de tot lo lur desig. En Aquest donchs entenen los mortals qui drecen tot lo lur desig; Aquest cerquen cascú per fi y repòs dels seus treballs. Emperò, com diu Augustí, XVII *De trinitate*: "Vita eterna est in illa contemplacione in qua deus non ad penam videbitur sed ad gaudium sempiternum". [fol. 238r] E açò matex consigna[96] Jesucrist en Sant Johan, a XVII, dient: "Hec enim est vita eterna ut cognoscant te verum deum et quem misisti Iesum Christum". Despullats donchs y privats de tota intel·ligència són de judicar los mortals si per algun modo se persuadexen poder sperar o entendre alguna cosa sens la deguda conexença de Déu, en qui és col·locat lo principi y lum de tot lo nostre saber; on mèritament deya Plató, com recita Sant Agostí, VIII *De civitate Dei* capítol VII: "Lumen accomodatum ad dicendum omnia est ipse deus a quo facta sunt omnia". Per la qual cosa a Ell la memòria, l'ànima tostemps y lo cor nostre deu ésser girat.

Havent ara lo poeta en los precedents vessos demostrat qual és lo verdader obgecte de l'enteniment nostre, on és maniffesta la vanitat de tota altra sciència pertinent a la vida speculativa, reprèn consegüentment la obscura diligència y lo obumbrat discórrer de la humana prudència circa les coses temporals pertinents a la vida política, dient: "O mente vana y vagarosa,[97] y a la fi dels teus treballs tostemps dejuna y vàcua! Per què·t dónes tants pensaments? Com sia cosa que una poca ora se perda tota aquella obra que ab fadiga se és ajustada ab molt temps, e majorment que aquell que·n lo pensament prem l'ànima, ço és lo dia abans passat, lo ésser[98] present, y lo ayr de matí y lo ayr vespre, y les altres differències del temps; totes passaran axí com a propi d'ells fos una ombra". On diu:

> O mente vaga, al fin sempre digiuna,
> A che tanti pensieri? un'ora sgombra
> Quel che in multi anni a pena si raguna.
> Quel che l'anima preme et ingombra:[99]
> 'Dianci' et 'adesso', 'ier', 'matina matina' et 'ier sera',[100]
> Tutti in un punto pasaran come ombra.

---

[96] *consigna*: it. "insegna".
[97] *vagarosa*: ms. "vagaraosa".
[98] *ésser*: ms. "aser"; it. "adesso".
[99] *preme et ingombra*: Pac. "nostra preme e 'ngombra".
[100] *'Dianci'...'ier sera'*: Pac. "'dianzi', 'adesso', 'ier', 'deman', 'matino' e 'sera'".

Axí com la sapiència y aquell àbit que més és excel·lent en la contemplació, axí encara la prudència és més digna que algun altre àbit que la nostra [fol. 238v] vida porte en la política conversació. Aquesta donchs, segons que mostra Ciceró en los *Officis* y Aristòtil en lo V de la *Ètica*, és lo principi de tota nostra loable operació. Aquesta és instituhida per la cura pública y per la privada. A·questa·s pertany no solament reguardar lo present, mas recordar lo passat y perveure l'esdevenidor, per ço que en lo nostre obrar no cayga error y aprés penediment, com demostra Tuli en lo primer *Dels officis* dient: "Illud magni et ingenii est precipere cogitacione futura et aliquando ante constituere quid accidere posit in utramque partem et quid agendum sit cum quid evenerit nec committere et aliquando dicendum sit non putaveram". La qual cosa maniffestament se pot considerar y compendre quants pensaments caen en los ànimos dels prudents.

Si donchs aquest àbit sols se dreça a les coses mondanes y temporals, a què és necessari dar-se tant pensament?[101] Com sia cosa que una brevíssima hora moltes voltes aparta tota la provisió de molts anys feta de aquells que·s nomenen prudents. O immensa fatiga! Quant ab rahó en un punt se pert aprés que solament se funda en cosa vana! On verament vana y dejuna se troba la memòria quant sola la prudència exercita a possehir les coses terrenals, ni són aquests prudents reputats en lo món aquells que attenyen lo cel, mas los induhits los quals en lo viure lur són reputats orats, los quals may no fallen en pensament, havent aquell sols col·locat en Déu y en lo atenyr la pàtria celestial, hon los hòmens que sol en lo món han posat tota sperança y en aquell posseir agreujen la memòria d'infinits pensaments. Scoltem Salamó en la *Sapiència* en lo segon capítol, dient "Umbre enim transitus est tempus nostrum et non est reversio finis nostri quoniam consignata est et nemo revertetur". E veuran clarament [fol. 239r] que aquest nostre diversament pensar ensemps ab la differència del temps on pervé pasaran un pont,[102] axí com lo poeta afferma, en similitut de ombra.

Seguex aprés micer Ffrancesch allò que per necesitat deu seguir al judici divinal circa les mesures de les coses glorifficades, dient que lavors no haurà més loch lo "fon" ni lo "era", ni encara lo "se-

---

[101] *dar-se tant pensament*: ms. "darse tant se tant pensament"; it. "darsi temporali pensieri".

[102] *un pont*: "en un punt", "ràpidament"; it. "en un punto".

rà", lo "és", y "ara" y "huy", ço és lo temps...[103] present, e solament serà la mesura de la trinitat tota perfeta, tota recollida y entera;[104] ultra açò seran levats tots los obstacles de la intel·ligència los quals posen les prefates differències del temps, quasi axí com en comparació de la nostra vida corpòrea fossen aplanats los puigs davant y detràs los quals occupen aquella y encara no·s trobara més obgecte hon se'n puge la nostra sperança, ni on se exercite la nostra memòria.

    Non harrà[105] luoco 'fu', 'sarrà' né[106] 'era',
    Ma 'è' sol, 'al[107] presente', et 'hora', et 'hoggi',
    E sola 'eternità' racolta in terra;[108]
    Quasi spianati inanci et drieto[109] i poggi
    Che occupano[110] la vista, et non[111] fia in cui
    Nostro[112] sperar o[113] rimembrar s'appoggi.

Axí com és doctrina universal dels teòlechs, axí és de saber a intel·ligència dels precedents vessos que, durant en tal disposició aquest món y continuant-se lo instituhit orde de l'univers, tres són les mesures[114] de les coses per ell diffinides, ço és temps, lo qual és la mesura[115] de totes les coses generals y corrubtibles, les quals han principi e axí matex han fi. La segona és nomenada evo, y és mesura la qual és principi e no ha may fi, e aquesta és la mesura dels àngels y dels sperits incorpòreus de l'ànima humana y dels cossos celestials. La terça mesura és dita eternitat,[116] la qual no ha principi ne fi; aquesta sola mesura solament convé a Déu; la qual diffinint los tèolechs dien: "Eternitas est tota simul perfecta duracio".

---

[103] *lo "serà"...temps*: "el 'serà', és a dir el temps pretèrit i el futur, sinó només serà el 'és' i 'ara' i 'avui', és a dir el temps..."; it. "il sara: cioe e il tempo preterito e il futuro. Ma solamente sara lo e e hora e oggi cioe il tempo presente...".
[104] *entera*: ms. "en terra"; it. "intiera".
[105] *harrà*: Pac. "avrà".
[106] *né*: Pac. "ned".
[107] *al*: Pac. "in".
[108] *in terra*: Pac. "e 'ntera".
[109] *inanci et drieto*: Pac. "dietro e 'nanzi".
[110] *occupano*: Pac. "occupavan".
[111] *et non*: Pac. "non".
[112] *Nostro*: Pac. "vostro".
[113] *o*: Pac. "e".
[114] *mesures*: ms. "miseries"; it. "misure".
[115] *mesura*: ms. "miseria".
[116] *eternitat*: ms. "ternitat".

Donchs aprés lo judici fermant-se lo cel, com damunt [fol. 239v] diem, no serà més lo temps semblantment, perquè lavòs tota nostra perfecció, goig y felicitat devallarà solament de la clara visió de la divina essència, la qual ha en si tota cosa present; per aquest serà a nosaltres present y entrega la nostra beatitut, ni més de memòria del passat o provisió del sdevenidor serà dependent. On, vent nosaltres cara a cara[117] y en ell contemplant e intuint tota cosa present, per ço no haurà més obstacle en lo nostre entendre, mas tot obgecte ensemps resplandirà en l'enteniment nostre así com tot un pla ensemps no-res se representa a la vista corpòrea. Per la qual cosa no més haurà obrar la memòria, havent l'enteniment nostre tota complida adepció,[118] y no serà més archívio[119] de les spècies e imatges intel·ligibles; emperò que·n l'espill de la divina essència actualment resplandirà tota cosa. Là on cessarà la sperança per l'actual possessió de tot bé, lo qual resultarà en les ànimes benaventurades per la fruició de la essència divina.

Per aquesta donchs singular doctrina seguex lo poeta un salutíffer document, dient que la varietat dels temps e diversitat de les coses fan que per la sperança l'ome en tal manera vaneja sperant les coses que són levables[120] que tal volta aquesta nostra vida par y és estimada un joch, pensant l'ome tostemps allò que és stat y allò en que ell spera de ésser. On diu:

> La qual varïetà fa spesso altrui
> Vanegiar sì che 'l viver par un gioco,
> Pensando pur: che sarò io, che fui?

Vera y notable sentència és aquella que ha descrita micer Ffrancesch en los precedents vessos. Per la qual intel·ligència és de saber que la fortuna ha tant domini contra les obres nostres que alguns philòsoffs, com fon Demòcrito, volgueren[121] lo cel e qualsevol altra cosa ésser produhida sols de la fortuna; la qual oppinió par que consenta Salusti dient: "Sed fortuna perffecto in omni re dominatur ea res cunctas ex libidine magis [fol. 240r] quam ex vero celebrat obscuratque". La qual cosa ja los romans, migançant Lúcio Lúcullo, edifficaren un temple a la deessa de Fortuna.

---

[117] *cara a cara*: ms. "cara cara".
[118] *adepció*: "aconsseguiment"; it. "adeptione".
[119] *archívio*: "arxiu"; it. "archivo".
[120] *que són levables*: ms. "que levables"; it. "le cose labili".
[121] *volgueren*: ms. "volgue".

Segonament és de entendre qu·entre les spècies de la argumentació és connumerat lo exemple, axí com Boeci en la *Tòpica* sua y Aristòtil en lo primer de la *Posteriora* demostren; on intervé que los hòmens en lo lur govern, tostemps discorrent per los exemples d'altri, s'esforcen obrar en aquella manera que los altres han obrat, per ço que lavòs axí matex subcehexca.[122] On, axí remeditant-se[123] lo passat y sperant l'esdevenidor la fortuna, que par qu·és alegre tostemps ordenar les coses que en un punt destorba y desfa y perverteix la nostra provisió, hon mèritament los hòmens, veent acò, jutgen aquesta nostra vida no ésser alrre qu·un joch de la occulta fortuna.

On maniffestament se veu aquest tal pensament y premeditar en lo món no alrre ésser de nomenar qu·una vanitat y vacuïtat de certesa. Per la qual cosa aquesta tal disposició de la fal·lace sperança aprés lo dia del juhí, possehint l'ome qualsevol cosa presencialment y conexent[124] lo seu estat ésser invariable, serà totalment delida[125] y apartada.

Seguex aprés micer Ffrancesch un altre effecte lo qual encara aprés seguirà al judici, dient que lavors no serà més divisió a poch a poch en part menor per respecte d'un home o d'una altra cosa singular, mas serà tota cosa ensemps y no serà més estada[126] ni encara yvern; y ultra açò serà lo temps mort y lo loch variat. On diu:

> Non sarà più diviso a poco a poco,
> Ma tutto insieme, non[127] più state o verno,
> Et morte[128] il tempo, et varïato il loco.

Circa la intel·ligència dels precedents vessos és de saber principalment que, com aprés lo dia del judici en lo cel dega ésser distincció de major y de menor glòria, y axí matex en infern varietat de major y menor y més intensa pena per respecte de diverses subjectes y persones, norresmenys un [fol. 240v] matex home serà participant més de divisió. Emperò que en lo cel no creixerà més la glòria ni en

---

[122] *subcehexca*: el texto italiano añade: "succeda quello che a quelli tali a haver successo intendano".
[123] *remeditant-se*: ms. "remeditan-se"; it. "remeditando".
[124] *y conexent*: repetido en el ms.
[125] *delida*: "suprimida"; it. "deletta".
[126] *estada*: "estiu".
[127] *non*: Pac. "e non".
[128] *Et morte*: Pac. "ma morto".

alguna part se desminuirà, mas tot lo goig serà tostemps uniforme y segons la capacitat del subjecte, y encara sobirà; e egualment en infern la pena serà extrema y contínua sens diminució segons la disposició, y ella encara del subjecte. No serà encara per respecte del món més divisió, essent mancat lo temps, lo moviment, los quals són la primera cosa divisa que occórrega entre nosaltes, com se veu en lo VIII de la *Ffísica*, on per aquesta causa qualsevol cosa, aprés que intervinga aquella, serà sobirana y tota ensemps unida.

Segonament és de entendre que, fent-se a nosaltres les stades[129] per l'altitut del sol y més lonch camí sobre lo nostre emisperi, e l'ivern per l'absència sua e[130] menor camí, on és necessari que·l sol se moga e discórrega per lo cercle zodíach, per aquest respecte devent-se lo sol fermar aprés lo dia del judici e no més alçar o abaxar, és necessari que lavòs no sia ne més estades;[131] y consegüentment serà mort lo temps, no més movent-se o variant-se lo cel.

Últimament és de notar que lo loch ésser variat se pot en dos maneres entendre. La hu és que, essent estat lo món domicili y abitacle de l'home a ell per Déu consignat, axí com és scrit en lo *Gènesis* en lo III, aprés del dia del judici no s'i abitarà may, pux estarà lo cel o verament en infern; e axí lo loch de l'home y lo seu habitacle vendrà totalment variat.

L'altre modo és segons que la philosòffica consideració, ço és que, essent lo loch diffinit en lo quart de la *Phísica* ésser la última superfícia del cors circuhint lo locat per certa y determenada distància a un terme fix, ver o verament[132] per ço stant tot lo cel segur, no serà més rahó de imaginar més un punt segur qu·un altre, puix que sia locat en lo cel. E axí ymagi[fol. 241r]nant-se la formalitat del loch per respecte de pols,[133] lavòs essent tota cosa segura no·s porà aquest tal siti a·quest fix terme refferir. Poden-se encara aquests vessos interpetrar altrement, ço és que l'esperar lo qual és huy en lo món a poc a poc divís, e si augmenta o diminuhix segons lo concurs de les causes ajudants o contràries, lavors serà tot ensemps; la qual exposició és[134] substentable, mas la primera és més erudita.

---

[129] *les stades*: "els estius".
[130] *e*: ms. "es"; it. "e".
[131] *ne més estades*: "ne més estades ni hiverns"; "it. "ne piu state ne verno".
[132] *ver o verament*: ms. "ver es verament"; it. "vero o veramente".
[133] *de pols*: ms. "de po el"; it. "de poli".
[134] *és*: ms. "y"; it. "e".

Un·altra volta encara micer Ffrancesch subseguint introduheix la ffama y la glòria dels hòmens mortals aprés lo dia del judici ésser molt més dignes,[135] més segures y més fermes, dient que lavòs los anys no hauran més en mà y en poder lo govern de la mortal fama, mas qui lavòs serà sol clar una volta indubitadament serà eternal y famós. Emperò exclama ab rahó seguint: "O donchs glorioses y benaventurades aquelles ànimes les quals al present són en via y en lo sdevenidor seran de aquesta vida terrena de pervenir com sia a posehir a la ffi del qual yo parle ab tanta efficàcia!". On diu:

> Et non haranno[136] in man gli anni il governo
> Delle fame mortali; anci chi fia
> Chiaro una volta, fia chiaro in terno.[137]
> O fellice[138] quell' anime che in via
> Sono o seranno di venire al fine
> Del quale io parlo,[139] quantumqu'e' si sia.

Cosa notíssima és per lo contengut de micer Ffrancesch que ell tres voltes replica los hòmens bé obrant ésser en ffama eterna aprés lo dia del judici, e axí exclama la beatitut de aquelles ànimes que meriten conseguir aquesta glòria; e la causa és que, on l'ome vol demostrar un gran e singular effecte, tostemps parlant replica allò mateix, emperò que, com dix lo philòsoff in libro *Permenias*: "Voces sunt earum que sunt in anima passionum note"; y en lo IIII de la *Èthica* scriu: "Qualiscumque unusquisque est talia dicit et operatur". Açò usa Ciceró en la *Oracio contra Catilinam*, dient Catilina: [fol. 241v] "Hic est Catilina qui nisi sibi resistatur non solum urbem sed orbem pesundabit". Virgili egualment, en lo segon de l'*Eneydos*, volent demostrar lo mateix diu: "Ad celum tendens ardencia lumina frustra / Lumina nam teneras arcebant vincula palmas"; y en lo VI: "Proculo procul este profani".

Açò mateix demostra nosaltres Jesucrist en sant Johan, en lo derrer capítol, quant tres voltes continuant diu a Sen Pere: "Simon Johannis diligis me pasce oves meas". Les quals paraules Jesucrist solament diu per demostrar lo compliment de la caritat deure ésser

---

[135] *dignes*: ms. "digne".
[136] *haranno*: Pac. "avranno".
[137] *terno*: Pac. "eterno".
[138] *fellice*: Pac. "felici".
[139] *Del...parlo*: Pac. "di ch'io ragiono".

en los sacerdots, segons que vol Sant Johan Grisòstom en lo II libre del seu *Diàlogo*. Lo món donchs per lo qual seran los benaventurats en sempiterna fama molt damunt és stat maniffest e ab los exempts[140] del poder y de la força dels anys, on és maniffest tanta perfecció ab gran rahó del nostre poeta, y exclamar-se y replicar-se moltes voltes.

Narra aprés micer Ffrancesch dient que, entre les altres ànimes glorioses que·s veuran en lo cel aprés lo judici, beatíssima molt més que altra serà madama Laura, la qual mort prevé[141] y del món rapa[142] o pren molt d'ací del terme del confine natural. On diu:

> Et fra[143] l'altre legiadre et pelegrine
> Beatissima lei, che morte uccise
> Assai di qua dal natural confine!

Havent lo nostre poeta en los superiors vessos demostrada ésser la glòria benaventurada digne confort y vera exortació, posa al present, conforme a la Sglésia catòlica, quant en los precedents vessos, posant més nombre de sperits benaventurats, diu madama Laura[144] molt més benaventurada que·ls altres. Per la qual intel·ligència és de saber que l'altíssim Deu, jutge just y sens eccepció de persones, retribuirà a cascú la glòria y la salut segons mèrits[145] en vida produhits, axí com més voltes de sobre havem dit, majorment per auctoritat [fol. 242r] de Sent Johan en lo *Apocalipci*, a XX, e de *Ysaÿes*, capítol XXVIII. Lo medi donchs per lo qual se ateny aquesta glòria y salut és[146] lo sacre batisme y la fe, com Jesucrist testiffica en Sant March, dient: "Qui crediderit et babtizatus fuerit salus erit".

Segonament és de notar que per madama Laura, com de principi diem, micer Ffrancesch entén circunscriure los hòmens que ab rahó e ab religió se governen, axí com fon demostrat per ell en los dignes Trihunffos de la Pudicícia y de la Mort.

Últimament és de notar, com segons la última conclusió dels teòlechs, majorment de Sant Thomàs, in 2a 2e en la I qüestió, en tres

---

[140] *ab los exempts*: ms. "ab exempt"; it. "con gli exempti".
[141] *prevé*: ms. "perve"; it. "prevenne".
[142] *rapa*: "rapta"; it. "rapi".
[143] *fra*: Pac. "tra".
[144] Falta el verbo "està", "ésser estada"; it. "esser stata".
[145] *mèrits*: ms. "merit"; it. "meriti".
[146] *és*: ms. "y"; it. "e".

maneres per fe se salven los crestians. Alguns se salven en la ffe de la Sglésia universal, e aquests són los hòmens idiotes los quals no han distincta conexença de aquelles coses que són necessàries a creure, mas creen últimament allò que creu la Sglésia. Alguns altres se salven en la ffe del pare y de la mare lur, e aquests són los infants que moren; per los quals los compares prometen a Déu en les fonts la ffe. E la terça aprés que·s salven són los adults los quals se salven per la pròpia ffe, ells[147] erudits y experts de aquelles coses que·s deuen fer per confermar-se a la voluntat de Déu. E aquests tals, figurats del poeta per Laura, seran molt més benaventurats que·ls altres, havent meritat més que·ls altres. Per la qual cosa nosaltres tàcitament convida lo poeta a conseguir aquesta glòria major, y encara als altres és dada sperança que per si mateixs no·s poden levar a la contemplació de les coses divines posant los benaventurats, ab tot que ab menor glòria.

Laura donchs en lo cel, per los mèrits seus més gloriosa, fon de la mort substreta molt delongada dels tèrmens naturals. Emperò ella morí de edat de XXXV anys y lo terme comú del viure és fins a la edat de LXX anys; on en lo mitg del cors del viure com fon la digna Laura apartada e substreta de la vida axí[148] demostra lo nostre [fol. 242v] micer Ffrancesch en aquell sonet dient: "Nella eta sua piu bella et piu fiorita / Quando amor solue haver in noi piu força / Lasando in terra la terrena scorça / E Laura mia vitale da me partita". Per los quals vessos és circunscripta del poeta la edat sobredita.

Continua aprés consegüentment lo poeta e porta un effecte lo qual seguirà de les ànimes benaventurades, ço és l'apparència de les lurs bones e santes obres, dient que lavòs aprés lo dia del juhí seran apparents davant lo conspecte de tots los benaventurats les angèliques,[149] honestes y distinctes paraules de Laura i los casts y virtuosos pensaments que natura tramès y col·locà en lo jovenil cor de aquella. On diu:

> Parransi allora le angliche[150] divise
> Et l'honeste parole et i pensieri[151] casti
> Che nel core[152] giovenil natura mise.

---

[147] *ells*: it. "essendo lor".
[148] *axí*: ms. "axi com".
[149] *de tots los benaventurats les angèliques*: ms. "de todes les benaventurades angeliques"; it. "de tutti i beati le angeliche".
[150] *Parransi...angliche*: Pac. "Parrano allor l'angeliche".
[151] *et i pensieri*: Pac. "e i penser".
[152] *core*: Pac. "cor".

Per més plana intel·ligència dels precedents vessos és de saber que·n la benaventurada glòria no·us[153] sia causa de enveja ni d'altre humà escàndel, mas tot effectuosa[154] y ardent caritat de cascuna ànima se veurà lo seu premi corresponent[155] al precehit mèrit. E perquè en tres maneres merita l'ome en la vida present, ço és migancant les paraules, migancant los pensaments e migancant les operacions; axí com encara per contrari en aquestes tres maneres se peca,[156] emperò lo poeta exprimix que de Laura seran manifestes...[157] y los pensaments, callant les obres axí com cosa notíssima.

Segueix aprés encara un altre effecte que deu ésser present y seguir aprés al judici, lo qual és que los morts ressucitats y glorifficats tornaran en la lur més florida edat, hon se veurà la bella vista de Laura hon Amor molt temps lo tingué ligat. Per la qual cosa essent maniffesta cascuna cosa en lo conspecte de tots los benaventurats, diu que serà entre ells mostrat ab lo dit: "Vet ací qui tostemps plangué en vida y en mort de Laura [fol. 243r] e norresmenys en lo plany seu fon més aquest que may altre benaventurat enamorat en qualsevol ris o altre enamorat plaer". On diu:

> Tanti volti, che il Tempo e Morte hanno[158] guasti
> Tornaranno alloro[159] più fiorito stato;
> Et vederassi[160] ove, Amor, tu me legasti,
> Onde io a dito ne sarò mostrato:
> "Ecco chi sempre pianse,[161] et nel suo pianto
> sopra il riso d'ogni altro fu beato!"

Axí com és fàcil cosa entendre per lo contengut en los precedents vessos, lo nostre poeta, en ells presuposa dues coses. La una és los morts deure resucitar en la més florida edat, la qual se diu ésser la edat que fon de Jesucrist. Là hon, persuadint-la primer los nostres sacres thèolechs per molt nombre de efficàcia y rahons,[162]

---

[153] *no·us*: it. "non vi".
[154] *effectuosa*: it. "affectuoso".
[155] *corresponent*: ms. "corresponents".
[156] *peca*: ms. "pertany"; it. "pecca".
[157] Falta "les paraules"; it. "le parole".
[158] *il Tempo...hanno*: Pac. "Morte e 'l Tempo à".
[159] *alloro*: Pac. "al suo".
[160] *vederassi*: Pac. "vedrassi".
[161] *sempre pianse*: Pac. "pianse sempre".
[162] *de efficàcia y rahons*: "de raons eficaces"; it. "di efficaci ragioni".

emperò nosaltres en lo present serem contents solament de dues. Per les quals porem entendre, primer, és de presuposar que Déu sia just, la qual cosa demostra lo apòstol *Ad Ephesios*, VI, quant diu en Déu no ésser excepció de persones, y lo mateix scriu David proffeta *Psalmo*[163] VII dient: "Deus iudex iustus et fortis", e al *Psalm* X: "Quem iustus dominus iusticiam dilexit equitatem vidit vultus eius", e al *Psalm* CXXXXIIII e al *Psalm* XXXXVI;[164] e açò conferma la glosa in *Lege iusticia* et ff. *De iusti et iure*.

Segonament és de presuposar que qualsevol cosa comet peccat que[165] aquella de Déu se ha de judicar y punir. Per los quals dos presupòsits s'i porta una primera rahó, la qual és que, havent peccat ensemps l'ànima y lo cors en lo individuu de Adam en la sua transgressió contra les leys manaments de Déu, per ço deu l'ànima y lo cors ésser de Déu punit si volen servar la sua infinida justícia. Per la qual cosa demostra la experiència que molts peccadors vénen a mort sens comportar alguna pena en lo cors; per ço és necessari que haja lo cors a ressucitar per degudament comportar aquella pena aprés lo dia del judici, la qual era condigna als seus peccats comesos.

[fol. 243v] Mas si algú digués la pena del cos ésser la sua incineració, dich açò ésser error, emperò que hon no ha sentiment, no y pot haver pena. Donchs aquella no és pena del cors humà, mas dissolució del cadàver stat ja cors y part essencial de l'home. Per la segona rahó se presuposa que nosaltres siam membres vencuts[166] en lo cors místich al cap nostre primer Jesucrist, lo qual presupòsit explica lo apòstol *Ad Ephesios*, VI, quant dix parlant de Jesucrist y de nosaltres: "Quia membra sumus corporis eius et de ossibus eius". E Jesucrist, en Sant Johan capítol XVII, confermant lo mateix, diu parlant al Pare: "Caritatem quam dedisti michi dedi eis ut sint unum sicut et nos unum sumus ego in eius et tu in me". Del qual presupòsit naix altra rahó, la qual és que Crist resurrexí, donchs nosaltres resucitarem. Aquesta consecució és necessària per virtut del primer principi científffich, ço és: "De quolibet dicitur alterum duorum contradictoriorum et de nullo eorum ambo". De què, si nosal-

---

[163] *Psalmo*: ms. "spalmo".
[164] *e al spalm CXXXXIIII e al spalm XXXXVI*: it. "Et al psalmo cxliiii Iustus dominus in omnibus viis suis sanctus in operibus suis questo medesimo afferma al psalmo xviii e al psalmo xlix e al psalmo xlvi".
[165] *qualsevol...que*: "qualsevol cosa que comet pecat".
[166] *vencuts*: error por "units"; it. "uniti".

tres no ressucitàssem, seria necessari de dir o que de un[167] mateix cors místich se veriffïcàs ressucitar y no resucitàs, qu·és imposible, o que Jesucrist hagués mentit e no fos verdader Déu, la qual cosa l'amor divinal imaginar prohibeix a cascú.

E conferma's aprés la resurrecció dels morts per lo sacre elòquio de divinals proffetes; on principalment *Osees*, a XIII, parlant de persona de Jesucrist diu: "O mors ego ero mors tua". La qual cosa no pot ésser, ço és que la mort muyra, si aquells que són morts no ressuciten en estat lo qual no sia may sotmès pus a la mort. David proffeta encar mostra lo prepòsit al *Psalm* III,[168] dient: "Ego dormivi et soporatus sum et resurrexi qua dominus suscepit me". Confermà aço mateix la sperança de Marta en Sant Johan, capítol XI,[169] dient a Jesucrist: "Scio quod resurget in resurrectione in novissimo die". E Judas Macabeu, sperant encara la resurrecció, tramès al temple en Jerusalem XII mília dragmes per satisffer als peccats dels morts, [fol. 244r] com se scriu dels *Machabeus* en lo segon. Dexarem ara *Zechiel*, XXXVII, *Micheas*, capítol VIII, *Job* y lo *Evangeli* per no fer[170] més concordes testimonis, que·n aquesta causa a nosaltres no és dubtosa. Mas que Crist resucitàs, si la judayca porfídia y la herètica pravitat no u creu als proffetes havent-ho pronunciat, als apòstols que ab ell ressucitat anaren a rahonar y a mengar havent-lo testifïcat, creguen almeny al scriptor Josophus, lo qual en lo libre *De antiquitatibus*, e a qui, per cert, se confondrà tota error, ell axí[171] diu de Jesucrist: "Ffuit autem iisdem temporibus Iesus sapiens vir si tamen eum virum appellare fas est. Erat enim mirabilium operum effector doctorque hominum eorum qui libenter ea que vere sunt audiunt. Et multos quidem iudeorum multos eciam ex gentibus sibi adiunxit. Et Christus hic erat hunc cum accusacione primorum nostre gentis virorum eum Pilatus in cruce hagendum esse decrevisse non deserverunt II qui eum ab inicio dilexerant. Apparuit autem tercia eis die iterum vivus secundum que divinitus inspirati proffete hec vel alia innumera de eo miracula futura esse predixerant". Hon donchs pot justament refugir lo hebreu? Hon lo herètic, saduceu,[172]

---

[167] *de un*: ms. "un"; it. "duno".
[168] *III*: it. "iiii".
[169] *XI*: it. "vi".
[170] *fer*: ms. "fes".
[171] *axí*: ms. "xi".
[172] *Hon lo herètic, saduceu*: it. "dove lo heretico? dove il saduceo?".

que nega la resurrecció? No altra cosa deu fer més segura[173] que al gremi de la Santa Sglésia, penedint, confessar-se les sues errors.

Últimament es de entendre la segona cosa introduïda del nostre poeta, ço és que los cossos dels benaventurats resucitant retornaran en la més florida edat, e aquesta és conclusió de tots los theòlechs, en lo IIII de *Sentències* a la última distincció, on dien que tots los benaventurats resucitaran en la edat de Jesucrist en la qual era quant ell morí, ço és de XXXII anys e tres mesos de la nativitat. E açò serà per dues probables rahons; la primera perquè, essent-se en vida los benaventurats conformats ab Jesucrist en les sues obres, és convenient que sien en glòria a ell encara conformes. La segona rahó és perquè, havent los benaventurats [fol. 244v] a resumir tota perfecció, no li deu mancar aquella de la edat, la qual és lo medi de la consistència, dels metges nomenada "etas pulcritudinis"; la qual Jesucrist elegí en la mort, per ço que, essent aquella més que altra florida, en[174] la sua mort sentís algun tant més pena. En açò donchs segueix micer Ffrancesch que·s reveurà la bella vista de Laura e dirà[175] d'ell quant en lo seu plànyer serà stat benaventurat, per confermar-se a la sentència de Sant Agostí, V *De civitate Dei* capítol último, on diu: "O miserum cui peccare licebat".

On per contrari benaventurat se pot dir aquell al qual lo peccar no és lícit, axí com intervé al nostre micer Ffrancesch, lo qual, volent ab molt delit e molt immoderadament veure la bellea de Laura, de la castedat e prudència de aquella li era prohibit, de què·s dolia molt y planyia; en lo qual plant molt més era de tenir benaventurat que los altres amants en lo alegre ris per la possessió de l'obgecte d'ells ací baix sens mesura amat.

Poden-se encara altrament interpetrar aquests vessos, ço és que micer Ffrancesch vulla fer excel·lent la bellea de Laura, dient aquella ésser tant que major benaventurança era aquella guardar y d'ella plànyer-se, no podent-la més possehir, que amar altra dona y haver d'ella tot desigat plaer; axí com ell matex testiffica en aquell sonet "Ffera stella se il cielo ha força in noi", hon a la fi parlant diu a Amor: "Pur mi consola, che languire per lei / Meglio e, che gioire d'altra; et tu me 'l giuri / Per lo aurato tuo strale, et io tel credo". La qual exposició és tol·lerable, mas la primera al meu judici és més conforme a la contexta matèria.

---

[173] *No altra cosa deu fer més segura*: it. "non alteove piu securamente".
[174] *en*: ms. "ni"; it. "ne".
[175] *e dirà*: ms. "y la ira"; it. "e dira".

Continua aprés ajustant micer Ffrancesch hun effecte convenient a les ànimes benaventurades, dient que aquella per la qual encara ell canta en[176] poemes planyent tostemps a recordar-la morta farà[177] de si mateixa grandíssima maravella, sentint-se entre les ànimes santes donar lahor de perffecció y de glòria. On diu:

> [fol. 245r] Et quella per cui piangendo io[178] canto
> Harà[179] gran maraviglia di se stessa,
> Sentendosi infra[180] tutte dare il vanto.

Vol lo poeta en los precedents vessos, com solament Laura nomene y descriua, axí com moltes voltes havent dit figurar per la persona d'ella tots aquells hòmens que per pròpia ffe y operació virtuosa atengueren lo cel, madama Laura donchs y aquests altres hòmens benaventurats en lo cel sentiran loar-se[181] per los altres benaventurats de menor glòria; e no·s elevaran per allò en supèrbia, mas maravellar s'an[182] que lavòs tantes lahors a ells se atrebuhexquen, veent la innocència e puritat dels infants morts en la edat de la infància, e la simplicitat e rectitut de ànimo y la gran ffe dels hòmens idiotes, la qual judicaran ésser molt més digna de mèrit que la lur condició; e açò per lo foch de la ardent caritat la qual hauran ensemps les ànimes benaventurades.

Narra aprés y ajusta lo poeta una sentència evangèlica, dient que, quant aquest stat de la glòria y últim dia del judici haja ésser ell no·l sab, mas pròpriament lo sab madama Laura, perquè la creença...[183] de aquest alt secret sab qui s'acosta a més fel companyia de

---

[176] *en*: ms. "non"; it. "ne".
[177] *farà*: ms. "ara"; it. "hara".
[178] *per cui...io*: Pac. "di ch'anchor piangendo".
[179] *Harà*: Pac. "avrà".
[180] *infra*: Pac. "fra".
[181] *loar-se*: ms. "lor se".
[182] *maravellar s'an*: "se meravellaran".
[183] *creença*: la traducción salta aquí a otra mención de "credenza" muy lejos en el texto italiano: "del dia del judici universal la té i pertany als més fidels i propers a la divina esència. On fa una acomodada interrogació dient qui s'acosta a tant alt secret? Volia inferir gairebé ningú o raríssim, i aquell de la fidelíssima companyia del cel a qui tan profund misteri per divina inspiració sigui revelat. Hi ha norresmenys alguns que llegeixen tanta creença a més fidels companys de secret tan alt la té qui s'acosta sense interrogació, dient que la creença..."; it. "perche la tanta credenza del di del universal giudicio ha e apertiene a li piu fideli e propinqui a la divine essentia: onde fa una accomodata interrogatione dicendo chi sappressa a si alto secreto? quasi voglia inferrire nullo o rarissimo: e quello de la fidelissima compagnia del

Déu en lo cel. Mas per quant ell crega y s'estime ja és propinch o·s dega acostar. On diu:

> Quando ciò fia, nol so; sallo propria essa[184]
> Tanta credença a' più fidi compagni,
> Di sì alto secreto ha[185] chi s'apressa?
> Credo che s'avicini.

A major notícia e més clara evidència dels precedents vessos és de saber, segons la sentència de Dionís in libro *De gerarchia* y del mestre de les *Sentències* en lo segon a la VIIII distincció, que l'orde dels àngels és distincht en tres gerarchies y tota gerarchia en tres cors d'àngels, y són denomenats dels dons de les gràcies a ells atorgades de l'Altíssim Déu. On la primera superior gerarchia és més digna [fol. 245v] e distincta en seraffins, los quals se interpretren tan ardents de caritat; y los cherubins se interpretren de intel·ligència plens y de sapiència; los trons, que·s dien ésser cadires, tant són plens de gràcia que en ells par que Déu se pose y repose. La segona jerarchia[186] és divisa en denominacions les quals[187] en virtuts excedexen als principats e les potestats als quals és comès lo govern de l'orde del cel y conservació del món y los principats axí nomenats, perquè són preposats a dispondre coses particulars del món a ells subgectes; e aprés axí dit, perquè han en lo món aparellar tots los effectes supernaturals. De la terça y última gerarchia los primers són les[188] virtuts, per les quals mostra los grans miracles que s'obren, y en lo segon són los archàngels, per los quals denuncia en lo món los esdevenidors effectes de major dignitat; lo terç y últim se nomenen àngels, los quals anuncien als hòmens les coses comunes.

Segonament és de saber que quant serà lo judici universal és un grandíssim secret y amagat, com sia cosa que negú la sàpia sinó lo pare eternal, com testiffica Jesucrist en Sant Matheu affermant, a

---

cielo a cui tanto profondo misterio per divina inspiratione sia revelato: sono nientedimeno alchuni che leggono tanta credenza a piu fidi compagni di si alto secreto ha chi sappressa senza interrogatione dicendo che la credenza di questo alto secreto...".

[184] *sallo propria essa*: Pac. "se fu soppressa".
[185] *Di...ha*: Pac. "a sì alto segreto".
[186] *jerarchia*: ms. "rerarchia".
[187] *denominacions les quals*: ms. "denominacio egual"; it. "in denominationi equali".
[188] *les*: ms. "los".

XXIII, y en Sant March, a XIII, dient parlant del dia del judici: "De die autem illa et hora nemo scrit: neque angeli celorum nisi pater solus". Mas per molts se jutja Jesucrist haver entès dels àngels inferiors de la segona y terça gerarchia, e no dels primers, havent ells la plenitut de la intel·ligència, e segons que par que vol Sant Gregori. Com lo mestre en lo loch al·legat interpetre lo seu dir se judica que los seraphins per la charitat lur hajen tanta intel·ligència quanta los cherubins, stant[189] tostemps asistents ab Déu; la qual opinió micer Ffrancesch afferma en aquell loch.

Últimament és de notar que lo poeta en aquests vessos descriu una grandíssima [fol. 246r] lahor de Laura, ço és qu·ella, per los seus mèrits, sia encesa[190] en la primera gerarchia dels àngels y aquells reguardant, o cherubins o ceraffins que sien, perquè en ells resplandexca la sua intel·ligència; e per ço ella haurà conexença en aquest axí gran secret si de aquí més prest pervé a més fel companyia de Déu, los quals són los àngels posats en la primera gerarchia, ço és ceraphins, cherobins e trons. Creu norresmenys micer Ffrancesch lo[191] temps del judici avehinar-s'i, y certament no sens rahó, que,[192] per los senys de Jesucrist en los lochs al·legats y en Sant Luch, a XXI, asigna, ço és guerra universal, pestilència, ffam, deffecte de luna y de cossos celestials, molt òdio e altres sentiments que deuen ésser als proïsmes intervenir en lo juhí, cascun saldo[193] enteniment pot fàcilment[194] compendre lo dia de l'universal judici no deure ésser de nosaltres molt distant.

Narra aprés micer Ffrancesch allò que actualment en lo dia del juhí se deu fer present lo Jutge Just, dient que lavòs la humana conciència farà rahó del ver guany, lo qual serà stat de la gràcia de Déu y de nostres mèrits, y encara dels falsos[195] fets de la cega cubdícia y avarícia, los quals lavors totes se conexeran ésser estats obres d'aranyes; ço és fràgils; obres d'aranya dich per ésser obres fetes en la sua perdició, com féu Aragnes quant contengué del laniffici ab Pal·las,[196] on en la tela pintà Aragnes los peccats dels

---

[189] *stant*: ms. "que stant".
[190] *encesa*: "ascendida"; it. "ascesa".
[191] *lo*: ms. "al"; it. "el".
[192] *que*: it. "imperho che".
[193] *saldo*: "obtús"; it. "saldo".
[194] *fàcilment*: ms. "faclment".
[195] *falsos*: ms. "fasos".
[196] *quant...ab Pal·las*: "quan teixí en el Lanifici amb Pal·las"; it. "quando contese nel lanificio con Pallade".

déus, per la qual cosa fon convertida en aquell verme lo qual d'ella encara se nomena aranya. E seguex que lavòs se veurà tot quant de present se obra en l'ayre la cura circa lo atènyer les obres terrenes, e quant en va los hòmens se afflegeixen hi·s fonen[197] per guanyar les afluències mundanes, e com a la fi en aquestes[198] delícies y plaers, creent los altres perpetualment possehir, se troben a la ffi enganats. On diu:

[fol. 246v] Et[199] guadagni
Veri et de' falsi si farà ragione,
Che tutte fieno allora opre de ragni.[200]
Vedrassi quanto in vano cura si pone,
Et quanto indarno s'afadiga et suda.[201]

Quin és lo guany del verdader acost de les ànimes en lo cel glorifficades[202] dalt és estat ja molt maniffest. Mas ara ab gran rahó en aquests[203] vessos, volent micer Ffrancesch mostrar la disposició dels[204] rèprobes, pren lo seu principi de la avarícia, dient com davant Déu se farà rahó dels falsos guanys, que segons que scriu lo apòstol *Ad Thimoteum*, IIII, l'avarícia és fonament y rahel de tot altre peccat; on diu: "Radix enim omnium malorum est cupiditas quam quidem appetentes erraverunt a lege et inserverunt se doloribus multis". Al qual propòsit diu encara Quinto Cúrcio: "Nichil neffas est avaricie". De què los antichs philòsoffs Crates Tebano, Zenone Ethingense, Talete Milèsio, Anaxàgoras claçomantino, Diògenes Cínico, Bias Prienense y altres molts encara damunt expressats repudiaren tostemps les riqueses com a causa de molts affanys e vicis; e Liguro Spartano, com mostra Justino en les sues leys, tot ús levà de or y d'argent axí com a matèria de tot mal y escàndel.

Últimament, quant a les vanitats de les cures dels hòmens, a ells

---

[197] *se afflegeixen hi·s fonen*: it. "saffatigano e sudano".
[198] *en aquestes*: ms. "aquestes"; it. "in queste".
[199] *Et*: Pac. "e de'".
[200] *tutte...ragni*: Pac. "tutti fien allor opre d'aragni".
[201] Falta un verso aquí que está presente en el texto italiano y que, como veremos en seguida, formará parte del comentario de este fragmento; Pac. "Come sono inganate le persone".
[202] *Quin...glorifficades*: it. "Quale sia lacquisto de veri guadagni fatti de lanime in celo glorificato".
[203] *aquests*: ms. "aquest".
[204] *dels*: ms. "des"; it. "de".

vans suors y a ells decepcions[205] molt basta[206] la damunt expresada sentència de Salamó en lo principi de l'*Ecclesiastès*: "Vanitas vanitatis et omnia vanitas"; e axí matex la sentència de Empèdocle, lo qual deya que la precípua y més honesta cosa que sia en totes les varietats[207] és menysprar la fluència de les coses mobles, caduques e transitòries. De què mèritament se trobaran enganats tots aquells que en allò han sperat en la present vida; ensemps ab Boeci en lo segon *De consolació* planyeran lo lur dan, dient envers si matexos: "Heu primus quis fuit ille: Auri qui pondera tecti. [fol. 247r] Gemmasque latere volentes. Preciosa pericola fodit". E axí, axí com a la fi se trobaran enganats, axí encara provaran la justícia divina lur dèbitament segons la vanitat de lurs pensaments exasperar y punir.

Continua aprés un·altra disposició de les ànimes del judici, la[208] qual és que tota obra humana sia notíssima y clara, dient que en aquell dia davant lo divinal conspecte nengun secret serà que tanque ni obre[209] la memòria dels hòmens; tota conciència, o clara o fosca que sia, serà en aquell dia nua y uberta davant tot lo món. On diu:

> Nisun secreto fia che apre[210] o chiuda.
> Ffia ogni conscïencia, o chiara o foscha,
> Dinanci a tutto il mondo aperta et nuda.

La divina justícia e divina bondat neguna cosa entén presuposar[211] la qual a l'ànima digna[212] dega procurar glòria y axí, per contrari, als peccadors damnats los pose a confessió e dolor, y perquè les obres bones y afectes[213] de la conciència hauran a honrrar les ànimes glorioses y a confondre les catives[214] ensemps ab la lur iniquitat, les quals se veuran[215] present. Per ço volrrà l'Altíssim Déu

---

[205] *a ells vans suors y a ells decepcions*: "als seus vans suors i a les seves decepcions".
[206] *basta*: ms. "bastat"; it. "sia bastante".
[207] *les varietats*: it. "la varieta che e nel mondo".
[208] *la*: ms. "lo".
[209] *obre*: "cobreixi"; it. "copra".
[210] *che apre*: Pac. "chi copra".
[211] *presuposar*: "deixar de banda", "negligir"; it. "pretermettere".
[212] *digna*: ms. "digne".
[213] *afectes*: ms. "effectes".
[214] *les catives*: ms. "los catius"; it. "e cativi".
[215] *les quals se veuran*: ms. "la qual se veura"; it. "quale si vederano".

que·n lo dia del judici tota conciència se veia, axí com fins ara ha mostrat lo apòstol en la segona *Als romans*, V capítol, quant diu: "Omnes enim nos maniffestari oportet ante tribunali Cristi ut refferat unusquisque propria corporis prout gesit sive bonum sive malum". E *Als romans*, a XIIII, ajusta: "Itaque unusquisque pro se racionem reddet deo".

Aquesta matexa sentència expressa Christ en Sant Mateu, X capítol, dient a cascú: "Nichil enim opertum est quod non reveletur et occultum quod non sciatur". Emperò la Santa Mare Sglésia, en lo matí de la commemoració dels morts, canta en aquella seqüència "Dies ire dies illa" aquests vessos[216] al prepòsit nostre, dient: "Liber scriptus proferetur / In quo totum continetur / Unde mundus iudicetur / Iudex ergo cum sedebit / Quicquid latet apparebit / Nihil inultum remanebit". On és necessari que [fol. 247v] alguna volta de les amagades males obres les obstinades ànimes reben dan y vergonya.

Seguex consegüentment lo poeta què deu ésser en lo dia del judici per la part de Déu, pux que en los vessos superiors ha demostrat la disposició de les ànimes de judicar-se, dient que, pux que per si matex serà publicat lo procés de la conciència, serà en aquell loch qui allò conega e judique pux segons allò ab rahó. On diu:

> Et fia chi ragion giudichi et cognosca.

No sens rahó en aquest loch ha exprés lo nostre elegant poeta deure ésser un jutge lo qual de les nostres obres haja ajustiar ab justícia, la qual cosa volent entendre és necessari un poch de principi repetir les divines operacions. On principalment és de entendre que, havent Déu creat l'ome perquè l'entengués, amàs, posehís e fruhís, com se scriu en lo II de les *Sentències* en lo principi, e havent ultra açò statuïda la pena del trespasar los seus manaments la mort, axí spiritual e de l'ànima com del cors, on diu lo test del *Gènesis*, capítol II "Ex omni ligno paradisi comede de ligno autem sciencie boni et mali non comedas. In cocumque enim die comederis morte morieris", et David propheta, Psalmo VI "Quem non est in morte qui memor sit tui in inferno autem quis confitebitur tibi", on expresa se veu la scriptura y lo proffeta parlar de la mort de l'ànima, emperò, no essent la mort de l'ànima alre qu·un alienar-se de Déu, era neces-

---

[216] *vessos*: repetida en el ms.

sari o que Déu se frustràs d'aquest seu fi e instituhit propòsit o verament que l'home fos reasumpt[217] e restituït del seu gran peccat, lo qual essent infinit, prenent lo peccat la sua quantitat de l'obgecte en lo qual pecca, com mostra lo philòsoff en lo V de la *Èthica* e Ciceró en les *Paradoches*. Emperò lo peccat de l'home no·s podia rebre[218] per obra d'alguna creatura, axí que per totes les creatures creades no era possible que·s satisfés [fol. 248r] ab una part mínima d'aquell; de què, per vigor de la divina justícia devent-se per tots los peccats la sua quantitat de l'obgecte en lo qual se pecca, com mostra lo philòsoff, a la expurgació d'ell pagar la pena, per ço fon necessari que...,[219] volent recomprar, per Déu se compràs la pena, la qual, no podent ells comportar-la en pròpria essència, fon necessari que prengués natura pasible, e vench a incarnar-se lo verb divinal per l'ardent amor e infinida caritat portada a l'home, e axí naxqué al món Jesucrist ver Déu y home, que axí ésser demostra Ezechiel per la prova feta de conèxer los secrets del cor, dient ell a XXI: "Non est demonum divinacio sed dei iudicium", axí mateix les altres profecies, les quals foren totes en Jesucrist verifficades, lo confermar.

Últimament se veriffica lo haver resucitat los morts en propri nom. La qual operació diu Déu que solament se convé a si. On en lo *Deuteronomi*, a XXXII,[220] "Ego occidam et ego vivere facia: videte que ego sum solus et non sit alius deus preter me" diu lo test. Emperò Crist, volent demostrar ésser Déu, no com Eliseu en lo IIII *Dels* reys, invocant lo nom de Déu al IIII capítol....:[221] "Adolescens tibi dico surge". Crist donchs Déu y home nat e incarnat en lo món per rebre[222] natura humana del peccat dels primers pares, e prepa-

---

[217] *fos reasumpt*: ms. "reasumpt"; it. "fosse reassumpto".

[218] *rebre*: "redimir"; it. "redimere".

[219] *fon necessari que...*: la traducción salta hasta la próxima aparición de "fu necessario che" en el texto italiano: "es pagàs pena per llevar el pecat de l'home, e no podent-lo així per altres que per això llevar Déu la infinita ofensa del pecat, essent necessari el mèrit infinit al qual satisfer no era apta cap criatura, per això..."; it. "per questo fu necessario che pena si pagasse per tollere via il peccato di lhuomo: e no poten lo si per altri che per esso dio torre la infinita offesa del peccato essendo necessario il merito infinito: alquale acquitare non era apta alchuna creatura: imperho fu necessario che volendo...".

[220] *XXXII*: it. "xxvii".

[221] *capítol...*: falta la traducción de un fragmento importante para la comprensión de la oración: "però en nom propi ressuscità el fill de la vídua dient en Sant Lluch a VII..."; it. "Ma in proprio nome resuscito il figliol de la vedoua dicendo in Santo Luca al vii capitulo adolescens...".

[222] *rebre*: "redimir"; it. "redimere".

rat a comportar passió y pagar la pena constituhida[223] de la justícia divina per la compensació,[224] per ço que solament la sua passió fos sufficient a peccats pasats mas encara a esdevenidors, constituhí nova ley, per la observància de la qual[225] pogués l'ome atènyer vida eterna. On instituí lo batisme, la fe, la ucharistia [fol. 248v] y més altres lleys,[226] axí com és manifest per lo procés dels tests evangèlichs; rellexà norresmenys la mateixa pena a peccat, ço és la mort corporal e la spiritual.

Per aquests diversos[227] donchs fonament per tres rahons Christ se prova deure venir a judicar lo món. La primera sí és que, havent-nos Déu de la mort recomprats del cors y de l'ànima, dega alguna volta lo cors retornar en vida e lavòs d'ell deure's dar lo juhí per Jesucrist, segons les obres conformes o contràries a les leys[228] sues dades. Altrament és necessari dir que la passió de Jesucrist no fos stada sufficient a levar la pena incorreguda per lo nostre peccat. La segona rahó és que tot príncep just e prudent y desigós de la observància de les leys[229] sues, com fon Jesucrist, dega voler qualque volta segons aquelles dar lo seu juhí, per ço que no parega a ell aquelles en l'ayre[230] haver dades a observar a la gent; hon, havent Jesucrist dades les leys, com damunt és estat presuposat, donchs dega alguna volta segons aquelles venir a fer universal juhí. Mas, si algú digués açò no ésser necessari, que immediate que l'ome és mort ja és jutgat, segons que scriu Sant Johan, capítol III, dient: "Qui non crediderit iam iudicatus est", respon açò ésser ver quant al judici parcial dient de l'ànima y a la abtitut respectiva a l'universal judici de fer-se de tot lo compost y natural suppòsit, mas no ja quant a la actual sentència, la qual deu dar Jesucrist sobre los hòmens, havent ell dada la sua ley a observar als hòmens e no solament a l'ànima, com és manifest. La terça y última rahó és fundada sobre lo test de Sant Matheu, capítol VII, dient Crist:[231] "In illa mensura qua mentiemini remetietur et vobis"; on, havent cascú en aquest món la sua deguda mesura de les obres, és necessari per les paraules de

---

[223] *constituhida*: ms. "constituhir"; it. "constituta".
[224] *compensació*: "compensació del pecat"; it. "compensatione del peccato".
[225] *la qual*: ms. "les quals".
[226] *lleys*: ms. "ley".
[227] *diversos*: ms. "vesos"; it. "diversi".
[228] *leys*: ms. "ley".
[229] *leys*: ms. "ley".
[230] *en l'ayre*: it. "indarno".
[231] *dient Crist*: ms. "dient a Crist"; it. "quando disse Christo".

Crist que altra volta d'ell se dega jutgar en lo judici universal, per ço que no haguessem a posar diminució a la divina intel·ligència en lo haver [fol. 249r] les sues operacions sols a un fi més voltes a multiplicar.

Aquest donchs universal judici deure's fer predix David propheta, *Psalmo* LXXXXV,[232] quant dix: "Tunch exultabunt omnia lingua silvarum a facie domini quia venit quoniam venit iudicare terram". *Ysaÿes* encara, en lo III, conferma açò mateix, dient: "Stat adiudicandum dominus populos suos dominus ad iusticia veniet cum senibus populi sui et principus eius". Són més y diverses auctoritats en *Jeremies*, al VI[233] de *Ysaÿes*, al II de *Daniel*, a VII e...[234] III de l'*Ecclesiastès*, de Zacharies a XIII e XIIII de la sibil·la Erithea, de l'*Evangeli* de Sant Matheu capítol XXV,[235] de Sant March a XIII, Sant Luch[236] e l'auctoritat del mestre de les *Sentències* en lo IIII a la última distincció, les quals maniffestament demostren deure's fer lo judici; les quals al present dexarem.

E sols portarem l'auctoritat de Sent Agostí, in I *De civitate Dei*, capítol VIII,[237] lo qual la promissió de aquestes coses del món vàriament procehir demostra ésser en Déu, y no sens misteri y rahó, majorment per lo derrer judici, dient: "Paciencia dei ad penitenciam invitat malos sicut flagellum dei ad pacienciam erudit bonos...[238] sic severitas dei puniendos corrupit malos. Placuitque divine prudencie preparare in posterum bona iustis quibus non fruerentur iniusti et mala inpiis quibus non excruciarentur boni. Ista vero temporalia utrisque bona et mala voluit esse communia. Ut nec bona cupidius appetantur que quoque mali habere cernuntur nec mala turpiter eviantur quibus et boni plurumque afficiuntur interest autem plurimum qualis sit usus vel earum rerum que prospere vel que dicuntur adverse nam bonus nec temporalibus bonis extollitur nec malis

---

[232] *LXXXXV*: it. "xc".

[233] *VI*: it. "ii".

[234] *a VII e...*: salta una línea del texto italiano la traducción, que parece que ha confundido "Ezechiel" con "Ecclesiastès": "a XI de Ezequiel en el XXXIIII de Malaquies, al III de David profeta al Psalm LXXV, de Salomó al ..."; it. "a vii e a lo xi di Ezechiel al xxxiiii di Malachia al iii di David propheta al psalmo lxxv di Salomone al iii de lo ecclesiastes..."

[235] *XXV*: it. "xxiiii".

[236] *Sant Luch*: it. "di sancto Luca al xxi".

[237] *VIII*: it. "vii".

[238] *bonos...*: como otras veces, la traducción salta a otra mención de "bonos": "erudit bonos: itemque misericordia dei fovendos amplectitur bonos sic...".

frangitur. Malus autem uius modi infelicitate punitur quia felicitate corrumpitur ostendit tamen deus sepe et in iis distribuendis evidencius operam suam natura si mich omni peccatum manifesta plecteret plena nichil ultimo iudicio reservari putaretur. Rursum [fol. 249v] si nul peccatum nunc puniret aperta divinitas nulla est divina providencia crederetur similiter et in rebus secundis si non eas deus quibusdam petentibus evidentissima largicione concederet non ad eum ista pertinere diceremus. Itemque si ea omnibus petentibus daret non nisi propter talia premia serviendum esse illi arbitraremur nec prior non faceret talis servitus sed pocius cupidos et avaros". Per les quals paraules se comprèn maniffestament Déu en aquest món sol particularment retribuir als hòmens y lo compliment reservar aprés en lo derrer juhí.

Seguex aprés micer Ffrancesch allò que seguirà aprés la dada sentència de Déu, dient que, aprés lo judici[239] Jesucrist haurà conegut e judicat ab rahó, y dada del tot y promulgada la sentència, nosaltres veurem quascuna persona pendre lo seu viatge, que serà condemnat ab tanta celeritat e fúria quant un animal acaçat dels cans velocíssimament fuig hi s'enbosca a trobar companyia. On diu:

> Poi vedrem prendere ciascun[240] suo viagio
> Come fera scaciata si rimbosca.[241]

Axí com testiffiquen los evangelistes, és de saber a intel·ligència dels vessos que, pux Jesucrist serà vengut sobre los cels present en los núvols, als benaventurats se mostrarà gloriós e als damnats sols en la humanitat, voltant-se a ells ab gran ira pux que·ls haurà convictes incrèduls, inobedients y contemptors dels seus manaments, ell pronunciarà aquella orrible sentència la qual scriu Sant Matheu, capítol XXV, dient: "Ite maledicti in ignem eternum qui paratus est diabolo et angelis eius". La qual hoïda y entesa, los peccadors furiosament retornaran en infern per més complicada rahó; primer per no veure la cara de Jesucrist, de la qual hauran gran paor. Segonament, perquè·s veuran en presència dels benaventurats, als quals portaran enveja, e desigaran ésser sols entre ells damnats; [fol. 250r] emperò, com scriu Quinto Cúrcio, "Nulla iocundior patria

---

[239] *lo judici*: "el jutge"; it. "il giudice".
[240] *Poi...ciascun*: Pac. "Ciascun poi vedrem prender".
[241] *si rimbosca*: Pac. "che s'imbosca".

miseris est quam solitudo", on ells stimaran en infern no ésser vists dels benaventurats. La qual cosa no volrrà, emperò, la divina justícia, mas dalt[242] que encara en infern los vegen per més glòria sua y major confusió dels damnats. La terca y última és perquè, essent ells totalment relexats en la potència del diable, seran d'ell violentats y fforçats de tornar en infern, perquè en aquell loch perpetualment los puguen turmentar; de què per ço acomodadament diu lo poeta qu·ells pendran lavòs lo lur viatge y en semblança d'alguna salvegina acaçada quant se enbosca.

Seguex aprés lo poeta una vera y excel·lent sentència contra la immensa y maleÿta avarícia dels hòmens que tant abcega y offusca la memòria, dient que en aquell poch coteix, comparació y examen se veurà maniffestament lo or y la possessió de les terrenes riqueses, los stats, los regnes y les altres senyories les quals a nosaltres fan en aquesta vida ésser estats superbos a gran dan y jactura, y no vantatge a la utilitat. On diu:

> Et vedrassi in quel poco[243] paragio
> Che ne fan ire superbi, oro,[244] e terreno,
> Esser[245] stato danno, et non vantagio.

O insaciable y cobdiciosa avarícia! O cega voluntat! O ample camí de perdició! O quant tostemps és contrària a Déu! Per la qual intel·ligència és de saber que nengú entre tots los vicis més se veu contrari a la infinida liberalitat de Déu que l'avarícia crua, prop de la qual és espés tot altre amor, sinó solament l'or. O enemiga de Jesucrist! A tu no basta posehir domini, a tu no basta possehir terrenal,[246] a tu no basta posehir diners,[247] a tu no basta posehir l'or, per lo qual tu contínuament te fatigues. Deu considerar lo avar en les obres de Jesucrist, les quals deuen ésser lo nostre amostrament y veja com ell manà[248] als apòstols que no·n aplegasen [fol. 250v], mas encara que no fossen solícits del viure de cada dia. Deu ohir, entendre y considerar tot avar ab la avarícia no posar algun plaer, ni pres-

---

[242] *mas dalt*: error por "mas disposarà"; it. "ma disporra".
[243] *in quel poco*: Pac. "quel poco di".
[244] *ne fan...oro*: Pac. "vi fa ir superbi, e oro".
[245] *Esser*: Pac. "esservi".
[246] *terrenal*: it. "terreno".
[247] *diners*: ms. "deu"; it. "divitie".
[248] *ell manà*: "no tant manà"; it. "non tanto comando".

ta encara alguna utilitat, y és causa²⁴⁹ de l'eternal dan e indubitat suplici.

On, quant als dos²⁵⁰ primers, diu Salamó en lo *Ecclesiastès*, capítol VIII: "Avarus non inplebitur peccunia et qui amat divicias fructus non capiet ex eix". E Sant Jerònim en lo mateix propòsit scriu: "Avaro tam deest quod habet quam quod non habet". Mas, quant al terç, que l'avarícia y lo desig del posehir les riqueses provoquen a si lo etern judici molt és maniffest en Sant Luch, capítol VI, dient: "Beati pauperes quia vestrum est regnum dei"; e seguex: "Veruntamen ve vobis divitibus qui habetis consolacionem vestram; y al capítol XII scriu: "Videte et cavete ab omni avaricia quia non in abundanciam cuiusque vita eius est". Sant Matheu axí matex, en lo capítol XVIIII, scriu: "Amen dico vobis felicius est camellum perforamen acus transire quam divitem in regnum celorum intrare". A la qual sentència singularment és conforme lo *Ecclesiàstich*, capítol XXXI, dient: "Qui aurum diligit non iustifficatur"; et capítol X: "Avaro enim nichil est scelestius et nichil iniquius quam amare peccuniam". Emperò Sant Agostí, primo *De civitate Dei*, demostrant qual deu ésser lo nostre guany y la nostra diligència y voluntat circa lo acomular les riqueses, diu, capítol X: "Est autem questus magnus pietas cum sufficiencia nichil enim intulimus in hunc mundum sed nec auferre quidem possimus habentes enim victum et tegumentum iis contenti sumus".

Ne solament aquesta és sentència dels sacres doctors teòlechs, mas los antichs philòsoffs no altra cosa demostren ab paraules y ab actes que la excel·lència de la parsimònia y alegra pobretat quant a la vida virtuosa. On diu Tuli, in primo *De officiis*: "Nichil enim tam angusti tanque parvi animi est quam amare divicias nichil enim honestius magnifi...".²⁵¹

---

²⁴⁹ *y és causa*: ms. "y causa"; it. "e e causa".
²⁵⁰ *quant als dos*: ms. "quant a dos".
²⁵¹ Aquí se interrumpe el Triunfo de la Eternidad o de la Divinidad hasta el final, después del verso 117. Falta el comentario de los últimos 27 versos.

NORTH CAROLINA STUDIES IN THE ROMANCE LANGUAGES AND LITERATURES
I.S.B.N. Prefix 0-8078-

Recent Titles

SAVAGE SIGHT/CONSTRUCTED NOISE. POETIC ADAPTATIONS OF PAINTERLY TECHNIQUES IN THE FRENCH AND AMERICAN AVANT-GARDES, by David LeHardy Sweet. 2003. (No. 276). *-9281-5.*

AN EARLY BOURGEOIS LITERATURE IN GOLDEN AGE SPAIN. *LAZARILLO DE TORMES, GUZMÁN DE ALFARACHE* AND BALTASAR GRACIÁN, by Francisco J. Sánchez. 2003. (No. 277). *-9280-7.*

METAFACT: ESSAYISTIC SCIENCE IN EIGHTEENTH-CENTURY FRANCE, by Lars O. Erickson. 2004. (No. 278). *-9282-3.*

THE INVENTION OF THE EYEWITNESS. A HISTORY OF TESTIMONY IN FRANCE, by Andrea Frisch. 2004. (No. 279). *-9283-1.*

SUBJECT TO CHANGE: THE LESSONS OF LATIN AMERICAN WOMEN'S *TESTIMONIO* FOR TRUTH, FICTION, AND THEORY, by Joanna R. Bartow. 2005. (No. 280). *-9284-X.*

QUESTIONING RACINIAN TRAGEDY, by John Campbell. 2005. (No. 281). *-9285-8.*

THE POLITICS OF FARCE IN CONTEMPORARY SPANISH AMERICAN THEATRE, by Priscilla Meléndez. 2006. (No. 282). *-9286-6.*

MODERATING MASCULINITY IN EARLY MODERN CULTURE, by Todd W. Reeser. 2006. (No. 283). *-9287-4.*

PORNOBOSCODIDASCALUS LATINUS (1624). KASPAR BARTH'S NEO-LATIN TRANSLATION OF *CELESTINA*, by Enrique Fernández. 2006. (No. 284). *-9288-2.*

JACQUES ROUBAUD AND THE INVENTION OF MEMORY, by Jean-Jacques F. Poucel. 2006. (No. 285). *-9289-0.*

THE "I" OF HISTORY. SELF-FASHIONING AND NATIONAL CONSCIOUSNESS IN JULES MICHELET, by Vivian Kogan. 2006. (No. 286). *-9290-4.*

BUCOLIC METAPHORS: HISTORY, SUBJECTIVITY, AND GENDER IN THE EARLY MODERN SPANISH PASTORAL, by Rosilie Hernández-Pecoraro. 2006. (No. 287). *-9291-2.*

UNA ARMONÍA DE CAPRICHOS: EL DISCURSO DE RESPUESTA EN LA PROSA DE RUBÉN DARÍO, por Francisco Solares-Larrare. 2007. (No. 288). *-9292-0.*

READING THE *EXEMPLUM* RIGHT: FIXING THE MEANING OF *EL CONDE LUCANOR*, by Jonathan Burgoyne. 2007. (No. 289). *-9293-9.*

MONSTRUOS QUE HABLAN: EL DISCURSO DE LA MONSTRUOSIDAD EN CERVANTES, por Rogelio Miñana. 2007. (No. 290). *-9294-7.*

BAJO EL CIELO PERUANO: THE DEVOUT WORLD OF PERALTA BARNUEVO, by David F. Slade and Jerry M. Williams. 2008. (No. 291). *-9295-4.*

ESCAPE FROM THE PRISON OF LOVE: CALORIC IDENTITIES AND WRITING SUBJECTS IN FIFTEENTH-CENTURY SPAIN, by Robert Folger. 2009. (No. 292). *-9296-1.*

LOS *TRIONFI* DE PETRARCA COMENTADOS EN CATALÁN: UNA EDICIÓN DE LOS MANUSCRITOS 534 DE LA BIBLIOTECA NACIONAL DE PARÍS Y DEL ATENEU DE BARCELONA, por Roxana Recio. 2009. (No. 293). *-9297-8.*

MAPPING THE SOCIAL BODY. URBANISATION, THE GAZE, AND THE NOVELS OF GALDÓS, by Collin McKinney. 2009. (No. 294). -

---

When ordering please cite the *ISBN Prefix* plus the last four digits for each title.

Send orders to: University of North Carolina Press
P.O. Box 2288
Chapel Hill, NC 27515-2288
U.S.A.
www.uncpress.unc.edu
FAX: 919 966-3829

www.ingramcontent.com/pod-product-compliance
Lightning Source LLC
Chambersburg PA
CBHW021711300426
44114CB00009B/101